CW00336215

ISBN 978-0-243-96286-0
PIBN 10726108

FB &c Ltd, Dalton House, 60 Windsor Avenue, London, SW19 2RR.
Company number 08720141. Registered in England and Wales.

For support please visit www.forgottenbooks.com

NOUVEAU

COMMENTAIRE

SUR TOUS LES LIVRES

DES DIVINES ÉCRITURES

⁂

IMPRIMERIE Vve P. LAROUSSE ET Cie

19, RUE MONTPARNASSE, 19

⁂

NOUVEAU COMMENTAIRE

LITTÉRAL, CRITIQUE ET THÉOLOGIQUE

AVEC RAPPORT AUX TEXTES PRIMITIFS SUR

TOUS LES LIVRES DES DIVINES ÉCRITURES

PAR M. LE DOCTEUR J.-F. D'ALLIOLI

AVEC L'APPROBATION DU SAINT-SIÈGE

et les recommandations de la plupart des Archevêques et Évêques de l'Allemagne

Traduit de l'allemand en français sur la sixième édition

Par M. l'abbé GIMAREY

CHANOINE HONORAIRE D'AUTUN, ANCIEN PROFESSEUR DE DOGME, D'ECRITURE SAINTE, ETC.

HUITIÈME ÉDITION

Revue et considérablement augmentée

AVEC LE TEXTE LATIN ET LA VERSION FRANÇAISE EN REGARD

TOME SIXIÈME

PARIS

LOUIS VIVÈS, LIBRAIRE-ÉDITEUR

13, RUE DELAMBRE, 13

1884

PRÉFACE

SUR LE PROPHÈTE MICHÉE

Michée de Morasthi, différent du prophète Michée, fils de Jemla (3. *Rois*, 22, 8), prophétisa d'après le titre de son livre (ch. 1, 1), sous les rois Joathan, Achaz et Ezéchias, entre 759 et 699 avant Jésus-Christ (4. *Rois*, 15-20), et il fut ainsi contemporain des prophètes Isaïe, Osée et Amos. Il adressa ses discours prophétiques aussi bien aux habitants du royaume de Juda qu'à ceux du royaume d'Israël, déployant l'ardeur de son zèle contre la corruption des mœurs des deux royaumes, annonçant leur perte, et en même temps, à l'exemple de tous les prophètes, jetant ses regards sur les temps futurs du Messie. Puisqu'il représente la destruction du royaume d'Israël, comme un événement à venir (1, 6. 7), il faut que la prophétie où il s'agit de cet événement ait été connue avant qu'il arrivât, c'est-à-dire avant la neuvième année du règne du roi Ezéchias, 721 ans avant Jésus-Christ (4. *Rois*, 17, 6); et comme il n'est non plus fait aucune mention de sa réalisation dans les autres prophéties, il semble que le livre tout entier fut écrit avant l'avènement dont il est question. Par rapport aux circonstances de la vie du Prophète, l'histoire ne nous a rien conservé. Suivant une pieuse tradition, il mourut comme martyr, et l'Eglise célèbre sa fête le 15 janvier. Ses prophéties qui, par leur beauté, leur énergie et leur sublimité, peuvent être placées à côté des écrits les plus remarquables des Prophètes, ont été renconnues et vénérées unanimement par l'antiquité judaïque et chétienne comme authentiques et comme faisant partie du corps des divines Ecritures.

LE PROPHÈTE MICHÉE

CHAPITRE PREMIER.

Israël sera détruit en punition de sa corruption et de son idolâtrie, et Juda sera pareillement puni avec sévérité.

1. Verbum Domini, quod factum est ad Michæam Morasthiten, in diebus Joathan, Achaz, et Ezechiæ, regum Juda : quod vidit super Samariam, et Jerusalem.

2. Audite populi omnes, et attendat terra, et plenitudo ejus : et sit Dominus Deus vobis in testem, Dominus de templo sancto suo.

3. Quia ecce Dominus egredietur de loco suo : et descendet, et calcabit super excelsa terræ.

4. Et consumentur montes subtus eum : et valles scindentur sicut cera a facie ignis, et sicut

1. Voici les paroles que le Seigneur a dites à Michée, de Morasthi [1], qui prophétisa touchant Samarie et Jérusalem [2], sous le règne de Joathan, d'Achaz et d'Ezéchias, rois de Juda [3] :

2. Peuples, écoutez tous : que la terre avec tout ce qu'elle contient soit attentive, et que le Seigneur Dieu soit lui-même témoin contre vous, le Seigneur *qui voit tout* de son temple saint [4]. 5. *Moys.* 32. 1. *Isaïe*, 1, 2.

3. Car le Seigneur va sortir du lieu où il réside : il descendra, et il foulera aux pieds tout ce qu'il y a de grand sur la terre [5]. *Isaïe*, 1, 2.

4. Sous lui les montagnes disparaîtront; les vallées s'entr'ouvrant, se *fondront* comme de la cire devant le feu, et *s'écouleront* comme

---

ỳ. 1. — [1] Morasthi était, suivant saint Jérôme, un lieu dans le voisinage d'Hébron, dans la tribu de Juda, un petit bourg du temps du saint Docteur.

[2] Samarie, capitale du royaume d'Israel, est mise avant Jérusalem, parce qu'elle devait être détruite avant cette ville (Jérôme).

[3] *Voy.* l'Introduction.

ỳ. 2. — [4] le Seigneur lui-même apparaîtra du haut du ciel, d'où il voit et observe tout ce qui se passe sur la terre, pour être en quelque sorte témoin oculaire, et considérer comment le Prophète s'acquitte de sa mission auprès du peuple; d'où il suit que le Prophète lui-même n'a aucun motif de justifier et d'excuser ses péchés. Le discours, dans le sens prochain, s'adresse à Israel et à Juda; dans le sens éloigné et plus élevé, au spirituel Israel, qui est figuré par le peuple élu. Ce chapitre et le suivant semblent ne former qu'une seule prophétie.

ỳ. 3. — [5] Parce qu'Israel et Juda (l'humanité) ne veulent point écouter, Dieu sortira du lieu de son repos; il descendra sur la terre, et y humiliera toute grandeur, tout pouvoir et toute puissance.

des eaux qui se précipitent dans un abîme [6].

5. Tout ceci *arrivera* à cause du crime de Jacob, et des péchés de la maison d'Israël [7]. D'où est venu le crime de Jacob, sinon de Samarie ? et quelle est la source des hauts lieux de Juda, sinon Jérusalem [8] ?

6. Je rendrai donc Samarie, dit le Seigneur, comme un monceau de pierres, *qu'on met* dans un champ, lorsque l'on plante une vigne : je ferai rouler ses pierres dans la vallée, et j'en découvrirai les fondements [9].

7. Toutes ses statues seront brisées, tout ce qu'elle a gagné [10] sera brûlé par le feu ; et je réduirai en poudre toutes ses idoles, parce que ses *richesses* ont été amassées du prix de la prostitution, et elles deviendront aussi la récompense des prostituées [11].

8. C'est pourquoi je m'abandonnerai aux plaintes : je ferai retentir mes cris ; je déchirerai mes vêtements, et j'irai tout nu [12] ; je pousserai des hurlements comme les dragons [13], et des sons lugubres comme les autruches [14],

9. parce que la plaie de Samarie est désespérée, qu'elle est venue jusqu'à Juda, qu'elle a gagné jusqu'à la porte de mon peuple, et *qu'elle est entrée* jusque dans Jérusalem [15].

10. Que le bruit de vos maux ne s'étende point jusqu'à Geth [16]. Etouffez vos larmes et

aquæ, quæ decurrunt in præceps.

5. In scelere Jacob omne istud, et in peccatis domus Israel; quod scelus Jacob ? nonne Samaria ? et quæ excelsa Judæ ? nonne Jerusalem ?

6. Et ponam Samariam quasi acervum lapidum in agro cum plantatur vinea : et detraham in vallem lapides ejus, et fundamenta ejus revelabo.

7. Et omnia sculptilia ejus concidentur, et omnes mercedes ejus comburentur igne, et omnia idola ejus ponam in perditionem : quia de mercedibus meretricis congregata sunt, et usque ad mercedem meretricis revertentur.

8. Super hoc plangam, et ululabo : vadam spoliatus, et nudus : faciam planctum velut draconum, et luctum quasi struthionum.

9. Quia desperata est plaga ejus, quia venit usque ad Judam, tetigit portam populi mei usque ad Jerusalem.

10. In Geth nolite annuntiare, lacrymis ne ploretis, in domo

ỳ. 4. — [6] Images de la défaite, de la destruction et de la dévastation totale que la justice vengeresse de Dieu enverra contre son peuple !

ỳ. 5. — [7] Jacob, Israel sont mis pour le royaume des dix tribus.

[8] Qui est la cause de l'apostasie et de la chute dans l'idolâtrie qui se pratique sur les hauteurs des montagnes, et dans tous les autres péchés, si ce ne sont les habitants des deux villes capitales de Jérusalem et de Samarie, dont l'exemple a séduit toutes les autres villes ? (Comp. 3. *Rois*, 14, 15. 15, 26. 4. *Rois*, 16, 10. 23, 4 et suiv.)

ỳ. 6. — [9] Quand on plantait de la vigne dans un terrain pierreux, on ramassait les pierres en un tas. L'orgueilleuse Samarie, qui est située sur une hauteur, sera renversée de fond en comble ; on jettera ses pierres dans la vallée, et à l'endroit même où elle s'élevait, on plantera une vigne.

ỳ. 7. — [10] Litt. : toutes ses récompenses (de sa prostitution), — les présents que les Israélites offraient aux idoles. La prostitution est mise, dans le sens figuré, pour l'idolâtrie (Voy. *Osée*, 1, 2).

[11] Litt. : elles (ses figures des faux dieux) ont été amassées du prix de sa prostitution, — elles ont été faites des dons offerts par les idolâtres, elles seront de nouveau consacrées aux faux dieux par les vainqueurs.

ỳ. 8. — [12] C'est pourquoi j'irai, gémissant et poussant des cris de douleur, dépouillé de mes vêtements ordinaires, et couvert d'un simple habit de deuil (Comp. *Isaïe*, 20, 2).

[13] Dans l'hébreu : comme les chacals (qui, vers le soir, à la tombée de la nuit, poussent des hurlements désagréables).

[14] qui font entendre dans le désert des accents lamentables.

ỳ. 9. — [15] Le mal qui travaille Samarie a gagné également le royaume de Juda et sa ville capitale.

ỳ. 10. — [16] ville des Philistins, de peur que les ennemis des Israélites ne se réjouissent de leur perte.

pulveris pulvere vos conspergite.

vos soupirs [17]; couvrez-vous de poussière dans une maison qui sera réduite en poudre [18].

11. Et transite vobis habitatio pulchra confusa ignominia: non est egressa quæ habitat in exitu: planctum domus vicina accipiet ex vobis, quæ stetit sibimet.

11. Passez couverte de honte et d'ignominie, vous qui habitez dans un lieu si beau [19]. Celle qui est située sur les confins ne sort pas [20]. La maison voisine a entendu les plaintes qui venaient de chez vous; elle pense à sa propre sûreté [21].

12. Quia infirmata est in bonum, quæ habitat in amaritudinibus: quia descendit malum a Domino in portam Jerusalem.

12. Elle s'est trouvée trop faible pour vous assister, et elle est *elle-même* plongée dans l'amertume [22], parce que Dieu a envoyé l'ennemi jusque dans les portes de Jérusalem [23].

13. Tumultus quadrigæ stuporis habitanti Lachis: principium peccati est filiæ Sion, quia in te inventa sunt scelera Israel.

13. Les habitants de Lachis ont été épouvantés par le bruit confus des chariots de guerre [24]. Lachis, vous êtes la source du péché de la fille de Sion [25], parce que vous avez imité les sacriléges d'Israël [26].

14. Propterea dabit emissarios super hereditatem Geth: domus mendacii in deceptionem regibus Israel.

14. Le roi d'Israel enverra de ses gens aux princes de Geth; mais ils n'y trouveront qu'une maison de mensonge qui les trompera [27].

---

[17] Litt.: Ne pleurez point avec larmes, — mais dans un chagrin silencieux, de peur que les Philistins ne l'entendent et ne s'en réjouissent.

[18] Proprement, comme porte l'hébreu: à Bethlehaphar (maison de poussière) etc. C'était une ville dans la tribu de Benjamin (*Jos.* 18, 24), dans l'intérieur du pays, et elle est mise ici à cause du jeu de mots. Se couvrir la tête de poussière était une pratique de deuil. — * Le texte porte: bebeth lehapherah, haphar hithpallaschti. — Bethlehapherah est un nom de ville. Beth signifie maison, haphar poussière; de manière que le sens de la phrase est: Couvrez-vous de poussière dans la maison de poussière. — Il y a dans Michée une multitude de paronomases très-élégantes qui disparaissent dans les versions.

℣. 11. — [19] Proprement comme porte l'hébreu: Passez, vous habitants de Saphir (c'est-à-dire de la beauté), dans la captivité. Saphir était une ville dans la tribu de Juda et elle est mise à cause de la signification du mot pour toutes les autres.

[20] La ville frontière n'ose point laisser sortir ses habitants par la crainte des ennemis. Dans l'hébreu: Celle qui habite Tsaanan ne sort point.

[21] La ville, appelée Maison-Voisine, apprendra des autres villes à se plaindre et à gémir, mais elle se tiendra pareillement, par crainte des ennemis, renfermée dans les maisons. Dans l'hébreu: Le deuil de Bethasaël vous privera de son refuge (Bethasaël ne vous fournira point de refuge, parce qu'elle sera elle-même dans le deuil). — * Dans l'hébreu: Beth haetsel, c'est-à-dire maison à côté.

℣. 12. — [22] Dans l'hébreu: Celle qui habite Maroth s'est trouvée, etc. — La ville de Maroth (d'amertume) ressent de la douleur de la perte de son bonheur. Maroth est une ville inconnue, qui est ici mise pour les autres villes de Juda et d'Israël, à cause de la signification de son nom.

[23] Les Assyriens, après avoir ravagé Samarie, s'avancèrent sous Rabsacès jusqu'à Jérusalem (Voy. 4. *Rois,* 1-18. et *Isaie,* 36 (Jérôme).

℣. 13. — [24] Les chariots (des Assyriens) jetteront l'effroi dans la population de Lachis (ville de la tribu du Juda). Dans l'hébreu: Attelez promptement le cheval au chariot, habitante de Lachis (afin de prendre promptement la fuite devant l'irruption des Assyriens).

[25] de Jérusalem.

[26] Lachis était sur les confins du royaume d'Israël, et put, pour cette raison, avoir une des premières adopté l'idolâtrie des Israélites. De là le culte des idoles alla en se propageant de proche en proche. C'est pourquoi il fallait que Sennachérib lui fît d'abord expier son crime (Voy. 4. *Rois,* 18, 14 et suiv.).

℣. 14. — [27] Effrayé par l'invasion des Assyriens, Juda enverra à Geth demander du secours aux Philistins; mais ils ne lui donneront que des paroles vaines, ainsi qu'ils ont constamment trompé les rois d'Israël. Dans l'hébreu: C'est pourquoi faites

[illegible]

[illegible]

CHAPITRE II.

[illegible]

1. [illegible]

1. Vae qui cogitatis inutile, [illegible]

2. [illegible]

2. [illegible]

3. [illegible]

3. [illegible]

4. [illegible]

4. [illegible]

[illegible]

parabola, et cantabitur canticum cum suavitate, dicentium : Depopulatione vastati sumus : pars populi mei commutata est : quomodo recedet a me, cum revertatur, qui regiones nostras dividat?

des hommes [4], et l'on prendra plaisir à chanter des chansons sur vous, et à vous dire : Nous sommes ruinés, nous sommes pillés de toutes parts [5]; le pays qui était à nous est passé à d'autres [6]. Nos ennemis se sont retirés; mais de quelle sorte? Ce n'a été qu'afin de revenir et de partager nos terres [7].

5. Propter hoc non erit tibi mittens funiculum sortis in cœtu Domini.

5. C'est pour cela qu'il n'y aura plus personne d'entre vous qui ait sa part et son héritage dans l'assemblée du Seigneur [8].

6. Ne loquamini loquentes : Non stillabit super istos, non comprehendet confusio.

6. Ne dites point sans cesse : Ces paroles ne tomberont point sur eux; ils ne seront point couverts de confusion [9].

7. Dicit domus Jacob : Numquid abbreviatus est spiritus Domini, aut tales sunt cogitationes ejus? Nonne verba mea bona sunt cum eo, qui recte graditur?

7. L'esprit du Seigneur, dit la maison de Jacob [10], est-il devenu moins étendu, et peut-il avoir ces pensées? Il est vrai, je n'ai que des pensées de bonté, mais c'est pour ceux qui marchent dans la droiture [11].

8· Et e contrario populus meus in adversarium consurrexit : desuper tunica pallium sustulistis : et eos, qui transibant simpliciter, convertistis in bellum.

8· Mon peuple au contraire s'est révolté contre moi [12]. Vous avez ôté aux hommes non-seulement le manteau, mais la tunique; et vous avez traité en ennemis ceux qui ne pensaient à aucun mal [13].

9. Mulieres populi mei ejecistis de domo deliciarum suarum : a

9. Vous avez chassé les femmes de mon peuple des maisons où elles vivaient en re-

---

℣. 4. — [4] On dira : Un tel et un tel est aussi misérable et aussi infortuné qu'un Juif.

[5] Ainsi chanteront vos ennemis en se raillant du nom des Juifs.

[6] Litt. : a été changé, — contre la terre de la captivité.

[7] Comment Dieu s'est-il détourné de nous, comment a-t-il donné notre pays à ceux qui nous ont emmenés captifs! Dans l'hébreu le verset porte : En ce jour-là on fera entendre à votre sujet des chansons, et l'on chantera d'un ton triste et lugubre cette lamentation : Nous avons été dévastés (dira-t-on), il a donné (Dieu aux ennemis) l'héritage de mon peuple. Comment me l'a-t-on enlevé? Pour me le ravir (pour le donner à d'autres), il a partagé nos champs.

℣. 5. — [8] C'est pourquoi, vous oppresseurs du peuple (℣. 1, 2), vous ne conserverez pas la moindre portion dans la terre sainte, au milieu du peuple de Dieu, mais vous mourrez dans la captivité. Le pays avait été primitivement divisé au cordeau (Voy. *Jos.* 13, 7-14).

℣. 6. — [9] Ne vous trompez point, et ne dites point : Le châtiment de la captivité qui a été prédit ne se réalisera pas; je vous déclare au contraire qu'il arrivera. Dans l'hébreu : Ne prophétisez pas, disent-ils; que ceux-là prophétisent : quand ils ne prophétiseraient pas à ce sujet, la honte ne se fera pas attendre. Sens : Cessez, vous Michée, de nous annoncer des choses si fâcheuses; laissez parler les autres prophètes, qui nous prédisent du bonheur. Quoique vos prophètes, répond à cela Michée, ne vous prédisent pas toutes ces choses fâcheuses, elles ne laisseront pas d'arriver. On défendait au Prophète de continuer à dévoiler les actions honteuses de la nation, et de lui prédire un sort triste et malheureux.

℣. 7. — [10] Dans l'hébreu : Ah! que dit donc la maison de Jacob?

[11] Les Israélites disent : L'esprit du Seigneur est-il donc épuisé pour le bien; de telle sorte qu'au lieu des bienfaits qu'il nous a promis, il envoie contre nous le malheur? Peut-il concevoir des desseins qui sont en opposition ouverte avec sa bonte? A cela Dieu lui-même répond : Je n'ai promis et je ne fais du bien qu'aux hommes pieux et qui marchent dans la voie droite.

℣. 8. — [12] C'est au contraire mon peuple qui n'est pas juste, il s'élève contre moi comme un ennemi, méprisant et transgressant mes commandements : je ne puis donc exercer contre lui que la rigueur de mes châtiments. Dans l'hébreu : Mais déjà depuis longtemps mon peuple, etc.

[13] Dans l'hébreu : Vous avez ôté non-seulement le manteau, mais la tunique à ceux qui passaient avec sécurité, comme les hommes qui reviennent du combat (et qui ne pensent plus avoir rien à craindre d'aucun ennemi).

15. Vous qui habitez à Marésa, je vous amènerai des gens qui hériteront de tous vos biens; et la gloire d'Israël s'étendra jusqu'à Odollam [28].

16. Arrachez-vous les cheveux, coupez-les entièrement, pour pleurer vos enfants qui étaient toutes vos délices. Demeurez sans aucun poil comme l'aigle, parce qu'on vous a enlevé et que l'on a emmené captifs *ceux qui vous étaient si chers* [29].

15. Adhuc heredem adducam tibi quæ habitas in Maresa : usque ad Odollam veniet gloria Israel.

16. Decalvare, et tondere super filios deliciarum tuarum : dilata calvitium tuum sicut aquila : quoniam captivi ducti sunt ex te.

CHAPITRE II.

Invective contre les vices des deux royaumes. Promesse du retour de la captivité et d'un âge meilleur.

1. Malheur à vous qui formez des desseins injustes, et qui prenez dans votre lit des résolutions criminelles [1]; résolutions qu'ils exécutent dès le point du jour; car c'est contre Dieu qu'ils lèvent la main [2].

2. Ils ont désiré des terres, et les ont prises avec violence. Ils ont ravi des maisons par force; ils ont opprimé l'un *pour lui ravir* sa maison, et l'autre, *pour s'emparer* de son héritage.

3. C'est pourquoi voici ce que dit le Seigneur : J'ai résolu de faire fondre sur ce peuple des maux dont vous ne dégagerez point votre tête; et vous ne marcherez plus d'un pas superbe [3], parce que le temps sera très-mauvais.

4. En ce temps-là vous deviendrez la fable

1. Væ qui cogitatis inutile, et operamini malum in cubilibus vestris : in luce matutina faciunt illud, quoniam contra Deum est manus eorum.

2. Et concupierunt agros, et violenter tulerunt, et rapuerunt domos : et calumniabantur virum, et domum ejus; virum, et hereditatem ejus.

3. Idcirco hæc dicit Dominus : Ecce ego cogito super familiam istam malum : unde non auferetis colla vestra, et non ambulabitis superbi, quoniam tempus pessimum est.

4. In die illa sumetur super vos

---

une renonciation à l'égard de l'héritage de Geth (c'est pourquoi ne vous figurez plus, ô Juda! que vous pourrez agrandir votre territoire au moyen d'une partie du pays des Philistins) : les maisons d'Achsib tromperont les rois d'Israël. La forteresse d'Achsib ne pourra nullement, non plus que les autres forteresses, vous protéger. Achsib était une place forte de Juda (Voy. *Jos.* 15, 44).

℣. 15. — [28] Marésa recevra un autre héritier, à savoir l'Assyrien vainqueur; puis l'arrogant Israël fuira dans la caverne d'Odollam, pour s'y cacher devant les ennemis. Marésa était une place forte de Juda (*Jos.* 15, 44. 1. *Par.* 2, 42). Odollam était une grande caverne dans la partie méridionale de la même tribu (Voy. 1. *Rois*, 22, 1).

℣. 16. — [29] Donnez des signes de votre profonde douleur, ô pays de Juda, au sujet de la déportation de vos citoyens dans la captivité! Les aigles sont tristes et sans force lorsqu'ils perdent leurs plumes.

℣. 1. — [1] Litt. : qui faites le mal, qui formez des projets criminels.

[2] D'autres traduisent l'hébreu : ... dès le point du jour, parce qu'ils ont la puissance entre les mains. Ce chapitre semble ne former, avec le précédent, qu'une seule prophétie.

℣. 3. — [3] Vous serez courbés sous le malheur, comme sous un joug, tellement que vous ne pourrez plus marcher en vous redressant d'un air altier.

parabola, et cantabitur canticum cum suavitate, dicentium : Depopulatione vastati sumus : pars populi mei commutata est : quomodo recedet a me, cum revertatur, qui regiones nostras dividat?

des hommes [4], et l'on prendra plaisir à chanter des chansons sur vous, et à vous dire : Nous sommes ruinés, nous sommes pillés de toutes parts [5]; le pays qui était à nous est passé à d'autres [6]. Nos ennemis se sont retirés; mais de quelle sorte? Ce n'a été qu'afin de revenir et de partager nos terres [7].

5. Propter hoc non erit tibi mittens funiculum sortis in cœtu Domini.

5. C'est pour cela qu'il n'y aura plus personne d'entre vous qui ait sa part et son héritage dans l'assemblée du Seigneur [8].

6. Ne loquamini loquentes : Non stillabit super istos, non comprehendet confusio.

6. Ne dites point sans cesse : Ces paroles ne tomberont point sur eux; ils ne seront point couverts de confusion [9].

7. Dicit domus Jacob : Numquid abbreviatus est spiritus Domini, aut tales sunt cogitationes ejus? Nonne verba mea bona sunt cum eo, qui recte graditur?

7. L'esprit du Seigneur, dit la maison de Jacob [10], est-il devenu moins étendu, et peut-il avoir ces pensées? Il est vrai, je n'ai que des pensées de bonté, mais c'est pour ceux qui marchent dans la droiture [11].

8. Et e contrario populus meus in adversarium consurrexit : desuper tunica pallium sustulistis : et eos, qui transibant simpliciter, convertistis in bellum.

8. Mon peuple au contraire s'est révolté contre moi [12]. Vous avez ôté aux hommes non-seulement le manteau, mais la tunique; et vous avez traité en ennemis ceux qui ne pensaient à aucun mal [13].

9. Mulieres populi mei ejecistis de domo deliciarum suarum : a

9. Vous avez chassé les femmes de mon peuple des maisons où elles vivaient en re-

---

ỷ. 4. — [4] On dira : Un tel et un tel est aussi misérable et aussi infortuné qu'un Juif.

[5] Ainsi chanteront vos ennemis en se raillant du nom des Juifs.

[6] Litt. : a été changé, — contre la terre de la captivité.

[7] Comment Dieu s'est-il détourné de nous, comment a-t-il donné notre pays à ceux qui nous ont emmenés captifs! Dans l'hébreu le verset porte : En ce jour-là on fera entendre à votre sujet des chansons, et l'on chantera d'un ton triste et lugubre cette lamentation : Nous avons été dévastés (dira-t-on), il a donné (Dieu aux ennemis) l'héritage de mon peuple. Comment me l'a-t-on enlevé? Pour me le ravir (pour le donner à d'autres), il a partagé nos champs.

ỷ. 5. — [8] C'est pourquoi, vous oppresseurs du peuple (ỷ. 1, 2), vous ne conserverez pas la moindre portion dans la terre sainte, au milieu du peuple de Dieu, mais vous mourrez dans la captivité. Le pays avait été primitivement divisé au cordeau (Voy. *Jos.* 13, 7-14).

ỷ. 6. — [9] Ne vous trompez point, et ne dites point : Le châtiment de la captivité qui a été prédit ne se réalisera pas; je vous déclare au contraire qu'il arrivera. Dans l'hébreu : Ne prophétisez pas, disent-ils; que ceux-là prophétisent : quand ils ne prophétiseraient pas à ce sujet, la honte ne se fera pas attendre. Sens : Cessez, vous Michée, de nous annoncer des choses si fâcheuses; laissez parler les autres prophètes, qui nous prédisent du bonheur. Quoique vos prophètes, répond à cela Michée, ne vous prédisent pas toutes ces choses fâcheuses, elles ne laisseront pas d'arriver. On défendait au Prophète de continuer à dévoiler les actions honteuses de la nation, et de lui prédire un sort triste et malheureux.

ỷ. 7. — [10] Dans l'hébreu : Ah! que dit donc la maison de Jacob?

[11] Les Israélites disent : L'esprit du Seigneur est-il donc épuisé pour le bien; de telle sorte qu'au lieu des bienfaits qu'il nous a promis, il envoie contre nous le malheur? Peut-il concevoir des desseins qui sont en opposition ouverte avec sa bonté? A cela Dieu lui-même répond : Je n'ai promis et je ne fais du bien qu'aux hommes pieux et qui marchent dans la voie droite.

ỷ. 8. — [12] C'est au contraire mon peuple qui n'est pas juste, il s'élève contre moi comme un ennemi, méprisant et transgressant mes commandements : je ne puis donc exercer contre lui que la rigueur de mes châtiments. Dans l'hébreu : Mais déjà depuis longtemps mon peuple, etc.

[13] Dans l'hébreu : Vous avez ôté non-seulement le manteau, mais la tunique à ceux qui passaient avec sécurité, comme les hommes qui reviennent du combat (et qui ne pensent plus avoir rien à craindre d'aucun ennemi).

pos [14], et vous avez étouffé pour jamais ma louange dans *la bouche de* leurs petits enfants [15].

10. Allez-vous-en, sortez [16], vous ne trouverez point ici de repos, parce que l'impureté dont vous avez souillé *votre terre*, l'a remplie d'une horrible puanteur [17].

11. Plût à Dieu que je n'eusse point l'esprit *du Seigneur* [18], et que je dise plutôt des mensonges! *Mais ma parole* tombera sur vous comme un vin qui vous enivrera [19]; et ce sera sur vous-même, ô Israel [20]! que cette parole sera accomplie [21].

12. O Jacob! je vous rassemblerai un jour tout entier [22]; je réunirai les restes d'Israël [23]; je mettrai mon peuple tout ensemble comme un troupeau dans la bergerie, comme des brebis au milieu de leur parc; et la foule des hommes y sera si grande, qu'elle y causera même de la confusion et du trouble.

13. Car celui qui doit leur ouvrir le chemin, marchera devant eux [24]; ils passeront en troupes à la porte, et y entreront [25]: leur roi passera devant leurs yeux, et le Seigneur [26] sera à leur tête.

parvulis earum tulistis laudem meam in perpetuum.

10. Surgite, et ite, quia non habetis hic requiem : propter immunditiam ejus corrumpetur putredine pessima.

11. Utinam non essem vir habens spiritum, et mendacium potins loquerer : stillabo tibi in vinum, et in ebrietatem : et erit super quem stillatur populus iste.

12. Congregatione congregabo Jacob totum te : in unum conducam reliquias Israel, pariter ponam illum quasi gregem in ovili, quasi pecus in medio caularum, tumultuabuntur a multitudine hominum.

13. Ascendet enim pandens iter ante eos : divident, et transibunt portam, et ingredientur per eam : et transibit rex eorum coram eis, et Dominus in capite eorum.

ỳ. 9. — [14] Litt. : de leurs maisons de délices, — de leurs appartements somptueusement meublés, pour vous emparer de leurs maisons.

[15] Vous les avez dépouillés des objets et des biens pour lesquels ils me louaient.

ỳ. 10 — [16] Litt. : Levez-vous, et allez — dans la captivité.

[17] La terre sainte sera entièrement désolée et ravagée, en punition de l'idolâtrie et des crimes dont elle a été souillée. Dans l'hébreu :... allez; car cette terre n'est plus pour vous un lieu de repos; parce qu'elle a été souillée, elle périra, et elle périra pour toujours.

ỳ. 11. — [18] l'esprit prophétique.

[19] Litt. : alors je vous parlerais de vin et d'ivresse, — je vous prédirais un avenir rempli de jouissances sensuelles.

[20] Litt. : car c'est de telles choses que s'occupe ce peuple, — le peuple se répand en louanges, il ne parle que de bienfaits. — * Le mot du texte que l'on traduit par prophétiser, parler, signifie distiller. *Stillare*, laisser tomber les discours comme goutte à gouttte.

[21] Dans l'hébreu le verset porte : Plût à Dieu que je fusse un homme qui court après le vent et le mensonge (et que je dise) : Je vous annonce du vin et des liqueurs enivrantes; alors je serais un prophète pour ce peuple.

ỳ. 12. — [22] Toutefois, quoique je vous prédise des malheurs pour le présent, un temps viendra néanmoins après que vous aurez été punis, où Israël sera délivré de la captivité et rentrera dans son pays. Michée, à l'exemple de ce que font ordinairement les prophètes, rattache aux menaces du châtiment la prédiction de temps meilleurs.

[23] Je formerai un peuple unique de Juda et d'Israël (ce qui eut lieu après la captivité de Babylone).

ỳ. 13. — [24] Dans l'hébreu : celui qui brise tout, Jéhova, leur roi, qui fait disparaître tous les obstacles de la voie.

[25] dans les villes.

[26] qui est aussi leur roi.

Chap. 3 — 5.

CHAPITRE III.

Jérusalem sera dévastée en punition du péché de ses chefs.

1. Et dixi : Audite principes Jacob, et duces domus Israel : Numquid non vestrum est scire judicium,
2. qui odio habetis bonum, et diligitis malum : qui violenter tollitis pelles eorum desuper eis, et carnem eorum desuper ossibus eorum ?
3. Qui comederunt carnem populi mei, et pellem eorum desuper excoriaverunt : et ossa eorum confregerunt, et conciderunt sicut in lebete, et quasi carnem in medio ollæ.
4. Tunc clamabunt ad Dominum, et non exaudiet eos : et abscondet faciem suam ab eis in tempore illo, sicut nequiter egerunt in adinventionibus suis.
5. Hæc dicit Dominus super prophetas, qui seducunt populum meum : qui mordent dentibus suis, et prædicant pacem : et si quis non dederit in ore eorum quippiam, sanctificant super eum prælium.
6. Propterea nox vobis pro visione erit, et tenebræ vobis pro divinatione : et occumbet sol super prophetas, et obtenebrabitur super eos dies.
7. Et confundentur qui vident visiones, et confundentur divini :

1. J'ai dit encore [1] : Ecoutez, princes de Jacob, et vous chefs de la maison d'Israël : N'est-ce pas à vous à savoir [2] ce qui est juste ?

2. Et cependant vous avez de la haine pour le bien, et de l'amour pour le mal : vous arrachez aux pauvres jusqu'à leur peau, et vous leur ôtez la chair de dessus les os.

3. Ils ont mangé la chair de mon peuple; ils lui ont arraché la peau; ils lui ont brisé les os; ils les ont hachés comme dans une chaudière, et comme de la chair dans un pot.

4. Il viendra un jour où ils crieront au Seigneur, et il ne les exaucera point : il détournera alors son visage d'eux, comme le mérite la malignité de leurs actions [3].

5. Voici ce que dit le Seigneur contre les prophètes qui séduisent mon peuple, qui déchirent avec les dents, et ne laissent pas de prêcher la paix [4]; et si quelqu'un ne leur donne pas de quoi manger, ils mettent la piété à lui déclarer la guerre.

6. C'est pourquoi vous n'aurez pour vision qu'une nuit *sombre*, et pour révélation que des ténèbres [5]. Le soleil sera sans lumière à l'égard de ces prophètes, et le jour deviendra pour eux une obscurité profonde.

7. Ceux qui ont des visions seront confus, ceux qui se mêlent de deviner l'avenir, se-

℣. 1. — [1] une autre fois. Ce chapitre ne forme, à ce qu'il semble, avec les deux qui suivent qu'une seule prophétie, car on y voit la prédiction de temps meilleurs à la suite du châtiment, et toutes ses parties se conviennent et s'adaptent très-bien entre elles.
[2] ou : à faire.
℣. 4. — [3] c'est-à-dire parce que la malignité de leurs actions le mérite.
℣. 5. — [4] le salut, le bonheur.
℣. 6. — [5] D'autres traduisent : la nuit surviendra sur vous à cause de la vision, et les ténèbres à cause de la divination. La nuit et les ténèbres sont des images du malheur.

ront couverts de honte : et ils se cacheront tous le visage lorsqu'il *paraîtra* que Dieu aura été muet pour eux [6].

et operient omnes vultus suos, quia non est responsum Dei.

8. Mais pour moi, j'ai été rempli de la force, de la justice et de la vertu de l'esprit du Seigneur, pour annoncer à Jacob son crime, et à Israël son iniquité [7].

8. Verumtamen ego repletus sum fortitudine spiritus Domini, judicio, et virtute : ut annuntiem Jacob scelus suum, et Israel peccatum suum.

9. Ecoutez ceci, princes de la maison d'Israël, vous qui avez l'équité en abomination, et qui renversez tout ce qui est juste,

9. Audite hoc principes domus Jacob, et judices domus Israel : quia abominamini judicium, et omnia recta pervertitis.

10. qui bâtissez Sion du sang *des hommes*, et Jérusalem *du fruit* de l'iniquité [8].

10. Quia ædificatis Sion in sanguinibus, et Jerusalem in iniquitate.

11. Leurs princes rendent des arrêts pour des présents; leurs prêtres enseignent pour l'intérêt; leurs prophètes devinent pour de l'argent : et après cela ils se reposent sur le Seigneur, en disant: Le Seigneur n'est-il pas au milieu de nous? Nous serons à couvert de tous maux. *Ezéch.* 22, 27. *Soph.* 3, 3.

11. Principes ejus in muneribus judicabant, et sacerdotes ejus in mercede docebant, et prophetæ ejus in pecunia divinabant : et super Dominum requiescebant, dicentes : Numquid non Dominus in medio nostrum? non venient super nos mala.

12. C'est pour cela même que vous serez cause que Sion sera labourée comme un champ, que Jérusalem sera réduite en un monceau de pierres, et que la montagne où le temple est bâti, deviendra une forêt [9].

12. Propter hoc, causa vestri, Sion quasi ager arabitur, et Jerusalem quasi acervus lapidum erit, et mons templi in excelsa silvarum.

CHAPITRE IV.

Prophétie relative à la religion de la paix pour tous les hommes. Retour des Juifs se rassemblant de la dispersion au milieu des nations.

1. Mais [1] dans les derniers temps [2], la montagne sur laquelle se bâtira la maison du Seigneur, sera fondée sur le haut des monts,

1. Et erit : In novissimo dierum erit mons domus Domini præparatus in vertice montium, et

℣. 7. — [6] Litt. : parce que ce n'était pas la réponse de Dieu, — la parole relative à des temps meilleurs, qu'ils annonçaient au peuple.

℣. 8 — [7] Le Prophète se met en opposition avec les prophètes de mensonge, et il affirme qu'il est inspiré de Dieu, qu'il est doué de la connaissance et de la force de la vérité, et que c'est pour cela qu'il ne flatte point comme eux les grands et le peuple.

℣. 10. — [8] vous qui ornez et fortifiez la ville et le temple, et qui bâtissez des palais pour l'Etat avec les biens que vous extorquez aux pauvres.

℣. 12. — [9] La prophétie reçut son accomplissement par les Chaldéens (Comp. *Jér.* 26, 18).

℣. 1. — [1] Les versets 1-3 de ce chapitre se trouvent aussi dans Isaïe. Il semble que ces deux prophètes les ont fait passer dans leurs visions comme une ancienne prophétie. Voyez *Isaïe*, 2, 2-4, où l'on en trouve aussi l'explication.

[2] Cette expression est souvent mise pour « dans la suite », mais elle se trouve aussi communément pour les temps messianiques, comme ici.

sublimis super colles : et fluent ad eum populi.

2. Et properabunt gentes multæ, et dicent : Venite, ascendamus ad montem Domini, et ad domum Dei Jacob : et docebit nos de viis suis, et ibimus in semitis ejus : quia de Sion egredietur lex, et verbum Domini de Jerusalem.

3. Et judicabit inter populos multos, et corripiet gentes fortes usque in longinquum : et concident gladios suos in vomeres, et hastas suas in ligones : non sumet gens adversus gentem gladium : et non discent ultra belligerare.

4. Et sedebit vir subtus vitem suam, et subtus ficum suam, et non erit qui deterreat : quia os Domini exercituum locutum est.

5. Quia omnes populi ambulabunt unusquisque in nomine Dei sui : nos autem ambulabimus in nomine Domini Dei nostri in æternum et ultra.

6. In die illa, dicit Dominus, congregabo claudicantem : et eam, quam ejeceram, colligam; et quam afflixeram :

7. Et ponam claudicantem in reliquias : et eam, quæ laboraverat, in gentem robustam : et regnabit Dominus super eos in monte

et s'élèvera au-dessus des collines : les peuples y accourront;

2. et les nations se hâteront d'y venir en foule, en disant : Allons à la montagne du Seigneur, et à la maison du Dieu de Jacob : il nous enseignera ses voies, et nous marcherons dans ses sentiers; parce que la loi sortira de Sion, et la parole du Seigneur, de Jérusalem.

3. Il exercera son jugement sur plusieurs peuples, et il châtiera des nations puissantes jusque dans les pays les plus éloignés. Ils feront de leurs épées des socs de charrue, et de leurs lances, des instruments pour remuer la terre [3] : un peuple ne tirera plus l'épée contre un peuple, et ils ne s'exerceront plus à combattre.

4. Chacun se reposera sous sa vigne et sous son figuier, sans avoir aucun *ennemi* à craindre [4] : c'est ce que le Seigneur des armées a dit de sa bouche.

5. Que chaque peuple marche sous la protection de son dieu [5] : pour nous, nous marcherons sous la protection du Seigneur notre Dieu, jusque dans l'éternité, et au-delà.

6. En ce jour-là, dit le Seigneur, je rassemblerai celle qui était boiteuse, et je réunirai celle que j'avais chassée et affligée [6].

7. Je réserverai les restes de celle qui était boiteuse [7], et je formerai un peuple puissant de celle qui avait été si affligée [8] : et le Seigneur régnera sur eux dans la mon-

---

ỳ. 3. — [3] Dans l'hébreu : Ils courberont leurs épées en hoyaux et leurs lances en faux, en pioches, — en instruments à tailler et à faucher.

ỳ. 4. — [4] Alors chacun jouira sans être troublé des fruits de ses possessions. La vigne et l'olivier sont mis en général pour les biens temporels, de même que ces biens sont mis en général comme figure du bonheur.

ỳ. 5. — [5] Litt. : au nom de, etc. — Par ces peuples sont désignés ceux qui ne se seront point associés à la maison du Seigneur (ỳ. 2).

ỳ. 6. — [6] Vers ce même temps je rassemblerai les enfants d'Israël dispersés dans la captivité. Par l'expression « en ce jour-là, vers le même temps, » sont désignés les derniers temps, et par les derniers temps, les temps messianiques, en y comprenant les temps qui devaient leur servir de préparation, c'est-à-dire la période depuis le retour de la captivité de Babylone jusqu'à l'apparition du Libérateur, tellement qu'il est parlé tantôt des événements qui tombent dans la période préparatoire, tantôt de ceux qui se rapportent aux temps soit du premier soit du second avènement du Messie : tantôt enfin les diverses époques des temps à venir, des temps de bonheur, des temps du Messie, marchent de front dans le discours, et sont réunies dans une seule figure. Ici et dans les versets qui suivent, il semble que tout cet avenir est en même temps désigné. Les boiteux marquent en général ceux qui se trouvent dans un mauvais état.

ỳ. 7. — [7] Proprement : Je ferai que celui qui boite ait des restes, — une postérité, — les restes de la vraie race d'Abraham, qui se sont attachés à Jésus-Christ.

[8] Cette expression se rapporte surtout, suivant saint Jérôme, à la force qui s'est manifestée dans le martyre chrétien.

tagne de Sion [9], depuis ce temps-là jusque dans l'éternité. *Sophon.* 2, 19. *Daniel,* 1, 14. *Luc,* 1, 32.

Sion, ex hoc nunc et usque in æternum.

8. Et vous, tour du troupeau, fille de Sion, environnée de nuages, *le Seigneur* viendra jusqu'à vous : vous posséderez la puissance souveraine, l'empire de la fille de Jérusalem [10].

8. Et tu turris gregis nebulosa filiæ Sion usque ad te veniet: et veniet potestas prima, regnum filiæ Jerusalem.

9. Pourquoi donc êtes-vous maintenant si affligée? Est-ce que vous n'avez point de roi, ni de conseiller, que vous êtes ainsi dans la douleur, comme une femme qui est en travail [11]?

9. Nunc quare mœrore contraheris? numquid rex non est tibi, aut consiliarius tuus periit, quia comprehendit te dolor sicut parturientem?

10. Mais affligez-vous, et tourmentez-vous, ô fille de Sion! comme une femme qui enfante, parce que vous sortirez maintenant de votre ville, vous habiterez dans un pays *étranger*, et vous viendrez jusqu'à Babylone : c'est là que vous serez délivrée, et que le Seigneur vous rachètera de la main de vos ennemis [12].

10. Dole, et satage filia Sion, quasi parturiens : quia nunc egredieris de civitate, et habitabis in regione, et venies usque ad Babylonem : ibi liberaberis, ibi redimet te Dominus de manu inimicorum tuorum.

11. Plusieurs peuples se sont maintenant [13] assemblés contre vous, qui disent de Sion : Qu'elle soit lapidée, et que nos yeux se repaissent de son malheur [14].

11. Et nunc congregatæ sunt super te gentes multæ, quæ dicunt : Lapidetur : et aspiciat in Sion oculus noster.

12. Mais ils [15] n'ont pas connu quelles sont les pensées du Seigneur : ils n'ont pas compris que son dessein [16] était de les assembler, comme on amasse la paille dans l'aire [17].

12. Ipsi autem non cognoverunt cogitationes Domini, et non intellexerunt consilium ejus : quia congregavit eos quasi fœnum areæ.

13. Levez-vous, fille de Sion, et foulez la

13. Surge, et tritura filia Sion:

---

[9] dans l'Eglise (Voy. ℣. 1. *Isaï.* 2, 2).

℣. 8. — [10] Et vous, fille de Sion, royaume et ville de Jérusalem, vous avez été réduits en un champ où l'on fait paître les troupeaux, en une tour que l'on élève pour veiller sur les troupeaux et les protéger; le Seigneur redeviendra votre roi; l'autorité de Dieu, l'ancien royaume de son peuple sera rétabli. — Il s'agit ici du royaume de Jésus-Christ, de l'Eglise, qui commença par la croix à Jérusalem, et sur laquelle règne Jésus-Christ, le roi éternel. Les tours des troupeaux servaient à les garder; c'était du haut de ces tours qu'on apercevait les bêtes sauvages qui fondaient sur eux. Dans l'hébreu : Et vous qui (n'êtes plus) qu'une tour de troupeaux, colline de la fille de Sion, il viendra à vous, votre première domination reviendra, le royaume de la fille de Jérusalem.

℣. 9. — [11] Le Prophète veut dire : Mais avant que ces heureux temps arrivent, la nation perdra son roi et ira en captivité. Pour rendre tout cela plus sensible, il représente le peuple dans le deuil, il demande pourquoi il s'afflige, et il donne lui-même les motifs de son affliction (℣. 10).

℣. 10. — [12] au moyen de Cyrus.

℣. 11. — [13] Il y a des interprètes qui rapportent ce qui suit (℣. 11-13) à la persécution des Juifs par les Chaldéens, à la chute de ces derniers par Cyrus, l'instrument du Dieu des Hébreux; mais d'autres, avec saint Jérôme, en font plus justement l'application à la persécution des élus par les puissances du siècle, et à la défaite de ces puissances par la puissance de Dieu dans les derniers temps.

[14] Que l'on renverse l'Eglise de Dieu; que tous nos regards se portent sur elle. Dans l'hébreu : Qu'elle soit tenue pour impure, que nos yeux se fixent sur Sion.

℣. 12. — [15] Les peuples qui se rassemblent contre les Hébreux.

[16] Ils n'ont pas compris qu'il se proposait, non pas de perdre son peuple, mais seulement de le châtier et de le faire revenir à de meilleurs sentiments; de même qu'il ne veut point désoler ces nations, mais extirper le mal du milieu d'elles

[17] Dans l'hébreu : comme des gerbes sur l'aire. Un jour, quand son temps sera venu, il les punira.

quia cornu tuum ponam ferreum, et ungulas tuas ponam æreas : et comminues populos multos, et interficies Domino rapinas eorum, et fortitudinem eorum Domino universæ terræ.

paille [18] : car je vous donnerai une corne de fer, je vous donnerai des ongles d'airain, et vous briserez plusieurs peuples; vous immolerez au Seigneur ce qu'ils ont ravi aux autres [19], et *vous consacrerez* au Dieu de toute la terre ce qu'ils ont de plus précieux [20].

CHAPITRE V.

Les ennemis d'Israel seront châtiés. Le Messie sortant de Bethléhem. Son règne sera un règne de paix, auquel rien ne résistera.

1. Nunc vastaberis filia latronis : obsidionem posuerunt super nos, in virga percutient maxillam judicis Israel.
2. ET TU BETHLEHEM Ephrata parvulus es in millibus Juda : ex te mihi egredietur qui sit dominator in Israel, et egressus ejus ab initio, a diebus æternitatis.
3. Propter hoc dabit eos usque ad tempus, in quo parturiens pa-

1. Vous allez être pillée, ô fille de voleurs [1] ! Ils nous assiégeront *de toutes parts;* ils lèveront la verge sur le prince d'Israel, et le frapperont à la joue [2].
2. ET VOUS, BETHLÉHEM Ephrata [3], vous êtes petite entre les villes de Juda [4]; mais c'est de vous que doit sortir celui qui doit régner dans Israel [5], dont la génération [6] est dès le commencement, dès l'éternité [7].
3. C'est pour cela [8] que Dieu abandonnera les *siens* [9] jusqu'au temps où celle qui doit

ỹ. 13. — [18] Le Prophète, sous la figure d'un bœuf qui foule, exhorte le peuple élu à se lever pour vaincre et anéantir ses ennemis. Ces paroles regardent l'anéantissement du royaume de Chaldée par les Perses, qui vengèrent les outrages faits aux Juifs en leur propre nom et comme tenant leur place. Il s'agit en même temps de la victoire finale des élus sur les hordes de l'Antechrist.

[19] Vous offrirez au Seigneur leurs richesses, qu'ils ont accumulées par la rapine.

[20] D'autres traduisent : leurs trésors.

ỹ. 1. — [1] Ce verset se rattache encore à ce qui précède, de même que tout ce chapitre (Voy. *pl. h.* 3. note 1). D'autres traduisent l'hébreu : Et maintenant formez vos bataillons, vous fille des bataillons (et maintenant Babylone, rassemblez les peuples contre Jérusalem).

[2] Ils traiteront ignominieusement le roi et ses ministres.

ỹ. 2. — [3] Une ville dans la tribu de Juda, le lieu de la naissance d'Isaï, père de David, surnommée Ephrata, pour la distinguer de Bethléhem dans la tribu de Zabulon. Bethléhem veut dire maison de pain.

[4] Litt. : entre les mille de Juda, — c'est-à-dire vous êtes si petite que vous ne comptez pas même mille citoyens. Selon saint *Jean*, 7, 42, Bethléhem n'était qu'un bourg. Parmi les Israélites, mille hommes avaient un chef de mille, et les villes qui comptaient mille citoyens, étaient des villes de princes ou de chefs (Voy. 2. *Moys.* 18, 21 et suiv. 5. *Moys.* 33, 17).

[5] De vous me naîtra (au peuple) (comme 1. *Moys.* 17, 6) le Messie. Telle est l'explication que même les Juifs donnaient de ce passage du temps de Jésus-Christ (*Matth.* 2, 4-6. *Jean*, 7, 42). Dans saint *Matthieu* 2, 6. le texte est cité en des termes différents, mais ayant le même sens.

[6] Litt. : la sortie, l'origine.

[7] Ceci marque la génération éternelle du Messie comme Fils de Dieu (voyez *Isaïe*, 9, 6).

ỹ. 3. — [8] en considération de cette domination future du Messie, laquelle demande un peuple animé de meilleures dispositions, purifié. D'autres traduisent l'hébreu : Cependant (nonobstant) cette future domination du Messie, etc.

[9] à leurs ennemis, pour les châtier et les purifier.

enfanter enfantera [10]; et ceux de ses frères qui seront restés [11] se convertiront, *et se joindront* aux enfants d'Israël [12].

4. Il demeurera ferme, et il paîtra son troupeau dans la force du Seigneur [13], dans la sublimité de la majesté du Seigneur son Dieu [14] : et ils se convertiront, parce que *sa grandeur* éclatera jusqu'aux extrémités du monde [15].

5. C'est lui qui sera *notre* paix [16]. Lorsque les Assyriens [17] viendront dans notre terre, et qu'ils seront entrés jusque dans nos maisons, nous susciterons contre eux sept pasteurs et huit princes [18],

6. qui détruiront avec l'épée la terre d'Assur, et le pays de Nemrod avec ses lances. Il nous délivrera ensuite des Assyriens, en *les empêchant* de venir dans notre terre, et de mettre le pied dans notre pays.

7. Alors les restes de Jacob [19] seront au milieu de la multitude des peuples, comme une rosée qui vient du Seigneur [20], et comme des gouttes d'eau *qui tombent* sur l'herbe, sans dépendre de personne, et sans attendre rien des enfants des hommes [21].

8. Et les restes de Jacob seront parmi les nations et au milieu de la multitude des peuples, comme un lion parmi les autres bêtes de la forêt, et un lionceau parmi les brebis, qui passe *au travers du troupeau*, qui le foule aux pieds, et ravit sa proie [22], sans que personne puisse la lui ôter [23].

9. Votre main s'élèvera au-dessus de ceux

riet : et reliquiæ fratrum ejus convertentur ad filios Israel.

4. Et stabit, et pascet in fortitudine Domini, in sublimitate nominis Domini Dei sui : et convertentur, quia nunc magnificabitur usque ad terminos terræ.

5. Et erit iste pax : cum venerit Assyrius in terram nostram, et quando calcaverit in domibus nostris : suscitabimus super eum septem pastores, et octo primates homines.

6. Et pascent terram Assur in gladio, et terram Nemrod in lanceis ejus : et liberabit ab Assur cum venerit in terram nostram, et cum calcaverit in finibus nostris.

7. Et erunt reliquiæ Jacob in medio populorum multorum quasi ros a Domino, et quasi stillæ super herbam, quæ non expectat virum, et non præstolatur filios hominum.

8. Et erunt reliquiæ Jacob in gentibus in medio populorum multorum, quasi leo in jumentis silvarum, et quasi catulus leonis in gregibus pecorum : qui cum transierit, et conculcaverit, et ceperit, non est qui eruat.

9. Exaltabitur manus tua super

---

[10] Marie, ou l'assemblée des élus, l'Eglise (comme *Isaï.* 54, 1. Comp. *Apoc.* 12, 2, 5).

[11] les nations.

[12] les Israélites qui se rassembleront sous le Messie.

℣. 4. — [13] avec une puissance divine.

[14] au nom sublime, c'est-à-dire dans l'être divin du Seigneur, avec la nature et la substance divine. Le nom de Dieu est employé communément, dans le langage biblique, pour l'être même de Dieu.

[15] Dans l'hébreu : et ils habiteront dans la sécurité, parce que, etc.

℣. 5. — [16] le prince de la paix (Voy. *Ephés.* 2, 14. Comp. *Rom.* 15, 33. *Col.* 3, 15. *Isaï.* 9, 6).

[17] Les Assyriens sont mis en général pour les ennemis du peuple élu, ses ennemis dans toutes les périodes de la domination messianique, ses ennemis spirituels et temporels.

[18] alors nous enverrons contre lui grand nombre de généraux. Les nombres déterminés sept, huit, sont mis pour une pluralité indéterminée.

℣. 7. — [19] le petit nombre des adeptes du Messie sortis du milieu des Juifs, ou en général les premiers chrétiens.

[20] Ils procureront le même rafraîchissement et la même vie par la prédication de l'Evangile.

[21] sans attendre les soins de l'homme (parce que sans secours humain, par la seule bénédiction de Dieu, elle est assez féconde)

℣. 8. — [22] Dans l'hébreu : et la déchire.

[23] Tous les ennemis des élus seront à la fin anéantis.

hostes tuos, et omnes inimici tui interibunt.
10. Et erit in die illa, dicit Dominus : Auferam equos tuos de medio tui, et disperdam quadrigas tuas.
11. Et perdam civitates terræ tuæ, et destruam omnes munitiones tuas, et auferam maleficia de manu tua, et divinationes non erunt in te.
12. Et perire faciam sculptilia tua, et statuas tuas de medio tui : et non adorabis ultra opera manuum tuarum.
13. Et evellam lucos tuos de medio tui : et conteram civitates tuas.
14. Et faciam in furore et in indignatione ultionem in omnibus gentibus, quæ non audierunt.

qui vous combattent, et tous vos ennemis périront.
10. En ce jour-là[24], dit le Seigneur, je vous ôterai vos chevaux, et je briserai vos chariots de guerre [25].
11. Je ruinerai les villes de votre pays, et je détruirai tous vos remparts : j'arracherai d'entre vos mains tout ce qui servait à vos sortilèges, et il n'y aura plus de devins parmi vous [26].
12. J'exterminerai du milieu de vous vos idoles et vos statues; et vous n'adorerez plus les ouvrages de vos mains.
13. J'arracherai les grands bois [27] que vous avez plantés; je réduirai vos villes en poudre,
14. et je me vengerai, dans ma fureur et dans mon indignation, de tous les peuples qui ne m'ont point écouté [28].

ỳ. 10. — [24] dans les temps messianiques. Ce qui suit contient une promesse faite au peuple élu, aux nouveaux Israélites, d'un état plein de joie et de contentement sous la domination du Messie, d'un culte pur et sincère rendu au seul vrai Dieu, et du châtiment de ses ennemis.

[25] Je ferai disparaître du milieu de vous tous les instruments de guerre; je vous établirai dans un état où vous n'aurez plus besoin ni de chevaux, ni de chariots de guerre, ni de forteresses (Comp. *Isaï*. 2).

ỳ. 11. — [26] La superstition et les fausses croyances seront bannies du milieu de vous.

ỳ. 13. — [27] les forêts consacrées aux dieux (Voy. 3. *Rois*, 14, 23).

ỳ. 14. — [28] D'autres traduisent : ... de tous les peuples qui ne m'ont point obéi. — * Les chapitres 4 et 5 nous offrent une prophétie, qui est entièrement dans le genre de celles d'Isaïe (Comp. *Isaïe*, 2, 7. 11, etc.). Après avoir tracé (chap. 1-3) un sombre tableau des vices dans lesquels étaient plongés tant les habitants de Juda que ceux d'Israël, et leur avoir prédit que tant de désordres seraient punis par des châtiments sévères, et surtout par la captivité en des contrées étrangères, le Prophète, dans son coup d'œil prophétique, voit à la suite de ces temps de malheur, venir des temps plus heureux, les temps désirés du Messie. Alors, dans ces temps fortunés, non-seulement Israël vainqueur de ses ennemis sera délivré et rentrera dans le pays de ses pères, mais la loi et la parole du Seigneur sortiront de Sion, toutes les nations accourront à la montagne sainte, toutes se rassembleront pour ne former avec le peuple de Dieu qu'un seul et même peuple : et tous, de concert, vivant dans la paix la plus profonde, marcheront à la clarté de la loi du Seigneur (4, 1-7). Or, pour opérer cette restauration du royaume du peuple de Dieu, un libérateur sera suscité d'en haut, et ce sera lui qui rachètera son peuple et le ramènera de la captivité. Mais ce libérateur quel sera-t-il? Quoique Bethléhem ne soit qu'un petit bourg qui n'est pas même compté parmi les villes de Juda qui ont un chef de mille hommes, néanmoins ce sera à Bethléhem que naîtra ce libérateur promis (4, 2). Et ce libérateur sera un libérateur vraiment divin : par son origine *il est avant tous les temps, il est de toute éternité* (2); possédant la force et la puissance même de Dieu (3), il brisera tous les ennemis de son peuple (4-14); son empire, qui comprendra toutes les nations, s'étendra jusqu'aux extrémités de la terre, et lui-même *sera la paix* ou *le Pacifique* (4-8). Cependant le nouveau royaume de Dieu, désormais comblé de bénédictions et invincible, ne cherchera plus de secours humains (5-7) : son seul appui et son unique soutien sera le Seigneur, qui de plus fera disparaître à jamais du milieu de son peuple nouveau la superstition et l'idolâtrie; car l'homme désormais ne se prosternera plus devant les idoles, ouvrage de ses mains (8 14). Ainsi cette belle et magnifique prophétie nous fait connaître tout à la fois et le lieu où le libérateur promis devait naître, et les caractères propres qui devaient le distinguer, et les heureuses suites de la dé-

CHAP. 6 — 7.

CHAPITRE VI.

Dieu entrera en jugement avec son peuple. Comment on peut l'apaiser. Invective contre plusieurs vices, et leur châtiment.

1. Ecoutez ce que le Seigneur m'a dit : Allez, soutenez ma cause contre les montagnes; et faites entendre aux collines votre voix [1].

2. Montagnes, écoutez la défense du Seigneur, *écoutez-la*, vous qui êtes les fermes fondements de la terre : car le Seigneur veut entrer en jugement avec son peuple, et se justifier devant Israël.

3. Mon peuple, que vous ai-je fait, en quoi vous ai-je donné sujet de vous plaindre? Répondez-moi. *Jér.* 2, 5.

4. Est-ce à cause que je vous ai tiré de l'Egypte, que je vous ai délivré d'une maison d'esclavage, et que j'ai envoyé pour vous conduire Moyse, Aaron et Marie [2]?

5. Mon peuple, souvenez-vous, je vous prie, du dessein que Balac, roi de Moab, avait formé, de ce que lui répondit Balaam, fils de Béor [3], *et de ce que j'ai fait pour vous*

1. Audite quæ Dominus loquitur : Surge, contende judicio adversum montes, et audiant colles vocem tuam.

2. Audiant montes judicium Domini, et fortia fundamenta terræ : quia judicium Domini cum populo suo, et cum Israel dijudicabitur.

3. Popule meus quid feci tibi, aut quid molestus fui tibi? responde mihi.

4. Quia eduxi te de terra Ægypti, et de domo servientium liberavi te : et misi ante faciem tuam Moysen, et Aaron, et Mariam?

5. Popule meus memento quæso quid cogitaverit Balach rex Moab, et quid responderit ei Balaam filius Beor, de Setim usque ad

livrance qu'il devait opérer. C'est le sentiment commun de tous les interprètes tant juifs que chrétiens, que le libérateur ici annoncé n'est autre que le Messie, et c'est ce qui résulte clairement de l'ensemble de la prophétie. Le seul personnage de l'Ancien Testament auquel on ait voulu en faire l'application, est Zorobabel. Mais sans rappeler que Zorobabel est né, non à Bethléhem, mais à Babylone, aucun des caractères distinctifs attribués ici à celui que le Prophète avait en vue, ne peut lui convenir. — Du reste, chacun verra aisément avec quelle justesse, au contraire, la prophétie, dans tout son ensemble et dans toutes ses circonstances, s'applique à Jésus-Christ et à son Eglise. Non-seulement Jésus-Christ a pris naissance à Bethléhem, selon la parole du Prophète, mais il est vraiment devenu le dominateur des nations; tous les peuples se sont réunis pour marcher à la lumière de sa loi, qui est sortie de Jérusalem et de Sion, et son empire s'étend véritablement jusqu'aux extrémités de la terre. Il est aussi, par la grâce de la rédemption, notre paix, et par sa doctrine et ses sacrements, *le Pasteur fidèle* qui fait paître *les siens* dans la force du Seigneur et la sublimité du nom de Dieu, qu'il a fait connaître à tous les hommes. Enfin *sa sortie est avant tous les temps, elle sera de toute éternité*; car *au commencement était le Verbe, et le Verbe était en Dieu, et le Verbe était Dieu* (*Jean*, 1, 1. Comp. *Coloss*. 1, 19. 2, 2. 9). — On remarquera (ỳ. 3) l'allusion à la tradition, objet d'une magnifique prophétie d'Isaïe (chap. 7), suivant laquelle le Messie devait naître d'une mère vierge (Comp. *Matth*. 1, 22. 23. 2, 1-6).

ỳ. 1. — [1] Les montagnes sont figurément appelées en jugement, à cause du culte des idoles qui s'y pratiquait. Les deux derniers chapitres semblent ne former qu'une prophétie.

ỳ. 4. — [2] la sœur de Moyse (Voy. 2. *Moys*. 15, 20. Comp. 4. *Moys*. 12, 1. 2).

ỳ. 5. — [3] Voyez l'histoire 4. *Moys*. 22-24).

Galgalam, ut cognosceres justitias Domini.

6. Quid dignum offeram Domino? curvabo genu Deo excelso? numquid offeram ei holocautomata, et vitulos anniculos?

7. Numquid placari potest Dominus in millibus arietum, aut in multis millibus hircorum pinguium? numquid dabo primogenitum meum pro scelere meo, fructum ventris mei pro peccato animæ meæ?

8. Indicabo tibi ô homo quid sit bonum, et quid Dominus requirat a te : Utique facere judicium, et diligere misericordiam, et sollicitum ambulare cum Deo tuo.

9. Vox Domini ad civitatem clamat, et sains erit timentibus nomen tuum : Audite tribus, et quis approbabit illud?

10. Adhuc ignis in domo impii thesauri iniquitatis, et mensura minor iræ plena.

11. Numquid justificabo stateram impiam, et saccelli pondera dolosa?

12. In quibus divites ejus repleti sunt iniquitate, et habitantes

entre Sétim et Galgala [4]; et reconnaissez combien le Seigneur est juste [5].

6. Qu'offrirai-je à Dieu qui soit digne de lui [6]? Fléchirai-je les genoux devant le Dieu très-haut? Lui offrirai-je des holocaustes, et des veaux d'un an [7]?

7. L'apaiserai-je en lui sacrifiant mille béliers, ou des milliers de boucs engraissés [8]? Lui sacrifierai-je pour mon crime mon fils aîné, et pour mon péché, quelque autre de mes enfants?

8. O homme! je vous dirai ce qui vous est utile, et ce que le Seigneur demande de vous : c'est que vous agissiez selon la justice, que vous aimiez la miséricorde, et que vous marchiez en la présence du Seigneur avec une vigilance pleine d'une crainte respectueuse.

9. Le Seigneur parle à la ville avec une voix puissante [9], et ceux qui craindront votre nom [10], seront sauvés : Ecoutez, ô tribus! mais qui est-ce qui recevra avec soumission cette parole [11]?

10. Les trésors de l'iniquité sont encore dans la maison de l'impie, comme un feu [12]; et la fausse mesure est pleine de la colère *de Dieu*.

11. Puis-je ne pas condamner la balance injuste, et le poids trompeur du sac?

12. C'est par ces moyens que les riches [13] sont remplis d'iniquité. Les habitants *de Jé-*

---

[4] Sétim était le lieu où les Israélites se livrèrent à l'idolâtrie avec les Moabites, et Galgala le premier campement à l'entrée dans la terre promise (*Jos.* 4, 20). Entre ce campement et le péché dont il s'agit, eurent lieu la conquête des pays au-delà du Jourdain, le passage du Jourdain et la prise de Jéricho, événements par lesquels Dieu se montra particulièrement favorable.

[5] combien ses plaintes sont justes.

ỳ. 6. — [6] Le Prophète fait cette question au nom du peuple, afin de lui apprendre ainsi quel est son devoir, et il veut dire : Que si vous désirez vous montrer reconnaissant pour les bienfaits que vous avez reçus, et apaiser Dieu irrité de votre infidélité, vous ne pouvez le faire par ces sacrifices, mais par la vertu et la crainte de Dieu. Dans l'hébreu : Avec quoi paraîtrai-je devant Dieu?

[7] les plus excellentes victimes (Voy. 3. *Moys.* 9, 2. 3).

ỳ. 7. — [8] Dans l'hébreu : avec des milliers de ruisseaux d'huile.

ỳ. 9. — [9] Au lieu de ces sentiments qu'inspirent la vertu et la crainte de Dieu, c'est la pensée du Prophète, l'iniquité la plus monstrueuse est à l'ordre du jour. — Dieu fait cette déclaration au peuple pour le confondre, et il le menace de châtiment.

[10] vous.

[11] Dans l'hébreu : Ecoutez le châtiment (la verge), et qui l'a ordonné. — * Il y en a qui rendent tout ce verset d'après l'hébreu : La voix de Jéhovah criera à la ville, et la sagesse verra votre nom (c'est-à-dire fait attention à vous) : Ecoutez la verge (le châtiment) et qui l'a destinée?

ỳ. 10. — [12] Il y a encore dans la maison de l'impie des richesses injustement acquises, qui la dévoreront comme [illegible].

ỳ. 12. — [13] Litt. : Ses riches, [illegible].

rusalem usent de mensonge, et leur langue est dans leur bouche comme un instrument de tromperie.

13. C'est donc pour cela, c'est pour vos péchés que j'ai commencé à vous frapper d'une plaie mortelle.

14. Vous mangerez, et vous ne serez point rassasiés; vous serez pénétrés de confusion et de maux [14]; vous prendrez entre vos bras *vos enfants pour les sauver*, et vous ne les sauverez point [15] : que si vous en sauvez quelques-uns, je les livrerai encore au tranchant de l'épée.

15. Vous sèmerez, et vous ne recueillerez point; vous presserez les olives, et vous ne vous servirez point d'huile; vous foulerez les raisins, et vous n'en boirez point le vin. 5. *Moys*. 28, 38. *Agg*. 1, 6.

16. Vous avez gardé avec soin les ordonnances d'Amri; vous avez imité en toutes choses la maison d'Achab [16], et vous avez marché sur leurs traces. C'est pourquoi je vous abandonnerai à votre perte; je rendrai vos [17] habitants l'objet de la raillerie, et vous serez couverts de l'opprobre que mérite mon peuple.

in ea loquebantur mendacium, et lingua eorum fraudulenta in ore eorum.

13. Et ego ergo cœpi percutere te perditione super peccatis tuis.

14. Tu comedes, et non saturaberis : et humiliatio tua in medio tui : et apprehendes, et non salvabis : et quos salvaveris, in gladium dabo.

15. Tu seminabis, et non metes : tu calcabis olivam, et non ungeris oleo; et mustum et non bibes vinum.

16. Et custodisti præcepta Amri, et omne opus domus Achab, et ambulasti in voluntatibus eorum, ut darem te in perditionem, et habitantes in ea in sibilum : et opprobrium populi mei portabitis.

CHAPITRE VII.

Rareté des hommes pieux et justes. Espérance et promesse que Dieu fera miséricorde à son peuple.

1. Malheur à moi, parce que je suis réduit à cueillir des raisins à la fin de l'automne, après *que* la vendange *a été faite* : je ne trouve pas à manger une seule grappe, et j'ai désiré en vain quelques-unes de ces figues les premières mûres [1].

2. On ne trouve plus de saints sur la terre; il n'y a personne qui ait le cœur droit. Tous

1. Væ mihi, quia factus sum sicut qui colligit in autumno racemos vindemiæ : non est botrus ad comedendum, præcoquas ficus desideravit anima mea.

2. Periit sanctus de terra, et rectus in hominibus non est : om-

---

ỳ. 14. — [14] Litt. : Votre humiliation sera au milieu de vous. — Les troubles et les fléaux suffiront pour vous abaisser dans votre propre pays, sans guerre extérieure.

[15] Ce sera en vain que vous chercherez à sauver ceux qui vous seront le plus chers.

ỳ. 16. — [16] Amri fut un zélé fauteur du culte des veaux d'or, et Achab, à l'instigation de son épouse Jézabel, favorisa le culte de Baal (Voy. 3. *Rois*, 16, 21-32).

[17] Litt. : ses.

ỳ. 1. — [1] Malheur à moi! Il en est comme lors du glanage des fruits et des raisins, lorsqu'on ne trouve plus ni raisins ni figues, quoique l'on en éprouve le plus vif désir; je ne trouve de même présentement plus aucun homme pieux et juste.

nes in sanguine insidiantur, vir fratrem suum ad mortem venatur.

tendent des piéges pour verser le sang; le frère cherche la mort de son frère.

3. Malum manuum suarum dicunt bonum : princeps postulat, et judex in reddendo est : et magnus locutus est desiderium animæ suæ, et conturbaverunt eam.

3. Ils appellent bien le mal qu'ils font [2]. Le prince exige; le juge est à vendre [3]; un grand fait éclater dans ses paroles la passion de son cœur; et *ceux qui l'approchent* la fortifient [4].

4. Qui optimus in eis est, quasi paliurus : et qui rectus, quasi spina de sepe. Dies speculationis tuæ, visitatio tua venit : nunc erit vastitas eorum.

4. Le meilleur d'entre eux est comme une ronce, et le plus juste est comme l'épine d'une haie [5]. Mais voici le jour qu'ont vu *les prophètes;* voici le temps où Dieu vous visitera : ils vont être détruits.

5. Nolite credere amico : et nolite confidere in duce : ab ea, quæ dormit in sinu tuo, custodi claustra oris tui.

5. Ne vous fiez point à votre ami; ne vous reposez point sur celui qui vous gouverne [6]: tenez fermée la porte de votre bouche, *et ne vous ouvrez pas* à celle-là même qui dort auprès de vous.

6. Quia filius contumeliam facit patri, et filia consurgit adversus matrem suam, nurus adversus socrum suam : et inimici hominis domestici ejus.

6. Car le fils traite son père avec outrage, la fille s'élève contre sa mère, la belle-fille contre la belle-mère, et l'homme a pour ennemis ceux de sa propre maison. *Matth.* 10, 21. 36.

7. Ego autem ad Dominum aspiciam, expectabo Deum salvatorem meum : audiet me Deus meus.

7. Mais pour moi je jetterai les yeux sur le Seigneur [7]; j'attendrai Dieu mon sauveur: *et* mon Dieu écoutera ma voix.

8. Ne læteris inimica mea super me, quia cecidi : consurgam, cum sedero in tenebris, Dominus lux mea est.

8. O mon ennemi [8] ! ne vous réjouissez point de ce que je suis tombée : je me relèverai après que je me serai assise dans les ténèbres; le Seigneur est ma lumière.

9. Iram Domini portabo, quoniam peccavi ei, donec causam meam judicet, et faciat judicium meum : educet me in lucem, videbam justitiam ejus.

9. Je porterai *le poids* de la colère du Seigneur, parce que j'ai péché contre lui, jusqu'à ce qu'il juge ma cause, et qu'il se déclare pour moi. Il me fera passer à la lumière [9]; je contemplerai sa justice [10].

10. Et aspiciet inimica mea, et operietur confusione, quæ dicit ad me : Ubi est Dominus Deus tuus? Oculi mei videbunt in eam : nunc erit in conculcationem ut lutum platearum.

10. Alors mon ennemie verra, et elle sera couverte de confusion, elle qui me dit maintenant : Où est le Seigneur votre Dieu? Mes yeux la verront, et elle sera foulée aux pieds comme la boue qui est dans les rues.

11. Dies, ut ædificentur mace-

11. En ce jour-là vos masures seront

℣. 3. — [2] Dans l'hébreu : Leurs mains sont prêtes pour le mal, au lieu de faire le bien.

[3] Litt. : est dans les rétributions, — il juge de manière à être récompensé de ce qu'il a fait en faveur des princes.

[4] Autrement : et ils (les grands) l'ont troublé (la terre, le pays). — Le grand rend la justice comme il lui plaît, et de cette manière il met la perturbation dans l'Etat. Dans l'hébreu :... le grand parle selon la cupidité de son âme, et il la pervertit (la justice).

℣. 4. — [5] Même les meilleurs sont entièrement sauvages et inutiles.

℣. 5. — [6] D'autres traduisent : sur votre confident.

℣. 7. — [7] Le Prophète parle au nom du petit nombre d'hommes pieux, qui au milieu même de la situation malheureuse où était l'Etat, espéraient que Dieu viendrait à la fin à leur secours, lors même que le châtiment éclaterait sur eux.

℣. 8. — [8] Il s'agit de Babylone. D'autres traduisent : O mes ennemis, ne vous réjouissez point à mon sujet, de ce que je suis tombée.

℣. 9. — [9] Il me rétablira dans une situation heureuse.

[10] D'autres traduisent : sa bonté.

changées en des bâtiments : en ce jour-là vous serez affranchi de la loi [11].

riæ tuæ : in die illa longe fiet lex.

12. En ce jour-là on viendra de l'Assyrie jusqu'à vous, et jusqu'à vos villes fortes; et de vos villes fortes jusqu'au fleuve; depuis une mer jusqu'à l'autre mer, et depuis les montagnes jusqu'à la montagne [12].

12. In die illa et usque ad te veniet de Assur, et usque ad civitates munitas; et a civitatibus munitis usque ad flumen, et ad mare de mari, et ad montem de monte.

13. Et la terre [13] sera désolée à cause de ses habitants, pour les punir de leurs desseins criminels.

13. Et terra erit in desolationem propter habitatores suos, et propter fructum cogitationum eorum.

14. Paissez et *conduisez* avec votre verge votre peuple, le troupeau de votre héritage, *désolé* comme ceux qui habitent seuls dans une forêt; *paissez-le* au milieu du Carmel. Les troupeaux iront paître en Basan et en Galaad, comme ils y allaient autrefois [14].

14. Pasce populum tuum in virga tua, gregem hereditatis tuæ, habitantes solos in saltu, in medio Carmeli : pascentur Bazan et Galaad juxta dies antiquos.

15. Je ferai voir des merveilles à mon peuple, comme lorsque je vous tirai de l'Egypte [15].

15. Secundum dies egressionis tuæ de terra Ægypti ostendam ei mirabilia.

16. Les nations les verront, et elles seront confondues avec toute leur puissance. Les peuples mettront leur main sur leur bouche, et leurs oreilles deviendront sourdes [16].

16. Videbunt gentes, et confundentur super omni fortitudine sua: ponent manum super os, aures eorum surdæ erunt.

17. Ils mangeront la poussière comme les serpents; ils seront épouvantés dans leurs maisons, comme les bêtes qui rampent sur la terre. Ils trembleront devant le Seigneur notre Dieu, et ils vous craindront [17].

17. Lingent pulverem sicut serpentes, velut reptilia terræ perturbabuntur in ædibus suis : Dominum Deum nostrum formidabunt, et timebunt te.

ỳ. 11. — [11] Le jour de la liberté, ô Jérusalem et Juda! viendra pour vous; alors vous relèverez les lieux de votre pays qui sont couverts de ruines, et vous vivrez selon votre loi, sans avoir plus à gémir et à souffrir l'angoisse ou l'oppression par les ordres des tyrans.

ỳ. 12. — [12] En ce jour-là les Israélites reviendront de la captivité d'Assyrie (de Chaldée) dans la Palestine, et ils contempleront leur pays depuis les places fortes à la frontière de l'Egypte jusqu'au fleuve de l'Euphrate, depuis la mer Morte jusqu'à la mer Méditerranée, depuis les montagnes d'Edom au midi, jusqu'au Liban. Dans l'hébreu : on viendra à vous depuis l'Assyrie et les villes de l'Egypte, et depuis l'Egypte jusqu'au fleuve.

ỳ. 13. — [13] Quelques-uns entendent le pays des Chaldéens, d'autres la Judée.

ỳ. 14. — [14] Le Prophète conjure Dieu de faire paître Israël, qu'il a séparé de tous les autres peuples comme sa possession particulière, sur les hauteurs couvertes de forêts du Carmel, de Basan et de Galaad, et de le faire encore jouir du bonheur, comme dans les temps passés. L'emploi du pasteur est l'image du gouvernement. Les contrées fertiles qui sont mentionnées figurent le bonheur et l'état de prospérité.

ỳ. 15. — [15] Dieu répond à la prière du Prophète, qu'il délivrera son peuple de la captivité de Babylone d'une manière aussi merveilleuse qu'il l'a autrefois tiré de l'Egypte.

ỳ. 16. — [16] d'étonnement. Paroles du Prophète. Mettre la main sur sa bouche est une action symbolique, pour marquer qu'on veut garder le silence.

ỳ. 17. — [17] Les peuples seront alors dans la plus profonde soumission; ils seront saisis de crainte à la vue des miracles que Dieu opérera et devant le peuple dont il est le protecteur. Ces paroles se rapportent, il est vrai, dans le sens prochain, à la victoire que le peuple d'Israël remporta sur les nations par son retour de la captivité; mais dans leur sens adéquat elles ne conviennent qu'à la victoire des élus sur la gentilité dans les temps du Messie. Dans l'hébreu : Ils lècheront la

18. Quis Deus similis tui, qui aufers iniquitatem, et transis peccatum reliquiarum hereditatis tuæ? non immittit ultra furorem suum, quoniam volens misericordiam est.

18. Dieu! qui est semblable à vous, vous qui effacez l'iniquité, et qui oubliez les péchés du reste de votre héritage [18]? *Le Seigneur* ne répandra plus sa fureur contre les siens [19], parce qu'il se plaît à faire miséricorde. *Jér.* 10, 6. *Act.* 10, 43.

19. Revertetur, et miserebitur nostri : deponet iniquitates nostras, et projiciet in profundum maris omnia peccata nostra.

19. Il aura encore compassion de nous; il détruira nos iniquités, et il jettera tous nos péchés au fond de la mer.

20. Dabis veritatem Jacob, misericordiam Abraham : quæ jurasti patribus nostris a diebus antiquis.

20. O *Seigneur!* vous accomplirez votre parole sur Jacob, vous ferez miséricorde à Abraham, selon que vous l'avez promis avec serment à nos pères depuis tant de siècles.

---

terre comme le serpent, comme les reptiles de la terre, ils sortiront en tremblant de leurs cloisons; ils redouteront le Seigneur, etc.

ỳ. 18. — [18] des Israélites que vous avez ramenés de la captivité et sauvés.

[19] Dans l'hébreu : Il ne conservera point pour toujours sa colère.

PRÉFACE

SUR LE PROPHÈTE NAHUM

Nahum d'Elcéséi (Elkosch), une localité située vraisemblablement dans la Galilée, prophétisa contre le royaume d'Assyrie, spécialement contre Ninive, sa ville capitale, à laquelle il prédit qu'elle sera bientôt assiégée et détruite. Il n'est marqué nulle part à quelle époque Nahum fit sa prophétie; mais on peut le déduire avec une certaine vraisemblance de ce qui en fait l'objet. Les Assyriens y étant d'une part représentés comme les plus grands ennemis des Israélites, et, d'autre part, les Assyriens du premier royaume d'Assyrie, n'ayant jamais été les ennemis d'Israël, il faut que le Prophète ait vécu et prophétisé pendant la durée du second royaume d'Assyrie; et comme il y est fait allusion (chap. 1, 12) à l'invasion du roi d'Assyrie, Sennachérib (*Isaï.* 37, 36. 4. *Rois*, 19, 33), il s'ensuit qu'il a écrit dans les derniers temps du règne d'Ezéchias, roi de Juda. La guerre contre Ninive et la destruction de cette ville qu'il prédit, ne sont donc pas celles qui eurent lieu sous Sardanapale, et dont les auteurs furent Arbacès, roi des Mèdes, et Bélésys, préfet de Babylone, 977-867 avant J.-C., et qui mirent fin au royaume d'Assyrie, mais celles qui arrivèrent sous Chiniladanus par Cyaxare Ier et Nabopolassar, 625 ans avant J.-C., événements qui firent passer le second royaume d'Assyrie aux Chaldéens. L'histoire ne nous a rien conservé relativement aux circonstances de la vie du Prophète; mais dans tous les temps les Juifs et les chrétiens ont considéré sa prophétie comme authentique et un écrit divin. Saint Jérôme remarque d'ailleurs que ce que Nahum dit de Ninive, cette ville souillée par le sang et l'idolâtrie, s'applique, dans un sens plus élevé, au monde, par la destruction finale duquel les hommes pieux doivent se consoler, afin de s'exciter au mépris de ce qui est fragile et périssable, et se préparer à ce grand jour du jugement, auquel le Seigneur mettra fin à la domination de leurs ennemis.

LE PROPHÈTE NAHUM

CHAPITRE PREMIER.

Dieu, dans sa toute-puissance et sa justice, châtiera les Assyriens. Il délivrera Juda, qu'ils tiennent opprimé.

1. Ouns Ninive : Liber visionis Nahum Elcesæi.

2. Deus æmulator, et ulciscens Dominus : ulciscens Dominus, et habens furorem : ulciscens Dominus in hostes suos, et irascens ipse inimicis suis.

3. Dominus patiens, et magnus fortitudine, et mundans non faciet innocentem. Dominus in tempestate et turbine viæ ejus, et nebulæ pulvis pedum ejus.

4. Increpans mare, et exsiccans illud : et omnia flumina ad desertum deducens. Infirmatus est Basan, et Carmelus : et flos Libani elanguit.

5. Montes commoti sunt ab eo, et colles desolati sunt : et contremuit terra a facie ejus, et orbis, et omnes habitantes in eo.

6. Ante faciem indignationis ejus quis stabit? et quis resistet

1. Prophétie [1] contre Ninive [2]. Livre des visions [3] de Nahum, d'Elcésaï [4].

2. Le Seigneur est un Dieu jaloux [5] et un Dieu vengeur. Le Seigneur fait éclater sa vengeance, et il le fait avec fureur : le Seigneur se venge de ses ennemis, et il se met en colère contre ceux qui le haïssent.

3. Le Seigneur est patient, il est grand en puissance, il diffère à punir; mais il punit à la fin. Le Seigneur marche parmi les tourbillons et les tempêtes; et sous ses pieds *s'élèvent* des nuages de poussière [6].

4. Il menace la mer, et la dessèche : et il change tous les fleuves en un désert. La beauté du Basan et du Carmel s'efface, et les fleurs du Liban se flétrissent [7].

5. Il ébranle les montagnes, il désole les collines : la terre, le monde, et tous ceux qui l'habitent tremblent devant lui.

6. Qui pourra soutenir sa colère? et qui lui résistera lorsqu'il sera dans sa fureur?

ỳ. 1. — [1] Litt. : Fardeau (Voy. sur ce mot *Isaï*. 13, 1).
[2] Comp. *Jon*. 1, 2, 3, 3.
[3] de la prophétie qui lui fut communiquée dans une vision.
[4] originaire d'Elcéséi (Elkosch). Il y a deux endroits de ce nom; un Elkosch en Assyrie, à trois lieues de Ninive, où l'on montre le tombeau du Prophète, et un autre en Galilée, qui, du temps de saint Jérôme, était un petit bourg en ruines. Ce dernier est sans doute le lieu de la naissance du Prophète; le premier est d'une origine postérieure.
ỳ. 2. — [5] Un Dieu qui prend avec zèle la défense de sa puissance, et qui ne souffre pas que son peuple soit maltraité.
ỳ. 3. — [6] Image de la puissance redoutable du Seigneur, qu'il fera sentir aux Assyriens.
ỳ. 4. — [7] Sens : Rien ne lui résiste. Sur Bazan, le Carmel et le Liban, voy. *Isaïe*, 2, 13. 10. 18. 34.

Son indignation se répand comme un feu, et elle fait fondre les pierres.

7. Le Seigneur est bon [8], il soutient au jour de l'affliction, et il connait ceux qui espèrent en lui.

8. Il détruira ce lieu [9] par l'inondation d'un déluge qui passera, et les ténèbres poursuivront ses ennemis.

9. Pourquoi formez-vous [10] des desseins contre le Seigneur? Il a entrepris lui-même de vous détruire absolument, et il n'en fera point à deux fois [11].

10. Car comme les épines s'entrelacent et s'entr'embrassent, ainsi ils s'unissent dans les festins où ils s'enivrent ensemble : ils seront consumés comme la paille sèche [12].

11. Car il sortira de vous [13] des personnes qui formeront contre le Seigneur de noirs desseins, et qui nourriront dans leur esprit des pensées de malice et de perfidie [14].

12. Voici ce que dit le Seigneur : Qu'ils soient aussi forts et en aussi grand nombre qu'ils voudront, ils tomberont comme *les cheveux* sous le rasoir, et *toute cette armée* disparaîtra [15]. Je vous ai affligé, mais je ne vous affligerai plus [16].

13. Je vais briser [17] cette verge dont l'ennemi vous frappait [18], et je romprai vos chaînes.

14. Le Seigneur prononcera ses arrêts contre vous [19]; le bruit de votre nom ne se

in ira furoris ejus? indignatio ejus effusa est ut ignis : et petræ dissolutæ sunt ab eo.

7. Bonus Dominus, et confortans in die tribulationis : et sciens sperantes in se :

8. et in diluvio prætereunte, consummationem faciet loci ejus : et inimicos ejus persequentur tenebræ.

9. Quid cogitatis contra Dominum? consummationem ipse faciet : non consurget duplex tribulatio.

10. Quia sicut spinæ se invicem complectuntur, sic convivium eorum pariter potantium : consumentur quasi stipula ariditate plena.

11. Ex te exibit cogitans contra Dominum malitiam : mente pertractans prævaricationem.

12. Hæc dicit Dominus : Si perfecti fuerint, et ita plures : sic quoque attondentur, et pertransibit : afflixi te, et non affligam te ultra.

13. Et nunc conteram virgam ejus de dorso tuo, et vincula tua disrumpam.

14. Et præcipiet super te Dominus, non seminabitur ex no-

℣. 7. — [8] envers ses adorateurs, envers les Juifs qui se confient en lui.

℣. 8. — [9] Ninive. L'inondation est l'image de grands fléaux (*Isaïe*, 28, 2).

℣. 9. — [10] Les Assyriens.

[11] Ne pensez point au salut; il vous réduira à un anéantissement complet; il n'enverra contre vous qu'un fléau, mais vous serez exterminés pour toujours.

℣. 10. — [12] Car de même que des épines entrelacées ou serrées par un lien, sont plus facilement consumées par le feu, de même les Assyriens, par suite de leur vie abrutie et oisive, de leur ivrognerie et des dissolutions de tables auxquelles ils s'abandonnent, seront plus facilement abattus par le fléau, et périront d'une seule fois. Dans l'hébreu : Semblables à des épines fortement pressées, et abrutis par leur ivresse (leur aveuglement d'esprit), ils seront dévorés comme de la paille entièrement sèche.

℣. 11. — [13] proprement : il est sorti, à savoir Sennachérib qui, dans *Isaïe*, 36, est dépeint sous ces traits dans le discours de Rabsacès. Le Prophète voit, dans sa vision, le passé présent à ses yeux.

[14] contre les habitants de Jérusalem.

℣. 12. — [15] En quelque grand nombre et avec quelque puissance que viennent les Assyriens, ils seront tous exterminés. Le prophète parle de l'armée de Sennachérib (*Isaïe*, 36).

[16] Je vous ai châtié, ô Juda! par les Assyriens, mais cela n'arrivera plus par ces ennemis, car je les exterminerai, et je mettrai fin à leur royaume.

℣. 13. — [17] bientôt.

[18] Litt. : ... verge de dessus votre dos. — Dans l'hébreu : le joug, pour l'ôter de dessus votre cou.

℣. 14. — [19] roi d'Assyrie.

mine tuo amplius : de domo Dei tui interficiam sculptile, et conflatile, ponam sepulcrum tuum, quia inhonoratus es.

15. Ecce super montes pedes evangelizantis, et annuntiatis pacem : celebra Juda festivitates tuas, et redde vota tua : quia non adjiciet ultra ut pertranseat in te Belial : universus interiit.

répandra plus à l'avenir [20]. J'exterminerai les statues et les idoles de la maison de votre dieu; je la rendrai votre sépulture, et vous tomberez dans le mépris [21].

15. Je vois les pieds de celui qui apporte la bonne nouvelle, et qui annonce la paix; je les vois paraître sur les montagnes. O Juda! célébrez vos jours de fêtes, et rendez vos vœux, parce que Belial ne passera plus à l'avenir au travers de vous : il est péri avec tout son peuple [22].

CHAPITRE II.

Destruction de la ville de Ninive.

1. Ascendit qui dispergat coram te, qui custodiat obsidionem : contemplare viam, conforta lumbos, robora virtutem valde.

2. Quia reddidit Dominus superbiam Jacob, sicut superbiam Israël : quia vastatores dissipaverunt eos, et propagines eorum corruperunt.

3. Clypeus fortium ejus ignitus, viri exercitus in coccineis : igneæ habenæ currus in die præparatio-

1. Voici celui qui doit renverser *vos murailles* à vos yeux, et vous assiéger de toutes parts [1] : mettez des sentinelles sur les chemins [2], prenez les armes [3], rassemblez toutes vos forces.

2. Car le Seigneur va punir l'insolence avec laquelle les ennemis de Jacob et d'Israel *les ont traités* [4], lorsqu'ils les ont pillés, qu'ils les ont dispersés, et qu'ils ont gâté leurs rejetons [5].

3. Le bouclier de ses braves jette des flammes de feu [6], ses gens d'armes sont couverts de pourpre [7]; ses chariots étincel-

---

[20] Dans l'hébreu : Il n'y aura point de semence de votre nom, votre nom ne sera point perpétué par des descendants.

[21] Lorsqu'ils s'empareront de votre ville, les ennemis briseront toutes les images de vos dieux; vous-mêmes vous ne vous bâtirez point un tombeau, comme ont fait pour eux vos prédécesseurs; mais je ferai que vous soyez mis dans le tombeau sans honneur, sans pompe funèbre.

℣. 15. — [22] Le Prophete voit, après l'anéantissement du roi d'Assyrie et de son royaume, les messagers s'avancer sur les montagnes de la Palestine, et en annoncer à Juda l'heureuse nouvelle, l'exhorter à célébrer ses fêtes et à offrir les sacrifices qu'il a fait vœu d'offrir au Seigneur, parce qu'il ne sera plus troublé et inquiété par son ennemi capital, qui a désormais complétement cessé d'exister (Comp. *Isaïe*. 52, 7). *Belial* veut dire méchant (Voy. 5. *Moys*. 13, 13).

℣. 1. — [1] Nabuchodonosor. *Voy*. l'introd. à ce Prophète. Dans l'hébreu : Le dévastateur monte contre vous, gardez la forteresse.

[2] par lesquels l'ennemi s'avance, — afin de marcher à sa rencontre et de l'arrêter.

[3] Litt. : fortifiez vos reins. — Montrez-vous forte et prête à la résistance. Ninive était une très-forte ville (Comp. *Jonas*, 1, 2).

℣. 2. — [4] Juda et Israel furent humiliés par les Assyriens; le premier par Salmanasar qui l'emmena captif, le second par Sennachérib qui se répandit dans tout le pays (4. *Rois*, 17. *Isaïe*. 37). D'autres traduisent l'hébreu : Et le Seigneur rétablira la grandeur de Jacob, de même que celle d'Israël.

[5] ils ont renversé leurs florissantes villes.

℣. 3. — [6] Dans l'hébreu : est rouge, teint de sang.

[7] Les habits couleur d'écarlate étaient d'un grand usage chez les anciens en général, et en particulier chez les Chaldéens.

lent lorsqu'ils marchent au combat; ceux qui les conduisent sont furieux comme des gens ivres [8].

4. Les chemins sont pleins de trouble et de tumulte [9], *et* les chariots dans les places se heurtent l'un contre l'autre : les yeux des soldats paraissent des lampes, et leurs visages semblent lancer des foudres et des éclairs [10].

5. L'ennemi fera marcher ses plus vaillants hommes; ils iront à l'attaque avec une course précipitée, ils se hâteront de monter sur la muraille, et ils prépareront des machines où ils seront à couvert [11].

6. Enfin les portes sont ouvertes par l'inondation des fleuves; son temple est détruit jusqu'aux fondements [12].

7. Tous ses gens de guerre sont pris et enlevés [13], ses femmes sont emmenées captives, gémissant comme des colombes, et dévorant leurs plaintes au fond de leur cœur.

8. Ninive est toute couverte d'eau comme un grand étang [14]; ses citoyens prennent la fuite [15]. Au combat, au combat; mais personne ne retourne.

9. Pillez l'argent, pillez l'or [16] : ses richesses sont infinies, ses vases et ses

nis ejus, et agitatores consopiti sunt.

4. In itineribus conturbati sunt : quadrigæ collisæ sunt in plateis : aspectus eorum quasi lampades, quasi fulgura discurrentia.

5. Recordabitur fortium suorum, ruent in itineribus suis : velociter ascendent muros ejus, et præparabitur umbraculum.

6. Portæ fluviorum apertæ sunt, et templum ad solum dirutum.

7. Et miles captivus abductus est, et ancillæ ejus minabantur gementes ut columbæ, murmurantes in cordibus suis.

8. Et Ninive quasi piscina aquarum aquæ ejus : ipsi vero fugerunt : state, state, et non est qui revertatur.

9. Diripite argentum, diripite aurum : et non est finis divitia-

---

[8] Litt. : se sont endormis. Les faulx attachées aux chariots de guerre brillent comme le feu, et les conducteurs des chariots s'endorment par la confiance qu'ils ont dans la force de leur armure. Dans l'hébreu : ... de pourpre; les chariots armés de faulx étincellent de feu au jour du combat, et les sapins (les lances de sapins) s'agitent.

ŷ. 4. — [9] à quelque distance que l'on aille

[10] Dans l'hébreu : Les chariots se meuvent en tumulte dans les rues, ils voltigent de toutes parts sur les routes, leur aspect (des chariots) semble, etc.

ŷ. 5. — [11] Litt. : Il se souviendra de ses héros, ils iront, etc. — Lorsque le roi d'Assyrie apprendra que les Chaldéens approchent (ŷ. 1-4), il rassemblera ses plus vaillants soldats autour de lui, et les fera sortir de Ninive pour repousser l'ennemi; mais, sans courage, ils chancelleront dans leur marche, et à la vue de l'ennemi, ils se retireront précipitamment dans la ville fortifiée, où ils trouveront la sécurité. Dans l'hébreu : Il (le roi d'Assyrie) se souviendra de ses héros, ils trébucheront dans leur marche, ils (les ennemis) s'élanceront contre les murailles, où le défenseur se tiendra prêt. — * M. de Sacy, avec plusieurs autres interprètes, rapporte tout le verset aux ennemis; mais c'est avec plus de vraisemblance que la première partie s'applique au roi d'Assyrie, et la seconde seulement aux Chaldéens (Rosenmüller).

ŷ. 6. — [12] Suit maintenant la description de l'attaque et de la prise de la ville. Litt. : Les portes des fleuves sont ouvertes, — les portes par lesquelles le peuple entre et sort comme un fleuve, sont ouvertes par l'ennemi, et le temple est détruit. D'autres traduisent : le palais du roi. Par le temple saint Jérôme entend le royaume.

ŷ. 7. — [13] D'autres traduisent l'hébreu : Et l'arrêt en est porté : Ninive est emmenée captive, et ses servantes soupirent comme des colombes, en se frappant la poitrine.

ŷ. 8. — [14] Litt. : Ninive était comme un étang plein d'eau, — c'est-à-dire pleine d'habitants. Les Orientaux comparent la multitude et l'excès d'abondance aux eaux (Voy. *Apoc.* 4, 6).

[15] Litt. : ils ont fui, — les habitants.

ŷ. 9. — [16] Le Prophète s'adresse aux vainqueurs.

rum ex omnibus vasis desiderabilibus.

10. Dissipata est, et scissa, et dilacerata : et cor tabescens, et dissolutio geniculorum, et defectio in cunctis renibus : et facies omnium eorum sicut nigredo ollæ.

11. Ubi est habitaculum leonum, et pascua catulorum leonum, ad quam ivit leo ut ingrederetur illuc, catulus leonis, et non est qui exterreat?

12. Leo cepit sufficienter catulis suis, et necavit leænis suis : et implevit præda speluncas suas, et cubile suum rapina.

13. Ecce ego ad te, dicit Dominus exercituum, et succendam usque ad fumum quadrigas tuas, et leunculos tuos comedet gladius : et exterminabo de terra prædam tuam, et non audietur ultra vox nuntiorum tuorum.

meubles precieux sont inépuisables [17].

10. Elle est détruite, elle est renversée, elle est déchirée : on *n'y voit que des hommes dont* les cœurs sèchent d'effroi, dont les genoux tremblent, dont les corps tombent en défaillance, dont les visages paraissent tout noirs et défigurés [18].

11. Où est maintenant cette caverne de lions? où sont ces pâturages de lionceaux, cette caverne où le lion se retirait avec ses petits, sans que personne vint les y troubler [19]?

12. où le lion apportait toutes sanglantes les bêtes qu'il avait égorgées, pour en nourrir ses lionnes et ses lionceaux, remplissant son antre de sa proie, et ses cavernes de ses rapines?

13. Je viens à vous, dit le Seigneur des armees. Je mettrai le feu à vos chariots, et je les réduirai en fumée; l'épée dévorera vos jeunes lions; je vous arracherai tout ce que vous aviez pris aux autres, et on n'entendra plus la voix des ambassadeurs que vous envoyiez [20].

CHAPITRE III.

Nouvelle prophétie touchant la destruction de Ninive.

1. Væ civitas sanguinum, universi mendacii dilaceratione plena: non recedet a te rapina.

2. Vox flagelli, et vox impetus rotæ, et equi frementis, et quadrigæ ferventis, et equitis ascendentis :

3. et micantis gladii, et fulgurantis hastæ, et multitudinis interfectæ, et gravis ruinæ : nec est

1. Malheur à toi, ville de sang, qui es toute pleine de fourberie, et qui te repais sans cesse de tes rapines et de tes brigandages [1]!

2. J'entends déjà les fouets [2], le bruit des roues qui se précipitent, les chevaux qui hennissent fièrement [3], les chariots qui courent, et la cavalerie qui s'avance.

3. Je vois les épées qui brillent, les lances qui étincellent, une multitude d'hommes percés de coups, une défaite sanglante et

---

[17] D'autres traduisent l'hébreu : les richesses accumulées n'ont point de fin, les vases précieux sont sans nombre.

℣. 10. — [18] Voyez *Joël*, 2, 6. D'autres traduisent : et la pâleur couvre tous les visages.

℣. 11. — [19] Dans l'hébreu : ... où le lion, la lionne, le petit du lion se retiraient sans, etc. Le lion, la femelle du lion, sont une image de rois vaillants et guerriers.

℣. 13. — [20] pour sommer les peuples de se soumettre à vous (Voy. 4. *Rois*, 18, 17. *Isaïe*, 36, 2).

℣. 1. — [1] La rapacité de Ninive n'a point de bornes.

℣. 2. — [2] des Chaldéens conduisant les chariots.

[3] D'autres traduisent : qui frappent du pied.

cruelle, un carnage qui n'a point de fin, et des monceaux de corps qui tombent les uns sur les autres;

4. parce qu'elle s'est tant de fois prostituée, qu'elle est devenue une courtisane qui a tâché de plaire et de se rendre agréable, qui s'est servie des enchantements, qui a vendu les peuples par ses fornications, les nations par ses sortilèges [4].

5. Je viens à vous, dit le Seigneur des armées, et je vous dépouillerai de tous vos vêtements qui couvrent ce qui doit être caché; j'exposerai votre nudité aux nations, votre ignominie à tous les royaumes [5].

6. Je ferai retomber vos abominations [6] sur vous; je vous couvrirai d'infamie, et je vous rendrai un exemple [7].

7. Tous ceux qui vous verront se retireront en arrière, et diront : Ninive est détruite. Qui sera touché de votre malheur? où trouverai-je un homme qui vous console [8]?

8. Etes-vous plus considérable que *la ville* d'Alexandrie [9], si pleine de peuple, située au milieu des fleuves [10], et toute environnée d'eau, dont la mer est le trésor [11], et dont les eaux font les murailles?

9. L'Ethiopie était sa force, aussi bien que l'Egypte et une infinité d'autres peuples. Il lui [12] venait des secours de l'Afrique [13] et de la Lybie [14].

10. Et cependant elle a été elle-même emmenée captive dans une terre étrangère. Ses petits enfants ont été écrasés au milieu de ses rues; les plus illustres de son peuple

finis cadaverum, et corruent in corporibus suis.

4. Propter multitudinem fornicationum meretricis speciosæ, et gratæ, et habentis maleficia, quæ vendidit gentes in fornicationibus suis, et familias in maleficiis suis :

5. Ecce ego ad te, dicit Dominus exercituum, et revelabo pudenda tua in facie tua, et ostendam gentibus nuditatem tuam, et regnis ignominiam tuam.

6. Et projiciam super te abominationes, et contumeliis te afficiam, et ponam te in exemplum.

7. Et erit : omnis, qui viderit te, resiliet a te, et dicet : Vastata est Ninive : quis commovebit super te caput? unde quæram consolatorem tibi?

8. Numquid melior es Alexandria populorum, quæ habitat in fluminibus? aquæ in circuitu ejus : cujus divitiæ, mare : aquæ, muri ejus.

9. Æthiopia fortitudo ejus, et Ægyptus, et non est finis : Africa et Libyes fuerunt in auxilio tuo.

10. Sed et ipsa in transmigrationem ducta est in captivitatem : parvuli ejus elisi sunt in capite omnium viarum, et super inclytos

---

℣. 4. — [4] Le Prophète donne la raison de la vengeance divine. Ninive est comparée à une prostituée. Comme la prostituée cherche par sa beauté et par ses attraits, par les charmes de son corps, à attirer ses victimes dans ses filets, de même les Assyriens, au moyen de leur puissance et de leurs richesses, ont attiré les peuples à eux et conclu avec eux des alliances; mais ensuite, sous prétexte de leur prêter secours, ils les ont assujettis, ainsi que Juda et Israel en ont fait l'expérience.

℣. 5. — [5] Je vous couvrirai d'ignominie aux yeux des peuples, qui feront de vous l'objet de leur dérision; je vous détruirai entièrement.

℣. 6. — [6] Dans l'hebreu : Je jetterai sur vous des choses abominables, — de la boue, du fumier, c'est-à-dire la plus profonde confusion.

[7] des châtiments de la justice divine.

℣. 7. — [8] Nul ne vous plaindra ni ne vous consolera; au contraire, tout se réjouira de votre chute.

℣. 8. — [9] Dans l'hébreu : Valez-vous mieux que No-Ammon? Sur Alexandrie, qui est ici mise pour No-Ammon, voy. *Jér.* 46, note 30. La ville de No-Ammon (Thèbes dans la Haute-Egypte) avait été prise auparavant par les Assyriens (Voy. *Isai.* 20 note 7).

[10] sur les bords du Nil et de ses canaux.

[11] Litt. : dont les richesses sont la mer. — D'autres traduisent : dont le boulevard est la mer.

℣. 9. — [12] Litt. : vous.

[13] Dans l'hébreu : Phouth (la Mauritanie), aujourd'hui Tunis, Tripoli.

[14] à l'ouest de l'Egypte.

ejus miserunt sortem, et omnes optimates ejus confixi sunt in compedibus.

11. Et tu ergo inebriaberis, et eris despecta : et tu quæres auxilium ab inimico.

12. Omnes munitiones tuæ sicut ficus cum grossis suis : si concussæ fuerint, cadent in os comedentis.

13. Ecce populus tuus mulieres in medio tui : inimicis tuis adapertione pandentur portæ terræ tuæ, devorabit ignis vectes tuos.

14. Aquam propter obsidionem hauri tibi, exstrue munitiones tuas : intra in lutum, et calca, subigens tene laterem.

15. Ibi comedet te ignis : peribis gladio, devorabit te ut bruchus : congregare ut bruchus : multiplicare ut locusta.

16. Plures fecisti negotiationes tuas quam stellæ sint cœli : bruchus expansus est, et avolavit.

17. Custodes tui quasi locustæ : et parvuli tui quasi locustæ locustarum, quæ considunt in sepibus

ont été partagés au sort [15], et tous ses plus grands seigneurs ont été chargés de fers.

11. Vous serez donc aussi enivrée [16]; vous tomberez dans le mépris, et vous serez réduite à demander du secours contre votre ennemi.

12. Toutes vos fortifications seront comme les premières figues, qui aussitôt qu'on a secoué les branches du figuier, tombent dans la bouche de celui qui veut les manger [17].

13. Tous vos citoyens vont devenir au milieu de vous comme des femmes; vos portes et celles de tout le pays seront ouvertes à vos ennemis, et le feu en dévorera les barres.

14. Puisez de l'eau pour vous préparer au siége [18], rétablissez vos remparts; entrez dans l'argile, foulez-la aux pieds, et mettez-la en œuvre pour faire des briques [19].

15. Après cela néanmoins le feu vous consumera, l'épée vous exterminera, et vous dévorera comme les hannetons [20] *mangent les arbres En vain* vous vous assemblerez *maintenant* comme *un nuage* de ces insectes, et vous viendrez en foule comme les sauterelles.

16. Vous avez plus amassé de trésors par votre trafic qu'il n'y a d'étoiles dans le ciel [21]; *mais tout cela sera comme* une multitude de hannetons qui couvre la terre, et vole ensuite [22].

17. Vos gardes [23] sont comme des sauterelles, et vos petits enfants [24] sont comme les petites sauterelles, qui s'arrêtent sur les

---

ỳ. 10. — [15] Litt. : on a jeté le sort sur les plus illustres, etc., — pour les vendre comme esclaves.

ỳ. 11. — [16] c'est-à-dire frappée des plus sévères châtiments, jusqu'à votre ruine entière.

ỳ. 12. — [17] vos travaux de fortification seront emportés sans peine, parce qu'ils ont comme mûrs pour l'ennemi.

ỳ. 14. — [18] parce qu'elle manquera alors.

[19] Dans l'hebreu : ... entrez dans la boue, foulez aux pieds l'argile, consolidez les briqueteries (afin d'avoir des briques toutes prêtes pour réparer les parties qui seront endommagées).

ỳ. 15. — [20] Litt. : ut bruchus, comme les bruchés, — une espèce de sauterelles (Voy. *Joël*, 1, 4).

ỳ. 16. — [21] Dans l'hébreu : Vous avez multiplié vos marchands plus que les astres du ciel. Ninive était depuis plusieurs siècles la plus importante place de commerce de l'ancien monde; tout le commerce de l'Asie orientale et occidentale passait par cette ville, parce qu'un pont y avait été jeté sur le Tigre sur lequel on ne pouvait en élever qu'en très-peu d'endroits.

[22] De même que les sauterelles s'envolent, pour aller plus loin, d'un endroit où tout est dévoré, les marchands quitteront pareillement, après sa destruction, une ville où tout commerce aura cessé.

ỳ. 17. — [23] Dans l'hébreu : Ceux qui dans vous portent le diadème, vos princes.

[24] Dans l'hébreu : vos chefs.

haies [25] quand le temps est froid; *mais lorsque* le soleil est levé, elles s'envolent, et on ne reconnaît plus la place où elles étaient [26].

18. O roi d'Assur! vos pasteurs se sont endormis; vos princes ont été ensevelis *dans le sommeil;* votre peuple est allé se cacher dans les montagnes, et il n'y a personne pour le rassembler [27].

19. Votre ruine est exposée aux yeux de tous [28], votre plaie est mortelle. Tous ceux qui ont appris ce qui vous est arrivé, ont applaudi à vos maux [29] : car qui n'a pas ressenti les effets continuels de votre malice?

in die frigoris : sol ortus est, et avolaverunt, et non est cognitus locus earum ubi fuerint.

18. Dormitaverunt pastores tui, rex Assur : sepelientur principes tui : latitavit populus tuus in montibus, et non est qui congreget.

19. Non est obscura contritio tua : pessima est plaga tua : omnes qui audierunt auditionem tuam, compresserunt manum super te : quia super quem non transiit malitia tua semper?

---

[25] D'autres traduisent : dans les murailles (des vignes et des jardins).

[26] Les grands personnages et les princes se sont fixés au milieu de vous; mais, dans leur inconstance, trouvant en cela leur avantage, ils fuient et s'éloignent. — Les sauterelles déposent leurs œufs dans les creux de la terre ou dans le sable, où le soleil les échauffe et les fait éclore. Les larves, après qu'elles sont écloses, aiment surtout à se placer dans les murailles, où elles sont abritées contre le froid, reçoivent plus aisément la chaleur du soleil, et se développent plus promptement; ensuite elles fuient loin de leur retraite, et nul ne sait plus où elles se sont tenues. Ainsi agiront aussi les chefs des armées de Ninive; ils se sont renfermés dans leurs demeures, ils se sont engraissés comme des sauterelles; mais quand l'envie leur en viendra, ils se sauveront; on ne peut se reposer sur eux.

ỳ. 18. — [27] Vos généraux dans la torpeur sont comme dans un sommeil de mort; vos troupes ont cherché une retraite dans les creux et les repaires des montagnes, sans que personne se mette en peine de les réunir.

ỳ. 19. — [28] Dans l'hébreu : Il n'y a point de remède à votre fracture, c'est-à-dire vous êtes irrévocablement perdue.

[29] Litt. : ont battu des mains contre vous; — geste de joie au sujet du malheur d'autrui.

PRÉFACE

SUR LE PROPHÈTE HABACUC

Le lieu de la naissance et les circonstances de la vie d'Habacuc sont inconnus, et le temps où il prophétisa, douteux. Comme il représente les Chaldéens (chap. 1, 6, et suiv.) sous les traits de grands conquérants, et Juda, comme gémissant sous leur oppression (1, 2-11), sans rien dire à cette occasion de la prise et de la destruction de Jérusalem, il faut qu'il ait prophétisé avant cet événement, et dans un temps où les Chaldéens avaient déjà la prépondérance en Asie, et exerçaient déja leur domination sur les Juifs, et, par conséquent après la défaite de l'armée égyptienne, près de l'Euphrate, par Nabuchodonosor (Voy. *Jér.* 46, note 3), après la troisième année du règne de Joakim, 606 ans avant J.-C. (Comp. *Jér.* 25, 1. 4. *Rois,* 24, 1), époque à laquelle Nabuchodonosor avait rendu Juda tributaire. Que s'il donna vers ce temps-là la prophétie que nous avons de lui, et si l'on suppose qu'il était encore jeune lorsque les soixante et dix ans de captivité commencèrent, il put être vivant vers la fin de la captivité, et n'être qu'un seul et même personnage avec cet Habacuc qui porta à manger au prophète Daniel dans la fosse aux lions (*Dan.* 14, 32). Les trois chapitres en lesquels se divise la prophétie d'Habacuc, ne forment qu'un seul tout. Le Prophète s'y élève d'abord contre l'injustice et la licence qui dominaient dans le royaume de Juda (chap. 1, 1-9), et il en donne pour cause l'oppression des Chaldéens, oppression qu'il décrit au long (ỷ. 6-11). Ensuite il exprime l'inquiétude qu'il éprouve, et l'espérance où il est que Dieu n'exterminera pas complètement Juda; à quoi Dieu répond, pour le consoler (ỷ. 12-17), que le royaume des Chaldéens ne tardera pas à être détruit (chap. 2); puis enfin Habacuc éclate en un hymne de louanges et d'actions de grâces, dans lequel il trace le tableau des bienfaits de Dieu passés et futurs (chap. 3). L'Eglise judaïque et l'Eglise chrétienne ont de tout temps considéré sa prophétie comme un écrit divin, de même que l'on a toujours admiré la sublimité et l'énergie des pensées, par lesquelles Habacuc se distingue même entre la plupart des Prophètes.

LE PROPHÈTE HABACUC

CHAPITRE PREMIER.

Plaintes au sujet de l'oppression des Chaldéens. Affliction et espérance du Prophète.

1. Onus, quod vidit Habacuc propheta.

2. Usquequo Domine clamabo, et non exaudies? vociferabor ad te vim patiens, et non salvabis?

3. Quare ostendisti mihi iniquitatem et laborem, videre prædam et injustitiam contra me? et factum est judicium, et contradictio potentior.

4. Propter hoc lacerata est lex, et non pervenit usque ad finem judicium : quia impius prævalet adversus justum, propterea egreditur judicium perversum.

5. Aspicite in gentibus, et videte : admiramini, et obstupescite : quia opus factum est in die-

1. Prophétie [1] révélée au prophète Habacuc.

2. Seigneur, jusqu'à quand pousserai-je mes cris vers vous, sans que vous m'écontiez? jusqu'à quand élèverai-je ma voix jusqu'à vous dans la violence que je souffre, sans que vous me sauviez [2]?

3. Pourquoi me réduisez-vous à ne voir devant mes yeux que des iniquités et des maux [3], des violences et des injustices? Si l'on juge d'une affaire, c'est la passion qui la décide [4].

4. De là vient [5] que les lois sont foulées aux pieds, et que l'on ne rend jamais la justice [6], parce que le méchant l'emporte au-dessus du juste, et que les méchants sont tous corrompus.

5. Jetez les yeux sur les nations, et voyez [7]. *Préparez-vous* à être surpris et frappés d'étonnement; car il va se faire une chose dans

---

℣. 1. — [1] Litt. : Fardeau (Voy. *Isaïe*, 13, 1).

℣. 2. — [2] Par cette violence dont le Prophète se plaint ici au nom de ses concitoyens, il faut entendre l'oppression des Chaldéens, qu'ils exercèrent après avoir rendu le roi Joakim tributaire (*voy.* l'Introd.). D'autres entendent l'oppression des petits par les grands; mais comme au verset 13 cette oppression est manifestement attribuée aux Chaldéens, il semble que l'on doit également l'entendre d'eux ici.

℣. 3. — [3] D'autres traduisent : des afflictions.

[4] Les Chaldéens font peser leur influence sur l'exercice de la justice. Dans l'hébreu : et des maux? La déprédation et la violence sont devant mes yeux, et la querelle et les contestations ont le dessus.

℣. 4. — [5] Parce que vous permettez que l'ennemi domine dans le pays, les gens de bien sont découragés, et les méchants pleins d'arrogance.

[6] Litt. : De là vient que la loi est déchirée, et que le jugement n'arrive point à sa fin, — ce qui est le triomphe de la justice. Dans l'hébreu : et le droit ne triomphe pas. D'autres autrement.

℣. 5. — [7] Aux plaintes du Prophète Dieu lui-même répond : Il n'y aura pas que Juda qui sera châtié par les Chaldéens; le même sort est réservé à tous les peuples voisins, jusqu'à ce qu'enfin les Chaldéens eux-mêmes succombent à leur tour. Cette puissance et cette chute des Chaldéens paraîtront quelque chose d'incroyable, quand on en fera le récit (Jérôme).

vos jours, que nul ne croira lorsqu'il l'entendra dire [8].

6. Je vais susciter les Chaldéens [9], cette nation cruelle et d'une incroyable vitesse [10], qui court toutes les terres, pour s'emparer des maisons des autres.

7. Elle porte avec soi l'horreur et l'effroi; elle ne reconnaît point d'autre juge qu'elle-même, et elle fera tous les ravages qu'il lui plaira [11].

8. Ses chevaux sont plus légers que les léopards, et plus vites que les loups qui courent au soir [12]; sa cavalerie se répandra de toutes parts, et ses cavaliers viendront de loin [13], comme un aigle qui fond sur sa proie.

9. Ils viendront tous au butin : leur visage est comme un vent brûlant [14], et ils assembleront des troupes de captifs, comme des monceaux de sable.

10. *Leur prince* triomphera des rois, et il se moquera des tyrans: il se moquera de toutes les fortifications : il *leur* opposera des levées de terre, et il les prendra.

11. Alors son esprit sera changé; il passera et il tombera : c'est à quoi se réduira toute la puissance de son dieu [15].

12. Mais n'est-ce pas vous, Seigneur, qui êtes, dès le commencement, mon Dieu et mon saint? et n'est-ce pas vous qui nous

bus vestris, quod nemo credet cum narrabitur.

6. Quia ecce ego suscitabo Chaldæos, gentem amaram et velocem, ambulantem super latitudinem terræ, ut possideat tabernacula non sua.

7. Horribilis, et terribilis est : ex semetipsa judicium, et onus ejus egredietur.

8. Leviores pardis equi ejus, et velociores lupis vespertinis; et diffundentur equites ejus : equites namque ejus de longe venient, volabunt quasi aquila festinans ad comedendum.

9. Omnes ad prædam venient, facies eorum ventus urens : et congregabit quasi arenam, captivitatem.

10. Et ipse de regibus triumphabit, et tyranni ridiculi ejus erunt : ipse super omnem munitionem ridebit, et comportabit aggerem, et capiet eam.

11. Tunc mutabitur spiritus, et pertransibit, et corruet : hæc est fortitudo ejus dei sui.

12. Numquid non tu a principio Domine Deus meus, sancte meus, et non moriemur? Domine

---

[8] Saint Paul fait l'application de ces paroles (*Act.* 13, 40. 41) aux incrédules de son temps, et il les avertit de prendre garde qu'elles ne s'accomplissent d'une manière plus relevée, par la prompte destruction de la ville et du temple par les Romains, destruction dont celle qui eut les Chaldéens pour auteurs n'était que la figure.

℣. 6. — [9] Ce n'était que depuis peu, sous Nabuchodonosor, qu'ils s'étaient élevés à la domination de l'Asie, après avoir détruit le royaume d'Assyrie (*Voyez* l'Introd.). Le siège primitif, originaire, de leur habitation était dans les montagnes situées au nord de l'Assyrie. Les Assyriens se servaient d'eux à la guerre, et ils leur avaient cédé, pour y fixer leur demeure, un lieu dans les environs de Babylone. Mais ils s'y rendirent bientôt assez puissants pour pouvoir, de concert avec d'autres peuples, attaquer et renverser la monarchie assyrienne.

[10] dans l'exécution de ses plans.

℣. 7. — [11] Littéralement: Le jugement vient d'elle, et son fardeau sortira. — Elle rend la justice, et elle impose des fardeaux avec un arbitraire plein de hauteur.

℣. 8. — [12] que les loups, qui vers le soir fondent comme la flèche sur leur proie, après l'avoir épiée et avoir enduré la faim tout le long du jour.

[13] Dans l'hébreu : ... au soir; ses cavaliers tressaillent, ses cavaliers viendront de loin, etc.

℣. 9. — [14] C'est-à-dire leur course est comme un vent brûlant, c'est-à-dire très-rapide.

℣. 11. — [15] Après ses victoires, il sera plein de faste et d'arrogance, ce qui sera la cause de sa perte. Cette arrogance et sa chute, il ne pourra les attribuer qu'à lui et à son dieu. Saint Jérôme fait l'application de ceci à *Dan.* 3, 4. Dans l'hébreu : Alors son courage se ranimera; il passera et commettra le mal; et cette force qu'il aura sera son dieu (dans ses victoires il se montrera de plus en plus superbe, il sera si enivré de lui-même, qu'à ses yeux sa puissance remplacera tous ses dieux).

in judicium posuisti eum : et fortem, ut corriperes, fundasti eum.

13. Mundi sunt oculi tui, ne videas malum, et respicere ad iniquitatem non poteris; quare respicis super iniqua agentes, et taces devorante impio justiorem se?

14. Et facies homines quasi pisces maris, et quasi reptile non habens principem.

15. Totum in hamo sublevavit, traxit illud in sagena sua, et congregavit in rete suum. Super hoc lætabitur et exultabit;

16. propterea immolabit sagenæ suæ, et sacrificabit reti suo : quia in ipsis incrassata est pars ejus, et cibus ejus electus.

17. Propter hoc ergo expandit sagenam suam, et semper interficere gentes non parcet.

sauverez de la mort [16]? Seigneur, vous avez établi ce prince pour exercer vos jugements; et vous l'avez rendu fort pour châtier [17].

13. Vos yeux sont purs pour ne point souffrir le mal, et vous ne pouvez regarder l'iniquité [18]. Pourquoi donc voyez-vous avec tant de patience ceux qui commettent de si grandes injustices? Pourquoi demeurez-vous dans le silence, pendant que l'impie dévore ceux qui sont plus justes que lui [19]?

14. Et pourquoi traitez-vous des hommes comme des poissons de la mer, et comme des reptiles qui n'ont point de roi [20]?

15. *L'ennemi* [21] va les enlever tous : il tire les uns hors de l'eau avec l'hameçon; il en entraîne d'autres dans le filet, et il amasse les autres dans son rets [22]. Il triomphera ensuite, et il sera ravi de joie.

16. C'est pour cela qu'il offrira des hosties à son filet, et qu'il sacrifiera à son rets [23], parce qu'ils lui auront servi à accroître son empire, et à se préparer une viande choisie.

17. C'est encore pour cela qu'il tient son filet toujours étendu, et qu'il ne cesse point de répandre le sang des peuples.

℣. 12. — [16] Troublé à la pensée de la puissance des Chaldéens qu'il vient de faire connaître, et sous laquelle Juda souffre et aura encore plus à souffrir, le Prophète cherche à ranimer son espérance en rappelant à son souvenir tous les biens dont Dieu a depuis le commencement comblé le peuple élu; d'où il conclut qu'il n'abandonnera pas son peuple à une ruine totale.

[17] Seigneur, c'est pour exercer vos justes jugements, et pour nous punir, que vous avez suscité contre nous le puissant roi Nabuchodonosor, non pour nous perdre!

℣. 13. — [18] Vous ne pouvez voir plus longtemps l'injustice et le malheur que les Chaldéens ont apportés parmi nous.

[19] Comment pouvez-vous voir, quoique ce ne soit que pour peu de temps, les nations impies dominer sur nous, et permettre qu'elles nous dévorent, nous qui avons péché, il est vrai, mais qui néanmoins sommes plus justes que les Gentils?

℣. 14. — [20] Pourquoi nous avez-vous réduits à l'état des poissons et des vermisseaux, qui sont entièrement dépourvus de secours? Il y a ici, ce semble, une allusion à l'enlèvement de Joakim et des principaux Juifs (Voy. 4. *Rois*, 24. note 2).

℣. 15. — [21] Litt. : Il va les enlever, — Nabuchodonosor va, etc.

[22] Par le filet, le rets et l'hameçon, il faut entendre les armes et tous les moyens et artifices de guerre des Chaldéens.

℣. 16. — [23] C'est pourquoi il rendra les honneurs divins à ses armes. Entre d'autres peuples de l'antiquité, les Scythes observaient la même pratique.

CHAPITRE II.

Prédiction du châtiment des Chaldéens.

1. Je me tiendrai en sentinelle au lieu où j'ai été mis; je demeurerai ferme sur les remparts, et je regarderai attentivement pour voir ce que l'on pourra me dire, et ce que je devrai répondre à celui qui me reprendra [1].

2. Alors le Seigneur me parla, et me dit: Ecrivez ce que vous voyez, et marquez-le distinctement sur des tablettes, afin qu'on le puisse lire couramment [2].

3. Car ce qui vous a été révélé [3] est encore éloigné [4], mais on le verra accompli enfin, et il arrivera infailliblement. S'il diffère *un peu*, attendez-le; car il viendra assurément, et il ne tardera pas [5].

4. Celui qui est incrédule n'a point l'âme droite [6]: mais le juste vivra de sa foi [7].

1. Super custodiam meam stabo, et figam gradum super munitionem: et contemplabor, ut videam quid dicatur mihi, et quid respondeam ad arguentem me.

2. Et respondit mihi Dominus, et dixit: Scribe visum, et explana eum super tabulas, ut percurrat qui legerit eum.

3. Quia adhuc visus procul, et apparebit in finem, et non mentietur; si moram fecerit, expecta illum: quia veniens veniet, et non tardabit.

4. Ecce qui incredulus est, non erit recta anima ejus in semetipso: justus autem in fide sua vivet.

ỳ. 1. — [1] à Dieu, — comment je pourrai encore continuer à défendre devant Dieu la cause que je plaide auprès de lui. Dans l'hébreu: et ce que je pourrai répondre au sujet de mes plaintes (1, 12-17). Les mots « je me tiendrai au lieu où je suis en sentinelle, j'affermirai mes pas sur le rempart » doivent être entendus dans un sens figuré, et ils signifient: Je me tiendrai disposé à recevoir une vision. Les Prophètes comparent l'état où ils sont lorsqu'ils jettent leurs regards sur l'avenir à celui d'une sentinelle qui, du haut d'une tour, promène ses regards dans le lointain, et c'est pourquoi ils se nomment eux-mêmes voyants (Voy. *Isaïe*, 21, 8).

ỳ. 2. — [2] On avait, dans les temps anciens, des tablettes de bois ou d'ivoire, que l'on enduisait de cire. On pouvait sans peine, au moyen d'un style, graver sur ces tablettes des lettres qui étaient très-lisibles, parce que la blancheur de l'ivoire ou du bois s'apercevait à travers la cire.

ỳ. 3. — [3] Litt.: Car la vision, — son accomplissement.

[4] de soixante et dix ans. Le Prophète prédit la destruction de l'empire de Chaldée par les Perses et la délivrance des Juifs.

[5] La version grecque des Septante porte: S'il (Dieu) diffère (d'accomplir la vision), attendez-le; car il viendra certainement, et ne tardera point. Saint Paul (*Hébr*. 10, 37) se sert de ces mots, et il en fait l'application à Jésus-Christ, voulant dire par là qu'il récompensera un jour éternellement ceux qui opèrent leur salut dans la patience. Saint Paul a pu se permettre cette application, parce que la délivrance de la captivité de Babylone, dont il est ici question (note 4), était une figure de la délivrance par Jésus-Christ.

ỳ. 4. — [6] D'autres traduisent l'hébreu: Voici que celui dont l'âme s'élève orgueilleusement (qui ne croit point à la vision), ne sera point par là même juste (heureux).

[7] c'est-à-dire celui au contraire qui a foi à la vision et à son accomplissement, et par conséquent à la chute du royaume de Babylone et à la délivrance de la captivité, vivra dans cette foi, et sera heureux, obtiendra le salut. Les Septante traduisent le verset: Celui qui se soustrait (à la foi), mon âme ne se complaît point en lui; le juste au contraire vivra de ma foi. Saint Paul applique ces paroles à la foi en Jésus-Christ et en l'œuvre de la rédemption opérée par lui, parce que la rédemption était figurée par la délivrance de la captivité, et par la chute de la domination de Babylone.

5. Et quomodo vinum potantem decipit: sic erit vir superbus, et non decorabitur : qui dilatavit quasi infernus animam suam : et ipse quasi mors, et non adimpletur : et congregabit ad se omnes gentes, et coacervabit ad se omnes populos.

6. Numquid non omnes isti super eum parabolam sument, et loquelam ænigmatum ejus : et dicetur : Væ ei, qui multiplicat non sua? usquequo et aggravat contra se densum lutum?

7. Numquid non repente consurgent qui mordeant te : et suscitabuntur lacerantes te, et eris in rapinam eis?

8. Quia tu spoliasti gentes multas, spoliabunt te omnes qui reliqui fuerint de populis, propter sanguinem hominis, et iniquitatem terræ civitatis, et omnium habitantium in ea.

9. Væ qui congregat avaritiam malam domui suæ, ut sit in excelso nidus ejus, et liberari se putat de manu mali

10. Cogitasti confusionem domui tuæ, concidisti populos multos, et peccavit anima tua.

11. Quia lapis de pariete clamabit : et lignum, quod inter junc-

5. Car comme le vin trompe celui qui boit avec excès, ainsi le superbe sera *trompé*, et il ne demeurera point dans son éclat parce que ses désirs sont vastes comme l'enfer, qui est insatiable comme la mort, qu'il travaille à réunir toutes les nations, à s'assujettir tous les peuples [8].

6. Mais ne deviendra-t-il pas lui-même comme la fable de tous ces *peuples?* et ne lui insulteront-ils pas par des railleries sanglantes? Ne dira-t-on pas : Malheur à celui qui ravit sans cesse ce qui ne lui appartient point? Jusqu'à quand amassera-t-il contre lui même des monceaux de boue [9]!

7. Ne verrez-vous pas s'élever tout d'un coup contre vous des gens qui vous mordront, et vous déchireront, dont vous deviendrez vous-même la proie?

8. Comme vous avez dépouillé tant de peuples, tous ceux qui en seront restés [10] vous dépouilleront, à cause du sang des hommes que vous avez versé, et des injustices que vous avez exercées contre toutes les terres de la ville *sainte*, et contre tous ceux qui y habitaient.

9. Malheur à celui qui amasse *du bien* par une avarice criminelle pour *établir* sa maison, et pour mettre son nid le plus haut qu'il pourra, s'imaginant qu'il sera ainsi à couvert de tous les maux [11]!

10. Vos grands desseins pour votre maison en seront la honte; vous avez ruiné plusieurs peuples, et votre âme s'est plongée dans le péché [12].

11. Mais la pierre criera contre vous du milieu de la muraille, et le bois qui sert à

ỳ. 5. — [8] A ce verset commence la prophétie contre les Chaldéens. Le Prophète représente la monarchie babylonienne sous les traits d'un personnage enflé d'orgueil. Comme l'ivrogne, que le vin a trompé, ne peut se rassasier, jusqu'à ce qu'il chancelle, et tombe à terre, il en sera de même du Chaldéen superbe; il ne lui restera à la fin que la honte, la soif des conquêtes qui le dévore, et qui est insatiable et le précipitera dans sa perte. Dans l'hébreu : Le vin trompe l'homme qui ne sait se contenir; il n'attend point, il dilate son âme comme l'enfer, et il est insatiable comme la mort, etc. D'autres autrement.

ỳ. 6. — [9] Le bien injuste est un monceau de boue, que l'homme amasse sur lui comme un poids accablant, qui l'écrase dans le tombeau, et provoquera contre lui un jugement rigoureux.

ỳ. 8. — [10] que vous n'avez point encore réduits sous votre domination.

ỳ. 9. — [11] Malheur au Chaldéen et à quiconque amasse des richesses injustes, pour s'en faire une ressource assurée contre les coups de la fortune! « Placer son nid sur les hauteurs » est mis figurément pour « se mettre en sûreté ». La figure est empruntée de l'aigle, qui place son nid sur la pointe des rochers, afin qu'il soit inaccessible. Il y a, ce semble, ici une allusion à la ville de Babylone, qui est renommée pour la largeur de ses murs et la hauteur de ses tours.

ỳ. 10. — [12] D'autres traduisent l'hébreu : Vous avez formé des projets pour la honte de votre maison; en exterminant des peuples nombreux, vous avez causé votre propre ruine. — * Litt. : Vous avez péché contre votre âme.

lier le bâtiment rendra témoignage *contre vous* [13].

12. Malheur à celui qui bâtit une ville avec le sang, et qui la fonde dans l'iniquité.

13. Ne sera-ce pas le Seigneur des armées qui fera ces choses? Tous les travaux des peuples seront consumés par le feu, et les efforts des nations seront réduits au néant [14];

14. parce que la terre sera remplie *d'ennemis*, comme le fond de la mer est tout couvert de ses eaux, afin que la gloire du Seigneur soit connue [15].

15. Malheur à celui qui mêle son fiel dans le breuvage qu'il donne à son ami, et qui l'enivre pour voir sa nudité [16]!

16. Vous serez rempli d'ignominie, au lieu de la gloire *qui vous environne*. Buvez aussi vous-même, et soyez frappé d'assoupissement [17]. Le calice que vous recevrez de la main du Seigneur vous enivrera, et toute votre gloire se terminera à un infâme vomissement [18].

17. Car les maux que *vous avez faits* sur le Liban retomberont sur vous [19]; vos peuples seront épouvantés des ravages *que feront vos ennemis comme* des bêtes farouches [20], à cause du sang des hommes *que vous avez répandu*, et des injustices que vous avez commises dans la terre et la ville *sainte*, et contre tous ceux qui y habitaient.

18. Que sert la statue [21] qu'un sculpteur a

turas ædificiorum est, respondebit.

12. Væ qui ædificat civitatem in sanguinibus, et præparat urbem in iniquitate.

13. Numquid non hæc sunt a Domino exercituum? Laborabunt enim populi in multo igne, et gentes in vacuum, et deficient.

14. Quia replebitur terra, ut cognoscant gloriam Domini, quasi aquæ operientes mare.

15. Væ qui potum dat amico suo mittens fel suum, et inebrians ut aspiciat nuditatem ejus.

16. Repletus es ignominia pro gloria: bibe tu quoque, et consopire: circumdabit te calix dexteræ Domini, et vomitus ignominiæ super gloriam tuam.

17. Quia iniquitas Libani operiet te, et vastitas animalium deterrebit eos de sanguinibus hominum, et iniquitate terræ, et civitatis, et omnium habitantium in ea.

18. Quid prodest sculptile, quia

ỳ. 11. — [13] Tout proclame vos cruautés, et crie vengeance. Dans l'hébreu : ... de la muraille, et le crampon lui répondra du sein du bois.

ỳ. 13. — [14] Eh quoi! n'est-ce point par la permission de Dieu que tous les grands efforts des peuples cessent par le feu, sont réduits à néant? Il en sera de même des Chaldéens, ils ont bâti leur ville pour le feu (Comp. *Jér.* 51, 58).

ỳ. 14. — [15] parce que sur les ruines de la grandeur humaine s'élèvera le royaume de Dieu, et il remplira l'univers de ses bénédictions, comme l'eau les espaces de la mer. Ceci eut son accomplissement lorsqu'après la chute des quatre grands empires du monde, s'éleva le royaume spirituel de Jésus-Christ (Voy. *Dan.* 2. 7).

ỳ. 15. — [16] Malheur au Chaldéen, qui conclut des alliances avec les peuples, mais dans des dispositions perfides. Sous le semblant d'un secours puissant, il les attire à lui, pour les délaisser ensuite dans le malheur, et pouvoir se réjouir de leur chute.

ỳ. 16. — [17] Buvez aussi vous-même du calice des châtiments divins, en sorte que vous succombiez. Dans l'hébreu : Buvez aussi, vous, et montrez votre prépuce (votre honte). Ressentez aussi, vous, la colère du Seigneur pour votre honte. « Montrer son prépuce » est mis figurément pour : éprouver la plus grande confusion.

[18] L'ivresse est l'image du châtiment; l'effet de l'ivresse, chanceler, tomber, vomir, est une image de la ruine, suite et effet du châtiment.

ỳ. 17. — [19] La dévastion que vous avez autrefois portée contre toute justice dans les contrées du Liban, retombera sur vous-mêmes (Comp. *Isaïe*, 37. 24).

[20] Litt : et l'épouvante des animaux les épouvantera, à cause, etc. — vous épouvantera : changement de personnes. De même que vous avez chassé les bêtes sauvages du Liban en y portant la désolation, vous serez vous-mêmes chassés de vos demeures.

ỳ. 18. — [21] Toutes les idoles, dans lesquelles vous placiez votre confiance, ne vous seront alors d'aucun secours.

sculpsit illud fictor suus, conflatile, et imaginem falsam? quia speravit in figmento fictor ejus, ut faceret simulacra muta.

19. Væ qui dicit ligno : Expergiscere : Surge, lapidi tacenti : numquid ipse docere poterit? Ecce iste coopertus est auro et argento : et omnis spiritus non est in visceribus ejus.

20. Dominus autem in templo sancto suo : sileat a facie ejus omnis terra.

faite, ou l'image fausse qui se jette en fonte [22]? Et néanmoins l'ouvrier espère en son propre ouvrage, et dans l'idole muette qu'il a formée [23].

19. Malheur à celui qui dit au bois : Réveillez-vous [24]; et à la pierre muette : Levez-vous. Cette pierre lui pourra-t-elle apprendre quelque chose [25]? Elle est couverte au-dehors d'or et d'argent, et elle est audedans sans âme *et sans vie*.

20. Mais le Seigneur habite dans son temple saint : que toute la terre demeure en silence devant lui [26].

CHAPITRE III.

Le Prophète demande grâce ; il loue Dieu de ses bienfaits ; il puise dans ses bienfaits mêmes l'espoir de voir des temps meilleurs.

1. Oratio Habacuc prophetæ pro ignorantiis.

2. Domine audivi auditionem tuam, et timui.

Domine opus tuum, in medio annorum vivifica illud.

1. Prière du prophète Habacuc, pour les ignorances [1].

2. Seigneur, j'ai entendu votre parole, et j'ai été saisi de crainte [2]. Seigneur, accomplissez au milieu des temps votre ouvrage [3]. Vous le ferez connaître au milieu des temps :

[22] Dans l'hébreu : Que sert la statue, pour que son fabricateur la sculpte? (Que sert) la figure jetée en fonte, le prophète de mensonge (dont il sort de faux oracles)?

[23] Sur la folie de l'idolâtrie et sur l'espèce d'idolâtrie plus raffinée qui existe parmi les chrétiens, voy. *Isaïe*, 44, 12. *Jér.* 10, 3-5. *Baruch.* 6, note 9. et *Sag.* 13, 11-19. 15, 7 et suiv.

ỹ. 19. — [24] et aidez-moi !

[25] prophétiser, lui conseiller ce qu'il a à faire dans l'extrémité où il est réduit.

ỹ. 20. — [26] Au contraire, le vrai Dieu est véritablement présent dans son temple ; que tous les habitants de la terre soient devant lui saisis de crainte et de respect. Se taire est un effet de la crainte et du respect.

ỹ. 1. — [1] Par ces paroles le Prophète, suivant l'opinion de beaucoup d'interprètes, a voulu marquer qu'il fait à Dieu la prière qui suit pour lui demander pardon de l'ignorance qui lui a fait entreprendre d'entrer, dans ce qui précède, en dispute avec Dieu au sujet de la Providence divine. Dans l'hébreu : ... Habacuc sur les Schigianoth, c'est-à-dire en forme de lamentation. D'autres entendent un instrument de musique.

ỹ. 2. — [2] Seigneur, j'ai entendu dans ce qui précède vos arrêts touchant le châtiment qui doit frapper mon peuple et les Chaldéens.

[3] L'œuvre de Dieu est la rédemption de son peuple. Il l'avait déjà une fois racheté, délivré de la servitude d'Egypte; le Prophète le prie de le délivrer encore, dans le cours des années, des afflictions dans lesquelles les Chaldéens l'ont plongé, et, de cette manière, de renouveler ses œuvres. Afin de donner plus de force à sa prière, il loue Dieu comme le libérateur, qui a tiré son peuple de l'Egypte à travers la mer Rouge, qui l'a conduit vers le Sinaï et introduit, sous la conduite de Josué, dans la terre promise. Puis, après un instant d'abattement et de défaillance d'esprit, il témoigne la ferme confiance où il est que Dieu sauvera son peuple des tribulations qui vont fondre sur lui. Suivant les anciens Pères (saint Cyprien, Eusèbe, saint Augustin, saint Jérôme, Théodore, saint Cyrille), le Prophète célèbre l'œuvre de la délivrance de Jésus-Christ, et exprime l'espérance qu'elle se réalisera; ce qui est entièrement conforme à la nature des choses : car soit la délivrance d'Egypte, soit celle de la captivité de Babylone, étaient des figures de la délivrance de

lorsque vous serez en colère, vous vous souviendrez de votre miséricorde [4].

3. Dieu viendra du côté du midi [5], et le saint de la montagne de Pharan [6]. Sa gloire a couvert les cieux, et la terre est pleine de ses louanges [7].
4. Son éclat sera comme une lumière [8], sa force est dans ses mains [9] : c'est là que sa force est cachée.
5. La mort marchera devant sa face [10]; et le diable s'avancera devant lui [11].

6. Il s'est arrêté, et il a mesuré la terre [12]. Il a jeté les yeux sur les nations, et il les a fait fondre [13]; les montagnes du siècle ont été réduites en poudre. Les collines du monde se sont courbées sous les pas du Dieu éternel [14].
7. J'ai vu les tentes des Ethiopiens *dressées* contre l'iniquité; et les pavillons de Madian seront dans le trouble [15].
8. Est-ce contre les fleuves, Seigneur,

In medio annorum notum facies : cum iratus fueris, misericordiæ recordaberis.
3 Deus ab austro veniet, et sanctus de monte Pharan :
Operuit cœlos gloria ejus : laudis ejus plena est terra.
4. Splendor ejus ut lux erit : cornua in manibus ejus :
Ibi abscondita est fortitudo ejus.
5. Ante faciem ejus ibit mors.
Et egredietur diabolus ante pedes ejus.
6. Stetit, et mensus est terram.
Aspexit, et dissolvit gentes : et contriti sunt montes sæculi.
Incurvati sunt colles mundi, ab itineribus æternitatis ejus.
7. Pro iniquitate vidi tentoria Æthiopiæ, turbabuntur pelles terræ Madian.
8. Numquid in fluminibus ira-

---

l'humanité tout entière par Jésus-Christ, et Jéhovah, le libérateur de l'Ancien Testament, n'était pas autre que le Fils de Dieu (Comp. *Ezéch.* 1).

[4] dont vous avez déjà montré les effets dans la délivrance de votre peuple, ainsi qu'il suit.

ỳ. 3. — [5] Dans l'hébreu : de Théman. C'est le nom d'une petite contrée et d'une ville dans l'Arabie-Pétrée, appartenant au territoire d'Edom.

[6] situées à quelques lieues au nord du mont Sinaï. Le Prophète fait allusion à la tempête que Dieu fit éclater sur le mont Sinaï, lorsqu'il y proclama la loi (Voy. 2. *Moys.* 19, 16 et suiv.). Il rappelle ce grand phénomène comme un gage de la future délivrance d'Israël par la toute-puissance de Dieu. Dans l'hébreu est ajouté le mot Séla, sur lequel voy. *Ps.* 3, note 12.

[7] Le ciel et la terre sont remplis de sa gloire, de sa puissance, de sa bonté, et de sa miséricorde. Théman veut dire le lieu de la droite; Pharan le lieu de la gloire. Le Fils de Dieu est descendu de la droite du Père, de sa gloire éternelle, pour accomplir l'œuvre de la rédemption sur la terre. De là encore il domine sur tous ses ennemis (*Ps.* 109), et c'est de là qu'il viendra dans les derniers temps pour juger le monde.

ỳ. 4. — [8] L'image de Dieu dans la nature est la lumière. Le Fils de Dieu s'est appelé la lumière du monde.

[9] la puisssance est dans ses mains. Jésus-Christ (*Luc,* 1, 69) est appelé la corne du salut.

ỳ. 5. — [10] Devant lui tomberont tous les ennemis de son peuple élu. Ceci se rapporte, dans le sens prochain, à l'extermination des Chananéens par la puissance divine, lors de l'entrée dans la terre promise; dans un sens plus élevé, aux ennemis du salut, la mort, satan et l'enfer, que Jésus-Christ a vaincus.

[11] Dans l'hébreu : Devant lui marchera la peste, et l'oiseau de proie se lèvera à ses pieds (pour dévorer les cadavres des ennemis immolés).

ỳ. 6. — [12] Il a choisi, comme le maître souverain du monde, la terre promise pour la possession d'Israël.

[13] Litt. : et il les a dissipés — les Chananéens.

[14] Rien ne lui résiste, quand il veut accomplir dans le temps les décrets qu'il a portés de toute éternité. Ainsi cédèrent devant lui les Chananéens; ainsi ont cédé devant Jésus-Christ tous les plus grands royaumes du monde (*Dan.* 2, 7 et suiv.), et tous les peuples (*Ps.* 2).

ỳ. 7. — [15] L'Ethiopie et Madian (dans l'Arabie), se sentant coupables, ont tremblé lorsqu'ils ont entendu parler des hauts faits du Seigneur, lors de l'entrée dans le pays de Chanaan. — L'Ethiopie et Madian (*Ps.* 67, 32. *Isaïe,* 60, 6), les peuples les plus barbares se sont soumis au Messie.

tus es Domine? aut in fluminibus furor tuus? vel in mari indignatio tua?

Qui ascendes super equos tuos: et quadrigæ tuæ salvatio.

9. Suscitans suscitabis arcum tuum, juramenta tribubus quæ locutus es.

Fluvios scindes terræ.

10. Viderunt te, et doluerunt montes: gurges aquarum transiit.

Dedit abyssus vocem suam: altitudo manus suas levavit.

11. Sol et luna steterunt in habitaculo suo, in luce sagittarum tuarum, ibunt in splendore fulgurantis hastæ tuæ.

12. In fremitu conculcabis terram: in furore obstupefacies gentes:

13. Egressus es in salutem populi tui, in salutem cum Christo tuo.

Percussit caput de domo impii: denudasti fundamentum ejus usque ad collum.

14. Maledixisti sceptris ejus: capiti bellatorum ejus, venientibus ut turbo ad dispergendum me.

que vous êtes en colère [16]? est-ce sur les fleuves que s'exercera votre fureur? est-ce contre la mer que votre indignation éclatera? Vous qui montez sur vos chevaux, et qui donnez le salut par vos chariots [17].

9. Vous prendrez votre arc en main; *vous accomplirez* les promesses que vous avez faites avec serment aux tribus [18]. Vous diviserez les fleuves de la terre [19].

10. Les montagnes vous ont vu, et elles ont été saisies de douleur: les grandes eaux se sont écoulées; l'abime a fait retentir sa voix, et a élevé ses mains [20].

11. Le soleil et la lune sont demeurés immobiles dans leur tente [21]; ils marcheront à la lueur de vos flèches [22], à l'éclat de votre lance foudroyante.

12. Vous foulerez aux pieds la terre dans votre colère, vous épouvanterez les nations dans votre fureur [23].

13. Vous êtes sorti pour donner le salut à votre peuple, vous êtes sorti avec votre Christ [24] pour le sauver. Vous avez frappé le chef de la famille de l'impie [25], vous avez ruiné sa maison de fond en comble [26].

14. Vous avez maudit son sceptre, et le chef de ses guerriers, qui venaient comme une tempête pour me mettre en poudre [27]; qui venaient avec une joie semblable à celle

---

℣. 8. — [16] Le Prophète fait allusion au passage de la mer Rouge (2. *Moys.* 14) et du Jourdain (*Jos.* 3), de même que dans tout ce qui suit il trace en général le tableau de la puissance irresistible de Dieu (et de Jésus-Christ).

[17] comme un héros, qui délivre les opprimés de leurs ennemis. Sur le chariot de Dieu, comme symbole de la rédemption, voy. *Ezéch.* 1.

℣. 9. — [18] d'Israël, d'anéantir ses ennemis. D'autres traduisent les termes obscurs de l'hébreu : Votre arc est découvert, les flèches du Dominateur seront rassasiées.

[19] Vous avez fait jaillir des sources de la terre. Allusion à 2. *Moys.* 17, 6. 4. *Moys.* 20, 11. — * D'autres traduisent l'hébreu : Votre arc s'élèvera nu, ce sont les serments des tribus une fois faits (séla); vous diviserez les fleuves de la terre. — Il rappelle le secours puissant que Dieu accorde à Israël, en vertu de ses promesses.

℣. 10. — [20] Au milieu de la tempête (℣. 3), du sein de laquelle Dieu donna la loi, la nature trembla, les eaux des torrents coulèrent et portèrent partout l'inondation; dans les régions inférieures, le tonnerre grondait; et dans les régions supérieures, tout était en adoration. Dans l'hébreu : L'abîme (la mer) a donné sa voix (a retenti); il a élevé ses mains en haut (ses flots se sont amoncelés à une grande hauteur). Ou sans figure : A son avènement une grande révolution dans les choses s'est opérée. Les tremblements de terre et les autres phénomènes extraordinaires sont mis comme figures de grands changements (*Joël,* 2, 10. *Nahum,* 1, 6).

℣. 11. — [21] Allusion à *Jos.* 10, 13.

[22] les Israélites, sous votre protection.

℣. 12. — [23] Dans l'hébreu : vous broierez, etc.

℣. 13. — [24] avec votre peuple, qui est en cet endroit appelé le Christ, l'oint du Seigneur, c'est-à-dire consacré à Dieu (Comp. 1. *Par.* 16, 22). Les disciples de Jésus sont également appelés de son nom oints, chrétiens.

[25] Vous avez anéanti la puissance des empires, l'Antechrist, satan (Voy. 1. *Moys.* 3, 15).

[26] Litt. : vous l'avez dépouillé depuis le bas jusqu'au haut. — Vous l'avez mis dans un état de nudité complète, dans la confusion.

℣. 14. — [27] pour nous disperser. Le Prophète parle au nom du peuple.

d'un homme qui dévore le pauvre en secret[28].

15. Vous avez fait un chemin à vos chevaux au travers de la mer, au travers de la fange des grandes eaux[29].

16. J'ai entendu, et mes entrailles ont été émues[30]; mes lèvres ont tremblé[31], et sont demeurées sans voix. Que la pourriture entre jusqu'au fond de mes os, et qu'elle me consume au-dedans de moi, afin que je sois en repos au jour de l'affliction, et que je me joigne à mon peuple pour monter *avec lui*[32].

17. Car le figuier ne fleurira point, et les vignes ne pousseront point; l'olivier mentira, et ne donnera point d'olives, et les campagnes ne porteront point de grains; les bergeries seront sans brebis, et il n'y aura plus de bœufs ni de vaches dans les étables[33].

18. Mais pour moi, je me réjouirai dans le Seigneur, et je tressaillerai de joie en Dieu mon Sauveur[34].

19. Le Seigneur Dieu est ma force[35], et il rendra mes pieds *légers*, comme ceux des cerfs. Et après avoir vaincu nos ennemis, il me ramènera sur nos montagnes au son des cantiques que je chanterai[36].

Exultatio eorum, sicut ejus qui devorat pauperem in abscondito.

15. Viam fecisti in mari equis tuis, in luto aquarum multarum.

16. Audivi, et conturbatus est venter meus : a voce contremuerunt labia mea.

Ingrediatur putredo in ossibus meis, et subter me scateat.

Ut requiescam in die tribulationis : ut ascendam ad populum accinctum nostrum.

17. Ficus enim non florebit : et non erit germen in vineis.

Mentietur opus olivæ : et arva non afferent cibum.

Abscindetur de ovili pecus : et non erit armentum in præsepibus.

18. Ego autem in Domino gaudebo : et exultabo in Deo Jesu meo.

19. Deus Dominus fortitudo mea : et ponet pedes meos quasi servorum.

Et super excelsa mea deducet me victor in psalmis canentem

---

28 Allusion aux Egyptiens poursuivant les Israélites (2. *Moys.* 14).

℣. 15. — 29 Allusion au passage de la mer Rouge.

℣. 16. — 30 Le Prophète revient à la pensée du ℣. 2; il confesse qu'à la révélation qui lui a été faite du malheur qui menaçait son peuple, il est tombé dans le plus grand abattement, et que cet abattement dure encore.

31 A peine osai-je alors faire connaître mon trouble, et je ne l'ose encore.

32 Plaise à Dieu que je meure, plaise à Dieu que je devienne la proie de la pourriture et des vers, en sorte que je ne voie point le jour du châtiment qui doit éclater! Fasse plutôt le ciel que je me joigne à notre peuple, qui (dans le sein d'Abraham) se tient tout prêt, attend le salut à venir. Le Prophète souhaite de mourir pour n'être point témoin de l'affliction qui doit frapper sa nation. Cette affliction est dans le sens prochain la captivité de Babylone, puis, dans un sens plus éloigné et plus élevé, ce sont les tribulations que les puissances du siècle, ennemies de Jésus-Christ, spécialement dans les derniers temps l'Antechrist, doivent faire souffrir à l'Eglise. D'autres traduisent l'hébreu : La pourriture pénètre dans mes os (mes os s'amollissent d'effroi), et mes genoux chancellent, parce qu'il faudra que je demeure jusqu'au jour de la tribulation, jour auquel s'avancera contre mon peuple celui qui l'envahira.

℣. 17. — 33 Toute la terre de promission deviendra alors stérile et déserte. Dans un sens plus élevé, cela se rapporte à la stérilité spirituelle dans les temps où l'Eglise est opprimée, spécialement dans les derniers temps (Comp. *Matth.* 24, 12).

℣. 18. — 34 Le Prophète s'excite de nouveau à la confiance, et il témoigne, au nom du peuple, l'espérance que le Seigneur le delivrera de la captivité, qu'il ne tardera point d'en revenir et de rentrer en possession des montagnes du pays que possédèrent leurs pères.

℣. 19. — 35 et celle du peuple.

36 Dans l'hébreu : ... des cerfs, et il me conduira sur mes hauteurs. Au maître de musique, sur des instruments à cordes. C'est-à-dire cet hymne sera remis au maître de musique, afin qu'il le fasse chanter avec accompagnement d'instruments à cordes.

PRÉFACE

SUR LE PROPHÈTE SOPHONIE

On ne sait rien de certain sur les circonstances de la vie du prophète Sophonie (en hébr. : Tsephania). D'après le titre de ses prophéties, il écrivit sous Josias, roi de Juda, qui parvint au trône l'an 641 avant J.-C. (4. *Rois,* 22, 1). Il ne peut pas avoir prophétisé vers les dernières années de ce roi, qui mourut 610 avant J.-C., puisqu'il parle comme d'un événement futur de la destruction de Ninive, qui arriva 625 ans avant J.-C., et qu'il reprend le culte de Baal (1, 3-9), que Josias extirpa dans les dernières années de son règne, en rétablissant le culte du vrai Dieu. Sophonie annonce aux habitants du royaume de Juda qu'ils seront emmenés en captivité, à moins qu'ils ne se convertissent et ne reviennent au Seigneur, et il prédit également à plusieurs peuples étrangers qu'ils périront. Il place à la fin des paroles de consolation, en faisant espérer aux captifs le retour dans leur patrie et en prédisant la propagation universelle du royaume du Messie parmi les peuples. De tout temps les Juifs et les chrétiens ont placé les prophéties de Sophonie parmi les écrits inspirés.

LE PROPHÈTE SOPHONIE

CHAPITRE PREMIER.

Menace de la dévastation en punition du culte des idoles. Le châtiment ne tardera pas à éclater.

1. Verbum Domini, quod factum est ad Sophoniam filium Chusi, filii Godoliæ, filii Amariæ, filii Ezeciæ, in diebus Josiæ filii Amon regis Judæ.
2. Congregans congregabo omnia a facie terræ, dicit Dominus :
3. congregans hominem et pecus, congregans volatilia cœli et pisces maris : et ruinæ impiorum erunt : et disperdam homines a facie terræ, dicit Dominus.
4. Et extendam manum meam super Judam, et super omnes habitantes Jerusalem : et disperdam de loco hoc reliquias Baal, et nomina æædituorum cum sacerdotibus ;
5. et eos qui adorant super tecta militiam cœli, et adorant et jurant

1. La parole du Seigneur, qui fut adressée à Sophonie, fils de Chusi, fils de Godolias, fils d'Amarias, fils d'Ezécias [1], sous le règne de Josias [2], fils d'Amon, roi de Juda.

2. Je rassemblerai tout *ce qui se trouvera* sur la face de la terre [3], dit le Seigneur.

3. Je rassemblerai les hommes et les bêtes, les oiseaux du ciel et les poissons de la mer [4]; je ruinerai les impies [5], et je ferai disparaitre les hommes de dessus la terre, dit le Seigneur.

4. J'étendrai ma main sur Juda et sur tous les habitants de Jérusalem [6]; et j'exterminerai de ce lieu les restes de Baal [7], les noms de ses ministres avec les prêtres [8];

5. Ceux qui adorent les astres du ciel sur les dômes des maisons [9], ceux qui adorent

---

℣. 1. — [1] Dans l'hébreu : d'Ezéchias; non pas le roi de ce nom, car il n'y a pas addition « roi de Juda. »

[2] Voyez son histoire 4. *Rois*, 22, 23. 1-30. 2. *Par.* 33, 35. 34, 1. Quand? *Voyez* l'Avant-propos.

℣. 2. — [3] Je réduirai tout le pays en solitude.

℣. 3. — [4] La nature souffre avec les hommes coupables (1. *Moys.* 3, 17), de même qu'elle sera glorifiée avec les justes (*Rom.* 8, 21. 22), parce que l'homme tient à la nature par son corps.

[5] Dans l'hébreu : ... de la mer; les scandales (les idoles) avec les impies.

℣. 4. — [6] Sous les traits qui précèdent et qui suivent les châtiments de Dieu, il faut voir la captivité de Babylone.

[7] tout ce qui se trouvera de Baal, toutes ses statues. Baal était une divinité des Syriens et des Phéniciens, le symbole du soleil, auquel, sous cette figure, on rendait les honneurs divins. Telle était la pensée au moins des plus éclairés; la populace adorait le tronçon.

[8] les ministres des idoles et les prêtres de Jéhovah; car ces derniers aussi s'adonnaient aux pratiques de l'idolâtrie (Voy. *pl. b.* 3, 4).

℣. 5. — [9] Voy. *Jér.* 19, 13.

le Seigneur et jurent en son nom, et qui jurent au nom de Melchom [10];

6. ceux qui se détournent du Seigneur, et ne veulent point marcher après lui, ceux qui ne cherch nt point le Seigneur, et ne se mettent point en peine de le trouver.

7. Demeurez en silence devant la face du Seigneur Dieu [11]; car le jour du Seigneur est proche : le Seigneur a préparé sa victime, et il a invité ses conviés [12].

8. En ce jour de la victime du Seigneur, je visiterai les princes, les enfants du roi [13], et tous ceux qui s'habillent de vêtements étrangers [14];

9. et je punirai tous ceux qui entrent insolemment dans le temple [15], et qui remplissent d'iniquité et de tromperie la maison du Seigneur leur Dieu [16].

10. En ce temps-là, dit le Seigneur, on entendra de la porte des poissons un grand cri; et de la seconde *porte* [17], des hurlements; et le bruit d'un grand carnage retentira du haut des collines [18].

11. Hurlez, vous qui serez *pilés en votre ville* comme en un mortier [19]; toute cette race de Chanaan [20] sera réduite au silence [21], ces gens couverts d'argent [22] seront tous exterminés.

12. En ce temps-là je porterai la lumière des lampes jusque dans les lieux les plus

in Domino, et jurant in Melchom.

6. Et qui avertuntur de post tergum Domini, et qui non quæsierunt Dominum, nec investigaverunt eum.

7. Silete a facie Domini Dei : quia juxta est dies Domini, quia præparavit Dominus hostiam, sanctificavit vocatos suos.

8. Et erit : in die hostiæ Domini visitabo super principes, et super filios regis, et super omnes qui induti sunt veste peregrina :

9. et visitabo super omnem, qui arroganter ingreditur super limen in die illa : qui complent domum Domini Dei sui iniquitate et dolo.

10. Et erit in die illa, dicit Dominus, vox clamoris a porta piscium, et ululatus a secunda, et contritio magna a collibus.

11. Ululate habitatores Pilæ : conticuit omnis populus Chanaan, disperierunt omnes involuti argento.

12. Et erit in tempore illo : scrutabor Jerusalem in lucernis : et

---

10 et qui en même temps honorent Melchom, parce que prendre une idole à témoin c'était déclarer par là même qu'on l'honorait (Voy. *Jér.* 49, 1).

ỳ. 7. — 11 Le Prophète apostrophe les idolâtres, et les exhorte à trembler devant Dieu, parce que le châtiment est proche.

12 il a destiné les Chaldéens pour être les ministres de votre extermination.

ỳ. 8. — 13 ceux qui appartiennent à la famille royale.

14 Les Hébreux avaient une manière de se vêtir qui les distinguait des Gentils (3. *Moys.* 19, 19. 4. *Moys.* 15, 38); et il leur était défendu de changer leurs vêtements contre ceux des peuples étrangers, parce que les coutumes païennes amenaient d'ordinaire des pratiques idolâtriques.

ỳ. 9. — 15 Dans l'hébreu : qui sautent par dessus le seuil (qui entrent avec légèreté dans le temple). D'autres rendent le sens : Ceux qui, par respect pour le Dieu des Philistins, Dagon, dont la tête lors de sa chute (1. *Rois,* 5, 5) toucha le seuil du temple, ne marchent point sur le seuil, mais sautent par dessus dans le temple.

16 qui offrent des sacrifices des biens justement acquis.

ỳ. 10. — 17 Cette seconde porte, c'est-à-dire cette seconde partie de la ville, avait été bâtie par Manassès, peu de temps avant Josias (2. *Par.* 33, 14). Le Prophète dépeint avec de vives couleurs la dévastation lors de la prise de Jérusalem par les Chaldéens.

18 sur lesquelles Jérusalem était bâtie.

ỳ. 11. — 19 Litt. : habitants du mortier, — de Jérusalem, où les habitants seront broyés, comme s'ils étaient dans un mortier. Jérusalem était surnommée, par honneur, *Mikdasch* (lieu sacré, sanctuaire); c'est par allusion à ce surnom que le Prophète, pour la couvrir de confusion, l'appelle *Maktesch* (mortier).

20 toute la nation des Juifs, qui, par leurs sentiments (par leur esprit d'usure, de trafic et de fraude), sont devenus semblables aux Chananéens (Voy. *Osée,* 12, 7).

21 c'est-à-dire sera exterminée.

22 qui mettent toute leur confiance dans les richesses, dont ils sont comme couverts. Dans l'hébreu : chargés d'argent.

visitabo super viros defixos in fæcibus suis : qui dicunt in cordibus suis : Non faciet bene Dominus, et non faciet male.

13. Et erit fortitudo eorum in direptionem, et domus eorum in desertum : et ædificabunt domos, et non habitabunt : et plantabunt vineas, et non bibent vinum earum.

14. Juxta est dies Domini magnus, juxta est et velox nimis : vox diei Domini amara, tribulabitur ibi fortis.

15. Dies iræ dies illa, dies tribulationis et angustiæ, dies calamitatis et miseriæ, dies tenebrarum et caliginis, dies nebulæ et turbinis,

16. dies tubæ et clangoris super civitates munitas, et super angulos excelsos.

17. Et tribulabo homines, et ambulabunt ut cæci, quia Domino peccaverunt : et effundetur sanguis eorum sicut humus, et corpora eorum sicut stercora.

18. Sed et argentum eorum, et aurum eorum non poterit liberare eos in die iræ Domini : in igne zeli ejus devorabitur omnis terra, quia consummationem cum festinatione faciet cunctis habitantibus terram.

cachés de Jérusalem [23], et je visiterai dans ma colère ceux qui sont enfoncés dans leurs ordures [24], qui disent en leur cœur : Le Seigneur ne fera ni bien ni mal [25].

13. Toutes leurs richesses seront pillées, et leurs maisons ne seront plus qu'un désert; ils feront des bâtiments, et il n'y demeureront pas; ils planteront des vignes et ils n'en boiront point le vin.

14. Le jour du Seigneur est proche; il est proche ce grand jour, il s'avance à grands pas : *j'entends déjà* les bruits lamentables [26] de ce jour du Seigneur où les plus puissants seront accablés de maux [27].

15. Ce jour sera un jour de colère, un jour de tristesse et de serrement de cœur, un jour d'affliction et de misère, un jour de ténèbres et d'obscurité, un jour de nuages et de tempêtes,

16. un jour où les villes fortes et les hautes tours trembleront au fier retentissement de la trompette [28].

17. Je frapperai les hommes de plaies, et ils marcheront comme des aveugles, parce qu'ils ont péché contre le Seigneur : leur sang sera répandu comme la poussière, et leurs corps morts seront comme du fumier.

18. Tout leur or et leur argent ne pourra les délivrer au jour de la colère du Seigneur. Le feu de son indignation [29] va dévorer toute la terre, parce qu'il se hâtera d'exterminer tous ceux qui l'habitent.

ỷ. 12. — [23] pour tirer et exposer au châtiment même ce qu'il y a de plus caché.

[24] Litt. : ceux qui sont enfoncés dans leur lie, — qui se croient en sûreté. On laisse le vin reposer sur la lie pour lui donner de la force et de la couleur et pour le conserver. De là la lie est la figure de la force et de la sécurité.

[25] Dieu ne fait ni bien aux bons, ni mal aux méchants; mais tout, le bien et le mal, est l'œuvre du hasard; c'est pourquoi nous passons notre vie dans la sécurité et dans la joie (Jérôme).

ỷ. 14. — [26] pleins d'anxiété.

[27] Litt. : où le fort sera dans l'angoisse, — où même le plus fort. D'autres traduisent l'hébreu : ... pas; les cris au jour du Seigneur seront violents, le fort criera avec fureur (pour avoir du secours).

ỷ. 16. — [28] sonnant pour ranimer le courage des combattants. Le jour de vengeance qui est ici annoncé, avait déjà été prédit par *Joel* (2, 1. 2), et c'est la captivité de Babylone. Saint Jérôme y trouve la figure du châtiment qui un jour, à la fin des temps, frappera ce grand nombre de chrétiens qui vivent en païens.

ỷ. 18. — [29] Litt. : de son zèle, — de sa colère.

CHAPITRE II.

Exhortation à la pénitence. Châtiments contre les Philistins, les Ammonites, les Moabites, les Ethiopiens et les Assyriens.

1. Venez tous, assemblez-vous [1], peuple
indigne d'être aimé,
2. avant que l'ordre de Dieu [2] forme tout
d'un coup ce jour terrible comme un tourbillon [3] de poussière, avant que la fureur du
Seigneur éclate contre vous, et que sa colère fonde sur vous [4].
3. Cherchez le Seigneur, vous tous qui
êtes doux *et humbles* sur la terre [5], vous qui
avez agi selon ses préceptes. Ne cessez point
de chercher la justice et la douceur [6], afin
que vous puissiez trouver quelque asile au
jour de la colère du Seigneur.
4. Car Gaza sera détruite, Ascalon deviendra un désert, Azot sera ruinée en plein
midi, et Accaron sera renversée jusqu'aux
fondements [7].
5. Malheur à vous qui habitez sur la côte
de la mer [8], peuple d'hommes perdus [9], Chanaan [10], terre des Philistins. La parole du
Seigneur va tomber sur vous; je vous exterminerai sans qu'il reste un seul de vos habitants.
6. La côte de la mer deviendra un lieu de
repos pour les pasteurs, et un parc pour les
brebis.
7. Elle deviendra une retraite pour ceux

1. Convenite, congregamini gens
non amabilis :
2. Priusquam pariat jussio quasi
pulverem transeuntem diem, antequam veniat super vos ira furoris Domini, antequam veniat
super vos dies indignationis Domini.
3. Quærite Dominum omnes
mansueti terræ, qui judicium ejus
estis operati : quærite justum,
quærite mansuetum : si quomodo
abscondamini in die furoris Domini.
4. Quia Gaza destructa erit, et
Ascalon in desertum, Azotum in
meridie ejicient, et Accaron eradicabitur.
5. Væ qui habitatis funiculum
maris, gens perditorum : verbum
Domini super vos Chanaan terra
Philisthinorum, et disperdam te,
ita ut non sit inhabitator.
6. Et erit funiculus maris re-
quies pastorum, et caulæ pecorum:
7. et erit funiculus ejus, qui re-

℣. 1. — [1] pour faire pénitence, et implorer miséricorde.
℣. 2. — [2] Litt. : avant que l'ordre — de Dieu.
[3] Dans l'hébreu : avant que le jour passe (arrive) comme la paille
[4] Telle est la longanimité du Seigneur; il invite à la pénitence, pour n'être pas obligé de punir.
℣. 3. — [5] Le Prophète s'adresse au petit nombre d'âmes fidèles qu'il y avait parmi le peuple.
[6] et l'humilité, deux vertus qui sont en même temps désignées par l'expression hébraïque.
℣. 4. — [7] Car le châtiment sera si grand, que toutes les nations voisines, les Philistins, etc., y seront enveloppées. Le châtiment frappa les Juifs à cause des dispositions païennes de leurs cœurs; il devait donc aussi frapper les Gentils. Les villes ici désignées sont des villes des Philistins. La prophétie fut accomplie par Nabuchodonosor, qui, après la conquête de Jérusalem, s'assujettit tous les royaumes circonvoisins (Voyez *Jérém.* 47, note 1).
℣. 5. — [8] Litt. : à vous qui habitez le cordeau de la mer, — les pays sur la côte méridionale de la mer. Malheur à vous, Philistins!
[9] Dans l'hébreu : peuple de Céréthim (originaire de Crète). Il y a dans ce mot, qui dérive de Carath (extirper), une allusion aux projets de ruine, que les Philistins étaient toujours disposés à mettre à exécution contre les Juifs.
[10] c'est-à-dire pays dont les habitants sont aussi méchants que les Chananéens.

manserit de domo Juda : ibi pascentur, in domibus Ascalonis ad vesperam requiescent : quia visitabit eos Dominus Deus eorum, et avertet captivitatem eorum.

qui seront demeurés de la maison de Juda. Ils trouveront là des pâturages, ils se reposeront le soir dans les maisons d'Ascalon parce que le Seigneur leur Dieu les visitera et qu'il les fera revenir du lieu où ils auront été captifs.

8. Audivi opprobrium Moab, et blasphemias filiorum Ammon : quæ exprobraverunt populo meo, et magnificati sunt super terminos eorum.

8. J'ai entendu les insultes de Moab, et les blasphèmes des enfants d'Ammon [11], qui ont traité mon peuple avec outrage [12], qui ont agrandi leur royaume en s'emparant de leurs terres [13].

9. Propterea vivo ego, dicit Dominus exercituum Deus Israel, quia Moab ut Sodoma erit, et filii Ammon quasi Gomorrha, siccitas spinarum, et acervi salis, et desertum usque in æternum : reliquiæ populi mei diripient eos, et residui gentis meæ possidebunt illos.

9. C'est pourquoi je jure par moi-même, dit le Seigneur des armées, le Dieu d'Israël, que Moab deviendra comme Sodome, et les enfants d'Ammon comme Gomorrhe. Leur terre ne sera plus qu'un amas d'épines sèches, que des monceaux de sel [14], et une solitude éternelle. Le reste de mon peuple les pillera, et ceux d'entre les miens qui auront survécu à leur malheur, en seront les maîtres.

10. Hoc eis eveniet pro superbia sua : quia blasphemaverunt, et magnificati sunt super populum Domini exercituum.

10. C'est pour leur orgueil que ces maux leur arriveront, parce qu'ils se sont élevés d'une manière insolente et pleine de blasphèmes sur le peuple du Dieu des armées.

11. Horribilis Dominus super eos, et attenuabit omnes deos terræ : et adorabunt eum viri de loco suo, omnes insulæ gentium.

11. Le Seigneur se rendra terrible dans leur châtiment; il anéantira tous les dieux de la terre, et il sera adoré par chaque homme dans chaque pays, et par toutes les îles des nations [15].

12. Sed et vos Æthiopes interfecti gladio meo eritis.

12. Mais vous, ô Ethiopiens! dit le Seigneur, vous tomberez aussi morts sous *le fer de* mon épée [16].

13. Et extendet manum suam super aquilonem, et perdet Assur : et ponet speciosam in solitudinem, et in invium, et quasi desertum.

13. Le Seigneur étendra sa main contre l'aquilon, il perdra le peuple d'Assyrie [17], il dépeuplera leur *ville* qui était si belle [18], et la changera en une terre par où personne ne passe, et en un désert.

14. Et accubabunt in medio ejus greges, omnes bestiæ gentium : et onocrotalus et ericius in

14. Les troupeaux se reposeront au milieu d'elle, et toutes les bêtes des pays d'alentour. Le butor [19] et le hérisson habiteront

---

ỳ. 8. — [11] Sur Moab voyez *Isaïe*, 15, 1; sur Ammon, *Isaïe*, 11, 14. *Jérémie*, 49, 2. [12] en se mettant en possession des lieux délaissés par les Israélites, lorsque ceux-ci furent emmenés en captivité par les Assyriens (Voyez *Amos*, 1, 13).
[13] Litt. : de leurs frontières, — de leurs possessions.

ỳ. 9. — [14] Dans l'hébreu : des carrières de sel, c'est-à-dire des lieux d'où l'on extrait le sel, et par conséquent stériles; car sur un terrain salé rien ne croît.

ỳ. 11. — [15] Du châtiment des Moabites, le Prophète passe à l'extirpation du paganisme en général, et il jette un coup d'œil sur les temps où l'on adorera partout le Seigneur. Les îles des nations sont, pour les Hébreux, toutes les contrées de l'Occident. C'est là que le christianisme a obtenu ses premiers et ses plus grands succès.

ỳ. 12. — [16] Comp. *Amos*, 9, 7. Ils combattirent avec le roi d'Egypte Néchao (4. *Rois*, 23, 29) contre Israël, et ils furent pareillement défaits par Nabuchodonosor (Voy. *Ezéch.* 30, 5).

ỳ. 13. — [17] *Voyez* l'Introduction au prophète Nahum.
[18] Ninive.

ỳ. 14. — [19] D'autres traduisent : le pélican.

dans ses riches vestibules [20], les oiseaux crieront sur les fenêtres [21], et le corbeau au-dessus des portes [22], parce que j'anéantirai toute sa puissance.

15. Voilà cette orgueilleuse ville qui se tenait si assurée, qui disait en son cœur : Je suis l'unique, et après moi il n'y en a point d'autre. Comment a-t-elle été changée en un désert, et en une retraite de bêtes sauvages? Tous ceux qui passeront au travers d'elle lui insulteront avec des sifflements et des gestes pleins de mépris [23].

liminibus ejus morabuntur : vox cantantis in fenestra, corvus in superliminari, quoniam attenuabo robur ejus.

15. Hæc est civitas gloriosa habitans in confidentia : quæ dicebat in corde suo : Ego sum, et extra me non est alia amplius : quomodo facta est in desertum cubile bestiæ? omnis qui transit per eam, sibilabit, et movebit manum suam.

CHAPITRE III.

Menaces et vengeance contre Jérusalem. Promesse des temps messianiques.

1. Malheur à *la ville* qui irrite *sans cesse le Seigneur,* et qui après avoir été rachetée, demeure *stupide* [1] comme une colombe [2].

2. Elle n'a point écouté la voix, ni reçu les instructions; elle n'a point mis sa confiance au Seigneur, et elle ne s'est point approchée de son Dieu.

3. Ses princes sont au milieu d'elle comme des lions rugissants [3]; ses juges sont comme des loups qui dévorent leur proie au soir [4], sans rien laisser pour le lendemain [5].

4. Ses prophètes sont des extravagants [6], des hommes sans foi [7]; ses prêtres ont souillé les choses saintes [8], et ils ont violé la loi par leurs injustices [9].

1. Væ provocatrix, et redempta civitas, columba.

2. Non audivit vocem, et non suscepit disciplinam : in Domino non est confisa, ad Deum suum non appropinquavit.

3. Principes ejus in medio ejus quasi leones rugientes : judices ejus lupi vespere, non relinquebant in mane.

4. Prophetæ ejus vesani, viri infideles : sacerdotes ejus polluerunt sanctum, injuste egerunt contra legem.

[20] dans ses maisons détruites.

[21] Litt. : la voix de celui qui chante retentira, etc. — Les cris plaintifs de ces animaux retentiront, etc.

[22] D'autres traduisent l'hébreu : et les décombres couvriront ses seuils.

ỳ. 15. — [23] Litt. : siffleront et agiteront la main. — Gestes de moquerie et d'une joie maligne.

ỳ. 1. — [1] à la ville de Jérusalem, que Dieu a si souvent délivrée de la main de ses ennemis, et qui néanmoins provoque encore sa colère.

[2] qui se laisse séduire et entraîner jusqu'à l'idolâtrie et à toutes les abominations païennes. Dans l'hébreu : Malheur à la rebelle et à celle qui est souillée, à la ville pleine d'oppression.

ỳ. 3. — [3] qui ne respirent qu'après quelque proie.

[4] Voy. *Hab.* 1, 8.

[5] qui dévorent tout, dont l'avidité pour la rapine est insatiable.

ỳ. 4. — [6] Ses faux prophètes sont assez insensés pour faire au peuple des promesses de bonheur, au lieu de lui faire entendre les menaces des châtiments qui sont sur le point de le frapper (Comp. *Jér.* 23, 11-32. *Osée,* 4, 5. 9. 7). D'autres traduisent : sont des téméraires.

[7] parce qu'ils trompent au moyen de fausses prophéties.

[8] par le culte des idoles, qu'ils pratiquent au dedans et au dehors du temple (Voy. *Ezéch.* 22, 26).

[9] Dans l'hébreu : ils ont fait violence à la loi, — par des interprétations forcées.

5. Dominus justus in medio ejus non faciet iniquitatem : mane judicium suum dabit in lucem, et non abscondetur : nescivit autem iniquus confusionem.

6. Disperdidi gentes, et dissipati sunt anguli earum : desertas feci vias eorum, dum non est qui transeat : desolatæ sunt civitates eorum, non remanente viro, neque ullo habitatore.

7. Dixi : Attamen timebis me, suscipies disciplinam : et non peribit habitaculum ejus, propter omnia in quibus visitavi eam : verumtamen diluculo surgentes corruperunt omnes cogitationes suas.

8. Quapropter expecta me, dicit Dominus, in die resurrectionis meæ in futurum, quia judicium meum ut congregem gentes, et colligam regna : et effundam super eos indignationem meam, omnem iram furoris mei : in igne enim zeli mei devorabitur omnis terra.

9. Quia tunc reddam populis labium electum, ut invocent om-

5. Le Seigneur qui est au milieu d'elle est juste, et il ne fera rien que de juste. Dès le matin, dès le point du jour, il produira son jugement à la lumière, et il ne se cachera point; mais *ce peuple* perverti a essuyé toute honte [10].

6. J'ai exterminé les peuples; leurs tours ont été abattues; j'ai rendu leurs chemins déserts [11] sans qu'il y ait plus personne qui y passe; leurs villes sont désolées; il n'y reste plus aucun homme, il n'y a plus personne qui y habite [12].

7. J'ai dit [13] : Au moins après cela vous me craindrez, vous profiterez de mes avertissements; leur ville [14] évitera la ruine pour tous les crimes dont je l'ai reprise. Et cependant ils se sont hâtés de se corrompre dans toutes leurs affections et leurs pensées.

8. C'est pourquoi attendez-moi, dit le Seigneur, pour le jour à venir de ma résurrection [15] : car j'ai résolu d'assembler les peuples, et de réunir les royaumes [16], pour répandre sur eux [17] mon indignation, pour y répandre toute ma fureur, parce que toute la terre sera dévorée par le feu de ma colère et de ma vengeance [18].

9. Ce sera alors [19] que je rendrai pures les lèvres des peuples [20], afin que tous invo-

---

℣. 5. — [10] Malgré tout cela (1-4), Dieu se conduira selon la justice, il traitera chacun selon ses mérites, et il fait déclarer par ses prophètes ce qui est juste, afin que personne ne l'ignore; mais les hommes d'iniquité continuent sans honte à vivre dans leur impiété.

℣. 6. — [11] Litt. : leurs voies, leurs rues, — dans les villes.

[12] J'ai tout fait pour mon peuple (dit Dieu), je l'ai délivré de la main des Egyptiens (2. *Moys.* 14), j'ai exterminé les Chananéens de la terre promise (Liv. de *Jos.*).

℣. 7. — [13] en voyant leur infidélité qui se renouvelle sans cesse.

[14] Litt. : son habitation (du peuple juif).

℣. 8. — [15] D'autres traduisent l'hébreu : C'est pourquoi attendez-moi, dit le Seigneur, pour le jour où je me lèverai pour le butin. C'est pourquoi attendez-moi comme juge au jour où je me lèverai pour exercer mes vengeances, pour amener un autre avenir (des temps nouveaux). Le Prophète veut parler du châtiment de la captivité de Babylone, après laquelle les temps nouveaux commencèrent, en tant qu'ils ouvraient la voie aux temps messianiques. Ainsi qu'il arrive fréquemment dans les prophètes, les diverses périodes des temps messianiques sont ici (9-20) réunies et rapprochées, certains traits convenant spécialement au retour de la captivité de Babylone (℣. 19. 20), d'autres au premier avènement de Jésus-Christ (℣. 11. 12. 14-17), d'autres aux derniers temps (-10. 13. 18).

[16] qui se trouvent sous le sceptre des Chaldéens.

[17] sur les Juifs.

[18] Toute la terre sera dévastée, et ses habitants seront transportés dans d'autres contrées.

℣. 9. — [19] lorsque le châtiment de la captivité de Babylone sera passé. Le Prophète, dans ce qui suit, parle des bénédictions des temps messianiques, lesquelles ne se réalisèrent pas, il est vrai, immédiatement après la captivité de Babylone, mais pour lesquelles la voie se préparait.

[20] Litt. : Je donnerai alors de nouveau aux peuples des lèvres pures (qui n'invoqueront que le vrai Dieu).

quent le nom du Seigneur, et que tous se soumettent à son joug dans un même esprit [21].

10. Ceux qui demeurent au-delà des fleuves d'Ethiopie viendront m'offrir leurs prières, et les enfants de mon peuple dispersé m'apporteront leurs présents [22].

11. En ce temps-là vous ne serez plus dans la confusion pour toutes les œuvres criminelles par lesquelles vous avez violé ma loi, parce que j'exterminerai du milieu de vous ceux qui, par leurs paroles pleines de faste, vous entretenaient dans votre orgueil, et que vous ne vous élèverez plus à l'avenir *de ce que vous possédez* ma montagne sainte [23].

12. Mais je laisserai au milieu de vous un peuple pauvre et destitué de toutes choses [24]; et ils espéreront au nom du Seigneur [25].

13. Ceux qui resteront d'Israël ne commettront point d'iniquité, et ne diront point de mensonge : il n'y aura point dans leur bouche de langue trompeuse, parce qu'ils seront comme des brebis qui paissent et qui se reposent, sans qu'il y ait personne qui les épouvante [26].

14. Fille de Sion [27], chantez des cantiques de louanges : Israël, poussez des cris d'allégresse : fille de Jérusalem, soyez transportée de joie, et tressaillez de tout votre cœur.

15. Le Seigneur a effacé l'arrêt de votre condamnation, il a éloigné de vous vos ennemis : le Seigneur, le roi d'Israel, est au milieu de vous, vous ne craindrez plus à l'avenir aucun mal.

nes in nomine Domini, et serviant ei humero uno.

10. Ultra flumina Æthiopiæ inde supplices mei, filii dispersorum meorum deferent munus mihi.

11. In die illa non confunderis super cunctis adinventionibus tuis, quibus prævaricata es in me : quia tunc auferam de medio tui magniloquos superbiæ tuæ, et non adjicies exaltari amplius in monte sancto meo.

12. Et derelinquam in medio tui populum pauperem et egenum : et sperabunt in nomine Domini.

13. Reliquiæ Israel non facient iniquitatem, nec loquentur mendacium, et non invenietur in ore eorum lingua dolosa : quoniam ipsi pascentur, et accubabunt, et non erit qui exterreat.

14. Lauda filia Sion : jubila Israël : lætare, et exulta in omni corde filia Jerusalem.

15. Abstulit Dominus judicium tuum, avertit inimicos tuos : rex Israel Dominus in medio tui, non timebis malum ultra.

---

[21] Ceci ne s'applique qu'imparfaitement au temps qui suivit immédiatement la captivité de Babylone, bien qu'à cette époque un grand nombre de Gentils, à la vue de la puissance que Dieu déploya en faveur des Juifs, se sentirent portés à l'honorer. Dans le sens adéquat, tout cela se rapporte à la vocation des Gentils par Jésus-Christ, spécialement vers la fin des temps, alors qu'il n'y aura qu'un seul pasteur et qu'une seule bergerie.

ỳ. 10. — [22] Mes adorateurs, qui vivent dans la dispersion, viendront à moi des contrées les plus éloignées, et m'apporteront les offrandes d'un cœur pur. L'Ethiopie est située au-delà de l'Astaboras et des rivières qui forment le Nil; elle est mise en général pour les pays les plus éloignés qui peu à peu voient l'Eglise s'établir parmi eux.

ỳ. 11. — [23] Alors vous ne retomberez plus dans vos anciens péchés, parce qu'alors vous ne vous glorifierez plus des priviléges extérieurs (*Matth.* 3, 9), qui vous rendent audacieux dans le mal, mais vous opérerez votre salut avec une humble confiance dans le Seigneur.

ỳ. 12. — [24] Jésus-Christ prêcha l'Evangile aux pauvres.

[25] Ils mettront leur confiance dans le Seigneur lui-même, dans le Sauveur, dans ses mérites.

ỳ. 13. — [26] Ce sera un peuple de vérité et de justice (Voy. *Isaïe*, 11, 9. 54, 13. 59, 21. *Jér.* 31, 33. *Joel*, 2, 28 et suiv.).

ỳ. 14. — [27] Habitants de Sion.

16. In die illa dicetur Jerusalem : Noli timere : Sion, non dissolvantur manus tuæ.

17. Dominus Deus tuus in medio tui fortis, ipse salvabit : gaudebit super te in lætitia, silebit in dilectione sua, exultabit super te in laude.

18. Nugas, qui a lege recesserant, congregabo, quia ex te erant: ut non ultra habeas super eis opprobrium.

19. Ecce ego interficiam omnes, qui afflixerunt te in tempore illo : et salvabo claudicantem : et eam, quæ ejecta fuerat, congregabo : et ponam eos in laudem, et in nomen, in omni terra confusionis eorum :

20. In tempore illo, quo adducam vos; et in tempore, quo congregabo vos : dabo enim vos in nomen, et in laudem omnibus populis terræ, cum convertero captivitatem vestram coram oculis vestris, dicit Dominus.

16. En ce jour-là on dira à Jérusalem [28] : Ne craignez point; que vos mains ne s'affaiblissent point, ô Sion [29]!

17. Le Seigneur votre Dieu, le *Dieu* fort est au milieu de vous; c'est lui-même qui vous sauvera; il mettra son plaisir et sa joie en vous; il ne se souviendra plus que de l'amour qu'il vous a porté [30], et vous serez le sujet des cantiques que l'on chantera avec allégresse à sa louange.

18. Je rassemblerai ces hommes vains qui avaient abandonné la loi, *je les rassemblerai,* parce qu'ils vous appartenaient, afin que vous n'ayez plus en eux un sujet de honte [31].

19. En ce temps-là je ferai mourir tous ceux qui vous auront affligée; je sauverai celle qui boitait; je ferai revenir celle qui avait été exilée, et je rendrai le nom de ce peuple célèbre dans tous les pays où il avait été en opprobre.

20. En ce temps-là où je vous ferai venir à moi, et où je vous rassemblerai tous, je vous établirai en honneur et en gloire devant tous les peuples de la terre, lorsque j'aurai fait revenir devant vos yeux toute la troupe de vos captifs, dit le Seigneur [32].

℣. 16. — [28] Jérusalem et Sion sont mises pour la nouvelle société des saints (Comp. *Joël,* 2, 1).

[29] Ne perdez point courage dans les dangers, Dieu vous protégera.

℣. 17. — [30] Dans son amour, il oubliera vos anciens péchés.

℣. 18. — [31] Les indignes, ceux qui, à la vérité, étaient de la race d'Abraham, mais qui n'obéissaient pas à la loi, je les rassemblerai aussi avec le temps, et les ferai rentrer dans l'Eglise sainte, afin qu'ils ne soient plus pour vous un sujet de confusion. Par ces hommes vains sont désignés les Juifs qui ont rejeté Jésus-Christ, le Messie, quoique Moyse dans la loi, les eût renvoyés assez clairement à lui (5. *Moys.* 18, 15). Ces Juifs se convertiront à la fin des temps (Voy. *Osée,* 3). Dans l'hébreu le verset porte : Je rassemblerai ceux qui sont dans la tristesse à cause des fêtes (qu'ils ne peuvent plus célébrer dans la dispersion), car ils étaient d'entre vous, afin que, etc. Le sens est au fond le même.

℣. 20. — [32] Ces deux versets se rapportent au retour de la captivité de Babylone. Sur les boiteux voy. *Michée,* 4, 6.

PRÉFACE

SUR LE PROPHÈTE AGGÉE

Aggée prophétisa avec Zacharie, peu de temps après le retour de la captivité de Babylone, et il commença son ministère, d'après ce qu'il dit lui-même (1, 1), la seconde année du règne de Darius, fils d'Hystaspe, roi de Perse, 520 ans avant Jésus-Christ. Depuis que les Juifs, sous Zorobabel, étaient revenus de la captivité, ils s'efforçaient de relever toutes les institutions qui étaient nécessaires pour la restauration de leur Etat et le rétablissement de leur religion. Cyrus leur avait accordé de grandes libertés, et permis de rebâtir le temple (1. *Esdr.* 1, 1-4). La reconstruction en fut commencée dès le second mois de la seconde année après le retour (1. *Esdr.* 3, 7-13), mais sans être poussée avec grand zèle. Par suite des intrigues des Samaritains (voy. sur ce peuple 4. *Rois*, 17, 24 et suiv.) à la cour de Perse, elle ne tarda pas à être interrompue, puis enfin entièrement interdite par le faux Smerdis (1. *Esdr.* 4, 6-24). A l'avènement au trône de Darius, fils d'Hystaspe, les obstacles disparurent, il est vrai, mais d'autre part les Juifs eux-mêmes ne montrèrent plus aucune ardeur à bâtir le temple, et ils aimaient mieux travailler à l'achèvement et à l'embellissement de leurs propres maisons. Ce fut dans ces conjonctures que Dieu suscita les prophètes Aggée et Zacharie, afin de ranimer le zèle des Juifs. A leur exhortation, la construction du temple fut reprise et continuée. et Darius donna à cet effet l'autorisation (1. *Esdr.* 6, 1 et suiv.). Ce qu'il y a de plus important dans l'exhortation d'Aggée, c'est la promesse que le nouveau temple qu'on bâtissait, surpasserait celui de Salomon en gloire, parce que le Désiré des nations y entrerait. Il donne ensuite l'assurance que dès que la construction du temple serait reprise, la stérilité cesserait; puis enfin il annonce qu'une grande révolution va s'opérer dans les choses pour le salut de Juda. Par rapport aux circonstances de la vie du Prophète, on ne sait rien de certain. Sa prophétie a été de tout temps vénérée comme un écrit divin.

LE PROPHÈTE AGGÉE

CHAPITRE PREMIER.

Réprimande au sujet de la négligence dans la reconstruction du temple, ce qui est la cause de la stérilité de la terre.

1. In anno secundo Darii regis, in mense sexto, in die una mensis, factum est verbum Domini in manu Aggæi prophetæ, ad Zorobabel filium Salathiel, ducem Juda, et ad Jesum, filium Josedech, sacerdotem magnum, dicens :

2. Hæc ait Dominus exercituum, dicens : Populus iste dicit : Nondum venit tempus domus Domini ædificandæ.

3. Et factum est verbum Domini in manu Aggæi prophetæ, dicens :

4. Numquid tempus vobis est ut habitetis in domibus laqueatis, et domus ista deserta?

5. Et nunc hæc dicit Dominus exercituum : Ponite corda vestra super vias vestras.

6. Seminastis multum, et intulistis parum : comedistis, et non estis satiati : bibistis, et non estis inebriati : operuistis vos, et non estis calefacti : et qui mercedes

1. La seconde année du règne de Darius [1], le premier jour du sixième mois, le Seigneur adressa cette parole au prophète Aggée, pour la porter à Zorobabel, fils de Salathiel, chef de Juda [2], et à Jésus, fils de Josédech, grand prêtre.

2. Voici ce que dit le Seigneur des armées : Ce peuple-ci dit : Le temps de rebâtir la maison du Seigneur n'est pas encore venu [3].

3. Alors le Seigneur adressa sa parole au prophète Aggée, et lui dit :

4. Est-il temps pour vous de demeurer dans des maisons superbement lambrissées [4], pendant que ma maison est déserte?

5. Voici donc ce que dit le Dieu des armées : Appliquez vos cœurs à considérer vos voies [5].

6. Vous avez semé beaucoup, et vous avez peu recueilli; vous avez mangé, et vous n'avez point été rassasiés; vous avez bu, et votre soif n'a point été étanchée; vous vous êtes couverts d'habits, et vous n'avez point

---

ỳ. 1. — [1] de Darius fils d'Hystaspe, auquel les Juifs étaient alors assujettis (voy. 1. *Esdr*. 4, 24), l'an 520 av. J.-C.

[2] Ce fut sous la conduite de Zorobabel que les Juifs, sur la permission que leur en donna Cyrus, revinrent dans leur patrie (Voy. 1. *Esdr*. 1, 8. note 8).

ỳ. 2. — [3] Les circonstances ne sont pas encore favorables pour bâtir le temple. C'était un pur prétexte de la part des Juifs, dans la vue de justifier leur négligence par rapport à la construction du temple, et leur indifférence pour l'une des plus importantes affaires; car depuis la mort de Smerdis et l'avènement au trône de Darius, fils d'Hystaspe, tous les obstacles avaient disparu (*Voy*. la Préface).

ỳ. 4. — [4] dont les murs étaient ornés de boiseries de cèdres ou d'autre bois.

ỳ. 5. — [5] et à rechercher quelles en sont les suites (*Voy*. ce qui suit).

été échauffés; et celui qui a amassé de l'argent, l'a mis dans un sac percé [6].

7. Voici ce que dit le Dieu des armées : Appliquez vos cœurs à considérer vos voies.

8. Montez sur la montagne, apportez du bois, bâtissez ma maison; et elle me sera agréable, et j'y ferai éclater ma gloire, dit le Seigneur.

9. Vous avez espéré de grands biens, et vous en avez trouvé beaucoup moins; vous les avez portés à votre maison, et mon souffle a tout dissipé. Et pourquoi, dit le Seigneur des armées? C'est parce que ma maison est déserte, pendant que chacun de vous ne s'empresse que pour la sienne [7].

10. C'est pour cela que j'ai commandé aux cieux de ne point verser leur rosée, et que j'ai défendu à la terre de rien produire.

11. C'est pour cela que j'ai fait venir la sécheresse et la stérilité sur la terre, sur les montagnes, sur le blé, sur le vin, sur l'huile, sur tout ce que la terre produit de son sein, sur les hommes, sur les bêtes, et sur tous les travaux de vos mains.

12. Alors Zorobabel, fils de Salathiel, Jésus, fils de Josédech, grand prêtre, et tous ceux qui étaient restés du peuple, entendirent la voix du Seigneur leur Dieu, et les paroles du prophète Aggée, que le Seigneur leur Dieu avait envoyé vers eux; et le peuple craignit le Seigneur.

13. Et Aggée, l'ambassadeur de Dieu, dit au peuple de la part du Seigneur [8] : Je suis avec vous, dit le Seigneur.

14. En même temps le Seigneur suscita l'esprit de Zorobabel, fils de Salathiel, chef de Juda, l'esprit [9] de Jésus, fils de Josédech, grand prêtre, et l'esprit de tous ceux qui étaient restés du peuple; et ils se mirent à travailler à la maison de leur Dieu, du Seigneur des armées [10].

congregavit, misit eas in sacculum pertusum.

7. Hæc dicit Dominus exercituum : Ponite corda vestra super vias vestras :

8. ascendite in montem, portate ligna, et ædificate domum et acceptabilis mihi erit, et glorificabor, dicit Dominus.

9. Respexistis ad amplius, et ecce factum est minus : et intulistis in domum, et exsufflavi illud : quam ob causam, dicit Dominus exercituum? quia domus mea deserta est, et vos festinatis unusquisque in domum suam.

10. Propter hoc super vos prohibiti sunt cœli ne darent rorem, et terra prohibita est ne daret germen suum :

11. et vocavi siccitatem super terram, et super montes, et super triticum, et super vinum, et super oleum, et quæcumque profert humus, et super homines, et super jumenta, et super omnem laborem manuum.

12. Et audivit Zorobabel filius Salathiel, et Jesus filius Josedech sacerdos magnus, et omnes reliquiæ populi, vocem Domini Dei sui, et verba Aggæi prophetæ, sicut misit eum Dominus Deus eorum ad eos : et timuit populus a facie Domini.

13. Et dixit Aggæus nuntius Domini de nuntiis Domini, populo dicens : Ego vobiscum sum, dicit Dominus.

14. Et suscitavit Dominus spiritum Zorobabel filii Salathiel, ducis Juda, et spiritum Jesus filii Josedech sacerdotis magni, et spiritum reliquorum de omni populo : et ingressi sunt, et faciebant opus in domo Domini exercituum Dei sui.

ỷ. 6. — 6 Tout ce que vous faites et faites faire, vos actions et vos démarches, demeurent sans la bénédiction de Dieu, ne réussissent pas, parce que tout cela, par votre faute, manque de ce qu'il y a de plus essentiel, de zèle pour votre religion.

ỷ. 9. — 7 *Voy.* ỷ. 4.

ỷ. 13. — 8 Dans l'hébreu : Et Aggée dit : L'envoyé de Dieu parle en vertu de la mission de Dieu vis-à-vis de ce peuple lorsqu'il dit : Je suis, etc. (c'est-à-dire il parle non en son nom, mais au nom de Dieu).

ỷ. 14. — 9 le courage.

10 Quand? *Voy.* ỷ. 1. du chap. suivant.

CHAPITRE II.

Le second temple sera plus glorieux que le premier. La reprise de la construction du temple attirera les bénédictions de Dieu. Grand changement dans les choses par rapport au salut.

1. In die vigesima et quarta mensis, in sexto mense, in anno secundo Darii regis.
2. In septimo mense, vigesima et prima mensis, factum est verbum Domini in manu Aggæi prophetæ, dicens :
3. Loquere ad Zorobabel filium Salathiel ducem Juda, et ad Jesum filium Josedech sacerdotem magnum, et ad reliquos populi, dicens :
4. Quis in vobis est derelictus, qui vidit domum istam in gloria sua prima? et quid vos videtis hanc nunc? numquid non ita est, quasi non sit in oculis vestris?
5. Et nunc confortare Zorobabel, dicit Dominus : et confortare Jesu fili Josedech sacerdos magne, et confortare omnis populus terræ, dicit Dominus exercituum : et facite (quoniam ego vobiscum sum, dicit Dominus exercituum)
6. verbum quod pepigi vobiscum cum egrederemini de terra Ægypti : et Spiritus meus erit in medio vestrum, nolite timere.
7. Quia hæc dicit Dominus exercituum : Adhuc unum modicum est, et ego commovebo cœlum, et terram, et mare, et aridam.

1. La seconde année du règne de Darius, le vingt-quatrième jour du sixième mois [1].
2. Le vingt et un du septième mois, le Seigneur parla au prophète Aggée, et lui dit :
3. Parlez à Zorobabel, fils de Salathiel, chef de Juda, à Jésus, fils de Josédech, grand prêtre, et à ceux qui sont restés du peuple, et leur dites
4. Qui est celui d'entre vous qui ait vu cette maison dans sa première gloire? et en quel état la voyez-vous maintenant [2]? Ne paraît-elle point à vos yeux comme n'étant point, au prix de ce qu'elle a été?
5. Mais, ô Zorobabel! armez-vous de force, dit le Seigneur; armez-vous de force, Jésus, fils de Josédech, grand prêtre; armez-vous de force, vous tous qui êtes restés du peuple, dit le Seigneur des armées, et travaillez (parce que je suis avec vous, dit le Seigneur des armées);
6. et moi *je garderai* l'alliance [3] que j'ai faite avec vous lorsque vous êtes sortis de l'Egypte, et mon Esprit sera au milieu de vous. Ne craignez point [4].
7. Car voici ce que dit le Seigneur des armées : Encore un peu de temps, et j'ébranlerai le ciel et la terre, la mer et tout l'univers [5].

ỳ. 1. — [1] Ce verset appartient encore au chapitre précédent, auquel le texte hébreu le joint : du Seigneur des armées, la seconde année, etc.

ỳ. 4. — [2] Qui est celui qui a vu le temple de Salomon, et que vous semble être en comparaison le temple actuel?

ỳ. 6. — [3] Litt. : la parole, — l'alliance.

[4] Observez l'alliance que j'ai faite avec vous, les commandements qu'elle contient, et alors mon esprit sera au milieu de vous. D'autres traduisent l'hébreu de ce verset et du verset précédent : .... vous tous, peuple de la terre, dit le Seigneur des armées, et bâtissez; car je suis avec vous, dit le Seigneur des armées. La parole (l'alliance) que j'ai faite avec vous, lorsque vous sortîtes de l'Egypte, et mon esprit demeurera au milieu de vous : ne craignez point. — L'alliance que j'ai conclue avec vous peut vous servir de gage que je vous protégerai, et que mon esprit vous conduira.

ỳ. 7. — [5] Il n'y a plus que peu de temps à s'écouler jusqu'à la grande révolution, au changement universel, dont le Messie sera l'auteur. — Très-souvent les prophètes disent qu'il ne reste que peu de temps jusqu'à l'avènement du Messie, parce que

8. J'ébranlerai tous les peuples : ET LE DÉSIRÉ DE TOUTES LES NATIONS VIENDRA [6] : et je remplirai de gloire cette maison, dit le Seigneur des armées [7].

9. L'argent est à moi, et l'or est aussi à moi, dit le Seigneur des armées [8].

10. La gloire de cette dernière maison sera encore plus grande que celle de la première, dit le Seigneur des armées : et je donnerai la paix en ce lieu [9], dit le Seigneur des armées [10].

8. Et movebo omnes gentes : ET VENIET DESIDERATUS cunctis gentibus : et implebo domum istam gloria, dicit Dominus exercituum.

9. Meum est argentum, et meum est aurum, dicit Dominus exercituum.

10. Magna erit gloria domus istius novissimæ plus quam primæ, dicit Dominus exercituum : et in loco isto dabo pacem, dicit Dominus exercituum.

---

dès après la captivité de Babylone sa venue se préparait (Comp. *Isaï.* 40 et suiv. *Jér.* 30, 8. 9. *Mal.* 3, 1). Que par ce changement du monde et le mouvement parmi les peuples soit désignée la révolution dans les choses, que le Messie devait amener, c'est ce qui est mis hors de tout doute par *Isaïe*, 60, 1. 6. 65, 1. 6. 65, 17. 66, 22. Les mots : Encore un peu de temps, signifient aussi dans l'hébreu : Encore une fois. L'apôtre saint Paul (*Hébr.* 12, 26), les cite dans ce dernier sens, et il en fait l'application à l'ébranlement du ciel et de la terre, et au mouvement qui doit s'exciter parmi les peuples, suivant les prophéties, à la fin des temps, ce qui est entièrement dans le sens du Prophète; car le Prophète embrasse tout à la fois toutes les périodes des temps messianiques, bien que les premiers temps soient ceux qu'il a prochainement en vue, ainsi que le montre le verset qui suit. L'accomplissement de ces paroles est d'ailleurs visible à tous les yeux; en effet, le christianisme a changé la face du monde : vertu, science, art, politique, tout a pris une autre direction, et ce changement a influé même sur la nature.

℣. 8. — [6] C'est ainsi que le Messie est déjà désigné 1. *Moys.* 49, 10. Dans l'hébreu il y a proprement : Le désir de toutes les nations viendra, ce qui est la même chose (Comp. *Jér.* 3, 19). La version grecque et d'autres interprètes traduisent : Et les objets précieux de tous les peuples viendront; ce que les Juifs appliquent aux présents de prix que divers peuples et plusieurs rois offrirent dans le nouveau temple. Des présents de cette nature furent, d'après 2. *Mach.* 3, 2. 3, véritablement offerts, mais ils n'étaient pas si remarquables et d'une importance telle, que le nouveau temple en pût tirer grand lustre; en outre les ℣. 9 et 10 vont manifestement contre cette signification. — * Dans l'hébreu, le verset porte mot à mot : Et commovebo omnes gentes, et veniet desiderium (res pretiosa et desiderata, seu desideratus (abstracto in sensu concreti posito) omnium gentium. Dans les Septante : καὶ ἥξει τὰ ἐκλεκτὰ πάντων τῶν ἐθνῶν... Et veniant electa (desiderata omnium gentium). C'est le même sens que dans l'hébreu.

[7] par la présence du désiré des nations.

℣. 9. — [8] Toutes les richesses de la terre sont à moi : je pourrais bien les faire servir à orner cette maison; mais ce qui fera ma gloire, ce sera quelque chose de plus précieux (*Voy.* le verset ci-dessus). — Mais n'est-ce pas dans le temple qu'Hérode fit depuis bâtir, que Jésus-Christ est entré ? — Hérode n'érigea pas un nouveau temple, il rebâtit seulement en partie et embellit le temple de Zorobabel. Et c'est pour cette raison que le temple de Zorobabel est appelé le dernier dans le verset qui suit.

℣. 10. — [9] Je ferai que celui-là entre dans ce lieu, qui doit rétablir la paix entre le ciel et la terre. Le Christ lui-même est appelé le pacifique (1. *Moys.* 49, 10), le prince de la paix (*Isaï.* 9, 6).

[10] * Visiblement le temple dont Aggée veut parler dans ce passage, est celui qui se bâtissait de son temps, le temple de Zorobabel. Tout le démontre, les termes dont le Prophète se sert, aussi bien que le but qu'il se propose. Les termes dont il se sert : que signifient dans sa bouche, lui qui s'adressait aux Juifs occupés à reconstruire la maison de Dieu, les expressions *cette* maison (℣. 8), *cette dernière maison, je donnerai la paix dans ce lieu* (℣. 10) ? Ne semble-t-il pas montrer du doigt à ses auditeurs le temple commencé, et qu'il les exhorte à terminer promptement? Le but qu'il se propose : d'une part, les anciens d'entre les Juifs, au souvenir du premier temple, pleuraient, parce que celui que l'on bâtissait ne paraissait rien en comparaison (℣. 4); et, d'autre part, les jeunes gens, détournés du travail par les difficultés du temps ou par les attaques des ennemis, ne montraient que peu d'ardeur. S'adressant aux uns et aux autres, afin de relever les esprits abattus, le Pro-

11. In vigesima et quarta noni mensis, in anno secundo Darii regis, factum est verbum Domini ad Aggæum prophetam, dicens :

12. Hæc dicit Dominus exercituum : Interroga sacerdotes legem, dicens :

13. Si tulerit homo carnem sanctificatam in ora vestimenti sui, et tetigerit de summitate ejus panem, aut pulmentum, aut vinum, aut oleum, aut omnem ci-

11. La seconde année du règne de Dariu[s] le vingt-quatrième du neuvième mois, l[e] S[ei]g[neur] parla au prophète Aggée, et lu[i] dit :

12. Voici ce que dit le Seigneur des armées : Proposez aux prêtres cette question sur la loi [11].

13. Si un homme met un morceau de chair qui aura été sanctifiée au coin de son vêtement, et qu'il en touche du pain, ou de la viande, ou du vin, ou de l'huile, ou quelque autre chose à manger, sera-t-elle sanc-

---

phète les exhorte à travailler avec courage, parce que ce second temple, quoique loin d'être comparable au premier sous le rapport des édifices et de la magnificence, aura cependant une destinée plus glorieuse, parce qu'il sera illustré par la présence du Désiré des nations ou du Messie, et par les grands événements qui s'accompliront pendant qu'il subsistera (ỷ. 7-10). Le Seigneur d'ailleurs demande d'eux qu'ils s'appliquent au travail (12-16); et s'ils obéissent à ses ordres en réédifiant sa maison, il les comblera de biens et les rendra triomphants de tous leurs ennemis (16-24). — La maison de Dieu dont il s'agit est donc sans aucun doute le second temple communément désigné sous le nom de temple de Zorobabel. Il n'est pas moins constant que celui qui, par sa présence et son entrée dans le temple, devait si fort en relever la gloire, est le Messie. En effet, tous les titres qui lui sont donnés sont ceux qui, dans les Ecritures, caractérisent soit la personne du Messie, soit son avènement. Il sera *la paix* ou *le pacifique* (ỷ. 10); il est *le désir*, c'est-à-dire *l'objet des désirs, de l'attente des nations*. A son avènement le ciel, la terre, la mer, le désert même (*Hébr.*) seront ébranlés et une grande révolution s'opérera dans le monde (ỷ. 7). Or, à ces traits, qui ne reconnaîtrait le même personnage que celui qu'avaient annoncé avant Aggée les prophètes qui l'avaient précédé, et notamment le patriarche Jacob? (1. *Moys.* 49, 10; *Isaïe*, 2, 1-5. 9, 6. 60, 1. 6 etc.; *Jér.* 30, 8. 9 etc. *Michée*, 4-5, comp. *Mal.* 3, 1). — Quelques exégètes modernes, rationalistes, expliquent, il est vrai, le texte hébreu du ỷ. 8 dans un autre sens. Au lieu de *desideratus cunctis gentibus*, le désiré de toutes les nations, ils traduisent : *desiderium, res quæque pretiosa omnium gentium*, le désir, tous les objets désirables, tous les trésors de toutes les nations viendront, et j'en remplirai, j'en ornerai cette maison de sorte que par sa magnificence elle surpassera même la première. Ce sens, on ne peut en disconvenir, n'est pas grammaticalement contraire au texte; mais en retour il est en opposition complète non-seulement avec la tradition chrétienne, mais avec le sentiment des anciens docteurs juifs. S'il était vrai, la prophétie serait fausse, car jamais le second temple, même sous le rapport de ses édifices et de la magnificence, ne fut comparable au premier. Encore bien moins pouvait-il lui être comparé sous le rapport de la sainteté, car il n'avait pas l'arche, les tables de la loi, ni tous les vases saints qu'avait le premier (*Jér.* 3, 16), et Dieu ne s'y manifesta jamais avec autant d'éclat (3. *Rois*, 8, 10 et suiv.). Enfin, à aucune époque durant l'existence du second temple, et encore bien moins à son origine, lorsqu'on le bâtissait, on ne vit dans le monde l'ébranlement dont parle le Prophète; jamais révolution comme celle qu'il dépeint ne vint en changer la face. Il faut donc le reconnaître avec tous les interprètes, comme le reconnaissent les rationalistes eux-mêmes quand ils parlent sans prévention (voy. *Rosenm. in Mal.* 3, 1), celui que célèbre ici le Prophète est le grand Libérateur, le Prophète par excellence semblable à Moyse, qui comme Moyse devait donner aux hommes une loi et une alliance nouvelle. — Resterait à faire une dernière remarque; mais elle vient d'elle-même à l'esprit, et chacun l'aura déjà faite. Tous les temps fixés par le Prophète sont passés. Celui qu'il annonce devait paraître pendant que subsisterait encore le second temple; et ce second temple a depuis dix-huit cents ans cessé d'exister. Il a disparu sans qu'il soit demeuré pierre sur pierre, avec la cité qui avait été relevée avec lui de ses ruines, et dont il faisait l'ornement. Quelle révolution s'est à la même époque opérée dans le monde, c'est ce que nul ne saurait ignorer : toutes les histoires sont là pour nous dire qu'avant l'époque si bien marquée par le Prophète, avant la destruction du second temple, le monde était juif ou païen, et que depuis lors il est devenu chrétien (*Voy.* les notes 5-9).

ỷ. 12. — [11] Proposez aux prêtres les cas de droit qui suivent.

tifiée? Non, lui répondirent les prêtres [12].

14. Aggée ajouta : Si un homme qui aura été souillé pour avoir touché à un corps mort, touche à quelqu'une de toutes ces choses, n'en sera-t-elle point souillée? Elle en sera souillée, dirent les prêtres [13].

15. Alors Aggée leur dit : C'est ainsi que ce peuple et cette nation est devant ma face, dit le Seigneur; c'est ainsi que toutes les œuvres de leurs mains, et tout ce qu'ils m'offrent en ce lieu est souillé devant mes yeux [14].

16. Rappelez donc maintenant dans votre esprit ce qui s'est passé jusqu'à ce jour, avant que la première pierre eût été mise au temple du Seigneur [15].

17. Souvenez-vous que, lorsque vous veniez à un tas de blé, vingt boisseaux se réduisaient à dix; et lorsque vous veniez au pressoir pour en retirer cinquante vaisseaux pleins de vin, vous n'en retiriez que vingt [16].

18. Je vous ai frappés d'un vent brûlant; j'ai frappé de la nielle et de la grêle [17] tous les travaux de vos mains, et il ne s'est trouvé personne d'entre vous qui revînt à moi, dit le Seigneur.

19. Mais maintenant gravez dans vos cœurs tout ce qui se fera depuis ce jour et à l'avenir, depuis ce vingt-quatrième jour du neuvième mois, depuis ce jour où les fondements du temple ont été jetés, gravez, dis-je, dans votre cœur *tout ce qui se passera à l'avenir* [18].

bum : numquid sanctificabitur? Respondentes autem sacerdotes, dixerunt : Non.

14. Et dixit Aggæus : Si tetigerit pollutus in anima ex omnibus his, numquid contaminabitur? Et responderunt : Contaminabitur.

15. Et respondit Aggæus, et dixit : Sic populus iste, et sic gens ista ante faciem meam, dicit Dominus, et sic omne opus mannum eorum : et omnia quæ obtulerunt ibi, contaminata erunt.

16. Et nunc ponite corda vestra a die hac et supra, antequam poneretur lapis super lapidem in templo Domini.

17. Cum accederetis ad acervum viginti modiorum, et fierint decem : et intraretis ad torcular, ut exprimeretis quinquaginta lagenas, et fiebant viginti.

18. Percussi vos vento urente, et aurugine, et grandine omnia opera mannum vestrarum : et non fuit in vobis, qui reverteretur ad me, dicit Dominus.

19. Ponite corda vestra ex die ista, et in futurum, a die vigesima et quarta noni mensis : a die, qua fundamenta jacta sunt templi Domini, ponite super cor vestrum.

℣. 13. — [12] Cette question s'éclaircit d'après la loi (3. *Moys.* 6, 27. 28), portant que tout ce qui est mis en contact immédiat avec la chair d'une victime immolée pour le péché, est sanctifiée. Les objets désignés n'étaient pas mis, d'après le cas proposé, en contact immédiat avec la chair sanctifiée. L'application du cas à l'état des Juifs se voit ℣. 15.

℣. 14. — [13] Cette réponse s'appuie sur 4. *Moys.* 19, 22; d'après ce passage, celui qui était impur rendait impur tout ce qu'il touchait.

℣. 15. — [14] Le Prophète répond qu'il en est de même du peuple. De même que la chair sanctifiée, enveloppée dans un vêtement, ne sanctifie point l'objet qu'elle touche, parce qu'il n'y a pas contact immédiat, mais au moyen du vêtement; les victimes que les Juifs offrent sur l'autel provisoirement érigé ne les sanctifient point non plus, n'effacent point leurs péchés devant Dieu, tant que la négligence dans la construction du temple est placée entre deux, et empêche que les victimes aient à leur égard leur vertu de sanctification. En outre, comme tout ce que touche celui qui est impur, devient impur, de même les Israélites, par l'impureté de leurs dispositions, qui leur font différer la construction du temple, rendent impures jusqu'à leurs victimes.

℣. 16. — [15] Souvenez-vous des années depuis que la reconstruction du temple a été commencée (*pl. h.* 1, 14); rappelez-vous ce qui est arrivé.

℣. 17. — [16] Aucun de vos produits n'était béni.

℣. 18. — [17] D'autres traduisent l'hébreu : Je vous ai frappés du charbon et de la flétrissure (maladie des céréales).

℣. 19. — [18] Au contraire, faites attention à ce qui vous arrivera présentement, depuis que vous vous êtes remis avec zèle à la construction du temple.

20. Numquid jam semen in germine est : et adhuc vinea, et ficus, et malogranatum, et lignum olivæ non floruit? ex die ista benedicam.

21. Et factum est verbum Domini secundo ad Aggæum in vigesima et quarta mensis, dicens :

22. Loquere ad Zorobabel ducem Juda, dicens : Ego movebo cœlum pariter et terram.

23. Et subvertam solium regnorum, et conteram fortitudinem regni gentium : et subvertam quadrigam, et ascensorem ejus : et descendent equi, et ascensores eorum : vir in gladio fratris sui.

24. In die illa, dicit Dominus exercituum, assumam te Zorobabel fili Salathiel serve meus, dicit Dominus : et ponam te quasi signaculum, quia te elegi, dicit Dominus exercituum.

20. Ne voyez-vous pas que les grains n'ont pas encore germé, que la vigne, que les figuiers, que les grenadiers, que les oliviers n'ont pas encore fleuri? mais dès ce jour je bénirai *tout* [19].

21. Le vingt-quatrième jour du mois, le Seigneur parla à Aggée pour la seconde fois, et lui dit :

22. Parlez à Zorobabel, chef de Juda, et dites-lui : J'ébranlerai tout ensemble le ciel et la terre [20].

23. Je ferai tomber le trône des royaumes; je briserai la force du règne des nations; je renverserai les chariots et ceux qui les montent; les chevaux et les cavaliers tomberont les uns sur les autres, et le frère sera percé par l'épée de son frère [21].

24. En ce temps-là, dit le Seigneur des armées, je vous prendrai en ma protection [22], ô mon serviteur Zorobabel, fils de Salathiel, dit le Seigneur, et je vous garderai comme *mon* sceau et *mon* cachet [23], parce que je vous ai choisi, dit le Seigneur des armées [24].

℣. 20. — [19] Quoique les semailles viennent de se faire, et que les arbres ne soient point encore en fleurs, je vous donne néanmoins l'assurance qu'à partir de ce moment, depuis que vous avez repris la construction du temple, vos moissons et vos autres récoltes seront bénies. Dans l'hébreu : Y a-t-il encore de la semence dans le grenier? la vigne, le figuier, le grenadier et l'olivier ont-ils produit quelque chose? A partir de ce jour je les bénirai. Sens : Toutes les provisions en grains sont consommées, la vigne ni les arbres à fruits n'ont jusque-là rien produit; mais désormais, à l'avenir, il y aura fertilité et abondance de fruits.

℣. 22. — [20] J'opérerai un changement universel.

℣. 23. — [21] Je mettrai fin au règne des nations et à leur puissance, qui était toute dans la guerre; je ferai qu'elles se détruisent les unes les autres. Le Prophète parle en général de la puissance du siècle par opposition à l'ordre de choses qui devait s'établir.

℣. 24. — [22] Litt. : je me chargerai de vous, — je vous protégerai, selon le sens que la même expression a communément dans les Psaumes.

[23] Je prendrai de vous le soin le plus vigilant, comme d'un objet très-précieux. L'image est empruntée du soin avec lequel on conservait les sceaux. Les documents recevant leur force de l'apposition du sceau, le sceau était par là même de la plus haute importance.

[24] Il est ici question du même changement des choses que *pl. h.* ℣. 7. 8 et par conséquent, il s'agit de la nouvelle assemblée des saints dont Jésus-Christ est le chef. C'est cette assemblée à laquelle, sous le nom de Zorobabel, le discours s'adresse.

PRÉFACE

SUR LE PROPHÈTE ZACHARIE

Zacharie était contemporain du prophète Aggée ; il commença son ministère deux mois après lui (1. *Esdr*. 5, 1. 6, 14. *Agg*. 1, 1. *Zach*. 1, 1). Dans ses prophéties, tantôt il console, et tantôt il reprend, selon que l'exigeait la situation où se trouvaient alors les Juifs rentrés dans leur patrie. En effet, le peu de progrès que faisait le rétablissement de l'Etat et de la religion, et la non-réalisation, à ce qu'il semblait, des promesses des anciens prophètes, relativement à l'état de gloire auquel devait s'élever le royaume de Dieu après le retour de la captivité de Babylone, jetant la plus saine partie de la nation dans le découragement, tandis que la confiance qu'elle avait dans les promesses était cause que l'autre partie péchait avec malice et vivait dans l'insouciance, il était nécessaire de montrer aux uns jusqu'à quel point les anciennes prophéties devaient recevoir leur accomplissement, et aux autres, que nonobstant les temps de gloire qui devaient venir, Dieu frapperait de ses plus rigoureux châtiments ceux d'entre eux qui ne s'adonneraient pas à la pratique d'une véritable piété, et qui ne s'attacheraient pas avec docilité et avec foi à ses ordonnances. Les prophéties de Zacharie se divisent en deux parties, qui s'enchaînent dans un très-bel ordre, non-seulement entre elles, mais encore dans chacune de leurs parties. Sous le rapport de la forme, on peut dire que la première partie consiste surtout en visions, la seconde, en discours prophétiques. La première partie (chap. 1-8) traite de la nature et du mode du rétablissement du royaume de Dieu. La seconde (chap. 9-14), de la chute de l'empire dominateur du monde; en quoi il faut seulement remarquer que l'objet d'une partie rentre accidentellement dans l'objet de l'autre, et que dans l'une et dans l'autre partie les consolations et les menaces se succèdent tour à tour. Les prophéties de la première partie sont disposées entre elles dans l'ordre suivant, qui est entièrement conforme à la nature des choses : achèvement du temple comme figure sensible du royaume surnaturel de Dieu (chap. 1); promesse d'une nouvelle Jérusalem, plus grande que celle qui avait été détruite, et soins particuliers que Dieu prendra de la nouvelle cité (chap. 2); rétablissement de l'ancien pouvoir du sacerdoce, comme figure du sacerdoce futur du Messie (chap. 3); promesse du complet rétablissement des choses de la religion, et providence particulière de Dieu à cet égard (chap. 4); prédiction des châtiments divins contre ceux d'entre le peuple qui s'endurciraient dans leurs dispositions d'impénitence, et qui refuseraient de se soumettre avec foi et un véritable changement de cœur aux nouveaux préceptes que Dieu portera dans ces temps très-rapprochés du Messie (chap. 5 et 6); déclaration que la digne préparation aux temps nouveaux du Messie, qui approchent, consiste non dans la justice extérieure, mais dans la conversion du cœur (chap. 7 et 8). Les prophéties de la seconde partie se suivent dans l'ordre ci-après, également fondé sur la nature des choses : destruction du royaume des Perses par les Grecs, qui épargnent le pays des Juifs placé sous le sceptre des Perses (chap. 9, 1-10); défaite des Grecs par les victoires des Machabées (chap. 9, 1-10, 12); abolition du judaïsme, en tant qu'il s'oppose au nouveau royaume spirituel de Dieu, et qu'il fait cause commune avec la puissance du siècle; nouvelle dévastation du pays des Juifs et leur réprobation (chap. 11); victoire du nouveau peuple élu sur tous les peuples, et repentir final de la partie des Juifs restée infidèle (chap. 12-13, 6): prédiction réitérée et vive peinture de la dispersion des Juifs incrédules, et de leur conversion à la fin des temps (chap. 13, 6-9); dernière victoire du Seigneur sur tous ses ennemis (chap. 14). — D'après le titre (chap. 1, 1-7), le Prophète eut sa première vision la seconde année de Darius, fils d'Hystaspe, 519 ans avant Jésus-Christ; or, comme les autres visions jusqu'au ch. 6 s'adaptent et se rattachent très-bien, par leur sujet, à la première, elles sont sans doute aussi de la même date. Les chap. 7 et 8, d'après 7, 1, furent écrits dans le cours de la quatrième année de Darius, 513[1]

[1] * Il faut 516 au lieu de 513 que porte le texte; car Darius commença à régner l'an 520. En outre, il est dit ci-dessus que la sixième année de Darius tombe en l'an 515 avant Jésus-Christ; sa quatrième année tombe donc nécessairement vers l'an 516 ou même 517.

avant Jésus-Christ. La seconde partie fut, ce semble, écrite après l'achèvement de la construction du temple et l'affermissement des institutions civiles et religieuses, après la sixième année de Darius, après l'an 515 avant Jésus-Christ, car elle ne renferme aucune exhortation à ce sujet. On a contesté la seconde partie au prophète Zacharie, et on a voulu la rapporter aux temps qui ont précédé la captivité de Babylone, mais contre la tradition commune et universelle des Eglises judaïques et chrétiennes, qui de tout temps ont mis toutes les prophéties de Zacharie, sous son nom, au nombre des écrits divins. On ne connaît rien de plus relativement aux circonstances de la vie du Prophète.

LE PROPHÈTE ZACHARIE

CHAPITRE PREMIER.

Préambule. Vision de l'ange au milieu des myrtes, des quatre cornes et des quatre ouvriers en fer.

1. In mense octavo, in anno secundo Darii regis, factum est verbum Domini ad Zachariam, filium Barachiæ filii Addo, prophetam, dicens :

2. Iratus est Dominus super patres vestros iracundia.

3. Et dices ad eos : Hæc dicit Dominus exercituum : Convertimini ad me, ait Dominus exercituum : et convertar ad vos, dicit Dominus exercituum.

4. Ne sitis sicut patres vestri, ad quos clamabant prophetæ priores, dicentes : Hæc dicit Dominus exercituum : Convertimini de viis vestris malis, et de cogitationibus vestris pessimis : et non audierunt, neque attenderunt ad me, dicit Dominus.

5. Patres vestri ubi sunt? et prophetæ numquid in sempiternum vivent?

1. La seconde année du règne de Darius[1], le huitième mois, le Seigneur adressa sa parole au prophète Zacharie, fils de Barachie, fils d'Addo [2], et lui dit :

2. Le Seigneur a conçu une violente indignation contre vos pères [3].

3. Vous leur direz [4] donc ceci : Voici ce que dit le Seigneur des armées : Retournez-vous vers moi, dit le Seigneur des armées, et je me retournerai vers vous, dit le Seigneur des armées.

4. Ne soyez pas comme vos pères, auxquels les prophètes qui vous ont devancés, ont si souvent adressé leurs *paroles et* leurs cris, en disant : Voici ce que dit le Seigneur des armées : Convertissez-vous; *quittez* vos mauvaises voies, et la malignité de vos pensées corrompues[5] : et cependant ils ne m'ont point écouté; et ils n'ont point fait attention à ce que je leur disais, dit le Seigneur.

5. Où sont vos pères [6]? et les prophètes vivront-ils éternellement [7]?

ỳ. 1. — [1] L'an 519 avant Jésus-Christ.
[2] Dans 1. *Esdr.* 5, 1. 6, 14. il est simplement appelé fils (c'est-à-dire petit-fils) d'Addo, vraisemblablement parce que son aïeul Addo était plus célèbre que son père Barachie.

ỳ. 2. — [3] Le Prophète met à la tête de ses prophéties, comme introduction, l'exhortation (2-6), afin d'engager les Juifs à recevoir la parole de Dieu avec des sentiments de pénitence, et à ne pas faire comme leurs pères, qui, ayant jeté au vent les oracles des prophètes et les exhortations qu'ils leur adressaient pour les faire revenir à de meilleurs sentiments, en furent punis et ne se convertirent que trop tard.

ỳ. 3. — [4] à vos contemporains.

ỳ. 4. — [5] Dans l'hébreu : Revenez de vos mauvaises voies et de vos mauvaises actions.

ỳ. 5. — [6] N'ont-ils pas dû expier sévèrement leur désobéissance?
[7] Et les prophètes, ils sont, il est vrai, morts aussi, parce qu'ils ne pouvaient pas

6. Mais vos pères n'ont-ils pas éprouvé sur eux-mêmes la vérité de mes paroles, et des justes remontrances que je leur avais fait faire par les prophètes mes serviteurs [8]? et ne sont-ils pas enfin rentrés en eux-mêmes, en disant : Le Seigneur des armées a exécuté la résolution qu'il avait prise de nous traiter selon nos voies et nos œuvres [9]?

7. La seconde année du règne de Darius, le vingt-quatrième jour du onzième mois, *appelé* Sabath [10], le Seigneur adressa sa parole au prophète Zacharie, fils de Barachie, fils d'Addo, et lui dit :

8. J'eus *alors* une vision pendant la nuit [11]. Je voyais un homme monté sur un cheval roux [12], qui se tenait parmi les myrtes plantés en un lieu bas et profond [13]; il y avait après lui des chevaux, dont les uns étaient roux, d'autres marquetés, et les autres blancs [14].

9. Je dis alors [15] : Seigneur, qui sont ceux-ci? Et l'ange qui parlait en moi, me dit : Je vous ferai voir ce que c'est que cette vision [16].

6. Verumtamen verba mea, et legitima mea, quæ mandavi servis meis prophetis, numquid non comprehenderunt patres vestros, et conversi sunt, et dixerunt : Sicut cogitavit Dominus exercituum facere nobis secundum vias nostras, et secundum adinventiones nostras, fecit nobis?

7. In die vigesima et quarta undecimi mensis Sabath, in anno secundo Darii, factum est verbum Domini ad Zachariam filium Barachiæ, filii Addo, prophetam, dicens :

8. Vidi per noctem, et ecce vir ascendens super equum rufum, et ipse stabat inter myrteta, quæ erant in profundo : et post eum equi rufi, varii, et albi.

9. Et dixi : Quid sunt isti, Domine mi? et dixit ad me angelus, qui loquebatur in me : Ego ostendam tibi quid sint hæc.

---

vivre éternellement; mais les menaces ont reçu leur accomplissement (*Voyez* le verset suivant).

ỷ. 6. — [8] Vos pères n'out-ils pas vu se réaliser à leur égard les châtiments dont ils furent menacés en ces termes?

[9] Il nous est arrivé selon qu'il avait été prédit. Réfléchissez à tout cela, et écoutez la parole que Dieu vous fait encore annoncer, de peur que vous ne soyez traités de même.

ỷ. 7. — [10] Dans l'hébreu : Schebath, mois formé de la moitié de nos mois de janvier et de février.

ỷ. 8. — [11] pendant la nuit du jour ci-dessus mentionné, dans un état de veille.

[12] l'apparition du Seigneur; car *pl. b.* ỷ. 11. il est appelé l'ange du Seigneur. Cette apparition est l'Etre divin qui se manifesta sous une forme visible, symbolique, aux patriarches et à Moyse, qui est appelé tantôt l'ange du Seigneur, tantôt le Seigneur lui-même (1. *Moys.* 16, 7 et suiv. 2. *Moys.* 3, 2 et suiv.), et qui conduisait et protégeait le peuple élu. Suivant l'enseignement du Nouveau-Testament et des SS. Pères, c'était le Verbe divin, Dieu se rendant visible, le Fils éternel de Dieu (*Jean*, 1, 11. 12, 1. 1. *Cor.* 10, 9). Il était assis sur un cheval roux, pour figurer la victoire sanglante qu'il devait remporter sur ses ennemis (4. *Rois*, 3, 22. 23. *Isaïe*, 63, 1. 2).

[13] Les myrtes dans une profonde vallée ont rapport à l'état de faiblesse dans lequel se trouvait le peuple de Dieu, après la captivité de Babylone.

[14] des anges sur des chevaux roux, de diverses couleurs et blancs. Ces anges sont des figures de cette pensée, que le heros (de l'apparition) a en sa disposition tous les moyens pour le salut de son peuple; leurs chevaux marquent la promptitude avec laquelle ils exécutent ses ordres; leurs couleurs (rousse et marquetée), les châtiments plus ou moins grands dont ils sont les exécuteurs, et le blanc, la victoire qu'ils remporteront (Voy. *Apoc.* 6, 2).

ỷ. 9. — [15] à l'ange qui parlait avec moi, à mon interprète. Suivant saint Jérôme cet ange était l'ange protecteur du Prophète, qui lui apparut en même temps dans la vision.

[16] D'autres traduisent : qui parlait avec moi. — Je vous ouvrirai le sens de l'esprit, afin que vous sachiez ce que sont ces hommes. Après que l'ange interprète eut ainsi ouvert l'esprit du Prophète, il put comprendre l'explication que lui donnèrent l'ange du Seigneur et ceux qui l'accompagnaient touchant leur destination.

10. Et respondit vir, qui stabat inter myrteta, et dixit : Isti sunt, quos misit Dominus ut perambulent terram.

11. Et responderunt angelo Domini, qui stabat inter myrteta, et dixerunt : Perambulavimus terram, et ecce omnis terra habitatur, et quiescit.

12. Et respondit angelus Domini, et dixit : Domine exercituum usquequo tu non misereberis Jerusalem, et urbium Juda, quibus iratos es? Iste jam septuagesimus annus est.

13. Et respondit Dominus angelo, qui loquebatur in me verba bona, verba consolatoria.

14. Et dixit ad me angelus, qui loquebatur in me : Clama, dicens : Hæc dicit Dominus exercituum : Zelatus sum Jerusalem et Sion zelo magno.

15. Et ira magna ego irascor super gentes opulentas : quia ego iratus sum parum, ipsi vero adjuverunt in malum.

16. Propterea hæc dicit Dominus : Revertar ad Jerusalem in

10. Alors celui qui se tenait parmi les myrtes, prenant la parole me dit : Ceux-ci sont ceux que le Seigneur a envoyés parcourir toute la terre [17].

11. Et ceux-là s'adressant à l'ange du Seigneur qui était parmi les myrtes, lui dirent : Nous avons parcouru la terre, et toute la terre maintenant est habitée et en repos [18].

12. L'ange du Seigneur parla ensuite, et dit : Seigneur des armées, jusqu'à quand différerez-vous à faire miséricorde à Jérusalem et aux villes de Juda, contre lesquelles votre colère s'est émue? Voici déjà la soixante et dixième année [19].

13. Alors le Seigneur répondit à l'ange qui parlait en moi [20], et qui me fit entendre de bonnes paroles, des paroles de consolation.

14. Et l'ange qui parlait en moi, me dit : Criez, et dites : Voici ce que dit le Seigneur des armées : J'ai un grand zèle et un grand amour pour Jérusalem et pour Sion [21].

15. Et j'ai conçu une grande indignation contre les nations puissantes qui l'ont affligée avec excès [22], lorsque j'étais seulement un peu en colère [23].

16. C'est pourquoi voici ce que dit le Seigneur : Je reviendrai à Jérusalem dans ma

---

℣. 10. — [17] exécuter les ordres de Dieu.

℣. 11. — [18] Nous avons reconnu dans l'exécution des ordres de Dieu, que la paix existe sur toute la terre (dans tout le royaume de Perse, qui était alors le royaume où était le théâtre du monde). — A cette époque, la seconde année de Darius, il régnait une paix universelle, et les peuples de son royaume, y compris les Chaldéens, jouissaient d'un bonheur paisible. La Judée seule était dans une triste situation; Jérusalem ne se rebâtissait que peu à peu, la reconstruction du temple était interrompue, le nombre des habitants était peu considérable, tout le pays était en très-grande partie désolé.

℣. 12. — [19] de la destruction de Jérusalem, différente de la soixante et dixième année de la captivité. Les soixante et dix ans de la captivité commencèrent à la quatrième année de Joakim, 606 ans avant Jésus-Christ (voy. 4. *Rois*, 24 note 1), et se terminèrent à la première année de Cyrus, 536 avant Jésus-Christ (2. *Par*. 36, 22); les soixante et dix ans de la destruction de Jérusalem par Nabuchodonosor commencent l'an 588 avant Jésus-Christ (4. *Rois*, 25, 9), et finissent par conséquent vers l'an 518 avant Jésus-Christ. La seconde année de Darius, vers laquelle tombent ces visions, était l'an 519 avant Jésus-Christ, et c'est pourquoi il faut prendre les paroles ci-dessus comme s'il y avait : Et voici que l'on va entrer dans la soixante et dixième année.

℣. 13. — [20] avec moi, — * et ainsi toutes les fois que cette locution revient, — à l'ange interprète, et non point à l'ange du Seigneur, car ce dernier avait seulement demandé de faire connaître la réponse au Prophète par l'ange interprète.

℣. 14. — [21] J'ai pour mon peuple élu un amour tout particulier, et c'est pourquoi je ne laisserai pas impunis ceux qui le maltraitent.

℣. 15. — [22] Litt. : contre les nations opulentes, — c'est-à-dire contre les nations qui vivent dans la prospérité et l'orgueil. Dans l'hébreu : contre les nations tranquilles (*Voy*. ℣. 11).

[23] Je me suis servi d'elles comme d'instruments pour infliger à Juda un châtiment modéré ; elles, au contraire, ont déployé toute leur puissance, et ont usé de cruauté.

miséricorde. Ma maison y sera bâtie *de nouveau*, dit le Seigneur des armées; et on étendra *encore* le cordeau sur Jérusalem [24].

misericordiis: et domus mea ædificabitur in ea, ait Dominus exercituum, et perpendiculum extendetur super Jerusalem.

17. Criez encore, et dites : Voici ce que dit le Seigneur des armées : Mes villes seront encore comblées de biens; le Seigneur consolera encore Sion, et il choisira encore Jérusalem [25].

17. Adhuc clama, dicens : Hæc dicit Dominus exercituum : Adhuc affluent civitates meæ bonis : et consolabitur adhuc Dominus Sion, et eliget adhuc Jerusalem.

18. Je levai ensuite les yeux, et j'eus cette vision : Je voyais quatre cornes devant moi [26].

18. Et levavi oculos meos, et vidi : et ecce quatuor cornua.

19. Et je dis à l'ange qui parlait en moi : Qu'est-ce que cela? Il me répondit : Ce sont les cornes qui ont dissipé [27] Juda, Israël et Jérusalem.

19. Et dixi ad angelum, qui loquebatur in me : Quid sunt hæc? et dixit ad me : Hæc sunt cornua, quæ ventilaverunt Judam, et Israel, et Jerusalem.

20. Le Seigneur me fit voir ensuite quatre ouvriers *en fer* [28].

20. Et ostendit mihi Dominus quatuor fabros.

21. Et je lui dis : Que viennent faire ceux-ci? Il me répondit : Vous voyez les cornes qui ont tellement accablé tous les hommes de Juda, qu'il n'y en a pas un seul qui ose lever la tête [29] : mais ceux-ci sont venus pour les frapper de terreur, et pour abattre les cornes des nations qui se sont élevées contre le pays de Juda, pour en disperser tous les habitants [30].

21. Et dixi : Quid isti veniunt facere? Qui ait, dicens : Hæc sunt cornua, quæ ventilaverunt Judam per singulos viros, et nemo eorum levavit caput suum : et venerunt isti deterrere ea, ut dejiciant cornua gentium, quæ levaverunt cornu super terram Juda ut dispergerent eam.

ŷ. 16. — [24] On l'étendra aussi loin que Jérusalem doit être rebâtie.

ŷ. 17. — [25] pour le lieu de sa demeure, où il sera encore placé sur son trône dans le temple.

ŷ. 18. — [26] les peuples ennemis situés vers les quatre points cardinaux autour de la Judée, lesquels n'étaient pas encore animés de dispositions pacifiques. La corne est le symbole de la force (Voy. *Ps.* 88, 18).

ŷ. 19. — [27] comme alliés des Chaldéens.

ŷ. 20. — [28] combattant contre ces puissances des quatre côtes. Par là les interprêtes entendent la protection du ciel, dont Dieu favorisa son peuple.

ŷ. 21. — [29] tant était accablante l'affliction, sous le poids de laquelle chacun était courbé.

[30] Par la protection céleste, de tous les côtés les puissances ennemies ont été refoulées, et elles demeureront désormais à jamais éloignées. Ceci et la vision qui précède renferment en figure cette pensée : Les nations sont, il est vrai, présentement dans un état de puissance et de tranquillité, tandis qu'Israël, au milieu de rudes combats au-dedans, et des attaques venant du dehors, a peine à se relever de ses faibles commencements; mais Dieu fera que l'œuvre capitale, le centre religieux et politique de la nation, le temple s'achève, et il punira avec sévérité les peuples, spécialement les peuples voisins, qui ont agi avec cruauté à l'égard d'Israël, et il sauvera son peuple par son intervention immédiate, comme il l'a déjà sauvé des mains des Chaldéens, et a châtié ceux qui l'ont retenu captif. La principale idée de la vision est la promesse de l'achèvement du temple; l'idée accessoire, le châtiment des nations qui se montraient hostiles au peuple de Dieu. — La promesse de l'achèvement de la réédification du temple fut accomplie en la sixième année du règne de Darius.

CHAPITRE II.

Vision de l'homme tenant un cordeau à mesurer; soutiens et gloire de la nouvelle Jérusalem.

1. Et levavi oculos meos, et vidi : et ecce vir, et in manu ejus funiculus mensorum.

2. Et dixi : Quo tu vadis? Et dixit ad me : Ut metiar Jerusalem, et videam quanta sit latitudo ejus, et quanta longitudo ejus.

3. Et ecce angelus, qui loquebatur in me, egrediebatur, et angelus alius egrediebatur in occursum ejus.

4. Et dixit ad eum : Curre, loquere ad puerum istum, dicens : Absque muro habitabitur Jerusalem præ multitudine hominum et jumentorum in medio ejus.

5. Et ego ero ei, ait Dominus, murus ignis in circuitu : et in gloria ejus.

6. O, ô fugite de terra aquilonis, dicit Dominus : quoniam in quatuor ventos cœli dispersi vos, dicit Dominus.

1. Je levai encore les yeux, et j'eus cette vision : Je voyais un homme [1] qui avait à la main un cordeau, *comme en ont* ceux qui mesurent.

2. Je *lui* dis : Où allez-vous? Il me répondit : Je vais mesurer Jérusalem, pour voir quelle est sa largeur, et quelle est sa longueur.

3. En même temps, l'ange qui parlait en moi [2], sortit [3], et un autre ange [4] vint au-devant de lui [5],

4. et lui dit : Courez, parlez à ce jeune homme [6], et dites-lui : Jérusalem sera tellement peuplée, qu'elle ne sera plus environnée de murailles, à cause de la multitude d'hommes et de bêtes *qui seront* au milieu d'elle [7].

5. Je lui serai moi-même, dit le Seigneur, un mur de feu qui l'environnera, et j'établirai ma gloire au milieu d'elle [8].

6. Ah! fuyez, fuyez de la terre d'aquilon [9], dit le Seigneur, parce que je vous ai dispersés vers les [illegible] vents du ciel, dit le Seigneur.

℣. 1. — [1] Vraisemblablement le même ange du Seigneur que chap. 1, 8. 11.

℣. 3. — [2] Autrement : avec moi. — Voy. *pl. h.* note 15.

[3] s'éloigna de moi, pour recevoir des instructions de l'ange qui tenait la mesure.

[4] vraisemblablement de la suite de l'ange qui se disposait à mesurer.

[5] pour lui donner des instructions.

℣. 4. — [6] Suivant saint Jérôme c'est Zacharie qui est ainsi désigné, pour marquer les rapports de la nature humaine à la nature angélique, parce que les anges ne se transforment pas en hommes, mais bien les hommes en anges, et que, par conséquent, ils passent comme par accroissement de la jeunesse de la nature humaine à l'âge viril de la nature angélique.

[7] La nouvelle Jérusalem aura une si grande multitude de citoyens, qu'il n'est pas à propos de la renfermer dans des murs, afin que l'on ne mette point de bornes aux nouvelles colonies, qui de temps en temps viendront se réunir à elle.

℣. 5. — [8] Moi-même je serai son appui, et j'opérerai en elle des prodiges de grâce. Il est manifeste que le Prophète parle ici de Jérusalem, comme devant se transformer en l'Eglise, cette Eglise qui ne devait pas demeurer renfermée dans les limites de la Judée, mais recevoir dans son sein toutes les nations, et voir disparaître le mur qui tenait les Gentils et les Juifs séparés, la loi cérémonielle.

℣. 6. — [9] Dans le sens prochain ces mots s'adressent aux Juifs qui se trouvaient encore dans Babylone, car tous n'étaient pas encore rentrés; dans le sens éloigné et plus relevé, à tous ceux qui ne sont pas encore entrés dans l'Eglise. Pourquoi Babylone est-elle appelée un pays du Nord (Voy. *Jér.* 1, 13. note 16

7. Fuyez, ô Sion! vous qui habitez dans la ville de Babylone [10];

8. Car voici ce que dit le Seigneur des armées: Après *qu'il vous aura couverts de* gloire, il m'enverra contre les nations qui vous ont dépouillés [11], parce que celui qui vous touche, touche la prunelle de mon œil [12].

9. Je vais étendre ma main sur ces peuples, et ils deviendront la proie de ceux qui étaient leurs esclaves : et vous reconnaîtrez que c'est le Seigneur des armées qui m'a envoyé.

10. Fille de Sion, chantez des cantiques de louanges, et soyez dans la joie, parce que je viens moi-même habiter au milieu de vous, dit le Seigneur [13].

11. En ce jour-là, plusieurs peuples s'attacheront au Seigneur, et ils deviendront mon peuple; et j'habiterai au milieu de vous: et vous saurez [14] que le Seigneur des armées m'a envoyé vers vous.

12. Le Seigneur possédera *encore* Juda [15] comme son héritage dans le pays [16] qui lui

7. O Sion, fuge quæ habitas apud filiam Babylonis :

8. quia hæc dicit Dominus exercituum : Post gloriam misit me ad gentes, quæ spoliaverunt vos : qui enim tetigerit vos, tangit pupillam oculi mei :

9. quia ecce ego levo manum meam super vos, et erunt prædæ his qui serviebant sibi : et cognoscetis quia Dominus exercituum misit me.

10. Lauda, et lætare filia Sion : quia ecce ego venio, et habitabo in medio tui, ait Dominus.

11. Et applicabuntur gentes multæ ad Dominum in die illa, et erunt mihi in populum, et habitabo in medio tui : et scies quia Dominus exercituum misit me ad te.

12. Et possidebit Dominus Judam partem suam in terra sancti-

ỳ. 7. — [10] Le Prophète invite les Juifs qui étaient restés au pays étranger à revenir dans la nouvelle Jerusalem, et en même temps à se mettre à l'abri des maux qui allaient bientôt fondre sur Babylone. En effet, les Babyloniens se révoltèrent sous Darius, qui assiégea ensuite la ville, la prit, renversa ses murs et le temple de Baal, et y fit un grand carnage.

ỳ. 8. — [11] Après avoir glorieusement ramené vos frères, il s'est tourné contre les nations pour les châtier. — Dieu dit ici : Dieu m'a envoyé ; l'envoyé de Dieu est donc Dieu lui-même. De là saint Jérôme conclut que c'est Jésus-Christ qui parle ici par la bouche de l'ange, car il est tout à la fois Dieu et l'envoyé de Dieu. Jésus-Christ à la fin des temps châtiera les hordes de l'Antechrist qui feront la guerre à son royaume.

[12] blesse ce que j'ai de plus cher, me blesse moi-même.

ỳ. 10. — [13] Les paroles des versets 10. 11 n'ont leur accomplissement que dans l'avènement de Jésus-Christ.

ỳ. 11. — [14] Dans les derniers temps (Voy. *Osee*, 8).

ỳ. 12. — [15] Juda veut dire confession, confesseur.

[16] dans l'Eglise. — * Litt. : dans la terre de la sainteté, dans la terre sainte. — Or, pourquoi la Judée, et, en général, la Palestine, est-elle appelée par excellence la terre sainte? La réponse à cette question se trouve résumée avec concision dans les paroles d'Urbain II, au concile de Clermont : « C'est à juste titre, dit ce grand pape, que nous appelons sainte cette terre sur laquelle il n'y a pas même un pied de terre que n'ait illustré et sanctifié soit le corps, soit l'ombre du Sauveur, soit la présence glorieuse de la sainte Mère de Dieu, ou les traces dignes d'être embrassées des pas des Apôtres, ou enfin l'effusion du sang des martyrs... » — Cette terre d'élection a de plus été sanctifiée, d'une part, par la présence des patriarches, des prophètes et de tous les plus grands serviteurs de Dieu sous l'ancienne loi, et, d'autre part, par l'éclat des prodiges que le Dieu d'Israel y a opérés, et spécialement par l'érection de son saint tabernacle et de son temple. Il est vrai que, frappée à diverses époques, en punition des crimes de ses habitants, par la colère divine, et notamment depuis la destruction de Jérusalem et la dispersion du peuple Juif, cette terre, autrefois bénie, paraît porter plutôt les signes de la malédiction que de la bénédiction d'en haut; mais elle ne mérite pas moins pour cela d'être considérée comme sainte entre toutes les autres terres. Pour le chrétien, la terre de Judée est sainte à raison des grands événements qui s'y sont accomplis et des souvenirs divins qui sont encore comme gravés et empreints sur son sol. Pour le Juif, outre que c'est la patrie de ses pères, le lieu choisi de Dieu pour son culte

ficata : et eliget adhuc Jerusalem.

13. Sileat omnis caro a facie Domini : quia consurrexit de habitaculo sancto suo.

a été consacre, et il choisira encore Jérusalem [17].

13. Que toute chair soit dans le silence devant la face du Seigneur, parce qu'il s'est réveillé *et qu'il s'est avancé* de son sanctuaire [18].

CHAPITRE III.

Vision du grand prêtre, qui est accusé devant Dieu et absous. Le serviteur de Dieu qui doit venir. La pierre.

1. Et ostendit mihi Dominus Jesum sacerdotem magnum stantem coram angelo Domini : et satan stabat a dextris ejus ut adversaretur ei.
2. Et dixit Dominus ad satan : Increpet Dominus in te satan, et increpet Dominus in te, qui elegit Jerusalem : numquid non iste torris est erutus de igne?
3. Et Jesus erat indutus vestibus sordidis : et stabat ante faciem angeli.
4. Qui respondit, et ait ad eos

1. Le Seigneur [1] me fit voir ensuite le grand prêtre Jésus [2] qui était devant l'ange du Seigneur [3], et satan était à sa droite pour s'opposer à lui [4].
2. Et le Seigneur [5] dit à satan : Que le Seigneur te réprime, ô satan [6]! que le Seigneur te réprime, lui qui a choisi Jérusalem [7]. N'est-ce pas là ce tison qui a été tiré du milieu du feu [8]?
3. Jésus était revêtu d'habits sales [9], et il se tenait devant la face de l'ange.
4. Et l'ange dit à ceux qui étaient debout

et son temple, la poussière même de cette terre, l'air qu'il y respire ont un caractère de sainteté; car, selon sa croyance, ce sera en Palestine qu'aura lieu la résurrection des morts. Pour le Mahométan lui-même, la terre de Judée est une terre sainte, car lui aussi se reconnaît enfant d'Abraham, admet l'Ancien Testament comme un livre divin, et vénère même comme envoyé de Dieu l'auteur et le consommateur de notre foi. Ainsi, que notre amour et notre vénération pour cette terre consacrée ne soient pas affaiblis à cause de l'état de désolation où elle est réduite. Le Juif aime a y aller, de tous les points du monde, terminer sa carrière; de même que le chrétien s'empresse d'aller la visiter et de porter aux lieux consacrés le tribut de sa piété. Peut-être le moment n'est-il pas éloigné où des jours meilleurs luiront sur ses ruines éparses, et les ranimeront d'un souffle de vie.

[17] Jerusalem, Sion, sont mises pour l'assemblée d'élection, dont Dieu forma l'Eglise.

ỳ. 13. — [18] pour opérer tout cela : pour dilater Jérusalem, et châtier ses ennemis. Dans cette vision encore la pensée principale est la dilatation de Jérusalem : le châtiment de ses ennemis n'est que la pensée secondaire.

ỳ. 1. — [1] Dans l'hébreu il n'y a pas « le Seigneur. » D'où il suit que l'on peut entendre que c'est l'ange interprète qui parle dans le chapitre précédent.

[2] le même qui est appelé ailleurs Jésus (Josué), fils de Josédec (*Aggée*, 2. 3).

[3] Voy. *pl. h.* 1, 8.

[4] pour l'accuser à cause de ses péchés, comme digne de condamnation (*Comp.* ỳ. 4).

ỳ. 2. — [5] Ainsi est appelé l'ange du Seigneur, comme étant sa manifestation visible.

[6] Litt. : Que le Seigneur te réprimande.... Réprimander de la part de Dieu, qui fait toutes choses par sa parole, signifie réprimer, rendre impuissant, opprimer.

[7] parce qu'il a choisi Jérusalem, parce qu'il l'a eue en compassion, qu'il l'a tirée de la captivité, et que par une pure faveur il la réédifiera.

[8] Comp. *Amos*, 4, 11.

ỳ. 3. — [9] Image de sa culpabilité (Voy. *Isaïe*, 4, 4. *Prov.* 30, 12).

devant lui : Otez-lui ses vêtements sales. Et il dit à Jésus : Je vous ai dépouillé de votre iniquité, et je vous ai revêtu d'un vêtement précieux [10].

5. Et il ajouta : Mettez-lui sur la tête une tiare éclatante. Et ils lui mirent sur la tête une tiare éclatante, et le revêtirent d'un vêtement *précieux* [11]. Cependant l'ange du Seigneur se tenait debout [12].

6. Et le même ange du Seigneur fit cette déclaration à Jésus, et lui dit :

7. Voici ce que dit le Seigneur des armées : Si vous marchez dans mes voies, si vous observez tout ce que j'ai commandé que l'on observe, vous gouvernerez aussi ma maison [13], et vous garderez mon temple [14], et je vous donnerai quelques-uns de ceux qui assistent ici devant moi, afin qu'ils marchent toujours avec vous [15].

8. Ecoutez, ô Jésus [16] ! grand prêtre, vous et vos amis qui sont auprès de vous, parce qu'ils sont destinés pour être la figure de l'avenir [17] : JE VAIS FAIRE VENIR L'ORIENT, QUI EST MON SERVITEUR [18].

qui stabant coram se, dicens : Auferte vestimenta sordida ab eo. Et dixit ad eum : Ecce abstuli a te iniquitatem tuam, et indui te mutatoriis.

5. Et dixit : Ponite cidarim mundam super caput ejus. Et posnerunt cidarim mundam super caput ejus, et induerunt eum vestibus : et angelus Domini stabat.

6. Et contestabatur angelus Domini Jesum, dicens :

7. Hæc dicit Dominus exercituum : Si in viis meis ambulaveris, et custodiam meam custodieris : tu quoque judicabis domum meam, et custodies atria mea, et dabo tibi ambulantes de his, qui nunc hic assistunt.

8. Audi Jesu sacerdos magne, tu et amici tui, qui habitant coram te, quia viri portendentes sunt; ecce enim ego. ADDUCAM SERVUM MEUM ORIENTEM.

ỳ. 4. — [10] Image du pardon des péchés et de la justification.

ỳ. 5. — [11] Rendez-le entièrement pur, — depuis la tête jusqu'aux pieds.

[12] comme étant la personne qui proprement agissait, au nom de laquelle était opérée la purification.

ỳ. 7. — [13] Litt. : vous jugerez... — vous serez juge en Israël.

[14] Litt. : mes parvis, — vous conserverez toujours la dignité de grand prêtre. Garder le portique extérieur (Voy. 2. *Par.* 19, 11. 23, 18. *Jér.* 29, 26) est mis en général pour l'autorité spirituelle.

[15] Je vous ferai protéger par mes serviteurs (les anges). Dans l'hébreu : Je vous donnerai un guide parmi ceux qui se tiennent ici (mes serviteurs). — * Autrement : Et dabo tibi ambulationes inter astantes istos; scilicet angelos ỳ. 4; angelos tibi comites ac defensores addam. Je vous ferai marcher parmi ceux qui se tiennent ici debout, c'est-à-dire les anges; je vous les donnerai pour compagnons et pour défenseurs (Rosenmüller). Le sens de toute la vision (1-7) est : Le sacerdoce devait être aboli à cause des péchés des prêtres, car ils crient vengeance : toutefois Dieu, par un pur effet de sa miséricorde, ne l'abolira pas entièrement, mais après le châtiment qu'ils ont souffert, il le purifiera, le rétablira et en deviendra le protecteur.

ỳ. 8. — [16] La suite et l'ordre des idées avec ce qui précède est : Le sacerdoce continuera donc d'exister; mais écoutez néanmoins ce que j'ai à vous dire d'un salut plus grand, du Messie, dont vous, prêtres, vous n'êtes que des figures.

[17] Changement de personne. Proprement : car vous êtes des figures; vous êtes par votre dignité comme les médiateurs, par votre vie et vos vertus les types symboliques et prophétiques d'un sacerdoce plus sublime. Votre principale attention doit donc être d'apprendre ce qui regarde ce dernier sacerdoce, et ce qui concerne la personne par laquelle il sera representé. — Les amis qui habitent (se tiennent) devant (avec) le grand prêtre, sont ses prêtres. D'autres traduisent l'hébreu : ce sont des hommes de prodige; mais cette interprétation ne convient pas aux prêtres; tandis que l'autre sens, que le mot hébreu Mophet a également, leur convient très-bien : ce mot en effet signifie non-seulement prodige, mais encore type, figure symbolique d'un événement futur ou d'une personne, qui est renfermée dans une action ou une personne (Comp. *Isaïe*, 8, 18. 20, 3. *Ezéch.* 11, 6).

[18] Sous ce nom les anciens Juifs et les chrétiens ont entendu le Messie. C'est ainsi que l'a nommé Zacharie, père de Jean-Baptiste (*Luc*, 1, 78). Le mot hébreu *tsemach* peut aussi se traduire par *rejeton*, comme dans *Isaïe*, 4, 2. *Jér.* 23, 5. 33, 15, par rapport à l'anéantissement dans lequel le Messie parut au commencement.

9. Quia ecce lapis, quem dedi coram Jesu : super lapidem unum septem oculi sunt : ecce ego celabo sculpturam ejus, ait Dominus exercituum : et auferam iniquitatem terræ illins in die una.

10. In die illa, dicit Dominus exercituum, vocabit vir amicum suum subter vitem, et subter ficum.

9. Car voici la pierre que j'ai mise devant Jésus [19]. Il y a sept yeux sur cette unique pierre [20]. Je la taillerai, et je la graverai moi-même avec le ciseau, dit le Seigneur des armées [21]; et j'effacerai en un jour l'iniquité de cette terre [22].

10. En ce jour-là, dit le Seigneur des armées, l'ami appellera son ami sous sa vigne et sous son figuier [23].

CHAPITRE IV.

Vision du chandelier d'or et des deux oliviers. Achèvement du temple par Zorobabel.

1. Et reversus est angelus, qui loquebatur in me, et suscitavit me, quasi virum qui suscitatur de somno suo.

2. Et dixit ad me : Quid tu vides? Et dixi : Vidi, et ecce candelabrum aureum totum, et lampas ejus super caput ipsius, et septem lucernæ ejus super illud : et septem infusoria lucernis, quæ erant super caput ejus.

1. Et l'ange qui parlait en moi, revint, et me réveilla, comme un homme qu'on réveille de son sommeil [1].

2. Et il me dit : Que voyez-vous? Je lui répondis: Je vois un chandelier tout d'or, qui a une lampe au haut de sa *principale* tige, et sept lampes sur ses branches. *Je vis* qu'il y avait sept canaux, pour faire couler *l'huile* dans les lampes qui étaient sur le chandelier [2].

Le Messie est également appelé serviteur (*Isaïe*, 42, 1. 49, 3. 5. 50, 10, 52, 13. 53, 11).

℣. 9. — [19] Le Messie est également désigné dans d'autres endroits sous le nom de Pierre (Voy. *Ps.* 117, 22. *Matth.* 21, 42. *Act.* 4, 11. *Rom.* 9, 32. 33). Il est dit que la pierre a été mise devant Jésus, parce que cette pierre a été représentée aux Juifs, en premier lieu dans les prophéties, puis dans la réalité, afin qu'ils édifiassent sur cette même pierre le nouveau judaïsme, la religion de l'esprit et de la vérité. Hélas ! ils l'ont rejetée.

[20] Il est également marqué de l'Agneau immolé (*Apoc.* 5, 6) qu'il avait sept yeux. Ces yeux peuvent marquer la plénitude des grâces de l'Esprit-Saint, qui était en Jésus sans mesure (Voy. *Isaïe*, 11, 2. 3. *Jean*, 3, 34); d'autres interprètes entendent par là la Providence divine veillant sur lui.

[21] Les interprètes entendent ceci de l'incarnation du Seigneur et des stigmates que ses souffrances ont laissées sur son corps adorable.

[22] au jour de sa passion.

℣. 10. — [23] C'est là une image du repos, de la paix et du bonheur, qui devaient être un effet de la grâce que le Messie mériterait aux hommes.

℣. 1. — [1] A la fin de la vision ci-dessus le Prophète retomba dans son état habituel, et l'ange l'abandonna. Au bout de quelque temps, l'ange le ravit de nouveau en extase, et le remit en état de vision. L'état ordinaire est appelé un sommeil, parce que, dit saint Cyrille, notre état, en comparaison de celui des anges, doit être considéré comme un sommeil.

℣. 2. — [2] Le chandelier avait la forme du chandelier qui était dans le sanctuaire (2. *Moys.* 25, 31 et suiv. 37, 17 et suiv.). De même qu'au-dessus des sept branches de la tige brûlaient sept lampes, ainsi sept tuyaux prenant naissance dans un vase à huile placé au-dessus du chandelier, descendaient vers les lampes pour y conduire l'huile. Ce vase recevait lui-même l'huile au moyen de deux tubes, qui partaient des deux oliviers placés aux deux côtés du chandelier.

3. Il y avait aussi deux oliviers *qui s'élevaient* au-dessus, l'un à la droite de la lampe, et l'autre à la gauche.

4. Alors je dis à l'ange qui parlait en moi : Mon Seigneur, qu'est-ce que ceci ?

5. Et l'ange qui parlait en moi me répondit : Ne savez-vous pas ce que c'est[3] ? Non, mon Seigneur, lui dis-je.

6. Il me dit ensuite : Voici la parole que le Seigneur adresse à Zorobabel : *Vous n'espérerez* ni en une armée, ni en aucune force, mais en mon esprit, dit le Seigneur des armées[4].

7. Qui êtes-vous, grande montagne, devant Zorobabel? Vous serez aplanie[5]. Il mettra la dernière pierre *au temple*[6], et il rendra le second aussi beau que le premier[7].

8. Alors le Seigneur m'adressa sa parole, et me dit :

9. Les mains de Zorobabel ont fondé cette maison, et ses mains l'achèveront : et vous saurez que c'est le Seigneur des armées[8] qui m'a envoyé vers vous.

10. Qui est celui qui fait peu d'état de ces faibles commencements[9] ? Il sera dans la joie lorsqu'il verra Zorobabel le plomb à la main[10]. Ce sont là les sept yeux du Seigneur, qui parcourent toute la terre[11].

3. Et duæ olivæ super illud : una a dextris lampadis, et una a sinistris ejus.

4. Et respondi, et aio ad angelum, qui loquebatur in me, dicens : Quid sunt hæc, domine mi ?

5. Et respondit angelus, qui loquebatur in me, et dixit ad me : Numquid nescis quid sunt hæc? Et dixi : Non, domine mi.

6. Et respondit, et ait ad me, dicens : Hoc est verbum Domini ad Zorobabel, dicens : Non in exercitu, nec in robore, sed in spiritu meo, dicit Dominus exercituum.

7. Quis tu mons magne coram Zorobabel? in planum : et educet lapidem primarium, et exæquabit gratiam gratiæ ejus.

8. Et factum est verbum Domini ad me, dicens :

9. Manus Zorobabel fundaverunt domum istam, et manus ejus perficient eam : et scietis quia Dominus exercituum misit me ad vos.

10. Quis enim despexit dies parvos? et lætabuntur, et videbunt lapidem stanneum in manu Zorobabel. Septem isti oculi sunt Domini, qui discurrunt in universam terram

---

℣. 5. — [3] Ne comprenez-vous pas le sens profond du symbole ?

℣. 6. — [4] La vision signifie que ce ne sera point au moyen des efforts des hommes, mais seulement par la protection de Dieu et sa toute-puissance, que Zorobabel achèvera la construction du temple, et la restauration du nouvel Etat attache a cette construction. Ainsi le chandelier est le symbole de l'œuvre de Zorobabel ; l'huile qui y coule d'en haut, le symbole de la grâce divine.

℣. 7. — [5] Avec un tel appui, que sont tous les obstacles? ils disparaîtront !

[6] Litt. : Il produira au dehors la pierre principale ; — le temple, figure de la maison spirituelle du Messie, qui pour cette raison est aussi désigné sous le nom de pierre, chap. 3, 4.

[7] temple. Dans l'hébreu : Il placera la pierre principale (la clef de voûte) au milieu des cris : Bonheur, bonheur à elle ! — * Litt. : Et educet lapidem capitalem, clamores (in clamoribus) : Gratia, gratia illi (lapidi).

℣. 9. — [8] Le Verbe du Seigneur (℣. 8), dit au Prophète par l'organe de l'ange (Comp. ℣. 11) : Vous saurez que la parole de Dieu reçoit son accomplissement.

℣. 10. — [9] de la construction du temple.

[10] Vous avez été dans la tristesse en voyant la construction interrompue ; mais vous serez dans la joie quand, sous la direction de Zorobabel, le plomb sera de nouveau employé pour la continuer et l'achever.

[11] L'achèvement de la construction du temple ne doit point vous surprendre ; car la providence de Dieu, qui règle tout ce qui arrive dans le monde, y veille avec un soin particulier. Les sept lampes du chandelier, outre la propriété qu'elles ont de représenter la vie de la nouvelle Jérusalem, qui sera fondée par Zorobabel, figurent encore la providence et l'attention spéciale avec lesquelles Dieu seconde son œuvre.

11. Et respondi, et dixi ad eum : Qui sunt duæ olivæ istæ, ad dexteram candelabri, et ad sinistram ejus?

12. Et respondi secundo, et dixi ad eum : Quid sunt duæ spicæ olivarum, quæ sunt juxta duo rostra aurea, in quibus sunt suffusoria ex auro?

13. Et ait ad me, dicens : Numquid nescis quid sunt hæc? Et dixi : Non domine mi.

14. Et dixit : Isti sunt duo filii olei, qui assistunt Dominatori universæ terræ.

11. Alors je lui dis : Que marquent ces deux oliviers, *dont l'un est* à la droite du chandelier, *et l'autre* à la gauche?

12. Je lui dis encore une seconde fois : Que signifient ces deux oliviers, qui sont auprès des deux becs d'or, où sont les canaux d'or par où coulent l'huile [12]?

13. Ne savez-vous pas, me dit-il, ce que cela signifie? Je lui répondis : Non, mon seigneur.

14. Et il me dit : Ces deux oliviers sont les deux oints de l'huile *sacrée*, qui assistent devant le Dominateur de toute la terre [13].

CHAPITRE V.

Vision du rouleau (livre) qui vole, et de la femme dans le boisseau (l'épha).

1. Et conversus sum, et levavi oculos meos : et vidi, et ecce volumen volans.

2. Et dixit ad me : Quid tu vides? Et dixi : Ego video volumen volans : longitudo ejus viginti cubitorum, et latitudo ejus decem cubitorum.

3. et dixit ad me : Hæc est maledictio, quæ egreditur super faciem omnis terræ : quia omnis fur, sicut ibi scriptum est, judicabitur : et omnis jurans, ex hoc similiter judicabitur.

1. Je me retournai ensuite; et ayant levé les yeux, je vis un livre qui volait.

2. Et l'ange me dit : Que voyez-vous? Je lui dis : Je vois un livre volant, long de vingt coudées, et large de dix.

3. L'ange ajouta : C'est la malédiction qui va se répandre sur la face de toute la terre; car tout voleur sera jugé par ce qui est écrit dans ce livre; et quiconque jure *faussement* sera jugé de même par ce qu'il contient [1].

℣. 12. — [12] Les deux tubes qui conduisaient l'huile dans le vase principal au-dessus du chandelier (Voy. *pl. h.* note 2), avaient à l'endroit où ils recevaient l'huile, la forme de deux becs ouverts. A ces deux becs s'adaptaient deux branches des deux oliviers, des olives desquelles l'huile coulait. Dans l'hébreu : Que sont ces deux épis (branches chargées d'olives) d'olivier aux deux tuyaux d'or, qui versent de l'or (de l'huile jaune)?

℣. 14. — [13] Par là sont vraisemblablement désignés les deux principaux personnages qui avaient reçu l'onction, Zorobabel et Jésus, le grand prêtre, dans lesquels la grâce opérait pour mener la nouvelle œuvre à son terme. Ces personnages sont aussi désignés comme types des autres principaux organes de la grâce divine dans le royaume de Dieu, lors du premier et du second avènement de Jésus-Christ; d'où il suit qu'ils représentent les apôtres saint Pierre et saint Paul, dont l'un annonça l'Évangile aux Gentils, et l'autre aux Juifs; puis enfin les prophètes Elie et Enoch, dont le premier, immédiatement avant le deuxième avènement de Jésus-Christ, prêchera la pénitence aux Juifs, le second aux Gentils, ce qui est cause que dans l'*Apocalypse* 11, 4, ils sont aussi désignés sous le nom d'oliviers que Dieu a plantés.

℣. 3. — [1] Il ne s'agit point ici de l'injustice ni du parjure de quelques particuliers, ni même d'un grand nombre, mais des péchés du peuple, du parjure et de l'injustice du peuple tout entier : car la punition est un châtiment général, qui

4. Je le produirai au jour [2] dit le Seigneur des armées : il entrera dans la maison du voleur, et dans la maison de celui qui jure faussement en mon nom, et il demeurera au milieu de cette maison, et la consumera avec tout le bois et toutes les pierres [3].

5. Alors l'ange qui parlait en moi sortit dehors [4], et me dit : Levez les yeux, et considérez ce qui va paraître.

6. Et qu'est-ce, lui dis-je? Il me répondit : C'est un vase [5] qui sort. Et il ajouta : Ce vase est ce qu'on voit en eux dans toute la terre.

7. Et voilà que l'on portait une masse de plomb; et j'aperçus une femme assise au milieu du vase [6].

8. Alors l'ange me dit : C'est là l'impiété. Et il jeta la femme au fond du vase, et en ferma l'entrée avec la masse de plomb.

9. Je levai ensuite les yeux, et j'eus cette vision : Je voyais paraître deux femmes; le vent *soufflait* dans leurs ailes, qui étaient semblables à celles d'un milan; et elles élevèrent le vase entre le ciel et la terre.

10. Je dis à l'ange qui parlait en moi : Où ces femmes portent-elles ce vase?

4. Educam illud, dicit Dominus exercituum : et veniet ad domum furis, et ad domum jurantis in nomine meo mendaciter : et commorabitur in medio domus ejus, et consumet eam, et ligna ejus, et lapides ejus.

5. Et egressus est angelus qui loquebatur in me : et dixit ad me : Leva oculos tuos, et vide quid est hoc, quod egreditur.

6. Et dixi : Quidnam est? Et ait : Hæc est amphora egrediens. Et dixit : Hæc est oculus eorum in universa terra.

7. Et ecce talentum plumbi portabatur, et ecce mulier una sedens in medio amphoræ.

8. Et dixit : Hæc est impietas. Et projecit eam in medio amphoræ, et misit massam plumbeam in os ejus.

9. Et levavi oculos meos, et vidi : et ecce duæ mulieres egredientes, et spiritus in alis earum, et habebant alas quasi alas milvi : et levaverunt amphoram inter terram et cœlum.

10. Et dixi ad angelum qui loquebatur in me : Quo istæ deferunt amphoram?

---

frappe tout le pays. Le sens est donc : Ce rouleau renferme les châtiments qui vont fondre sur tout le pays (peuple), en punition de l'injustice et du parjure de la nation entière. Cette injustice et cette violation parjure de l'alliance se rapportent à l'infidélité avec laquelle les Juifs se conduisirent vis-à-vis des nouvelles ordonnances du Seigneur, notamment de celles qu'apporta le Messie, qu'ils ont rejeté. Depuis qu'ils ont commis cet acte d'infidélité, ce sont toujours les deux mêmes péchés, dont ils se sont surtout rendus coupables vis-à-vis de Dieu, la violation de son alliance, vis-à-vis du prochain, l'injustice (le vol et la fraude).

ỷ. 4. — [2] Je mettrai à exécution le châtiment écrit sur le rouleau. Dans l'hébreu : Je la ferai partir (la malédiction).

[3] Cette punition consumera et exterminera complètement la synagogue remplie d'injustice et de parjure. Toute cette vision veut dire : Les Juifs en retour des institutions que Dieu rétablira pour le salut (chap. 2. 3. 4), lui rendront le parjure et l'injustice; c'est pourquoi un châtiment divin exterminera entièrement leur maison (la synagogue). La réprobation de la synagogue commença à se réaliser au premier avènement de Jésus-Christ; elle se consommera ou cessera tout-à-fait à la fin des temps, lorsque les restes d'Israel viendront se réunir à l'Eglise de Jésus. Le rouleau a la longueur et la largeur du portique du sanctuaire (3. *Rois*, 6, 3), parce qu'on se figurait que Dieu sortait de l'intérieur du sanctuaire et s'avançait sous le portique, quand il se mettait en relation avec le peuple; c'est pour cette raison que l'autel des Holocaustes était devant le portique, et que c'était là que la prière se faisait (*Joel* 2, 17).

ỷ. 5. — [4] Autrement : parlait avec moi. — Il sortit du milieu du chœur des anges où il s'était retiré pour quelque temps.

ỷ. 6. — [5] Dans l'hébreu : Un épha, une grande mesure creuse, pour les choses sèches.

ỷ. 7. — [6] de manière qu'elle s'élevait au-dessus.

11. Et dixit ad me : Ut ædificetur ei domus in terra Sennaar, et stabiliatur, et ponatur ibi super basem suam.

11. Il me répondit : En la terre de Sennaar [7], afin qu'on lui bâtisse une maison, et qu'il y soit placé et affermi sur sa base [8].

CHAPITRE VI.

Vision de quatre chariots. Symbole d'une couronne que le Prophète met sur la tête de Jésus.

1. Et conversus sum, et levavi oculos meos, et vidi : et ecce quatuor quadrigæ egredientes de medio duorum montium : et montes, montes ærei.
2. In quadriga prima equi rufi, et in quadriga secunda equi nigri,
3. et in quadriga tertia equi albi, et in quadriga quarta equi varii, et fortes.
4. Et respondi, et dixi ad angelum, qui loquebatur in me : Quid sunt hæc, domine mi?

1. M'étant retourné, je levai les yeux, et j'eus cette vision [1] : Je voyais quatre chariots [2], qui sortaient d'entre deux montagnes [3]; et ces montagnes étaient des montagnes d'airain [4].
2. Il y avait au premier chariot des chevaux roux [5], au second des chevaux noirs,
3. au troisième des chevaux blancs, et au quatrième des chevaux tachetés et vigoureux [6].
4. Je dis alors à l'ange qui parlait en moi : Qu'est-ce que cela, mon seigneur?

ỳ. 11. — [7] C'était là l'ancien nom de la Babylonie (1. *Moys.* 14, 1) : ce pays est mis en général pour les nations.

[8] Le sens de toute la vision (ỳ. 7-14) est : Les Juifs ressemblent, à cause de leurs péchés, à une mesure pleine de pêchés et des châtiments dus au péché. Comme ils s'y endurcissent, ils y seront en quelque manière renfermés, et la punition de Dieu s'appesantira sur eux comme un poids accablant. Deux puissances avides de rapines les emportent avec célérité au milieu des nations, afin qu'ils y demeurent un long espace de temps. Que faut-il entendre par ces deux puissances (ou femmes)? c'est ce qu'il est difficile de déterminer. Grand nombre d'interprètes entendent les empereurs romains Tite et Adrien, qui dispersèrent les Juifs dans le monde entier. Il est bien remarquable que cette grande mesure était pleine, et fut fixée dans le lieu où elle fut déposée; en effet, les Juifs, par la mort du Messie, ont mis le comble à la mesure de leurs crimes, et, par leur endurcissement obstiné, ils ont rendu leur punition, leur dispersion dans l'univers, comme permanente. Quelques interprètes expliquent la vision de la translation des Juifs dans la captivité de Babylone, mais contre la suite des idées et le contexte; car ce qui précède et ce qui suit la vision, se rapporte à l'avenir.

ỳ. 1. — [1] La vision qui suit est étroitement unie à celle qui précède. En effet, comme celle-ci figure le châtiment qui devait frapper les Juifs, de même celle-là figure le châtiment qui devait frapper les nations.

[2] Les chariots sont, d'après ỳ. 5, les vents du Seigneur, et les vents eux-mêmes sont des symboles des châtiments divins, comme dans *Jér.* 49, 36. *Dan.* 7, 2. *Apoc.* 7, 1. Le nombre quatre marque que le châtiment éclatera de tous les côtés.

[3] Les deux montagnes sont, d'après l'explication du Prophète (*pl. b.* 14, 4), les deux parties de la montagne des Oliviers se divisant de l'orient à l'occident, et dont l'espace entre deux devait former un prolongement de la vallée de Josaphat, de la vallée du jugement, située tout près de là. C'est de ce lieu que partent les châtiments, parce que Dieu les envoie en qualité de roi de son royaume, contre les ennemis de Juda, et que Sion, Jérusalem, le mont des Oliviers, sont considérés comme le centre du royaume, ce dernier vraisemblablement par la raison que Jésus-Christ y commença sa passion et y monta au ciel. Dans *Joel*, 3, 4. la vallée de Josaphat est le lieu où s'exercent les jugements du Seigneur contre les nations rassemblées. — * Josaphat signifie en hébreu jugement de Dieu (Voy. *Joël*, 3, 2).

5. L'ange me répondit: Ce sont les quatre vents du ciel, qui sortent pour paraître devant le Dominateur de toute la terre [7].

6. Les chevaux noirs du second chariot allaient vers le pays de l'aquilon [8]; les chevaux blancs les suivirent [9]; et les tachetés allèrent dans le pays du midi.

7. Les plus forts [10] parurent ensuite, et ils demandaient d'aller et de courir par toute la terre [11]. Et le Seigneur leur dit: Allez, et courez par toute la terre. Et ils coururent par toute la terre.

8. Alors il m'appela et me dit : Ceux qui vont du côté de l'aquilon, ont entièrement satisfait la colère que j'avais conçue contre le pays d'aquilon [12].

9. Le Seigneur m'adressa sa parole, et me dit [13] :

10. Recevez ce que vous donneront Holdaï, Tobie et Idaïe, qui reviennent du lieu où ils étaient captifs. Vous irez lorsqu'ils

5. Et respondit angelus, et ait ad me : Isti sunt quatuor venti cœli, qui egrediuntur ut stent coram Dominatore omnis terræ.

6. In qua erant equi nigri, egrediebantur in terram aquilonis : et albi egressi sunt post eos, et varii egressi sunt ad terram austri.

7. Qui autem erant robustissimi, exierunt, et quærebant ire et discurrere per omnem terram. Et dixit : Ite, perambulate terram : et perambulaverunt terram.

8. Et vocavit me, et locutus est ad me, dicens : Ecce qui egrediuntur in terram aquilonis, requiescere fecerunt spiritum meum in terra aquilonis.

9. Et factum est verbum Domini ad me, dicens :

10. Sume a transmigratione, ab Holdai et a Tobia, et ab Idaia; et venies tu in die illa, et intrabis

---

[4] pour marquer que le Seigneur entoure son royaume d'un rempart infranchissable et impénétrable.

℣. 2. — [5] Les couleurs des chevaux figurent comme chap. 1 la victoire sanglante et fatale du Seigneur sur ses ennemis.

℣. 3. — [6] D'autres traduisent l'hébreu : d'un gris pâle.

℣. 5. — [7] Dans l'hébreu : Qui sortent de devant, etc... pour exécuter les ordres du Maître du monde.

℣. 6. — [8] Les contrées du nord et du midi sont expressément désignées, parce que c'était là que se trouvaient les principaux ennemis du peuple d'Israel, au nord les Chaldeens (Voy. *Jér.* 1, 13), au midi les Egyptiens. Les uns et les autres sont mis en général pour les ennemis du royaume de Dieu.

[9] La Babylonie fut deux fois châtiée, par les Perses sous Cyrus, et par les Grecs sous Alexandre.

℣. 7. — [10] Les rouges, comme porte la version syriaque.

[11] en signe que le châtiment s'étendrait généralement à tous les peuples qui s'étaient montrés les ennemis du royaume de Dieu.

℣. 8. — [12] Litt. : ont fait reposer mon esprit contre, etc., — ont calmé ma colère contre le pays de l'aquilon, apaisé ma Justice après l'exécution du châtiment. Il en faut dire autant des autres; mais ils sont compris dans les executeurs de la vengeance divine contre l'aquilon. Le sens de toute la vision est donc : Dieu, le roi de son royaume, fera subir la punition qu'ils méritent non-seulement aux Juifs, mais encore à tous les peuples du monde qui s'opposent à ses ordonnances, jusqu'à ce que sa Justice soit satisfaite.

℣. 9. — [13] Les développements futurs du royaume de Dieu, que le Prophète a dépeints dans les visions qui précèdent, la nouvelle Jérusalem, les vengeances célestes frappant les Juifs aussi bien que les Gentils qui s'opposent aux ordonnances divines, ont leur cause et leur source dans l'Oint promis du Seigneur, et supposent de la précision dans la prophétie qui le concerne. C'est pourquoi maintenant, à la fin de sa vision, l'attention du Prophète est de nouveau fixée sur l'Oint promis, et il reçoit l'ordre d'imposer au grand prêtre Jésus une couronne faite de l'or et de l'argent des captifs, pour marquer qu'un jour il viendra un autre grand prêtre, l'Orient (*pl. h.* 3, 8, le Rejeton), qu'il réunira la dignité royale et la dignité sacerdotale, qu'il édifiera la maison du Seigneur, et rassemblera tous les peuples sous son sceptre.

domum Josiæ, filii Sophoniæ, qui venerunt de Babylone.

11. Et sumes aurum et argentum : et facies coronas, et pones in capite Jesu filii Josedec sacerdotis magni,

12. et loqueris ad eum, dicens: Hæc ait Dominus exercituum, dicens : ECCE VIR ORIENS NOMEN EJUS : et subter eum orietur, et ædificabit templum Domino.

13. Et ipse extruet templum Domino : et ipse portabit gloriam, et sedebit, et dominabitur super solio suo : et erit sacerdos super solio suo, et consilium pacis erit inter illos duos.

14. Et coronæ erunt Helem, et Tobiæ, et Idaiæ, et Hem, filio Sophoniæ, memoriale in templo Domini.

seront arrivés, et vous entrerez dans la maison de Josias, fils de Sophonie, qui est venu de Babylone [14].

11. Et vous recevrez *d'eux* de l'or et de l'argent, et vous en ferez des couronnes [15], que vous mettrez sur la tête du grand prêtre Jésus fils de Josédec.

12. Et vous lui direz : Voici ce que dit le Seigneur des armées : VOILA L'HOMME [16] QUI A POUR NOM L'ORIENT [17]. Ce sera un germe qui poussera de lui-même [18], et il bâtira un temple au Seigneur [19].

13. Il bâtira, *dis-je*, un temple au Seigneur, il sera couronné de gloire [20], il s'assiéra sur son trône [21], et il dominera. Le *grand* prêtre sera aussi assis sur le sien [22] : et il y aura entre eux une alliance de paix [23].

14. Ces couronnes seront *consacrées au nom* d'Hélem, de Tobie, d'Idaïe et de Hem, fils de Sophonie, comme un monument dans le temple du Seigneur [24].

ŷ. 10. — [14] Holdaï, Tobie, Idaïe et Josias dont il est ici question, étaient des délégués des Juifs demeurés à Babylone, et qui étaient venus apporter des présents pour le temple. Le Prophète devait au jour marqué par Dieu se rendre auprès d'eux, et recevoir leur or et leur argent pour la fin indiquée plus au long ci-dessous.

ŷ. 11. — [15] Vraisemblablement deux entrelacées, pour figurer la réunion de la dignité royale et de la dignité sacerdotale sur une même tête. Les couronnes furent faite de l'or et de l'argent des Juifs qui vivaient encore en pays étrangers, parce que la société nouvelle qui devait se former, l'Eglise messianique, fut surtout formée des Gentils, que ces Juifs représentaient. Le Prophète exécuta-t-il en réalité cette démarche symbolique, ou tout cela se passa-t-il seulement en esprit? Comme cette démarche n'avait rien que de très-praticable (*Comp.* le corrélatif au chap. 11), et que d'ailleurs les démarches symboliques n'étonnaient pas de la part des prophètes (voy. *Osée*, chap. 1), il paraît tout à fait vraisemblable que le Prophète fit réellement ce qui lui était commandé. Suivant la tradition judaïque, on savait encore dans des temps bien postérieurs l'endroit du temple où les couronnes furent suspendues (*Voy.* ŷ. 14).

ŷ. 12. — [16] qu'en votre qualité de grand prêtre vous figurez présentement, car il sera lui-même grand prêtre.

[17] Dans l'hébreu : le Germe, le Rejeton (Voy. *pl. h.* 3, 8).

[18] D'autres traduisent l'hébreu : Il croîtra de son sol; — comme une plante qui germe et grandit lentement.

[19] Non pas un temple de bois et de pierre; car ce dernier temple, Zorobabel était destiné à l'achever d'après 4, 10, et le Messie devait le rendre glorieux par sa présence (*Agg.* 2, 7-9. *Mal.* 3, 1); mais un temple spirituel, l'assemblée des saints, dont la promesse avait été déjà faite à David (2. *Rois*, 7, 13. note 8).

ŷ. 13. — [20] Le mot hébreu hod, gloire, célébrite, renommée, est mis pour marquer la majesté royale (1. *Par.* 29, 25. *Ps.* 20, 6).

[21] Il s'assiéra et il dominera du haut de son trône (Comp. *Ps.* 109). Il paraîtra demeurer dans l'inaction, et cependant il fera de ses ennemis l'escabeau de ses pieds.

[22] Au *Ps.* 109, le Messie apparaît aussi tout à la fois comme roi et comme prêtre.

[23] entre lui comme roi et prêtre (Jérôme).

ŷ. 14. — [24] Les couronnes seront suspendues dans le temple, et y serviront aux étrangers ici mentionnés et aux Gentils, qu'ils figuraient, de signe pour leur rappeler qu'un jour tous les peuples se réuniraient sous ce grand prêtre et roi. Au lieu des noms d'Holdaï et de Josias marqués ci-dessus (ŷ. 10), on voit ici les noms de Hélem et de Hem; mais ce n'est qu'un changement apparent, car les uns et les

15. Ceux qui sont les plus éloignés [25] viendront et bâtiront dans le temple du Seigneur [26]; et vous saurez que c'est le Seigneur des armées qui m'a envoyé vers vous [27]. Tout ceci arrivera, si vous écoutez avec soumission la voix du Seigneur votre Dieu [28].

15. Et qui procul sunt, venient, et ædificabunt in templo Domini: et scietis quia Dominus exercituum misit me ad vos. Erit autem hoc, si auditu audieritis vocem Domini Dei vestri.

CHAP. 7 — 8.

CHAPITRE VII.

Question concernant le jeûne pendant la captivité; son imperfection. Dieu veut des œuvres de justice.

1. La quatrième année du règne de Darius, le Seigneur adressa sa parole à Zacharie, le quatrième jour du neuvième mois, qui est le mois de Casleu [1],
2. sur ce que Sarasar, Rogommélech, et ceux qui étaient avec lui, envoyèrent à la maison de Dieu pour présenter leurs prières devant le Seigneur,
3. et pour faire cette demande aux prêtres de la maison du Seigneur des armées, et aux prophètes: Faut-il que nous pleurions encore au cinquième mois, et devons-nous nous purifier, comme nous avons déjà fait pendant plusieurs années [2]?

1. Et factum est in anno quarto Darii regis, factum est verbum Domini ad Zachariam, in quarta mensis noni, qui est Casleu.
2. Et miserunt ad domum Dei, Sarasar, et Rogommelech, et viri qui erant cum eo, ad deprecandam faciem Domini:
3. ut dicerent sacerdotibus domus Domini exercituum, et prophetis loquentes: Numquid flendum est mihi in quinto mense, vel sanctificare me debeo, sicut jam feci multis annis?

---

autres ont la même signification: en effet, Holdaï signifie « vigoureux, » Hélem « la force, » Josias veut dire « Dieu fonde, force de Dieu, » et Hem (hébreu proprement Hen) « grâce. » Le Prophète a fait ce changement pour marquer qu'il fallait peser le sens des noms. Tous sont un indice des bénédictions qui devaient être le partage des peuples qui se rassembleraient sous le Christ; car indépendamment de ce qui a été dit des autres, Tobie veut dire « bonté de Dieu, » Idaïc « Providence de Dieu, » et Sophonie « protection de Dieu. »

ỹ. 15. — [25] tous les peuples éloignés.

[26] Ils viendront, se souvenant de la promesse (ỹ. 14), et ils édifieront en Jésus-Christ et avec Jésus-Christ son Eglise sainte.

[27] Le Prophète reçut sa révélation par la médiation d'un ange, comme *pl. h.* 2, 9. 11. 4, 9. La part que les Gentils prendront à l'édification de l'Eglise montrera dans les temps à venir que la révélation qui est ici exposée vient de Dieu.

[28] Les promesses s'accompliront à votre égard, à la condition que vous vous conformerez aux ordonnances de Dieu. Les Juifs ne s'étant pas conformés à ces ordonnances, ce qui avait été promis n'a pas laissé d'arriver et de se réaliser, mais non pas en leur faveur.

ỹ. 1. — [1] correspondant à la moitié de novembre et de décembre. Sur la liaison de ce chapitre et du chapitre suivant avec ce qui précède, *voy.* l'Introduction à ce Prophète.

ỹ. 3. — [2] Les personnages qui sont ici désignés étaient vraisemblablement les chefs des Juifs demeurés à Babylone. Ils envoyèrent, au nom de leurs frères, des délégués à Jérusalem, pour offrir dans le temple leurs sacrifices et leurs prières en faveur de leur société, et en même temps pour s'enquérir des prêtres et des prophètes s'ils devaient continuer à observer les jours de pénitence et de jeûnes prescrits pendant la captivité, attendu que la construction du temple était déjà assez avancée, et qu'en général des temps meilleurs commençaient à paraître. Dans

4. Et factum est verbum Domini exercituum ad me, dicens :
5. Loquere ad omnem populum terræ, et ad sacerdotes, dicens : Cum jejunaretis, et plangeretis in quinto et septimo per hos septuaginta annos : numquid jejunium jejunasti mihi?
6. et cum comedistis, et bibistis, numquid non vobis comedistis, et vobismetipsis bibistis?
7. Numquid non sunt verba, quæ locutus est Dominus in manu prophetarum priorum, cum adhuc Jerusalem habitaretur, et esset opulenta, ipsa et urbes in circuitu ejus, et ad austrum, et in campestribus habitaretur?
8. Et factum est verbum Domini ad Zachariam, dicens :
9. Hæc ait Dominus exercituum, dicens : Judicium verum judicate, et misericordiam et miserationes facite, unusquisque cum fratre suo.
10. Et viduam, et pupillum, et advenam, et pauperem nolite calumniari : et malum vir fratri suo non cogitet in corde suo.
11. Et noluerunt attendere, et averterunt scapulam recedentem, et aures suas aggravaverunt ne audirent.

4. Et le Seigneur des armées m'adressa sa parole, et me dit :
5. Parlez à tout le peuple de la terre et aux prêtres, et dites-leur : Lorsque vous avez jeûné, et que vous avez pleuré le cinquième et le septième *mois* [3], pendant ces soixante et dix années, est-ce pour moi que vous avez jeûné [4]?
6. Et lorsque vous avez mangé, et que vous avez bu [5], n'est-ce pas pour vous-mêmes que vous avez mangé et que vous avez bu?
7. N'est-ce pas là ce que le Seigneur a dit par les prophètes qui nous ont devancés, lorsque Jérusalem était encore habitée, qu'elle était pleine de richesse [6], elle et les villes des environs, et que le côté du midi et la plaine étaient habités [7]?
8. Le Seigneur parla ensuite à Zacharie, et lui dit :
9. Voici ce que dit le Seigneur des armées : Jugez selon la vérité, et que chacun exerce la miséricorde et la charité envers son frère.
10. N'opprimez point la veuve, le pupille, l'étranger ni le pauvre, et que nul ne forme dans son cœur de mauvais desseins contre son frère.
11. Mais ils n'ont point voulu être attentifs [8] à ma voix; ils se sont retirés en me tournant le dos, et ils ont appesanti leurs oreilles pour ne point m'entendre.

---

l'hébreu les ℣. 2. 3 portent : On avait alors envoyé Scharezer, Regemmelech et leurs gens à la maison de Dieu, pour implorer la face du Seigneur, et demander aux prêtres de la maison du Dieu des armées et aux prophètes : Dois-je encore pleurer le cinquième mois, me tenant préparé (pratiquant l'abstinence) comme je l'ai fait depuis plusieurs années? Suivant ce texte les personnages désignés étaient eux-mêmes les envoyés.

℣. 5. — [3] Au jour unique de pénitence et de jeûne prescrit annuellement par la loi (3. *Moys*. 16, 1 et suiv.) en furent ajoutés quatre autres pendant la captivité de Babylone : le dix-sept du quatrième mois, pour pleurer la prise de Jérusalem (*Jér*. 52, 6. 7); le neuf du cinquième mois, en mémoire de l'embrasement et de l'incendie du temple (*Jér*. 52, 13); le trois du septième mois, en signe de deuil du meurtre de Godolias (*Jér*. 41, 2), et le quatre du dixième mois, en souvenir du commencement du siège de Jérusalem (4. *Rois*, 25, 1).

[4] Avez-vous voulu, par votre jeûne, réellement me servir, n'avez-vous jeûné que pour vous-mêmes, par amour-propre, afin de pouvoir vous dire : Nous avons fait une bonne œuvre, et mérité les faveurs de Dieu? Ce n'est pareillement qu'en vue du manger et du boire que vous m'avez offert vos sacrifices, comme il va suivre.

℣. 6. — [5] Dans les repas des sacrifices.

℣. 7. — [6] Dans l'hébreu : paisible.

[7] Les prophètes n'ont-ils pas enseigné avant la captivité de Babylone, que de pareilles œuvres, fruits de l'amour-propre, ne sont que des œuvres mortes, au moyen desquelles vous ne sauriez aucunement me plaire, et qu'il n'y a de méritoires que les œuvres de la divine charité (Voy. *Isaie*, 58, 3 et suiv.).

℣. 11. — [8] Les Israélites des temps antérieurs ne faisaient point attention aux exhortations des prophètes qui s'élevaient parmi eux, non plus que vous présentement.

12. Ils ont rendu leur cœur *dur* comme le diamant, pour ne point écouter la loi, ni les paroles que le Seigneur des armées leur avait adressées par son esprit, qu'il avait répandu dans les prophètes qui nous ont devancés. Et le Seigneur des armées a conçu une grande indignation [9].

13. Et comme le Seigneur a parlé, et qu'ils ne l'ont point écouté, ainsi ils crieront [10], et je ne les écouterai point, dit le Seigneur des armées.

14. Et je les ai dispersés partout dans des royaumes qui leur étaient inconnus : ils sont cause que leur pays est tout désolé, sans qu'il y passe personne, et ils ont changé en un désert une terre de délices.

12. Et cor suum posuerunt ut adamantem, ne audirent legem, et verba quæ misit Dominus exercituum in spiritu suo per manum prophetarum priorum : et facta est indignatio magna a Domino exercituum.

13. Et factum est sicut locutus est, et non audierunt : sic clamabunt, et non exaudiam, dicit Dominus exercituum.

14. Et dispersi eos per omnia regna, quæ nesciunt : et terra desolata est ab eis, eo quod non esset transiens et revertens : et posuerunt terram desiderabilem in desertum.

CHAPITRE VIII.

Continuation. La condition pour recevoir les bénédictions à venir est la vraie vertu. Alors les jours de jeûne se changeront en des jours de joie, mais la préparation à ces jours est l'amendement du cœur.

1. Le Seigneur des armées *m*'adressa encore sa parole, et *me* dit :

2. Voici ce que dit le Seigneur des armées : J'ai eu pour Sion un amour ardent et jaloux [1], et je l'ai aimée avec un ardeur qui m'a rempli d'indignation [2].

3. Voici ce que dit le Seigneur des armées : Je suis revenu à Sion, et j'habiterai au milieu de Jérusalem : et Jérusalem sera appelée la ville de la vérité [3], et la montagne du Seigneur des armées [4] sera appelée la montagne sainte [5].

1. Et factum est verbum Domini exercituum dicens :

2. Hæc dicit Dominus exercituum : Zelatus sum Sion zelo magno, et indignatione magna zelatus sum eam.

3. Hæc dicit Dominus exercituum : Reversus sum ad Sion, et habitabo in medio Jerusalem : et vocabitur Jerusalem civitas veritatis, et mons Domini exercituum mons sanctificatus.

℣. 12. — [9] Litt. : et une grande indignation (une grande punition) a éclaté de la part du Seigneur.

℣. 13. — [10] vous crierez.

℣. 2. — [1] L'amour que j'ai pour mon peuple élu est un amour passionné, et il ne souffre point de rival.

[2] après que mon peuple m'a eu abandonné pour s'attacher à des dieux et à des peuples étrangers.

℣. 3. — [3] Dans l'hébreu : la ville fidèle, ou la ville de la foi.

[4] le mont Moria, sur lequel le temple était bâti. Ces paroles se rapportent, il est vrai, dans le sens prochain, au culte judaïque, qui fut rétabli à Jérusalem sur le mont Moria, mais elles ne lui conviennent qu'imparfaitement; dans le sens plus éloigné, et adéquat, elles s'appliquent à l'Eglise, qui est dans le sens propre la ville de la vérité et la montagne sainte, vers laquelle tous les peuples accourent (Voy. *Isaïe* 2).

[5] Litt. : la montagne sanctifiée; dans l'hébreu : la montagne de sainteté, — montagne sainte.

4. Hæc dicit Dominus exercituum : Adhuc habitabunt senes et anus in plateis Jerusalem : et viri baculus in manu ejus præ multitudine dierum.

5. Et plateæ civitatis complebuntur infantibus et puellis ludentibus in plateis ejus.

6. Hæc dicit Dominus exercituum : Si videbitur difficile in oculis reliquiarum populi hujus in diebus illis, numquid in oculis meis difficile erit, dicit Dominus exercituum?

7. Hæc dicit Dominus exercituum : Ecce ego salvabo populum meum de terra orientis, et de terra occasus solis.

8. Et adducam eos, et habitabunt in medio Jerusalem : et erunt mihi in populum, et ego ero eis in Deum, in veritate et in justitia.

9. Hæc dicit Dominus exercituum : Confortentur manus vestræ, qui auditis in his diebus sermones istos per os prophetarum, in die qua fundata est domus Domini exercituum, ut templum ædificaretur.

10. Siquidem ante dies illos merces hominum non erat, nec merces jumentorum erat; neque introeunti, neque exeunti erat pax præ tribulatione : et dimisi omnes homines, unumquemque contra proximum suum.

11. Nunc autem non juxta dies priores ego faciam reliquiis populi hujus, dicit Dominus exercituum,

4. Voici ce que dit le Seigneur des armées : *On verra* encore dans les places de Jérusalem des vieillards et des vieilles femmes, et *des gens* qui auront un bâton à la main pour se soutenir, à cause de leur grand âge.

5. Et les rues de la ville seront remplies de petits garçons et de petites filles qui joueront dans les places publiques [6].

6. Voici ce que dit le Seigneur des armées : Si ce que je prédis de ce temps-là paraît difficile à croire à ceux qui sont restés de ce peuple, me sera-t-il difficile à moi, dit le Seigneur des armées?

7. Voici ce que dit le Seigneur des armées : Je sauverai mon peuple *en le faisant venir* des terres de l'orient et des terres du couchant [7].

8. Je les ramènerai, et ils habiteront au milieu de Jérusalem [8] : ils seront mon peuple, et je serai leur Dieu dans la vérité et dans la justice.

9. Voici ce que dit le Seigneur des armées : Que vos mains s'arment de force, vous qui écoutez maintenant ces paroles de la bouche des prophètes, en ces jours où la maison du Seigneur des armées a été fondée, et où son temple se rebâtit [9].

10. Car avant ce temps, le travail des hommes et le travail des bêtes était inutile; et ni ceux qui venaient parmi vous, ni ceux qui en sortaient, ne pouvaient trouver de repos dans les maux dont vous étiez accablés [10]; et j'avais abandonné tous les hommes *à cette fureur qui les emportait* l'un contre l'autre [11].

11. Or je ne traiterai point maintenant ce qui sera resté de ce peuple comme je les ai traités autrefois, dit le Seigneur des armées.

℣. 5. — [6] Sens des versets 4-5 : Les citoyens de la nouvelle Jérusalem, comme marque de bénédiction, auront la fécondité et atteindront un âge avancé. Cela encore se rapporte surtout à la perpétuité et à la fécondité de l'Eglise.

℣. 7. — [7] de toutes les parties du monde, où se trouvaient encore des Juifs qui n'étaient pas encore revenus de la captivité de Babylone, comme types des nations.

℣. 8. — [8] Jérusalem est en même temps la figure de l'Eglise.

℣. 9. — [9] Prenez courage, vous qui entendez présentement ces choses dans le temps de la construction du temple; cela ira de mieux en mieux! Avant qu'on se mît à rebâtir le temple, les temps étaient encore plus sombres; alors il n'était pas possible, comme aujourd'hui, de rien gagner.

℣. 10. — [10] D'autres traduisent l'hébreu : à cause de l'ennemi.

[11] Durant les premières années qui suivirent le retour, les Juifs se trouvèren dans une fâcheuse situation. Il n'y avait ni gain ni commerce, il n'y avait non plus nulle sécurité dans le pays, puisque les relations sociales n'étaient pas encore entièrement rétablies (Comp. 1. *Esdr.* 4. 2. *Esdr.* 4. *Agg.* 2, 16. 18).

12. Mais il y aura une semence de paix [12] : la vigne portera son fruit; la terre produira ses grains; les cieux verseront leur rosée : et je ferai posséder tous ces biens à ceux qui seront restés de ce peuple [13].

13. Et alors, ô maison de Juda et d'Israël! comme vous avez été *un objet* de malédiction parmi les peuples; ainsi je vous sauverai, et vous serez *un exemple de* bénédiction. Ne craignez donc point; que vos mains s'arment de force [14].

14. Car voici ce que dit le Dieu des armées : Comme j'ai résolu de vous affliger, lorsque vos pères ont irrité ma colère, dit le Seigneur,

15. et que je n'ai point été touché de compassion [15]; ainsi j'ai résolu au contraire en ce temps, de combler de bienfaits la maison de Juda et la maison de Jérusalem. Ne craignez point.

16. Voici donc ce que je vous ordonne de faire [16] : Que chacun parle à son prochain dans la vérité, et rendez dans vos tribunaux [17] des jugements d'équité et de paix.

17. Que nul ne forme dans son cœur de mauvais desseins contre son ami; et n'aimez point à faire de faux serments : car ce sont là toutes choses que j'ai en haine, dit le Seigneur.

18. Le Seigneur des armées m'adressa encore sa parole, et me dit :

19. Voici ce que dit le Dieu des armées : Les jeûnes du quatrième, du cinquième, du septième et du dixième *mois*, seront *changés*, pour la maison de Juda, en des jours de joie et d'allégresse, et en des fêtes éclatantes et solennelles. Aimez seulement la vérité et la paix [18];

20. Voici ce que dit le Seigneur des armées : Il y aura un temps auquel les peuples

12. sed semen pacis erit : vinea dabit fructum suum, et terra dabit germen suum, et cœli dabunt rorem suum : et possidere faciam reliquias populi hujus universa hæc.

13. Et erit : sicut eratis maledictio in gentibus, domus Juda, et domus Israel : sic salvabo vos, et eritis benedictio : nolite timere, confortentur manus vestræ.

14. Quia hæc dicit Dominus exercituum : Sicut cogitavi ut affligerem vos, cum ad iracundiam provocassent patres vestri me, dicit Dominus,

15. et non sum misertus : sic conversus cogitavi in diebus istis ut benefaciam domui Juda, et Jerusalem : nolite timere.

16. Hæc sunt ergo verba, quæ facietis : Loquimini veritatem unusquisque cum proximo suo : veritatem, et judicium pacis judicate in portis vestris.

17. Et unusquisque malum contra amicum suum ne cogitetis in cordibus vestris : et juramentum mendax ne diligatis : omnia enim hæc sunt, quæ odi, dicit Dominus.

18. Et factum est verbum Domini exercituum ad me dicens :

19. Hæc dicit Dominus exercituum : Jejunium quarti, et jejunium quinti, et jejunium septimi, et jejunium decimi erit domui Juda in gaudium, et lætitiam, et in solemnitates præclaras : veritatem tantum, et pacem diligite.

20. Hæc dicit Dominus exercituum : Usquequo veniant populi,

ỳ. 12. — [12] Mais Israël sera une race heureuse. D'autres entendent cela dans le sens propre : Mais les fruits que l'on sèmera viendront à bonne fin.

[13] Les biens terrestres sont encore ici des figures des biens célestes, la rosée du ciel un symbole de la grâce, qui fait produire à l'âme les fruits de la justice.

ỳ. 13. — [14] Prenez courage.

ỳ. 15. — [15] Dans l'hébreu : Et je ne me suis point repenti.

ỳ. 16. — [16] comme condition pour voir arriver ces temps heureux.

[17] Litt. : à vos portes, — aux portes de vos villes. C'était sous les portes, ou auprès, qu'on rendait la justice.

ỳ. 19. — [18] Par un effet des bénédictions dont vous serez comblés (ỳ. 3-5. 7. 8. 11-13), vos jours de jeûnes deviendront des jours de joie. Sur les jours de jeûne voy. *pl. h.* 7, 3. note 3.

et habitent in civitatibus multis,
21. et vadent habitatores, unus ad alterum, dicentes : Eamus, et deprecemur faciem Domini, et quæramus Dominum exercituum: vadam etiam ego.

22. Et veulent populi multi, et gentes robustæ, ad quærendum Dominum exercituum in Jerusalem, et deprecandam faciem Domini.

23. Hæc dicit Dominus exercituum : In diebus illis, in quibus apprehendent decem hommes ex omnibus linguis gentium, et apprehendent fimbriam viri judæi, dicentes : Ibimus vobiscum : audivimus enim quoniam Deus vobiscum est.

viendront habiter en plusieurs *de vos* villes [19];
21. et les habitants *d'une de ces villes* [20] iront trouver ceux d'une autre, en leur disant : Allons offrir nos prières devant le Seigneur, allons chercher le Dieu des armées. *Et ceux-là répondront :* Nous irons aussi *avec vous* [21].

22. Et il viendra une multitude de nations et de peuples puissants, pour chercher dans Jérusalem le Dieu des armées, et pour offrir leurs vœux devant le Seigneur.

23. *Et ceci arrivera*, dit le Seigneur des armées, lorsque dix hommes des peuples de toutes langues prendront un juif par la frange de sa robe [22], et lui diront : Nous irons avez vous, parce que nous avons appris que Dieu est avec vous.

CHAP. 9 — 10.

CHAPITRE IX.

Prophétie contre le pays d'Hadrach : le Messie; victoire des Juifs sur les Grecs; temps heureux du Messie.

1. Onus verbi Domini in terra Hadrach, et Damasci, requiei ejus:

1. Prophétie [1] contre le pays d'Hadrach [2], et contre *la ville de* Damas, en laquelle ce

---

ỳ. 20. — [19] La bénédiction dont il a été parlé (*Voy.* le ỳ. précédent), est dépeinte maintenant plus au long, comme étant commune à toutes les nations. On verra accourir une multitude de peuples vers le centre de la vraie religion, et ils habiteront dans les villes de la terre de bénédiction. Ce n'est qu'imparfaitement que cela peut s'appliquer aux temps qui suivirent immédiatement la captivité de Babylone, bien qu'alors beaucoup de peuples se rendissent au temple du vrai Dieu; dans le sens complet, on doit l'appliquer à l'entrée des nations dans l'Eglise (Voy. *Isaïe*, 2).

ỳ. 21. — [20] A savoir les Gentils.

[21] Dans l'hébreu : ... auquel les peuples viendront, et les habitants de beaucoup de villes; et les habitants d'une ville iront vers ceux d'une autre, et ils diront : Allons, etc.

ỳ. 23. — [22] Dans l'hébreu : Par la frange de sa robe, c'est-à-dire par la petite houppe que les Juifs étaient obligés de mettre aux coins de leur habit de dessus, pour se distinguer des autres peuples (Voy. 4. *Moys.* 15, 38. 5. *Moys.* 22, 12). Cette prophétie s'est accomplie lors de la conversion des Gentils par les Apôtres et les disciples de Jésus. Les Apôtres, Juifs par leur origine selon la chair, désormais devenus Juifs (confesseurs) en esprit, ont attiré avec eux la gentilité.

ỳ. 1. — [1] Litt. : Fardeau de la parole du Seigneur, — fardeau que j'ai été chargé, que j'ai reçu mission d'imposer à Hadrach, etc., de lui annoncer comme une prophétie de malheur (Voy. *Isaïe*, 13. 1. *Jér.* 23, 33).

[2] La plupart des nouveaux interprètes prennent le mot Hadrach pour le nom d'une petite contrée près de Damas, puisqu'il ne se rencontre nulle part, soit dans les divines Ecritures, soit dans les auteurs anciens, aucune contree designée sous ce nom. Les anciens ont pris ce mot, d'après sa signification, dans le sens figuré,

pays met toute sa confiance [3] : car les yeux du Seigneur sont ouverts sur tous les hommes, et sur toutes les tribus d'Israël [4].

quia Domini est oculus hominis, et omnium tribuum Israel.

2. Cette prophétie *s'étendra* aussi sur Emath, sur Tyr et sur Sidon [5], parce qu'ils se sont flattés insolemment de leur sagesse [6].

2. Emath quoque in terminis ejus, et Tyrus, et Sidon : assumpserunt quippe sibi sapientiam valde.

3. La ville de Tyr a élevé de forts remparts; elle a fait des monceaux d'argent, comme on en ferait de poussière, et d'or, comme on en fait de la boue des rues [7].

3. Et ædificavit Tyrus munitionem suam, et coacervavit argentum quasi humum, et aurum ut lutum platearum.

4. Mais le Seigneur va s'en rendre maître; il détruira la force qu'elle tirait de la mer, elle sera dévorée par le feu [8].

4. Ecce Dominus possidebit eam, et percutiet in mari fortitudinem ejus, et hæc igni devorabitur.

5. Ascalon verra *sa chute*, et elle tremblera; Gaza la verra, et elle sera saisie de douleur; Accaron s'en affligera, parce qu'elle verra toutes ses espérances trompées [9] : Gaza sera sans roi [10], et Ascalon sans habitants.

5. Videbit Ascalon, et timebit; et Gaza, et dolebit nimis; et Accaron, quoniam confusa est spes ejus : et peribit rex de Gaza, et Ascalon non habitabitur.

---

et en ont fait l'application à divers objets. Comme le mot d'Hadrach, en tant que nom d'une localité, est entièrement inconnu à tous les anciens, et que les prophètes aimaient à désigner sous des termes figurés les objets qu'ils ne voulaient point nommer par leurs noms propres (*Isaïe*, 21, 1. *Jér.* 25, 26. *Apoc.* 14, 8), l'opinion la plus vraisemblable est qu'il faut prendre Hadrach pour un nom symbolique. Ce mot se compose de had, c'est-à-dire aigu, fort, et de rach. c'est-à-dire frêle, tendre; de sorte qu'il peut signifier *le Fort-faible*. Quel pays le Prophète a-t-il voulu désigner sous ce nom? c'est ce que fait connaître la suite du discours. L'assujettissement et la dévastation des contrées et des villes mentionnées dans ce qui suit, lesquelles au temps du Prophète étaient sous la domination des Perses, ainsi que les circonstances particulières, qui sont relatées dans le récit, reportent à l'expédition d'Alexandre contre le royaume de Perse, dont ce puissant conquérant, après sa chute en Orient, subjugua et ravagea pareillement les provinces à l'Occident, à l'exception de la seule Judée, à laquelle il fit grâce. Il semble donc que, par le mot Hadrach, le Prophète a eu l'intention de désigner le royaume de Perse, et d'annoncer par ce qui suit que les provinces occidentales qui vivaient avec les Hébreux dans une hostilité plus ou moins prononcée, seraient châtiées, tandis que les Juifs seraient épargnés.

[3] Autrement : et contre Damas, qui sera le lieu de son repos, le lieu du repos du fardeau du Seigneur; qui en supportera le poids par le malheur qui lui est annoncé. Damas était une des plus grandes villes de Syrie (Voy. *Isaïe*, 7, 8).

[4] car il appartient au Seigneur de régler le sort de tous les hommes, non-seulement celui des Israélites, dont il a dû punir les crimes, et qu'il visite maintenant de nouveau dans sa miséricorde, mais encore celui des autres peuples, qu'il va présentement châtier. Plus brièvement : Dieu annonce qu'il va châtier les peuples dont il est ici question, parce que c'est lui qui règle également les destinées des nations.

ŷ. 2. — [5] Litt. : Emath est également située sur les frontières (de Damas), et Tyr et Sidon, — et elles partageront son châtiment.

[6] Elles (ces villes) se sont enorgueillies de leur sagesse, et s'en sont attribué la gloire (Voy. *Ezéch*. 28, 6). L'orgueil est ainsi la cause de leur perte.

ŷ. 3. — [7] Tyr, que Nabuchodonosor avait traité avec une grande rigueur, se releva de son abaissement au temps des Perses (Voy. *Isaïe*, 23. note 29 et *Ezéch*. 28).

ŷ. 4. — [8] Tout ceci reçut son accomplissement par Alexandre (Voy. *Isaïe*, 23, note 29).

ŷ. 5. — [9] Ascalon, Gaza et Accaron étaient les principales villes des Philistins. Après la conquête de Tyr, Alexandre descendit le long des côtes de la mer, et s'empara du pays des Philistins, en épargnant les Juifs.

[10] Les Perses, de même que les Chaldéens, laissèrent subsister les rois sous leur domination dans les provinces qu'ils avaient conquises; c'est en ce sens qu'il peut être ici question d'un roi de Gaza. Alexandre mit fin à tous ces petits royaumes.

6. Et sedebit separator in Azoto, et disperdam superbiam Philisthinorum.

7. Et auferam sanguinem ejus de ore ejus, et abominationes ejus de medio dentium ejus, et relinquetur etiam ipse Deo nostro, et erit quasi dux in Juda, et Accaron quasi Jebusæus.

8. Et circumdabo domum meam ex his qui militant mihi euntes et revertentes, et non transibit super eos ultra exactor : quia nunc vidi in oculis meis.

9. Exulta satis filia Sion, jubila filia Jerusalem : Ecce rex tuus veniet tibi justus, et salvator : ipse pauper, et ascendens super asinam, et super pullum filium asinæ.

10. Et disperdam quadrigam ex

6. Un étranger dominera dans Azot [11], et je détruirai l'orgueil des Philistins [12].

7. J'ôterai de la bouche de ce peuple le sang *de ses victimes* [13], et ses abominations d'entre ses dents; il demeurera *soumis* à notre Dieu; il sera comme chef dans Juda; et Accaron *sera traité* comme le Jébuséen [14].

8. Alors je ferai garder ma maison par mes soldats, qui l'environneront de tous côtés [15]; et ceux qui exigent les tributs ne viendront plus troubler mon peuple, parce que je le regarde maintenant d'un œil *favorable* [16].

9. Fille de Sion [17], soyez comblée de joie; fille de Jérusalem, poussez des cris d'allégresse : Voici votre Roi [18] qui vient à vous, ce roi juste, qui est le Sauveur [19]. Il est pauvre [20], et il est monté sur une ânesse, et sur le poulain de l'ânesse [21].

10. J'exterminerai les chariots d'Ephraïm,

Il trouva surtout une résistance obstinée dans Gaza, ce qui fut cause qu'il en tira une cruelle vengeance, ayant fait mourir le gouverneur Bethis dans d'affreux tourments, exécuter les habitants, et vendre leurs femmes et leurs enfants comme esclaves.

ŷ. 6. — [11] Azot était pareillement une ville des Philistins. Après la prise de Gaza, Alexandre repeupla le pays des Philistins de gens étrangers et sans aveu.

[12] leurs richesses, leur puissance guerrière.

ŷ. 7. — [13] Litt. : son sang, — le sang du Philistin. Il s'agit du sang des victimes immolées aux idoles; l'abomination ôtée d'entre les dents, marque la chair des victimes qui devait être consumée. Sens : Je mettrai fin à son idolâtrie.

[14] Lorsque la punition sera consommée et l'idolâtrie extirpée du pays des Philistins, les restes de ce peuple se convertiront au vrai Dieu, et se confondront avec les Juifs, de même que les Jebuséens. Les Jébuséens, les anciens habitants de Jérusalem, avaient, jusqu'à la domination de David, habité dans cette ville avec les enfants d'Israel, sans qu'on pût les en expulser (2. *Rois*, 5, 6). Ils furent vaincus par David, et, après leur conversion, reçus parmi le peuple de Dieu. Areuna était un de ces Jebuséens (2. *Rois*, 24, 18. 1. *Par*. 21, 18). Le châtiment des nations était à leur égard une préparation au salut; c'est pour cela qu'au châtiment dont elles sont menacées est rattachée la promesse qu'elles feront un jour partie du peuple de Dieu. Et c'est aussi ce qui conduit le Prophète à parler du Messie dans ce qui suit (ŷ. 9).

ŷ. 8. — [15] Litt. : ... par mes soldats allant et venant, — qui se relèveront les uns les autres, en faisant la garde. Je serai moi-même l'appui de mon Eglise sainte (*Comp*. 2, 9). Dans l'hebreu : J'établirai autour de ma maison un camp contre ceux qui s'éloignent et qui s'approchent (contre les armées ennemies).

[16] parce que j'ai maintenant compassion de sa misère. Le mot « maintenant » se rapporte aux temps à venir, aux temps du Messie; c'est donc une exhortation à l'assemblée des saints à se réjouir de l'avènement du Sauveur.

ŷ. 9. — [17] Vous, habitants de Sion, de Jerusalem, vous assemblée des élus.

[18] Dans le sens le plus absolu : le roi (Comp. *Ps*. 44, 7).

[19] le mot hebreu *noscha* signifie aussi sauvé du péril et de la mort.

[20] Le mot hebreu *ani* signifie aussi humble, doux et opprimé; il marque tout à la fois l'état de pauvreté, de souffrance et d'abaissement du Messie (*Isaïe*, 53).

[21] non sur le superbe coursier d'un roi et d'un conquerant de la terre, mais sur l'animal dont les pauvres seulement se servent pour voyager, et encore cet animal est-il jeune et sans harnais. Tout cela a rapport à l'état d'abaissement dans lequel Jésus-Christ a paru à son premier avènement (*Matth*. 21, 5. *Jean*, 12, 15). Les saints Evangelistes nous font connaître dans quel pauvre appareil il fit son entrée à Jérusalem. Cette ville où David et Salomon étaient entrés tant de fois sur des mulets ou des chevaux superbement ornés, accompagnés d'une multitude de fiers cavaliers, le

et les chevaux de Jérusalem; et les arcs dont on se sert à la guerre seront rompus [22]: il annoncera la paix aux nations, et sa puissance s'étendra depuis une mer jusqu'à l'autre mer, et depuis le fleuve jusqu'aux extrémités du monde [23].

11. C'est vous aussi [24] qui, par le sang de votre alliance, avez fait sortir les captifs du fond du lac qui était sans eau [25].

12. Retournez à vos places fortes [26], vous captifs, qui n'avez point perdu l'espérance [27]; je vous comblerai [28] des grands biens que je vous annonce aujourd'hui [29].

13. Car Juda est mon arc que je tiens tout bandé; Ephraïm *est mon carquois* que j'ai rempli *de flèches* [30]. Je susciterai vos enfants, ô Sion! *je les animerai*, ô Grèce [31]! contre tes enfants : et je vous rendrai, *ô Sion!* comme l'épée des plus vaillants.

Ephraim, et equum de Jerusalem, et dissipabitur arcus belli : et loquetur pacem gentibus, et potestas ejus a mari usque ad mare, et a fluminibus usque ad fines terræ.

11. Tu quoque in sanguine testamenti tui emisisti vinctos tuos de lacu, in quo non est aqua.

12. Convertimini ad munitionem vincti spei, hodie quoque annuntians duplicia reddam tibi.

13. Quoniam extendi mihi Judam quasi arcum, implevi Ephraim : et suscitabo filios tuos Sion super filios tuos Græcia : et ponam te quasi gladium fortium.

Seigneur y entra sur un âne d'emprunt, sur lequel personne n'était encore monté: les pauvres haillons de ses disciples lui tinrent lieu de housse; sa suite ne se composait que de ceux que le monde considère comme de la populace et des gens méprisables. A chaque trait de cette démarche apparaît claire et manifeste l'intention où était le Seigneur de signaler son règne à son premier avènement comme un règne de pauvreté et d'abaissement.

ỳ. 10. — [22] Alors s'établira un règne de paix (Comp. *Isaïe*, 2, 4. *Mich.* 4, 3).

[23] Les limites de la mer à la mer (de la mer Morte à la mer Méditerranée), du fleuve (de l'Euphrate) jusqu'aux confins du pays, sont proprement les limites de la terre promise dans sa plus petite et sa plus grande étendue; or ces limites sont mises pour celles de toute la terre, de même que le peuple juif pour toute l'assemblée élue. Dans d'autres endroits encore la terre entière est représentée comme la possession du Messie.

ỳ. 11. — [24] Ici commence une nouvelle section. Le Prophète, dans son coup d'œil sur l'avenir, des victoires du conquérant grec (ỳ. 1-7), auxquelles se rattachait par la nature même des choses (*Voy.* ỳ. 7) la prophétie du salut qui devait paraître, passe aux victoires des Juifs sur les Grecs du temps des Machabées, de telle sorte toutefois qu'encore ici ses regards se portent souvent sur les temps du Messie.

[25] Il s'agit des Juifs de l'ancienne alliance; car les Juifs de l'ancienne alliance seulement assistèrent au combat contre les Grecs, comme il est marqué d'eux ỳ. 13. L'alliance qui fut faite avec eux sur le Sinaï fut scellée par le sang (2. *Moys.* 24, 8. 3. *Moys.* 17, 11. *Hébr.* 9, 18); par cette alliance ils se consacrèrent au Seigneur, et ils acquirent le droit à sa protection. Le lac, la fosse sans eau est mise pour la prison (*Jér.* 38, 6), et la prison est la figure d'une grande affliction (*Ps.* 39, 3. 87, 7. *Isaïe*, 42, 22). Le sens du verset est: Toi aussi, peuple (sensuel) de l'alliance, tu seras, en vertu de ton alliance et de la protection qui t'y est promise, délivré de ta grande affliction. Le Prophète entend les tribulations extrêmes que les Juifs eurent à souffrir de la part des successeurs d'Alexandre dans le royaume de Syrie.

ỳ. 12. — [26] Litt. : Tournez-vous vers votre forteresse, — vers Dieu qui est appelé forteresse, rocher (*Ps.* 17, 3).

[27] vous qui dans votre affliction avez, en vertu de l'alliance et des promesses, l'espoir de votre délivrance. Le Prophète s'adresse aux Juifs affligés et persécutés par les Grecs.

[28] Zacharie, dans sa vision, voit les afflictions de l'avenir présentes à ses yeux.

[29] Litt. : je vous annonce le double; je vous le rendrai. — Je vous ferai jouir d'un grand bonheur (Comp. *Isaïe*, 40, 2).

ỳ. 13. — [30] Litt. : J'ai bandé Juda comme un arc, j'ai rempli Ephraïm de flèches comme un carquois. Le Prophète explique plus au long de quelle manière la délivrance s'opérera; — ce sera par le Seigneur lui-même, qui se servira des Juifs, tout faibles qu'ils sont, comme d'instruments pour triompher de leurs puissants oppresseurs. Par une figure hardie il représente Juda comme un arc dont le Seigneur tire, et Ephraïm comme un carquois rempli de flèches.

[31] Zacharie veut parler des victoires que les Juifs, sous la conduite des Machabées

14. Et Dominus Deus super eos videbitur: et exibit ut fulgur, jaculum ejus : et Dominus Deus in tuba canet, et vadet in turbine austri.

15. Dominus exercituum proteget eos : et devorabunt, et subjicient lapidibus fundæ : et bibentes inebriabuntur quasi a vino, et replebuntur ut phialæ, et quasi cornua altaris.

16. Et salvabit eos Dominus Deus eorum in die illa, ut gregem populi sui : quia lapides sancti elevabuntur super terram ejus.

17. Quid enim bonum ejus est, et quid pulchrum ejus, nisi frumentum electorum, et vinum germinans virgines?

14. Le Seigneur Dieu paraîtra *en haut* au-dessus d'eux, d'où il lancera ses dards comme des foudres : le Seigneur Dieu les animera par le son de sa trompette, et il s'avancera au milieu des tourbillons du midi [32].

15. Le Seigneur des armées les protégera. Ils dévoreront *leurs ennemis*, et ils les assujettiront avec les pierres de leurs frondes : ils boiront *leur sang ;* ils en seront enivrés comme de vin; ils en seront remplis comme les coupes *des sacrifices*, et comme les cornes de l'autel [33].

16. Et le Seigneur leur Dieu les sauvera en ce jour-là, comme étant son troupeau et son peuple ; *et* parce qu'ils sont des pierres saintes, il les élèvera en honneur dans sa terre [34].

17. Car qu'est-ce que le Seigneur a de bon et d'excellent, sinon le froment des élus, et le vin qui fait germer les vierges [35]?

(Voy. le livre des *Mach.*), remportèrent sur les rois gréco-syriens, et que Daniel avait prédites chap. 11.

℣. 14. — [32] Le Seigneur apparaîtra au-dessus de son peuple au milieu de la tempête, et du sein des nuées il lancera ses éclairs contre ses ennemis. Sans figure : Dieu se tient à côté de son peuple. — Litt. : Dieu sonnera de la trompette, c'est-à-dire Dieu fera connaître son avènement pour exercer ses châtiments. Les tempêtes du sud sont dans la Palestine des plus violentes (*Job.* 37, 9. *Isaïe*, 27, 8), et elles sont mises comme figure du châtiment.

℣. 15. — [33] Sens : Dieu protége les Juifs. Comme des lions, qui dévorent leurs proies (Comp. 4. *Moys.* 34, 24), ils tomberont sur leurs ennemis; et comme des pierres lancées par la fronde, qui brisent tout ce sur quoi elles tombent, ils les fouleront aux pieds. Le nombre de ceux qui seront immolés sera si grand, qu'ils s'abreuveront comme du sang de leurs ennemis, car le sang coulera avec autant d'abondance qu'il est reçu dans les coupes des sacrifices, ou qu'on le répand sur les coins de l'autel. On faisait couler le sang des victimes des veines dans des coupes, et on le versait en partie sur les cornes de l'autel des holocaustes, qui se trouvaient à ses quatre coins.

℣. 16. — [34] car des héros distingués s'élèveront dans le pays de Jéhova. Les pierres saintes (Dans l'hébreu : les pierres de la couronne) sont ici une image des qualités éminentes qui devaient distinguer les héros juifs, de même que ci-dessus les pierres de la fronde sont une image de leur force.

℣. 17 — [35] Comment en ce temps-là le Seigneur fera-t-il éclater sa bonté et sa beauté ? Par l'abondance du froment et du vin, dont la jeunesse d'élite se nourrira. De même que les bénédictions des temps des Machabées sont en général une figure des bénédictions spirituelles des temps du Messie : ce froment et ce vin figurent aussi la divine Eucharistie, qui est l'aliment des élus, le pain des forts et le vin qui fait germer les âmes pieuses.

CHAPITRE X.

Continuation. Bénédictions que Dieu enverra dans ces temps-là. Sa colère contre les mauvais pasteurs. Victoire des Juifs et leur retour total

1. Demandez au Seigneur les dernières pluies, et le Seigneur fera tomber la neige [1]; il vous donnera des pluies abondantes, et il fera naître des herbes dans le champ de chacun de vous [2].

2. Car [3] les idoles *n'*ont rendu *que* des réponses vaines [4]; les devins *n'ont* eu *que* des visions trompeuses; les débiteurs de songes ont parlé en l'air, et ils donnaient de fausses consolations. C'est pourquoi ils ont été emmenés comme un troupeau [5], et ils ont beaucoup souffert, parce qu'ils étaient sans pasteur [6].

3. Ma fureur s'est allumée contre les pasteurs [7], et je visiterai les boucs [8]: car le Seigneur des armées a visité [9] la maison de Juda qui est son troupeau, et il en fera son

1. Petite a Domino pluviam in tempore serotino, et Dominus faciet nives, et pluviam imbris dabit eis, singulis herbam in agro.

2. Quia simulacra locuta sunt inutile, et divini viderunt mendacium, et somniatores locuti sunt frustra: vane consolabantur: idcirco abducti sunt quasi grex: affligentur, quia non est eis pastor.

3. Super pastores iratus est furor meus, et super hircos visitabo: quia visitavit Dominus exercituum gregem suum, do-

---

ỳ. 1. — [1] Dans l'hébreu : fera briller les éclairs (comme pronostics de la pluie).

[2] Ce verset se rattache étroitement à ce qui précède, et il s'y agit du temps des Machabées, temps auquel les Juifs, en récompense de leur zèle dans l'observation de la loi, seront bénis par la fertilité de la terre (Voy. 5. *Moys.* 11, 14). Lorsque, dans ce temps-là, vous me demanderez par vos prieres la pluie de l'arrière saison, qui est nécessaire pour la maturité des fruits, je vous enverrai la pluie en abondance. Il en est autrement à l'égard de ceux qui, sur les conseils des mauvais pasteurs, des pasteurs étrangers, ont eu recours a des moyens superstitieux : ceux-ci ne reçoivent rien de ce qui fait l'objet de leur attente; ils sont comme un troupeau égaré qui court à sa perte, tandis que ceux qui mettent leur confiance en Dieu, reçoivent en surabondance tous les biens (*Voy.* ce qui suit).

ỳ. 2. — [3] Car il n'y a que Dieu qui puisse donner ce qu'on lui demande; les idoles ni les devins ne peuvent rien.

[4] Dans l'hébreu : les Teraphim disent des choses vaines (Voy. *Osée*, 3, 4). Les prêtres des idoles ne font dire à leurs dieux que des choses vaines, qui ne se réalisent point. — Le roi de Syrie, Antiochus-Epiphane, fit tous ses efforts pour gagner les Juifs au culte païen (1. *Mach.* 11, 2 et suiv.). Il est vraisemblable qu'il fit agir les prêtres et les devins du paganisme, dans la vue de séduire les Juifs par les promesses d'un avenir heureux.

[5] Beaucoup de Juifs se laissèrent entraîner à l'apostasie (Voy. 1. *Mach.* 1, 45. 2, 16).

[6] parce qu'ils n'avaient aucun pasteur qui méritât ce nom, qui les mît à l'abri du mal et du malheur, mais ils n'avaient que de mauvais pasteurs, qui méritaient bien plutôt le nom de loups, comme il suit

ỳ. 3. — [7] Par ces pasteurs on ne peut pas entendre, du moins exclusivement, les chefs d'entre le peuple d'Israel, puisqu'il est formellement declaré au ỳ 4 que les nouveaux chefs que Dieu donnera a son peuple seront choisis au milieu de lui. Ce sont les chefs que les Grecs avaient etablis.

[8] Ce sont les principaux chefs (Comp *Ezéch.* 34, 17. 18). La figure est prise des boucs qui marchent à la tête du troupeau.

[9] Ici en bonne part : il la regardera d'un œil favorable.

mum Juda, et posuit eos quasi equum gloriæ suæ in bello.

4. Ex ipso angulus, ex ipso paxillus, ex ipso arcus prælii, ex ipso egredietur omnis exactor simul

5. Et erunt quasi fortes conculcantes lutum viarum in prælio : et bellabunt, quia Dominus cum eis : et confundentur ascensores equorum

6. Et confortabo domum Juda, et domum Joseph salvabo : et convertam eos, quia miserebor eorum : et erunt sicut fuerunt quando non projeceram eos : ego enim Dominus Deus eorum, et exaudiam eos.

7. Et erunt quasi fortes Ephraim, et lætabitur cor corum quasi a vino : et filii eorum videbunt, et lætabuntur, et exultabit cor eorum in Domino.

cheval de bataille, *et l'instrument* de sa gloire [10].

4. C'est de Juda que viendra l'angle [11]; c'est de lui que viendra le pieu [12]; c'est de lui que viendra l'arc pour combattre [13]; c'est de lui que viendront les maîtres et les intendants [14].

5. Et ils seront comme de vaillants soldats, qui dans la mêlée fouleront aux pieds *l'ennemi, comme* la boue *qui est* dans les rues [15] : ils combattront *vaillamment* [16], parce que le Seigneur sera avec eux, et ils mettront en désordre la cavalerie [17].

6. Je fortifierai la maison de Juda, et je sauverai la maison de Joseph [18]; je les ferai revenir [19], parce que j'aurai compassion d'eux; et ils seront comme ils étaient avant que je les eusse rejetés [20] : car *je suis* le Seigneur leur Dieu, et je les exaucerai.

7. Ils seront comme les braves d'Éphraïm [21]; ils auront dans le cœur une joie semblable à celle qu'inspire le vin : leurs fils les verront, et ils seront dans l'allégresse; et leur cœur tressaillera de joie dans le Seigneur [22].

---

10 Juda est ici appelé le cheval de la gloire du Seigneur dans les combats, comme plus haut 9, 13, il est appelé son arc.

℣. 4. — 11 Litt. : C'est de Juda que sortira l'angle. — Par les angles ce sont souvent, dans la manière de parler des Hébreux, les princes, les chefs qui sont désignés (Voy. 1. *Rois*, 14, 38).

12 c'est-à-dire le lieu sûr auquel tout est suspendu, où toutes choses se trouvent en sûreté, encore un supérieur, un chef.

13 La puissance guerrière.

14 Le texte ajoute *simul*, en même temps, — subitement. Ce n'est pas dans l'hébreu. — * L'hébreu à la lettre : Ex illo angulus (angularis lapis), ex illo paxillus, ex illo arcus prælii, ex illo exiet omnis exactor simul.

℣. 5. — 15 Litt. : qui fouleront aux pieds la boue des rues, — les ennemis ainsi nommés par mépris.

16 eux, qui jusque-là ont été contraints de vivre dans une inactive oppression.

17 Litt. : ceux qui seront montés sur des chevaux. — L'armée ennemie, qui est fière de sa cavalerie, se retira avec honte (Comp. *Dan.* 11, 40). Le sens des ℣. 4. 5. est : Après avoir recouvré la liberté par le triomphe du Seigneur, Juda aura des gouverneurs et des magistrats tirés du milieu de lui, et une force militaire indépendante. Auparavant livré à l'oppression de conquérants étrangers, qu'il était dans la nécessité de supporter sans pouvoir rien entreprendre, il tournera désormais ses armes contre eux, et il brisera la puissance de leurs armées, qui seront forcées de se retirer avec honte. Tout cela eut son accomplissement à l'époque des Machabées (Voy. 1. *Mach.* 4).

℣. 6. — 18 Par la maison de Joseph sont compris les habitants de l'ancien royaume d'Israël ou d'Ephraïm (Voy. *Amos*, 5, 6). A l'époque des Machabées, les habitants de l'ancien royaume de Juda soutinrent la guerre, et ils protégèrent les habitants du royaume d'Israël qui demeuraient dans la Galilée et au-delà du Jourdain; ils les emmenèrent même, pour les mettre en sûreté contre les Grecs, dans la Judée, et leur assignèrent des endroits particuliers pour s'y fixer (Voy. 1. *Mach.* 5, 9-54).

19 à leur ancienne puissance.

20 ils recouvreront leur indépendance, comme à l'époque où les rois de Juda étaient indépendants.

21 La tribu d'Ephraïm était renommée pour sa force (Voy. 5. *Moys.* 33, 17). Dans l'hébreu : Les Ephraïmites seront comme des héros, — après avoir été reçus parmi les Juifs (*Voy.* note 18).

22 Leurs descendants en goûteront les fruits.

8. Je les rassemblerai en sifflant [23], parce que je les ai rachetés; et je les multiplierai comme auparavant.

9. Je les répandrai parmi les peuples [24], et ils se souviendront de moi dans les lieux les plus reculés. Ils vivront avec leurs enfauts [25], et ils reviendront.

10. Je les ferai revenir de l'Egypte; je les rassemblerai de l'Assyrie; je les ramènerai dans le pays de Galaad et du Liban, et *en si grand nombre* qu'ils ne trouveront pas assez de place [26].

11. *Israël* passera [27] par le détroit de la mer; *le Seigneur* en frappera les flots; les fleuves seront desséchés jusqu'au fond de leurs eaux [28]; l'orgueil d'Assur sera humilié, et je ferai cesser la domination de l'Egypte.

12. Je les rendrai forts dans le Seigneur [29]; et ils marcheront en son nom [30], dit le Seigneur.

8. Sibilabo eis, et congregabo illos, quia redemi eos : et multiplicabo eos sicut ante fuerant multiplicati.

9. Et seminabo eos in populis, et de longe recordabuntur mei : et vivent cum filiis suis, et revertentur.

10. Et reducam eos de terra Ægypti, et de Assyriis congregabo eos, et ad terram Galaad et Libani adducam eos, et non invenietur eis locus :

11. et transibit in maris freto, et percutiet in mari fluctus, et confundentur omnia profunda fluminis, et humiliabitur superbia Assur, et sceptrum Egypti recedet.

12. Confortabo eos in Domino, et in nomine ejus ambulabunt, dicit Dominus.

ỳ. 8. — [23] Litt. : Je leur sifflerai, — avec la flûte pastorale; je sifflerai, pour les rappeler, aux Israélites qui se trouveront encore parmi les nations. Après la captivité de Babylone, il n'y eut que Juda et Benjamin qui revinrent, et un petit nombre seulement d'entre les dix tribus se joignirent à eux. — Les victoires des Machabées furent, en effet, pour un grand nombre des habitants du royaume d'Israël, un encouragement à rentrer dans leur patrie; mais la prophétie dont il s'agit ici, laquelle parle d'un retour beaucoup plus nombreux et plus glorieux, ne fut pas accomplie par la rentrée de ces Israélites. Le retour des Israélites du royaume des dix tribus en général et en masse se rapporte, dans les prophètes, au temps du Messie (Comp. *Osée*, 11, 9 et suiv. 14, 5 et suiv. *Amos*, 9, 13 et suiv.). Zacharie embrasse donc ici en même temps avec les temps des Machabées ceux du Messie; il a en vue les premiers dans le sens prochain, mais incomplet, les seconds, dans le sens éloigné, mais complet, en tant que dans leur période finale, tout Israel entrera dans l'Eglise.

ỳ. 9. — [24] Je les multiplierai parmi les nations, de même que la semence que l'on jette se multiplie, en sorte que leur dispersion sera comme une semence, d'où leur naîtront une multitude de fils et de petits-fils (Jérôme). Dans Osée également (*Osée*, 1, 4. 2, 23), le peuple porte le nom de Jézrael, qui signifie tout à la fois semence et dispersion.

[25] Ils revivront, se réveilleront de la mort (Comp. *Ezéch*. 37, 14).

ỳ. 10. — [26] Les Egyptiens et les Assyriens avaient tenu les Israélites en captivité; ils sont mis ici en général pour les peuples parmi lesquels les dix tribus vécurent plus tard dispersées (Comp. *Jér*. 52, 4). Il n'est pas fait mention des Chaldéens, parce qu'il n'est ici parlé que des habitants du royaume des dix tribus, qui furent emmenés non par les Chaldéens, mais par les Assyriens (4. *Rois*, 17, 6). Le pays de Galaad (le pays au-delà du Jourdain) et le Liban (le pays au nord et en-deçà du Jourdain), sont spécifiés, parce que les Israélites étaient autrefois en possession de ces contrées.

ỳ. 11. — [27] Litt. : Et il passera, — le Seigneur (Voy. *Ps*. 113).

[28] Litt. : toutes les profondeurs du fleuve seront confondues, les profondeurs du Jourdain. Le passage de la mer Rouge et du Jourdain est rappelé pour signifier que les Israélites surmonteront tous les obstacles, pour rentrer à la fin des temps dans leur patrie (dans l'Eglise). Comp. *Isaïe*, 11, 15. 16.

ỳ. 12. — [29] dans ma grâce.

[30] Le nom de Dieu est son être. Ils marcheront dans l'être de Dieu, c'est-à-dire ils mèneront une vie juste, sainte, ils seront remplis de la science divine.

CHAPITRE XI.

Dévastation. La cause de ce châtiment est l'indocilité et la rébellion contre le bon Pasteur. Perte du troupeau.

1. Aperi Libane portas tuas, et comedat ignis cedros tuas.
2. Ulula abies, quia cecidit cedrus, quoniam magnifici vastati sunt : ululate quercus Basan, quoniam succisus est saltus munitus.
3. Vox ululatus pastorum, quia vastata est magnificentia eorum : vox rugitus leonum, quoniam vastata est superbia Jordanis.
4. Hæc dicit Dominus Deus meus : Pasce pecora occisionis,

1. Ouvrez vos portes, ô Liban! et que le feu dévore vos cèdres [1].
2. Hurlez, sapins, parce que les cèdres sont tombés : ceux qui étaient si élevés ont été détruits [2]. Faites retentir vos cris, chênes de Basan [3], parce que le grand bois qui était si fort a été coupé.
3. *J'entends* les voix lamentables des pasteurs, parce que tout ce qu'ils avaient de magnifique a été ruiné; *j'entends* les lions qui rugissent de ce que la gloire du Jourdain a été anéantie [4].
4. Voici ce que dit le Seigneur mon Dieu [5] : Paissez ces brebis qui étaient destinées à la boucherie [6],

---

ỳ. 1. — [1] Ce chapitre contient une prophétie dont l'objet est triste. Pour le rattacher au chapitre précédent, il faut suppléer cette pensée : Nonobstant les grâces signalées dont Dieu l'a comblé (chap. 10), Israël est indocile et rebelle; c'est pourquoi un châtiment affreux va fondre sur lui. Le Prophète dépeint ce châtiment dans les trois premiers versets comme une dévastation de tout le pays par des ennemis du dehors; ensuite (ỳ. 4-14) il en donne au long la raison dans une parabole symbolique, où il retrace la rébellion des Israélites contre Dieu, et l'aveuglement qui leur fait rejeter le bon Pasteur. Enfin (14-13), il parle sous un nouveau symbole des mauvais pasteurs qui, après qu'ils auront rejeté le bon Pasteur, raviront et dévoreront le troupeau.

ỳ. 2. — [2] Ce qu'il y a de plus fort subit la dévastation, combien plus la subirez-vous vous-même!

[3] montagne au-delà du Jourdain (*Amos*, 4, 1. note 1).

ỳ. 3. — [4] le rivage boisé du Jourdain, lieu de retraite pour les lions, qui maintenant poussent des rugissements de douleur sur la désolation de leurs repaires. Le Prophète, en annonçant la dévastation du Liban, du Basan et du pays sur les bords du Jourdain, met ces contrées, comme les principales de la terre de la Palestine, pour tout le pays. La dévastation arrivera par le feu, ce qui est une figure de la guerre, de même que dans *Osée*, 8, 14. Que par là il faille entendre la guerre que les Romains apportèrent dans la Judée, c'est ce que le contexte et les circonstances historiques rendent évident. En effet, tous les oracles du Prophète se trouvent dans un ordre qui s'enchaîne (*Voy.* l'Introd.), et l'epoque grecque et celle des Machabées, ayant été traitées dans les chapitres qui précèdent celui-ci, l'époque grecque dans le neuvième, l'époque des Machabées dans le dixième, il s'ensuit que le Prophète, au chapitre onzième, a dû avoir en vue l'époque romaine. C'est aussi ce que confirment les caractères spéciaux de la prophétie, qui sont dans un parfait accord avec les circonstances de l'histoire. Ce fut du nord du pays du Liban, que les Romains firent irruption, et inondèrent la Palestine de leurs troupes, jusqu'à ce qu'enfin ils eurent détruit Jérusalem, et dispersé les Juifs dans le monde entier.

ỳ. 4. — [5] *Voy.* note 1.

[6] Le Prophète reçoit l'ordre de faire une action symbolique, de faire paître un troupeau comme pasteur. Il n'agit pas toutefois en son nom, mais au nom d'un pasteur qui est au-dessus de lui; car le pasteur qu'il représente est établi sur tout le troupeau (ỳ. 7), et il est revêtu d'un pouvoir illimité (ỳ. 8); il y a plus (ỳ. 13), il déclare qu'il est le Seigneur même, qu'on doit voir dans la personne du pasteur.

5. que leurs maîtres égorgeaient sans aucune compassion, qu'ils vendaient en disant: Béni soit le Seigneur, nous sommes devenus riches : et leurs propres pasteurs n'avaient que de la dureté pour elles [7].

6. Je ne pardonnerai donc plus à l'avenir aux habitants de *cette* terre, dit le Seigneur; mais je les livrerai tous entre les mains les uns des autres, et entre les mains de leur roi [8]; leur terre sera ruinée, et je ne les délivrerai point de la main de ceux *qui les opprimeront* [9].

7. C'est pourquoi [10], ô pauvres du troupeau! j'aurai soin de paître ces brebis exposées à la boucherie. Je pris alors deux houlettes, dont j'appelai l'une la Beauté [11], et l'autre le Cordon [12]; et je menai paître le troupeau.

8. J'ai fait mourir trois pasteurs en un mois, et mon cœur s'est resserré à leur égard, parce que leur âme m'a été infidèle [13].

5. quæ qui possederant, occidebant, et non dolebant, et vendebant ea, dicentes : Benedictus Dominus, divites facti sumus : et pastores eorum non parcebant eis.

6. Et ego non parcam ultra super habitantes terram, dicit Dominus : ecce ego tradam homines, unumquemque in manu proximi sui, et in manu regis sui : et concident terram, et non eruam de manu eorum.

7. Et pascam pecus occisionis propter hoc, ô pauperes gregis. Et assumpsi mihi duas virgas, unam vocavi Decorem, et alteram vocavi Funiculum : et pavi gregem.

8. Et succidi tres pastores in mense uno, et contracta est anima mea in eis : siquidem et anima eorum variavit in me.

Ce pasteur est le pasteur divin, dont les prophètes des temps antérieurs avaient déjà fait l'objet de leurs prophéties (*Ezéch.* 37, 24. *Jér.* 23, 1-5). L'action ne fut pas d'ailleurs réellement exécutée; elle n'eut lieu qu'en vision, ainsi que cela résulte de son impossibilité même (℣. 8). Les brebis destinées à la boucherie sont les Israélites, qui, conduits par leurs chefs dans les voies de l'égarement, vont au-devant de leur perte.

℣. 5. — [7] D'autres traduisent l'hébreu : Sans se croire coupables, qu'ils vendaient, etc. Les maîtres, les bouchers et les marchands, sont les pasteurs (les chefs temporels et spirituels) du peuple désigné dans le dernier membre. Les uns et les autres furent la cause de la perte du peuple, en ce qu'ils attirèrent les châtiments de Dieu sur lui, les chefs temporels, par leur mauvaise administration et leur conduite dépourvue de sagesse à l'égard des peuples étrangers, ne prenant en toutes choses conseil que de leur intérêt privé, les chefs spirituels, par l'avilissement de la religion du vrai Dieu, qu'ils réduisaient à des doctrines purement humaines, et par leur hypocrisie. Tels étaient en effet les chefs du peuple juif immédiatement avant et durant les temps de Jésus-Christ.

℣. 6. — [8] Les Juifs seront châtiés par les troubles intérieurs et par les ennemis du dehors. Des guerres civiles constantes et implacables précédèrent la destruction de Jérusalem par les Romains. Il est très-remarquable que l'Empereur romain est ici appelé le roi des Israélites; les Juifs le reconnurent en effet pour tel, lorsqu'ils rejetèrent Jésus-Christ (*Jean*, 19, 15).

[9] Les ennemis du dehors désoleront le pays, sans que je délivre les Juifs de leur main.

℣. 7. — [10] Il retourne au ℣. 4. C'est pourquoi Dieu me l'ayant ordonné (℣. 4), et le troupeau n'ayant d'ailleurs plus de pasteur (℣. 5), et Dieu le menaçant de sa perte (℣. 6), j'ai pris sur moi la charge de pasteur dans l'espoir de le délivrer.

[11] Dans l'hébreu : la grâce, la faveur.

[12] c'est-à-dire le lien (chap. 14). Les deux houlettes figuraient symboliquement que le pasteur apporterait la grâce et la miséricorde, et que son but serait de rassembler le troupeau dispersé. Jésus-Christ parut au milieu des Juifs pour prêcher la grâce et la rédemption (*Luc*, 4, 19), et pour rassembler les enfants dispersés d'Israel (*Jean*, 10, 16).

℣. 8. — [13] D'autres traduisent l'hébreu : parce que j'étais fatigué d'eux, et que leur âme était aussi dégoûtee de moi. — Les trois pasteurs du peuple sont, chez les prophètes, les trois états proposés à sa conduite, les chefs civils, l'ordre des prêtres et l'ordre des prophètes, auquel succéda dans les derniers temps la classe des docteurs de la loi (Voy. Jér. 2, 8. 18, 18. Théod., Cyril., Jérôme). L'espace d'un mois est, suivant la mesure de temps employé dans les Ecritures, pour déter-

9. Et dixi : Non pascam vos : quod moritur, moriatur : et quod succiditur, succidatur : et reliqui devorent unusquisque carnem proximi sui.
10. Et tuli virgam meam, quæ vocabatur Decus, et abscidi eam, ut irritum facerem fœdus meum, quod percussi cum omnibus populis.
11. Et in irritum deductum est in die illo : et cognoverunt sic pauperes gregis, qui custodiunt mihi, quia verbum Domini est.
12. Et dixi ad eos : Si bonum est in oculis vestris, afferte mercedem meam; et si non, quiescite. Et appenderunt mercedem meam triginta argenteos.
13. Et dixit Dominus ad me : Projice illud ad statuarium, de-

9. Et j'ai dit : Je ne serai plus votre pasteur : que ce qui meurt, meure; que ce qui est égorgé, soit égorgé; et que ceux qui échapperont du carnage, se dévorent les uns les autres [14].
10. Je pris *alors* la houlette que j'avais appelée la Beauté [15], et je la rompis, pour rompre ainsi l'alliance que j'avais faite avec tous les peuples [16].
11. *Cette alliance* fut donc rompue en ce jour-là [17] : et les pauvres de *mon* troupeau, qui me gardent *la fidélité*, reconnurent que c'était là un ordre du Seigneur [18].
12. Et je leur dis [19] : Si vous jugez qu'il soit juste de me payer, rendez-moi la récompense qui m'est due; sinon, ne le faites pas [20]. Ils pesèrent alors trente pièces d'argent pour ma récompense [21].
13. Et le Seigneur me dit : Allez jeter à l'ouvrier en argile [22] cet argent, cette belle

---

miner l'époque de l'avènement de Jésus-Christ, et la durée de sa vie active (*Dan.* 9), l'espace de trente ans, et ces trente ans sont le nombre rond pour les trente-trois ans de la vie de Jésus-Christ sur la terre, durant laquelle il abrogea la royauté, le sacerdoce et le ministère prophétique, parce qu'il avait paru pour les remplacer (1. *Moys.* 1. 49, 10. *Ps.* 109, 4. 5. *Moys.* 18, 15).

ỳ. 9. — [14] Puisque le troupeau qui m'est confié, après avoir tenté tous les moyens, ne s'attache point à moi (*Comp.* ỳ. 7, note 10), la justice de Dieu (ỳ. 6) aura son cours. La peste, le glaive et la fureur des citoyens les uns contre les autres le détruiront.

ỳ. 10. — [15] la grâce (Voy. *pl. h.* note 11).

[16] afin qu'ils n'attaquassent point les Juifs, mais qu'ils les laissassent subsister comme peuple au rang des nations. L'appui au moyen duquel Dieu conserve les Israélites comme peuple, est représenté, sous forme de figure, comme s'il avait fait une alliance avec toutes les nations, pour stipuler qu'elles souffriraient les Israélites comme peuple, ayant une existence propre (Comp. *Osée*, 2. 18. *Job*, 5, 25. 23).

ỳ. 11. — [17] pouvoir fut donné aux peuples, spécialement aux Romains.

[18] La peine du pasteur ne fut pas, par conséquent, entièrement sans fruit. Une petite troupe des plus pauvres, des plus méprisés, se rassembla autour du bon Pasteur; et au châtiment dont le corps de la nation fut frappé, ils reconnurent que ce qui avait été dit n'était pas une vaine menace, mais un oracle divin. Le Prophète parle au temps passé, parce que durant sa vision le châtiment s'accomplit tout entier.

ỳ. 12. — [19] à ceux du troupeau qui se montraient rebelles

[20] Le troupeau, à l'exception d'un petit nombre, ayant déjà rejeté le pasteur, celui-ci se tourne encore une fois vers le troupeau, en disant : J'aurai bien, je pense, mérité une récompense pour mes fidèles services. Cependant si vous ne voulez point me la donner, vous pouvez la garder. On peut se figurer que ces paroles furent dites par Jésus-Christ vers la fin du temps de sa prédication, peu avant sa passion.

[21] Alors ils cherchèrent à s'affranchir tout à fait de moi au moyen de trente pièces d'argent, c'est-à-dire du prix d'un esclave (2. *Moys.* 21, 32). De cette manière ils aggravèrent leur faute : car à un tel pasteur donner une tel récompense, c'est là une marque du plus profond mépris et d'une moquerie diabolique. Il est dit que les trente pièces d'argent furent pesées, parce qu'elles devaient être du poids de la pièce d'argent (le sicle) conservée dans le sanctuaire. — * On pourrait bien prendre les paroles du Prophète comme une ironie. Ils pesèrent trente pièces d'argent pour ma récompense, mais cette récompense fut aussi le prix de ma trahison; elle fut donnée, non à moi-même, mais au traître qui me livra entre leurs mains.

ỳ. 13. — [22] Litt. : au statuaire, — proprement au potier, c'est-à-dire à Dieu, qui

somme [23] qu'ils ont cru que je valais, lorsqu'ils m'ont mis à prix. Et j'allai en la maison du Seigneur les porter à l'ouvrier en argile [24].

14. Je rompis *alors* ma seconde houlette, qui s'appelait le Cordon, pour rompre ainsi l'union fraternelle qui liait Juda avec Israël [25].

15. Et le Seigneur me dit : Prenez encore toutes les marques d'un pasteur insensé [26].

corum pretium, quo appretiatus sum ab eis. Et tuli triginta argenteos, et projeci illos in domum Domini ad statuarium.

14. Et præcidi virgam meam secundam, quæ appellabatur Funiculus, ut dissolverem germanitatem inter Judam et Israel.

15. Et dixit Dominus ad me : Adhuc sume tibi vasa pastoris stulti.

---

a tout formé (Jérôme), avec allusion et rapport à *Jér.* 18, où Dieu est représenté comme un potier, qui brise le peuple d'Israel comme un vase — de colère. Que ces pièces d'argent, ce prix de dérision, portent et élèvent accusation devant le Seigneur, afin qu'en sa qualité de potier il accomplisse sa prophétie, qu'il a faite par Jérémie, et qu'il brise le vase indigne de lui, le peuple d'Israel.

[23] Ceci n'est pas une simple ironie, car ce prix était vraiment beau en ce sens qu'il devint l'occasion de la passion de Jésus-Christ, source de toutes les bénédictions (*Voy.* ce qui suit).

[24] Les termes de ce verset ont reçu leur accomplissement dans la personne de Jésus, vers la fin de sa prédication, alors que les Juifs l'avaient déjà rejeté. Non contents de l'avoir rejeté comme maître, ils cherchèrent à s'affranchir entièrement de lui et à le livrer à la mort. Pour atteindre cette fin, ils proposèrent le prix de trente pièces d'argent pour le faire prendre. Judas, qui le livra en effet pour ce vil prix entre les mains de ses ennemis, jeta ensuite, lorsque sa conscience lui eut fait sentir et reproché son crime, les pièces d'argent aux pieds des grands prêtres dans le temple, et les grands prêtres, parce qu'il n'était pas permis de déposer cet argent, comme prix du sang, dans le trésor du temple, en achetèrent le champ d'un potier destiné à la sépulture des étrangers. — Si l'on compare cette histoire avec la prophétie, on trouve bien quelques circonstances qui ne sont point exprimées dans la prophétie, mais ceci n'établit pas une différence réelle entre l'une et l'autre, pourvu que l'on fasse seulement réflexion que toute la parabole du pasteur est un récit *symbolique*, qui devait trouver dans l'histoire de Jésus un accomplissement, non quant *aux mots*, mais quant *au fond*. Or, le fond se trouve tout entier dans l'histoire; en effet, deux pensées seulement ressortent de l'histoire symbolique des pièces d'argent : que le peuple, par leur moyen, s'affranchirait entièrement du pasteur, et que ces pièces d'argent entreraient dans le temple comme un argent criant vengeance, afin de porter Dieu à accomplir la prophétie qu'il avait faite touchant la réprobation de son peuple. Ces deux pensées se retrouvent dans l'histoire de Jesus. Les traits particuliers que l'on n'y voit point accomplis, tiennent à la nature du récit symbolique. C'est ainsi qu'il est également parlé au ℣. 8 de la mort que le bon Pasteur donne à trois pasteurs mauvais, sans que pour cela le Prophète eût en vue un accomplissement effectif (*Voy.* note 3). Que l'argent criant vengeance (le prix du sang, *Matth.* 27, 6) ne soit pas demeuré dans le temple, c'était là une conséquence naturelle de la démarche, qui n'avait pas besoin d'être marquée dans la prophétie; mais qu'avec cet argent on ait acheté le champ d'un potier, cela arriva pour marquer que ce prix du sang mit le comble à la mesure des crimes des Juifs, et fit de Dieu ce potier qui, suivant *Jér.* 18, 19, détruirait de fond en comble l'Etat des Juifs, de même que l'on brise un vase d'argile. Ainsi, dans l'histoire de Jésus, on voit accomplie non-seulement la prophétie de Zacharie, prédisant que le troupeau s'affranchirait du Pasteur moyennant le prix dérisoire et criant vengeance de trente pièces d'argent, mais surtout, comme conséquence prochaine de cet affranchissement, la prophétie de Jérémie annonçant que Dieu, le potier, réprouverait absolument son peuple. Et c'est là la raison pourquoi l'Evangéliste (*Matth.* 27, 9) a attribué les paroles de la prophétie exclusivement à Jérémie. Il justifie cette attribution en ajoutant : Ainsi que le Seigneur me l'a ordonné.

℣. 14. — [25] Les Juifs ayant absolument rejeté le Pasteur en le vendant pour le livrer à la mort, il rompit l'union qu'il avait voulu établir pour toujours entre les Juifs (note 12). Juda est mis pour le petit nombre de Juifs fidèles dont Jésus-Christ forma la primitive Eglise, Israël pour la masse rebelle du peuple.

℣. 15. — [26] pour figurer ultérieurement encore les destinées de mon peuple apos-

16. Quia ecce ego suscitabo pastorem in terra, qui derelicta non visitabit, dispersum non quæret, et contritum non sanabit, et id quod stat non enutriet, et carnes pinguium comedet, et ungulas eorum dissolvet.

17. O pastor, et idolum, derelinquens gregem : gladius super brachium ejus, et super oculum dexterum ejus : brachium ejus ariditate siccabitur, et oculus dexter ejus tenebrescens obscurabitur.

16. Car je vais susciter sur la terre un pasteur, qui ne visitera point les brebis abandonnées, qui ne cherchera point celles qui auront été dispersées, qui ne guérira point les malades, qui ne nourrira point les saines, mais qui mangera la chair des plus grasses, et qui leur rompra la corne des pieds [27].

17. O pasteur, ô idole [28]! qui abandonne le troupeau; l'épée [29] tombera sur son bras, et sur son œil droit; son bras deviendra tout sec, et son œil droit s'obscurcira, et sera couvert de ténèbres [30].

Chap. 12 — 13, 1 — 6.

CHAPITRE XII.

Jérusalem est attaquée par toutes les nations, mais elle est délivrée par le Seigneur; Juda fait pénitence de son meurtre.

1. Onus verbi Domini super Israel. Dicit Dominus extendens

1. Prophétie menaçante du Seigneur touchant Israël [1]. *Voici ce que* dit le Seigneur,

tat. Prenez une houlette, non pour la conduite, mais pour la mort du troupeau. Ce qui précède contient une prédiction du malheur du troupeau après avoir rejeté le bon Pasteur; ce qui suit offre le tableau des mauvais pasteurs, qui sont cause de l'egarement et de la perte du troupeau.

℣. 16. — [27] qui en les conduisant dans des voies pénibles et rocailleuses, épuisera leurs forces. Ces mauvais pasteurs qui, sans se mettre en peine de l'état d'extrême misère où a été réduit le troupeau dispersé et couvert de plaies, aussitôt après avoir rejeté le vrai Pasteur, uniquement attentifs à leur intérêt, l'ont completement perdu, étaient les chefs durant la guerre des Juifs contre les Romains. Il faut y comprendre aussi pour la suite des temps, les chefs de la synagogue, qui, depuis la dissolution de l'alliance, ne cessent de louer comme vivant et capable de donner la vie le judaïsme mort, semblable à une momie, de leur troupeau qu'ils séduisent.

℣. 17. — [28] O pasteur, toi qui n'es que l'ombre et l'image d'un pasteur! D'autres traduisent : O pasteur de néant, c'est-à-dire, ô indigne pasteur, qui n'as du pasteur que le nom!

[29] le châtiment de Dieu, sa perte comme dans *Jér.* 50, 35-38. Le bras et l'œil sont mis pour la force et la pénétration, l'action et le savoir.

[30] Il perdra toute force et toute sagesse dans sa conduite. Cela reçoit son aecomplissement littéral dans les chefs de la synagogue. Aveugles conducteurs d'aveugles, ils sont incapables de retirer de sa perte le peuple égaré.

℣. 1. — [1] Litt. : Fardeau de la parole du Seigneur sur Israel. — Prophétie de malheur contre Israël (Voy. *pl. h.* 9, 1). Israël est ici différent de Juda; car Juda paraît bien d'abord dans la suite de la prophétie parmi les ennemis du peuple élu, mais à la fin, lorsqu'il s'est converti, il est comblé de bénédictions et de bonheur. Par Israël sont compris les peuples apostats qui, bien que chrétiens de nom, combattront dans les derniers temps contre le petit troupeau des élus, mais seront vaincus. C'est avec justesse que ces peuples portent ce nom : car de même qu'autrefois les citoyens du royaume d'Israël, bien que de nom sectateurs du Seigneur, étaient en réalité gentils, favorisant et encourageant le culte du veau d'or et l'ido-

qui a étendu le ciel, qui a fondé la terre, et qui a formé dans l'homme l'esprit de l'homme [2].

2. Je vais rendre Jérusalem [3] pour tous les peuples d'alentour, comme la porte d'un lieu où l'on va s'enivrer [4]; Juda même se trouvera parmi ceux qui assiégeront Jérusalem [5].

3. Et en ce temps-là je ferai que Jérusalem sera pour tous les peuples comme une pierre très-pesante [6] : tous ceux qui voudront la lever en seront meurtris et déchirés; et toutes les nations de la terre s'assembleront contre cette ville.

4. En ce jour-là, dit le Seigneur, je frapperai d'étourdissement tous les chevaux, et de frénésie ceux qui les montent [7]; je tiendrai mes yeux ouverts sur la maison de Juda [8], et je frapperai d'aveuglement les chevaux de tous les peuples.

5. Alors les chefs de Juda diront en leur cœur [9] : Que les habitants de Jérusalem trouvent leurs forces dans le Seigneur des armées, qui est leur Dieu [10].

6. En ce jour-là je rendrai les chefs de

cœlum, et fundans terram, et fingens spiritum hominis in eo :

2. Ecce ego ponam Jerusalem superliminare crapulæ omnibus populis in circuitu : sed et Juda erit in obsidione contra Jerusalem.

3. Et erit : In die illa ponam Jerusalem lapidem oneris cunctis populis : omnes, qui levabunt eam, concisione lacerabuntur : et colligentur adversus eam omnia regna terræ.

4. In die illa, dicit Dominus, percutiam omnem equum in stuporem, et ascensorem ejus in amentiam : et super domum Juda aperiam oculos meos, et omnem equum populorum percutiam cæcitate.

5. Et dicent duces Juda in corde suo : Confortentur mihi habitatores Jerusalem in Domino exercituum Deo eorum.

6. In die illa ponam duces Juda

---

lâtrie dans leur pays; les peuples dont il s'agit ne seront non plus chrétiens que de nom, en réalité ce seront des gentils, accommodant le christianisme à leur sens propre et rendant hommage aux idoles du siècle, les fausses lumières et le sensualisme. La prophétie suivante (12, 1-13, 6) est une prédiction de la victoire des élus, qui avec tout le peuple juif uni à eux dans un sentiment de pénitence, triomphent de toutes les nations anti-chrétiennes.

[2] Ainsi parle le Tout-Puissant! La création de la nature et de l'esprit de l'homme est mise ici comme une garantie de l'exécution de ce qui est annoncé par la prophétie qui suit, comme si le Prophète eût voulu dire : Celui qui a créé le ciel, la terre et l'esprit de l'homme, n'aura-t-il pas le pouvoir d'exécuter ce qui va suivre?

ỳ. 2. — [3] c'est-à-dire l'assemblée des élus. Les attaques auxquelles ils sont en butte de la part de tous les peuples sont représentées sous l'image d'un siège.

[4] Litt. : un seuil d'enivrement, c'est-à-dire : Je vais faire de Jérusalem une maison où l'on s'enivre; tous les peuples viendront l'attaquer, mais ils en seront enivrés et tomberont. L'enivrement et le chancellement sont des images du malheur (Voy. *Ps.* 59, 5. note 8. *Isaïe*, 51, 17).

[5] avant que Dieu le regarde, et lui ouvre les yeux (*Voy.* ỳ. 4). Les Juifs eux-mêmes seront les ennemis de l'assemblée des saints.

ỳ. 3. — [6] une pierre d'épreuve, avec laquelle ils essaieront leurs forces (Voy. *Eccli.* 6, 22. et les remarques). Il y avait dans les villes et les marchés de la Palestine de grosses pierres, au moyen desquelles les jeunes gens essayaient leurs forces en les soulevant.

ỳ. 4. — [7] Alors je rendrai vains toute la force et tous les artifices de la guerre.

[8] Je le regarderai, je le visiterai, en sorte qu'il ouvrira lui-même les yeux, au lieu qu'auparavant il tâtonnait dans les ténèbres, et était parmi les ennemis de l'assemblée sainte (ỳ. 2). Il s'agit ici de la conversion générale des Juifs, de leur entrée dans Jerusalem, dans l'Eglise.

ỳ. 5. — [9] Dans ce temps de visite.

[10] D'autres traduisent : Que les habitants de Jérusalem soient notre force dans le Seigneur des armées, leur Dieu. — Nous nous tournerons du côté des habitants de Jérusalem (du petit nombre de ceux qui composent l'assemblée sainte), parce qu'ils sont forts dans le Seigneur leur Dieu. — * Dans l'hébreu à la lettre : Robur mihi, habitantes Jérusalem, in Jehova exercituum, Deo eorum.

sicut caminum ignis in lignis, et sicut facem ignis in fœno : et devorabunt ad dexteram et ad sinistram omnes populos in circuitu : et habitabitur Jerusalem rursus in loco suo in Jerusalem.

Juda comme un tison de feu qu'on met sous le bois, comme un flambeau allumé parmi la paille [11] : et ils dévoreront à droite et à gauche tous les peuples qui les environnent : et Jérusalem sera encore habitée dans le même lieu où elle a été bâtie la première fois [12].

7. Et salvabit Dominus tabernacula Juda, sicut in principio : ut non magnifice glorietur domus David, et gloria habitantium Jerusalem contra Judam.

7. Et le Seigneur sauvera les tentes de Juda, comme il a fait au commencement [13], afin que la maison de David ne se glorifie point avec faste en elle-même, et que les habitants de Jérusalem ne s'élèvent point contre Juda [14].

8. In die illa proteget Dominus habitatores Jerusalem, et erit qui offenderit ex eis in die illa, quasi David; et domus David quasi Dei, sicut angelus Domini in conspectu eorum.

8. En ce jour-là le Seigneur protégera les habitants de Jérusalem [15] : et alors le plus faible d'entre eux sera *fort* comme David; et la maison de David paraîtra à leurs yeux comme *une maison* de Dieu, comme un ange du Seigneur [16].

9. Et erit in die illa : quæram conterere omnes gentes, quæ veniunt contra Jerusalem.

9. En ce temps-là je travaillerai à réduire en poudre toutes les nations qui viendront contre Jérusalem.

10. Et effundam super domum David, et super habitatores Jerusalem, spiritum gratiæ et precum : et aspicient ad me, quem confixe-

10. Et je répandrai sur la maison de David et sur les habitants de Jérusalem [17] un esprit de grâce et de prières [18]. Ils [19] jetteront les yeux sur moi [20], qu'ils auront percé

ŷ. 6. — [11] Dans l'hébreu : parmi les gerbes.

[12] Ils (les Juifs), de concert avec les élus et unis à eux, remporteront la victoire sur les peuples ennemis de Jésus-Christ, et ils feront de nouveau partie du peuple élu. De savoir si plus tard, conformément à la lettre, la ville de Jerusalem sera de nouveau habitée, et deviendra le centre de la vraie religion, c'est une question que l'accomplissement seul de la prophétie, l'avenir, pourra résoudre (*Voy.* l'Introd. aux prophètes n° 5, vers la fin).

ŷ. 7. — [13] Il sera de nouveau leur Dieu, et ils seront encore son peuple. Les tentes de Juda (de Jacob), le peuple juif, la synagogue, sont mis ici de même que *Ps.* 86, 2. par opposition à la maison de David, à l'assemblée sainte, à l'Eglise.

[14] Dieu accueillera de nouveau les Juifs, de peur que les chrétiens, qui sont surtout sortis du milieu des Gentils, ne se glorifient d'avoir eté jugés seuls dignes du salut (*Voy.* l'Epître aux Romains chap. 11).

ŷ. 8. — [15] parmi lesquels les Juifs auront déjà été reçus; c'est la répétition de ŷ. 2. et suiv.

[16] En ce temps-là, par la protection du Seigneur, même les plus faibles d'entre le peuple élu seront des héros comme David, et toute l'assemblée sainte, une demeure invincible où Dieu résidera, semblable à cette assemblée que précédait l'ange du Seigneur, pour la protéger et la délivrer (2. *Moys.* 23, 20. et suiv.).

ŷ. 10. — [17] Parmi les habitants de Jérusalem sont également compris les Juifs, car il a déjà été dit d'eux ŷ. 6. qu'ils habiteront Jérusalem. D'où il suit que par la maison de David et les habitants de Jérusalem, il faut entendre toute l'assemblée des saints des derniers temps.

[18] qui les remplira de zèle pour la gloire de Dieu et de douleur de leurs péchés.

[19] tous les membres de l'assemblée sainte, mais spécialement les ci-devant Juifs, parce qu'ils ont fait mourir le Seigneur, non-seulement spirituellement par leurs péchés, mais corporellement, ce qui est cause que dans ce qui suit il n'est question que de l'affliction des familles de Juda.

[20] Celui qui parle est, d'après ŷ. 1, le Seigneur, créateur du ciel et de la terre. Il ne peut s'agir ici de Dieu en tant qu'invisible, que nulle souffrance ne peut atteindre; c'est ce qui se voit clairement par ce qui suit, où le Seigneur qui est en scène est pleuré comme ayant été transpercé. Il s'agit du Dieu-Ange, auquel le Prophète donne également ailleurs (2, 8) les attributs divins, et qui d'après ch. 11,

de plaies[21]; ils pleureront avec larmes et avec soupirs[22], comme on pleure un fils unique, et ils seront pénétrés de douleur, comme on l'est à la mort d'un fils aîné[23].

11. En ce temps-là il y aura un grand deuil dans Jérusalem, tel que fut celui d'Adadremmon dans la plaine de Mageddon[24].

12. Tout le pays sera dans les larmes, une famille à part, et une autre à part[25] : les familles de la maison de David à part, et leurs femmes à part;

13. les familles de la maison de Nathan à part, et leurs femmes à part; les familles de la maison de Lévi à part, et leurs femmes à part; les familles de la maison de Séméï à part, et leurs femmes à part[26];

14. et toutes les autres familles chacune à part, et leurs femmes à part.

runt : et plangent eum planctu quasi super unigenitum, et dolebunt super eum, ut doleri solet in morte primogeniti.

11. In die illa magnus erit planctus in Jerusalem, sicut planctus Adadremmon in campo Mageddon.

12. Et planget terra : familiæ et familiæ seorsum : familiæ domus David seorsum, et mulieres eorum seorsum :

13. familiæ domus Nathan seorsum, et mulieres eorum seorsum : familiæ domus Levi seorsum, et mulieres eorum seorsum : familiæ Semei seorsum, et mulieres eorum seorsum.

14. Omnes familiæ reliquæ, familiæ et familiæ seorsum, et mulieres eorum seorsum.

CHAPITRE XIII.

La source des grâces. Extirpation de l'erreur. Le pasteur frappé, le troupeau dispersé. Séparation du troupeau.

1. En ce jour-là[1] il y aura une fontaine ouverte à la maison de David et aux habitants de Jérusalem, pour y laver les souillures du pécheur et de la femme impure[2].

1. In die illa erit fons patens domui David, et habitantibus Jerusalem, in ablutionem peccatoris et menstruatæ.

---

a pris sur lui la charge de pasteur du peuple, mais n'a reçu, pour toute récompense, que l'ingratitude la plus humiliante.

[21] que leurs pères auront crucifié (*Jean*, 19, 37).

[22] Litt. : ils pleureront sur lui, — c'est-à-dire sur moi. Ce n'est qu'un changement de personne.

[23] La comparaison avec la douleur que cause la perte d'un fils unique et d'un premier-né est très-juste, car Jésus-Christ était, par sa nature divine, fils unique, par sa nature humaine, premier-né (*Col*. 1, 15. 18).

ỳ. 11. — [24] tel que fut le deuil au sujet de la mort du pieux roi Josias (Voy. 4. *Rois*, 23, 29. 2. *Par*. 35, 22-25). Il semble qu'Adadremmon était un petit bourg dans la plaine désignée.

ỳ. 12. — [25] Un deuil général sera répandu parmi le peuple.

ỳ. 13. — [26] La famille de Nathan était une des principales de la race de David (1. *Par*. 3, 5); elle est mise avec la famille de David pour la race royale en général. La famille de Séméi était une des principales de la race de Lévi (1. *Par*. 6, 17); elle est mise avec la famille de Lévi, pour la race sacerdotale en général. Ces deux races, la race royale et la race sacerdotale, forment avec les autres familles (ỳ. 14), le peuple tout entier. La mention des familles de Nathan et de Séméï renferme encore, ce semble, une allusion à l'origine du Messie (Comp. *Luc*, 3, 26. 29. 31); en effet, le deuil des familles dont le Messie est sorti, devra être plus grand que celui des autres.

ỳ. 1 — [1] Ceci jusqu'au ỳ. 6. se rapporte encore à ce qui précède (Voy. *pl. h.* 12. note 1).

[2] Le flux de sang mensuel est mis pour l'impureté en général. Le sens est : En ce

2. Et erit in die illa, dicit Dominus exercituum : disperdam nomina idolorum de terra, et non memorabuntur ultra : et pseudoprophetas, et spiritum immundum auferam de terra.

3. Et erit, cum prophetaverit quispiam ultra, dicent ei pater ejus et mater ejus, qui genuerunt eum : Non vives : quia mendacium locutus es in nomine Domini; et configent eum pater ejus et mater ejus, genitores ejus, cum prophetaverit.

4. Et erit : In die illa confundentur prophetæ, unusquisque ex visione sua cum prophetaverit : nec operientur pallio saccino, ut mentiantur :

5. Sed dicet : Non sum propheta, homo agricola ego sum : quoniam Adam exemplum meum ab adolescentia mea.

6. Et dicetur ei : Quid sunt plagæ istæ in medio manuum tuarum? et dicet : His plagatus sum in domo eorum, qui diligebant me.

2. En ce jour-là, dit le Seigneur des armées, j'abolirai de la terre les noms des idoles, et il n'en sera plus parlé : j'exterminerai de la terre les faux prophètes, et l'esprit impur [3].

3. Que si quelqu'un entreprend encore de faire le prophète, son père et sa mère qui lui auront donné la vie, lui diront : Vous mourrez, parce que vous vous êtes servi du nom du Seigneur pour débiter des mensonges. Et son père et sa mère qui lui auront donné la vie, le perceront eux-mêmes, pour avoir ainsi prophétisé [4].

4. En ce jour-là chacun de ces prophètes qui auront inventé des prophéties [5], sera confondu par sa propre vision : ils ne se couvriront plus de sacs [6], pour donner de l'autorité à leurs mensonges;

5. mais chacun d'eux dira : Je ne suis point prophète; je suis un homme qui laboure la terre, et qui *me suis employé à ce travail* dès ma jeunesse, à l'exemple d'Adam [7].

6. Alors on lui dira : D'où viennent ces plaies *que vous avez* au milieu des mains? Et il répondra : J'ai été percé de ces plaies dans la maison de ceux qui m'aimaient [8].

---

temps-là, tous les pécheurs et tous ceux qui auront des souillures seront purifiés par la grâce de Dieu, spécialement le peuple de Juda, désormais repentant. Du milieu de lui disparaîtra pareillement l'impureté lévitique (Comp. 3. *Moys.* 11-15) dont comme suite et figure du péché, les Juifs durent se purifier, tant que le péché lui-même ne fut pas pour eux effacé. Lorsque le péché eut été effacé, ces états d'impureté naturelle ne furent plus considérés comme des objets de souillure, parce que le sang du Libérateur purifie de toute impureté.

℣. 2. — [3] En ce temps-là, toute fausse doctrine et tout faux culte disparaîtront, et à la place de l'esprit impur ce sera l'Esprit-Saint qui dominera.

℣. 3. — [4] Si quelqu'un, dans ce temps-là, est tenté d'enseigner contre la vérité révélée, ses parents eux-mêmes s'y opposeront, et le menaceront de la mort que la loi inflige aux fausses prophéties (5. *Moys.* 13. 6-10. 18, 20); bien plus, ils iront jusqu'à le frapper, à le blesser (℣. 6), ou même à le tuer, s'il a réellement propagé l'erreur. Il y aura dans ce temps-là un si grand zèle pour la pure doctrine, que les pères et mères eux-mêmes mettront à exécution la peine légale à l'égard de ceux de leurs enfants qui auront enseigné une doctrine contraire à la doctrine de vérité.

℣. 4. — [5] les faux docteurs, les hérétiques, les philosophes.

[6] du vêtement des prophètes, dont se servaient également les prophètes de mensonge.

℣. 5. — [7] Je n'ai été à aucune école de prophète, mais je gagnais mon pain à la sueur de mon front par le travail des champs, comme Adam (1. *Moys.* 3, 19). D'autres traduisent l'hébreu : Je suis un homme travaillant la terre, car je suis esclave depuis ma jeunesse. — * Litt. : on m'a acheté depuis, etc.; c'est la même chose; les serviteurs qu'on achetait, étaient esclaves.

℣. 6. — [8] Le sens des ℣. 4-6 est : En ce temps-là, les faux docteurs seront confus des erreurs qu'ils auront répandues, et quand on amènera le discours sur ce point, ils n'oseront avouer qu'ils ont appartenu à la classe des docteurs de l'erreur; ce ne sera que lorsqu'on leur fera remarquer les blessures qu'ils auront reçues dans la maison de leurs pères (Voy. *pl. h.* ℣. 3), qu'ils confesseront pleins de honte leurs égarements (Jérôme). Tout cela est une peinture du zèle ardent que l'on mettra dans ce temps-là à rechercher l'erreur, afin de l'extirper entièrement. L'Eglise, dans

7. O épée! réveille-toi, *viens* contre mon pasteur [9], contre l'homme qui se tient toujours attaché à moi [10], dit le Seigneur des armées; frappe le pasteur, et les brebis seront dispersées; et j'étendrai ma main sur les petits [11].

8. Il y aura alors dans toute la terre, dit le Seigneur, deux partis qui seront dispersés [12], et qui périront; et il y en aura un troisième qui demeurera [13].

9. Je ferai passer ces derniers par le feu, où je les épurerai comme on épure l'argent, et je les éprouverai comme on éprouve l'or [14]. Ils m'appelleront par mon nom [15], et je les exaucerai. Je *leur* dirai : *Vous êtes* mon peuple; et chacun d'eux me dira : Seigneur mon Dieu.

7. Framea suscitare super pastorem meum, et super virum cohærentem mihi, dicit Dominus exercituum : percute pastorem, et dispergentur oves : et convertam manum meam ad parvulos.

8. Et erunt in omni terra, dicit Dominus : partes duæ in ea dispergentur, et deficient; et tertia pars relinquetur in ea.

9. Et ducam tertiam partem per ignem et uram eos sicut uritur argentum, et probabo eos sicut probatur aurum. Ipse vocabit nomen meum, et ego exaudiam eum. Dicam : Populus meus es; et ipse dicet : Dominus Deus meus.

---

l'office ecclésiastique, fait l'application des paroles de ce verset aux stigmates adorables du Sauveur.

℣. 7—9.

℣. 7. — [9] Les ℣. suivants 7-9 ne se rattachent pas à ce qui précède, mais ils forment une prophétie distincte. Le pasteur du Seigneur, qui est étroitement uni au Seigneur, sera enlevé à son troupeau par une mort violente. Privé de son pasteur le troupeau, en proie à toutes sortes de misères, se dispersera; mais le Seigneur ne retirera pas pour toujours sa main de dessus lui. Il exterminera, il est vrai, par un affreux châtiment, les deux tiers du troupeau, et fera passer ce qui restera par les épreuves et les souffrances les plus rudes; mais enfin il le ramènera néanmoins à lui et le recevra en grâce. Cette prophétie forme une répétition abrégée, et en même temps un complément de ce qui est marqué chap. 11, et 12-13, 6. Le pasteur dont il s'agit ici ne peut être autre que celui dont il est parlé au chap. 11, lequel ne reçoit pour récompense que l'ingratitude, et d'après 12, 10 a été mis à mort, par conséquent Jésus-Christ, qui se fait aussi à lui-même l'application de cette prophétie, lorsqu'il prédit à ses Apôtres que le coup dont il sera frappé sera la cause de leur dispersion (*Matth.* 26, 31. *Marc,* 14, 27), dispersion qui était d'ailleurs la figure de celle du peuple entier.

[10] ayant la même nature et la même substance que moi, qui est comme mon frère, sens que le mot « prochain, ami » a toujours dans l'hébreu (Comp. 3. *Moys.* 19, 17). L'expression « homme, *geber,* homo, vir » n'est pas ici sans une intention particulière; car celui que l'épée doit frapper, joindra en sa qualité de collègue (socius), de frère de Dieu, à la nature divine la nature humaine. L'épée est représentée comme levée, la peine de mort comme exécutée par Dieu, parce que c'était la volonté de Dieu que le Pasteur fût tué (Voy. *Jean,* 19, 11).

[11] sur les pauvres du troupeau, les croyants, ceux qui se sont attachés au Pasteur. D'autres entendent tout le troupeau.

℣. 8. — [12] Autrement : il y en aura, — deux parties qui, etc. Dans l'hébreu : exterminées.

[13] Autrement : et la troisième partie y sera laissée (dans la terre de la Palestine). Les deux tiers mourront soit par l'épée, soit de la peste, l'autre tiers demeurera en vie (Comp. *Ezéch.* 5, 12). L'extermination des deux tiers du troupeau reçut son accomplissement par la guerre des Romains contre les Juifs.

℣. 9. — [14] Par cette épuration et cette épreuve, il faut entendre la dispersion des Juifs qui survécurent à la guerre judaïque, dans le monde entier, dispersion qui dure encore.

[15] Litt. : Il (le peuple) invoquera mon nom, — il m'invoquera comme son Sauveur, il me demandera sa délivrance (Voy. *Joel,* 2, 32).

CHAPITRE XIV.

Nouvelle affliction sur Jérusalem. Secours du Seigneur. Perte de ses ennemis. Dernière conversion des nations.

1. Ecce venient dies Domini, et dividentur spolia tua in medio tui.

2. Et congregabo omnes gentes ad Jerusalem in prælium, et capietur civitas, et vastabuntur domus, et mulieres violabuntur : et egredietur media pars civitatis in captivitatem, et reliquum populi non auferetur ex urbe.

3. Et egredietur Dominus, et præliabitur contra gentes illas, sicut præliatus est in die certaminis.

4. Et stabunt pedes ejus in die illa super montem olivarum, qui est contra Jerusalem ad orientem : et scindetur mons olivarum ex media parte sui ad orientem et ad occidentem prærupto grandi valde; et separabitur medium montis ad aquilonem, et medium ejus ad meridiem.

5. Et fugietis ad vallem montium eorum, quoniam conjun-

1. Les jours du Seigneur [1] vont venir, et l'on partagera vos dépouilles au milieu de vous [2].

2. J'assemblerai tous les peuples [3] pour venir combattre Jérusalem : la ville sera prise, les maisons seront ruinées, les femmes seront violées; la moitié de la ville sera emmenée captive, et le reste du peuple ne sera point chassé de la ville [4].

3. Le Seigneur paraîtra ensuite, et il combattra contre ces nations, comme il a fait quand il a combattu au jour du combat [5].

4. En ce jour-là il posera ses pieds sur la montagne des oliviers, qui est vis-à-vis de Jérusalem, vers l'orient et la montagne des oliviers se divisant en deux par le milieu du côté d'orient, et du côté d'occident, laissera une fort grande ouverture, et une partie de la montagne se jettera vers le septentrion, et l'autre vers le midi [6].

5. Alors vous fuirez à la vallée *enfermée* entre mes montagnes, parce qu'elle sera

---

ỷ. 1. — [1] La prophétie suivante, qui est la dernière, est toute semblable à celle du chap. 12, ce qui est cause que beaucoup d'interprètes ne la considèrent que comme une répétition et un développement de celle-ci. Le jour du Seigneur est le jour auquel il fera éclater sa gloire, soit par des bienfaits signalés, soit par de sévères châtiments.

[2] C'est à Jérusalem, c'est-à-dire à l'assemblée sainte (l'Eglise) que le discours s'adresse. Les dépouilles désignent ce qui tombe au pouvoir des ennemis, et par conséquent cette race dernière et rebelle qui se joindra aux Gentils.

ỷ. 2. — [3] Je permettrai que les nations se rassemblent encore une fois contre l'assemblée sainte (Voy. *pl. h.* 12, 2).

[4] Les nations prévaudront contre l'Eglise, elles exerceront contre elle toutes sortes d'abominations, et en entraîneront après elles la moitié comme un butin; l'autre moitié demeurera encore, il est vrai, ferme et fidèle au Seigneur; mais elle sera réduite aux dernières extrémités, et les moyens humains ne suffiront plus pour sa délivrance; il faudra que le Seigneur lui-même, en qui elle a mis sa confiance, vienne à son secours. Pour la secourir, il fera des prodiges!

ỷ. 3. — [5] lorsqu'il ensevelit Pharaon avec son armée dans la mer (Jérôme).

ỷ. 4. — [6] Comme Jérusalem n'est mise que dans un sens figuré pour l'assemblée des élus, le mont des Oliviers n'est non plus désigné que figurément pour le lieu d'où partiront les arrêts du Seigneur (Voy. *pl. h.* 6, 1. note 3). Le mont des Oliviers se divisera pour ouvrir une voie aux élus poursuivis par les gentils, et faciliter leur fuite, de même qu'une voie fut ouverte à travers la mer Rouge.

proche [7]; vous fuirez, comme vous avez fait au tremblement de terre qui arriva sous le règne d'Osias, roi de Juda [8] : et alors le Seigneur mon Dieu viendra, et tous ses saints avec lui [9].

6. En ce temps-là on ne verra point de lumière; mais il n'y aura que froid et gelée [10].

7. Et il y aura un jour connu du Seigneur, qui ne sera ni jour ni nuit [11]; et sur le soir de ce jour la lumière paraîtra [12].

8. En ce temps-là il sortira de Jérusalem des eaux vives, dont la moitié *se répandra* vers la mer d'orient [13], et l'autre vers la mer d'occident [14]; et elles couleront l'hiver et l'été [15].

9. Le Seigneur sera le Roi de toute la terre. Il n'y aura en ce jour-là que lui de Seigneur, et son nom seul sera *révéré* [16].

10. Tout le pays sera habité jusque dans les lieux les plus déserts, depuis la colline de Remmon jusqu'au midi de Jérusalem [17]. *Jérusalem* sera élevée *en gloire*, et elle occupera le lieu où elle était d'abord, depuis la porte de Benjamin jusqu'à l'endroit où était

getur vallis montium usque ad proximum : et fugietis sicut fugistis a facie terræmotus in diebus Osiæ regis Juda : et veniet Dominus Deus meus, omnesque sancti cum eo.

6. Et erit in die illa : non erit lux, sed frigus et gelu.

7. Et erit dies una, quæ nota est Domino, non dies neque nox : et in tempore vesperi erit lux.

8. Et erit in die illa : Exibunt aquæ vivæ de Jerusalem : medium earum ad mare orientale, et medium earum ad mare novissimum : in æstate et in hieme erunt.

9. Et erit Dominus rex super omnem terram : in die illa erit Dominus unus, et erit nomen ejus unum.

10. Et revertetur omnis terra usque ad desertum, de colle Remmon ad austrum Jerusalem : et exaltabitur, et habitabit in loco suo, a porta Benjamin usque ad locum portæ prioris, et usque ad

---

℣. 5. — [7] de la ville, dont vous serez obligés de fuir devant la persécution. Dans l'hébreu : parce que la vallée des montagnes s'étend jusqu'à Azal (c'est-à-dire jusqu'à l'état de repos, jusqu'à la cessation). Sens : parce que vous trouverez votre salut en traversant cette vallée, le danger devant cesser pour vous lorsque vous l'aurez traversée, et le repos commencer.

[8] Voy. *Amos*, 1, 1.

[9] Il n'est pas ici question d'un autre avènement du Seigneur qu'au ℣. 3. Après avoir délivré les siens, le Seigneur apparaît au milieu d'eux environné d'une gloire visible et de myriades d'anges (5. *Moys*. 33). Le Prophète est tellement impressionné par cette vue pleine de consolation, que pendant quelque temps il ne fait plus aucune attention aux ennemis, et ne revient que plus tard au tableau de leur châtiment.

℣. 6. — [10] Tant que durera le châtiment, dont la peinture se trouve ℣. 12 et suiv.

℣. 7. — [11] Il n'y aura qu'un jour auquel le Seigneur jugera ses ennemis, et ce jour ne se divisera point en lumière et en nuit, mais il n'y aura que nuit.

[12] Le jugement accompli, la lumière reparaîtra sur le soir.

℣. 8. — [13] vers la mer Morte.

[14] vers la mer Méditerranée. Les confins de l'orient et de l'occident sont mis pour les limites en général, de sorte que le sens est : le torrent arrosera tout le pays.

[15] elles seront intarissables. Par ces eaux vives il faut entendre les bénédictions spirituelles, qui se répandent de tous les côtés dans l'assemblée sainte.

℣. 9. — [16] Cette victoire sur les gentils achèvera la conversion de toutes les nations (Comp. *Ps*. 21, 28. 29).

℣. 10. — [17] Remmon était une ville sur la frontière au sud de la Palestine (*Jos*. 15, 32. 19, 7). Sens : Toute la Palestine jusqu'au désert de l'Arabie, au midi sera, de nouveau habitée. — Toute la terre sera remplie des adorateurs du Seigneur. Dans l'hébreu : Et tout le pays sera changé en une plaine depuis Géba jusqu'à Remmon, au midi de Jérusalem. — Géba est un point au nord, et Remmon un autre point au midi, dans la tribu de Juda. Sens : Tous les obstacles seront éloignés de Jérusalem (disparaîtront devant l'assemblée sainte).

portam Angulorum : et a turre Hananeel usque ad torcularia regis.

11. Et habitabunt in ea, et anathema non erit amplius : sed sedebit Jerusalem secura.

12. Et hæc erit plaga, qua percutiet Dominus omnes gentes, quæ pugnaverunt adversus Jerusalem : tabescet caro uniuscujusque stantis super pedes suos, et oculi ejus contabescent in foraminibus suis, et lingua eorum contabescet in ore suo.

13. In die illa erit tumultus Domini magnus in eis : et apprehendet vir manum proximi sui, et conseretur manus ejus super manum proximi sui.

14. Sed et Juda pugnabit adversus Jerusalem : et congregabuntur divitiæ omnium gentium in circuitu, aurum et argentum, et vestes multæ satis.

15. Et sic erit ruina equi, et muli, et cameli, et asini, et omnium jumentorum, quæ fuerint in castris illis, sicut ruina hæc.

16. Et omnes qui reliqui fuerint de universis gentibus, quæ venerunt contra Jerusalem, ascendent ab anno in annum, ut adorent regem, Dominum exercituum, et celebrent festivitatem tabernaculorum.

l'ancienne porte, et jusqu'à la porte des Angles, et depuis la tour d'Hananéel jusqu'aux pressoirs du roi [18].

11. Et Jérusalem sera habitée; elle ne sera plus frappée d'anathème [19], mais elle se reposera dans une entière sûreté.

12. Voici la plaie dont le Seigneur frappera toutes les nations qui auront combattu contre Jérusalem [20]. Chacun d'eux *mourra* tout vivant, et verra son corps tomber par pièces; leurs yeux pourriront dans leur place naturelle, et leur langue séchera dans leur palais [21].

13. En ce temps-là le Seigneur excitera un grand tumulte parmi eux : l'un prendra la main de l'autre, et le frère mettra sa main sur la main de son frère [22].

14. Juda [23] combattra aussi lui-même contre Jérusalem, et il se fera un grand amas de richesses de tous les peuples d'alentour, d'or, d'argent, et de toutes sortes de vêtements et de meubles.

15. Les chevaux et les mulets, les chameaux et les ânes, et toutes les bêtes qui se trouveront alors dans leur camp, seront frappées de la même plaie [24].

16. Tous ceux qui seront restés de tous les peuples qui auront combattu contre Jérusalem, viendront chaque année pour adorer le *souverain* Roi, le Seigneur des armées, et pour célébrer la fête des tabernacles [25].

---

[18] La ville de Jérusalem par sa situation dominera sur tout le pays, et sera aussi étendue qu'autrefois. — L'avenir seul fera connaître si par là il faut entendre seulement, dans un sens symbolique, la propagation de la vraie religion d'un point central sur toute la terre (*Isaïe*, 2), ou si tout cela doit avoir un accomplissement littéral (Voy. *pl. h.* 12, 6).

℣. 11. — [19] tout à la fois d'extermination et de destruction (5. *Moys.* 7, 22. 13, 17).

℣. 12. — [20] Leur punition avait déjà été indiquée (3-7. *Comp.* note 9); elle va être maintenant décrite plus au long.

[21] une mort affreuse frappera les ennemis de Jérusalem. La langue est désignée, ce semble, parce que les ennemis insultèrent Dieu et son peuple avec l'orgueil le plus insolent. *Ps.* 71, 4 (Jérôme); les yeux parce qu'ils épiaient les simples de l'assemblée sainte, pour en réduire une partie sous leur pouvoir (℣. 1. 2)); le corps, parce qu'il s'était présenté dans le combat contre Jérusalem. Plusieurs d'entre les ennemis ne laisseront pas de se convertir, et seront ainsi sauvés (℣. 16).

℣. 13. — [22] Par un effet de la permission de Dieu, une confusion générale se mettra parmi les ennemis, en sorte qu'ils en viendront entre eux aux mains (Voy. 5. *Moys.* 7, 23).

℣. 14. — [23] les apostats (℣. 1. 2); mais la victoire ne laissera pas de se déclarer en faveur de Jérusalem, et il se fera, etc.

℣. 15. — [24] L'anathème s'étendait toujours à toutes les possessions (Voy. *Jos.* 7, 24).

℣. 16. — [25] Toutes les nations qui se seront avancées contre Jérusalem, ne périront point, mais il y en aura qui se tourneront vers le Seigneur, trouveront grâce et entreront dans l'Église. Ces nations se montreront ensuite zélées pour le culte

17. Alors, si dans les maisons du pays il se trouve quelqu'un qui ne vienne point à Jérusalem adorer le *souverain* Roi, le Seigneur des armées, la pluie du ciel ne tombera point sur lui [26].

18. Que s'il se trouve des familles d'Egypte qui n'y montent point et n'y viennent point, la pluie ne tombera point aussi sur elles, mais elles seront enveloppées dans la même ruine dont le Seigneur frappera tous les peuples qui ne seront point montés pour célébrer la fête des tabernacles.

19. C'est ainsi que sera *puni* le péché de l'Egypte, et le péché de tous les peuples qui ne seront point montés pour célébrer la fête des tabernacles.

20. En ce jour-là tous les ornements des chevaux [27] seront consacrés au Seigneur [28] : et les vaisseaux qu'on met sur le feu dans la maison du Seigneur seront aussi communs que les coupes de l'autel [29].

21. Toutes les chaudières qui seront dans Jérusalem et dans Juda seront consacrées au Seigneur des armées, et tous ceux qui offriront des sacrifices, s'en serviront pour y cuire *la chair des victimes* [30] : et en ce jour-là il n'y aura plus de marchand [31] dans la maison du Seigneur des armées [32].

17. Et erit : qui non ascenderit de familiis terræ ad Jerusalem, ut adoret regem, Dominum exercituum, non erit super eos imber.

18. Quod et si familia Ægypti non ascenderit, et non venerit : nec super eos erit, sed erit ruina, qua percutiet Dominus omnes gentes, quæ non ascenderint ad celebrandam festivitatem tabernaculorum.

19. Hoc erit peccatum Ægypti, et hoc peccatum omnium gentium, quæ non ascenderint ad celebrandam festivitatem tabernaculorum.

20. In die illa erit quod super frenum equi est, sanctum Domino : et erunt lebetes in domo Domini quasi phialæ coram altari.

21. Et erit omnis lebes in Jerusalem, et in Juda sanctificatus Dominus exercituum : et venient omnes immolantes, et sument ex eis, et coquent in eis : et non erit mercator ultra in domo Domini exercituum in die illo.

---

de Dieu. Ce qui est marqué qu'elles iront chaque année à Jérusalem et célébreront la fête des Tabernacles, est emprunté à la religion mosaïque, et est mis comme figure d'un grand zèle pour honorer Dieu. La fête des Tabernacles se célébrait en reconnaissance de ce que le Seigneur avait conduit son peuple du désert dans la terre promise, et en actions de grâces pour la récolte de l'année (3. *Moys.* 23, 34). Elle est mise ici dans un sens figuré pour la fête que ces peuples qui ont été sauvés, célèbrent en vue de rendre grâces à Dieu de leur délivrance et des fruits de la grâce.

ỷ. 17. — [26] c'est-à-dire : C'est à l'assiduité à monter à Jérusalem, à la profession de la vraie religion, à l'adhésion ferme et inviolable au centre d'unité, que sont attachées l'obtention et la conservation de la grâce divine.

ỷ. 20. — [27] Litt. : tout ce qu'il y aura sur le frein des chevaux, sera, etc. Dans l'hébreu : En ce jour-là il y aura (il sera écrit) sur les sonnettes des chevaux. — * Il sera écrit : consacrés à Jéhovah!

[28] Tout sera alors consacré à Dieu, et le sentiment de la piété se manifestera en toutes choses.

[29] Les coupes des sacrifices, dans lesquelles le sang des victimes était recueilli, avaient selon la loi quelque chose de plus saint que les pots dans lesquels on faisait cuire la chair pour les repas sacrés. Cette différence cessera. Il y a ici, sous forme de symbole, une prédiction qu'en ce temps de perfection, malgré toutes les distinctions extérieures, tout sera néanmoins consacré à Dieu, le peuple tout entier sera une race sacerdotale (1. *Pier.* 2, 9. *Apoc.* 20, 6).

ỷ. 21. — [30] Tous les vases pourront servir dans les sacrifices, c'est-à-dire tout sera sanctifié. Il va sans dire que le sacrifice n'est point ici donné comme devant être permanent; il est seulement employé comme figure, pour rendre sensible la fin et la cessation de la distinction signalée dans ce qui précède.

[31] proprement comme porte l'hébreu : il n'y aura plus de Chananéens.

[32] Il n'y aura plus d'impie dans l'assemblée de Dieu (Comp. *Ezéch.* 16, 3. *Isaïe*, 4, 3. 60, 21. *Apoc.* 21, 27).

PREFACE

SUR LE PROPHÈTE MALACHIE

Malachie parut après les prophètes Aggée et Zacharie, lorsque déjà la reconstruction du temple était achevée, vers le temps où Néhémie revint à Jérusalem pour la seconde fois (2. *Esdr.* 13, 7), afin de faire disparaître les abus qui s'étaient introduits depuis son premier éloignement de cette ville. C'est à ce temps que se rapporte évidemment le contenu de ses prophéties; car d'après ce qu'il y est dit, le service du temple se faisait régulièrement (chap. 1, 7-10), et les abus contre lesquels le Prophète s'élève sont les mêmes que ceux que Néhémie s'efforça de corriger,—les mariages avec les femmes étrangères (chap. 2, 10-16. Comp. 2. *Esdr.* 13, 23-30), l'omission du paiement des dîmes (chap. 3, 7-12. Comp. 2. *Esdr.* 13, 5. 10-13), la négligence des prêtres dans leur ministère (chap. 1, 6. Comp. 2. *Esdr.* 13, 4. 30). A l'exemple de tous les autres prophètes, Malachie a aussi dirigé ses regards vers les temps du Messie. Il a prédit son double avènement, son précurseur et le sacrifice sans tache qu'il établirait, et qui serait un jour offert au Seigneur depuis l'Orient jusqu'à l'Occident. Pour ce qui est des circonstances de la vie du Prophète, on ne sait rien de précis. De tout temps l'Eglise judaïque et l'Eglise chrétienne ont mis ses prophéties au nombre des écrits inspirés

LE PROPHÈTE MALACHIE

℣. 1—5.

CHAPITRE PREMIER.

Ingratitude du peuple à l'égard du Seigneur. Négligence des prêtres. Pureté du sacrifice de la nouvelle alliance.

1. Onus verbi Domini ad Israel in manu Malachiæ.
2. Dilexi vos, dicit Dominus, et dixistis : In quo dilexisti nos? Nonne frater erat Esau Jacob, dicit Dominus, et dilexi Jacob,
3. Esau autem odio habui? et posui montes ejus in solitudinem, et hereditatem ejus in dracones deserti.
4. Quod si dixerit Idumæa : Destructi sumus, sed revertentes ædificabimus quæ destructa sunt : Hæc dicit Dominus exercituum : Isti ædificabunt, et ego destruam : et vocabuntur termini impietatis,

1. Reproches du Seigneur, adressés à Israël [1] par Malachie.
2. Je vous ai aimés, dit le Seigneur, et vous avez dit : Quelles marques nous avez-vous données de cet amour? Esaü n'était-il pas frère de Jacob, dit le Seigneur? et cependant j'ai aimé Jacob [2],
3. et j'ai haï Esaü [3] : j'ai réduit ses montagnes [4] en une solitude, et j'ai abandonné son héritage aux dragons des déserts [5].
4. Que si l'Idumée dit : Nous avons été détruits; mais nous reviendrons, et nous rebâtirons ce qui a été détruit : Voici ce que dit le Seigneur des armées : Ils bâtiront, et moi je détruirai; et ils seront appelés une terre d'impiété, et un peuple contre qui le

---

℣. 1. — [1] Litt. : Fardeau de la parole du Seigneur à Israël, — voy. *Zach.* 9, 1. La première prophétie (℣. 15) blâme le mécontentement du peuple.

℣. 2. — [2] Pourquoi êtes-vous mécontents de votre situation présente, ingrats que vous êtes? Ne vous ai-je pas toujours donné des preuves de mon amour? Vous ne voulez point le reconnaître, et vous dites : Où sont ces preuves d'amour? Mais souvenez-vous-en, n'ai-je pas préféré Jacob à Esaü, quoiqu'ils fussent frères, et qu'Esaü fût en outre le premier-né? n'ai-je pas, sans avoir égard au droit d'aînesse d'Esaü, fait de Jacob le premier père du peuple élu?

℣. 3. — [3] Je l'ai moins aimé. Haïr signifie souvent, dans le langage biblique, aimer moins. Par exemple *Luc,* 14, 26. Si quelqu'un vient à moi, et qu'il ne haïsse pas son père et sa mère, etc., c'est-à-dire si quelqu'un n'aime pas son père et sa mère moins que moi, s'il donne à son père la préférence sur moi, etc. Saint Paul fait l'application de ces paroles : J'ai aimé Jacob, et j'ai haï Esaü — au grand mystère de l'election et de la réprobation de la part de Dieu, et il voit dans les deux frères les types des élus et des réprouvés (Voy. *Rom.* 9, 11-13).

[4] Je lui ai donné l'Idumée déserte pour le lieu de son habitation, comme figure de sa réprobation.

[5] aux monstres du désert. L'Idumée en elle-même était stérile, et elle le devint davantage encore par les ravages des Chaldéens (Voy. *Jérém.* 49, 7. et suiv. *Abdias*).

Seigneur a conçu une colère qui durera éternellement [6].

5. Vous verrez ceci de vos propres yeux, et vous direz : Que le Seigneur soit glorifié dans la terre d'Israël [7].

6. Le fils honore son père, et le serviteur révère son seigneur : si donc je suis votre père, où est l'honneur que vous me rendez? et si je suis votre Seigneur, où est la crainte que vous me devez, dit le Seigneur des armées? Je m'adresse à vous, ô prêtres, qui méprisez mon nom [8], et qui dites : Quel est ce mépris que nous avons fait de votre nom [9]?

7. Vous offrez sur mon autel un pain impur [10], et vous dites : En quoi vous avons-nous déshonoré? En ce que vous avez dit : La table du Seigneur est dans le mépris.

8. Si vous présentez une *hostie* aveugle pour être immolée, n'est-ce pas un mal que vous faites? Si vous en offrez une qui soit boiteuse ou malade, n'est-ce pas un mal? Offrez ces bêtes à celui qui vous gouverne, pour voir si elles lui plairont, ou s'il vous recevra favorablement, dit le Seigneur des armées.

9. Etant donc coupables de toutes ces choses, offrez maintenant vos prières devant Dieu, afin qu'il vous [11] fasse miséricorde et qu'il vous reçoive enfin d'une manière plus favorable, dit le Seigneur des armées.

et populus cui iratus est Dominus usque in æternum.

5. Et oculi vestri videbunt : et vos dicetis : Magnificetur Dominus super terminum Israel.

6. Filius honorat patrem, et servus dominum suum : si ergo Pater ego sum, ubi est honor meus? et si Dominus ego sum, ubi est timor meus, dicit Dominus exercituum? ad vos, o sacerdotes, qui despicitis nomen meum, et dixistis : In quo despeximus nomen tuum?

7. Offertis super altare meum panem pollutum, et dicitis : In quo polluimus te? In eo quod dicitis : Mensa Domini despecta est.

8. Si offeratis cæcum ad immolandum, nonne malum est? et si offeratis claudum, et languidum, nonne malum est? offer illud duci tuo, si placuerit ei, aut si susceperit faciem tuam, dicit Dominus exercituum.

9. Et nunc deprecamini vultum Dei ut misereatur vestri (de manu enim vestra factum est hoc) si quomodo suscipiat facies vestras, dicit Dominus exercituum.

℣. 4. — [6] Sens du verset : Non-seulement j'ai fait d'Edom un désert, il demenrera en outre un désert: car quelques efforts que fassent les Iduméens, pour rendre leur pays et leur royaume florissants, je rendrai leurs efforts vains; il sera pour toujours désolé. Ceci s'est accompli; en effet, les Iduméens s'étant relevés après les ravages des Chaldéens, ils furent définitivement subjugués par les Machabées, et leur nom même extirpé (Voy. 1. *Mach.* 5, 3. 2. *Mach.* 10, 16. 17).

℣. 5. — [7] Ce qui s'est littéralement accompli lorsque l'Idumée fut conquise sous les Machabées, et que ses habitants furent contraints de recevoir la circoncision. *Voyez* la dernière note sur le deuxième livre des Mach. Par tout ce discours ℣. 2-5 le Prophète a donc voulu dire : Par les destinées de votre ennemi le plus acharné, Edom (voy. *Abdias*), qui a été réduit à un état de dévastation et y demeurera, qui a été mis après vous et y demeurera, vous pouvez voir que vous êtes et demeurerez le peuple élu; soyez donc reconnaissants et ne vous laissez pas aller au mécontentement. — A la suite de cette réprimande adressée au peuple, vient depuis le ℣. 6 jusqu'à chap. 2, 9, la prédiction d'un châtiment contre les prêtres, en punition de leur négligence et de leur défaut de respect dans le service de Dieu.

℣. 6. — 2, 9.

℣. 6. — [8] moi-même (Voy. *Ps.* 5, 12).

[9] Vous qui me méprisez, sans même vouloir comprendre qu'en effet vous me méprisez.

℣. 7. — [10] Vous m'offrez des dons et des victimes qui ne sont ni sans défaut ni sans taches (3. *Moys.* 22, 21. 22. 5. *Moys.* 15, 21), et vous ne reconnaissez pas même votre irrévérence impie. Si l'on vous oblige à vous expliquer là-dessus, vous vous excusez en disant que le second temple n'est plus si distingué, que l'on ne puisse y offrir des sacrifices moins choisis. — Les prêtres, par un esprit d'avarice, offraient, ce semble, en sacrifice des animaux tarés, pour lesquels ils exigeaient de ceux qui faisaient offrir des sacrifices, des animaux sans défauts.

℣. 9. — [11] Dans l'hébreu : nous.

10. Quis est in vobis, qui claudat ostia, et incendat altare meum gratuito? non est mihi voluntas in vobis, dicit Dominus exercituum : et munus non suscipiam de manu vestra.

11. Ab ortu enim solis usque ad occasum, magnum est nomen meum in gentibus; et in omni loco sacrificatur, et offertur nomini meo oblatio munda : quia magnum est nomen meum in gentibus, dicit Dominus exercituum.

12. Et vos polluistis illud in eo quod dicitis : Mensa Domini contaminata est : et quod superponitur, contemptibile est, cum igne qui illud devorat.

10. Qui est celui d'entre vous qui ferme les portes, et qui allume le feu sur mon autel gratuitement[12]? Mon affection n'est point en vous, dit le Seigneur des armées, et je ne recevrai point de présents de votre main.

11. Car depuis le lever du soleil jusqu'au couchant, mon nom est grand parmi les nations, et l'on *me* sacrifie en tout lieu, et l'on offre à mon nom une oblation toute pure, parce que mon nom est grand parmi les nations[13], dit le Seigneur des armées.

12. Et cependant vous avez déshonoré mon nom[14], en ce que vous dites : La table du Seigneur est devenue impure, et ce que l'on offre dessus est méprisable, aussi bien que le feu qui le dévore[15].

ỳ. 10. — [12] Dieu reproche aux prêtres leur avarice, parce qu'au lieu de remplir leur ministère gratuitement, comme ils le devaient, ils se faisaient donner une rétribution. Dans l'hébreu : Quel est celui d'entre vous qui fermera la porte du temple, en sorte que vous n'allumiez pas vainement le feu sur mon autel? Sens : Cessez donc vos sacrifices, puisque par votre irréligion c'est en vain que vous en offrez.

ỳ. 11. — [13] Autrement : ... mon nom sera grand... on me sacrifiera... on offrira, etc. — Quelques-uns traduisent l'hébreu et le latin : Car depuis l'Orient... mon nom est grand parmi les nations, et l'on m'offre en tout lieu un sacrifice pur; parce que mon nom est grand parmi les nations. Cette traduction au temps présent, prise au temps présent, n'est pas exacte; en effet, il est impossible d'admettre que le Prophète ait voulu dire que les sacrifices des Gentils, qui, de son temps, étaient offerts en tout lieu, excepté dans la terre promise, fussent purs et pussent honorer Dieu, soit en eux-mêmes, soit sous le rapport des rites et de la manière dont ils étaient offerts; il convient donc ici, ainsi que cela arrive fréquemment dans les prophètes, de prendre au futur ce que le Prophète voit comme présent à ses yeux dans la vision. Dans cette acception, le sens du verset, en union avec ce qui précède, est : Cessez entièrement et absolument vos sacrifices, car bientôt d'ailleurs viendra l'époque où doit paraître la religion qui remplira le monde et sera pour tous les hommes, alors que tous les peuples me reconnaîtront et m'adoreront, moi qui suis le vrai Dieu. En ce temps-là, un sacrifice pur me sera offert en tout lieu. Par ce sacrifice pur des temps messianiques, le Prophète ne peut entendre le sacrifice spirituel de la prière et des bonnes œuvres, car il oppose ce sacrifice aux sacrifices *extérieurs et réels* des prêtres juifs; il faut donc que ce sacrifice soit lui-même un sacrifice *extérieur et réel*, ainsi que le Prophète nous l'apprend lui-même en le désignant par le nom d'un sacrifice réel, « mincha, oblation, offrande d'aliments; » et comme d'ailleurs il le nomme pur en lui-même et absolument, ce doit être un sacrifice qui ne puisse être souillé par les sacrificateurs, ce qui ne peut se dire des sacrifices spirituels, ces sacrifices contractant toujours plus ou moins des souillures de la fragilité et de l'impureté humaine. Ce sacrifice pur, réel, en aliments, n'est autre que le sacrifice de la nouvelle alliance, le sacrifice non sanglant de Jésus-Christ dans la sainte messe. Ce sacrifice très-pur du pain et du vin, qui n'est jamais souillé, quelle que soit l'impureté du prêtre qui l'offre, ou de l'assemblée qui assiste à l'oblation, est celui qu'ont vu sous les paroles ci-dessus tous les SS. Pères, qui ont manifesté leur sentiment sur ce passage, et le saint concile de Trente déclare (*Sess.* 22, 1), que par le sacrifice de la messe les paroles du Prophète ont reçu leur accomplissement.

ỳ. 12. — [14] Litt. : vous l'avez profané, — mon nom.

[15] vous me déshonorez et vous me prenez pour un objet impur, en ce que vous dites : La première chose venue est bonne pour les sacrifices, puisque le feu la consume. Dans l'hébreu : ... mon nom, et son revenu (de la table du Seigneur) est une vile nourriture. Sens : La table du Seigneur n'est pas quelque chose de si grand; son revenu, ce qui lui est offert, se réduit à une vile nourriture.

13. Vous dites : Voilà *le fruit* de notre travail : et cependant vous le rendez digne de mépris, dit le Seigneur des armées. Vous m'avez amené des hosties boiteuses et malades, qui étaient le fruit de vos rapines, et vous me les avez offertes en présent. Pensez-vous que je reçoive un tel présent de votre main, dit le Seigneur[16]?

14. Malheur à *l'homme* trompeur, qui après avoir fait un vœu, ayant dans son troupeau une bête saine[17], en sacrifie au Seigneur une malade! car c'est moi qui suis le grand Roi, dit le Seigneur des armées, et mon nom est révéré avec *une sainte* horreur parmi les nations[18].

13. Et dixistis : Ecce de labore, et exsufflastis illud, dicit Dominus exercituum, et intulistis de rapinis claudum, et languidum, et intulistis munus : numquid suscipiam illud de manu vestra, dicit Dominus?

14. Maledictus dolosus, qui habet in grege suo masculum, et votum faciens immolat debile Domino : quia Rex magnus ego, dicit Dominus exercituum, et nomen meum horribile in gentibus.

CHAPITRE II.

Continuation des reproches et des menaces adressés aux prêtres. Blâme des mariages avec des femmes étrangères

1. Voici donc, ô prêtres! ce que j'ai maintenant ordre de vous dire :

2. Si vous ne voulez point *m'*écouter, dit le Seigneur des armées, si vous ne voulez point appliquer votre cœur pour rendre gloire à mon nom[1], j'enverrai l'indigence[2] parmi vous; je maudirai vos bénédictions[3], et je les maudirai, parce que vous n'avez point imprimé *mes paroles* dans votre cœur.

3. Je vous jetterai sur le visage l'épaule *de vos victimes*[4], et les ordures de vos sacrifices solennels[5]; et elles s'attacheront à vous.

4. Vous saurez alors que c'était moi qui vous avais fait dire ces choses, afin que l'al-

1. Et nunc ad vos mandatum hoc, ô sacerdotes.

2. Si nolueritis audire, et si nolueritis ponere super cor, ut detis gloriam nomini meo, ait Dominus exercituum : mittam in vos egestatem, et maledicam benedictionibus vestris, et maledicam illis : quoniam non posuistis super cor.

3. Ecce ego projiciam vobis brachium, et dispergam super vultum vestrum stercus solemnitatum vestrarum, et assumet vos secum.

4. Et scietis quia misi ad vos mandatum istud, ut esset pactum

---

℣. 13. — [16] Vous regardez comme pénible et trop peu récompensé le soin de chercher et de choisir les victimes, et, dans votre inconsidération, vous offrez des animaux que la loi interdit, à savoir des animaux que vous avez arrachés aux bêtes sauvages, et qui, pour cette raison, sont déjà blessés, boiteux et malades.

℣. 14. — [17] Litt. : qui ayant dans son troupeau un mâle, etc. — La loi était d'offrir des mâles sans défauts (3. *Moys*. 22, 18 et suiv.).

[18] Je châtie les Gentils et tous les sentiments païens.

℣. 2. — [1] par la fidélité dans votre ministère, par le ponctuel accomplissement de vos devoirs.

[2] Dans l'hébreu : la malédiction.

[3] Je maudirai ce que vous bénirez.

℣. 3. — [4] Je vous retirerai votre salaire et votre revenu. L'épaule des victimes faisait partie de ce qui revenait aux prêtres (5. *Moys*. 18, 3). Dans l'hébreu : Voici qu'à votre égard je maudis la semence (je vous prive de la récolte).

[5] les excréments des victimes, qui étaient offertes aux jours de fêtes; c'est-à-dire je vous traiterai de la manière la plus ignominieuse.

meum cum Levi, dicit Dominus exercituum.

5. Pactum meum fuit cum eo vitæ et pacis : et dedi ei timorem, et timuit me, et a facie nominis mei pavebat.

6. Lex veritatis fuit in ore ejus, et iniquitas non est inventa in labiis ejus : in pace et in æquitate ambulavit mecum, et multos avertit ab iniquitate.

7. Labia enim sacerdotis custodient scientiam, et legem requirent ex ore ejus : quia angelus Domini exercituum est.

8. Vos autem recessistis de via, et scandalizastis plurimos in lege : irritum fecistis pactum Levi, dicit Dominus exercituum.

9. Propter quod et ego dedi vos contemptibiles, et humiles omnibus populis, sicut non servastis vias meas, et accepistis faciem in lege.

10. Numquid non pater unus omnium nostrum? numquid non Deus unus creavit nos? quare ergo despicit unusquisque nostrum fratrem suum, violans pactum patrum nostrorum?

liance que j'avais faite avec Lévi demeurât ferme [6], dit le Seigneur des armées.

5. J'ai fait avec lui une alliance de vie et de paix; je lui ai donné la crainte, et il m'a respecté, et il tremblait de frayeur devant ma face [7].

6. La loi de la vérité a été dans sa bouche, et l'iniquité ne s'est point trouvée sur ses lèvres : il a marché avec moi dans la paix et dans l'équité, et il a détourné plusieurs personnes de l'injustice.

7. Car les lèvres du prêtre seront les dépositaires de la science, et c'est de sa bouche que l'on recherchera la connaissance de la loi, parce qu'il est l'ange du Seigneur des armées [8].

8. Mais pour vous, vous vous êtes écartés de la voie; vous avez été à plusieurs une occasion de scandale et de violement de la loi; et vous avez rendu nulle l'alliance que j'avais faite avec Lévi, dit le Seigneur des armées.

9. C'est pourquoi comme vous n'avez point gardé mes voies, et que lorsqu'il s'agissait de ma loi, vous avez eu égard à la qualité des personnes [9], je vous ai rendus vils et méprisables aux yeux de tous les peuples.

10. N'avons-nous pas tous un même père et un même Dieu? Ne nous a-t-il pas tous créés? Pourquoi donc chacun de nous traite-t-il son frère avec mépris, en violant l'alliance qui a été faite avec nos pères [10].

℣. 4. — [6] que c'était moi qui vous avais fait donner cet ordre (cette réprimande), afin que vous ne me contraignissiez point, par votre négligence, à révoquer la promesse que j'ai faite à Lévi (℣. 5). Les prêtres appartenaient à la tribu de Lévi.

℣. 5. — [7] Je lui ai promis le bonheur et le bien-être (4. *Moys.* 8, 14. 25, 12), et j'ai accompli ma promesse, parce que, pénétré d'un profond sentiment de religion envers moi, il a exercé son ministère avec fidélité.

℣. 7. — [8] parce que le prêtre est l'envoyé de Dieu auprès des hommes et l'interprête de sa volonté.

℣. 9. — [9] me rendant ainsi méprisable. Tout ce discours menaçant adressé aux prêtres est, conjointement avec la prophétie relative au sacrifice de la nouvelle alliance (*pl. h.* 1, 11), une prédiction de l'abrogation du sacerdoce lévitique, pour lequel le sens de la loi, que les prêtres altéraient par leurs maximes humaines, était perdu dans les derniers temps.

℣. 10. — 16.

℣. 10. — [10] Depuis ce verset jusqu'au verset 16, le Prophète s'élève contre une autre faute, dont les Israélites se rendaient coupables, les mariages avec des femmes étrangères (1. *Esdr.* 10, 3. 2. *Esdr.* 14, 23). La loi mosaique ne défendait que les mariages entre les femmes chananéennes et les Hébreux, de peur que ces derniers ne fussent, à l'occasion de ces unions, entraînés à l'idolâtrie (2. *Moys.* 34, 15. 5. *Moys.* 7, 3). Il était permis aux Israélites de s'unir par le mariage aux autres femmes étrangères, pourvu qu'elles renonçassent au culte des idoles. Après le retour de la captivité de Babylone, on étendit cette défense à toutes les femmes de pays étran-

11. Juda a violé la loi, et l'abomination s'est trouvée dans Israel et dans Jérusalem [11], parce que Juda en prenant pour femme celle qui adorait des dieux étrangers, a souillé le peuple consacré au Seigneur, et qui lui était si cher.

12. Le Seigneur perdra celui qui aura commis ce crime; il l'exterminera des tentes de Jacob, soit qu'il soit maître ou disciple, et quelques dons qu'il puisse offrir au Seigueur des armées [12].

13. Voici encore ce que vous avez fait : Vous avez couvert l'autel du Seigneur de larmes, de pleurs et de cris; c'est pourquoi je ne regarderai plus *vos* sacrifices; et quoi que vous fassiez pour m'apaiser, je ne recevrai point *de présents* de votre main [13].

14. Et pourquoi, me dites-vous ? Parce que le Seigneur a été le témoin de l'union que vous avez contractée avec la femme que vous avez épousée dans votre jeunesse [14], et qu'après cela vous l'avez méprisée, quoiqu'elle fût votre compagne et votre épouse, par le contrat que vous aviez fait avec elle.

15. N'est-elle pas l'ouvrage du seul et unique *Dieu?* et n'est-ce pas son souffle qui l'a animée comme vous? Et que demande cet *auteur* unique *de l'un et de l'autre,* sinon qu'il sorte de vous une race *d'enfants* de Dieu [15]? Conservez donc votre esprit *pur,* et ne méprisez pas la femme que vous avez prise dans votre jeunesse.

11. Transgressus est Juda, et abominatio facta est in Israel, et in Jerusalem : quia contaminavit Judas sanctificationem Domini, quam dilexit, et habuit filiam dei alieni.

12. Disperdet Dominus virum qui fecerit hoc, magistrum et discipulum de tabernaculis Jacob, et offerentem munus Domino exercituum.

13. Et hoc rursum fecistis : operiebatis lacrymis altare Domini, fletu, et mugitu, ita ut non respiciam ultra ad sacrificium, nec accipiam placabile quid de manu vestra.

14. Et dixistis : Quam ob causam? quia Dominus testificatus est inter te, et uxorem pubertatis tuæ, quam tu despexisti : et hæc particeps tua, et uxor fœderis tui.

15. Nonne unus fecit, et residuum spiritus ejus est? Et quid unus quærit, nisi semen Dei? Custodite ergo spiritum vestrum, et uxorem adolescentiæ tuæ noli despicere.

---

gers, et on les expulsa du milieu du peuple avec leurs enfants (1. *Esdr.* 9, 2. 10, 3. 2. *Esdr.* 13, 23), ainsi que les mariages mixtes avaient été constamment et de tout temps désapprouvés (1. *Moys.* 24, 1 et suiv. 26, 34. 35. 27, 46. 28, 8. 3. *Rois,* 11, 1 et suiv. 1. *Esdr.* 9, 10. 2 *Esdr.* 13). Mais les Juifs ne voulurent point consentir à voir leur liberté en ce point limitée par leurs chefs. C'est contre cette conduite que le Prophète s'élève ici, en montrant que comme les Israélites n'avaient qu'un seul et même père, Abraham, et n'adoraient qu'un seul et même Dieu, ils ne devaient non plus contracter des mariages qu'entre eux, sans s'allier à des femmes étrangères, etc., etc.

℣. 11. — [11] Juda et Israel désignent le peuple hébreu. C'était surtout à Jérusalem que de semblables mariages avaient été contractés.

℣. 12. — [12] Tout Israélite qui se trouvera dans ce cas, qu'il ait séduit les autres ou qu'il se soit laissé séduire, fût-il même plein de zèle pour le service du Seigneur, sera exterminé.

℣. 13. — [13] Bon nombre de Juifs avaient pris à côté de leurs épouses Juives, des étrangères pour concubines, en quoi les droits de leurs épouses légitimes étaient blessés, et quelquefois même ils les abandonnaient tout à fait. Ces femmes délaissées remplissaient les lieux autour de l'autel, où l'on aurait dû n'entendre que des cantiques de joie et d'action de grâces, de gémissements et de plaintes, et étaient ainsi cause que Dieu n'agréait pas les sacrifices qui lui étaient offerts.

℣. 14. — [14] Parce que le Seigneur connaît l'alliance matrimoniale qui vous unit à la femme que vous avez épousée dans votre jeunesse.

℣. 15. — [15] N'est-ce pas le Dieu unique qui l'a faite, et ne lui a-t-il pas aussi bien qu'à vous inspiré l'esprit (*Voy.* note 10)? Et dans les mariages sans mélange de nations que Dieu a prescrits, son but n'est-il pas que la postérité d'Abraham se conserve pure? D'autres traduisent l'hébreu : Même celui qui était seul n'a pas agi de la sorte, il avait encore en lui l'esprit (de Dieu); et qu'a voulu celui qui était seul? Il a recherché la race de Dieu. — Suivant plusieurs interprètes, le Prophète

16. Cum odio habueris, dimitte, dicit Dominus Deus Israel : operiet autem iniquitas vestimentum ejus, dicit Dominus exercituum ; custodite spiritum vestrum, et nolite despicere.

16. Le Seigneur, le Dieu d'Israel a dit : Lorsque vous aurez conçu de l'aversion *pour votre femme*, renvoyez-la. Mais le Seigneur des armées a dit *aussi :* L'iniquité de celui *qui agira de la sorte* couvrira tous ses vêtements [16]. Gardez donc votre esprit *pur*, et ne méprisez point *vos femmes.*

17. Laborare fecistis Dominum in sermonibus vestris, et dixistis : In quo eum fecimus laborare? In eo quod dicitis : Omnis qui facit malum, bonus est in conspectu Domini, et tales ei placent : aut certe ubi est Deus judicii?

17. Vous avez fait souffrir le Seigneur par vos discours [17]. Et en quoi, dites-vous, l'avons-nous fait souffrir? En ce que vous avez dit : Tous ceux qui font le mal passent pour bons aux yeux du Seigneur, et ces personnes lui sont agréables : ou si cela n'est pas, où est donc ce Dieu juste [18]?

CHAPITRE III.

Prophétie touchant le précurseur du Messie, et le Messie lui-même. Jugement contre Israël, spécialement contre les lévites. Reproches au sujet de l'omission du paiement de la dîme; blâme contre le mécontentement [1].

1. Ecce ego mitto angelum meum, et præparabit viam ante

1. Voici que j'envoie mon ange, et il préparera la voie devant ma face [2], et aussitôt

a ici en vue l'objection des Juifs, qui alléguaient en leur faveur l'exemple d'Abraham (de l'unique, *Isaïe*, 51. 2. *Ezéch.* 33, 24), de ce qu'avec Sara, il prit pour femme Agar, qui était étrangère; en sorte que le sens serait : Abraham même n'a point agi comme vous; l'esprit de Dieu, qui vous a abandonné, l'a toujours animé, car qu'a-t-il fait? A-t-il voulu blesser son épouse légitime, Sara? L'a-t-il abandonnée, ou se proposait-il la satisfaction de ses passions animales? Nullement. Il ne prit Agar que parce que son épouse la lui remit, et pour engendrer d'elle des adorateurs à Dieu Ce qu'il a fait ne vous justifie donc point. — * D'autres traduisent l'hébreu généralement : Et nul ne fait cela, pourvu qu'il conserve encore quelque reste de l'esprit (de Dieu); et qui agirait de la sorte en cherchant une postérité divine (digne de Dieu)? Prenez donc garde au fond de vos esprits, de ne pas agir frauduleusement envers les épouses de votre jeunesse. Rosenmüller.

ỳ. 16. — [16] Litt. : Néanmoins l'iniquité couvrira son vêtement, dit le Seigneur, etc. — Le Prophète apporte encore une objection des Juifs, et il la réfute. Dieu lui-même, disent les Juifs, a permis le divorce (5. *Moys.* 25, 1 et suiv.). Le Prophète répond : Oui, mais c'est faire injure à sa femme de l'abandonner (pour des causes futiles, comme cela a lieu dans les mariages avec des étrangères). Dans la manière de parler des Orientaux, la femme est appelée le vêtement de l'homme.

ỳ. 17. — [17] Le Prophète reprend encore un autre blasphème du peuple, la conclusion injurieuse à Dieu, que l'impie devait lui être agreable, puisque souvent il est heureux. Les Juifs, en effet, voyaient les nations qui les environnaient dans une bien meilleure situation que celle où ils se trouvaient eux-mêmes, depuis le retour de la captivité de Babylone.

[18] Le Prophète répond dans le chapitre suivant (qui se rattache étroitement au chapitre précédent depuis ỳ. 1-6), que le Messie viendra et châtiera tous les impies, mais qu'avant tous les autres, il fera rendre compte de leur conduite aux lévites et aux Israélites.

[1] * Dans l'hébreu les chapitres 3 et 4 sont réunis en un seul.

ỳ. 1. — [2] il réveillera l'attention et préparera les cœurs à mon avènement. Cet ange (c'est-à-dire cet envoyé) était Jean-Baptiste, ainsi que nous l'apprennent les saints évangélistes et Jésus-Christ lui-même (*Matth.* 11, 10. *Marc*, 12. *Luc*, 7, 27).

le Dominateur que vous cherchez, et l'Ange de l'alliance [4] si désiré de vous, viendra dans son temple. Le voici qui vient, dit le Seigneur des armées [5].

faciem meam. Et statim veniet ad templum suum Dominator, quem vos quæritis; et angelus testamenti, quem vos vultis. Ecce venit, dicit Dominus exercituum :

2. Qui pourra seulement penser au jour de son avènement [6]? ou qui en pourra soutenir la vue [7]? Car il sera comme le feu qui fond les métaux, et comme l'herbe dont se servent les foulons [8].

2. et quis poterit cogitare diem adventus ejus, et quis stabit ad videndum eum? Ipse enim quasi ignis conflans, et quasi herba fullonum:

3. Il sera comme un homme qui s'assied pour faire fondre et pour épurer l'argent : il purifiera les enfants de Lévi, et les rendra purs comme l'or et l'argent qui a passé par le feu; et ils offriront des sacrifices au Seigneur dans la justice [9].

3. et sedebit conflans, et emundans argentum, et purgabit filios Levi, et colabit eos quasi aurum, et quasi argentum, et erunt Domino offerentes sacrificia in justitia.

4. Et le sacrifice de Juda et de Jérusalem sera agréable au Seigneur, comme l'ont été ceux des siècles passés, ceux des premiers temps [10].

4. Et placebit Domino sacrificium Juda et Jerusalem, sicut dies sæculi, et sicut anni antiqui.

5. Alors je me hâterai de venir, pour être moi-même et juge et témoin contre les empoisonneurs [11], contre les adultères et les parjures, contre ceux qui retiennent par violence le prix du mercenaire [12], et qui oppriment les veuves, les orphelins et les étrangers, sans être retenus par ma crainte, dit le Seigneur des armées.

5. Et accedam ad vos in judicio, et ero testis velox maleficis, et adulteris, et perjuris, et qui calumniantur mercedem mercenarii, viduas, et pupillos, et opprimunt peregrinum, nec timuerunt me, dicit Dominus exercituum.

---

[3] le Messie (Voy. *Agg.* 2).

[4] l'ange de Dieu (Voy. *Zach.* 1, note 12) : en même temps l'Envoyé divin qui apportera une nouvelle alliance (Voy. *Jér.* 32, 31 et suiv., *Isaïe*, 49, 8). Le désir et l'attente de l'avènement du Messie étaient dans les derniers temps de plus en plus ardents.

[5] * Un ange est un envoyé; mais voici un envoyé d'une dignité merveilleuse, un envoyé qui a un temple, un envoyé qui est Dieu, et qui entre dans le temple comme dans sa propre demeure; un envoyé désiré par tout le peuple, qui vient faire une nouvelle alliance, et qui est appelé pour cette raison l'Ange de l'alliance ou du testament (Bossuet, Disc. sur l'hist. univ., 2e part., chap. 11). — Cet Envoyé ou Ange de l'Alliance est d'ailleurs sans contestation arrivé. Il devait venir dans *son temple,* dans le temple même à la construction duquel Malachie, de même qu'Aggée, exhortait les Juifs de retour de la captivité. Or ce temple a depuis longtemps cessé d'exister; depuis longtemps par conséquent, a eu lieu l'avènement de celui que le Prophète prédit. Quel est-il? c'est sans doute cet Envoyé unique, Jésus-Christ, qui étant entré dans le temple, et ayant fait avec les hommes une alliance nouvelle, domine depuis son avènement sur toutes les nations.

℣. 2. — [6] Qui pourra concevoir par la pensée toutes les bénédictions de ce jour?

[7] Dans l'hébreu : Or, qui pourra soutenir le jour de son avènement, et qui subsistera lorsqu'il apparaîtra? Le temps du premier avènement du Seigneur fut tout à la fois un temps salutaire et un temps plein d'effroi; plein d'effroi pour ceux qui ne crurent pas en lui.

[8] Dans l'hébreu : comme le savon (borith) des foulons. Il séparera le bon du mauvais, mais avec le même soin que le fondeur et le foulon.

℣. 3. — [9] Les lévites, y compris les prêtres, rendront d'une manière spéciale compte de leur conduite.

℣. 4. — [10] des temps d'Abraham et de Moyse.

℣. 5. — [11] Litt. : contre les enchanteurs, pour les convaincre moi-même, en vertu de ma toute-science, du mal qu'ils ont fait.

[12] qui le diminuent ou le soustraient entièrement.

6. Ego enim Dominus, et non mutor : et vos filii Jacob non estis consumpti.

7. A diebus enim patrum vestrorum recessistis a legitimis meis, et non custodistis. Revertimini ad me, et revertar ad vos, dicit Dominus exercituum. Et dixistis : In quo revertemur?

8. Si affiget homo Deum, quia vos configitis me? Et dixistis : In quo configimus te? In decimis, et in primitiis.

9. Et in penuria vos maledicti estis, et me vos configitis gens tota.

10. Inferte omnem decimam in horreum, et sic cibus in domo mea, et probate me super hoc, dicit Dominus : si non aperuero vobis cataractas cœli, et effudero vobis benedictionem usque ad abundantiam,

11. et increpabo pro vobis, devorantem, et non corrumpet fructum terræ vestræ : nec erit sterilis vinea in agro, dicit Dominus exercituum.

12. Et beatos vos dicent omnes gentes : eritis enim vos terra desiderabilis, dicit Dominus exercituum.

13. Invaluerunt super me verba vestra, dicit Dominus.

14. Et dixistis : Quid locuti sumus contra te? Dixistis : Vanus est, qui servit Deo : et quod emolumentum quia custodivimus præ-

6. Car je suis le Seigneur, et je ne change point [13] : c'est pourquoi vous, enfants de Jacob, qui n'avez pas encore été consumés[14];

7. quoique dès le temps de vos pères, vous vous soyez écartés de *mes* or*donnances et* de mes lois, et que vous ne les ayez point observées [15], revenez à moi, et je retournerai vers vous, dit le Seigneur des armées. Vous me dites : Comment retournerons-nous *à vous?*

8. Un homme doit-il outrager son Dieu[16], comme vous m'avez outragé? En quoi, dites-vous, vous avons-nous outragé? En *ne me payant pas* les dîmes et les prémices[17].

9. Aussi vous avez été maudits e*t frappés* d'indigence [18], parce que vous m'outragez tous.

10. Apportez toutes mes dîmes dans mes greniers, et qu'il y ait dans ma maison de quoi nourrir *mes ministres*; et après cela considérez ce que je ferai, dit le Seigneur, si je ne vous ouvrirai pas toutes les sources du ciel, et si je ne répandrai pas ma bénédiction sur vous, pour vous combler d'abondance[19].

11. Je ferai entendre mes ordres en votre faveur aux *insectes* qui mangent les fruits[20]; et ils ne mangeront point ceux de vos terres, et il n'y aura point dans vos champs de vignes stériles, dit le Seigneur des armées.

12. Toutes les nations vous appelleront *un peuple* heureux : et votre terre deviendra une terre de délices, dit le Seigneur des armées.

13. Les paroles que vous dites contre moi [21] se multiplient, dit le Seigneur.

14. Et cependant vous répondez : Qu'avons-nous dit contre vous? Vous avez dit : C'est en vain que l'on sert Dieu : qu'avons-nous gagné pour avoir gardé ses commande-

---

ỳ. 6. — [13] Je punis toujours le mal.
[14] Dans l'hébreu : Car moi, Jéhova, je ne change point; et vous, enfants de Jacob, vous n'avez pas été consumés, — parce que je vous ai dès le commencement promis la perpétuité.
ỳ. 7. — [15] Ici commencent les reproches au sujet de l'omission du paiement des dîmes.
ỳ. 8. — [16] proprement : transpercer. C'est la signification que le mot hébreu a effectivement dans le syriaque et le chaldéen. D'autres traduisent : tromper.
[17] Les prémices étaient les dons volontaires, que l'on offrait avant les dîmes de chaque récolte. Sur la dîme voy. 5. *Moys*. 12, 11. 17-19. 14, 22. 23.
ỳ. 9. — [18] Dans l'hébreu : Vous avez été frappés de malédiction, — * parce que vous m'avez trompé, — la nation tout entière.
ỳ. 10. — [19] Faites-en l'essai, payez vos dîmes à la maison du Seigneur, et voyez si je ne vous donnerai pas la pluie et toutes choses en abondance. Il y avait dans le temple des magasins, dans lesquels on conservait les dîmes et autres objets (Voy. 2. *Esdr*. 10, 38. 39. 13, 5. 12).
ỳ. 11. — [20] aux sauterelles (Voy. *Joël*, 1, 4).
ỳ. 13. — [21] Le Prophète retourne au chap. 2, 17.

ments, et pour avoir marché avec un visage abattu [22] devant le Seigneur des armées?

15. C'est pourquoi nous appellerons maintenant heureux les hommes superbes, puisqu'ils s'établissent en vivant dans l'impiété, et qu'après avoir tenté Dieu, ils se tirent de tous les périls.

16. Mais ceux qui craignent le Seigneur ont tenu dans leurs entretiens un *autre* langage : aussi le Seigneur s'est rendu attentif *à leurs paroles;* il les a écoutées, et il a fait écrire un livre qui lui doit servir de monument en faveur de ceux qui craignent le Seigneur, et qui s'occupent de son nom [23].

17. Et dans le jour où je dois agir [24], ils seront, dit le Seigneur des armées, le peuple que je me réserve; et je les traiterai avec indulgence, comme un père traite son propre fils qui le sert.

18. Vous changerez alors de sentiment [25], et vous verrez quelle différence il y a entre le juste et l'injuste, entre celui qui sert Dieu et celui qui ne le sert point.

cepta ejus, et quia ambulavimus tristes coram Domino exercituum?

15. Ergo nunc beatos dicimus arrogantes : siquidem ædificati sunt facientes impietatem; et tentaverunt Deum, et salvi facti sunt.

16. Tunc locuti sunt, timentes Dominum, unusquisque cum proximo suo : Et attendit Dominus, et audivit : et scriptus est liber monumenti coram eo timentibus Dominum, et cogitantibus nomen ejus.

17. Et erunt mihi, ait Dominus exercituum, in die qua ego facio, in peculium : et parcam eis, sicut parcit vir filio suo servienti sibi.

18. Et convertemini, et videbitis quid sit inter justum et impium; et inter servientem Deo, et non servientem ei.

CHAPITRE IV.

Jour du jugement. Avènement du Messie et de son précurseur, Elie.

1. Car [1] il viendra un jour *de feu*, semblable à une fournaise ardente : tous les superbes et tous ceux qui commettent l'impiété, seront alors comme de la paille : et ce jour qui doit venir les embrasera, dit le Seigneur des armées, sans leur laisser ni germe, ni racine [2].

2. Mais le soleil de justice [3] se lèvera pour vous qui craignez mon nom, et vous trouverez votre salut sous ses ailes [4] : vous sorti-

1. Ecce enim dies veniet succensa quasi caminus : et erunt omnes superbi, et omnes facientes impietatem, stipula : et inflammabit eos dies veniens, dicit Dominus exercituum, quæ non derelinquet eis radicem et germen.

2. Et orietur vobis timentibus nomen meum sol justitiæ, et sanitas in pennis ejus : et egredie-

---

℣. 14. — [22] en pénitents, le cœur contrit.

℣. 16. — [23] Tout autres sont les sentiments qui animent ceux qui ont la crainte de Dieu. Ils savent que le Seigneur se souvient de ses serviteurs, et que le temps viendra certainement où il rendra à chacun selon ses œuvres, quoique ce temps semble tarder.

℣. 17. — [24] quand je paraîtrai pour le jugement.

℣. 18. — [25] Vous prendrez alors d'autres sentiments que ceux qui sont exprimés ℣. 14. 15.

℣. 1. — [1] Ce chapitre fait suite et se rattache au chapitre précédent; car c'est le Jugement, dont il est parlé chap. 3, 17. 18, qui est ici décrit plus au long.

[2] Dans l'hébreu : ni rameau. La majorité des interprètes entendent cela du dernier avènement de Jésus-Christ (2. *Thess.* 1, 8).

℣. 2. — [3] Jésus-Christ, qui par son enseignement a été la lumière du monde, et par sa grâce, l'auteur de la justice.

[4] Dans l'hébreu : et vous trouverez la guérison sous ses ailes, — le salut à ses rayons (*Luc*, 1, 78).

mini, et salietis sicut vituli de armento.

3. Et calcabitis impios, cum fuerint cinis sub planta pedum vestrorum, in die qua ego facio, dicit Dominus exercituum.

4. Mementote legis Moysi servi mei, quam mandavi ei in Horeb ad omnem Israel, præcepta et judicia.

5. Ecce ego mittam vobis Eliam prophetam, antequam veniat dies Domini magnus, et horribilis.

6. Et convertet cor patrum ad filios, et cor filiorum ad patres eorum : ne forte veniam, et percutiam terram anathemate.

rez alors et vous tressaillerez comme bondissent les jeunes bœufs d'un troupeau [5].

3. Vous foulerez aux pieds les impies, lorsqu'ils seront devenus comme de la cendre sous la plante de vos pieds [6], en ce jour où j'agirai moi-même, dit le Seigneur des armées.

4. Souvenez-vous de la loi de Moyse, mon serviteur, que je lui ai donnée sur *la montagne d'*Horeb, afin qu'il portât à tout *le peuple d'*Israël mes préceptes et mes ordonnances [7]. 2. *Moys.* 20. 5. *Moys.* 4, 5. 6. *Matth.* 5, 17.

5. Je vous enverrai le prophète Elie, avant que le grand et épouvantable jour du Seigneur arrive. *Marc*, 9, 11. *Luc*, 1, 17.

6. Et il réunira les cœurs des pères avec leurs enfants, et le cœur des enfants avec leurs pères [8], de peur qu'en venant je ne frappe la terre d'anathème [9].

---

[5] Dans l'hébreu : comme des veaux gras. Sens : Vous ressentirez la plus grande joie de votre salut.

ỷ. 3. — [6] parce que le feu les consumera (ỷ. 1).

ỷ. 4. — [7] C'est pourquoi, afin d'échapper au jugement, suivez la loi de Moyse (Comp. *Jean*, 5, 46).

ỷ. 6. — [8] Et il fera que les enfants reprennent les sentiments de leurs pères, des patriarches; il réveillera en eux la foi, qui était la principale disposition des cœurs de leurs pères (Voy. *Hébr.* 11).

[9] de désolation (Voy. *Zach.* 14, 11). C'est une tradition constante dans l'Eglise judaïque et dans l'Eglise chrétienne, que le prophète Elie paraîtra en personne à la fin des temps, pour opérer la conversion des Juifs à Jésus-Christ. D'où il suit que la promesse relative à l'ange qui doit préparer les voies, contenue dans le chapitre précédent, a trait à l'avènement de Jean-Baptiste, qui apparut dans la vertu d'Elie, et que l'avènement d'Elie annoncé ici, se rapporte à son apparition réelle peu avant la fin du monde. Tous les deux ont la même mission, qui est de renouveler et de faire revivre la foi des patriarches. C'est pour cette raison que Jésus-Christ (*Matth.* 11, 14) nomme saint Jean Elie, quoiqu'il confirme ailleurs (*Matth.* 17, 11. *Marc.* 9, 11) la promesse de l'apparition effective d'Elie.

PRÉFACE

SUR

LES DEUX LIVRES DES MACHABÉES

Après le retour de la captivité de Babylone, les Juifs, sous le doux sceptre des rois de Perse, vécurent en somme paisibles et heureux (*Voy.* les livres d'Esdras et les prophètes Aggée, Zacharie et Malachie). Même sous Alexandre-le-Grand, qui mit fin à la monarchie des Perses, l'état de paix dont ils jouissaient ne fut troublé ni au-dedans ni au-dehors : car ce prince protégeait les Juifs (voy. *Zach.* 9). Mais lorsqu'après la mort d'Alexandre, le vaste empire des Grecs fut dissous pour former les quatre royaumes principaux de Syrie, d'Egypte, de l'Asie-Mineure et de Macédoine, alors commença, pour l'Etat des Juifs qui se relevait à peine, une triste époque. En effet, à partir de ce moment, la Palestine devint, pendant une longue période de temps, la pomme de discorde entre les rois d'Egypte et de Syrie, qui la ravagèrent par leurs guerres, et la réduisaient tour à tour sous leur domination (*Dan.* 7. 8). Vers ce temps-là tombent l'établissement des Juifs en Egypte, sous Ptolémée, fils de Lagus (320 ans avant J.-C.), et l'entreprise de la version grecque des divines Ecritures (298 ans avant J.-C.). Sous le roi de Syrie Antiochus-le-Grand, la Palestine passa entièrement sous la puissance syrienne (298 ans avant J.-C.). Sous ses successeurs, spécialement sous Antiochus-Epiphane (168 ans avant J.-C.), les Juifs souffrirent les plus cruelles persécutions. Ce prince entreprit d'extirper la religion mosaïque, et de contraindre les Juifs à embrasser le paganisme. Son projet insensé rencontra un premier adversaire dans le prêtre Mathathias, auquel se joignirent un grand nombre de mécontents. Après la mort de Mathathias, ses fils, parmi lesquels se distingua surtout Judas, que ses hauts faits d'armes firent surnommer le Marteau ou Marteleur (Machabée), combattirent pour la religion et le pays de leurs pères. Ce fut de lui que tous ceux qui peu de temps avant, avec et après lui, soutinrent la guerre pour la défense de l'Etat et de la religion, reçurent le nom de Machabées, et les livres que nous avons à expliquer portent également le même nom, parce qu'ils racontent l'histoire de ces héros. Ils contiennent en général les vexations et l'oppression que les Juifs eurent à souffrir sous les successeurs d'Antiochus-le-Grand, Séleucus-Philopator, Antiochus-Epiphane, Antiochus-Eupator et Démétrius-Soter, et ils font connaître avec quel noble courage ils s'en affranchirent. Le premier livre nous apprend quelles furent les destinées des Juifs durant les persécutions d'Antiochus-Epiphane, comment ils défendirent leur indépendance, et ffre le récit des événements subséquents jusqu'à la mort de Simon, grand prêtre et chef du peuple (134 ans avant J.-C.). Le second livre contient au commencement deux lettres des Juifs qui vivaient en Palestine à ceux qui étaient en Egypte, concernant la nécessité de mettre un terme à la division qui existait entre les deux fractions de la nation, et la célébration de la fête de la consécration du temple. Après cela commence proprement le livre, où l'on trouve des détails sur le sort des Juifs de la Palestine sous Séleucus-Philopator, Antiochus-Epiphane, Antiochus-Eupator et Démétrius-Soter. Il se termine par la mort du général syrien Nicanor, et comprend en tout un espace de quatorze années, depuis l'an 176 jusqu'à 161 avant J.-C. On voit par là que le second livre n'est pas une continuation de l'histoire du premier, mais contient en très-grande partie des événements qui tombent dans la même période de temps: ce qui est cause qu'il importe de faire aller de front la lecture des deux livres à la fois. Le premier livre fut originairement composé en hébreu; mais nous n'avons plus le texte primitif. Le grec est la langue originale du second. La version latine que nous en avons date des temps antérieurs à saint Jérôme. Ce Père l'adopta et l'inséra dans la traduction latine qu'il fit des divines Ecritures, traduction si connue sous le nom de Vulgate. Les ennemis de notre foi se sont efforcés d'ébranler l'autorité de ces livres divins, spécialement du second, mais sans succès. Les raisons apparentes sur lesquelles ils s'appuient ont été vingt fois réfutées par les hommes versés dans la connaissance des Ecritures, et l'Eglise catholique a de tout temps mis ces deux livres au rang des écrits divins.

LES MACHABÉES

LIVRE PREMIER

CHAPITRE PREMIER.

Alexandre-le-Grand. Partage de ses États. Des Juifs infidèles s'attachent à Antiochus-Epiphane, qui pille la Judée et le temple, entreprend de forcer les Juifs à renoncer à leur loi, et fait placer une idole dans le temple.

1. Et factum est, postquam percussit Alexander Philippi Macedo, qui primus regnavit in Græcia, egressus de terra Cethim, Darium regem Persarum et Medorum :

2. Constituit prælia multa, et obtinuit omnium munitiones, et interfecit reges terræ,

3. et pertransiit usque ad fines terræ : et accepit spolia multitudinis gentium : et siluit terra in conspectu ejus.

1. Après qu'Alexandre [1], roi de Macédoine [2], fils de Philippe, qui régna premièrement dans la Grèce [3], fut sorti du pays de Cethim [4], et qu'il eut vaincu Darius, roi des Perses et des Mèdes,

2. il donna plusieurs batailles, il prit les villes les plus fortes de toutes les nations, il tua les rois de la terre [5].

3. Il passa jusqu'à l'extrémité du monde [6], il s'enrichit des dépouilles des nations, et la terre se tut devant lui [7].

℣. 1. — [1] * Dans le grec et le latin : Et factum est postquam, etc. Sur la conjonction *et* placée au commencement d'un livre, voy. *Esther*, 1, 1 et les remarques. — On peut aussi ne voir dans cette locution qu'un idiotisme propre à la langue sainte.

[2] Alexandre le Grand.

[3] qui étendit d'abord sa domination sur toute la Grèce; ou qui fonda d'abor. la monarchie des Grecs, et l'étendit sur le monde entier. Ces paroles ne sont pas dans le texte grec de l'édition romaine, mais elles se trouvent dans le texte alexandrin.

[4] de la Macédoine, comme *pl. b.* 8, 5. Le pays de Céthim désigne d'ailleurs les îles et les contrées maritimes de l'occident en général (*Jér.* 2, 10).

℣. 2. — [5] * Il tua les rois dans les batailles qu'il livra; on sait d'autre part qu'il fit mettre à mort Bessus, meurtrier de Darius (Comp. *Dan.* 8, 5 et 21).

℣. 3. — [6] jusque dans l'Inde. Les anciens ne connaissaient aucune des contrées au-delà de l'Inde.

[7] n'osa lui résister, tout se soumit à lui.

4. Il assembla de grandes troupes, et fit une armée tres-forte : son cœur s'éleva et s'enfla [8].

5. Il se rendit maître des peuples et des rois, et il les assujettit à lui payer tribut.

6. Après cela il tomba malade, et il reconnut qu'il devait *bientôt* mourir [9].

7. Et il appela les grands de sa cour, qui avaient été nourris avec lui dès leur jeunesse, et il leur partagea son royaume, lorsqu'il vivait encore [10].

8. Alexandre régna donc douze ans, et il mourut [11].

9. Et les grands de sa cour se firent rois chacun dans son gouvernement [12].

10. Ils prirent tous le diadème après sa mort [13], et leurs enfants après eux, pendant plusieurs années; et les maux se multiplièrent sur la terre [14].

11. C'est de là [15] que sortit cette racine de péché [16], Antiochus *surnommé* l'Illustre [17], fils du roi Antiochus; il avait été envoyé en ôtage à Rome [18], et il regna la cent trente-

4. Et congregavit virtutem, et exercitum fortem nimis : et exaltatum est, et elevatum cor ejus :

5. et obtinuit regiones gentium, et tyrannos : et facti sunt illi in tributum.

6. Et post hæc decidit in lectum, et cognovit quia moreretur.

7. Et vocavit pueros suos nobiles, qui secum erant nutriti a juventute : et divisit illis regnum suum, cum adhuc viveret.

8. Et regnavit Alexander annis duodecim, et mortuus est.

9. Et obtinuerunt pueri ejus regnum, unusquisque in loco suo :

10. et imposuerunt omnes sibi diademata post mortem ejus, et filii eorum post eos annis multis, et multiplicata sunt mala in terra.

11. Et exiit ex eis radix peccatrix, Antiochus Illustris, filius Antiochi regis, qui fuerat Romæ obses : et regnavit in anno cente-

---

ỳ. 4. — [8] * La prospérité et la flatterie corrompirent ce jeune prince qui, après avoir donné dans les premiers temps d'assez beaux exemples d'humanité, de modération et de sagesse, se laissa plus tard tellement aveugler par l'orgueil, qu'il prétendit aux honneurs divins, et fut cruel même envers ses meilleurs amis qui ne surent pas supporter sa vanité.

ỳ. 6. — [9] * Sa maladie venait d'avoir bu avec excès pendant une nuit qu'il passa en débauche avec ses généraux.

ỳ. 7. — [10] * Il les établit gouverneurs des diverses provinces de son empire. Plus tard, après la mort de son jeune fils, ces mêmes généraux prirent tous le titre et les insignes de la royauté, et se déclarèrent indépendants dans les gouvernements à la tête desquels leur maître les avait placés. Et ainsi, il est vrai à la lettre de dire qu'il leur partagea son royaume pendant qu'il vivait encore.

ỳ. 8. — [11] L'an 324 avant Jésus-Christ. — * A l'âge de trente-deux ou trente-trois ans, après un règne de douze ans et un mois.

ỳ. 9. — [12] Litt. : Et ses serviteurs prirent possession de son royaume, etc. — en qualité de gouverneurs; car avant la mort des fils mineurs d'Alexandre, ils n'osèrent point prendre le titre de rois (Voy. *Dan.* 8, 8. 22. 11 note 8).

ỳ. 10. — [13] *Voy.* la note précédente.

[14] par les guerres que ces rois se firent les uns aux autres, en se disputant mutuellement le pouvoir les armes à la main. Il est à propos de rapprocher ce qui suit (ỳ. 11-17) ce qu'on lit 2. *Mach.* 4.

ỳ. 11. — [15] de l'un de ces rois, de Séleucus-Nicator, qui après la mort d'Alexandre, se mit en possession de la Syrie, et laissa son royaume en héritage à ses fils (Voy. *Dan.* 8, 8).

[16] * Antiochus était un homme qui ne manquait ni de talents, ni d'adresse, mais qui était d'un caractère vil et de mœurs dépravées. Il bravait publiquement et de la manière la plus grossière, la decence et l'honnêteté; à tout cela il joignait des acces de fureur et une cruauté qui lui firent donner par les historiens profanes mêmes le surnom d'*Epimane*, c'est-à-dire de fou, de furieux, au lieu de celui d'*Epiphane*, glorieux, illustre.

[17] Epiphane (Comp. *Dan.* 8, 9. 11, 21 et suiv. où les persécutions et l'oppression que les Juifs eurent à souffrir de la part de ce prince, et sa fin malheureuse sont décrites).

[18] c'est-à-dire le second fils d'Antiochus le Grand. L'aîné, Séleucus-Philopator, régna après la mort de son père.

simo trigesimo septimo regni Græcorum.

12. In diebus illis exierunt ex Israel filii iniqui, et suaserunt multis, dicentes : Eamus, et disponamus testamentum cum gentibus, quæ circa nos sunt : quia ex quo recessimus ab eis, invenerunt nos multa mala.

13. Et bonus visus est sermo in oculis eorum.

14. Et destinaverunt aliqui de populo, et abierunt ad regem : et dedit illis potestatem ut facerent justitiam gentium.

15. Et ædificaverunt gymnasium in Jerosolymis secundum leges nationum :

16. et fecerunt sibi præputia, et recesserunt a testamento sancto, et juncti sunt nationibus, et venundati sunt ut facerent malum.

17. Et paratum est regnum in conspectu Antiochi, et cœpit regnare in terra Ægypti, ut regnaret super duo regna.

18. Et intravit in Ægyptum in multitudine gravi, in curribus, et elephantis, et equitibus, et copiosa navium multitudine :

19. et constituit bellum adversus Ptolemæum regem Ægypti, et veritus est Ptolemæus a facie ejus, et fugit, et ceciderunt vulnerati multi.

20. Et comprehendit civitates

septième année du règne des Grecs [19].

12. En ce temps-là il sortit d'Israël des enfants d'iniquité [20], qui donnèrent ce conseil à plusieurs : Allons, et faisons alliance avec les nations qui nous environnent, parce que depuis que nous sommes retirés d'avec elles, nous sommes tombés dans beaucoup de maux [21].

13. Et ce conseil leur parut bon.

14. Quelques-uns du peuple furent donc députés pour aller trouver le roi [22], et il leur donna pouvoir de vivre selon les coutumes des Gentils.

15. Et ils bâtirent dans Jérusalem un collége, à la manière des nations [23].

16. Ils ôtèrent de dessus eux les marques de la circoncision [24] : ils se séparèrent de l'alliance sainte, et se joignirent aux nations; et ils se vendirent pour faire le mal.

17. Et Antiochus s'étant établi dans son royaume de Syrie, commença à vouloir régner aussi dans l'Égypte, pour se rendre roi de ces deux royaumes [25].

18. C'est pourquoi il entra dans l'Egypte avec une puissante armée, avec des chariots, des eléphants, de la cavalerie, et un grand nombre de vaisseaux.

19. Il fit la guerre à Ptolémée, roi d'Egypte, et Ptolemée eut peur devant lui, et il s'enfuit avec perte de beaucoup des siens [26].

20. Et Antiochus prit les villes les plus

---

[19] L'année de la domination des Grecs, à partir de laquelle les années sont comptées dans les livres des Machabées, est celle dans laquelle Seleucus-Nicator défit le général d'Antigonus, défaite à la suite de laquelle il s'empara de la Susiane et de la Médie, et éleva le royaume de Syrie à un haut degré de puissance, l'an 312 avant Jésus-Christ. L'an 137 de cette ère est l'an 174 avant Jésus-Christ.

℣. 12. — [20] Voy. 2. *Mach.* 4, 4. 19.

[21] * De tout temps l'une des plus terribles tentations pour les faibles, a été la crainte des maux temporels et des persécutions (Comp. la parabole de la semence, *Matth.* 13, 20, 21 et les remarques).

℣. 14. — [22] Antiochus-Epiphane.

℣. 15. — [23] Litt. un gymnase, — un lieu qui était principalement destiné aux exercices corporels, où l'on s'exerçait tout nu à lutter et à sauter, etc., et où l'on célébrait des jeux en l'honneur des dieux.

℣. 16. — [24] Litt. : Et ils se firent des prépuces,... ils cherchèrent le moyen de ne plus paraître circoncis. Les anciens savaient, au moyen de certaines opérations douloureuses, faire disparaître le signe de la circoncision. Le but des Juifs en cela était de paraître semblables aux Grecs dans les jeux où ils devaient s'exercer nus; mais c'était aussi en même temps un reniement de l'alliance avec Dieu, dont le signe était la circoncision (1. *Moys.* 17), et une profession de paganisme.

℣. 17. — [25] Voy. *Dan.* 11, 22 et suiv. *Comp.* avec les ℣. 18-56 de ce chapitre 2. *Mach.* 5.

℣. 19. — [26] Voy. *Dan.* 11. note 44.

fortes de l'Egypte, et s'enrichit de ses dépouilles.

21. Et après avoir ravagé l'Egypte en la cent quarante-troisième année[27], il revint et marcha contre Israël,

22. et s'avança vers Jérusalem avec une puissante armée[28].

23. Il entra plein d'orgueil dans le lieu saint : il prit l'autel d'or, le chandelier où étaient les lampes, avec tous ses vases, la table où les pains étaient exposés, les bassins, les coupes, les encensoirs d'or, le voile, les couronnes[29], et l'ornement d'or qui était devant le temple, et il brisa tout[30].

24. Il prit l'argent, l'or et tous les vaisseaux précieux, et les trésors cachés qu'il trouva; et ayant tout enlevé, il retourna en son pays.

25. Il fit un grand carnage d'hommes[31], et il parla avec grand orgueil[32].

26. Alors il y eut un grand deuil parmi le peuple d'Israel, et dans tout leur pays.

27. Les princes et les anciens furent dans les gémissements, les vierges et les jeunes hommes dans l'abattement; et la beauté des femmes fut toute changée.

28. Tous les maris s'abandonnèrent aux pleurs, et les femmes assises sur leur lit nuptial fondaient en larmes.

29. La terre fut tout émue de la désolation de ses habitants, et toute la maison de Jacob fut couverte de confusion[33].

30. Deux ans après[34], le roi envoya dans les villes de Juda un surintendant des tributs[35], qui vint à Jérusalem avec une grande suite.

31. Il leur parla d'abord avec une douceur feinte, et comme s'il fût venu dans un esprit de paix; et ils le crurent[36].

munitas in terra Ægypti : et accepit spolia terræ Ægypti.

21. Et convertit Antiochus, postquam percussit Ægyptum in centesimo et quadragesimo tertio anno : et ascendit ad Israel,

22. et ascendit Jerosolymam in multitudine gravi.

23. Et intravit in sanctificationem cum superbia, et accepit altare aureum, et candelabrum luminis, et universa vasa ejus, et mensam propositionis, et libatoria, et phialas, et mortariola aurea, et velum, et coronas, et ornamentum aureum, quod in facie templi erat : et comminuit omnia.

24. Et accepit argentum, et aurum, et vasa concupiscibilia : et accepit thesauros occultos, quos invenit : et sublatis omnibus abiit in terram suam.

25. Et fecit cædem hominum, et locutus est in superbia magna.

26. Et factus est planctus magnus in Israel, et in omni loco eorum :

27. et ingemuerunt principes, et seniores : virgines, et juvenes infirmati sunt : et speciositas mulierum immutata est.

28. Omnis maritus sumpsit lamentum : et quæ sedebant in thoro maritali, lugebant :

29. et commota est terra super habitantes in ea, et universa domus Jacob induit confusionem.

30. Et post duos annos dierum, misit rex principem tributorum in civitates Juda, et venit Jerusalem cum turba magna.

31. Et locutus est ad eos verba pacifica in dolo : et crediderunt ei.

℣. 21. — [27] L'an 168 avant Jésus-Christ.

℣. 22. — [28] irrité contre les Juifs qui avaient accueilli avec Joie la nouvelle qui s'était répandue de sa mort (Voy. *Dan.* 11. note 46).

℣. 23. — [29] qui, ainsi que d'autres objets précieux, étaient, comme dons, suspendues au-dehors du sanctuaire (Voy. *pl. b.* 4, 57).

[30] Dans le grec : il dépouilla tout, il enleva tout l'or des objets qui étaient dorés.

℣. 25. — [31] Voy. *Dan.* 11. note 46.

[32] contre les Juifs et leur Dieu.

℣. 29. — [33] parce que les remords de sa conscience l'accusaient et lui faisaient comprendre que ce n'était pas tout-à-fait sans raison qu'elle souffrait ces châtiments.

℣. 30. — [34] L'an 166 avant Jésus-Christ.

[35] Apollonius (Voy. *Dan.* 11. note 50).

℣. 31. — [36] Il protesta qu'il n'était venu qu'avec des dispositions pacifiques, et l'on ajouta foi à ses paroles.

32. Et irruit super civitatem repente, et percussit eam plaga magna, et perdidit populum multum ex Israel.

33. Et accepit spolia civitatis : et succendit eam igni, et destruxit domos ejus, et muros ejus in circuitu :

34. et captivas duxerunt mulieres : et natos, et pecora possederunt.

35. Et ædificaverunt civitatem David muro magno et firmo, et turribus firmis, et facta est illis in arcem :

36. et posuerunt illic gentem peccatricem, viros iniquos, et convaluerunt in ea; et posuerunt arma, et escas, et congregaverunt spolia Jerusalem :

37. et reposuerunt illic : et facti sunt in laqueum magnum.

38. Et factum est hoc ad insidias sanctificationi, et in diabolum malum in Israel :

39. et effuderunt sanguinem innocentem per circuitum sanctificationis, et contaminaverunt sanctificationem.

40. Et fugerunt habitatores Jerusalem propter eos, et facta est habitatio exterorum, et facta est extera semini suo, et nati ejus reliquerunt eam.

32. Mais il se jeta tout d'un coup sur la ville [37], y fit un grand carnage, et tua un fort grand nombre du peuple d'Israël.

33. Il prit les dépouilles de la ville, et y mit le feu; il en détruisit les maisons, et les murs qui l'environnaient.

34. Ils emmenèrent les femmes captives, et ils se rendirent maitres de leurs enfants et de leurs troupeaux.

35. Et ils fortifièrent la ville de David [38] avec une muraille grande et forte et de bonnes tours; et ils en firent leur forteresse [39].

36. Ils y mirent une race de péché, des hommes corrompus, qui s'y établirent puissamment : ils y apportèrent des armes et des vivres; ils y assemblèrent et y mirent en réserve les dépouilles de Jérusalem [40].

37. Et ils devinrent un filet très-dangereux [41].

38. Ils dressèrent sans cesse des embûches à tous ceux qui venaient se sanctifier, et ils furent comme le mauvais démon d'Israël [42].

39. Ils répandirent le sang innocent devant le lieu saint, et ils souillèrent le sanctuaire [43].

40. Les habitants de la ville de Jérusalem s'enfuirent à cause d'eux; elle devint la demeure des étrangers, et étrangère à ses concitoyens; et ses propres enfants l'abandonnèrent.

℣. 32. — [37] un jour de sabbat, jour auquel les Juifs aimèrent mieux mourir que de se défendre (Voy. *Dan.* 11. note 50).

℣. 35. — [38] la citadelle de la ville de Jérusalem, bâtie sur le mont Sion.

[39]* Par la ville de David, c'est souvent le mont Sion qui est désigné (Voy. 2. *Rois*, 5, 7). Quelquefois aussi cette dénomination s'applique à la ville de Jérusalem en général (*Pl. b.* 2, 31. 14, 36. etc.); mais ici par la ville de David il faut entendre très-vraisemblablement une portion spéciale de la ville de Jérusalem, à savoir la partie qui fut depuis appelée Akra, et sur laquelle les Syriens élevèrent une forteresse. C'est de cette forteresse qu'ils inquiétaient ceux qui entraient dans le temple ou qui en sortaient; car quoique l'Akra fût moins élevé que le mont Moria ou montagne du temple, néanmoins la forteresse dominait cette dernière montagne (Comp. *pl. b.* 6, 26; 10, 32; 13, 49; 15, 28. etc.). — L'auteur par la ville de David entend (notes 34, 42) le mont Sion. — La forteresse d'Akra fut plus tard détruite par les Juifs et les décombres servirent à combler en partie la vallée du Tyropœon où l'on retrouve des maisons ensevelies sous des ruines; avec la forteresse, la pointe de la colline fut renversée dans la vallée (*Voy.* Josèphe, *de Bel. Jud.* 1, 2, 2. 5, 4 et 12; 13, 1, 2, 3 etc.).

℣. 36. — [40] *Voy.* ℣. 33.

℣. 37. — [41] c'est-à-dire ils causèrent de grands dommages au temple et aux Juifs (*Voy.* ce qui suit).

℣. 38. — [42] Le grec ajoute διαπαντός, constamment. La citadelle de Sion était dans une situation plus élevée que la montagne du temple, et ainsi le dominait, ce qui était cause que la garnison pouvait toujours inquiéter ceux qui se rendaient au temple.

℣. 39. — [43] Voy. *pl. h.* ℣. 32.

41. Son temple saint fut désolé, et devint une solitude : ses jours de fêtes se changèrent en *des jours de* pleurs; ses *jours de* sabbat furent en opprobre, et tous ses honneurs furent anéantis [44]. *Tob.* 2, 6. *Amos*, 8, 10.

42. Le comble de son ignominie a égalé celui de sa gloire, et sa haute élévation a été changée en deuil *et en larmes*.

43. Alors le roi Antiochus écrivit des lettres à tout son royaume, afin que tous les peuples n'en fissent plus qu'un [45], et que chaque *peuple* abandonnât sa loi particulière.

44. Toutes les nations consentirent à cette ordonnance du roi Antiochus;

45. et plusieurs des Israélites embrassèrent cette servitude [46] qu'il leur imposait; ils sacrifièrent aux idoles, et ils violèrent le sabbat [47].

46. Et le roi envoya des lettres par des hommes exprès à Jérusalem et à toutes les villes de Juda, afin qu'ils eussent à suivre les lois des nations de la terre;

47. qu'ils empêchassent qu'on n'offrît dans le temple de Dieu des holocaustes, des sacrifices et des oblations pour l'expiation du péché,

48. et qu'on ne célébrât le sabbat et les fêtes solennelles.

49. Et il commanda qu'on souillât les lieux saints, et le saint peuple d'Israel [48],

50. qu'on bâtit des autels et des temples, qu'on dressât des idoles, qu'on sacrifiât de la chair de pourceau, et d'autres bêtes immondes [49];

51. qu'on laissât les enfants mâles incirconcis, et qu'ils souillassent leurs âmes par toutes sortes de viandes impures et d'abominations [50], en sorte qu'ils oubliassent la

41. Sanctificatio ejus desolata est sicut solitudo, dies festi ejus conversi sunt in luctum, sabbata ejus in opprobrium, honores ejus in nihilum.

42. Secundum gloriam ejus multiplicata est ignominia ejus : et sublimitas ejus conversa est in luctum.

43. Et scripsit rex Antiochus omni regno suo, ut esset omnis populus, unus : et relinqueret unusquisque legem suam.

44. Et consenserunt omnes gentes secundum verbum regis Antiochi :

45. et multi ex Israel consenserunt servituti ejus, et sacrificaverunt idolis, et coinquinaverunt sabbatum.

46. Et misit rex libros per manus nuntiorum in Jerusalem, et in omnes civitates Juda : ut sequerentur leges gentium terræ,

47. et prohiberent holocausta, et sacrificia, et placationes fieri in templo Dei,

48. et prohiberent celebrari sabbatum, et dies solemnes :

49. et jussit coinquinari sancta, et sanctum populum Israel.

50. Et jussit ædificari aras, et templa, et idola, et immolari carnes suillas, et pecora communia,

51. et relinquere filios suos incircumcisos, et coinquinari animas eorum in omnibus immundis, et abominationibus, ita ut oblivisce-

---

ỳ. 41. — [44] La sanctification du sabbat devint pour les Juifs une source d'opprobre, et toutes les prescriptions de la religion, dans l'observation desquelles les Juifs faisaient consister leur principale gloire, furent comptées pour rien.

ỳ. 43. — [45] * Antiochus voulait fondre l'unité politique sur l'unité de religion; et pour arriver à ce but, il contraignit à la révolte ses meilleurs sujets et ceux qui étaient le plus fidèles à Dieu.

ỳ. 45. — [46] * Plusieurs, beaucoup même, mais non pas la majorité; le gros de la nation demeura toujours inviolablement attaché à la religion de ses pères. La guerre même des Machabées en est la preuve. — Au lieu de *cette servitude*, il y en a qui traduisent : *ce culte*, et c'est là le vrai sens du mot grec λατρεια, répondant à l'hébreu *habodah*.

[47] en se livrant en ce jour, comme les Gentils, à des œuvres serviles.

ỳ. 49. — [48] qu'on se permît à leur égard des choses par lesquelles, suivant les prescriptions religieuses des Juifs, ils étaient profanés et souillés.

ỳ. 50. — [49] Sur les animaux purs, et les impurs, voy. 3. *Moys.* 11, 5. *Moys.* 14.

ỳ. 51. — [50] qu'ils se missent au-dessus des lois touchant les impuretés.

rentur legem, et immutarent omnes justificationes Dei.
52. Et quicumque non fecissent secundum verbum regis Antiochi, morerentur.
53. Secundum omnia verba hæc scripsit omni regno suo : et præposuit principes populo, qui hæc fieri cogerent.
54. Et jusserunt civitatibus Juda sacrificare.
55. Et congregati sunt multi de populo, ad eos qui dereliquerant legem Domini : et fecerunt mala super terram :
56. et effugaverunt populum Israel in abditis, et in absconditis fugitivorum locis.
57. Die quinta decima mensis casleu, quinto et quadragesimo et centesimo anno, ædificavit rex Antiochus abominandum idolum desolationis super altare Dei, et per universas civitates Juda in circuitu ædificaverunt aras :
58. et ante januas domorum, et in plateis incendebant thura, et sacrificabant :
59. et libros legis Dei combusserunt igni, scindentes eos :
60. et apud quemcumque inveniebantur libri testamenti Domini, et quicumque observabat legem Domini, secundum edictum regis trucidabant eum.
61. In virtute sua faciebant hæc

loi de Dieu, et qu'ils renversassent toutes ses ordonnances;
52. et que si quelqu'un n'obéissait pas à cet ordre du roi Antiochus, il fût aussitôt puni de mort [51].
53. Il écrivit de cette sorte dans tout son royaume, et il établit des officiers pour contraindre le peuple d'obéir à cet édit.
54. Ils commandèrent donc aux villes de Juda de sacrifier [52];
55. et plusieurs du peuple vinrent se joindre à ceux qui avaient abandonné la loi du Seigneur, et ils firent beaucoup de maux dans le pays.
56. Ils contraignirent le peuple d'Israël de s'enfuir dans des lieux écartés, et de chercher des retraites où ils pussent se cacher dans leur fuite [53].
57. Le quinzième jour du mois de casleu [54], en la cent quarante-cinquième année [55], le roi Antiochus dressa l'abominable idole de la désolation sur l'autel de Dieu [56]; et on bâtit des autels de tous côtés dans toutes les villes de Juda [57] :
58. et ils offraient de l'encens, et sacrifiaient devant les portes des maisons et au milieu des rues [58].
59. Ils déchirèrent les livres de la loi de Dieu, et les jetèrent au feu [59].
60. Et si l'on trouvait chez quelqu'un les livres de l'alliance du Seigneur, et s'il observait la loi du Seigneur, il était tué aussitôt, selon l'édit du roi.
61. C'est ainsi qu'ils traitaient avec vio-

ỳ. 52. — [51] * Tout ce qui est ici marqué des cruautés d'Antiochus et de sa prétention d'établir partout dans son royaume le culte grec, semble avoir servi de modèle à nos révolutionnaires de 93. Il n'y a que les noms à changer.

ỳ. 54. — [52] * Il n'était permis aux Israélites d'offrir des sacrifices qu'à Jérusalem dans le temple, et non dans les autres villes (Voy. 5. *Moys*. 12, 13). Il est vraisemblable d'ailleurs qu'il s'agit ici des sacrifices païens, offerts aux fausses divinités.

ỳ. 56. — [53] Les vrais Israélites, ceux qui étaient restés fidèles à Dieu et à sa loi, furent ainsi contraints de se cacher dans des lieux secrets, pour se mettre en sûreté contre les mauvais traitements.

ỳ. 57. — [54] qui tombe dans nos mois de novembre et de décembre.

[55] l'an 166 avant Jésus-Christ.

[56] Selon quelques-uns, une statue de Jupiter Olympien. Suivant l'historien juif Josèphe, il érigea sur l'autel du temple un autel plus petit, sur lequel on sacrifiait des porcs.

[57] Il faut rapprocher de ce verset et de ceux qui suivent dans ce chapitre 2 *Mach*. 6.

ỳ. 58. — [58] * Les païens avaient partout, dans les places publiques, dans les rues, aux portes des maisons, des idoles et des autels. Les plus communs de ces signes idolâtriques étaient ceux de la déesse *Trivia* et d'*Hécate*.

ỳ. 59. — [59] * Ceux qu'ils purent découvrir et saisir; mais les Juifs avaient grand soin de cacher et de soustraire à l'impiété de leurs ennemis ces précieux monuments (Flav. Josèphe). Comp. *pl. b* 3, 48. *Mach*. 1, 14.

lence tout le peuple d'Israël, qui se trouvait chaque mois dans toutes les villes [60].

62. Et le vingt-cinq du mois [61] ils sacrifiaient sur l'autel qui était opposé à l'autel de Dieu [62].

63. Les femmes qui avaient circoncis leurs enfants, étaient tuées, selon le commandement du roi Antiochus.

64. Ils pendaient les enfants au cou *de leurs mères* [63], dans toutes les maisons où ils les avaient trouvés, et ils tuaient ceux qui les avaient circoncis.

65. Alors plusieurs du peuple d'Israël résolurent en eux-mêmes de ne rien manger de ce qui serait impur [64]; et ils aimèrent mieux mourir que de se souiller par des viandes impures.

66. Ils ne voulurent point violer la loi sainte de Dieu, et ils furent tués.

67. Et une grande colère tomba alors sur le peuple [65].

populo Israel, qui inveniebatur in omni mense et mense in civitatibus.

62. Et quinta et vigesima die mensis sacrificabant super aram, quæ erat contra altare.

63. Et mulieres, quæ circumcidebant filios suos, trucidabantur secundum jussum regis Antiochi,

64. et suspendebant pueros a cervicibus per universas domos eorum : et eos, qui circumciderant illos, trucidabant.

65. Et multi de populo Israel definierunt apud se, ut non manducarent immunda : et elegerunt magis mori, quam cibis coinquinari immundis :

66. et noluerunt infringere legem Dei sanctam, et trucidati sunt :

67. et facta est ira magna super populum valde.

CHAPITRE II

Résistance du prêtre Mathathias. Beaucoup de Juifs fuient dans le désert. Mathathias rassemble une armée, et exhorte tous les Juifs à se défendre contre la violence injuste. Sa mort.

1. En ce temps-là [1] Mathathias, fils de Jean [2], fils de Simon, prêtre d'entre les enfants de Joarib, sortit de Jérusalem [3], et se retira sur la montagne de Modin [4].

1. In diebus illis surrexit Mathathias filius Joannis, filii Simeonis, sacerdos ex filiis Joarib ab Jerusalem, et consedit in monte Modin :

ỳ. 61. — [60] rassemblé pour les exercices de la religion. D'autres traduisent : ceux qui se trouvaient chaque mois dans les villes (le jour où ces fidèles célébraient par leurs sacrifices la fete de la naissance du roi 2 *Mach.* 6, 7).

ỳ. 62. — [61] * La profanation du temple avait été consommée dix jours auparavant, c'est-à-dire le 15 (ỳ. 57); mais le premier sacrifice idolâtrique ne fut offert que le 25. Ce fut en ce même jour, que, trois ans plus tard, le temple fut de nouveau consacré (Voy. 2. *Mach.* 10, 5).

[62] pour y faire des sacrifices à Jupiter Olympien. D'autres traduisent le grec : qui était sur l'autel (de Dieu).

ỳ. 64. — [63] afin de faire mourir d'un seul coup les enfants avec leurs mères.

ỳ. 65. — [64] * Tels furent le saint vieillard Eléazar (2. *Mach.* 6, 18 et suiv.), et les sept frères Machabées et leur mère (2. *Mach.* 7).

ỳ. 67. — [65] * de grands maux, effet de la colère de Dieu, et infligés par la colère du persécuteur.

ỳ. 1. — [1] L'an 166 avant Jésus-Christ.

[2] * Mathathias, de race sacerdotale, était, selon l'opinion la plus commune, descendant d'Eléazar, fils d'Aaron. Le nom d'Asmonéens donné à lui et à sa postérité, leur vient d'Asmonée, un de leurs ancêtres, comme l'affirme Josèphe (Antiq. 12, 6).

[3] La famille de Joarib ou Joiarib formait une des vingt-quatre classes des prêtres (1. *Par.* 24, 7).

[4] Modin était une ville ou un bourg sur une montagne au nord de Jérusalem,

2. et habebat filios quinque, Joannem, qui cognominabatur Gaddis :

3. et Simonem, qui cognominabatur Thasi :

4. et Judam, qui vocabatur Machabæus :

5. et Eleazarum, qui cognominabatur Abaron : et Jonathan, qui cognominabatur Apphus;

6. hi viderunt mala, quæ fiebant in populo Juda, et in Jerusalem.

7. Et dixit Mathathias : Væ mihi, ut quid natus sum videre contritionem populi mei, et contritionem civitatis sanctæ, et sedere illic, cum datur in manibus inimicorum?

8. Sancta in manu extraneorum facta sunt : templum ejus sicut homo ignobilis.

9. Vasa gloriæ ejus captiva abducta sunt : trucidati sunt senes ejus in plateis, et juvenes ejus ceciderunt in gladio inimicorum.

10. Quæ gens non hereditavit regnum ejus, et non obtinuit spolia ejus?

11. Omnis compositio ejus ablata est. Quæ erat libera, facta est ancilla.

12. Et ecce sancta nostra, et pulchritudo nostra, et claritas nostra desolata est, et coinquinaverunt ea gentes.

2. Il avait cinq fils : Jean, surnommé Gaddis [5],

3. Simon, surnommé Thasi [6],

4. Judas, appelé Machabée [7],

5. Eléazar, surnommé Abaron, et Jonathas, surnommé Apphus [8].

6. Ils considérèrent [9] les maux qui se faisaient parmi le peuple de Juda et dans Jérusalem ;

7. et Mathathias dit ces paroles : Malheur à moi! suis-je donc né pour voir l'affliction de mon peuple, et le renversement de la ville sainte, et pour demeurer en paix lorsqu'elle est livrée entre les mains de ses ennemis?

8. Son sanctuaire est entre les mains des étrangers, son temple est traité comme un homme infâme [10].

9. Les vases consacrés à sa gloire ont été enlevés comme des captifs dans une terre étrangère; ses vieillards ont été assassinés dans les rues, et ses jeunes hommes sont tombés morts sous l'épée de leurs ennemis.

10. Quelle nation n'a point hérité de son royaume, et ne s'est point enrichie de ses dépouilles [11]?

11. Toute sa magnificence lui a été enlevée : celle qui était libre est devenue esclave.

12. Tout ce que nous avions de saint, de beau et d'éclatant a été désolé et profané par les nations.

---

non loin de la mer. Mathathias avait, avec d'autres Juifs pieux, quitté Jérusalem (*Voy.* 1, 40), et s'était retiré dans la ville de ses pères.

℣. 2. — [5] * Peut-être de l'hébreu *gud*, bonne fortune.

℣. 3. — [6] * ce qui, en syriaque, signifie *ardent* ou *faible*

℣. 4. — [7] proprement Makkhabi, le marteau (ou le marteleur). Il fut ainsi surnommé à cause de ses grands faits d'armes.

℣. 5. — [8] * *Abaron*, vraisemblablement de l'hébreu *héber*, étranger, passager. — *Apphus*, mot dont la racine est très-incertaine, et qui, selon qu'on le fait dériver d'*aphos*, de *fousch* ou de *fouts*, peut signifier : celui qui met fin, qui disperse ou qui marche avec fierté.

℣. 6. — [9] Dans le grec : Il (Mathathias) considéra.

℣. 8. — [10] Cette comparaison ne paraît pas très-juste. Peut-être faut-il lire dans le grec : laos (peuple) au lieu de naos (temple), en sorte que la leçon serait, son peuple est traité, etc. — * La comparaison ne manque pas précisément de justesse dans les idées judaïques. Combien de fois dans les Ecritures la profanation des choses saintes est-elle comparée aux souillures des personnes! (Voy. *Lam.* 1, 8. 9. 17 etc.)

℣. 10. — [11] L'auteur sacré veut dire : Non-seulement les Syriens dominent sur nous et nous dépouillent, mais avec eux des hommes de toutes les nations. L'armée syrienne était en partie composée de bandes de gens perdus et sans aveu; c'est ce qu'attestent également les auteurs profanes.

13. Pourquoi donc vivons-nous encore?

14. Alors Mathathias et ses fils déchirèrent leurs vêtements : ils se couvrirent de cilices, et ils firent un grand deuil.

15. En même temps, ceux que le roi Antiochus avait envoyés, vinrent pour contraindre ceux qui s'étaient retirés dans la ville de Modin [12], de sacrifier et de brûler de l'encens, et d'abandonner la loi de Dieu.

16. Plusieurs du peuple d'Israël y consentirent et se joignirent à eux; mais Mathathias et ses fils demeurèrent fermes [13].

17. Et ceux qu'Antiochus avait envoyés dirent à Mathathias : Vous êtes le premier, le plus grand et le plus considéré de cette ville; et vous recevez encore une nouvelle gloire de vos fils et de vos frères [14].

18. Venez donc le premier exécuter le commandement du roi, comme ont fait toutes les nations, les hommes de Juda, et ceux qui sont demeurés dans Jérusalem; et vous serez, vous et vos fils, au rang des amis du roi, comblés d'or et d'argent et de grands présents.

19. Mathathias lui répondit, en haussant la voix : Quand toutes les nations obéiraient au roi Antiochus, et que tous ceux d'Israel abandonneraient la loi de leurs pères pour se soumettre à ses ordonnances,

20. nous obéirons *toujours* néanmoins, mes enfants, mes frères et moi, à la loi de nos pères [15].

21. A Dieu ne plaise que nous en usions autrement; il ne nous est pas utile d'abandonner la loi et les ordonnances de Dieu, qui sont pleines de justice.

22. Nous n'obéirons point au commandement du roi Antiochus, ni ne prendrons point une autre voie que celle que nous avons suivie, pour offrir des sacrifices, en violant les ordonnances de notre loi.

23 Comme il cessait de parler, un certain juif s'avança, pour sacrifier aux idoles devant tout le monde, sur l'autel qu'on avait dressé dans la ville de Modin, selon le commandement du roi.

24. Mathathias le vit, et fut saisi de dou-

13. Quo ergo nobis adhuc vivere?

14. Et scidit vestimenta sua Mathathias, et filii ejus, et operuerunt se ciliciis, et planxerunt valde.

15. Et venerunt illuc qui missi erant a rege Antiocho, ut cogerent eos, qui confugerant in civitatem Modin, immolare, et accendere thura, et a lege Dei discedere.

16. Et multi de populo Israel consentientes accesserunt ad eos : sed Mathathias, et filii ejus constanter steterunt.

17. Et respondentes qui missi erant ab Antiocho dixerunt Mathathiæ : Princeps et clarissimus et magnus es in hac civitate, et ornatus filiis et fratribus;

18. ergo accede prior, et fac jussum regis, sicut fecerunt omnes gentes, et viri Juda, et qui remanserunt in Jerusalem : et eris tu, et filii tui, inter amicos regis, et amplificatus auro et argento, et muneribus multis.

19. Et respondit Mathathias, et dicit magna voce : Et si omnes gentes regi Antiocho obediunt, ut discedat unusquisque a servitute legis patrum suorum, et consentiat mandatis ejus :

20. ego, et filii mei, et fratres mei, obediemus legi patrum nostrorum;

21. propitius sit nobis Deus : non est nobis utile relinquere legem et justitias Dei :

22. non audiemus verba regis Antiochi, nec sacrificabimus transgredientes legis nostræ mandata, ut eamus altera via.

23. Et ut cessavit loqui verba hæc, accessit quidam judæus in omnium oculis sacrificare idolis super aram in civitate Modin, secundum jussum regis :

24. et vidit Mathathias, et do-

℣. 15. — [12] * Voy. *pl. b.* 13, 29.
℣. 16. — [13] Dans le grec : mais Mathathias et ses fils se réunirent.
℣. 17. — [14] de vos parents.
℣. 20. — [15] * *Etsi omnes ego non*; réponse d'autant plus admirable que les faits ne sont pas venus lui donner le démenti.

luit, et contremuerunt renes ejus, et accensus est furor ejus secundum judicium legis, et insiliens trucidavit eum super aram :

25. sed et virum, quem rex Antiochus miserat, qui cogebat immolare, occidit in ipso tempore, et aram destruxit,

26. et zelatus est legem, sicut fecit Phinees Zamri filio Salomi.

27. Et exclamavit Mathathias voce magna in civitate, dicens : Omnis, qui zelum habet legis statuens testamentum, exeat post me.

28. Et fugit ipse, et filii ejus in montes, et reliquerunt quæcumque habebant in civitate.

29. Tunc descenderunt multi quærentes judicium, et justitiam, in desertum :

30. et sederunt ibi ipsi, et filii eorum, et mulieres eorum, et pecora eorum : quoniam inundaverunt super eos mala.

31. Et renuntiatum est viris regis, et exercitui, qui erat in Jerusalem civitate David, quoniam discessissent viri quidam, qui dissipaverunt mandatum regis, in loca oculta in deserto, et ablissent post illos multi.

32. Et statim perrexerunt ad eos, et constituerunt adversus eos prælium in die sabbatorum,

33. et dixerunt ad eos : Resistitis et nunc adhuc? exite, et facite secundum verbum regis Antiochi, et vivetis.

34. Et dixerunt : Non exibimus, neque faciemus verbum regis, ut polluamus diem sabbatorum.

35. Et concitaverunt adversus eos prælium.

36. Et non responderunt eis, nec lapidem miserunt in eos, nec oppilaverunt loca occulta,

leur; ses entrailles en furent émues et troublées, et sa fureur s'étant allumée selon l'esprit de la loi [16], il se jeta sur cet homme, et le tua sur l'autel.

25. Il tua aussi en même temps l'officier que le roi Antiochus avait envoyé pour contraindre les Juifs de sacrifier; et il renversa l'autel,

26. étant transporté du zèle de la loi, comme le fut Phinées, lorsqu'il tua Zamri, fils de Salomi [17].

27. Alors Mathathias cria à haute voix dans la ville : Que quiconque est zélé pour la loi, et veut demeurer ferme dans l'alliance *du Seigneur*, me suive.

28. Et il s'enfuit avec ses fils sur les montagnes; et ils abandonnèrent tout ce qu'ils avaient dans la ville.

29. Alors plusieurs qui cherchaient à vivre selon la loi et la justice [18], s'en allèrent dans le désert;

30. et ils demeurèrent avec leurs fils, et leurs femmes, et leurs troupeaux, parce qu'ils se voyaient accablés de maux de tous côtés.

31. Les officiers du roi et l'armée qui étaient à Jérusalem, la ville de David [19], furent avertis que quelques gens qui avaient foulé aux pieds l'édit du roi, s'étaient retirés dans les lieux déserts [20], et que plusieurs les avaient suivis.

32. Ils marchèrent aussitôt à eux, et se préparèrent à les attaquer le jour du sabbat,

33. et ils leur dirent : Résisterez-vous encore à présent? Sortez, et obéissez à l'édit du roi Antiochus, afin que vous viviez.

34. Ils leur répondirent : Nous ne sortirons point, et nous ne violerons point le jour du sabbat pour obéir au roi Antiochus.

35. Ces gens les attaquèrent donc :

36. et ils ne leur répondirent point; ils ne jetèrent pas une seule pierre contre eux, et ils ne bouchèrent point les lieux les plus retirés [21].

℣. 24. — [16] La loi commandait de tuer sur-le-champ quiconque sacrifiait aux idoles (Voy. 5. *Moys* 13, 6-9).

℣. 26. — [17] qui est appelé Salu (4. *Moys*. 25, 14).

℣. 29. — [18] qui souhaitaient vivre selon la loi.

℣. 31. — [19] Voy. *pl. h.* 1, 35.

[20] D'après le ℣. 36, les Juifs se cachèrent dans une caverne souterraine.

℣. 36. — [21] * Dans le grec : *les lieux secrets*, les cavernes où ils s'étaient retirés.

37. Mais ils dirent : Mourons tous dans la simplicité de notre cœur [22], et le ciel et la terre seront témoins que vous nous faites mourir injustement.

38. Les ennemis les attaquèrent donc le jour du sabbat; et ils furent tués, eux, leurs femmes et leurs enfants, avec leurs bestiaux : mille personnes périrent en ce lieu-là [23].

39. Mathathias et ses amis en reçurent la nouvelle, et ils firent un grand deuil de leur perte.

40. Alors ils se dirent les uns aux autres : Si nous faisons tous comme nos frères ont fait, et que nous ne combattions point contre les nations pour notre vie et pour notre loi, ils nous extermineront en peu de temps de dessus la terre.

41. Ils prirent donc ce jour-là cette résolution : Qui que ce soit, dirent-ils, qui nous attaque le jour du sabbat, ne faisons point de difficulté de combattre contre lui; et ainsi nous ne mourrons point tous, comme nos frères sont morts dans les lieux cachés *du désert*.

42. Alors les Assidéens [24] qui étaient des plus vaillants d'Israël [25], s'assemblèrent tous, et se joignirent à eux : tous ceux qui s'étaient attachés volontairement à la loi,

43. et tous les autres qui fuyaient les maux dont ils étaient menacés, vinrent s'unir à eux, et fortifièrent leurs troupes.

44. Ils firent donc un corps d'armée, et ils se jetèrent sur les prévaricateurs dans leur colère, et sur les méchants [26] dans leur

37. dicentes : Moriamur omnes in simplicitate nostra : et testes erunt super nos cœlum et terra, quod injuste perditis nos.

38. Et intulerunt illis bellum sabbatis : et mortui sunt ipsi, et uxores eorum, et filii corum, et pecora eorum, usque ad mille animas hominum.

39. Et cognovit Mathathias, et amici ejus, et luctum habuerunt super eos valde.

40. Et dixit vir proximo suo : Si omnes fecerimus sicut fratres nostri fecerunt, et non pugnaverimus adversus gentes pro animabus nostris, et justificationibus nostris, nunc citius disperdent nos a terra.

41. Et cogitaverunt in die illa, dicentes : Omnis homo quicumque venerit ad nos in bello die sabbatorum, pugnemus adversus eum : et non moriemur omnes, sicut mortui sunt fratres nostri in occultis.

42. Tunc congregata est ad eos synagoga Assidæorum fortis viribus ex Israel, omnis voluntarius in lege :

43. et omnes, qui fugiebant a malis, additi sunt ad eos, et facti sunt illis ad firmamentum.

44. Et collegerunt exercitum, et percusserunt peccatores in ira sua, et viros iniquos in indigna-

— La détermination que prirent ces Juifs pieux de ne point se défendre le jour du sabbat, peut être admirée; mais elle n'était pas selon la science. L'observation du sabbat était fondamentale dans la loi; mais après tout c'était une loi cérémonielle, et l'obligation de conserver leur vie en défendant leurs freres, l'emportait sur celle d'observer la loi du sabbat (*Voy.* ℣. 40. 41). Dans la suite cependant la maxime contraire prévalut; et dans plusieurs rencontres les ennemis des Juifs en profitèrent pour leur faire éprouver des défaites assurées et divers désastres. Ainsi ce fut un jour de sabbat que Ptolémée, fils de Lagus, attaqua et prit Jérusalem; et ce fut un jour de sabbat encore que Vespasien défit les Juifs (*Voy.* D. Calmet, au ℣. 41).

℣. 37. — [22] en gens qui n'ont que la loi devant les yeux, et qui en font la règle de leur conduite, quelles qu'en puissent être les suites. Ils crurent que c'était contre la loi de se défendre à main armée un jour de sabbat (℣. 32).

℣. 38. — [23] Selon Josèphe, les Syriens allumèrent du feu à l'entrée de la caverne et y étouffèrent ceux qui s'y trouvaient.

℣. 42. — [24] * Selon quelques-uns, la secte si connue depuis sous le nom d'épicuriens; selon d'autres les cinéens descendant de Jethro (Comp. *Jér* 35, 2. note 2).

[25] Les Assidéens (en hébreu : *Chasidim*, pieux), se faisaient un devoir d'observer la loi avec une rigueur et une exactitude particulières.

℣. 44. — [26] * Par les prévaricateurs et les méchants, ce sont surtout les Juifs apostats qu'il faut entendre. Ce fut principalement contre eux que le zèle des Juifs pieux s'enflamma. Ceux des méchants et des prévaricateurs dont les zélateurs ne s'emparèrent point, passèrent du côté des Syriens.

tione sua : et cæteri fugerunt ad nationes, ut evaderent.

45. Et circuivit Mathathias, et amici ejus, et destruxerunt aras :

46. et circumciderunt pueros incircumcisos quotquot invenerunt in finibus Israel : et in fortitudine.

47. Et persecuti sunt filios superbiæ, et prosperatum est opus in manibus eorum :

48. et obtinuerunt legem de manibus gentium, et de manibus regum : et non dederunt cornu peccatori.

49. Et appropinquaverunt dies Mathathiæ moriendi, et dixit filiis suis : Nunc confortata est superbia, et castigatio, et tempus eversionis, et ira indignationis.

50. Nunc ergo, ô filii, æmulatores estote legis, et date animas vestras pro testamento patrum vestrorum,

51. et mementote operum patrum, quæ fecerunt in generationibus suis : et accipietis gloriam magnam, et nomen æternum.

52. Abraham nonne in tentatione inventus est fidelis, et reputatum est ei ad justitiam?

53. Joseph in tempore augustiæ suæ custodivit mandatum, et factus est dominus Ægypti.

54. Phinees pater noster, zelando zelum Dei, accepit testamentum sacerdotii æterni.

55. Jesus dum implevit verbum, factus est dux in Israel.

56. Caleb, dum testificatur in ecclesia, accepit hereditatem.

57. David in sua misericordia consecutus est sedem regni in sæcula.

58. Elias, dum zelat zelum legis, receptus est in cœlum.

indignation, et les tuèrent : et tout le reste [27] s'enfuit vers les nations pour y trouver leur sûreté.

45. Et Mathathias alla partout avec ses amis, et ils détruisirent les autels.

46. Ils circoncirent tous les enfants incirconcis qu'ils trouvèrent dans tout le pays d'Israël, et *ils agirent* avec grand courage [28].

47. Ils poursuivirent les enfants d'orgueil [29], et ils réussirent dans toutes leurs entreprises.

48. Ils délivrèrent la loi de l'asservissement des nations, et de la puissance des rois; et ils ne permirent point au pécheur d'abuser impunément de son pouvoir.

49. Après cela le jour de la mort de Mathathias s'approchant, il dit à ses fils : Le règne de l'orgueil s'est affermi; voici un temps de châtiment et de ruine, d'indignation et de colère.

50. Soyez donc maintenant, mes enfants, de vrais zélateurs de la loi, et donnez vos vies pour l'alliance de vos pères.

51. Souvenez-vous des œuvres qu'ont faites vos ancêtres, chacun dans leur temps; et vous recevrez une grande gloire et un nom éternel.

52. Abraham n'a-t-il pas été trouvé fidèle dans la tentation, et cela ne lui a-t-il pas été imputé à justice? 1. *Moys.* 22, 2.

53. Joseph a gardé les commandements de Dieu pendant le temps de son affliction; et il est devenu le seigneur de toute l'Egypte. 1. *Moys.* 41, 40.

54. Phinées, notre père [30], en brûlant de zèle pour la loi de Dieu, a reçu la promesse d'un sacerdoce éternel. 4. *Moys.* 25, 13.

55. Josué, accomplissant la parole du Seigneur [31], est devenu le chef d'Israël. *Jos.* 1, 2.

56. Caleb, en rendant témoignage dans l'assemblée de son peuple, a reçu un héritage. 4. *Moys.* 14, 6. *Jos.* 14, 14.

57. David, par sa douceur [32], s'est acquis pour jamais le trône royal. 2. *Rois*, 7.

58. Elie étant embrasé de zèle pour la loi, a été enlevé dans le ciel. 4. *Rois*, 2, 11. 3. *Rois*, 18.

---

[27] Les Juifs, qui ne voulaient point combattre, s'enfuirent du pays, ou se réunirent aux Syriens.

℣. 46. — [28] D'autres traduisent le grec : ... d'Israël, et ils le firent de vive force.

℣. 47. — [29] * Les Juifs apostats et les Grecs persécuteurs.

℣. 54. — [30] notre ancêtre.

℣. 55. — [31] se montrant toujours obéissant.

℣. 57. — [32] envers Saül, son ennemi. D'autres traduisent : par sa piété.

59. Ananias, Azarias et Misaël, croyant fermement *en Dieu*, ont été sauvés des flammes. *Dan.* 3, 50.

60. Daniel, dans la simplicité de son cœur [33], a été délivré de la gueule des lions. *Dan.* 6, 22.

61. Ainsi considérez tout ce qui s'est passé de race en race, et vous trouverez que tous ceux qui espèrent en Dieu ne s'affaiblissent point.

62. Ne craignez donc pas les paroles de l'homme pécheur, parce que toute sa gloire n'est que de l'ordure et que *la pâture des* vers [34].

63. Il s'élève aujourd'hui, et il disparaitra demain, parce qu'il sera retourné dans la terre d'où il est venu, et que toutes ses pensées se seront évanouies.

64. Vous donc, mes enfants, armez-vous de courage, et agissez vaillamment pour la défense de la loi, parce que c'est elle qui vous comblera de gloire.

65. Vous voyez ici Simon, votre frère : je sais qu'il est homme de conseil; écoutez-le toujours, et il vous tiendra lieu de père.

66. Judas Machabée a été fort et vaillant dès sa jeunesse : qu'il soit le général de vos troupes, et il conduira votre peuple dans la guerre.

67. Joignez à vous tous les observateurs de la loi, et vengez votre peuple de ses ennemis.

68. Rendez aux nations le mal qu'elles vous ont fait, et soyez toujours attentifs aux préceptes de la loi.

69. Après cela il les bénit, et il fut réuni à ses pères.

70. Il mourut en la cent quarante-sixième annee [35], et il fut enseveli à Modin par ses enfants dans le sépulcre de ses pères [36]; et tout Israel le pleura, et fit un grand deuil à sa mort.

59. Ananias et Azarias et Misael credentes, liberati sunt de flamma.

60. Daniel in sua simplicitate liberatus est de ore leonum.

61. Et ita cogitate per generationem et generationem : quia omnes qui sperant in eum, non infirmantur.

62. Et a verbis viri peccatoris ne timueritis : quia gloria ejus, stercus et vermis est :

63. hodie extollitur, et cras non invenietur : quia conversus est in terram suam, et cogitatio ejus periit.

64. Vos ergo filii confortamini, et viriliter agite in lege : quia in ipsa gloriosi eritis.

65. Et ecce Simon frater vester, scio quod vir consilii est : ipsum audite semper, et ipse erit vobis pater.

66. Et Judas Machabæus fortis viribus a juventute sua, sit vobis princeps militiæ, et ipse aget bellum populi.

67. Et adducetis ad vos omnes factores legis : et vindicate vindictam populi vestri.

68. Retribuite retributionem gentibus, et intendite in præceptum legis.

69. Et benedixit eos, et appositus est ad patres suos.

70. Et defunctus est anno centesimo et quadragesimo sexto : et sepultus est a filiis suis in sepulcris patrum suorum in Modin, et planxerunt eum omnis Israel planctu magno.

℣. 60. — [33] par son attachement strict et absolu à la loi.
℣. 62. — [34] n'est que honte, et périra.
℣. 70. — [35] L'an 165 avant Jésus-Christ (Voy. *pl. h.* 1, note 19).
[36] * Son fils Simon lui éleva un superbe monument (*voy.* 13, 27), qui subsistait encore du temps de saint Jérôme.

CHAPITRE III.

Judas marche sur les traces de son père Mathathias. Il défait les généraux syriens Apollonius et Séron. Antiochus, outré de cette défaite, envoie sous la conduite de Lysias, régent de ses Etats, une nombreuse armée contre les Juifs. Judas se dispose au combat.

1. Et surrexit Judas, qui vocabatur Machabæus, filius ejus pro eo :

2. et adjuvabant eum omnes fratres ejus, et universi qui se conjunxerant patri ejus, et præliabantur prælium Israel cum lætitia.

3. Et dilatavit gloriam populo suo, et induit se loricam sicut gigas, et succinxit se arma bellica sua in prœliis, et protegebat castra gladio suo.

4. Similis factus est leoni in operibus suis, et sicut catulus leonis rugiens in venatione.

5. Et persecutus est iniquos perscrutans eos : et qui conturbabant populum suum, eos succendit flammis :

6. et repulsi sunt inimici ejus præ timore ejus, et omnes operarii iniquitatis conturbati sunt : et directa est salus in manu ejus.

7. Et exacerbabat reges multos, et lætificabat Jacob in operibus suis, et in sæculum memoria ejus in benedictione.

8. Et perambulavit civitates Juda, et perdidit impios ex eis, et avertit iram ab Israel.

9. Et nominatus est usque ad novissimum terræ, et congregavit pereuntes.

10. Et congregavit Apollonius

1. Alors Judas, son fils, surnommé Machabée, prit sa place [1].

2. Il était assisté par tous ceux qui s'étaient joints à son père : et ils combattaient avec joie pour la défense d'Israël.

3. Ce fut lui qui accrut la gloire de son peuple : il se revêtit de la cuirasse comme un géant; il se couvrait de ses armes dans les combats, et son épée était la protection de tout le camp.

4. Il devint semblable à un lion dans ses grandes actions, et à un lionceau qui rugit en voyant sa proie [2].

5. Il poursuivit les méchants, en les cherchant de tous côtés, et il brûla ceux qui troublaient son peuple [3].

6. La terreur de son nom fit fuir ses ennemis devant lui; tous les ouvriers d'iniquité furent dans le trouble, et son bras procura le salut du peuple.

7. Ses grandes actions irritèrent plusieurs rois [4], et furent *en même temps* la joie de Jacob; et sa mémoire sera éternellement en bénédiction.

8. Il parcourut les villes de Juda, il en chassa les impies, et il détourna la colère de dessus Israel [5].

9. Son nom devint célèbre jusqu'aux extrémités du monde, et il rassembla ceux qui étaient près de périr.

10. Alors Apollonius [6] assembla les na-

℣. 1. — [1] Comparez avec ce chap. 2. *Mach.* 8, 1-22.

℣. 4. — [2] * Comp. *Osée*, 5, 14. — Sens des ℣. 3-4 : Judas fit tout ce qu'il convenait à un héros de faire.

℣. 5. — [3] Par ces méchants et ces perturbateurs, il faut, ce semble, entendre ici les Juifs apostats. Afin de leur faire subir une vengeance plus humiliante et plus honteuse, on les brûla tout vifs (Comp. *pl. b.* 10, 84).

℣. 7. — [4] Suivant l'usage de ces temps-là, les gouverneurs, les vice-rois, portaient aussi le titre de rois.

℣. 8. — [5] * Comp. 2. *Mach.* 8, 8-34.

℣. 10 — [6] vraisemblablement le même dont il a été fait mention ci-dessus, le surintendant des tributs (1, 30).

tions, et leva de Samarie une grande et puissante armée [7], pour combattre contre Israël.

11. Et Judas en ayant été averti, marcha contre lui, le défit, et le tua, et un grand nombre des ennemis fut taillé en pièces, et le reste mis en fuite.

12. Il en rapporta les dépouilles, et il prit l'épée d'Apollonius, et s'en servit dans les combats toute sa vie.

13. Séron, général de l'armée de Syrie [8], ayant appris que Judas avait rassemblé auprès de lui une grande troupe de ceux qui étaient fidèles à sa loi,

14. dit en lui-même : Je m'acquerrai de la réputation et de la gloire dans tout le royaume, par la defaite de Judas et de tous ceux qui sont avec lui, qui méprisent les ordres du roi.

15. Il se prépara [9] donc pour le combattre; et l'armée des impies le suivit avec un puissant secours, pour se venger des enfants d'Israël.

16. Ils s'avancèrent jusqu'à Béthoron [10] : et Judas vint au-devant d'eux avec peu de gens.

17. Mais ceux-ci ayant vu marcher contre eux l'armée ennemie, ils lui dirent : Comment pourrons-nous combattre contre une armée si grande et si forte, nous qui sommes en si petit nombre, et fatigués du jeûne d'aujourd'hui [11]?

18. Judas leur dit : Il est aisé que peu de gens en battent beaucoup; et quand le Dieu du ciel nous veut sauver, il n'y a point de différence à son égard entre un grand et un petit nombre.

19. Car la victoire ne dépend point de la grandeur des armées, mais c'est du ciel que nous vient toute la force [12].

20. Ils marchent contre nous avec une multitude de gens superbes et insolents, pour nous perdre tous avec nos femmes et nos enfants, et pour s'enrichir de nos dépouilles.

gentes, et a Samaria virtutem multam et magnam, ad bellandum contra Israel.

11. Et cognovit Judas, et exiit obviam illi : et percussit, et occidit illum : et ceciderunt vulnerati multi, et reliqui fugerunt;

12. et accepit spolia eorum : et gladium Apollonii abstulit Judas, et erat pugnans in eo omnibus diebus.

13. Et audivit Seron princeps exercitus Syriæ, quod congregavit Judas congregationem fidelium et ecclesiam secum,

14. et ait : Faciam mihi nomen, et glorificabor in regno, et debellabo Judam, et eos qui cum ipso sunt, qui spernebant verbum regis.

15. Et præparavit se : et ascenderunt cum eo castra impiorum, fortes auxiliarii, ut facerent vindictam in filios Israel.

16. Et appropinquaverunt usque ad Bethoron : et exivit Judas obviam illis cum paucis.

17. Ut autem viderunt exercitum venientem sibi obviam, dixerunt Judæ : Quomodo poterimus pauci pugnare contra multitudinem tantam, et tam fortem, et nos fatigati sumus jejunio hodie?

18. Et ait Judas : Facile est concludi multos in manus paucorum : et non est differentia in conspectu Dei cœli liberare in multis, et in paucis :

19. quoniam non in multitudine exercitus victoria belli, sed de cœlo fortitudo est.

20. Ipsi veniunt ad nos in multitudine contumaci et superbia, ut disperdant nos, et uxores nostras, et filios nostros, et ut spolient nos :

---

[7] une armée de Samaritains, les ennemis les plus acharnés des Juifs (Voy. 1. *Esdr.* 4, 1).

℣. 13. — [8] * Séron, au rapport de Flav. Josèphe, était gouverneur de la Célésyrie.

℣. 15. — [9] Dans le grec : de nouveau; en effet, c'était la seconde expédition des Syriens contre les Juifs.

℣. 16. — [10] * Cette ville, à sept ou huit lieues au nord de Jérusalem, était située sur l'ancien territoire d'Ephraïm (Comp. *Jos.* 21, 22).

℣. 17. — [11] que nous nous sommes imposés, pour implorer la miséricorde du Seigneur.

℣. 19. — [12] * Judas en avait pour garant l'exemple de Gédéon (Voy. *Jug.* 7, 4).

21. nos vero pugnabimus pro animabus nostris, et legibus nostris :

22. et ipse Dominus conteret eos ante faciem nostram : vos autem ne timueritis eos.

23. Ut cessavit autem loqui, insiluit in eos subito : et contritus est Seron, et exercitus ejus in conspectu ipsius :

24. et persecutus est eum in descensu Bethoron usque in campum, et ceciderunt ex eis octingenti viri, reliqui autem fugerunt in terram Philistiim.

25. Et cecidit timor Judæ, ac fratrum ejus, et formido super omnes gentes in circuitu eorum ;

26. et pervenit ad regem nomen ejus, et de præliis Judæ narrabant omnes gentes.

27. Ut audivit autem rex Antiochus sermones istos, iratus est animo : et misit, et congregavit exercitum universi regni sui, castra fortia valde :

28. et aperuit ærarium suum, et dedit stipendia exercitui in annum : et mandavit illis ut essent parati ad omnia.

29. Et vidit quod defecit pecunia de thesauris suis, et tributa regionis modica propter dissensionem, et plagam, quam fecit in terra, ut tolleret legitima, quæ erant a primis diebus :

30. et timuit ne non haberet ut semel et bis, in sumptus et donaria, quæ dederat ante larga manu : et abundaverat super reges, qui ante eum fuerant.

31. Et consternatus erat animo valde, et cogitavit ire in Persidem, et accipere tributa regionum, et congregare argentum multum.

32. Et reliquit Lysiam homi-

21. Mais pour nous, nous combattons pour notre vie et pour notre loi ;

22. et le Seigneur brisera lui-même tous leurs efforts devant nous : c'est pourquoi ne les craignez point.

23. Quand il eut cessé de parler, il se jeta aussitôt sur eux ; et Séron fut renversé devant lui avec toute son armée.

24. Judas le poursuivit à la descente de Béthoron jusqu'à la plaine ; et huit cents hommes des ennemis furent tués : mais le reste s'enfuit au pays des Philistins.

25. Alors la terreur de Judas et de ses frères se répandit de tous côtés parmi les nations voisines [13].

26. Son nom fut connu du roi même, et tous les peuples parlaient des combats et des victoires de Judas.

27. Lors donc que le roi Antiochus eut reçu ces nouvelles, il entra dans une grande colère ; et il envoya dans tout son royaume lever des troupes, dont il fit une puissante armée.

28. Il ouvrit son trésor, il paya ses gens pour un an, et il leur commanda d'être prêts à tout.

29. Mais ayant vu que l'argent de ses trésors avait manqué, et qu'il retirait peu de tributs du pays *de Judée*, à cause des troubles qu'il y avait excités, et des maux qu'il y avait faits, en leur ôtant la loi qu'ils avaient gardée de tout temps,

30. il eut peur de n'avoir pas de quoi fournir comme auparavant aux frais de la guerre, et aux grandes libéralités qu'il avait accoutumé de faire avec une largesse extraordinaire, ayant été magnifique plus que tous les rois qui l'avaient précédé [14].

31. Dans cette grande consternation où il se trouvait, il résolut d'aller en Perse pour y lever les tributs des peuples, et y amasser beaucoup d'argent [15].

32. Il laissa donc Lysias, prince de la

ỳ. 25. — [13] * Comp. 2. *Mach.* 8, 8. 22, etc.

ỳ. 30. — [14] * Antiochus, prince bizarre et sans dignité, ne laissa pas d'avoir de la grandeur et de la magnificence. Les festins qu'il donna et les fêtes qu'il célébra firent, pour ainsi dire, oublier les profusions des rois de Perse (*Voy.* D. Calmet, ibid.).

ỳ. 31. — [15] Les rois d'Arménie et de Perse étaient tributaires de la Syrie, mais ils avaient cessé de payer leurs tributs, à cause des persécutions religieuses. Antiochus voulait les leur arracher à main armée ; sa convoitise se portait en outre sur les richesses accumulées dans les temples de Perse.

maison royale, pour avoir soin des affaires du royaume, et commander depuis le fleuve de l'Euphrate jusqu'au fleuve de l'Egypte [16],

33. et pour avoir soin de l'éducation de son fils Antiochus [17], jusqu'à ce qu'il fût de retour.

34. Il lui laissa la moitié de l'armée, et des éléphants; et il lui donna ses ordres pour tout ce qu'il voulait faire, pour tout ce qui regardait aussi les peuples de la Judée et les habitants de Jérusalem,

35. lui commandant d'y envoyer une armée, pour perdre et exterminer entièrement toutes les troupes d'Israel et les restes de Jerusalem, et pour effacer de ce lieu tout ce qui en pourrait renouveler la mémoire;

36. d'établir des étrangers dans tout leur pays pour l'habiter, et de distribuer au sort toutes leurs terres.

37. Le roi prit la moitié de l'armée qui lui restait, partit d'Antioche, capitale de son royaume, en la cent quarante-septième année [18], passa l'Euphrate, et traversa le haut pays [19].

38. Et Lysias choisit Ptolémée, fils de Dorymini, Nicanor et Gorgias, qui étaient des hommes puissants entre les amis du roi [20].

39. et envoya avec eux quarante mille hommes de pied, et sept mille chevaux : il leur donna ordre d'aller dans le pays de Juda, et de ruiner tout, selon que le roi l'avait commandé.

40. Ils s'avancèrent donc avec toutes leurs troupes, et vinrent camper près d'Emmaüs [21], le long de la plaine.

41. Les marchands des pays voisins ayant su leur arrivée, prirent beaucoup d'or et

nem nobilem de genere regali, super negotia regia, a flumine Euphrate usque ad flumen Ægypti :

33. et ut nutriret Antiochum filium suum, donec rediret :

34. Et tradidit ei medium exercitum, et elephantos : et mandavit ei de omnibus quæ volebat, et de inhabitantibus Judæam et Jerusalem :

35. et ut mitteret ad eos exercitum, ad conterendam et extirpandam virtutem Israel, et reliquias Jerusalem, et auferendam memoriam eorum de loco :

36. et ut constitueret habitatores filios alienigenas in omnibus finibus eorum, et sorte distribueret terram eorum.

37. et rex assumpsit partem exercitus residui, et exivit ab Antiochia civitate regni sui, anno centesimo et quadragesimo septimo : et transfretavit Euphraten flumen, et perambulabat superiores regiones.

38. Et elegit Lysias Ptolemæum filium Dorymini, et Nicanorem, et Gorgiam, viros potentes ex amicis regis :

39. et misit cum eis quadraginta millia virorum, et septem millia equitum, ut venirent in terram Juda, et disperderent eam secundum verbum regis.

40. Et processerunt cum universa virtute sua, et venerunt, et applicuerunt Emmaum in terra campestri.

41. Et audierunt mercatores regionum nomen eorum : et acce-

ỳ. 32. — [16] le torrent de Rhinocolure, qui forme la limite entre l'Egypte et la Palestine (Voy. 4. *Moys.* 34, 5).

ỳ. 33. — [17] * Qui reçut depuis le surnom d'*Eupator.* — Heureux en pére (Voy. *pl. b.* 6, 17), et qui n'était alors âgé que de sept ans.

ỳ. 37. — [18] L'an 164 avant Jésus-Christ.

[19] aussi l'Arménie.

ỳ. 38. — [20] * Dorymini (Dorymenée), italien de naissance, combattit comme général égyptien contre Antiochus-le-Grand. Son fils Ptolémée, surnommé Machron (2. *Mach.* 11, 12), fut gouverneur de l'île de Crète qui dépendait de l'Egypte, mais il la livra à Antiochus-Epiphane, dont il devint le confident et le favori (Comp. 2. *Mach.* 4, 45 et suiv., 10, 13 et suiv.). Etant depuis tombé en disgrâce sous Antiochus-Eupator, il s'empoisonna. — Sur Gorgias, voy. 2. *Mach.* 10, 14. 12, 32 et suiv. et sur Nicanor, *pl. b.* 7, 26 et suiv. 2. *Mach.* 8, 9. 14, 12.

ỳ. 40. — [21] une petite ville à deux heures de chemin au nord-ouest de Jérusalem.

runt argentum et aurum multum valde, et pueros : et venerunt in castra, ut acciperent filios Israel in servos; et additi sunt ad eos exercitus Syriæ, et terræ alienigenarum.

42. Et vidit Judas, et fratres ejus, quia multiplicata sunt mala, et exercitus applicabant ad fines eorum : et cognoverunt verba regis, quæ mandavit populo facere in interitum et consummationem :

43. et dixerunt unusquisque ad proximum suum : Erigamus dejectionem populi nostri, et pugnemus pro populo nostro, et sanctis nostris.

44. Et congregatus est conventus ut essent parati in prælium : et ut orarent, et peterent misericordiam et miserationes.

45. Et Jerusalem non habitabatur, sed erat sicut desertum : non erat qui ingrederetur et egrederetur de natis ejus : et sanctum conculcabatur : et filii alienigenarum erant in arce, ibi erat habitatio gentium : et ablata est voluptas a Jacob, et defecit ibi tibia et cithara.

46. Et congregati sunt, et venerunt in Maspha contra Jerusalem : quia locus orationis erat in Maspha ante in Israel.

47. Et jejunaverunt illa die, et induerunt se ciliciis, et cinerem imposuerunt capiti suo, et disciderunt vestimenta sua :

48. et expanderunt libros legis, de quibus scrutabantur gentes similitudinem simulacrorum suorum :

d'argent, et des serviteurs, et vinrent au camp, afin d'acheter les enfants d'Israël que l'on devait faire esclaves [22] : et l'armée de Syrie se joignit à eux, avec celle du pays des étrangers [23].

42. Judas et ses frères reconnurent alors que leurs maux s'étaient multipliés, et que l'armée ennemie s'approchait de leur pays. Il sut l'ordre que le roi avait donné de perdre leur peuple, et de le détruire entièrement.

43. Et ils se dirent les uns aux autres : Relevons les ruines de notre nation, et combattons pour notre peuple, et pour les choses saintes de notre religion.

44. Ils s'assemblèrent donc pour se préparer à combattre, et pour prier le Seigneur, et implorer sa bonté et ses miséricordes.

45. Jérusalem n'était point alors habitée, mais paraissait comme un désert : on ne voyait plus aucun de ses enfants y entrer ou en sortir; son sanctuaire était foulé aux pieds; les étrangers demeuraient dans la forteresse, qui était devenue la retraite des nations; toute la joie de Jacob en était bannie, et on n'y entendait plus le son de la flute ni de la harpe.

46. Ils s'assemblèrent donc, et vinrent à Maspha, vis-à-vis de Jérusalem, parce qu'il y avait eu autrefois à Maspha un lieu de prière dans Israël [24].

47. Ils jeûnèrent ce jour-là, ils se revêtirent de cilices, ils se mirent de la cendre sur la tête, ils déchirèrent leurs vêtements.

48. Ils ouvrirent les livres de la loi, où les Gentils cherchaient à trouver quelque chose qui eût du rapport avec leurs idoles [25].

℣. 41. — [22] Les anciens conquérants, ou bien entraînaient les vaincus loin de leur pays comme captifs, pour les implanter dans leurs propres provinces, ou bien ils les vendaient sur lieu et place à des marchands d'esclaves. Dans l'attente que ce dernier traitement serait celui qui serait fait à un grand nombre de Juifs, les trafiquants en hommes des environs se rendirent au camp des Syriens avec beaucoup d'argent et de conducteurs d'esclaves.

[23] Autrement : des Philistins, — aux troupes qui vinrent d'Antioche se joignit encore une force imposante de Syriens et de Philistins.

℣. 46. — [24] avant que le temple fût bâti (Voy. 1. *Rois*, 7, 5. 9, note 4).

℣. 48. — [25] Les Gentils cherchaient peut-être à établir une comparaison entre les figures des chérubins et les apparitions des anges, dont il est fait mention dans la loi, et les figures et les fables de leurs idoles. Les Juifs s'indignent ici de cette profanation, et conjurent Dieu de ne pas permettre plus longtemps que les Gentils se livrent à un pareil désordre dans la Terre Sainte. Selon le texte grec de l'édition de Complute, le verset porte : Et ils étendirent le livre de la loi, que les Gentils avaient recherché, pour y peindre leurs dieux. La version syriaque traduit : Et ils

49. Ils apportèrent les ornements sacerdotaux, les prémices et les décimes [26]; et ils firent venir les Nazaréens qui avaient accompli leurs jours [27].

50. Et élevant leurs voix, ils poussèrent leurs cris jusqu'au ciel, en disant : Que ferons-nous à ceux-ci? et où les mènerons-nous [28]?

51. Votre sanctuaire a été souillé et foulé aux pieds; vos prêtres sont dans les larmes et dans l'humiliation.

52. Vous voyez que ces nations se sont assemblées pour nous perdre : vous savez les desseins qu'elles ont formés contre nous.

53. Comment pourrons-nous subsister devant eux, si vous-même, ô Dieu! ne nous assistez?

54. Et ils firent retentir les trompettes avec un grand bruit [29].

55. Après cela Judas établit des officiers pour commander l'armée, des tribuns, des capitaines de cent hommes, et des officiers de cinquante, et de dix.

56. Et il dit à ceux qui venaient de bâtir des maisons, d'épouser des femmes, et de planter des vignes, et à tous ceux qui étaient timides, de retourner chacun en leur maison, selon la loi [30].

57. Alors l'armée marcha, et vint camper près d'Emmaüs [31], du côté du midi.

58. Et Judas leur dit : Prenez vos armes, et remplissez-vous de courage; tenez-vous prêts pour demain au matin, afin de combattre contre ces nations assemblées contre nous pour nous perdre, et pour renverser notre sainte religion :

59. car il nous est meilleur de mourir dans le combat, que de voir les maux de notre peuple, et la destruction de toutes les choses saintes.

49. et attulerunt ornamenta sacerdotalia, et primitias, et decimas : et suscitaverunt Nazaræos, qui impleverant dies :

50. et clamaverunt voce magna in cœlum, dicentes : Quid faciemus istis, et quo eos ducemus?

51. et sancta tua conculcata sunt, et contaminata sunt, et sacerdotes tui facti sunt in luctum, et in humilitatem;

52. et ecce nationes convenerunt adversum nos ut nos disperdant : tu scis quæ cogitant in nos.

53. Quomodo poterimus subsistere ante faciem eorum, nisi tu Deus adjuves nos?

54. Et tubis exclamaverunt voce magna.

55. Et post hæc constituit Judas duces populi, tribunos, et centuriones, et pentacontarchos, et decuriones.

56. Et dixit his, qui ædificabant domos, et sponsabant uxores, et plantabant vineas, et formidolosis, ut redirent unusquisque in domum suam secundum legem.

57. Et moverunt castra, et collocaverunt ad austrum Emmaum.

58. Et ait Judas : Accingimini, et estote filii potentes, et estote parati in mane, ut pugnetis adversus nationes has, quæ convenerunt adversus nos, disperdere nos et sancta nostra :

59. Quoniam melius est nos mori in bello, quam videre mala gentis nostræ, et sanctorum.

---

accusèrent les Gentils auprès des saints, de ce qu'ils les contraignaient de suivre leurs coutumes. — * Les livres étaient en rouleaux.

℣. 49. — [26] Les habits sacerdotaux ne devaient servir aux prêtres que dans le temple. C'était aussi au temple qu'on portait les prémices et les dîmes (5. *Moys.* 14, 23 et suiv.); mais alors il n'était plus possible d'en approcher (*Voy.* note 28).

[27] Les Nazaréens étaient tenus (voy. là-dessus 4. *Moys.* 6), à l'expiration du temps de leurs vœux, d'offrir certains sacrifices dans le temple.

℣. 50. [28] — Que ferons-nous de ces objets et de ces personnes, puisque l'entrée du temple nous est interdite?

℣. 54. — [29] Moyse avait ordonné de sonner des trompettes avant le commencement du combat (4. *Moys.* 10, 9).

℣. 56. — [30] Voy. 5. *Moys.* 20, 5 et suiv. *Jug.* 7, 3. Par là il réduisit l'armée qui n'était forte que de 6,000 hommes, à 3,000 seulement (Voy. *pl. b.* 4, 6).

℣. 57. — [31] * Les commentateurs font remarquer que cet Emmaüs, à deux lieues environ vers l'occident de Jérusalem, n'est point le même lieu qu'Emmaüs dont il est question dans saint Luc, 24, 13.

60. Sicut autem fuerit voluntas in cælo, sic fiat.

60. Mais que ce qui est ordonné par la volonté de Dieu dans le ciel, s'accomplisse.

CHAPITRE IV.

Judas défait les troupes des Syriens et la nouvelle armée amenée à leur secours par Lysias. Il consacre de nouveau le temple, et fortifie Jérusalem.

1. Et assumpsit Gorgias quinque millia virorum, et mille equites electos : et moverunt castra nocte,
2. ut applicarent ad castra Judæorum, et percuterent eos subito : et filii, qui erant ex arce, erant illis duces.
3. Et audivit Judas, et surrexit ipse, et potentes, percutere virtutem exercituum regis, qui erant in Emmaum.
4. Adhuc enim dispersus erat exercitus a castris.
5. Et venit Gorgias in castra Judæ noctu, et neminem invenit, et quærebat eos in montibus : quoniam dixit : Fugiunt hi a nobis.
6. Et cum dies factus esset, apparuit Judas in campo cum tribus millibus virorum tantum; qui tegumenta et gladios non habebaut :
7. et viderunt castra gentium valida, et loricatos, et equitatus in circuitu corum, et hi docti ad prælium.
8. Et ait Judas viris, qui secum

1. Alors Gorgias prit cinq mille hommes de pied, et mille chevaux choisis, et il décampa la nuit [1],
2. pour venir attaquer le camp des Juifs [2], et les accabler tout d'un coup, sans qu'ils y pensassent : et ceux de la forteresse leur servaient de guide [3].
3. Mais Judas en fut averti; et il marcha aussitôt avec les plus vaillants de ses troupes, pour aller attaquer le gros de l'armée du roi, qui était à Emmaüs;
4. car une partie de cette armée [4] était encore dispersée hors du camp.
5. Gorgias étant donc venu pendant la nuit au camp de Judas, n'y trouva personne; et il les cherchait sur les montagnes, en disant : Ces gens-là fuient devant nous.
6. Lorsque le jour fut venu, Judas parut dans la plaine, accompagné seulement de trois mille hommes, qui n'avaient ni boucliers ni épées [5].
7. Et ils reconnurent que l'armée des nations était forte, et environnée de cuirassiers et de cavalerie, qui étaient tous gens aguerris [6].
8. Alors Judas dit à ceux qui étaient avec

℣. 1. — [1] L'armée principale demeura sous les ordres de Nicanor dans le camp. Avec ℣. 1-35 il faut comparer 2. *Mach.* 8, 33 et suiv.

℣. 2. — [2] * qui était à Maspha, ou près de là (*Pl. h.* 3, 46). — Ceux qui leur servaient de guides étaient probablement des Juifs apostats. Cependant le texte qui les appelle *les fils* (les gens) *de la forteresse*, peut aussi s'entendre des soldats qui étaient depuis longtemps dans la garnison.

[3] Les soldats de la garnison pouvaient connaître la contrée mieux que les troupes qui ne faisaient que d'arriver de Syrie.

℣. 4. — [4] de Gorgias.

℣. 6. — [5] Le grec ajoute : telles qu'ils auraient souhaité; mais ils n'en avaient que peu, et elles étaient en mauvais état. Le ℣. 15 suppose que la petite armée de Judas avait des épées.

℣. 7. — [6] Les troupes que les Juifs virent, étaient le corps d'armée resté dans le camp sous Nicanor.

ui : Ne craignez point cette grande multitude, et n'appréhendez point leur choc.

9. Souvenez-vous de quelle manière nos pères furent sauvés dans la mer Rouge, lorsque Pharaon les poursuivait avec une grande armée. 2. *Moys.* 14, 9.

10. Crions donc maintenant au ciel, et le Seigneur nous fera miséricorde; il se souviendra de l'alliance qu'il a faite avec nos pères, et il brisera aujourd'hui toute la force de cette armée devant nos yeux.

11. Et toutes les nations reconnaîtront qu'il y a un rédempteur et un libérateur d'Israel.

12. Alors les étrangers [7] levant les yeux, aperçurent les gens de Judas qui marchaient contre eux.

13. En même temps ils sortirent de leur camp pour les combattre, et ceux qui étaient avec Judas sonnèrent de la trompette [8],

14. et les chargèrent; et les troupes des nations furent battues, et s'enfuirent dans la plaine.

15. Les derniers furent tous taillés en pièces, et Judas avec ses gens les poursuivit jusqu'à Gezéron, et jusqu'aux campagnes d'Idumée, d'Azot et de Jamnias [9]; et il en demeura sur la place jusqu'à trois mille [10].

16. Judas retourna avec son armée qui le suivait.

17. Et il dit à ses gens : Ne vous laissez point emporter au desir du butin [11], parce que nous avons encore des ennemis à combattre,

18. et que Gorgias avec son armée est près de nous sur la montagne : mais demeurez fermes maintenant contre nos en-

erant : Ne timueritis multitudinem eorum, et impetum eorum ne formidetis.

9. Mementote qualiter salvi facti sunt patres nostri in mari Rubro, cum sequeretur eos Pharao cum exercitu multo.

10. Et nunc clamemus in cœlum : et miserebitur nostri Dominus, et memor erit testamenti patrum nostrorum, et conteret exercitum istum ante faciem nostram hodie :

11. et scient omnes gentes, quia est qui redimat et liberet Israel.

12. Et elevaverunt alienigenæ oculos suos, et viderunt eos venientes ex adverso.

13. Et exierunt de castris in prælium, et tuba cecinerunt hi qui erant cum Juda.

14. Et congressi sunt : et contritæ sunt gentes, et fugerunt in campum.

15. Novissimi autem omnes ceciderunt in gladio, et persecuti sunt eos usque Gezeron, et usque in campos Idumææ, et Azoti, et Jamniæ : et ceciderunt ex illis usque ad tria millia virorum.

16. Et reversus est Judas, et exercitus ejus, sequens eum.

17. Dixitque ad populum : Non concupiscatis spolia : quia bellum contra nos est,

18. et Gorgias et exercitus ejus prope nos in monte : sed state nunc contra inimicos nostros, et

---

ỳ. 12. — [7] * les gens de Gorgias (ỳ. 1).

ỳ. 13. — [8] * office qui était réservé aux prêtres (4. *Moys.* 10, 9). Il y en avait un grand nombre dans l'armée de Judas; lui-même était de leur ordre.

ỳ. 15. — [9] Gézéron, Gazer, était située à une lieue et 1/3 environ — * dans l'allemand, à 3/4 de mille — au sud d'Emmaus, vers les frontières des Philistins. L'Idumée est une petite contrée au midi de Juda; Azot était une ville des Philistins, à huit lieues — * dans l'allemand, à 4 milles — au sud d'Emmaüs. Jamnia était à vingt-deux lieues — * dans l'allemand, à 12 milles — au sud d'Emmaüs. Le sens n'est pas que les Juifs poursuivirent les Syriens jusque dans tous ces lieux-là, mais qu'ils les poursuivirent de telle sorte que quelques-uns allèrent, dans leur fuite, jusqu'à Gazer, et que d'autres, ne se croyant pas en sûreté dans cette ville, fuirent en des lieux encore plus éloignés.

[10] Suivant 2. *Mach.* 8, 24, il en demeura sur la place neuf mille. Six mille purent être tués dans la fuite, ou périr de quelque autre manière.

ỳ. 17. — [11] Ne vous amusez pas en ce moment, que le combat est encore devant vous, à recueillir le butin. D'après l'ancien droit de la guerre, ce que les vaincus possedaient appartenait aux vainqueurs.

expugnate eos, et sumetis postea spolia securi.

nemis, et achevez de les défaire; et après cela vous emporterez leurs dépouilles en sûreté.

19. Et adhuc loquente Juda hæc, ecce apparuit pars quædam prospiciens de monte.

19. Lorsque Judas parlait encore, on vit paraître quelques troupes qui regardaient de dessus la montagne.

20. Et vidit Gorgias quod in fugam conversi sunt sui, et succenderunt castra : fumus enim, qui videbatur, declarabat quod factum est.

20. Et Gorgias vit que ses gens avaient été mis en fuite, et son camp brûlé, car la fumée qui paraissait lui faisait voir ce qui était arrivé [12].

21. Quibus illi conspectis timuerunt valde, aspicientes simul et Judam, et exercitum in campo paratum ad prælium.

21. Ce qu'ayant aperçu, et voyant Judas avec son armée dans la plaine tout prêt à combattre, ils eurent grande frayeur;

22. Et fugerunt omnes in campum alienigenarum.

22. et ils s'enfuirent tous au pays des étrangers [13].

23. Et Judas reversus est ad spolia castrorum, et acceperunt aurum multum, et argentum, et hyacinthum, et purpuram marinam, et opes magnas.

23. Ainsi Judas retourna pour enlever le butin du camp; et ils emportèrent beaucoup d'or et d'argent, de l'hyacinthe, de la pourpre marine [14], et de grandes richesses.

24. Et conversi, hymnum canebant, et benedicebant Deum in cœlum, quoniam bonus est, quoniam in sæculum misericordia ejus.

24. Et en revenant ils chantaient des hymnes, et bénissaient Dieu hautement [15], *en disant* qu'il est bon, et que sa miséricorde s'étend dans tous les siècles [16].

25. Et facta est salus magna in Israel in die illa.

25. En ce jour-là Israël remporta une grande victoire, qui fut son salut [17].

26. Quicumque autem alienigenarum evaserunt, venerunt, et nuntiaverunt Lysiæ universa quæ acciderant.

26. Ceux des étrangers qui échappèrent, en vinrent porter la nouvelle à Lysias, et lui dirent tout ce qui était arrivé [18].

27. Quibus ille auditis, consternatus animo deficiebat : quod non qualia voluit, talia contigerunt in Israel, et qualia mandavit rex.

27. Ce qu'ayant appris, il en fut tout consterné, et pensa mourir de douleur, à cause qu'il n'avait pu réussir dans ses desseins contre Israël, ni dans l'exécution des ordres qu'il avait reçus du roi.

28. Et sequenti anno congregavit Lysias virorum electorum sexaginta millia, et equitum quinque millia, ut debellaret eos.

28. L'année suivante [19], Lysias leva une armée de soixante mille hommes choisis, et de cinq mille chevaux, pour exterminer les Juifs.

℣. 20. — [12] Les Juifs firent ceci pour attirer l'attention des Syriens sur leur victoire.

℣. 22. — [13] * Les étrangers, comme population, sont les Philistins (Allophyli). Comp. *Ps.* 55, 1. Cependant on peut aussi entendre ce mot des autres peuples voisins des Juifs.

℣. 23. — [14] des vêtements de soie bleue et couleur de pourpre. — * La pourpre est désignée expressément sous le nom de *pourpre marine*, pour la distinguer de la pourpre faite avec des plantes, laquelle est bien moins précieuse.

℣. 24. — [15] Litt. : vers le ciel, en élevant les yeux et les mains au ciel.

[16] Les mots, qu'il est bon, etc., forment le refrain dans les cantiques d'actions de grâces, spécialement dans le *Ps.* 135.

℣. 25. — [17] * qui mit fin à la persécution et lui permit de vivre selon sa loi (Comp. 2. *Mach.* 8, 25 et suiv.).

℣. 26. — [18] * ils lui rapportèrent les défaites de Nicanor, de Gorgias, de Timothée et de Bacchides, et tout ce que Judas et les siens faisaient dans le pays.

℣. 28. — [19] L'an 163 avant Jésus-Christ.

29. Cette armée marcha en Judée [20], et campa près de Béthoron [21]; et Judas vint au devant d'eux avec dix mille hommes.

30. Ils reconnurent que l'armée ennemie était forte, et Judas fit sa prière, et dit : Soyez béni, Sauveur d'Israël, vous qui brisâtes la force d'un géant [22] par la main de votre serviteur David, et qui livrâtes le camp des étrangers entre les mains de Jonathas, fils de Saül, et de son écuyer. 1. *Rois*, 17, 50. 14, 13.

31. Livrez maintenant cette armée de nos ennemis entre les mains de votre peuple d'Israël; et qu'ils soient couverts de confusion avec toutes leurs troupes et leur cavalerie.

32. Frappez-les de crainte, faites-les sécher de frayeur, en abattant cette audace que leur inspirent leurs forces; qu'ils soient renversés et brisés.

33. Détruisez-les par l'épée de ceux qui vous aiment, afin que tous ceux qui connaissent votre nom, publient vos louanges dans leurs cantiques.

34. Le combat fut donné en même temps, et cinq mille hommes de l'armée de Lysias furent taillés en pièces [23].

35. Lysias voyant la fuite des siens et l'audace des Juifs, et cette disposition où ils étaient de vivre ou de mourir généreusement, s'en alla à Antioche, et y leva de nouveaux soldats, pour revenir en Judée avec plus de troupes qu'auparavant.

36. Alors Judas et ses frères dirent [24] : Voilà nos ennemis défaits : allons maintenant purifier et renouveler le temple [25].

37. Aussitôt toute l'armée s'assembla, et ils montèrent à la montagne de Sion [26].

38. Ils virent les lieux saints tout déserts, l'autel profané, les portes brûlées, le parvis rempli d'épines et d'arbrisseaux, comme on en voit dans un bois et sur les montagnes,

29. Et venerunt in Judæam, et castra posuerunt in Bethoron, et occurrit illis Judas cum decem millibus viris.

30. Et viderunt exercitum fortem, et oravit, et dixit : Benedictus es salvator Israel, qui contrivisti impetum potentis in manu servi tui David, et tradidisti castra alienigenarum in manu Jonathæ filii Saul, et armigeri ejus.

31. Conclude exercitum istum in manu populi tui Israel, et confundantur in exercitu suo et equitibus.

32. Da illis formidinem, et tabefac audaciam virtutis eorum, et commoveantur contritione sua.

33. Dejice illos gladio diligentium te : et collaudent te omnes, qui noverunt nomen tuum, in hymnis.

34. Et commiserunt prælium : et ceciderunt de exercitu Lysiæ quinque millia virorum.

35. Videns autem Lysias fugam suorum, et Judæorum audaciam, et quod parati sunt aut vivere, aut mori fortiter, abiit Antiochiam, et elegit milites, ut multiplicati rursus venirent in Judæam.

36. Dixit autem Judas, et fratres ejus : Ecce contriti sunt inimici nostri : ascendamus nunc mundare sancta, et renovare.

37. Et congregatus est omnis exercitus, et ascenderunt in montem Sion.

38. Et viderunt sanctificationem desertam, et altare profanatum, et portas exustas, et in atriis virgulta nata sicut in saltu

---

℣. 29. — [20] Dans le grec : Dans l'Idumée. Suivant cette leçon, les Syriens avaient l'intention d'attaquer Judas du côté du midi.

[21] Dans le grec : à Bethsura, — vers les frontières de l'Idumée.

℣. 30. — [22] de Goliath.

℣. 34. — [23] Le grec ajoute : et tombèrent devant eux (c'est-à-dire demeurèrent sur le champ de bataille).

℣. 36. — [24] Aux versets 36-61 comp. 2. *Mach.* 10, 1-15.

[25] La purification consistait à faire disparaître les objets profanes, etc.; l'autel des idoles, etc.; la nouvelle consécration, à le destiner de nouveau au culte de Dieu par la prière, les sacrifices et autres cérémonies.

℣. 37. — [26] proprement sur la montagne du temple, qui était une partie de Sion. C'était sur Sion que se trouvait la garnison syrienne.

vel in montibus, et pastophoria diruta.

39. Et sciderunt vestimenta sua, et planxerunt planctu magno, et imposuerunt cinerem super caput suum;

40. et ceciderunt in faciem super terram, et exclamaverunt tubis signorum, et clamaverunt in cœlum.

41. Tunc ordinavit Judas viros, ut pugnarent adversus eos qui erant in arce, donec emundarent sancta.

42. Et elegit sacerdotes sine macula, voluntatem habentes in lege Dei:

43. Et mundaverunt sancta, et tulerunt lapides contaminationis in locum immundum.

44. Et cogitavit de altari holocaustorum, quod profanatum erat, quid de eo faceret.

45. Et incidit illis consilium bonum ut destruerent illud: ne forte illis esset in opprobrium, quia contaminaverunt illud gentes, et demoliti sunt illud.

46. Et reposuerunt lapides in monte domus in loco apto, quoadusque veniret propheta, et responderet de eis.

47. et acceperunt lapides integros secundum legem, et ædificaverunt altare novum, secundum illud quod fuit prius:

48. et ædificaverunt sancta, et

et les chambres joignant le temple [27] toutes détruites [28].

39. Ils déchirèrent leurs vêtements, firent un grand deuil, et se mirent de la cendre sur la tête.

40. Ils se prosternèrent le visage contre terre, firent retentir les trompettes dont on donnait le signal [29], et poussèrent leurs cris jusqu'au ciel.

41 Alors Judas commanda des gens pour combattre ceux qui étaient dans la forteresse, jusqu'à ce qu'ils eussent purifié les lieux saints [30].

42. Et il choisit des prêtres sans tache [31], religieux observateurs de la loi de Dieu.

43. Ils purifièrent les lieux saints, et ils emportèrent en un lieu impur les pierres profanes [32].

44. Et Judas délibéra de ce qu'il ferait de l'autel des holocaustes qui avait été profané [33].

45. Et ils prirent un bon conseil, qui fut de le détruire, de peur qu'il ne leur devînt un sujet d'opprobre, ayant été souillé par les nations. Ainsi ils le démolirent,

46. et ils en mirent les pierres sur la montagne du temple, dans un lieu propre, en attendant qu'il vînt un prophète qui déclarât ce qu'on en ferait [34].

47. Et ils prirent des pierres entières [35], selon l'ordonnance de la loi, et en bâtirent un autel nouveau, semblable au premier.

48. Ils rebâtirent le sanctuaire, et ce qui

ỳ. 38. — [27] * Litt. : *Pasthophoria*, les pastophores. Ce mot vient des *pastophores* qui, en Egypte, étaient les ministres et les gardiens des temples des faux dieux (Clém. d'Alex. Péd. l. 3, ch. 7). Dans les premiers temps du christianisme, on appelait aussi *pastophores* les habitations des clercs et des prêtres, qui toutes étaient attenantes aux bâtiments mêmes des églises.

[28] c'est-à-dire les chambres, les magasins, les habitations des prêtres dans les parvis.

ỳ. 40. — [29] pour le combat et pour la célébration des fêtes (Voy. 4. *Moys.* 10, 2).

ỳ. 41. — [30] L'intention de Judas était d'occuper la garnison syrienne, afin de l'empêcher de troubler la cérémonie de la purification du temple.

ỳ. 42. — [31] * c'est-à-dire qui, pendant les épreuves de la persécution, étaient restés fidèles à Dieu, et qui se trouvaient pour le moment avoir la pureté lévitique (Comp. 3. *Moys.* 22, 1 et suiv.).

ỳ. 43. — [32] les pierres de l'autel destiné au culte des idoles (Voy. *pl. h.* 1, 57. 62).

ỳ. 44. — [33] Voy. *pl. h.* 1, 57.

ỳ. 46. — [34] * Depuis Zacharie et Malachie, il n'était paru dans Israël aucun prophète avec une mission reconnue; et il ne devait plus y en avoir dans la suite, parce que le temps approchait où devait venir le Prophète par excellence, objet des prédictions des autres prophètes.

ỳ. 47. — [35] qui n'étaient ni taillées ni polies (Voy. 2. *Moys.* 20, 25).

était au dedans du temple [36], et sanctifièrent le temple [37] et le parvis.

quæ intra domus erant intrinsecus : et ædem, et atria sanctificaverunt.

49. Ils firent de nouveaux vases sacrés, et placèrent dans le temple le chandelier, l'autel des parfums et la table.

49. Et fecerunt vasa sancta nova, et intulerunt candelabrum, et altare incensorum, et mensam in templum.

50. Ils mirent l'encens sur l'autel, allumèrent les lampes qui étaient sur le chandelier, et qui éclairaient dans le temple.

50. Et incensum posuerunt super altare, et accenderunt lucernas, quæ super candelabrum erant, et lucebant in templo.

51. Ils posèrent les pains sur la table, suspendirent les voiles [38], et enfin achevèrent tout ce qu'ils avaient commencé.

51. Et posuerunt super mensam panes, et appenderunt vela, et consummaverunt omnia opera quæ fecerant.

52. Le vingt-cinquième du neuvième mois, nommé Casleu [39], la cent quarante-huitième année [40], ils se levèrent avant le point du jour,

52. Et ante matutinum surrexerunt quinta et vigesima die mensis noni (hic est mensis Casleu) centesimi quadragesimi octavi anni :

53. et ils offrirent le sacrifice, selon la loi, sur le nouvel autel des holocaustes qu'ils avaient bâti.

53. et obtulerunt sacrificium secundum legem, super altare holocaustorum novum quod fecerunt.

54. Il fut dédié de nouveau au bruit des cantiques, des harpes, des lyres et des tymbales, dans le même temps et le même jour auquel il avait été souillé par les nations [41].

54. Secundum tempus et secundum diem, in qua contaminaverunt illud gentes, in ipsa renovatum est in canticis, et citharis, et cinyris, et in cymbalis.

55. Tout le peuple se prosterna le visage contre terre ; ils adorèrent Dieu, et poussèrent jusqu'au ciel les bénédictions qu'ils donnaient à celui qui les avait fait réussir si heureusement dans leur entreprise.

55. Et cecidit omnis populus in faciem, et adoraverunt, et benedixerunt in cœlum eum, qui prosperavit eis.

56. Ils célébrèrent la dédicace de l'autel pendant huit jours; ils offrirent des holocaustes avec joie, et un sacrifice d'actions de grâces et de louanges.

56. Et fecerunt dedicationem altaris diebus octo, et obtulerunt holocausta cum lætitia, et sacrificium salutaris et laudis.

57. Ils parèrent le devant du temple avec des couronnes d'or et de petits écussons [42] ; ils renouvelèrent les entrées du temple, et les chambres des côtés, et y mirent des portes.

57. Et ornaverunt faciem templi coronis aureis et scutulis : et dedicaverunt portas, et pastophoria, et imposuerunt eis januas.

58. Tout le peuple fut comblé de joie, et l'opprobre des nations fut banni.

58. Et facta est lætitia in populo magna valde, et aversum est opprobrium gentium.

59. Et Judas avec ses frères, et toute l'assemblée d'Israël, ordonna que dans la suite

59. Et statuit Judas, et fratres ejus, et universa ecclesia Israel,

---

℣. 48. — [36] ce qui avait été endommagé dans le Saint et le Saint des Saints.
[37] tous les édifices du temple. Sur la sanctification et la consécration, voy. 2. *Mach.* 10.
℣. 51. — [38] qui pendaient devant le Saint et le Saint des Saints.
℣. 52. — [39] comprenant la moitié de novembre et de décembre.
[40] L'an 163 avant Jésus-Christ.
℣. 54. — [41] * Trois ans après sa profanation (Comp. 2. *Mach.* 10, 3 et les remarq.).
℣. 57. — [42] comme dons voués à l'occasion des victoires qu'ils avaient remportées.

ut agatur dies dedicationis altaris in temporibus suis, ab anno in annum, per dies octo, a quinta et vigesima die mensis Casleu, cum lætitia et gaudio.

60. Et ædificaverunt in tempore illo montem Sion, et per circuitum muros altos, et turres firmas, nequando venirent gentes, et conculcarent eum, sicut antea fecerunt.

61. Et collocavit illic exercitum, ut servarent eum, et munivit eum ad custodiendam Bethsuram, ut haberet populus munitionem contra faciem Idumææ.

des temps on célébrerait ce jour-là la dédicace de l'autel chaque année pendant huit jours, à commencer le vingt-cinquième du mois de Casleu, avec beaucoup de réjouissance et d'allégresse [43].

60. En ce même temps ils fortifièrent la montagne de Sion [44], et l'environnèrent de hauts murs et de fortes tours, de peur que les nations ne vinssent la profaner de nouveau, comme ils avaient fait auparavant.

61. Il y mit des gens de guerre pour la garder, et la fortifia pour assurer encore Bethsura, afin que le peuple eût une forteresse contre l'Idumée [45].

CHAPITRE V.

Judas fait la guerre aux Iduméens et aux Ammonites. Simon est vainqueur dans la Galilée, Judas dans le pays de Galaad. Joseph et Azarias marchent témérairement contre Gorgias, et sont défaits. Judas châtie les Iduméens et les Philistins.

1. Et factum est, ut audierunt gentes in circuitu, quia ædificatum est altare et sanctuarium sicut prius, iratæ sunt valde:

2. et cogitabant tollere genus Jacob, qui erant inter eos, et cœperunt occidere de populo, et persequi.

3. Et debellabat Judas filios Esaü in Idumæa, et eos qui erant in Acrabathane, quia circumse-

1. Aussitôt que les nations d'alentour [1] eurent appris que l'autel et le sanctuaire avaient été rebâtis comme auparavant, elles entrèrent dans une grande colère [2].

2. Elles résolurent d'exterminer ceux de la race de Jacob qui étaient parmi eux; et elles commencèrent à tuer quelques-uns du peuple, et à poursuivre les autres.

3. Cependant Judas était occupé à battre les enfants d'Esaü dans l'Idumée, et ceux qui étaient dans Acrabathane [3], parce qu'ils

---

ỳ. 59. — [43] Il est également fait mention de cette fête dans saint *Jean*, 10, 22 et encore aujourd'hui les Juifs la célèbrent sous le nom de Chanoucca (consécration), avec de grands signes d'allégresse, en allumant surtout une quantité de lumières, symbole de la joie; ce qui est cause qu'elle est appelée dans Josèphe la fête des lumières.

ỳ. 60. — [44] la montagne du temple.

ỳ. 61. — [45] Judas pourvut de deux manières à la défense et à la sûreté du temple : premièrement, en plaçant une garnison dans les tours bâties autour du temple; en second lieu, en fortifiant Bethsura, sur les frontières de l'Idumée, afin d'avoir par ce moyen un avant-mur contre l'Idumée et contre les invasions des Syriens (*Voy.* ỳ. 29, note 21).

ỳ. 1. — [1] * Ces nations étaient non-seulement les Philistins, les Phéniciens, mais les Iduméens, les Samaritains, les Ammonites et les Moabites qui tous, quoiqu'alliés par les liens du sang aux enfants d'Israël, se montrèrent toujours animés des sentiments les plus hostiles à leur égard.

[2] Des versets 1-36 il faut rapprocher 2. *Mach.* 10, 16 et suiv.

ỳ 3. — [3] Dans le grec : ... dans l'Idumée, au pays d'Achrabeth. — C'était une localité sur les limites du territoire d'Israël vers l'Idumée (Voy. 4. *Moys.* 34, 4. note 5)tuée

tenaient toujours les Israélites comme investis; et il en fit un grand carnage.
4. Il se souvint aussi de la malice des enfants de Béan [4], qui étaient comme un piége et un filet pour prendre le peuple, en lui dressant des embûches dans le chemin.
5. Il les contraignit de se renfermer dans des tours [5], où il les tint investis; et il les anathématisa [6], et brûla leurs tours avec tous ceux qui étaient dedans.
6. Il passa de là aux enfants d'Ammon, où il trouva de fortes troupes et un peuple fort nombreux, et Timothée [7] qui en était le chef.
7. Il donna contre eux divers combats, et il les défit, et les tailla en pièces.
8. Et il prit la ville de Gazer [8], avec les villes qui en dépendaient [9] : après quoi il revint en Judée.
9. Et les nations qui étaient en Galaad [10], s'assemblèrent pour exterminer les Israélites qui étaient dans leur pays [11]; mais ils s'enfuirent dans la forteresse de Dathéman;
10. et ils envoyèrent des lettres à Judas et à ses frères, pour leur dire : Les nations se sont assemblées de tous côtés pour nous perdre.
11. Elles se préparent pour venir prendre la forteresse où nous sommes retirés : et Timothée est le général de leur armée.
12. Venez donc maintenant pour nous délivrer de leurs mains, parce que nous avons déjà perdu plusieurs des nôtres.
13. Ils ont fait mourir tous nos frères qui étaient aux environs de Tubin [12] : ils ont emmené leurs femmes captives avec leurs

debant Israelitas, et percussit eos plaga magna.
4. Et recordatus est malitiæ filiorum Bean, qui erant populo in laqueum, et in scandalum, et insidiantes ei in via.
5. Et conclusi sunt ab eo in turribus, et applicuit ad eos, et anathematizavit eos, et incendit turres eorum igni, cum omnibus qui in eis erant.
6. Et transivit ad filios Ammon, et invenit manum fortem, et populum copiosum, et Timotheum ducem ipsorum :
7. et commisit cum eis prælia multa, et contriti sunt in conspectu eorum, et percussit eos :
8. et cepit Gazer civitatem, et filias ejus, et reversus est in Judæam.
9. Et congregatæ sunt gentes quæ sunt in Galaad, adversus Israelitas qui erant in finibus eorum, ut tollerent eos : et fugerunt in Datheman munitionem,
10. et miserunt litteras ad Judam et fratres ejus, dicentes : Congregatæ sunt adversum nos gentes per circuitum, ut nos auferant :
11. et parant venire, et occupare munitionem in quam confugimus : et Timotheus est dux exercitus eorum.
12. Nunc ergo veni, et eripe nos de manibus eorum, quia cecidit multitudo de nobis.
13. Et omnes fratres nostri qui erant in locis Tubin, interfecti sunt : et captivas duxerunt uxores

---

ỳ. 4. — [4] Ces enfants de Béan ne sont pas connus davantage. Il y avait près de la mer Morte une ville du nom de Béon (4. *Moys*. 32, 3).
ỳ. 5. — [5] Litt. : Et ils furent renfermés par lui dans des tours, — dans lesquelles ils s'étaient retirés, après avoir tout ravagé.
[6] il les voua à l'extermination.
ỳ. 6. — [7] * Ce Timothée n'est pas le même que celui dont il est parlé ỳ. 11.
ỳ. 8. — [8] Dans le grec : Jaser (Voy. *Jér*. 48, 32).
[9] et les petites villes de la campagne qui en dépendaient.
ỳ. 9. — [10] contrée au-delà du Jourdain.
[11] * Dès avant la captivité de Babylone, sur le déclin des royaumes d'Israël et de Juda, les Ammonites et les Moabites s'étaient emparés de presque toutes les terres des Israélites situées au-delà du Jourdain (Comp. *Jér*. 49, 1; *Ezéch*. 25, 2; *Amos*, 1, 13, etc.). Ceux des enfants d'Israel qui, après le retour de la captivité, s'établirent de nouveau dans ces contrées, y vécurent en paix sous la protection des rois de Perse; mais à l'occasion des persécutions d'Antiochus, tous leurs anciens ennemis se crurent en droit de les opprimer.
ỳ. 13. — [12] ou Tob, une contrée dans le voisinage de Galaad, dans l'Arabie déserte.

eorum, et natos, et spolia, et peremerunt illio fere mille viros.

14. Et adhuc epistolæ legebantur, et ecce alii nuntii venerunt de Galilæa conscissis tunicis, nuntiantes secundum verba hæc :

15. dicentes convenisse adversum se a Ptolemaida, et Tyro, et Sidone : et repleta est omnis Galilæa alienigenis, ut nos cousumant.

16. Ut audivit autem Judas, et populus, sermones istos, convenit ecclesia magna cogitare quid facerent fratribus suis, qui in tribulatione erant, et expugnabantur ab eis.

17. Dixitque Judas Simoni fratri suo : Elige tibi viros, et vade: et libera fratres tuos in Galilæa, ego autem et frater meus Jonathas ibimus in Galaaditim.

18. Et reliquit Josephum filium Zachariæ et Azariam, duces populi, cum residuo exercitu in Judæa ad custodiam :

19. et præcepit illis, dicens : Præestote populo huic : et nolite bellum committere adversum gentes, donec revertamur.

20. Et partiti sunt Simoni viri tria millia, ut iret in Galilæam : Judæ autem octo millia in Galaaditim.

21. Et abiit Simon in Galilæam, et commisit prælia multa cum gentibus : et contritæ sunt gentes a facie ejus, et persecutus est eos usque ad portam

22. Ptolemaidis : et ceciderunt de gentibus fere tria millia virorum, et accepit spolia eorum.

23. et assumpsit eos, qui erant in Galilæa, et in Arbatis, cum uxoribus, et natis, et omnibus quæ erant illis, et adduxit in Judæam cum lætitia magna.

enfants; ils ont enlevé leurs dépouilles, ils ont tué en ce lieu-là près de mille hommes.

14. On lisait encore leurs lettres lorsqu'il vint d'autres gens envoyés de Galilée [13], qui avaient leurs habits déchirés, et qui apportaient des nouvelles semblables aux autres,

15. en disant que ceux de Ptolémaïde, de Tyr et de Sidon, s'étaient assemblés contre eux, et que toute la Galilée était pleine d'étrangers qui les voulaient perdre [14].

16. Judas et tout le peuple ayant appris ces nouvelles, tinrent une grande assemblée, afin de délibérer sur ce qu'ils feraient pour secourir leurs frères qui étaient dans la dernière affliction, et près de périr par la violence de leurs ennemis.

17. Alors Judas dit à son frère Simon : Prenez des gens avec vous, et allez délivrer vos frères qui sont dans la Galilée : pour moi et mon frère Jonathas, nous irons en Galaad.

18. Il laissa Joseph, fils de Zacharie, et Azarias, pour être les chefs du peuple, et pour garder la Judée avec le reste des troupes.

19. Et il leur donna cet ordre : Gouvernez ce peuple, et ne combattez point contre les nations, jusqu'à ce que nous soyons revenus.

20. On donna à Simon trois mille hommes pour aller en Galilée, et à Judas huit mille, pour aller en Galaad.

21. Simon étant donc allé dans la Galilée, livra plusieurs combats aux nations, qui furent défaites et s'enfuirent devant lui; et il les poursuivit jusqu'à la porte de Ptolémaïde.

22. Il y en eut près de trois mille de tués, et il emporta leurs dépouilles.

23. Il prit avec lui ceux qui étaient dans la Galilée [15] et dans Arbates [16], avec leurs femmes et leurs enfants, et tout ce qui leur appartenait, et il les emmena en Judée, dans une grande réjouissance.

℣. 14. — [13] de la Palestine septentrionale, en deçà du Jourdain.

℣. 15. — [14] Dans le grec de l'édition romaine : ... de Sidon et de toute la Galilée des Gentils, s'étaient assemblés pour nous perdre. La Galilée des Gentils était la partie septentrionale de la Galilée.

℣. 23. — [15] les Juifs qui y habitaient, pour les soustraire à l'avenir aux persécutions.

[16] Selon quelques-uns c'est l'Araboth de l'hébreu, c'est-à-dire les plaines, ou bien ceux qui habitaient dans les plaines.

24. Cependant Judas Machabée, et Jonathas, son frère, ayant passé le Jourdain, marchèrent durant trois jours dans le désert.

25. Et les Nabuthéens [17] vinrent au-devant d'eux, et ils [18] les reçurent avec amitié et dans un esprit de paix. Ils leur racontèrent tout ce qui était arrivé à leurs frères en Galaad,

26. et comment plusieurs d'entre eux avaient été enfermés dans Barasa, dans Bosor, dans Alimis, dans Casphor, dans Mageth et dans Carnaim [19], qui étaient toutes de grandes et fortes villes.

27. Ils ajoutèrent qu'on les tenait encore renfermés dans les autres villes de Galaad, et que *leurs ennemis* avaient résolu de faire marcher le lendemain leur armée contre ces villes, afin de les prendre et de les perdre tous en un même jour.

28. Judas marcha aussitôt avec son armée vers le desert de Bosor, et surprit la ville tout d'un coup : il fit passer tous les mâles au fil de l'épée, en enleva tout le butin qu'il trouva, et y mit le feu.

29. Ils en sortirent pendant la nuit, et marchèrent jusqu'à la forteresse [20].

30. Et au point du jour, levant les yeux, ils aperçurent une troupe innombrable de gens qui portaient des échelles et des machines pour se saisir de cette forteresse, et prendre ceux de dedans.

31. Judas vit donc que l'attaque était déjà commencée, et que le bruit des combattants montait jusqu'au ciel, comme le son d'une trompette [21], et qu'il s'élevait aussi un grand cri de la ville.

32. Alors il dit à son armée : Combattez aujourd'hui pour vos frères.

33. Et il marcha en trois corps derrière les ennemis : ils firent en même temps retentir les trompettes, et poussèrent des cris vers Dieu dans leurs prières.

24. Et Judas Machabæus et Jonathas frater ejus transierunt Jordanem, et abierunt viam trium dierum per desertum.

25. Et occurrerunt eis Nabuthæi, et susceperunt eos pacifice, et narraverunt eis omnia, quæ acciderant fratribus eorum in Galaaditide,

26. et quia multi ex eis comprehensi sunt in Barasa, et Bosor, et in Alimis, et in Casphor, et Mageth, et Carnaim : hæ omnes civitates munitæ, et magnæ.

27. Sed et in cæteris civitatibus Galaaditidis tenentur comprehensi, et in crastinum constituerunt admovere exercitum civitatibus his, et comprehendere, et tollere eos in una die.

28. Et convertit Judas, et exercitus ejus, viam in desertum Bosor repente, et occupavit civitatem : et occidit omnem masculum in ore gladii, et accepit omnia spolia eorum, et succendit eam igni.

29. Et surrexerunt inde nocte, et ibant usque ad munitionem.

30. Et factum est diluculo, cum elevassent oculos suos, ecce populus multus, cujus non erat numerus, portantes scalas et machinas, ut comprehenderent munitionem, et expugnarent eos.

31. Et vidit Judas quia cœpit bellum, et clamor belli ascendit ad cœlum sicut tuba, et clamor magnus de civitate :

32. et dixit exercitui suo : Pugnate hodie pro fratribus vestris.

33. Et venit tribus ordinibus post eos, et exclamaverunt tubis, et clamaverunt in oratione.

ỳ. 25. — [17] proprement : les Nabathéens, une peuplade arabe, nomade et vivant de commerce, dans le voisinage de Galaad.

[18] les Juifs.

ỳ. 26. — [19] Les villes ici désignées étaient situées dans le pays de Galaad, mais sont en partie inconnues. Barasa est le Bostra des Grecs (Voy. *Amos*, 1, 12). Bosor se trouvait dans le district de la tribu de Ruben (*Jos.* 20, 8). Alimis (en grec : Elim) est vraisemblablement Beer-Elim (4. *Moys.* 21, 16, note 23). Carnaïm est Astaroth-karnaï (5. *Moys.* 1, 4).

ỳ. 29. — [20] Cette forteresse est Dathéma, où les Juifs s'étaient réfugiés (Voy. ỳ. 9).

ỳ. 31. — [21] D'autres traduisent : au milieu du son des trompettes.

34. Et cognoverunt castra Timothei quia Machabæus est, et refugerunt a facie ejus : et percusserunt eos plaga magna; et ceciderunt ex eis in die illa fere octo millia virorum.

35. Et divertit Judas in Maspha, et expugnavit et cepit eam : et occidit omnem masculum ejus, et sumpsit spolia ejus, et succendit eam igni.

36. Inde perrexit, et cepit Casbon, et Mageth, et Bosor, et reliquas civitates Galaaditidis.

37. Post hæc autem verba congregavit Timotheus exercitum alium, et castra posuit contra Raphon trans torrentem.

38. Et misit Judas speculari exercitum : et renuntiaverunt ei, dicentes : Quia convenerunt ad eum omnes gentes, quæ in circuitu nostro sunt, exercitus multus nimis :

39. Et Arabas conduxerunt in auxilium sibi, et castra posuerunt trans torrentem, parati ad te venire in prælium. Et abiit Judas obviam illis.

40. Et ait Timotheus principibus exercitus sui : Cum appropinquaverit Judas, et exercitus ejus ad torrentem aquæ : si transierit ad nos prior, non poterimus sustinere eum : quia potens poterit adversum nos;

41. si vero timuerit transire, et posuerit castra extra flumen, transfretemus ad eos, et poterimus adversus illum.

42. Ut autem appropinquavit Judas ad torrentem aquæ, statuit scribas populi secus torrentem, et

34. Les gens de Timothée reconnurent aussitôt que c'était Machabée, et ils fuirent devant lui. Judas en fit un fort grand carnage, et il en demeura ce jour-là près de huit mille sur la place.

35. Judas alla de là à Maspha [22]; il la força et la prit, tua tous les mâles, en remporta les dépouilles, et brûla la ville.

36. Il se rendit maître ensuite de Casbon, de Mageth, de Bosor et des autres villes de Galaad.

37. Après cela Timothée assembla une autre armée, et se campa vis-à-vis de Raphon, au-delà du torrent [23].

38. Judas envoya reconnaître cette armée, et ses gens revinrent lui dire : Toutes les nations qui nous environnent se sont assemblées près de Timothée, et l'armée qu'elles composent est extraordinairement grande.

39. Ils ont fait venir les Arabes à leur secours; ils sont campés au-delà du torrent; et ils se préparent à venir vous attaquer. Judas marcha aussitôt contre eux.

40. Alors Timothée dit aux principaux officiers de son armée : Lorsque Judas sera venu avec ses gens près du torrent [24], s'il passe vers nous le premier, nous n'en pourrons soutenir le choc, parce qu'il aura tout l'avantage sur nous [25].

41. Mais s'il craint de passer, et s'il se campe au-delà du fleuve, passons à eux, et nous le battrons [26].

42. Judas étant arrivé au bord du torrent, mit le long de l'eau ceux qui commandaient le peuple [27], et leur dit : Ne laissez demen-

---

ỳ. 35. — [22] * Cette ville était proprement Maspha de Galaad (*Jug.* 11, 29), pour la distinguer de plusieurs autres villes du même nom.

ỳ. 37. — [23] Raphon était une ville non loin de Carnaïm, au-delà du Jourdain. Depuis le ỳ. 38-68, comp. 2. *Mach.* 12, 20 et suiv.

ỳ. 40. — [24] * Entre le camp de Timothee et l'armée de Judas était un torrent qui se jetait dans le Jourdain.

[25] Judas dut la victoire au secours de Dieu, quoique l'attaque lui donnât certains avantages.

ỳ. 41. — [26] * On voit dans l'Ecriture des exemples de pronostics semblables confirmés par les faits; mais les hommes qui parlaient de la sorte étaient inspirés de Dieu (Comp. 1. *Rois*, 14, 9). Dans la bouche d'un païen ces sortes de prédictions ne sont que superstition vaine.

ỳ. 42. — [27] Litt. : les scribes du peuple. En hébreu ils sont appelés schoterim C'étaient les officiers qui tenaient les rôles, levaient les troupes, les congédiaient, et étaient chargés de ce qui regardait les approvisionnements de l'armée (Voy. 5. *Moys.* 20, 5-9).

ser ici aucun homme, mais que tous viennent combattre.

43. En même temps il passa l'eau le premier, et toute l'armée le suivit : et les ennemis furent tous défaits par eux; ils jetèrent leurs armes, et s'enfuirent dans le temple de Carnaim [28].

44. Judas prit la ville et brûla le temple, avec tous ceux qui étaient dedans : et Carnaim fut réduite à la dernière humiliation, et elle ne put subsister devant Judas.

45. Alors Judas assembla tous les Israélites qui étaient en Galaad [29], depuis le plus grand jusqu'au plus petit, avec leurs femmes et leurs enfants [30]; et il composa une fort grande armée, pour les emmener dans le pays de Juda.

46. Etant arrivés à Ephron [31], ils trouvèrent que cette ville qui est située à l'entrée du pays, était grande et extrêmement forte, et qu'on ne pouvait se détourner ni à droite ni à gauche, mais qu'il fallait nécessairement passer par le milieu.

47. Ceux qui étaient dans la ville s'y renfermèrent, et en bouchèrent les portes avec des pierres. Judas leur envoya porter d'abord des paroles de paix [32],

48. et leur fit dire : Trouvez bon que nous passions par votre pays pour aller au nôtre. Nul ne vous fera aucun tort; nous passerons sans nous arrêter. Mais ils ne voulurent point lui ouvrir.

49. Alors Judas fit publier dans le camp, que chacun attaquât la ville par l'endroit où il était.

50. Les plus vaillants hommes s'attachèrent donc aux murailles : il donna l'assaut à la ville pendant tout le jour et toute la nuit, et elle fut livrée entre ses mains.

51. Ils firent passer tous les mâles au fil de l'épée; il détruisit la ville jusqu'aux fondements, en emporta tout le butin qui s'y

mandavit eis, dicens : Neminem hominum reliqueritis : sed veniant omnes in prælium.

43. Et transfretavit ad illos prior, et omnis populus post eum, et contritæ sunt omnes gentes a facie eorum, et projecerunt arma sua, et fugerunt ad fanum, quod erat in Carnaim.

44. Et occupavit ipsam civitatem, et fanum succendit igni, cum omnibus qui erant in ipso : et oppressa est Carnaim, et non potuit sustinere contra faciem Judæ.

45. Et congregavit Judas universos Israelitas, qui erant in Galaaditide, a minimo usque ad maximum, et uxores eorum, et natos, et exercitum magnum valde, ut venirent in terram Judæ.

46. Et venerunt usque Ephron : et hæc civitas magna in ingressu posita, munita valde, et non erat declinare ab ea dextera vel sinistra, sed per mediam iter erat.

47. Et incluserunt se qui erant in civitate, et obstruxerunt portas lapidibus : et misit ad eos Judas verbis pacificis,

48. dicens : Transeamus per terram vestram, ut eamus in terram nostram : et nemo vobis nocebit : tantum pedibus transibimus. Et nolebant eis aperire.

49. Et præcepit Judas prædicare in castris, ut applicarent unusquisque in quo erat loco :

50. et applicuerunt se viri virtutis : et oppugnavit civitatem illam tota die, et tota nocte, et tradita est civitas in manu ejus.

51. Et peremerunt omnem masculum in ore gladii, et eradicavit eam, et accepit spolia ejus, et

ỳ. 43. — [28] ils cherchèrent un asile auprès d'Attargatis (2. *Mach.* 12, 26), la Vénus des Grecs.

ỳ. 45. — [29] qui y demeuraient parmi les Gentils (Voy. *pl. h.* ỳ. 23).

[30] et leur avoir, — ajoute le grec.

ỳ. 46. — [31] C'était une ville fortifiée en Galaad, près de l'endroit où le Jaboc se jette dans le Jourdain. Elle était située dans un défilé étroit par lequel la route passait.

ỳ. 47. — [32] * Il est vraisemblable que les Ephronites ne s'étaient pas montrés jusque-là animés de dispositions hostiles envers les Israélites; et c'est pourquoi Judas, conformément à ce que prescrivait la loi de Moyse (5. *Moys.* 20, 10 et suiv.), leur fit d'abord offrir la paix.

transivit per totam civitatem super interfectos.

52. Et transgressi sunt Jordanem in campo magno, contra faciem Bethsan.

53. Et erat Judas congregans extremos, et exhortabatur populum per totam viam, donec venirent in terram Juda;

54. et ascenderunt in montem Sion cum lætitia et gaudio, et obtulerunt holocausta, quod nemo ex eis cecidisset, donec reverterentur in pace.

55. Et in diebus, quibus erat Judas et Jonathas in terra Galaad, et Simon frater ejus in Galilæa contra faciem Ptolemaidis,

56. audivit Josephus Zachariæ filius, et Azarias princeps virtutis, res bene gestas, et prælia quæ facta sunt,

57. et dixit : Faciamus et ipsi nobis nomen, et eamus pugnare adversus gentes, quæ in circuitu nostro sunt.

58. Et præcepit his qui erant in exercitu suo, et abierunt Jamniam.

59. Et exivit Gorgias de civitate, et viri ejus obviam illis in pugnam.

60. Et fugati sunt Josephus et Azarias usque in fines Judææ : et ceciderunt illo die de populo Israel ad duo millia viri, et facta est fuga magna in populo :

61. quia non audierunt Judam, et fratres ejus, existimantes fortiter se facturos.

62. Ipsi autem non erant de semine virorum illorum, per quos salus facta est in Israel.

63. Et viri Juda magnificati sunt

trouva, et passa tout au travers sur les corps morts.

52. Ils passèrent ensuite le Jourdain dans la grande plaine [33] qui est vis-à-vis de Bethsan [34].

53. Et Judas était à l'arrière-garde, ralliant les derniers, et encourageant le peuple dans tout le chemin, jusqu'à ce qu'ils fussent arrivés au pays de Juda.

54. Ils montèrent sur la montagne de Sion dans une grande réjouissance; et ils offrirent des holocaustes en actions de grâces, de ce qu'ils étaient revenus en paix, sans qu'aucun d'eux eût été tué.

55. Pendant que Judas avec Jonathas étaient au pays de Galaad, et Simon, son frère, dans la Galilée devant Ptolémaïde,

56. Joseph, fils de Zacharie, et Azarias, général des Juifs, apprirent les heureux succès *des autres*, et les combats qu'ils avaient donnés.

57. Et ils dirent [35] : Rendons aussi nous-mêmes notre nom célèbre, et allons combattre les nations qui nous environnent [36].

58. Il donna donc ses ordres à ses troupes : et elles marchèrent contre Jamnia [37].

59. Gorgias sortit de la ville avec ses gens, et alla au-devant d'eux pour les combattre [38].

60. Et Joseph et Azarias furent battus, et s'enfuirent jusqu'à la frontière de Judée. Il demeura sur place environ deux mille hommes des Israélites; et la déroute du peuple fut grande [39],

61. parce qu'ils n'avaient pas suivi les ordres de Judas et de ses frères, s'imaginant qu'ils signaleraient leur courage.

62. Mais ils n'étaient point de la race de ces hommes par qui le Seigneur a sauvé Israël.

63. Or les troupes de Judas [40] furent en

ỳ. 52. — [33] la plaine d'Esdrélom, qui s'étendait depuis le Jourdain jusqu'à la montagne du Carmel, et était bornée au midi par les montagnes d'Ephraïm, et au nord, par le Thabor et d'autres montagnes.

[34] Cette ville était située à l'entrée de la plaine, dans le voisinage du Jourdain. Son nom grec est Scythopolis.

ỳ. 57. — [35] Litt. : et il dit — Joseph. Suivant une autre leçon : Et ils dirent.

* [36] Joseph et Azarias attaquèrent les ennemis contre l'ordre de Judas (ỳ. 19), guidés seulement par le désir de la gloire; et c'est pourquoi ils furent privés du secours d'en haut et vaincus.

ỳ. 58. — [37] Voy. *pl. h.* 4, 15.

ỳ. 59. — [38] * Gorgias était le général des Syriens (*Pl. h.* 3, 38). Battu par Judas, il s'était, dans sa fuite, retiré sur le territoire des Philistins (4. 22).

ỳ. 60. — [39] il essuya une grande défaite.

ỳ. 63. — [40] Dans le grec : Mais le vaillant Judas et ses frères, etc.

grand honneur dans tout Israël, et parmi tous les peuples où l'on entendit parler de leur nom.
64. Et tout le monde vint au-devant d'eux avec de grandes acclamations de joie.
65. Judas marcha ensuite avec ses frères, et alla réduire les enfants d'Esaü dans le pays qui est vers le midi [41]. Il prit de force Chébron [42], avec les villes qui en dépendent, et brûla les murs et les tours qui l'environnaient.
66. Après cela il décampa pour aller au pays des étrangers [43]; et il parcourut toute la Samarie.
67. En ce temps-là des prêtres furent tués à la guerre [44], en voulant signaler leur courage, et s'engageant sans ordre dans le combat.
68. Et Judas se détourna pour marcher vers Azot, au pays des étrangers [45] : il renversa leurs autels, et brûla les statues de leurs dieux. Il prit le butin qui se trouva dans leurs villes, et revint dans le pays de Juda.

valde in conspectu omnis Israel, et gentium omnium ubi audiebatur nomen eorum.
64. Et convenerunt ad eos fausta acclamantes.
65. Et exivit Judas, et fratres ejus, et expugnabant filios Esau, in terra quæ ad austrum est, et percussit Chebron et filias ejus : et muros ejus et turres succendit igni in circuitu.
66. Et movit castra ut iret in terram alienigenarum, et perambulabat Samariam.
67. In die illa ceciderunt sacerdotes in bello, dum volunt fortiter facere, dum sine consilio exeunt in prælium.
68. Et declinavit Judas in Azotum in terram alienigenarum, et diruit aras eorum, et sculptilia deorum ipsorum succendit igni : et cepit spolia civitatum, et reversus est in terram Juda.

CHAPITRE VI.

Mort d'Antiochus-Epiphane. Son fils Eupator se rend avec une grande armée dans la Judée, il prend Bethsura, assiége les Juifs dans le temple, et conclut la paix avec eux.

1. Cependant Antiochus, parcourant les hautes provinces [1], apprit qu'Elymaïs était une des plus célèbres villes de Perse; et qu'il y avait une grande quantité d'or et d'argent [2],

1. Et rex Antiochus perambulabat superiores regiones, et audivit esse civitatem Elymaidem in Perside nobilissimam, et copiosam in argento et auro,

℣. 65. — [41] * Les enfants d'Esaü sont les Iduméens. Judas les avait déjà vaincus auparavant (℣. 3); mais il voulut leur ôter encore Hébron, qui n'était qu'à sept ou huit heures, au midi de Jérusalem.
[42] Hébron, dans la tribu de Juda, que les Iduméens avaient envahie et annexée à leur territoire.
℣. 66. — [43] * des Philistins. C'est le sens que ce mot a également au ℣. 68 (*Comp.* 4, 22). — Le mot hébreu *Pelischetim*, Philistins, signifie étrangers; et, au lieu du mot, la version grecque donne la signification.
℣. 67. — [44] * Le sacerdoce, selon la loi de Moyse, n'était point incompatible avec la profession des armes; et l'Ecriture ne reproche ici aux prêtres qui furent tués, que trop de bravoure et de hardiesse. Judas lui-même, et ses frères, étaient de l'ordre des prêtres et de la famille d'Aaron. Dans la loi chrétienne, qui est pour toutes les nations, sans distinction, et qui est appelée la loi de grâce, le prêtre, d'après les canons de l'Eglise, ne doit point porter les armes.
℣. 68. — [45] * Des Philistins, dont le nom signifie étrangers. — Il est souvent fait mention d'Azot dans les Ecritures. Elle subsistait encore au sixième siècle, et était le siége d'un évêché. — Il ne reste plus d'Azot que 100 ou 150 misérables huttes.
℣. 1. — [1] Voy. *pl. h.* 3, 37. Des ℣. 1-17, il faut rapprocher 2. *Mach.* 9.
[2] laquelle ville, suivant 2. *Mach.* 9, 2, était aussi appelée Persépolis, mais diffé-

2. templumque in ea locuples valde : et illic velamina aurea, et loricæ, et scuta, quæ reliquit Alexander Philippi rex Macedo, qui regnavit primus in Græcia.

3. Et venit, et quærebat capere civitatem, et deprædari eam : et non potuit, quoniam innotuit sermo his qui erant in civitate :

4. et insurrexerunt in prælium, et fugit inde, et abiit cum tristitia magna, et reversus est in Babyloniam.

5. Et venit qui nuntiaret ei in Perside, quia fugata sunt castra, quæ erant in terra Juda :

6. et quia abiit Lysias cum virtute forti in primis, et fugatus est a facie Judæorum, et invaluerunt armis, et viribus, et spoliis multis, quæ ceperunt de castris, quæ exciderunt :

7. et quia diruerunt abominationem, quam ædificaverat super altare, quod erat in Jerusalem, et sanctificationem, sicut prius, circumdederunt muris excelsis, sed et Bethsuram civitatem suam.

8. Et factum est ut audivit rex sermones istos, expavit, et commotus est valde : et decidit in lectum, et incidit in languorem præ tristitia, quia non factum est ei sicut cogitabat.

9. Et erat illic per dies multos : quia renovata est in eo tristitia magna, et arbitratus est se mori.

10. Et vocavit omnes amicos suos et dixit illis : Recessit somnus ab oculis meis, et concidi, et corrui corde præ sollicitudine :

2. et un temple très-riche, où étaient les voiles d'or [3], les cuirasses et les boucliers qu'y avait laissés Alexandre, roi de Macédoine, fils de Philippe, qui établit le premier la monarchie des Grecs.

3. Il marcha donc vers cette ville, et il s'efforça de la prendre et de la piller; mais il ne le put, parce que les citoyens en avaient été avertis.

4. Ils sortirent contre lui, et le chargèrent; et il s'enfuit, et se retirant avec une grande tristesse, il prit la route de Babylone [4].

5. Lorsqu'il était encore en Perse, il reçut la nouvelle que son armée avait été défaite dans le pays de Juda,

6. et que Lysias ayant marché contre les Juifs avec une armée très-forte, avait été mis en fuite; que les armes et les dépouilles qu'ils avaient prises dans son camp, après la déroute de ses troupes, les avaient rendus encore plus forts;

7. qu'ils avaient renversé l'idole abominable qu'il avait fait élever sur l'autel de Jérusalem, et environné leur temple de hautes murailles, comme auparavant, aussi bien que leur [5] ville de Bethsura.

8. Le roi ayant appris ces nouvelles, en fut saisi d'étonnement, et tout troublé. Il fut obligé de se mettre au lit, et tomba dans la langueur par l'excès de sa tristesse [6], voyant qu'il était arrivé tout le contraire de ce qu'il s'était imaginé.

9. Il demeura là pendant plusieurs jours, parce que sa tristesse se renouvelait et croissait de plus en plus : et il crut qu'il allait mourir.

10. Il appela donc tous ses amis, et leur dit : Le sommeil s'est éloigné de mes yeux; mon cœur est tout abattu, et je me sens défaillir à cause du grand chagrin dont je suis saisi.

---

rente de Persépolis sur l'Araxe, qui fut brûlée par Alexandre. Elymaïs était située sur l'Eulée. D'autres prennent Elymaïs pour la province qui se trouvait au nord de la Susiane, dans la Médie méridionale, entre la montagne d'Oronte et le fleuve Eulée.

ỳ. 2. — [3] D'autres traduisent le grec : des armures d'or. — * Le mot *voiles* est conservé par la plupart des interprètes. Ces voiles, dans les temples païens, servaient à cacher les idoles, ou les animaux vénérés comme des dieux, aux yeux du vulgaire. Ceux qui gardaient ces voiles étaient appelés *pastophores* (Voy. *pl. h.* 4, 38). — Le temple était dédié à la déesse Nanée (Comp. 2. *Mach.* 1, 13).

ỳ. 4. — [4] Les auteurs de la lettre qui se trouve au 2e livre des *Mach.* 1, 13, disent qu'Antiochus fut mis à mort dans le temple. Il put y avoir été maltraité et blessé, mais en sortir encore vivant.

ỳ. 7. — [5] * Dans le grec : *sa.* — Antiochus avait déjà reçu cette nouvelle à Ecbatane (Voy. 2. *Mach.* 9, 3).

ỳ. 8. — [6] * Sur la maladie d'Antiochus voy. 2. *Mach.* 9.

11. J'ai dit au fond de mon cœur : A quelle affliction suis-je réduit, et en quel abîme de tristesse me vois-je plongé maintenant, moi qui étais auparavant si content, et si chéri au milieu de la puissance qui m'environnait!

12. Je me souviens à présent des maux que j'ai faits dans Jérusalem, ayant emporté toutes ses dépouilles en or et en argent, et envoyé exterminer sans sujet ceux qui habitaient dans la Judée.

13. Je reconnais donc que c'est pour cela que je suis tombé dans tous ces maux : et l'excès de ma tristesse me fait périr maintenant dans une terre étrangère.

14. Alors il appela Philippe, l'un de ses amis, et il l'établit régent sur tout son royaume.

15. Il lui mit entre les mains son diadème, sa robe royale, et son anneau, afin qu'il allât quérir son fils Antiochus [7], qu'il prît le soin de son éducation, et le fît régner [8].

16. Le roi Antiochus mourut là, en l'année cent quarante-neuvième [9].

17. Lysias ayant appris la mort du roi, établit roi en sa place Antiochus, son fils, qu'il avait nourri tout jeune; et il l'appela Eupator [10].

18. Or ceux qui étaient dans la forteresse [11] tenaient investies et fermaient à Israël toutes les avenues autour du temple [12]; et ils ne cherchaient qu'à leur faire du mal, et à fortifier le parti des nations.

19. Judas résolut de les perdre; et il fit assembler tout le peuple pour les assiéger.

20. Ainsi s'y étant rendus tous ensemble, ils les assiégèrent en la cent cinquantième

11. et dixi in corde meo : In quantam tribulationem deveni, et in quos fluctus tristitiæ, in qua nunc sum; qui jucundus eram, et dilectus in potestate mea!

12. Nunc vero reminiscor malorum, quæ feci in Jerusalem, unde et abstuli omnia spolia aurea et argentea, quæ erant in ea, et misi auferre habitantes Judæam sine causa.

13. Cognovi ergo quia propterea invenerunt me mala ista : et ecce pereo tristitia magna in terra aliena.

14. Et vocavit Philippum, unum de amicis suis, et præposuit eum super universum regnum suum;

15. et dedit ei diadema, et stolam suam, et annulum, ut adduceret Antiochum filium suum, et nutriret eum, et regnaret.

16. Et mortuus est illic Antiochus rex, anno centesimo quadragesimo nono.

17. Et cognovit Lysias, quoniam mortuus est rex, et constituit regnare Antiochum filium ejus, quem nutrivit adolescentem : et vocavit nomen ejus Eupator.

18. Et hi qui erant in arce, concluserant Israel in circuitu sanctorum : et quærebant eis mala semper, et firmamentum gentium.

19. Et cogitavit Judas disperdere eos : et convocavit universum populum, ut obsiderent eos.

20. Et convenerunt simul, et obsederunt eos anno centesimo

ŷ. 15. — [7] Dans le grec suivant une autre leçon : afin qu'il les portât à son fils Antiochus.

[8] * Par là Antiochus révoquait tout le pouvoir qu'il avait donné à Lysias en partant de Syrie, et conférait à Philippe la qualité de régent et de tuteur du jeune roi (*Voy.* ŷ. 55 et suiv.). — Philippe était l'ami intime d'Antiochus Ephiphane, et fut établi par lui gouverneur de la Judée (2. *Mach.* 5, 22. 9, 29). Comme il traitait les Juifs avec une extrême rigueur (2. *Mach.* 6, 11. 8, 8), il fut contraint de fuir, lorsque les Machabées eurent pris le dessus.

ŷ. 16. — [9] L'an 162 avant Jésus-Christ. Antiochus mourut à Thabée, sur les confins de la Perse et de la Babylonie.

ŷ. 17. — [10] c'est-à-dire fils d'un excellent père. Il était alors âgé de neuf ans.

ŷ. 18. — [11] la garnison syrienne. Avec ŷ. 18-63 comparez 2. *Mach.* 13.

[12] Litt. : autour du sanctuaire, — autour du temple.

quinquagesimo, et fecerunt balistas et machinas.

21. Et exierunt quidam ex eis qui obsidebantur, et adjunxerunt se illis aliqui impii ex Israel,

22. et abierunt ad regem, et dixerunt : Quousque non facis judicium, et vindicas fratres nostros?

23. Nos decrevimus servire patri tuo, et ambulare in præceptis ejus, et obsequi edictis ejus :

24. et filii populi nostri propter hoc alienabant se a nobis, et quicumque inveniebantur ex nobis, interficiebantur, et hereditates nostræ diripiebantur.

25. Et non ad nos tantum extenderunt manum, sed et in omnes fines nostros;

26. et ecce applicuerunt hodie ad arcem Jerusalem occupare eam, et munitionem Bethsuram munierunt :

27. et nisi præveneris eos velocius, majora quam hæc facient, et non poteris obtinere eos.

28. Et iratus est rex, ut hæc audivit : et convocavit omnes amicos suos, et principes exercitus sui, et eos qui super equites erant;

29. sed et de regnis aliis, et de insulis maritimis venerunt ad eum exercitus conductitii.

30. Et erat numerus exercitus ejus, centum millia peditum, et viginti millia equitum, et elephanti triginta duo, docti ad prælium.

31. Et venerunt per Idumæam, et applicuerunt ad Bethsuram, et pugnaverunt dies multos, et fecerunt machinas; et exierunt et succenderunt eas igni, et pugnaverunt viriliter.

année [13]; et ils firent des instruments pour jeter des pierres, et d'autres machines de guerre [14].

21. Alors quelques-uns des assiégés sortirent; et quelques impies des enfants d'Israël s'étant joints à eux,

22. ils allèrent trouver le roi, et lui dirent : Jusqu'à quand différerez-vous de nous faire justice, et de venger nos frères [15]?

23. Nous nous sommes engagés à servir votre père, à nous conduire selon ses ordres, et à obéir à ses édits.

24. Ceux de notre peuple nous ont pris en aversion pour ce sujet : ils ont tué tous ceux d'entre nous qu'ils ont trouvés, et ils ont pillé nos héritages.

25. Ils ont étendu leurs violences, non-seulement sur nous, mais sur tout notre pays;

26. et maintenant ils sont venus attaquer la forteresse de Jérusalem, pour s'en rendre maîtres; et ils ont fortifié Bethsura.

27. Que si vous ne vous hâtez de les prévenir, ils feront encore plus de mal qu'ils n'en ont fait jusqu'à présent, et vous ne pourrez plus les assujettir.

28. Le roi ayant entendu tout cela, en fut irrité. Il fit venir tous ses amis, les principaux officiers de son armée, et ceux qui commandaient la cavalerie.

29. Des troupes auxiliaires des royaumes étrangers et des pays maritimes, qu'il entretenait à ses dépens, vinrent encore se joindre aux siennes [16].

30. Ainsi son armée était composée de cent mille hommes de pied, de vingt mille chevaux, et de trente-deux éléphants dressés au combat.

31. Ils marchèrent par l'Idumée, et vinrent assiéger Bethsura [17]. Ils l'attaquèrent durant plusieurs jours, et ils firent pour cela des machines; mais les assiégés étant sortis, les brûlèrent, et combattirent avec grand courage.

ỳ. 20. — [13] L'an 151 avant Jésus-Christ.

[14] Dans le grec et le syriaque : des circonvallations, des tours pour y placer des balistes.

ỳ. 22. — [15] Jusqu'à quand différerez-vous de faire justice à nos frères des Juifs récalcitrants, et de les châtier de leur désobéissance?

ỳ. 29. — [16] de Rhodes, de Chypre et des îles de l'Archipel, qui étaient sous la domination romaine.

ỳ. 31. — [17] * Place au midi de Jérusalem, sur les confins de l'Idumée (*Pl. h.* 4, 29 et 61).

32. Judas, qui était parti de devant la forteresse, marcha avec son armée vers Bethzachara [18], vis-à-vis du camp du roi.
33. Et le roi s'étant levé avant le jour, fit marcher impétueusement toutes ses troupes sur le chemin de Bethzachara. Les armées se préparèrent au combat, et ils sonnèrent des trompettes;
34. ils montrèrent aux éléphants du jus de raisin et de mûres [19], afin de les animer au combat [20].
35. Ils partagèrent les bêtes par légions, et mille hommes armés de cottes de mailles et de casques d'airain accompagnaient chaque éléphant; et cinq cents chevaux choisis avaient ordre de se tenir toujours près de chaque bête.

36. Ces gens se hâtaient de prévenir en tous lieux les éléphants: ils allaient partout où chaque éléphant allait, et ils ne l'abandonnaient jamais [21].
37. Il y avait aussi sur chaque bête une forte tour de bois, destinée pour la mettre à couvert, et des machines dessus [22]; et dans chaque tour, trente-deux des plus vaillants hommes [23], qui combattaient d'en haut, avec un Indien qui conduisait la bête.

38. Il rangea le reste de la cavalerie sur les deux ailes, pour exciter son armée par le son des trompettes, et pour animer son infanterie serrée dans ses bataillons [24].

39. Lorsque le soleil eut frappé de ses rayons les boucliers d'or et d'airain, il en

32. Et recessit Judas ab arce, et movit castra ad Bethzacharam contra castra regis.
33. Et surrexit rex ante lucem, et concitavit exercitus in impetum contra viam Bethzacharam: et comparaverunt se exercitus in prælium, et tubis cecinerunt:
34. et elephantis ostenderunt sanguinem uvæ et mori, ad acuendos eos in prælium:
35. et diviserunt bestias per legiones: et astiterunt singulis elephantis mille viri in loricis concatenatis, et galeæ æreæ in capitibus eorum: et quingenti equites ordinati unicuique bestiæ electi erant.
36. Hi ante tempus ubicumque erat bestia, ibi erant: et quocumque ibat, ibant, et non discedebant ab ea.
37. Sed et turres ligneæ super eos firmæ protegentes super singulas bestias: et super eas machinæ: et super singulas viri virtutis triginta duo, qui pugnabant desuper, et Indus magister bestiæ.
38. Et residuum equitatum hinc et inde statuit in duas partes, tubis exercitum commovere, et perurgere constipatos in legionibus ejus.
38. Et ut refulsit sol in clypeos aureos, et æreos, resplenduerunt

---

℣. 32. — [18] * Bethzachara était un défilé entre Jérusalem et Bethsura.
℣. 34. — [19] Litt.: du sang de raisins et de mûres, — du jus, etc.
[20] * Les éléphants ne sont pas irrités par le rouge; mais par le blanc. Mais comme ils aiment beaucoup le vin et les matières fermentées, on leur en montra, sans leur en donner, pour les allécher et les exciter au combat.
℣. 36. — [21] c'est-à-dire ces gens se tenaient constamment auprès de ces animaux, et ainsi les éléphants s'accoutumaient à eux, comme aussi les chevaux à la forme, au bruit et aux cris des éléphants.
℣. 37. — [22] pour affermir les tours.
[23] * Ce nombre de 32 combattants sur chaque éléphant, a paru excessif à plusieurs; car l'éléphant, chez les anciens, n'en portait d'ordinaire que six ou sept au plus. C'est pourquoi au lieu de δύο καὶ τριάκοντα que porte le texte, quelques interprètes lisent: δύο ἢ τρεῖς, et traduisent: *Et dans chaque tour, deux ou trois des plus vaillants hommes*. Cependant on fait observer avec raison, que l'éléphant indien étant beaucoup plus grand que celui d'Afrique, une charge de trente-deux hommes ne serait pas pour lui un poids trop pesant. — On appelait *Indiens* tous les conducteurs d'éléphants, — de quelque nation qu'ils fussent, — parce que les Indiens savent très-bien diriger ces animaux qui sont propres à leur pays.
℣. 38. — [24] Dans le grec:... sur les deux ailes de l'armée, pour l'exciter et protéger les rangs (de l'infanterie), s'ils étaient pressés. La cavalerie chez les anciens étaient destinée à couvrir les flancs des hommes de pied. — * Dans le grec à la lettre: Et ils placèrent le reste de la cavalerie d'un côté et de l'autre, sur les deux ailes du camp, abattant tout dans les vallées et étant bien armés.

montes ab eis, et resplenduerunt sicut lampades ignis.

40. Et distincta est pars exercitus regis per montes excelsos, et alia per loca humilia : et ibant caute et ordinate.

41. Et commovebantur omnes inhabitantes terram a voce multitudinis, et incessu turbæ, et collisione armorum : erat enim exercitus magnus valde, et fortis.

42. Et appropiavit Judas, et exercitus ejus in prælium : et ceciderunt de exercitu regis sexcenti viri.

43. Et vidit Eleazar filius Saura unam de bestiis loricatam loricis regis : et erat eminens super cæteras bestias; et visum est ei quod in ea esset rex :

44. et dedit se ut liberaret populum suum, et acquireret sibi nomen æternum.

45. Et cucurrit ad eam audacter in medio legionis, interficiens a dextris et a sinistris, et cadebant ab eo huc atque illuc.

46. Et ivit sub pedes elephantis, et supposuit se ei, et occidit eum : et cecidit in terram super ipsum, et mortuus est illic.

47. Et videntes virtutem regis, et impetum exercitus ejus, diverterunt se ab eis.

48. Castra autem regis ascenderunt contra eos in Jerusalem, et applicuerunt castra regis ad Judæam et montem Sion.

49. Et fecit pacem cum his qui erant in Bethsura : et exierunt de civitate, quia non erant eis ibi alimenta conclusis, quia sabbata erant terræ.

rejaillit un éclat sur les montagnes d'alentour, qui brillèrent comme des lampes ardentes.

40. Une partie de l'armée du roi allait le long des hautes montagnes[25], et l'autre marchait dans la plaine : et ils marchaient avec précaution et avec ordre.

41. Tous les habitants des environs étaient épouvantés des cris de cette multitude de soldats, du bruit de leur marche, et du fracas de leurs armes qui se touchaient, parce que l'armée était très-grande et très-forte.

42. Et Judas s'avança avec son armée pour combattre les ennemis; et six cents hommes[26] de l'armée du roi furent taillés en pièces.

43. Alors Eléazar, fils de Saura[27], voyant un des éléphants tout encuirassé et tout couvert des armes du roi, qui était plus grand que tous les autres, crut que le roi même était dessus.

44. Et il exposa sa vie pour délivrer son peuple, et pour s'acquérir un nom immortel.

45. Car il courut hardiment au milieu de la légion, tuant à droite et à gauche, et faisant tomber tout ce qui se présentait devant lui.

46. Et étant allé se mettre sous le ventre de l'éléphant, il le tua[28], et le fit tomber par terre; et Eléazar, sur qui il tomba, mourut sous lui[29].

47. Mais les Juifs voyant les grandes troupes du roi et l'impétuosité de son armée, se retirèrent du combat[30].

48. En même temps l'armée du roi marcha contre eux vers Jérusalem[31], et elle vint en Judée, et campa près du mont Sion.

49. Le roi écouta les propositions de paix que lui firent faire ceux qui étaient dans Bethsura; et ils sortirent de la ville, n'ayant plus de vivres, parce que c'était l'année du sabbat *et du repos* de la terre[32].

ỳ. 40. — [25] de peur d'être surprise de dessus les hauteurs.

ỳ. 42. — [26] * Comp. 2. *Mach.* 11, 11. Il est dit ici qu'il périt *onze mille hommes et six cents chevaux.* Les six cents hommes marqués en cet endroit sont ceux qui tombèrent du premier choc, et avant la mort d'Eléazar.

ỳ. 43. — [27] Dans le grec : Eléazar, fils de Sanaran (Abaron), fils de Mathathias (*pl. h.* 2, 5), frère de Judas. Peut-être Mathathias portait-il aussi le nom de Saura.

ỳ. 46. — [28] en le blessant à la partie où la peau est plus molle.

[29] Si le roi avait été sur cet éléphant, et qu'il lui fût arrivé quelque accident, cela aurait pu jeter l'effroi et la confusion parmi les Syriens, et la bataille eût été gagnée. Cette action n'était donc pas si dépourvue de sens.

ỳ. 47. — [30] Judas jugea plus prudent de faire une retraite en bon ordre, que de se laisser anéantir, lui et les siens, après quoi tout eût été perdu. Ils se retirèrent à Jérusalem, dans les fortifications du temple.

ỳ. 48. — [31] Une autre division de l'armée alla à Bethsura.

ỳ. 49. — [32] L'année sabbatique, l'année durant laquelle la terre demeurait in-

50. Ainsi le roi prit Bethsura, et y mit garnison pour la garder.

51. Il fit ensuite marcher ses troupes vers le lieu saint [33], où il demeura longtemps : il y dressa divers instruments de guerre, et plusieurs machines pour lancer des feux, pour jeter des pierres et des dards, des arbalètes pour lancer des flèches [34], et des frondes.

52. Les assiégés firent aussi des machines contre leurs machines, et ils combattirent durant plusieurs jours.

53. Mais il n'y avait point de vivres dans la ville, parce que c'était la septième année [35], et que ceux d'entre les nations qui étaient demeurés dans la Judée [36] avaient consumé les restes de ce qu'on avait mis en réserve.

54. Il ne demeura donc que peu de gens pour la garde des lieux saints, parce qu'étant pressés par la famine, chacun s'en retourna chez soi.

55. Cependant Lysias apprit que Philippe, qui avait été choisi par le roi Antiochus [37], lorsqu'il vivait encore, pour élever Antiochus, son fils, et pour le faire régner en sa place,

56. était revenu de Perse et de la Médie avec l'armée qui l'y avait accompagné, et qu'il se préparait à prendre le gouvernement des affaires du royaume.

57. Il se hâta d'aller dire au roi et aux généraux de l'armée [38] : Nous nous cousumons ici tous les jours; nous avons très-peu de vivres; la place que nous assiégeons est bien fortifiée, et nous sommes obligés de mettre ordre aux affaires du royaume.

58. Composons donc avec ces gens-ci, faisons la paix avec eux et avec toute leur nation;

59. et permettons-leur de vivre selon leurs lois comme auparavant : car ça été le mépris que nous avons fait de leurs lois qui les a si fort animés, et qui leur a fait faire tout ce qu'ils ont fait jusqu'à présent.

50. Et comprehendit rex Bethsuram : et constituit illic custodiam servare eam.

51. Et convertit castra ad locum sanctificationis dies multos : et statuit illic balistas, et machinas, et ignis jacula, et tormenta ad lapides jactandos, et spicula, et scorpios ad mittendas sagittas, et fundibula.

52. Fecerunt autem et ipsi machinas adversus machinas eorum, et pugnaverunt dies multos.

53. Escæ autem non erant in civitate, eo quod septimus annus esset : et qui remanserant in Judæa de gentibus, consumpserant reliquias eorum, quæ repositæ fuerant.

54. Et remanserunt in sanctis viri pauci, quoniam obtinuerat eos fames : et dispersi sunt unusquisque in locum suum.

55. Et audivit Lysias quod Philippus, quem constituerat rex Antiochus, cum adhuc viveret, ut nutriret Antiochum filium suum, et regnaret,

56. reversus esset a Perside, et Media, et exercitus qui abierat cum ipso, et quia quærebat suscipere regni negotia :

57. festinavit ire, et dicere ad regem, et duces exercitus : Deficimus quotidie, et esca nobis modica est, et locus, quem obsidemus, est munitus, et incumbit nobis ordinare de regno.

58. Nunc itaque demus dexteras hominibus istis, et faciamus cum illis pacem, et cum omni gente eorum :

59. et constituamus illis ut ambulent in legitimis suis sicut prius; propter legitima enim ipsorum, quæ despeximus, irati sunt, et fecerunt omnia hæc.

---

culte, sans qu'il fût permis de semer ni de récolter (2. *Moys*. 23, 10. 11. 3. *Moys* 25, 1-7. 21-22. 5. *Moys*. 15, 1-11). Il n'y avait en conséquence que peu de moyens d'existence cette année-là.

℣. 51. — [33] le temple.

[34] Litt. : des scorpions, — de petites machines pour lancer des flèche.

℣. 53. — [35] *Voy.* note 32.

[36] quelques-uns des partis des Gentils qui battaient la campagne (Voy. *pl. h.* 5, 23-45).

℣. 55. — [37] * *Voy.* ℣. 14, 15 et les remarques.

℣. 57. — [38] et aux petits — ajoute le grec. — * A la lettre... καὶ (πρὸς) τοὺς ἄνδρας, ad viros, et aux hommes de courage.

60. Et placuit sermo in conspectu regis et principum : et misit ad eos pacem facere, et receperunt illam.
61. Et juravit illis rex, et principes : et exierunt de munitione.

62. Et intravit rex montem Sion, et vidit munitionem loci : et rupit citius juramentum, quod juravit : et mandavit destruere murum in gyro.
63. Et discessit festinanter, et reversus est Antiochiam, et invenit Philippum dominantem civitati : et pugnavit adversus eum, et occupavit civitatem.

60. Cette proposition plut au roi et à ses principaux officiers : il envoya aussitôt traiter de la paix avec les Juifs, qui l'acceptèrent.
61. Et le roi et ses officiers l'ayant confirmée avec serment, ceux qui défendaient la forteresse se retirèrent.
62. Alors le roi entra sur la montagne de Sion, et en vit les fortifications : et il viola aussitôt le serment qu'il avait fait, car il commanda qu'on abattît tous les murs qui l'environnaient.
63. Il partit ensuite en grande diligence, et retourna à Antioche, où il trouva que Philippe s'était rendu maître de la ville. Et après avoir combattu contre lui, il la reprit [39].

CHAPITRE VII.

Démétrius-Soter devient roi de Syrie, Antiochus et Lysias sont mis à mort. L'apostat Alcime est établi grand prêtre. Nouveaux exploits héroïques de Judas.

1. Anno centesimo quinquagesimo primo exiit Demetrius Seleuci filius ab urbe Roma, et ascendit cum paucis viris in civitatem maritimam, et regnavit illic.
2. Et factum est, ut ingressus est domum regni patrum suorum, comprehendit exercitus Antiochum et Lysiam, ut adducerent eos ad eum.
3. Et res ei innotuit : et ait : Nolite mihi ostendere faciem eorum.

1. En la cent cinquante-unième année [1], Démétrius, fils de Séleucus, étant sorti de la ville de Rome [2], vint avec peu de gens dans une ville sur la côte de la mer, et commença à y régner.
2. Et lorsqu'il fut entré dans la maison *et le siége* du royaume de ses pères [3], l'armée se saisit d'Antiochus et de Lysias, pour les emmener à Démétrius.

3. Lorsqu'il en fut averti, il leur dit : Ne me faites point voir leur visage [4].

℣. 63. — [39] et par le conseil de Lysias il fit tuer Philippe, comme le rapporte l'historien juif Josèphe.
℣. 1. — [1] L'an 160 avant Jésus-Christ. Des versets 1-38 il faut rapprocher 2. *Mach.* 14.
[2] Démétrius était fils de Séleucus-Philopator (Voy. *pl. h.* 1, 11. note 16). Son père étant monté sur le trône, le fit partir pour Rome en qualité d'ôtage, afin de remplacer Antiochus, depuis surnommé Epiphane *Dan.* 11, note 88), qui y avait été envoyé par Antiochus-le-Grand, en cette qualité (*Dan.* 11, note 31). Lorsque Séleucus fut mort, Antiochus s'empara injustement du trône, et laissa Démétrius comme ôtage à Rome. Démétrius, après la mort d'Antiochus, parvint à s'échapper. Il aborda avec quelques hommes à Tripolis, sur les côtes de la Phénicie, et fit répandre la nouvelle que le sénat l'avait renvoyé comme roi dans le royaume de son père. Il trouva créance et fut partout reconnu. Après cela l'armée en très-grande partie passa de son côté, et lui livra Antiochus-Eupator et Lysias.
℣. 2. — [3] * La résidence de ses pères était Antioche en Syrie.
℣. 3. — [4] * C'était là pour les soldats un ordre formel de mettre les captifs à mort (Comp. *Esth.* 7, 8).

4. Ils furent donc tués par l'armée; et Démétrius s'assit sur le trône de son royaume.

5. Alors des hommes d'Israël, méchants et impies, vinrent le trouver, ayant à leur tête Alcime [5], qui aspirait [6] à être établi *grand* prêtre [7].

6. Et ils accusèrent le peuple devant le roi, en lui disant: Judas et ses frères ont fait périr tous vos amis, et il nous a nous-mêmes chassés de notre pays.

7. Envoyez donc maintenant un homme dont vous soyez assuré, afin qu'il reconnaisse tous les maux qu'il nous a fait souffrir, et aux provinces qui appartiennent au roi, et qu'il punisse tous ses amis, et tous ceux qui le soutiennent.

8. Et le roi choisit d'entre ses amis Bacchide, qui commandait dans son royaume au-delà du grand fleuve [8], et qui lui était fidèle.

9. Il l'envoya reconnaître tous les maux qu'avait faits Judas; et il établit *grand* prêtre l'impie Alcime, et lui ordonna de punir les enfants d'Israël.

10. Ils vinrent donc en diligence avec une grande armée dans le pays de Juda; et ils députèrent vers Judas et vers ses frères pour leur faire des propositions de paix, dans le dessein de les surprendre.

11. Mais ils n'eurent aucun égard à leurs paroles, voyant qu'ils étaient venus avec une puissante armée.

12. Cependant les docteurs de la loi s'étant assemblés, vinrent trouver Alcime et Bacchide, pour leur faire des propositions très-justes [9].

13. Ceux d'entre les enfants d'Israël, appelés Assidéens, étaient les premiers de cette assemblée, et ils voulaient leur demander la paix [10].

14. Car ils disaient : C'est un prêtre de la

4. Et occidit eos exercitus. Et sedit Demetrius super sedem regni sui :

5. et venerunt ad eum viri iniqui et impii ex Israel : et Alcimus dux eorum, qui volebat fieri sacerdos.

6. Et accusaverunt populum apud regem, dicentes : Perdidit Judas, et fratres ejus, omnes amicos tuos, et nos dispersit de terra nostra.

7. Nunc ergo mitte virum, cui credis, ut eat, et videat exterminium omne, quod fecit nobis, et regionibus regis : et puniat omnes amicos ejus, et adjutores eorum.

8. Et elegit rex ex amicis suis Bacchidem, qui dominabatur trans flumen magnum in regno, et fidelem regi : et misit eum,

9. ut videret exterminium, quod fecit Judas : sed et Alcimum impium constituit in sacerdotium, et mandavit ei facere ultionem in filios Israel.

10. Et surrexerunt, et venerunt cum exercitu magno in terram Juda : et miserunt nuntios, et locuti sunt ad Judam, et ad fratres ejus, verbis pacificis in dolo.

11. Et non intenderunt sermonibus eorum : viderunt enim quia venerunt cum exercitu magno.

12. Et convenerunt ad Alcimum et Bacchidem congregatio scribarum requirere quæ justa sunt :

13. et primi, Assidæi qui erant in filiis Israel, et exquirebant ab eis pacem

14. Dixerunt enim : Homo sa-

ỳ. 5. — [5] * Lysias avait fait périr le grand prêtre Ménélaus (2. *Mach.* 13, 4-8), et le souverain sacerdoce revenait de droit à Onias, fils d'Onias III. Mais effrayé par la mort de son oncle, il se retira en Egypte : et ainsi le sacerdoce souverain sortit de la famille de Sadoc pour n'y plus rentrer. Ce fut cet Onias qui bâtit en Egypte un temple sur le modèle de celui de Jérusalem (Comp. *Isaïe,* 19, 19. note 27. *Pl. b.* 14, 41. note 15).

[6] qui souhaitait d'être confirmé en cette qualité; car déjà sous Antiochus il avait su s'ingérer dans cette dignité.

[7] Litt. : prêtre, — grand prêtre.

ỳ. 8. — [8] qui était gouverneur des provinces au-delà de l'Euphrate.

ỳ. 12. — [9] Ils firent devant eux des demandes équitables.

ỳ. 13. — [10] Voy. *pl. h.* 2, 42. Ils les prièrent de les laisser paisibles dans la pratique de leur religion, promettant de leur côté d'être soumis aux autorités.

cerdos de semine Aaron venit, non decipiet nos :

15. et locutus est cum eis verba pacifica : et juravit illis, dicens : Non inferemus vobis malum, neque amicis vestris.

16. Et crediderunt ei : et comprehendit ex eis sexaginta viros, et occidit eos in una die, secundum verbum quod scriptum est :

17. Carnes sanctorum tuorum, et sanguinem ipsorum effuderunt in circuitu Jerusalem, et non erat qui sepeliret.

18. Et incubuit timor et tremor in omnem populum : quia dixerunt : Non est veritas et judicium in eis : transgressi sunt enim constitutum, et jusjurandum quod juraverunt.

19. Et movit Bacchides castra ab Jerusalem, et applicuit in Bethzecha : et misit, et comprehendit multos ex eis qui a se effugerant, et quosdam de populo mactavit, et in puteum magnum projecit.

20. Et commisit regionem Alcimo, et reliquit cum eo auxilium in adjutorium ipsi. Et abiit Bacchides ad regem :

21. et satis agebat Alcimus pro principatu sacerdotii sui;

22. et convenerunt ad eum omnes, qui perturbabant populum suum, et obtinuerunt terram Juda, et fecerunt plagam magnam in Israel.

23. Et vidit Judas omnia mala quæ fecit Alcimus, et qui cum eo erant, filiis Israel, multo plus quam gentes :

race d'Aaron qui vient à nous [11]; il ne nous trompera pas [12].

15. Alcime [13] leur répondit comme un homme qui n'aurait eu que des pensées de paix, et leur dit avec serment : Nous ne ferons aucun mal, ni à vous, ni à vos amis.

16. Ils le crurent : mais il en fit arrêter soixante d'entre eux, qu'il fit mourir tous en un même jour, selon cette parole de l'Écriture [14] :

17. Ils ont fait tomber les corps de vos saints, et ils ont répandu leur sang autour de Jérusalem, sans que personne les ensevelît [15].

18. Et tout le peuple fut saisi de crainte et de frayeur, et ils se disaient les uns aux autres : Il n'y a ni vérité ni justice parmi eux; car ils ont violé la parole qu'ils avaient donnée, et le serment qu'ils avaient fait.

19. Bacchide étant parti de Jérusalem, alla camper près Bethzécha [16], et il envoya prendre plusieurs de ceux qui avaient quitté son parti, et il tua quelques-uns du peuple qu'il fit jeter dans un grand puits.

20. Après cela il remit toute la province entre les mains d'Alcime, à qui il laissa des troupes pour le soutenir; et il retourna trouver le roi.

21. Cependant Alcime faisait tous ses efforts pour s'affermir dans la principauté du sacerdoce [17].

22. Et tous ceux qui troublaient le peuple s'étant assemblés près de lui, se rendirent maîtres du pays de Juda, et firent un grand carnage dans Israël.

23. Judas considérant que tous les maux qu'Alcime et ceux qui étaient avec lui avaient faits aux enfants d'Israël, étaient beaucoup plus grands que tout ce que les nations leur avaient fait [18],

---

ỳ. 14. — [11] Dans le grec : avec l'armée.

[12] * Ils croyaient qu'ils pouvaient avoir dans un prêtre une confiance absolue. Alcime (hébr. Hacim) était bien, comme on l'a remarqué, de la race d'Aaron, mais non point de la famille de Sadoc, qui depuis Salomon était en possession de la souveraine sacrificature (Voy. 3. *Rois*, 2, 27 et 35).

ỳ. 15. — [13] Litt. : Et il (Bacchide) répondit, etc.

ỳ. 16. — [14] c'est-à-dire : action semblable à celle des Chaldeens, qui est marquée *Ps*. 78, 2. 3.

ỳ. 17. — [15] * Dans les mots « de vos saints » (hébr. Chasidecha) il y a une autre allusion aux *Assidéens* (hébr. Chasidim).

ỳ. 19. — [16] Dans le grec : de Bézeth, une colline près de Jérusalem, qui plus tard fut réunie à la ville.

ỳ. 21. — [17] Il cherchait à s'attirer la faveur du peuple.

ỳ. 23. — [18] * Chose digne de remarque, les Juifs infidèles travaillent avec plus

24. alla de tous côtés dans la Judée, et punit les déserteurs de son parti; et depuis ce temps-là ils ne firent plus de courses dans le pays [19].

25. Mais lorsqu'Alcime eut reconnu que Judas et ses gens étaient les plus forts; et qu'il eut senti qu'il ne pouvait leur résister, il retourna vers le roi [20], et les accusa de plusieurs crimes.

26. Alors le roi envoya Nicanor [21], l'un des principaux seigneurs de sa cour, qui était un des plus grands ennemis d'Israel, et lui commanda de perdre ce peuple.

27. Nicanor vint donc à Jérusalem avec une grande armée, et il députa vers Judas et ses frères pour les surprendre, sous prétexte de traiter de la paix avec eux.

28. Il leur fit dire : Qu'il n'y ait point de guerre entre vous et moi : je viendrai avec peu de gens pour vous voir, et pour vous parler de paix [22].

29. Il vint ensuite trouver Judas, et ils se saluèrent comme amis; et les ennemis se préparaient à se saisir de Judas.

30. Mais Judas reconnut qu'il était venu à lui pour le surprendre; et ayant eu peur de lui, il ne voulut plus le voir.

31. Nicanor voyant que son dessein était découvert, marcha contre Judas pour le combattre près de Capharsalama [23].

32. Et il y eut près de cinq mille hommes de l'armée de Nicanor qui demeurèrent sur place, et le reste s'enfuit dans la ville de David [24].

33. Après cela Nicanor monta sur la montagne de Sion [25]; et quelques-uns des prêtres le vinrent saluer avec un esprit de paix, et lui montrèrent les holocaustes qui s'offraient pour le roi.

34. Mais il les méprisa, en les raillant; il

24. et exiit in omnes fines Judææ in circuitu, et fecit vindictam in viros desertores, et cessaverunt ultra exire in regionem.

25. Vidit autem Alcimus quod prævaluit Judas, et qui cum eo erant : et cognovit quia non potest sustinere eos, et regressus est ad regem, et accusavit eos multis criminibus.

26. Et misit rex Nicanorem, unum ex principibus suis nobilioribus : qui erat inimicitias exercens contra Israel : et mandavit ei evertere populum.

27. Et venit Nicanor in Jerusalem cum exercitu magno, et misit ad Judam et ad fratres ejus verbis pacificis cum dolo,

28. dicens : Non sit pugna inter me et vos : veniam cum viris paucis, ut videam facies vestras cum pace.

29. Et venit ad Judam, et salutaverunt se invicem pacifice : et hostes parati erant rapere Judam.

30. Et innotuit sermo Judæ, quoniam cum dolo venerat ad eum : et conterritus est ab eo, et amplius noluit videre faciem ejus.

31. Et cognovit Nicanor quoniam denudatum est consilium ejus : et exivit obviam Judæ in pugnam juxta Capharsalama.

32. Et ceciderunt de Nicanoris exercitu fere quinque millia viri, et fugerunt in civitatem David.

33. Et post hæc verba ascendit Nicanor in montem Sion : et exierunt de sacerdotibus populi salutare eum in pace, et demonstrare ei holocautomata, quæ offerebantur pro rege.

34. Et irridens sprevit eos, et

---

d'obstination et d'animosité à la séduction de leurs concitoyens, que les païens eux-mêmes.

ỳ. 24. — [19] ils n'osèrent plus quitter leurs places fortes pour piller et tuer.

ỳ. 25. — [20] * à Antioche (Comp. 2. *Mach.* 1, 3. 4).

ỳ. 26. — [21] * Nicanor avait déja fait avec d'autres généraux une campagne contre les Juifs (Voy. 3, 38. Comp. 2. 2. *Mach.* 24, 12-36).

ỳ. 28. — [22] Qu'il me soit permis de vous faire une visite avec une suite peu nombreuse.

ỳ. 31. — [23] une ville dans le pays de Juda, vraisemblablement à l'ouest de Jérusalem.

ỳ. 32. — [24] dans la citadelle de Jérusalem.

ỳ. 33. — [25] sur la montagne du temple.

polluit : et locutus est superbe,

35. et juravit cum ira, dicens : Nisi traditus fuerit Judas, et exercitus ejus in manus meas, continuo cum regressus fuero in pace, succendam domum istam. Et exiit cum ira magna ;

36. et intraverunt sacerdotes, et steterunt ante faciem altaris et templi : et flentes dixerunt :

37. Tu Domine elegisti domum istam ad invocandum nomen tuum in ea, ut esset domus orationis et obsecrationis populo tuo;

38. fac vindictam in homine isto, et exercitu ejus, et cadant in gladio : memento blasphemias eorum, et ne dederis eis ut permaneant.

39. Et exiit Nicanor ab Jerusalem, et castra applicuit ad Bethoron : et occurrit illi exercitus Syriæ.

40. Et Judas applicuit in Adarsa cum tribus millibus viris : et oravit Judas, et dixit :

41. Qui missi erant a rege Sennacherib, Domine, quia blasphemaverunt te, exiit angelus, et percussit ex eis centum octoginta quinque millia:

42. sic contere exercitum istum in conspectu nostro hodie : et sciant cæteri quia male locutus est super sancta tua : et judica illum secundum malitiam illius.

43. Et commiserunt exercitus prælium tertia decima die mensis Adar : et contrita sunt castra Nicanoris, et cecidit ipse primus in prælio.

44. Ut autem vidit exercitus ejus quia cecidisset Nicanor, projecerunt arma sua, et fugerunt :

45. et persecuti sunt eos viam

les traita comme des personnes profanes [26], et leur parla avec grand orgueil.

35. Il leur dit en colère, et en jurant : Si on ne me livre entre les mains Judas avec son armée, aussitôt que je serai revenu victorieux [27], je brûlerai ce temple. Et il s'en alla plein de fureur.

36. Alors les prêtres étant entrés, se présentèrent devant l'autel et devant le temple, et ils dirent en pleurant [28]:

37. Seigneur, vous avez choisi cette maison, afin que votre nom y fût invoqué, et qu'elle fût une maison d'oraison et de prière pour votre peuple.

38. Faites éclater votre vengeance contre cet homme et contre ses troupes, et qu'ils tombent sous le tranchant de l'épée. Souvenez-vous de leurs blasphèmes, et ne permettez pas qu'ils subsistent longtemps sur la terre.

39. Nicanor étant parti de Jérusalem [29], vint camper près de Béthoron [30], où l'armée de Syrie le vint joindre.

40. Et Judas alla camper près d'Adarsa [31], avec trois mille hommes [32]; et fit sa prière, en disant:

41. Seigneur, lorsque ceux qui avaient été envoyés par le roi Sennachérib vous blasphémèrent, un ange vint, qui leur tua cent quatre-vingt-cinq mille hommes. 4. *Rois*, 19, 35. *Tob.* 1, 21. *Eccli.* 48, 25.

42. Exterminez de même aujourd'hui cette armée devant nous, afin que tous les autres sachent que Nicanor a deshonoré par ses blasphèmes votre maison sainte; et jugez-le selon sa malice.

43. La bataille fut donc donnée le treizième jour du mois d'Adar [33]; et l'armée de Nicanor fut défaite, et lui tué le premier dans le combat.

44. Ses troupes voyant que leur général était mort, jetèrent leurs armes, et prirent la fuite.

45. Et les gens de Juda les poursuivirent

ỳ. 34. — [26] Litt. : il les souilla, — il cracha sur eux, comme quelques-uns le disent.
ỳ. 35. — [27] Litt. en paix, — en santé, sain et sauf.
ỳ. 36. — [28] c'est-à-dire entre l'autel des holocaustes et les bâtiments du temple.
ỳ. 39. — [29] avec les ỳ. 39-50 comp. 2. *Mach.* 15.
[30] Voy. *pl. h.* 3, 16.
ỳ. 40. — [31] éloigné seulement de 30 stades de Bethoron, selon Josèphe.
[32] Il semble que beaucoup des partisans de Judas s'étaient retirés après le combat malheureux avec Antiochus-Eupator.
ỳ. 43. — [33] correspondant en partie à nos mois de février et de mars.

une journée de chemin, depuis Adazer [34] jusqu'à l'entrée de Gazara [35]; et ils sonnèrent des trompettes derrière eux pour avertir tout le monde.

46. Et les peuples de tous les villages de la Judée qui étaient aux environs, les chargèrent avec une grande vigueur; et revenant attaquer de front [36] ceux qui étaient demeurés derrière, ils les taillèrent tous en pièces, en sorte qu'il n'en échappa pas un seul.

47. Ils s'enrichirent ensuite de leurs dépouilles; ils coupèrent la tête de Nicanor, et sa main droite qu'il avait étendue insolemment; et les ayant apportées, ils les suspendirent à la vue de Jérusalem [37].

48. Le peuple ressentit une grande joie; et ils passèrent ce jour-là dans une réjouissance publique.

49. On ordonna que ce même jour serait célébré tous les ans comme une fête au treizième du mois d'Adar [38].

50. Et le pays de Juda demeura en repos pendant peu de jours [39].

unius diei, ab Adazer usquequo veniatur in Gazara, et tubis cecinerunt post eos cum significationibus :

46. et exierunt de omnibus castellis Judææ in circuitu, et ventilabant eos cornibus, et convertebantur iterum ad eos, et ceciderunt omnes gladio, et non est relictus ex eis nec unus.

47. Et acceperunt spolia eorum in prædam : et caput Nicanoris amputaverunt, et dexteram ejus, quam extenderat superbe, et attulerunt et suspenderunt contra Jerusalem.

48. Et lætatus est populus valde, et egerunt diem illam in lætitia magna.

49. Et constituit agi omnibus annis diem istam, tertia decima die mensis Adar.

50. Et siluit terra Juda dies pancos.

CHAPITRE VIII.

Judas ayant entendu parler des Romains, envoie une ambassade à Rome, et conclut une alliance avec eux.

1. Le nom des Romains fut alors connu de Judas. Il sut qu'ils étaient puissants, qu'ils étaient toujours prêts à accorder toutes les demandes qu'on leur faisait, qu'ils avaient fait amitié avec tous ceux qui s'étaient venus joindre à eux [1], et que leur puissance était fort grande.

1. Et audivit Judas nomen Romanorum, quia sunt potentes viribus, et acquiescunt ad omnia, quæ postulantur ab eis : et quicumque accesserunt ad eos, statuerunt cum eis amicitias, et quia sunt potentes viribus.

℣. 45. — [34] depuis Adarsa. ℣. 40.
[35] jusqu'à Gadara, près d'Azoth (Voy. *pl. b.* 14, 34).

℣. 46. — [36] Les Syriens revinrent sur ces Juifs, qui les avaient repoussés, parce qu'ils étaient cernés de tous côtés.

℣. 47. — [37] Voy. 2. *Mach.* 15, 33. 35.

℣. 49. — [38] Les Juifs célèbrent encore cette fête aujourd'hui. — * Selon d'autres, elle n'est plus célébrée depuis la destruction de l'état social des Juifs; mais comme elle tombait la veille de la fête du Sort, et que celle-ci se célèbre encore, on a pu dire aussi que la première continuait à se célébrer (Comp. 2. *Mach.* 15, 37. *Esther*, 3, 7; 11, 31).

℣. 50. — [39] * d'après 9, 3 seulement environ un mois.

℣. 1. — [1] * La republique romaine était alors dans son état le plus florissant. Les vertus républicaines s'y conservaient encore; l'ambition particulière, l'amour des richesses et du luxe, les disputes des sophistes n'avaient point encore gâté les esprits ni les cœurs. « Jusque-là, dit Florus, le peuple romain était beau, excellent, pieux, saint et magnifique. » A ces vertus humaines, Dieu, qui ne laisse aucune

2. Et audierunt prælia eorum, et virtutes bonas, quas fecerunt in Galatia, quia obtinuerunt eos, et duxerunt sub tributum:

3. et quanta fecerunt in regione Hispaniæ, et quod in potestatem redegerunt metalla argenti et auri, quæ illic sunt, et possederunt omnem locum consilio suo, et patientia:

4. locaque quæ longe erant valde ab eis, et reges qui supervenerant eis ab extremis terræ, contriverunt, et percusserunt eos plaga magna: cæteri autem dant eis tributum omnibus annis;

5. et Philippum et Persen Cetheorum regem et cæteros qui adversum eos arma tulerant, contriverunt in bello, et obtinuerunt eos:

6. et Antiochum magnum regem Asiæ, qui eis pugnam intulerat habens centum viginti elephantos, et equitatum, et currus, et exercitum magnum valde, contritum ab eis;

7. et quia ceperunt eum vivum,

2. Il avait aussi entendu parler des combats qu'ils avaient donnés, et des grandes actions qu'ils avaient faites dans la Galatie [2], et comment ils s'étaient rendus maîtres de ces peuples, et les avaient rendus tributaires.

3. Il avait encore appris tout ce qu'ils avaient fait dans l'Espagne, de quelle manière ils avaient réduit en leur puissance les mines d'or et d'argent qui sont en ce pays-là [3], et avaient conquis toutes ces provinces par leur conseil et leur patience;

4. qu'ils s'étaient assujettis des pays très-éloignés d'eux [4], qu'ils avaient vaincu des rois qui étaient venus les attaquer de l'extrémité du monde [5], et avaient fait un grand carnage de leurs armées, et que les autres leur payaient tribut tous les ans;

5. qu'ils avaient vaincu Philippe et Persée, roi des Céthéens [6], et les autres qui avaient pris les armes contre eux, et qu'ils s'étaient rendus maîtres de leur pays;

6. qu'Antiochus-le-Grand, roi d'Asie, les ayant attaqués avec une puissante armée, avec cent vingt éléphants, et beaucoup de cavalerie et de chariots, ils l'avaient défait entièrement [7];

7. qu'ils l'avaient pris vif [8], et l'avaient

---

vertu sans la récompenser, accorda une récompense humaine, la puissance et la gloire. — Les Juifs, les premiers d'entre les Orientaux, après avoir passé successivement sous la domination des Perses et des Grecs, recoururent aux Romains pour s'affranchir de l'oppression sous laquelle ils gémissaient. Les Romains, toujours attentifs à profiter de toutes les occasions pour s'immiscer dans les affaires d'autrui et étendre leur influence, ne manquèrent pas d'accueillir favorablement leur demande.

℣. 2. — [2] La Galatie, province qui est comme au centre de l'Asie-Mineure, tirait son nom des tribus gauloises, les Trocmens, les Tlistobojes et les Tectosages, qui, plus de trois siècles avant Jésus-Christ, passèrent le Rhin, s'avancèrent en suivant le Danube jusque dans l'Asie-Mineure, et se rendirent maîtres du pays appelé depuis Galatie. Ils y furent longtemps l'effroi de la contrée, et les Syriens mêmes leur payaient tribut, jusqu'à ce que l'an 189 avant Jésus-Christ, le Romain Manlius Vulso les vainquit, victoire qui fut d'une telle importance à l'égard des alliés des Romains, que ces derniers la mettaient même au-dessus de celle qu'ils remportèrent sur Antiochus-le-Grand (Voy. *Dan.* 11. note 31).

℣. 3. — [3] * L'Espagne, dit Pline (l. 3, chap. 3), est pleine de mines de plomb, de fer, de cuivre, d'argent et d'or. Strabon et tous les auteurs profanes confirment ce témoignage.

℣. 4. — [4] Par exemple : l'Espagne, la Galatic.
[5] Par exemple : Porsenna, Pyrrhus, Annibal.

℣. 5. — [6] de Macédoine (Voy. *pl. h.* 1, 1). Philippe II, roi de Macédoine, soutint, l'an 198 avant Jésus-Christ, une guerre malheureuse contre les Romains; il voulait opprimer la liberté des Athéniens, mais il fut vaincu par Flaminius, l'an 197 avant Jésus-Christ, à Cynocéphale. Persée, roi de Macédoine, depuis 179-168 avant Jésus-Christ, s'était ligué avec Gratins, roi d'Illyrie, contre les Romains; mais en 168 avant Jésus-Christ, il fut entièrement défait par Paul-Emile.

℣. 6. — [7] Voy. *Dan.* 11. note 31.

℣. 7. — [8] Il semble que les Juifs avaient été mal informés à cet égard, car l'histoire n'en dit rien.

obligé, lui et les rois ses successeurs, de payer un grand tribut, et de leur donner des ôtages, et tout ce dont ils étaient convenus[9];

8. savoir : le pays des Indiens, des Mèdes et des Lydiens, les plus belles de leurs provinces, qu'ils avaient ensuite données au roi Eumène[10];

9. que ceux de la Grèce ayant voulu marcher contre eux pour les perdre[11], ils en furent avertis,

10. et qu'ils avaient envoyé contre eux un de leurs généraux, qu'ils les combattirent, et en tuèrent un grand nombre, qu'ils emmenèrent leurs femmes captives avec leurs enfants, pillèrent et assujettirent leur pays, détruisirent les murailles de leurs villes, et les réduisirent en servitude, comme ils sont encore aujourd'hui[12];

11. qu'ils avaient ruiné et soumis à leur empire les autres royaumes, et toutes les îles qui leur avaient resisté;

12. mais qu'ils conservaient soigneusement les alliances qu'ils avaient faites avec leurs amis, et avec ceux qui s'étaient donnés à eux; que les royaumes, soit voisins ou éloignés, leur avaient été assujettis, parce qu'ils étaient redoutés de tous ceux qui entendaient seulement prononcer leur nom;

13. qu'ils faisaient régner tous ceux à qui ils voulaient assurer le royaume, et qu'au contraire ils le faisaient perdre à ceux qu'ils voulaient, et qu'ainsi ils s'étaient élevés à une très-grande puissance;

14. que néanmoins nul d'entre eux ne portait le diadème, et ne se revêtait de la pourpre pour paraître plus grand que les autres[13];

15. mais qu'ils avaient établi un sénat parmi eux, et qu'ils consultaient tous les jours les trois cent vingt sénateurs[14], tenant

et statuerunt ei ut daret ipse, et qui regnarent post ipsum, tributum magnum, et daret obsides, et constitutum,

8. et regionem Indorum, et Medos, et Lydos, de optimis regionibus eorum : et acceptas eas ab eis, dederunt Eumeni regi;

9. et quia qui erant apud Helladem, voluerunt ire, et tollere eos : et innotuit sermo his,

10. et miserunt ad eos ducem unum, et pugnaverunt contra illos, et ceciderunt ex eis multi, et captivas duxerunt uxores eorum, et filios, et deripuerunt eos, et terram eorum possederunt, et destruxerunt muros eorum, et in servitutem illos redegerunt usque in hunc diem :

11. et residua regna, et insulas, quæ aliquando restiterant illis, exterminaverunt, et in potestatem redegerunt.

12. Cum amicis autem suis, et qui in ipsis requiem habebant, conservaverunt amicitiam, et obtinuerunt regna, quæ erant proxima, et quæ erant longe : quia quicumque audiebant nomen eorum timebant.

13. quibus vero vellent auxilio esse ut regnarent, regnabant : quos autem vellent, regno deturbabant : et exaltati sunt valde.

14. Et in omnibus istis nemo portabat diadema, nec induebatur purpura, ut magnificaretur in ea.

15. Et quia curiam fecerunt sibi, et quotidie consulebant trecentos viginti, consilium agentes

---

[9] une partie de leur royaume.

℣. 8. — [10] Il y a des interprètes qui présument qu'il faut lire : Les pays des Locriens, des Mysiens et des Lydiens, car l'histoire ne dit que l'Inde ni la Médie aient été assujetties à Antiochus. Il ne paraît pas non plus que les Romains aient jamais étendu leur puissance jusque sur l'Inde. Eumène était roi de Pergame, et il régna depuis 198-158 avant Jésus-Christ.

℣. 9. — [11] Ceux de la Grèce sont les Eoliens et les Béotiens; ces peuples avaient attiré le roi Antiochus dans leur pays, afin de combattre sous lui contre les Romains. A son instigation et sur ses promesses, leur magistrat répondit aux Romains qu'il voulait traiter avec eux sur les bords du Tibre. Bientôt après commença la guerre, 191 avant Jésus-Christ.

℣. 10 — [12] Les Etoliens furent battus et faits tributaires par les Romains, quoique Antiochus-le-Grand se fût hâté de venir à leur secours.

℣. 14. — [13] * Le diadème et la pourpre étaient les insignes de la royauté.

℣. 15. — [14] * Le nombre des sénateurs dans le sénat romain varia à diverses

semper de multitudine, ut quæ digna sunt gerant:

16. et committunt uni homini magistratum suum per singulos annos dominari universæ terræ suæ, et omnes obediunt uni, et non est invidia, neque zelus inter eos.

17. Et elegit Judas Eupolemum, filium Joannis, filii Jacob, et Jasonem, filium Eleazari; et misit eos Romam constituere cum illis amicitiam, et societatem:

18. et ut anferrent ab eis jugum Græcorum, quia viderunt quod in servitutem premerent regnum Israel.

19. Et abierunt Romam viam multam valde, et introierunt curiam, et dixerunt:

20. Judas Machabæus, et fratres ejus, et populus Judæorum miserunt nos ad vos statuere vobiscum societatem et pacem, et conscribere nos socios et amicos vestros.

21. Et placuit sermo in conspectu eorum.

22. Et hoc rescriptum est, quod rescripserunt in tabulis æreis, et miserunt in Jerusalem, ut esset apud eos sibi memoriale pacis et societatis.

23. Bene sit Romanis, et genti Judæorum, in mari et in terra in æternum : gladiusque et hostis procul sit ab eis.

toujours conseil touchant les affaires du peuple, afin qu'ils agissent d'une manière qui fût digne d'eux[15];

16. et qu'ils confiaient chaque année leur souveraine magistrature à un seul homme pour commander dans tous leurs états, et qu'ainsi tous obéissaient à un seul, sans qu'il y eût d'envie ni de jalousie parmi eux[16].

17. Judas choisit *donc* Eupomélus, fils de Jean, qui était fils de Jacob[17], et Jason, fils d'Eléazar; et il les envoya à Rome, pour faire amitié et alliance avec eux,

18. et afin qu'ils les délivrassent du joug des Grecs, parce qu'il vit qu'ils réduisaient en servitude le royaume d'Israël.

19. Ils partirent donc : et après un long chemin, ils arrivèrent à Rome, où étant entrés dans le sénat, ils dirent:

20. Judas Machabée et ses frères, et le peuple des Juifs, nous ont envoyés pour faire alliance avec vous, et pour établir la paix entre nous, afin que vous nous mettiez au nombre de vos alliés et de vos amis.

21. Cette proposition leur plut[18].

22. Et voici le rescrit qu'ils firent graver sur des tables d'airain, et qu'ils envoyèrent à Jérusalem, afin qu'il y demeurât comme un monument de la paix et de l'alliance qu'ils avaient faite avec les Juifs :

23. Que les Romains et le peuple juif soient comblés de biens à jamais, sur mer et sur terre, et que l'épée et l'ennemi s'écarte loin d'eux.

époques. Sous Romulus il n'était que de cent; il y en ajouta depuis cent autres. Depuis Tarquin l'Ancien jusqu'au temps de Sylla, ils furent trois cents; et dans la suite le nombre augmenta jusqu'à mille. Du temps de l'auteur de cette histoire, le nombre ordinaire des sénateurs était de trois cent-vingt, mais peut-être dans ce nombre faut-il comprendre les vingt principaux magistrats de la ville, savoir deux consuls, deux questeurs, deux préteurs, quatre édiles et dix tribuns du peuple, qui avaient aussi leur place au sénat. Le sénat se rassemblait souvent quoique ses réunions ne fussent pas absolument quotidiennes. Il avait pour charge et pour devoir de s'occuper du bien des citoyens et de veiller à ce que l'Etat n'éprouvât aucun dommage.

[15] D'autres traduisent le grec :... du peuple, afin qu'ils le gouvernassent bien.

℣. 16. — [16] Les Romains avaient bien deux consuls; mais les consuls se partageaient les affaires de telle sorte qu'il n'y en avait proprement qu'un qui administrait. — * En outre les consuls, en diverses rencontres, commandèrent chacun leur jour; le premier consul seul avait les insignes de l'autorité ou les faisceaux; enfin la république eut fréquemment un dictateur à sa tête.

℣. 17. — [17] Dans le grec : d'Accos.

℣. 21. — [18] * Elle favorisait leur ambition, et de plus ils avaient à se plaindre de Démétrius. Ce prince, qui était à Rome en qualité d'otage, avait fui et pris ensuite le diadème sans le consentement du sénat; enfin on lui attribuait la mort du légat Octavius.

24. S'il survient une guerre aux Romains ou à leurs alliés, dans toute l'étendue de leur domination,

25. les Juifs les assisteront avec une pleine volonté, selon que le temps le permettra,

26. sans que les Romains donnent et fournissent aux gens de guerre ni blé, ni armes, ni argent, ni vaisseaux : car c'est ainsi qu'il a plu aux Romains [19] : et ces soldats juifs leur obéiront sans rien recevoir d'eux [20].

27. Et de même s'il survient une guerre au peuple juif, les Romains les assisteront de bonne foi, selon que le temps le leur permettra :

28. et les Juifs ne fourniront point à ceux que l'on enverra à leur secours [21], ni blé, ni armes, ni argent, ni vaisseaux : car c'est ainsi qu'il a plu aux Romains, et ils leur obéiront sincèrement.

29. C'est là l'accord que les Romains font avec les Juifs.

30. Que si à l'avenir les uns ou les autres veulent ôter ou ajouter quelque chose à ce qui est écrit ici, ils pourront le faire de concert [22] : et tout ce qui en sera ôté ou ajouté demeurera ferme.

31. Et pour ce qui est des maux que le roi Démétrius a faits au peuple juif, nous lui en avons écrit en ces termes : Pourquoi avez-vous accablé d'un joug si pesant les Juifs, qui sont nos amis et nos alliés?

32. Si donc ils reviennent se plaindre à nous de nouveau, nous leur ferons toute sorte de justice, et nous vous attaquerons par mer et par terre [23].

24. Quod si institerit bellum Romanis prius, aut omnibus sociis eorum in omni dominatione eorum,

25. auxilium feret gens Judæorum, prout tempus dictaverit, corde pleno :

26. et præliantibus non dabunt, neque subministrabunt triticum, arma, pecuniam, naves, sicut placuit Romanis : et custodient mandata eorum, nihil ab eis accipientes.

27. Similiter autem et si genti Judæorum prius acciderit bellum, adjuvabunt Romani ex animo, prout eis tempus permiserit :

28. et adjuvantibus non dabitur triticum, arma, pecunia, naves, sicut placuit Romanis : et custodient mandata eorum, absque dolo ;

29. secundum hæc verba constituerunt Romani populo Judæorum.

30. Quod si post hæc verba hi aut illi addere aut demere ad hæc aliquid voluerint, facient ex proposito suo : et quæcumque addiderint, vel dempserint, rata erunt.

31. Sed et de malis, quæ Demetrius rex fecit in eos, scripsimus ei, dicentes : Quare gravasti jugum tuum super amicos nostros, et socios Judæos?

32. Si ergo iterum adierint nos, adversum te faciemus illis judicium, et pugnabimus tecum mari terraque.

ỳ. 26. — [19] Les troupes auxiliaires des Juifs ne recevront rien des Romains; car ainsi le veulent les Romains.

[20] des Romains.

ỳ. 28. — [21] aux troupes romaines.

ỳ. 30. — [22] avec le consentement des deux partie

ỳ. 32. — [23] * Ce que le sénat écrivit à Démétrius n'était point inséré traité d'alliance, mais avait été seulement communiqué aux envoyés juifs.

CHAPITRE IX.

Bacchide et Alcime se rendent de nouveau en Judée. Judas est tué dans le combat. Jonathas prend sa place. Bacchide est défait. Paix entre Jonathas et Bacchide.

1. Interea ut audivit Demetrius, quia cecidit Nicanor et exercitus ejus in prælio, apposuit Bacchidem et Alcimum rursum mittere in Judæam, et dextrum cornu cum illis.
2. Et abierunt viam, quæ ducit in Galgala, et castra posuerunt in Masaloth, quæ est in Arbellis : et occupaverunt eam, et peremerunt animas hominum multas.
3. In mense primo anni centesimi et quinquagesimi secundi applicuerunt exercitum ad Jerusalem :
4. et surrexerunt, et abierunt in Beream viginti millia virorum, et duo millia equitum.
5. Et Judas posuerat castra in Laisa, et tria millia viri electi cum eo :
6. et viderunt multitudinem exercitus quia multi sunt, et timuerunt valde : et multi subtraxerunt se de castris, et non remanserunt ex eis nisi octingenti viri.
7. Et vidit Judas quod defluxit exercitus suus, et bellum perurgebat eum, et confractus est corde, quia non habebat tempus congregandi eos, et dissolutus est.
8. Et dixit his qui residui erant:

1. Cependant Démétrius ayant appris que Nicanor avait été tué dans le combat, et son armée défaite, envoya de nouveau en Judée Bacchide et Alcime, avec l'aile droite de ses troupes[1].
2. Ils marchèrent par le chemin qui mène à Galgala[2], et campèrent à Masaloth[3], qui est en Arbelles[4], et ils prirent cette ville, et y tuèrent un grand nombre d'hommes.
3. Au premier mois[5] de l'année cent cinquante-deux[6], ils se rendirent avec toute l'armée près de Jérusalem.
4. Puis ils se levèrent et s'en allèrent à Bérée, au nombre de vingt mille hommes avec deux mille chevaux.
5. Or Judas avait campé à Laïse[7] avec trois mille hommes choisis.
6. Et ses gens voyant une si grande armée, furent saisis de frayeur, et plusieurs se retirèrent du camp, en sorte qu'il n'en demeura que huit cents.
7. Lorsque Judas vit son armée réduite à ce petit nombre, et la nécessité où il était de combattre, il en eut le cœur abattu, parce qu'il n'avait pas le temps de les rassembler, et il se sentit comme défaillir.
8. Il dit à ceux qui étaient restés : Allons,

ỳ. 1. — [1] L'aile droite est cette partie de l'armée qui, dans les quartiers des Syriens, occupait la droite, c'est-à-dire le côté du midi.
ỳ. 2. — [2] en Galilée : c'est, selon toute apparence, ce pays qui est désigné sous ce nom. On peut voir par les noms de lieux de ce chapitre jusqu'à quel point les Grecs dénaturaient généralement les noms orientaux.
[3] Il y avait dans la tribu d'Aser une ville du nom de Masal (*Jos.* 21, 30. 1. *Par.* 6, 74). Selon d'autres Masaloth est une grande grotte.
[4] Arbelles doit être mis pour Araboth (les plaines). Voy. *pl. h.* 5, 23.
ỳ. 3. — [5] de Nisan, correspondant à la moitié de mars et d'avril.
[6] 159 avant Jésus-Christ.
ỳ. 5. — [7] * Bérée (ỳ. 4) n'est qu'une grande citerne qu'on voyait à Béseth (*voy.* 7, 19). Laise (dans le grec Eléaza) était située à quelques lieues au nord-ouest de Jérusalem (Comp. *Isai.* 10, 30).

et marchons à nos ennemis pour les combattre, si nous pouvons.

Surgamus, et eamus ad adversarios nostros, si poterimus pugnare adversus eos.

9. Mais ses gens l'en détournaient, en lui disant : Nous ne le pourrons jamais; mais pensons présentement à assurer notre vie, et retournons à nos frères; et après cela nous reviendrons combattre contre eux, car nous sommes trop peu de gens.

9. Et avertebant eum, dicentes : Non poterimus, sed liberemus animas nostras modo, et revertamur ad fratres nostros, et tunc pugnabimus adversus eos : nos autem pauci sumus.

10. Judas leur dit : Dieu nous garde d'en user ainsi et de fuir devant eux; si notre heure est arrivée, mourons courageusement pour nos frères, et ne souillons point notre gloire par aucune tache [8].

10. Et ait Judas : Absit istam rem facere ut fugiamus ab eis : et si appropiavit tempus nostrum, moriamur in virtute propter fratres nostros, et non inferamus crimen gloriæ nostræ.

11. L'armée ennemie étant sortie de son camp, vint au-devant d'eux [9], et la cavalerie fut divisée en deux corps [10] : les frondeurs et les archers marchaient à la tête de l'armée [11], et tous ceux qui les suivaient au premier rang [12], étaient les plus fermes et les plus vaillants.

11. Et movit exercitus de castris, et steterunt illis obviam : et divisi sunt equites in duas partes, et fundibularii et sagittarii præibant exercitum, et primi certaminis omnes potentes.

12. Bacchide était à l'aile droite; et les bataillons marchaient des deux côtés [13], et firent retentir le bruit des trompettes.

12. Bacchides autem erat in dextro cornu, et proximavit legio ex duabus partibus, et clamabant tubis :

13. Les gens de Judas sonnèrent aussi de la trompette de leur côté; la terre retentit du bruit des armes; et le combat dura depuis le matin jusqu'au soir.

13. exclamaverunt autem et hi, qui erant ex parte Judæ, etiam ipsi, et commota est terra a voce exercituum : et commissum est prælium a mane usque ad vesperam.

14. Judas ayant reconnu que l'aile droite de Bacchide était la plus forte, fit un effort avec les plus vaillants de ses troupes.

14. Et vidit Judas, quod firmior est pars exercitus Bacchidis in dextris, et convenerunt cum ipso omnes constantes corde :

15. Ils rompirent cette aile droite, et les poursuivirent jusqu'à la montagne d'Azot [14].

15. et contrita est dextera pars ab eis, et persecutus est eos usque ad montem Azoti.

16. Mais ceux qui étaient à l'aile gauche, voyant que l'aile droite avait été défaite, suivirent par derrière Judas et ses gens;

16. Et qui in sinistro cornu erant, viderunt quod contritum est dextrum cornu, et secuti sunt post Judam, et eos qui cum ipso erant, a tergo :

17. et le combat fut long et opiniâtre.

17. et ingravatum est prælium,

ỳ. 10. — [8] * Judas n'avait avec lui que huit cents hommes (ỳ. 6), et l'armée ennemie en comptait vingt-deux mille (ỳ. 4). Pour s'engager dans un combat aussi inégal, il fallait que Judas vît dans la retraite ou un opprobre, ou un grand danger.

ỳ. 11. — [9] Litt. : L'armée (des Juifs) sortit du camp, et ils (les Syriens) se placèrent devant eux, etc.

[10] Voy. *pl. h.* chapitre 6, note 24.

[11] ouvraient le combat.

[12] Autrement : et tous les plus vaillants étaient en avant pour le combat, — au premier rang.

ỳ. 12. — [13] sur deux ailes.

ỳ. 15. — [14] * On ne peut l'entendre d'Azot, au pays des Philistins. Celle-ci était trop éloignée de Laïse, ou Bérée, où la bataille se livra (ỳ. 4. 5).

et ceciderunt vulnerati multi ex his et ex illis.

18. Et Judas cecidit, et cæteri fugerunt.

19. Et Jonathas et Simon tulerunt Judam fratrem suum, et sepelierunt eum in sepulcro patrum suorum in civitate Modin.

20. Et fleverunt eum omnis populus Israel planctu magno, et lugebant dies multos,

21. et dixerunt : Quomodo cecidit potens, qui salvum faciebat populum Israel!

22. Et cætera verba bellorum Judæ, et virtutum quas fecit, et magnitudinis ejus, non sunt descripta : multa enim erant valde.

23. Et factum est : post obitum Judæ, emerserunt iniqui in omnibus finibus Israel, et exorti sunt omnes qui operabantur iniquitatem.

24. In diebus illis facta est fames magna valde, et tradidit se Bacchidi omnis regio eorum cum ipsis.

25. Et elegit Bacchides viros impios, et constituit eos dominos regionis :

26. et exquirebant, et perscrutabantur amicos Judæ, et adducebant eos ad Bacchidem, et vindicabat in illos, et illudebat.

27. Et facta est tribulatio magna in Israel, qualis non fuit ex die, qua non est visus propheta in Israel.

28. Et congregati sunt omnes amici Judæ, et dixerunt Jonathæ :

29. Ex quo frater tuus Judas defunctus est, vir similis ei non est, qui exeat contra inimicos nostros, Bacchidem, et eos qui inimici sunt gentis nostræ.

Plusieurs de part et d'autre furent blessés et tués.

18. Judas lui-même tomba mort, et tous les autres s'enfuirent [15].

19. Jonathas et Simon emportèrent le corps de Judas, leur frère, et le mirent dans le sépulcre de leurs pères, dans la ville de Modin [16].

20. Tout le peuple d'Israël fit un grand deuil à sa mort, et ils le pleurèrent plusieurs jours,

21. et ils disaient : Comment cet homme invincible est-il tombé, lui qui sauvait le peuple d'Israël!

22. Les autres guerres de Judas, les actions extraordinaires qu'il a faites, et la grandeur de son courage, ne sont pas ici décrites, parce qu'elles sont en trop grand nombre.

23. Après la mort de Judas, les méchants parurent de tous côtés dans Israel, et tous les hommes d'iniquité s'élevèrent de toutes parts [17].

24. En ce même temps il survint une fort grande famine; et tout le pays avec ses habitants [18] se rendit à Bacchide.

25. Bacchide choisit des hommes impies, et leur donna le gouvernement de tout le pays [19].

26. Ils faisaient une très-exacte recherche des amis de Judas, et les amenaient à Bacchide, qui exerçait sa vengeance sur eux, et les traitait avec insulte.

27. Et Israèl fut accablé d'une si grande affliction, qu'on n'en avait point vu de semblable depuis le temps qu'il ne paraissait plus de prophète dans Israel [20].

28. Alors tous les amis de Judas s'assemblèrent, et dirent à Jonathas :

29. Depuis que votre frère Judas est mort, il ne se trouve point d'homme semblable à lui pour marcher contre Bacchide, et les autres ennemis de notre nation.

ỳ. 18. — [15] Judas succomba en héros, après avoir soutenu, ordinairement avec bonheur, plus de vingt-deux combats.

ỳ. 19. — [16] * Eusèbe dit qu'on voyait encore de son temps leurs tombeaux à Modin.

ỳ. 23. — [17] * « Les méchants » sont ici les Juifs apostats, qui, après la mort de Judas, crurent pouvoir, avec l'appui des Syriens, prendre le dessus dans le pays, jusqu'à ce qu'enfin Jonathas recueillit la succession de son frère (ỳ. 23-31).

ỳ. 24. — [18] Litt : avec eux, — avec ces impies.

ỳ. 25. — [19] Litt. : et les établit maîtres du pays, — leur confia l'administration.

ỳ. 27. — [20] depuis Malachie, 450 avant Jésus-Christ. — * L'affliction avait une double cause : la persécution contre la foi et la famine; et ainsi elle était vraiment très-grande.

30. C'est pourquoi nous vous avons aujourd'hui choisi pour être notre prince et notre chef en sa place, et pour nous conduire dans toutes nos guerres.

31. Jonathas reçut donc alors le commandement, et prit la place de Judas, son frère [21].

32. Bacchide en fut averti, et il cherchait les moyens de le tuer.

33. Mais Jonathas et Simon, son frère, et tous ceux qui les accompagnaient, l'ayant su, ils s'enfuirent dans le désert de Thécua [22], et s'arrêtèrent près des eaux du lac d'Asphar [23].

34. Bacchide le sut, et vint lui-même avec toute son armée, le jour du sabbat, au-delà du Jourdain [24].

35. Alors Jonathas envoya son frère qui commandait le peuple [25], et pria les Nabuthéens, qui étaient leurs amis [26], de leur prêter leur équipage qui était fort grand [27].

36. Mais les fils de Jambri étant sortis de Madaba [28], prirent Jean avec tout ce qu'il avait, et l'enlevèrent avec eux.

37. Après cela on vint dire à Jonathas et à son frère Simon, que les fils de Jambri faisaient un mariage célèbre, et qu'ils menaient de Madaba [29] en grande pompe une nouvelle fiancée, qui était fille d'un des premiers princes de Chanaan.

38. Ils se souvinrent alors du sang de Jean leur frère, et ils allèrent se cacher derrière une montagne qui les mettait à couvert.

39. Ayant levé les yeux, ils virent un

30. Nunc itaque te hodie elegimus esse pro eo nobis in principem, et ducem ad bellandum bellum nostrum.

31. Et suscepit Jonathas tempore illo principatum, et surrexit loco Judæ fratris sui.

32. Et cognovit Bacchides, et quærebat eum occidere.

33. Et cognovit Jonathas, et Simon frater ejus, et omnes qui cum eo erant : et fugerunt in desertum Thecuæ, et consederunt ad aquam lacus Asphar.

34. Et cognovit Bacchides, et die sabbatorum venit ipse, et omnis exercitus ejus, trans Jordanem.

35. Et Jonathas misit fratrem suum ducem populi, et rogavit Nabuthæos amicos suos, ut commodarent illis apparatum suum, qui erat copiosus.

36. Et exierunt filii Jambri ex Madaba, et comprehenderunt Joannem, et omnia quæ habebat, et abierunt habentes ea.

37. Post hæc verba, renuntiatum est Jonathæ, et Simoni fratri ejus, quia filii Jambri faciunt nuptias magnas, et ducunt sponsam ex Madaba, filiam unius de magnis principibus Chanaan, cum ambitione magna.

38. Et recordati sunt sanguinis Joannis fratris sui : et ascenderunt, et absconderunt se sub tegumento montis.

39. Et elevaverunt oculos suos,

ỳ. 31. — [21] * On voit par cet exemple que le pouvoir qu'exercèrent les Machabées était électif; et comme dans la nation juive, depuis le retour de la captivité, la tribu de Juda formait sans comparaison le plus grand nombre, cette tribu eut toujours la principale autorité, c'est-à-dire LE SCEPTRE (*Moys.* 49, 10), même sous les Asmonéens (Comp. *pl. b.* 13, 8, où il est question de l'élection de Simon).

ỳ. 33. — [22] dans la tribu de Juda, à douze milles romains au sud de Jérusalem. A ce désert se rattache le grand désert, qui s'étend jusqu'aux golfes Arabique et Persique. Jonathas pensait y être en sûreté contre les persécutions des Syriens.

[23] * Peut-être le lac *Asphaltite*, ou mer Morte.

ỳ. 34. — [24] Bacchide ne s'avance pas par la voie directe contre Jonathas, mais il cherche, en faisant le tour de la mer Morte, à le prendre par derrière.

ỳ. 35. — [25] Son frère Jean (ỳ. 38). Le récit contenu dans les ỳ. 35-42 est une parenthèse; le ỳ. 34 se rattache par la suite du contexte au ỳ. 43.

[26] Voy. *pl. h.* 5, 25.

[27] ou plutôt : de prendre sous leur garde leur équipage (des Juifs)... C'est ainsi que portent le texte grec et le texte syriaque, Josèphe, et même quelques éditions latines (ut commendarent illis). Les Nabuthéens, grâce à leurs déserts, étaient à l'abri des persécutions des Syriens.

ỳ. 36. — [28] ville dans le petit pays de Moab (*Isaïe.* 15, 2).

ỳ. 37. — [29] Dans le grec : Nadaboth, pour la conduire de sa ville natale à la résidence de l'époux à Madaba.

Et viderunt, et ecce tumultus, et apparatus multus : et sponsus processit, et amici ejus, et fratres ejus obviam illis cum tympanis et musicis, et armis multis.

40. Et surrexerunt ad eos ex insidiis, et occiderunt eos, et ceciderunt vulnerati multi, et residui fugerunt in montes : et acceperunt omnia spolia eorum :

41. Et conversæ sunt nuptiæ in luctum, et vox musicorum ipsorum in lamentum.

42. Et vindicaverunt vindictam sanguinis fratris sui : et reversi sunt ad ripam Jordanis.

43. Et audivit Bacchides, et venit die sabbatorum usque ad oram Jordanis in virtute magna.

44. Et dixit ad suos Jonathas : Surgamus, et pugnemus contra inimicos nostros : non est enim hodie sicut heri et nudius tertius;

45. ecce enim bellum ex adverso, aqua vero Jordanis hinc et inde, et ripæ, et paludes, et saltus : et non est locus divertendi.

46. Nunc ergo clamate in cœlum, ut liberemini de manu inimicorum vestrorum. Et commissum est bellum.

47. Et extendit Jonathas manum suam percutere Bacchidem, et divertit ab eo retro :

48. et dissiliit Jonathas, et qui cum eo erant, in Jordanem, et transnataverunt ad eos Jordanem;

grand tumulte et un appareil magnifique. Le nouveau marié parut avec ses amis [30] et ses parents, et vint au-devant de la fiancée, au son des tambours [31] et des instruments de musique, accompagné de beaucoup de gens armés.

40. En même temps ils sortirent de leur embuscade, et fondant sur eux, ils en tuèrent un grand nombre; le reste s'enfuit sur les montagnes, et ils emportèrent toutes leurs dépouilles.

41. Ainsi les noces se changèrent en deuil, et les concerts de musique en cris lamentables.

42. Ils vengèrent de cette sorte le sang de leur frère, et ils retournèrent sur le rivage du Jourdain [32].

43. Bacchide [33] en fut averti, et il vint avec une puissante armée le jour du sabbat [34] sur le bord du Jourdain [35].

44. Alors Jonathas dit à ses gens : Allons combattre nos ennemis [36]; car il n'en est pas de ce jour comme d'hier, ou du jour d'auparavant [37].

45. Nous avons les ennemis en tête et derrière nous; l'eau du Jourdain, avec les marais et le bois, à droite et à gauche : et il ne nous reste aucun moyen d'échapper [38].

46. C'est pourquoi criez au ciel, afin que vous soyez délivrés des mains de vos ennemis. En même temps la bataille se donna. 2. *Par*. 20, 3.

47. Et Jonathas étendit la main pour frapper Bacchide; mais Bacchide évita le coup, en se retirant en arrière [39].

48. Enfin Jonathas et ceux qui étaient avec lui se jetèrent dans le Jourdain, et le passèrent à la nage devant eux [40].

ỳ. 39. — [30] * « Les amis de l'époux » sont ceux qui avaient été élevés avec lui, lesquels assistaient à la cérémonie et au festin des noces (Comp. *Jug*. 14, 11. *Matth*. 9, 15).

[31] des timbales.

ỳ. 42. — [32] à savoir le rivage en deçà du Jourdain.

ỳ. 43. — [33] qui avait passé dans le pays au-delà du Jourdain, pour se saisir de Jonathas (ỳ. 34).

[34] dans la persuasion que les Juifs, ce jour-là, ni ne se défendraient, ni ne prendraient la fuite.

[35] sur le bord du Jourdain, dans le pays de Juda, où Jonathas se trouvait (note 32).

ỳ. 44. — [36] Dans le grec : Levons-nous, et combattons pour notre vie.

[37] Nous sommes aujourd'hui en plus grand péril que jamais.

ỳ. 45. — [38] La position des Juifs était fort triste. Devant eux ils avaient l'ennemi, de tous les autres côtés, l'eau, des marais et des bois.

ỳ. 47. — [39] Bacchide fit un mouvement en arrière; peut-être pour l'attirer en rase campagne.

ỳ. 48. — [40] Dans le grec : et passèrent à la nage sur la rive (opposée), — et (les ennemis) ne passèrent pas le Jourdain pour les poursuivre.

49. Mille hommes de l'armée de Bacchide demeurèrent en ce jour-là sur la place; et il retourna [41] avec ses gens à Jérusalem.

50. Ils bâtirent des villes fortes dans la Judée, et fortifièrent de hautes murailles, de portes et de serrures, les citadelles qui étaient à Jéricho, à Ammaüs [42], à Béthoron, à Béthel [43], à Thamnata [44], à Phara [45] et à Thopo [46].

51. Et il y mit des garnisons pour faire des courses contre Israël.

52. Il fortifia aussi Bethsura et Gazara [47], et la forteresse [48] : il y mit des gens pour les garder, avec une grande provision de vivres.

53. Il prit pour ôtages les enfants des premières personnes du pays, et il les tint prisonniers dans la forteresse de Jérusalem.

54. En la cent cinquante-troisième année [49], au second mois, Alcime commanda qu'on abattît les murailles de la partie intérieure du temple, et qu'on détruisît les ouvrages des prophètes [50] : et il commença à les faire abattre.

55. Mais il fut frappé de Dieu en ce même temps, et il ne put achever ce qu'il avait commencé : sa bouche fut fermée; il devint perclus par une paralysie, et il ne put plus dire une seule parole, ni mettre aucun ordre à sa maison.

56. Alcime mourut de la sorte, étant tourmenté de grandes douleurs.

57. Bacchide voyant qu'Alcime était mort, s'en retourna vers le roi [51] : et le pays demeura en repos pendant deux ans [52].

58. Au bout de ce temps, tous les méchants formèrent entre eux ce dessein : Jonathas, dirent-ils, et ceux qui sont avec lui,

49. et ceciderunt de parte Bacchidis die illa mille viri. Et reversi sunt in Jerusalem,

50. et ædificaverunt civitates munitas in Judæa, munitionem, quæ erat in Jericho, et in Ammaum, et in Bethoron, et in Bethel, et Thamnata, et Phara, et Thopo muris excelsis, et portis, et seris.

51. Et posuit custodiam in eis, ut inimicitias exercerent in Israel :

52. et munivit civitatem Bethsuram, et Gazaram, et arcem, et posuit in eis auxilia, et apparatum escarum :

53. et accepit filios principum regionis obsides, et posuit eos in arce in Jerusalem in custodiam.

54. Et anno centesimo quinquagesimo tertio, mense secundo, præcepit Alcimus destrui muros domus sanctæ interioris, et destrui opera prophetarum : et cœpit destruere.

55. In tempore illo percussus est Alcimus : et impedita sunt opera illius, et occlusum est os ejus, et dissolutus est paralysi, nec ultra potuit loqui verbum, et mandare de domo sua.

56. Et mortuus est Alcimus in tempore illo cum tormento magno.

57. Et vidit Bacchides quoniam mortuus est Alcimus : et reversus est ad regem, et siluit terra annis duobus.

58. Et cogitaverunt omnes iniqui dicentes : Ecce Jonathas, et qui cum eo sunt, in silentio habi-

---

ỳ. 49. — [41] Litt. : et ils retournèrent, — les Syriens.
ỳ. 50. — [42] Emmaus.
[43] ville à douze milles romains au nord de Jérusalem.
[44] sur les limites, au nord, de la tribu de Juda.
[45] Dans le grec : Pharathori (ou Pharathoni). Voy. *Jug*. 12, 15
[46] inconnue.
ỳ. 52. — [47] Voy. *pl. b*. 14, 34.
[48] la citadelle de Jérusalem.
ỳ. 54. — [49] 158 avant Jésus-Christ.
[50] Par ce mur quelques-uns entendent le mur qui séparait le parvis des Gentils de celui des Israélites; d'autres, le mur qui était entre le parvis des prêtres et celui du commun des Israélites. Il est dit que ce mur était l'ouvrage des prophètes, parce que le temple avait été bâti par les exhortations des prophètes Aggée et Zacharie.
ỳ. 57. — [51] Il semble qu'il n'était resté en Judée que par rapport à Alcime, pour soutenir son autorité.
[52] La lettre des Romains put parvenir à Démétrius vers ce temps-là (*voy*. ch. 8), et lui faire prendre le parti de laisser les Juifs en repos.

tant confidenter : nunc ergo adducamus Bacchidem, et comprehendet eos omnes una nocte.

59. Et abierunt, et consilium ei dederunt.

60. Et surrexit ut veniret cum exercitu multo : et misit occulte epistolas sociis suis, qui erant in Judæa, ut comprehenderent Jonathan, et eos qui cum eo erant : sed non potuerunt, quia innotuit eis consilium eorum.

61. Et apprehendit de viris regionis, qui principes erant malitiæ, quinquaginta viros, et occidit eos :

62. et secessit Jonathas, et Simon, et qui cum eo erant, in Bethbessen, quæ est in deserto : et extruxit diruta ejus, et firmaverunt eam.

63. Et cognovit Bacchides, et congregavit universam multitudinem suam : et his, qui de Judæa erant denuntiavit.

64. Et venit, et castra posuit desuper Bethbessen : et oppugnavit eam dies multos, et fecit machinas.

65. Et reliquit Jonathas Simonem fratrem suum in civitate, et exiit in regionem, et venit cum numero,

66. et percussit Odaren, et fratres ejus, et filios Phaseron in tabernaculis ipsorum; et cœpit cædere, et crescere in virtutibus.

67. Simon vero, et qui cum ipso erant, exierunt de civitate, et succenderunt machinas,

68. et pugnaverunt contra Bacchidem, et contritus est ab eis : et afflixerunt eum valde, quoniam consilium ejus, et congressus ejus erat inanis.

69. Et iratus contra viros iniquos, qui ei consilium dederant

vivent maintenant en paix et en assurance : faisons donc venir Bacchide, et il les surprendra tous en une nuit.

59. Ainsi ils allèrent le trouver et lui donnèrent ce conseil [53].

60. Bacchide se hâta donc de venir avec une grande armée, et il envoya en secret des lettres à ceux qui étaient de son parti dans la Judée, pour les avertir de se saisir de Jonathas et de ceux qui étaient avec lui; mais ils ne le purent, parce que leur entreprise fut découverte.

61. Et Jonathas ayant pris [54] cinquante hommes du pays, qui étaient les chefs d'un dessein si malicieux, il les fit mourir.

62. Il se retira ensuite avec son frère Simon, et ceux qui l'accompagnaient, à Bethbessen [55], qui est au désert; il en répara les ruines, et en fit une place forte.

63. Bacchide le sut; et ayant assemblé toutes ses troupes, et fait avertir ceux qui étaient en Judée [56],

64. il vint camper au-dessus de Bethbessen; il la tint longtemps assiégée, et fit dresser des machines de guerre [57].

65. Mais Jonathas ayant laissé dans sa ville son frère Simon, sortit à la campagne et marcha avec un assez grand nombre de gens.

66. Il défit Odaren et ses frères, et les enfants de Phaséron, dans leurs tentes [58] : et il commença à tailler en pièces *ses ennemis*, et à devenir célèbre par ses grandes actions.

67. Cependant Simon sortit de la ville avec ses gens, et ils brûlèrent les machines.

68. Ils attaquèrent l'armée de Bacchide, et la défirent; et ils lui causèrent une extrême douleur, parce qu'il vit que ses desseins et toute son entreprise étaient sans effet.

69. C'est pourquoi il entra dans une grande colère contre ces hommes d'iniquité qui lui

---

ỳ. 59. — [53] à Bacchide, lui montrant comment il pourrait engager Démétrius à autoriser son attaque.

ỳ. 61. — [54] Litt. : Et il prit, — Jonathas.

ỳ. 62. — [55] * Dans le grec : *Bethbasi*. On ne connaît pas autrement cette localité. Peut-être est-ce Béthagla, située dans le voisinage de Jéricho.

ỳ. 63. — [56] D'autres traduisent le grec :... et donné ses ordres à ceux de la Judée.

ỳ. 64. — [57] mais sans succès.

ỳ. 66. — [58] tous les deux sont inconnus.

avaient conseillé de venir en leur pays; et il en tua plusieurs, et résolut de s'en retourner en son pays avec le reste de son armée.

70. Jonathas en ayant été averti, lui envoya des ambassadeurs pour faire la paix avec lui, et lui offrir [59] de lui rendre les prisonniers.
71. Bacchide reçut favorablement cette ouverture; il consentit à ce qu'il voulait, et il jura que de sa vie il ne lui ferait aucun mal.
72. Il lui rendit les prisonniers qu'il avait pris dans le pays de Juda; et étant retourné en son pays, il ne revint plus depuis en Judée.

73. Ainsi la guerre cessa dans Israël; et Jonathas demeura à Machmas [60], où il commença à juger le peuple : et il extermina les impies du milieu d'Israël [61].

ut veniret in regionem ipsorum, multos ex eis occidit : ipse autem cogitavit cum reliquis abire in regionem suam.
70. Et cognovit Jonathas : et misit ad eum legatos componere pacem cum ipso, et reddere ei captivitatem.
71. Et libenter accepit, et fecit secundum verba ejus, et juravit se nihil facturum ei mali omnibus diebus vitæ ejus.
72. Et reddidit ei captivitatem, quam prius erat prædatus de terra Juda : et conversus abiit in terram suam : et non apposuit amplius venire in fines ejus.
73. Et cessavit gladius ex Israel : et habitavit Jonathas in Machmas, et cœpit Jonathas ibi judicare populum, et exterminavit impios ex Israel.

CHAPITRE X.

Alexandre-Balas, roi compétiteur de Démétrius. Jonathas se déclare pour Alexandre. Démétrius-Nicator envoie Apollonius contre les Juifs. Jonathas le défait.

1. En la cent soixantième année [1], Alexandre, fils d'Antiochus, surnommé l'Illustre [2], s'empara de Ptolémaïde [3], où il fut reçu par les habitants; et il commença à y régner [4].

2. Le roi Démétrius en ayant été averti,

1. Et anno centesimo sexagesimo ascendit Alexander Antiochi filius, qui cognominatus est Nobilis : et occupavit Ptolemaidam : et receperunt eum, et regnavit illic.
2. Et audivit Demetrius rex, et

ỳ. 70. — [59] Litt. :... la paix avec lui, et rendre les captifs, — à Jonathas.
ỳ. 73. — [60] sur les limites des tribus de Benjamin et d'Ephraïm. Jérusalem et la forteresse étaient au pouvoir des Syriens (*Pl. b.* 10, 6).
[61] * Jonathas ne pouvant plus, pour le présent, se signaler comme général contre les Syriens, travaille, en qualité de juge, à rendre son peuple fort et uni par la foi et par un attachement inviolable à la loi
ỳ. 1. — [1] L'an 151 avant Jésus-Christ.
[2] Epiphane.
[3] ville dans la Phénicie sur la côte de la mer, dépendante de la Syrie.
[4] Alexandre, soi-disant fils d'Antiochus-Epiphane, mais en réalité d'une naissance obscure, originaire de Chypre, fut engagé par quelques rois voisins, qui haïssaient Démétrius, à se donner pour le fils d'Antiochus, et à affecter des prétentions sur la Syrie. Comme le sénat romain, par un effet de sa malveillance contre Démétrius, le reconnut pour roi, il se forma à Rome et à Ephèse une armée, et entra à Ptolémaïs, où quelques mécontents se rassemblèrent autour de lui, comme autour du roi.

congregavit exercitum copiosum valde, et exivit obviam illi in prælium.

3. Et misit Demetrius epistolam ad Jonathan verbis pacificis, ut magnificaret eum.

4. Dixit enim : Anticipemus facere pacem cum eo, priusquam faciat cum Alexandro adversum nos.

5. recordabitur enim omnium malorum, quæ fecimus in eum, et in fratrem ejus, et in gentem ejus.

6. Et dedit ei potestatem congregandi exercitum, et fabricare arma, et esse ipsum socium ejus : et obsides, qui erant in arce, jussit tradi ei.

7. Et venit Jonathas in Jerusalem, et legit epistolas in auditu omnis populi, et eorum qui in arce erant.

8. Et timuerunt timore magno, quoniam audierunt quod dedit ei rex potestatem congregandi exercitum.

9. Et traditi sunt Jonathæ obsides, et reddidit eos parentibus suis :

10. et habitavit Jonathas in Jerusalem, et cœpit ædificare et innovare civitatem.

11. Et dixit facientibus opera, ut extruerent muros, et montem Sion in circuitu lapidibus quadratis ad munitionem : et ita fecerunt.

12. Et fugerunt alienigenæ, qui erant in munitionibus, quas Bacchides ædificaverat :

13. et reliquit unusquisque locum suum, et abiit in terram suam :

14. tantum in Bethsura remanserunt aliqui, ex his qui reliquerant legem et præcepta Dei; erat enim hæc eis ad refugium.

15. Et audivit Alexander rex promissa, quæ promisit Demetrius Jonathæ : et narraverunt ei prælia, et virtutes, quas ipse fe-

leva une puissante armée, et marcha à lui pour le combattre.

3. Il envoya en même temps à Jonathas une lettre qui ne respirait que la paix, et où il relevait beaucoup son mérite.

4. Car il disait : Hâtons-nous de faire la paix avec lui, avant qu'il la fasse avec Alexandre contre nous.

5. Car il se souviendra de tous les maux que nous lui avons faits, à lui, à son frère, et à toute sa nation.

6. Il lui donna donc pouvoir de lever une armée, et de faire faire des armes. Il se déclara son allié, et commanda qu'on lui remît ses ôtages qui étaient dans la forteresse [5].

7. Jonathas étant venu à Jérusalem, lut ses lettres devant tout le peuple, et devant ceux qui étaient dans la forteresse.

8. Et ils furent saisis d'une grande crainte, lorsqu'ils apprirent que le roi avait donné le pouvoir de mettre une armée sur pied.

9. Les ôtages furent remis entre les mains de Jonathas, et il les rendit à leurs parents.

10. Il demeura dans Jérusalem, et il commença à bâtir et à renouveler la ville.

11. Il commanda à ceux qui y travaillaient de bâtir tout autour de la montagne de Sion des murs de pierres de taille pour la fortifier [6]; et ils le firent comme il leur avait dit.

12. Alors les étrangers qui étaient dans les forteresses que Bacchide avait bâties, s'enfuirent.

13. Ils quittèrent tous le lieu où ils étaient et s'en retournèrent en leur pays

14. Il resta seulement dans Bethsura quelques-uns de ceux qui avaient abandonné la loi et les ordonnances de Dieu, parce que cette ville leur servait de retraite.

15. Cependant le roi Alexandre apprit les promesses que Démétrius avait faites à Jonathas. On lui raconta aussi les combats que lui et ses frères avaient donnés, les victoires

---

ŷ. 6. — [5] * Voy. *pl. h.* 9, 56.

ŷ. 11. — [6] * Judas Machabée avait environné de murailles la ville haute, ou le mont Sion (*pl. h.* 4, 60); les Macédoniens les avaient démolies (*pl. h.* 6, 62), et Jonathas les rétablit.

qu'ils avaient gagnées, et les grands travaux qu'ils avaient soufferts :

16. et il dit : Pourrons-nous trouver un autre homme tel que celui-ci ? Songeons donc à le faire aussi notre ami et notre allié.

17. Ainsi il lui écrivit, et lui envoya une lettre conçue en ces termes :

18. LE ROI ALEXANDRE à son frère Jonathas [7], salut.

19. Nous avons appris que vous êtes un homme puissant, et propre pour être notre ami.

20. C'est pourquoi nous vous établissons aujourd'hui grand prêtre de votre nation, nous vous donnons la qualité d'ami du roi, et nous voulons que vous soyez toujours attaché à nos intérêts, et que vous conserviez l'amitié avec nous. Il lui envoya en même temps une robe de pourpre et une couronne d'or [8].

21. En l'année cent soixante [9], au septième mois, Jonathas se revêtit de la robe sainte en la fête solennelle des tabernacles [10]. Il leva une armée, et fit faire une grande quantité d'armes [11].

cit, et fratres ejus, et labores, quos laboraverunt;

16. et ait : Numquid inveniemus aliquem virum talem ? et nunc faciemus eum amicum, et socium nostrum.

17. Et scripsit epistolam, et misit ei secundum hæc verba, dicens :

18. REX ALEXANDER fratri Jonathæ salutem.

19. Audivimus de te, quod vir potens sis viribus, et aptus es ut sis amicus noster :

20. et nunc constituimus te hodie summum sacerdotem gentis tuæ, et ut amicus voceris regis (et misit ei purpuram, et coronam auream), et quæ nostra sunt sentias nobiscum, et conserves amicitias ad nos.

21. Et induit se Jonathas stola sancta septimo mense, anno centesimo sexagesimo, in die solemni scenopegiæ : et congregavit exercitum, et fecit arma copiosa.

℣. 18. — [7] * Par la dénomination de frère donnée à Jonathas, Alexandre le reconnaît comme souverain indépendant; c'est pourquoi il lui envoie en même temps (℣. 20) les insignes de la royauté, savoir, une robe de pourpre et une couronne d'or. La coutume entre souverains de s'appeler frères est très-ancienne (Voy. 3. *Rois*, 9, 13. 20, 33). — Selon d'autres le nom de frère peut signifier simplement ami et allié, comme les Eduens étaient appelés les frères des Romains.

℣. 20. — [8] * La pourpre et la couronne d'or étaient les insignes de la royauté (℣. 62. 11, 58. 14, 44. *Esth.* 8, 15. *Dan.* 5, 29. *Isaie*, 22, 22).

℣. 21. — [9] 151 avant Jésus-Christ, dans la première moitié de notre mois de septembre.

[10] * La robe est le vêtement sacerdotal, et ici en particulier la robe du grand prêtre. — Depuis la mort d'Alcime (*pl. h.* 9, 54. 56), il s'était écoulé sept ans durant lesquels le souverain pontificat était resté vacant.

[11] Jonathas accueillit les propositions de Démétrius et d'Alexandre, sans se déclarer d'une manière expresse, ni faire connaître quel parti il avait intention d'embrasser. Cette façon d'agir de sa part est suffisamment justifiée par les circonstances extérieures. Vis-à-vis de Démétrius il n'avait aucune obligation, car s'il tirait également quelque avantage des propositions qu'il lui fit (℣. 9 et suiv.), nous ne lisons néanmoins nulle part qu'il soit intervenu aucune convention; il semble bien plutôt que Démétrius se trouvait dans une position telle, qu'il ne pouvait plus disposer des faveurs et des concessions dont il est parlé; en effet, Alexandre était presque généralement reconnu pour roi (℣. 1). De plus, les Juifs, depuis nombre d'années, avaient été traités par les Syriens d'une manière si inique et si cruelle, qu'on aurait eu lieu d'être surpris bien longtemps auparavant, s'ils n'avaient profité de tous les avantages qui pouvaient leur être offerts, et surtout s'ils n'avaient pas profité de l'occasion de se délivrer de cet état d'assujettissement, qui les exposait à tant de cruautés et de mauvais traitements, et de recouvrer leur indépendance nationale. Ce fut l'avantage que leur offrit Alexandre, tandis que Démétrius ne cherchait qu'à réparer les offenses et les mauvais traitements qu'ils avaient essuyés, et ne voulait faire de Jonathas que le général en chef de son armée pour la Judée. Jonathas pouvait d'ailleurs, sans autres formalités, se revêtir de la dignité de grand prêtre, puisqu'il était prêtre (voy. *pl. h.* 2, 1), et qu'ainsi il mettait fin au désordre par suite duquel les rois de Syrie, depuis longues années, vendaient cette dignité

22. Et audivit Demetrius verba ista, et contristatus est nimis, et ait :
23. Quid hoc fecimus, quod præoccupavit nos Alexander apprehendere amicitiam Judæorum ad munimen sui ?
24. Scribam et ego illis verba deprecatoria, et dignitates, et dona : ut sint mecum in adjutorium.
25. Et scripsit eis in hæc verba : Rex Demetrius genti Judæorum salutem :
26. Quoniam servastis ad nos pactum, et mansistis in amicitia nostra, et non accessistis ad inimicos nostros, audivimus, et gavisi sumus.
27. Et nunc perseverate adhuc conservare ad nos fidem, et retribuemus vobis bona pro his quæ fecistis nobiscum :
28. et remittemus vobis præstationes multas, et dabimus vobis donationes.
29 Et nunc absolvo vos et omnes Judæos a tributis, et pretia salis indulgeo, et coronas remitto, et tertias seminis :
30. et dimidiam partem fructus ligni, quod est portionis meæ, relinquo vobis ex hodierno die, et deinceps, ne accipiatur a terra Juda, et a tribus civitatibus, quæ additæ sunt illi ex Samaria et Galilæa, ex hodierna die et in totum tempus :

22. Démétrius l'ayant su, en fut extrêmement affligé, et il dit :
23. Comment avons-nous permis qu'Alexandre nous ait prévenus, et que, pour fortifier son parti, il ait gagné l'amitié des Juifs ?
24. Je veux leur écrire aussi d'une manière obligeante, et leur offrir des dignités et des dons, afin qu'ils se joignent à moi pour me secourir.
25. Il leur écrivit donc en ces termes : Le roi Démétrius au peuple juif, salut :
26. Nous avons appris avec joie que vous avez gardé l'alliance que vous aviez faite avec nous ; que vous êtes demeurés dans notre amitié, et que vous ne vous êtes point unis à nos ennemis [12].
27. Continuez donc maintenant à nous conserver toujours la même fidélité [13], et nous vous rendrons avantageusement ce que vous aurez fait pour nous.
28. Nous vous remettrons beaucoup de choses qui vous avaient été imposées, et nous vous ferons de grands dons.
29. Et dès à présent je vous remets, et à tous les Juifs, les tributs que vous aviez accoutumé de payer, les impôts du sel [14], les couronnes [15], la troisième partie de la semence [16],
30. et ce que j'avais droit de prendre pour la moitié du fruit des arbres. Je vous quitte toutes ces choses dès à présent et pour l'avenir, ne voulant plus qu'on les lève sur le pays de Juda, ni sur les trois villes qui lui ont été ajoutées de la Samarie et de la Galilée [17], à commencer depuis ce jour et dans toute la suite.

---

aux hommes les plus pervers, et aux traîtres les plus infâmes. La fête des Tabernacles se célébrait durant huit jours entiers. Jonathas avait ainsi l'occasion de se montrer dans les ornements et la magnificence du souverain sacerdoce.

ỳ. 26. — [12] C'était là une flatterie, en vue de gagner les Juifs. — Il est vrai néanmoins que les Juifs n'avaient pas violé leurs conventions avec les Syriens, parce que les guerres qu'ils soutenaient n'étaient qu'une défense contre la cruauté des Syriens et leur infidélité dans les traités.

ỳ. 27. — [13]* Jonathas n'avait point fait d'alliance avec Démétrius, ni contracté à son égard aucun engagement. Mais Démétrius aima mieux dissimuler, que d'aigrir les Juifs par des reproches intempestifs (*Voy.* les remarques sur ỳ. 21).

ỳ. 29. — [14] Les Juifs étaient astreints à payer quelque chose pour l'usage du sel, quoique les salines qui étaient autour de la mer Morte (Voy. *pl. b.* 11, 35) leur fournissent du sel en abondance.

[15] Les couronnes d'or étaient des présents que l'on offrait chaque année aux rois; d'ordinaire on donnait à la place des couronnes l'équivalent en argent.

[16]* autre espèce de tribut. On payait au roi, à la récolte, la troisième partie de ce qu'on avait semé.

ỳ. 30. — [17] Ces petits pays (cercles) étaient les districts d'Ephraïm, de Lidda et de Ramathaïm (Voy. *pl. b.* 11, 34).

31. Je veux aussi que Jérusalem soit sainte et libre, avec tout son territoire, et que les dîmes et les tributs lui appartiennent [18].
32. Je remets aussi entre vos mains la forteresse qui est dans Jérusalem [19], et je la donne au grand prêtre, afin qu'il y établisse, pour la garder, les gens que lui-même aura choisis.
33. Je donne encore la liberté, sans aucune rançon, à tous les Juifs qui ont été emmenés captifs du pays de Juda, qui se trouveront en tout mon royaume; et je les affranchis tous des tributs et des charges mêmes qu'ils devaient pour leurs bestiaux [20].
34. Je veux aussi que toutes les fêtes solennelles, les jours de sabbat, les nouvelles lunes, les fêtes instituées, les trois jours de devant une fête solennelle, et les trois jours d'après soient des jours d'immunités [21] et de franchises pour tous les Juifs qui sont en mon royaume;
35. et qu'il ne soit permis alors à personne d'agir en justice contre eux, ni de leur faire aucune peine pour quelque affaire que ce puisse être [22].
36. J'ordonne de plus qu'on fera entrer dans les troupes du roi jusqu'à trente mille Juifs [23], qui seront entretenus comme doivent l'être toutes les troupes des armées du roi; et qu'on en choisira d'entre eux pour les mettre dans les forteresses du grand roi [24],
37. que l'on commettra aussi à quelques-uns d'eux les affaires importantes du royaume qui demandent le plus de fidélité, et qu'ils en auront l'intendance, en vivant toujours selon leurs lois, comme le roi l'a ordonné pour le pays de Juda,
38. et que les trois villes du pays de Samarie, qui ont été annexées à la Judée,

31. et Jerusalem sit sancta, et libera cum finibus suis : et decimæ et tributa ipsius sint.
32. Remitto etiam potestatem arcis, quæ est in Jerusalem : et do eam summo sacerdoti, ut constituat in ea viros quoscumque ipse elegerit, qui custodiant eam.
33. Et omnem animam Judæorum, quæ captiva est a terra Juda in omni regno meo, relinquo liberam gratis, ut omnes a tributis solvantur, etiam pecorum suorum.
34. Et omnes dies solemnes, et sabbata, et neomeniæ, et dies decreti, et tres dies ante diem solemnem, et tres dies post diem solemnem, sint omnes immunitatis et remissionis omnibus Judæis, qui sunt in regno meo :
35. et nemo habebit potestatem agere aliquid, et movere negotia adversus aliquem illorum, in omni causa.
36. Et ascribantur ex Judæis in exercitu regis ad triginta millia virorum : et dabuntur illis copiæ ut oportet omnibus exercitibus regis, et ex eis ordinabuntur qui sint in munitionibus regis magni :
37. et ex his constituentur super negotia regni, quæ aguntur ex fide, et principes sint ex eis, et ambulent in legibus suis, sicut præcepit rex in terra Juda.
38. Et tres civitates, quæ additæ sunt Judææ ex regione Sa-

ỳ. 31. — 18 * Une ville sainte était celle qui, à raison des lieux saints qu'elle renfermait, jouissait du droit d'asile; une ville libre, celle qui se gardait elle-même, sans garnison étrangère. Telle était, par exemple, la ville de Delphes, en Grèce. Les dîmes et les tributs sont ceux que le roi tirait du territoire de Jérusalem, et qu'il lui concède pour ses propres usages.

ỳ. 32. — 19 * La forteresse de Sion. Jonathas n'ayant point profité de l'offre du roi, fut plus tard obligé de prendre cette forteresse de vive force (*Pl. b.* 11, 20).

ỳ. 33. — 20 les corvées, qu'ils étaient obligés de faire avec les animaux.

ỳ. 34. — 21 En ces jours-là on n'exigera des Juifs ni contributions ni charges, afin qu'ils puissent sans empêchement, vaquer à leurs devoirs religieux.

ỳ. 35. — 22 Même en ce qui concerne leurs affaires privées, les Juifs seront traités devant les tribunaux de même que les autres citoyens. Ordinairement ils n'avaient à attendre devant les tribunaux païens, même dans les causes les plus justes, que la dérision et l'oppression.

ỳ. 36. — 23 L'état militaire était chez les Grecs l'état le plus honorable, car c'était l'état de tous les citoyens libres.

24 * Permettre aux Juifs d'occuper les forteresses pour les garder devait passer pour une marque particulière de confiance.

mariæ, cum Judæa reputentur: ut sint sub uno, et non obediant alii potestati, nisi summi sacerdotis.

39. Ptolemaida, et confines ejus, quas dedi donum sanctis, qui sunt in Jerusalem, ad necessarios sumptus sanctorum.

40. Et ego do singulis annis quindecim millia siclorum argenti de rationibus regis, quæ me contingunt:

41. et omne quod reliquum fuerit, quod non reddiderant qui super negotia erant annis prioribus, ex hoc dabunt in opera domus.

42. Et super hæc quinque millia siclorum argenti, quæ accipiebant de sanctorum ratione per singulos annos: et hæc ad sacerdotes pertineant, qui ministerio funguntur.

43. Et quicumque confugerint in templum, quod est Jerosolymis, et in omnibus finibus ejus, obnoxii regi in omni negotio dimittantur, et universa, quæ sunt eis in regno meo, libera habeant.

44. Et ad ædificanda vel restauranda opera sanctorum, sumptus dabuntur de ratione regis:

45. et ad extruendos muros Jerusalem, et communiendos in circuitu, sumptus dabuntur de ratione regis, et ad construendos muros in Judæa.

46. Ut audivit autem Jonathas et populus sermones istos, non crediderunt eis, nec receperunt eos, quia recordati sunt malitiæ

soient censées être de la Judée, afin qu'elles ne dépendent que d'un chef, sans obéir à aucune autre puissance qu'à celle du souverain prêtre.

39. Je donne aussi Ptolémaïde [25] et son territoire en don au sanctuaire de Jérusalem, pour fournir toute la dépense nécessaire à l'entretien des choses saintes.

40. Je donnerai outre cela tous les ans quinze mille sicles d'argent [26] à prendre sur les droits du roi, et sur les revenus qui m'appartiennent.

41. J'ordonne aussi que ceux qui gouvernaient mes finances les années passées paieront pour les ouvrages de la maison *du Seigneur* tout ce qui reste de ces années qu'ils n'ont point encore payé [27].

42. Pour ce qui est des cinq mille sicles d'argent qui se prenaient sur le sanctuaire chaque année, ils seront remis aux prêtres, comme appartenant à ceux qui font les fonctions du saint ministère.

43. Je veux encore que tous ceux qui, étant redevables au roi pour quelque affaire que ce puisse être, se réfugieront dans le temple de Jérusalem, et dans tout son territoire, soient en sûreté; et qu'on leur laisse la jouissance libre de tout ce qu'ils ont dans mon royaume [28].

44. On donnera aussi de l'épargne du roi de quoi fournir aux bâtiments ou aux réparations des saints lieux [29].

45. Et on prendra encore des mêmes deniers de quoi bâtir et fortifier les murailles de Jérusalem, et des autres villes qui sont en Judée.

46. Jonathas et le peuple ayant entendu ces propositions de Démétrius, ne les crurent point sincères, et ne les reçurent point, parce qu'ils se ressouvinrent des grands

---

℣. 39. — [25] C'était là que résidait le roi compétiteur de Démétrius, Alexandre (℣. 1).

℣. 40. — [26] Selon D. Calmet, les quinze mille sicles d'argent font 24,335 l. 18 s., en monnaie de son temps. — * Quelques-uns évaluent le sicle d'argent à 1 fr. 47 cent.; d'où les 15,000 sicles feraient seulement 22,050 fr. — Dans l'allemand : dix à onze mille reichsthaler, monnaie dont la valeur varie, comme presque toutes les autres, dans les différents Etats d'Allemagne, et qui vaut communément un peu plus de 5 fr., selon les localités.

℣. 41. — [27] * Dans toutes ces largesses, Démétrius se montre libéral de ce qu'il ne possédait plus, car la plus grande partie du pays était au pouvoir d'Alexandre.

℣. 43. — [28] * Voilà un droit d'asile aussi étendu que possible; il n'est pas restreint à la personne, il s'étend à tout ce qu'elle possède, dans toute l'étendue du royaume. Le droit d'asile, selon la loi de Moyse, n'allait pas à beaucoup près aussi loin.

℣. 44. — [29] * Les rois de Perse firent souvent des concessions semblables (Comp. 1. *Esdr*. 6, 8. 7, 20).

maux qu'il avait faits à Israël, et de quelle manière il les avait accablés.

47. Ils se portèrent donc à favoriser plutôt Alexandre [30], parce qu'il leur avait parlé le premier de paix; et ils l'assistèrent toujours dans la suite.

48. Après cela le roi Alexandre leva une grande armée, et marcha contre Démétrius.

49. Les deux rois donnèrent bataille; et l'armée de Démétrius s'enfuit : Alexandre les poursuivit, et fondit sur eux.

50. Le combat fut rude et opiniâtre, et dura jusqu'au coucher du soleil; et Démétrius y fut tué.

51. Alexandre envoya ensuite des ambassadeurs à Ptolémée, roi d'Egypte [31], et lui écrivit en ces termes :

52. Comme je suis rentré dans mon royaume, que je me suis assis sur le trône de mes pères, que j'ai recouvré mon empire et tous les pays qui m'appartenaient par la défaite de Démétrius,

53. à qui j'ai donné bataille, et que j'ai défait avec toute son armée, étant ainsi remonté sur le siège du royaume qu'il occupait;

54. faisons maintenant amitié ensemble : donnez-moi votre fille en mariage, et je serai votre gendre, et je vous ferai aussi bien qu'à elle des présents dignes de vous.

55. Le roi Ptolémée lui répondit : Heureux le jour auquel vous êtes rentré dans le pays de vos pères, et où vous vous êtes assis sur le trône de leur royaume.

56. Je suis prêt à vous accorder ce que vous m'avez demandé : mais venez jusqu'à Ptolémaïde, afin que nous nous voyions, et que je vous donne ma fille comme vous le désirez.

57. Ptolémée sortit donc d'Egypte avec sa fille Cléopâtre, et vint à Ptolémaïde l'an cent soixante-deux [32].

58. Le roi Alexandre l'y vint trouver; et Ptolémée lui donna sa fille Cléopâtre : et les noces furent célébrées à Ptolémaïde avec

magnæ, quam fecerat in Israël, et tribulaverat eos valde.

47. Et complacuit eis in Alexandrum, quia ipse fuerat eis princeps sermonum pacis, et ipsi auxilium ferebant omnibus diebus.

48. Et congregavit rex Alexander exercitum magnum, et admovit castra contra Demetrium.

49. Et commiserunt prælium duo reges, et fugit exercitus Demetrii, et insecutus est eum Alexander, et incubuit super eos.

50. Et invaluit prælium nimis, donec occidit sol : et cecidit Demetrius in die illa.

51. Et misit Alexander ad Ptolemæum regem Ægypti legatos secundum hæc verba, dicens :

52. Quoniam regressus sum in regnum meum, et sedi in sede patrum meorum, et obtinui principatum, et contrivi Demetrium, et possedi regionem nostram,

53. et commisi pugnam cum eo, et contritus est ipse, et castra ejus, a nobis, et sedimus in sede regni ejus :

54. et nunc statuamus ad invicem amicitiam : et da mihi filiam tuam uxorem, et ego ero gener tuus, et dabo tibi dona, et ipsi, digna te.

55. Et respondit rex Ptolemæus, dicens : Felix dies, in qua reversus es ad terram patrum tuorum, et sedisti in sede regni eorum.

56. Et nunc faciam tibi quod scripsisti : sed occurre mihi Ptolemaidam, ut videamus invicem nos, et spondeam tibi sicut dixisti.

57. Et exivit Ptolemæus de Ægypto, ipse, et Cleopatra filia ejus, et venit Ptolemaidam, anno centesimo sexagesimo secundo.

58. Et occurrit ei Alexander rex, et dedit ei Cleopatram filiam suam : et fecit nuptias ejus Pto-

---

ỳ. 47. — [30] * Qui non-seulement avait parlé le premier de paix, mais était soutenu par les Romains. En outre, il ne s'était pas déclaré le persécuteur de leur nation.

ỳ. 51. — [31] Ptolémée-Philométor, — * qui avait déjà envoyé de grands secours à Alexandre.

ỳ. 57. — [32] 146 avant Jésus-Christ.

lemaidæ, sicut reges, in magna gloria.

une grande magnificence, selon la coutume des rois.

59. Et scripsit rex Alexander Jonathæ, ut veniret obviam sibi.

59. Le roi Alexandre écrivit à Jonathas, afin qu'il vînt les trouver à Ptolémaïde.

60. Et abiit cum gloria Ptolemaidam, et occurrit ibi duobus regibus, et dedit illis argentum multum, et aurum, et dona : et invenit gratiam in conspectu eorum.

60. Jonathas y alla avec grand éclat, et salua les deux rois : il leur apporta quantité d'or et d'argent, et leur fit de grands présents; et il fut fort bien reçu des deux princes.

61. Et convenerunt adversus eum viri pestilentes ex Israel, viri iniqui interpellantes adversus eum : et non intendit ad eos rex.

61. Alors quelques gens d'Israël qui étaient des hommes couverts d'iniquité, et comme des pestes publiques, s'unirent ensemble pour présenter des chefs d'accusation contre lui : mais le roi ne voulut point les écouter.

62. Et jussit spoliari Jonathan vestibus suis, et indui eum purpura : et ita fecerunt. Et collocavit eum rex sedere secum.

62. Il ordonna même qu'on ôtât à Jonathas ses vêtements, et qu'on le revêtît de pourpre; ce qui fut fait : et le roi le fit asseoir près de lui.

63. Dixitque principibus suis : Exite cum eo in medium civitatis, et prædicate, ut nemo adversus eum interpellet de ullo negotio, nec quisquam ei molestus sit de ulla ratione.

63. Et il dit aux grands de sa cour : Allez avec lui au milieu de la ville, et dites tout haut : Que nul n'entreprenne de former aucune plainte contre lui, et ne lui fasse aucune peine pour quelque affaire que ce puisse être.

64. Et factum est, ut viderunt qui interpellabant gloriam ejus, quæ prædicabatur, et opertum eum purpura, fugerunt omnes :

64. Ceux donc qui étaient venus pour l'accuser, voyant ce qu'on publiait de lui, l'éclat dans lequel il paraissait, et la pourpre dont il était revêtu, s'enfuirent tous.

65. et magnificavit eum rex, et scripsit eum inter primos amicos, et posuit eum ducem, et participem principatus.

65. Le roi l'éleva en grand honneur, le mit au nombre de ses principaux amis, et l'établit après lui chef et prince [33] *de la Judée.*

66. Et reversus est Jonathas in Jerusalem cum pace, et lætitia.

66. Et Jonathas revint à Jérusalem en paix et avec joie.

67. In anno centesimo sexagesimo quinto, venit Demetrius filius Demetrii a Creta in terram patrum suorum.

67. En la cent soixante-cinquième année [34], Démétrius, fils de Démétrius, vint de Crète au pays de ses pères [35].

68. Et audivit Alexander rex, et contristatus est valde, et reversus est Antiocham.

68. Le roi Alexandre en ayant été averti, fut extrêmement affligé, et retourna à Antioche [36].

℣. 65. — [33] * Dans le grec : ἔθετο αὐτὸν στρατηγὸν καὶ μεριδάρχην; *il l'établit général et méridarque.* On ne sait ce que signifie ce dernier mot. Par ses racines, il veut dire *chef des portions,* ce qui est cause que quelques-uns le traduisent par *grand maître d'hôtel,* sens qui paraît peu probable. Jonathas, chef de la nation juive et grand prêtre, eût été peu flatté de présider au service de la table d'un roi païen. Il n'eût pas même pu le faire, à cause des pratiques idolâtriques qui s'y mêlaient.

℣. 67. — [34] 143 avant Jésus-Christ.

[35] Démétrius-Soter, peu avant l'issue malheureuse de sa dernière guerre, avait envoyé ses deux fils, Démétrius et Antiochus, à Cnide, auprès de Lasthènes, un de ses amis, pour les mettre sous sa garde, et afin qu'après sa mort ils eussent encore en lui un vengeur. Démétrius ayant en effet perdu le combat et la vie, Démétrius, son fils aîné, se mit à la tête d'une troupe de Crétois, que Lasthènes avait levés pour lui, et se rendit en Cilicie, où il fut accueilli avec joie.

℣. 68. — [36] afin de prendre des mesures pour sa défense. Il était resté encore quelques jours à Ptolémaïs après les fêtes de son mariage.

69. Le roi Démétrius fit général de ses troupes Apollonius [37], gouverneur de la Célésyrie, lequel leva une grande armée; et étant venu à Jamnia [38], il envoya dire à Jonathas, grand pretre,

70. ces paroles : Vous êtes le seul qui nous résistez, et je suis devenu un sujet de risée et d'opprobre, parce que vous vous prévalez contre nous de l'avantage que vous avez sur vos montagnes.

71. Si vous vous fiez donc maintenant en vos troupes, descendez à nous dans la plaine, et faisons là l'essai de nos forces; car la valeur et la victoire m'accompagnent toujours [39].

72. Informez-vous, et apprenez qui je suis, et qui sont ceux qui combattent avec moi, lesquels disent hautement que vous ne pouvez tenir ferme devant nous, parce que vos pères [40] ont été mis en fuite deux fois dans leur pays [41].

73. Comment donc pourrez-vous soutenir présentement l'effort de ma cavalerie et d'une si grande armée, dans une campagne où il n'y a ni pierres, ni rochers, ni aucun lieu pour vous enfuir?

74. Jonathas, ayant entendu ces paroles d'Apollonius, fut ému au fond de son cœur; et il choisit aussitôt dix mille hommes, et partit de Jérusalem, et Simon, son frère, vint à son secours.

75. Ils vinrent camper près de Joppé [42]; et ceux de la ville lui fermèrent les portes, parce qu'il y avait dedans une garnison d'Apollonius : Jonathas assiégea donc cette ville.

76. Et ceux de dedans étant épouvantés, lui ouvrirent les portes; et il se rendit ainsi maitre de Joppé.

77. Apollonius l'ayant su, prit avec lui trois mille chevaux et beaucoup de troupes.

78. Il marcha comme pour aller vers Azot, et il se jeta tout d'un coup dans la

69. Et constituit Demetrius rex Apollonium ducem, qui præerat Cœlesyriæ : et congregavit exercitum magnum, et accessit ad Jamniam : et misit ad Jonathan summum sacerdotem,

70. dicens : Tu solus resistis nobis : ego autem factus sum in derisum, et in opprobrium, propterea quia tu potestatem adversum nos exerces in montibus.

71. Nunc ergo si confidis in virtutibus tuis, descende ad nos in campum, et comparemus illic invicem : quia mecum est virtus bellorum.

72. Interroga, et disce quis sum ego, et cæteri, qui auxilio sunt mihi, qui et dicunt quia non potest stare pes vester ante faciem nostram, quia bis in fugam conversi sunt patres tui in terra sua :

73. et nunc quomodo poteris sustinere equitatum et exercitum tantum in campo, ubi non est lapis, neque saxum, neque locus fugiendi?

74. Ut audivit autem Jonathas sermones Apollonii, motus est animo : et elegit decem millia virorum, et exiit ab Jerusalem, et occurrit ei Simon frater ejus in adjutorium :

75. et applicuerunt castra in Joppen, et exclusit eum a civitate (quia custodia Apollonii Joppe erat) : et oppugnavit eam.

76. Et exterriti qui erant in civitate, apperuerunt ei, et obtinuit Jonathas Joppen.

77. Et audivit Apollonius, et admovit tria millia equitum, et exercitum multum.

78. Et abiit Azotum tanquam iter faciens, et statim exiit in

℣. 69. — [37] Apollonius était, lorsque Démétrius aborda, gouverneur de la Célésyrie (le pays compris entre le Liban et l'Antiliban, et la côte de la mer jusqu'en Egypte), mais il passa de son côté.

[38] Jamnia était située dans le pays des Philistins, près de la mer.

℣. 71. — [39] Dans le grec : car la force des villes est avec moi. La Vulgate, au lieu de τῶν πόλεων, porte τῶν πολέμων (la force des guerres, de l'armée), ce qui semble plus exact.

℣. 72. — [40] * vos prédécesseurs. Peut-être Apollonius fait-il allusion aux deux derniers échecs des Juifs (*Voy.* 6, 47 et suiv. 9, 6-18).

[41] *Voy.* chap. 6, 9.

℣. 75. — [42] une ville avec un port sur la mer, aujourd'hui appelée Jaffa.

campum, eo quod haberet multitudinem equitum, et confideret in eis. Et insecutus est eum Jonathas in Azotum, et commiserunt prælium.

79. Et reliquit Apollonius in castris mille equites post eos occulte.

80. Et cognovit Jonathas quoniam insidiæ sunt post se, et circuierunt castra ejus, et jecerunt jacula in populum a mane usque ad vesperam.

81. Populus autem stabat, sicut præceperat Jonathas : et laboraverunt equi eorum.

82. Et ejecit Simon exercitum suum, et commisit contra legionem; equites enim fatigati erant : et contriti sunt ab eo, et fugerunt.

83. Et qui dispersi sunt per campum, fugerunt in Azotum, et intraverunt in Bethdagon idolum suum, ut ibi se liberarent.

84. Et succendit Jonathas Azotum, et civitates, quæ erant in circuitu ejus, et accepit spolia eorum, et templum Dagon : et omnes, qui fugerunt in illud, succendit igni.

85. Et fuerunt qui ceciderunt gladio, cum his qui succensi sunt, fere octo millia virorum.

86. Et movit inde Jonathas castra, et applicuit ea Ascalonem : et exierunt de civitate obviam illi in magna gloria.

87. Et reversus ad Jonathas in Jerusalem cum suis, habentibus spolia multa.

88. Et factum est : ut audivit

plaine, parce qu'il avait beaucoup de cavalerie en qui il se fiait principalement. Jonathas le suivit vers Azot, et *là* ils donnèrent bataille.

79. Apollonius avait laissé secrètement dans son camp mille chevaux derrière les ennemis.

80. Et Jonathas fut averti qu'il y avait derrière lui une embuscade. Les ennemis environnèrent donc son camp, et lancèrent beaucoup de traits contre ses gens, depuis le matin jusqu'au soir [43].

81. Mais les gens de Jonathas demeurèrent fermes, selon l'ordre qu'il leur en avait donné. Cependant les chevaux des ennemis se fatiguèrent beaucoup.

82. Alors Simon fit avancer ses troupes, et attaqua l'infanterie, parce que la cavalerie était déjà fatiguée [44]; et l'ayant rompue, elle prit la fuite.

83. Et ceux qui se dispersèrent par la campagne, se réfugièrent à Azot [45], et entrèrent dans le temple de Dagon, leur idole [46], pour y être en sûreté.

84. Mais Jonathas brûla Azot et les villes des environs, et il en emporta les dépouilles : et il brûla aussi le temple de Dagon avec tous ceux qui s'y étaient réfugiés.

85. Il y périt près de huit mille hommes, tant de ceux qui furent tués par l'epée, que de ceux qui furent brûlés.

86. Jonathas ayant décampé de ce lieu, marcha contre Ascalon [47]; mais ceux de la ville sortirent au-devant de lui, et le reçurent avec de grands honneurs.

87. Il revint ensuite à Jérusalem avec ses gens chargés de butin.

88. Le roi Alexandre ayant appris ces

ỳ. 80. — [43] Les Juifs, étaient, il est vrai, environnés de toutes parts, mais formés en bataille dans un carré étroitement fermé, ce qui faisait que la cavalerie, dont l'attaque fut vigoureusement repoussée au moyen du boucher, ne put rien contre eux : elle se fatigua au contraire, rebroussa bientôt, et les troupes de pied purent ensuite être attaquées sans obstacles (*Voy.* ce qui suit).

ỳ. 82. — [44] Dans le grec : avait déjà été dissipée.

ỳ. 83. — [45] Dans le grec : et la cavalerie s'étant dispersée dans la campagne, s'enfuit à Azot, etc. Il semble que ce soit un copiste qui, dans la Vulgate, a mis « Et qui » au lieu de « Et equi. »

[46] Dagon était la divinité des Philistins (Voy. *Jug* 16, 23).

ỳ. 86. — [47] encore une ville des Philistins, — * au sud, sur les bords de la Méditerranée. Les anciens Ascalonites se montrèrent de tout temps hostiles aux Juifs. Depuis l'invasion des Turcs jusqu'aux croisades, les nouveaux habitants d'Ascalon se signalèrent également par leur animosité contre les chrétiens. Les ruines désertes et silencieuses de cette ville célèbre rappellent encore sa grandeur passée.

heureux succès de Jonathas, l'éleva encore en plus grande gloire.
89. Et il lui envoya une agrafe d'or [48], telle que l'on en donnait d'ordinaire aux princes du sang royal [49] : il lui donna de plus Accaron [50] avec tout son territoire, afin qu'il la possédât en propre.

Alexander rex sermones istos, addidit adhuc glorificare Jonathan.
89. Et misit ei fibulam auream, sicut consuetudo est dari cognatis regum. Et dedit ei Accaron, et omnes fines ejus, in possessionem.

CHAPITRE XI.

Ptolémée, compétiteur d'Alexandre; sa mort. Démétrius-Nicator devient roi de Syrie; il traite favorablement les Juifs, qui dans une révolte le délivrent de la mort. Son ingratitude. Jonathas se déclare pour Antiochus-Théus, et fait la guerre à Démétrius.

1. Après cela le roi d'Egypte [1] assembla une armée qui était comme le sable du rivage de la mer, et un grand nombre de vaisseaux. Et il cherchait à se rendre maître par surprise du royaume d'Alexandre, et à l'ajouter à son royaume.
2. Il marcha d'abord comme ami dans la Syrie : et les habitants des villes lui ouvraient les portes, et venaient au-devant de lui, selon l'ordre qu'Alexandre leur avait donné, parce que le roi d'Egypte était son beau-père.
3. Mais aussitôt que Ptolémée était entré dans une ville, il y mettait garnison de ses gens.
4. Lorsqu'il fut venu pres d'Azot, on lui montra le temple de Dagon qui avait été brûlé, les ruines de la ville d'Azot, plusieurs corps qui étaient encore sur la terre, et tous les autres qui avaient été tués dans la guerre [2], et qu'on avaient amasses dans des sépultures communes le long du chemin.
5. Et ils dirent au roi que c'était Jonathas

1. Et rex Ægypti congregavit exercitum, sicut arena quæ est circa oram maris, et naves multas : et quærebat obtinere regnum Alexandri dolo, et addere illud regno suo.
2. Et exiit in Syriam verbis pacificis, et aperiebant ei civitates, et occurrebant ei : quia mandaverat Alexander rex exire ei obviam, eo quod socer suus esset.
3. Cum autem introiret civitatem Ptolemæus, ponebat custodias militum in singulis civitatibus.
4. Et ut appropiavit Azoto, ostenderunt ei templum Dagon succensum igni, et Azotum et cætera ejus demolita, et corpora projecta, et, eorum qui cæsi erant in bello, tumulos quos fecerant secus viam.
5. Et narraverunt regi quia

ỳ. 89. — [48] * C'était là une marque de distinction singulière parmi les Grecs et parmi les Perses, à qui les Macédoniens l'avaient vraisemblablement empruntée. Les Romains attachèrent un grand prix à cet honneur; et l'agrafe d'or, *bulla aurea,* ne se donnait qu'aux soldats qui avaient rendu de vrais services à la patrie.
[49] Litt. : une boucle. Les boucles étaient des agrafes, qui tenaient la partie de devant et celle de derrière de l'habit de dessus attachées sur les épaules.
[50] une ville des Philistins.
ỳ. 1. — [1] Ptolémee-Philométor. Ce prince avait été appelé par Alexandre, 147 ans avant Jésus-Christ, pour le secourir contre Démétrius. L'année suivante, 146 ans avant Jésus-Christ, il marcha en effet avec une grande armée et une flotte puissante, vers la Syrie, mais dans l'intention de se rendre maître de ce royaume, sous prétexte qu'Alexandre voulait attenter à sa vie.
ỳ. 4. — [2] Dans le grec : qui avaient été brûlés dans la guerre.

hæc fecit Jonathas, ut invidiam facerent ei : et tacuit rex.

6. Et occurrit Jonathas regi in Joppen cum gloria, et invicem se salutaverunt, et dormierunt illic.

7. Et abiit Jonathas cum rege usque ad fluvium, qui vocatur Eleutherus : et reversus est in Jerusalem.

8. Rex autem Ptolemæus obtinuit dominium civitatum usque Seleuciam maritimam, et cogitabat in Alexandrum consilia mala.

9. Et misit legatos ad Demetrium, dicens : Veni, componamus inter nos pactum, et dabo tibi filiam meam, quam habet Alexander, et regnabis in regno patris tui;

10. pœnitet enim me quod dederim illi filiam meam : quæsivit enim me occidere.

11. et vituperavit eum, propterea quod concupierat regnum ejus.

12. Et abstulit filiam suam, et dedit eam Demetrio, et alienavit se ab Alexandro, et manifestatæ sunt inimicitiæ ejus.

13. Et intravit Ptolemæus Antiochiam, et imposuit duo diademata capiti suo, Ægypti et Asiæ.

14. Alexander autem rex erat in Cilicia illis temporibus : quia rebellabant qui erant in locis illis.

15. Et audivit Alexander, et venit ad eum in bellum : et pro-

qui avait fait tous ces maux, voulant ainsi le rendre odieux dans son esprit. Mais le roi ne répondit rien [3].

6. Jonathas vint ensuite avec grand éclat trouver le roi à Joppé. Ils se saluèrent, et passèrent la nuit en ce lieu.

7. Et Jonathas ayant accompagné le roi jusqu'au fleuve qu'on nomme Eleuthère [4], revint à Jérusalem.

8. Mais le roi Ptolémée se rendit ainsi maître des villes jusqu'à Séleucie, qui est au bord de la mer [5], et il avait de mauvais desseins contre Alexandre.

9. Il envoya des ambassadeurs à Démétrins [6], pour lui dire de sa part : Venez, afin que nous fassions alliance ensemble; et je vous donnerai ma fille qu'Alexandre a épousée, et vous rentrerez dans le royaume de votre père [7].

10. Car je me repens de lui avoir donné ma fille en mariage, parce qu'il a cherché les moyens de me tuer [8].

11. Il l'accusait de la sorte par le désir qu'il avait de lui enlever son royaume.

12. Et enfin lui ayant ôté sa fille [9], il la donna à Démétrius, et s'éloigna tout-à-fait d'Alexandre; et alors son inimitié se manifesta publiquement.

13. Ptolémée entra ensuite dans Antioche [10], et se mit sur la tête deux diadèmes, celui d'Egypte et celui d'Asie.

14. Le roi Alexandre était pour lors en Cilicie, parce que ceux de cette province [11] s'était revoltés contre lui [12].

15. Ayant donc appris ces choses, il marcha avec ses troupes pour le combattre : et

---

℣. 5. — [3] * il avait bien alors d'autres pensées dans l'esprit, et il n'avait garde d'aigrir Jonathas et de l'éloigner de son parti.

℣. 7. — [4] Ce fleuve coule au nord de Tripolis, dans la mer Méditerranée; il formait d'ailleurs la limite entre la Syrie et la Phénicie.

℣. 8. — [5] à cinq lieues environ à l'ouest d'Antioche.

℣. 9. — [6] Celui dont il a été parlé ci-dessus (10, 67), depuis surnommé Nicator.

[7] Il n'y avait en cela rien de sincère, ainsi que la suite le fait voir.

℣. 10. — [8] * Selon des bruits qu'on répandait alors, Alexandre avait un favori, nommé Ammonius (℣. 13 et la note), qui avait voulu attenter à la vie de Ptolémée; et comme Alexandre refusa de le livrer, Ptolémée se déclara son ennemi. Tout cela cependant ne paraît qu'un prétexte inventé pour couvrir les projets du roi d'Egypte.

℣. 12. — [9] qu'il avait fait venir auprès de lui sous quelque prétexte.

℣. 13. — [10] Lorsque Ptolémée arriva près d'Antioche (℣. 8), les habitants de cette ville, poussés par le mécontentement, mirent à mort le ministre Ammonius qui était l'objet de la haine publique, ouvrirent leurs portes à Ptolémée, et lui livrèrent le royaume.

℣. 14. — [11] * D'autres traduisent plus exactement : parce que ceux des provinces *de Syrie* s'étaient révoltés, etc. — Le latin et le grec portent simplement : parce ceux *de ces lieux*, etc., sans qu'on puisse préciser de quels lieux il s'agit.

[12] Voy. *pl. h.* 10, 67. note 35.

le roi Ptolémée fit marcher aussi ses gens, et vint au-devant de lui avec une puissante armée, et le defit.

16. Alexandre s'enfuit en Arabie pour y trouver quelque protection : et le roi Ptolémée fut élevé en grande gloire.

17. Mais Zabdiel, prince des Arabes, fit couper la tête à Alexandre et l'envoya à Ptolémée.

18. Trois jours après le roi Ptolémée mourut [13] : et ses gens qui étaient dans les forteresses furent tués par ceux du camp [14].

19. Démétrius rentra donc dans son royaume en la cent soixante-septième année [15].

20. En ce même temps Jonathas assembla ceux qui étaient dans la Judée, pour prendre la forteresse de Jérusalem [16] : et ils dressèrent plusieurs machines de guerre pour la forcer.

21. Mais quelques méchants qui haïssaient leur nation, allèrent trouver le roi Démétrins, et lui rapportèrent que Jonathas assiégeait la forteresse.

22. Démétrius l'ayant su, entra en colère : il vint aussitôt à Ptolémaïde, et il écrivit à Jonathas de ne point assiéger la forteresse, mais de le venir trouver promptement pour conférer avec lui.

23. Jonathas ayant reçu cette lettre commanda qu'on continuât le siège : et il choisit quelques-uns des anciens du peuple et des prêtres, il alla avec eux s'exposer au péril.

24. Il prit *avec lui quantité* d'or et d'argent, de riches vêtements et beaucoup d'autres présents, et se rendit près du roi à Ptolémaïde : et il trouva grâce devant lui.

25. Quelques hommes perdus de sa nation formèrent encore des plaintes et des accusations contre lui.

26. Mais le roi le traita comme l'avaient traité les princes ses prédécesseurs, et l'éleva en grand honneur à la vue de ses amis.

duxit Ptolemæus rex exercitum, et occurrit ei in manu valida, et fugavit eum.

16. Et fugit Alexander in Arabiam, ut ibi protegeretur : rex autem Ptolemæus exaltatus est.

17. Et abstulit Zabdiel Arabs caput Alexandri, et misit Ptolemæo.

18. Et rex Ptolemæus mortuus est in die tertia : et qui erant in munitionibus, perierunt ab his qui erant intra castra.

19. Et regnavit Demetrius anno centesimo sexagesimo septimo.

20. In diebus illis congregavit Jonathas eos qui erant in Judæa, ut expugnarent arcem, quæ est in Jerusalem : et fecerunt contra eam machinas multas.

21. Et abierunt quidam qui oderant gentem suam viri iniqui ad regem Demetrium, et renuntiaverunt ei quod Jonathas obsideret arcem.

22. Et ut audivit, iratus est : et statim venit ad Ptolemaidam, et scripsit Jonathæ ne obsideret arcem, sed occurreret sibi ad colloquium festinato.

23. Ut audivit autem Jonathas, jussit obsidere : et elegit de senioribus Israel, et de sacerdotibus, et dedit se periculo.

24. Et accepit aurum, et argentum, et vestem, et alia xenia multa, et abiit ad regem Ptolemaidam, et invenit gratiam in conspectu ejus.

25. Et interpellabant adversus eum quidam iniqui ex gente sua.

26. Et fecit ei rex, sicut fecerant ei qui ante eum fuerant : et exaltavit eum in conspectu omnium amicorum suorum,

---

ỳ. 18. — [13] des blessures qu'il avait reçues dans le combat contre Alexandre.

[14] Les Egyptiens, que Ptolémée avait laissés en garnison dans les forteresses (ỳ 3), furent tués par les soldats de Démétrius. Ptolémée n'avait fait son gendre de ce dernier que pour l'empêcher de s'opposer au projet qu'il avait de se mettre en possession de la Syrie. D'autres traduisent le grec : ... dans les forteresses, périrent de la main des habitants des forteresses.

ỳ. 19. — [15] 144 avant Jésus-Christ.

ỳ. 20. — [16] La citadelle était toujours restée jusque-là entre les mains des Syriens. Jonathas voulut chasser ces pernicieux voisins, ce qu'avait déjà auparavant tenté Judas (6, 19), mais sans succès.

27. et statuit ei principatum sacerdotii, et quæcumque alia habuit prius pretiosa, et fecit eum principem amicorum.

28. Et postulavit Jonathas a rege, ut immunem faceret Judæam, et tres toparchias, et Samariam, et confines ejus : et promisit ei talenta trecenta.

29. Et consensit rex : et scripsit Jonathæ epistolas de his omnibus, hunc modum continentes :

30. Rex Demetrius fratri Jonathæ salutem, et genti Judæorum.

31. Exemplum epistolæ, quam scripsimus Lastheni parenti nostro de vobis, misimus ad vos ut sciretis :

32. Rex Demetrius Lastheni parenti salutem.

33. Genti Judæorum, amicis nostris, et conservantibus quæ justa sunt apud nos, decrevimus benefacere, propter benignitatem ipsorum, quam erga nos habent.

34. Statuimus ergo illis omnes fines Judææ, et tres civitates, Lydan, et Ramathan, quæ additæ sunt Judææ ex Samaria, et omnes confines earum, sequestrari omnibus sacrificantibus in Jerosolymis, pro his quæ ab eis prius accipiebat rex per singulos annos, et pro fructibus terræ et pomorum.

35. Et alia quæ ad nos pertinebant decimarum et tributorum,

27. Il le confirma dans la souveraine sacrificature, et dans toutes les autres marques d'honneur qu'il avait eues auparavant, et le fit le premier de tous ses amis.

28. Jonathas supplia le roi de donner la franchise et l'immunité à la Judée, aux trois toparchies, à Samarie et à tout son territoire [17]; et lui promit trois cents talents [18].

29. Le roi y consentit; et il fit expédier des lettres patentes [19] à Jonathas touchant toutes ces affaires, qui étaient conçues en ces termes :

30. Le roi Démétrius, à son frère Jonathas [20], et à la nation des Juifs, salut.

31. Nous vous avons envoyé une copie de la lettre que nous avons écrite à Lasthènes, notre père [21], touchant ce qui vous regarde, afin que vous en fussiez informés.

32. Le roi Démétrius, à Lasthènes, son père, salut.

33. Nous avons résolu de faire du bien à la nation des Juifs, qui sont nos amis, et qui nous conservent la fidélité qu'ils nous doivent, à cause de la bonne volonté qu'ils ont pour nous.

34. Nous avons donc ordonné que les trois villes, Lyda, Ramatha, *Aphéréma* [22], qui sont annexées à la Judée du territoire de Samarie, avec toutes leurs appartenances, soient destinées pour les prêtres de Jérusalem [23], au lieu des impositions que le roi en retirait chaque annee, et de ce qui lui revenait des fruits de la terre et des arbres [24].

35. Nous leur remettons aussi dès à présent les autres choses qui nous appartenaient,

℣. 28. — [17] Voy. *pl. b.* ℣. 34. *pl. h.* 10, 30.

[18] Un tribut annuel, environ 1,324,350 fr. — * Cette somme est évaluée en donnant avec quelques-uns au talent d'argent chez les Juifs, la valeur de 4414,50. D. Calmet porte la valeur du talent beaucoup plus haut; il l'évalue, en monnaie de son temps, a 4867 l. 3 s. 4 d., ce qui donne 1460156 l. 5 s. — L'auteur évalue le tribut à environ un demi-million de reichsthaler. En donnant au reichsthaler la valeur de 5,15, on aurait 2,575,000 fr.

℣. 29. — [19] il lui donna par écrit les assurances d'amitié qui suivent.

℣. 30. — [20] * Voy. *pl. h.* 10, 18 et les remarques.

℣. 31. — [21] sur Lasthènes, voy. *pl. h*, 10, note 35. Démétrius récompense sa fidélité en en faisant le premier dignitaire (le grand visir) de son royaume... le titre de père du roi est d'ailleurs un titre de distinction attaché à la dignité de grand visir (1. *Moys.* 45, 8). Dans le grec : notre parent.

℣. 34. — [22] Aphéréma n'est pas dans la Vulgate, mais le grec l'ajoute (Voy. *pl. h.* 10, 30. 38).

[23] Litt. : à tous ceux qui offrent des sacrifices à Jérusalem, — à savoir aux Juifs, non aux Samaritains; ces derniers sacrifiaient à Garizim (*Jean*, 4, 20).

[24] au lieu qu'en retour de cette libre possession du pays, les Juifs avaient auparavant de nombreuses impositions à payer. Dans le grec : ... appartenances. Nous remettons à tous ceux qui sacrifient à Jerusalem (l'argent) pour les droits royaux, que le roi recevait auparavant d'eux chaque année des produits de la terre et des fruits des arbres.

comme les dîmes et les tributs; et de même les impôts des salines [25], et les couronnes qu'on nous apportait.

36. Nous leur donnons toutes ces choses : et cette concession demeurera ferme dès maintenant et pour toujours.

37. Ayez donc soin de faire faire une copie de cette ordonnance, et qu'elle soit donnée à Jonathas, et qu'on l'expose sur la montagne sainte, en un lieu où elle soit vue de tout le monde.

38. Le roi Démétrius voyant que tout son royaume était paisible, et que rien ne lui résistait, congédia toute son armée, et renvoya chacun en sa maison, excepté les troupes étrangères qu'il avait levées des peuples des îles [26] : et ceci lui attira la haine de toutes les troupes qui avaient servi ses pères.

39. Alors Tryphon [27], qui avait été auparavant du parti d'Alexandre, voyant que tous les gens de guerre murmuraient contre Démétrius, alla trouver Emalchuel, roi des Arabes, qui nourrissait auprès de lui Antiochus, fils d'Alexandre;

40. et il le pressa longtemps, afin qu'il lui donnât ce jeune prince, pour le faire régner en la place de son père. Il lui rapporta tout ce que Démétrius avait fait, et la haine que les gens de guerre avaient conçue contre lui : et il demeura longtemps en ce lieu.

41. Cependant Jonathas envoya vers Démétrius, pour le prier de chasser ceux qui étaient en garnison dans la forteresse de Jérusalem et dans les autres forteresses, parce qu'ils faisaient beaucoup de maux à Israel.

42. Demetrius envoya dire à Jonathas : Non-seulement je ferai pour vous et pour votre nation ce que vous me demandez, mais je vous élèverai en gloire, vous et votre peuple, aussitôt que le temps me le permettra.

43. Vous ferez donc maintenant une action de justice de m'envoyer de vos gens pour me secourir, parce que toute mon armee m'a abandonné.

44. Alors Jonathas envoya à Antioche trois mille hommes très-vaillants qui vinrent trou-

ex hoc tempore remittimus eis : et areas salinarum, et coronas quæ nobis deferebantur.

36. Omnia ipsis concedimus : et nihil horum irritum crit ex hoc, et in omne tempus.

37. Nunc ergo curate facere horum exemplum, et detur Jonathæ, et ponatur in monte sancto, in loco celebri.

38. Et videns Demetrius rex quod siluit terra in conspectu suo, et nihil ei resistit, dimisit totum exercitum suum, unumquemque in locum suum, excepto peregrino exercitu, quem contraxit ab insulis gentium : et inimici erant ei omnes exercitus patrum ejus.

39. Tryphon autem erat quidam partium Alexandri prius : et vidit quoniam omnis exercitus murmurabat contra Demetrium, et ivit ad Emalchuel Arabem, qui nutriebat Antiochum filium Alexandri :

40. Et assidebat ei, ut traderet eum ipsi, ut regnaret loco patris sui : et enuntiavit ei quanta fecit Demetrius, et inimicitias exercituum ejus adversus illum. Et mansit ibi diebus multis.

41. Et misit Jonathas ad Demetrium regem, ut ejiceret eos, qui in arce erant in Jerusalem, et qui in præsidiis erant : quia impugnabant Israel.

42. Et misit Demetrius ad Jonathan, dicens : Non hæc tantum faciam tibi, et genti tuæ, sed gloria illustrabo te, et gentem tuam, cum fuerit opportunum.

43. Nunc ergo recte feceris, si miseris in auxilium mihi viros : quia discessit omnis exercitus meus.

44. Et misit ei Jonathas tria millia virorum fortium Antio-

ỳ. 35. — [25] Voy. *pl. h.* 10, 29.

ỳ. 38 — [26] surtout de Crète, île de laquelle étaient venues ses premières troupes (*pl. h.* 10, 67).

ỳ. 39. — [27] * Tryphon (c'est-à-dire le débauché, le viveur), n'était qu'un surnom; il s'appelait auparavant Diodore. Antiochus, fils d'Alexandre Balas, n'était alors âgé que de deux ans.

chiam : et venerunt ad regem, et delectatus est rex in adventu eorum.

45. Et convenerunt qui erant de civitate, centum viginti millia virorum, et volebant interficere regem.

46. Et fugit rex in aulam : et occupaverunt qui erant de civitate, itinera civitatis, et cœperunt pugnare.

47. Et vocavit rex Judæos in auxilium, et convenerunt omnes simul ad eum, et dispersi sunt omnes per civitatem :

48. et occiderunt in illa die centum millia hominum, et succenderunt civitatem, et ceperunt spolia multa in die illa, et liberaverunt regem.

49. Et viderunt qui erant de civitate, quod obtinuissent Judæi civitatem sicut volebant : et infirmati sunt mente sua, et clamaverunt ad regem cum precibus, dicentes :

50. Da nobis dextras, et cessent Judæi oppugnare nos et civitatem.

51. Et projecerunt arma sua, et fecerunt pacem, et glorificati sunt Judæi in conspectu regis, et in conspectu omnium qui erant in regno ejus, et nominati sunt in regno : et regressi sunt in Jerusalem, habentes spolia multa.

52. Et sedit Demetrius rex in sede regni sui : et siluit terra in conspectu ejus.

53. Et mentitus est omnia quæcumque dixit, et abalienavit se a Jonatha, et non retribuit ei secundum beneficia quæ sibi tribuerat, et vexabat eum valde.

54. Post hæc autem reversus est Tryphon, et Antiochus cum eo puer adolescens, et regnavit, et imposuit sibi diadema.

ver le roi ; et le roi reçut une grande joie de leur arrivée.

45. En ce même temps il s'assembla des habitants de la ville cent vingt mille hommes qui voulaient tuer le roi [28].

46. Le roi s'enfuit dans le palais : et ceux de la ville se saisirent de toutes les rues, et commencèrent à l'attaquer.

47. Le roi fit venir les Juifs à son secours, et ils s'assemblèrent tous près de lui, et firent des courses dans la ville.

48. Et ils tuèrent en ce jour-là cent mille hommes [29] : ils mirent aussi le feu à la ville, et en emportèrent un grand butin, et délivrèrent le roi.

49. Ceux de la ville voyant que les Juifs s'en étaient rendus les maîtres, pour y faire tout ce qu'ils voulaient, demeurèrent tout consternés ; et étant venus crier *miséricorde* au roi, ils lui firent cette prière :

50. Tendez-nous une main favorable ; et que les Juifs cessent de nous attaquer, nous et notre ville.

51. Ils mirent en même temps les armes bas, et firent la paix. Les Juifs s'acquirent une grande gloire dans l'esprit du roi et de ceux de son royaume : ils devinrent célèbres dans tout le royaume, et revinrent à Jérusalem chargés de dépouilles.

52. Le roi Démétrius fut ainsi affermi sur son trône et dans son royaume : et tout le pays demeura paisible.

53. Mais ce prince ne tint rien de tout ce qu'il avait promis : il s'éloigna de Jonathas ; et bien loin de lui témoigner aucune reconnaissance de toutes les obligations qu'il lui avait, il lui fit meme tout le mal qu'il put.

54. Après cela Tryphon revint, et avec lui le jeune Antiochus [30], qui commença à se faire reconnaitre pour roi, et qui se mit le diadème sur la tête.

℣. 45. — [28] * Comme il avait congédié les anciennes troupes du pays et amassé autour de sa personne des troupes étrangères, Démétrius voulut aussi ôter les armes aux habitants d'Antioche. Mais loin d'obéir à ses ordres, ils se revoltèrent contre lui, et allèrent l'assiéger jusque dans son palais. La suite fait voir qu'il ne se tira de ce danger que par le secours des Juifs.

℣. 48. — [29] Diodore de Sicile dit que Démétrius en cette occasion n'épargna ni les femmes ni les enfants ; le nombre de cent mille n'est par conséquent point exageré.

℣. 54. — [30] Il fut plus tard appelé Théos (dieu). Il était alors âgé de deux ans.

55. Toutes les troupes que Démétrius avait congédiées s'assemblèrent aussitôt près d'Antiochus : elles combattirent contre Démétrius, qui fut défait et qui s'enfuit.

56. Tryphon se saisit alors des éléphants et se rendit maître d'Antioche.

57. Le jeune Antiochus écrivit ensuite à Jonathas en ces termes : Je vous confirme dans la souveraine sacrificature, et je vous établis sur les quatre villes[31], afin que vous soyez des amis du roi.

58. Il lui envoya des vases d'or pour son service, et lui donna le pouvoir de boire dans une coupe d'or[32], d'être vêtu de pourpre, et de porter une agrafe d'or[33].

59. Et il établit son frère Simon gouverneur depuis la côte de Tyr [34] jusqu'aux frontières d'Egypte[35].

60. Jonathas alla ensuite dans les villes qui sont au-delà du fleuve [36], et toute l'armée de Syrie vint à son secours [37]. Il marcha vers Ascalon [38], et ceux de la ville vinrent au-devant de lui, en lui faisant de grands honneurs.

61. Il alla de là à Gaza; et ceux de la ville lui fermèrent les portes : il y mit le siége, et il pilla et brûla tous les environs de la ville.

62. Alors ceux de Gaza demandèrent à Jonathas à capituler, et il le leur accorda : il prit leurs fils pour ôtages [39], et les envoya à Jérusalem : et il alla dans tout le pays jusqu'à Damas[40].

63. Mais ayant appris que les généraux de Démetrius étaient venus avec une armée puissante soulever ceux de la ville de Cadès[41] qui est en Galilée, pour l'empêcher de

55. Et congregati sunt ad eum omnis exercitus, quos disperserat Demetrius, et pugnaverunt contra eum : et fugit, et terga vertit.

56. Et accepit Tryphon bestias, et obtinuit Antiochiam :

57. et scripsit Antiochus adolescens Jonathæ, dicens : Constituo te super quatuor civitates, ut sis de amicis regis.

58. Et misit illi vasa aurea in ministerium, et dedit ei potestatem bibendi in auro, et esse in purpura, et habere fibulam auream :

59. et Simonem fratrem ejus constituit ducem a terminis Tyri usque ad fines Ægypti.

60. Et exiit Jonathas, et perambulabat trans flumen civitates : et congregatus est ad eum omnis exercitus Syriæ in auxilium, et venit Ascalonem, et occurrerunt ei honorifice de civitate.

61. Et abiit inde Gazam : et concluserunt se qui erant Gazæ : et obsedit eam, et succendit quæ erant in circuitu civitatis, et prædatus est ea.

62. Et rogaverunt Gazeuses Jonathan, et dedit illis dexteram : et accepit filios corum obsides, et misit illos in Jerusalem : et perambulavit regionem usque Damascum.

63. Et audivit Jonathas quod prævaricati sunt principes Demetrii in Cades, quæ est in Galilæa, cum exercitu multo, volentes

---

℣. 57. — [31] la Judée, Ephraïm, Lydda et Ramathaïm.
℣. 58. — [32] * il n'y avait que le roi, ou ceux à qui il en donnait la permission, qui pussent se servir de vaisselle d'or.
[33] Voy. *pl. h.* 10, 20. 29.
℣. 59. — [34] Dans le grec : depuis l'escalier de Tyr (un promontoire qui s'avance dans la mer près de Tyr, la limite de la Phénicie).
[35] jusqu'au torrent de Rhinocolure (aujourd'hui El Arisch).
℣. 60. — [36] du Jourdain; pour soumettre à Antiochus ceux qui dans ces contrées étaient attachés à Démétrius).
[37] Partout les gens de guerre de Syrie, que Démétrius avait abandonnés, se réunirent à lui.
[38] Dans le pays des Philistins.
℣. 62. — [39] les fils des grands.
[40] * Depuis Gaza jusqu'à Damas, c'est-à-dire depuis le point le plus extrême au sud, jusqu'au point le plus extrême au nord.
℣. 63. — [41] Dans le grec : assiégeaient Cadès.

eum removere a negotio regni :

64. et occurrit illis : fratrem autem suum Simonem reliquit intra provinciam.

65. Et applicuit Simon ad Bethsuram, et expugnabat eam diebus multis, et conclusit eos.

66. Et postulaverunt ab eo dexteras, accipere, et dedit illis : et ejecit eos inde, et cepit civitatem, et posuit in ea præsidium.

67. Et Jonathas et castra ejus applicuerunt ad aquam Genesar, et ante lucem vigilaverunt in campo Asor;

68. et ecce castra alienigenarum occurrebant in campo, et tendebant ei insidias in montibus : ipse autem occurrit ex adverso.

69. Insidiæ vero exsurrexerunt de locis suis, et commiserunt prælium.

70. Et fugerunt qui erant ex parte Jonathæ omnes, et nemo relictus est ex eis, nisi Mathathias filius Absalomi, et Judas filius Calphi, princeps militiæ exercitus.

71. Et scidit Jonathas vestimenta sua, et posuit terram in capite suo, et oravit.

72. Et reversus est Jonathas ad eos in prælium, et convertit eos in fugam, et pugnaverunt.

73. Et viderunt qui fugiebant partis illius, et reversi sunt ad eum, et insequebantur cum eo omnes usque Cades ad castra sua, et pervenerunt usque illuc :

74. et ceciderunt de alienigenis in die illa tria millia virorum : et

se mêler davantage de ce qui regardait le royaume *de Syrie*[42];

64. il marcha au-devant d'eux, et laissa dans la province[43] son frère Simon.

65. Simon mit le siége devant Bethsura[44], et il l'attaqua longtemps, et tint ceux qui étaient dedans investis.

66. Ils lui demandèrent ensuite à faire composition, et il le leur accorda : il les fit sortir hors de la ville, s'en rendit le maître, et y mit garnison.

67. Jonathas vint avec son armée sur le bord de l'eau de Génésar[45]; et s'etant levés la nuit, ils se rendirent avant le jour dans la plaine d'Asor[46].

68. Il y trouva l'armée des étrangers[47] qui venaient au-devant de lui, et qui lui dressaient des embuscades sur les montagnes[48]. Il marcha droit à eux :

69. et cependant ceux qui étaient cachés sortirent de leur embuscade[49], et vinrent charger ses gens.

70. Tous ceux du côté de Jonathas s'enfuirent, sans qu'il en demeurât un seul, sinon Mathathias, fils d'Absalom, et Judas, fils de Calphi, général de son armée.

71. Alors Jonathas déchira ses vêtements, se mit de la terre sur la tête, et fit sa prière.

72. Et Jonathas retourna au combat[50], chargea les ennemis, et les fit fuir devant lui ; et ils furent mis en deroute[51].

73. Et ses gens qui avaient fui, le voyant combattre, revinrent le joindre et poursuivirent avec lui les ennemis jusqu'à Cadès, où était leur camp : et ils ne passèrent pas plus loin.

74. Il demeura sur la place en ce jour-là trois mille hommes de l'armée des étran-

---

[42] pour occuper Jonathas, et par ce moyen l'empêcher de rien entreprendre en faveur d'Antiochus.

ỷ. 64. — [43] dans la Judée.

ỷ. 65. — [44] une ville fortifiée sur la frontière méridionale de la Judee.

ỷ. 67. — [45] sur le bord de la mer de Génézareth, appelée aussi mer de Galilée. [46] au pied de l'Antiliban.

ỷ. 68. — [47] * Ces étrangers étaient les soldats étrangers que Démétrius avait à sa solde (ỷ. 38).

[48] Dans le grec le verset porte littéral. : Et le camp des étrangers le rencontra dans la campagne, et ils placèrent une embuscade contre lui dans les montagnes, tandis qu'eux-mêmes s'avancerent à sa rencontre.

ỷ. 69. — [49] et attaquèrent par derrière Jonathas, qui, d'autre part, avait devant lui le corps d'armée.

ỷ. 72. — [50] Litt. : retourna vers eux pour le combat — vers les deux dont il est fait mention (ỷ. 70) et ceux qui étaient restés avec eux.

[51] Dans le grec : et il leur fit tourner le dos, et ils fuirent.

gers : et Jonathas retourna à Jérusalem.

reversus est Jonathas in Jerusalem.

CHAPITRE XII.

Jonathas renouvelle l'alliance avec les Romains et les Spartiates; il défait l'armée de Démétrius et déclare la guerre aux Arabes. Simon prend Joppé; Jérusalem et d'autres villes sont fortifiées; Tryphon fait par ruse Jonathas captif.

1. Jonathas voyant que le temps lui était favorable, choisit des hommes qu'il envoya à Rome pour affermir et renouveler l'amitié avec les Romains [1].

2. Il envoya aussi vers les Lacédémoniens, et en d'autres lieux, des lettres toutes semblables.

3. Ses gens allèrent donc à Rome; et étant entrés dans le sénat, ils dirent : Jonathas, grand prêtre, et le peuple juif nous ont envoyés pour renouveler avec vous l'amitié et l'alliance, selon qu'elle a été faite auparavant entre nous.

4. Et les Romains leur donnèrent des lettres adressées à leurs officiers [2], dans chaque province, pour les faire conduire en paix jusqu'au pays de Juda [3].

5. Voici la copie des lettres que Jonathas écrivit aux Lacédémoniens :

6. JONATHAS, grand prêtre, les anciens de la nation, les prêtres et le reste du peuple juif, aux Lacedémoniens leurs frères [4], salut.

7. Il y a déjà longtemps qu'Arius, qui régnait à Lacédemone, envoya des lettres au grand prêtre Onias [5], qui temoignaient que vous êtes nos frères, comme on peut le voir par la copie de ces lettres, que nous avons jointes à celles-ci [6].

1. Et vidit Jonathas quia tempus eum juvat, et elegit viros, et misit eos Romam, statuere et renovare cum eis amicitiam :

2. et ad Spartiatas, et ad alia loca misit epistolas secundum eamdem formam :

3. et abierunt Romam, et intraverunt curiam, et dixerunt : Jonathas summus sacerdos, et gens Judæorum miserunt nos, ut renovaremus amicitiam et societatem secundum pristinum.

4. Et dederunt illis epistolas ad ipsos per loca, ut deducerent eos in terram Juda cum pace.

5. Et hoc est exemplum epistolarum, quas scripsit Jonathas Spartiatis :

6. JONATHAS, summus sacerdos, et seniores gentis, et sacerdotes, et reliquus populus Judæorum, Spartiatis fratribus salutem.

7. Jampridem missæ erant epistolæ ad Oniam summum sacerdotem ab Ario, qui regnabat apud vos, quoniam estis fratres nostri, sicut rescriptum continet, quod subjectum est.

ỳ. 1. — [1] *Voy.* chap. 8.

ỳ. 4. — [2] * Litt. : adressées à eux-mêmes par tous les lieux. — Les Romains ordonnèrent aux gouverneurs de leurs provinces de fournir à ces ambassadeurs des Hébreux, leurs amis et leurs alliés, des voitures et des escortes.

[3] Il suit de là et du chap. 14, 18. qu'ils eurent une audience favorable.

ỳ. 6. — [4] Leurs amis et leurs alliés (ỳ. 8, 10). — L'opinion que les Lacédémoniens descendaient d'Abraham, et étaient les frères des Juifs par les liens du sang (ỳ. 21), semble n'avoir pas été partagée par les Hébreux.

ỳ. 7. — [5] Onias III.

[6] Voy. *pl. b.* ỳ. 19 et suiv. Le roi dont il est ici parlé est Arius II, fils et successeur d'Acrotale II, prédécesseur de Léonidas, qui exerça les fonctions de tuteur à son égard. Il mourut dès sa huitieme année vers l'an 191 avant Jésus-Christ. Onias III était grand prêtre vers l'an 199 avant Jésus-Christ, environ 55 ans avant

8. Et suscepit Onias virum, qui missus fuerat, cum honore : et accepit epistolas, in quibus significabatur de societate et amicitia.

9. Nos cum nullo horum indigeremus, habentes solatio sanctos libros, qui sunt in manibus nostris,

10. maluimus mittere ad vos renovare fraternitatem, et amicitiam, ne forte aliem efficiamur a vobis : multa enim tempora transierunt, ex quo misistis ad nos.

11. Nos ergo in omni tempore sine intermissione in diebus solemnibus, et cœteris quibus oportet, memores sumus vestri in sacrificiis quæ offerimus, et in observationibus, sicut fas est, et decet meminisse fratrum.

12. Lætamur itaque de gloria vestra.

13. Nos autem circumdederunt multæ tribulationes, et multa prælia, et impugnaverunt nos reges, qui sunt in circuitu nostro.

14. Noluimus ergo vobis molesti esse, neque cæteris sociis et amicis nostris, in his præliis ;

15. habuimus enim de cœlo auxilium, et liberati sumus nos, et humiliati sunt inimici nostri.

16. Elegimus itaque Numenium Antiochi filium, et Antipatrem Jasonis filium, et misimus ad Romanos renovare cum eis amicitiam et societatem pristinam.

17. Mandavimus itaque eis ut veniant etiam ad vos, et salutent vos : et reddant vobis epistolas nostras de innovatione fraternitatis nostræ.

8. Et Onias reçut avec grand honneur celui que le roi avait envoyé, et les lettres où il lui parlait de cette alliance et de cette amitié que nous avons avec vous.

9. Quoique nous n'eussions aucun besoin de ces choses [7], ayant pour notre consolation les saints livres [8] qui sont entre nos mains,

10. nous avons mieux aimé néanmoins envoyer vers vous, pour renouveler cette amitié et cette union fraternelle, de peur que nous ne devenions comme étrangers à votre égard, parce qu'il s'est déjà passé beaucoup de temps depuis que vous avez envoyé vers nous.

11. *Sachez* donc que nous n'avons jamais cessé depuis ce temps-là de nous souvenir de vous dans les fêtes solennelles, et les autres jours où cela se doit, dans les sacrifices que nous offrons, et dans toutes nos *saintes* cérémonies, selon qu'il est du devoir et de la bienséance de se souvenir de ses frères [9].

12. Nous nous réjouissons de la gloire dans laquelle vous vivez.

13. Mais pour nous autres, nous nous sommes vus dans de grandes afflictions et en diverses guerres ; et les rois qui nous environnent nous ont souvent attaqués [10].

14. Cependant nous n'avons voulu être à charge [11] ni à vous, ni à nos autres alliés, dans tous ces combats.

15. Car nous avons reçu du secours du ciel ; nous avons été délivrés, et nos ennemis se sont vus humiliés.

16. Ayant donc choisi Numénius, fils d'Antiochus, et Antipater, fils de Jason, pour les envoyer vers les Romains, renouveler l'alliance et l'amitié ancienne que nous avons avec eux,

17. nous leur avons donné ordre d'aller aussi vers vous, de vous saluer de notre part, et de vous rendre nos lettres touchant le renouvellement de notre union fraternelle.

---

que Jonathas écrivit cette lettre. Il y a une faute dans le grec qui porte ici Darius et *pl. b.* 1. 20, Oniarès.

℣. 9. — [7] de votre amitié et de votre alliance

[8] qui nous promettent, au besoin, le secours de Dieu, pourvu que nous y ayons confiance.

℣. 11. — [9] * De là il suit que les Juifs priaient même pour ces peuples païens qui ne se declaraient pas leurs ennemis, de même que pour leurs dominateurs (*pl. h.* 7, 33), afin qu'il plût à Dieu de les faire parvenir eux aussi à la connaissance de son nom.

℣. 13. — [10] * Les principaux rois persécuteurs des Juifs furent avec Antiochus-Epiphane, Antiochus-Eupator, Démétrius-Soter et Démétrius-Nicator.

℣. 14. — [11] * demander des secours.

18. C'est pourquoi vous ferez bien de répondre à ce que nous vous avons écrit.
19. Voici la copie des lettres qu'Arius avait envoyées à Onias :
20. Arius, roi des Lacédémoniens, au grand prêtre Onias, salut.
21. Il a été trouvé ici dans un écrit touchant les Lacédémoniens et les Juifs, qu'ils sont frères, et qu'ils sont tous de la race d'Abraham [12].
22. Maintenant donc que nous avons vu ces choses, vous ferez bien de nous écrire si toutes choses sont en paix parmi vous.
23. Et voici ce que nous vous avons écrit, nous autres : Nos bestiaux et tous nos biens sont à vous, et les vôtres sont a nous. C'est ce que nous avons ordonné qu'on vous déclarât de notre part.
24. Cependant Jonathas apprit que les généraux de l'armée de Démétrius étaient revenus pour le combattre avec une armée beaucoup plus grande qu'auparavant.

25. Ainsi il partit de Jérusalem, et alla au-devant d'eux dans le pays d'Amathite [13], parce qu'il ne voulait pas leur donner le temps d'entrer sur ses terres.
26. Et il envoya dans leur camp des espions qui rapportèrent qu'ils avaient résolu de venir le surprendre pendant la nuit.

27. Après donc que le soleil fut couché, Jonathas commanda à ses gens de veiller, et de se tenir toute la nuit sous les armes et prêts à combattre ; et il mit des gardes autour du camp.
28. Les ennemis ayant su que Jonathas se tenait avec ses gens prêt au combat, eurent peur, et leurs cœurs furent saisis de frayeur, et ils allumèrent des feux dans leur camp [14].

29. Jonathas et ceux qui étaient avec lui, voyant ces feux allumés, ne s'aperçurent point de leur retraite jusqu'au matin.

30. Et Jonathas les poursuivit : mais il ne put les atteindre, parce qu'ils avaient déjà passé le fleuve Eleuthère [15].
31. Il marcha de là vers les Arabes, qui

18. Et nunc benefacietis respondentes nobis ad hæc.
19. Et hoc est rescriptum epistolarum, quod miserat Oniæ :
20. Arius, rex Spartiatarum, Oniæ sacerdoti magno salutem.
21. Inventum est in scriptura de Spartiatis et Judæis, quoniam sunt fratres, et quod sunt de genere Abraham.
22. Et nunc ex quo hæc cognovimus, benefacitis scribentes nobis de pace vestra.
23. Sed et nos rescripsimus vobis : Pecora nostra, et possessiones nostræ vestræ sunt ; et vestræ, nostræ : mandavimus itaque hæc nuntiari vobis.
24. Et audivit Jonathas, quoniam regressi sunt principes Demetrii cum exercitu multo supra quam prius, pugnare adversus eum ;
25. et exiit ab Jerusalem, et occurrit eis in Amathite regione : non enim dederat eis spatium ut ingrederentur regionem ejus.
26. Et misit speculatores in castra eorum : et reversi renuntiaverunt quod constituunt supervenire illi nocte.
27. Cum occidisset autem sol, præcepit Jonathas suis vigilare, et esse in armis paratos ad pugnam tota nocte, et posuit custodes per circuitum castrorum.
28. Et audierunt adversarii quod paratus est Jonathas cum suis in bello : et timuerunt, et formidaverunt in corde suo : et accenderunt focos in castris suis.
29. Jonathas autem, et qui cum eo erant, non cognoverunt usque mane : videbant autem luminaria ardentia :
30. et secutus est eos Jonathas, et non comprehendit eos : transierant enim flumen Eleutherum.
31. Et divertit Jonathas ad

ỳ. 21. — [12] Cet écrit est perdu. Du reste l'histoire sainte ne dit rien d'une semblable parenté, et les Spartiates étaient sans doute dans l'erreur sur ce point.
ỳ. 25. — [13] appelée autrement Emath, Hamath, sur la limite septentrionale de la Palestine.
ỳ. 28. — [14] afin de faire croire aux Juifs qu'ils étaient encore dans le camp, quoiqu'ils l'eussent abandonné.
ỳ. 30. — [15] * sur le fleuve Eleuthère (Voy. *pl. h.* 11, 7).

Arabas, qui vocantur Zabadæi, et percussit eos, et accepit spolia eorum.

32. Et junxit, et venit Damascum, et perambulabat omnem regionem illam.

33. Simon autem exiit, et venit usque ad Ascalonem, et ad proxima præsidia : et declinavit in Joppen, et occupavit eam.

34. (audivit enim quod vellent præsidium tradere partibus Demetrii), et posuit ibi custodes ut custodirent eam.

35. Et reversus est Jonathas, et convocavit seniores populi, et cogitavit cum eis ædificare præsidia in Judæa,

36. et ædificare muros in Jerusalem, et exaltare altitudinem magnam inter medium arcis et civitatis, ut separaret eam a civitate, ut esset ipsa singulariter, et neque emant, neque vendant.

37. Et convenerunt, ut ædificarent civitatem, et cecidit murus, qui erat super torrentem ab ortu solis, et reparavit eum, qui vocatur Caphetetha :

38. et Simon ædificavit Adiada in Sephela, et munivit eam, et imposuit portas et seras.

39. Et cum cogitasset Tryphon regnare Asiæ, et assumere diadema, et extendere manum in Antiochum regem :

40. timens ne forte non permitteret eum Jonathas, sed pugnaret adversus eum, quærebat compre-

sont appelés Zabadéens [16] : il les défit et en rapporta les dépouilles.

32. Il partit de là ensuite, et vint à Damas : et il faisait des courses dans tout le pays [17].

33. Cependant Simon alla jusqu'à Ascalon, et jusqu'aux forteresses voisines. Il marcha de là vers Joppé, et la prit [18];

34. (car il avait su qu'ils voulaient livrer la place à ceux du parti de Démétrius); et il y mit une garnison pour garder la ville.

35. Jonathas étant revenu, assembla les anciens du peuple, et il résolut avec eux de bâtir des forteresses dans la Judée,

36. de bâtir les murs de Jérusalem, et de faire aussi élever un mur d'une très-grande hauteur entre la forteresse [19] et la ville, afin que la forteresse en fût séparée et sans communication, et que ceux de dedans ne pussent ni acheter ni vendre [20].

37. On s'assembla donc pour bâtir la ville; et la muraille qui était le long du torrent [21], du côté de l'orient, étant tombée, Jonathas la rétablit; et elle fut appelée Caphététha [22].

38. Simon bâtit aussi Adiada [23] dans la plaine [24], et la fortifia; et il y mit des portes et des serrures.

39. Mais Tryphon ayant résolu de se faire roi d'Asie [25], de prendre le diadème, et de tuer le roi Antiochus,

40. et craignant que Jonathas ne l'en empêchât et ne lui déclarât la guerre, cherchait les moyens de se saisir de sa personne, et

---

℣. 31. — [16] * Selon quelques interprètes : Nabathéens (*Pl. h.* 5, 25. 9, 35). On ne connaît point de tribu arabe sous le nom de Zabadéens. Les Nabathéens étaient les amis des Juifs; mais au milieu de tant de changements politiques et des intérêts, les relations avaient pu changer.

℣. 32. — [17] pour le purger des troupes de Démétrius.

℣. 33. — [18] * Simon avait été établi gouverneur de ces villes par Antiochus (*Pl. h.* 11, 59); mais il leur plut de se déclarer pour Démétrius.

℣. 36. — [19] * qui était sur le mont Sion.

[20] que la citadelle fût entièrement séparée de la ville, et ne pût avoir avec elle aucun commerce; car c'était encore la garnison syrienne qui l'occupait.

℣. 37. — [21] de Cédron.

[22] * Dans le grec : Caphenata — terme dont la signification, aussi bien que la localité qu'il désigne, sont entièrement inconnues.

℣. 38. — [23] ville à l'ouest de Jérusalem, ce qui donnait le moyen de dominer une des routes principales conduisant à cette ville.

[24] * Litt. : dans *Séphala*. Séphala en hébreu signifie plaine.

℣. 39. — [25] de Syrie. Les rois de Syrie portaient ce titre, quoiqu'ils ne possédassent qu'une très-petite partie de l'Asie (l'Asie-Mineure). *Voy.* 11, 13.

de le tuer. Il s'en alla donc dans cette pensée à Bethsan [26].

41. Jonathas marcha au-devant de lui avec quarante mille hommes de guerre choisis [27], et vint à Bethsan.

42. Tryphon voyant que Jonathas était venu avec une grande armée pour le combattre, fut saisi de crainte [28].

43. Il le reçut avec grand honneur, le recommanda à tous ses amis, lui fit des présents, et ordonna à toute son armée de lui obéir comme à lui-même.

44. Il dit ensuite à Jonathas : Pourquoi avez-vous fatigué inutilement tout ce peuple, puisque nous n'avons point de guerre ensemble ?

45. Renvoyez-les donc dans leurs maisons, et choisissez-en seulement quelque peu d'entre eux pour être avec vous. Venez avec moi à Ptolémaïde, et je vous la mettrai entre les mains, avec les autres forteresses, les troupes et tous ceux qui ont la conduite des affaires, et je m'en retournerai ensuite; car c'est pour cela que je suis venu.

46. Jonathas le crut, et fit ce qu'il avait dit. Il renvoya ses gens, qui s'en retournèrent au pays de Juda;

47. et il ne retint avec lui que trois mille hommes, dont il en renvoya encore deux mille en Galilée, et mille l'accompagnaient.

48. Aussitôt que Jonathas fut entré dans Ptolémaïde, ceux de la ville fermèrent les portes, et le prirent; et ils passèrent au fil de l'épée tous ceux qui étaient venus avec lui.

49. Et Tryphon envoya ses troupes et sa cavalerie en Galilée, et dans la grande plaine [29], pour tuer tous ceux qui avaient accompagné Jonathas.

50. Mais ceux-ci ayant appris que Jonathas avait été arrêté, et qu'il avait péri [30] avec tous ceux qui l'accompagnaient, s'encouragèrent les uns les autres, et se présentèrent pour combattre avec une grande assurance.

hendere eum, et occidere. Et exurgens abiit in Bethsan.

41. Et exivit Jonathas obviam illi cum quadraginta millibus virorum electorum in prælium, et venit Bethsan.

42. Et vidit Tryphon quia venit Jonathas cum exercitu multo ut extenderet in eum manus, timuit;

43. et excepit eum cum honore, et commendavit eum omnibus amicis suis, et dedit ei munera : et præcepit exercitibus suis ut obedirent ei, sicut sibi.

44. Et dixit Jonathæ : Ut quid vexasti universum populum, cum bellum nobis non sit?

45. Et nunc remitte eos in domos suas : elige autem tibi viros paucos, qui tecum sint, et veni mecum Ptolemaidam, et tradam eam tibi, et reliqua præsidia, et exercitum, et universos præpositos negotii, et conversus abibo : propterea enim veni.

46. Et credidit ei, et fecit sicut dixit : et dimisit exercitum, et abierunt in terram Juda.

47. Retinuit autem secum tria millia virorum : ex quibus remisit in Galilæam duo millia, mille autem venerunt cum eo.

48. Ut autem intravit Ptolemaidam Jonathas, clauserunt portas civitatis Ptolemenses : et comprehenderunt eum : et omnes, qui cum eo intraverant, gladio interfecerunt.

49. Et misit Tryphon exercitum et equites in Galilæam, et in campum magnum, ut perderent omnes socios Jonathæ.

50. At illi cum cognovissent quia comprehensus est Jonathas, et periit, et omnes qui cum eo erant, hortati sunt semetipsos, et exierunt parati in prælium.

ỳ. 40. — [26] Scythopolis (Voy. *pl. h.* 5, 52).
ỳ. 41. — [27] pour lui faire voir qu'il ne le craignait pas. Il suffisait pour se convaincre de ses mauvaises intentions, de le voir venir dans la Judée avec une armée.
ỳ. 42. — [28] Dans le grec :... armée, craignit d'étendre les mains contre lui.
ỳ. 49. — [29] * appelée autrement la plaine d'Esdrelon, ou de Jezrahel (Voy. *pl. h.* 5, 52).
ỳ. 50. — [30] On l'avait cru faussement (Voy. *pl. b.* 13, 12. 15).

51. Et videntes hi qui insecuti fuerant, quia pro anima res est illis, reversi sunt :

52. illi autem venerunt omnes cum pace in terram Juda. Et planxerunt Jonathan, et eos qui cum ipso fuerant, valde : et luxit Israel luctu magno.

53. Et quæsierunt omnes gentes, quæ erant in circuitu eorum, conterere eos, dixerunt enim :

54. Non habent principem, et adjuvantem : nunc ergo expugnemus illos, et tollamus de hominibus memoriam eorum.

51. Ceux qui les avaient poursuivis, les voyant très-résolus à vendre bien cher leur vie, s'en retournèrent.

52. Ainsi ils revinrent tous dans le pays de Juda sans être attaqués : ils pleurèrent beaucoup Jonathas et ceux qui étaient avec lui; et tout Israël en fit un grand deuil.

53. Alors tous les peuples dont ils étaient environnés firent un nouvel effort pour les perdre, en disant :

54. Ils n'ont aucun chef qui les commande, ni personne qui les assiste : attaquons-les donc maintenant, exterminons-les, et effaçons leur nom de la mémoire des hommes [31].

CHAPITRE XIII.

Simon succède à Jonathas, et s'oppose à Tryphon. Mort de Jonathas. Tryphon devient roi de Syrie. Simon recherche l'amitié de Démétrius-Nicator, et obtient l'affranchissement total de sa patrie. Jean Hurcan à la tête de l'armée.

1. Et audivit Simon quod congregavit Tryphon exercitum copiosum, ut veniret in terram Juda, et attereret eam.

2. Videns quia in tremore populus est, et in timore, ascendit Jerusalem, et congregavit populum :

3. et adhortans dixit : Vos scitis quanta ego, et fratres mei, et domus patris mei, fecimus pro legibus et pro sanctis prælia, et angustias quales vidimus :

4. horum gratia perierunt fratres mei omnes propter Israel, et relictus sum ego solus.

5. Et nunc non mihi contingat parcere animæ meæ in omni tempore tribulationis : non enim melior sum fratribus meis.

6. Vindicabo itaque gentem meam, et sancta, natos quoque nostros, et uxores : quia congre-

1. Cependant Simon fut averti que Tryphon avait levé une grande armée pour venir tout ravager dans le pays de Juda.

2. Et voyant le peuple saisi de frayeur, il monta à Jérusalem, et fit assembler tout le monde.

3. Il leur dit pour les encourager : Vous savez combien nous avons combattu mes frères et moi, et toute la maison de mon père, pour nos lois et pour le saint temple, et en quelles afflictions nous nous sommes vus.

4. C'est pour cela que tous mes frères ont péri, en voulant sauver Israël; et je suis demeuré seul.

5. Mais à Dieu ne plaise que je veuille épargner ma vie, tant que nous serons dans l'affliction; car je ne suis pas meilleur que mes frères.

6. Je vengerai donc mon peuple et le sanctuaire, nos enfants et nos femmes, parce que toutes les nations se sont assemblées

℣. 54. — [31] * Les Juifs n'avaient du secours à attendre d'aucun côté, puisque Tryphon aussi bien que Démétrius étaient à leur égard dans des dispositions hostiles.

pour nous opprimer, par la seule haine qu'elles nous portent.

7. A ces paroles tout le peuple fut animé de courage.

8. Ils lui répondirent en haussant leur voix : Vous êtes notre chef en la place de Judas et de Jonathas, votre frère.

9. Conduisez-nous dans nos combats; et nous ferons tout ce que vous nous ordonnerez.

10. Aussitôt il fit assembler tous les gens de guerre, et il rebâtit en diligence toutes les murailles de Jérusalem [1], et *il* la fortifia tout autour.

11. Il envoya Jonathas, fils d'Absalom [2], à Joppé avec une nouvelle armée; et après qu'il en eut chassé tous ceux qui étaient dedans, il y demeura avec ses troupes.

12. Cependant Thryphon partit de Ptolémaïde avec une grande armée, pour venir dans le pays de Judas; et il menait avec lui Jonathas qu'il avait retenu prisonnier [3].

13. Simon se campa près d'Addus [4], vis-à-vis de la plaine.

14. Et Tryphon ayant su que Simon avait été établi en la place de Jonathas son frère, et se disposait à lui donner bataille, lui envoya des ambassadeurs,

15. et lui fit dire : Nous avons retenu Jonathas votre frère, parce qu'il devait de l'argent au roi, à cause des affaires dont il a eu la conduite [5].

16. Mais envoyez-moi p é t cent talents d'argent [6], et ses deux fils pour otages [7], et *pour assurance* qu'étant mis en liberté, il ne s'enfuira pas; et nous vous le renverrons.

gatæ sunt universæ gentes conterere nos inimicitiæ gratia.

7. Et accensus est spiritus populi simul ut audivit sermones istos :

8. et responderunt voce magna dicentes : Tu es dux noster loco Judæ et Jonathæ fratris tui :

9. pugna prælium nostrum : et omnia, quæcumque dixeris nobis, faciemus.

10. Et congregans omnes viros bellatores, acceleravit consummare universos muros Jerusalem, et munivit eam in gyro.

11. Et misit Jonathan filium Absalomi, et cum eo exercitum novum, in Joppen; et ejectis his, qui erant in ea, remansit illic ipse.

12. Et movit Tryphon a Ptolemaida cum exercitu multo, ut veniret in terram Juda, et Jonathas cum eo in custodia.

13. Simon autem applicuit in Addus contra faciem campi.

14. Et ut cognovit Tryphon quia surrexit Simon loco fratris sui Jonathæ : et quia commissurus esset cum eo prælium, misit ad eum legatos,

15. dicens : Pro argento, quod debebat frater tuus Jonathas in ratione regis, propter negotia quæ habuit, detinuimus eum.

16. Et nunc mitte argenti talenta centum, et duos filios ejus obsides, ut non dimissus fugiat a nobis, et remittemus eum.

ỳ. 10. — [1] * que Jonathas avait commencé à élever (*Pl. h.* 12, 30).

ỳ. 11. — [2] * Ce Jonathas était un frère de Mathathias dont il est question ci-devant (1. *Mach.* 11, 70).

ỳ. 12. — [3] * On attachait ces sortes de prisonniers par une chaîne, à un soldat qui en était chargé, et qui en répondait sur sa tête. Saint Paul demeura quelque temps à Rome de cette sorte, avec un soldat qui le gardait (*Act.* 18, 16).

ỳ. 13. — [4] Addus est la même ville qui est appelée ci-dessus Adiada (*voy.* 12, 38). Tryphon étant descendu vers les bords de la mer, pour arriver par l'occident à Jérusalem, Simon voulait le surprendre au défilé d'Adiada.

ỳ. 15. — [5] * Tryphon veut parler des sommes que Jonathas avait promis (*Pl. h.* 11, 28) de payer à Démétrius; mais Tryphon qui avait embrassé le parti de Démétrius, fils d'Alexandre, le compétiteur de Démétrius, n'avait aucun droit à revendiquer cet argent. C'était un prétexte dont il se servait pour pallier sa mauvaise foi et sa trahison (12, 41-48).

ỳ. 16. — [6] environ 341,450 francs. — * Selon l'auteur environ 200,000 reichsthaler; d'où, en donnant au reichsthaler la valeur de 5 fr. 15, on a 1,030,000 fr. Le talent d'or étant évalué à 6,306 fr. les 100 talents formeraient la somme de 630,600 fr.

[7] Ces ôtages devaient, en apparence, servir à Tryphon de garantie que Jonathas, lorsqu'il aurait été mis en liberté, ne passerait pas du côté de Démétrius.

17. Et cognovit Simon quia cum dolo loqueretur secum, jussit tamen dari argentum, et pueros : ne inimicitiam magnam sumeret ad populum Israel, dicentem :

18. Quia non misit ei argentum, et pueros, propterea periit.

19. Et misit pueros, et centum talenta : et mentitus est, et non dimisit Jonathan.

20. Et post hæc venit Tryphon intra regionem, ut contereret eam : et gyraverunt per viam quæ ducit Ador : et Simon, et castra ejus ambulabant in omnem locum quocumque ibant.

21. Qui autem in arce erant, miserunt ad Tryphonem legatos, ut festinaret venire per desertum, et mitteret illis alimonias.

22. Et paravit Thryphon omnem equitatum, ut veniret illa nocte : erat autem nix multa valde, et non venit in Galaaditim.

23. Et cum appropinquasset Bascaman, occidit Jonathan et filios ejus illio.

24. Et convertit Tryphon, et abiit in terram suam.

25. Et misit Simon, et accepit ossa Jonathæ fratris sui, et sepelivit ea in Modin civitate patrum ejus.

26. Et planxerunt eum omnis Israel planctu magno, et luxerunt eum dies multos.

27. Et ædificavit Simon super sepulcrum patris sui et fratrum snorum ædificium altum visu, lapide polito retro et ante :

28. et statuit septem pyramidas, una contra unam, patri et matri, et quatuor fratibus :

29. et his circumposuit columnas magnas; et super columnas

17. Quoique Simon reconnût qu'il ne lui parlait ainsi que pour le tromper, il commanda néanmoins que l'on envoyât l'argent avec les enfants, de peur d'attirer sur lui une grande haine de la part du peuple d'Israël, qui aurait dit :

18. Jonathas a péri, parce qu'on n'a pas envoyé cet argent et ses enfants.

19. Il envoya donc les enfants et les cent talents : et Tryphon manqua à sa parole, et ne renvoya point Jonathas.

20. Il entra ensuite dans le pays pour tout ravager, et il tourna par le chemin qui mène à Ador [8] : mais Simon le côtoyait avec son armée par tous les lieux où il marchait.

21. Alors ceux qui étaient dans la forteresse envoyèrent des gens à Tryphon, pour le prier de se hâter de venir par le désert, et de leur envoyer des vivres.

22. Tryphon tint toute sa cavalerie prête pour partir cette nuit-là même; mais comme il y avait une grande quantité de neige [9], il n'alla point au pays de Galaad [10].

23. Et lorsqu'il fut proche de Bascaman [11], il tua là Jonathas avec ses fils [12].

24. Ensuite tournant le visage tout d'un coup, il s'en retourna en son pays [13].

25. Alors Simon envoya quérir les os de son frère Jonathas, et les ensevelit à Modin, qui était la ville de ses pères.

26. Tout Israël fit un grand deuil à sa mort; et ils le pleurèrent pendant plusieurs jours.

27. Et Simon fit élever sur le sépulcre de son père et de ses frères un haut édifice qu'on voyait de loin, dont toutes les pierres étaient polies devant et derrière.

28. Il fit dresser sept pyramides, dont l'une répondait à l'autre : une à son père, une à sa mère, et quatre à ses frères [14].

29. Il fit dresser tout autour de grandes colonnes [15], et sur ces colonnes des armes

---

ỳ. 20. — [8] ville et forteresse dans l'Idumée. Ayant trouvé le côté de l'occident occupé par Simon, il s'avança davantage vers le midi, afin d'attaquer la Judée du côté du sud.

ỳ. 22. — [9] qui rend les chemins difficiles à reconnaître et glissants.

[10] Plus exactement selon le grec : et il n'alla pas (à Jérusalem), mais il décampa et alla en Galaad (afin de retourner en Syrie par le côté oriental du Jourdain).

ỳ. 23. — [11] ville dans le pays de Galaad.

[12] Dans le grec :... Jonathas; et il fut enterré en ces lieux.

ỳ. 24. — [13] * en Syrie.

ỳ. 28. — [14] Simon éleva la septième pyramide pour lui-même.

ỳ. 29. — [15] Dans le grec : Autour des pyramides il fit exécuter des travaux d'art, et placer de grandes colonnes.

pour servir d'un monument éternel; et auprès des armes, des navires en sculpture [16], pour être vus de loin par tous ceux qui naviguaient sur la mer [17].

30. C'est là le sépulcre qu'il fit à Modin, et que l'on voit encore [18].

31. Or Tryphon étant en voyage avec le jeune roi Antiochus [19] le tua en trahison [20].

32. Et il régna en sa place, s'étant mis sur la tête le diadème d'Asie; et il fit de grands maux dans tout le pays.

33. Simon cependant réparait les places de la Judée, les fortifiant de hautes tours, de grandes murailles, avec des portes et des serrures, et il faisait mettre des vivres dans tous les lieux fortifiés.

34. Il choisit aussi des hommes qu'il envoya vers le roi Démétrius [21], le priant de rétablir la Judée dans ses franchises, parce que toute la conduite de Tryphon n'avait été jusqu'alors qu'une violence *et* un brigandage [22].

35. Le roi Démétrius répondit à la demande qu'il lui avait faite, et lui récrivit en ces termes :

36. Le roi Démétrius à Simon, grand prêtre et ami des rois, aux anciens et à tout le peuple des Juifs, salut

37. Nous avons reçu la couronne et la palme d'or, que vous nous avez envoyées [23]; et nous sommes disposés à faire avec vous une paix solide et durable, et d'écrire à nos intendants qu'ils vous fassent les remises selon les grâces que vous nous avez accordées [24].

38. Tout ce que nous avons ordonné en

arma, ad memoriam æternam; et juxta arma naves sculptas, quæ viderentur ab omnibus navigantibus mare;

30. hoc est sepulcrum, quod fecit in Modin, usque in hunc diem.

31. Tryphon autem cum iter faceret cum Antiocho rege adolescente, dolo occidit eum.

32. Et regnavit loco ejus, et imposuit sibi diadema Asiæ, et fecit plagam magnam in terra.

33. Et ædificavit Simon præsidia Judææ, muniens ea turribus excelsis, et muris magnis, et portis, et seris : et posuit alimenta in munitionibus.

34. Et elegit Simon viros, et misit ad Demetrium regem, ut faceret remissionem regioni : quia actus omnes Tryphonis per direptionem fuerant gesti.

35. Et Demetrius rex ad verba ista respondit ei, et scripsit epistolam talem :

36. Rex Demetrius Simoni summo sacerdoti, et amico regum, et senioribus et genti Judæorum, salutem.

37. Coronam auream, et bahem, quam misistis, suscepimus : et parati sumus facere vobiscum pacem magnam, et scribere præpositis regis remittere vobis quæ indulsimus.

38. Quæcumque enim consti-

---

16 * pour montrer comment la liberté a été procurée à leur nation sur terre et sur mer. — Les Machabées firent réparer le port de Joppé, qui devint depuis le port de commerce de la nation juive sur la Méditerranée.

17 Modin était sur une hauteur près de la mer, — * mais la position n'en est pas bien connue. Elle était vraisemblablement située au nord-ouest de Jérusalem, non loin de Ramla et de Diospolis.

ỳ. 30. — 18 On en montre encore aujourd'hui les ruines.

ỳ. 31. — 19 * Il n'était âgé que de dix ans.

20 Dans le grec : Mais Tryphon se conduisit avec artifice à l'égard d'Antiochus, le jeune roi, et le tua. — Il le fit opérer de la taille, et périr au moyen des médecins, qu'il avait corrompus.

ỳ. 34. — 21 Démétrius, pendant que Tryphon était maître à Antioche, s'était retiré dans les provinces orientales. Après la mort d'Antiochus, les Juifs purent le considérer comme le roi légitime de Syrie.

22 c'est-à-dire : parce qu'on ne pouvait embrasser le parti de Tryphon, attendu que c'était un usurpateur.

ỳ. 37. — 23 * Sur les couronnes *voy.* 10, 29. — Le latin *bahem*, et le grec *bainen* n'ont pas une signification bien déterminée : ce qu'il y a de plus vraisemblable néanmoins, c'est qu'ils désignent une *palme d'or*.

24 Voy. *pl. h.* 11, 33-37.

tuimus, vobis constant. Munitiones, quas ædificastis, vobis sint;

39. Remittimus quoque ignorantias, et peccata usque in hodiernum diem, et coronam quam debebatis : et si quid aliud erat tributarium in Jerusalem, jam non sit tributarium.

40. Et si qui ex vobis apti sunt conscribi inter nostros, conscribantur, et sit inter nos pax.

41. Anno centesimo septuagesimo ablatum est jugum gentium ab Israel.

42. Et cœpit populus Israel scribere in tabulis et gestis publicis: Anno primo sub Simone summo sacerdote, magno duce, et principe Judæorum.

43. In diebus illis applicuit Simon ad Gazam, et circumdedit eam castris, et fecit machinas, et applicuit ad civitatem, et percussit turrem unam, et comprehendit eam.

44. Et eruperant qui erant intra machinam in civitatem : et factus est motus magnus in civitate.

45. Et ascenderunt qui erant in civitate, cum uxoribus et filiis supra murum, scissis tunicis suis, et clamaverunt voce magna, postulantes a Simone dextras sibi dari,

46. et dixerunt : Non nobis reddas secundum malitias nostras, sed secundum misericordias tuas.

47. Et flexus Simon, non debellavit eos : ejecit tamen eos de civitate, et mundavit ædes in qui-

votre faveur, demeurera ferme et inviolable [25] : les places que vous avez fortifiées seront à vous.

39. Nous pardonnons aussi toutes les fautes et les manquements qui auront pu se commettre jusqu'aujourd'hui. Nous vous déchargeons de la couronne que vous deviez. Que si l'on payait quelqu'autre impôt dans Jérusalem, on ne le paiera plus à l'avenir.

40. S'il s'en trouve parmi vous qui soient propres à être enrôlés dans nos troupes, ils y entreront [26]; et nous voulons qu'il y ait entre nous une bonne paix.

41. En l'année cent soixante et dixième Israël fut affranchi du joug des nations [27].

42. Et le peuple d'Israël commença à mettre cette inscription sur les tables et sur les registres publics : La première année, sous Simon, souverain pontife, grand chef et prince des Juifs [28].

43. Vers ce temps-là Simon alla mettre le siége devant Gaza [29], l'investit avec son armée, dressa des machines, s'approcha des murailles de la ville; et ayant attaqué une tour, il l'emporta.

44. Ceux qui étaient dans une de ces machines [30], étant entrés tout d'un coup dans la ville, il s'excita un grand tumulte parmi le peuple.

45. Ceux de la ville vinrent donc avec leurs femmes et leurs enfants sur les murailles, ayant leurs habits déchirés; et ils jetèrent de grands cris, en demandant à Simon qu'il les reçût à composition,

46. et lui disant : Ne nous traitez pas selon notre malice, mais selon vos miséricordes.

47. Simon, touché de compassion, ne voulut point les exterminer; mais il les chassa seulement hors de la ville, et il pu-

---

ỳ. 38. — [25] * Démétrius accorde à Simon tout ce qu'il lui avait demandé, et confirme tout ce qu'il avait promis au commencement de son règne (1. *Mach.* 11, 33-37).

ỳ. 40. — [26] * Comp. *pl h.* 10, 36,

ỳ. 41. — [27] L'an 141 avant Jésus-Christ.

ỳ. 42. — [28] * Les Juifs alors entrèrent véritablement dans une nouvelle ère; c'est ce que montre la monnaie qui fut alors frappée et qui portait l'inscription : « En la troisième année de la délivrance d'Israel, » avec le nom de Simon. Néanmoins cette monnaie n'eut pas longtemps cours dans le commerce.

ỳ. 43. — [29] ville des Philistins.

ỳ. 44. — [30] * Litt. : dans l'intérieur de la machine. — C'était vraisemblablement une grande tour en bois, mobile, qui recélait de nombreux combattants, et que l'on faisait mouvoir du dedans pour battre les murs.

vifia les maisons où il y avait eu des idoles[31]. Il entra ensuite dans Gaza en chantant des hymnes, et bénissant le Seigneur.

48. Et après qu'il eut ôté de la ville toutes les impuretés, il y établit des hommes pour y observer la loi : il la fortifia, et y fit sa demeure.

49. Or ceux qui étaient dans la forteresse de Jérusalem, ne pouvant ni en sortir ni entrer dans le pays, ni rien acheter, ni rien vendre, parce qu'on les empêchait, se virent réduits à une grande famine, et plusieurs d'entre eux moururent de faim.

50. Ils crièrent donc vers Simon, pour lui demander composition, et il la leur accorda : il les chassa de la forteresse, et la purifia de toutes souillures.

51. *Simon et ses gens* y entrèrent ensuite le vingt-troisième du second mois, l'année cent soixante et onzième, ayant à la main des branches de palmes, et louant Dieu avec des harpes, des cymbales et des lyres, et chantant des hymnes et des cantiques, parce qu'un grand ennemi avait été exterminé d'Israël[32].

52. Et il ordonna que ces jours se célébreraient tous les ans avec grande réjouissance[33].

53. Il fortifia aussi la montagne du temple, qui était près de la forteresse, et il y habita avec ses gens.

54. Ensuite Simon, voyant que Jean, son fils, était un homme de guerre très-vaillant, le fit général de toutes les troupes : et Jean demeura à Gazara[34].

bus fuerant simulacra, et tunc intravit in eam cum hymnis benedicens Dominum :

48. et ejecta ab ea omni immunditia, collocavit in ea viros qui legem facerent : et munivit eam, et fecit sibi habitationem.

49. Qui autem erant in arce Jerusalem, prohibebantur egredi et ingredi regionem, et emere, ac vendere : et esurierunt valde, et multi ex eis fame perierunt,

50. et clamaverunt ad Simonem ut dextras acciperent : et dedit illis : et ejecit eos inde, et mundavit arcem a contaminationibus ;

51. et intraverunt in eam tertia et vigesima die secundi mensis, anno centesimo septuagesimo primo, cum laude, et ramis palmarum, et cinyris, et cymbalis, et nablis, et hymnis, et canticis, quia contritus est inimicus magnus ex Israel.

52. Et constituit ut omnibus annis agerentur dies hi cum lætitia.

53. Et munivit montem templi, qui erat secus arcem, et habitavit ibi ipse, et cum eo erant.

54. Et vidit Simon Joannem filium suum, quod fortis prælii vir esset : et posuit eum ducem virtutum universarum : et habitavit in Gazaris.

℣. 47. — 31 * Les païens tenaient des idoles non-seulement dans les temples, mais dans les maisons. Simon voulant que la ville de Gaza fût habitée par des Juifs, la purgea de tous les insignes idolâtriques.

℣. 51. — 32 * Ce grand ennemi était la garnison syrienne, qui avait toujours été dans la forteresse du mont Sion (*Voy.* 1, 35).

℣. 52. — 33 * Cette fête fut à peine célébrée après la mort de Simon.

℣. 54. — 34 une place très-forte, à l'ouest de Jérusalem (Voy. *pl. h.* 4, 15).

CHAPITRE XIV.

Démétrius est fait prisonnier dans une guerre contre les Parthes. Etat heureux des Juifs sous Simon. Les Romains et les Spartiates renouvellent alliance avec eux. Les Juifs, d'un commun accord, rendent la dignité de grand prêtre et celle de prince héréditaires dans la famille de Simon.

1. Anno centesimo septuagesimo secundo congregavit rex Demetrius exercitum suum, et abiit in Mediam ad contrahenda sibi auxilia, ut expugnaret Tryphonem.

2. Et audivit Arsaces rex Persidis et Mediæ, quia intravit Demetrius confines suos, et misit unum de principibus suis ut comprehenderet eum vivum, et adduceret eum ad se.

3. Et abiit, et percussit castra Demetrii : et comprehendit eum, et duxit eum ad Arsacem, et posuit eum in custodiam.

4. Et siluit omnis terra Juda omnibus diebus Simonis, et quæsivit bona genti suæ : et placuit illi potestas ejus, et gloria ejus, omnibus diebus.

1. En la cent soixante et douzième année [1] le roi Démétrius [2] assembla son armée, et s'en alla en Médie pour s'y fortifier par un nouveau secours, et être en état de combattre contre Tryphon [3].

2. Et Arsacès [4], roi des Perses et des Mèdes, ayant appris que Démétrius était entré sur ses états, envoya l'un des généraux de ses armées pour le prendre vif, et le lui amener.

3. Il marcha donc contre Démétrius, défit son armée, le prit et le mena à Arsacès, qui le fit mettre en prison.

4. Tout le pays de Judée demeura paisible pendant tout le temps de Simon : il ne chercha qu'à faire du bien à sa nation, et sa puissance et sa gloire furent agréables aux Juifs tant qu'il vécut.

℣. 1. — [1] 139 avant Jésus-Christ.

[2] Nicator (Voy. *pl. h* chap. 13, note 21).

[3] * Démétrius, par suite de sa vie molle et licencieuse, était tombé dans le mépris, et avait été abandonné par les peuples, qui avaient en très-grande partie embrassé le parti de son compétiteur Antiochus, et ensuite de Tryphon. D'un autre côté, les Parthes, profitant des troubles qui divisaient le royaume de Syrie, et de la vie indolente de ses divers dominateurs, s'étaient enrichis de leurs dépouilles, et successivement emparés de la Mésopotamie, de la Babylonie, et de plusieurs autres provinces. Honteux et confus de l'état de mépris où il était tombé et de l'abandon où il se voyait réduit, Démétrius voulut reconquérir un peu de réputation, en faisant la guerre à Mithridate Ier, appelé aussi *Arsacès,* d'un nom commun à tous les rois des Parthes. Les Grecs disséminés dans les provinces conquises, et encore nombreux, le pressaient aussi de les délivrer d'un joug qu'ils supportaient avec impatience; et il espérait, s'il parvenait à triompher des Parthes, pouvoir plus aisément venir à bout de Tryphon. Les chances de la guerre lui furent d'abord favorables, et il remporta quelques avantages. Mais s'étant laissé surprendre, Mithridate le promena de ville en ville chargé de chaînes, et le traita avec ignominie, voulant par là le mettre hors d'état de prétendre jamais à remonter sur le trône. Cependant dans la suite, il lui rendit les honneurs dus à son rang, lui donna même sa fille en mariage, et lui promit de travailler à son rétablissement : c'était là en effet le vrai moyen de s'emparer sûrement du royaume de Syrie.

℣. 2. — [4] Arsacès est le nom commun des rois Parthes; il s'agit de Mithridate Ier.

5. Outre les actions glorieuses qu'il fit, il prit Joppé, pour lui servir de port [5], et il en fit un passage pour aller dans les îles de la mer [6].

5. et cum omni gloria sua accepit Joppen in portum, et fecit introitum in insulis maris.

6. Il étendit les limites de sa nation, et se rendit maître de tout le pays.

6. Et dilatavit fines gentis suæ et obtinuit regionem.

7. Il fit un grand nombre de prisonniers: il s'empara de Gazara, de Bethsura, et de la forteresse *de Jérusalem :* il en ôta toutes les impuretés, et il n'y avait personne qui lui résistât.

7. Et congregavit captivitatem multam, et dominatus est Gazaræ, et Bethsuræ, et arci : et abstulit immunditias ex ea, et non erat qui resisteret ei.

8. Chacun cultivait alors sa terre en paix : le pays de Juda était couvert de blé, et les arbres de la campagne produisaient leurs fruits.

8. Et unusquisque colebat terram suam cum pace : et terra Juda dabat fructus suos, et ligna camporum fructum suum.

9. Les vieillards étaient tous assis dans les places publiques, et s'entretenaient de l'abondance des biens de la terre : les jeunes hommes se paraient de vêtements magnifiques et d'habits de guerre [7].

9. Seniores in plateis sedebant omnes, et de bonis terræ tractabant, et juvenes induebant se gloriam et stolas belli.

10. Il distribuait des vivres dans les villes, et il en faisait des places d'armes [8]. Enfin son nom devint célèbre jusqu'aux extrémités de la terre.

10. Et civitatibus tribuebat alimonias, et constituebat eas ut essent vasa munitionibus, quoadusque nominatum est nomen gloriæ ejus usque ad extremum terræ.

11. Il établit la paix dans tout son pays, et tout Israel fut comblé de joie.

11. Fecit pacem super terram, et lætatus est Israel lætitia magna.

12. Chacun se tenait assis sous sa vigne et son figuier; et nul n'était en état de leur donner de la crainte [9].

12. Et sedit unusquisque sub vite sua, et sub ficulnea sua : et non erat qui eos terreret.

13. Il ne se trouva plus dans le pays aucun ennemi qui osât les attaquer; et les rois furent abattus dans tout ce temps-là.

13. Defecit impugnans eos super terram : reges contriti sunt in diebus illis.

14. Il protégea tous les pauvres de son peuple; il fut zélé pour l'observation de la loi, et il extermina tous les injustes et tous les méchants [10].

14. Et confirmavit omnes humiles populi sui et legem exquisivit, et abstulit omnem iniquum et malum :

15. Il rétablit la gloire du sanctuaire, et il multiplia les vases saints.

15. sancta glorificavit, et multiplicavit vasa sanctorum.

16. Or la nouvelle de la mort de Jonathas ayant été portée jusqu'à Rome et à Lacédémone, ils en furent fort affligés.

16. Et auditum est Romæ quia defunctus esset Jonathas, et usque in Spartiatas : et contristati sunt valde.

17. Mais lorsqu'ils apprirent que Simon, son frère, avait été fait grand prêtre en sa

17. Et audierunt autem quod Simon frater ejus factus esset sum-

---

ỳ. 5. — [5] * On a déjà vu ci-devant (13, 29), que Joppé devint le port ordinaire des Juifs. Au moyen de ce port, ils pouvaient entrer en relation avec les îles, c'est-à-dire non-seulement avec l'île de Crète, mais avec la Grèce et toutes les contrées d'Occident (Comp. 2. *Par.* 2, 16. *Jon.* 1, 3).

[6] Voy. *pl. h.* 10, 75 et suiv. D'autres traduisent : et il fit une entrée aux vaisseaux de la mer.

ỳ. 9. — [7] Ils allaient couverts des vêtements et des armes de leurs glorieux pères.

ỳ. 10. — [8] Dans le grec : et il les mit en état de combattre par des instruments (des vases) de fortification.

ỳ. 12. — [9] Image du repos et du bonheur (Voy. *Zach.* 3, 10).

ỳ. 14. — [10] * Il bannit les uns, et fit périr les autres, qu'il prit les armes à la main contre leurs frères. Il s'agit surtout ici des apostats.

mus sacerdos loco ejus, et ipse obtineret omnem regionem, et civitates in ea;

18. scripserunt ad eum in tabulis æreis, ut renovarent amicitias et societatem, quam fecerant cum Juda, et cum Jonatha fratribus ejus.

19. Et lectæ sunt in conspectu ecclesiæ in Jerusalem. Et hoc exemplum epistolarum, quas Spartiatæ miserunt:

20. Spartiatarum principes et civitates, Simoni sacerdoti magno, et senioribus, et sacerdotibus, et reliquo populo Judæorum, fratribus, salutem.

21. Legati, qui missi sunt ad populum nostrum, nuntiaverunt nobis de vestra gloria, et honore, ac lætitia : et gavisi sumus in introitu eorum.

22. Et scripsimus quæ ab eis erant dicta in conciliis populi, sic : Numenius Antiochi, et Antipater Jasonis filius, legati Judæorum, venerunt ad nos, renovantes nobiscum amicitiam pristinam.

23. Et placuit populo excipere viros gloriose, et ponere exemplum sermonum eorum in segregatis populi libris, ut sit ad memoriam populo Spartiatarum. Exemplum autem horum scripsimus Simoni magno sacerdoti.

24. Post hæc autem misit Simon Numenium Romam, habentem clypeum aureum magnum, pondo minarum mille, ad statuendam cum eis societatem. Cum autem audisset populus Romanus

25. sermones istos, dixerunt : Quam gratiarum actionem reddemus Simoni, et filiis ejus?

26. Restituit enim ipse fratres suos, et expugnavit inimicos Israel ab eis : et statuerunt ei liber-

place, et qu'il était maître de tout le pays et de toutes les villes,

18. ils lui écrivirent sur des tables d'airain, pour renouveler l'amitié et l'alliance qu'ils avaient faite avec Judas et Jonathas, ses frères.

19. Ces lettres furent lues dans Jérusalem devant tout le peuple; et voici ce que contenaient celles que les Lacédémoniens envoyèrent :

20. Les princes et les villes des Lacédémoniens [11] à Simon, grand prêtre, aux anciens, aux prêtres, et à tout le peuple des Juifs, leurs frères, salut.

21. Les ambassadeurs que vous avez envoyés vers notre peuple nous ayant informés de la gloire, de l'honneur et de la joie où vous êtes présentement, nous nous sommes réjouis beaucoup de leur arrivée.

22. Et nous avons écrit en ces termes dans les registres publics ce qu'ils nous avaient dit de votre part : Numénius, fils d'Antiochus, et Antipater, fils de Jason, ambassadeurs des Juifs, sont venus nous trouver pour renouveler l'ancienne amitié qui est entre nous.

23. Et le peuple a trouvé bon de recevoir ces ambassadeurs avec grand honneur, et d'écrire leurs paroles dans les registres publics, afin qu'elles servent de monument au peuple de Lacédémone. Et nous avons envoyé une copie de cet écrit à Simon, grand prêtre.

24. Après cela Simon envoya à Rome Numénius avec un grand bouclier d'or du poids de mille mines [12], pour renouveler l'alliance avec eux. Ce que le peuple romain ayant appris [13],

25. ils dirent : Comment témoignerons-nous notre reconnaissance à Simon et à ses fils?

26. Car il a rétabli ses frères, et il a exterminé d'Israël ses ennemis. Et ils lui donnèrent le privilège d'une entière liberté [14] :

ỳ. 20. — [11] Voy. *pl. h.* 12, 7. La royauté s'était éteinte durant ce temps-là chez les Spartiates. Dans le grec : Les archontes et la ville des Spartiates.

ỳ. 24. — [12] à peu près du poids de 630,600 fr. — * L'auteur : du poids d'environ 123,625 ducats. S'il s'agit du ducat d'Autriche valant 11 fr. 86, le poids ou la valeur du boucher aurait été de 1,465,192 fr. — Selon quelques-uns la mine d'or serait de 630 fr. 60 c. d'où les 1,000 mines valaient 630,600 fr.

[13] Le texte grec et le syriaque portent : Or, lorsque le peuple eut appris c[illegible] choses, etc. Les interprètes conviennent d'ailleurs qu'il faut entendre par là le peuple juif; en effet, la suite ne s'accorde qu'avec supposition.

ỳ. 26. — [14] d'une autorité indépendante.

et cela fut écrit sur des tables d'airain, et mis dans une inscription publique sur la montagne de Sion [15].

27. Voici ce que contenait cet écrit : LE DIX-HUITIÈME jour du mois d'Elul, l'an cent soixante et douze [16], la troisième année sous Simon, qui était grand prêtre à Asaramel [17];

28. cette déclaration fut faite dans la grande assemblée des prêtres et du peuple, des premiers de la nation et des anciens du pays : Tout le monde sait que le pays de Judée ayant été affligé de beaucoup de guerres,

29. Simon, fils de Mathathias, de la race de Jarib [18], et ses frères, se sont abandonnés au péril, et ont résisté aux ennemis de leur nation, pour soutenir leur saint temple et leur loi, et ont élevé leur peuple en grande gloire.

30. Jonathas a rassemblé ceux de sa nation, est devenu leur grand pontife, et a été réuni à son peuple.

31. Et les ennemis des Juifs se sont efforcés ensuite de les fouler aux pieds, de ravager leur pays, et de profaner leur saint temple.

32. Mais Simon leur a résisté alors : il a combattu pour son peuple; il a distribué beaucoup d'argent; il a armé les plus vaillants de sa nation, et les a entretenus à ses dépens.

33. Il a fortifié les villes de Judée, et la ville de Bethsura qui était sur la frontière de Judée, dont les ennemis avaient fait auparavant leur place d'armes; et il y a mis une garnison de Juifs.

34. Il a fortifié Joppé sur la côte de la mer, et Gazara qui est sur la frontière d'Azot, où les ennemis demeuraient auparavant. Il y a mis des Juifs pour les garder, et les a pourvues de toutes les choses nécessaires pour leur défense.

35. Le peuple a vu la conduite de Simon, et tout ce qu'il faisait pour relever la gloire

tatem, et descripserunt in tabulis æreis, et posuerunt in titulis in monte Sion.

27. Et hoc est exemplum scripturæ : OCTAVA decima die mensis Elul, anno centesimo septuagesimo secundo, anno tertio sub Simone sacerdote magno in Asaramel,

28. in conventu magno sacerdotum, et populi, et principum gentis, et seniorum regionis, nota facta sunt hæc : Quoniam frequenter facta sunt prælia in regione nostra.

29. Simon autem Mathathiæ filius ex filiis Jarib, et fratres ejus dederunt se periculo, et restiterunt adversariis gentis suæ, ut starent sancta ipsorum, et lex : et gloria magna glorificaverunt gentem suam.

30. Et congregavit Jonathas gentem suam, et factus est illis sacerdos magnus, et appositus est ad populum suum.

31. Et voluerunt inimici eorum calcare et atterere regionem ipsorum, et extendere manus in sancta eorum.

32. Tunc restitit Simon, et pugnavit pro gente sua, et erogavit pecunias multas, et armavit viros virtutis gentis suæ, et dedit illis stipendia :

33. et munivit civitates Judææ, et Bethsuram, quæ erat in finibus Judææ, ubi erant arma hostium antea : et posuit illic præsidium viros Judæos.

34. Et Joppen munivit, quæ erat ad mare : et Gazaram, quæ est in finibus Azoti, in qua hostes antea habitabant, et collocavit illic Judæos : et quæcumque apta erant ad correptionem eorum, posuit in eis.

35. Et vidit populus actum Simonis, et gloriam quam cogitabat

---

[15] Dans le grec le verset porte : Car lui, ses frères et la maison de son père se sont montrés pleins de valeur; ils ont chassé par l'épée les ennemis d'Israel loin de lui, et lui ont assuré la liberté : et ils écrivirent cela, etc.

ỷ. 27. — [16] 139 avant Jésus-Christ. Le mois d'Elul correspond à la moitié de nos mois d'août et de septembre.

[17] c'est-à-dire à Otzar am El (dans le trésor, dans la chambre du trésor du peuple de Dieu). D'autres traduisent : ỷ. 13. sous Simon, le grand prêtre, hasar am El (prince du peuple de Dieu). D'autres autrement.

ỷ. 29. — [18] * Autrement *Joarib* (1. *Mach*. 2, 1. et 1. *Par*. 24, 7).

facere genti suæ, et posuerunt eum ducem suum, et principem sacerdotum, eo quod ipse fecerat hæc omnia, et justitiam, et fidem, quam conservavit genti suæ, et exquisivit omni modo exaltare populum suum.

36. Et in diebus ejus prosperatum est in manibus ejus, ut tollerentur gentes de regione ipsorum, et qui in civitate David erant in Jerusalem, in arce, de qua procedebant, et contaminabant omnia quæ in circuitu sanctorum sunt, et inferebant plagam magnam castitati :

37. et collocavit in ea viros Judæos ad tutamentum regionis, et civitatis, et exaltavit muros Jerusalem.

38. Et rex Demetrius statuit illi summum sacerdotium.

39. Secundum hæc fecit eum amicum suum, et glorificavit eum gloria magna.

40. Audivit enim quod appellati sunt Judæi a Romanis amici, et socii, et fratres, et quia susceperunt legatos Simonis gloriose :

41. et quia Judæi, et sacerdotes eorum consenserunt eum esse ducem suum, et summum sacerdotem in æternum, donec surgat propheta fidelis :

42. et ut sit super eos dux, et ut cura esset illi pro sanctis, et ut constitueret præpositos super opera eorum, et super regionem, et super arma, et super præsidia :

43. et cura sit illi de sanctis :

de sa nation; et ils l'ont établi leur chef et prince des prêtres, parce qu'il avait fait toutes ces *grandes* choses, qu'il avait conserv toujours la justice et une exacte fidélité envers son peuple, et qu'il s'était efforcé par toutes sortes de moyens de relever l'honneur de sa nation.

36. Les affaires ont réussi de son temps très-heureusement sous sa conduite ; en sorte que les étrangers ont été bannis du pays d'Israel [19], et qu'il a chassé de la ville de David et de la forteresse de Jérusalem ceux qui y étaient en garnison, qui faisaient des sorties, profanaient tout aux environs du sanctuaire, et faisaient une grande plaie à la pureté *et sainteté des lieux.*

37. Et il y a établi des Juifs pour la sûreté du pays et de la ville, et a relevé les murs de Jérusalem.

38. Le roi Démétrius l'a confirmé dans la souveraine sacrificature;

39. et en même temps il l'a déclaré son ami, et l'a élevé dans une haute gloire.

40. Car il avait su que les Romains avaient appelé les Juifs leurs amis, leurs alliés et leurs frères, et qu'ils avaient reçu avec grand honneur les ambassadeurs de Simon;

41. que les Juifs et les prêtres avaient consenti qu'il [20] fût leur chef et leur souverain prêtre pour toujours, jusqu'à ce qu'il s'élevât parmi eux un prophète fidèle :

42. en sorte qu'ayant sur eux l'autorité de chef, il prît le soin des choses saintes [21], qu'il établît ceux qui devaient avoir l'intendance sur les ouvrages publics, sur la province, sur les armes et sur les garnisons;

43. qu'il veillât à la garde des lieux

ỳ. 36. — [19] * Les étrangers marquent ici les païens.

ỳ. 41. — [20] lui et sa postérité. Le dernier qui fut légitimement revêtu de la dignité de grand prêtre, fut Onias III (2. *Mach.* 3, 1). Antiochus-Epiphane le déposa la dernière année de son règne (311 avant Jésus-Christ), et vendit la place au frère d'Onias, Jason. Onias, fils d'Onias III, après que son père eut été mis à mort à Daphné, se retira en Egypte, y prit le titre de général en chef, bâtit à Léontopolis contre les prescriptions de la loi, qui n'autorisait qu'un seul lieu pour y offrir des sacrifices (5. *Moys.* 12, 5), un temple, où il exerça les fonctions de grand prêtre et perdit ainsi avec sa famille cette dignité pour le temple de Jérusalem. Ce fut ce qui détermina les prêtres et le peuple d Israël à y pourvoir d'une autre manière. Ils déclarèrent le souverain sacerdoce pour toujours héréditaire dans la famille de Simon, jusqu'à ce qu'il parût quelque prophète, à la mission duquel on pourrait ajouter foi, et qui s'expliquât sur la légitimité ou l'illegitimité de l'ordre établi.

ỳ. 42. — [21] * Les circonstances, de même que la position personnelle des Machabées, exigeaient que le souverain sacerdoce et l'autorité civile et militaire fussent concentrés entre leurs mains. Jusque-là ces dignités n'avaient jamais été réunies dans une même personne, et bientôt après elles furent de nouveau séparées (*Voy.* la dernière note sur le 2e livre des Mach.).

saints; que tous lui obéissent; que tous les actes publics fussent écrits en son nom dans le pays, et qu'il fût vêtu de pourpre et *d'étoffes tissues* d'or;

44. qu'il ne fût permis à aucun, ni du peuple, ni des prêtres, de violer aucune de ces choses, ni de contredire ce qu'il aurait ordonné, ni de convoquer aucune assemblée dans la province sans son autorité, ni de se vêtir de pourpre, et de porter une agrafe d'or [22];

45. et que quiconque agirait contre cette ordonnance, ou en violerait quelque chose, serait tenu pour coupable.

46. Tout le peuple agréa donc que Simon fût établi dans cette grande autorité [23], et qu'on exécutât tout le contenu de cette déclaration.

47. Simon accepta le gouvernement, et il consentit à faire les fonctions de la souveraine sacrificature, et à être chef et prince de la nation des Juifs et des prêtres, et à avoir le commandement sur toutes choses.

48. Il fut ordonné que cette déclaration serait écrite sur des tablettes d'airain, que l'on placerait dans les galeries du temple, en un lieu exposé à la vue de tous;

49. et qu'on en mettrait une copie dans le trésor *du temple*, pour servir à Simon et à ses enfants.

et ut audiatur ab omnibus, et scribantur in nomine ejus omnes conscriptiones in regione : et ut operiatur purpura, et auro :

44. et ne liceat ulli ex populo, et ex sacerdotibus, irritum facere aliquid horum, et contradicere his quæ ab eo dicuntur, aut convocare conventum in regione sine ipso : et vestiri purpura, et uti fibula aurea;

45. qui autem fecerit extra hæc, aut irritum fecerit aliquid horum, reus erit.

46. Et complacuit omni populo statuere Simonem, et facere secundum verba ista.

47. Et suscepit Simon, et placuit ei ut summo sacerdotio fungeretur, et esset dux et princeps gentis Judæorum, et sacerdotum, et præesset omnibus.

48. Et scripturam istam dixerunt ponere in tabulis æreis, et ponere eas in peribolo sanctorum, in loco celebri :

49. exemplum autem eorum ponere in ærario, ut habeat Simon, et filii ejus.

CHAPITRE XV.

Antiochus-Sidétès recherche l'amitié de Simon. Tryphon est abandonné. Les Romains recommandent les Juifs aux nations. Antiochus se brouille avec Simon; et il envoie une armée contre lui.

1. Alors le roi Antiochus, fils de Démétrius, écrivit des îles qui sont sur la côte de la mer, des lettres à Simon, grand prêtre et prince des Juifs, et à toute la nation [1].

1. Et misit rex Antiochus filius Demetrii epistolas ab insulis maris Simoni sacerdoti, et principi gentis Judæorum, et universæ genti :

℣. 44. — [22] Voy. *pl. h.* 11, 58.
℣. 46. — [23] D'autres traduisent le grec : Et il plut à tout le peuple d'accorder ces prérogatives à Simon.
℣. 1. — [1] Cet Antiochus, qui fut plus tard nommé Sidétès, avait été pendant la guerre de son père avec Alexandre (*pl. h.* 18, 67 et suiv.) envoyé à Cnide avec son frère Démétrius. Lorsque son frère monta sur le trône, il ne retourna pas en Syrie mais lorsqu'il eut appris qu'il avait été fait prisonnier par les Parthes (14, 1-3), il s'efforça de prendre sa place. Il avait pour lors fixé son séjour à Rhodes, et ce fut de là qu'il écrivit la lettre ci-dessus.

2. et eránt continentes hunc modum : REX Antiochus Simoni sacerdoti magno, et genti Judæorum, salutem.

3. Quoniam quidem pestilentes obtinuerunt regnum patrum nostrorum, volo autem vindicare regnum, et restituere illud sicut erat antea : et electam feci multitudinem exercitus, et feci naves bellicas.

4. Volo autem procedere per regionem, ut ulciscar in eos qui corruperunt regionem nostram, et qui desolaverunt civitates multas in regno meo.

5. Nunc ergo statuo tibi omnes oblationes, quas remiserunt tibi ante me omnes reges, et quæcumque alia dona remiserunt tibi :

6. et permitto tibi facere percussuram proprii numismatis in regione tua.

7. Jerusalem autem sanctam esse, et liberam : et omnia arma quæ fabricata sunt, et præsidia quæ construxisti, quæ tenes, maneant tibi.

8. Et omne debitum regis, et quæ futura sunt regi, ex hoc et in totum tempus remittuntur tibi.

9. Cum autem obtinuerimus regnum nostrum, glorificabimus te, et gentem tuam, et templum gloria magna, ita ut manifestetur gloria vestra in universa terra.

10. Anno centesimo septuagesimo quarto exiit Antiochus in terram patrum suorum, et conve-

2. Et voici ce que contenaient ces lettres : Le roi Antiochus [2] à Simon, grand prêtre [3], et à la nation des Juifs, salut.

3. Quelques corrupteurs de nos peuples s'étant rendus maîtres du royaume de nos pères, j'ai entrepris d'y rentrer, et de le rétablir comme il était auparavant. C'est pourquoi j'ai levé une grande armée de gens choisis, et j'ai fait construire des vaisseaux de guerre.

4. Ainsi j'ai dessein d'entrer dans mes états, pour me venger de ceux qui ont ravagé mes provinces, et qui ont désolé plusieurs villes de mon royaume.

5. Je vous remets donc maintenant tous les tributs que tous les rois mes prédécesseurs vous ont remis; et je vous confirme dans toutes les immunités qu'ils vous ont données.

6. Je vous permets de faire battre monnaie à votre coin dans votre pays [4].

7. J'ordonne que Jérusalem soit une ville sainte et libre [5], et que vous demeuriez maître de toutes les armes que vous avez fait faire, et de toutes les places fortes que vous avez rétablies et que vous occupez.

8. Toutes les dettes du roi, tant pour le passé que pour l'avenir [6], depuis ce temps et pour toujours, vous sont remises.

9. Et lorsque nous serons rentrés dans la possession de notre royaume, nous relèverons de telle sorte votre gloire, et celle de votre peuple et de votre temple, qu'elle éclatera dans toute la terre.

10. En la cent soixante et quatorzième année [7] Antiochus entra dans le pays de ses pères, et toutes les troupes vinrent aussitôt

---

ỷ. 2. — [2] * Il prend le titre de roi, parce que son frère Démétrius, retenu captif chez les Parthes, était censé avoir perdu le trône Cléopâtre, épouse de Démétrius, et qui résidait encore à Séleucie avec le titre de reine et une forte armée, avait d'ailleurs promis à Antiochus de l'épouser, s'il venait la rejoindre.

[3] Dans le grec : grand prêtre et chef de sa nation et au peuple, etc.

ỷ. 6. — [4] * Simon fit en effet battre monnaie en son nom, et l'on en conserve encore des pièces assez nombreuses. Elles portent pour inscription : SICLE, ou DEMI-SICLE D'ISRAEL; et d'autres fois : ANNÉE 1. 2. 3. 4. DE LA DÉLIVRANCE DE SION, ou de JÉRUSALEM, ou d'ISRAEL. Dans quelques-unes paraît le nom de SIMON, ou de SIMON, PRINCE D'ISRAEL; mais dans la plupart ce nom ne se lit pas. On conserve aussi des médailles de Simon, mais sans effigie. On y voit seulement quelques vases du temple, ou quelques plantes, symboles du pays, comme une feuille de vigne, ou une palme.

ỷ. 7. — [5] * Sur une ville sainte et libre, voy. *pl. h.* 10, 31 et les remarques.

ỷ. 8. — [6] Il s'agit vraisemblablement des couronnes et des branches de palmier (Voy. *pl. h.* 13, 37).

ỷ. 10. — [7] 137 avant Jésus-Christ.

se donner à lui; de sorte qu'il n'en demeura que très-peu avec Tryphon [8].

11. Le roi Antiochus le poursuivit; et il vint à Dora [9], en s'enfuyant le long de la côte de la mer;

12. car il vit bien qu'il allait être accablé de malheurs, l'armée l'ayant abandonné.

13. Antiochus vint camper au-dessus de Dora avec cent vingt mille hommes de guerre, et huit mille chevaux;

14. et il investit la ville, et fit avancer les vaisseaux qui étaient sur mer; et il la pressait par mer et par terre, sans permettre que personne y entrât ou en sortît.

15. Cependant Numénius et ceux qui avaient été avec lui à Rome, en revinrent avec des lettres écrites aux rois et aux divers peuples, lesquelles contenaient ce qui suit:

16. Lucius, consul des Romains [10], au roi Ptolémée, salut [11].

17. Les ambassadeurs des Juifs qui sont nos amis, sont venus vers nous, ayant été envoyés par Simon, prince des prêtres, et par le peuple des Juifs, pour renouveler l'ancienne alliance et amitié qui est entre nous.

18. Ils ont aussi apporté un bouclier d'or de mille mines [12].

19. Nous avons donc résolu d'écrire aux rois et aux peuples qu'ils ne leur fassent aucun mal; qu'ils n'attaquent ni eux, ni leurs villes, ni leur pays, et qu'ils ne donnent aucun secours à ceux qui leur font la guerre.

20. Or nous avons cru devoir recevoir le bouclier qu'ils ont apporté.

21. Si donc quelques gens corrompus sont sortis de leurs pays pour se réfugier vers vous, remettez-les entre les mains de Simon,

nerunt ad eum omnes exercitus, ita ut pauci relicti essent cum Tryphone.

11. Et insecutus est eum Antiochus rex, et venit Doram fugiens per maritimam;

12. sciebat enim quod congregata sunt mala in eum, et reliquit eum exercitus,

13. et applicuit Antiochus super Doram cum centum viginti millibus virorum belligeratorum, et octo millibus equitum:

14. et circuivit civitatem, et naves a mari accesserunt: et vexabant civitatem a terra et mari, et neminem sinebant ingredi vel egredi.

15. Venit autem Numenius, et qui cum eo fuerant, ab urbe Roma, habentes epistolas regibus et regionibus scriptas, in quibus continebantur hæc:

16. LUCIUS, consul Romanorum, Ptolemæo regi salutem.

17. Legati Judæorum venerunt ad nos amici nostri, renovantes pristinam amicitiam et societatem, missi a Simone principe sacerdotum, et populo Judæorum.

18. Attulerunt autem et clypeum aureum mnarum mille.

19. Placuit itaque nobis scribere regibus, et regionibus, ut non inferant illis mala, neque impugnent eos, et civitates eorum, et regiones eorum: et ut non ferant auxilium pugnantibus adversus eos.

20. Visum autem est nobis accipere ab eis clypeum.

21. Si qui ergo pestilentes refugerunt de regione ipsorum ad vos, tradite eos Simoni principi sacer-

---

8 * Antiochus, après avoir quitté Rhodes, aborda à Séleucie, où il épousa Cléopâtre, sa belle-sœur, indignée de ce que Démétrius-Nicator, son époux, avait épousé Rhodogune, fille du roi des Parthes. Les troupes, qui jusqu'alors étaient restées attachées au parti de Tryphon, vinrent en foule se donner à Antiochus; il composa une armée de 120,000 hommes de pied et de 8,000 chevaux, avec lesquels il battit Tryphon, le chassa de Syrie, et alla l'assiéger dans Dora, où il s'était jeté avec le peu de monde qui lui restait.

ỳ. 11. — 9 Dora, aujourd'hui Tantura, une place forte sur la mer, à quelques lieues au midi du mont Carmel.

ỳ. 16. — 10 Lucius Calpurnius Pison, selon plusieurs interprètes.

11 Ptolémée Evergète II, ou Physcon.

ỳ. 18. — 12 Voy. *pl. h.* 14, 24.

dotum, ut vindicet in eos secundum legem suam.

22. Hæc eadem scripta sunt Demetrio regi, et Attalo, et Ariarathi, et Arsaci,

23. et in omnes regiones : et Lampsaco, et Spartiatis, et in Delum, et in Myndum, et in Sicyonem, et in Cariam, et in Samum, et in Pamphyliam, et in Lyciam, et in Alicarnassum, et in Coo, et in Siden, et in Aradon, et in Rhodum, et in Phaselidem, et in Gortynam, et Gnidum, et Cyprum, et Cyrenen.

24. Exemplum autem eorum scripserunt Simoni principi sacerdotum, et populo Judæorum.

25. Antiochus autem rex applicuit castra in Doram secundo, admovens ei semper manus, et machinas faciens : et conclusit Tryphonem, ne procederet;

26. et misit ad eum Simon duo millia virorum electorum in auxilium, et argentum, et aurum, et vasa copiosa :

27. et noluit ea accipere, sed rupit omnia, quæ pactus est cum eo antea, et alienavit se ab eo.

prince des prêtres, afin qu'il en fasse la punition selon sa loi.

22. Ils écrivirent ces mêmes choses au roi Démétrius [13], à Attale [14], à Ariarathès [15], à Arsacès [16],

23. et dans tous les pays *qui leur étaient alliés :* à Lampsaque, aux Lacédémoniens, à Delos, à Myndos, à Sicyone, en Carie, à Samos, en Pamphylie, en Lycie, à Halicarnasse, à Coo, à Siden, à Aradon, à Rhodes, à Phasélides, à Gortyne, à Gnide, en Chypre et à Cyrène [17].

24. Les Romains envoyèrent une copie de ces lettres à Simon [18], prince des prêtres, et au peuple des Juifs.

25. Or Antiochus mit une seconde fois [19] le siège devant Dora, et la serra toujours de plus près, ayant fait diverses machines : et il y renferma tellement Tryphon, qu'il n'en pouvait plus sortir.

26. Alors Simon lui envoya [20] un secours de deux mille hommes choisis, avec de l'argent et de l'or, et beaucoup de vases précieux.

27. Mais il ne voulut point les recevoir, et il ne garda aucun des articles du traité qu'il avait fait avec lui auparavant, et s'éloigna tout-à-fait de lui [21].

℣. 22. — [13] Nicator. Ils n'avaient pas encore appris alors sa captivité (4, 11. et suiv.).

[14] roi de Pergame, le second de ce nom.

[15] roi de Cappadoce.

[16] roi des Parthes (14, 2).

℣. 23. — [17] Ces noms sont ceux de provinces et de villes de l'Asie-Mineure, de quelques îles de l'Archipel, de Grèce, de Phénicie et de l'Afrique septentrionale. — * Lampsaque, ville de Mysie; Délos, île de la mer Egée; Myndos, ville de Carie, célèbre par son port; Sicyone, ville du Péloponèse; la Carie, province de l'Asie-Mineure, au sud-ouest; Samos, île dans l'Archipel; Pamphylie, Lycie, deux provinces de l'Asie-Mineure; Halicarnasse, ancienne ville de Carie; Coo ou Cos, île de la mer Egée; Siden, ville maritime sur les confins de la Lycie et de la Pamphylie; Aradou, île de Phénicie; Rhodes, île et ville de la mer Egée; Phasélides, ville maritime sur les confins de la Lycie et de la Pamphylie; Gortyne, alors la première ville de Crète; Gnide, ville et promontoire de Carie; Chypre, île; Cyrène, ville de Libye. — On doit être bien persuadé que le Saint-Esprit, en appliquant la plume des saints écrivains à décrire tout ce petit détail, ne l'a fait que pour nous donner lieu d'admirer sa toute-puissance, qui remuait comme il lui plaisait le cœur des conquérants du monde, en faveur d'une poignee de gens faibles et méprisables par eux-mêmes, tels qu'étaient les Juifs, mais qui avaient pour mission de c e v la connaissance du vrai Dieu et la pureté de sa religion sur la terre. De Sacy.

℣. 24. — [18] * pour lui faire connaître les égards qu'on avait eus pour lui, les effets qu'avait produits son ambassade, et qui étaient ceux dont il devait espérer protection.

℣. 25. — [19] D'autres traduisent le grec : dès le second jour.

℣. 26. — [20] * à Antiochus.

℣. 27. — [21] * Antiochus ne se souvint plus des promesses qu'il avait faites à Si-

28. Antiochus envoya ensuite Athénobius, l'un de ses confidents, pour traiter avec Simon, et lui dire de sa part : Vous avez entre vos mains Joppé, Gazara, et la forteresse de Jérusalem qui sont des villes de mon royaume.

29. Vous en avez désolé tous les environs, vous avez fait un grand ravage dans le pays, et vous vous êtes rendu maître de beaucoup de lieux qui étaient de ma dépendance.

30. Ou rendez donc maintenant les villes que vous avez prises, et les tributs des différents lieux où vous avez dominé hors des frontières de Judée;

31. ou payez pour les villes que vous retenez, cinq cents talents d'argent; et pour les dégâts que vous avez faits, et les tributs des villes, cinq cents autres talents d'argent; autrement nous viendrons à vous, et vous traiterons comme ennemis.

32. Athénobius, favori du roi, vint donc à Jérusalem; il vit la gloire de Simon, l'or et l'argent qui brillait chez lui de toutes parts[22], et la magnificence de sa maison[23], et il en fut fort surpris. Il lui rapporta ensuite les paroles du roi.

33. Et Simon lui répondit en ces termes : Nous n'avons point usurpé le pays d'un autre, et nous ne retenons point le bien d'autrui; mais nous avons seulement repris l'héritage de nos pères, qui avait été possédé injustement par nos ennemis pendant quelque temps.

34. Ainsi le temps nous ayant été favorable, nous nous sommes remis en possession de l'héritage de nos pères.

35. Pour ce qui est des plaintes que vous faites touchant Joppé et Gazara, c'étaient elles-mêmes qui causaient beaucoup de maux parmi le peuple[24] et dans tout notre pays : cependant nous sommes prêts de donner pour ces villes-là[25] cent talents. Athénobius ne lui répondit pas un seul mot.

36. Mais il retourna tout en colère vers le roi : il lui rapporta cette réponse de Simon, la magnificence où il était, et tout ce qu'il avait vu; et le roi en fut extraordinairement irrité.

28. Et misit ad eum Athenobium unum de amicis suis, ut tractaret cum ipso, dicens : Vos tenetis Joppen, et Gazaram, et arcem quæ est in Jerusalem, civitates regni mei :

29. fines earum desolastis, et fecistis plagam magnam in terra, et dominati estis per loca multa in regno meo.

30. Nunc ergo tradite civitates, quas occupastis, et tributa locorum, in quibus dominati estis extra fines Judææ;

31. sin autem, date pro illis quingenta talenta argenti, et exterminii, quod exterminastis, et tributorum civitatum alia talenta quingenta : sin autem, veniemus, et expugnabimus vos.

32. Et venit Athenobius amicus regis in Jerusalem, et vidit gloriam Simonis, et claritatem in auro et argento, et apparatum copiosum : et obstupuit : et retulit ei verba regis.

33. Et respondit ei Simon, et dixit ei : Neque alienam terram sumpsimus, neque aliena detinemus : sed hereditatem patrum nostrorum, quæ injuste ab inimicis nostris aliquo tempore possessa est.

34. Nos vero tempus habentes, vindicamus hereditatem patrum nostrorum.

35. Nam de Joppe et Gazara quæ expostulas, ipsi faciebant in populo plagam magnam, et in regione nostra : horum damus talenta centum. Et non respondit ei Athenobius verbum.

36. Reversus autem cum ira ad regem, renuntiavit ei verba ista, et gloriam Simonis, et universa quæ vidit : et iratus est rex ira magna.

---

mon (℣. 5 et suiv.), et il envoya près de lui Athénobius (℣. 28), pour redemander les villes qui étaient en la possession des Juifs.

℣. 32. — [22] D'autres traduisent le grec : et le buffet garni de vases d'or et d'argent.

[23] ou : le grand luxe, la splendeur de sa cour.

℣. 35. — [24] des Juifs.

[25] Litt. : nous donnerons pour elles. — pour ces villes.

37. Tryphon autem fugit navi in Orthosiada.

38. Et constituit rex Cendebæum ducem maritimum, et exercitum peditum et equitum dedit illi.

39. Et mandavit illi movere castra contra faciem Judææ : et mandavit ei ædificare Gedorem, et obstruere portas civitatis, et debellare populum. Rex autem persequebatur Tryphonem.

40. Et pervenit Cendebæus Jamniam, et cœpit irritare piebem, et conculcare Judæam, et captivare populum, et interficere, et ædificare Gedorem.

41. Et collocavit illio equites, et exercitum : ut egressi perambularent viam Judææ, sicut constituit ei rex.

37. Cependant Tryphon s'enfuit, par le moyen d'un vaisseau, à Orthosiade [26].

38. Et le roi Antiochus donna à Cendébée le commandement de toute la côte de la mer [27], avec une armée composée d'infanterie et de cavalerie;

39. et il lui ordonna de marcher contre la Judée, de bâtir Gédor [28], de boucher les portes de la ville, et de réduire le peuple par la force de ses armes. Cependant le roi alla poursuivre Tryphon.

40. Cendebée étant arrivé à Jamnia [29], commença à vexer le peuple, à ravager la Judée, à faire un grand nombre de prisonniers, à en tuer d'autres, et à fortifier Gédor.

41. Il y mit de la cavalerie et des gens de pied, pour faire des courses dans le pays de la Judée, selon que le roi le lui avait commandé.

CHAPITRE XVI.

Cendébée est mis en déroute par les fils de Simon; Simon est mis à mort par Ptolémée, son gendre. Jean Hyrcan succède à Simon, son père, dans le gouvernement.

1. Et ascendit Joannes de Gazaris, et nuntiavit Simoni patri suo quæ fecit Cendebæus in populo ipsorum.

2. Et vocavit Simon duos filios seniores, Judam et Joannem, et ait illis : Ego, et fratres mei, et domus patris mei, expugnavimus hostes Israel ab adolescentia usque in hunc diem : et prosperatum est in manibus nostris liberare Israel aliquoties.

3. Nunc autem senui, sed estote loco meo, et fratres mei, et egressi pugnate pro gente nostra:

1. Jean étant venu de Gazara [1], avertit Simon, son père, de tout ce que Cendébée avait fait contre leur peuple.

2. Et Simon ayant fait venir ses deux fils aînés, Judas et Jean, il leur dit : Nous avons battu et humilié, mes frères et moi, et toute la maison de mon père, les ennemis d'Iraël, depuis notre jeunesse jusqu'à ce jour : et les affaires ayant réussi sous notre conduite, nous avons délivré Israël diverses fois.

3. Me voilà maintenant devenu vieux : mais prenez ma place; tenez-moi lieu de frères [2], et allez combattre pour votre peu-

ỳ. 37. — [26] une ville de Phénicie sur la mer et avec un port. Josèphe raconte qu'il fut pris et exécuté à Apamée, où il s'était sauvé d'Orthosia.
ỳ. 38. — [27] * de toute la côte de Syrie.
ỳ. 39. — [28] Dans le grec : Cédron, une ville sur les frontières de Judée, vers la mer.
ỳ. 40. — [29] une ville des Philistins.
ỳ. 1. — [1] où il résidait (13, 54). Cette ville était située dans le voisinage de Jamnia ou de Cédon.
ỳ. 3. — [2] Dans le grec : ... vieux, et vous, par la miséricorde (de Dieu), vous

ple : je prie Dieu qu'il vous envoie son secours du ciel.

4. Après cela il choisit de tout le pays vingt mille hommes de pied et de cavalerie; et ils marchèrent contre Cendébée, et se reposèrent à Modin[3].

5. Et s'étant levés dès la pointe du jour, ils se rendirent dans la plaine. Et il parut tout d'un coup une grande armée de gens de pied et de cheval, qui marchait contre eux, et un torrent séparait les deux armées.

6. Jean fit avancer ses troupes vers eux[4]; et voyant que ses gens craignaient de passer le torrent, il le passa le premier : ce que ses troupes ayant vu, elles le passèrent après lui.

7. Il divisa son infanterie en deux corps, et mit au milieu sa cavalerie. Quant aux ennemis, ils avaient un très-grand nombre de gens de cheval.

8. Mais dans le moment que l'on eut fait retentir les trompettes sacrées, Cendébée prit la fuite avec toutes ses troupes. Plusieurs furent blessés et tués, et le reste s'enfuit dans la forteresse[5].

9. Judas, frère de Jean, fut blessé en cette occasion; et Jean poursuivit les ennemis, jusqu'à ce qu'il[6] arrivât à Cédron qu'il avait bâtie.

10. Ils s'enfuirent jusqu'aux tours qui étaient dans la campagne d'Azot[7]; et *Jean* fit brûler ces tours. Et il y eut deux mille des ennemis qui furent tués : ensuite Jean retourna en paix en Judée.

11. Or Ptolémée, fils d'Abobus, avait été établi gouverneur de la plaine de Jéricho; et il avait beaucoup d'or et d'argent;

12. car il était gendre du grand prêtre.

13. Et son cœur s'éleva d'orgueil : il voulait se rendre maître de tout le pays, et il cherchait quelque moyen de se défaire par trahison de Simon et de ses fils.

14. Simon faisait alors la visite des villes

auxilium vero de cœlo vobiscum sit.

4. Et elegit de regione viginti millia virorum belligeratorum, et equites; et profecti sunt ad Cendebæum : et dormierunt in Modin.

5. Et surrexerunt mane, et abierunt in campum : et ecce exercitus copiosus in obviam illis peditum, et equitum, et fluvius torrens erat inter medium ipsorum.

6. Et admovit castra contra faciem eorum ipse, et populus ejus, et vidit populum trepidantem ad transfretandum torrentem, et transfretavit primus : et viderunt eum viri, et transierunt post eum.

7. Et divisit populum, et equites in medio peditum : erat autem equitatus adversariorum copiosus nimis.

8. Et exclamaverunt sacris tubis, et in fugam conversus est Cendebæus, et castra ejus : et ceciderunt ex eis multi vulnerati : residui autem in munitionem fugerunt.

9. Tunc vulneratus est Judas frater Joannis : Joannes autem insecutus est eos, donec venit Cedronem, quam ædificavit :

10. et fugerunt usque ad turres, quæ erant in agris Azoti, et succendit eas igni. Et ceciderunt ex illis duo millia virorum, et reversus est in Judæam in pace.

11. Et Ptolemæus filius Abobi constitutus erat dux in campo Jericho, et habebat argentum et aurum multum;

12. erat enim gener summi sacerdotis.

13. Et exaltatum est cor ejus, et volebat obtinere regionem, et cogitabat dolum adversus Simonem, et filios ejus, ut tolleret eos.

14. Simon autem, perambulans

---

en êtes par votre âge capables; prenez donc ma place et celle de mon frère (Jonathas), et allez combattre, etc.

℣. 4. — [3] Voy. *pl. h.* 2, 1.

℣. 6. — [4] Litt. : Il fit avancer son camp contre eux, lui et son peuple, — lui Jean.

℣. 8. — [5] de Gédor, Cédron.

℣. 9. — [6] Cendébée.

℣. 10. — [7] aux tours qui servaient de lieux d'observation.

civitates quæ erant in regione Judææ, et sollicitudinem gerens earum, descendit in Jericho ipse, et Mathathias filius ejus, et Judas, anno centesimo septuagesimo septimo, mense undecimo : hic est mensis Sabath.

15. Et suscepit eos filius Abobi in munitiunculam, quæ vocatur Doch, cum dolo, quam ædificavit : et fecit eis convivium magnum, et abscondit illic viros.

16. Et cum inebriatus esset Simon, et filii ejus, surrexit Ptolemæus cum suis, et sumpserunt arma sua, et intraverunt in convivium, et occiderunt eum, et duos filios ejus, et quosdam pueros ejus;

17. et fecit deceptionem magnam in Israel, et reddidit mala pro bonis.

18. Et scripsit hæc Ptolemæus, et misit regi, ut mitteret ei exercitum in auxilium, et traderet ei regionem, et civitates eorum, et tributa.

19. Et misit alios in Gazaram tollere Joannem : et tribunis misit epistolas, ut venirent ad se, et daret eis argentum, et aurum, et dona.

20. Et alios misit occupare Jerusalem, et montem templi.

21. Et præcurrens quidam, nuntiavit Joanni in Gazara, quia periit pater ejus, et fratres ejus, et quia misit te quoque interfici.

22. Ut audivit autem, vehementer expavit : et comprehendit

qui étaient dans le pays de la Judée, et avait un fort grand soin d'y régler toutes choses. Etant arrivé à Jéricho, lui et ses deux fils Mathathias et Judas, l'an cent soixante et dix-sept, et le onzième mois appelé Sabath[8],

15. le fils d'Abobus les reçut avec un mauvais dessein, dans un petit fort qu'il avait fait bâtir, appelé Doch[9]; et il leur fit un grand festin, ayant caché auparavant plusieurs hommes en ce lieu.

16. Après donc que Simon et ses fils eurent fait grande chère[10], Ptolémée se leva avec ses gens; et ayant pris leurs armes, ils entrèrent dans la salle du festin, et tuèrent Simon, ses deux fils et quelques-uns de ses serviteurs.

17. Il commit ainsi dans Israël une grande perfidie, et rendit le mal pour le bien[11].

18. Ptolémée écrivit ceci au roi[12], et lui manda de lui envoyer une armée pour le secourir, promettant de lui livrer le pays avec toutes les villes, et de lui payer tribut.

19. Il envoya en même temps d'autres gens à Gazara pour tuer Jean; et il écrivit aux officiers de l'armée de venir se joindre à lui, et de recevoir de l'argent et de l'or, et plusieurs présents qu'il voulait leur faire.

20. Il en envoya encore d'autres pour se rendre maître de Jérusalem, et pour se saisir de la montagne où était le temple[13].

21. Mais un homme les ayant prévenus, arriva à Gazara, et avertit Jean que son père et ses frères avaient été tués par Ptolémée, et qu'il avait envoyé des gens pour le tuer aussi lui-même.

22. Cette nouvelle l'effraya extrêmement. Il fit ensuite arrêter ceux qui venaient pour

---

℣. 14. — [8] Il correspond à la moitié de nos mois de janvier et de février. L'an 134 avant Jésus-Christ.

℣. 15. — [9] * Doch ou Dagon, était une forteresse nouvellement bâtie dans le voisinage de Jéricho (*Voy.* 9, 50).

℣. 16. — [10] Litt. : après qu'ils se furent enivrés, — après qu'ils se furent laissés aller à la joie du festin, selon le sens que cette expression hébraïque a le plus souvent. — * Peut-être aussi que Ptolémée avait mêlé à leur breuvage quelque ingrédient propre à produire l'ivresse (Comp. 2. *Rois*, 13, 28).

℣. 17. — [11] * Sur les éloges que méritait Simon, voy. *pl. h.* 14, 4 et suiv.

℣. 18. — [12] * Antiochus Sidètes. — Il est plus que vraisemblable que Ptolémée, en faisant périr Simon, son beau-père et ses deux fils, agissait de concert avec le roi de Syrie, et sur l'assurance d'être fait gouverneur après la mort de Simon, sacrifiant ainsi aux étrangers l'indépendance de sa nation à peine acquise au prix de tant d'efforts et de sacrifices.

℣. 20. — [13] * La montagne du temple était alors bien fortifiée, et dominait, au moyen de la forteresse de Sion, toute la ville de Jérusalem.

le perdre, et les fit mourir; car il reconnut qu'ils avaient dessein de le tuer [14].

viros, qui venerant perdere eum, et occidit eos: cognovit enim quia quærebant eum perdere.

23. Le reste de la vie de Jean, ses guerres, les grandes actions qu'il fit avec un courage extraordinaire, le soin qu'il eut de rebâtir les murailles *de Jérusalem*, et enfin tout ce qu'il fit pendant son gouvernement,

23. Et cætera sermonum Joannis, et bellorum ejus, et bonarum virtutum, quibus fortiter gessit, et ædificii murorum quos exstruxit, et rerum gestarum ejus:

24. est écrit au livre des annales de son sacerdoce, *à commencer* depuis qu'il fut établi prince des prêtres en la place de son père [15].

24. ecce hæc scripta sunt in libro dierum sacerdotii ejus, ex quo factus est princeps sacerdotum post patrem suum.

ỳ. 22. — [14] * Au rapport de Josèphe, Jean Hyrcan, après avoir fait arrêter et tuer ceux que Ptolémée avait envoyés pour le mettre à mort, alla promptement à Jérusalem, où il entra, et fut reçu par le peuple, en même temps que Ptolémée, qui se présenta à une autre porte, en fut exclu. Jean prit possession de la souveraine sacrificature, et fut reconnu prince de la nation, en la place de Simon; et après avoir offert des sacrifices, il marcha contre Ptolémée et l'assiégea dans la forteresse de Dagon ou Doch (*Voy.* la dernière note sur 2. *Mach.*).

ỳ. 24. — [15] * Jean conserva le souverain sacerdoce trente et un ans. — Depuis que les grands prêtres furent en possession du gouvernement du peuple, on fit à leur égard ce qu'on avait fait avant la captivité envers les rois de Juda et d'Israël: on relata, jour par jour, dans des annales, tout ce qui se passait de mémorable concernant la nation. C'est dans ces sources que Josèphe a puisé ce qu'il raconte des grands prêtres dans son histoire, tout en s'éloignant, en plus d'une occasion, des monuments primitifs, car il est loin d'être exact dans son récit (*Voy.* D. Calmet).

LES MACHABÉES

LIVRE SECOND [1]

CHAPITRE PREMIER.

Deux lettres des Juifs de Judée aux Juifs d'Egypte.

1. Fratribus, qui sunt per Ægyptum, Judæis, salutem dicunt fratres, qui sunt in Jerosolymis, Judæi, et qui in regione Judææ, et pacem bonam.

2. Benefaciat vobis Deus, et meminerit testamenti sui, quod locutus est ad Abraham, et Isaac, et Jacob, servorum snorum fidelium :

3. et det vobis cor omnibus, ut colatis eum, et faciatis ejus voluntatem, corde magno, et animo volenti.

4. Adaperiat cor vestrum in lege sua, et in præceptis suis, et faciat pacem.

1. Les Juifs qui sont dans Jérusalem et dans le pays de Judée [2], aux Juifs leurs frères qui demeurent en Egypte, salut et une heureuse paix.

2. Que Dieu vous comble de biens ; qu'il se souvienne de l'alliance qu'il a faite avec Abraham, Isaac et Jacob, ses fidèles serviteurs.

3. Qu'il vous donne à tous un cœur, afin que vous l'adoriez, et que vous accomplissiez sa volonté avec un cœur grand, et un esprit plein d'ardeur.

4. Qu'il ouvre votre cœur à sa loi et à ses préceptes, et qu'il vous donne la paix [3].

---

[1] *Voyez* l'Introduction au premier livre des Machabées. Les deux lettres (1, 1-2, 19) n'ont pas un rapport très-étroit au livre qui suit; elles n'y ont été, selon toute apparence, insérées, qu'afin qu'elles ne fussent pas perdues. La première fut écrite après l'an 143, la seconde en l'an 123 avant Jésus-Christ.

℣. 1. — [2] Un très-grand nombre de Juifs habitaient en Egypte, spécialement à Alexandrie, depuis que Ptolémée, fils de Lagus (320 avant Jésus-Christ), en avait emmené comme colons plus de 100,000 (*voyez* l'Introduction au premier livre des Mach.), et qu'Onias eut bâti le temple de Léontopolis, au second siècle avant Jésus-Christ.

℣. 4. — [3] Qu'il fasse par sa loi, que des rapports pacifiques se rétablissent entre les Juifs de la Palestine et ceux d'Egypte. Ces deux fractions de la nation étaient dans une perpétuelle division, parce que les Juifs qui étaient en Palestine ne reconnaissaient pas Léontopolis comme un lieu où il fût permis de sacrifier (Voy. 1. *Mach.* 14, 41. note 20).

5. Qu'il exauce vos prières, qu'il se réconcilie avec vous [4], et qu'il ne vous abandonne point dans le temps mauvais.

6. Quant à nous, nous sommes maintenant occupés ici à prier pour vous [5].

7. Sous le règne de Démétrius [6], l'an cent soixante-neuf [7], nous vous écrivîmes, nous autres Juifs, dans l'affliction et dans l'accablement des maux qui nous étaient survenus pendant ces années, depuis que Jason se fut retiré de la terre sainte et du royaume [8].

8. Ils brûlèrent la porte *du temple*, et ils répandirent le sang innocent [9]. Nous priâmes le Seigneur, et nous fûmes exaucés. Nous offrîmes le sacrifice et de la fleur de farine; nous allumâmes les lampes, et nous exposâmes les pains [10].

9. Célébrez donc maintenant la fête des Tabernacles du mois de Casleu [11].

10. L'an cent quatre-vingt-huit [12], le peuple qui est dans Jérusalem et dans la Judée, le sénat et Judas, à Aristobule, précepteur du roi Ptolémée [13], de la race des prêtres sacrés [14], et aux Juifs qui sont en Egypte, salut et prospérité.

11. Dieu nous ayant délivrés de très-

5. Exaudiat orationes vestras, et reconcilietur vobis, nec vos deserat in tempore malo

6. Et nunc hic sumus orantes pro vobis.

7. Regnante Demetrio anno centesimo sexagesimo nono, nos Judæi scripsimus vobis in tribulatione, et impetu, qui supervenit nobis in istis annis, ex quo recessit Jason a sancta terra, et a regno.

8. Portam succenderunt, et effuderunt sanguinem innocentem : et oravimus ad Dominum, et exauditi sumus, et obtulimus sacrificium, et similaginem, et accendimus lucernas, et proposuimus panes.

9. Et nunc frequentate dies scenopegiæ mensis Casleu.

10. Anno centesimo octogesimo octavo, populus qui est Jerosolymis, et in Judæa, senatusque et Judas, Aristobolo magistro Ptolemæi regis, qui est de genere christorum sacerdotum, et his, qui in Ægypto sunt, Judæis, salutem et sanitatem.

11. De magnis periculis a Deo

℣. 5. — [4] en ce qui concerne votre séparation, en faisant que vous vous réunissiez à nous. Ils les engageaient à célébrer la fête de la consécration du temple (℣. 9), parce que cette démarche, qui impliquait une reconnaissance de la sainteté du temple de Jérusalem, devait être un pas vers la réunion.

℣. 6. — [5] Bel exemple de la charité fraternelle!

℣. 7. — [6] surnommé Nicator.

[7] 143 avant Jésus-Christ (Voy. 1. *Mach.* 10 et 11.)

[8] Jason avait expulsé son frère Onias III, du souverain sacerdoce. Trois ans après (172 avant Jésus-Christ), il fut lui-même dans la nécessité de céder sa place a son autre frère, Ménélaus, qui avait offert au roi trois cents talents de plus (*pl. b.* 4, 23 et suiv.). Il quitta la Judée, et mourut bientôt après à Sparte. Depuis son apostasie, l'oppression des rois de Syrie sur la Judée alla toujours en s'appesantissant. D'autres traduisent le grec : Depuis que Jason et ses partisans se furent retirés de la terre sainte et du royaume (de Jehova).

℣. 8. — [9] Voy. 1. *Mach.* 1, 30 et suiv.

[10] Sept lampes brûlaient sur le chandelier sacré; les pains de proposition étaient placés sur la table d'or.

℣. 9. — [11] La fête dont il est ici parlé, tombait dans notre mois de décembre. C'est la fête de la consécration du temple, que Judas avait établie (1. *Mach.* 4, 59), et elle est appelée la fête des Tabernacles (voy. *pl. b.* 10, 6 et suiv.), parce que, de même que la fête des Tabernacles, proprement dite, qui tombait en octobre, on la passait aussi dans la joie sous des tentes.

℣. 10. — [12] 123 avant Jésus-Christ.

[13] * vraisemblablement Ptolémée *Evergète*, ou *le Bienfaisant*. — Judas dont il est ici question, serait, selon quelques-uns, un parent de Jean Hyrcan, qui dans le temps où celui-ci faisait la guerre contre les Syriens, dirigeait les affaires intérieures du royaume de Juda.

[14] Aristobule était un Juif docte, très-versé dans la philosophie, de la race consacrée, c'est-à-dire des grands prêtres. Judas dont il s'agit ici ne peut, eu égard au temps, être Judas Machabée.

liberati, magnifice gratias agimus ipsi, utpote qui adversus talem regem dimicavimus.

12. Ipse enim ebulliret fecit de Perside eos, qui pugnaverunt contra nos, et sanctam civitatem.

13. Nam cum in Perside esset dux ipse, et cum ipso immensus exercitus, cecidit in templo Nanæ, consilio deceptus sacerdotum Nanæ.

14. Etenim cum ea habitaturus venit ad locum Antiochus, et amici ejus, et ut acciperet pecunias multas dotis nomine.

15. Cumque proposuissent eas sacerdotes Nanæ, et ipse cum paucis ingressus esset intra ambitum fani, clauserunt templum,

16. cum intrasset Antiochus: apertoque occulto aditu templi, mittentes lapides percusserunt ducem, et eos qui cum eo erant, et diviserunt membratim, et capitibus amputatis foras projecerunt.

17. Per omnia benedictus Deus, qui tradidit impios.

18. Facturi igitur quinta et vigesima die mensis Casleu purificationem templi, necessarium duximus significare vobis: ut et vos quoque agatis diem scenopegiæ, et diem ignis qui datus est quando Nehemias ædificato templo et altari obtulit sacrificia.

grands périls, nous lui en rendons aussi de très-grandes actions de grâces, pour avoir eu la force de combattre contre un tel roi [15].

12. Car c'est lui qui a fait sortir de Perse cette multitude de gens qui ont combattu contre nous et contre la ville sainte [16].

13. Mais ce chef de nos ennemis étant lui-même en Perse avec une armée innombrable, est péri dans le temple de Nanée, ayant été trompé par le conseil frauduleux des prêtres de cette idole [17].

14. Car Antiochus étant venu avec ses amis au temple de cette déesse, comme pour l'épouser [18], et pour y recevoir de grandes sommes d'argent à titre de dot,

15. les prêtres de Nanée lui montrèrent tout cet argent, et après qu'Antiochus fut entré avec peu de gens au-dedans du temple ils le fermèrent sur lui.

16. Alors ouvrant une porte secrète qui rendait dans le temple [19], ils l'assommèrent à coups de pierres, lui et ceux qui l'accompagnaient [20], et mettant leurs corps en pièces, ils leur coupèrent la tête, et les jetèrent dehors [21].

17. Que Dieu soit béni en toutes choses, lui qui a livré ainsi les impies.

18. Comme donc nous devons célébrer le vingt-cinquième jour du mois de Casleu la purification du temple, nous avons jugé nécessaire de vous en donner avis, afin que vous célébriez aussi la fête des Tabernacles [22], et la fête du feu qui nous fut donné, lorsque Nehémias, aprés avoir rebâti le temple et l'autel, y offrit les sacrifices [23].

ỳ. 11. — [15] Antiochus-Epiphane. — * Selon quelques-uns, par le mot « roi, » il faut entendre en général les dynasties des rois de Syrie, qui firent la guerre aux Juifs soit à force ouverte, soit par artifice. D'autres encore veulent qu'il s'agisse d'Antiochus-Sidétès (Voy. 1. *Mach.* 15, 1. note 1).

ỳ. 12. — [16] Voy. *Mach.* 1. 6, 4. Dans le grec il n'y a pas « de Perse. »

ỳ. 13. — [17] Voy. sur ce recit 1. *Mach.* 6. note 4. Nanée était une déesse des Perses, la Diane des Grecs.

ỳ. 14. — [18] * Les exemples d'une folie semblable ne sont pas rares dans l'antiquité; car de même que Jupiter et les autres dieux de l'Olympe, étaient censés s'unir aux filles des hommes, les princes, enfants des hommes, eurent aussi la prétention d'épouser des déesses. Les Atheniens promirent à Marc-Antoine Minerve pour epouse, et le nouveau mari leur demanda pour la dot de son épouse mille talents. Héliogabale épousa en cérémonie la déesse Uranie, et Caligula voulut en faire autant.

ỳ. 16. — [19] Dans le grec : la porte secrète du plafond.

[20] * Le roi lui-même ne mourut pas de ses blessures; car il est expressément marqué (1. *Mach.* 6), qu'il périt rongé par une maladie cruelle à son retour de Perse (Comp. *pl. b.* 9, 1 et suiv.).

[21] Peut-être l'intention des prêtres, en agissant ainsi, était-elle de faire croire que la déesse elle-même en avait tiré vengeance.

ỳ. 18. — [22] Voy. *pl. h.* ỳ. 9.

[23] Le feu sacré ayant été retrouvé à l'époque où Néhémie fit consacrer l'autel nouvellement érigé, les Juifs d'Egypte devaient célébrer avec la fête de la consécration du temple celle du feu sacré. Par là ils auraient reconnu d'une manière

19. Car lorsque nos pères furent emmenés captifs en Perse [24], ceux d'entre les prêtres qui craignaient Dieu, ayant pris le feu qui était sur l'autel, le cachèrent secrètement dans une vallée où il y avait un puits qui était profond et à sec [25], et le mirent là pour être gardé sûrement; comme en effet ce lieu demeura inconnu à tout le monde.

20. Et beaucoup d'années s'étant passées depuis ce temps-là, lorsqu'il plut à Dieu de faire envoyer Néhémias en Judée, par le roi de Perse [26], il envoya les petits-fils de ces prêtres qui avaient caché ce feu, pour le chercher; et ils ne trouvèrent point ce feu, comme ils nous l'ont dit eux-mêmes, mais seulement une eau épaisse [27].

21. Alors le prêtre Néhémias [28] leur commanda de puiser cette eau, et de la lui apporter; et il leur ordonna d'en faire des aspersions sur les sacrifices, sur le bois, et sur ce qu'on avait mis dessus.

22. Ce qui ayant été fait, et le soleil qui était auparavant caché d'un nuage, ayant commencé à luire, il s'alluma un grand feu qui remplit d'admiration tous ceux qui étaient présents [29].

23. Cependant tous les prêtres faisaient la prière à Dieu, jusqu'à ce que le sacrifice fût consommé, Jonathas [30] commençant, et les autres lui répondant.

24. Et Néhémias priait en ces termes: SEIGNEUR, Dieu, créateur de toutes choses, terrible et fort, juste et miséricordieux, qui êtes le seul bon roi,

25. seul excellent, seul juste, tout-puissant et éternel, qui délivrez Israel de tout mal, qui avez choisi nos pères et qui les avez sanctifiés:

26. recevez ce sacrifice pour tout votre

19. Nam cum in Persidem ducerentur patres nostri, sacerdotes, qui tunc cultores Dei erant, acceptum ignem et altari occulte absconderunt in valle, ubi erat puteus altus et siccus, et in eo contutati sunt eum, ita ut omnibus ignotus esset locus.

20. Cum autem præterissent anni multi, et placui Deo ut mitteretur Nehemias a rege Persidis: nepotes sacerdotum illorum, qui absconderant, misit ad requirendum ignem: et sicut narraverunt nobis, non invenerunt ignem, sed aquam crassam.

21. Et jussit eos haurire, et afferre sibi: et sacrificia, quæ imposita erant, jussit sacerdos Nehemias aspergi ipsa aqua, et ligna, et quæ erant superposita.

22. Utque hoc factum est, et tempus affuit, quo sol refulsit, qui prius erat in nubilo, accensus est ignis magnus, ita ut omnes mirarentur.

23. Orationem autem faciebant omnes sacerdotes, dum consummaretur sacrificium, Jonatha inchoante, ceteris autem respondentibus.

24. Et Nehemiæ erat oratio hunc habens modum: DOMINE Deus omnium creator, terribilis et fortis, justus et misericors, qui solus es bonus rex,

25. solus præstans, solus justus, et omnipotens, et æternus, qui liberas Israel de omni malo, qui fecisti patres electos, et sanctificati eos:

26. accipe sacrificium pro uni-

---

expresse et formelle que le lieu véritable où il était permis de faire des sacrifices, était Jérusalem; en effet, le feu sacré est celui que Dieu lui-même avait primitivement allumé, et qui depuis brûla constamment sur l'autel (3. *Moys.* 6, 12. 13). Ce serait Jérémie qui, avant la destruction du temple, aurait engagé les prêtres à le cacher sous la terre. La suite fait connaître comment il fut retrouvé.

℣. 19. — [24] c'est-à-dire à Babylone, qui fut depuis incorporée au royaume des Perses.

[25] C'était une citerne desséchée. Dans le grec : dans le creux d'un puits.

℣. 20. — [26] *Voy.* 2. liv. d'*Esdr.*

[27] une espèce de limon épais.

℣. 21. — [28] Dans le grec il n'y a pas : « le prêtre. »

℣. 22. — [29] Dans le grec : ... fait, et un certain temps s'étant écoulé, le soleil qui était auparavant couvert de nuages, se mit à luire, un grand feu s'alluma, en sorte que tous en furent dans l'admiration.

℣. 23. — [30] le chef des chantres.

verso populo tuo Israel, et custodi partem tuam, et sanctifica.

27. Congrega dispersionem nostram, libera eos qui serviunt gentibus, et contemptos et abominatos respicere : ut sciant gentes quia tu es Deus noster.

28. Affligc opprimentes nos, et contumeliam facientes in superbia.

29. Constitue populum tuum in loco sancto tuo, sicut dixit Moyses.

30. Sacerdotes autem psallebant hymnos, usquequo consumptum esset sacrificium.

31. Cum autem consumpsum esset sacrificium, ex residua aqua Nehemias jussit lapides majores perfundi.

32. Quod ut factum est, ex eis flamma accensa est : sed ex lumine, quod refulsit ab altari, consumpta est.

33. Ut vero manifestata est res, renuntiatum est regi Persarum, quod in loco, in quo ignem absconderant hi qui translati fuerant sacerdotes, aqua apparuit, de qua Nehemias, et qui cum eo erant, purificaverunt sacrificia.

34. Considerans autem rex, et rem diligenter examinans, fecit ei templum, ut probaret quod factum erat;

35. et cum probasset, sacerdotibus donavit multa bona, et alia atque alia munera, et accipiens manu sua, tribuebat eis.

36. Appellavit autem Nehemias

peuple d'Israël; conservez et sanctifiez ceux que vous avez rendus votre portion.

27. Rassemblez tous nos frères dispersés; délivrez ceux qui sont sous l'esclavage des gentils; regardez favorablement ceux qui sont devenus un objet de mépris et d'abomination, afin que les nations connaissent que vous êtes notre Dieu.

28. Affligez ceux qui nous oppriment, et qui nous outragent avec orgueil [31].

29. Et établissez votre peuple dans votre saint lieu, selon que Moyse l'a prédit [32].

30. Cependant les prêtres chantaient des hymnes et des cantiques, jusqu'à ce que le sacrifice fut consumé [33]

31. Et le sacrifice étant consumé, Néhémias ordonna que l'on répandît ce qui restait de cette eau sur les grandes pierres [34].

32. Ce qu'on n'eût pas plutôt fait, qu'il s'y alluma une grande flamme; mais elle fut consumée par la lumière qui reluisait de dessus l'autel [35].

33. Lorsque cet événement fut rendu public, on rapporta au roi de Perse, qu'au même lieu où les prêtres qui avaient été emmenés captifs, avaient caché le feu, on avait trouvé une eau dont Néhémias et ceux qui étaient avec lui avaient purifié les sacrifices [36].

34. Le roi après avoir considéré ce qu'on lui disait, et s'être assuré par une recherche exacte de la vérité de la chose, fit bâtir en ce même lieu un temple [37].

35. Et se tenant assuré de ce prodige, il donna aux prêtres de grands biens, et leur fit divers présents, qu'il leur distribuait de sa propre main [38].

36. Néhémias appela ce lieu Nephthar [39],

ỳ. 28. — [31] * Du temps de Néhémie, les Juifs furent surtout outragés et persécutés par les Samaritains et les autres peuples païens, leurs voisins (Voy. 2. *Esdr.* 4, 2-7).

ỳ. 29. — [32] Voy. 5. *Moys.* 30, 4. 5

ỳ. 30. — [33] Les mots « jusqu'à ce que... consumé » ne sont pas dans le grec.

ỳ. 31. — [34] vraisemblablement sur les degrés inférieurs de l'autel.

ỳ. 32. — [35] vraisemblablement par l'ordre de Dieu, afin que le miracle se réitérât devant tous les assistants.

ỳ. 33. — [36] Dans le grec : avec laquelle Néhémie avait purifié, consacré, ce qui était nécessaire pour les sacrifices.

ỳ. 34. — [37] ou plutôt une enceinte, comme porte le grec, afin de préserver cet endroit de toute action peu respectueuse. Les Perses rendaient au feu les honneurs divins.

ỳ. 35. — [38] Dans le grec le verset porte : Et le roi prit (de son trésor), et donna beaucoup d'argent à ceux auxquels il était favorable. D'autres autrement. — * On pourrait aussi traduire mot à mot : Et le roi prit et donna beaucoup de choses de toutes sortes, dont il faisait des présents.

ỳ. 36. — [39] De l'hébreu : chaphar, expier, purifier. Il devrait y avoir nechphar;

c'est-à-dire purification [40] : mais il y en a plusieurs qui l'appellent Néphi [41].

hunc locum Nephthar, quod interpretatur purificatio. Vocatur autem apud plures Nephi.

CHAPITRE II.

Continuation de la seconde lettre. Préambule du second livre des Machabées.

1. Or on trouve dans les écrits du prophète Jérémie [1], qu'il commanda à ceux qui allaient de Judée en un pays étranger, de prendre [2] le feu, comme on l'a marqué auparavant, et qu'il leur donna des préceptes, lorsqu'ils étaient *sur le point d'être* transférés.

2. Et il leur enjoignit très-expressément de n'oublier pas les ordonnances du Seigneur, et de ne pas tomber dans l'égarement d'esprit, en voyant les idoles d'or et d'argent, avec tous leurs ornements [3].

3. Et leur donnant encore divers avis, il les exhortait à n'éloigner jamais de leur cœur la loi de Dieu [4].

4. Il était aussi marqué dans le même écrit, que ce prophète, par un ordre particulier qu'il avait reçu de Dieu, commanda qu'on emportât avec lui le tabernacle et l'arche, jusqu'à ce qu'il fût arrivé à la montagne sur laquelle Moyse était monté, et d'où il avait vu l'héritage du Seigneur [5].

1. Invenitur autem in descriptionibus Jeremiæ prophetæ, quod jussit eos ignem accipere qui transmigrabant : ut significatum est, et ut mandavit transmigratis.

2. Et dedit illis legem ne obliviscerentur præcepta Domini, et ut non exerrarent mentibus videntes simulacra aurea et argentea, et ornamenta eorum.

3. Et alia hujusmodi dicens, hortabatur ne legem amoverent a corde suo.

4. Erat autem in ipsa scriptura, quomodo tabernaculum et arcam jussit propheta divino responso ad se facto comitari secum, usquequo exiit in montem, in quo Moyses ascendit, et vidit Dei hereditatem.

---

mais comme il arrive très-souvent que les noms orientaux sont confondus et altérés dans le grec, celui-ci a été changé en nephthar.

[40] C'est-à-dire consécration, sanctification. Le lieu où le feu fut trouvé fut ainsi appelé, parce qu'il sanctifia le sacrifice, comme étant agréable à Dieu (℣. 33).

[41] C'est la corruption de nephthar dans la bouche du peuple. Il y a dans le grec : nephthaei.

℣. 1. — [1] On ne trouve rien de ce qui est marqué ici dans les écrits qui nous restent de ce Prophète. Il y a dans le grec : Or on trouve aussi dans les écrits que Jérémie, le Prophète, commanda, etc.

[2] et de cacher.

℣. 2. — [3] durant la captivité au milieu des nations.

℣. 3. — [4] * L'auteur semble faire allusion à la lettre que Jérémie envoya à ceux des captifs qu'on allait emmener à Babylone, et qui se lit dans Baruch, chap. 6.

℣. 4. — [5] pour contempler la terre promise (5. *Moys.* 34, 1 5). Le saint tabernacle que Moyse fit construire, fut, lorsque Salomon bâtit le temple, déposé et conservé comme l'ancien sanctuaire dans un endroit particulier du temple, et il y demeura jusqu'au siège de la ville par Nabuchodonosor. Après que la ville eut été prise, Jérémie, par l'ordre de Dieu, et vraisemblablement avec la permission de Nabuzardan, qui connaissait le Prophète (*Jér.* 39, 11. 12), l'enleva avec l'arche d'alliance et l'autel des parfums (℣. 5), avant que Nabuchodonosor donnât l'ordre d'incendier la ville et le temple (*Jér.* 52, 7 13), et sauva tous ces objets précieux de la manière qui est marquée ci-dessous. Pourquoi ici le récit de ce fait? — Pour faire ressortir davantage la sainteté du temple de Jerusalem, dont il s'agissait de célébrer par une fête la nouvelle consécration; car tous ces objets divins seront rapportés dans ce temple, de même qu'il a reçu de nouveau le feu sacré (℣. 7).

5. Et veniens ibi Jeremias invenit locum speluncæ : et tabernaculum, et arcam, et altare incensi intulit illuc, et ostium obstruxit.

6. Et accesserunt quidam simul, qui sequebantur, ut notarent sibi locum : et non potuerunt invenire.

7. Ut autem cognovit Jeremias, culpans illos, dixit : Quod ignotus erit locus, donec congreget Deus congregationem populi, et propitius fiat :

8. et tunc Dominus ostendet hæc, et apparebit majestas Domini, et nubes erit, sicut et Moysi manifestabatur, et sicut cum Salomon petiit ut locus sanctificaretur magno Deo, manifestabat hæc.

9. Magnifice etenim sapientiam tractabat : et ut sapientiam habens, obtulit sacrificium dedicationis et consummationis templi.

10. Sicut et Moyses orabat ad Dominum, et descendit ignis de cœlo, et consumpsit holocaustum, sic et Salomon oravit, et descendit ignis de cœlo, et consumpsit holocaustum.

11. Et dixit Moyses, eo quod non sit comestum quod erat pro peccato, consumptum est.

12. Similiter et Salomon octo diebus celebravit dedicationem.

13. Inferebantur autem in descriptionibus et commentariis Ne-

5. Et Jérémie y étant arrivé, y trouva une caverne, où il mit le tabernacle, l'arche et l'autel des encensements; et il en boucha l'entrée.

6. Or quelques-uns de ceux qui l'avaient suivi, s'étant approchés pour remarquer ce lieu, ils ne purent le trouver.

7. Et Jérémie l'ayant su, les blâma, et dit que ce lieu demeurerait inconnu jusqu'à ce que Dieu eût rassemblé son peuple dispersé, et qu'il lui eût fait miséricorde [6];

8 et qu'alors le Seigneur ferait voir ces choses; que la majesté du Seigneur paraîtrait de nouveau, et qu'il y aurait une nuée, selon qu'elle avait paru à Moyse, et qu'elle fut manifestée lorsque Salomon demanda que le temple fût sanctifié pour le grand Dieu [7]. 3. *Rois*. 8, 11. 2. *Par*. 7, 1.

9. Car il faisait [8] éclater sa sagesse d'une manière magnifique; et il offrit le sacrifice de la dédicace et de la consommation du temple, comme un homme qui était rempli de sagesse [9].

10. Comme Moyse pria le Seigneur, et que le feu descendit du ciel et consuma l'holocauste [10], ainsi Salomon pria, et le feu descendit du ciel et consuma l'holocauste [11].

11. Et Moyse dit : Parce que l'hostie qui a été offerte pour le péché n'a point été mangée, elle a été consumée [12].

12. Salomon célébra aussi pendant huit jours la dédicace *du temple* [13].

13. Ces mêmes choses se trouvent aussi dans les écrits et dans les mémoires de Né-

---

ỹ. 7. — [6] Le Prophète dit dans ses prophéties (*Jer*. 3, 16 et suiv.), que l'arche ne paraîtra plus pendant toute la durée des temps messianiques; d'après le passage ci-dessus, elle se retrouvera lors de la conversion générale des Juifs. Comment? — Dans la personne de Jésus-Christ, qui est le sanctuaire vivant, et qui représente dans un sens spirituel tous ces objets.

ỹ. 8. — [7] Litt. : que ce lieu, — le temple fut sanctifié pour le grand Dieu.

ỹ. 9. — [8] Salomon.

[9] Dans le grec le verset porte : Car il montra combien grande était sa sagesse (par la prière qu'il fit lors de la consécration du temple), lorsqu'il offrit les victimes de la consécration.

ỹ. 10. — [10] Voy. 3. *Moys*. 9, 24.

[11] * Comp. 2. *Par*. 7, 1.

ỹ. 11. — [12] par le feu sacré de l'autel (Voy. 3. *Moys*. 11, 16 et suiv.). Les Juifs de Jérusalem citent encore ce fait pour la gloire de leur temple, qui possède le feu sacré, dans lequel, au besoin (comp. le passage ci-dessus de *Moys*.), on pouvait faire brûler les morceaux des victimes, qui n'étaient pas entièrement consumés. Encore un motif insinué tacitement à se rallier au temple, qui jouit d'une telle prérogative!

ỹ. 12. — [13] Ce que nous faisons présentement, Salomon le fit autrefois; c'est donc aussi pour vous un devoir de le faire.

hémias, où l'on voit qu'il fit une bibliothèque, ayant rassemblé de divers pays les livres des Prophètes, ceux de David, et les lettres des Rois, et ce qui regardait les dons *faits au temple* [14].

14. Judas [15] a encore recueilli tout ce qui s'était perdu pendant la guerre que nous avons eue, et ce recueil est entre nos mains.

15. Que si vous désirez avoir ces écrits, envoyez-nous des personnes qui puissent vous les porter [16].

16. Nous vous avons donc écrit, étant sur le point de célébrer la purification [17], et vous ferez bien de célébrer cette fête comme nous.

17. Or nous espérons que Dieu, qui a délivré son peuple, qui a rendu à tous leur héritage, et rétabli le royaume, le sacerdoce et le lieu saint,

18. selon qu'il l'avait promis dans la loi [18], nous fera bientôt miséricorde, et nous rassemblera de tous les pays qui sont sous le ciel, dans son saint lieu [19].

19. Car il nous a délivrés de grands périls, et il a purifié son temple [20].

20. Nous avons dessein d'écrire ce qui regarde Judas Machabée et ses frères, la manière dont le grand temple a été purifié, et dont la dédicace de l'autel s'est faite;

21. comme aussi les combats qui se sont donnés sous Antiochus l'Illustre [21], et sous son fils Eupator,

22. et les faveurs éclatantes [22] qu'ont re-

hemiæ hæc eadem : et ut construens bibliothecam congregavit de regionibus libros, et Prophetarum, et David, et epistolas Regum, et de donariis.

14. Similiter autem et Judas ea, quæ deciderant per bellum, quod nobis acciderat, congregavit omnia, et sunt apud nos.

15. Si ergo desideratis hæc, mittite qui perferant vobis.

16. Acturi itaque purificationem scripsimus vobis : bene ergo facietis, si egeritis hos dies.

17. Deus autem, qui liberavit populum suum, et reddidit hereditatem omnibus, et regnum, et sacerdotium, et sanctificationem,

18. sicut promisit in lege, speramus quod cito nostri miserebitur, et congregabit de sub cœlo in locum sanctum.

19. Eripuit enim nos de magnis periculis, et locum purgavit.

20. De Juda vero Machabæo, et fratribus ejus, et de templi magni purificatione, et de aræ dedicatione;

21. sed et de præliis, quæ pertinent ad Antiochum Nobilem, et filium ejus Eupatorem;

22. et de illuminationibus quæ

ŷ. 13. — [14] Nous n avons plus les écrits de Néhémie dont il est ici question. Dans le grec : ... une bibliothèque, et recueillit les livres des Rois et des Prophètes, et ceux de David et les lettres des rois touchant les dons. — Par les livres des Rois sont désignés, outre ceux qui porte ce nom, aussi les Paralipomènes et vraisemblablement encore les livres historiques qui les précèdent, Josué et les Juges. Par les Prophètes sont compris les quatre grands Prophètes et les douze petits; par les écrits de David sont désignés les Psaumes avec les autres livres moraux (Job, le Cantique des Cantiques, l'Ecclésiaste, les Proverbes), de même que tous ces livres du temps de Jésus-Christ étaient également compris sous le nom de Psaumes. Ainsi Néhémie recueillit tous les écrits sacrés qui existaient de son temps.

ŷ. 14. — [15] On ne sait quel est ce Judas. — * Selon quelques-uns, c'est Judas Machabée. Judas recueillit et rassembla les livres saints, devenus rares dans la persécution d'Antiochus-Epiphane, quand les ennemis de Dieu et du peuple hébreu déchiraient et brûlaient ces monuments sacrés (1. *Mach.* 1, 59. 2, 48).

ŷ. 15. — [16] * Les Juifs d'Egypte avaient les anciens livres sacrés, recueillis sous Néhémie, et traduits en grec, mais ils pouvaient n'avoir pas les monuments écrits depuis ce temps-là, et rassemblés par Judas : ce sont ces derniers que les Juifs de Jérusalem offrent à ceux d'Egypte.

ŷ. 16. — [17] * A savoir la fête de la purification du temple par Judas Machabée (Voy. *pl. h.* 1, 9. 19).

ŷ. 18. — [18] Voy. 5. *Moys.* 30, 3-5.

[19] Encore ici, ce semble, se trouve une exhortation tacite à se rallier au temple de Jérusalem.

ŷ. 19. — [20] Litt. : ce lieu, — c'est-à-dire le temple. Ici finit la seconde lettre.

ŷ. 21. — [21] Epiphane.

ŷ.22. — [22] Litt. : les apparitions. — Voy. *pl. b.* 3, 24, 5, 4. 15, 27.

de cœlo factæ sunt ad eos, qui pro Judæis fortiter fecerunt, ita ut universam regionem, cum pauci essent, vindicarent, et barbaram multitudinem fugarent,

23. et famosissimum in toto orbe templum recuperarent, et civitatem liberarent, et leges, quæ abolitæ erant, restituerentur, Domino cum omni tranquillitate propitio facto illis;

24. itemque ab Jasone Cyrenæo quinque libris comprehensa, tentavimus nos uno volumine breviare.

25. Considerantes enim multitudinem librorum, et difficultatem volentibus aggredi narrationes historiarum propter multitudinem rerum,

26. Curavimus volentibus quidem legere, ut esset animi oblectatio : studiosis vero, ut facilius possint memoriæ commendare : omnibus autem legentibus utilitas conferatur.

27. Et nobis quidem ipsis, qui hoc opus breviandi causa suscepimus, non facilem laborem, imo vero negotium plenum vigiliarum et sudoris assumpsimus.

28. Sicut hi qui præparant convivium et quærunt aliorum voluntati parere propter multorum gratiam, libenter laborem sustinemus.

29. Veritatem quidem de singulis, auctoribus concedentes, ipsi autem secundum datam formam brevitati studentes.

30. Sicut enim novæ domus architecto de universa structura curandum est : ei vero qui pingere curat, quæ apta sunt ad ornatum, exquirenda sunt : ita æstimandum est et in nobis.

31. Etenim intellectum colligere, et ordinare sermonem, et

çues du ciel ceux qui ont combattu pour les Juifs avec un si grand courage, qu'étant peu de gens, ils se sont rendus maitres de tout le pays, et ont mis en fuite un grand nombre de barbares,

23. ont recouvré le plus fameux temple qui soit dans le monde, ont délivré la ville de la servitude, et remis en leur vigueur les lois qui avaient été abolies, le Seigneur les ayant favorisés par toutes sortes de témoignages de sa bonté.

24. Enfin nous avons tâché de rapporter en abrégé dans un seul livre, ce qui a été écrit en cinq livres par Jason, le Cyrénéen[23].

25. Car ayant considéré que la multitude des livres rend l'histoire difficile à ceux qui veulent l'apprendre, à cause de ce grand nombre de choses qu'on leur représente,

26. nous avons tâché d'écrire celle-ci de telle sorte qu'elle pût plaire à ceux qui voudraient la lire, qu'elle pût se retenir facilement par ceux qui sont plus studieux, et qu'elle pût généralement être utile à tous ceux qui la liraient.

27. Or nous engageant à faire cet abrégé, nous n'avons pas entrepris un ouvrage qui soit aisé, mais un travail qui demande une grande application et beaucoup de peine.

28. Nous l'entreprenons néanmoins avec joie, en considérant l'avantage de plusieurs, comme ceux qui étant chargés de préparer un festin, s'étudient de satisfaire les autres.

29. Nous nous reposons de la vérité des choses sur les auteurs qui les ont écrites; mais pour nous, nous travaillerons seulement à les abréger, selon le dessein que nous avons pris[24].

30. Car commo un architecte qui entreprend de bâtir une nouvelle maison, est appliqué à en régler toute la structure, et qu'un peintre cherche seulement ce qui est propre à l'embellir, on doit juger de nous de la même sorte[25].

31. Il est en effet du devoir de celui qui compose une histoire, d'en recueillir les dif-

---

℣. 24. — [23] Cyrène était une province du nord de l'Afrique, à l'ouest de l'Egypte

℣. 29. — [24] sans en rechercher le fondement, les témoins. Dans le grec : Laissant l'exactitude des recherches sur chaque chose à l'auteur, nous ne nous occupons que de les réduire aux limites d'un abrégé.

℣. 30. — [25] à savoir : il ne faut pas attendre de nous l'édifice complet de l'histoire, avec toutes ses parties et ses détails minutieux, mais seulement un extrait avec ses propriétés spéciales.

férentes matières [26], de les raconter dans un certain ordre [27], et de rechercher avec un grand soin les circonstances particulières de ce qu'il raconte.

32. Mais on ne doit pas trouver mauvais que celui qui fait un abrégé affecte d'être court dans ce qu'il écrit, et qu'il évite de s'étendre en de longs discours [28].

33. Nous commencerons donc ici notre narration, et nous finirons notre préface [29]; car il y aurait de la folie d'être long avant *de commencer* une histoire, tandis que l'on serait court dans l'histoire même.

curiosius partes singulas quasque disquirere, historiæ congruit auctori:

32. Brevitatem vero dictionis sectari, et executiones rerum vitare, brevianti concedendum est.

33. Hinc ergo narrationem incipiemus : de præfatione tantum dixisse sufficiat : stultum etenim est ante historiam effluere, in ipsa autem historia succingi.

CHAPITRE III.

Bonheur des Juifs sous Onias III. Simon, chef du temple, donne avis au roi de Syrie, Séleucus, des grands trésors qui y sont déposés. Le roi envoie Héliodore pour s'en emparer. Son projet est rendu vain par un miracle éclatant.

1. La cité sainte jouissant donc d'une paix parfaite, et les lois y étant aussi exactement observées, à cause de la piété du grand prêtre Onias, et de la haine qu'il avait dans le cœur contre tout mal [1],

2. il arrivait de là que les rois mêmes et les princes se croyaient obligés d'avoir pour le lieu *saint* une grande vénération, et ornaient le temple de riches présents [2] :

1. Igitur cum sancta civitas habitaretur in omni pace, leges etiam adhuc optime custodirentur, propter Oniæ pontificis pietatem, et animos odio habentes mala,

2. fiebat ut et ipsi reges et principes locum summo honore dignum ducerent, et templum maximis muneribus illustrarent:

ỳ. 31. — [26] de remonter aux sources.
[27] de tracer l'histoire dans toute sa suite.

ỳ. 32. — [28] Dans le grec : et qu'il évite de faire des recherches pénibles sur ce qui est raconté.

ỳ. 33. — [29] Dans le grec :... narration, nous étant déjà étendu longuement dans l'avant-propos. — On voit par cette introduction que la sagesse de Dieu, en inspirant les divines Ecritures, n'a point du tout fait disparaître l'action ni la coopération de l'homme dans la personne de l'auteur inspiré Toutefois, comme Dieu dirigeait en même temps l'auteur aussi bien dans le choix des matières qu'en ce qui regarde l'exactitude de l'expression, il n'en demeure pas moins constant que l'ouvrage est toujours l'œuvre de Dieu.

ỳ. 1. — [1] Litt. : grand prêtre et des esprits haïssant le mal. — Dans le grec :... du grand prêtre et de son amour de la justice. — * Ou plutôt : et de sa haine de l'iniquité. — Onias III fut grand prêtre depuis 195-175 avant Jésus-Christ. Alors la terre de la Palestine était sous la domination des Syriens; car Antiochus-le-Grand l'avait enlevée à l'Egypte avec la Phénicie et la Célésyrie, et réunie à son royaume (205-198 avant Jésus-Christ). Elle jouit sous lui de la paix et de la tranquillité. Ce qui suit fait connaître comment cette paix et cette tranquillité furent troublées par son successeur, Seleucus-Philopator.

ỳ. 2. — [2] L'historien juif Josèphe rapporte d'Antiochus-le-Grand, qu'il ordonna de faire annuellement au temple certains dons en nature, et d'exempter ceux qui y étaient employés de la cote personnelle et du tribut de la couronne.

3. ita ut Seleucus Asiæ rex de redditibus suis præstaret omnes sumptus ad ministerium sacrificiorum pertinentes.

4. Simon autem de tribu Benjamin præpositus templi constitutus, contendebat, obsistente sibi principe sacerdotum, iniquum aliquid in civitate moliri.

5. Sed cum vincere Oniam non posset, venit ad Apollonium Tharseæ filium, qui eo tempore erat dux Cœlesyriæ et Phœnicis :

6. et nuntiavit ei, pecuniis innumerabilibus plenum esse ærarium Jerosolymis, et communes copias immensas esse, quæ non pertinent ad rationem sacrificiorum, esse autem possibile sub potestate regis cadere universa.

7. Cumque retulisset ad regem Apollonius de pecuniis quæ delatæ erant, ille accitum Heliodorum, qui erat super negotia ejus, misit cum mandatis, ut prædictam pecuniam transportaret.

8. Statimque Heliodorus iter est agressus, specie quidem quasi per Cœlesyriam et Phœnicen civitates esset peragraturus, revera autem regis propositum perfecturus.

9. Sed, cum venisset Jerosolymam, et benigne a summo sacerdote in civitate esset exceptus, narravit de dato indicio pecuniarum : et cujus rei gratia adesset aperuit : interrogabat autem, si vere hæc ita essent.

10. Tunc summus sacerdos os-

3. en sorte que Séleucus, roi d'Asie [3], faisait fournir de son domaine toute la dépense qui regardait le ministère des sacrifices.

4. Mais Simon, qui était de la tribu de Benjamin, et qui commandait à la garde du temple [4], s'efforçait de faire quelque entreprise injuste dans la ville, malgré la résistance qu'y apportait le prince des prêtres [5].

5. Et, voyant qu'il ne pouvait vaincre Onias, il alla trouver Apollonius, fils de Tharsée, qui commandait en ce temps-là dans la Célésyrie et dans la Phénicie [6].

6. Il lui déclara qu'il y avait dans Jérusalem des sommes infinies d'argent ramassées dans un trésor, que ces sommes étaient immenses et destinées pour les affaires publiques, et non pour la dépense des sacrifices, et qu'on pourrait bien trouver le moyen de faire tomber tous ces trésors entre les mains du roi [7].

7. Apollonius ayant donné au roi cet avis qu'il avait reçu touchant cette grande quantité d'argent, le roi fit venir Héliodore, qui était son premier ministre [8], et l'envoya avec ordre de faire transporter tout cet argent.

8. Héliodore se mit aussitôt en chemin, comme pour visiter les villes de Celésyrie et de Phénicie, mais véritablement dans le dessein d'exécuter l'intention du roi [9].

9. Etant arrivé à Jérusalem, et ayant été reçu dans la ville par le grand prêtre avec toutes sortes d'honnêtetés, il lui déclara l'avis qu'on avait donné au roi touchant cet argent, et le vrai sujet de son voyage; et il demanda si ce que l'on avait dit était véritable.

10. Alors le grand prêtre lui présenta

ỳ. 3. — [3] Séleucus-Philopator, roi de Syrie (Voy. 1. *Mach*. 11, 13).

ỳ. 4. — [4] qui était intendant du temple, — chargé de défendre les revenus du temple contre les entreprises des chefs et des diverses autorités.

[5] Dans le grec :... Mais un certain Simon, de la tribu de Benjamin, ayant été établi chef du temple, l'emporta contre le grand prêtre au sujet de l'intendance de la ville (des ventes et des achats). — * C'est le sens du grec de l'édition alexandrine : περι της κατα την πολιν αγορανομίας, au sujet de la charge de chef de la police, ou du commerce de la ville. L'édition romaine porte : παρανομίας, d'où l'on pourrait traduire : au sujet des actions contre la justice qui se commettaient dans la ville.

ỳ. 5. — [6] * La Palestine était considerée comme une dépendance de ces deux provinces. — Apollonius, qui n'est pas connu d'ailleurs, était gouverneur pour le roi de Syrie Séleucus (*Pl*. b. 4, 4).

ỳ. 6. — [7] * Seleucus avait du respect pour le temple; il fournissait même à ses frais les victimes pour les sacrifices (ỳ. 3). C'est pourquoi Simon insinue que l'argent déposé au temple n'avait pas une destination sainte, mais était pour les affaires publiques.

ỳ. 7. — [8] qui était le surintendant de ses finances.

ỳ. 8. — [9] * Il cherchait par là à tromper les gardiens du trésor du temple, de peur qu'ils ne vinssent à l'enlever ou à le cacher.

que cet argent était en dépôt; que c'était la subsistance des veuves et des orphelins [10];

11. qu'une partie même de cet argent dont l'impie Simon avait donné avis, appartenait à Hyrcan-Tobie, qui était un homme de grande considération; et que toute cette somme consistait en quatre cents talents d'argent, et en deux cents talents d'or [11];

12. qu'au reste il était absolument impossible de tromper ceux qui avaient cru ne pouvoir mieux assurer leur argent, qu'en le mettant en dépôt dans un temple qui était en vénération à toute la terre pour sa sainteté.

13. Mais Héliodore, insistant sur les ordres qu'il avait reçus du roi, répondit qu'il fallait, à quelque prix que ce fût, que cet argent fût porté au roi.

14. Il entra donc dans le temple le jour qu'il avait marqué pour exécuter cette entreprise. Cependant toute la ville était remplie de *crainte et* d'effroi.

15. Les prêtres se prosternaient au pied de l'autel avec leurs robes sacerdotales, et ils invoquaient celui qui est dans le ciel, et qui a fait la loi touchant les dépôts [12], *le priant* de conserver les dépôts de ceux qui les avaient mis dans son temple [13].

16. Mais nul ne pouvait regarder le visage du grand prêtre sans être blessé jusqu'au cœur; car le changement de son teint et de sa couleur marquait clairement la douleur intérieure de son âme.

17. Une certaine tristesse répandue dans tout son extérieur, et l'horreur même dont son corps paraissait tout saisi, découvrait à ceux qui le regardaient quelle était la plaie de son cœur.

18. Plusieurs accouraient aussi en groupe de leurs maisons, conjurant Dieu, par des prières publiques, de ne pas permettre qu'un lieu si saint fût exposé au mépris.

19. Les femmes, revêtues de cilices qui les couvraient jusqu'à la ceinture, allaient en foule par les rues; les filles mêmes, qui

tendit deposita esse hæc, et victualia viduarum et pupillorum :

11. quædam vero esse Hircani Tobiæ viri valde eminentis, in his quæ detulerat impius Simon : universa autem argenti talenta esse quadragenta, et auri ducenta;

12. decipi vero eos, qui credidissent loco et templo, quod per universum mundum honoratur, pro sui veneratione et sanctitate omnino impossibile esse.

13. At ille pro his quæ habebat in mandatis a rege, dicebat omni genere regi ea esse deferenda.

14. Constituta autem die intrabat de his Heliodorus ordinaturus. Non modica vero per universam civitatem erat trepidatio.

15. Sacerdotes autem ante altare cum stolis sacerdotalibus jactaverunt se, et invocabant de cœlo eum, qui de depositis legem posuit, ut his, qui deposuerant ea, salva custodiret.

16. Jam vero qui videbat summi sacerdotis vultum, mente vulnerabatur : facies enim et color immutatus, declarabat internum animi dolorem;

17. circumfusa enim erat mœstitia quædam viro, et horror corporis, per quem manifestus aspicientibus dolor cordis ejus efficiebatur.

18. Alii etiam gregatim de domibus confluebant, publica supplicatione obsecrantes, pro eo quod in contemptum locus esset venturus.

19. Accinctæque mulieres ciliciis pectus, per plateas confluebant; sed et virgines, quæ con-

---

ỳ. 10. — [10] * Que cet argent était destiné à l'entretien des veuves et des orphelins; ou bien encore, avait été mis en dépôt au nom des veuves et des orphelins. — C'était un usage chez tous les peuples de l'antiquité de mettre un dépôt dans des sanctuaires vénérés ce qu'on avait de plus précieux.

ỳ. 11. — [11] environ 3,2600,000 de fr. — L'auteur a : quatorze millions de florins; en portant le florin à 2 fr. 59 c., on a : 36,260,000. — A s'en tenir à la valeur donnée par d'autres au talent d'or et au talent d'argent on a seulement 3,027,000 fr.

ỳ. 15. — [12] Voy. 2. *Moys*. 22, 7 et suiv. 3 *Moys*. 6, 2.

[13] * Le grand prêtre avait fait ses représentations à Héliodore; il ne pouvait lui opposer la force, et il dut le laisser pénétrer dans la chambre du trésor. Les prêtres, pour détourner et empêcher la perpétration du sacrilége, n'étaient plus tenus de recourir qu'à un seul moyen, c'est la prière. Or ce moyen ils y eurent recours, et il fut efficace.

clusæ erant, procurrebant ad Oniam, aliæ autem ad muros, quædam vero per fenestras aspiciebant :

20. universæ autem protendentes manus in cœlum, deprecabantur;

21. erat enim misera commixtæ multitudinis, et magni sacerdotis in agono constituti exspectatio.

22. Et hi quidem invocabant omnipotentem Deum, ut credita sibi, his qui crediderant, cum omni integritate conservarentur.

23. Heliodorus autem, quod decreverat, perficiebat codem loco ipse cum satellitibus circa ærarium præsens.

24. Sed spiritus omnipotentis Dei magnam fecit suæ ostensionis evidentiam, ita ut omnes, qui ausi fuerant parere ei, ruentes Dei virtute, in dissolutionem et formidinem converterentur.

25. Apparuit enim illis quidam equus terribilem habens sessorem, optimis operimentis adornatus : isque cum impetu Heliodoro priores calces elicit; qui autem ei sedebat, videbatur arma habere aurea.

26. Alii etiam apparuerunt duo juvenes virtute decori, optimi gloria, speciosique amictu : qui circumsteterunt eum, et ex utraque parte flagellabant, sine intermissione multis plagis verberantes.

27. Subito autem Heliodorus concidit in terram, eumque multa caligine circumfusum rapuerunt, atque in sella gestatoria positum ejecerunt.

28. Et is, qui cum multis cursoribus et satellitibus prædictum ingressus est ærarium, portaba-

demeuraient auparavant renfermées, couraient les unes vers Onias [14], les autres vers les murailles [15], et quelques-unes regardaient par les fenêtres :

20. toutes adressaient leurs prières à Dieu en étendant leurs mains vers le ciel.

21. Et c'était vraiment un spectacle digne de pitié, de voir toute cette multitude confuse de peuple, et le grand prêtre accablé d'affliction, dans l'attente où ils étaient de ce qui arriverait.

22. Pendant que les prêtres invoquaient le Dieu tout-puissant, afin qu'il conservât inviolable le dépôt de ceux qui le leur avaient confié,

23. Héliodore ne pensait qu'à exécuter son dessein, étant lui-même présent avec ses gardes à la porte du trésor [16].

24. Mais l'esprit du Dieu tout-puissant se fit voir alors par des marques bien sensibles, en sorte que tous ceux qui avaient osé obéir à Héliodore [17], étant renversés par une vertu divine, furent tout d'un coup frappés d'une frayeur qui les mit tout hors d'eux-mêmes.

25. Car ils virent paraître un cheval, sur lequel était monté un homme terrible, habillé magnifiquement, et qui, fondant avec impétuosité sur Héliodore, le frappa en lui donnant plusieurs coups des deux pieds de devant : et celui qui était monté dessus semblait avoir des armes d'or.

26. Deux autres jeunes hommes parurent en même temps, pleins de force et de beauté, brillants de gloire, et richement vêtus, qui, se tenant aux deux côtés d'Héliodore, le fouettaient chacun de son côté, et le frappaient sans relâche.

27. Héliodore tomba tout d'un coup par terre, étant tout enveloppé d'obscurité et de tenèbres [18], et, ayant été mis dans une chaise, on l'emporta de là, et on le chassa hors du temple.

28. Ainsi celui qui était entré dans le trésor avec un grand nombre d'archers et de gardes, était emporté sans que personne

---

ỷ. 19. — [14] Dans le grec : vers les portes (de leurs maisons).
[15] sur les toits à plate-forme des maisons. Elles voulaient voir et apprendre ce qui était arrivé. Il ne leur était pas permis de sortir des maisons. — * En Orient les filles ne paraissaient, et ne paraissent encore presque jamais en public. C'est pourquoi les Hébreux leur donnaient le nom d'*Almah* pluriel, *Alamoth*, qui signifie *cachées, fermées*. Une des principales vertus qui conviennent à une vierge chrétienne, c'est la modestie, et la réserve à se produire au dehors.
ỷ. 23. — [16] pour l'enlever.
ỷ. 24. — [17] Dans le grec : qui avaient osé venir avec lui.
ỷ. 27. — [18] Image de la colère et de la vengeance divine (*Joël*, 2, 2. *Soph*. 1,

le pût secourir, la vertu de Dieu s'étant fait connaître manifestement [19].

29. Cette vertu divine le réduisit à demeurer couché par terre, sans voix et sans aucune espérance de vie.

30. Mais les autres bénissaient le Seigneur de ce qu'il relevait la gloire de son lieu *saint*; et le temple, qui était rempli auparavant de frayeur et de tumulte, le fut ensuite d'allégresse et de cris de joie, le Seigneur y ayant fait paraître sa toute-puissance.

31. Alors quelques-uns des amis d'Héliodore se hâtèrent de supplier Onias de vouloir invoquer le Très-Haut, afin qu'il donnât la vie à celui qui était réduit à l'extrémité

32. Le grand prêtre, considérant que le roi pourrait peut-être soupçonner les Juifs d'avoir commis quelque attentat contre Héliodore, offrit pour sa guérison une hostie salutaire [20].

33. Et lorsque le grand prêtre faisait sa prière [21], les mêmes jeunes hommes, revêtus des mêmes habits, se présentèrent à Héliodore, et lui dirent : Rendez grâces au grand prêtre Onias; car le Seigneur vous a donné la vie à cause de lui.

34. Ayant donc été ainsi châtié de Dieu, annoncez à tout le monde ses merveilles et sa puissance. Après avoir dit ces paroles, ils disparurent [22].

35. Héliodore ayant offert une hostie à Dieu, et fait des vœux et de grandes promesses à celui qui lui avait redonné la vie, rendit grâces à Onias, alla rejoindre ses troupes, et retourna vers le roi.

36. Il rendait témoignage à tout le monde des œuvres du grand Dieu, qu'il avait vues de ses yeux.

37. Et le roi lui demandant qui lui paraissait propre pour être encore envoyé à Jérusalem, il lui répondit :

38. Si vous avez quelque ennemi, ou quelqu'un qui ait formé des desseins sur votre royaume, envoyez-le en ce lieu; et vous le verrez revenir déchiré de coups, si néanmoins il en revient, parce qu'il y a véritablement quelque vertu divine dans ce temple.

tur, nullo sibi auxilium ferente, manifesta Dei cognita virtute :

29. et ille quidem per divinam virtutem jacebat mutus, atque omni spe et salute privatus.

30. Hi autem Dominum benedicebant, quia magnificabat locum suum : et templum, quod paulo ante timore ac tumultu erat plenum, apparente omnipotente Domino, gaudio et lætitia impletum est.

31. Tunc vero ex amicis Heliodori quidam rogabant confestim Oniam, ut invocaret Altissimum, ut vitam donaret ei, qui in supremo spiritu erat constitutus.

32. Considerans autem summus sacerdos, ne forte rex suspicaretur malitiam aliquam ex Judæis circa Heliodorum consummatam, obtulit pro salute viri hostiam salutarem.

33. Cumque summus sacerdos exoraret, iidem juvenes eisdem vestibus amicti, adstantes Heliodoro, dixerunt : Oniæ sacerdoti gratias age : nam propter eum Dominus tibi vitam donavit;

34. tu autem a Deo flagellatus, nuntia omnibus magnalia Dei, et potestatem. Et his dictis, non comparuerunt.

35. Heliodorus autem, hostia Deo oblata, et votis magnis promissis ei, qui vivere illi concessit et Oniæ gratias agens, recepto exercitu, repedabat ad regem.

36. Testabatur autem omnibus ea quæ sub oculis suis viderat opera magni Dei.

37. Cum autem rex interrogasset Heliodorum, quis esset aptus adhuc semel Jerosolymam mitti, ait :

38. Si quem habes hostem, aut regni tui insidiatorem, mitte illuc, et flagellatum eum recipies, si tamen evaserit : eo quod in loco sit vere Dei quædam virtus.

ỳ. 28. — [19] Dieu ayant opéré un prodige pour secourir son peuple, et les veuves et les orphelins délaissés.

ỳ. 32. — [20] * Le mot « salutaire » manque dans le grec.

ỳ. 33. — [21] Dans le grec : offrait le sacrifice d'expiation.

ỳ. 34. — [22] * leur disparition subite était une preuve que c'étaient des êtres supérieurs, spirituels, des anges (Comp. *Tob.* 12, 21).

39. Nam ipse, qui habet in cœlis habitationem, visitator et adjutor est loci illius, et venientes ad malefaciendum percutit, ac perdit.

40. Igitur de Heliodoro, et ærarii custodia, ita res se habet.

39. Car celui qui habite dans le ciel est lui-même présent en ce lieu; il en est le protecteur, et il frappe de plaies et fait périr ceux qui y viennent pour faire du mal.

40. Voilà donc ce qui se passa à l'égard d'Héliodore, et la manière dont le trésor fut conservé.

CHAPITRE IV.

Calomnies de Simon. Jason achète la dignité de grand prêtre, et se livre à toutes sortes d'abominations. Antiochus à Jérusalem. Ménélaus cherche à supplanter Jason. Celui-ci est obligé de comparaître devant Antiochus, et il reçoit Lysimaque pour successeur. Onias blâme Ménélaus, et il est tué par le régent du royaume, Andronicus. Antiochus venge cette mort. Lysimaque est mis à mort par le peuple. Ménélaus rachète sa vie à prix d'argent.

1. Simon autem prædictus pecuniarum et patriæ delator, male loquebatur de Onia, tanquam ipse Heliodorum instigasset ad hæc, et ipse fuisset incentor malorum:

1. Mais Simon qui avait, comme on l'a dit, donné l'avis touchant cet argent, et qui s'était déclaré contre sa patrie, decriait Onias par ses medisances, comme si c'eût été lui qui eût inspiré à Héliodore ce qu'il avait fait [1], et qu'il eût été la cause de tous ces maux [2].

2. provisoremque civitatis, ac defensorem gentis suæ, et æmulatorem legis Dei, audebat insidiatorem regni dicere.

2. Et il osait faire passer pour un traître du royaume le protecteur de la ville, le défenseur de sa nation, et l'observateur très-zelé de la loi de Dieu.

3. Sed, cum inimicitiæ in tantum procederent, ut etiam per quosdam Simonis necessarios homicidia fierent:

3. Mais comme cette inimitié passa jusqu'à un tel excès, qu'il se commettait même des meurtres par quelques amis de Simon [3],

4. considerans Onias periculum contentionis, et Apollonium insanire, utpote ducem Cœlesyriæ et Phœnicis, ad augendam malitiam Simonis, ad regem se contulit,

4. Onias considérant les suites dangereuses de ces querelles, et l'emportement d'Apollonius, qui ayant l'autorité de gouverneur dans la Celesyrie et dans la Phenicie, secondait et fortifiait encore la malice de Simon, il alla trouver le roi,

5. non ut civium accusator, sed communem utilitatem apud semetipsum universæ multitudinis considerans.

5. non pour accuser ses concitoyens, mais pour soutenir l'interêt commun de tout son peuple, qu'il se proposait uniquement.

℣. 1. — [1] de piller le trésor.

[2] Simon (2, 4) cherchait, d'une part, à éloigner de lui le soupçon d'avoir fait connaitre ce qu'il y avait d'argent en dépôt dans le temple, voulant rejeter cette trahison sur Onias lui-même; d'autre part, il répandait le bruit qu'Heliodore avait été battu par des hommes qui avaient été apostés par Onias. Le grand prêtre lui-même avait prévu de pareilles machinations, car il demanda à Dieu et obtint la guérison d'Héliodore (*Pl. h.* 3, 32. 33).

℣. 3. — [3] Dans le grec : par quelqu'un de ceux en qui il se confiait.

6. Car il voyait bien qu'il était impossible de pacifier les choses autrement que par l'autorité royale, et qu'il n'y avait que ce seul moyen pour faire cesser les folles entreprises de Simon.

7. Mais après la mort de Séleucus, Antiochus surnommé l'Illustre [4] lui ayant succédé dans le royaume, Jason, frère d'Onias, tâchait d'usurper le souverain sacerdoce.

8. Etant venu pour cela trouver le roi, et lui promettant trois cent soixante talents d'argent [5], et quatre-vingts talents d'autres revenus,

9. et de plus, cent cinquante autres talents, si on lui donnait pouvoir d'établir une académie pour la jeunesse [6], et de faire les habitants de Jérusalem citoyens de la ville d'Antioche [7];

10. le roi lui accorda ce qu'il demandait. Mais il n'eut pas plutôt obtenu la principauté [8], qu'il commença à faire prendre à ceux de son pays les mœurs et les coutumes des Gentils.

11. Il abolit les privilèges que la clémence et la bonté des rois avait accordés aux Juifs [9] par l'entremise de Jean, père d'Eupolémus, qui avait été envoyé en ambassade vers les Romains, pour renouveler l'amitié et l'alliance des Juifs avec eux [10]; et il renversa les ordonnances légitimes de ses concitoyens, pour en établir d'injustes et de corrompues.

12. Car il eut la hardiesse de bâtir un lieu d'exercice public sous la forteresse même [11], et d'exposer les jeunes hommes les plus accomplis en des lieux infâmes [12]:

6. Videbat enim sine regali providentia impossibile esse pacem rebus dari, nec Simonem posse cessare a stultitia sua.

7. Sed post Seleuci vitæ excessum, cum suscepisset regnum Antiochus, qui Nobilis appellabatur, ambiebat Jason frater Oniæ summum sacerdotium:

8. Adito rege, promittens ei argenti talenta trecenta sexaginta, et ex redditibus aliis talenta octoginta,

9. super hæc promittebat et alia centum quinquaginta, si potestati ejus concederetur gymnasium et ephebiam sibi constituere, et eos, qui in Jerosolymis erant, Antiochenos scribere.

10. Quod cum rex annuisset, et obtinuisset principatum, statim ad gentilem ritum contribules suos transferre cœpit;

11. et amotis his, quæ humanitatis causa Judæis a regibus fuerant constituta, per Joannem patrem Eupolemi, qui apud Romanos de amicitia et societate functus est legatione legitima, civium jura destituens, prava instituta sanciebat.

12. Etenim ansus est sub ipsa arce gymnasium constituere, et optimos quosque epheborum in lupanaribus ponere.

℣. 7. — [4] Epiphane (*Comp.* avec ce qui suit 1. *Mach.* 1, 11-17).

℣. 8. — [5] environ soixante talents de plus que le grand prêtre n'avait donné jusque-là.

℣. 9. — [6] Litt: un gymnase et une éphébie. — Sur les gymnases, voyez 1. *Mach.* 1, 15. L'éphébie était un lieu où les jeunes gens recevaient des leçons pour les exercices du corps, et aussi en partie pour ceux de l'esprit. Les gymnases et les éphébies étaient tellement estimés chez les anciens, que ceux qui y prenaient part étaient astreints à payer des droits, et que la permission d'en ériger se payait fort cher par les entrepreneurs.

[7] et de pouvoir conférer aux habitants de Jérusalem le titre de citoyens d'Antioche. Antioche était la ville capitale du royaume de Syrie, et ses citoyens jouissaient de priviléges particuliers. Jason se proposait vraisemblablement de faire de ce pouvoir un trafic, et de faire payer cher ce droit de citoyens d'Antioche aux habitants de Jérusalem, qui seraient désireux de l'acquérir.

℣. 10. — [8] * La souveraine sacrificature, qui lui donnait en même temps le premier rang et la principale autorité dans sa nation (℣. 22, 50).

℣. 11. — [9] Il renonça aux priviléges que les rois de Syrie avaient concédés aux Juifs (Voy. *pl. h.* chap. 3, note 2). Son intention était de s'insinuer par flatterie dans l'esprit de la cour.

[10] * Comp. 1. *Mach.* 8, 17.

℣. 12. — [11] tout près du temple.

[12] en des lieux où l'on se livrait à des exercices païens, exercices qui étaient ar-

13. Erat autem hoc non initium, sed incrementum quoddam, et profectus gentilis et alienigenæ conversationis, propter impii et non sacerdotis Jasonis nefarium et inauditum scelus:

14. ita ut sacerdotes jam non circa altaris officia dediti essent, sed contempto templo, et sacrificiis neglectis, festinarent participes fieri palæstræ, et præbitionis ejus injustæ, et in exercitiis disci;

15. et patrios quidem honores nihil habentes, græcas glorias optimas arbitrabantur:

16. quarum gratia periculosa eos contentio habebat, et eorum instituta æmulabantur, ac per omnia his consimiles esse cupiebant, quos hostes et peremptores habuerant.

17. In leges enim divinas impie agere impune non cedit: sed hoc tempus sequens declarabit.

18. Cum autem quinquennalis agon Tyri celebraretur, et rex præsens esset,

19. misit Jason facinorosus ab Jerosolymis viros peccatores, portantes argenti didrachmas trecentas in sacrificium Herculis, quas

13. ce qui n'était pas seulement un commencement, mais un grand progrès de la vie païenne et étrangère, causé par la méchanceté détestable et inouïe de l'impie Jason, usurpateur du nom de grand prêtre.

14. Les prêtres mêmes ne s'attachant plus aux fonctions de l'autel, méprisant le temple, et négligeant les sacrifices, couraient aux jeux de la lutte [13], aux spectacles qui se représentaient, et aux exercices du palet [14].

15. Ils ne faisaient aucun état de tout ce qui était en honneur dans leur pays, et ne croyaient rien de plus grand que d'exceller en tout ce qui était en estime parmi les Grecs [15].

16. Il s'excitait pour cela une dangereuse émulation entre eux; ils étaient jaloux des coutumes de ces païens, et affectaient d'être en tout semblables à ceux qui avaient été auparavant les mortels ennemis de leur pays [16].

17. Car on ne viole point impunément les lois de Dieu; et on le verra clairement par la suite de cette histoire.

18. Un jour où l'on célébrait à Tyr les jeux qui se font de cinq ans en cinq ans [17], et le roi étant présent,

19. l'impie Jason envoya de Jérusalem des hommes couverts de crimes [18] porter trois cents didrachmes d'argent pour le sacrifice d'Hercule [19]; mais ceux mêmes qui les ap-

---

compagnés d'idolâtrie, c'est-à-dire de prostitution (voy. *Osée*, 1), parce que la prostitution faisait partie des honneurs rendus aux divinités païennes (Voy. 1. *Mach.* 1, 15). Dans le grec : et de réduire les principaux d'entre les jeunes gens sous le chapeau. Les jeunes gens, en entrant aux écoles gymnastiques, prenaient un chapeau à larges bords.

℣. 14. — [13] de l'école gymnastique.

[14] * Litt. du *disque*. C'était un lourd palet de plomb, de fer, ou d'airain, ou une pierre ronde, que les athlètes s'exerçaient à lancer, à qui le plus loin et le plus haut. Ces palets étaient de forme ronde, d'où leur vient le nom de *discus*, c'est-à-dire plat, à forme plate. — Cet exercice est très-ancien; on le trouve non-seulement dans Virgile, mais dans Homère.

℣. 15. — [15] * L'exemple des grands prêtres influait sur les prêtres d'un rang inférieur. Sans doute qu'eux aussi étaient guidés par des vues d'ambition; ils voulaient aussi parvenir aux fonctions de chefs ou de juges parmi le peuple.

℣. 16.— [16] Dans le grec le verset porte: C'est pour cela qu'une dure épreuve est venue fondre sur eux de tous côtés, et ceux dont ils étaient jaloux d'imiter les coutumes, et auxquels ils voulaient ressembler en tout, ils les ont eus pour ennemis et pour meurtriers.

℣. 18. — [17] les jeux olympiques, pendant lesquels on offrait aussi des sacrifices. — * Les jeux olympiques se célébraient à Eléé, dans le Péloponèse. Mais à l'exemple d'Eléé, plusieurs villes, comme Alexandrie, Athènes, Tyr, etc., voulurent aussi avoir ces jeux chez elles. Les païens, et tout particulièrement les Grecs, avaient pour les jeux olympiques une passion, ou plutôt une fureur incroyable.

℣. 19. — [18] Dans le grec : des Antiochiens (de ces hommes qui avaient acheté à prix d'argent le droit de citoyens d'Antioche (℣. 9).

[19] Hercule de Tyr, qui était un symbole du soleil. Ces trois cents didrachmes

portaient[20] demandèrent qu'elles ne fussent pas employées à ces sacrifices, parce qu'on ne devait pas en faire un tel usage, et qu'on s'en servît pour d'autres dépenses.

20. Ainsi elles furent offertes pour le sacrifice d'Hercule par celui qui les avait envoyées; mais à cause de ceux qui les apportèrent, on les employa pour la construction des galères.

21. Cependant Apollonius, fils de Mnesthéus, ayant été envoyé en Egypte à cause des grands de la cour du roi Ptolémée-Philométor, lorsqu'Antiochus eut reconnu qu'on l'avait entièrement éloigné du gouvernement des affaires du royaume, songeant à procurer ses intérêts propres, il partit de là, vint à Joppé, et ensuite à Jérusalem[21].

22. Il fut reçu magnifiquement par Jason, et par toute la ville; et il y fit son entrée à la lumière des flambeaux[22] et parmi les acclamations publiques; et il retourna de là en Phénicie avec son armée.

23. Trois ans après Jason envoya Ménélaus, frère de Simon, dont il a été parlé auparavant, pour porter de l'argent[23] au roi, et pour savoir sa réponse sur des affaires importantes[24].

24. Mais Ménélaus s'étant acquis la bienveillance du roi, par la manière dont il le flatta en relevant la grandeur de sa puissance, il trouva moyen de faire retomber

postulaverunt hi qui asportaverant ne in sacrificiis erogarentur, quia non oporteret, sed in alios sumptus eas deputari.

20. Sed hæ oblatæ sunt quidem ab eo, qui miserat, in sacrificium Herculis : propter præsentes autem datæ sunt in fabricam navium triremium.

21. Misso autem in Ægyptum Apollonio Mnesthei filio, propter primates Ptolemæi Philometoris regis, cum cognovisset Antiochus alienum se a negotiis regni effectum, propriis utilitatibus consulens, profectus inde venit Joppen, et inde Jerosolymam.

22. Et magnifice ab Jasone et civitate susceptus, cum facularum luminibus et laudibus ingressus est : et inde in Phœnicen exercitum convertit.

23. Et post trienni tempus misit Jason Menelaum, supradicti Simonis fratrem, portantem pecunias regi, et de negotiis necessariis responsa perlaturum.

24. At ille commendatus regi, cum magnificasset faciem potestatis ejus, in semetipsum retorsit summum sacerdotium, superpo-

font, suivant quelques-uns, environ 243 fr. — * Le didrachme, ainsi que le mot l'indique, était le double de la drachme. L'auteur évalue les 300 didrachmes à 80 reichstaler, d'où, en donnant au reichstaler la valeur de 5 fr. 15 c., on aurait 412 francs.

[20] même des hommes comme ceux-là!

℣. 21. — [21] Dans le grec le verset porte : Apollonius, fils de Mnesthéus, ayant été envoyé en Egypte à l'occasion de l'avènement au trône du roi Ptolémée-Philométor, lorsqu'Antiochus eut reconnu qu'il (Ptolémée) était un adversaire de ses affaires (en Syrie), il pensa à sa propre sûreté. S'étant donc rendu à Joppé, il alla à Jérusalem. — Cette mission d'Apollonius eut lieu après le combat qu'Antiochus livra aux Egyptiens entre le mont Casius et Peluse (*Dan.* 11. note 38). Apollonius devait sonder les grands d'Egypte, pour s'assurer jusqu'à quel point ils étaient disposés à faire passer l'Egypte sous la domination syrienne. Ayant rapporté au roi que non-seulement on était résolu à lui ôter toute influence sur l'Egypte, mais encore que l'on avait l'intention de faire valoir les droits de l'Egypte sur la Célésyrie et la Palestine, Antiochus chercha à se mettre en sûreté, visita avant tout les places fortes du côté de l'Egypte, du nombre desquelles était Joppé, et travailla à s'assurer de la fidélité des Juifs de Jérusalem.

℣. 22. — [22] * La coutume des feux de joie, et même des illuminations aux jours de fêtes et de réjouissances est d'une haute antiquité, comme il paraît par plusieurs passages des auteurs anciens. — Jules César monta au Capitole à la lumière des flambeaux, que portaient quarante éléphants.

℣. 23. — [23] les sommes qu'il lui avait promises (℣. 8, 9)

[24] Dans le grec : et pour acquitter, au sujet de choses nécessaires, les droits d'inscription (peut-être de l'inscription au nombre des citoyens d'Antioche. *Pl. h.* 8, 9). Selon Josèphe, Ménélaus était frère de Jason. Le mot « frère » qui se trouve dans ce verset, doit par conséquent être pris dans le sens de « parent, » soit dans le sens d'un homme qui a les mêmes sentiments.

nens Jasoni talenta argenti trecenta.

entre ses mains la souveraine sacrificature, en donnant trois cents talents d'argent par dessus ce que Jason en avait donné.

25. Acceptisque a rege mandatis, venit, nihil quidem habens dignum sacerdotio; animos vero crudelis tyranni, et feræ belluæ iram gerens.

25. Et ayant reçu les ordres du roi [25], il s'en revint, n'ayant rien qui fût digne du sacerdoce, et n'apportant *à cette dignité* que le cœur d'un cruel tyran, et la colère d'une bête farouche.

26. Et Jason quidem, qui proprium fratrem captivaverat, ipse deceptus profugus in Ammanitem expulsus est regionem.

26. Ainsi Jason, qui avait surpris son propre frère, fut trompé lui-même, et ayant été chassé, il se réfugia au pays des Ammonites.

27. Menelaus autem principatum quidem obtinuit: de pecuniis vero regi promissis, nihil agebat, cum exactionem faceret Sostratus, qui arci erat præpositus,

27. Ménélaus entra de cette sorte dans la souveraine sacrificature; mais il ne se mit point en peine d'envoyer au roi l'argent qu'il lui avait promis, quoique Sostrate, qui commandait à la forteresse, le pressât d'en faire le paiement,

28. (nam ad hunc exactio vectigalium pertinebat) : quam ob causam utrique ad regem sunt evocati.

28. comme ayant l'intendance des tributs. C'est pourquoi ils reçurent tous deux un ordre de se rendre auprès du roi.

29. Et Menelaus amotus est a sacerdotio, succedente Lysimacho fratre suo : Sostratus autem prælatus est Cypriis.

29. La dignité de grand prêtre fut ôtée à Ménélaus, et Lysimaque son frère lui succéda dans cette charge; et le gouvernement de Chypre fut donné à Sostrate [26].

30. Et cum hæc agerentur, contigit, Tharsenses et Mallotas seditionem movere, eo quod Antiochidi regis concubinæ dono essent dati.

30. Pendant que ces choses se passaient, ceux de Tharse et de Mallo excitèrent une sédition, parce qu'ils avaient été donnés à Antiochide, concubine du roi [27].

31. Festinanter itaque rex venit sedare illos, relicto suffecto uno ex comitibus suis Andronico.

31. Le roi y vint en grande hâte pour les apaiser, ayant laissé pour son lieutenant un des grands de sa cour, nommé Andronique.

32. Ratus autem Menelaus accepisse se tempus opportunum, aurea quædam vasa e templo furatus donavit Andronico, et alia vendiderat Tyri, et per vicinas civitates.

32. Mais Ménélaus croyant que cette occasion lui était favorable, deroba du temple quelques vases d'or, et en donna une partie à Andronique, ayant vendu les autres à Tyr, et dans les villes voisines.

33. Quod cum certissime cognovisset Onias, arguebat eum, ipse in loco tuto se continens Anthiochiæ secus Daphnem.

33. Onias ayant su ceci très-certainement, le reprochait à Menélaus, se tenant cependant à Antioche dans un lieu sûr, près de Daphné [28].

ỳ. 25. — [25] * Les lettres patentes de sa nomination à la souveraine sacrificature.

ỳ. 29. — [26] Dans le grec le verset porte : Alors Ménélaus laissa (lorsqu'il se rendit à Antioche), pour lui succéder dans la dignité de grand prêtre, Lysimaque son frère, et Sostrate-Cratis, gouverneur de Chypre.

ỳ. 30. — [27] * Tharse était la capitale de la Cilicie; *Mallo*, ou *Mallus*, est une autre ville de la même province — Les exemples des villes données par les rois de Perse à leurs femmes, à leurs concubines, ou à leurs amis, sont fréquents dans l'histoire. « Ils donnent, dit Cicéron (*in Verr.*, 5), des villes à leurs femmes de cette manière : Que telle ville fournisse à mon épouse ce qui est nécessaire pour les ornements de la tête; telle autre, ce qu'il faut pour les ornements du cou, telle autre, pour ceux des cheveux. Ainsi ils font des peuples non-seulement les complices, mais les ministres de leurs passions. » Cela ne paraissait point honteux aux villes asiatiques; mais des villes grecques le jugèrent intolérable.

ỳ. 33. — [28] Onias (voy. *pl. h.* 3, 1. et suiv.) s'était réfugié à Daphné, près d'An-

34. C'est pourquoi Ménélaus alla trouver Andronique, et le pria de tuer Onias. Andronique étant donc venu où était Onias, et lui ayant persuadé par la parole qu'il lui donna avec serment, quoiqu'il le tint pour suspect, de sortir de l'asile où il était, il le tua aussitôt sans avoir aucune crainte de la justice.

35. Aussi non-seulement les Juifs, mais les autres nations mêmes en conçurent de l'indignation, et ne pouvaient supporter l'injustice de la mort d'un si grand homme.

36. C'est pourquoi le roi étant revenu de Cilicie, les Juifs et les Grecs allèrent le trouver à Antioche, et lui firent leurs plaintes de ce meurtre si injuste d'Onias.

37. Antiochus fut saisi de tristesse au fond du cœur à cause de la mort d'Onias; il fut touché de compassion, et il répandit des larmes, se souvenant de la sagesse et de la modération qui avait toujours éclaté dans sa conduite.

38. Et entrant en une grande colère contre Andronique, il commanda qu'on le dépouillât de la pourpre, qu'on le menât par toute la ville, et que ce sacrilége fût tué au même lieu où il avait commis cette impiété contre Onias, le Seigneur rendant ainsi à ce misérable la punition qu'il avait si justement méritée.

39. Or Lysimaque ayant commis plusieurs sacriléges dans le temple par le conseil de Ménélaus, et le bruit s'en étant répandu lorsqu'il en avait déjà emporté quantité d'or, une grande multitude de peuple se souleva contre Lysimaque.

40. Comme donc ceux de la ville se soulevaient, et qu'ils étaient animés d'une grande colère, Lysimaque arma environ trois mille hommes, et commença à user de violence, ayant pour chef un certain tyran également avancé en âge, et consommé en malice.

41. Mais lorsque le peuple vit que Lysimaque les attaquait de cette sorte, les uns prirent des pierres, les autres de gros bâtons, et quelques-uns jetèrent de la cendre contre lui.

42. Il y eut beaucoup de ses gens blessés, et quelques-uns de tués, et tous furent mis en fuite : et le sacrilège fut aussi tué lui-même près du trésor.

34. Unde Menelaus accedens ad Andronicum, rogabat ut Oniam interficeret. Qui cum venisset ad Oniam, et datis dextris cum jurejurando (quamvis esset ei suspectus) suasisset de asylo procedere, statim eum peremit, non veritus justitiam.

35. Ob quam causam non solum Judæi, sed aliæ quoque nationes indignabantur, et moleste ferebant de nece tanti viri injusta.

36. Sed regressum regem de Ciliciæ locis, adierunt Judæi apud Anthiochiam, simul et Græci, conquerentes de iniqua nece Oniæ.

37. Contristatus itaque animo Antiochus propter Oniam, et flexus ad misericordiam, lacrymas fudit, recordatus defuncti sobrietatem, et modestiam :

38. accensisque animis, Andronicum purpura exutum, per totam civitatem jubet circumduci : et in eodem loco, in quo in Oniam impietatem commiserat, sacrilegum vita privari, Domino illi condignam retribuente pœnam.

39. Multis autem sacrilegiis in templo a Lysimacho commissis Menelai consilio, et divulgata fama, congregata est multitudo adversum Lysimachum, multo jam auro exportato.

40. Turbis autem insurgentibus, et animis ira repletis, Lysimachus armatis fere tribus millibus iniquis manibus uti cœpit, duce quodam tyranno, ætate pariter et dementia provecto.

41. Sed, ut intellexerunt conatum Lysimachi, alii lapides, alii fustes validos arripuere : quidam vero cinerem in Lysimachum jecere.

42. Et multi quidem vulnerati, quidam autem et prostrati, omnes vero in fugam conversi sunt : ipsum etiam sacrilegum secus ærarium interfecerunt.

...tioche. La ville de Daphné était renommée pour son bois de cyprès et de lauriers consacrés à Apollon et à Diane, lequel, dans toute son enceinte qui était de plus de quatre lieues et demie, servait de lieu d'asile en faveur de ceux qui étaient poursuivis. — * Onias, pour mettre sa vie en sûreté, pouvait, sans blesser la piété, ni accréditer l'idolâtrie, user du privilége accordé à ce lieu par les princes idolâtres.

43. De his ergo cœpit judicium adversus Menelaum agitari.

44. Et cum venisset rex Tyrum, ad ipsum negotium detulerunt missi tres viri a senioribus.

45. Et cum superaretur Menelaus, promisit Ptolemæo multas pecunias dare ad suadendum regi.

46. Itaque Ptolemæus in quodam atrio positum quasi refrigerandi gratia regem adiit, et deduxit a sententia :

47. et Menelaum quidem universæ malitiæ reum criminibus absolvit : miseros autem, qui, etiamsi apud Scythas causam dixissent, innocentes judicarentur, hos morte damnavit.

48. Cito ergo injustam pœnam dederunt, qui pro civitate, et populo, et sacris vasis, causam prosecuti sunt.

49. Quam ob rem Tyrii quoque indignati, erga sepulturam eorum liberalissimi extiterunt.

50. Menelaus autem, propter eorum, qui in potentia erant, avaritiam, permanebat in potestate, crescens in malitia ad insidias civium.

43. On commença donc à accuser Ménélaus de tous ces désordres.

44. Et le roi étant venu à Tyr, trois députés envoyés par les anciens de la ville vinrent lui porter leurs plaintes sur cette affaire.

45. Ménélaus, voyant qu'il succombait sous cette accusation, promit à Ptolémée [29] une grande somme d'argent pour l'engager à parler au roi en sa faveur.

46. Ptolémée ayant donc été trouver le roi, lorsqu'il s'était mis dans un vestibule comme pour se rafraîchir, il le fit changer de résolution.

47. Et ce prince déclarant Ménélaus innocent, quoiqu'il fût coupable de toutes sortes de crimes, condamna en même temps à la mort ces pauvres députés, qui auraient été jugés innocents par des Scythes mêmes [30], s'ils avaient plaidé leur cause devant eux.

48. Ainsi ceux qui avaient soutenu les intérêts de la ville et du peuple, et le respect dû aux vases sacrés, furent punis aussitôt contre toute sorte de justice.

49. C'est pourquoi les Tyriens mêmes étant touchés d'indignation, se montrèrent fort généreux dans la sépulture honorable qu'ils leur donnèrent [31].

50. Cependant Ménélaus se maintenait dans l'autorité, à cause de l'avarice de ceux qui étaient puissants près du roi; et il croissait en malice, ne travaillant qu'à dresser des pièges à ses concitoyens [32].

CHAPITRE V.

Seconde expédition d'Antiochus en Egypte. Apparitions merveilleuses dans les airs. Jason s'avance contre Jérusalem; sa fin malheureuse. Antiochus s'empare de Jérusalem, et y exerce les plus grandes violences. Ses agents s'efforcent d'extirper le judaïsme. Judas s'enfuit dans le désert.

1. Eodem tempore Antiochus secundam profectionem paravit in Ægyptum.

1. En ce temps-là Antiochus se préparait pour faire une seconde fois la guerre en Egypte [1].

ỳ. 45. — [29] Le grec ajoute: fils de Dorymène (Voy. 1. *Mach.* 3, 38).
ỳ. 47. — [30] chez les barbares les plus cruels.
ỳ. 49. — [31] les ayant fait embaumer et inhumer honorablement.
ỳ. 50. — [32] * Pour se maintenir dans sa dignité, Ménélaus assouvissait l'avarice des grands et d'Antiochus; mais en même temps il achevait d'épuiser ses concitoyens.
ỳ. 1. — [1] lorsqu'à peine le jeune roi Ptolémée-Philométor était monté sur le trône d'Egypte (Voy. *pl. h.* 4, 21. et *Dan.* 11. note 38. Comp. avec ce chap. 1. *Mach.* 1, 18-56).

2. Or il arriva que l'on vit dans toute la ville de Jérusalem, pendant quarante jours, des hommes à cheval qui couraient en l'air, habillés de drap d'or, et armés de lances comme des troupes de cavalerie;

3. des chevaux rangés par escadrons qui couraient les uns contre les autres, des combats de main à main, des boucliers agités, une multitude de gens armés de casques et d'épées nues, des dards lancés, des armes d'or toutes brillantes, et des cuirasses de toutes sortes [2].

4. C'est pourquoi tous priaient Dieu que ces prodiges tournassent à leur avantage [3].

5. Mais comme un faux bruit de la mort d'Antiochus se fut répandu, Jason [4] ayant pris mille hommes avec lui, vint attaquer tout d'un coup la ville; et quoique les citoyens accourussent de tous côtés aux murailles, il se rendit enfin maître de la ville, et Ménélaus s'enfuit dans la forteresse.

6. Cependant Jason fit un grand carnage, sans songer à épargner ses concitoyens: il ne considérait point que c'est un très-grand malheur d'être heureux dans la guerre qu'on fait à ses proches; et il croyait remporter un trophée de ses ennemis, et non de ses concitoyens.

7. Il ne put pas néanmoins se mettre en possession de la principauté [5]; mais tout le fruit de sa trahison et de sa malice fut sa propre confusion; et il se vit obligé de s'enfuir de nouveau [6], et de se retirer au pays des Ammonites.

8. Il fut enfin mis en prison par Arétas,

2. Contigit autem per universam Jerosolymorum civitatem videri diebus quadraginta per aera equites discurrentes, auratas stolas habentes, et hastis, quasi cohortes, armatos,

3. et cursus equorum per ordines digestos, et congressiones fieri cominus, et scutorum motus, et galeatorum multitudinem gladiis districtis, et telorum jactus, et aureorum armorum splendorem, omnisque generis loricarum.

4. Quapropter omnes rogabant in bonum monstra converti.

5. Sed cum falsus rumor exisset, tanquam vita excessisset Antiochus, assumptis Jason non minus mille viris, repente aggressus est civitatem: et civibus ad murum convolantibus, ad ultimum apprehensa civitate, Menelaus fugit in arcem:

6. Jason vero non parcebat in cæde civibus suis, nec cogitabat prosperitatem adversum cognatos malum esse maximum, arbitrans hostium et non civium se trophæa capturum.

7. Et principatum quidem non obtinuit, finem vero insidiarum suarum confusionem accepit, et profugus iterum abiit in Ammaniten.

8. Ad ultimum, in exitium su

ỳ. 3. — [2] * Dans les persécutions qu'ils exercèrent contre les Juifs, à l'époque des Machabées, les empereurs grecs, et notamment Antiochus Epiphane, ne se proposaient rien moins que de détruire le culte du vrai Dieu, et de contraindre toute la nation à embrasser le culte des divinités païennes. De là la protection toute spéciale dont Dieu couvre, dans ces temps malheureux, les défenseurs de son pays, et les prodiges qu'il fait éclater pour soutenir les faibles et les assurer de son secours. Ces prodiges étaient nécessaires comme on le voit par l'histoire même des Machabées, un trop grand nombre de Juifs passèrent au culte des idoles soit d'eux-mêmes, soit pour se soustraire aux tourments (*Voy.* la note suiv. Comp. *Apoc.* 5. note 1).

ỳ. 4. — [3] Souvent Dieu annonce les grands événements par des phénomènes et des apparitions extraordinaires dans le ciel. Des apparitions de ce genre eurent lieu, au témoignage de l'historien Josèphe, avant la destruction de Jérusalem par les Romains; et, selon la parole du Sauveur, de semblables apparitions annonceront également la proximité de son avènement pour le jugement (*Matth.* 24, 29 et suiv.). Du reste ces apparitions sont des signes de la miséricorde et de l'amour de Dieu; ce qu'il se propose par là c'est de faire rentrer les hommes en eux-mêmes, de les porter à la pénitence et à la sérieuse considération de leurs fins dernières.

ỳ. 5. — [4] qui avait été déposé par Antiochus. (*Voy.* 4, 26. *Dan.* 11. note 46).

ỳ. 7. — [5] * Voy. *pl. h.* 4, 10 et la note.

[6] aussitôt qu'il apprit qu'Antiochus revenait d'Egypte.

conclusus ab Areta Arabum tyranno, fugiens de civitate in civitatem, omnibus odiosus, ut refuga legum et execrabilis, ut patriæ et civium hostis, in Ægyptum extrusus est:

9. et qui multos de patria sua expulerat, peregre periit, Lacedæmonas profectus, quasi pro cognatione ibi refugium habiturus:

10. et qui insepultos multos abjecerat, ipse et illamentatus, et insepultus abjicitur, sepultura neque peregrina usus, neque patrio sepulcro participans.

11. His itaque gestis, suspicatus est rex societatem deserturos Judæos: et ob hoc profectus ex Ægypto efferatis animis, civitatem quidem armis cepit.

12. Jussit autem militibus interficere, nec parcere occursantibus, et per domos ascendentes trucidare.

13. Fiebant ergo cædes juvenum ac seniorum, et mulierum et natorum exterminia, virginumque et parvulorum neces.

14. Erant autem toto triduo octoginta millia interfecti, quadraginta millia vincti, non minus autem venundati.

15. Sed nec ista sufficiunt: ausus est etiam intrare templum universa terra sanctius, Menelao

roi des Arabes [7], qui voulait le perdre [8], d'où s'étant sauvé, et fuyant de ville en ville, haï de tout le monde comme un violateur de toutes les lois, comme un homme exécrable, comme un ennemi déclaré de sa patrie et de ses citoyens, il fut chassé en Egypte.

9. Ainsi celui qui avait chassé tant de personnes hors de leur pays, périt lui-même hors du sien, étant allé à Lacédémone pour y trouver quelque refuge, à cause de la parenté [9].

10. Et comme il avait fait jeter les corps de plusieurs sans les faire ensevelir, le sien fut jeté de même sans être ni pleuré, ni enseveli, et sans qu'il ait pu trouver de tombeau, ni dans son pays, ni parmi les étrangers [10].

11. Ces choses s'étant passées de la sorte, le roi [11] s'imagina que les Juifs pourraient bien abandonner l'alliance qu'ils avaient faite avec lui. Ainsi il partit d'Egypte plein de fureur, et ayant emporté la ville par force,

12. il commanda à ses soldats de tuer tout, de n'épargner aucun de tous ceux qu'ils rencontreraient, et de monter même dans les maisons pour y égorger tout ce qui s'y trouverait [12].

13. Ils firent donc un carnage général des jeunes hommes et des vieillards, des femmes et de leurs enfants; et ni les filles, ni les plus petits enfants ne purent éviter la mort.

14. Il en fut tué quatre-vingt mille pendant trois jours : quarante mille furent faits captifs, et il n'y en eut pas moins de vendus [13].

15. Mais comme si cette cruauté n'eût pas suffi à Antiochus, il osa même entrer dans le temple qui était le lieu le plus saint de

---

ỷ. 8. — [7] * Arétas est le nom commun des chefs arabes (Comp. 2. *Cor.* 11, 32).
[8] Dans le grec : il trouva donc la fin de sa conduite perverse (de ses projets de trahison contre les Juifs), ayant été enfermé chez Arétas, chef despotique des Arabes, etc.
ỷ. 9. — [9] avec les Juifs (Voy. 1. *Mach.* 12, 21).
ỷ. 10. — [10] Dans le grec : Et celui qui avait jeté une multitude d'hommes sans sépulture, demeura sans être pleuré; et il n'obtint ni les honneurs de funérailles quelconques, ni une place dans le tombeau de ses pères.
ỷ. 11. — [11] Antiochus.
ỷ. 12. — [12] * Dans le grec : et d'égorger même ceux qui monteraient dans les maisons. On pouvait sur les toit plats d'Orient fuir de maison en maison; c'est pourquoi le roi ordonne de tuer tous ceux qui y monteraient (Comp. *Dan.* 11, 28 note 46).
ỷ. 14. — [13] Dans le grec : Quatre vingt mille périrent dans l'espace de trois jours, quarante mille dans le combat à la main, et un nombre non moins grand que ceux qui furent égorgés, furent vendus comme esclaves.

toute la terre, ayant pour conducteur Ménélaus, l'ennemi des lois et de sa patrie [14].

16. Et prenant avec ses mains criminelles les vases sacrés, que les autres rois et les villes avaient placés en ce lieu saint, pour en être l'ornement et la gloire, il les maniait d'une manière indigne, et les profanait [15].

17. Ainsi Antiochus ayant perdu toute la lumière de l'esprit, ne considérait pas que si Dieu faisait éclater pour un peu de temps sa colère contre les habitants de cette ville, c'était à cause de leurs péchés, et que c'était pour cela qu'un lieu si saint avait été exposé à cette profanation.

18. Car autrement, s'ils n'avaient été coupables de plusieurs crimes, ce prince, à l'exemple d'Héliodore, qui fut envoyé par le roi Séleucus pour piller le trésor, aurait été fouetté comme lui au moment de son arrivée, et empêché d'exécuter son entreprise insolente.

19. Mais Dieu n'a pas choisi le peuple à cause du temple; il a choisi au contraire le temple à cause du peuple [16].

20. C'est pourquoi ce lieu *saint* a eu part aux maux qui sont arrivés au peuple, comme il aura part aussi aux biens qu'il doit recevoir; et après avoir été quelque temps abandonné à cause de la colère du Dieu tout-puissant, il sera encore élevé à une souveraine gloire, lorsque le grand Dieu se réconciliera avec son peuple.

21. Antiochus ayant donc emporté du temple dix-huit cents talents, s'en retourna

ductore, qui legum et patriæ fuit proditor:

16. et scelestis manibus sumens sancta vasa, quæ ab aliis regibus et civitatibus erant posita ad ornatum loci, et gloriam, contrectabat indigne, et contaminabat

17. Ita alienatus mente Antiochus, non considerabat quod propter peccata habitantium civitatem, modicum Deus fuerat iratus: propter quod et accidit circa locum despectio:

18. alioquin nisi contigisset eos multis peccatis esse involutos, sicut Heliodorus, qui missus est a Seleuco rege ad expoliandum ærarium, etiam hic statim adveniens flagellatus, et repulsus utique fuisset ab audacia.

19. Verum non propter locum, gentem; sed propter gentem, locum Deus elegit.

20. Ideoque et ipse locus particeps factus est populi malorum: postea autem fiet socius bonorum; et qui derelictus in ira Dei omnipotentis est, iterum in magni Domini reconciliatione cum summa gloria exaltabitur.

21. Igitur Antiochus mille et octingentis ablatis de templo ta-

---

℣. 15. — [14] * Sur Ménélaus *voy.* 2, 25; sur le pillage du temple voy. 1. *Mach.* 1, 23 et suiv.

℣. 16. — [15] Dans le grec :... et la gloire, il les tirait et les donnait.

℣. 19. — [16] * L'homme, en qualité de créature raisonnable, dépendant entièrement de Dieu, lui doit les hommages de son esprit, de son cœur et même de son corps; il lui doit un culte privé. Le culte privé que l'homme doit à Dieu, implique la nécessité du culte public et social. Le premier ne peut subsister sans le secours du second; et d'ailleurs la société, personne morale, dépendante de Dieu comme l'homme même, et responsable de ses actes, est tenue à l'égard de l'auteur de toutes choses aux mêmes devoirs que l'individu. Le culte public constitue un devoir social, comme il est la condition du culte privé. [illegible] culte tant privé que public ne peut subsister s'il n'y a des lieux quelconques d[illegible]s, c[illegible]ssemblées religieuses; et si l'on donne le nom de temple à ces lieux [illegible]ques en vue de rendre à Dieu le culte qui lui est dû, il est vrai de [illegible] qu[illegible] temples sont nécessaires. Mais ils sont nécessaires par rapport à l'h[illegible]me se[illegible]ment, et point du tout par rapport à Dieu. Dieu n'a que faire ni de nos temples ni de nos sacrifices (*Isai.* 1, 11; *Jérém.* 6, 20; *Amos*, 5, 22). Lorsque nous bâtissons au Très-Haut des temples ou des autels, c'est pour nous que nous travaillons. Et c'est pourquoi lorsqu'un peuple impie abandonne la pratique du culte de Dieu, Dieu, dans sa vengeance, ne manque guère de permettre la profanation ou la ruine des temples et des autels; comme pour faire sentir à ce peuple livré à l'impiété qu'il abandonne ces lieux sacrés, gages de sa présence et de sa protection, et qu'il les regarde avec horreur dès qu'il ne reçoit plus les hommages de cœurs pieux et droits (Comp. 3. *Rois*, 8, 27. et 2. *Par.* 2, 6; 6, 19. etc.).

lentis, velociter Antiocham regressus est, existimans se præ superbia terram ad navigandum, pelagus vero ad iter agendum deducturum propter mentis elationem.

22. Reliquit autem et præpositos ad affligendam gentem : Jerosolymis quidem Philippum genere Phrygem, moribus crudeliorem eo ipso, a quo constitutus est :

23. In Garizim autem Andronicum et Menelaum, qui gravius quam cœteri imminebant civibus.

24. Cumque appositus esset contra Judæos, misit odiosum principem Apollonium cum exercitu viginti et duobus millibus, præcipiens ei omnes perfectæ ætatis interficere, mulieres ac juvenes vendere.

25. Qui cum venisset Jerosolimam, pacem simulans, quievit usque ad diem sanctum sabbati : et tunc feriatis Judæis, arma capere suis præcepit.

26. Omnesque qui ad spectaculum processerant, trucidavit : et civitatem cum armatis discurrens, ingentem multitudinem peremit.

27. Judas autem Machabæus, qui decimus fuerat, secesserat in desertum locum, ibique inter feras vitam in montibus cum suis agebat : et fœni cibo vescentes, demorabantur, ne participes essent coinquinationis.

promptement à Antioche, s'abandonnant à un tel excès d'orgueil, et s'élevant dans le cœur d'une manière si extravagante, qu'il s'imaginait pouvoir naviguer sur la terre, et faire marcher ses troupes sur la mer [17].

22. Il laissa aussi des hommes qu'il établit en autorité, afin qu'ils affligeassent le peuple : savoir dans Jérusalem, Philippe, originaire de Phrygie, plus cruel que celui qui l'y avait établi;

23. et à Garizim, Andronique [18] et Ménélaus, plus acharnés que tous les autres à faire du mal à leurs concitoyens [19].

24 Et la haine qu'il avait contre les Juifs n'étant pas encore satisfaite, il leur envoya [20] le détestable Apollonius, avec une armée de vingt-deux mille hommes qu'il commandait, et il lui donna ordre de tuer tous ceux qui seraient dans un âge parfait, et de vendre les femmes et les jeunes hommes.

25. Lors donc qu'il fut arrivé à Jérusalem, il feignit de ne chercher que la paix, et il demeura en repos jusqu'au saint jour du sabbat; mais lorsque les Juifs se tenaient dans le repos auquel le sabbat les obligeait, il commanda à ses gens de prendre les armes.

26. Il tailla en pièces tous ceux qui étaient venus pour les regarder [21]; et, courant toute la ville avec ses soldats, il tua un grand nombre de personnes.

27. Cependant Judas Machabée s'était retiré, lui dixième [22], en un lieu désert, où il vivait avec les siens sur les montagnes parmi les bêtes; et ils demeuraient là sans manger autre chose que l'herbe des champs, afin de ne prendre point de part à ce qui souillait les autres.

ỳ. 21. — [17] * expressions hyperboliques, pour marquer l'extravagance et la vanité du roi Antiochus qui, après la conquête d'Egypte, ne croyait pas qu'il y eût rien d'impossible pour lui. Cependant, comme l'histoire en fait foi, des princes païens, par exemple Xerxès et Caligula, ont tenté des folies pareilles.

ỳ. 23. — [18] * Le sens doit finir là. Ménélaus, grand prêtre, et qui exerçait ses fonctions dans le temple de Jérusalem, ne pouvait avoir aucune autorité parmi les Samaritains (*Pl. b.* 6, 2. note 3). — Le mont Garizim est mis pour toute la Samarie. [19] Dans le grec :... Ménélaus, qui s'éleva d'une manière pire encore que les autres contre ses concitoyens, étant animé contre eux de sentiments hostiles.

ỳ. 24. — [20] * Le roi Antiochus envoya.

ỳ. 26. — [21] Dans le grec : pour la célébration du sabbat.

ỳ. 27. — [22] avec neuf autres frères et sœurs. Quatre de ces frères sont nommés 1. *Mach.* 2, 1. et suiv., et il est fait mention d'un cinquième *pl. h.* 8, 22; les autres ne sont pas connus.

CHAPITRE VI.

Antiochus contraint les Juifs à embrasser le paganisme. Profanation du temple. Traitement plein de cruauté auquel sont soumis les Juifs fidèles à Dieu. Martyr du pieux Eléazar.

1. Peu de temps après le roi envoya un certain vieillard [1] d'Antioche [2] pour forcer les Juifs à abandonner les lois de Dieu et celles de leur pays;

2. pour profaner le temple de Jérusalem, et l'appeler le temple de Jupiter Olympien; et pour donner au temple de Garizim le nom du temple de Jupiter l'Etranger, comme l'étaient ceux qui habitaient en ce lieu [3].

3. Ainsi l'on vit fondre tout d'un coup sur tout le peuple comme un déluge terrible de toutes sortes de maux.

4. Car le temple était rempli de dissolutions et des festins de débauche des Gentils, d'hommes impudiques, mêlés avec des courtisanes, et de femmes qui entraient insolemment dans ces lieux sacrés, y portant des choses qu'il était défendu d'y porter [4].

5. L'autel était plein aussi de viandes impures [5], qui sont interdites par nos lois.

6. On ne gardait point les jours de sabbat, on n'observait plus les fêtes solennelles du pays, et nul n'osait plus avouer simplement qu'il était Juif [6].

7. Ils étaient menés par une dure nécessité aux sacrifices le jour de la naissance du roi [7]; et lorsque l'on célébrait la fête de

1. Sed non post multum temporis, misit rex senem quemdam Antiochenum, qui compelleret Judæos, ut se transferrent a patriis et Dei legibus:

2. contaminare etiam quod in Jerosolymis erat templum, et cognominare Jovis Olympii: et in Garizim, prout erant hi, qui locum inhabitabant, Jovis hospitalis.

3. Pessima autem et universis gravis erat malorum incursio:

4. nam templum luxuria et comessationibus gentium erat plenum, et scortantium cum meretricibus, sacratisque ædibus mulieres se ultro ingerebant, introferentes ea, quæ non licebat.

5. Altare etiam plenum erat illicitis, quæ legibus prohibebantur.

6. Neque autem sabbata custodiebantur, neque dies solemnes patrii servabantur, nec simpliciter Judæum se esse quisquam confitebatur.

7. Ducebantur autem cum amara necessitate in die natalis regis ad sacrificia: et, cum Liberi sacra

ỷ. 1. — [1] * Un sénateur.
[2] Dans le grec : d'Athènes (Comp. avec ce chap. 1. *Mach.* 1, 57. et suiv.).
ỷ. 2. — [3] Litt.: de Jupiter l'hospitalier. — Les Samaritains qui avaient bâti pour eux un temple sur le mont Garizim, dans la tribu d'Ephraïm, lorsque les Juifs leur eurent refusé de prendre part au temple de Jérusalem (1. *Esdr.* 4, 2. et suiv.), étaient dans de bons rapports avec les Syriens, et c'est pour cela qu'ils sont appelés hospitaliers. Jupiter était honoré non-seulement comme le plus grand dieu de l'Olympe (du ciel), mais aussi comme le protecteur des étrangers, et sous d'autres attributs encore.
ỷ. 4. — [4] des statues des dieux, des animaux impurs, par exemple, des chiens.
ỷ. 5. — [5] de victimes païennes impures.
ỷ. 6. — [6] * de la religion des Juifs. — Pendant les persécutions des empereurs païens, le nom de chrétien seul suffisait pour faire condamner aux plus atroces supplices ceux qui le portaient.
ỷ. 7. — [7] Le grec ajoute: chaque mois (Voy. 1. *Mach.* 11, 61).

celebrarentur, cogebantur hedera coronati Libero circuire.

8. Decretum autem exiit in proximas gentilium civitates, suggerentibus Ptolemæis, ut pari modo et ipsi adversus Judæos agerent, ut sacrificarent :

9. eos autem, qui nollent transire ad instituta gentium, interficerent : erat ergo videre miseriam.

10. Duæ enim mulieres delatæ sunt natos suos circumcidisse : quas, infantibus ad ubera suspensis, cum publice per civitatem circumduxissent, per muros præcipitaverunt.

11. Alii vero, ad proximas coeuntes speluncas, et latenter sabbati diem celebrantes, cum indicati essent Philippo, flammis succensi sunt, eo quod verebantur, propter religionem et observantiam, manu sibimet auxilium ferre.

12. Obsecro autem eos, qui hunc librum lecturi sunt, ne abhorrescant propter adversos casus, sed reputent, ea quæ acciderunt, non ad interitum, sed ad correptionem esse generis nostri.

13. Etenim multo tempore non sinere peccatoribus ex sententia agere, sed statim ultiones adhibere, magni beneficii est indicium.

14. Non enim, sicut in aliis nationibus, Dominus patienter expectat, ut eas, cum judicii dies advenerit, in plenitudine peccatorum puniat :

Bacchus, ou les contraignait d'aller par les rues couronnés de lierre, en l'honneur de ce faux dieu.

8. Les Ptolémées suggérèrent aussi et furent la cause qu'on publia un édit dans les villes prochaines des Gentils, pour les obliger d'agir de la même sorte contre les Juifs, et de les contraindre à sacrifier [8],

9. ou de tuer ceux qui ne voudraient point embrasser les coutumes des Gentils. Ainsi on ne voyait que misère.

10. Car deux femmes ayant été accusées d'avoir circoncis leurs enfants, furent menées publiquement par toute la ville, ayant ces enfants pendus à leurs mamelles; et ensuite furent précipitées du haut des murailles.

11. D'autres s'étant assemblés en des cavernes voisines, et y celebrant secrètement le jour du sabbat, comme Philippe en fut averti, il les fit tous consumer par les flammes, n'ayant osé se défendre à cause du grand respect qu'ils avaient pour l'observation du sabbat [9].

12. Je conjure ceux qui liront ce livre, de ne point se scandaliser de tant d'horribles malheurs; mais de considérer que tous ces maux sont arrivés, non pour perdre, mais pour châtier notre nation [10].

13. Car c'est la marque d'une grande miséricorde de Dieu envers les pécheurs, de ne pas les laisser longtemps vivre selon leurs désirs, mais de les châtier promptement [11].

14. En effet, le Seigneur n'agit pas à notre égard comme à l'egard des autres nations, qu'il souffre avec patience, se reservant à les punir dans la plénitude de leurs péchés, lorsque le jour du jugement sera arrivé [12].

ỳ. 8. — [8] Un ordre arriva aux villes païennes de Syrie de contraindre les Juifs à prendre part au culte des idoles, comme l'avait aussi ordonné le roi d Egypte.

ỳ. 11. — [9] * comme durant les persécutions, et dans des temps plus rapprochés de nous, pendant la révolution du siècle dernier, on célébrait secrètement le dimanche. — Sur Philippe *voy.* 5, 22 (Comp. 1. *Mach.* 2, 38 et suiv.).

ỳ. 12. — [10] * Les Juifs avaient la certitude que Dieu, en châtiant leur nation, ne voulait pas la perdre : il leur en avait souvent donné l'assurance par les prophetes qui, presque toujours, terminent par cette pensée consolante, les prophéties les plus terribles qu'ils font contre Jerusalem, ou contre le peuple juif.

ỳ. 13. — [11] * Le plus terrible châtiment que Dieu puisse exercer contre les méchants, c'est de les abandonner à la malice : par là ils courent à leur perte éternelle (Comp. *Ezéch.* 16, 42).

ỳ. 14. — [12] * En ce monde Dieu punit les nations, en permettant qu'elles soient accablées par des revers, ou cessent d'exister; en l'autre, il punit les individus par les supplices éternels. Dieu peut punir même les païens; mais il les punit selon la

15. Et il n'attend pas de même pour nous punir, que nos péchés soient montés à leur comble.
16. Ainsi il ne retire jamais sa miséricorde de dessus nous; et parmi les maux dont il afflige son peuple pour le châtier, il ne l'abandonne point.

17. Après avoir dit ce peu de paroles pour l'instruction des lecteurs, il faut reprendre maintenant ma narration.

18. Eléazar, l'un des premiers d'entre les docteurs de la loi [13], qui était un vieillard d'un visage vénérable, fut pressé de manger de la chair de pourceau, et on voulait l'y contraindre en lui ouvrant la bouche par force.
19. Mais lui, préférant une mort pleine de gloire à une vie criminelle, alla volontairement et de lui-même au supplice [14].

20. Considérant ce qu'il lui faudrait souffrir en cette rencontre, et demeurant ferme dans la patience, il résolut de ne rien faire contre la loi pour l'amour de la vie [15].

21. Ceux qui étaient présents, touchés d'une injuste compassion [16], à cause de l'ancienne amitié qu'ils avaient pour lui, le prirent à part, et le supplièrent de trouver bon qu'on lui apportât des viandes dont il lui était permis de manger, afin qu'on pût feindre qu'il avait mangé des viandes du sacrifice, selon le commandement du roi,
22. et qu'on le sauvât ainsi de la mort. Ils usaient donc de cette espèce d'humanité à son égard, par un effet de l'ancienne affection qu'ils lui portaient.
23. Mais pour lui, il commença à considérer ce que demandaient de lui un âge et une vieillesse si vénérable, ces cheveux blancs qui accompagnaient la grandeur de cœur qui lui était naturelle, et cette vie in-

15. Ita et in nobis statuit, ut peccatis nostris in finem devolutis, ita demum in nos vindicet.
16. Propter quod nunquam quidem a nobis misericordiam suam amovet : corripiens vero in adversis populum suum non derelinquit.
17. Sed hæc nobis ad commonitionem legentium dicta sint paucis. Jam autem veniendum est ad narrationem.
18. Igitur Eleazarus unus de primoribus scribarum, vir ætate provectus, et vultu decorus, aperto ore hians compellebatur carnem porcinam manducare.
19. At ille gloriosissimam mortem magis quam odibilem vitam complectens, voluntarie præibat ad supplicium.
20. Intuens autem, quemadmodum oporteret accedere, patienter sustinens, destinavit non admittere illicita propter vitæ amorem.
21. Hi autem qui adstabant, iniqua miseratione commoti, propter antiquam viri amicitiam, tollentes eum secreto rogabant afferri carnes, quibus vesci ei licebat, ut simularetur manducasse, sicut rex imperaverat, de sacrificii carnibus :
22. ut, hoc facto, a morte liberaretur : et propter veterem viri amicitiam, hanc in eo faciebant humanitatem.
23. At ille cogitare cœpit ætatis ac senectutis suæ eminentiam dignam, et ingenitæ nobilitatis canitiem, atque a puero optimæ conversationis actus : et secundum

---

mesure de la connaissance qu'ils ont pu avoir de la vérité (Comp. *Rom.* 2, 10 et suiv.).
ỳ. 18. — [13] * et, selon une opinion très-plausible, de race sacerdotale : Ce fut vraisemblablement à Antioche qu'eut lieu le martyre d'Eléazar, de même que celui des sept frères dont il est parlé au chapitre suivant.
ỳ. 19. — [14] Dans le grec : vers l'instrument du supplice. C'était une machine en bois, où le corps du patient était étendu ou suspendu, puis battu jusqu'à la mort. — * C'est ce que signifie le mot grec τύμπανον.
ỳ. 20. — [15] Dans le grec le verset porte :.... vers l'instrument du supplice, crachant, comme devaient le faire ceux qui étaient résolus à souffrir avec patience, sur des choses dont il n'est pas permis de goûter, même par amour de la vie.
ỳ. 21. — [16] Dans le grec : Ceux qui étaient placés dans cette fête où l'on offrait des sacrifices impies. — * Autrement : par une compassion contraire à la loi : πρὸς τῷ παρανόμῳ σπλαγχνισμῷ.

sanctæ et a Deo conditæ legis constituta, respondit cito, dicens, præmitti se velle in infernum.

nocente et sans tache qu'il avait menée depuis son enfance; et il répondit aussitôt, selon les ordonnances de la loi sainte établie de Dieu, qu'il aimait mieux descendre dans le tombeau [17].

24. Non enim ætati nostræ dignum est, inquit, fingere : ut multi adolescentium, arbitrantes Eleazarum nonaginta annorum transisse ad vitam alienigenarum :

24. Car il n'est pas digne de l'âge où nous sommes, leur dit-il, d'user de cette fiction, qui serait cause que plusieurs jeunes hommes, s'imaginant qu'Éléazar, à l'âge de quatre-vingt-dix ans, aurait passé de la vie des Juifs à celle des païens,

25. et ipsi propter meam simulationem, et propter modicum corruptibilis vitæ tempus, decipiantur; et per hoc maculam, atque execrationem meæ senectuti conquiram.

25. seraient eux-mêmes trompés par cette feinte dont j'aurais usé pour conserver un petit reste de cette vie corruptible : et ainsi j'attirerais une tache honteuse sur moi, et l'exécration des hommes sur ma vieillesse.

26. Nam, etsi in præsenti tempore suppliciis hominum eripiar, sed manum Omnipotentis nec vivus, nec defunctus effugiam.

26. Car encore que je me délivrasse présentement des supplices des hommes, je ne pourrais néanmoins fuir la main du Tout-Puissant, ni pendant ma vie, ni après ma mort [18].

27. Quamobrem fortiter vita excedendo, senectute quidem dignus apparebo :

27. C'est pourquoi mourant courageusement, je paraîtrai digne de la vieillesse où je suis;

28. adolescentibus autem exemplum forte relinquam, si prompto animo, ac fortiter pro gravissimis ac sanctissimis legibus honesta morte perfungar. His dictis, confestim ad supplicium trahebatur.

28. et je laisserai aux jeunes gens un exemple de fermeté, en souffrant avec constance et avec joie une mort honorable pour le sacré culte de nos lois très-saintes. Aussitôt qu'il eut achevé ces paroles, on le traîna au supplice.

29. Hi autem, qui eum ducebant, et paulo ante fuerant mitiores, in iram conversi sunt propter sermones ab eo dictos, quos illi per arrogantiam prolatos arbitrabantur.

29. Et ceux qui le conduisaient ayant paru auparavant plus doux envers lui, passèrent tout d'un coup à une grande colère, à cause de ces paroles qu'il avait dites, qu'ils attribuaient à l'orgueil.

30. Sed, cum plagis perimeretur, ingemuit, et dixit : Domine, qui habes sanctam scientiam, manifeste tu scis, quia, cum a morte possem liberari, duros corporis sustineo dolores : secundum animam vero propter timorem tuum libenter hæc patior.

30. Lorsqu'il était près de mourir des coups dont on l'accablait, il jeta un grand soupir, et il dit : Seigneur, qui avez une science toute sainte [19], vous connaissez clairement, qu'ayant pu me délivrer de la mort, je souffre dans mon corps de très-sensibles douleurs, mais que dans l'âme je sens de la joie de les souffrir pour votre crainte.

31. Et iste quidem hoc modo vita decessit, non solum juvenibus, sed et universæ genti memoriam mortis suæ ad exemplum virtutis et fortitudinis derelinquens.

31. Il mourut ainsi, en laissant non-seulement aux jeunes hommes, mais aussi à toute sa nation, un grand exemple de vertu et de fermeté dans le souvenir de sa mort.

ỳ. 23. — [17] Sur le tombeau, ou l'autre monde voy. *Ps*. 6. note 7.
ỳ. 26. — [18] * Expression on ne peut plus explicite de la foi en une autre vie. — Eléazar est si convaincu que l'hypocrisie mérite d'être punie, qu'il croit que lors même que le châtiment ne le frapperait pas en cette vie, il n'y échapperait sûrement pas dans l'autre.
ỳ. 30. — [19] la toute science.

CHAPITRE VII.

Martyre des sept frères Machabées et de leur mère.

1. Or il arriva que l'on prit aussi sept frères [1] avec leur mère, et le roi voulut les contraindre à manger, contre la défense de la loi, de la chair de pourceau, en les faisant déchirer avec des fouets et des escourgées de cuir de taureau.

2. Mais l'un d'eux qui était l'aîné, lui dit: Que demandez-vous, et que voulez-vous apprendre de nous? Nous sommes prêts à mourir plutôt que de violer les lois de Dieu et de notre pays.

3. Le roi entrant en colère commanda qu'on fît chauffer sur le feu des poeles et des chaudières d'airain; et lorsqu'elles furent toutes brûlantes,

4. il ordonna qu'on coupât la langue à celui qui avait parlé le premier, qu'on lui arrachât la peau de la tête, et qu'on lui coupât les extrémités des mains et des pieds, à la vue de ses frères et de sa mère.

5. Après qu'il l'eut fait ainsi mutiler par tout le corps, il commanda qu'on l'approchât du feu, et qu'on le fît rôtir dans la poele pendant qu'il respirait encore. Et dans tout le temps qu'il était tourmenté, ses autres frères s'encourageaient l'un l'autre avec leur mère à mourir constamment,

6. en disant: Le Seigneur Dieu considérera la vérité, il sera console en nous, selon que Moyse le déclare dans son cantique par ces paroles: Et il sera consolé dans ses serviteurs [2].

7. Le premier étant mort de cette sorte, ils menaient le second pour le faire souffrir avec insulte [3]; et lui ayant arraché la peau de la tête avec les cheveux, ils lui demandaient s'il voulait manger des viandes qu'on lui présentait, plutôt que d'être tourmenté dans tous les membres de son corps.

1. Contigit autem et septem fratres una cum matre sua apprehensos, compelli a rege edere contra fas carnes porcinas, flagris et taureis cruciatos.

2. Unus autem ex illis, qui erat primus, sic ait: Quid quæris, et quid vis discere a nobis? parati sumus mori, magis quam patrias Dei leges prævaricari.

3. Iratus itaque rex, jussit sartagines et ollas æneas succendi: quibus statim succensis,

4. jussit, ei qui prior fuerat locutus, amputari linguam: et, cute capitis abstracta, summas quoque manus et pedes ei præscindi, cæteris ejus fratribus et matre inspicientibus.

5. Et, cum jam per omnia inutilis factus esset, jussit ignem admoveri, et adhuc spirantem torreri in sartagine: in qua cum diu cruciaretur, cæteri una cum matre invicem se hortabantur mori fortiter,

6. dicentes: Dominus Deus aspiciet veritatem, et consolabitur in nobis, quemadmodum in protestatione cantici declaravit Moyses: Et in servis suis consolabitur.

7. Mortuo itaque illo primo, hoc modo, sequentem deducebant ad illudendum: et, cute capitis ejus cum capillis abstracta, interrogabant, si manducaret prius, quam toto corpore per membra singula puniretur.

℣. 1. — [1] Ces sept frères avec leur mère sont appelés Machabées, non point parce qu'ils étaient parents de Judas Machabée, mais parce qu'ils moururent en héros et comme martyrs de leur foi, dans le temps où Judas et les siens combattaient pour la liberté de leur religion et de leur patrie. Cet événement tombe vers l'an 166 avant Jésus-Christ, et il se passa à Antioche.

℣. 6. — [2] Voy. 5. *Moys.* 32, 36. Les paroles ci-dessus sont tirées de la version grecque des Septante.

℣. 7. — [3] D'autres traduisent: pour en faire un objet de dérision.

8. At ille, respondens patria voce, dixit : Non faciam. Propter quod et iste, sequenti loco, primi tormenta suscepit :

9. et in ultimo spiritu constitutus, sic ait : Tu quidem scelestissime in præsenti vita nos perdis : sed Rex mundi defunctos nos pro suis legibus in æternæ vitæ resurrectione suscitabit.

10. Post hunc tertius illuditur, et linguam postulatus cito protulit, et manus constanter extendit :

11. et cum fiducia ait : E cœlo ista possideo, sed propter Dei leges nunc hæc ipsa despicio, quoniam ab ipso me ea recepturum spero :

12. ita ut rex, et qui cum ipso erant, mirarentur adolescentis animum, quod tanquam nihilum duceret cruciatus.

13. Et hoc ita defuncto, quartum vexabant similiter torquentes.

14. Et, cum jam esset ad mortem, sic ait : Potius est ab hominibus morti datos spem expectare a Deo, iterum ab ipso resuscitandos : tibi enim resurrectio ad vitam non erit.

15. Et cum admovissent quintum, vexabant eum. At ille respiciens in eum, dixit :

16. Potestatem inter homines habens, cum sis corruptibilis, facis quod vis : noli autem putare genus nostrum a Deo esse derelictum ;

17. tu autem patienter sustine, et videbis magnam potestatem ipsius, qualiter te et semen tuum torquebit.

18. Post hunc ducebant sextum, et is, mori incipiens, sic ait : Noli frustra errare : nos enim propter nosmetipsos hæc patimur, peccantes in Deum nostrum, et digna

8. Mais il répondit en la langue de ses pères[4] : Je n'en ferai rien. C'est pourquoi il souffrit aussi les mêmes tourments que le premier.

9. Et étant près de rendre l'esprit, il dit au roi : Vous nous faites perdre, ô très-méchant prince ! la vie présente ; mais le Roi du monde nous ressuscitera un jour pour la vie éternelle, après que nous serons morts pour la défense de ses lois[5].

10. Après celui-ci on insulta encore au troisième : on lui demanda sa langue, qu'il présenta aussitôt, et il étendit ses mains constamment,

11. et dit avec confiance : J'ai reçu ces membres du ciel ; mais je les méprise maintenant pour la défense des lois de Dieu, parce que j'espère qu'il me les rendra un jour.

12. De sorte que le roi et ceux qui l'accompagnaient admirèrent le courage de ce jeune homme, qui considérait comme rien les plus grands tourments.

13. Celui-ci étant aussi mort de la sorte, ils tourmentèrent de même le quatrième.

14. Et lorsqu'il était près de rendre l'esprit, il dit : Il est plus avantageux d'être tués par les hommes, dans l'espérance que Dieu nous rendra la vie en nous ressuscitant ; car pour vous, votre résurrection ne sera point pour la vie[6].

15. Ayant pris le cinquième, ils le tourmentèrent comme les autres. Alors regardant le roi, il lui dit :

16. Vous faites ce que vous voulez, parce que vous avez reçu la puissance parmi les hommes, quoique vous soyez vous-même un homme mortel ; mais ne vous imaginez pas que Dieu ait abandonné notre nation.

17. Attendez seulement un peu, et vous verrez quelle est la grandeur de sa puissance, et de quelle manière il vous tourmentera, vous et votre race.

18. Après celui-ci, ils menèrent au supplice le sixième ; et lorsqu'il était près de mourir, il dit : Ne vous trompez pas vainement vous-même ; car si nous souffrons ceci, c'est parce que nous l'avons mérité, ayant

---

℣. 8. — [4] en langue araméenne, que l'on parlait alors en Palestine.

℣. 9. — [5] * La foi en la résurrection, si vive dans ces saints martyrs, a fait dire à saint Augustin *qu'ils n'étaient pas chrétiens, mais qu'ils prévinrent par leurs actes le nom de chrétiens, qui depuis se répandit dans le monde.* Ce fut à Antioche que plus tard ce nom fut donné pour la première fois aux disciples de Jésus-Christ (*Act.* 11, 26).

℣. 14. — [6] Voy. *pl. h.* 12, 43 et suiv.

péché contre notre Dieu; et ainsi nous nous sommes attiré ces fléaux si épouvantables[7].

19. Mais ne vous imaginez pas que vous demeurerez impuni, après avoir entrepris de combattre contre Dieu même.

20. Cependant leur mère, plus admirable qu'on ne peut le dire, et digne de vivre éternellement dans la mémoire des bons, voyant périr en un même jour ses sept enfants, souffrait constamment leur mort, à cause de l'espérance qu'elle avait en Dieu.

21. Elle exhortait chacun d'eux avec des paroles fortes dans la langue du pays[8], étant toute remplie de sagesse; et alliant un courage mâle avec la tendresse d'une femme,

22. elle leur disait : Je ne sais comment vous avez été formés dans mon sein; car ce n'est point moi qui vous ai donné l'âme, l'esprit et la vie, ni qui ai joint tous vos membres pour en faire un corps.

23. Mais le Créateur du monde qui a formé l'homme dans sa naissance, et qui a donné l'origine à toutes choses, vous rendra encore l'esprit et la vie par sa miséricorde, en récompense de ce que vous vous méprisez maintenant vous-mêmes, pour obéir à sa loi.

24. Or Antiochus croyant qu'on le méprisait, et voyant toutes les insultes qu'il avait faites à ces jeunes hommes devenues inutiles, comme le plus jeune de tous était resté, il commença non-seulement à l'exhorter par ses paroles[9], mais à l'assurer avec serment qu'il le rendrait riche et heureux, qu'il le mettrait au rang de ses favoris, et lui donnerait toutes les choses nécessaires[10], s'il voulait abandonner les lois de ses pères.

25. Mais ce jeune homme ne pouvant être ébranlé par ces promesses, le roi appela sa mère, et l'exhorta à inspirer à son fils des sentiments plus salutaires.

26. Après donc qu'il lui eut dit beaucoup de choses pour la persuader, elle lui promit d'exhorter son fils.

27. Elle se baisssa en même temps pour lui parler, et, se moquant de ce cruel tyran, elle lui dit en la langue de ses pères : Mon

admiratione facta sunt in nobis :

19. tu autem ne existimes tibi impune futurum, quod contra Deum pugnare tentaveris.

20. Supra modum autem mater mirabilis, et bonorum memoria digna, quæ pereuntes septem filios sub unius diei tempore conspiciens, bono animo ferebat, propter spem quam in Deum habebat :

21. singulos illorum hortabatur voce patria fortiter, repleta sapientia : et femineæ cogitationi masculinum animum inserens,

22. dixit ad eos : Nescio qualiter in utero meo apparuistis : neque enim ego spiritum et animam donavi vobis et vitam, et singulorum membra non ego ipsa compegi :

23. sed enim mundi Creator, qui formavit hominis nativitatem, quique omnium invenit originem, et spiritum vobis iterum cum misericordia reddet et vitam, sicut nunc vosmetipsos despicitis propter leges ejus.

24. Antiochus autem, contemni se arbitratus, simul et exprobrantis voce despecta, cum adhuc adolescentior superesset, non solum verbis hortabatur, sed et cum juramento affirmabat, se divitem et beatum facturum, et translatum a patriis legibus amicum habiturum, et res necessarias ei præbiturum.

25. Sed ad hæc cum adolescens nequaquam inclinaretur, vocavit rex matrem, et suadebat ei ut adolescenti fieret in salutem.

26. Cum autem multis eam verbis esset hortatus, promisit suasuram se filio suo.

27. Itaque inclinata ad illum, irridens crudelem tyrannum ait patria voce : Fili mi, miserere

---

ỳ. 18. — [7] Ne croyez pas que vous fassiez cela par votre propre puissance; vous n'êtes que l'instrument de Dieu, pour punir pendant quelque temps Israël de ses péchés.

ỳ. 21. — [8] * en syriaque, ou en hébreu, qui n'était pas entendu du roi ni des assistants.

ỳ. 24. — [9] non par de simples paroles.

[10] Dans le grec : et qu'il lui donnerait des dignités.

mei, quæ te in utero novem mensibus portavi, et lac triennio dedi et alui, et in ætatem istam perduxi.

28. Peto, nate, ut aspicias ad cœlum et terram, et ad omnia quæ in eis sunt : et intelligas, quia ex nihilo fecit illa Deus, et hominum genus :

29. ita fiet, ut non timeas carnificem istum; sed dignus fratribus tuis effectus particeps, suscipe mortem, ut in illa miseratione cum fratribus tuis te recipiam.

30. Cum hæc illa adhuc diceret, ait adolescens : Quem sustinetis? non obedio præcepto regis, sed præcepto legis, quæ data est nobis per Moysen.

31. Tu vero, qui inventor omnis malitiæ factus es in Hebræos, non effugies manum Dei.

32. Nos enim pro peccatis nostris hæc patimur.

33. Et si nobis propter increpationem et correptionem Dominus Deus noster modicum iratus est : sed iterum reconciliabitur servis suis.

34. Tu autem, o sceleste, et omnium hominum flagitiosissime, noli frustra extolli vanis spebus in servos ejus inflammatus;

35. nondum enim omnipotentis Dei, et omnia inspicientis, judicium effugisti.

36. Nam fratres mei, modico nunc dolore sustentato, sub testamento æternæ vitæ effecti sunt : tu vero judicio Dei justas superbiæ tuæ pœnas exsolves.

37. Ego autem, sicut et fratres mei, animam et corpus meum trado pro patriis legibus : invocans Deum maturius genti nostræ

fils, ayez pitié de moi, qui vous ai porté neuf mois dans mon sein, qui vous ai nourri de mon lait pendant trois ans, et qui vous ai élevé jusqu'à l'âge où vous êtes [11].

28. Je vous conjure, mon fils, de regarder le ciel et la terre, et toutes les choses qui y sont renfermées, et de bien comprendre que Dieu les a créées de rien, aussi bien que tous les hommes.

29. Ainsi vous ne craindrez point ce cruel bourreau; mais vous rendant digne d'avoir part aux souffrances de vos frères, vous recevrez de bon cœur la mort, afin que je vous reçoive de nouveau avec vos frères dans cette miséricorde que nous attendons [12].

30. Lorsqu'elle parlait encore, ce jeune homme se mit à crier : Qu'attendez-vous de moi? Je n'obéis point au commandement du roi, mais au précepte de la loi qui nous a été donnée par Moyse.

31. Quant à vous, qui êtes l'auteur de tous les maux dont on accable les Hébreux, vous n'éviterez pas la main de Dieu.

32. Car pour nous, c'est à cause de nos péchés que nous souffrons toutes ces choses [13].

33. et si le Seigneur notre Dieu s'est mis un peu en colère contre nous pour nous châtier et nous corriger, il se réconciliera de nouveau avec ses serviteurs.

34. Mais pour vous qui êtes le plus scélérat et le plus abominable de tous les hommes, ne vous flattez pas inutilement par de vaines espérances, en vous enflammant de fureur contre les serviteurs de Dieu;

35. car vous n'avez pas encore échappé au jugement de Dieu qui peut tout, et qui voit tout.

36. Et quant à mes frères, après avoir supporté une douleur passagère, ils sont entrés maintenant dans l'alliance de la vie éternelle [14]; mais pour vous, vous souffrirez au jugement de Dieu la peine que votre orgueil a justement méritée.

37. Pour ce qui est de moi, j'abandonne volontiers, comme mes frères, mon corps et mon âme pour la défense des lois de mes pères, en conjurant Dieu de se rendre bien-

℣. 27. — [11] * Les mères anciennement allaitaient pendant tout ce temps-là leurs enfants (Comp. 1. *Moys.* 21, 8).

℣. 29. — [12] * Par rapport à ses fils qui déjà lui ont été enlevés, cette pieuse mère espère que Dieu leur a fait miséricorde; et, en conséquence, elle conjure le plus jeune de se montrer aussi digne de la grâce de Dieu, afin qu'ils puissent tous se voir réunis dans l'éternelle béatitude, objet de leur espérance.

℣. 32. — [13] *Voy.* ℣. 18.

℣. 36. — [14] Dans le grec : ils ont été mis en possession de la vie éternelle, selon la promesse de Dieu.

tôt favorable à notre nation, et de vous contraindre, par les tourments et par plusieurs plaies, à confesser qu'il est le seul Dieu[15].

38. Mais la colère du Tout-Puissant, qui est tombée justement sur tout notre peuple, finira à ma mort et à celle de mes frères.

39. Alors le roi tout enflammé de colère, fit éprouver sa cruauté à celui-ci encore plus qu'à tous les autres, ne pouvant souffrir que l'on se moquât ainsi de lui.

40. Il mourut donc dans la pureté de son innocence, comme les autres, avec une parfaite confiance en Dieu.

41. Enfin la mère souffrit aussi la mort après ses enfants.

42. Mais nous avons assez parlé et des sacrifices[16], et des excessives cruautés *d'Antiochus.*

propitium fieri, teque cum tormentis et verberibus confiteri quod ipse est Deus solus.

38. In me vero et in fratribus meis desinet Omnipotentis ira, quæ super omne genus nostrum juste superducta est.

39. Tunc rex accensus ira, in hunc super omnes crudelius desævit, indigne ferens se derisum.

40. Et hic itaque mundus obiit, per omnia in Domino confidens.

41. Novissime autem post filios et mater consumpta est.

42. Igitur de sacrificiis, et de nimiis crudelitatibus satis dictum est.

CHAPITRE VIII.

Judas Machabée rassemble des gens autour de lui, et tombe sur les ennemis. Nicanor, Bacchide et Timothée sont défaits. Nicanor se sauve à Antioche.

1. Cependant Judas Machabée[1], et ceux qui étaient avec lui, entraient secrètement dans *les villages et* les châteaux[2], et faisaient venir leurs parents et leurs amis; et, prenant avec eux ceux qui étaient demeurés fermes dans la religion judaïque, ils attirèrent à eux jusqu'à six mille hommes.

2. Et ils invoquaient le Seigneur, afin qu'il regardât favorablement son peuple, que tout le monde foulait aux pieds; qu'il fût touché de compassion pour son temple, qui était profané par les impies;

3. qu'il eût pitié des ruines de la ville qui allait être détruite et rasée, et qu'il écoutât la voix du sang qui criait jusqu'à lui[3];

4. qu'il se souvînt aussi des meurtres si injustes des petits innocents, et des blas-

1. Judas vero Machabæus, et qui cum illo erant, introibant latenter in castella : et convocantes cognatos et amicos, et eos, qui permanserunt in judaismo, assumentes, eduxerunt ad se sex millia virorum.

2. Et invocabant Dominum, ut respiceret in populum, qui ab omnibus calcabatur : et misereretur templo, quod contaminabatur ab impiis.

3. misereatur etiam exterminio civitatis, quæ esset illico complananda, et vocem sanguinis ad se clamantis audiret :

4. memorarctur quoque iniquissimas mortes parvulorum inno-

ỳ. 37. — 15 * On vit l'accomplissement de ces menaces, ou de ces prédictions, lorsqu'Antiochus, accablé de maux et près d'expirer, implorait le Dieu d'Israel et promettait d'embrasser son culte (Voy. *pl. b.* 9, 15-17).

ỳ. 42. — 16 Voy. *pl. h.* 6, 7.

ỳ. 1. — 1 *Comp.* avec ỳ. 1-22 de ce chapitre (1. *Mach.* 3).

2 Litt.: dans les châteaux. — Dans le grec : dans les villages.

ỳ. 3. — 3 * La voix du sang de tant d'innocents injustement massacrés (Comp. 1. *Moys.* 4, 10).

centum, et blasphemias nomini suo illatas, et indignaretur super his.

5. At Machabæus, congregata multitudine, intolerabilis gentibus efficiebatur : ira enim Domini in misericordiam conversa est.

6. Et superveniens castellis et civitatibus improvisus, succendebat eas : et opportuna loca occupans, non paucas hostium strages dabat :

7. maxime autem noctibus ad hujuscemodi excursus ferebatur, et fama virtutis ejus ubique diffundebatur.

8. Videns autem Philippus paulatim virum ad profectum venire, ac frequentius res ei cedere prospere, ad Ptolemæum ducem Cœlesyriæ et Phœnicis scripsit, ut auxilium ferret regis negotiis.

9. At ille velociter misit Nicanorem Patrocli de primoribus amicum, datis ei de permixtis gentibus, armatis non minus viginti millibus, ut universum Judæorum genus deleret, adjuncto ei et Gorgia viro militari, et in bellicis rebus experientissimo.

10. Constituit autem Nicanor, ut regi tributum, quod Romanis erat dandum, duo millia talentorum, de captivitate Judæorum suppleret :

11. statimque ad maritimas civitates misit, convocans ad coemptionem judaicorum mancipiorum, promittens se nonaginta mancipia talento distracturum, non despiciens ad vindictam, quæ eum ab Omnipotente esset consecutura.

12. Judas autem ubi comperit, indicavit his qui secum erant Judæis, Nicanoris adventum.

13. Ex quibus quidam formidantes, et non credentes Dei justitiæ, in fugam vertebantur :

14. alii vero si quid ei super-

phèmes que l'on avait proférés contre son nom, et qu'il conçût de l'indignation contre ces excès.

5. Machabée ayant donc rassemblé près de soi beaucoup de gens, devenait formidable aux nations : car la colère du Seigneur se changea alors en miséricorde.

6. Il surprenait tout d'un coup les villages et les villes, et les brûlait; et, se saisissant des lieux les plus avantageux, il taillait en pièces un grand nombre d'ennemis.

7. Il faisait principalement ces courses pendant la nuit : et le bruit de sa valeur se répandit de toutes parts [4].

8. Alors Philippe [5], voyant le progrès que ce grand homme faisait de jour en jour, et le bonheur de ses entreprises qui réussissaient presque toujours, écrivit à Ptolémée, qui commandait dans la Célésyrie et dans la Phénicie, de lui envoyer du secours pour fortifier le parti du roi.

9. Ptolémée lui envoya aussitôt Nicanor, fils de Patrocle, l'un des plus grands de la cour, et son ami, à qui il donna environ vingt mille hommes de guerre, de diverses nations, afin qu'il exterminât tout le peuple juif : et il lui adjoignit Gorgias, grand capitaine, et homme d'une longue expérience dans les choses de la guerre.

10. Nicanor résolut de payer le tribut de deux mille talents que le roi devait aux Romains [6], de l'argent qui reviendrait de la vente des esclaves juifs.

11. Et il envoya en même temps vers les villes maritimes, pour inviter les marchands à venir acheter des esclaves juifs, promettant de leur en donner quatre-vingt-dix pour un talent, sans faire réflexion sur la vengeance du Tout-Puissant, qui devait bientôt tomber sur lui.

12. Judas ayant appris l'arrivée de Nicanor, en avertit les Juifs qui l'accompagnaient.

13. Quelques-uns étant saisis de crainte, et n'ayant pas confiance en la justice de Dieu, prirent la fuite.

14. Les autres vendaient tout ce qui pou-

℣. 7. — [4] * Judas avait peu auparavant défait les deux généraux syriens, Apollonius et Séron, et le bruit s'en répandit bientôt dans toute la Palestine (Voy. 1. *Mach.* 3, 9-26).

℣. 8. — [5] Voy. *pl. h.* 5, 22.

℣. 10. — [6] vraisemblablement comme arrérages de son père, Antiochus-le-Grand (Voy. *Dan.* 11. note 31).

vait leur être resté[7], et en même temps ils conjuraient le Seigneur de les délivrer de l'impie Nicanor, qui, avant même que de s'être approché d'eux, les avait vendus;

15. *et de vouloir bien le faire*, sinon pour l'amour d'eux-mêmes, au moins en considération de l'alliance qu'il avait faite avec leurs pères, et de l'honneur qu'ils avaient de porter son nom si grand et si saint.

16. Machabée ayant fait assembler les sept mille hommes[8] qui étaient avec lui, les conjura de ne point se réconcilier avec leurs ennemis[9], et de ne point craindre cette multitude d'adversaires qui venaient les attaquer injustement, mais de combattre avec un grand courage,

17. ayant devant les yeux la profanation si indigne dont ils avaient déshonoré le lieu saint, les insultes et les outrages qu'on avait faits à la ville, et le violement des ordonnances des anciens.

18. Car pour eux, ajoutait-il, ils se fient sur leurs armes et sur leur audace; mais pour nous, nous mettons notre confiance dans le Seigneur tout-puissant, qui peut renverser par un clin d'œil, et tous ceux qui nous attaquent, et le monde entier.

19. Il les fit souvenir aussi des secours que Dieu avait autrefois donnés à leurs pères, et des cent quatre-vingt-cinq mille hommes qui furent tués du temps de Sennachérib;

20. et de la bataille qu'ils avaient donnée contre les Galates en Babylone, dans laquelle les Macédoniens qui étaient venus à leur secours, étant ébranlés, six mille d'entre eux seulement avaient tué cent vingt mille hommes, à cause du secours qu'ils avaient reçu du ciel, et avaient ensuite obtenu pour récompense de grandes faveurs[10].

21. Ces paroles les remplirent de courage, en sorte qu'ils étaient prêts à mourir pour leurs lois et pour leur patrie.

22. Il divisa son armée en plusieurs corps,

erat vendebant, simulque Dominum deprecabantur, ut eriperet eos ab impio Nicanore, qui eos, priusquam cominus veniret, vendiderat;

15. et si non propter eos, propter testamentum tamen quod erat ad patres eorum, et propter invocationem sancti et magnifici nominis ejus super ipsos.

16. Convocatis autem Machabæus septem millibus, qui cum ipso erant, rogabat ne hostibus reconciliarentur, neque metuerent inique venientium adversum se hostium multitudinem, sed fortiter contenderent,

17. ante oculos habentes coutumeliam, quæ loco sancto ab his injuste esset illata, itemque et ludibrio habitæ civitatis injuriam, adhuc etiam veterum instituta convulsa.

18. Nam illi quidem armis confidunt, ait, simul et audacia : nos autem in omnipotente Domino, qui potest et venientes adversum nos, et universum mundum uno nutu delere, confidimus.

19. Admonuit autem eos et de auxiliis Dei, quæ facta sunt erga parentes : et quod sub Sennacherib centum octoginta quinque millia perierunt :

20. et de prælio, quod eis adversus Galatas fuit in Babylonia, ut omnes, ubi ad rem ventum est, Macedonibus sociis hæsitantibus, ipsi sex millia soli peremerunt centum viginti millia, propter auxilium illis datum de cœlo, et beneficia pro his plurima consecuti sunt.

21. His verbis constantes effecti sunt, et pro legibus et patria mori parati.

22. Constituit itaque fratres

ỳ. 14. — [7] afin de pouvoir fuir ainsi sans obstacle.

ỳ. 16. — [8] Dans le grec : six mille : ce qui s'accorde avec ỳ. 22.

[9] Dans le grec : de ne point redouter leurs ennemis.

ỳ. 20. — [10] On ne sait pas en quel temps tombe cette guerre contre les Galates; tout ce qu'il y a de certain, c'est qu'au temps d'Antiochus-le-Grand ils étaient très-puissants dans l'Asie-Mineure, et que les Juifs depuis Alexandre-le-Grand servaient dans l'armée des rois de Syrie. Par les Macédoniens il faut entendre les troupes grecques ou syriennes, auxquelles on avait confié la garde de Babylone, en leur adjoignant un corps de Juifs. D'après le grec, ces Macedoniens étaient au nombre de quatre mille.

suos duces utrique ordini, Simonem, et Josephum, et Jonathan, subjectis unicuique millenis et quingentenis.

23. Ad hoc etiam ab Esdra lecto illis sancto libro, et dato signo adjutorii Dei, in prima acie ipse dux commisit cum Nicanore.

24. Et facto sibi adjutore Omnipotente, interfecerunt super novem millia hominum : majorem autem partem exercitus Nicanoris vulneribus debilem factam fugere compulerunt.

25. Pecuniis vero eorum, qui ad emptionem ipsorum venerant, sublatis, ipsos usquequaque persecuti sunt,

26. sed reversi sunt hora conclusi; nam erat ante sabbatum : quam ob causam non perseveraverunt insequentes.

27. Arma autem ipsorum et spolia congregantes, sabbatum agebant : benedicentes Dominum, qui liberavit eos in isto die, misericordiæ initium stillans in eos.

28. Post sabbatum vero debilibus, et orphanis, et viduis diviserunt spolia : et residua ipsi cum suis habere.

29. His itaque gestis, et communiter ab omnibus facta obsecratione, misericordem Dominum postulabant, ut in finem servis suis reconciliaretur.

30. Et ex his, qui cum Timotheo et Bacchide erant contra se contendentes, super viginti millia

et en donna le commandement à ses frères, Simon, Joseph [11], et Jonathas, chacun d'eux ayant sous soi quinze cents hommes.

23. Esdras [12] leur ayant lu aussi le livre saint, le général, après les avoir assurés du secours de Dieu [13], se mit lui-même à la tête de l'armée, et marcha contre Nicanor [14].

24. Et le Seigneur tout-puissant s'étant déclaré en leur faveur, ils tuèrent plus de neuf mille hommes; et, la plus grande partie de l'armée de Nicanor s'étant affaiblie par les blessures qu'elle avait reçues, ils la forcèrent de prendre la fuite.

25. Ils prirent tout l'argent de ceux qui étaient venus pour les acheter, et les poursuivirent bien loin.

26. Mais ils revinrent, se voyant pressés de l'heure, parce que c'était la veille du sabbat, ce qui les empêcha de continuer à les poursuivre [15].

27. Ayant ensuite ramassé les armes et les dépouilles des ennemis, ils célébrèrent le sabbat, en bénissant le Seigneur qui les avait délivrés en ce jour-là, et qui avait répandu sur eux comme les premières gouttes *de la rosée* de sa miséricorde.

28. Après le sabbat ils firent part des dépouilles aux infirmes, aux orphelins et aux veuves [16]; et ils retinrent le reste pour eux et pour ceux qui leur appartenaient.

29. Ils firent après la prière tous ensemble, en conjurant le Seigneur très-miséricordieux de se réconcilier pour toujours avec ses serviteurs.

30. Ils tuèrent dans la suite plus de vingt mille hommes des gens de Timothée et de Bacchide, qui combattaient contre eux. Ils

---

℣. 22. — [11] * On ne trouve point ailleurs le nom de Joseph parmi les frères de Judas Machabée; selon quelques-uns, c'était un de ses parents, ou Eléazar dont, d'après le grec, il est fait mention au verset suivant.

℣. 23. — [12] * Dans le grec : Eléazar (note 14). — Ce qu'il lut aux soldats des livres saints, pouvait être le passage du Deutéronome (5. *Moys.* 28, 7), où se trouve l'exhortation que le prêtre devait faire à l'armée mise en ordre de bataille.

[13] Litt. : après leur avoir donné le signe du secours de Dieu. — Après leur avoir donné les mots « secours de Dieu » pour le signe, le mot d'ordre, auquel les sentinelles et les postes pourraient se reconnaître (Voy. *pl. b.* 13. 15).

[14] Ce verset porte plus exactement suivant le grec :... quinze cents hommes : pareillement Eléazar (il mit à la tête d'un corps de troupes égal un autre de ses frères, Eléazar). Après cela il fit la lecture des livres saints, les assura du secours divin, et s'avança contre Nicanor, lui-même marchant à la tête du premier corps d'armée (Comp. à ce qui suit 1. *Mach.* 4, 1-35).

℣. 26. — [15] * Le sabbat commençait le vendredi soir, après le coucher du soleil.

℣. 28. — [16] * La loi commandait seulement de partager les dépouilles entre ceux qui combattaient et ceux qui gardaient les bagages (4. *Moys.* 31, 17. 1. *Rois*, 30, 24, 25). Judas poussa plus loin la générosité (*Voy.* ℣. 30).

se rendirent maitres de diverses places fortes, et ils firent un grand butin, qu'ils partagèrent également entre les malades, les orphelins, les veuves, et même les vieillards.

31. Ils ramassèrent avec soin les armes de leurs ennemis, qu'ils mirent en réserve dans des lieux avantageux; et ils portèrent le reste des dépouilles à Jérusalem.

32. Ils tuèrent aussi Philarque, qui était un homme très-méchant, et l'un de ceux qui accompagnaient Timothée, et qui avait fait aux Juifs beaucoup de maux[17].

33. Et lorsqu'ils rendaient à Dieu dans Jérusalem des actions de grâces pour cette victoire, ils decouvrirent que Callisthène[18], qui avait brûlé les portes sacrées, s'était sauvé dans une certaine maison, et ils l'y brûlèrent, Dieu lui rendant de la sorte une digne récompense pour toutes les impiétés qu'il avait commises.

34. Mais Nicanor, cet homme couvert de crimes, qui avait amené mille marchands pour leur vendre les esclaves juifs,

35. ayant été humilié avec le secours du Seigneur, par ceux mêmes qu'il avait regardés comme des gens de néant, s'enfuit à travers le pays, après s'être dépouillé des riches habits qui le distinguaient[19], et arriva seul à Antioche, ayant trouvé le comble de ses malheurs dans la perte de son armée.

36. Et celui qui avait promis de payer le tribut aux Romains du prix de la vente des habitants de Jérusalem qu'il ferait esclaves, publiait alors que les Juifs avaient Dieu pour protecteur, et qu'ils étaient invulnérables, à cause qu'ils s'attachaient à suivre les lois qu'il leur avait données.

interfecerunt, et munitiones excelsas obtinuerunt : et plures prædas diviserunt, æquam portionem debilibus, pupillis, et viduis, sed et senioribus facientes.

31. Et cum arma eorum diligenter collegissent, omnia composuerunt in locis opportunis, residua vero spolia Jerosolymam detulerunt :

32. et Philarchen, qui cum Timotheo erat, interfecerunt, virum scelestum, qui in multis Judæos afflixerat.

33. Et cum epinicia agerent Jerosolymis, eum, qui sacras januas incenderat, id est Callisthenem, cum in quoddam domicilium refugisset, incenderunt, digna ei mercede pro impietatibus suis reddita.

34. Facinorosissimus autem Nicanor, qui mille negociantes ad Judæorum venditionem adduxerat,

35. humiliatus auxilio Domini, ab his quos nullos existimaverat, deposita veste gloriæ, per mediterranea fugiens, solus venit Antiochiam, summam infelicitatem de interitu sui exercitus consecutus.

36. Et qui promiserat Romanis se tributum restituere de captivitate Jerosolymorum, prædicabat nunc protectorem Deum habere Judæos, et ob ipsum invulnerabiles esse, eo quod sequerentur leges ab ipso constitutas.

ỳ. 32. — [17] * Plutarque était vraisemblablement un des lieutenants du général syrien Timothée. Callisthène (ỳ. 33) qui d'ailleurs est inconnu, paraît encore dans la dévastation du temple (1. *Mach.* 4. 38).

ỳ. 33. — [18] Le grec ajoute : et quelques autres.

ỳ. 35. — [19] * Nicanor, pour échapper au danger, déposa toute marque distinctive de sa dignité.

CHAPITRE IX.

Antiochus Epiphane meurt, à son retour de Perse, d'une mort misérable.

1. Eodem tempore Antiochus inhoneste revertebatur de Perside.

2. Intraverat enim in eam, quæ dicitur Persepolis, et tentavit exspoliare templum, et civitatem opprimere : sed multitudine ad arma concurrente, in fugam versi sunt : et ita contigit ut Antiochus post fugam turpiter rediret.

3. Et cum venisset circa Ecbatanam, recognovit quæ erga Nicanorem et Timotheum gesta sunt.

4. Elatus autem in ira, arbitrabatur se, injuriam illorum qui se fugaverant, posse in Judæos retorquere : ideoque jussit agitari currum suum, sine intermissione agens iter, cœlesti eum judicio perurgente, eo quod ita superbe locutus est se venturum Jerosolymam, et congeriem sepulcri Judæorum eam facturum.

5. Sed qui universa conspicit Dominus Deus Israel, percussit eum insanabili et invisibili plaga. Ut enim finivit hunc ipsum sermonem, apprehendit eum dolor dirus viscerum, et amara internorum tormenta :

6. et quidem satis juste, quippe qui multis et novis cruciatibus aliorum torserat viscera, licet ille nullo modo a sua malitia cessaret.

7. Super hoc autem superbia repletus, ignem spirans animo in Judæos, et præcipiens accelerari negotium, contigit illum impetu euntem de curru cadere, et gravi

1. En ce temps-là Antiochus revint de Perse après un succès honteux de cette guerre [1].

2. Car étant entré dans la ville de Persépolis [2], et se disposant à piller le temple, et à accabler la ville, tout le peuple courut aux armes, et le mit en fuite avec ses gens. Ainsi Antiochus fut obligé, après cette fuite honteuse, de s'en retourner.

3. Lorsqu'il fut venu vers Ecbatane [3], il reçut les nouvelles de la défaite de Nicanor et de Timothée.

4. Et étant transporté d'orgueil et de colère, il s'imaginait qu'il pourrait se venger sur les Juifs de l'outrage que lui avaient fait ceux qui l'avaient mis en fuite. C'est pourquoi il commanda à celui qui conduisait son chariot de toucher sans cesse, et de hâter son voyage, étant lui-même poursuivi par la vengeance du ciel, à cause de cette parole insolente qu'il avait dite : Qu'il irait a Jérusalem, et qu'il en ferait le tombeau de tous les Juifs.

5. Mais le Seigneur, le Dieu d'Israël, qui voit toutes choses, frappa ce prince d'une plaie incurable et invisible; car dans le moment qu'il eut proféré cette parole, il fut attaqué d'une effroyable douleur dans les entrailles, et d'une colique qui le tourmentait cruellement [4]. 2. *Par.* 16, 9.

6. Et ce fut sans doute avec beaucoup de justice, puisqu'il avait déchiré lui-même les entrailles des autres par un grand nombre de nouveaux tourments, et qu'il n'avait point renoncé à sa malice.

7. Au contraire, se laissant aller aux transports de son orgueil, ne respirant que feu et flammes contre les Juifs, il commanda qu'on précipitât son voyage. Mais lorsque ses chevaux couraient avec impétuosité, il tomba

℣. 1. — [1] Comp. 1. *Mach.* 6, 1-16.
℣. 2. — [2] La ville est appelée (1. *Mach.* 6, 1.) Elimaïs.
℣. 3. — [3] ville capitale de la Médie.
℣. 5. — [4] et dont la mélancolie affreuse, dont il est parlé 1. *Mach.* 6, était une suite.

de son chariot, et eut tout le corps froissé, et les membres tout meurtris de cette chute.

8. Ainsi celui qui s'élevant par son orgueil au-dessus de la condition de l'homme, s'était flatté de pouvoir même commander aux flots de la mer, et peser dans une balance les montagnes les plus hautes, se trouva alors humilié jusqu'en terre, et était porté tout mourant dans une chaise, attestant publiquement la toute-puissance de Dieu qui éclatait en sa propre personne [5].

9. Car il sortait des vers du corps de cet impie comme d'une source; et vivant au milieu de tant de douleurs, toutes les chairs lui tombaient par pièces, avec une odeur si effroyable, que toute l'armée n'en pouvait souffrir la puanteur.

10. Celui qui s'imaginait auparavant qu'il pourrait atteindre jusqu'aux étoiles du ciel, était alors en un tel état, que nul ne pouvait plus le porter, à cause de l'infection insupportable qui sortait de lui.

11. Il commença donc à rabattre de ce grand orgueil dont il était possédé, et à entrer dans la connaissance de lui-même, étant averti de ce qu'il était par la plaie dont il se sentait frappé, et ses douleurs redoublant à chaque moment.

12. Ainsi ne pouvant plus lui-même souffrir la puanteur qui venait de lui, il dit : Il est juste que l'homme soit soumis à Dieu, et que celui qui est mortel ne s'égale pas au Dieu souverain.

13. Or ce scélérat priait le Seigneur, de qui il ne devait point recevoir miséricorde [6].

14. Et celui qui se hâtait auparavant d'aller à Jérusalem pour la raser jusqu'en terre, et pour n'en faire qu'un sépulcre de corps morts entassés les uns sur les autres, souhaite maintenant de la rendre libre;

15. et il promet d'égaler aux Athéniens [7] ces mêmes Juifs qu'il avait jugés indignes de la sépulture, et de qui il avait dit qu'il exposerait en proie leurs corps morts aux oiseaux du ciel et aux bêtes farouches, et qu'il exterminerait jusqu'aux plus petits enfants.

16. Il s'engage aussi à orner de dons pré-

corporis collisione membra vexari.

8. Isque qui sibi videbatur etiam fluctibus maris imperare, supra humanum modum superbia repletus, et montium altitudines in statera appendere, nunc humiliatus ad terram in gestatorio portabatur, manifestam Dei virtutem in semetipso contestans :

9. ita ut de corpore impii vermes scaturirent, ac viventis in doloribus carnes ejus effluerent, odore etiam illius et fœtore exercitus gravaretur :

10. et qui paulo ante sidera cœli contingere se arbitrabatur, eum nemo poterat propter intolerantiam fœtoris portare.

11. Hinc igitur cœpit ex gravi superbia deductus ad agnitionem sui venire, divina admonitus plaga, per momenta singula doloribus suis augmenta capientibus;

12. Et cum nec ipse jam fœtorem suum ferre posset, ita ait : Justum est subditum esse Deo, et mortalem non paria Deo sentire.

13. Orabat autem hic scelestus Dominum a quo non esset misericordiam consecuturus.

14. Et civitatem, ad quam festinans veniebat ut eam ad solum deduceret, ac sepulcrum congestorum faceret, nunc optat liberam reddere :

15. et Judæos, quos nec sepultura quidem se dignos habiturum, sed avibus ac feris diripiendos traditurum, et cum parvulis exterminaturum dixerat, æquales nunc Atheniensibus facturum pollicetur :

16. templum etiam sanctum,

ỷ. 8. — [5] * Depuis ce moment Antiochus ne dut voyager que très-lentement, et il arriva avec peine à Tabès, où il mourut (Comp. 5, 21 et *pl. b.* ỷ. 25).

ỷ. 13. — [6] avec des sentiments qui ne partaient pas d'un cœur converti, aimant Dieu, mais qui ne lui était attaché que par l'excès de sa douleur.

ỷ. 15. — [7] de leur accorder des droits tels qu'en avaient les Athéniens, — * de les laisser libres de vivre selon leurs lois. — Quelques interprètes conjecturent qu'au lieu d'*Athéniens*, il faudrait lire *Antiochiens*, parce que les habitants d'Antioche jouissaient aussi de privilèges particuliers (Comp. *pl. h.* 4, 9. 6, 1).

quod prius expoliaverat, optimis donis ornaturum, et sancta vasa multiplicaturum, et pertinentes ad sacrificia sumptus de redditibus suis præstaturum :

17. super hæc, et Judæum se futurum, et omnem locum terræ perambulaturum, et prædicaturum Dei potestatem.

18. Sed non cessantibus doloribus (supervenerat enim in eum justum Dei judicium), desperans scripsit ad Judæos in modum deprecationis epistolam hæc continentem :

19. Optimis civibus Judæis plurimam salutem, et bene valere, et esse felices, rex et princeps Antiochus.

20. Si bene valetis, et filii vestri, et ex sententia vobis cuncta sunt, maximas agimus gratias.

21. Et ego in infirmitate constitutus, vestri autem memor benigne, reversus de Persidis locis, et infirmitate gravi apprehensus, necessarium duxi pro communi utilitate curam habere :

22. non desperans memetipsum, sed spem multam habens effugiendi infirmitatem.

23. Respiciens autem quod et pater meus, quibus temporibus in locis superioribus ducebat exercitum, ostendit qui post se susciperet principatum :

24. ut si quid contrarium acci-

cieux le saint temple qu'il avait pillé auparavant, à y augmenter le nombre des vases sacrés et à fournir de ses revenus les dépenses nécessaires pour les sacrifices [8]:

17. et même à se faire juif, et à parcourir toute la terre pour publier la toute-puissance de Dieu [9].

18. Mais comme il vit que ses douleurs ne cessaient point, parce que le juste jugement de Dieu était enfin tombé sur lui, commençant à perdre l'espérance, il écrivit aux Juifs une lettre en forme de supplication, qui contenait ce qui suit :

19. Le roi et prince Antiochus souhaite le salut, la santé et toute sorte de prospérités aux Juifs, ses bons citoyens.

20. Si vous êtes en santé, vous et vos enfauts, et si tout vous réussit comme vous le souhaitez, nous en rendons de grandes grâces *à Dieu* [10].

21. Etant maintenant dans la langueur, et n'ayant pour vous que des sentiments de bonté dans cette grande maladie dont je me suis trouvé surpris [11], lorsque je revenais de Perse, j'ai cru nécessaire de prendre le soin des intérêts communs de mon Etat.

22. Ce n'est pas que je désespère de ma santé; mais j'ai au contraire une grande confiance que je reviendrai de ma maladie.

23. Ayant donc considéré que mon père lui-même, lorsqu'il marchait avec son armée dans les hautes provinces [12], déclara qui devait régner après lui [13];

24. afin que s'il arrivait quelque malheur,

ỳ. 16. — [8] * C'était assez la coutume parmi les païens de faire des vœux (Comp. *pl. h.* 3, 35. *Jon.* 1, 16). — Sur la dévastation du temple, voy. 5, 16. 1. *Mach.* 1, 23. — Déjà les rois de Syrie, prédécesseurs d'Antiochus, Séleucus et Antiochus-le-Grand, avaient fourni sur les revenus du pays (*Pl. h.* 3, 3) les dépenses nécessaires pour le culte dans le temple de Jérusalem.

ỳ. 17. — [9] * Antiochus, persuadé d'une part que sa guérison était impossible, à moins qu'elle ne fût l'effet d'un miracle; et, d'autre part, que le Seigneur, Dieu des Juifs étant tout-puissant, pouvait fort bien, au moment de sa promesse, parler sérieusement; mais cela ne veut pas dire qu'après sa guérison obtenue, il eût tenu ce qu'il avait promis, car ce sont précisément les hommes les plus vains et les plus inconséquents qui promettent le plus aisement

ỳ. 20. — [10] Litt. : nous rendons de très-grandes actions de grâces. Le grec ajoute : à Dieu, ayant confiance au ciel.

ỳ. 21. — [11] Dans le grec : Pour moi, je suis, il est vrai, dans la langueur; mais je me rappelle votre respect et votre bienveillance à mon égard avec un tendre amour. Ayant été atteint d'une grave infirmité lorsque je revenais de Perse, j'ai cru, etc. — Les Juifs témoignèrent en effet du respect et de bonnes dispositions à Antiochus dans les premières années de son règne.

ỳ. 23. — [12] dans les contrées au-delà de l'Euphrate.

[13] * Antiochus-le-Grand avait désigné son fils Seleucus-Philopator pour son successeur.

ou si on venait à publier quelque fâcheuse nouvelle, ceux qui étaient dans les provinces de son royaume n'en pussent être troublés, sachant qui était celui qu'il avait laissé héritier de la couronne;

25. et sachant de plus que ceux qui sont proches de nous et les plus puissants de nos voisins observent les temps favorables à leurs desseins, et se préparent à profiter des conjonctures qui leur seront propres, j'ai désigné mon fils Antiochus [14] pour régner après moi, lui que j'ai souvent recommandé à plusieurs d'entre vous, lorsque j'étais obligé de me transporter dans les hautes provinces de mes Etats. Je lui ai écrit ce qui est joint ci-dessous.

26. Je vous prie donc et vous conjure, que vous souvenant des grâces que vous avez reçues de moi en public et en particulier, vous gardiez la fidélité que vous devez et à moi et à mon fils.

27. Car j'espère qu'il se conduira avec modération et avec douceur selon mes intentions, et qu'il vous donnera des marques de sa bonté.

28. Enfin ce meurtrier et ce blasphémateur, frappé d'une horrible plaie, et traité de même qu'il avait traité les autres, étant sur les montagnes, et loin de son pays, finit sa vie par une misérable mort [15].

29. Philippe, son frère de lait, prit le soin de transporter son corps. Et craignant le fils d'Antiochus [16], il s'en alla en Egypte vers Ptolémée-Philométor.

deret, aut difficile nuntiaretur, scientes hi qui in regionibus erant, cui esset rorum summa derelicta, non turbarentur.

25. Ad hæc, considerans de proximo potentes quosque et vicinos temporibus insidiantes, et eventum expectantes, designavi filium meum Antiochum regem, quem sæpe recurrens in superiora regna multis vestrum commendabam : et scripsi ad eum quæ subjecta sunt.

26. Oro itaque vos et peto, memores beneficiorum publice et privatim, ut unusquisque conservet fidem ad me et ad filium meum.

27. Confido enim, eum modeste, et humane acturum, et sequentem propositum meum, et communem vobis fore.

28. Igitur homicida et blasphemus pessime percussus, et ut ipse alios tractaverat, peregre in montibus miserabili obitu vita functus est.

29. Transferebat autem corpus Philippus collactaneus ejus, qui metuens filium Antiochi, ad Ptolemæum Philometorem in Ægyptum abiit.

ỳ. 25. — [14] * Antiochus-Eupator, qui n'avait alors que neuf ans (Comp. 1. *Mach.* 6, 14). — Antiochus-Epiphane pouvait fort bien prévoir que l'héritier légitime du trône, selon l'ordre de succession, Démétrius, fils de Séleucus (Voy. 1. *Mach.* 7, 1), profiterait de l'occasion pour expulser, s'il le pouvait, le fils de l'usurpateur. Et c'est pourquoi voulant, par précaution, gagner les Juifs au parti de son fils, il avait recours à de basses flatteries et au mensonge, car tout le discours qu'il tient est contraire à la vérité.

ỳ. 28. — [15] * Au rapport de Polybe et de saint Jérôme, il mourut à Tabès dans la Perse (ỳ. 8). Polybe raconte également qu'Antiochus, peu avant de mourir, devint comme un furieux agité d'un mauvais esprit; ce qui était un effet du reproche d'une conscience bourrelée de remords à cause de ses sacriléges.

ỳ. 29. — [16] ou plutôt craignant Lysias (Voy. 1. *Mach.* 6, 7).

CHAPITRE X.

Judas purifie le temple, et institue la fête de sa consécration. Lysias continue à persécuter les Juifs; ses troupes sont partout battues.

1. Machabæus autem, et qui cum eo erant, Domino se protegente, templum quidem, et civitatem recepit :

2. aras autem, quas alienigenæ per plateas extruxerant, itemque delubra demolitus est;

3. et purgato templo, aliud altare fecerunt : et de ignitis lapidibus igne concepto sacrificia obtulerunt post biennium, et incensum, et lucernas, et panes propositionis posuerunt.

4. Quibus gestis, rogabant Dominum prostrati in terram, ne amplius talibus malis inciderent : sed et, si quando peccassent, ut ab ipso mitius corriperentur, et non barbaris ac blasphemis hominibus traderentur

5. Qua die autem templum ab alienigenis pollutum fuerat, contigit eadem die purificationem fieri, vigesima quinta mensis, qui fuit casleu.

6. Et cum lætitia diebus octo egerunt in modum tabernaculorum, recordantes quod ante modicum temporis, diem solemnem tabernaculorum in montibus et in speluncis more bestiarum egerant.

7. Propter quod thyrsos, et ramos virides, et palmas præfere-

1. Cependant Machabée et ceux qu'il avait avec lui, soutenus de la protection du Seigneur, reprirent le temple et la ville [1] :

2. ils détruisirent les autels que les infidèles avaient dressés dans les places publiques, et les temples des idoles[2].

3. Et après avoir purifié le temple, ils y élevèrent un autre autel; et ayant fait sortir quelques étincelles des pierres à feu [3], ils offrirent des sacrifices deux ans après [4], et ils y mirent l'encens, les lampes et les pains qu'on exposait devant le Seigneur.

4. Cela étant fait, prosternés en terre, ils conjuraient le Seigneur de ne plus permettre qu'ils tombassent en de si grands maux; mais de vouloir bien les châtier plus doucement, s'il arrivait quelque jour qu'ils péchassent contre lui, et de ne plus les livrer à des barbares et à des blasphémateurs de son nom.

5. Or il arriva que le temple fut purifié le même jour où il avait été profané par les étrangers, c'est-à-dire le vingt-cinq du mois de casleu.

6. Ils célébrèrent cette fête avec grande joie pendant huit jours, comme celle des Tabernacles, se souvenant qu'ils avaient passé, peu de temps auparavant, la fête solennelle des Tabernacles sur les montagnes et dans les cavernes, où il vivaient comme les bêtes.

7. C'est pourquoi ils portaient des bâtons couverts de feuillages, des rameaux verts,

---

ỳ. 1. — [1] Avec ỳ. 1-15, comp. 1. *Mach.* 4, 36 et suiv.
ỳ. 2. — [2] * Comp. 1. *Mach.* 1, 50. 58.
ỳ. 3. — [3] pour remplacer le feu sacré (voy. 2. *Mach.* 1, 11), qu'ils ne pouvaient conserver. — * Ce feu passait pour plus pur et plus saint que le feu ordinaire, qui a déjà servi à divers usages communs. L'Eglise chrétienne imite cette cérémonie respectueuse des Juifs en faisant, le jour du samedi saint, du feu nouveau qu'elle tire d'un caillou, ou d'une pierre à fusil. Non-seulement chez les Perses, les Chaldéens et autres peuples qui honoraient le feu, mais chez les Grecs et les Romains on conservait également dans plusieurs temples un feu perpétuel (*Voy.* D. Calmet. Comp. 3. *Moys.* 9, 12. 1. *Mach.* 4, 52. 54. *Pl. h.* 1, 20. 21). Sur le sens symbolique du feu par rapport à la divinité voy. *Ezéch.* 1, 4 et suiv. et les remarques.
[4] à dater de l'avènement de Judas au pouvoir. Depuis que le temple avait été profané par les sacrifices païens, il s'était écoulé trois ans (1. *Mach.* 4, 52. 54).

et des palmes [5], à l'honneur de celui qui leur avait procuré la liberté de purifier son temple.
8. Et ils enjoignirent par une déclaration et une ordonnance unanime à toute la nation des Juifs, de célébrer cette fête tous les ans les mêmes jours.
9. Telle fut donc la mort d'Antiochus qui fut appelé l'Illustre.

10. Nous représenterons maintenant les actions d'Eupator, fils de cet impie Antiochus, et nous abrégerons le récit des maux qui sont arrivés pendant ces guerres.
11. Ce prince étant parvenu à la couronne, établit pour la conduite des affaires de son royaume un certain Lysias, général des armées de Phénicie et de Syrie [6].
12. Car Ptolémée, surnommé le Maigre [7], résolut d'observer religieusement la justice envers les Juifs, principalement à cause de ce traitement si injuste qu'on leur avait fait, et d'agir toujours avec un esprit de paix à leur égard.
13. C'est pourquoi étant accusé auprès d'Eupator par ses favoris qui le traitaient souvent de traître, parce qu'il avait quitté Chypre que le roi Philométor lui avait confiée, et qu'après être passé dans le parti d'Antiochus l'Illustre, il s'était encore éloigné de lui, il s'empoisonna et se fit mourir [8].
14. Quant à Gorgias [9], qui commandait vers la Palestine, ayant pris avec lui des troupes étrangères, il combattait souvent et maltraitait fort les Juifs.
15. Mais les Juifs qui tenaient des places fortes et d'une situation avantageuse, recevaient ceux qui avaient été chassés de Jerusalem, et cherchaient les occasions de faire la guerre [10].

bant ei, qui prosperavit mundari locum suum.

8. Et decreverunt communi præcepto et decreto, universæ genti Judæorum, omnibus annis agere dies istos.
9. Et Antiochi quidem, qui appellatus est Nobilis, vitæ excessus ita se habuit.
10. Nunc autem de Eupatore Antiochi impii filio, quæ gesta sunt narrabimus, breviantes mala, quæ in bellis gesta sunt.
11. Hic enim suscepto regno, constituit super negotia regni Lysiam quemdam, Phœnicis et Syriæ militiæ principem.
12. Nam Ptolemæus, qui dicebatur Macer, justi tenax erga Judæos esse constituit, et præcipue propter iniquitatem quæ facta erat in eos, et pacifice agere cum eis.

13. Sed ob hoc accusatus ab amicis apud Eupatorem, cum frequenter proditor audiret, eo quod Cyprum creditam sibi a Philometore deseruisset, et ad Antiochum Nobilem translatus etiam ab eo recessisset, veneno vitam finivit.
14. Gorgias autem, cum esset dux locorum, assumptis advenis frequenter Judeos debellabat.

15. Judæi vero, qui tenebant opportunas munitiones, fugatos ab Jerosolymis suscipiebant, et bellare tentabant.

ꝟ. 7. — [5] * Le mois de casleu correspondait à la seconde moitié de notre mois de novembre et à la première moitié de décembre; mais dans la Palestine, qui est un pays chaud, le feuillage des arbres demeure toujours vert.
ꝟ. 11. — [6] qui était gouverneur de Phénicie et de Syrie. — Lysias avait usurpé la régence du royaume (Comp. *pl. h.* 9, 29).
ꝟ. 12. — [7] Dans le grec : Μάκρων, le long, le maigre. Il était auparavant gouverneur de la Phénicie et de la Célésyrie (Voy. *pl. h.* 4, 43. 8, 8).
ꝟ. 13. — [8] Dans le grec :... éloigné de lui. Voyant qu'il ne pouvait plus conserver son pouvoir avec convenance (à cause de la honte dont il était couvert), de désespoir il s'empoisonna et quitta la vie.
ꝟ. 14. — [9] * sur les combats avec Gorgias, voy. 1. *Mach.* 5, 59 et suiv.
ꝟ. 15. — [10] Les interprètes entendent par ces Juifs les apostats, qui avec les Syriens étaient en possession des forteresses. Ils recueillaient ceux que Judas chassait de Jérusalem, et cherchaient toutes les occasions d'attaquer les partisans de Judas. Dans le grec le verset porte : D'autre part, de concert avec lui (Gorgias), les Iduméens, maîtres des forteresses les plus importantes, inquiétaient les Juifs, et accueillaient ceux qui avaient été chassés de Jérusalem, cherchaient, etc. Le verset 16 s'accorde très-bien avec cette leçon.

16. Hi vero, qui erant cum Machabæo, per orationes Dominum rogantes ut esset sibi adjutor, impetum fecerunt in munitiones Idumæorum :

17. multaque vi insistentes, loca obtinuerunt, occurrentes interemerunt, et omnes simul non minus viginti millibus trucidaverunt.

18. Quidam autem, cum confugissent in duas turres valde munitas, omnem apparatum ad repugnandum habentes,

19. Machabæus ad eorum expugnationem, relicto Simone, et Josepho, itemque Zachæo, eisque qui cum ipsis erant satis multis, ipse ad eas, quæ amplius perurgebant, pugnas conversus est.

20. Hi vero qui cum Simone erant, cupiditate ducti, a quibusdam qui in turribus erant, suasi sunt pecunia : et septuaginta millibus didrachmis acceptis, dimiserunt quosdam effugere.

21. Cum autem Machabæo nuntiatum esset quod factum est, principibus populi congregatis, accusavit, quod pecunia fratres vendidissent, adversariis eorum dimissis.

22. Hos igitur proditores factos interfecit, et confestim duas turres occupavit.

23. Armis autem ac manibus omnia prospere agendo, in duabus munitionibus plus quam viginti millia peremit.

24. Et Timotheus, qui prius a Judæis fuerat superatus, convocato exercitu peregrinæ multitudinis, et congregato equitatu Asiano, advenit quasi armis Judæam capturus.

25. Machabæus autem, et qui cum ipso erant, appropinquante illo deprecabantur Dominum, caput terra aspergentes, lumbosque ciliciis præcincti,

26. ad altaris crepidinem provoluti, ut sibi propitius, inimicis autem eorum esset inimicus, et adversariis adversaretur, sicut lex dicit.

16. Cependant ceux qui étaient avec Machabée, ayant conjuré par leurs prières le Seigneur de venir à leur secours, attaquèrent avec une grande vigueur les forteresses des Iduméens.

17. Et après un rude combat, ils s'en rendirent les maîtres, taillèrent en pièces tout ce qu'ils rencontrèrent [11], et tous ensemble ne tuèrent pas moins de vingt mille hommes[12].

18. Quelques-uns s'étant retirés en deux tours extrêmement fortes, où ils avaient tout ce qui était nécessaire pour se bien defendre,

19. Machabée laissa pour les forcer Simon, Joseph et Zachee [13] et des troupes assez nombreuses qu'ils avaient avec eux; et pour lui il marcha avec ses gens pour des expéditions plus pressantes.

20. Mais les gens de Simon, poussés d'un mouvement d'avarice, se laissant gagner pour de l'argent par quelques-uns de ceux qui étaient dans ces tours, et ayant reçu soixante et dix mille drachmes, en laissèrent échapper quelques-uns.

21. Ce qui étant rapporté à Machabée, il assembla les premiers du peuple, et accusa ces gens-là d'avoir vendu leurs frères pour de l'argent, en laissant échapper leurs ennemis.

22. Et après avoir fait mourir ces traîtres, il força aussitôt les deux tours.

23. Et tout cédant heureusement à la valeur de ses armes, il tua dans ces deux places plus de vingt mille hommes.

24. Mais Timothée, qui avait auparavant été vaincu par les Juifs, ayant levé une armée de troupes étrangères, et assemblé de la cavalerie d'Asie, vint en Judée, s'imaginant s'en rendre maître par les armes.

25. Dans le temps même qu'il approchait, Machabée et ceux qui étaient avec lui, conjurèrent le Seigneur, la cendre sur la tête, leurs reins couverts d'un cilice,

26. et prosternés aux pieds de l'autel, de leur être favorable, et de se déclarer l'ennemi de leurs ennemis, et l'adversaire de leurs adversaires, selon la parole de la loi [14].

℣. 17. — [11] sur les murailles.
[12] Selon le grec simplement : et ils n'en tuèrent pas moins de vingt mille.
℣. 19. — [13] * Zachée était un parent de Judas et de Simon, son frère. Sur Joseph voy. *pl. h.* 8, 22.
℣. 26. — [14] * Voy. 2. *Moys.* 23, 22. 5. *Moys.* 7, 15, 16.

27. Ainsi ayant pris les armes après la prière, et s'étant avancés assez loin de la ville, ils s'arrêtèrent lorsqu'ils furent près des ennemis.
28. Aussitôt que le soleil commença à paraître, les deux armées marchèrent l'une contre l'autre; les uns ayant, outre leur valeur, le Seigneur même pour garant de la victoire et du succès de leurs armes; et les autres n'ayant pour guide dans le combat que leur courage.
29. Mais lorsque le combat était opiniâtre de part et d'autre, les ennemis virent paraître du ciel cinq hommes sur des chevaux, ayant des freins d'or qui les rendaient éclatants, et servant de guide aux Juifs.
30. Deux d'entre eux marchant aux deux côtés de Machabée, le couvraient de leurs armes, afin qu'il ne pût être blessé; les *autres* lançaient des traits et des foudres contre les ennemis, qui frappés d'aveuglement et mis en désordre, tombaient morts devant eux.
31. Il y en eut vingt mille cinq cents de tués, et six cents chevaux.
32. Timothee s'enfuit à Gazara, qui était une place forte [15] où commandait Chéréas.
33. Machabée et ceux qui étaient avec lui, tout remplis de joie, assiégèrent cette forteresse pendant quatre jours.
34. Ceux qui étaient dedans, se confiant sur la force de la place, les outrageaient extraordinairement par leurs injures, et proféraient des paroles abominables.
35. Mais dès le matin du cinquième jour, vingt jeunes hommes de ceux qui étaient avec Machabée, irrités par ces blasphèmes, s'approchèrent courageusement de la muraille, et y montèrent avec une résolution incroyable [16];
36. et d'autres y étant montés ensuite, commencèrent à mettre le feu aux tours et aux portes, et brûlèrent tout vifs ces blasphémateurs [17].
37. Ils pillèrent et ravagèrent tout dans la place pendant l'espace de deux jours en-

27. Et ita post orationem, sumptis armis, longius de civitate procedentes, et proximi hostibus effecti resederunt.
28. Primo autem solis ortu utrique commiserunt : isti quidem victoriæ et prosperitatis sponsorem cum virtute Dominum habentes : illi autem ducem belli animum habebant.
29. Sed, cum vehemens pugna esset, apparuerunt adversariis de cœlo viri quinque in equis, frenis aureis decori, ducatum Judæis præstantes :
30. ex quibus duo Machabæum, medium habentes, armis suis circumceptum incolumem conservabant : in adversarios autem tela et fulmina jaciebant, ex quo et cæcitate confusi, et repleti perturbatione cadebant.
31. Interfecti sunt autem viginti millia quingenti, et equites sexcenti.
32. Timotheus vero confugit in Gazaram præsidium munitum cui præerat Chæreas.
33. Machabæus autem, et qui cum eo erant, lætantes obsederunt præsidium diebus quatuor.
34. At hi qui intus erant, loci firmitate confisi, supra modum maledicebant, et sermones nefandos jactabant.
35. Sed cum dies quinta illucesceret, viginti juvenes ex his qui cum Machabæo erant, accensi animis propter blasphemiam, viriliter accesserunt ad murum, et feroci animo incedentes ascendebant :
36. sed et alii similiter aseendentes, turres portasque succendere aggressi sunt, atque ipsos maledicos vivos concremare.
37. Per continuum autem biduum præsidio vastato, Timo-

ỳ. 32. — [15] Voy. 1. *Mach.* 13. 54.
ỳ. 35. — [16] Dans le grec : de la muraille, et taillèrent en pièces avec un courage viril et furieux tout ce qui se trouva devant eux. (Ils avaient vraisemblablement fait approcher des tours de siege, d'où ils se précipitèrent dans la ville).
ỳ. 36. — [17] Dans le grec : Et d'autres également étant montés au milieu du tumulte vers ceux qui étaient au-dedans, mirent le feu aux tours, et allumant des bûchers, brûlèrent tout vifs les blasphémateurs. C'est en termes de périphrase à peu près la même chose.

theum occultantem se, in quodam repertum loco peremerunt : et fratrem illius Chæream et Apollophanem occiderunt.

38. Quibus gestis, in hymnis et confessionibus benedicebant Dominum, qui magna fecit in Israel, et victoriam dedit illis.

tiers[18]; et ayant trouvé Timothée en un certain lieu[19] où il se cachait, ils le tuèrent avec son frère Chéréas et Apollophanès.

38. Après cela, chantant des hymnes et des cantiques, ils bénissaient le Seigneur qui avait fait ces grandes choses en Israël, et qui les avait rendus victorieux de leurs ennemis.

CHAPITRE XI.

Lysias s'avance de nouveau à la tête d'une armée; il est défait, et conclut la paix avec les Juifs. Lettre des Romains aux Juifs, et autres lettres.

1. Sed parvo post tempore, Lysias procurator regis, et propinquus, ac negotiorum præpositus, graviter ferens de his quæ acciderant,

2. congregatis octoginta millibus, et equitatu universo, veniebat adversus Judæos, existimans se civitatem quidem captam gentibus habitaculum facturum,

3. templum vero in pecuniæ quæstum, sicut cætera delubra gentium, habiturum, et per singulos annos venale sacerdotium :

4. nusquam recogitans Dei potestatem, sed mente effrenatus, in multitudine peditum, et in millibus equitum, et in octoginta elephantis confidebat.

1. Peu de temps après Lysias, gouverneur du roi et son parent, qui avait la conduite de toutes les affaires de son royaume [1], étant sensiblement touché de ce qui était arrivé,

2. assembla quatre-vingt mille homme de pied avec toute la cavalerie, et marcha contre les Juifs, s'imaginant qu'il prendrait la ville, ayant dessein, quand il l'aurait prise, de ne la faire habiter que par les Gentils.

3. qu'il tirerait de l'argent du temple de Dieu [2], comme des autres temples des païens, et qu'il vendrait tous les ans la dignité de grand prêtre [3].

4. Ne faisant aucune réflexion sur le souverain pouvoir de Dieu, mais s'abandonnant à l'emportement de son orgueil, il mettait toute sa confiance dans la multitude de son infanterie, dans le grand nombre de sa cavalerie, et dans quatre-vingts éléphants [4].

ỳ. 37. — [18] * Dans le grec le verset porte : Ils brisèrent les portes; et ayant reçu le reste de l'armée, ils s'emparèrent de la ville, ils tuèrent Timothée qui se cachait dans un lac, ainsi que son frère, etc.

[19] Dans le grec : Ils brisèrent les portes, et ayant reçu le reste de leurs troupes, ils s'emparèrent de la ville, et égorgèrent Timothée qui s'était caché dans une fosse, ainsi que son frère, etc. (*Voy.* note 17).

ỳ. 1. — [1] * C'est le même Lysias dont il a été fait fréquemment mention (Voy. 1. *Mach.* 3, 32. 4, 25, etc. 6, 6. etc. 2. *Mach.* 10, 11). Antiochus-Epiphane avait, avant sa mort, nommé Philippe régent du royaume et précepteur de son fils; mais Lysias l'avait prévenu et l'avait évincé de cet emploi (*Pl. h.* 9, 29. 1. *Mach.* 6, 14. 15). — Lysias était du sang royal (1. *Mach.* 3, 32); c'est en ce sens qu'il est appelé ici *parent du roi*, et ci-après *frère du roi* (ỳ. 22).

ỳ. 3. — [2] soit en vendant les dignités, soit en imposant des tributs à ceux qui le visitaient, et qui y offraient des sacrifices.

[3] * D'après la loi de Moyse, la dignité de grand prêtre était héréditaire et à vie; mais les princes païens et leurs généraux la vendaient chaque année au plus offrant, et souvent même ils en dépouillèrent le mercenaire qu'ils en avaient mis en possession.

ỳ. 4. — [4] Lysias ayant été défait dans sa première expédition contre les Juifs

5. Etant entré en Judée, et s'étant approché de Bethsura, qui était située dans un lieu étroit, à cinq stades de Jérusalem[5], il attaqua cette place.

6. Lorsque Machabée et ceux qui étaient avec lui eurent su que les ennemis commençaient à attaquer les forteresses, ils conjurèrent le Seigneur avec tout le peuple par leurs prières et par leurs larmes, d'envoyer un bon ange pour le salut d'Israël.

7. Et Machabée, prenant les armes le premier, exhorta les autres à s'exposer comme lui au péril pour secourir leurs frères.

8. Et lorsqu'ils marchaient tous ensemble avec un courage assuré, il parut au sortir de Jérusalem un homme à cheval, qui marchait devant eux revêtu d'un habit blanc avec des armes d'or, et une lance qu'il tenait à la main[6].

9. Alors ils bénirent tous ensemble le Seigneur plein de miséricorde, et ils s'animèrent d'un grand courage, étant prêts à combattre, non-seulement les hommes, mais les bêtes les plus farouches, et à passer au travers des murailles de fer.

10. Ils marchaient donc avec une grande ardeur, ayant pour eux le Seigneur qui du haut du ciel se déclarait leur protecteur, et faisait éclater sur eux ses miséricordes.

11. En même temps ils se jetèrent impétueusement sur leurs ennemis comme des lions; et ils tuèrent onze mille hommes de leur infanterie, et seize cents chevaux.

12. Ils firent fuir tout le reste, dont la plupart ne se sauvèrent qu'étant blessés et sans armes. Lysias même n'échappa que par une fuite honteuse.

13. Comme il ne manquait pas de sens, considérant en lui-même la perte qu'il avait faite, et reconnaissant que les Hébreux étaient invincibles lorsqu'ils s'appuyaient sur le secours du Dieu tout-puissant, il leur envoya des ambassadeurs;

5. Ingressus autem Judæam, et appropians Bethsuræ, quæ erat in angusto loco, ab Jerosolyma intervallo quinque stadiorum, illud præsidium expugnabat.

6. Ut autem Machabæus, et qui cum eo erant, cognoverunt expugnari præsidia, cum fletu et lacrymis rogabant Dominum, et omnis turba simul, ut bonum angelum mitteret ad salutem Israel.

7. Ut ipse primus Machabæus, sumptis armis, cæteros adhortatus est simul secum periculum subire, et ferre auxilium fratribus suis.

8. Cumque pariter prompto animo procederent, Jerosolymis apparuit præcedens eos eques in veste candida, armis aureis hastam vibrans.

9. Tunc omnes simul benedixerunt misericordem Dominum, et convaluerunt animis : non solum homines, sed et bestias ferocissimas, et muros ferreos parati penetrare.

10. Ibant igitur prompti, de cœlo habentes adjutorem, et miserantem super eos Dominum.

11. Leonum autem more impetu irruentes in hostes, prostraverunt ex eis undecim millia peditum, et equitum mille sexcentos:

12. universos autem in fugam verterunt, plures autem ex eis vulnerati nudi evaserunt. Sed et ipse Lysias turpiter fugiens evasit.

13. Et quia non insensatus erat, secum ipse reputans factam erga se diminutionem, et intelligens invictos esse Hebræos, omnipotentis Dei auxilio innitentes, misit ad eos :

(1. *Mach.* 4, 28-35) en l'an 165 avant Jésus-Christ, en prépara aussitôt une seconde, d'après 1. *Mach.* 4, 35; et c'est celle qui est ici racontée, laquelle est différente de celle dont il est parlé 1. *Mach.* 6.

ŷ. 5. — [5] Bethsura (1. *Mach.* 4, 29. 61) était à une bien plus grande distance de Jérusalem. L'édition d'Alexandrie porte cinq schoines. La schoine est une mesure qui n'avait pas moins de trente stades. D'après cette supposition les paroles du texte sont bien mieux en harmonie avec la distance réelle à laquelle Bethsura était de Jérusalem. — * La schoine avait soixante stades chez les Perses. — Le stade est évalué à 185 mètres environ.

ŷ. 8. — [6] * Le peuple Juif, durant l'époque malheureuse des persécutions des rois de Syrie, reçut d'en haut de pareils secours (Comp. *pl. h.* 3, 25. 10, 29).

14. promisitque se consensurum omnibus quæ justa sunt, et regem compulsurum amicum fieri.

15. Annuit autem Machabæus precibus Lysiæ, in omnibus utilitati consulens : et quæcumque Machabæus scripsit Lysiæ de Judæis, ea rex concessit.

16. Nam erant scriptæ Judæis epistolæ a Lysia quidem hunc modum continentes :

Lysias populo Judæorum salutem.

17. Joannes et Abesalom, qui missi fuerant a vobis, tradentes scripta, postulabant ut ea, quæ per illos significabantur, implerem.

18. Quæcumque igitur regi poterunt perferri, exposui : et quæ res permittebat, concessit.

19. Si igitur in negotiis fidem conservaveritis, et deinceps bonorum vobis causa esse tentabo.

20. De cæteris autem per singula verbo mandavi, et istis, et his qui a me missi sunt, colloqui vobiscum.

21. Bene valete. Anno centesimo quadragesimo octavo, mensis dioscori die vigesima et quarta.

22. Regis autem epistola ista continebat : rex Antiochus Lysiæ fratri salutem.

23. Patre nostro inter deos translato, nos volentes eos, qui sunt in regno nostro, sine tumultu agere, et rebus suis adhibere diligentiam,

24. audivimus Judæos non con-

14. et il leur promit de consentir à toutes les conditions de paix qui seraient justes, et de persuader au roi de faire *alliance et* amitié avec eux.

15. Machabée se rendit aux prières de Lysias, n'ayant pour but en toutes choses que l'intérêt du public : et le roi accorda toutes les choses que Machabée demanda en écrivant à Lysias en faveur des Juifs.

16. Car la lettre que Lysias écrivit aux Juifs sur cela était conçue en ces termes :

Lysias au peuple juif, salut.

17. Jean et Abesalom [7], que vous m'avez envoyés, m'ayant rendu vos lettres, m'ont demandé que j'accomplisse les choses qu'elles contenaient.

18. Ainsi ayant exposé au roi tout ce qui pouvait lui être représenté, il a accordé ce que ses affaires lui ont pu permettre.

19. Si donc vous demeurez fidèles au roi dans vos traités, je tâcherai à l'avenir de vous procurer tout le bien que je pourrai.

20. Pour ce qui regarde les autres choses, j'ai chargé ceux que vous m'avez envoyés, et ceux que je vous envoie, d'en conférer en détail avec vous [8],

21. Adieu. L'an cent quarante-huit, le vingt-quatrième du mois de dioscore [9].

22. La lettre du roi contenait ce qui suit : Le roi Antiochus [10] à Lysias, son frère [11], salut.

23. Le roi, notre père, ayant été transféré entre les dieux [12], et nous, désirant que ceux qui sont dans notre royaume vivent en paix, pour pouvoir s'appliquer avec soin à leurs affaires,

24. nous avons appris que les Juifs n'ont

ỳ. 17. — 7 * Ces envoyés des Juifs ne sont pas connus d'ailleurs. — L'objet de leur demande est indiqué ỳ. 25 et suiv.

ỳ. 20. — 8 * Lysias n'avait pas jugé à propos de découvrir au roi tout ce que les envoyés des Juifs demandaient (ỳ. 18); mais les Juifs devaient se conformer exactement aux prescriptions du roi (ỳ. 19), et de cette fidélité devaient dépendre les concessions ultérieures qui pourraient leur être faites.

ỳ. 21. — 9 Il y a diverses opinions sur le mois Dioscorus. L'année qui est ici marquée est la 163e avant Jésus-Christ.

ỳ. 22. — 10 Eupator (1. *Mach.* 3, 33).

11 titre honorifique (Voy. 1. *Mach.* 10, 18).

ỳ. 23. — 12 * On ne voit pas dans l'histoire qu'Antiochus-Epiphane ait été mis au rang des dieux; son fils pouvait donc parler ainsi pour montrer la grande estime qu'il avait pour son père. Néanmoins rien de plus fréquent que les apothéoses des princes dans le paganisme. Cet usage impie passa de l'Orient dans la Grèce d'abord, puis dans l'Occident. Dans les derniers temps, chaque empereur romain, de son vivant même, avait ses temples et ses autels. C'est ainsi que la raison humaine s'épurait et progressait avec la philosophie!

pu consentir au désir qu'avait mon père de les faire passer aux cérémonies des Grecs, mais qu'ils veulent conserver toujours leurs coutumes; et que pour cette raison ils nous demandent qu'il leur soit permis de vivre selon leurs lois [13].

25. C'est pourquoi, voulant que ce peuple soit en paix comme les autres, nous avons arrêté et ordonné que leur temple leur sera rendu [14], afin qu'ils vivent selon les coutumes de leurs ancêtres.

26. Vous ferez donc bien d'envoyer vers eux, et de faire alliance avec eux, afin qu'ayant connu notre volonté, ils reprennent courage, et qu'ils s'appliquent à ce qui regarde leurs intérêts particuliers.

27. La lettre du roi aux Juifs contenait ce qui suit : Le roi Antiochus au sénat des Juifs [15], et à tous les autres Juifs, salut.

28. Si vous vous portez bien, vous êtes en l'état que nous souhaitons : et nous nous portons bien aussi nous-mêmes.

29. Ménelaus [16] s'est adressé à nous, et nous a dit que vous désirez venir trouver vos gens qui sont auprès de nous [17].

30. Nous donnons donc un passeport pour ceux qui voudront venir jusqu'au trentième du mois de xantique [18],

31. et nous permettons aux Juifs d'user de leurs viandes, et de vivre selon leurs lois comme auparavant, sans qu'on puisse faire la moindre peine à aucun d'eux pour les fautes qui ont été faites par ignorance [19].

32. Nous avons aussi envoyé Ménélaus, afin qu'il en confère avec vous.

33. Adieu. L'an cent quarante-huit, le quinzième du mois de xantique.

34. Les Romains envoyèrent aussi une lettre conçue en ces termes :

sensisse patri meo ut transferrentur ad ritum Græcorum, sed tenere velle suum institutum, ac propterea postulare a nobis concedi sibi legitima sua.

25. Volentes igitur hanc quoque gentem quietam esse, statuentes judicavimus, templum restitui illis, ut agerent secundum suorum majorum consuetudinem.

26. Bene igitur feceris, si miseris ad eos, et dexteram dederis: ut cognita nostra voluntate, bono animo sint, et utilitatibus propriis deserviant.

27. Ad Judæos vero regis epistola talis erat:

Rex Antiochus senatui Judæorum, et cæteris Judæis salutem.

28. Si valetis, sic estis ut volumus : sed et ipsi bene valemus.

29. Adiit nos Menelaus, dicens velle vos descendere ad vestros, qui sunt apud nos.

30. His igitur, qui commeant usque ad diem trigesimum mensis xanthici, damus dextras securitatis,

31. ut Judæi utantur cibis et legibus suis, sicut et prius : et nemo eorum ullo modo molestiam patiatur de his quæ per ignorantiam gesta sunt.

32. Misimus autem et Menelaum, qui vos alloquatur.

33. Valete. Anno centesimo quadragesimo octavo, xanthici mensis quinta decima die.

34. Miserunt autem etiam Romani epistolam, ita se habentem:

ŷ. 24. — [13] * Liberté qui leur avait été laissée par Alexandre-le-Grand et par les rois, ses premiers successeurs.

ŷ. 25. — [14] * Déjà le temple leur avait été rendu, mais la possession leur en est confirmée.

ŷ. 27. — [15] * Appelé aussi Sanhédrin, et composé des prêtres et des principaux de la nation, ce qui formait un gouvernement aristocratique.

ŷ. 29. — [16] le grand prêtre (*pl. h.* 4, 27. 50), mais que les Machabées ne reconnaissaient pas. Il y en a qui entendent un autre Ménélaüs.

[17] que vous souhaitez venir auprès de vos frères, qui tiennent notre parti, et exercer de nouveau vos professions dans le pays. Dans le grec le verset porte : que vous désirez vous en aller, et résider auprès de vos possessions.

ŷ. 30. — [18] le mois d'avril des Macédoniens.

ŷ. 31. — [19] * Eupator ne veut ni accuser son père de tyrannie, ni les Juifs de rébellion. Par là cependant il abrogeait les lois cruelles d'Antiochus-Epiphane (Voy. 1. *Mach.* 1, 43 et suiv.).

QUINTUS Memmius et Titus Manilius, legati Romanorum, populo Judæorum salutem.

35. De his, quæ Lysias cognatus regis concessit vobis, et nos concessimus.

36. De quibus autem ad regem judicavit referendum, confestim aliquem mittite, diligentius inter vos conferentes, ut decernamus, sicut congruit vobis : nos enim Antiochiam accedimus.

37. Ideoque festinate rescribere, ut nos quoque sciamus cujus estis voluntatis.

38. Bene valete. Anno centesimo quadragesimo octavo, quinta decima die mensis xanthici.

QUINTUS Memmius, et Titus Manilius [20], envoyés des Romains, au peuple des Juifs, salut.

35. Nous vous accordons les mêmes choses que Lysias, parent du roi, vous a accordées.

36. Et pour ce qui est de celles qu'il a cru devoir être représentées au roi, envoyez quelqu'un au plus tôt, après en avoir bien délibéré entre vous, afin que nous ordonnions, ce qui vous sera le plus avantageux [21]; car nous allons à Antioche [22].

37. C'est pourquoi hâtez-vous de nous récrire, afin que nous soyons informés de ce que vous souhaitez.

38. Adieu. L'an cent quarante-huit, le quinzième du mois de xantique.

CHAPITRE XII.

Nouveaux troubles. Judas châtie les habitants de Joppé et de Jamnia, ainsi qu'une troupe d'Arabes, qui l'attaquent. Il bat Timothée et bientôt après aussi Gorgias. Sacrifices pour les Juifs qui sont restés dans le combat.

1. His factis pactionibus, Lysias pergebat ad regem, Judæi autem agriculturæ operam dabant.

2. Sed hi qui resederant, Timotheus, et Apollonius Gennæi filius, sed et Hieronymus, et Demophon super hos, et Nicanor Cypriarches, non sinebant eos in silentio agere, et quiete.

3. Joppitæ vero tale quoddam flagitium perpetrarunt : rogaverunt Judæos, cum quibus habitabant, ascendere scaphas, quas paraverant, cum uxoribus et filiis,

1. Ce traité ayant été fait, Lysias s'en retourna vers le roi [1]; et les Juifs s'occupaient alors à cultiver leurs champs.

2. Mais ceux qui étaient demeurés dans le pays, Timothée [2] et Apollonius, fils de Génius [3], et de plus Jérôme, Demophon [4] et Nicanor, gouverneur de Chypre, ne les laissaient point vivre en paix ni en repos.

3. Cependant il arriva que ceux de Joppé commirent alors une grande perfidie. Ils prièrent les Juifs avec lesquels ils habitaient, de monter avec leurs femmes et leurs enfants sur des barques qu'ils avaient prépa-

---

ỹ. 34. — [20] * Ces deux légats ne sont point connus autrement.

ỹ. 36. — [21] Dans le grec :... au plus tôt, afin que nous fassions des recherches, que nous nous mettions en mesure, selon qu'il vous sera avantageux.

[22] * Les légats avaient probablement abordé sur quelques points du littoral de la Palestine ou de la Phénicie, où ils se proposaient d'attendre la réponse des Juifs, avant de se rendre à Antioche.

ỹ. 1. — [1] * à Antioche. Le roi était encore mineur, et Lysias faisait les fonctions de régent.

ỹ. 2. — [2] c'est-à-dire celui dont il est fait mention 1. *Mach.* 5, 6 et suiv.

[3] apparemment celui dont il est fait mention 1. *Mach.* 10, 69.

[4] Tous les deux sont inconnus.

rées, comme n'y ayant aucune inimitié entre eux;
4. suivant un édit arrêté d'une commune voix dans la ville, et auquel les Juifs eux-mêmes s'accordèrent, n'ayant aucun mauvais soupçon, à cause de la paix qui était entre eux; mais lorsqu'ils furent avancés en pleine mer, ceux de Joppé en noyèrent environ deux cents.
5. Lorsque Judas eut appris cette cruauté qu'on avait commise contre les gens de sa nation, il commanda à ceux qui étaient avec lui *de prendre les armes;* et après avoir invoqué Dieu qui est le juste juge,
6. il marcha contre ces meurtriers de leurs frères : il brûla leur port pendant la nuit, il mit le feu à leurs barques, et fit passer par le fil de l'épée ceux qui s'étaient échappés des flammes [5].
7. Après cette action il partit dans le dessein d'y revenir pour exterminer tous ceux de Joppé.
8. Mais comme il fut averti que ceux de Jamnia [6] voulaient user d'une semblable perfidie à l'égard des Juifs qui demeuraient avec eux,
9. il les surprit de même la nuit, et brûla leur port avec leurs vaisseaux, de sorte que la lumière de ce feu parut jusqu'à Jérusalem, quoique éloignée de deux cent quarante stades [7].
10. Lorsqu'il fut parti de Jamnia avec ses gens, ayant déjà fait neuf stades, et marchant contre Timothée, il fut attaqué par les Arabes qui avaient cinq mille hommes d'infanterie et cinq cents chevaux [8].
11. Et après un rude combat, Judas ayant réussi heureusement par le secours de Dieu, les Arabes qui étaient restés, se voyant vaincus, lui demandèrent qu'il composât avec eux, lui promettant de lui donner des pâturages [9], et de l'assister en tout.
12. Judas croyant qu'effectivement ils pourraient lui être utiles en beaucoup de choses, leur promit la paix; et la composition étant faite, ils se retirèrent en leurs tentes.
13. Il attaqua aussi une bonne place, nommée Casphin [10], forte à cause des ponts-levis, et environnée de hautes murailles, où

quasi nullis inimicitiis inter eos subjacentibus.
4. Secundum commune itaque decretum civitatis, et ipsis acquiescentibus, pacisque causa nihil suspectum habentibus : cum in altum processissent, submerserunt non minus ducentos.
5. Quam crudelitatem Judas in suæ gentis homines factam ut cognovit, præcepit viris, qui erant cum ipso : et invocato justo judice Deo,
6. venit adversus interfectores fratrum, et portum quidem noctu succendit, scaphas exussit, eos autem qui ab igne refugerant, gladio peremit.
7. Et cum hæc ita egisset, discessit quasi iterum reversurus, et universos Joppitas eradicaturus.
8. Sed cum cognovisset et eos, qui erant Jamniæ, velle pari modo facere habitantibus secum Judæis,
9. Jamnitis quoque nocte supervenit, et portum cum navibus succendit : ita ut lumen ignis appareret Jerosolymis a stadiis ducentis quadraginta.
10. Inde cum jam abiissent novem stadiis, et iter facerent ad Timotheum, commiserunt cum eo Arabes, quinque millia viri, et equites quingenti.
11. Cumque pugna valida fieret, et auxilio Dei prospere cessisset, residui Arabes victi, petebant a Juda dextram sibi dari, promittentes se pascua daturos, et in cæteris profuturos.
12. Judas autem, arbitratus vere in multis eos utiles, promisit pacem : dextrisque acceptis, discessere ad tabernacula sua.
13. Aggressus est autem et civitatem quamdam firmam, pontibus murisque circumseptam,

---

℣. 6. — [5] * Judas brûla d'abord les vaisseaux dans le port, afin que les habitants ne pussent point s'y réfugier.
℣. 8. — [6] * Jamnia était située au sud de Joppé (Voy. 1. *Mach.* 4, 15).
℣. 9. — [7] environ dix lieues.
℣. 10. — [8] Voy. 1. *Mach.* 5, 36.
℣. 11. — [9] Dans le grec : des troupeaux.
℣. 13. — [10] C'est vraisemblablement Casbon (1. *Mach.* 5, 36).

quæ a turbis habitabatur gentium promiscuarum, cui nomen Casphin.

14. Hi vero qui intus erant, confidentes in stabilitate murorum, et apparatu alimoniarum, remissius agebant, maledictis lacessentes Judam, et blasphemantes, ac loquentes quæ fas non est.

15. Machabæus autem, invocato magno mundi Principe, qui sine arietibus et machinis temporibus Jesu præcipitavit Jericho, irruit ferociter muris:

16. et capta civitate per Domini voluntatem, innumerabiles cædes fecit, ita ut adjacens stagnum stadiorum duorum latitudinis, sanguine interfectorum fluere videretur.

17. Inde discesserunt stadia septingenta quinquaginta, et venerunt in Characa ad eos, qui dicuntur tubianæi, Judæos:

18. et Timotheum quidem in illis locis non comprehenderunt, nulloque negotio perfecto regressus est, relicto in quodam loco firmissimo præsidio.

19. Dositheus autem et Sosipater, qui erant duces cum Machabæo, peremerunt a Timotheo relictos in præsidio, decem millia viros.

20. At Machabæus, ordinatis circum se sex millibus, et constitutis per cohortes, adversus Timotheum processit, habentem secum centum viginti millia peditum, equitumque duo millia quingentos.

21. Cognito autem Judæ adventu, Timotheus præmisit mulieres, et filios, et reliquum apparatum, in præsidium, quod Carnion dicitur: erat enim inexpugnabile, et accessu difficile propter locorum angustias.

habitait un mélange de diverses nations.

14. Ceux de dedans se confiant en la force de leurs murailles, et en l'abondance des vivres dont ils avaient fait provision, se défendaient négligemment [11], disaient à Judas des injures mêlées de blasphèmes et de paroles détestables.

15. Mais Machabée ayant invoqué le grand Prince du monde [12], qui au temps de Josué fit tomber tout d'un coup sans machines et sans béliers les murs de Jéricho, monta avec furie sur les murailles.

16. Et ayant pris la ville par la volonté du Seigneur, il y fit un carnage incroyable, de sorte que l'étang d'auprès, qui avait deux stades de large, était tout rouge du sang des morts.

17. Etant partis de là, ils marchèrent sept cent cinquante stades, et vinrent à Characa [13] vers les Juifs qui étaient appelés tubianéens [14].

18. Et ils ne purent prendre Timothée en ce lieu-là, parce que, comme il n'avait rien pu y faire, il s'en était retourné après avoir laissé en un certain lieu une garnison très-forte.

19. Mais Dosithée et Sosipatre, qui commandaient les troupes avec Machabée [15], tuèrent dix mille hommes que Timothée avait laissés pour la garde de cette place.

20. Cependant Machabée ayant mis en ordre autour de lui six mille hommes de ses troupes, et les ayant divisés par cohortes, il marcha contre Timothée, qui avait cent vingt mille hommes de pied, et deux mille cinq cents chevaux [16].

21. Timothée ayant su l'arrivée de Judas, envoya devant les femmes, les enfants et le reste du bagage dans une place nommée Carnion [17], qui était imprenable, l'accès en étant fort difficile, à cause des défilés qu'il fallait passer.

ỳ. 14. — [11] Dans le grec : se conduisaient avec arrogance.
ỳ. 15. — [12] * du Dieu d'Israël, créateur et maître souverain de toutes choses.
ỳ. 17. — [13] aujourd'hui Karak, dans l'ancien pays de Moab, à l'orient de la mer Morte.
[14] qui étaient du pays de Tubin ou de Tob (Voy. 1. *Mach.* 5, 13).
ỳ. 19. — [15] mais qui en cette occasion agissaient séparément (ỳ. 20).
ỳ. 20. — [16] De ce verset et de ceux qui suivent rapprochez 1. *Mach.* 5, 37 et suiv.
ỳ. 21. — [17] Carnaïm (1. *Mach.* 5, 26. 43).

22. Mais la première cohorte de Judas ayant paru, les ennemis furent frappés de terreur par la présence de Dieu qui voit toutes choses, et ils furent renversés et mis en fuite les uns par les autres, en sorte qu'ils étaient percés plutôt par leurs propres épées que par celles des ennemis [18].

23. Judas les poursuivit avec la dernière vigueur, en punissant ces profanes, et il en tua trente mille.

24. Timothée étant tombé entre les mains de Dosithée et de Sosipatre, les conjura avec de grandes instances, qu'ils voulussent le laisser aller en vie, parce qu'il avait fait prisonniers plusieurs pères et plusieurs frères des Juifs, qui perdraient par sa mort l'espérance *de recouvrer la liberté.*

25. Et leur ayant donné sa foi qu'il leur rendrait ses prisonniers, suivant l'accord fait entre eux, ils le laissèrent aller sans lui faire aucun mal, dans la vue de sauver leurs frères.

26. Judas retourna ensuite à Carnion, où il tua vingt-cinq mille hommes.

27. Après la fuite et le carnage de ces ennemis, il fit marcher son armée vers Ephron, qui était une ville forte, habitée par une grande multitude de divers peuples [19]. Ses murailles étaient bordées de jeunes hommes fort vaillants, qui les défendaient vigoureusement; et il y avait dedans plusieurs machines de guerre, et toutes sortes de traits et de dards.

28. Mais *les Juifs* ayant invoqué le Tout-Puissant, qui renverse par son pouvoir toutes les forces des ennemis, ils prirent la ville, et tuèrent vingt-cinq mille hommes de ceux de dedans.

29. De là ils allèrent à la ville des Scythes [20], éloignée de six cents stades de Jérusalem.

30. Et les Juifs qui demeuraient dans Scythopolis, ayant eux-mêmes assuré que ces peuples les avaient fort bien traites, et avaient usé d'une grande modération à leur

22. Cumque cohors Judæ prima apparuisset, timor hostibus incussus est, ex præsentia Dei, qui universa conspicit, et in fugam versi sunt alius ab alio, ita ut magis a suis dejicerentur, et gladiorum suorum ictibus debilitarentur.

23. Judas autem vehementer instabat puniens profanos, et prostravit ex eis triginta millia virorum.

24. Ipse vero Timotheus incidit in partes Dosithei et Sosipatris : et multis precibus postulabat ut vivus dimitteretur, eo quod multorum ex Judæis parentes haberet, ac fratres, quos morte ejus decipi eveniret.

25. Et cum fidem dedisset restituturum se eos secundum constitutum, illæsum eum dimiserunt propter fratrum salutem.

26. Judas autem egressus est ad Carnion, interfectis viginti quinque millibus.

27. Post horum fugam, et necem, movit exercitum ad Ephron civitatem munitam, in qua multitudo diversarum gentium habitabat : et robusti juvenes pro muris consistentes fortiter repugnabant : in hac autem machinæ multæ, et telorum erat apparatus.

28. Sed, cum Omnipotentem invocassent, qui potestate sua vires hostium confringit, ceperunt civitatem : et ex eis qui intus erant, viginti quinque millia prostraverunt.

29. Inde ad civitatem Scytharum abierunt, quæ ab Jerosolymis sexcentis stadiis aberat.

30. Contestantibus autem his, qui apud Scythopolitas erant, Judæis, quod benigne ab eis haberentur, etiam temporibus infeli-

---

ŷ. 22. — 18 * On voit dans l'histoire du peuple d'Israël plusieurs exemples de faits semblables; souvent Dieu permit que les ennemis de son peuple se détruisissent les uns les autres, ou par eux-mêmes (Comp. *Jug.* 7, 22. 1. *Rois,* 14, 20. 2. *Par.* 20, 23).

ŷ. 27. — 19 Dans le grec :... habitée par Lysias et une grande multitude, etc. — Lysias s'y était vraisemblablement fixé pendant un certain temps

ŷ. 29. — 20 Litt. : à Scythopolis. — Au 1er livre des *Mach.* 5, 52. elle est appelée Bethsan.

citatis quod modeste secum egerint :

égard dans le temps même de leur malheur,

31. gratias agentes eis, et exhortati etiam de cætero erga genus suum benignos esse, venerunt Jerosolymam die solemni septimanarum instante.

31. Judas leur en rendit grâces; et les ayant exhortés à continuer à l'avenir de témoigner la même bonté à ceux de sa nation, il vint à Jérusalem avec ses gens, lorsque la fête solennelle des semaines [21] était proche.

32. Et post Pentecosten abierunt contra Gorgiam præpositum Idumææ.

32. Ils en partirent après la Pentecôte, et marchèrent contre Gorgias, gouverneur de l'Idumée.

33. Exivit autem cum peditibus tribus millibus, et equitibus quadringentis.

33. *Judas* alla l'attaquer avec trois mille hommes de pied, et quatre cents chevaux.

34. Quibus congressis, contigit paucos ruere Judæorum.

34. Et les deux armées en étant venues aux mains, quelque peu de Juifs demeurèrent sur la place.

35. Dositheus vero quidam de Bacenoris eques, vir fortis, Gorgiam tenebat : et, cum vellet illum capere vivum, eques quidam de Thracibus irruit in eum, humerumque ejus amputavit : atque ita Gorgias effugit in Maresa.

35. Un certain cavalier de ceux de Bacénoris, nommé Dosithée, qui était un vaillant homme, se saisit de Gorgias; et lorsqu'il voulait le prendre vif, un cavalier de ceux de Thrace se jeta sur lui, et lui ayant coupé l'épaule, donna lieu à Gorgias de se sauver à Marésa [22].

36. At illis, qui cum Esdrin erant, diutius pugnantibus et fatigatis, invocavit Judas Dominum adjutorem et ducem belli fieri :

36. Mais ceux qui étaient commandés par Esdrin, combattant depuis longtemps et se trouvant fatigués, Judas invoqua le Seigneur, afin qu'il devînt lui-même leur protecteur et leur chef dans le combat.

37. incipiens voce patria, et cum hymnis clamorem extollens fugam Gorgiæ militibus incussit.

37. Et commençant à élever la voix dans la langue de ses pères, et poussant vers le ciel des cris avec des hymnes et des cantiques, il mit en fuite les soldats de Gorgias.

38. Judas autem collecto exercitu venit in civitatem Odollam : et, cum septima dies superveniret, secundum consuetudinem purificati, in eodem loco sabbatum egerunt.

38. Judas rassembla ensuite ses gens, et vint à la ville d'Odollam [23], où se trouvant le septième jour, ils se purifièrent selon la coutume [24], et célébrèrent le sabbat dans le même lieu.

39. Et sequenti die venit cum suis Judas, ut corpora prostratorum tolleret, et cum parentibus poneret in sepulcris paternis.

39. Le jour suivant Judas vint avec ses gens pour emporter les corps de ceux qui avaient été tués, et pour les ensevelir avec leurs parents dans le tombeau de leurs pères.

40. Invenerunt autem sub tunicis interfectorum de donariis idolorum, quæ apud Jamniam fuerunt, a quibus lex prohibet Judæos :

40. Or ils trouvèrent sous les tuniques de ceux qui étaient morts au combat, des choses qui avaient été consacrées aux idoles qui étaient dans Jemnia [25], et que la loi défend

---

℣. 31. — [21] de la Pentecôte, qui est ainsi appelée, parce qu'elle arrivait le cinquantième jour (πεντηκοστὴ ἡμέρα) après Pâques.
℣. 35. — [22] ville dans la tribu de Juda.
℣. 38. — [23] ville dans la plaine de la tribu de Juda.
[24] * ils se purifièrent par des bains ou ablutions, de la souillure qu'ils avaient contractée par l'effusion du sang et par le contact des corps morts (Voy. 4. *Moys.* 19, 2. 12, 17. 31, 19).
℣. 40. — [25] Il est vraisemblable que ces choses avaient été enlevées lors de l'attaque de Jamnia (℣. 8 et suiv.).

aux Juifs [26]. Tout le monde reconnut donc clairement que ç'avait été la cause de leur mort.

41. C'est pourquoi tous bénirent le juste jugement du Seigneur, qui avait découvert ce que l'on avait voulu cacher.

42. Et se mettant en prières, ils conjurèrent le Seigneur d'oublier le péché qu'ils avaient commis [27]. Mais le très-vaillant Judas exhortait le peuple à se conserver sans péché, en voyant devant leurs yeux ce qui était arrivé à cause des péchés de ceux qui avaient été tués.

43. Et ayant recueilli d'une quête qu'il fit faire douze mille [28] drachmes d'argent, il les envoya à Jérusalem, afin qu'on offrit un sacrifice pour les péchés de ces personnes qui étaient mortes, ayant de bons et de religieux sentiments touchant la résurrection [29].

44. (Car s'il n'avait espéré que ceux qui avaient été tués ressusciteraient un jour [30], il eût regardé comme une chose vaine et superflue de prier pour les morts [31]).

omnibus ergo manifestum factum est, ob hanc causam eos corruisse.

41. Omnes itaque benedixerunt justum judicium Domini, qui occulta fecerat manifesta.

42. Atque ila ad preces conversi, rogaverunt, ut id quod factum erat delictum oblivioni traderetur. At vero fortissimus Judas hortabatur populum conservare se sine peccato, sub ocolis videntes quæ facta sunt pro peccatis corum qui prostrati sunt.

43. Et facta collatione, duodecim millia drachmas argenti misit Jerosolymam offerri pro peccatis mortuorum sacrificium, bene et religiose de resurrectione cogitans;

44. (Nisi enim eos, qui ceciderant resurrecturos speraret, superfluum videretur et vanum orare pro mortuis)

---

[26] Voy. 5. *Moys*. 7, 25. 26.

ỳ. 42. — [27] Dans le grec : Ils se mirent en prière, demandant que le péché qui avait été commis fût entièrement effacé.

ỳ. 43. — [28] Le grec n'a que deux mille.

[29] c'est-à-dire croyant que les sacrifices (ainsi que les autres bonnes œuvres, *Tob.* 4, 18), pouvaient, par rapport à une résurrection bien heureuse (à la glorification du corps et de l'âme), être en aide à ceux qui étaient morts dans la piété (ỳ. 45, dans l'union avec Dieu, dans la grâce). La résurrection est mise ici, comme cela arrive souvent, pour l'immortalité bienheureuse, pour nous apprendre que par l'immortalité il faut entendre, non pas seulement la survivance et la béatitude de l'âme, mais encore la permanence et la glorification du corps. Il n'est pas dit dans ce passage que ceux qui ont quitté la vie sans piété (n'étant pas en état de grâce) ne ressusciteront pas; car la résurrection dont il s'agit ici est la résurrection pour la vie (*pl. h.* 7, 14); la résurrection des impies est la résurrection pour la mort, ce qui est cause qu'elle est appelée la seconde mort (*Apoc.* 20, 14).

ỳ. 44. — [30] et que la prière leur serait un secours pour une résurrection bienheureuse.

[31] * Cette réflexion est mise ici contre la doctrine des Sadducéens, dont la secte commençait à paraître, et qui niaient non-seulement la résurrection des corps, mais même l'immortalité de l'âme. — Les paroles de tous ces textes touchant l'efficacité de la prière et des sacrifices en faveur des âmes des défunts, se lisent dans tous les manuscrits du texte grec et dans toutes les anciennes versions; et c'est tout-à-fait sans fondement que quelques écrivains protestants, dont les erreurs étaient par là contredites, ont prétendu que ces paroles étaient supposées. — Les prières en faveur des morts étaient en usage dans la synagogue bien avant le christianisme; on en trouve des traces depuis l'époque de la captivité de Babylone. — La pratique de l'église catholique, conforme à l'usage de l'église judaïque, est confirmée non-seulement par l'autorité de tous les Peres, mais par toutes les liturgies, et spécialement par les liturgies orientales, dont quelques-unes sont attribuées aux apôtres. — Au verset 45, il est dit que *la miséricorde est réservée à ceux qui meurent dans la piété*. Cette proposition peut s'entendre dans un sens général, et alors elle comprendrait les âmes des morts qui quittent la vie sans être ni entièrement justes, ni absolument coupables de grands crimes; ou s'appliquer particulièrement aux âmes de ceux pour lesquels on avait fait une collecte, et en ce cas encore il faudrait dire que la faute que ces Juifs avaient commise en s'emparant de quelques objets consacrés au culte des idoles, n'avait pas été grave, ou bien que

45. et quia considerabat quod hi, qui cum pietate dormitionem acceperant, optimam haberent repositam gratiam.
46. Sancta ergo et salubris est cogitatio pro defunctis exorare, ut a peccatis solvantur.

45. Ainsi il considérait qu'une grande miséricorde était réservée à ceux qui étaient morts dans la piété.

46. C'est donc une sainte et salutaire pensée de prier pour les morts, afin qu'ils soient délivrés de leurs péchés [32].

CHAPITRE XIII.

Antiochus-Eupator marche contre les Juifs. Il fait tuer Ménélaüs. Judas porte l'effroi et le trouble dans le camp des ennemis. Siége de Bethsura. Paix entre Eupator et les Juifs.

1. Anno centesimo quadragesimo nono, cognovit Judas Antiochum Eupatorem venire cum multitudine adversus Judæam,
2. et cum eo Lysiam procuratorem et præpositum negotiorum, secum habentem peditum centum decem millia, et equitum quinque millia, et elephantos viginti duos, currus cum falcibus trecentos.
3. Commiscuit autem se illis et Menelaus : et cum multa fallacia deprecabatur Antiochum, non pro patriæ salute, sed sperans se constitui in principatum.

4. Sed Rex regum suscitavit animos Antiochi in peccatorem : et suggerente Lysia hunc esse causam omnium malorum, jussit (ut

1. La cent quarante-neuvième année [1], Judas apprit qu'Antiochus-Eupator marchait avec de grandes troupes contre la Judée,

2. accompagné de Lysias, régent et premier ministre du royaume; et qu'il avait avec lui cent dix mille hommes de pied et cinq mille chevaux, vingt-deux éléphants, et trois cents chariots armés de faux [2].

3. Ménélaüs se mêla aussi avec eux [3]; et poussé d'un esprit de dissimulation et de tromperie, il faisait des prières à Antiochus, qui ne tendaient pas véritablement à procurer le salut de sa patrie, mais à s'établir par ce moyen dans la souveraine autorité, selon l'espérance qu'il en avait [4].
4. le Roi des rois suscita le cœur d'Antiochus contre ce méchant homme; et Lysias lui ayant dit que c'était lui qui était la cause de tous les maux, il commanda qu'on l'ar-

---

si elle était grave en elle-même, ils s'en étaient repentis et l'avaient expiée, quant à la coulpe, en mourant pour la défense de la religion et de la patrie.

ỳ. 46. — [32] afin que leurs péchés soient entièrement effacés, et qu'ils n'en soient plus punis. Le grec est un peu différent quant aux mots, mais quant au sens il revient au même :... à ceux qui étaient morts dans la piété (46). Sainte et pieuse pensée ! Et il fit ainsi une expiation en faveur de ceux qui étaient morts, afin qu'ils fussent délivrés de leurs péchés. — Tout ce passage (ỳ. 43-46.) offre une preuve claire en faveur de la doctrine catholique touchant l'existence d'un lieu de purgation pour ceux qui étant morts en état de grace, n'ont pas encore expié parfaitement leurs péchés, et touchant l'efficacité de la prière et des bonnes œuvres pour leur délivrance.

ỳ. 1. — [1] L'an 162 avant Jésus-Christ (Comp. avec ce chap. 1. *Mach.* 6, 18 et suiv.).

ỳ 2. — [2] Dans 1. *Mach.* 6, 30. il y a d'autres nombres. L'armée put se fortifier durant la marche, au moyen des troupes auxiliaires de différents peuples.

ỳ. 3. — [3] Voy. *pl. h.* 4, 23.

[4] C'est-à-dire il cherchait à se mettre en possession de la souveraine sacrificature, qu'il avait déjà auparavant achetée par tromperie, et dont il avait été bientôt déposé (Voy. *pl. h.* 4, 24-29).

rêtât, et qu'on le fit mourir dans le même lieu selon la coutume [5].

5. Or il y avait en cet endroit une tour de cinquante coudées de haut, qui était environnée de toutes parts d'un grand monceau de cendres [6], et du haut de laquelle on ne voyait tout autour qu'un grand précipice.

6. Il commanda donc que ce sacrilege fût précipité de là dans la cendre, tout le monde le poussant à la mort.

7. Ce fut de la sorte que Ménélaüs, prévaricateur de la loi, mourut, sans que son corps fût mis en la terre.

8. Et cela sans doute *arriva* par un jugement bien juste : car comme il avait commis beaucoup d'impiétés contre l'autel de Dieu, dont le feu et la cendre étaient des choses saintes, il fut lui-même justement condamné à être étouffé dans la cendre.

9. Cependant le roi s'avançait plein et emporté de fureur, dans le dessein de se montrer encore plus violent que son père à l'égard des Juifs,

10. Judas en ayant été averti, commanda au peuple d'invoquer le Seigneur jour et nuit, afin qu'il les assistât, comme il avait toujours fait,

11. dans la crainte qu'ils avaient de se voir privés de leur loi, de leur patrie et de son saint temple, et qu'il ne permît pas que son peuple qui commençait seulement à respirer quelque peu, fût assujetti de nouveau aux nations qui blasphémaient son saint nom.

12. Tous firent conjointement ce qu'il leur avait ordonné, et implorèrent la misericorde du Seigneur par leurs larmes et par leurs jeûnes, se tenant toujours prosternés devant lui trois jours durant. Alors Judas les exhorta à se tenir prêts;

13. et ayant tenu conseil avec les anciens, il résolut de marcher contre le roi, avant qu'il eût fait entrer ses troupes dans la Judée, et qu'il se fût rendu maitre de la ville, et d'abandonner au jugement du Seigneur l'événement de cette entreprise.

14. Remettant donc toutes choses au pouvoir de Dieu, créateur de l'univers, et ayant exhorté ses gens à combattre vaillamment et jusqu'à la mort pour la défense de leurs lois, de leur temple, de leur ville, de leur patrie

eis est consuetudo) apprehensum in eodem loco necari.

5. Erat autem in eodem loco turris quinquaginta cubitorum, aggestum undique habens cineris: hæc prospectum habebat in præceps;

6. inde in cinerem dejici jussit sacrilegum, omnibus eum propellentibus ad interitum.

7. Et tali lege prævaricatorem legis contigit mori, nec terræ dari Menelaum.

8. Et quidem satis juste : nam quia multa erga aram Dei delicta commisit, cujus ignis et cinis erat sanctus : ipse in cineris morte damnatus est.

9. Sed rex mente effrenatus veniebat, nequiorem se patre suo Judæis ostensurus

10. Quibus Judas cognitis, præcepit populo ut die ac nocte Dominum invocarent, quo, sicut semper, et nunc adjuvaret eos :

11. quippe qui lege, et patria, sanctoque templo privari vererentur : ac populum, qui nuper paululum respirasset, ne sineret blasphemis rursus nationibus subdi

12. Omnibus itaque simul id facientibus, et petentibus a Domino misericordiam, cum fletu et jejuniis, per triduum continuum prostratis, hortatus est eos Judas ut se præpararent.

13. Ipse vero cum senioribus cogitavit, prius quam rex admoveret exercituum ad Judæam, et obtineret civitatem, exire, et Domini judicio committere exitum rei.

14. Dans itaque potestatem omnium Deo mundi creatori, et exhortatus suos ut fortiter dimicarent, et usque ad mortem pro legibus, templo, civitate, patria, et civibus

---

℣. 4. — [5] Dans le grec : il commanda à ceux qui le conduisaient à Bérée, de le faire périr de la manière usitée en ce lieu-là.

℣. 5. — [6] de cendres chaudes. Précipiter les malfaiteurs dans la cendre chaude, et de cette manière les brûler sans feu, était une peine capitale chez les Perses, qui ne voulaient point profaner le feu, élement qui pour eux était sacré, par la mort des malfaiteurs. D'après le grec les cendres étaient dans l'intérieur de la tour, et le malfaiteur y tombait du haut d'une machine placée à son sommet.

starent, circa Modin exercitum constituit.

15. Et dato signo suis DEI VICTORIÆ, juvenibus fortissimis electis, nocte aggressus aulam regiam, in castris interfecit viros quatuor millia, et maximum elephantorum cum his qui superpositi fuerant :

16. summoque metu ac perturbatione hostium castra replentes, rebus prospere gestis, abierunt.

17. Hoc autem factum est die illucescente, adjuvante eum Domini protectione.

18. Sed rex, accepto gustu audaciæ Judæorum, arte difficultatem locorum tentabat :

19. et Bethsuræ, quæ erat Judæorum præsidium munitum, castra admovebat : sed fugabatur, impingebat, minorabatur.

20. His autem, qui intus erant, Judas necessaria mittebat.

21. Enuntiavit autem mysteria hostibus Rhodocus quidam de judaico exercitu, qui requisitus comprehensus est, et conclusus.

22. Iterum rex sermonem habuit ad eos qui erant in Bethsuris: dextram dedit : accepit : abiit.

23. Commisit cum Juda, superatus est. Ut autem cognovit rebellasse Philippum Antiochiæ, qui relictus erat super negotia, mente consternatus, Judæos deprecans, subditusque eis, jurat de omnibus quibus justum visum est : et reconciliatus obtulit sacrificium, honoravit templum, et munera posuit :

et de leurs concitoyens, il fit camper son armée près de Modin [7].

15. Et après avoir donné aux siens pour signal : LA VICTOIRE DE DIEU, et pris avec lui les plus braves d'entre les jeunes hommes, il attaqua la nuit le quartier du roi, et tua dans son camp quatre mille hommes, et le plus grand des éléphants, avec tous ceux qu'il portait [8].

16. Ayant rempli de la sorte tout le camp des ennemis d'effroi et de trouble, ils s'en retournèrent après cet heureux succès.

17. Cette action se fit à la pointe du jour, le Seigneur ayant assisté de sa protection Machabée.

18. Mais après que le roi eut fait cet essai de l'audace *extraordinaire* des Juifs, il tâchait de prendre les villes fortes par stratagème.

19. Il vint donc mettre le siege devant Bethsura, qui était une des places des Juifs les mieux fortifiées; mais ses gens furent repoussés et renversés, et ils souffrirent de grandes pertes.

20. Judas, cependant, envoyait aux assiégés les choses qui leur étaient nécessaires.

21. Mais un nommé Rhodocus, de l'armée des Juifs [9], allait découvrir aux ennemis les secrets de son parti; et après quelques recherches qui en furent faites, il fut pris et mis en prison.

22. Le roi ayant fait parler encore à ceux qui étaient dans Bethsura, leur donna sa parole, la reçut d'eux, et s'en retourna [10].

23. Mais il combattit auparavant contre Judas, et il fut vaincu. Or, ayant reçu la nouvelle que Philippe, qui avait été établi pour le gouvernement de toutes les affaires [11], s'était revolté à Antioche [12], il en fut tout consterné; et, n'usant plus que de supplications et de soumissions à l'égard des Juifs, il jura de garder avec eux toutes les conditions qui parurent justes. Et après cette réconciliation, il offrit un sacrifice, honora le temple, et y fit des dons [13].

ỷ. 14. — 7 Voy. 1. *Mach.* 2, 1.
ỷ. 15. — 8 Celui qui tua l éléphant est sans doute Eléazar (1. *Mach.* 6, 43 et suiv.).
ỷ. 21. — 9 * On ne sait rien que ce qui est ici marqué de ce Rhodocus et de ces communications aux Syriens.
ỷ. 22. — 10 * Voyez là-dessus de plus longs détails dans 1. *Mach.* 6, 33-41.
ỷ. 23. — 11 par son père Antiochus-Epiphane.
12 s'était mis en possession du pouvoir (Voy. *pl. h.* 9, 29).
13 * Philippe avait été établi par Antiochus-Epiphane regent de son royaume et gouverneur de son fils Eupator (1. *Mach.* 6, 14. 15); mais Lysias avait le jeune roi en son pouvoir, et ce prince n'ayant point confirmé Philippe dans sa dignité, marcha contre lui à Antioche, et abattit son parti (Voy. 1. *Mach.* 6, 63). Afin de faire cette campagne sans être inquiété par les Juifs, il leur accorda tout ce qu'ils desiraient, et témoigna un grand respect pour le temple. Mais bientôt néanmoins, contre son serment, il fit renverser les murs d'enceinte (Voy. 1. *Mach.* 6, 62).

24. Il embrassa Machabée, et le déclara chef et prince de tout le pays, depuis Ptolémaïde jusqu'aux Gerréniens [14].

25 Lorsqu'Antiochus fut entré dans Ptolémaïde, ceux de cette ville, fort mécontents des conditions de l'alliance qu'il avait faite avec les Juifs, en témoignèrent leur indignation [15], dans la crainte qu'ils avaient que ce ne fût un sujet de rompre l'accord qu'ils avaient eux-mêmes fait [16].

26. Mais Lysias étant monté sur le tribunal, exposa les raisons de cette alliance, et apaisa le peuple; et il retourna après à Antioche. Ce fut ainsi que le roi entra en Judée, et qu'il s'en retourna ensuite.

24. Machabæum amplexatus est, et fecit eum a Ptolemaide usque ad Gerrenos ducem et principem.

25. Ut autem venit Ptolemaidam, graviter ferebant Ptolemenses amicitiæ conventionem, indignantes ne forte fœdus irrumperent.

26. Tunc ascendit Lysias tribunal, et exposuit rationem, et populum sedavit, regressusque est Antiochiam : et hoc modo regis profectio et reditus processit.

CHAPITRE XIV.

Démétrius-Soter se met en possession de la Syrie. Il envoie contre les Juifs Nicanor qui se lie d'amitié avec Judas, mais qui, par un effet de la calomnie d'Alcime, se voit contraint par le roi de se conduire en ennemi à l'égard des Juifs. Mort généreuse de Razias.

1. Mais trois ans après [1], Judas et ceux qui étaient avec lui apprirent que Démétrius, fils de Séleucus, était venu avec une puissante armée, et quantité de vaisseaux, et qu'ayant pris terre au port de Tripoli, il s'était saisi des postes les plus avantageux,

2. et rendu maître d'un grand pays, malgré Antiochus, et Lysias général de son armée [2].

3. Or, un certain homme nommé Alcime, qui avait été grand prêtre [3], et qui s'était volontairement souillé dans le temps du mélange [4], considérant qu'il n'y avait plus

1. Sed post triennii tempus, cognovit Judas, et qui cum eo erant, Demetrium Seleuci, cum multitudine valida, et navibus, per portum Tripolis ascendisse ad loca opportuna,

2. et tenuisse regiones adversus Antiochum, et ducem ejus Lysiam.

3. Alcimus autem quidam, qui summus sacerdos fuerat, sed voluntarie coinquinatus est temporibus commixtionis, considerans

---

ỳ. 24. — [14] de toute la côte de la mer jusqu'en Egypte, jusqu'à Gérara (1. *Moys.* 20, 1). D'autres traduisent le grec :... le temple, et traita ce lieu-là avec humanité, et il accueillit Machabée avec amitié. Il laissa aussi comme gouverneur, depuis Ptolémaïs jusqu'à Gérène, Hégémonide.

ỳ. 25. — [15] * Les habitants de Ptolémaïde nourrissaient des sentiments très-hostiles contre les Juifs (Comp. 1. *Mach.* 5, 15); c'est pourquoi ils prirent très-mal la paix conclue avec eux, et ne croyaient pas qu'il y eût obligation de l'observer. Ce ne fut qu'avec peine que Lysias parvint à les calmer (ỳ. 26). *Voy.* aussi la note suivante.

[16] Ce qui les inquiétait, c'était qu'ils ne fussent eux-mêmes dans la nécessité de se révolter contre le roi, si les Juifs, auxquels ils étaient désormais soumis, venaient à le faire de nouveau un jour. Dans le grec :... avec les Juifs, s'en plaignirent, et voulaient la rompre.

ỳ. 1. — [1] Comp. avec ce qui suit 1. *Mach.* 7, 1-38.

ỳ. 2. — [2] Dans le grec :.. pays après le massacre d'Antiochus et de Lysias, son lieutenant (Voy. 1. *Mach.* 7, 3. 4).

ỳ. 3. — [3] nommé par Eupator, après la mort de Ménélaüs.

[4] qui, dans le temps de la domination des Gentils, avait embrassé leur parti.

nullo modo sibi esse salutem, neque accessum altare,

4. venit ad regem Demetrium, centesimo quinquagesimo anno, offerens ei coronam auream, et palmam, super hæc et thallos, qui templi esse videbantur. Et ipsa quidem die siluit.

5. Tempus autem opportunum dementiæ suæ nactus, convocatus a Demetrio ad consilium, et interrogatus quibus rebus et consiliis Judæi niterentur,

6. respondit : Ipsi qui dicuntur Assidæi Judæorum, quibus præest Judas Machabæus, bella nutriunt, et seditiones movent, nec patiuntur regnum esse quietum;

7. nam et ego defraudatus parentum gloria (dico autem summo sacerdotio) huc veni :

8. primo quidem utilitatibus regis fidem servans, secundo autem etiam civibus consulens : nam illorum pravitate universum genus nostrum non minime vexatur.

9. Sed oro his singulis, ô rex, cognitis, et regioni, et generi secundum humanitatem tuam pervulgatam omnibus prospice.

10. nam, quamdiu superest Judas, impossibile est pacem esse negotiis.

11. Talibus autem ab hoc dictis, et cæteri amici, hostiliter se habentes adversus Judam, inflammaverunt Demetrium.

12. Qui statim Nicanorem præpositum elephantorum ducem misit in Judæam :

13. datis mandatis, ut ipsum quidem Judam caperet; eos vero,

aucune ressource pour lui, et que l'entrée de l'autel lui était fermé pour jamais [5],

4. vint trouver le roi Démétrius en la cent cinquantième année : il lui présenta une couronne et une palme d'or, avec des rameaux qui semblaient être du temple; et il ne lui dit rien pour ce jour-là [6].

5. Mais ayant trouvé une occasion favorable pour exécuter son dessein plein de folie, lorsque Démétrius le fit venir au conseil, et lui demanda sur quels fondements et sur quels conseils les Juifs s'appuyaient principalement,

6. il répondit : Ceux d'entre les Juifs qu'on nomme Assidéens [7], dont Judas Machabée est le chef, entretiennent la guerre, excitent des séditions, et ne peuvent souffrir que le royaume demeure en paix.

7. Car j'ai moi-même été dépouillé de la gloire que j'ai reçue de mes pères (c'est-à-dire du souverain sacerdoce) [8]; et c'est ce qui m'a obligé de venir ici,

8. premièrement pour garder la fidélité que je dois au roi, en ce qui regarde ses intérêts; et puis pour procurer aussi l'avantage de mes concitoyens : car toute notre nation est affligée de grands maux par la méchanceté de ces personnes.

9. Ainsi je vous prie, ô roi! que connaissant tous ces désordres, vous veuilliez bien prendre soin *des intérêts* de notre pays et de notre nation [9], selon votre bonté qui est connue de tout le monde.

10. Car tant que Judas vivra, il est impossible qu'il y ait aucune paix dans l'état.

11. Après qu'il eut parlé de la sorte, tous ses amis animèrent encore Démétrius contre Judas dont ils étaient les ennemis déclarés.

12. C'est pourquoi il ordonna aussitôt à Nicanor [10], qui commandait les éléphants, d'aller en Judée, en qualité de général,

13. de prendre Judas en vie [11]; de dissiper tous ceux qui seraient avec lui, et d'é-

---

[5] * Alcime était un traître à l'égard de son peuple (Voy. 1. *Mach.* 7, 9 et 25).

℣. 4. — [6] * Comp. 1. *Mach.* 7, 5. Par cette couronne et cette palme Alcime voulait, entre autres choses, faire comprendre au roi que dans le temple étaient un dépôt de riches dons et de grands trésors.

℣. 6. — [7] Voyez 1. *Mach.* 2, 42.

℣. 7. — [8] Alcime était de la race d'Aaron (1. *Mach.* 7, 14), mais selon Josèphe, il n'était pas de la famille qui avait été jusque-là en possession du souverain sacerdoce.

℣. 9. — [9] Dans le grec : de notre nation opprimée.

℣. 12. — [10] * Sur Nicanor voy. 1. *Mach.* 3, 38. 7, 26.

℣. 13. — [11] Dans le grec : de tuer Judas.

tablir Alcime souverain prêtre du grand temple [12].

14. Alors les païens [13], que Judas avait fait fuir de Judée, vinrent en foule se joindre à Nicanor, regardant les misères et les pertes des Juifs comme leur prospérité propre et le rétablissement de leurs affaires.

15. Les Juifs ayant appris que Nicanor était arrivé, et que cette multitude de nations s'était unie contre eux, se couvrirent la tête de terre [14], et offrirent leurs prières à celui qui s'était choisi un peuple pour le conserver éternellement, et qui s'était déclaré par tant de marques éclatantes le protecteur de ce peuple qu'il avait pris pour son partage.

16. Aussitôt après ils partirent du lieu où ils étaient par l'ordre de leur général, et vinrent se rendre près le château de Dessau [15].

17. Simon, frère de Judas, ayant commencé à combattre contre Nicanor, fut effrayé par l'arrivée imprévue des ennemis.

18. Nicanor néanmoins connaissant quelle était la valeur des gens de Judas, et la grandeur de courage avec laquelle ils combattaient pour leur patrie, craignait de s'exposer au hasard d'un combat sanglant.

19. C'est pourquoi il envoya devant Posidonius, Theodotius et Matthias, pour présenter et pour recevoir des propositions de paix.

20. Cette délibération ayant duré longtemps, et le général [16] ayant exposé lui-même la chose à toute l'armée, tous furent d'avis d'accepter l'accord.

21. C'est pourquoi les deux généraux prirent un jour [17] pour en conférer entre eux en secret; et on leur porta à chacun une chaise, où ils s'assirent.

22. Cependant Judas fit tenir des gens armés dans des lieux avantageux, de peur que les ennemis n'entreprissent tout d'un coup quelque chose contre ses gens; et la conférence qu'ils eurent entre eux, se passa comme elle devait

23. Nicanor demeura ensuite à Jérusa-

qui cum illo erant, dispergeret, et constitueret Alcimum maximi templi summum sacerdotem.

14. Tunc gentes, quæ de Judæa fugerant Judam, gregatim se Nicanori miscebant, miserias et clades Judæorum, prosperitates rerum suarum existimantes.

15. Audito itaque Judæi Nicanoris adventu, et conventu nationum, conspersi terra rogabant eum, qui populum suum constituit, ut in æternum custodiret, quique suam portionem signis evidentibus protegit.

16. Imperante autem duce, statim inde moverunt, conveneruntque ad castellum Dessau.

17. Simon vero frater Judæ commiserat cum Nicanore : sed conterritus est repentino adventu adversariorum.

18. Nicanor tamen, audiens virtutem comitum Judæ, et animi magnitudinem, quam pro patriæ certaminibus habebant, sanguine judicium facere metuebat.

19. Quam ob rem præmisit Posidonium, et Theodotium, et Matthiam, ut darent dextras atque acciperent.

20. Et cum diu de his consilium ageretur, et ipse dux ad multitudinem retulisset, omnium una fuit sententia amicitiis annuere.

21. Itaque diem constituerunt, qua secreto inter se agerent : et singulis sellæ prolatæ sunt, et positæ.

22. Præcepit autem Judas armatos esse locis opportunis, ne forte ab hostibus repente mali aliquid oriretur : et congruum colloquium fecerunt.

23. Morabatur autem Nicanor

---

[12] * Telle est l'idée que les païens eux-mêmes avaient du temple de Jérusalem.
℣. 14. — [13] * Les étrangers et les Juifs apostats.
℣. 15. — [14] * en signe de deuil et d'humiliation devant Dieu.
℣. 16. — [15] situé on ne sait où.
℣. 20. — [16] * Judas Machabée.
℣. 21. — [17] Litt. : ils prirent, etc. = les deux généraux.

Jerosolymis, nihilque mique agebat, gregesque turbarum, quæ congregatæ fuerant, dimisit.

24. Habebat autem Judam semper charum ex animo, et erat viro inclinatus.

25. Rogavitque eum ducere uxorem, filiosque procreare. Nuptias fecit : quiete egit, communiterque vivebant.

26. Alcimus autem, videns charitatem illorum ad invicem, et conventiones, venit ad Demetrium, et dicebat Nicanorem rebus alienis assentire, Judamque regni insidiatorem successorem sibi destinasse.

27. Itaque rex exasperatus, et pessimis hujus criminationibus irritatus, scripsit Nicanori, dicens, graviter quidem se ferre de amicitiæ conventione, jubere tamen Machabæum citius vinctum mittere Antiochiam.

28. Quibus cognitis, Nicanor consternabatur, et graviter ferebat, si ea, quæ convenerant, irrita faceret, nihil læsus a viro :

29. sed, quia regi resistere non poterat, opportunitatem observabat, qua præceptum perficeret.

30. At Machabæus, videns secum austerius agere Nicanorem, et consuetum occursum ferocius exhibentem, intelligens non ex bono esse austeritatem istam, paucis suorum congregatis, occultavit se a Nicanore.

31. Quod cum ille cognovit fortiter se a viro præventum, venit ad maximum et sanctissimum templum : et sacerdotibus solitas hostias offerentibus, jussit sibi tradi virum;

32. quibus cum juramento dicentibus nescire se ubi esset qui quærebatur, extendens manum ad templum,

lem [18], où il ne fit rien contre l'équité; et il congédia ses grandes troupes qu'il avait levées.

24. Il aimait toujours Judas d'un amour sincère; et il sentait une inclination particulière pour sa personne.

25. Il le pria même de se marier, et de songer à avoir des enfants. Ainsi Judas se maria, il jouit d'un grand repos; et ils vivaient l'un et l'autre familièrement ensemble.

26. Mais Alcime voyant l'amitié et la bonne intelligence qui était entre eux, vint trouver Démétrius, et lui dit que Nicanor favorisait les intérêts de ses ennemis, et qu'il avait destiné pour son successeur [19] Judas, qui trahissait le roi et son royaume.

27. Alors le roi étant aigri et irrité par les calomnies détestables de ce méchant homme, écrivit à Nicanor, qu'il trouvait fort mauvais qu'il eût fait ainsi amitié avec Machabée; et que néanmoins il lui commandait de l'envoyer au plus tôt lié et garrotté à Antioche.

28. Nicanor ayant reçu cette nouvelle en fut consterné; et il souffrait une grande peine de violer l'accord qu'il avait fait avec Machabée, qui ne l'avait en aucune sorte offensé.

29. Mais parce qu'il ne pouvait résister au roi, il cherchait une occasion favorable pour exécuter l'ordre qu'il avait reçu.

30. Cependant Machabée s'étant aperçu que Nicanor le traitait plus durement qu'à l'ordinaire, et que lorsqu'ils s'abordaient, il lui paraissait plus fier qu'il n'avait accoutume, il jugea bien que cette fierté ne pouvait avoir une bonne cause. C'est pourquoi ayant assemblé *près de lui* quelques-uns de ses gens [20], il se déroba de Nicanor.

31. Lorsque Nicanor eut su que Judas avait eu l'habileté et la force de le prévenir [21], il vint au très-auguste et très-saint temple; et les prêtres offrant les victimes ordinaires, il leur commanda de lui remettre Machabée entre les mains.

32. Mais ces prêtres l'ayant assuré avec serment qu'ils ne savaient où était celui qu'il cherchait, il étendit sa main vers le temple,

---

℣. 23. — [18] dans la citadelle Alcime, par les articles de la paix, fut exclu du souverain sacerdoce, et Judas y fut confirmé (℣. 26).
℣. 26. — [19] d'Alcime, dans la dignité de grand prêtre.
℣. 30. — [20] Dans le grec : non un petit nombre de, etc.
℣. 31. — [21] Voy. 1. *Mach.* 7, 33 et suiv.

33. et jura en disant : Si vous ne me remettez Judas lié entre mes mains, je raserai jusqu'en terre ce temple de Dieu, je renverserai cet autel, et je consacrerai ce temple au père Bacchus [22].

33. juravit, dicens : Nisi Judam mihi vinctum tradideritis, istud Dei fanum in planitiem deducam, et altare effodiam, et templum hoc Libero patri consecrabo.

34. Après avoir parlé de la sorte, il s'en alla. Or les prêtres étendant leurs mains vers le ciel, invoquaient celui qui s'était toujours déclaré le protecteur de leur nation, en disant :

34. Et his dictis, abiit. Sacerdotes autem protendentes manus in cœlum, invocabant eum, qui semper propugnator esset gentis ipsorum, hæc dicentes :

35. Seigneur de tout l'univers, qui n'avez besoin d'aucune chose, vous avez voulu qu'on bâtît un temple où vous demeurassiez au milieu de nous.

35. Tu Domine universorum, qui nullius indiges, voluisti templum habitationis tuæ fieri in nobis.

36. Maintenant donc, ô Saint des Saints, ô Seigneur de toutes choses! exemptez pour jamais de profanation cette maison qui vient d'être purifiée.

36. Et nunc Sancte Sanctorum omnium Domine, conserva in æternum impollutam domum istam, quæ nuper mundata est.

37. On accusa alors auprès de Nicanor un des plus anciens de Jérusalem, nommé Razias, homme zélé pour la ville, qui était en grande réputation, et qu'on appelait le père des Juifs [23], à cause de l'affection qu'il leur portait.

37. Razias autem quidam de senioribus ab Jerosolymis delatus est Nicanori, vir amator civitatis, et bene audiens : qui pro affectu pater Judæorum appellabatur.

38. Il menait depuis longtemps dans le judaïsme une vie très-pure, et éloignée de toutes les souillures du paganisme ; et il était prêt à abandonner son corps et sa vie, pour y persévérer jusqu'à la fin [24].

38. Hic multis temporibus continentiæ propositum tenuit in judaismo, corpusque et animam tradere contentus pro perseverantia.

39. Nicanor voulant donc donner une marque publique de la haine qu'il avait contre les Juifs, envoya cinq cents soldats pour le prendre.

39. Volens autem Nicanor manifestare odium, quod habebat in Judæos, misit milites quingentos, ut eum comprehenderent;

40. Car il croyait que s'il séduisait cet homme [25], il ferait aux Juifs un grand mal.

40. putabat enim, si illum decepisset, se cladem Judæis maximam illaturum.

41. Lors donc que ces troupes s'efforçaient d'entrer dans sa maison, d'en rompre la porte, et d'y mettre le feu, comme il se vit sur le point d'être pris, il se donna un coup d'épée,

41. Turbis autem irruere in domum ejus, et januam disrumpere, atque ignem admovere cupientibus, cum jam comprehenderetur, gladio se feriit :

42. aimant mieux mourir noblement que de se voir assujetti aux pécheurs, et de souffrir des outrages indignes de sa naissance.

42. eligens nobiliter mori potins quam subditus fieri peccatoribus, et contra natales suos indignis injuriis agi.

43 Mais parce que dans la précipitation où il était, il ne s'était pas donné un coup mortel, lorsqu'il vit tous les soldats entrer en foule dans sa maison, il courut avec une

43. Sed, cum per festinationem non certo ictu plagam dedisset, et turbæ intra ostia irrumperent, recurrens audacter ad murum,

---

ỷ. 33. — [22] Autrement : ce lieu, — par l'érection d'un temple, comme porte le grec. — * Dans le grec : Autel, et j'y érigerai à Bacchus un temple fameux.
ỷ 37 — [23] comme juif, zélé, régulier, et attaché à la loi.
ỷ. 38. — [24] Dans le grec le verset porte : Dans les temps de confusion qui avaient précédé, il s'était montré fermement attaché au judaisme, et avait voué son corps et son âme avec une entière constance pour la religion judaique.
ỷ. 40. — [25] Dans le grec : s'il pouvait prendre cet homme.

præcipitavit semetipsum viriliter in turbas :

44. quibus velociter locum dantibus casui ejus, venit per mediam cervicem :

45. et cum adhuc spiraret, accensus animo, surrexit : et cum sanguis ejus magno fluxu deflueret, et gravissimis vulneribus esset saucius, cursu turbam pertransiit :

46. et stans supra quamdam petram præruptam, et jam exsanguis effectus, complexus intestina sua, utrisque manibus projecit super turbas, invocans Dominatorem vitæ ac spiritus, ut hæc illi iterum redderet : atque ita vita defunctus est.

fermeté extraordinaire à la muraille, et il se précipita lui-même courageusement du haut en bas sur le peuple.

44. Et tous s'étant retirés promptement pour n'être pas accablés de sa chute, il tomba la tête la première [26].

45. Lorsqu'il respirait encore, il fit un nouvel effort, et se leva; et des ruisseaux de sang lui coulant de tous côtés, à cause des grandes plaies qu'il s'était faites, il passa en courant au travers du peuple;

46. et étant monté sur une pierre escarpée, lorsqu'il avait presque perdu tout son sang, il tira ses entrailles hors de son corps, et les jeta avec ses deux mains sur le peuple, invoquant le Dominateur de la vie et de l'âme, afin qu'il les lui rendît un jour : et il mourut de cette sorte [27].

CHAPITRE XV.

Nicanor se prépare au combat contre Judas, mais il est vaincu et tué dans une action. Conclusion.

1. Nicanor autem, ut comperit Judam esse in locis Samariæ, cogitavit cum omni impetu die sabbati committere bellum.

2. Judæis vero, qui illum per necessitatem sequebantur, dicen-

1. Or, Nicanor ayant appris que Judas était sur les terres de Samarie, résolut de l'attaquer avec toutes ses forces le jour du sabbat [1].

2. Et lorsque les Juifs qui étaient contraints de le suivre [2], lui dirent : N'agissez

---

℣. 44. — [26] Dans le grec : il tomba au milieu d'eux sur le ventre. — * Κατὰ μέσον τὸν κενεῶνα. Κενεων hic non est venter, ut caput sed locus ab ædificiis vacuus, quomodo et apud Nonnum sumiturgrat.

℣. 46. — [27] Les opinions sont partagées sur l'action de Razias, qui se donna la mort. Saint Augustin, et après lui saint Thomas et d'autres, inclinent davantage à le condamner. D'autres théologiens récents veulent, même d'après la doctrine de saint Augustin, le justifier. Ils supposent que Razias agit de la sorte par une inspiration particulière de Dieu. D. Calmet ne trouve dans le récit aucun motif suffisant pour admettre cette supposition, mais s'attachant à saint Augustin et à saint Thomas, sans condamner précisément Razias, il n'ose pas le justifier. — * Au sujet de cette action de Razias, saint Augustin remarque que s'il est loué par l'Ecriture, ce n'est qu'à cause de sa fidélité à la loi, de son amour pour le pays de ses pères et de la grandeur de sa foi; mais qu'il n'est ni loué, ni proposé à notre imitation, pour avoir porté sur lui-même des mains violentes : c'est là un fait qui est simplement raconté et laissé à l'appréciation des lecteurs. Il en est donc ici, comme en beaucoup d'autres circonstances, où les livres saints rapportent les fautes et les péchés d'hommes d'ailleurs recommandables, ou prévenus de grâces particulières. Le fait est exposé, parce qu'il a eu lieu; il n'est pas rappelé, pour qu'il ait lieu de nouveau.

℣. 1. — [1] Comp. 1. *Mach.* 7, 29 et suiv. — * Il espérait que ce jour-là, qui était pour eux un jour saint, les Juifs ne se défendraient pas.

℣. 2. — [2] * Comme sujets d'Eupator, qui n'avaient pu se joindre à Judas Machabée.

pas si fièrement ni d'une manière si barbare; mais rendez honneur à la sainteté de ce jour, et révérez Celui qui voit toutes choses;

3. ce malheureux leur demanda s'il y avait dans le ciel un Dieu puissant, qui eût commandé de célébrer le jour du sabbat.

4. Eux lui ayant répondu : C'est le Dieu vivant, et le puissant maitre du ciel, qui a commandé qu'on honorât le septième jour,

5. il leur répondit : Je suis aussi moi-même puissant sur la terre, et je vous commande de prendre les armes, pour obéir aux ordres du roi. Il ne put pas néanmoins exécuter ce qu'il avait résolu [3].

6. Ainsi Nicanor, dans ce comble d'orgueil où il était, avait fait dessein d'élever un même trophée de Judas *et de tous ses gens*.

7. Mais Machabée espérait toujours avec une entière confiance que Dieu ne manquerait point de lui envoyer son secours.

8. Et il exhortait ses gens à ne point craindre l'abord de ces nations, mais à repasser dans leurs esprits les assistances qu'ils avaient reçues du ciel, et à espérer encore présentement que le Tout-Puissant leur donnerait la victoire.

9. Leur ayant aussi donné des instructions tirées de la loi et des prophètes, et les ayant fait encore ressouvenir des combats qu'ils avaient auparavant soutenus, il leur inspira une nouvelle ardeur.

10. Après avoir relevé ainsi leur courage, il leur représenta en même temps la perfidie des nations, et la manière dont ils avaient violé leur serment.

11. Il les arma donc tous, non de boucliers et de dards, mais avec des paroles et des exhortations excellentes, et leur rapporta une vision très-digne de foi, qu'il avait eue en songe, qui les combla tous de joie.

12. Voici quelle fut cette vision : Il lui sembla qu'il voyait Onias [4], qui avait été grand prêtre, étendre ses mains et prier pour tout le peuple juif [5]; *Onias*, cet homme vraiment bon et plein de douceur, si mo-

tibus : Ne ita ferociter et barbare feceris, sed honorem tribue diei sanctificationis, et honora eum, qui universa conspicit ;

3. ille infelix interrogavit, si est potens in cœlo, qui imperavit agi diem sabbatorum.

4. Et respondentibus illis : Est Dominus vivus ipse in cœlo potens, qui jussit agi septimum diem.

5. At ille ait : Et ego potens sum super terram, qui impero sumi arma, et negotia regis impleri. Tamen non obtinuit ut consilium perficeret.

6. Et Nicanor quidem cum summa superbia erectus, cogitaverat commune trophæum statuere de Juda.

7. Machabæus autem semper confidebat cum omni spe auxilium sibi a Deo affuturum;

8. et hortabatur suos ne formidarent ad adventum nationum, sed in mente haberent adjutoria sibi facta de cœlo, et nunc sperarent ab Omnipotente sibi affuturam victoriam.

9. Et allocutus eos de lege et prophetis, admonens etiam certamina quæ fecerant prius, promptiores constituit eos :

10. et ita animis corum erectis, simul ostendebat gentium fallaciam et juramentorum prævaricationem.

11. Singulos autem illorum armavit, non clypei et hastæ munitione, sed sermonibus optimis, et exhortationibus, exposito digno fide somnio, per quod universos lætificavit.

12. Erat autem hujuscemodi visus : Oniam, qui fuerat summus sacerdos, virum bonum et benignum, verecundum visu, modestum moribus, et eloquio decorum,

---

ỳ. 5. — [3] Dans le grec : du roi. Ainsi il ne s'arrêta point dans l'exécution de son dessein pervers.

ỳ. 12. — [4] Voy. *pl. h.* 3, 1. 4, 34.

[5] * Ainsi même sous la Synagogue, avant l'accomplissement de l'œuvre de la rédemption, les âmes saintes retenues encore dans les limbes, intercédaient auprès de Dieu pour les vivants. A combien plus forte raison, les saints peuvent-ils prier pour nous maintenant que, grâce aux mérites du Sauveur, ils voient Dieu dans sa gloire!

et qui a puero in virtutibus exercitatus sit, manus protendentem, orare pro omni populo Judæorum :

13. Post hoc apparuisse et alium virum, ætate et gloria mirabilem, et magni decoris habitudine circa illum :

14. Respondentem vero Oniam dixisse : Hic est fratrum amator, et populi Israel : hic est, qui multum orat pro populo, et universa sancta civitate, Jeremias propheta Dei.

15. Extendisse autem Jeremiam dexteram, et dedisse Judæ gladium aureum, dicentem :

16. accipe sanctum gladium munus a Deo, in quo dejicies adversarios populi mei Israel.

17. Exhortati itaque Judæ sermonibus bonis valde, de quibus extolli posset impetus, et animi juvenum confortari, statuerunt dimicare et confligere fortiter, ut virtus de negotiis judicaret; eo quod civitas sancta et templum periclitarentur.

18. Erat enim pro uxoribus, et filiis, itemque pro fratribus, et cognatis, minor sollicitudo : maximus vero et primus pro sanctitate timor erat templi;

19. sed et eos qui in civitate erant, non minima sollicitudo habebat pro his qui congressuri erant.

20. Et, cum jam omnes sperarent judicium futurum, hostesque adessent, atque exercitus esset ordinatus, bestiæ equitesque opportuno in loco compositi,

21. considerans Machabæus adventum multitudinis, et apparatum varium armorum, et ferocitatem bestiarum, extendens manus in cœlum, prodigia facientem Dominum invocavit, qui non secundum armorum potentiam, sed

deste dans son visage, si modéré et si réglé dans ses mœurs, si agréable dans ses discours, et qui s'était exercé dès son enfance en toutes sortes de vertus.

13. Qu'ensuite avait paru un autre homme vénérable par son âge, tout éclatant de gloire, et environné d'une grande majesté.

14. Et qu'Onias avait dit en le montrant : C'est là le véritable ami de ses frères et du peuple d'Israël : c'est là Jérémie, le prophète de Dieu, qui prie beaucoup pour ce peuple et pour toute la ville sainte.

15. Qu'en même temps Jérémie avait étendu la main, et donné à Judas une épée d'or, en lui disant :

16. Prenez cette épée sainte, comme un présent que Dieu vous fait, et avec lequel vous renverserez les ennemis de mon peuple d'Israël.

17. Etant donc excités par ces excellentes exhortations de Judas, qui étaient capables de relever les forces et d'animer le courage des jeunes gens, ils résolurent d'attaquer et de combattre vigoureusement les ennemis [6], afin que la force avec laquelle ils les pousseraient, fît la décision de cette guerre; parce que la ville sainte et le temple étaient exposés à un grand péril.

18. Car ils se mettaient moins en peine pour leurs femmes, pour leurs enfants, pour leurs frères et pour leurs parents; mais la plus grande et la première crainte qu'ils avaient était pour la sainteté du temple [7].

19. Ceux qui demeuraient dans la ville étaient aussi dans une extrême inquiétude au sujet de ceux qui devaient combattre.

20. Et lorsque tous s'attendaient à voir quel serait le succès du combat, que les ennemis étaient en présence [8], l'armée en bataille, les éléphants et la cavalerie rangés au lieu qui leur avait paru le plus avantageux,

21. Machabée considérant cette multitude d'hommes qui allait fondre sur eux, cet appareil de tant d'armes différentes, et la furie de ces bêtes formidables, etendit les mains vers le ciel, et invoqua le Seigneur qui fait des prodiges et qui donne la victoire, comme il lui plaît, à ceux qui en sont les

℣. 17. — [6] Dans le grec :... ils résolurent de ne pas former de camp, mais d'en venir vaillamment à l'attaque.
℣. 18. — [7] * craignant qu'il ne fût profané par les Gentils.
℣. 20. — [8] Dans le grec : engageaient le combat.

plus dignes, sans avoir égard à la puissance des armes.

22. Il implora donc son secours en lui parlant de cette manière : C'est vous, Seigneur, qui avez envoyé votre ange sous Ezéchias, roi de Juda, et qui avez tué cent quatre-vingt-cinq mille hommes de l'armée de Sennachérib.

23. Envoyez donc aussi maintenant devant nous, ô Dominateur des cieux! votre bon ange, qui inspire la terreur et l'effroi de la grande puissance de votre bras;

24. afin que ceux qui en blasphémant votre nom, viennent attaquer votre saint peuple, soient frappés de crainte. Il finit ainsi sa prière.

25. Cependant Nicanor marchait avec son armée au son des trompettes, et au bruit des voix qui s'animaient au combat.

26. Mais Judas et ceux qui étaient avec lui, ayant invoqué Dieu, combattirent par leurs prières.

27. Ainsi priant le Seigneur au fond de leurs cœurs, en même temps qu'ils chargeaient les ennemis l'épée à la main, ils tuèrent trente-cinq mille hommes, se sentant comblés de joie par la présence de Dieu.

28. Le combat étant fini, lorsqu'ils retournaient pleins d'allégresse [9], ils reconnurent que Nicanor était tombé mort, couvert de ses armes [10].

29. Et aussitôt ayant jeté un grand cri, et un bruit de voix confuses s'étant élevé, ils bénirent le Seigneur tout-puissant dans la langue du pays.

30. Judas qui était toujours prêt de corps et d'esprit à donner sa vie pour ses concitoyens, commanda qu'on coupât la tête de Nicanor, et sa main avec l'épaule, et qu'on les portât à Jérusalem [11].

31. Lorsqu'il y fut arrivé, il fit assembler près de l'autel ses concitoyens avec les prêtres, et il appela aussi ceux qui étaient dans la forteresse [12].

32. Et leur ayant montré la tête de Nicanor, et cette main détestable qu'il avait osé étendre contre la maison sainte du Dieu

prout ipsi placet, dat dignis victoriam.

22. Dixit autem invocans hoc modo : Tu Domine, qui misisti angelum tuum sub Ezechia rege Juda, et interfecisti de castris Sennacherib centum octoginta quinque millia :

23. et nunc Dominator cœlorum mitte angelum tuum bonum ante nos, in timore et tremore magnitudinis brachii tui,

24. ut metuant qui cum blasphemia veniunt adversus sanctum populum tuum. Et hic quidem ita peroravit.

25. Nicanor autem, et qui cum ipso erant, cum tubis et canticis admovebant.

26. Judas vero, et qui cum eo erant, invocato Deo, per orationes congressi sunt :

27. manu quidem pugnantes, sed Dominum cordibus orantes, prostraverunt non minus triginta quinque millia, præsentia Dei magnifice delectati.

28. Cumque cessassent, et cum gaudio redirent, cognoverunt Nicanorem ruisse cum armis suis.

29. Facto itaque clamore, et perturbatione excitata, patria voce omnipotentem Dominum benedicebant.

30. Præcepit autem Judas, qui per omnia corpore et animo mori pro civibus paratus erat, caput Nicanoris, et manum cum humero abscissam, Jerosolymam perferri.

31. Quo cum pervenisset, convocatis contribulibus, et sacerdotibus ad altare, accersiit et eos qui in arce erant.

32. Et ostenso capite Nicanoris, et manu nefaria, quam extendens contra domum sanctam omnipo-

---

℣. 28. — [9] de la poursuite des fuyards.
[10] * Son armure et les insignes de sa dignité firent aisément reconnaître Nicanor parmi les morts. — Il avait succombé dès le commencement du combat, mais Judas et les siens ne s'en aperçurent point.
℣. 30. — [11] * Comp. 1. *Mach.* 7, 47.
℣. 31. — [12] La citadelle était encore entre les mains des Syriens. Ils furent vraisemblablement invités sous quelque prétexte.

tentis Dei, magnifice gloriatus est.

33. Linguam etiam impii Nicanoris præcisam jussit particulatim avibus dari : manum autem dementis contra templum suspendi.

34. Omnes igitur cœli benedixerunt Dominum, dicentes : Benedictus, qui locum suum incontaminatum servavit.

35. Suspendit autem Nicanoris caput in summa arce, ut evidens esset et manifestum signum auxilii Dei.

36. Itaque omnes communi consilio decreverunt nullo modo diem istum absque celebritate præterire :

37. habere autem celebritatem tertia decima die mensis adar, quod dicitur voce syriaca, pridie Mardochæi diei.

38. Igitur his erga Nicanorem gestis, et ex illis temporibus ab Hebræis civitate possessa, ego quoque in his faciam finem sermonis.

39. Et si quidem bene, et ut historiæ competit, hoc et ipse velim : sin autem minus digne, concedendum est mihi.

40. Sicut enim vinum semper bibere, aut semper aquam, contrarium est; alternis autem uti, delectabile : ita legentibus, si semper exactus sit sermo, non erit gratus. Hic ergo erit consummatus.

tout-puissant avec tant d'orgueil et d'insolence,

33. il commanda qu'on coupât aussi en petits morceaux la langue de cet impie Nicanor, et qu'on la donnât à manger aux oiseaux; et qu'on suspendit vis-à-vis le temple la main de ce furieux [13].

34. Tous bénirent donc le Seigneur du ciel, en disant : Béni soit celui qui a conservé pur son temple saint.

35. Il suspendit aussi la tête de Nicanor au haut de la forteresse [14], afin qu'elle fût exposée aux yeux de tout le monde, comme un signe visible du secours de Dieu.

36. Il fut arrêté d'un commun consentement, qu'on ne devait point laisser passer ce jour si célèbre, sans en faire une fête particulière.

37. et qu'on la célébrerait le treizième du mois appelé adar en langue syriaque, le jour de devant celui de Mardochée [15].

38. Telle fut la fin de Nicanor, après laquelle les Hébreux demeurèrent les maîtres de la ville sainte : et je finirai aussi par là ma relation.

39. Si elle est bien, et telle que l'histoire la demande, c'est ce que je souhaite moi-même. Que si au contraire elle est écrite d'une manière moins digne de son sujet, c'est à moi qu'on doit l'attribuer [16].

40. Car comme on a de l'éloignement de boire toujours du vin, ou de boire toujours de l'eau, et qu'il paraît plus agréable d'user de l'un et de l'autre successivement; aussi un discours ne plairait aux lecteurs s'il était toujours si exact [17]. Je finirai donc ici [18].

℣. 33. — 13 * Ce qui arriva en punition de ses blasphèmes contre le temple (*Voy.* 14, 32 et suiv.).

℣. 35. — 14 au mur extérieur.

℣. 37. — 15 Voy. 1. *Mach.* 7, 49. et *Esther*, 9.

℣. 39. — 16 Dieu fait entendre sa parole par la bouche des auteurs sacrés, tout en s'accommodant entièrement à leur propre caractère sous le rapport de l'ordre et de l'expression. C'est ainsi qu'il arrive que souvent la vérité divine apparaît sous un voile moins composé, de la même manière que lui-même, le Verbe divin, s'est montré, lors de son apparition sur la terre, assujetti à toutes les faiblesses de la nature humaine, excepté le péché. Encore ici s'applique l'oracle : Heureux celui qui ne se scandalise point de moi!

℣. 40. — 17 c'est-à-dire si c'était une narration sèche, simple des événements, sans mélange de réflexions. En Orient on boit aujourd'hui l'eau après le vin, pour en tempérer la chaleur. Les anciens Orientaux mêlaient toujours le vin. Conformément à cette coutume le texte grec porte : De même que boire le vin seul, et pareillement aussi l'eau seule, est chose désagréable; d'autre part, de même que le vin tempéré par l'eau est agréable, et procure une suave jouissance; ainsi la préparation du récit réjouit les oreilles des lecteurs par l'ordre qui y règne.

18 Le premier livre des Machabées continue l'histoire jusqu'à la mort de Simon.

frère de Judas (134 avant Jésus-Christ), et fait encore une mention honorable de Jean Hyrcan, fils de Simon. Pour ce qui concerne les événements subséquents, qui urent lieu ensuite jusqu'à Jésus-Christ, les livres de l'histoire sainte se taisent. On trouve la cause de ce silence dans la dégénération où le peuple juif tomba depuis Hyrcan, et dans l'extinction totale de l'esprit et de la vie vraiment judaïques, qui distinguaient les anciens Juifs. Jean Hyrcan fut le dernier chef et prince des Juifs qui marcha dans l'esprit de Dieu. D'abord, il est vrai, malheureux et opprimé par les Syriens, il trouva bientôt l'occasion de profiter, à son avantage, de la faiblesse du royaume de Syrie, et de recouvrer sa complète indépendance Partout vainqueur, il châtia les peuples d'alentour, soumit les Iduméens, ces ennemis héréditaires d'Israël, et recula les limites du royaume comme un autre David. Mais avec lui finit l'histoire du peuple de Dieu avant Jésus-Christ, et il n'est sorte de malheur qui depuis lors ne soit venu fondre sur ce peuple. Le fils d'Hyrcan, Aristobule I, prit bien la couronne royale et étendit le royaume, mais déjà son frère, Alexandre Jeannée, fit des guerres malheureuses et eut à combattre, à l'intérieur, des troubles pernicieux dans ses états et dans sa famille. Après la mort d'Alexandre, ce fut une femme qui gouverna, son épouse Alexandra; et Hyrcan II, son fils aîné, exerça les fonctions de grand prêtre. L'un et l'autre furent constamment sous la puissante influence des pharisiens, de cette secte qui se glorifiait d'avoir de la loi une connaissance spéciale, et de l'accomplir strictement, mais qui, en réalité, la défigurait, la dépouillait de son esprit, et la réduisait à ce cadavre que les Juifs traînent encore dans leur existence errante. Jean Hyrcan I avait reconnu quelle ruine les pharisiens attiraient sur le peuple juif, et il fit disparaître les maximes de leur prétendue tradition; mais depuis lors ils exercèrent un pouvoir illimité, et, par leur cruauté et leurs artifices, ils surent s'affermir d'une manière inébranlable. Après la mort d'Alexandre, Hyrcan tâcha de s'assurer de l'autorité tout entière; mais son frère, Aristobule II, soutenu par le parti opposé, parvint à se faire reconnaître comme son collègue sur le trône. La lutte entre les deux frères, à laquelle se mêlèrent les Arabes et les Romains, fut décidée par Pompée, qui prit la ville de Jérusalem, fit démolir les murailles, et jeta les fondements de la dépendance des Juifs, en ce que, tout en laissant à Hyrcan II les titres de grand prêtre et de prince, il lui imposa un tribut et lui enleva le titre de roi. Dans la suite Alexandre, fils d'Aristobule II, ayant excité des troubles, le romain Gabinius trouva l'occasion de remettre le gouvernement à quelques-uns des grands. Jules César changea depuis cet ordre de choses, et rétablit Hyrcan en qualité de prince; mais il mit à ses côtés, comme procurateur, Antipater, iduméen, récompensant ainsi Antipater des services signalés qu'il lui avait rendus en Egypte. Ce fut donc proprement Antipater avec ses deux fils, Hérode et Phasael, qui eut le pouvoir en main. Cependant un parti de mécontents s'éleva contre le pouvoir d'Antipater, et fit venir de Syrie Antigone, un autre fils d'Aristobule II. Hérode battit Antigone, mais cela n'empêcha pas ses partisans, qui de Syrie étaient accourus dans la Palestine, de rétablir Antigone sur le trône de ses pères, et de mettre Hyrcan en prison, où il mourut. Hérode se sauva en Egypte, et de là à Rome, afin d'obtenir du triumvir Antoine la couronne pour Aristobule, neveu d'Hyrcan. Antoine, par l'effet d'une affection personnelle, et quoique ce fût contre la coutume des Romains de remettre la couronne à des étrangers, nomma Hérode lui-même pour roi des Juifs, et le sénat le confirma en cette qualité (37 ans avant Jésus-Christ). Arrivé dans la Judée, Hérode rencontra, pendant deux ans, une vigoureuse résistance de la part d'Antigone; mais, soutenu par les Romains, il prit le dessus, entra en vainqueur dans Jérusalem, mit à mort Antigone qu'il avait fait captif, et fit de même périr peu à peu toute la race régnante des Machabées (Asmonéens). A partir de ce moment toute son attention fut d'affermir son pouvoir par les artifices et par l'effusion du sang, et il sévit avec une jalousie pleine de cruauté contre sa propre famille. Malgré l'amitié qui l'unissait à Antoine, il passa après la bataille d'Actium du côté d'Octave, qui le confirma dans son pouvoir et l'agrandit encore. Sa cruauté et l'introduction des usages païens lui aliénèrent les Juifs; et quoiqu'il cherchât à les gagner en faisant élever des constructions somptueuses autour du temple, il demeura pour eux jusqu'à sa mort un objet de haine et de crainte. Il eut de onze femmes un grand nombre d'enfants : de Doris, Antipater; de Marianne, fille d'Alexandre. Alexandre et Aristobule; de Pallas, Phasaël; de Marianne, fille de Simon, Hérode, nommé Philippe; de Matthace, Archélaüs et Hérode-Antipas; de Cléopâtre, Philippe, le tétrarque d'Iturée et de Trachonite; de ses mêmes femmes et d'autres encore d'autres enfants. Ce fut vers la fin de son règne que s'accomplit l'événement, source du bonheur du monde, de l'incarnation du Fils de Dieu, et de la naissance du Messie promis. L'accomplissement prochain et sans retard de cet événement était même proprement annoncé et marqué par l'avènement d'Hérode en qualité de roi des Juifs; car d'après la prophétie de Jacob (1. *Moys*. 49, 10), le sceptre terrestre d'Israël devait se transformer dans le royaume spirituel du DÉSIRÉ DES NATIONS, lorsque Juda ne serait plus en possession du pouvoir souverain. En effet, ce pouvoir, depuis le patriarche Jacob jusqu'à Hérode, l'iduméen ne sortit point de Juda. Lors de la sortie d'Egypte et durant la période des Juges, Juda fut la tribu chef (4. *Moys*. 2, 3-9. 10, 14. *Jug*. 1, 1. 2. 20, 18), ce qui est en même temps une preuve que Juda posséda la prééminence même pendant le séjour en Egypte. Saül, premier roi des Juifs, était, il est vrai, Benjamite (1. *Rois*, 9, 21), mais la tribu de Benjamin fut toujours considérée comme faisant partie de la tribu de Juda (3. *Rois*, 11, 13. 12, 20). Avec David, qui était de la tribu de Juda (1. *Par*. 2, 15), Juda reçut pour tout le temps qui précéda la captivité de Babylone, la dignité royale. Si, vers ce temps-là, on voit à côté du royaume de Juda, la domination de la tribu d'Ephraïm s'élever et subsister dans le royaume d'Israël, c'est là un fait qui ne doit pas non plus être pris en considération, parce que pour être arrivée avec la permission de Dieu, la séparation d'Israël avec le royaume de Juda ne laissa pas d'être criminelle. Après la captivité de Babylone, Zorobabel, issu de la tribu de Juda (1. *Esdr*. 1, 8), ramena dans la Judée les tribus de Juda, de Benjamin et de Lévi (1. *Esdr*. 1, 5), auxquelles ne s'adjoignirent qu'un petit nombre de personnes des autres tribus. Alors les Juifs furent, à la vérité, dépendants des rois de Perse, d'Egypte et de Syrie, mais les gouverneurs, qui en Orient ont le pouvoir royal, ne furent jamais étrangers, mais toujours Juifs. Que si dans les temps postérieurs les grands prêtres de la tribu de Lévi furent revêtus de cette dignité, et si la famille des Machabées (Asmonéens), qui avait le souverain sacerdoce, jouit d'un pouvoir à peu près indépendant, cela non plus ne forme pas une difficulté; en effet, la tribu de Lévi, depuis la séparation d'Israel qui introduisit le culte des veaux d'or et des idoles, et expulsa les Lévites, appartint à la tribu de Juda, qui les accueillit dans son sein pour prendre soin de ce qui concernait le culte de Dieu (3. *Rois*, 12, 31. note 18). De là il suit que depuis le patriarche Jacob ceux qui dominèrent dans Israël furent toujours des Juifs, ou des hommes *appartenant à la tribu* de Juda, et Hérode, l'iduméen, fut le premier étranger qui s'assit sur le trône du peuple de Dieu, et par conséquent celui qui en lui-même et par lui-même annonçait la fin du royaume terrestre des Juifs. A cela se joignaient encore d'autres signes dans le monde des Gentils, qui faisaient connaître d'une manière manifeste que la plénitude des temps était désormais arrivée, et que devait naître le Sauveur, que les prophètes annonçaient, celui du royaume duquel le peuple d'Israël était une figure et que tous les peuples attendaient — Jésus-Christ, loué soit-il durant toute l'éternité!

PRÉFACE

SUR LES SAINTS ÉVANGILES

Aussitôt après le péché de nos premiers parents, Dieu rétablit le règne de la vérité, de la vertu, de la religion et de la piété (1. *Moys.* 3, 8. et suiv.), que satan avait cherché à détruire sur la terre (1. *Moys.* 3, 1. et suiv.). Or, il en est de ce règne sur la terre comme de tout ce qui existe ici-bas dans le temps et dans l'espace. Il commence, il s'accroît, il se dilate, et reçoit sa perfection à la fin des temps. C'est pourquoi le Fils de Dieu, le Sauveur du monde (*Matth.* 13, 31), le compare à un grain de sénevé qui s'accroît et se développe jusqu'à devenir un grand arbre.

Dieu fonda d'abord son royaume dans la famille pénitente de nos premiers parents, et, dans ses vues, il devait attirer ses bénédictions sur toute leur postérité; mais la mauvaise volonté des hommes opposa à la grâce divine de tels obstacles, qu'il ne se conserva que dans la race pieuse des descendants de Seth (1. *Moys.* 4, 25. 26), et qu'enfin il fut restreint à une petite branche de la famille de Noé (1. *Moys.* 6, 9), à la maison d'Abraham (1. *Moys.* 10, 1. 11, 10. 26. 12, 1), auquel Dieu ordonna de quitter sa patrie livrée au culte des idoles, et de passer dans une terre qu'il lui montrerait. Ainsi fleurit le royaume du Seigneur sous les tentes des patriarches Abraham, Isaac son fils, et Jacob son petit-fils, toujours, à l'origine seulement, dans un petit nombre de familles séparées [1]. Après Abraham, Isaac et Jacob, Dieu l'établit parmi un peuple entier, parmi les descendants de ces patriarches, après que, sous la conduite de Moyse, ils eurent quitté l'Egypte et qu'ils furent rentrés dans le pays de leurs pères, dans la terre de Chanaan. Pendant environ deux mille ans, Dieu le renferma exclusivement dans les limites du peuple d'Israël; mais dans l'un des descendants d'Abraham selon la chair, lequel devait être en même temps Fils de Dieu, dans Jésus-Christ, ce royaume était destiné à s'étendre peu à peu sur tous les peuples, pour les faire participer aux bénédictions que le genre humain avait perdues par le péché. C'est ainsi que le royaume de Dieu, la religion divine, parut d'abord dans une famille, ensuite dans une race, puis dans tout un peuple, enfin comme la religion de tous les peuples, c'est-à-dire, successivement, selon la marche et la loi du développement de tout ce qui doit être permanent sur la terre.

Dans tous les temps ce fut substantiellement la même religion, la même foi (*Hebr.* 11), par laquelle tous les hommes se sanctifièrent et se sauvèrent; mais cette religion, cette foi, fut manifestée à divers degrés et successivement avec un plus ample développement. Ces degrés divers sont ordinairement désignés sous les noms de révélation patriarcale, de révélation mosaïque et de révélation chrétienne. Sous le rapport de leur unité et de leur diversité progressive, saint Paul compare ces révélations (1. *Cor.* 13, 11. *Gal.* 3, 24) aux besoins successifs des divers âges de la vie humaine, l'enfance, la jeunesse et l'âge mûr. De même que l'homme, à chaque degré de son âge, a besoin de la même vérité, quoique de différentes manières, ainsi la révélation devait être faite aux diverses époques d'une manière différente. L'enfant croit et aime, et il n'a besoin que de peu de lois, parce qu'il trouve sa loi dans l'amour et dans la foi : de même l'âge d'enfance des patriarches n'avait besoin que d'un petit nombre de lois, parce qu'il possédait à un haut degré l'amour, l'abandon de l'enfance et la foi. Le jeune homme, dans lequel la présomption et la recherche de lui-

[1] * Cependant la notion du vrai et des principales vérités ne s'oblitéra pas entièrement parmi le reste du genre humain. Chez tous les peuples on en retrouve le fond dans leurs traditions primitives. C'est ainsi que partout et chez tous les peuples, quelle que soit leur origine, on retrouve l'idée d'un Dieu suprême créateur ou ordonnateur de toutes choses, de l'état d'innocence qui fut le partage des premiers hommes, de la dégénération de l'homme par le péché, puis de la longévité des premiers patriarches, du déluge, etc. (*Voy.* les notes sur les premiers chap. de la Genèse).

même augmentent à proportion que l'amour et la foi diminuent en lui, a besoin de beaucoup d'enseignements et d'une correction continuelle : de même après qu'Israël fut devenu en Egypte un peuple indocile et obstiné, il fallut l'assujettir à la discipline d'une loi sévère et d'un culte religieux gênant, afin de lui inculquer de plus en plus et avec force ce qu'il avait à faire, et afin de le former à des habitudes de sainteté. Et comme ce peuple à cette époque, encore charnel et grossier, n'était point en état de comprendre les hautes vérités spirituelles sans images et sans figures, Dieu lui donna la religion de la vérité et de l'amour sous des formes toutes sensibles, et en quelque manière palpables, dans des rites et des sacrifices symboliques, qui sont comme une ombre de l'objet qui leur est propre, comme l'enveloppe sur le grain, comme un voile jeté sur un esprit inépuisable. Enfin lorsque fut arrivé le temps où le peuple d'Israël devait passer de la jeunesse à l'âge de l'homme fait, alors l'éducation divine changea de forme. Comme l'homme parfait dans la connaissance qu'il a des choses, croit et aime, et trouve sa loi dans la foi et dans l'amour, sans qu'il ait besoin de correction ni de contrainte pour le porter à l'accomplir, ainsi la loi de la crainte devait aussi cesser, et la religion de la vérité, de la foi et de l'amour prendre la place des voiles sensibles, et apparaître dans sa lumière immédiate ; ainsi devait finir une loi qui fut, non plus gravée extérieurement sur des tables de pierre, mais accomplie par un mouvement du cœur procédant de la grâce et de l'amour ; ainsi la vérité devait être, non plus seulement manifestée en figures, mais immédiatement enseignée.

Cette révélation nouvelle de l'esprit et de la vérité, de la foi et de l'amour, cette loi intime de la grâce a été apportée au monde par le Fils de Dieu, qui a paru dans la chair sur la terre comme fils d'Abraham, comme celui qui devait délivrer tous les hommes du péché et de la misère, ainsi qu'il avait été prédit par les figures et par les prophéties de l'ancienne alliance. Car, dit le divin auteur de l'Ep. aux Hébr. (1, 1), « dans diverses occasions Dieu a de plusieurs manières parlé à nos pères par les prophètes ; mais tout récemment, de nos jours, il nous a parlé par son Fils, qu'il a établi l'héritier de toutes choses, et par lequel il a fait le monde. » Il a fondé avec les hommes la nouvelle alliance de Dieu, dont le prophète Jérémie a dit dans ses oracles divins : « C'est là l'alliance que je ferai en ces jours avec la maison d'Israël. Je placerai ma loi en eux-mêmes, et je l'écrirai dans leur cœur ; et je serai leur Dieu, et ils seront mon peuple » (*Jér.* 31, 33. note 47). — De quell manière le Fils de Dieu nous a parlé, comment il a annoncé la nouvelle loi de grâce et d'amour, dans quel état d'anéantissement il a apparu, le genre de vie qu'il a mené, comment il est mort et a été glorifié; tel est le contenu de ces livres saints que l'on appelle Evangiles, c'est-à-dire l'heureuse nouvelle. Il n'a point écrit lui-même ces livres, mais ce furent quelques-uns de ses apôtres et de leurs disciples qui, longtemps après son ascension, lorsque déjà la doctrine chrétienne s'était répandue au loin dans l'Empire romain, par l'impulsion intérieure de l'Esprit de Dieu, et vraisemblablement aussi aux instantes prières de beaucoup de chrétiens, composèrent nos quatre Evangiles pour l'instruction et la consolation des fidèles. Quoique Jésus-Christ lui-même n'en soit pas l'auteur, cela n'ôte rien à leur autorité divine, et ils n'en sont pas moins dignes de foi; en effet, ayant promis à ses apôtres l'Esprit-Saint (*Jean*, 14, 26), pour leur rappeler tout ce qu'il leur avait dit, c'est, ainsi que le remarque saint Augustin, comme s'il les eût écrits de sa propre main. Les quatre Evangiles, d'après le témoignage des anciens, parurent dans la dernière moitié du premier siècle après la naissance de Jésus-Christ; et il est si incontestablement vrai qu'ils eurent pour auteurs les saints personnages auxquels ils sont attribués, que les païens eux-mêmes et les hérétiques en fournissent des preuves irréfragables. Les saints Evangélistes écrivirent, selon toute apparence, dans l'ordre où nous possédons leurs ouvrages dans notre recueil; car saint Irénée, qui vivait au second siècle, qui avait été instruit par les disciples des apôtres, et qui, par conséquent, était bien à même de savoir en quel temps les quatre Evangiles furent composés, écrit dans son troisième livre contre les hérésies: « Matthieu, qui était hébreu, écrivit son Evangile en langue hébraïque, pendant que Pierre et Paul prêchaient à Rome, et jetaient les fondements de l'Eglise. Après leur mort, Marc, son interprète, nous écrivit ce que Pierre avait prêché, et Luc, le compagnon de Paul, composa l'Evangile d'après la prédication de Paul. Enfin Jean, le disciple du Seigneur, étant à Ephèse, en Asie, nous donna aussi un Evangile par écrit. »

Ces livres se répandirent promptement parmi les fidèles au moyen de copies, parce qu'ils avaient en leur faveur le témoignage des saints apôtres, au lieu que d'autres récits touchant la vie et la doctrine de Jésus-Christ, qui circulaient en même temps, privés de ce témoignage, ne trouvaient aucune créance.

Si l'on demande pourquoi la divine Providence a voulu qu'il existât ainsi quatre histoires de la vie de Jésus-Christ, les saints Pères en donnent différentes raisons. Saint Augustin dit que cela est arrivé pour marquer que l'Evangile devait être annoncé dans les quatre parties du monde, et parce que le nombre quatre est un signe de perfection : mais il en trouve avec d'autres Pères (Irénée, Grégoire-le-Grand, Jérôme, Athanase), et plusieurs interprètes catholiques, une raison bien plus profonde et plus conforme à la vérité, dans les quatre qualités sous lesquelles Dieu s'est révélé et a agi pour le salut des hommes, ainsi que les a déjà décrites en figures le prophète Ezéchiel (chap. 1). En effet, de même que déjà dans l'ancienne alliance, le Dieu libérateur se manifesta comme homme, comme roi. comme médiateur et comme Dieu, maître de toutes choses (voy. *Ezéch.* 1. et les notes), de même aussi il s'est manifesté dans Jésus sous ces quatre qualités; d'où il suit que l'histoire de la vie de Jésus devait être une représentation des quatre qualités qui se révélaient en lui, et l'histoire quadruple de sa vie, une figure de cette quadruple qualité.

C'est par rapport à cette figure que les saints Pères ont assigné à chacun des Evangélistes un symbole distinctif des quatre qualités dont il s'agit : à saint Matthieu, un homme; à saint Marc, un lion; à saint Luc, un bœuf destiné au sacrifice; à saint Jean, l'aigle, l'oiseau de Dieu. Cette attribution est fondée, suivant saint Jérôme, sur ce motif, que saint Matthieu commence son Evangile par la généalogie humaine de Jésus-Christ; saint Marc, par l'énergique prédication de saint Jean-Baptiste : *Faites pénitence!* semblable au rugissement du lion royal; saint Luc, par le sacerdoce de Zacharie; saint Jean, par l'éternelle divinité du Christ. Par là on voit encore comment les saints Pères ont pu appeler les quatre Evangélistes le char du Seigneur attelé des quatre chérubins qu'Ezéchiel décrit dans sa vision merveilleuse (voy. *Ezéch.* 1. note 14). Dans cette vision les chérubins portent le Seigneur, qui est assis sur un trône au-dessus d'eux; ils se dirigent du côté où l'Esprit du Seigneur les pousse. et ils se touchent les uns les autres de leurs ailes; ils traînent le char du Seigneur, dont les roues sont pleines d'yeux, et marchent quand les chérubins marchent, s'arrêtent quand les chérubins s'arrêtent, s'élèvent de terre quand les chérubins s'élèvent. Tout cela s'est accompli dans les Evangélistes; car ils supportent véritablement le Fils de l'Homme; ce sont les chérubins de la nouvelle alliance, qui se touchent les uns les autres de leurs ailes, en tant qu'ils se complètent et s'éclaircissent mutuellement; ils sont les guides de ceux qui marchent, car ils apprennent à marcher dans la voie de la vie; ils s'élèvent avec d'autres qui tendent à la perfection, en ce qu'ils découvrent aux parfaits des sens de plus en plus profonds et élevés dans la doctrine et dans les actions de Jésus. Tels sont les avantages que nous procurent les saints Evangiles, malgré leur simplicité et leur peu d'éclat extérieur. Ce qui a porté saint Jérôme à dire à saint Paulin dans une de ses lettres : « Ne vous scandalisez point de la simplicité des livres saints, qui sont tels en partie par la faute des traducteurs, en partie parce qu'ils ont été composés ainsi à dessein, afin que par leur langage, dépourvu d'ornements, ils pussent nous fournir une instruction plus facile, et que les mêmes oracles pussent retentir aux oreilles du savant et de l'ignorant. Je ne suis ni assez vain, ni assez privé de sens, pour me figurer que j'en aie une entière intelligence. Cependant il sera donné à celui qui demande, il sera ouvert à celui qui frappe, et celui qui y cherche, trouvera. Ainsi nous apprenons sur la terre une science qui demeurera en nous jusques dans le ciel. »

Le premier évangéliste qui, comme un autre Moyse, ouvre le nouveau Testament, est MATTHIEU.

PRÉFACE

SUR

LE SAINT ÉVANGILE DE JESUS-CHRIST

SELON SAINT MATTHIEU.

Matthieu, appelé Lévi (*Matth.* 9, 9. *Marc,* 2, 13. et suiv. *Luc,* 5, 27. et suiv.), fils d'Alphée (*Marc*, 2. 14). un des douze apôtres (*Matth.* 10, 3), était, avant sa vocation à l'apostolat, un des sous-employés dans la collecte de l'impôt romain près de la mer de Tibériade. Il suivit avec docilité la vocation du Seigneur, il l'accompagna durant le temps de sa prédication, il fut témoin de ses miracles et de sa résurrection, et prêcha après son ascension la doctrine du salut dans la Judée. Afin de convaincre les Juifs que Jésus était le Messie promis, il écrivit l'Evangile que nous avons sous son nom, selon saint Irénée, pendant que les apôtres saint Pierre et saint Paul prêchaient et fondaient l'Eglise à Rome, entre l'an 61 et 66 après Jésus-Christ, avant même l'Evangile de saint Marc, qui écrivit en l'an 66 (*voy.* l'Introduct. à saint Marc). D'après le témoignage unanime des auteurs ecclésiastiques les plus anciens, il composa son Evangile en hébreu, c'est-à-dire en syro-chaldaïque qui était la langue alors usitée dans la Palestine. Il est hors de doute que l'Evangile de saint Matthieu fut, aussitôt après son apparition, traduit en grec en faveur des chrétiens convertis de la gentilité, parce que ceux-ci ne possédaient pas la langue des Juifs. Cette traduction fut faite soit par saint Matthieu lui-même, soit par quelqu'autre personnage apostolique favorisé d'une assistance divine, comme on le voit, parce que dès les premiers temps la version grecque jouissait partout d'une entière autorité, et était même préférée à l'original hébreu, qui bientôt tomba dans l'oubli et fut perdu.

Pour ce qui regarde les autres circonstances de la vie de l'apôtre saint Matthieu, les historiens chrétiens, Socrate, Rufin, etc., racontent qu'il annonça l'Evangile dans l'Ethiopie, dans l'Inde et le pays des Parthes, et qu'il souffrit la mort du martyre.

LE SAINT

ÉVANGILE DE JÉSUS-CHRIST

SELON SAINT MATTHIEU [1]

CHAPITRE PREMIER.

Généalogie et naissance de Jésus-Christ.

1. Liber generationis Jesu Christi filii David, filii Abraham.
2. Abraham genuit Isaac.
Isaac autem genuit Jacob.
Jacob autem genuit Judam, et fratres ejus.
3. Judas autem genuit Phares, et Zaram de Thamar.
Phares autem genuit Esron.
Esron autem genuit Aram.
4. Aram autem genuit Aminadab.
Aminadab autem genuit Naasson.
Naasson autem genuit Salmon.

1. Livre de la généalogie [2] de Jésus-Christ, fils de David, fils d'Abraham [3].
2. Abraham engendra Isaac. Isaac engendra Jacob. Jacob engendra Juda et ses frères [4]. 1. *Moys.* 21, 2 et suiv. 25, 26. 29, 30.
3. Juda engendra Pharès et Zara de Thamar [5]. Pharès engendra Esron. Esron engendra Aram. 1. *Moys.* 38, 29. 1. *Par.* 2, 4. *Ruth.* 4, 18.
4. Aram engendra Aminadab. Aminadab engendra Naasson. Naasson engendra Salmon. 4. *Moys.* 7, 12.

---

[1] C'est-à-dire : l'heureuse nouvelle sur Jésus et de la part de Jésus, le Messie, crite par Matthieu. Christ (en hébreu : *Maschiach*, Messie) signifie Oint, celui qui reçu la force d'en haut (Augustin). Ce nom est donné chez les Juifs aux grands rêtres, aux rois et aux prophètes; mais dans la suite il fut attribué exclusivement t comme caractère distinctif au Libérateur promis (*Ps.* 2, 2. *Dan.* 9, 25). Sur Jésus *voy.* ℣. 21.

℣. 1. — [2] Saint Matthieu a voulu montrer aux Juifs que Jésus, qui avait paru au ilieu d'eux en qualité de Messie, était en effet de la race dont, selon les Prophètes, le Messie devait sortir (Chrysost.). Comp. *Luc,* 3, 23-38.

[3] D'après 1. *Moys.* 12, 3. 18, 18, le Messie devait être descendant d'Abraham, et d'après 2. *Rois,* 7, 4 et suiv. *Isaïe,* 11, 1 et suiv. *Jér.* 23, 5. 6, il devait être en même temps un rejeton de David.

℣. 2. — [4] Juda est nommé avant ses frères, parce que Jésus-Christ devait naître de sa famille (Voy. 1. *Moys.* 49, 10).

℣. 3. — [5] par un commerce illégitime.

5. Salmon engendra Booz de Rahab [6]. Booz engendra Obed de Ruth [7]. Obed engendra Jessé, et Jessé engendra David *qui fut* roi. *Ruth,* 4, 21. 22.

5. Salmon autem genuit Booz de Rahab.
Booz autem genuit Obed de Ruth.
Obed autem genuit Jesse.
Jesse autem genuit David regem.

6. Le roi David engendra Salomon de celle qui avait été *femme* d'Urie. 2. *Rois,* 12, 24.

7. Salomon engendra Roboam. Roboam engendra Abias. Abias engendra Asa. 3. *Rois,* 11, 43. 14. 31. 15. 8.

8. Asa engendra Josaphat, Josaphat engendra Joram. Joram engendra Ozias [8].

9. Ozias engendra Joatham. Joatham engendra Achaz. Achaz engendra Ezéchias. 2. *Par.* 26, 23. 27, 9. 28, 27.

10. Ezéchias engendra Manassé. Manassé engendra Amon. Amon engendra Josias. 2. *Par.* 32, 33. 33, 20. 25.

11. Josias engendra Jéchonias et ses frères, vers le temps de la transmigration de Babylone [9].

12. Et depuis la transmigration de Babylone, Jéchonias engendra Salathiel [10]. Salathiel engendra Zorobabel [11].

13. Zorobabel engendra Abiud [12]. Abiud engendra Eliacim. Eliacim engendra Azor.

6. David autem rex genuit Salomonem ex ea quæ fuit Uriæ.

7. Salomon autem genuit Roboam,
Roboam autem genuit Abiam.
Abias autem genuit Asa.

8. Asa autem genuit Josaphat.
Josaphat autem genuit Joram.
Joram autem genuit Oziam.

9. Ozias autem genuit Joatham.
Joatham autem genuit Achaz.
Achaz autem genuit Ezechiam.

10. Ezechias autem genuit Manassen.
Manasses autem genuit Amon.
Amon autem genuit Josiam.

11. Josias autem genuit Jechoniam et fratres ejus, in transmigratione Babylonis.

12. et post transmigrationem Babylonis :
Jechonias genuit Salathiel.
Salathiel autem genuit Zorobabel.

13. Zorobabel autem genuit Abiud.
Abiud autem genuit Eliacim.
Eliacim autem genuit Azor.

ỳ. 5. — [6] d'une femme qui tirait son origine de Rahab (*Jos.* 2, 1). Dans la table généalogique des ancêtres de Jésus-Christ, plusieurs membres sont omis, mais il n'y a en cela rien d'insolite (Calmet, Maldonat). Voy. *Ruth,* 4, 22. note 11.
[7] l'étrangère, mais qui honorait le vrai Dieu (*Ruth,* 1, 16).

ỳ. 8. — [8] Proprement Joram engendra Ochozias (4. *Rois,* 8, 24). Ochozias engendra Joas (4. *Rois,* 11, 2), Joas engendra Amazias (12, 21), et ce dernier, enfin, engendra Ozias (2. *Par.* 26, 1). Saint Matthieu paraît avoir omis les membres intermédiaires pour conserver exactement quatorze membres dans cette division (Jérôme, Hil., Thom.). Ozias fut un roi qui se permit d'entreprendre sur le droit des prêtres (Comp. *pl. b.* ỳ. 17).

ỳ. 11. — [9] Josias engendra proprement Joakim (Eliakim), et celui-ci Joachim ou Jéchonias (Voy. 2. *Par.* 39, 3. 8. note 34).

ỳ. 12. — [10] Proprement après la transmigration pour la captivité de Babylone, et pendant la captivité (Voy. 1. *Par.* 3, 17. *Jérém.* 22, 30. note 34).
[11] Proprement Phadaia, et celui-ci Zorobabel (Voy. 1. *Paral.* 3, 18. note 4).

ỳ. 13. — [12] Voy. 1. *Par.* 3, 19. note 5. et chap. 1. note 2. Les noms suivants des aïeux de Joseph (ỳ. 16) ne sont pas mentionnés dans les écrits de l'Ancien Testament. Au premier livre des *Paral.* 3, 21. il est bien fait mention de la postérité d'un Haname, second fils de Zorobabel, mais non du premier, qui paraît avoir été aussi appelé Abiud. Tant il est certain que saint Matthieu avait une exacte connaissance de la généalogie de Jésus-Christ, car il n'aurait pas voulu s'exposer aux objections des Juifs.

14. Azor autem genuit Sadoc. Sadoc autem genuit Achim. Achim autem genuit Eliud.

14. Azor engendra Sadoc. Sadoc engendra Achim. Achim engendra Eliud.

15. Eliud autem genuit Eleazar. Eleazar autem genuit Mathan. Mathan autem genuit Jacob.

15. Eliud engendra Eléazar. Eléazar engendra Mathan. Mathan engendra Jacob.

16. Jacob autem genuit Joseph virum Mariæ, de qua natus est Jesus, qui vocatur Christus.

16. Et Jacob engendra Joseph, l'époux de Marie, de laquelle est né Jésus, qui est appelé Christ [13].

17. Omnes itaque generationes ab Abraham usque ad David, generationes quatuordecim : et a David usque ad transmigrationem Babylonis, generationes quatuordecim : et a transmigratione Babylonis usque ad Christum, generationes quatuordecim.

17. Ainsi toutes ces générations font depuis Abraham jusqu'à David, quatorze générations; depuis David jusqu'à la transmigration de Babylone, quatorze générations; et depuis la transmigration de Babylone jusqu'à Jésus-Christ, quatorze générations [14].

18. Christi autem generatio sic erat : Cum esset desponsata mater ejus Maria Joseph, antequam

18. Or la naissance de *Jésus*-Christ arriva de cette sorte : Marie, sa mère, étant fiancée [15] à Joseph, avant qu'ils eussent été en-

---

℣. 16. — [13] Saint Matthieu ne dit point ici comme des membres précédents: Joseph engendra Jésus; mais il nomme simplement Joseph l'époux de Marie, parce que Jésus ne fut pas engendré par Joseph, mais formé d'une manière surnaturelle dans le chaste sein de Marie, par l'opération du Saint-Esprit, ainsi que saint Luc le rapporte plus au long 1, 31-35. — Mais si Jésus n'était pas fils de Joseph, dès-lors la généalogie qui précède ne peut donc pas être celle de Jésus, et Jésus ne peut donc pas être appelé fils de David et d'Abraham? — Chez les Juifs, les fils premiers-nés, quand il y avait un père légal, portaient le nom du père légal, non celui du père effectif. Ainsi quand un homme épousait la femme de son frère mort, le premier fils qui naissait de ce mariage recevait le nom du frère décédé, comme étant le père selon la loi, et il entrait en même temps en jouissance de tous les droits de son premier-né (Voy. 5. *Moys.* 25, 5. 6. note 7). Pareillement Jésus hérita de son père légal (adoptif), Joseph, de son nom et de tous les autres droits d'un premier-né. Il devait donc être considéré par les Juifs comme fils de David et d'Abraham. Veut-on encore insister et objecter ultérieurement que Jésus, d'après cela, ne serait pas néanmoins véritablement fils de David selon la chair, cette difficulté est complètement levée par la généalogie de sa divine Mère. Car Marie, d'après saint Luc, 2, 4. 5, étant une fille héritière, c'est-à-dire une fille qui, à défaut de frères, entrait dans l'héritage de son père, et les filles héritières, d'autre part, ne pouvant épouser que des hommes de leur tribu et de leur famille (4. *Moys.* 36, 6. note 3), il s'ensuit que Marie était de la tribu et de la famille de David, puisqu'elle avait épousé Joseph, descendant de David. C'est ce que saint Luc a montré plus au long dans son ch. 3. où il donne la généalogie de la sainte Vierge. Sur Jésus voy. *pl. b.* ℣. 21. Sur Christ *voy.* ℣. 1.

℣. 17. — [14] Le nombre trois fois quatorze, six fois sept, est ici placé comme un nombre sacré, et il veut apparemment dire que la divine Providence a veillé avec un soin tout particulier sur les membres de cette race de deux mille ans. Veut-on prendre le nombre trois fois quatorze au pied de la lettre, alors il faut, dans le troisième nombre quatorze (les deux premiers n'offrent point de difficulté), commencer par Salathiel, de telle sorte que Joseph, Marie et Jésus forment les trois derniers membres. Ils peuvent bien être considérés comme aïeux, attendu que Joseph était le père légal de Jésus, que Marie représentait le père de Jésus selon la nature, Jésus ayant pris d'elle sa chair, et que Jésus est le premier père de la nouvelle race spirituelle. Dans la généalogie du Sauveur, il se trouve des personnes de toute espèce : des rois, des princes, des nobles, des gens de haute extraction, des riches, des pauvres, des prophètes, des prêtres, des Juifs, des païens, des hommes, des femmes; — c'est une figure prophétique que tous doivent avoir part en Jésus-Christ — par une foi orthodoxe et sincère en lui.

℣. 18. — [15] étant fiancée. Il s'écoulait, chez les Juifs, entre les fiançailles et le mariage, de dix à douze mois.

semble, se trouva grosse, ayant conçu dans son sein *par l'opération* du Saint-Esprit [16]

19. Joseph, son mari, étant juste [17], et ne voulant pas la déshonorer, résolut de la renvoyer secrètement [18].

20. Mais lorsqu'il était dans cette pensée, un ange du Seigneur lui apparut en songe [19], et lui dit : Joseph, fils de David, ne craignez point de prendre Marie votre épouse ; car ce qui est né en elle a été *formé* par le Saint-Esprit [20] :

21. et elle enfantera un fils à qui vous donnerez le nom de JÉSUS, parce que ce sera lui qui sauvera son peuple *en le délivrant* de ses péchés [21].

22. Or tout cela s'est fait afin que fût accompli ce que le Seigneur avait dit par le Prophète en ces termes [22] :

23. Une vierge concevra, et enfantera un fils, à qui on donnera le nom d'EMMANUEL, c'est-à-dire Dieu avec nous [23].

24. Joseph s'étant donc éveillé, fit ce que l'ange du Seigneur lui avait ordonné, et prit sa femme *avec lui*.

25. Et il ne l'avait point connue jusqu'à ce qu'elle enfantât son fils premier-né [24], à qui il donna le nom de JÉSUS.

convenirent, inventa est in utero habens de Spiritu sancto.

19. Joseph autem vir ejus, cum esset justus, et nollet eam traducere, voluit occultè dimittere eam.

20. Hæc autem eo cogitante, ecce angelus Domini apparuit in somnis ei, dicens : Joseph, fili David, noli timere accipere Mariam conjugem tuam : quod enim in ea natum est, de Spiritu sancto est ;

21. pariet autem filium : et vocabis nomen ejus JESUM : ipse enim salvum faciet populum suum a peccatis eorum.

22. Hoc autem totum factum est, ut adimpleretur quod dictum est a Domino per prophetam dicentem :

23. Ecce virgo in utero habebit, et pariet filium : et vocabunt nomen ejus Emmanuel, quod est interpretatum : Nobiscum Deus.

24. Exurgens autem Joseph a somno, fecit sicut præcepit ei angelus Domini, et accepit conjugem suam.

25. Et non cognoscebat eam donec peperit filium suum primogenitum : et vocavit nomen ejus Jesum.

---

[16] Dans saint Luc, 1, 35. il est dit que ce fut par la vertu de Dieu, ce qui est la même chose : car celui qui opère ici dans la nature d'une manière surnaturelle, est Dieu le Saint-Esprit (Voy. 1. *Moys*. 1, 2. *Ps*. 103, 30. *Ps*. 32, 6).

℣. 19. — [17] juste, par conséquent avant tout charitable, sans soupçons injurieux (Chrysost.).

[18] Les fiançailles étaient considérées chez les Juifs comme un mariage accompli, et la fiancée qui aurait été trouvée enceinte d'un étranger, était punie comme adultère. La fiancée dans ce cas recevait un libelle de divorce, et était lapidée (5. *Moys*. 22, 23-27). Joseph voulait mettre Marie en sûreté contre cette peine, et c'est pourquoi il pensait à résilier en secret le contrat de mariage.

℣. 20. — [19] en songe. Il convient d'éprouver les songes (*Eccli*. 34, 7), mais on ne doit pas rejeter ceux qui viennent de Dieu (*Job*, 33, 15). Marie demeure dans le calme, elle garde un humble silence, et a la confiance que Dieu mettra son innocence au jour ; car l'ange du Seigneur se tient à côté de ceux qui sont à lui (*Ps*. 33, 8).

[20] Marie n'habitait donc point encore avec Joseph. C'est ce que confirment les ℣. 18. 24.

℣. 21. — [21] Jésus (hébr. : *Jeschouah*) signifie sauveur, libérateur.

℣. 22. — [22] Selon saint Jean Chrysostôme et la plupart des Pères grecs, les ℣. 22. 23. sont une continuation du discours de l'ange. Les autres Pères et le plus grand nombre des interprètes les prennent pour une remarque de l'évangéliste. La prophétie suivante est rapportée, parce que l'événement qu'elle avait pour objet devait arriver, et que cet événement venait de s'accomplir avec toutes les circonstances propres à confirmer parfaitement la vérité de la prophétie. C'est ce que l'on voit par les paroles : « afin que fût accompli, etc. » La prophétie et l'événement n'ont donc pas dans un accord fortuit ; ils ont entre eux un rapport nécessaire.

℣. 23. — [23] *Voy*. touchant cette prophétie *Isaïe*, 7, 14 et les remarques. Le nom d'une chose est le signe distinctif de sa nature. Le nom « Dieu avec nous » exprime la nature divine et humaine de Jésus-Christ.

℣. 25. — [24] Il n'est pas dit par ces paroles, et on ne peut pas en conclure que

CHAPITRE II.

Les Mages cherchent Jésus, ils le découvrent sous les dehors d'un enfant pauvre, et ils l'adorent. Hérode fait mettre à mort les enfants de Bethléhem pour se défaire de Jésus. Jésus fuit en Egypte, et le roi meurt. Retour d'Egypte.

1. Cum ergo natus esset Jesus in Bethlehem Juda in diebus Herodis regis, ecce Magi ab oriente venerunt Jerosolymam,	1. Jésus étant donc né dans Bethléhem de Juda [1], au temps du roi Hérode [2], voici que des Mages vinrent d'orient à Jérusalem [3],

Joseph ait cohabité avec Marie après la naissance de Jésus. Saint Matthieu veut seulement par là confirmer de plus en plus que ce qui avait été formé en elle, l'avait été par le Saint-Esprit (*Comp.* ℣. 18. 20). Dans d'autres passages également, où la particule « jusqu'à ce que » est employée, l'action est considérée, d'après les circonstances données, non pas comme posée, mais comme niée. Le corbeau (1. *Moys.* 8, 7), dont il est dit qu'il ne revint pas *jusqu'à ce que la terre fût desséchée*, ne revint pas lorsque la terre fut sèche, mais il ne revint plus du tout dans l'arche, par la raison même que la terre était desséchée. Michol (2. *Rois*, 6, 23), qui n'eut point d'enfant jusqu'à sa mort, n'en eut point après qu'elle fut morte (Jérôme, August.). Que Marie, ainsi que Joseph, aient vécu dans un état perpétuel de virginité, c'est ce qui est constant par la tradition apostolique, et ce qui résulte avec évidence des propres paroles de Marie (*Luc*, 1, 34), qui renferment manifestement le vœu d'une perpétuelle virginité: « Je ne connais point d'hommes. » Cependant Jésus est appelé son premier-né, et dans *saint Matthieu*, 13, 55. dans *saint Marc*, 6, 3. Jacques, Joseph, Simon et Jude sont donnés comme les frères de Jésus. Premier-né signifie quelquefois la même chose que fils unique, comme Machir, fils unique de Manassès, est appelé son premier-né *Jos.* 17, 1. note 1. Les personnages désignes sous le nom de frères de Jésus étaient ses parents, que, dans la manière de parler usitée chez les Juifs, on appelait frères (1. *Moys.* 11, 27. 13, 8). Les véritables frères de Jésus sont ceux qui croient en lui, et il est en effet le premier-né d'entre eux (*Rom.* 8, 29. *Coloss.* 1, 15. 18). Saint Jean Chrysostôme dit à ce sujet : Pourquoi Jésus en croix eût-il recommandé sa sainte mère à Jean, son disciple bien-aimé, si elle avait eu d'autres enfants qui eussent pris soin d'elle? — * Les Juifs n'avaient que deux mots pour désigner non-seulement les membres d'une même famille, mais ceux d'une même tribu, et même de leur nation, leurs concitoyens, *ach*, frère, et *reha*, ami, *socius*. Et encore le premier de ces deux mots était-il le plus usité : — belle expression, qui marquait et rappelait d'une manière touchante la commune origine de tous les enfants d'Israël.

℣. 1. — [1] Il y avait un autre Bethléhem en Galilée (*Jos.* 19, 15). *Voy.* dans *saint Luc*, 2, 1-7 le récit plus détaillé de la Nativité.

[2] surnommé le Grand, iduméen, qui avait reçu des Romains la domination sur les Juifs, et qui fut le premier roi étranger qui régna dans la Judée (*Voy.* la fin du second livre des *Machabées*).

[3] Les sages, les mages, étaient des savants qui s'adonnaient principalement aux sciences occultes et à l'astronomie. Les saints Pères ne sont pas entièrement d'accord sur la contrée d'où ils vinrent. Généralement cependant ils tiennent pour les contrees voisines de l'Euphrate, l'Arabie, la Perse, etc. Balaam ayant habité dans ces contrées, la prophétie touchant l'étoile de Jacob, le Messie (4. *Moys.* 24, 17), y avait bien pu propager la croyance que l'apparition du Messie parmi les Juifs serait annoncée par un astre du ciel. Toujours est-il certain que l'avènement d'un grand roi qui devait s'assujettir le monde, était à cette époque une opinion fort répandue en Orient. D'après une ancienne tradition, les sages étaient des rois, ce qui rentre très-bien dans les usages de l'antiquité, où les princes, notamment les chefs des tribus de pasteurs, étaient en même temps sages et prêtres.

2. et ils demandèrent : Où est le roi des Juifs qui est né ? car nous avons vu son étoile en orient [4], et nous sommes venus l'adorer.

2. dicentes : Ubi est qui natus est rex Judæorum ? vidimus enim stellam ejus in oriente, et venimus adorare eum.

3. Ce que le roi Hérode ayant appris, il en fut troublé, et toute la ville de Jérusalem avec lui [5].

3. Audiens autem Herodes rex turbatus est, et omnis Jerosolyma cum illo.

4. Et ayant assemblé tous les princes des prêtres [6] et les scribes du peuple [7], il s'enquit d'eux où devait naître le CHRIST.

4. Et congregans omnes principes sacerdotum et scribas populi, sciscitabatur ab eis ubi Christus nasceretur.

5. Ils lui dirent : Dans Bethléhem de Juda, selon ce qui a été écrit par le Prophète :

5. At illi dixerunt ei : In Bethlehem Judæ : sic enim scriptum est per Prophetam :

6. Et toi Bethléhem, terre de Juda, tu n'es pas la moindre entre les principales villes de Juda; car de toi sortira le chef qui conduira mon peuple d'Israël [8].

6. Et tu Bethlehem, terra Juda, nequaquam minima es in principibus Juda : ex te enim exiet dux, qui regat populum meum Israel.

7. Alors Hérode ayant appelé les Mages en particulier, s'enquit d'eux avec grand soin du temps auquel l'étoile leur était apparue [9];

7. Tunc Herodes clam vocatis Magis diligenter, didicit ab eis tempus stellæ, quæ apparuit eis :

8. et les envoyant à Bethléhem, il leur dit : Allez, informez-vous exactement de cet enfant; et lorsque vous l'aurez trouvé, faites-le moi savoir, afin que j'aille aussi moi-même l'adorer [10].

8. et mittens illos in Bethlehem, dixit : Ite, et interrogate diligenter de puero : et cum inveneritis, renuntiate mihi, ut et ego veniens adorem eum.

9. Ayant entendu ces paroles du roi, ils partirent. Et en même temps l'étoile qu'ils avaient vue en orient, allait devant eux, jusqu'à ce qu'étant arrivé sur le lieu où était l'enfant, elle s'y arrêta.

9. Qui cum audissent regem, abierunt : et ecce stella quam viderant in oriente, antecedebat eos, usque dum veniens staret supra, ubi erat puer.

ỳ. 2. — [4] Dieu fit réellement apparaître un astre à ces mages, qui, conformément à la prophétie de Balaam (*voy.* la note précéd.), attendaient une étoile comme signe du Libérateur, et intérieurement sa grâce les excita à suivre l'astre qui leur apparaissait : car, dit saint Bernard, celui qui les invitait les accompagna aussi; celui qui extérieurement les appela par la clarté de l'astre, éclaira aussi intérieurement leur esprit.

ỳ. 3. — [5] Hérode, parce qu'il craignait de perdre son trône (*voy.* la dernière note sur les livres des *Machab.*); les habitants de Jérusalem, parce qu'ils appréhendaient des troubles et des désordres.

ỳ. 4. — [6] le grand prêtre et les chefs des vingt-quatre classes de prêtres (Comp. 1. *Par.* 24, 3-20 avec 2. *Par.* 36, 14), qui portaient aussi le titre de grands prêtres. Il y avait en outre des grands prêtres déposés.

[7] les docteurs de la loi, qui accommodaient le procès du peuple, et qui décidaient les questions sur la loi. Dans les derniers temps ces docteurs, dont la parole était tout humaine, prirent la place des prophètes, dont depuis longtemps déjà la parole divine ne se faisait plus entendre (*Voy.* la dernière note dans l'Ancien Testament.

ỳ. 6. — [8] Le prophète Michée n'a pas donné cette prophetie tout-à-fait littéralement comme les prêtres la rapportent, mais quant au sens (*voy.* les remarques sur *Michée*, 5, 5).

ỳ. 7. — [9] Hérode voulait, d'après le temps de l'apparition de l'étoile, connaître au juste l'âge du Roi nouveau-né. Si l'étoile n'eût apparu que peu de temps avant le départ des sages, Hérode pouvait être certain de comprendre le nouveau Roi parmi les morts, en faisant massacrer non-seulement les petits enfants d'un an, mais ceux de deux ans.

ỳ. 8. — [10] Quelle hypocrisie détestable ! Il flatte en paroles, et dans son cœur il médite la mort du Christ !

10. Videntes autem stellam gavisi sunt gaudio magno valde.

11. Et intrantes domum, invenerunt puerum cum Maria matre ejus, et procidentes adoraverunt eum : et apertis thesauris suis obtulerunt ei munera, aurum, thus et myrrham.

12. et responso accepto in somnis ne redirent ad Herodem, per aliam viam reversi sunt in regionem suam.

13. Qui cum recessissent, ecce angelus Domini apparuit in somnis Joseph, dicens : Surge, et accipe puerum et matrem ejus, et fuge in Ægyptum, et esto ibi usque dum dicam tibi. Futurum est enim ut Herodes quærat puerum ad perdendum eum.

14. Qui consurgens accepit puerum et matrem ejus nocte, et secessit in Ægyptum :

15. et erat ibi usque ad obitum Herodis : ut adimpleretur quod dictum est a Domino per Prophetam dicentem : Ex Ægypto vocavi filium meum.

16. Tunc Herodes videns quoniam illusus esset a Magis, iratus est valde, et mittens occidit omnes pueros, qui erant in Bethlehem, et in omnibus finibus ejus, a bimatu et infra, secundum tempus quod exquisierat a Magis.

10. Lorsqu'ils virent l'étoile [11], ils furent transportés d'une extrême joie [12].

11. et entrant dans la maison, ils trouvèrent l'enfant avec Marie, sa mère, et se prosternant, ils l'adorèrent [13]. Puis ouvrant leurs trésors, ils lui offrirent pour présents de l'or, de l'encens et de la myrrhe [14]

12. Et ayant reçu en songe un avertissement de n'aller point retrouver Hérode, ils s'en retournèrent en leur pays par un autre chemin.

13. Après qu'ils furent partis, un ange du Seigneur apparut en songe à Joseph et lui dit : Levez-vous, prenez l'enfant et sa mère, fuyez en Egypte, et demeurez-y jusqu'à ce que je vous le dise; car Hérode cherchera l'enfant pour le faire mourir.

14. Joseph s'étant levé, prit l'enfant et sa mère durant la nuit, et se retira en Egypte [15],

15. où il demeura jusqu'à la mort d'Hérode; afin que cette parole que le Seigneur avait dite par le Prophète fût accomplie : J'ai rappelé mon fils de l'Egypte [16].

16. Alors Hérode voyant que les Mages l'avaient trompé, entra dans une grande colère; et il envoya tuer tous les enfants qui étaient dans Bethlehem et dans tous les pays d'alentour, âgés de deux ans et au-dessous, selon le temps dont il s'était enquis auprès des Mages [17].

ỷ. 10. — [11] dès le grand matin, comme ils approchaient de Bethléhem.

[12] Heureux celui qui a Dieu pour guide! Quand il marcherait dans les voies les plus difficiles, il ne manquera jamais d'atteindre le but vers lequel il tend.

ỷ. 11. — [13] Les saints Pères nous apprennent que les sages, instruits intérieurement par l'Esprit divin (*Comp.* ỷ. 12), adorèrent Dieu dans l'enfant. C'est ce que prouvent aussi leurs dons. Voyez, dit saint Fulgence, ce qu'ils offrirent, et vous saurez ce qu'ils croyaient. Notre sagesse s'incline-t-elle pareillement devant la divinité du christianisme, et ne prend-elle point scandale de sa faiblesse apparente, de sa pauvreté et de son enfance?

[14] Ce sont là les offrandes que l'on faisait aux rois et à Dieu dans son temple, à Dieu en signe de pureté du cœur, de louanges et de mortification des penchants vicieux. Les présents des mages furent donc une glorification de l'enfant qui se révéla ainsi pour la première fois comme roi et comme Dieu. C'est pourquoi on peut avec raison appeler *l'Epiphanie du Seigneur* la fête établie en mémoire de cette manifestation.

ỷ. 14. — [15] La tradition désigne le lieu où Jésus séjourna avec Joseph et Marie, sous le nom de Matharea. Près de là était le temple d'Onias (Voy. *Isaïe*, 19. note 27).

ỷ. 15. — [16] Voy. *Osée*, 11, 1 et les remarques.

ỷ. 16. — [17] Voy. *pl. h.* ỷ. 7. Ce massacre était très-connu parmi le peuple (*Act.* 4, 27). L'histoire profane n'en dit rien, parce que c'était un des moindres traits de cruauté de ce tyran. — * La vérité historique du massacre des enfants de Bethléhem a été mise en doute, parce que Josèphe n'en parle pas. Quoi qu'il en soit, ce massacre était peu de chose dans la longue série des crimes commis par Hérode, et l'historien a pu le passer sous silence. Dans la petite ville de Bethléhem et dans

17. Alors s'accomplit ce qui avait été dit par le prophète Jérémie en ces termes :

18. Une voix a été entendue dans Rama[18], des pleurs et de grands cris : Rachel[19] pleurant ses enfants, et ne voulant point recevoir de consolation, parce qu'ils ne sont plus[20].

19. Or, Hérode étant mort, un ange du Seigneur apparut en songe à Joseph en Egypte,

20. et lui dit : Levez-vous, prenez l'enfant et sa mère, et retournez dans la terre d'Israël; car ceux qui cherchaient l'enfant pour lui ôter la vie sont morts.

21. Joseph s'étant levé, prit l'enfant et sa mère, et s'en vint dans la terre d'Israël.

22. Mais apprenant qu'Archélaüs régnait en Judée à la place d'Hérode, son père, il appréhenda d'y aller[21]; et ayant reçu pendant qu'il dormait un avertissement, il se retira dans la Galilée,

23. et vint demeurer dans une ville appelée Nazareth[22]; afin que cette prédiction

17. Tunc adimpletum est quod dictum est per Jeremiam prophetam dicentem :

18. Vox in Rama audita est, ploratus et ululatus multus ; Rachel plorans filios suos, et noluit consolari, quia non sunt.

19. Defuncto autem Herode ecce angelus Domini apparuit in somnis Joseph in Ægypto,

20. dicens : Surge, et accipe puerum, et matrem ejus, et vade in terram Israel : defuncti sunt enim qui quærebant animam pueri.

21. qui consurgens, accepit puerum, et matrem ejus, et venit in terram Israel.

22. Audiens autem quod Archelaus regnaret in Judæa pro Herode patre suo, timuit illo ire : et admonitus in somnis, secessit in partes Galilææ.

23. Et veniens habitavit in civitate, quæ vocatur Nazareth : ut adimpleretur quod dictum est per

---

ses environs, il pouvait à peine exister dix à douze enfants mâles au-dessus d'un an. On trouve une trace de ce fait dans un passage de Macrobe (*Saturn.* 11, 4), qui, par ignorance, a confondu la mort d'Antipater et le massacre des enfants en un seul fait : « Quum audisset (Augustus) inter pueros, quos in Syria Herodes rex Judæorum intra bimatum jussit interfici, filium quoque ejus occisum, ait : Melius est Herodis porcum esse quam filium. » Munk, *Hist. du peuple juif*, p. 559, note.

ỳ. 18. — [18] c'est-à-dire sur la hauteur. C'était sur les hauteurs que l'on exécutait les chants funèbres, afin qu'ils se répandissent plus au loin.

[19] Rachel, mère de Joseph, née en Egypte, et aïeule d'une fraction notable du peuple d'Israel, est mise ici pour tout ce peuple.

[20] *Voy.* sur la nature de cette prophétie et la manière dont elle s'est accomplie *Jér.* 31, 15. note 21.

ỳ. 22. — [21] Après la mort d'Hérode, la Palestine, par suite de ses dernières volontés, et par l'ordre d'Auguste, empereur romain, fut divisée entre ses quatre fils. Archélaüs eut la Judée, la Samarie et l'Idumée, avec le titre de prince du peuple, parce qu'il avait la plus grande partie du peuple sous sa domination; Hérode Antipas obtint la Galilée et la Pérée; Philippe la Batanée, la Trachonite et l'Auranite, l'un et l'autre avec le titre de tétrarque (c'est-à-dire chef de la quatrième, et en général d'une petite partie du peuple). Archélaüs fut aussi cruel que son père. Il ne régna que neuf ans, après le laps desquels Auguste le relégua à Vienne, dans les Gaules, et réduisit la Judée en province romaine. — Soyez prudents comme Joseph dans vos entreprises!

ỳ. 23. — [22] * Le mot *Nazareth*, selon quelques-uns, signifie *fleur*; selon d'autres, *jeton*, surgeon. « Nous irons à Nazareth, dit saint Jérôme, et, selon l'interprétation de son nom, nous y verrons la fleur de Galilée. » Nazareth était le lieu de la demeure de la sainte famille. Elle est située à sept heures de marche d'Acre, à trois heures du Thabor, et environ à trois journées de Jérusalem. Elle est placée sur un amphithéâtre formé de collines de craie blanche, et elle n'a que de petites maisons blanches comme son sol. Il n'est point fait mention de Nazareth dans l'Ancien Testament, ni dans le Talmud. Sa population actuelle est d'environ 3,000 âmes, réparties en 500 familles, dont les deux tiers sont turques et l'autre tiers chrétiennes. Les grecs et les catholiques sont à peu près en nombre égal; il n'y a point de juifs. — On voit à Nazareth un ancien couvent de Franciscains, où sont

Prophetas : Quoniam Nazaræus vocabitur.

des Prophètes fût accomplie : Il sera appelé Nazaréen [23].

CHAPITRE III.

Jean-Baptiste prêche la pénitence. Jésus se fait baptiser parmi les pécheurs, et il est glorifié par Dieu le Saint-Esprit et par Dieu le Père.

1. In diebus autem illis venit Joannes Baptista prædicans in deserto Judææ,
2. et dicens: Pœnitentiam agite: appropinquavit enim regnum cœlorum.
3. Hic est enim, qui dictus est

1. En ce temps-là [1] Jean-Baptiste vint prêcher au désert de Judée [2],
2. en disant : Faites pénitence; car le royaume des cieux est proche [3]. *Marc*, 1, 4. *Luc*, 3, 3.
3. Car c'est lui [4] qui a été marqué par le

---

reçus avec une chrétienne hospitalité tous les pèlerins. C'est au couvent qu'appartient l'église de l'Annonciation. Après l'église du Saint-Sépulcre, c'est la plus belle de la Syrie. Sous le chœur de l'église, dans une cavité où l'on descend par dix-sept degrés, on montre, dans une grotte, le lieu de l'annonciation. Une colonne indique l'endroit où se tenait l'ange, et un autel, l'endroit où se tenait Marie. On montre, de plus, l'habitation de Joseph, la fontaine de Marie, sur laquelle a été érigée une église grecque. Une grande pierre plate porte le nom de Table de Jésus, parce que le Sauveur y aurait mangé avec ses disciples. — Des religieuses françaises, récemment établies à Nazareth, s'occupent du soin des malades et de l'éducation des filles. Les Franciscains ont aussi une école de garçons dans leur couvent.

[23] Il sera dans un état d'abjection et de mépris; car le nom d'un objet fait connaître sa nature. Tous les Galiléens étaient parmi les Juifs dans un souverain mépris, parce que plusieurs nations infidèles, réputées impures, habitaient parmi eux. Les Nazaréens, les habitants de Nazareth (proprement de Nazar ou Nazara), étaient donc peu estimés en leur qualité de Galiléens; mais à leur nom s'attachait une cause particulière de mépris, parce que leur ville était de fondation récente, et qu'il n'en est point fait mention dans l'Ancien Testament (Comp. *Jean*, 1, 46). La plupart des prophètes ne désignent pas, il est vrai, le Messie sous le nom de Nazaréen, mais ils le dépeignent comme réduit à un état d'abaissement et de mépris (*Isaïe*, 11, 1. 53. *Zach*. 3, 8. 9, 19). Saint Matthieu, ainsi que le remarque saint Jérôme, s'en réfère, dans ce passage, au sens plutôt qu'aux paroles des prophètes.

ỳ. 1. — [1] En ce temps-là. Les paroles ci-dessus ne se rattachent pas à ce qui précède; car toute l'histoire de la jeunesse et de la vie privée de Jésus est passée sous silence par saint Matthieu, aussi bien que, en très-grande partie, par les autres évangélistes. Ils ne se proposaient point de satisfaire notre curiosité. Selon saint Luc, ce qui suit se passa la quinzième année de César Tibère, et la vingt-huitième année de la vie de Jésus, suivant la manière ordinaire de compter (*Comp.* avec ỳ. 1-12. *Marc*, 1, 2-8. *Luc*, 3, 1-18).

[2] dans la contrée sauvage, peu habitée, qui est entre Jéricho et le Jourdain. Saint Jean, comme le dernier des prophètes de l'ancienne Alliance et le précurseur immédiat du Sauveur, avait reçu pour mission de faire tout ce que pouvait et devait faire la loi de Moyse : — à savoir, de faire remarquer les péchés (*Rom*. 3, 20), d'exhorter à la vertu de pénitence, de recommander les bonnes œuvres et de renvoyer au Libérateur.

ỳ. 2. — [3] Sous le nom de royaume des cieux, les saints évangélistes entendent tantôt le règne des bienheureux dans le ciel, tantôt le royaume de Dieu sur la terre que le Sauveur a établi pour la vertu et la piété; tantôt les sentiments intérieurs de l'âme formés par les maximes du Sauveur (*Luc*, 17, 21. Comp. *Rom*. 14, 17). Dans ce passage, il s'agit surtout du royaume de Jésus-Christ sur la terre, de l'Église.

ỳ. 3. — [4] Réflexion de saint Matthieu.

prophète Isaïe, lorsqu'il dit [5] : La voix de celui qui crie dans le désert [6] : Préparez la voie du Seigneur; rendez droits ses sentiers [7]. *Marc*, 1, 3. *Luc*, 3, 4.

4. Or Jean avait un vêtement de poils de chameau [8], et une ceinture de cuir autour de ses reins; et sa nourriture était des sauterelles et du miel sauvage [9].

5. Alors Jérusalem, toute la Judée et tout le pays des environs du Jourdain [10], venaient à lui; *Marc*, 1, 5.

6. et en confessant leurs péchés [11], ils étaient baptisés par lui dans le Jourdain [12].

7. Mais voyant plusieurs des Pharisiens et des Sadducéens [13] qui venaient à son baptême, il leur dit : Race de vipères [14], qui vous a appris à fuir la colère qui doit tomber sur vous [15]? *Luc*, 3, 7.

8. Faites donc de dignes fruits de pénitence [16].

per Isaiam prophetam dicentem : Vox clamantis in deserto : Parate viam Domini : rectas facite semitas ejus.

4. Ipse autem Joannes habebat vestimentum de pilis camelorum et zonam pelliceam circa lumbos suos : esca autem ejus erat locustæ, et mel silvestre.

5. Tunc exibat ad eum Jerosolyma, et omnis Judæa, et omnis regio circa Jordanem;

6. et baptizabantur ab eo in Jordane, confitentes peccata sua.

7. Videns autem multos Pharisæorum, et Sadducæorum, venientes ad baptismum suum, dixit eis : Progenies viperarum, quis demonstravit vobis fugere a ventura ira?

8. Facite ergo fructum dignum pœnitentiæ.

---

5 Voy. *Isaïe*, 40, 3 et suiv. et les remarques.

6 Jean est la voix de celui qui crie dans le désert. Par ses cris, il réveille ceux qui sont plongés dans le sommeil du péché, le monde qui habite dans le désert. Il n'est point la parole de Dieu, qui rend enfants, mais seulement une voix qui réveille.

7 en aplanissant les montagnes (toute nature orgueilleuse), et en comblant les vallées (en déposant la fausse humilité); généralement en faisant disparaître tous les obstacles au salut, en renonçant aux mauvaises habitudes et aux penchants vicieux, etc.

ỳ. 4. — 8 d'un tissu fait des poils grossiers du chameau. C'était l'habit des gens les plus pauvres, et par conséquent des prophètes (4. *Rois*, 1, 8. *Hébr*. 11, 37).

9 Les sauterelles, qui, en Orient, sont très-grosses (3. *Moys*. 11, 21), et le miel des abeilles sauvages, forment la nourriture des classes les plus pauvres. Voilà quel était le Précurseur! Il foule aux pieds la mollesse et la sensualité charnelle.

ỳ. 5. — 10 Le concours pour entrer dans le royaume de Dieu est grand; mais c'est le petit nombre qui y entre sérieusement, et le très-petit nombre qui persévère.

ỳ. 6. — 11 comme cela était déjà prescrit dans l'Ancien Testament (Voy. 3. *Moys*. 5, 5. note 6. 4. *Moys*. 5, 7). La reconnaissance des péchés n'est complétée que par la confession, de même que la pensée n'est complétée que par la parole.

12 De même que les Juifs, dans les derniers temps, initiaient au judaïsme les Gentils qui voulaient se ranger parmi eux, sans que pour cela ils fussent formellement Juifs, de même saint Jean voulait initier les Juifs au règne à venir du Christ par son baptême, sans qu'il pût encore, par ce moyen, en faire des chrétiens. Saint Jean nous fait connaître lui-même (ỳ. 11) le mérite de ce baptême.

ỳ. 7. — 13 Les Pharisiens, qui formaient une secte parmi les Juifs (*Voy*. la dernière remarque sur le 2e livre des *Machabées*), tout en mettant de côté l'esprit de la loi, montraient un attachement particulier pour leur tradition et les pratiques extérieures de la religion; les Sadducéens étaient une espèce de libres-penseurs judaïsants, qui rejetaient la plus grande partie des enseignements du judaïsme. Les uns et les autres espéraient que leur doctrine s'établirait d'une manière stable dans le nouvel ordre de choses annoncé. Lorsqu'ils virent qu'ils s'étaient trompés, ils ne se firent plus baptiser (Voy. *Luc*, 7, 29. 30. *pl. b*. 21, 26).

14 Enfants d'aïeux (Grég., Jérôme) pervers, diaboliques (1. *Moys*. 3. *Apoc*. 12, 9. Comp. *pl. b*. 12, 34. 23, 33. *Jean*, 8, 44). L'expression paraît dure, mais le fond est vrai.

15 si vous persévérez dans vos dispositions. La colère à venir est le jugement de Dieu.

ỳ. 8. — 16 Accomplissez les œuvres de la loi (Voy. *Luc*, 3, 11).

9. et ne velitis dicere intra vos : Patrem habemus Abraham; dico enim vobis quoniam potens est Deus de lapidibus istis suscitare filios Abrahæ.

9. Et ne pensez pas dire en vous-même : Nous avons Abraham pour père [17]; car je vous déclare que Dieu peut faire naître de ces pierres mêmes des enfants à Abraham [18]. *Jean*, 8, 32.

10. Jam enim securis ad radicem arborum posita est. Omnis ergo arbor, quæ non facit fructum bonum, excidetur, et in ignem mittetur.

10. Car la cognée est déjà mise à la racine des arbres. Tout arbre donc qui ne produit point de bon fruit sera coupé et jeté au feu [19].

11. Ego quidem baptizo vos in aqua in pœnitentiam : qui autem post me venturus est, fortior me est, cujus non sum dignus calceamenta portare : ipse vos baptizabit in Spiritu sancto, et igni.

11. Pour moi, je vous baptise dans l'eau pour la pénitence; mais celui qui doit venir après moi, est plus puissant que moi, et je ne suis pas digne de porter ses souliers [20]. C'est lui qui vous baptisera dans le Saint-Esprit et dans le feu [21]. *Marc*, 1, 8. *Luc*, 3, 16. *Jean*, 1, 26. 27.

12. Cujus ventilabrum in manu sua : et permundabit aream suam : et congregabit triticum suum in horreum, paleas autem comburet igni inextinguibili.

12. Il a le van en sa main, et il nettoiera parfaitement son aire [22] : il amassera son grain dans le grenier; mais il brûlera la paille dans un feu qui ne s'éteindra jamais [23].

13. Tunc venit Jesus a Galilæa in Jordanem ad Joannem, ut baptizaretur ab eo.

13. Alors Jésus vint de Galilée au Jourdain trouver Jean, pour être baptisé par lui [24].

14. Joannes autem prohibebat eum, dicens : Ego a te debeo baptizari, et tu venis ad me?

14. Mais Jean s'en défendait, en disant : C'est moi qui dois être baptisé par vous, et vous venez à moi?

15. Respondens autem Jesus,

15. Et Jésus lui répondit : Laissez-moi

℣. 9. — [17] Ne vous faites pas un mérite de la préférence extérieure que vous avez obtenue, de ce que vous descendez d'Abraham.

[18] il peut en former des hommes et en faire des enfants spirituels d'Abraham (Voy. *Rom*. 9, 7. *Gal*. 3, 7).

℣. 10. — [19] Dieu est tout prêt à vous priver de son royaume en ce monde et en l'autre, et à vous précipiter dans l'enfer (*Pl. b*. 25, 41. 46. *Apoc*. 20). Comp. *Luc*, 13, 7.

℣. 11. — [20] je ne suis pas digne de lui rendre les plus vils services que rendent les esclaves. Les souliers consistaient en des sandales qui s'attachaient aux pieds avec des courroies. Les attacher, les détacher et les porter à la main à l'entrée des appartements, était un service réservé aux esclaves.

[21] Le baptême de saint Jean n'était qu'une cérémonie symbolique d'initiation à la vertu de pénitence, et il n'avait en lui-même aucune vertu efficace d'en haut, d'où il suit qu'il ne pouvait effacer les péchés. Le baptême de Jésus-Christ est joint à l'esprit de la grâce céleste, et il opère par lui-même avec une vertu régénératrice, en purifiant l'âme de ses péchés, en la sanctifiant et en l'embrasant de l'amour divin (Jérôme).

℣. 12. — [22] Il séparera les bons des méchants. En Orient, lorsque le blé est battu, on le jette au vent avec une pelle; le bon grain retombe à terre, et la paille est emportée plus loin par le vent.

[23] Les bons seront reçus dans les demeures du Seigneur; les méchants seront précipités dans un feu qui ne s'éteindra jamais (Comp. *Marc*, 9, 43. 45. *Matth*. 25, 46).

℣. 13. — [24] Comp. *Marc*, 1, 9-11. *Luc*, 3, 21-23. *Jean*, 1, 32-34. Jésus se soumit à toute la loi (*Gal*. 4, 4), jusqu'à ce que, par sa mort sur la croix, il eût fait disparaître l'état de preparation, et que, par la grâce qu'il mérita aux hommes, il eût rendu inutiles les symboles et les cérémonies de l'ancienne Alliance; c'est pour cela qu'il ne dédaigna pas de s'assujettir au baptême de saint Jean, qui était dans les vues de Dieu (Jérôme). Il voulut aussi, par cette démarche, se mettre au nombre des pécheurs, parce qu'il prenait leur place, et qu'il devait souffrir la punition qu'ils méritaient (Hil.).

faire pour cette heure; car c'est ainsi qu'il faut que nous accomplissions toute justice [25]. Alors Jean ne lui résista plus.

16. Or Jésus ayant été baptisé, sortit aussitôt hors de l'eau, et en même temps les cieux lui furent ouverts, et il [26] vit l'Esprit de Dieu qui descendit en forme de colombe, et qui vint sur lui. *Luc*, 3, 22. 9, 35. 2. *Pier*. 1, 17.

17. Et au même instant une voix se fit entendre du ciel, qui disait : Celui-ci est mon Fils bien-aimé, en qui j'ai mis toutes mes complaisances [27].

dixit ei : Sine modo : sic enim decet nos implere omnem justitiam. Tunc dimisit eum.

16. Baptizatus autem Jesus, confestim ascendit de aqua; et ecce aperti sunt ei cœli : et vidit Spiritum Dei descendentem sicut columbam, et venientem super se.

17. Et ecce vox de cœlis dicens : Hic est Filius meus dilectus, in quo mihi complacui.

CHAPITRE IV.

Jeûne de Jésus; il est tenté par le diable, il surmonte la tentation, il commence, après que Jean a été mis en prison, à prêcher dans la Galilée, il appelle quatre apôtres, et opère différents prodiges.

1. Alors Jésus fut conduit par l'Esprit [1] dans le désert [2] pour y être tenté par le diable [3]. *Marc*, 1, 12.

1. Tunc Jesus ductus est in desertum a Spiritu, ut tentaretur a diabolo.

℣. 15. — [25] Le mot *justice* est mis pour préceptes divins (Comme 5. *Moys*. 4, 5. 27, 10).

℣. 16. — [26] Jésus.

℣. 17. — [27] Aussitôt après le baptême de Jésus, Jean (*Jean*, 1, 32) et vraisemblablement plusieurs autres qui étaient présents, virent l'apparition dont il est ici parlé, et entendirent la voix descendue du ciel. C'était le témoignage de la divinité que le Saint-Esprit et le Père céleste rendaient au Fils de Dieu, comme pour l'accréditer sur la terre; c'était sa mission céleste (*Luc*, 4, 18. 21). De plus, c'était le baptême par l'Esprit et par le feu, qui en ce moment s'accomplissait sous une forme visible dans le premier homme de la race nouvelle, comme il devait s'accomplir par une opération invisible dans ses frères, ceux qui seraient régénérés en lui; car, quoique l'Esprit-Saint ne répande pas dans eux toute la plénitude incommensurable de ses grâces, et que le Père ne déclare pas mettre en eux ses complaisances comme dans son Fils, qui lui est semblable en tout, tous ceux qui sont régénérés ne laissent pas d'être justifiés par la grâce du Saint-Esprit, et ils deviennent véritablement, par la justification, les objets de la complaisance du Père. — Le Saint-Esprit apparut sous la forme corporelle d'une colombe, comme symbole de pureté et de douceur.

℣. 1. — [1] par le Saint-Esprit, dont il avait reçu immédiatement auparavant la plénitude dans son baptême (*Luc*, 4, 1).

[2] dans l'horrible désert de la Quarantaine, entre Jéricho et Jérusalem, ainsi que le rapporte la tradition.

[3] pour se fortifier et se préparer dans la solitude et le silence, par le jeûne et la prière, à sa future mission, et pour souffrir les tentations de satan. C'est avec une convenance qui est dans la nature des choses, que dans ce chapitre la mission divine de Jésus-Christ est suivie de sa victoire sur la tentation de satan. De même que le premier homme fut tenté par satan, Jésus, le premier homme de la seconde race, voulut aussi être exposé à une tentation analogue, afin de nous servir d'exemple et de nous apprendre comment nous pourrions triompher des séductions de satan par la grâce, la prière et la parole de Dieu (Chrysost., Hil.).

2. Et cum jejunasset quadraginta diebus, et quadraginta noctibus, postea esuriit.

2. Et ayant jeûné quarante jours et quarante nuits [4], il eut faim ensuite [5].

3. Et accedens tentator dixit ei : Si Filius Dei es, dic ut lapides isti panes fiant.

3. Et le tentateur s'approchant, lui dit : Si vous êtes le Fils de Dieu [6], dites que ces pierres deviennent des pains [7].

4. Qui respondens dixit : Scriptum est : Non in solo pane vivit homo, sed in omni verbo, quod procedit de ore Dei.

4. Jésus lui répondit : Il est écrit [8] : L'homme ne vit pas seulement de pain, mais de toute parole qui sort de la bouche de Dieu [9]. *Luc*, 4, 4.

5. Tunc assumpsit eum diabolus in sanctam civitatem, et statuit eum super pinnaculum templi,

5. Le diable alors le transporta dans la ville sainte, et le mettant sur le haut du temple [10],

6. et dixit ei : Si Filius Dei es, mitte te deorsum. Scriptum est enim : Quia angelis suis mandavit de te, et in manibus tollent te, ne forte offendas ad lapidem pedem tuum.

6. il lui dit : Si vous êtes le Fils de Dieu, jetez-vous en bas; car il est écrit : Il a ordonné à ses anges *d'avoir soin* de vous, et ils vous soutiendront de leurs mains, de peur que vous ne heurtiez le pied contre quelque pierre [11].

ỳ. 2. — [4] Moyse (5. *Moys*. 9, 9. 18) et Elie (3. *Rois*, 19, 8) jeûnèrent le même espace de temps; Israel, comme figure de l'humanité coupable, demeura quarante ans dans le désert (*Ps*. 94, 10). Pendant ces quarante jours, Jésus, selon *saint Luc*, 4, 2. ne prit absolument aucune nourriture. Plusieurs saints personnages se sont depuis abstenus de tout aliment pendant un temps considérable.

[5] Le rassasiement surnaturel, par la méditation et la prière, fit taire absolument pendant tout ce temps-là, durant les quarante jours mentionnés, le sentiment naturel de la faim, jusqu'à ce que, par la volonté de Dieu, après ce laps de temps, ce sentiment se fit de nouveau sentir. L'histoire des saints nous fournit à cet égard des exemples vraiment surprenants.

ỳ. 3. — [6] On ne doit pas être étonné que satan eût cette connaissance, puisque Jean-Baptiste avait rendu à la dignité de Jésus un témoignage public (*Jean*, 1, 34). Cependant le Sauveur n'ayant rien dans son extérieur que de bas et d'humble, satan hésitait encore. Ce fut afin de lever ce doute qu'il voulut éprouver et tenter Jésus (Ambr.).

[7] Faites servir votre puissance divine à vous procurer du pain pour apaiser votre faim, et généralement pour satisfaire vos besoins personnels. Jésus, avec une charité pleine d'abnégation, ne servit toute sa vie que Dieu et les hommes. Il est vraisemblable que pendant son jeûne il avait offert de nouveau ce sacrifice à son Père celeste; c'est pourquoi satan s'efforçait de le porter à la recherche de lui-même.

ỳ. 4. — [8] Le Sauveur repousse chaque tentation avec la parole divine. — Agissez de même (Comp. *Ephés*. 6, 17).

[9] Voy. 5. *Moys*. 8, 3. L'homme ne vit pas seulement des aliments ordinaires, mais de la parole de Dieu, par laquelle tout a été fait et tout est conserve (*Ps*. 32, 6). Cette parole peut encore faire servir à la nourriture d'autres choses, comme, par exemple, la manne parmi les Israélites, la prière et la méditation (Hil.). Plusieurs saints n'ont vécu, pendant de longues années, que de la participation au très-saint Sacrement de l'Autel. — Tout dépend de la bénédiction de Dieu; Dieu n'est astreint à aucun moyen particulier.

ỳ. 5. — [10] Il le transporta au milieu des airs, et le plaça sur l'un des toits des bâtiments du temple (Jérôme, Grégoire, Thomas, etc.). On entend ordinairement le toit de cette colonnade près de laquelle était située la profonde vallée de la montagne sur laquelle le temple était bâti. Nous ne devons pas être surpris que le Seigneur ait permis que cela lui arrivât : n'a-t-il pas permis que les instruments de satan l'attachassent à la croix? En le transportant ainsi par les airs, satan espérait peut-être inspirer à Jésus une présomption qui le porterait à se précipiter, selon ses désirs, du haut du pinacle du temple.

ỳ. 6. — [11] Voy. *Ps*. 90, 11. Satan tenta d'abord le Sauveur de sensualité; maintenant il le tente d'orgueil (de témérité).

7. Jésus lui répondit : Il est aussi écrit : Vous ne tenterez point le Seigneur votre Dieu [12].

8. Le diable le transporta encore sur une montagne fort haute; et lui montrant tous les royaumes du monde et la gloire qui les accompagne,

9. il lui dit : Je vous donnerai toutes ces choses, si en vous prosternant vous m'adorez [13].

10. Mais Jésus lui répondit : Retire-toi, Satan; car il est écrit : Vous adorerez le Seigneur votre Dieu, et vous servirez lui seul [14].

11. Alors le diable le laissa; et en même temps les anges s'approchèrent, et ils le servaient [15]

12. Or Jésus ayant entendu dire que Jean avait été mis en prison [16], se retira dans la Galilée [17]; *Marc*, 1, 14. *Luc*, 4, 14. *Jean*, 4, 43.

13. et quittant la ville de Nazareth, il vint demeurer à Capharnaüm, *ville* maritime [18], sur les confins de Zabulon et de Nephthali [19],

14. afin que cette parole du prophète Isaïe fût accomplie [20] :

15. La terre de Zabulon et la terre de Nephthali, le chemin de la mer au-delà du Jourdain [21], la Galilée des nations [22],

16. ce peuple, qui était assis dans les ténèbres, a vu une grande lumière : et la lumière s'est levée sur ceux qui étaient assis dans la région de l'ombre de la mort [23].

17. Depuis ce temps-là, Jésus commença à prêcher, en disant : Faites pénitence, car

7. Ait illi Jesus : Rursum scriptum est : Non tentabis Dominum Deum tuum.

8. Iterum assumpsit eum diabolus in montem excelsum valde : et ostendit ei omnia regna mundi, et gloriam eorum,

9. et dixit ei : Hæc omnia tibi dabo, si cadens adoraveris me.

10. Tunc dixit ei Jesus : Vade, Satana : scriptum est enim : Dominum Deum tuum adorabis, et illi soli servies.

11. Tunc reliquit eum diabolus : et ecce angeli accesserunt, et ministrabant ei.

12. Cum autem audisset Jesus quod Joannes traditus esset, secessit in Galilæam

13. et, relicta civitate Nazareth, venit, et habitavit in Capharnaum maritima, in finibus Zabulon et Nephthalim :

14. ut adimpleretur quod dictum est per Isaiam prophetam :

15. Terra Zabulon, et terra Nephthalim, via maris trans Jordanem, Galilæa gentium,

16. populus qui sedebat in tenebris, vidit lucem magnam : et sedentibus in regione umbræ mortis, lux orta est eis.

17. Exinde cœpit Jesus prædicare, et dicere : Pœnitentiam

ỳ. 7. — [12] Voy. 5. *Moys*. 6, 16.

ỳ. 9. — [13] Le prince de ce monde (*Jean*, 12, 31. 14, 30. 16, 11) le transporta de dessus le pinacle au sommet d'une haute montagne; il lui montra tous les royaumes de la terre vers les quatre régions du monde; il traça le tableau de leur gloire, et il ajouta qu'il lui donnerait tout, s'il voulait l'adorer. C'est là le dernier vœu de satan, se mettre à la place de Dieu. Sa dernière tentation fut aussi la plus séduisante et la plus dangereuse : celle d'avoir, de posséder — la volupté des yeux.

ỳ. 10. — [14] Voy. 5. *Moys*. 6, 13.

ỳ. 11. — [15] lui apportèrent ce dont son humanité sainte avait besoin, et l'adorèrent. — Celui qui triomphe de satan est récompensé par la société et les consolations des anges.

ỳ. 12. — [16] Voy. *pl. b.* chap. 14

[17] pour ne pas éprouver le même sort. Son heure n'était pas encore venue.

ỳ. 13. — [18] près du lac de Génésareth, la mer de Galilée.

[19] Les territoires des tribus de Zabulon et de Nephthali confinaient à cette mer, l'un du côté du nord, l'autre du côté du sud.

ỳ. 14. — [20] Voy. *Isaïe*, 9, 1. 2. et les notes.

ỳ. 15. — [21] Quelques-uns entendent par cette voie celle de Zabulon et de Nephthali; d'autres, la rive orientale de la mer.

[22] la Galilée, où beaucoup de païens habitaient parmi les Juifs.

ỳ. 16. — [23] Les expressions « Ténèbres et ombres de la mort » sont des figures de l'ignorance des Galiléens qui vivaient parmi les Gentils.

agite : appropinquavit enim regnum cœlorum.
18. Ambulans autem Jesus juxta mare Galilææ, vidit duos fratres, Simonem, qui vocatur Petrus, et Andræam fratrem ejus, mittentes rete in mare (erant enim piscatores),
19. et ait illis : Venite post me, et faciam vos fieri piscatores hominum.
20. At illi continuo relictis retibus secuti sunt eum.
21. Et procedens inde, vidit alios duos fratres, Jacobum Zebedæi, et Joannem fratrem ejus in navi cum Zebedæo patre eorum, reficientes retia sua : et vocavit eos.
22. Illi autem, statim relictis retibus et patre, secuti sunt eum.
23. Et circuibat Jesus totam Galilæam, docens in synagogis eorum, et prædicans Evangelium regni : et sanans omnem languorem, et omnem infirmitatem in populo.
24. Et abiit opinio ejus in totam Syriam, et obtulerunt ei omnes male habentes, variis languoribus et tormentis comprehensos, et qui

le royaume des cieux est proche [24]. *Marc.* 1, 14-21. *Luc*, 5, 2-11.
18. Or Jésus marchant le long de la mer de Galilée, vit deux frères, Simon appelé Pierre [25], et André, son frère, qui jetaient leurs filets dans la mer (car ils étaient pêcheurs);
19. et il leur dit : Suivez-moi, et je vous ferai devenir pêcheurs d'hommes [26].
20. Eux aussitôt, laissant là leurs filets, le suivirent [27].
21. De là, s'avançant, il vit deux autres frères, Jacques, fils de Zébédée [28], et Jean, son frère, dans une barque avec Zébédée, leur père, qui raccommodaient leurs filets; et il les appela.
22. En même temps ils quittèrent leurs filets [29] et leur père, et ils le suivirent [30].
23. Et Jésus parcourait toute la Galilée, enseignant dans leurs synagogues [31], prêchant l'Evangile du royaume [32], et guérissant toutes les langueurs et toutes les infirmités parmi le peuple [33].
24. De sorte que sa réputation se répandit par toute la Syrie, et on lui présenta tous ceux qui étaient malades et affligés de diverses sortes de maux et de douleurs, des possédés [34],

---

℣. 17. — [24] Voy. *pl. h.* 3, 2. Jésus rattache sa prédication à celle de son précurseur, et il parut sur la scène du monde après que celui-ci l'eut quittée, comme le soleil paraît après l'aurore. — La pénitence et la foi, c'est là le texte de toute prédication.

℣. 18. — [25] Simon était fils de Jonas, de Bethsaïde, près de la mer de Galilée. Il avait déjà auparavant reçu le nom de Pierre dans la Judée, lorsque Jésus le vit pour la première fois (Voy. *Jean*, 1, note 44).

℣. 19. — [26] pour soustraire les hommes à la perte du monde, et les gagner pour le ciel (Comp. *Jér.* 16, 16. *Ezéch.* 37, 10). Un docteur doit avoir une vocation divine.

℣. 20. — [27] Quiconque veut servir Jésus-Christ dans les fonctions de docteur ou autrement doit dire adieu au monde, en y renonçant par les dispositions de son cœur.

℣. 21. — [28] Jacques, dont il est ici parlé, est appelé l'Ancien, pour le distinguer de l'apôtre Jacques, fils d'Alphée.

℣. 22. — [29] Dans le grec : leur barque.

[30] Les devoirs qu'impose la nature ne cessent jamais d'obliger, mais ils doivent céder à l'attrait de la grâce (Hil.). Le Seigneur fit choix, pour ses apôtres, de pêcheurs ignorants, afin qu'on n'attribuât point la propagation de la foi à la science ni à l'éloquence (Jérôme).

℣. 23. — [31] dans les lieux de prière et de réunion.

[32] l'heureuse nouvelle de l'avènement du royaume de Dieu (Voy. *pl. h.* 3, 2).

[33] Tout mal vient du péché; celui qui doit faire disparaître le péché guérit aussi les corps.

℣. 24 — [34] ceux en qui habitaient des démons; c'est par là qu'ils se distinguent de ceux qui étaient simplement obsédés du démon. Les possédés ne sont pas de simples malades (épileptiques, hypocondriaques, mélancoliques), comme le montre l'histoire des pourceaux (*Pl. b.* 8, 31. 32); car les maladies ne demandent point

des lunatiques [35], des paralytiques [36], et il les guérit.

25. Et une grande multitude de peuple le suivit de Galilée, de Décapolis [37], de Jérusalem, de Judée, et d'au-delà du Jourdain. *Marc*, 3, 7. *Luc*, 6, 17.

dæmonia habebant, et lunaticos, et paralyticos, et curavit eos :

25. et secutæ sunt eum turbæ multæ de Galilæa, et Decapoli, et de Jerosolymis, et de Judæa, et de trans Jordanem.

CHAPITRE V.

SERMON SUR LA MONTAGNE.

Quels sont les heureux. Les apôtres lumière et sel de la terre. Eternité de la loi. Enseigner et faire. La nouvelle justice. Charité et pardon des injures. Adultère dans le cœur. S'arracher l'œil. Indissolubilité du mariage. Jurements. Patience dans les souffrances. Amour des ennemis. La perfection.

1. Jésus voyant le peuple, monta sur une montagne [1]; et s'étant assis, ses disciples s'approchèrent de lui [2];

2. et ouvrant sa bouche, il les enseignait, en disant [3] :

3. Bienheureux les pauvres d'esprit; parce que le royaume des cieux est à eux [4]. *Luc*, 6, 20.

1. Videns autem Jesus turbas, ascendit in montem, et cum sedisset, accesserunt ad eum discipuli ejus;

2. et aperiens os suum docebat eos, dicens :

3. Beati pauperes spiritu : quoniam ipsorum est regnum cœlorum.

---

qu'il leur soit permis d'entrer dans des pourceaux, et bien moins encore l'imagination d'un malade peut-elle précipiter un troupeau de pourceaux dans la mer. Le diable (celui qui pique au talon, qui s'efforce par ses artifices de nuire à Dieu et à son Eglise (1. *Moys.* 3, 15), lorsqu'une fois il fut certain de l'avènement du Fils de Dieu, se leva avec toute sa puissance pour soutenir son règne, fondé par le péché sur la terre. De là le grand nombre de possédés du temps de Jésus-Christ, et la fureur diabolique des Juifs contre le Sauveur. Il cherchait à annihiler le Christ, et ses efforts tendaient, avec une violence toujours croissante, à détruire son royaume; mais il n'atteignit point son but, et sa malice tourna à sa propre perte.

[35] c'est-à-dire ceux qui étaient atteints d'épilepsie.

[36] c'est-à-dire ceux que la paralysie ou l'apoplexie avait privés en tout, ou en partie, de l'usage de leurs membres.

ỳ. 25. — [37] A l'orient de la mer de Galilée était un district comprenant dix villes, qui étaient en très-grande partie peuplées de Gentils.

ỳ. 1. — [1] Comp. *Luc*, 6, 17-40. D'après saint Luc, le Sauveur descendit de la montagne. On peut concilier les deux récits en supposant que Jésus, après avoir fait sa prière sur la montagne, descendit pour annoncer la parole divine au peuple rassemblé au pied, mais qu'ensuite, la foule allant toujours croissant, il gagna de nouveau la hauteur, afin de pouvoir mieux s'en faire entendre. Encore aujourd'hui on montre dans le voisinage de Génésareth cette montagne, qui est appelée montagne des Béatitudes.

[2] les apôtres dont il avait fait choix. Ils se tenaient auprès de lui par distinction, et ils servaient aussi à refouler les flots tumultueux du peuple.

ỳ. 2. — [3] Le discours qui suit ne fut pas prononcé au commencement même de la prédication de Jésus-Christ, mais plus tard. Saint Matthieu le donne en cet endroit pour apprendre sans délai à ses lecteurs, sortis du milieu des Juifs, ce qu'ils devaient attendre de la nouvelle loi, et en quoi elle se distinguait de l'ancienne. Tout le discours est comme une vaste porte par laquelle le saint évangéliste nous initie à l'esprit propre de l'Evangile.

ỳ. 3. — [4] Heureux sont (en ce monde et en l'autre) ceux dont le cœur n'est point

4. Beati mites : quoniam ipsi possidebunt terram.

4. Bienheureux ceux qui sont doux [5]; parce qu'ils posséderont la terre [6]. *Ps.* 36, 11.

5. Beati, qui lugent : quoniam ipsi consolabuntur.

5. Bienheureux ceux qui pleurent [7]; parce qu'ils seront consolés [8]. *Isaïe*, 61, 1. 3.

6. Beati, qui esuriunt, et sitiunt justitiam : quoniam ipsi saturabuntur.

6. Bienheureux ceux qui sont affamés et altérés de la justice [9]; parce qu'ils seront rassasiés.

7. Beati misericordes : quoniam ipsi misericordiam consequentur.

7. Bienheureux ceux qui sont miséricordieux [10]; parce qu'ils obtiendront eux-mêmes miséricorde.

8. Beati mundo corde : quoniam ipsi Deum videbunt.

8. Bienheureux ceux qui ont le cœur pur [11]; parce qu'ils verront Dieu [12]. *Ps.* 23, 4.

9. Beati pacifici : quoniam filii Dei vocabuntur.

9. Bienheureux les pacifiques [13]; parce qu'ils seront appelés enfants de Dieu [14].

---

attaché aux biens de la terre, qui en supportent la privation avec patience, et qui, dans la possession de ses biens, tendent par leurs désirs vers les biens du ciel avec autant d'ardeur que s'ils ne les possédaient point (1. *Cor.* 7, 29. 30); ils portent en eux-mêmes le ciel dans leur cœur chrétien, et ils le posséderont aussi dans l'autre monde (Voy. *pl. h.* 3, 2). Au contraire, ceux qui ne sont point dans ces dispositions, sont au nombre de ces riches que le Seigneur frappe de sa malédiction (*Luc*, 6, 24. Jérôme, Basil., Bern.). Les biens de la terre comprennent tout ce qu'il y a en nous de terrestre, tout ce que nous avons et tout ce que nous pouvons. Celui qui sous tous les rapports est pauvre, peut aussi être appelé humble. C'est pourquoi plusieurs saints Pères (Hil., Aug., Chrys., Ambr.) par les pauvres d'esprit entendent les humbles. Le monde dit : Combien sont heureux les riches, ceux qui possèdent l'argent et toutes sortes de biens.

℣. 4. — [5] ceux qui ne s'irritent point, qui ne se querellent point, qui ne se disputent point, mais qui aiment mieux souffrir et se taire (Aug., Thom.). Le monde dit : O combien sont heureux ceux qui peuvent triompher de tout, surmonter tous les obstables et prendre partout la haute main !

[6] partout ils vivront dans la paix et dans le repos (Chrys., de plus ils posséderont l'héritage à venir (August.). Sous le nom de richesses de la terre, les prophètes désignent souvent, par figure, le ciel. Dans le grec, la seconde béatitude est mise à la place de la troisième, et réciproquement.

℣. 5. — [7] qui gémissent en ce monde sur leur misère propre et sur celle d'autrui, sur le péché, les souffrances, etc.

[8] déjà ici-bas, par les consolations de l'Evangile, par la consolation d'appartenir à Dieu comme souffrant dans de saintes dispositions; au-delà de la vie, par les récompenses éternelles. Le monde dit : O combien sont heureux ceux qui peuvent toujours être dans la joie et toujours rire !

℣. 6. — [9] ceux qui éprouvent un ardent désir de la vertu et du bonheur céleste (Jérôme). D'après *saint Luc*, 6, 21. le sens pourrait être encore : Heureux sont ceux qui avec un cœur droit ont faim et soif, soit parce qu'ils s'abstiennent d'eux-mêmes de nourriture, soit parce qu'ils sont dans le besoin; ils seront rassasiés d'une autre manière en ce monde et en l'autre. Le monde dit : Combien heureux sont ceux qui voient toujours accomplis les vœux qu'ils forment pour les biens de cette vie, qui sont toujours rassasiés !

℣. 7. — [10] ceux qui compatissent aux maux de leurs semblables, et qui leur portent, autant qu'il est en eux, un secours efficace.

℣. 8. — [11] ceux qui ont un cœur chaste, exempt de péché, pur de toute affection choses de la terre, un cœur angélique enfin (Jérôme, Grégoire de Nisse, Aug.) aux

[12] car il n'y a qu'un cœur pur qui puisse voir Dieu. Même ici-bas, nous ne pouvons voir Dieu, sa vérité, qu'à proportion que nous conservons la pureté de cœur.

℣. 9. — [13] ceux qui conservent une paix constante avec eux-mêmes et avec leurs semblables. La paix est en nous quand l'ordre de la justice, que le péché a détruit, est retabli, quand le corps est soumis à l'esprit, et l'esprit à Dieu (Aug.). C'est là l'état de perfection, de consommation, et c'est pourquoi il est dès ce monde même récompensé par le sentiment divin de la paix, par l'avant-goût de la félicité éternelle (*Jean*, 14, 27).

[14] c'est-à-dire, parce qu'ils sont les enfants de Dieu (être appelés est la même

10. Bienheureux ceux qui souffrent persécution pour la justice [15]; parce que le royaume des cieux est à eux. 1. *Pier.* 2, 19. 8, 14. 4, 14.

11. Vous serez bienheureux, lorsque *les hommes* vous chargeront de malédictions, qu'ils vous persécuteront, et qu'ils diront faussement toute sorte de mal contre vous à cause de moi.

12. Réjouissez-vous, et tressaillez de joie; parce qu'une grande récompense vous est réservée dans les cieux : car c'est ainsi qu'ils ont persécuté les prophètes qui ont été avant vous [16].

13. Vous êtes le sel de la terre; que si le sel perd sa force, avec quoi le salera-t-on? Il n'est plus bon à rien qu'à être jeté dehors, et à être foulé aux pieds par les hommes [17]. *Marc,* 9, 49. *Luc,* 14, 34.

14. Vous êtes la lumière du monde [18]; une ville située sur une montagne ne peut être cachée [19] :

15. et on n'allume point une lampe pour la mettre sous le boisseau [20], mais on la met sur le chandelier, afin qu'elle éclaire tous ceux qui sont dans la maison. *Marc,* 4, 21. *Luc,* 8, 16. et 11, 33.

16. Ainsi que votre lumière luise devant les hommes, afin qu'ils voient vos bonnes

10. Beati, qui persecutionem patiuntur propter justitiam : quoniam ipsorum est regnum cœlorum.

11. Beati estis cum maledixerint vobis, et persecuti vos fuerint, et dixerint omne malum adversum vos mentientes, propter me :

12. gaudete, et exultate, quoniam merces vestra copiosa est in cœlis; sic enim persecuti sunt prophetas, qui fuerunt ante vos.

13. Vos estis sal terræ. Quod si sal evanuerit, in quo salietur? Ad nihilum valet ultra, nisi ut mittatur foras, et conculcetur ab hominibus.

14. Vos estis lux mundi. Non potest civitas abscondi supra montem posita;

15. neque accendunt lucernam, et ponunt eam sub modio, sed super candelabrum, ut luceat omnibus qui in domo sunt.

16. Sic luceat lux vestra coram hominibus, ut videant opera ves-

---

chose qu'être; car le nom désigne la nature d'une chose). Ils sont revêtus de la qualité d'enfants de Dieu, ils sont rentrés dans les rapports primitifs qui les unissaient à Dieu, en rétablissant en eux-mêmes l'ordre qui les a conduits à la perfection (*voy.* note précéd.); ils sont devenus semblables à Jésus-Christ, l'homme de la paix, qui possède et qui donne la paix, qui est le restaurateur de tout ordre (*Ephés.* 2, 4 et suiv.); ils deviennent ainsi, en qualité d'enfants, les héritiers de Dieu.

℣. 10. — [15] même jusqu'à la mort, à cause de ma doctrine. Les huit béatitudes forment dans leur ensemble les trois degrés qui nous élèvent à Dieu : la purgation (par l'humilité, la douceur, la pénitence, ℣. 3. 4. 5), la sanctification (par le désir et l'acquisition de toutes les vertus, surtout par l'amour, ℣. 6. 7), l'union avec Dieu (par une entière pureté de cœur, par la paix et par les souffrances supportées en vue de Dieu, ℣. 8. 9. 10). Saint Augustin dit admirablement à ce sujet : A quel prix achète-t-on le royaume de Dieu? Au prix de l'humilité, la domination; au prix de la douleur, la joie; au prix du travail, le repos; au prix de l'anéantissement, la gloire: au prix de la mort, la vie. — A la suite des maximes sur la béatitude, lesquelles renferment en peu de mots l'esprit de la doctrine chrétienne, vient une instruction, ℣. 11-17, qui regarde principalement les apôtres.

℣. 12. — [16] Voy. *pl. b.* 21, 35.

℣. 13 — [17] Comme le sel, vous avez aussi la destination particulière de préserver les hommes sur la terre de la corruption (de la dépravation des mœurs, de la dégénération intérieure *voy.* note 13), et de les rendre de bon goût, agréables à Dieu; que les persécutions ne vous empêchent point de remplir votre destination. Que si vous manquez de force pour y correspondre, bien plus si vous êtes fades, animés de sentiments terrestres, quel usage pourra-t-on faire de vous? On vous rejettera comme quelque chose d'inutile.

℣. 14. — [18] Vous êtes destinés à éclairer le monde, à l'instruire par vos enseignements.

[19] Marchez donc en toute liberté, sans crainte des persécutions.

℣. 15. — [20] car elle s'y éteint. Ainsi ne craignez pas; car la crainte éteindrait votre lumière.

tra bona, et glorificent Patrem vestrum, qui in cœlis est.

17. Nolite putare quoniam veni solvere legem, aut prophetas : non veni solvere, sed adimplere.

18. Amen quippe dico vobis, donec transeat cœlum et terra, iota unum, aut unus apex non præteribit a lege, donec omnia fiant.

19. Qui ergo solverit unum de mandatis istis minimis, et docuerit sic homines, minimus vocabitur in regno cœlorum : qui autem fecerit et docuerit, hic magnus vocabitur in regno cœlorum.

20. Dico enim vobis, quia nisi abundaverit justitia vestra plus quam Scribarum et Pharisæorum, non intrabitis in regnum cœlorum.

21. Audistis quia dictum est antiquis : Non occides : qui autem occiderit, reus erit judicio.

œuvres, et qu'ils glorifient votre Père qui est dans les cieux. 1. *Pier.* 2, 12.

17. Ne pensez pas que je sois venu détruire la loi ou les prophètes : je ne suis pas venu les détruire, mais les accomplir [21].

18. Car, je vous le dis en vérité, le ciel et la terre ne passeront point que tout ce qui est dans la loi ne soit accompli parfaitement, jusqu'à un seul iota et à un seul point [22]. *Luc*, 16, 17.

19. Celui donc qui violera l'un de ces moindres commandements, et qui apprendra aux hommes à les violer, sera appelé [23] le dernier dans le royaume des cieux [24]; mais celui qui fera et enseignera, sera grand dans le royaume des cieux [25]. *Jac.* 2, 10.

20. Car je vous dis que si votre justice n'est pas plus abondante que celle des Scribes et des Pharisiens [26], vous n'entrerez point dans le royaume des cieux. *Luc.* 11, 39.

21. Vous avez appris qu'il a été dit aux anciens : Vous ne tuerez point; et quiconque tuera méritera d'être condamné par le jugement [27]. 2. *Moys.* 20, 13. 5. *Moys.* 6, 17.

ỳ. 17. — [21] Vous devez d'autant moins craindre de vous conduire avec courage, que je ne suis point venu pour détruire les prescriptions de la religion mosaïque, mais pour les perfectionner et les rétablir dans un sens plus élevé. Selon les saints Pères, Jésus-Christ accomplit la loi en se conformant avec les dispositions les plus parfaites à tout ce que la loi morale prescrivait, et en le faisant observer par ses disciples; ensuite, comme vous le montre ce qui suit, en apprenant à entendre la loi morale dans son véritable esprit, et en donnant la grâce pour l'accomplir; enfin non-seulement en suivant la loi cérémonielle avec exactitude, mais encore en la renouvelant d'une manière plus élevée, dans l'esprit et la vérité.

ỳ. 18. — [22] Je vous donne l'assurance que la plus petite partie de ce qu'il y a de substantiel dans la loi, ne demeurera point sans accomplissement (dans le sens de la note 21), jusqu'au temps où le monde passera, jusqu'à ce que se transformant, pour ainsi dire, il se change dans le royaume du ciel (*Comp.* 13, 39. 2. *Pier.* 3, 7. *Apoc.* 21, 1).

ỳ. 19. — [23] c'est-à-dire, sera.

[24] Les pharisiens regardaient comme très-petits, c'est-à-dire ne regardaient pas comme des commandements obligatoires, les préceptes qui règlent les pensées et les désirs des hommes (2. *Moys.* 20, 17. *voy.* aussi ce qui suit), et ils se contentaient de se conformer à la lettre de la loi, sans se mettre en peine d'en suivre l'esprit. Au contraire, Jésus-Christ, dont la nouvelle religion consiste dans la conversion du cœur, dans la sanctification radicale de tout l'homme intérieur, dit : Quiconque ne tient pas compte des préceptes qui tendent à la sanctification du cœur, seul moyen d'accomplir parfaitement la loi, et qui propage cet enseignement, ne peut appartenir au royaume du ciel, être un de ses membres vivants, soit en ce monde soit en l'autre (Aug., Jérôme, Chrys.).

[25] celui-là appartiendra au royaume céleste, où il n'y a que des grands, des rois du ciel, des enfants de Dieu, des co-héritiers de Jésus-Christ (Aug.).

ỳ. 20. — [26] lesquels n'observent la loi que selon la lettre, et non selon l'esprit, et qui, par conséquent, ne l'accomplissent pas; qui s'en tenant aux œuvres extérieures de la justice, ne se mettent point en peine d'acquérir la sainteté du cœur, voie unique pour arriver à une parfaite justice.

ỳ. 21. — [27] Ces dernières paroles étaient une maxime nouvelle des docteurs juifs dans l'interprétation des Ecritures. Dans les plus anciens temps, les Juifs ont eu deux sortes de lieux où se rendait la justice : le *tribunal* (le jugement), qui était

22. Mais moi je vous dis, que quiconque se mettra en colère [28] contre son frère, méritera d'être condamné par le jugement; que celui qui dira à son frère : Raca [29], méritera d'être condamné par le conseil [30]; et que celui qui lui dira : Vous êtes un fou [31], méritera d'être condamné au feu de l'enfer [32].

22. Ego autem dico vobis : quia omnis, qui irascitur fratri suo, reus erit judicio. Qui autem dixerit fratri suo : Raca, reus erit concilio. Qui autem dixerit : Fatue, reus erit gehennæ ignis.

23. Si donc lorsque vous présentez votre offrande à l'autel, vous vous souvenez que votre frère a quelque chose contre vous,

23. Si ergo offers munus tuum ad altare, et ibi recordatus fueris quia frater tuus habet aliquid adversum te :

24. laissez-là votre offrande devant l'autel, et allez vous réconcilier auparavant avec votre frère; et puis vous reviendrez offrir votre offrande [33].

24. relinque ibi munus tuum ante altare, et vade prius reconciliari fratri tuo : et tunc veniens offeres munus tuum.

25. Accordez vous promptement avec votre adversaire, pendant que vous êtes en chemin avec lui, de peur que votre adversaire ne vous livre au juge, et que le juge ne vous livre au ministre, et que vous ne soyez mis en prison. *Luc*, 12, 58.

25. Esto consentiens adversario tuo cito dum es in via cum eo : ne forte tradat te adversarius judici, et judex tradat te ministro : et in carcerem mittaris.

26. Je vous le dis en vérité, vous ne sor-

26. Amen dico tibi, non exies

établi dans chaque ville, et qui se composait des prêtres et des chefs de familles, et *le haut tribunal* (le haut conseil, le sanhédrin), composé de soixante-douze membres, qui siégeait à Jérusalem, et auquel appartenait la décision des procès, et des affaires d'une importance majeure. — * D'autres pensent que le sanhédrin, tel qu'il existait du temps de notre Seigneur, est beaucoup moins ancien (*Voy*. D. Calmet, *Dict. de la Bible*). *

ỳ. 22. — [28] sous-entendez : sans (une juste) raison, et sans charité; car il y a des cas où une sorte de colère, de mécontentement, devient chose permise, pourvu que d'ailleurs il procède de la charité, et qu'il ait pour fin la gloire de Dieu et le salut du prochain.

[29] Vaurien.

[30] par le haut conseil (*Voy*. note 27).

[31] c'est-à-dire un impie, un scélérat (Voy. *Ps*. 13, 1).

[32] Le sens des verset 21, 22 est : Vos pères ont reçu dans le désert ce commandement : Vous ne tuerez point. Vos docteurs n'en font l'application qu'au meurtre réel, et ils livrent le meurtrier à la justice. Moi, au contraire, je vous dis que ce précepte défend aussi les fautes contre la charité, par colère et par contumélie, et que celui qui, par défaut de charité, s'irrite contre son frère, est déjà condamne à mon tribunal, spécialement, s'il manifeste le ressentiment qu'il nourrit en luimême, par des signes extérieurs d'outrage, mais surtout s'il blesse d'une manière considérable l'honneur de son prochain; dans ce cas il encourt même la condamnation éternelle (Aug., Hil., Chrys.). Il ne faut pas prendre dans le verset 22 le *jugement* et le *conseil*, dans un sens littéral; cela veut dire seulement, qu'une légère faute contre la charité sera punie d'une peine légère, et qu'une faute grave sera punie de la damnation (Aug.). Les deux mots outrageants *raca* et *fou*, sont mis en général pour une atteinte plus ou moins grave portée à la charité. Il est dit généralement à la fin : Il sera passible comme du feu de la Géhenne. La Géhenne était une vallée près de Jérusalem, où l'on brûlait les victimes offertes au dieu Moloch (4. *Rois*, 23, 10), et où l'on faisait consumer par le feu, comme dans une voirie, tout ce qui était impur. C'est pour cela que dans la suite la Géhenne fut le nom de l'enfer, de l'étang de feu, où est jeté tout ce qu'il y a de corrompu, du cloaque moral de la terre.

ỳ. 24. — [33] L'exemption de tout sentiment contraire à la charité (ỳ. 22.) et la réconciliation, en cas qu'on ait quelque ressentiment, sont d'une telle nécessité que, sans cela, aucune pratique extérieure de religion, telle que, par exemple, l'oblation d'un sacrifice, n'est agréable à Dieu.

inde, donec reddas novissimum quadrantem.

27. Audistis quia dictum est antiquis : Non mœchaberis.

28. Ego autem dico vobis : quia omnis qui viderit mulierem ad concupiscendum eam, jam mœchatus est eam in corde suo.

29. Quod si oculus tuus dexter scandalizat te, crue eum, et projice abs te : expedit enim tibi ut pereat unum membrorum tuorum, quam totum corpus tuum mittatur in gehennam.

30. Et si dextra manus tua scandalizat te, abscide eam, et projice abs te : expedit enim tibi ut pereat unum membrorum tuorum, quam totum corpus tuum eat in gehennam.

31. Dictum est autem : Quicumque dimiserit uxorem suam, det ei libellum repudii.

32. Ego autem dico vobis : Quia omnis qui dimiserit uxorem suam, excepta fornicationis causa, facit eam mœchari ; et qui dimissam duxerit, adulterat.

33. Iterum audistis quia dictum est antiquis : Non perjurabis : reddes autem Domino juramenta tua.

34. Ego autem dico vobis, non

tirez point de là, que vous n'ayez payé jusqu'à la dernière obole [34].

27. Vous avez appris qu'il a été dit aux anciens : Vous ne commettrez point d'adultère. 2. *Moys.* 20, 14.

28. Mais moi je vous dis, que quiconque aura regardé une femme avec désir pour elle, a déjà commis l'adultère dans son cœur [35].

29. Que si votre œil droit vous scandalise, arrachez-le et jetez-le loin de vous ; car il vaut mieux pour vous qu'un de vos membres périsse, que si tout votre corps était jeté dans l'enfer. *Pl. b.* 18, 9. *Marc.* 9, 46.

30. Et si votre main droite vous scandalise, coupez-la, et la jetez loin de vous ; car il vaut mieux pour vous qu'un de vos membres perisse, que si tout votre corps était jeté dans l'enfer [36].

31. Il a été dit encore : Quiconque veut renvoyer sa femme, qu'il lui donne un libelle de divorce. 5. *Moys.* 24, 1. *Pl. b.* 19, 7.

32. Et moi, je vous dis que quiconque aura renvoyé sa femme, si ce n'est en cas d'adultère [37], la fait devenir adultère, et que quiconque épouse celle que son mari aura quittée, commet un adultère [38]. *Marc.* 10, 12. *Luc*, 16, 18. 1. *Cor.* 7, 10.

33. Vous avez encore appris qu'il a été dit aux anciens : Vous ne vous parjurerez point ; mais vous vous acquitterez envers le Seigneur des serments que vous aurez faits. 2. *Moys.* 20, 7. 3. *Moys.* 19, 12. 5. *Moys.* 5, 11.

34. Et moi je vous dis de ne point jurer

℣. 26. — [34] Le Seigneur parle par comparaison : De même que vous agissez avec plus de prudence, si vous vous arrangez avec votre créancier avant qu'il vous traduise devant le tribunal, de même réconciliez-vous sans retard avec celui que vous avez offensé, pendant que vous vivez encore avec lui sur la terre, de peur que lui-même, ou plutôt l'injustice que vous lui avez faite, ne vous accuse devant le juge sévère, qui ne vous laissera point sortir du lien de la punition jusqu'à ce que l'injustice soit expiée, ou qui ne vous en laissera point sortir du tout, si la faute ne peut être expiée (Jérôme, Hil., Amb.). Le Seigneur parle de la peine temporelle et de la peine éternelle (du purgatoire et de l'enfer), selon que la faute contre la charité est légère ou grave (Jérôme, Orig., Amb.).

℣. 28. — [35] Vos docteurs de la loi n'entendent le sixième commandement que de l'adultère réel et consommé ; pour moi, je vous dis que, par ce commandement, est prohibé le désir même de l'adultère, le fait en esprit.

℣. 30. — [36] ℣. 29. 30. : Si quelque chose de ce que vous aimez à l'égal même de votre œil droit et de votre main droite se change pour vous en une tentation capable de vous porter à l'impureté ou, en général, au péché, séparez-vous-en, quelqu'effort qu'il faille faire ; car il vaut mieux vous priver des biens temporels, quelque grands qu'ils soient, que d'être damné éternellement (Aug., Chrys.).

℣. 32. — [37] Littéralement, pour cause de fornication, mais la fornication est dans ce cas un adultère (1. *Cor.* 6, 16-18. *Jean*, 8, 41).

[38] *Voy.* l'éclaircissement des versets 31. 32. au chap. 19, 9.

du tout, ni par le ciel, parce que c'est le trône de Dieu;

35. ni par la terre, parce qu'elle sert d'escabeau à ses pieds; ni par Jérusalem, parce que c'est la ville du grand Roi. *Jac.* 5, 12.

36. Vous ne jurerez pas non plus par votre tête, parce que vous n'en pouvez rendre un seul cheveu blanc ou noir.

37. Mais contentez-vous de dire : Cela est, cela est; ou : Cela n'est pas, cela n'est pas; car ce qui est de plus vient du mal [39].

38. Vous avez appris qu'il a été dit : Œil pour œil, et dent pour dent. 3. *Moys.* 24, 20.

39. Et moi je vous dis de ne point résister au mal [40]; mais si quelqu'un vous frappe sur la joue droite, présentez-lui encore l'autre [41]. *Luc*, 6, 29.

jurare omnino, neque per cœlum, quia thronus Dei est :

35. neque per terram, quia scabellum est pedum ejus : neque per Jerosolymam, quia civitas est magni Regis :

36. neque per caput tuum juraveris, quia non potes unum capillum album facere, aut nigrum.

37. Sit autem sermo vester : est, est : non, non : quod autem his abundantius est, a malo est.

38. Audistis quia dictum est : Oculum pro oculo, et dentem pro dente.

39. Ego autem dico vobis, non resistere malo : sed si quis te percusserit in dexteram maxillam tuam, præbe illi et alteram :

ỳ. 37. — [39] Il est défendu dans la loi de prêter de faux serments. Vos docteurs ont appliqué cette défense seulement au parjure, comme si par là il n'était défendu que de violer son serment; et ils se sont figuré en outre qu'il n'y a d'obligatoires que les serments qui sont prêtés au nom de Dieu même, et non ceux que l'on fait par le ciel, par la terre, par la ville de Jérusalem et par sa propre tête; pour moi, je vous dis au contraire : Tout ce que vous avancez en vue de confirmer votre parole, au-delà des expressions, oui, non, procède du mal : vous ne devez, en conséquence, point jurer du tout, ni par Dieu, ni par les choses qui lui appartiennent. Vous ne devez point jurer par ces choses-là, parce qu'elles sont à Dieu, et que jurer par elles est la même chose que jurer par Dieu. — Mais tous les serments sont-ils donc défendus? Si tous les hommes étaient, comme ils devraient l'être, de parfaits chrétiens, tous les serments seraient superflus, et, par là même, l'invocation de Dieu comme confirmation, illicite; mais le monde étant plongé dans le mal, le cœur des uns étant rempli de défiance et d'une créance difficile, celui des autres étant enclin à la tromperie et à la dissimulation, l'invocation du nom de Dieu, comme confirmation, à raison de cette dureté de cœur, devient, dans les cas d'une extrême nécessité, et dans les choses d'une grande importance, notamment devant les tribunaux, non-seulement permise, mais en quelque sorte nécessaire. C'est par rapport à ces relations imparfaites qui unissent les hommes, et dont on ne peut faire abstraction, que le Sauveur déclare que tout ce qui est ajouté à oui, et à non, est, non pas précisément mal, mais procède du mal, c'est-à-dire de l'imperfection de l'état présent, et est comme attaché à cet état. Ce n'est que de cette manière que l'on explique comment Dieu lui-même et les apôtres ont pu permettre le jurement (*Ps.* 109, 4. *Rom.* 1, 9. *Phil.* 1, 8), et comment l'Eglise, dans tous les siècles, a autorisé le serment dans les limites ci-dessus fixées, et condamné comme erronée la doctrine contraire.

ỳ. 39. — [40] Dans votre loi le droit du talion est en outre accordé, de sorte qu'il est permis à vos juges de traiter le coupable de la même manière qu'il a lui-même traité les autres (2. *Moys.* 21, 24. 5. *Moys.* 19, 21). Vos docteurs de la loi ont abusé de cette loi pour ouvrir la voie à la vengeance privée la plus injuste et la plus arbitraire. Moi, au contraire, je vous dis que l'on ne doit point, d'autorité privée et arbitrairement, rendre le mal pour le mal. — Par là il n'est pas défendu à un chrétien de se préserver de l'injustice, ou même de la repousser par une défense qui n'excède point les limites, ou enfin d'en laisser la vengeance à la justice, mais seulement de se venger lui-même d'une manière arbitraire et d'autorité privée. Si quelqu'un voulait renoncer à toute résistance, cela ne serait plus dans les bornes du devoir, mais ce serait une conduite d'un plus haut degré de perfection, et qui, en général, n'est point commandée. De là les moralistes distinguent entre le précepte et le conseil; et c'est à la conscience de chacun et au confesseur à décider dans quels cas il y a seulement conseil.

[41] Il n'est point, par ces paroles, ordonné de faire en réalité ce qui y est marqué; c'est un exemple qui nous est donné pour nous apprendre que nous devons plutôt supporter les plus grandes injures que de rendre le mal pour le mal, et de

40. et ei, qui vult tecum judicio contendere, et tunicam tuam tollere, dimitte ei et pallium;

40. Si quelqu'un veut plaider contre vous pour vous prendre votre robe, abandonnez-lui encore votre manteau [42].

41. et quicumque te angariaverit mille passus, vade cum illo et alia duo.

41. Et si quelqu'un veut vous contraindre de faire mille pas avec lui, faites-en encore deux mille autres [43]. 1. *Cor.* 6, 7.

42. Qui petit a te, da ei : et volenti mutuari a te, ne avertaris.

42. Donnez à celui qui vous demande, et ne rejetez point celui qui veut emprunter de vous [44].

43. Audistis quia dictum est : Diliges proximum tuum, et odio habebis inimicum tuum.

43. Vous avez appris qu'il a été dit : Vous aimerez votre prochain, et vous hairez votre ennemi [45].

44. Ego autem dico vobis : Diligite inimicos vestros, benefacite his qui oderunt vos : et orate pro persequentibus et calumniantibus vos :

44. Et moi je vous dis : Aimez vos ennemis, faites du bien à ceux qui vous haïssent, et priez pour ceux qui vous persécutent et qui vous calomnient [46]; *Luc,* 6, 27. *Rom.* 12, 20. *Luc,* 23, 34. *Act.* 7, 59.

45. ut sitis filii Patris vestri, qui in cœlis est : qui solem suum oriri facit super bonos et malos : et pluit super justos et injustos.

45. afin que vous soyez les enfants de votre Père qui est dans les cieux, qui fait lever son soleil sur les bons et sur les méchants, et qui fait pleuvoir sur les justes et sur les injustes.

46. Si enim diligitis eos, qui vos diligunt, quam mercedem habebitis? nonne et publicani hoc faciunt?

46. Car si vous n'aimez que ceux qui vous aiment, quelle récompense aurez-vous [47]? les publicains mêmes ne le font-ils pas [48]?

47. Et si salutaveritis fratres vestros tantum, quid amplius facitis? nonne et ethnici hoc faciunt?

47. Et si vous ne saluez que vos frères, que faites-vous en cela de plus [49]? les païens ne le font-ils pas aussi?

---

nous venger nous-mêmes. Jésus-Christ lui-même, quand un serviteur lui frappa sur une joue (*Jean,* 18, 23), ne présenta pas l'autre, mais il était disposé à souffrir de nouveau le même outrage plutôt que de se venger lui-même. Dans ce passage, dit saint Augustin, nous apprenons, non pas ce que nous devons faire corporellement, mais ce à quoi nous devons être intérieurement disposés. C'est ainsi que les exemples qui suivent veulent dire également : Il faut tout souffrir et tout sacrifier plutôt que de blesser la charité par une vengeance personnelle et arbitraire.

℣. 40. — [42] Même devant les tribunaux, faites plutôt tous les sacrifices, que de blesser la charité par une vengeance privée.

℣. 41. — [43] Dans le grec : Allez avec lui l'espace de deux milles, — pour lui montrer le chemin, ou pour porter ses bagages. Quoi qu'il puisse vous arriver, supportez-le, et faites en outre tous les sacrifices, s'il n'en peut être autrement sans que la charité soit blessée. — Quant à la conduite qu'il convient de tenir dans les cas particuliers, et jusqu'à quel point une plus haute perfection peut, au-delà du devoir, nous être conseillée, c'est ce qu'apprend une charité éclairée. Aimez, dit saint Augustin, et faites ce que vous voudrez.

℣. 42. — [44] Ne rejetez la prière de qui que ce soit qui vous a offensé, et encore moins des autres, lorsqu'ils vous prient de leur prêter ou de leur donner quelque objet, quand cela est en votre pouvoir, et peut contribuer au salut de celui qui vous adresse cette prière, car à l'impossible et au mal, nul n'est tenu.

℣. 43. — [45] La première prescription était un commandement de Dieu (3. *Moys.* 19, 18), la seconde, une fausse conséquence déduite par les docteurs de la loi.

℣. 44. — [46] D'autres traduisent le grec : Qui se rendent à votre égard coupables d'injustice.

℣. 46. — [47] que faites-vous en cela de méritoire?

[48] Les hommes animés des plus bas sentiments, les hommes les plus vulgaires, les publicains au cœur dur, tout remplis d'eux-mêmes, et qui ne recherchent que leur propre intérêt, en font autant. C'était ordinairement des Juifs de cette espèce qui louaient des Romains la charge de collecteurs des impôts.

℣. 47. — [49] Dans le grec : que faites-vous en cela de plus parfait?

48. Soyez donc, vous autres, parfaits [50], comme votre Père céleste est parfait.

48. Estote ergo vos perfecti, sicut et pater vester cœlestis perfectus est.

CHAPITRE VI.

CONTINUATION DU SERMON SUR LA MONTAGNE.

Aumône, prière, jeûne. Trésor dans le ciel. Simplicité de l'œil. Service de Dieu. Déposer tout soin superflu pour les biens de ce monde. Confiance en la Providence.

1. Prenez garde de ne faire pas votre justice [1] devant les hommes pour en être considérés : autrement vous n'en recevrez point la récompense de votre Père qui est dans les cieux [2].
2. Lors donc que vous donnez l'aumône, ne faites point sonner la trompette devant vous, comme font les hypocrites dans les synagogues et dans les rues, pour être honorés des hommes [3]. Je vous le dis en vérité, ils ont reçu leur récompense [4].
3. Mais lorsque vous faites l'aumône, que votre main gauche ne sache point ce que fait votre main droite [5],
4. afin que votre aumône soit dans le secret; et votre Père qui voit dans le secret, vous en rendra la récompense [6].
5. De même, lorsque vous priez, ne ressemblez point aux hypocrites, qui affectent de prier en se tenant debout dans les synagogues et aux coins des rues pour être vus

1. Attendite ne justitiam vestram faciatis coram hominibus, ut videamini ab eis : alioquin mercedem non habebitis apud patrem vestrum, qui in cœlis est.
2. Cum ergo facis eleemosynam, noli tuba canere ante te, sicut hypocritæ faciunt in synagogis, et in vicis, ut honorificentur ab hominibus : Amen dico vobis, receperunt mercedem suam.
3. Te autem faciente eleemosynam, nesciat sinistra tua quid faciat dextera tua :
4. ut sit eleemosyna tua in abscondito, et pater tuus, qui videt in abscondito, reddet tibi.
5. Et cum oratis, non eritis sicut hypocritæ, qui amant in synagogis, et in angulis platearum stantes orare, ut videantur ab

ỳ. 48. — [50] par la pratique de cette noble et généreuse charité, telle qu'elle vous a été enseignée dans ce que je viens de vous dire.

ỳ. 1. — [1] vos bonnes œuvres.

[2] autrement vos œuvres sont perdues pour l'éternité. Il n'y a que les œuvres éternelles qui soient éternellement récompensées. Or les œuvres éternelles sont celles seulement qui sont faites en vue de Dieu, à cause de Dieu et avec Dieu, qui est l'Eternel. Le chrétien vit en Dieu, et par là même dans la vérité; vivre dans les biens de la terre et selon les apparences, est par conséquent directement opposé au chrétien.

ỳ. 2. — [3] Quand vous donnez l'aumône, ne cherchez point à vous faire remarquer, comme les hommes vains et futiles, lesquels donnent dans des lieux publics, pour être vus et loués de la multitude.

[4] Dieu ne laisse rien sans récompense; les actions terrestres sont récompensées par des biens terrestres, périssables, — par les louanges des hommes, etc., en général, par ce que l'on recherche.

ỳ. 3. — [5] Vous-même soyez comme si vous ne le saviez point, et gardez-vous en conséquence d'une vaine complaisance, de vous croire vous-même digne d'éloges.

ỳ. 4. — [6] Dans le grec : la récompensera publiquement — plus tard, au jour du jugement (*Luc*, 14, 14. 1. *Cor.* 4, 5). L'aumône, pour être récompensée éternellement, doit être faite en vue de Dieu.

hominibus : amen dico vobis, receperunt mercedem suam.

6. Tu autem, cum oraveris, intra in cubiculum tuum et clauso ostio, ora patrem tuum in abscondito : et pater tuns qui videt in abscondito, reddet tibi.

7. Orantes autem, nolite multum loqui sicut ethnici; putant enim quod in multiloquio suo exaudiantur.

8. Nolite ergo assimilari eis; scit enim pater vester, quid opus sit vobis, antequam petatis eum.

9. Sic ergo vos orabitis : Pater noster, qui es in cœlis : sanctificetur nomen tuum.

10. Adveniat regnum tuum. Fiat voluntas tua, sicnt in cœlo et in terra.

des hommes. Je vous le dis en vérité, ils ont reçu leur récompense.

6. Mais vous, lorsque vous voudrez prier, entrez dans votre chambre; et la porte en étant fermée, priez votre Père dans le secret: et votre Père qui voit dans le secret, vous en rendra la récompense [7].

7. Or, en priant, n'affectez pas de parler beaucoup, comme les païens, qui s'imaginent qu'à force de paroles ils seront exaucés [8].

8. Ne vous rendez donc pas semblables à eux; car votre père sait de quoi vous avez besoin, avant que vous le lui demandiez [9].

9. Voici donc comme vous prierez [10] : Notre père, qui êtes dans les cieux [11], que votre nom soit sanctifié [12]. *Luc.* 11, 2.

10. Que votre règne arrive [13]. Que votre volonté soit faite en la terre comme au ciel [14].

ỳ. 6. — [7] Dans le grec : vous récompensera publiquement. — La prière est donc quelque chose de méritoire. Comment en serait-il autrement, puisque c'est l'aspiration de la vie d'en haut, et qu'elle procède de l'amour pour Dieu et le prochain? Il ne faudrait pas trop légèrement se figurer que les âmes qui font de la prière la fin et le point capital de leur vie sont inutiles pour le monde. Les plus grands événements, les faits de l'histoire les plus féconds en heureux résultats sont-ils décidés plus par le glaive d'un guerrier et par la sagesse d'un homme d'Etat, que par les soupirs des âmes qui prient dans le secret de leur retraite? c'est ce que nous apprendra le grand jour du jugement du monde!

ỳ. 7. — [8] Les païens avaient coutume de chanter à la gloire de leurs dieux de longues hymnes, et d'exposer leurs besoins dans des discours diffus (Comp. 3. *Rois*, 18, 26. *Act.* 19, 34. 35). Ils fondaient l'efficacité de la prière sur les paroles dont elle était composée. Mais ce n'est point des paroles de telle ou telle prière que dépend son efficacité, mais bien de l'excellence des dispositions de celui qui prie; car Dieu ne peut donner son assentiment qu'à de bonnes dispositions.

ỳ. 8. — [9] Votre père n'a pas besoin que, par une exposition verbeuse, vous le rendiez attentif à ce qui vous manque. — Mais alors à quoi bon prier? Nous prions, dit saint Augustin, non à cause de Dieu, mais à cause de nous-mêmes, parce que par nos soupirs après le bien que nous demandons, nous montrons que nous avons un véritable désir du bien que Dieu est toujours disposé à nous donner, et que nous en sommes dignes. Car, continue saint Augustin, Dieu est toujours prêt à répandre sa lumière dans notre intelligence et dans notre esprit, mais nous, nous ne sommes pas toujours disposés à la recevoir. La prière nous y dispose. On peut aussi fort bien, selon saint Chrysostôme, faire des prières prolongees en termes qui n'ont point la même signification; car on peut prier longuement, sans pour cela se servir de vaines paroles. Saint Paul et Jésus-Christ lui-même ont adressé à Dieu de longues prières (Voy. *pl. b.* 14, 13. *Luc*, 6, 12. *Rom.* 1, 9 et suiv.).

ỳ. 9. — [10] Jésus nous donne le modèle d'une prière qui, sans beaucoup de mots renferme les dispositions requises pour prier. En effet, les trois premières demandes de cette prière se rapportent à la dilatation de la gloire de Dieu, et les quatre dernières à notre propre salut et à celui du prochain (August.); ce qui comprend tout ce à quoi le chrétien est obligé.

[11] Cela est le préambule, et inspire à celui qui prie une confiance toute filiale, en lui apprenant à reconnaître Dieu comme un père plein de bonté.

[12] Faites, ô Seigneur, que tous les hommes vous confessent, vous honorent et vous aiment comme le Saint par excellence. Le nom de Dieu est mis pour sa nature, pour Dieu lui-même (2. *Moys.* 23, 21).

ỳ. 10. — [13] Faites que votre Eglise se répande sur toute la terre, et que votre grâce règne dans tous les cœurs!

[14] avec autant de ponctualité, de droiture et de promptitude de la part des hommes, que de la part des saints anges dans le ciel.

11. Donnez-nous aujourd'hui notre pain qui est au-dessus de toute substance [15].

12. Et remettez-nous nos dettes, comme nous les remettons *à ceux* qui nous doivent.

13. Et ne nous abandonnez point à la tentation [16], mais délivrez-nous du mal [17]. Ainsi soit-il.

14. Car si vous pardonnez aux hommes les fautes qu'ils font, votre père céleste vous pardonnera aussi vos péchés [18]. *Eccli.* 28, 3. 4. 5.

15. Mais si vous ne pardonnez point aux hommes, votre père ne vous pardonnera point non plus vos péchés. *Pl. b.* 18, 35. *Marc,* 11, 25.

16. Lorsque vous jeûnez [19], ne soyez point tristes comme des hypocrites : car ils affectent de paraître avec un visage défiguré [20], pour faire voir aux hommes qu'ils jeûnent. Je vous dis en vérité qu'ils ont reçu leur récompense [21].

17. Mais vous, lorsque vous jeûnez, parfumez votre tête, et lavez votre visage [22],

18. afin de ne pas faire paraître aux hommes que vous jeûnez, mais à votre père qui est présent à ce qu'il y a de plus secret, et votre père qui est dans le secret, vous en rendra la récompense [23].

19. Ne vous faites point de trésors dans la terre, où la rouille et les vers les consument, et où les voleurs les déterrent et les dérobent.

11. Panem nostrum supersubstantialem da nobis hodie.

12. Et dimitte nobis debita nostra, sicut et nos dimittimus debitoribus nostris.

13. Et ne nos inducas in tentationem, sed libera nos a malo. Amen.

14. Si enim dimiseritis hominibus peccata eorum : dimittet et vobis pater vester cœlestis delicta vestra.

15. Si autem non dimiseritis hominibus : nec pater vester dimittet vobis peccata vestra.

16. Cum autem jejunatis, nolite fieri sicut hypocritæ tristes : exterminant enim facies suas, ut appareant hominibus, jejunantes. Amen dico vobis, quia receperunt mercedem suam.

17. Tu autem, cum jejunas, unge caput tuum, et faciem tuam lava,

18. ne videaris hominibus jejunans, sed patri tuo, qui est in abscondito : et pater tuus qui videt in abscondito, reddet tibi.

19. Nolite thesaurizare vobis thesauros in terra : ubi ærugo et tinea demolitur : et ubi fures effodiunt, et furantur.

ỳ. 11. — [15] Littéralement : notre pain nécessaire pour notre subsistance (pour les besoins de la nature); c'est le pain qui suffit à chaque jour. Par ce pain il faut entendre tout ce qui est nécessaire pour la nourriture de l'âme et du corps, — la parole de Dieu, le corps du Seigneur, les aliments de chaque jour (Chrys., Théoph., August., Cypr.).

ỳ. 13. — [16] Ne permettez pas que nous nous trouvions dans des circonstances, des relations, des occasions telles, qu'elles soient capables, à raison de notre faiblesse, de nous faire tomber dans le péché.

[17] du péché qui est la source de tous les maux. Dans quelques éditions grecques on trouve à la fin du verset ces mots : Car à vous appartient la royauté, et la puissance et la gloire durant l'éternité. Amen. — Ces paroles ne sont pas authentiques; les plus anciens manuscrits grecs et les Pères ne les ont point, et on ne les trouve point non plus dans *Luc,* 11, 4. Elles ne se rencontrent que dans quelques anciens livres liturgiques des Grecs, desquels elles ont passé comme parenthèse dans un petit nombre de manuscrits récents. Amen signifie : Ainsi soit-il !

ỳ. 14. — [18] Car il n'y a que le cœur qui pardonne qui puisse recevoir de Dieu le pardon de ses péchés.

ỳ. 16. — [19] Le Seigneur vient de nouveau à la recommandation de ne rechercher en tout que la vérité, et non les apparences.

[20] ils ne se lavent point, et ils font en sorte que leur visage soit défait.

[21] *Voy.* note 2.

ỳ. 17. — [22] Purifiez-vous comme à l'ordinaire; faites en sorte qu'on ne s'aperçoive point que vous jeûnez par ce qu'il y aurait d'extraordinaire en vous. L'usage des parfums était commun en Orient (Voy. 2. *Rois,* 12, 20. *Eccli.* 9, 8).

ỳ. 18. — [23] *Voy.* note 6.

20. Thesaurizate autem vobis thesauros in cœlo : ubi neque ærugo, neque tinea demolitur; et ubi fures non effodiunt, nec furantur.

21. Ubi enim est thesaurus tuns, ibi est et cor tuum.

22. Lucerna corporis tui est oculus tuus. Si oculus tuus fuerit simplex : totum corpus tuum lucidum erit.

23. Si autem oculus tuns fuerit nequam : totum corpus tuum tenebrosum erit. Si ergo lumen, quod in te est, tenebræ sunt : ipsæ tenebræ quantæ erunt?

24. Nemo potest duobus dominis servire : aut enim unum odio habebit, et alterum diliget : aut unum sustinebit, et alterum contemnet. Non potestis Deo servire et mammonæ,

25. Ideo dico vobis, ne solliciti sitis animæ vestræ quid manducetis, neque corpori vestro quid induamini. Nonne anima plus est

20. Mais faites-vous des trésors dans le ciel, où ni la rouille ni les vers ne les consument, et où il n'y a point de voleurs qui les déterrent, et les dérobent [24]. *Luc*, 12, 33. 1. *Tim.* 6, 19.

21. car où est votre trésor, là est aussi votre cœur [25].

22. Votre œil est la lampe de votre corps: si votre œil est simple, tout votre corps sera lumineux. *Luc*, 11, 34.

23. Mais si votre œil est mauvais, tout votre corps sera ténébreux. Si donc la lumière qui est en vous est ténèbres, combien seront grandes les ténèbres mêmes [26]?

24. Nul ne peut servir [27] deux maîtres [28]; car, ou il haïra l'un, et aimera l'autre, ou il se soumettra à l'un [29] et méprisera l'autre: vous ne pouvez servir Dieu et l'argent [30]. *Luc*, 16, 13.

25. C'est pourquoi je vous dis : Ne vous inquiétez point où vous trouverez de quoi manger [31] pour votre vie [32], ni d'où vous aurez des vêtements pour couvrir votre corps.

℣. 20. — [24] Le Seigneur attaque un autre genre de vanité, les biens de la terre, qui semblent être des biens, mais qui dans la réalité, sans les biens célestes, ne sont pas des biens, mais une perte; et comme dans tout ce chapitre il commande de diriger les sentiments du cœur vers ce qu'il y a de vrai et de céleste, il ordonne également ici de ne rechercher que les richesses du ciel, qui ne peuvent être dérobées, et qui ne passent point. Par les richesses de la terre, le Sauveur entend tout ce qui peut satisfaire l'avarice et l'ambition des hommes. Les trésors célestes sont toute espèce de bonnes œuvres.

℣. 21. — [25] Selon une autre leçon du texte grec : Votre trésor, votre cœur Car où est votre trésor, ce que vous avez de plus cher, là se dirigent tous vos désirs, toutes vos pensées et vos actions; votre trésor est-il sur la terre, tous vos désirs sont pour les choses de la terre, et passent avec elles; votre trésor est-il dans le ciel, toutes vos pensées et vos actions tendent vers les biens du ciel, et demeurent éternellement.

℣. 23. — [26] De même que l'œil simple et qui voit clair maintient toujours tout le corps dans une bonne direction, et qu'un œil double (qui voit les objets doubles) ou qui est comme toujours malade, ne découvre sur sa voie que des ténèbres, et expose à des chutes sans nombre : ainsi un cœur pur dont les intentions ne se dirigent que vers Dieu, imprime une bonne direction à toutes les pensées, à tous les désirs, à toutes les démarches, tandis qu'un cœur multiple, qui s'attache aux différents biens de ce monde, un cœur aveugle à l'égard de Dieu, corrompt et rend vicieuses toutes les pensées, tous les désirs et toutes les actions (Aug., Grég.). Combien épaisses doivent être de semblables ténèbres!

℣. 24. — [27] Que votre œil ne soit pas louche, qu'il ne cherche point tout à la fois son trésor dans Dieu et dans le monde; il ne le pourrait proprement en aucune sorte.

[28] qui ordonnent des choses contraires (Chrys.).

[29] Dans le grec : il s'attachera à l'un, etc.

[30] Litt. : et Mammon, c'est-à-dire les richesses. Il faut comprendre en même temps tous les autres biens du monde.

℣. 25. — [31] Dans le grec : de quoi manger et boire.

[32] Le Sauveur défend cette sollicitude de peu de foi (℣. 30), qui en cherchant à se procurer les choses nécessaires au soutien de la vie, ne tient aucun compte de Dieu, ni de sa grâce. On doit, dit saint Jérôme, se mettre à l'œuvre et travailler,

La vie n'est-elle pas plus que la nourriture, et le corps plus que le vêtement [33]? *Ps.* 54, 23. *Luc*, 12, 22. *Philipp.* 4, 6. 1. *Tim.* 6, 7.

26. Considérez les oiseaux du ciel : ils ne sèment point, ils ne moissonnent point, et ils n'amassent rien dans les greniers : mais votre père céleste les nourrit. N'êtes-vous pas beaucoup plus qu'eux?

27. Et qui est celui d'entre vous qui puisse, avec tous ses soins, ajouter à sa taille la hauteur d'une coudée [34]?

28. Et pourquoi vous inquiétez-vous pour le vêtement? Considérez comment croissent les lis des champs; ils ne travaillent point, ils ne filent point [35] :

29. et cependant je vous déclare que Salomon même dans toute sa gloire n'a jamais été vêtu comme l'un d'eux [36].

30. Si donc Dieu a soin de vêtir de cette sorte une herbe des champs, qui est aujourd'hui et qui sera demain jetée dans le four[37]; combien aura-t-il plus de soin de vous vêtir. ô hommes de peu de foi!

31. Ne vous inquiétez donc point, en disant: Que mangerons-nous, ou que boirons-nous, ou de quoi nous vêtirons-nous?

32. Comme font les païens qui recherchent toutes ces choses [38] : car votre père sait [39] que vous en avez besoin.

33. Cherchez donc premièrement le royaume de Dieu et sa justice : et toutes ces choses vous seront données par surcroît [40].

34. C'est pourquoi ne vous inquiétez point pour le lendemain; car le lendemain aura

quam esca : et corpus plus quam vestimentum?

26. Respicite volatilia cœli, quoniam non serunt, neque metunt, neque congregant in horrea : et pater vester cœlestis pascit illa. Nonne vos magis pluris estis illis?

27. Quis autem vestrum cogitans potest adjicere ad staturam suam cubitum unum?

28. et de vestimento quid solliciti estis? Considerate lilia agri quomodo crescunt : non laborant, neque nent.

29. Dico autem vobis, quoniam nec Salomon in omni gloria sua coopertus est sicut unum ex istis.

30. Si autem fœnum agri quod hodie est, et cras in clibanum mittitur, Deus sic vestit : quanto magis vos, modicæ fidei?

31. Nolite ergo solliciti esse, dicentes : Quid manducabimus, aut quid bibemus, aut quo operiemur?

32. Hæc enim omnia gentes inquirunt : scit enim pater vester, quia his omnibus indigetis.

33. Quærite ergo primum regnum Dei, et justitiam ejus : et hæc omnia adjicientur vobis.

34. Nolite ergo solliciti esse in crastinum. Crastinus enim dies sol-

---

mais il faut laisser de côté la sollicitude inquiète. Travaillez, dit un proverbe, comme si Dieu ne faisait rien, mais en même temps ayez confiance comme si Dieu faisait tout.

[33] Dieu vous a donné la vie et le corps, ne prendra-t-il pas soin de votre subsistance?

℣. 27. — [34] L'homme, sans Dieu, est entièrement impuissant. Il ne peut rien changer, même dans sa personne; à quoi bon donc les soucis qui font oublier Dieu?

℣. 28. — [35] ils attirent bien à eux le suc de la terre, et, sous ce rapport, ils travaillent et filent, d'une façon analogue à leur nature, leurs charmants vêtements, mais ils ne sont point inquiets si leur travail atteindra son but.

℣. 29. — [36] et toutefois leur vêtement est plus resplendissant que celui du monarque le plus glorieux.

℣. 30. — [37] Les tiges des plantes, les racines et autres choses semblables servent communément, en Palestine, à cause du manque de bois, à alimenter le feu pour cuire.

℣. 32. — [38] avec une inquiète sollicitude.

[39] Dans le grec : votre Père céleste sait, etc.

℣. 33. — [40] Aspirez à devenir de dignes membres de mon Eglise, que ce soit le premier de tous vos soucis, et efforcez-vous en même temps de vivre dans la justice (dans la pureté et dans la sainteté), comme cela est prescrit. Alors la récompense éternelle vous sera donnée, et, par surcroît, les choses nécessaires aux besoins de la vie de ce monde (Aug., Chrys.).

licitus erit sibi ipsi; sufficit diei malitia sua.

soin de lui-même : à chaque jour suffit son mal[41].

CHAPITRE VII.

CONTINUATION DU SERMON SUR LA MONTAGNE.

Eviter les jugements téméraires. Préserver les choses saintes de la profanation. Demander, chercher et frapper. Charité. La voie étroite. Les faux prophètes. Les fruits de même nature que l'arbre. Dieu souverain juge. Bâtir sur un fondement solide.

1. Nolite judicare, ut non judicemini.
2. In quo enim judicio judicaveritis, judicabimini : et in qua mensura mensi fueritis, remetietur vobis.
3. Quid autem vides festucam in oculo fratris tui : et trabem in oculo tuo non vides?
4. Aut quomodo dicis fratri tuo : Sine ejiciam festucam de oculo tuo : et ecce trabs est in oculo tuo?
5. Hypocrita, ejice primum trabem de oculo tuo, et tunc videbis ejicere festucam de oculo fratris tui.
6. Nolite dare sanctum canibus : neque mittatis margaritas vestras

1. Ne jugez point, afin que vous ne soyez point jugés [1]. *Luc*, 6, 37. *Rom*. 2, 1.
2. Car vous serez jugés selon que vous aurez jugé les autres [2], et on se servira envers vous de la même mesure dont vous vous serez servis. *Marc*, 4, 24.
3. Pourquoi voyez-vous une paille dans l'œil de votre frère, tandis que vous ne voyez pas une poutre dans votre œil [3]?
4. Ou comment dites-vous à votre frère : Laissez-moi tirer la paille de votre œil, pendant que vous avez une poutre dans le vôtre?
5. Hypocrite, ôtez premièrement la poutre de votre œil, et alors vous verrez comment vous pourrez tirer la paille de l'œil de votre frère [4].
6. Gardez-vous bien de donner les choses saintes aux chiens, et ne jetez point vos

---

ỳ. 34. — [41] N'ayez point d'inquiétude en ce qui concerne vos besoins pour l'avenir; car chaque jour de la vie amène sans cela ses soucis, notamment par la lutte qu'il faut soutenir contre le mal en vous et autour de vous; il n'est point à propos d'élargir les plaies que le mal nous fait par des soins superflus.

ỳ. 1. — [1] Jésus-Christ ne défend point les jugements devant les tribunaux, mais les jugements que l'on porte dans le commerce quotidien de la vie, quand on divulgue sans charité, comme répréhensibles et dignes de punition, les fautes du prochain. Il y a des actions mauvaises, dit saint Augustin, qui peuvent être faites sans mauvaise intention; qui peut prononcer là-dessus, si ce n'est Dieu seul? — Le chrétien ne doit avoir devant les yeux que ses propres fautes, non celles du prochain, à moins qu'en qualité de supérieur il n'ait une vocation spéciale pour s'occuper des fautes d'autrui (*Rom*. 14, 4-10. 1. *Cor*. 13).

ỳ. 2. — [2] Ces hommes que vous jugez sévèrement, vous jugeront eux-mêmes avec la même sévérité, et Dieu un jour, lorsqu'il vous jugera, ne sera, à votre égard, d'aucune miséricorde, si vous jugez sans miséricorde votre frère (Voy. *pl. h*. 6, 14. 15). Quand vous condamnez votre frère, dit saint Chrysostôme, vous vous condamnez vous-mêmes; vous érigez contre vous un tribunal rigoureux, et vous provoquez le juge à vous traiter avec rigueur.

ỳ. 3. — [3] Vous apercevez les moindres défauts de votre prochain, et les vôtres, quelque grands qu'ils soient, vous ne les voyez point.

ỳ. 5. — [4] Commencez par vous corriger de vos propres défauts, alors vous pourrez penser à reprendre votre frère.

perles devant les pourceaux, de peur qu'ils ne les foulent sous leurs pieds, et que se tournant, ils ne vous déchirent[5].

7. Demandez, et on vous donnera; cherchez, et vous trouverez; frappez, et on vous ouvrira[6]. *Pl. b.* 21, 22. *Marc.* 11, 24. *Luc*, 11, 9. *Jean*, 14, 13. *Jac.* 1, 6.

8. Car quiconque demande[7], reçoit; et celui qui cherche, trouve; et l'on ouvrira à celui qui frappe.

9. Aussi qui est l'homme d'entre vous qui donne une pierre à son fils, lorsqu'il lui demande du pain? *Luc*, 11, 11.

10. Ou s'il demande un poisson, lui donnera-t-il un serpent[8]?

11. Si donc vous, tout méchants que vous êtes[9], vous savez donner de bonnes choses à vos enfants, à combien plus forte raison votre père qui est dans les cieux, donnera-t-il les biens à ceux qui les lui demandent[10]!

12. Faites donc aux hommes tout ce que

ante porcos, ne forte conculcent eas pedibus suis, et conversi dirumpant vos.

7. Petite, et dabitur vobis : quærite, et invenietis : pulsate, e aperietur vobis.

8. Omnis enim qui petit, accipit : et qui quærit, invenit : et pulsanti aperietur.

9. Aut quis est ex vobis homo, quem si petierit filius suus panem, numquid lapidem porriget ei?

10. Aut si piscem petierit, numquid serpentem porriget ei?

11. Si ergo vos, cum sitis mali, nostis bona data dare filiis vestris : quanto magis pater vester, qui in cœlis est, dabit bona petentibus se!

12. Omnia ergo quæcumque

ỳ. 6. — [5] Dans les versets qui précèdent, il est dit quels sont ceux qui, sans une vocation spéciale, peuvent juger et instruire, et quels sont ceux qui ne le peuvent pas; ceux-là seulement peuvent juger et reprendre les autres, qui auparavant se sont jugés et corrigés eux-mêmes; maintenant nous apprenons quels sont ceux qui doivent être jugés et instruits, et quels sont ceux qui ne le doivent pas. Cela ne doit pas avoir lieu à l'égard des hommes ouvertement endurcis, semblables aux chiens et aux pourceaux; c'est-à-dire à l'égard de ces hommes au cœur dur, qui tournant la religion en dérision, aboient et déchirent, comme des chiens, à belles dents, et salissent de leur bave toutes les vérités surnaturelles qui s'élèvent au-dessus des sens; non plus qu'à l'égard de ces hommes absolument plongés, sans espoir de remède, dans les voluptés animales. Devant de tels hommes, il ne faut point jeter les perles de la vérité d'en haut et de la divine charité; car n'ayant point de sens pour les goûter, les uns deviennent furieux, et voudraient déchirer le prédicateur de la foi; les autres préfèrent la fange, qui est leur élément, aux perles jetées devant eux, et ils les foulent aux pieds sans y faire aucune attention.

ỳ. 7. — [6] Maintenant suivent dans ce chapitre plusieurs maximes de sagesse, qui ne sont unies entre elles par aucune liaison bien étroite. Ici, depuis le ỳ. 7-12, il est parlé de la persévérance dans la prière, nécessaire pour qu'elle soit exaucée. Les expressions : demander, chercher et frapper, signifient que la prière doit être persévérante. Toute prière qui a pour fin un vrai besoin, est exaucée de Dieu; car Dieu veut que nous ayons ce dont nous avons besoin. Une telle prière n'est autre chose que l'expression de la volonté de Dieu dans la bouche de l'homme, et la volonté de Dieu doit s'accomplir. C'est l'Esprit-Saint lui-même (*Rom.* 8, 26) qui, avec des soupirs inénarrables, demande en nous et pour nous l'accomplissement de la volonté de Dieu; et ce que l'Esprit-Saint demande ne peut ne pas être accordé. La volonté de Dieu est donc la mesure suivant laquelle nos prières sont exaucées (Voy. *pl. b.* 26, 42. *Pl. h.* 6, 10).

ỳ. 8. — [7] un bien (nécessaire au corps ou à l'âme). ỳ. 11.

ỳ. 10. — [8] Un père de la terre, lorsque son fils lui demande quelque chose de nécessaire, le laissera-t-il dans le besoin, et, par son refus, cherchera-t-il à lui nuire? La nourriture des gens les plus pauvres, le pain et les poissons, est mise comme figure de la nécessité. La pierre et le serpent figurent le manque du nécessaire et les funestes effets qui en sont la suite.

ỳ. 11. — [9] vous qui n'êtes pas sans péché.

[10] Si vous, pères sujets au péché, vous donnez à vos enfants les choses nécessaires qu'ils vous demandent, et si vous ne permettez pas qu'ils tombent dans le besoin, et qu'ils en souffrent, à combien plus forte raison votre Père qui est dans le ciel, donnera-t-il à ceux qui le prient ce que réclame la nécessité.

vultis ut faciant vobis homines, et vos facite illis. Hæc est enim lex, et prophetæ.
13. Intrate per angustam portam : quia lata porta, et spatiosa via est, quæ ducit ad perditionem, et multi sunt qui intrant per eam.
14. Quam angusta porta, et arcta via est, quæ ducit ad vitam : et pauci sunt, qui inveniunt eam!
15. Attendite a falsis prophetis, qui veniunt ad vos in vestimentis ovium, intrinsecus autem sunt lupi rapaces :
16. a fructibus eorum cognoscetis eos. Numquid colligunt de spinis uvas, aut de tribulis ficus?
17. Sic omnis arbor bona fructus bonos facit : mala autem arbor malos fructus facit.
18. Non potest arbor bona malos fructus facere : neque arbor mala bonos fructus facere.
19. Omnis arbor, quæ non facit fructum bonum, excidetur, et in ignem mittetur.
20. Igitur ex fructibus eorum cognoscetis eos.
21. Non omnis qui dicit mihi : Domine, Domine, intrabit in regnum cœlorum : sed qui facit voluntatem Patris mei, qui in cœlis

vous voulez qu'ils vous fassent[11] : car c'est là la loi et les prophètes[12]. *Luc*, 6, 31.
13. Entrez par la porte étroite; parce que la porte large et la voie spacieuse est celle qui conduit à la perdition, et il y en a beaucoup qui y entrent. *Luc*, 13, 24.
14. Que la porte de la vie est petite! et que la voie qui y mène est étroite, et qu'il y en a peu qui la trouvent[13]!
15. Gardez-vous des faux prophètes[14] qui viennent à vous couverts de peaux de brebis, et qui au-dedans sont des loups ravissants[15].
16. Vous les connaîtrez par leurs fruits[16]. Peut-on cueillir des raisins sur des épines, ou des figues sur des ronces? *Luc*, 6, 44.
17. Ainsi tout arbre qui est bon, produit de bons fruits; et tout arbre qui est mauvais, produit de mauvais fruits.
18. Un bon arbre ne peut produire de mauvais fruits; et un mauvais arbre n'en peut produire de bons.
19. Tout arbre qui ne produit point de bon fruit, sera coupé et jeté au feu[17].
20. Vous les reconnaîtrez donc par leurs fruits.
21. Tous ceux qui me disent : Seigneur, Seigneur, n'entreront pas dans le royaume des cieux : mais celui-là y entrera qui fait la volonté de mon Père qui est dans

ỷ. 12. — [11] Nous devons nous mettre par la pensée à la place du prochain, et nous demander ce que, dans telle et telle position fâcheuse, nous souhaiterions. C'est là ce que nous devons faire à l'égard du prochain.
[12] car cela était déjà commandé dans l'Ancien Testament (Voy. *Tob.* 4, 16).
ỷ. 14. — [13] La porte étroite et la voie resserrée par lesquelles on arrive à la vie, c'est-à-dire à la béatitude éternelle, sont les commandements de Dieu (Comp. *Ps.* 26, 11. 118, 32). Il est dit qu'ils sont étroits et resserrés, parce qu'ils ne laissent aux mauvaises passions aucune latitude, et qu'il faut les observer strictement. La porte large et la voie spacieuse, qui conduisent à la perdition, c'est-à-dire à la damnation éternelle, désignent la concupiscence sans frein (Aug.). Comp. *pl. b.* 20, 16. On doit considérer, dit saint Jean de la Croix, que la porte même est étroite, pour marquer que l'âme, dès qu'elle commence à entrer dans la voie, doit se faire violence et se dépouiller, par un amour de Dieu au-dessus de toutes choses, de toute affection aux objets sensibles et temporels. Par la voie resserrée, il veut nous donner à entendre que nous devons non-seulement nous séparer des choses sensibles, mais encore renoncer à toute recherche de nous-mêmes dans les choses spirituelles. Nous pouvons donc rapporter la porte étroite à la partie sensuelle, et la voie resserrée à la partie spirituelle de l'homme.
ỷ. 15. — [14] des faux docteurs, particulièrement les docteurs de la loi de cette époque, qui se substituaient aux prophètes.
[15] qui savent élégamment discourir et dont les discours paraissent fondés, mais qui, par leur doctrine, laissant aux passions et à la fausse liberté toute latitude, préparent votre perte.
ỷ. 16. — [16] à leurs œuvres. Même le plus grand hypocrite laisse enfin apercevoir le pied du bouc.
ỷ. 19. — [17] Voy. *pl. h.* 4, 10.

les cieux [18]. *Pl. b.* 25, 11: *Luc*, 6, 46.

22. Plusieurs me diront en ce jour-là [19] : Seigneur, Seigneur, n'avons-nous pas prophétisé en votre nom [20]? n'avons-nous pas chassé les démons en votre nom? et n'avons-nous pas fait plusieurs miracles en votre nom [21]? *Act.* 19, 13.

23. Et alors je leur dirai hautement : Je ne vous ai jamais connus [22] : Retirez-vous de moi, vous qui faites des œuvres d'iniquité. *Ps.* 6, 9. *Pl. b.* 25, 41. *Luc*, 13, 27.

24. Quiconque entend donc ces paroles que je dis, et les pratique, sera comparé à un homme sage [23], qui a bâti sa maison sur la pierre. *Luc*, 6, 48. *Rom.* 2, 13. *Jac.* 1, 22.

25. Et la pluie est tombée, et les fleuves se sont débordés, et les vents ont soufflé, et sont venus fondre sur cette maison : et elle n'est point tombée, parce qu'elle était fondée sur la pierre [24].

26. Mais quiconque entend ces paroles que je dis, et ne les pratique point, sera semblable à un homme insensé, qui a bâti sa maison sur le sable.

27. Et la pluie est tombée, et les fleuves se sont débordés, et les vents ont soufflé et sont venus fondre sur cette maison : et elle a été renversée, et la ruine en a été grande [25].

28. Or Jésus ayant achevé ces discours :

est, ipse intrabit in regnum cœlorum.

22. Multi dicent mihi in illa die : Domine, Domine, nonne in nomine tuo prophetavimus, et in nomine tuo dæmonia ejecimus, et in nomine tuo virtutes multas fecimus?

23. Et tunc confitebor illis : Quia nunquam novi vos : discedite a me, qui operamini iniquitatem.

24. Omnis ergo, qui audit verba mea hæc, et facit ea, assimilabitur viro sapienti, qui ædificavit domum suam supra petram :

25. et descendit pluvia, et venerunt flumina, et flaverunt venti, et irruerunt in domum illam, et non cecidit : fundata enim erat super petram.

26. Et omnis, qui audit verba mea hæc, et non facit ea, similis erit viro stulto, qui ædificavit domum suam super arenam :

27. et descendit pluvia, et venerunt flumina, et flaverunt venti, et irruerunt in domum illam, et cecidit, et fuit ruina illius magna.

28. Et factum est, cum con-

℣. 21. — [18] Ce n'est pas celui qui fait profession extérieure de ma doctrine, qui se dit chrétien et m'invoque sous le nom de Christ ou de Seigneur, mais celui qui accomplit les commandements de Dieu, et qui se montre ainsi, par le fait, dépendant de moi, comme mon serviteur, qui un jour jouira de la béatitude des saints.

℣. 22. — [19] au jour du jugement.

[20] à votre place et dans votre vertu. Prophétiser signifie non-seulement parler sous l'influence de l'inspiration divine, et prédire les choses à venir, mais encore en général instruire (Voy. *pl. h.* ℣. 15. 1. *Cor.* 14, 1. 2. *Pier.* 1, 21).

[21] Dans l'ordre établi de Dieu sur la terre pour le salut des hommes, il arrive que, même des hommes indignes, qui, par une vocation extérieure et par la permission de Dieu, sont ses ministres, opèrent les œuvres divines du salut. C'est ainsi que l'indigne Caïphe (*Jean*, 11, 49-52) et le vicieux Balaam (4. *Moys.* 24, 3) prophétisèrent. Ces œuvres divines toutefois ne peuvent, par la seule raison que ce sont les œuvres de Dieu, être méritoires pour ceux qui les font. Il y a plus, elles étaient, sinon dans l'expression, du moins en réalité, contre leur volonté, en tant que leur volonté était opposée à Dieu, viciée par l'impiété. Quel exemple capable de faire impression pour tous les ministres du Seigneur! Avec quel soin ne doivent-ils pas s'efforcer de conformer de fait leur volonté à la volonté de Dieu dans les œuvres qu'ils font pour Dieu! (Comp. 1. *Cor.* 13, 2.)

℣. 23. — [22] Avouer, connaître quelque chose, veut dire reconnaître que cela est ce qu'il doit être, ce qui ne peut avoir lieu dans ses ministres, parce qu'ils sont ministres du Seigneur *contre leur volonté* (Voy. note précédente).

℣. 24. — [23] Dans le grec : « Quiconque, je le comparerai, etc. »

℣. 25. — [24] Ainsi le rocher qui résiste à toutes les tempêtes et à tous les assauts, à toutes les tentations du monde, de satan, de la chair, et à toutes les tribulations, à l'effroi de la mort et aux rigueurs du jugement (℣. 22), c'est la foi opérant les œuvres de la divine charité.

℣. 27. — [25] Le malheur de cet homme sera immense.

summasset Jesus verba hæc, admirabantur turbæ super doctrina ejus.

29. Erat enim docens eos sicut potestatem habens, et non sicut Scribæ eorum, et Pharisæi.

les peuples étaient dans l'admiration [26] de sa doctrine.

29. Car il les enseignait comme ayant autorité [27], et non pas comme leurs Scribes et les Pharisiens [28]. *Marc*, 1, 22. *Luc*, 4, 32.

CHAPITRE VIII.

Jésus-Christ guérit un lépreux, ainsi que le serviteur d'un centurion et la belle-mère de saint Pierre. Ce qu'il faut pour suivre Jésus-Christ. Jésus-Christ calme la mer, chasse des démons et leur permet d'entrer dans des pourceaux.

1. Cum autem descendisset de monte, secutæ sunt eum turbæ multæ :

2. et ecce leprosus veniens, adorabat eum, dicens : Domine, si vis, potes me mundare.

3. Et extendens Jesus manum, tetigit eum, dicens : Volo : Mundare. Et confestim mundata est lepra ejus.

4. Et ait illi Jesus : Vide, nemini dixeris : sed vade, ostende te sacerdoti, et offer munus, quod

1. Jésus étant descendu de la montagne, une grande foule de peuple le suivit.

2. Et voici qu'un lépreux venant à lui [1], l'adorait, en lui disant : Seigneur, si vous voulez, vous pouvez me guérir [2]. *Marc*, 1, 40. *Luc*, 5, 12.

3. Jésus étendant la main, le toucha [3], et lui dit : Je le veux : Soyez guéri [4]. Et à l'instant sa lèpre fut guérie.

4. Et Jésus lui dit : Gardez-vous bien de parler de ceci à personne [5]; mais allez vous montrer au prêtre, et offrez le don prescrit

---

ỳ. 28. — [26] Ils en étaient intérieurement tout pénétrés.

ỳ. 29. — [27] faisant pénétrer la vérité jusqu'au fond des cœurs, les excitant et les changeant radicalement, donnant de plus à la vérité toute sa force par sa vie (Grég.).

[28] lesquels prêchaient rarement la vérité, et ne la prêchaient point avec pureté d'intention, et, par conséquent, ne la prêchaient point avec l'assistance et l'autorité de Dieu. Dans le grec, il y a simplement : et non comme les Scribes : — * Καὶ οὐκ ὡς οἱ γραμματεῖς.

ỳ. 2. — [1] Sur la lèpre voy. 3. *Moys*. 14.

[2] Par là il faisait connaître, dit saint Chrysostôme, quelle était la grandeur de sa foi. Il ne dit pas : Si vous priez Dieu pour moi ; il dit : Si vous voulez, vous pouvez me guérir. Celui qui implore la volonté, ne doute point de la puissance.

ỳ. 3. — [3] Jésus opérait ordinairement ses guérisons par des moyens extérieurs, quoique sa parole ou même sa pensée aurait pu suffire ; il en usait ainsi, vraisemblablement, suivant que ceux qu'il s'agissait de guérir avaient plus ou moins de foi, et pour marquer que la sanctification intérieure de l'homme, dont la guérison des maladies et des infirmités n'était qu'une figure, devait s'opérer dans son royaume par les sacrements, c'est-à-dire par les signes extérieurs d'une grâce qui opère intérieurement.

[4] La réponse du Seigneur correspond exactement à la prière ; car la foi est la mesure selon laquelle la prière est exaucée (Jérôme).

ỳ. 4. — [5] Jésus-Christ fit cette défense pour nous apprendre que nous devons cacher nos bonnes œuvres (Chrys.). Dieu les fera bien connaître contre notre volonté, quand cela sera nécessaire pour sa gloire et pour le salut du prochain. Dans d'autres circonstances, Jésus fit la même défense pour différentes autres raisons, afin de prévenir le concours du peuple, ou d'éviter l'envie, la jalousie, etc.

par Moyse[6], afin que cela leur serve de témoignage[7].

5. Jésus étant entré dans Capharnaüm, un centenier[8] vint le trouver, et lui fit cette prière : *Luc*, 7, 1.

6. Seigneur, mon serviteur est couché et malade de paralysie dans ma maison, et il souffre extrêmement.

7. Jésus lui dit : J'irai, et je le guérirai.

8. Mais le centenier lui répondit : Seigneur, je ne suis pas digne que vous entriez dans ma maison; mais dites seulement une parole, et mon serviteur sera guéri[9]. *Luc*, 7, 6.

9. Car quoique je ne sois moi-même qu'un homme soumis au pouvoir, ayant des soldats sous moi, je dis à l'un : Allez, et il va; et à l'autre : Venez, et il vient; et à mon serviteur : Faites cela, et il le fait[10].

10. Jésus entendant *ces paroles en* fut dans l'admiration, et dit à ceux qui le suivaient : Je vous le dis en vérité, je n'ai point trouvé une si grande foi dans Israël[11].

11. Aussi je vous déclare que plusieurs viendront d'orient et d'occident, et auront place dans le royaume des cieux avec Abraham, Isaac et Jacob[12]; *Malach.* 1, 11.

præcepit Moyses, in testimonium illis.

5. Cum autem introisset Capharnaum, accessit ad eum centurio, rogans eum,

6. et dicens : Domine, puer meus jacet in domo paralyticus, et male torquetur.

7. Et ait illi Jesus : Ego veniam, et curabo eum.

8. Et respondens centurio, ait : Domine, non sum dignus ut intres sub tectum meum : sed tantum dic verbo, et sanabitur puer meus.

9. Nam et ego homo sum sub potestate constitutus, habens sub me milites, et dico huic : Vade, et vadit : et alio : Veni, et venit : et servo meo : Fac hoc, et facit.

10. Audiens autem Jesus miratus est, et sequentibus se dixit : Amen dico vobis, non inveni tantam fidem in Israel.

11. Dico autem vobis, quod multi ab oriente et occidente venient, et recumbent cum Abraham, et Isaac, et Jacob in regno cœlorum :

---

[6] Les lépreux guéris devaient se présenter au prêtre, afin qu'il pût constater la guérison, et pour offrir ensuite un sacrifice (Voy. 3. *Moys.* 14, 2 et suiv.). Jésus-Christ n'avait point encore accompli son œuvre; c'est pourquoi il renvoie encore aux pratiques du culte mosaïque. Son œuvre achevée, la religion de Moyse fut transformée en une religion d'un ordre supérieur, dans la religion chrétienne, et en ce sens elle fut abrogée. Un lépreux ne pouvait être reconnu pur que par la déclaration du prêtre. Sous ce rapport aussi la lèpre était une figure du péché (3. *Moys.* 13. note 5), dont l'absolution seule, donnée par le prêtre, peut purifier le pécheur.

[7] afin qu'ils rendent témoignage à ma puissance devant tout le peuple. D'autres traduisent : afin qu'ils y voient un témoignage, une preuve que toute puissance m'a été donnée, et que je suis venu, non pour faire cesser la loi, mais pour l'accomplir.

℣. 5. — [8] un officier qui commandait cent soldats, vraisemblablement au service du tétrarque de la Galilée, Hérode Antipas. D'après *saint Luc*, 7, 5, il était Gentil mais dévoué aux Juifs, auxquels il avait fait bâtir une synagogue. Il était sans doute du nombre de ces hommes pieux qui reconnaissaient le vrai Dieu. Selon *saint Luc* (7, 1 et suiv.) le centenier n'adressa pas sa prière par lui-même, mais par quelques amis juifs, qui parlaient en son nom.

℣. 8. — [9] Quelle humilité! dit saint Augustin; celui qui se sent indigne que Jésus entre dans sa maison, se rend par là même digne que Jésus entre dans son âme.

℣. 9. — [10] De même que moi, j'ai sous mon autorité des serviteurs auxquels je puis d'un seul mot donner mes ordres, de même vous, vous avez en votre puissance toutes les forces de la nature, et vous n'avez qu'à ordonner par une seule parole; à l'instant même ce qui était malade sera guéri. Le centurion reconnaissait ainsi le pouvoir divin qui était dans le Sauveur, et il y avait confiance.

℣. 10. — [11] Dans le grec : même dans Israel. L'admiration que Jésus témoigna ne provenait pas de ce que la foi du centurion lui était inconnue; mais il s'exprima en termes d'admiration pour faire remarquer la grandeur de sa foi au peuple qui l'accompagnait (Aug.).

℣. 11. — [12] Litt. : ils seront assis à la même table avec Abraham, etc. La félicité

12. filii autem regni ejicientur in tenebras exteriores : ibi erit fletus, et stridor dentium.

12. mais que les enfants du royaume seront jetés dans les ténèbres extérieures [13] : c'est là qu'il y aura des pleurs et des grincements de dents [14].

13. Et dixit Jesus centurioni : Vade, et sicut credidisti, fiat tibi. Et sanatus est puer in illa hora.

13. Alors Jésus dit au centenier : Allez, et qu'il vous soit fait selon que vous avez cru. Et son serviteur fut guéri à l'heure même.

14. Et cum venisset Jesus in domum Petri, vidit socrum ejus jacentem, et febricitantem :

14. Jésus étant venu en la maison de Pierre [15], vit sa belle-mère qui était au lit, et qui avait la fièvre ;

15. et tetigit manum ejus, et dimisit eam febris, et surrexit, et ministrabat eis.

15. et lui ayant touché la main, la fièvre la quitta ; elle se leva, et elle les servait [16].

16. Vespere autem facto, obtulerunt ei multos dæmonia habentes : et ejiciebat spiritus verbo : et omnes male habentes curavit :

16. Sur le soir [17], on lui présenta plusieurs possédés [18], et il chassa les esprits par sa parole, et guérit tous ceux qui étaient malades ; *Marc*, 1, 32.

17. ut adimpleretur quod dictum est per Isaiam prophetam dicentem : Ipse infirmitates nostras accepit : et ægrotationes nostras portavit.

17. afin que cette parole du prophète Isaïe fût accomplie : Il a pris lui-même nos infirmités, et il s'est chargé de nos maladies [19]. *Isaïe*, 53, 4. 1. *Pier.* 2, 24.

18. Videns autem Jesus turbas multas circum se, jussit ire trans fretum.

18. Or Jésus voyant une grande foule de peuple autour de lui, ordonna de passer à l'autre bord [20].

19. Et accedens unus scriba, ait illi : Magister, sequar te, quocumque ieris.

19. Et un docteur de la loi s'approchant, lui dit : Maître, je vous suivrai en quelque lieu que vous alliez [21].

20. Et dicit ei Jesus : Vulpes foveas habent, et volucres cœli nidos : filius autem hominis non habet ubi caput reclinet.

20. Et Jésus lui répondit : Les renards ont des tanières, et les oiseaux du ciel ont des nids ; mais le fils de l'homme n'a pas où reposer sa tête [22]. *Luc*, 9, 58.

éternelle est communément comparée à un festin (*Pl. b.* 22, 30. *Luc*, 13, 29. 22, 11 et suiv.), qu'elle apporte à l'homme le repos, la joie et le rassasiement (*Ps.* 16, 15. 35, 9.).

ỷ. 12. — [13] Ceux qui auparavant étaient dans la maison et qui participaient au royaume, les Juifs, seront jetés dans les ténèbres, qui sont hors du royaume des cieux. Les ténèbres sont la figure du malheur (*Isaïe.* 42, 7) ; le contraire est figuré par l'éternelle lumière auprès de Dieu.

[14] de la douleur et de la rage, à cause du malheur éternel.

ỷ. 14. — [15] Voy. *Marc*, 1, 29-34. *Luc*, 4, 38-41.

ỷ. 15. — [16] elle leur prépara à manger.

ỷ. 16. — [17] à la fraîcheur du soir.

[18] Voy. *pl. h.* 4, 24.

ỷ. 17. — [19] *Voy.* l'explication dans *Isaï.* 53, 4. et suiv.

ỷ. 18. — [20] sur le rivage opposé de la mer, pour se retirer dans la solitude ; selon saint Chrysostôme, pour se soustraire à de vains témoignages d'honneur (Voy. *Marc*, 4, 35 et suiv. *Luc*, 8, 22 et suiv.).

ỷ. 19. — [21] Je serai votre fidèle disciple, et je ne vous abandonnerai jamais.

ỷ. 20. — [22] et ceux qui me suivent n'ont pas un meilleur sort à attendre. C'en fut assez pour ôter à ce scribe qui, ainsi que tous les autres docteurs de la loi, menait dans l'éclat une vie commode, l'envie de s'adjoindre à Jésus. Jésus-Christ était pauvre et dépourvu de tout. Tant que dura sa vie publique et sa prédication, il n'eut point de lieu fixe pour s'y retirer durant la nuit. Il passait le plus souvent les nuits en prière, exposé à toutes les injures de l'air, et il n'accordait à la nature que le repos dont elle ne pouvait se passer. Le chrétien, par une conséquence nécessaire, doit donc aussi, au moins en désir, se dépouiller de tout. Le serviteur de

21. Un autre de ses disciples [23] lui dit : Seigneur, permettez-moi auparavant d'aller ensevelir mon père.

21. Alius autem de discipulis ejus ait illi : Domine, permitte me primum ire, et sepelire patrem meum.

22. Mais Jésus lui dit : Suivez-moi, et laissez aux morts le soin d'ensevelir leurs morts [24].

22. Jesus autem ait illi : Sequere me et dimitte mortuos sepelire mortuos suos.

23. Et il entra dans la barque, suivi de ses disciples. *Marc*, 4, 36. *Luc*, 8, 22.

23. Et ascendente eo in naviculam, secuti sunt eum discipuli ejus :

24. Et aussitôt il s'éleva sur la mer une si grande tempête, que la barque était couverte de flots; et lui cependant dormait.

24. et ecce motus magnus factus est in mari, ita ut navicula operiretur fluctibus, ipse vero dormiebat.

25. Alors ses disciples s'approchèrent de lui, et l'éveillèrent en disant : Seigneur, sauvez-nous, nous périssons.

25. Et accesserunt ad eum discipuli ejus, et suscitaverunt eum, dicentes : Domine, salva nos, perimus.

26. Et Jésus leur répondit : Pourquoi êtes-vous timides, hommes de peu de foi? Et se levant en même temps, il commanda aux vents et à la mer, et il se fit un grand calme [25].

26. et dicit eis Jesus : Quid timidi estis, modicæ fidei? Tunc surgens, imperavit ventis et mari, et facta est tranquillitas magna.

27. Or, ceux qui étaient présents [26] furent dans l'admiration, et ils disaient : Quel est celui à qui les vents et la mer obéissent?

27. Porro homines mirati sunt, dicentes : Qualis est hic, quia venti et mare obediunt ei?

28. Et étant passés à l'autre bord du lac, dans le pays des Géraséniens [27], deux pos-

28. Et cum venisset trans fretum in regionem Gerasenorum,

Jésus-Christ, dit saint Jérôme, ne possède plus que Jésus-Christ. Si Jésus s'appelle le fils de l'homme, Daniel l'avait prédit longtemps d'avance (*Dan.* 7. 13). Il se nomme lui-même ainsi, parce que l'œuvre de la rédemption qu'il venait accomplir roule tout entière sur l'incarnation, et que l'incarnation de Jésus est la racine de notre salut. L'expression montre d'ailleurs que Jésus était quelque chose de plus pur qu'un homme. N'eût-il été que cela, ce nom aurait été ridicule, puisqu'il s'entendait de lui-même.

ŷ. 21. — [23] D'après une tradition que saint Clément d'Alexandrie a conservée, c'était l'apôtre saint Philippe.

ŷ. 22. — [24] Les parents du disciple étaient morts, c'est-à-dire que c'étaient des hommes morts pour la vie de l'esprit, de la grâce, pour la vertu et la piété. Le disciple ne devait plus retourner parmi de tels hommes; car ils auraient pu le détourner de suivre Jésus; ils devaient laisser les morts ensevelir leurs morts. Jésus ne défend point par ces paroles de rendre aux parents les derniers devoirs; il voulait seulement nous apprendre que l'affaire du salut doit passer avant tout, et que nous devons éviter tout ce qui peut devenir pour nous un obstacle à notre sanctification (Ambr.).

ŷ. 26. — [25] Le divin Prince de la paix (*Isaïe*. 9, 6.) apaise tout ce qui trouble le calme dans la nature et dans l'homme. Les apôtres avaient peu de foi : car ils croyaient bien à la puissance du Sauveur, mais ils ne croyaient pas qu'il pût s'apercevoir du danger et les sauver même durant son sommeil (Chrys.). Etes-vous battu par la tempête des contradictions, des souffrances et des tentations, et Jésus paraît-il comme endormi; ne laissez pas de croire qu'il s'occupe de vous, et qu'il a le pouvoir de vous délivrer. Quand le monde se mettrait en fureur, quand satan montrerait sa rage, quand la chair ferait sentir ses révoltes, dit saint Bernard, je ne laisserai pas d'espérer en vous; car quel est celui qui a espéré en vous et qui a été confondu? Il y a dans le grec : Il menaça les vents, etc. Peut-être cela peut-il avoir rapport aux puissances spirituelles, qui avaient suscité cette tourmente; en effet, c'est une doctrine constante des Ecritures (*Ephés*. 6, 12), que le prince de ce monde avec ses anges habite dans les éléments (dans les airs).

ŷ. 27. — [26] Il y avait plusieurs barques (Voy. *Marc*, 4, 36).

ŷ. 28. — [27] Quelques manuscrits grecs portent Gadaréneens, d'autres Gergésé-

occurrerunt ei duo habentes dæmonia, de monumentis exeuntes, sævi nimis, ita ut nemo posset transire per viam illam.

29. Et ecce clamaverunt, dicentes : Quid nobis, et tibi, Jesu Fili Dei? Venisti huc ante tempus torquere nos?

30. Erat autem non longe ab illis grex multorum porcorum pascens.

31. Dæmones autem rogabant eum, dicentes : Si ejicis nos hinc, mitte nos in gregem porcorum.

32. Et ait illis : Ite. At illi exeuntes abierunt in porcos, et ecce impetu abiit totus grex per præceps in mare : et mortui sunt in aquis.

sédés [28], qui étaient si furieux que personne n'osait passer par ce chemin-là, sortirent des sépulcres, et vinrent au-devant de lui [29]; *Marc*, 5, 1. *Luc*, 8, 26.

29. ils se mirent en même temps à crier, en disant : Jésus Fils de Dieu, qu'y a-t-il entre vous et nous [30]? Etes-vous venu ici pour nous tourmenter avant le temps [31]?

30. Or il y avait en un lieu peu éloigné d'eux [32], un grand troupeau de pourceaux qui paissaient [33]. *Marc*, 11. *Luc*, 8, 32.

31. Et les démons le priaient, en lui disant : Si vous nous chassez d'ici, envoyez-nous dans ce troupeau de pourceaux [34].

32. Il leur répondit : Allez [35]. Et étant sortis, ils entrèrent dans ces pourceaux : et aussitôt tout le troupeau courut avec impétuosité se précipiter dans la mer, et ils moururent dans les eaux.

---

néens. Les villes de Gérasa, de Gadara, et de Gergésa étaient situées dans un même district, non loin de la mer de Galilée; il était facile de les prendre l'une pour l'autre; l'opinion la plus vraisemblable est celle qui tient pour Gadara, située au sud-est de la mer dont il a été question.

[28] Saint Marc et saint Luc ne parlent que d'un possédé. On croit qu'ils n'avaient en vue que l'un des deux, celui d'entre eux qui était le plus furieux. D'autres pensent que saint Matthieu réunit ici deux histoires de deux possédés. Touchant les possédés comp. *pl. h.* 4, 24.

[29] Que les possessions de satan puissent produire des effets extraordinaires, même sur le corps des possédés, c'est ce qui est manifeste, ne fût-ce qu'à raison de l'étroite union du corps et de l'âme; qu'elles soient d'ordinaire accompagnées de fureur, de folie et d'épilepsie, c'est ce qui devient facile à comprendre par les suites habituelles des maladies nerveuses, caractère que doit prendre tout de suite la possession, le système nerveux étant dans la plus intime union avec l'esprit. Que les possédés dont il est fait mention eussent leur retraite hors de la ville, dans les tombeaux, c'est-à-dire dans les cavernes qui servaient de tombeau aux Juifs, cela avait lieu, d'après *saint Luc*, 8, 29, parce qu'ils y étaient poussés par les mauvais esprits.

ỳ. 29. — [30] Laissez-nous en repos! Les paroles : « Jésus, Fils de Dieu » (*voy. pl. b.* 14, 33.) montrent evidemment qu'un esprit d'une autre espèce parlait par ces hommes; car les possédés ne pouvaient savoir ni que Jésus se trouvait parmi ceux qui avaient quitté la barque, ni qu'il était le Fils de Dieu; bien moins encore fallait-il attendre une semblable confession de la part de quelqu'un en proie à la rage.

[31] Les malins esprits sont tourmentés depuis le moment de leur chute, et ils sont en proie aux tourments même hors de l'enfer; car le feu de l'enfer brûle même hors de ses brasiers; mais tant que satan sera le prince de ce monde, et qu'il aura le besoin de tenter les hommes et de leur nuire, les esprits pervers trouveront dans cette liberté qui leur est donnée un adoucissement à leur sort, liberté qui cessera entièrement, quand à la fin des temps Jésus-Christ aura pris sur la terre possession de tous les cœurs, et que commencera le dernier jugement, après lequel ils seront pour jamais renfermés dans les abîmes. Ce jugement, ils croyaient que le Seigneur voulait dès-lors le rendre, avant que le temps fût arrivé.

ỳ. 30. — [32] Dans le grec : loin d'eux.

[33] Gadara était en très-grande partie habitée par des païens, et il en était de même des autres villes du district; or rien n'empêchait les païens de manger de la chair de porc.

ỳ. 31. — [34] Ne vous renfermez pas dans les abîmes de l'enfer (*Luc*, 8, 31), laissez-nous sur la terre. Les esprits malins pouvaient faire choix des pourceaux dans l'intention de nuire aux Géraséniens, et de les soulever contre Jésus.

ỳ. 32. — [35] Comment, disent quelques-uns, Jésus-Christ a-t-il donc pu se rendre coupable d'une injustice qui occasionna à ces gens-là la perte de deux mille pourceaux (*Marc*. 5, 13)? Cette question ne diffère en rien de cette autre, toute imper-

33. Alors ceux qui les gardaient s'enfuirent; et étant venus à la ville ils racontèrent tout ceci, et ce qui était arrivé aux possédés des mauvais esprits [36].

34. Aussitôt toute la ville sortit au-devant de Jésus; et l'ayant vu, ils le supplièrent de se retirer de leurs confins [37]. *Marc*, 5, 17. *Luc*, 8, 37.

33. Pastores autem fugerunt : et venientes in civitatem, nuntiaverunt omnia, et de eis, qui dæmonia, habuerant.

34. Et ecce tota civitas exiit obviam Jesu : et viso eo rogabant, ut transiret a finibus eorum.

CHAPITRE IX.

Guérison d'un paralytique. Vocation de saint Matthieu. Jésus enseigne la future régénération, il guérit une femme qui touche seulement le bord de sa robe : il est tourné en dérision, et il ressuscite une jeune fille; il rend la vue à deux aveugles et la parole à un muet. Le troupeau est grand, les pasteurs sont en petit nombre; la moisson est abondante, les moissonneurs peu nombreux.

1. Jésus étant monté dans une barque, repassa le lac, et vint en sa ville [1].

2. Et voilà qu'on lui présentait un paralytique couché dans un lit [2]. Et Jésus voyant leur foi [3], dit au paralytique : Mon fils, ayez confiance, vos péchés vous sont remis [4]. *Marc*, 2, 3. *Luc*, 5, 18.

1. Et ascendens in naviculam, transfretavit, et venit in civitatem suam.

2. Et ecce offerebant ei paralyticum jacentem in lecto. Et videns Jesus fidem illorum, dixit paralytico : Confide fili, remittuntur tibi peccata tua.

---

tinente qu'elle est : Comment Dieu peut-il être assez injuste pour laisser se propager tantôt dans un lieu tantôt dans un autre, des maladies qui attaquent les animaux? La réponse toute simple, c'est que là où les animaux meurent, les hommes recouvreront la vie, et ils élèveront leur cœur vers le ciel, et y iront chercher leur consolation.

℣. 33. — [36] Voy. *Marc*, 5, 15. *Luc*, 8, 35-37.

℣. 34. — [37] Cet homme si extraordinaire et si redouté aurait pu autrement leur causer des dommages plus grands encore. Figure de ce qui arrive tous les jours, quand on est attaché aux choses de la terre, et qu'on les préfère à Jésus-Christ. Alors on n'hésite pas à prier le Libérateur de s'éloigner avec ses bénédictions surnaturelles, parce qu'on ne peut souffrir qu'il nous prive d'un bien périssable et qui ne mérite que le mépris, mais qui flatte les sens.

℣. 1. — [1] à Capharnaüm, où il faisait sa résidence ordinaire.

℣. 2. — [2] Saint Marc et saint Luc nous font connaître plus en détail en quel lieu Jésus était, et de quelle manière on lui présenta le paralytique. L'évangéliste saint Matthieu n'a le plus souvent en vue que le gros des événements, et il se met peu en peine de les raconter avec leurs circonstances particulières et dans l'ordre des temps. Les autres évangélistes ne sont pas non plus sous ce rapport toujours exacts. Aussi la parole de Dieu apparaît-elle dans un état d'imperfection extérieure, de même que le Verbe divin a apparu sur la terre revêtu des faiblesses de la chair, le péché excepté. — Loin de nous être un sujet de scandale, cette condescendance de la part de Dieu, qui se proportionne, pour ainsi dire, à la pauvreté de l'homme, doit fortifier notre foi.

[3] La foi aux révélations divines et aux promesses de Dieu, et surtout à la rédemption par Jésus-Christ, est la préparation à la justification. C'est cette foi que, d'après le saint concile de Trente (*sess.* 6. *chap.* 6), il faut ici entendre.

[4] Ces paroles sont une preuve que le paralytique n'attendait pas seulement de Jésus-Christ la délivrance de ses infirmités corporelles, mais encore celle de ses

3. Et ecce quidam de Scribis dixerunt intra se : Hic blasphemat.
4. Et cum vidisset Jesus cogitationes eorum, dixit : Ut quid cogitatis mala in cordibus vestris?
5. Quid est facilius dicere : Dimittuntur tibi peccata tua : an dicere : Surge, et ambula?
6. Ut autem sciatis, quia Filius hominis habet potestatem in terra dimittendi peccata, tunc ait paralytico : Surge, tolle lectum tuum, et vade in domum tuam.
7. Et surrexit, et abiit in domum suam.
8. Videntes autem turbæ timnerunt, et glorificaverunt Deum, qui dedit potestatem talem hominibus.
9. Et cum transiret inde Jesus, vidit hominem sedentem in telonio, Matthæum nomine. Et ait illi : Sequere me. Et surgens secutus est eum.
10. Et factum est discumbente eo in domo, ecce multi publicani et peccatores venientes, discum-

3. Aussitôt quelques-uns des Scribes dirent en eux-mêmes : Cet homme blasphème [5].
4. Mais Jésus ayant connu ce qu'ils pensaient, leur dit : Pourquoi pensez-vous du mal dans vos cœurs?
5. Lequel est le plus aisé, de dire : Vos péchés vous sont remis, ou de dire : Levez-vous et marchez [6]?
6. Or, afin que vous sachiez que le Fils de l'homme a le pouvoir sur la terre de remettre les péchés : Levez-vous, dit-il alors au paralytique, emportez votre lit, et vous en allez en votre maison.
7. Et il se leva, et s'en alla en sa maison.
8. Et le peuple voyant cela, fut rempli de crainte [7], et rendit gloire à Dieu de ce qu'il avait donné une telle puissance aux hommes [8].
9. Jésus sortant de là, vit en passant un homme assis au bureau des impôts [9], nommé Matthieu [10], et il lui dit : Suivez-moi [11]. Et se levant, il le suivit. *Marc*, 2, 14. *Luc*, 5, 27.
10. Et il arriva que comme Jésus était à table dans la maison *de cet homme*, il y vint beaucoup de publicains et de pêcheurs [12],

---

péchés. Que la plupart du temps ceux qui souffrent unissent ensemble ces deux choses, c'est ce que rend très-probable la doctrine des Pharisiens, qui enseignaient aux Juifs que leurs infirmités étaient toujours une suite de leurs fautes personnelles (comp. *Jean*, 9, 2). Doctrine qui est vraie, si l'on entend que le mal en général a sa cause dans le péché, mais qui est fausse et contraire à la charité, si l'on prétend que les infirmités de tous ceux qui souffrent doivent être considérées comme une punition de leurs propres péchés.

℣. 3. — [5] Car personne, si ce n'est Dieu, ne peut remettre les péchés; il se fait donc semblable à Dieu, et il le blasphème et l'outrage.

℣. 5. — [6] Il est également impossible pour les hommes impuissants, de faire soit l'une soit l'autre de ces deux choses; mais il devait paraître plus difficile aux Pharisiens de procurer par une seule parole la guérison à un malade, parce qu'il ne pouvait y avoir en cela aucune illusion. Jésus voulait aussi leur montrer, en opérant des œuvres qui leur semblaient être difficiles, qu'il était à plus forte raison en son pouvoir d'en opérer qui leur paraissaient offrir moins de difficulté — de remettre les péchés. Dans le grec : Car quel est le plus facile, etc.

℣. 8. — [7] Dans le grec : en fut dans l'admiration. Le merveilleux rapproche de Dieu, que nous craignons, tant que nous sommes pécheurs.

[8] c'est-à-dire, qui avait donné à un homme une telle puissance. La plupart considéraient Jésus comme un prophète doué du pouvoir de faire des miracles.

℣. 9. — [9] *Voy.* l'Introduct. à cet Evangile.

[10] Saint Marc et saint Luc le nomment Lévi. Les Juifs avaient souvent deux noms. Matthieu est la même chose que Théodore, c'est-à-dire : don de Dieu.

[11] Sous-entendez : Suivez-moi de corps et d'esprit. Saint Matthieu invita ensuite Jésus à sa table, comme le rapporte saint Luc. Inviter à sa table les pauvres, du nombre desquels étaient Jésus et ses disciples, était chez les Juifs un devoir particulier de religion (5. *Moys*. 26, 12).

℣. 10. — [12] c'est-à-dire : plusieurs publicains que l'on considérait comme des pécheurs. Ces publicains étaient les subordonnés de saint Matthieu. Tous les publicains, parce qu'ils levaient pour les païens, c'est-à-dire les Romains, les droits odieux de la douane, et qu'ils se permettaient souvent des injustices dans l'exercice de leur emploi, étaient détestés comme pécheurs, et tenus pour impurs, aussi bien que les impurs Gentils.

qui se mirent à table avec Jésus et ses disciples.

11. Ce que voyant, les Pharisiens dirent à ses disciples : Pourquoi votre Maître mange-t-il avec des publicains et des pécheurs?

12. Mais Jésus les ayant entendus, leur dit [13] : Ce ne sont pas ceux qui se portent bien, mais les malades, qui ont besoin de médecin.

13. Allez donc, et apprenez ce que veut dire *cette parole :* J'aime mieux la miséricorde que le sacrifice [14]; car je ne suis pas venu appeler les justes [15], mais les pécheurs [16]. *Os.* 6, 6. *Pl. b.* 12, 7.

14. Alors les disciples de Jean [17] le vinrent trouver, et lui dirent : Pourquoi les Pharisiens et nous jeûnons-nous souvent, tandis que vos disciples ne jeûnent point [18]? *Marc,* 2, 18. *Luc,* 5, 33.

15. Et Jésus leur répondit : Les amis de l'époux [19] peuvent-ils être dans le deuil pendant que l'époux est avec eux? mais un jour viendra que l'époux leur sera ôté : et alors ils jeûneront [20].

16. Personne ne met une pièce de drap neuf à un vieux vêtement; car le neuf em-

bebant cum Jesu, et discipulis ejus.

11. Et videntes Pharisæi, dicebant discipulis ejus : Quare cum publicanis et peccatoribus manducat Magister vester?

12. At Jesus audiens, ait : Non est opus valentibus medicus, sed male habentibus.

13. Euntes autem discite quid est : Misericordiam volo, et non sacrificium. Non enim veni vocare justos, sed peccatores.

14. Tunc accesserunt ad eum discipuli Joannis, dicentes : Quare nos, et Pharisæi, jejunamus frequenter : discipuli autem tui non jejunant?

15. Et ait illis Jesus : Numquid possunt filii sponsi lugere quandiu cum illis est sponsus? Venient autem dies cum auferetur ab eis sponsus : et tunc jejunabunt.

16. Nemo autem immittit commissuram panni rudis in vesti-

ỳ. 12. — [13] il dit à ses disciples, qui lui avaient fait part de la remarque des Pharisiens.

ỳ. 13. — [14] Ces paroles, d'après l'usage de la langue hébraïque, signifient : Je préfère les œuvres de charité envers le prochain aux pratiques purement extérieures de religion (Voy. de plus ampl. éclaircis., *Jér.* 7. note 24). Jésus veut dire : Dieu préférant les œuvres de charité aux pratiques extérieures de religion, je m'intéresse volontiers au sort des pécheurs. Que du reste Jésus ne dédaignât point les devoirs extérieurs de la religion, c'est ce que montre la fidélité avec laquelle il se soumettait lui-même en tout à la loi de Moyse.

[15] ceux qui se regardent comme justes, tels que les Pharisiens (Hil., Jérôme, Bède).

[16] Où en serions-nous si Jésus-Christ n'avait pas conservé jusque dans le ciel les sentiments qu'il montra sur la terre?

ỳ. 14. — [17] Voy. *pl. h.* 3. D'après saint Marc il y avait des Pharisiens parmi eux.

[18] Outre les jeûnes communs à tous, les Pharisiens avaient encore deux jours de jeûne dans la semaine (Voy. *Luc,* 18, 12). Saint Jean avait enseigné à ses disciples la pénitence qui était accompagnée du jeûne. Ce ne devait être là d'ailleurs qu'une préparation à la prédication du Messie. Cependant, hélas! quelques-uns des disciples de saint Jean prirent son enseignement, non comme une doctrine préparatoire mais comme une doctrine qui devait toujours subsister, et ils formèrent une secte particulière dont les adeptes furent dans la suite connus sous le nom de chrétiens joannistes, lesquels enseignaient des choses entièrement ridicules touchant saint Jean-Baptiste.

ỳ. 15. — [19] Littéralement : les fils de l'époux. Dans le grec : les fils des épousailles, c'est-à-dire les compagnons de l'époux.

[20] Jésus-Christ s'appelle l'époux de son Eglise, qu'il a rachetée au prix de sa vie (*Ephés.* 5, 25. 26. 27). Les Apôtres sont appelés ses compagnons, parce que, en vertu du pouvoir sacerdotal dont ils sont revêtus, ils travaillent en lui et avec lui à édifier l'Eglise, et engendrent des enfants pour la vie éternelle. Après sa mort ils seront dans le deuil. Dès les premiers siècles de l'Eglise, les chrétiens jeûnèrent le jour où l'Epoux leur avait été enlevé, le vendredi, plusieurs même jeûnaient le samedi.

mentum vetus : tollit enim plenitudinem ejus a vestimento : et pejor scissura fit.

porte une partie du vieux, et le déchire encore davantage [21].

17. Neque mittunt vinum novum in utres veteres : alioquin rumpuntur utres, et vinum effunditur, et utres pereunt. Sed vinum novum in utres novos mittunt : et ambo conservantur.

17. Et l'on ne met point non plus de vin nouveau dans de vieux vaisseaux ; autrement les vaisseaux se rompent, et le vin se répand, et les vaisseaux sont perdus : mais on met le vin nouveau dans des vaisseaux neufs ; et ainsi le vin et les vaisseaux se conservent [22].

18. Hæc illo loquente ad eos, ecce princeps unus accessit, et adorabat eum, dicens : Domine, filia mea modo defuncta est : sed veni, impone manum tuam super eam, et vivet.

18. Comme il leur parlait de la sorte, un chef [23] s'approcha, et l'adorait en disant : Seigneur, ma fille vient de mourir [24] ; mais venez lui imposer les mains et elle vivra [25]. *Marc*, 5, 22. *Luc*. 8, 41.

19. Et surgens Jesus, sequebatur eum, et discipuli ejus.

19. Alors Jésus se levant, le suivit avec ses disciples.

20. Et ecce mulier, quæ sanguinis fluxum patiebatur duodecim annis, accessit retro, et tetigit fimbriam vestimenti ejus.

20. En même temps une femme, qui depuis douze ans était affligée d'une perte de sang, s'approcha par derrière, et toucha la frange de son vêtement [26]. *Marc*, 5, 25. *Luc*, 8, 43.

21. Dicebat enim intra se : Si tetigero tantum vestimentum ejus, salva ero.

21. Car elle disait en elle-même : Si je puis seulement toucher son vêtement, je serai guérie [27].

22. At Jesus conversus, et videns eam, dixit : Confide filia, fides

22. Jésus se retournant alors, et la voyant, lui dit : *Ma* fille, ayez confiance, votre foi

---

ỳ. 16. — [21] car la pièce neuve ne tient point attachée à un habit usé, mais elle l'emporte avec elle, et la déchirure devient pire.

ỳ. 17. — [22] Ces deux comparaisons veulent dire : Le neuf ne convient pas au vieux ; si on les mêle, le résultat ne peut être que mauvais. De même à l'égard de mes disciples, tant qu'ils n'auront pas été renouvelés, régénérés par le Saint-Esprit, les fruits du nouvel esprit, les jeûnes, les afflictions et les privations, ne leur conviennent pas ; ils ne produiraient sur eux que des effets pernicieux en les décourageant, ou même en les faisant apostasier. Saint Chrysostôme fait à ce sujet cette réflexion : Nous ne devons pas exiger dès le principe toute la perfection de chacun des fidèles, mais seulement ce que chacun est capable de faire. Allez donc vous-mêmes, et conduisez les autres du plus bas au plus élevé, et ne prévenez pas l'avancement graduel qui est dans la nature.

ỳ. 18. — [23] un président de synagogue de Capharnaüm, un des officiers chargés de veiller au maintien de l'ordre pendant le culte de Dieu. — * Les chefs de la synagogue présidaient sur le peuple, lorsqu'il s'assemblait pour assister à la lecture des livres saints, aux instructions publiques, etc., et ils etaient établis pour empêcher le tumulte dans ces assemblées, et pour y faire observer toutes choses selon la loi (De Sacy) *Ibid*.

[24] est aux dernieres extrémités, d'après *saint Marc*, 5, 23 ; mais un esclave étant survenu à l'instant (*Luc*, 8, 49. *Marc*, 5, 35), et ayant annoncé au père que sa fille venait de mourir, saint Matthieu a mis qu'elle était morte.

[25] Il regardait l'imposition des mains comme nécessaire. C'est ainsi qu'il y a divers degrés de foi et de confiance.

ỳ. 20. — [26] car elle était retenue par la honte, elle se considérait comme impure, et elle croyait, etc. (*Voy*. la suite).

ỳ. 21. — [27] Elle le croyait, et il lui fut fait comme elle croyait. — Ne condamnez donc point la foi des petits ; ils ont confiance en une vertu qui émane pour eux des reliques, mais ils rapportent cette vertu à l'auteur du salut et de la vie. Dieu a egard a la foi naive qui anime leur cœur. Les Hébreux, d'après 4. *Moys*. 15, 38. devaient porter quatre houpes aux quatre coins de leur habit de dessus, afin qu'elles leur rappelassent toujours le souvenir des commandements de Dieu.

vous a guérie. Et cette femme fut guérie depuis cette heure-là.

23. Lorsque Jésus fut arrivé en la maison du chef, et qu'il eut vu les joueurs de flûte, et une troupe qui faisait grand bruit [28], il leur dit :

24. Retirez-vous; car cette fille n'est pas morte, mais elle n'est qu'endormie [29]. Et ils se moquaient de lui.

25. Et après qu'on eut fait sortir tout ce monde [30], il entra, et lui prit la main : et la petite fille se leva.

26. Et le bruit s'en répandit dans tout le pays.

27. Comme Jésus sortait de ce lieu-là, deux aveugles le suivirent, en criant et en disant : Fils de David [31], ayez pitié de nous [32].

28. Et lorsqu'il fut venu en la maison, ces aveugles s'approchèrent de lui, et Jésus leur dit : Croyez-vous que je puisse faire ce *que vous me demandez?* Ils lui répondirent : Oui, Seigneur.

29. Alors il toucha leurs yeux [33], en disant : Qu'il vous soit fait selon votre foi.

30. Aussitôt leurs yeux furent ouverts. Et Jésus leur défendit fortement d'en parler, en disant : Prenez bien garde que qui que ce soit ne le sache [34].

31. Mais eux s'en étant allés, répandirent sa réputation dans tout ce pays.

32. Après qu'ils furent sortis, on lui présenta un homme muet, possédé du démon [35]. *Pl. b.* 12, 22. *Luc*, 11, 14.

33. Et le démon ayant été chassé, le muet parla, et le peuple en fut dans l'admiration, et ils disaient : On n'a jamais rien vu de semblable en Israel.

tua te salvam fecit. Et salva facta est mulier ex illa hora.

23. Et cum venisset Jesus in domum principis, et vidisset tibicines et turbam tumultuantem, dicebat :

24. Recedite : non est enim mortua puella, sed dormit. Et deridebant eum.

25. Et cum ejecta esset turba, intravit : et tenuit manum ejus. Et surrexit puella.

26. Et exiit fama hæc in universam terram illam.

27. Et transeunte inde Jesu, secuti sunt eum duo cæci, clamantes, et dicentes : Miserere nostri, fili David.

28. Cum autem venisset domum, accesserunt ad eum cæci. Et dicit eis Jesus : Creditis quia hoc possum facere vobis? Dicunt ei : Utique, Domine.

29. Tunc tetigit oculos eorum, dicens : Secundum fidem vestram fiat vobis.

30. Et aperti sunt oculi eorum : et comminatus est illis Jesus, dicens : Videte ne quis sciat.

31. Illi autem exeuntes, diffamaverunt eum in tota terra illa.

32. Egressis autem illis, ecce obtulerunt ei hominem mutum, dæmonium habentem.

33. Et ejecto dæmonio, locutus est mutus, et miratæ sunt turbæ, dicentes : Numquam apparuit sic in Israel.

℣. 23. — [28] Aussitôt après que quelqu'un était mort, on faisait venir des joueurs de flûte et des pleureuses, afin de témoigner par le son des instruments et par les cris et les chants funèbres, la douleur qu'on éprouvait de la perte qu'on venait de faire (Voy. *Jér.* 9, 17).

℣. 24. — [29] car je vais la réveiller de la mort, de manière que sa mort n'aura été qu'un sommeil. La mort de tous les chrétiens n'est qu'un sommeil; car le Seigneur les ressuscitera au jour de la vie, quand ce temps de ténèbres sera passé (Voy. 1. *Thess.* 4, 13 et suiv.). Il n'y a de véritable mort que la mort spirituelle.

℣. 25. — [30] parce qu'ils étaient indignes d'être témoins de la puissance de Jésus-Christ.

℣. 27. — [31] O vous qui êtes le Messie, le Sauveur (Voy. *pl. h.* 1, 1. *pl. b.* 12, 23)! — [32] Jésus ne répondit pas pendant tout le trajet, afin d'éprouver leur foi et leur persévérance.

℣. 29. — [33] Voy. *pl. h.* 8, 3 et ℣. 21.

℣. 30. — [34] Il le leur défendit sévèrement et avec instance, afin de montrer à quel point il était opposé à la vaine gloire, et combien nous devons nous-mêmes la détester.

℣. 32. — [35] dont le mutisme n'était pas occasionné par une cause naturelle ou le vice des organes, mais était produit par un mauvais esprit (Chrys.).

34. Pharisæi autem dicebant : In principe dæmoniorum ejecit dæmones.

34. Mais les Pharisiens disaient : C'est par le prince des démons qu'il chasse les démons [36].

35. Et circuibat Jesus omnes civitates, et castella, docens in synagogis eorum, et prædicans evangelium regni, et curans omnem languorem, et omnem infirmitatem.

35. Or Jésus parcourait toutes les villes et les bourgades, enseignant dans leurs synagogues, prêchant l'évangile du royaume [37], et guérissant toutes les langueurs et toutes les infirmités.

36. Videns autem turbas, misertus est eis : quia erant vexati, et jacentes sicut oves non habentes pastorem.

36. En voyant ces troupes, il en eut compassion, parce qu'ils étaient fatigués [38] et couchés *çà et là*, comme des brebis qui n'ont point de pasteur [39].

37. Tunc dicit discipulis suis : Messis quidem multa, operarii autem pauci.

37. Alors il dit à ses disciples : La moisson est grande, mais il y a peu d'ouvriers [40].

38. Rogate ergo Dominum messis, ut mittat operarios in messem suam.

38. Priez donc le Maître de la moisson qu'il envoie des ouvriers en sa moisson [41].

CHAPITRE X.

Jésus-Christ envoie les douze apôtres, il les instruit sur leur vocation, il leur donne un pouvoir particulier, il leur recommande le désintéressement, la prudence, la patience, la confiance dans les divisions qui s'élèveront parmi les hommes; il leur prédit ce qu'ils auront à souffrir, et leur promet protection et récompense.

1. Et convocatis duodecim discipulis suis, dedit illis potestatem spirituum immundorum, ut ejicerent eos, et curarent omnem languorem, et omnem infirmitatem.

1. Et Jésus ayant appelé ses douze disciples [1], leur donna puissance sur les esprits impurs [2], pour les chasser, et pour guérir toutes les langueurs et toutes les infirmités [3]. *Marc*, 3, 13. *Luc*, 6, 13. et 9, 1.

℣. 34. — [36] Voy. *pl. b.* 12, 14 et suiv.
℣. 35. — [37] du royaume de Dieu (Voy. *pl. h.* 4, 23).
℣. 36. — [38] accablés de différentes sortes de misères, de la misère corporelle et de la misère spirituelle.
[39] Voy. *Zachar.* 10, 2 et les remarques.
℣. 37. — [40] Le peuple soupire après le salut, l'instruction et la délivrance de ses misères; mais les prédicateurs et les dispensateurs manquent. Il n'y avait alors qui prêchassent que Jésus-Christ et Jean-Baptiste : les docteurs de la loi ne vivaient que pour eux, et, de plus, ils conduisaient le peuple dans les voies de l'erreur.
℣. 38. — [41] Ainsi le Seigneur fait en partie dépendre de la prière des fidèles l'envoi de bons pasteurs. C'est pourquoi l'Eglise catholique a déterminé quatre époques de l'année, appelées Quatre-temps, auxquelles les fidèles doivent demander cette grâce à Dieu par la pénitence, le jeûne, la prière et les œuvres de charité.
℣. 1. — [1] Comp. *Marc*, 6, 7-13. *Luc*, 9, 1-6. Les douze Apôtres forment un corps correspondant aux douze tribus d'Israel, auxquelles ils furent d'abord envoyés (℣. 6).
[2] les démons.
[3] Le don d'opérer des miracles, nécessaire pour l'établissement de l'Eglise, était le pouvoir distinctif des Apôtres, c'est pourquoi il en est fait ici une mention par-

2. Or voici les noms des douze apôtres[4]: Le premier, Simon[5], qui est appelé Pierre[6], et André, son frère[7];

3. Jacques, fils de Zébédée[8], et Jean, son frère[9]; Philippe[10] et Barthélemi[11]; Thomas[12] et Matthieu le publicain; Jacques, fils d'Alphée[13], et Thaddée[14].

4. Simon Chananéen[15], et Judas Iscariote[16], qui est celui qui le trahit[17].

5. Jésus envoya ces douze, après leur avoir donné les instructions suivantes : N'allez point dans les terres des Gentils, et n'entrez point dans les villes des Samaritains[18] :

2. Duodecim autem apostolorum nomina sunt hæc : Primus, Simon, qui dicitur Petrus, et Andreas frater ejus.

3. Jacobus Zebedæi, et Joannes frater ejus, Philippus, et Bartholomæus, Thomas et Matthæus publicanus, Jacobus Alphæi, et Thaddæus,

4. Simon Chananæus, et Judas Iscariotes, qui et tradidit eum.

5. Hos duodecim misit Jesus : præcipiens eis, dicens : In viam gentium ne abieritis, et in civitates Samaritanorum ne intraveritis :

---

ticulière. Sous les autres rapports ils avaient pour la conduite de l'Eglise une fois fondée, les mêmes pouvoirs que les évêques et les prêtres ont encore.

℣. 2. — [4] c'est-à-dire des envoyés. Ils étaient dans un sens rigoureux les plénipotentiaires, les fondés de pouvoir du Seigneur, doués du don des miracles.

[5] Simon est nommé en premier lieu par tous les évangelistes, quoique d'ailleurs ils ne suivent pas le même ordre en désignant les autres Apôtres (Comp. *Marc*, 3, 14-19. *Luc*, 6, 13-16), et qu'André, son frère, eût été appelé avant lui par Jesus (*Jean*, 1, 47-42). Il est ici nommé le premier par rapport à la prééminence que Jésus-Christ lui donna d'après le chap. 16, 18. sur les autres Apôtres. Il n'est donc point ici le premier quant au nombre seulement, car les autres ne sont pas non plus distingués par le nombre, mais à cause de sa dignité, ou, comme dit saint Jean Chrysostôme, parce qu'il est le coryphée, c'est-à-dire celui qui marche en avant, le guide, le chef de tout le corps.

[6] Dans le langage de la Bible, être appelé a communément le même sens qu'être; par conséquent c'est comme s'il y avait : Qui est Pierre, l'homme — rocher, — qui est la pierre fondamentale.

[7] Les Apôtres sont cités deux à deux, parce que Jésus-Christ les envoya deux à deux prêcher l'Evangile (*Marc*, 6, 8. Voy. *pl. h.* 4, 18).

℣. 3. — [8] Voy. *pl. h.* 4, 21.

[9] l'Evangéliste.

[10] Voy. *Jean*, 1, 44.

[11] C'est celui qui, dans saint Jean, 1, 45. 21, 2. est appelé Nathanaël.

[12] Voy. *Jean*, 11, 16. 14, 5. 20, 24-29.

[13] le parent du Seigneur, Jacques le Mineur (*Act.* 15, 13 et suiv.).

[14] Dans le grec : Labbéus, avec surnom de Thaddée. Il est ordinairement appelé Jude, frère de Jacques le Mineur, et par conséquent parent de Jésus.

℣. 4. — [15] c'est-à-dire le zélateur.

[16] c'est-à-dire l'homme de Cariote, une ville dans la tribu de Juda (*Jos.* 15, 25).

[17] Le saint Evangéliste raconte les choses comme elles sont, sans expression ni d'animosité ni de haine (Chrysost.). Quelle belle occasion et quel moyen puissant avait Judas dans la sainte familiarité du Seigneur de changer les sentiments pervers de son cœur en des sentiments plus nobles, et de se convertir! C'est ainsi que Dieu permet que le mal existe au milieu du bien, et que même il l'y accueille, afin que le mal se laisse vaincre par le bien. Que si le mal se réalise, il ne détruit pas pour cela le bien, mais il contribue et aide à sa réalisation; car quoique Judas attache le Sauveur à la croix, il ne laisse pas de seconder par sa perfidie même l'accomplissement de l'œuvre de la Rédemption.

℣. 5. — [18] Ne prêchez présentement ni aux Gentils ni aux Samaritains. Les Samaritains étaient les habitants d'un district entre la Judée et la Galilée, et descendaient de ce petit nombre d'Israélites que Salmanasar, roi d'Assyrie, avait laissés dans le pays après la transmigration du peuple d'Israel, et qu'il avait mêlés à des peuples païens. Ils faisaient profession de la loi de Moyse, mais ils étaient en même temps adonnés au culte des idoles, que cependant ils abandonnèrent dans la suite. Ils étaient un objet de haine profonde pour les Juifs, que, de leur côté, ils ne haïssaient pas moins (Comp. 4. *Rois*, 17 et les remarques).

6. sed potius ite ad oves, quæ perierunt domus Israel.
7. Euntes autem prædicate, dicentes : Quia appropinquavit regnum cœlorum.
8. Infirmos curate, mortuos suscitate, leprosos mundate, dæmones ejicite : gratis accepistis, gratis date.
9. Nolite possidere aurum, neque argentum, neque pecuniam in zonis vestris :
10. non peram in via, neque duas tunicas, neque calceamenta, neque virgam : dignus enim est operarius cibo suo.
11. In quamcumque autem civitatem, aut castellum intraveritis, interrogate, quis in ea dignus sit : et ibi manete donec exeatis.
12. Intrantes autem in domum, salutate eam, dicentes : Pax huic domui.
13. Et si quidem fuerit domus

6. mais allez plutôt aux brebis perdues de la maison d'Israël [19]. *Act.* 13, 46.
7. Or, allez et prêchez, en disant que le royaume des cieux est proche [20].
8. Rendez la santé aux malades, ressuscitez les morts, guérissez les lépreux, chassez les démons [21] : vous avez reçu gratuitement, donnez gratuitement [22].
9. N'ayez ni or, ni argent, ni monnaie dans vos bourses [23]; *Luc,* 9, 3. 10, 4.
10. ni sac pour le chemin, ni deux habits, ni souliers [24], ni bâton [25]; car celui qui travaille, mérite qu'on le nourrisse [26].
11. En quelque ville, ou en quelque village que vous entriez, informez-vous qui y est digne [27]; et demeurez chez lui jusqu'à ce que vous vous en alliez.
12. En entrant dans la maison, saluez-là en disant : Que la paix soit dans cette maison [28].
13. Et si cette maison en est digne, votre

ỳ. 6. — [19] Tous les prophètes avaient promis aux Juifs que le Messie paraîtrait parmi eux; il convenait donc qu'ils fussent en premier lieu invités au salut. Ils en avaient du reste un plus grand besoin que les Gentils et les Samaritains: car leurs faux pasteurs les retenaient captifs par leurs maximes humaines et ils ne laissaient point se manifester dans eux le désir du Libérateur. Les Gentils et les Samaritains étaient mieux disposés qu'eux à le recevoir, ainsi que la suite le fit voir, lorsque les Apôtres, après qu'Israël eut rejeté le salut, eurent reçu l'ordre de l'annoncer aux Gentils.

ỳ. 7. — [20] Voy. *pl. h.* 4, 23. 3, 2.

ỳ. 8. — [21] *Voy.* ỳ. 1.

[22] Les Apôtres ne devaient recevoir aucune rétribution terrestre pour les miracles qu'ils opéraient. Il faut distinguer de cette rétribution le salaire des ouvriers qui travaillent à la vigne du Seigneur (*Luc,* 10, 7).

ỳ. 9. — [23] dans vos ceintures. Chez les anciens les ceintures creuses et larges servaient de bourses.

ỳ. 10. — [24] pour provision ou pour changer (Voy. *Marc,* 6, 9).

[25] Ils pouvaient avoir un bâton, mais ils ne devaient pas se mettre trop en peine pour le cas où ils viendraient à le perdre (Voy. *Marc,* 6, 8).

[26] Quand vous irez désormais prêcher en quelque lieu, ne portez avec vous dans la route ni argent, ni besace pour mettre vos provisions, ni des habits de rechange, car le peuple auquel vous annoncez l'Evangile et que vous servez, est tenu de vous nourrir et de vous fournir le nécessaire. — Ceux qui étaient riches en biens spirituels devaient être pauvres quant aux biens temporels. Il était donc permis aux Apôtres de recevoir des aumônes et de les conserver pour leurs besoins. Ce qui leur était défendu était de trop s'inquiéter pour l'avenir en ce qui concerne les choses dont il s'agit. Une autre preuve évidente que Jésus permettait de conserver les aumônes pour subvenir aux besoins de chaque jour, c'est ce que nous lisons dans *saint Jean,* 12, 6. Plus tard, lorsqu'ils vécurent parmi les nations infidèles, et qu'ils furent exposés à toutes sortes de persécutions, cette précaution devint une mesure absolument nécessaire pour l'entretien des missions apostoliques.

ỳ. 11. — [27] Quel est celui qui, comme dit saint Jérôme, croit plus recevoir (par votre enseignement spirituel), qu'il ne vous donne (en subvenant à vos besoins temporels).

ỳ. 12. — [28] C'est ainsi que les Juifs saluaient. Dans la bouche de Jésus-Christ et des Apôtres, qui portaient avec eux la parole de paix, de la réconciliation avec Dieu et avec les hommes, ce n'était point là une vaine formule, mais ces paroles faisaient connaître les bienfaits qu'ils souhaitaient procurer,

paix viendra sur elle; et si elle n'en est pas digne, votre paix reviendra à vous [29].

14. Lorsque quelqu'un ne voudra point vous recevoir, ni écouter vos paroles, en sortant de cette maison ou de cette ville, secouez la poussière de vos pieds [30].

15. Je vous le dis en vérité, au jour du jugement, Sodome et Gomorrhe seront traitées moins rigoureusement que cette ville-là [31].

16. Voici que je vous envoie comme des brebis au milieu des loups [32]. Soyez donc prudents comme des serpents, et simples comme des colombes [33]. *Luc*, 10, 3.

17. Mais gardez-vous des hommes; car ils vous feront comparaître dans leurs assemblées, et ils vous feront fouetter dans leurs synagogues [34] : *Luc*, 12, 11.

18. et vous serez présentés à cause de moi aux gouverneurs et aux rois, pour leur servir de témoignage [35] devant eux et devant les Gentils.

19. Lors donc qu'on vous livrera, ne vous mettez point en peine comment vous leur parlerez, ni de ce que vous leur direz : car ce que vous devez dire vous sera donné à l'heure même; *Luc*, 12, 11.

20. parce que ce n'est pas vous qui parlez mais c'est l'Esprit de votre Père qui parle en vous [36].

21. Or le frère livrera le frère à la mort, et le père le fils; les enfants se soulèveront

illa digna, veniet pax vestra super eam : si autem non fuerit digna, pax vestra revertetur ad vos.

14. Et quicumque non recepit vos, neque audierit sermones vestros : exeuntes foras de domo, vel civitate, excutite pulverem de pedibus vestris.

15. Amen dico vobis : Tolerabilius erit terræ Sodomorum et Gomorrhæorum in die judicii, quam illi civitati.

16. Ecce ego mitto vos sicut oves in medio luporum. Estote ergo prudentes sicut serpentes, et simplices sicut columbæ.

17. Cavete autem ab hominibus. Tradent enim vos in conciliis, et in synagogis suis flagellabunt vos :

18. et ad præsides, et ad reges ducemini propter me in testimonium illis, et gentibus.

19. Cum autem tradent vos, nolite cogitare quomodo, aut quid loquamini : dabitur enim vobis in illa hora, quid loquamini;

20. non enim vos estis qui loquimini, sed Spiritus Patris vestri, qui loquitur in vobis.

21. Tradet autem frater fratrem in mortem, et pater filium : et in-

---

℣. 13. — [29] votre prédication vous sera utile à vous-mêmes (Aug.).

℣. 14. — [30] afin de montrer par là que vous ne voulez rien avoir de commun avec , puisqu'ils rejettent loin d'eux la grâce de Dieu, et qu'ils attirent sur eux sa colère.

℣. 15. — [31] car des messagers divins n'avaient pas été envoyés à ces hommes coupables de péchés contre nature.

℣. 16. — [32] sans autres armes que la douceur et la patience.

[33] Le serpent est prévoyant, circonspect, et dans le danger tout son soin est de veiller sur sa tête; il l'environne d'un cercle formé des replis de son corps, afin de la couvrir et de la garantir des coups qui pourraient lui donner la mort. La colombe est le type d'un caractère sans ruse ni artifice, d'un cœur simple et ingénu, d'une âme douce et innocente. Les qualités de ces deux animaux devaient se trouver réunies dans les Apôtres. Ennemis de la ruse et de l'artifice, doux et pacifiques, n'ayant en vue que les choses celestes, ils devaient vivre en rapport avec le prochain, même avec leurs ennemis les plus artificieux, toujours sur leur garde, ne donnant aucun scandale, prévoyant tous les dangers, mais abandonnant tout quand le péril était inévitable, pour conserver et sauver l'unique chose nécessaire — une conscience pure.

℣. 17. — [34] La flagellation était parmi les Juifs de cette époque une punition très-ordinaire pour la violation de la loi de Moyse : elle était donnée dans les synagogues et accompagnée de malédictions.

℣. 18. — [35] que ma doctrine est divine, et que leur opposition ne peut pas être justifiée (Hil., Theoph.).

℣. 20. — [36] l'Esprit de mon Père, qui est aussi mon Esprit (*Gal.* 4, 6), vous inspirera la sagesse et le courage.

surgent filii in parentes, et morte eos afficient :

22. et eritis odio omnibus propter nomen meum : qui autem perseveraverit usque in finem, hic salvus erit.

23. Cum autem persequentur vos in civitate ista, fugite in aliam. Amen dico vobis, non consummabitis civitates Israel, donec veniat Filius hominis.

24. Non est discipulus super magistrum, nec servus super dominum suum.

25. Sufficit discipulo, ut sit sicut magister ejus : et servo, sicut dominus ejus. Si patrem familias Beelzebub vocaverunt : quanto magis domesticos ejus?

contre leurs pères et leurs mères, et les feront mourir [37].

22. Et vous serez haïs de tous à cause de mon nom [38] : mais celui-là sera sauvé, qui persévérera jusqu'à la fin [39].

23. Lors donc qu'ils vous persécuteront dans une ville, fuyez dans une autre. Je vous le dis en vérité, vous n'aurez pas achevé toutes les villes d'Israel, que le Fils de l'homme viendra [40].

24. Le disciple n'est point au-dessus du maître, ni l'esclave au-dessus de son seigneur [41]. *Luc*, 6, 40. *Jean*, 13, 16. 15, 20.

25. Il suffit au disciple d'être comme son maître, et à l'esclave comme son seigneur. S'ils ont appelé le père de famille Béelzébub, à combien plus forte raison ses domestiques [42].

℣. 21. — [37] Jésus-Christ a apporté la division parmi le genre humain, l'homme de la paix a apporté le glaive jusqu'au sein des familles; car il attire à lui les cœurs bien disposés, et il provoque la haine des autres. Les sentiments chrétiens et la conduite chrétienne ont en effet quelque chose de poignant, et ils provoquent les esprits qui ne sont disposés ni à recevoir la correction ni à s'améliorer, et cette haine passe par dessus tous les liens personnels de parenté, parce que l'homme se sent saisi dans ce qu'il y a de plus intime en lui, dans ce qu'il recherche et ce qu'il aime davantage. La prédiction que l'on voit ici touchant la division apportée par le Christ, ne reçut son accomplissement que lorsque les Apôtres furent, pour la seconde fois, envoyés parmi les nations. De même en effet que les prophètes de l'Ancien Testament représentaient ordinairement sous une même image les événements à venir qui avaient entre eux des analogies, quoique sous le rapport du temps ils fussent souvent très-éloignés les uns des autres; de même Jésus-Christ, dans ce passage, réunit, à cause de leur ressemblance, des temps les uns plus rapprochés, les autres plus éloignés. Ce qui est marqué ci-dessus trouve d'ailleurs une entière vérification dans l'histoire des martyrs des temps postérieurs. Sainte Barbe et sainte Christine furent livrées à la mort par leur père, et sainte Lucie, par son propre fils.

℣. 22. — [38] parce que *vous êtes* chrétiens. Le nom indique encore ici la qualité. Le monde vous haïra, parce que vous possédez une vertu surnaturelle, une vertu qui est un reproche pour les consciences. Les vertus naturelles, la bonté du cœur, la bienfaisance à l'égard du prochain, qui en découle, le monde peut bien les estimer et les aimer; il sent que ce sont là des fruits qui naissent de son sol; mais les vertus proprement chrétiennes, l'abnégation, la penitence, l'union à Dieu et l'assiduité à la prière, il les hait; car il sent que là est sa mort (*Jacq*. 4, 4).

[39] dans la patience à supporter la haine du monde, et, par suite, dans les dispositions chrétiennes qu'occasionnait cette haine, ce qui toutefois ne peut être qu'un don de Dieu, ainsi que l'enseigne le saint concile de Trente (sess. 6. chap 13).

℣. 23. — [40] Les villes d'Israël sont mises ici, comme cela est ordinaire (*Prov*. 11, 11. 29, 8. *Eccli*. 31, 29. 36, 15), pour les Israelites. Le sens est donc : En vérité, je vous le dis (et à vos successeurs) : Vous n'aurez pas encore converti tous les Israélites quand je viendrai dans mon second avènement pour le dernier jugement. La conversion générale des Juifs ne doit avoir lieu qu'à la fin des temps (*Rom*. 11, 25. 26); encore alors plusieurs rejetteront-ils le salut loin d'eux (Voy. *Zach*. et les remarques). *Comp*. Corneil. de Lap.

℣. 24. — [41] Vous ne pouvez pas prétendre à un meilleur sort que le mien.

℣. 25. — [42] La plupart des manuscrits grecs portent Béelzébul. c'est-à-dire, Seigneur de l'habitation (de l'enfer), le chef des demons (*Pl. b*. 12, 24). Béelzébub est une idole des Philistins, qui, d'après la croyance de ses superstitieux adorateurs, délivrait des mouches et des autres fléaux (Voy. 4, *Rois*, 1. note 3). Il semble que Béelzébul est mis pour Béelzébub, soit à cause de la consonnance des termes, soit par mépris. Il y a d'ailleurs au fond unité de nature entre eux, puisque l'idolâtrie

26. Ne les craignez donc point; car il n'y a rien de caché qui ne doive être découvert, ni de secret qui ne doive être connu [43]. *Marc*, 4, 22. *Luc*, 8, 17. 12, 2.

27. Dites dans la lumière ce que je vous dis dans l'obscurité, et prêchez sur le haut des maisons ce qu'on vous dit à l'oreille [44].

28. Et ne craignez point ceux qui tuent le corps, et qui ne peuvent tuer l'âme; mais craignez plutôt celui qui peut perdre et l'âme et le corps dans l'enfer [45].

29. N'est-il pas vrai que deux passereaux ne se vendent qu'une obole? et néanmoins il n'en tombe aucun sur la terre sans votre père [46].

30. Pour vous, les cheveux mêmes de votre tête sont tous comptés [47]. 2. *Rois*, 14, 11. *Act.* 27, 34.

31. Ne craignez donc point; vous valez beaucoup mieux qu'un grand nombre de passereaux.

32. Quiconque donc me confessera devant les hommes, je le confesserai aussi moi-même devant mon Père qui est dans les cieux; *Marc*, 8, 38. *Luc*, 9, 26. 12, 8. 2. *Tim.* 2, 12.

33. et quiconque me renoncera devant les hommes, je le renoncerai aussi moi-même devant mon Père qui est dans les cieux [48].

26. Ne ergo timueritis eos: nihil enim est opertum, quod non revelabitur, et occultum, quod non scietur.

27. Quod dico vobis in tenebris, dicite in lumine: et quod in aure auditis, prædicate super tecta.

28. Et nolite timere eos, qui occidunt corpus, animam autem non possunt occidere: sed potius timete eum, qui potest et animam, et corpus perdere in gehennam.

29. Nonne duo passeres asse væneunt: et unus ex illis non cadet super terram sine patre vestro?

30. Vestri autem capilli capitis omnes numerati sunt.

31. Nolite ergo timere: multis passeribus meliores estis vos.

32. Omnis ergo qui confitebitur me coram hominibus, confitebor et ego eum coram Patre meo, qui in cœlis est:

33. qui autem negaverit me coram hominibus, negabo et ego eum coram Patre meo, qui in cœlis est.

était l'ouvrage de satan, et que c'était lui qui sous les diverses idoles se faisait rendre les honneurs divins (Voy. *Ps.* 95, 5). — Le monde appelle le bien, mal, et le mal, bien (*Isaï.* 5, 20); car pour lui il n'y a de bien que ce qui satisfait ses passions.

ỳ. 26. — [43] Mais parce qu'ils vous méconnaîtront et vous poursuivront, vous ne devez pas pour cela les redouter; votre innocence et la vérité de ma doctrine ne laisseront pas de paraître au grand jour, et de remporter sur eux, à la face du monde, une éclatante victoire (Chrys.).

ỳ. 27. — [44] La doctrine que je vous ai enseignée en présence d'un petit nombre de témoins, vous l'annoncerez ouvertement à tous les hommes. — Les toits des maisons en Orient sont plats. Il est assez ordinaire que l'on fasse du haut des toits des publications destinées à se répandre beaucoup: toutefois ce qui est ici marqué, c'est que les apôtres devaient annoncer au grand jour la doctrine de Jésus-Christ, afin que dans la suite elle parvînt à être reconnue à la face du monde.

ỳ. 28. — [45] Craignez avant tout d'offenser Dieu, qui peut vous punir dans l'enfer.

ỳ. 29 — [46] Afin de les prémunir contre la crainte, Jésus renvoie ses disciples à la providence de Dieu, pour le royaume duquel ils travaillaient. Celui qui nourrit les passereaux, qui sont de si peu de prix, et qui connaît le nombre des cheveux de notre tête, comment ne prendrait-il pas soin de ceux qui croient en lui, et spécialement de ses ministres, et comment ne leur conserverait-il pas leur vie véritable, alors même qu'il permettrait que leur corps fût mis à mort?

ỳ. 30. — [47] Même les choses les plus minimes sont sous la conduite de la providence de Dieu; car les plus petites choses, non moins que les plus grandes, appartiennent au tout. C'est pourquoi les soins du Seigneur s'étendent même à ce qu'il y a de plus petit (Comp. *pl. b.* 14, 20. *Jean*, 20, 5). Le Seigneur a les yeux ouverts sur les moindres circonstances de notre vie; soyez donc fidèle jusque dans les plus petites choses (*Pl. b.* 25, 21).

ỳ. 33. — [48] Puisque vous êtes sous la protection de Dieu, vous n'avez aucun mo-

34. Nolite arbitrari quia pacem venerim mittere in terram : non veni pacem mittere, sed gladium;

35. veni enim separare hominem adversus patrem suum, et filiam adversus matrem suam, et nurum adversus socrum suam:

36. et inimici hominis, domestici ejus.

37. Qui amat patrem, aut matrem plus quam me, non est me dignus; et qui amat filium aut filiam super me, non est me dignus.

38. Et qui non accipit crucem suam, et sequitur me, non est me dignus.

39. Qui invenit animam suam, perdet illam : et qui perdiderit animam suam propter me, inveniet eam.

40. Qui recipit vos, me recipit: et qui me recipit, recipit eum qui me misit.

34. Ne pensez pas que je sois venu apporter la paix sur la terre : je ne suis pas venu apporter la paix, mais l'épée [49]. *Luc*, 12, 51.

35. Car je suis venu séparer l'homme d'avec son père, la fille d'avec sa mère, et la belle-fille d'avec sa belle-mère :

36. et l'homme aura pour ennemis ceux de sa propre maison [50]. *Mich.* 7, 6.

37. Celui qui aime son père ou sa mère plus que moi, n'est pas digne de moi; et celui qui aime son fils ou sa fille plus que moi, n'est pas digne de moi [51]. *Luc*, 14, 26.

38. Celui qui ne prend pas sa croix, et ne me suit pas, n'est pas digne de moi [52]. *Pl. b.* 16, 24. *Marc*, 8, 34. *Luc*, 9, 23. 14, 27.

39. Celui qui conserve sa vie, la perdra; et celui qui aura perdu sa vie pour l'amour de moi, la retrouvera [53]. *Luc*, 9, 24. 17, 33. *Jean*, 12, 25.

40. Celui qui vous reçoit, me reçoit; et celui qui me reçoit, reçoit celui qui m'a envoyé [54]. *Luc*, 10, 16. *Jean*, 13, 20.

---

tif de craindre de faire profession ouverte d'être mes disciples : cependant celui qui me renonce, je ne le reconnaîtrai point non plus devant mon Pere (Comp. *pl. h.* 7, 33, et *Rom.* 10, 10).

ỷ. 34. — [49] Ne croyez pas que la doctrine que vous annoncerez en mon nom soit reçue pacifiquement, sans contradiction. Elle ne vous attirera point la paix, mais des contradictions qui iront jusqu'à la mort (Comp. *pl. h.* ỷ. 21).

ỷ. 36. — [50] Dans la même maison, où quelques-uns deviendront mes fidèles adeptes, d'autres s'endurciront dans leur infidélité, et se changeront à votre égard en persécuteurs.

ỷ. 37. — [51] *Voy.* ỷ. 21.

ỷ. 38. — [52] Quiconque ne prend point sur lui les épreuves, quelque grandes qu'elles soient, que le monde (ainsi que satan et la chair) lui susciteront dans mon service, n'est pas digne de l'honneur d'être mon disciple et de la récompense qui lui serait réservée en cette qualité. — La croix que les malfaiteurs portaient eux-mêmes au lieu du supplice, est mise ici comme figure de toutes les tribulations.

ỷ. 39. — [53] Celui qui conserve la vie et les biens de ce monde, en reniant mon nom, et en me refusant l'honneur qui m'est dû, perdra la véritable vie, la vie de l'éternité, et il mourra de la mort éternelle dans l'enfer : celui au contraire qui perd la vie et les biens présents, en confessant mon nom et ma doctrine, trouvera en échange l'éternelle félicité. — Ces paroles peuvent bien se rapporter immédiatement aux premiers temps du christianisme, qui furent des temps de rudes épreuves, mais elles conviennent aussi à tous les temps; car dans tous les temps la religion de Jésus-Christ sera exposée aux dangers et aux attaques, et toujours, dans une certaine mesure, il exigera de nous, sinon la mort du corps, au moins celle de l'esprit. Sous ce dernier rapport, le sens du verset est : Quiconque conserve son âme (la convoitise du cœur, l'homme charnel) dans sa force et dans sa vie, quiconque ne la tue pas, conduit à la mort sa vie la plus noble; quiconque au contraire perd l'âme, siége de la convoitise, l'homme charnel, conservera pour la vie éternelle son âme dans la partie la plus élevée. Il faut remarquer les paroles « à cause de moi. » Toute mortification, toute abnégation doit avoir pour fin Jésus, c'est-à-dire notre sanctification, la gloire de Dieu et le salut du prochain. Les païens aussi pratiquaient souvent de grandes privations, et s'infligeaient de cruelles pénitences; mais cette abnégation d'eux-mêmes n'avait pas la fin nécessaire, et elle était insensée, sans utilité pour eux.

ỷ. 40. — [54] Le sens par rapport au contexte est : Cependant plusieurs vous recevront volontiers, vous prêteront appui, et ouvriront leur esprit à vos paroles eux-là me reçoivent aussi, moi et mon Père. Ce n'est pas là est une figure vaine,

41. Celui qui reçoit un prophète en qualité de prophète, recevra la récompense du prophète; et celui qui reçoit un juste en qualité de juste, recevra la récompense du juste.

42. Et quiconque aura donné seulement à boire un verre d'eau froide à l'un de ces plus petits, comme étant de mes disciples, je vous le dis en vérité, il ne perdra point sa récompense [55]. *Marc*, 9, 40.

41. Qui recipit prophetam in nomine prophetæ, mercedem prophetæ accipiet: et qui recipit justum in nomine justi, mercedem justi accipiet.

42. Et quicumque potum dederit uni ex minimis istis calicem aquæ frigidæ tantum in nomine discipuli: amen dico vobis, non perdet mercedem suam.

CHAPITRE XI.

Jean-Baptiste fait interroger Jésus. Jésus fait connaître quelle est la vocation de Jean. Jean et Jésus sont l'un et l'autre rejetés des Juifs. Malheur aux villes impénitentes. Les sages sont aveugles: les petits sont instruits de Dieu. Le joug de Jésus est doux et son fardeau léger.

1. Après que Jésus eut achevé de donner ces instructions à ses douze disciples, il partit de là pour aller enseigner et prêcher dans leurs villes.

2. Or Jean ayant appris dans la prison [1] les œuvres de Jesus-Christ, envoya deux de ses disciples, *Luc*, 7, 18.

3. lui dire: Etes-vous celui qui doit venir, ou devons-nous en attendre un autre [2]?

4. Et Jésus leur répondit: Allez, rappor-

1. Et factum est, cum consummasset Jesus, præcipiens duodecim discipulis suis, transiit inde ut doceret, et prædicaret in civitatibus eorum.

2. Joannes autem cum audisset in vinculis opera Christi, mittens duos de discipulis suis,

3. ait illi: Tu es, qui venturus es, an alium expectamus?

4. Et respondens Jesus ait illis:

---

mais la vérité; car Jésus-Christ et son Père vivent avec leur esprit dans les vrais chrétiens (*Jean*, 17, 22. 23. 2. *Picr*. 1, 4).

℣. 42. — [55] Voici le sens de ces deux versets: Celui qui accueille un prédicateur de la foi, qui lui donne l'hospitalité, et qui écoute ses paroles, parce que c'est un prédicateur de la foi, celui-là recevra la récompense d'un prédicateur de la foi, non-seulement parce qu'en recevant sa doctrine, il se place lui-même au rang de prédicateur de la foi, mais parce que par la protection qu'il lui accorde, il participe à ses œuvres. Celui qui reçoit un juste de la même manière, parce qu'il voit en lui un adepte du Seigneur, recevra la récompense de ce juste, d'abord parce que, par l'imitation de ses vertus, il se place au même rang que lui, et ensuite parce qu'il a part aux œuvres que ce Juste, guidé par de sages conseils et par de bons exemples, fait sous sa protection. Celui qui fait même au plus petit (au plus pauvre, au plus misérable) de mes disciples un don, quelque petit qu'il soit, parce qu'il est mon disciple, en sera récompensé éternellement; car il se range ainsi lui-même au nombre de mes disciples.

℣. 2. — [1] Voy. *pl. h.* 4. 12.

℣. 3. — [2] Saint Jean-Baptiste était parfaitement instruit de l'éminente dignité du Libérateur, comme on le voit par *Matth.* 3, 17 et par sa propre déclaration (*Jean*, 1, 29. 34. 3, 30-36): il n'en doutait point non plus dans la prison; c'est ce que montre suffisamment la parole de Jesus-Christ (℣. 7), qu'il n'était pas un roseau agité çà et là par le vent; mais plusieurs de ses disciples étaient encore dans le doute au sujet de Jésus, c'est ce que l'Ecriture dit expressément (*Pl. h.* 9, 14), et ce qui résulte de l'histoire de la défection où ils tombèrent. Jean pouvait par conséquent adresser ces questions seulement à cause de ces disciples qui doutaient,

Euntes renuntiate Joanni quæ audistis, et vidistis.

5. Cæci vident, claudi ambulant, leprosi mundantur, surdi audiunt, mortui resurgunt, pauperes evangelizantur :

6. et beatus est, qui non fuerit scandalizatus in me.

7. Illis autem abeuntibus, cœpit Jesus dicere ad turbas de Joanne : Quid existis in desertum videre? arundinem vento agitatam?

8. Sed quid existis videre? hominem mollibus vestitum? Ecce qui mollibus vestiuntur, in domibus regum sunt.

9. Sed quid existis videre? prophetam? Etiam dico vobis, et plus quam prophetam.

10. Hic est enim de quo scrip-

tez à Jean ce que vous avez entendu [3] et ce que vous avez vu [4].

5. Les aveugles voient, les boiteux marchent, les lépreux sont guéris, les sourds entendent, les morts ressuscitent, l'Evangile est annoncé aux pauvres [5] : *Isaïe*, 35, 5. 61, 5.

6. et heureux est celui qui ne prendra point de moi un sujet de scandale [6].

7. Lorsqu'ils s'en furent allés, Jésus commença à parler de Jean aux peuples en cette sorte [7] : Qu'êtes-vous allés voir dans le désert? un roseau agité du vent [8]? *Luc*, 7, 24.

8. Qu'êtes-vous allés voir? un homme vêtu avec mollesse? Vous savez que ceux qui s'habillent de cette sorte sont dans les maisons des rois [9].

9. Qu'êtes-vous donc allés voir? un prophète? Oui, je vous le dis, et plus qu'un prophète [10].

10. Car c'est de lui qu'il a été écrit : Voilà

---

afin que Jésus eût une occasion de se manifester lui-même à eux, et de fortifier leur foi (Hil., Chrys., Cyril., Théophil.).

ỳ. 4. — [3] des autres.

[4] car Jésus opéra plusieurs miracles à l'heure même (*Luc*, 7, 21).

ỳ. 5. — [5] Que les faits disent qui je suis, — à savoir, le Sauveur de tous les hommes, par destination, mais en réalité seulement pour les pauvres, les aveugles d'esprit, les paralytiques, les lépreux, les sourds, les morts, qui soupirent après leur délivrance.

ỳ. 6. — [6] Reproches et avis qui s'adressaient aux disciples dont la foi chancelait (Chrysost.). Ils espéraient apparemment avoir dans Jésus un roi de la terre, mais ayant apparu dans un état de pauvreté et d'abjection, ils en furent scandalisés, et ils doutèrent. — Heureux celui qui ne se scandalise de rien de ce qui a rapport à l'adorable personne de Jésus, à sa doctrine, à sa vie, à sa mort, à ses sentiments, à sa vertu. Un chrétien ainsi disposé n'écoute ni la voix de la chair et du sang, ni sa raison trompeuse : il n'écoute que la voix de la foi, il ne pense et ne juge qu'à la lumière de la foi.

ỳ. 7. — [7] Le peuple, à l'occasion des questions adressées à Jésus, aurait pu concevoir une mauvaise opinion de Jean; afin de prévenir cette méprise, Jésus rend témoignage à l'éminente vertu, à la dignité et à la mission du grand Précurseur. On peut concevoir ainsi la suite du discours de Jésus (ỳ. 7-14) : Qui est Jean? C'est un homme qui poursuit son but avec persévérance (7), mort à lui-même (8), le Précurseur (10) qui me prépare les voies (9). Aucun des enfants des hommes n'est plus grand que lui, mais il est plus petit que ceux qui sont en participation de la plénitude des grâces du royaume de Dieu (11). Il est celui qui annonce le royaume de Dieu, et qui, en qualité de prédicateur de la pénitence, en a fait connaître la puissance (12); car tous les prophètes, jusqu'à lui, n'ont pas annoncé l'avènement réel du royaume de Dieu, ils l'ont seulement prédit comme futur (13); quant à Jean, il est venu en qualité de précurseur du Seigneur dans la vertu d'Elie (14).

[8] Jean est un homme qui tend à son but avec une persévérance soutenue; ce n'est point un homme qui varie dans ses pensées, ni qui répète sans cesse ce qu'il a dit une fois (Chrys.). La mission de Jean était de préparer les voies à Jésus. Et comme la préparation au salut, c'est la pénitence, il vint comme pénitent; et parce que la première disposition requise dans un pénitent est le courage et la persévérance pour surmonter tous les obstacles, c'est sa constance qui est ici avant tout louée.

ỳ. 8. — [9] Ou bien Jean serait-il peut-être un homme efféminé? Ces hommes-là sont dans les cours des rois. Non, c'était un homme mortifié, mort aux plaisirs et aux commodités de cette vie.

ỳ. 9. — [10] Jean était plus qu'un prophète, parce qu'il montra le Christ présent, et qu'il fraya immédiatement la voie à son royaume par la pénitence.

que j'envoie devant vous mon ange, qui vous préparera la voie par où vous devez marcher [11]. *Marc*, 1, 2. *Luc*, 7, 27.

11. Je vous le dis en vérité, entre ceux qui sont nés des femmes, il n'y en a point eu de plus grand que Jean-Baptiste; mais celui qui est le plus petit dans le royaume des cieux, est plus grand que lui [12].

12. Or depuis le temps de Jean-Baptiste jusqu'à présent [13], le royaume des cieux souffre violence, et les violents l'emportent [14].

13. Car jusqu'à Jean tous les prophètes, aussi bien que la loi, ont prophétisé [15] :

14. et si vous voulez le comprendre, lui-même est cet Elie [16] qui doit venir [17]. *Mal.* 4, 5.

15. Que celui-là entende, qui a des oreilles pour entendre [18].

16. Mais à qui dirai-je que ce peuple-ci est semblable? Il est semblable à ces enfants

tum est : Ecce ego mitto angelum meum ante faciem tuam, qui præparabit viam tuam ante te.

11. Amen dico vobis, non surrexit inter natos mulierum major Joanne Baptista : qui autem minor est in regno cœlorum, major est illo.

12. A diebus autem Joannis Baptistæ usque nunc, regnum cœlorum vim patitur, et violenti rapiunt illud.

13. Omnes enim prophetæ, et lex usque ad Joannem prophetaverunt :

14. et si vultis recipere, ipse est Elias, qui venturus est.

15. Qui habet aures audiendi, audiat.

16. Cui autem similem æstimabo generationem istam? Similis est

---

℣. 10. — [11] Voy. *Malac.* 3, 1 et les notes.

℣. 11. — [12] De tous les hommes qui sont nés jusqu'ici, et qui sont restés en dehors des conditions de salut que je viens établir, il n'en est aucun de plus grand que Jean-Baptiste; mais un citoyen quelconque du royaume des cieux, qui a reçu dans sa plénitude la grâce de la sanctification, comme elle y est communiquée, est dans un rang plus élevé que lui (Maldonat, Cyril., Isidore de Péluse). Jean s'arrêta sur le degré de la préparation, dans la vie de pénitence, comme s'y arrêtèrent en général tous les saints de l'Ancien Testament; et quoiqu'il eût été justifié dès le sein de sa mère (*Luc*, 1, 41), il ne fut pas proprement disciple du Seigneur, et, par conséquent, il ne fut ni entièrement éclairé de la lumière de sa doctrine, ni brûlant du feu de sa charité. Ce privilège était réservé aux petits du royaume des cieux, qui, pour cette raison, sont plus grands que Jean, durant sa carrière immortelle. Car naturellement il n'est point ici question du rang qu'il occupe depuis auprès de Dieu. On donne des paroles ci-dessus une autre explication moins naturelle, qui est celle-ci : Parmi tous ceux qui sont nés jusqu'à ce jour, il n'en est point de plus grand que Jean; mais le plus petit dans le royaume du ciel (celui qui est plus jeune que lui — à savoir, moi), est plus que lui. Jésus-Christ se serait ainsi comparé à Jean, et aurait fait allusion à lui. *Jean*, 1, 15.

℣. 12. — [13] et pareillement dans la suite, c'est-à-dire toujours, car dans la manière de parler de la Bible, la particule « jusqu'à ce que » renferme ordinairement l'avenir (Voy. *pl. h.* 1, 25).

[14] Depuis Jean, qui prêcha la pénitence, jusqu'à présent, et depuis ce moment jusque dans la suite des siècles, il est besoin d'employer la violence de la pénitence (d'éloigner violemment les obstacles au salut), pour arriver au royaume du ciel en ce monde et en l'autre.

℣. 13. — [15] Pour la liaison de ce verset avec le contexte *voy.* note 7.

℣. 14. — [16] et l'on peut avancer qu'il est Elie; car il prêche la pénitence comme Elie la prêchera (*Luc*, 1, 17. *Matth.* 17, 12).

[17] à la fin des temps (Voy. *Mal.* 4, 5. 6). Les événements au premier et au dernier avènement du Seigneur, ont la plus grande analogie. A son premier avènement, Jean parut dans la vertu d'Elie; à son dernier, Elie lui-même apparaîtra pour convertir les Juifs au Seigneur; à son premier avènement, la justice divine éclata sur Jérusalem; à son dernier, arrivera le jugement général. Et c'est pourquoi les prophètes et Jésus-Christ lui-même rapprochent souvent et réunissent ensemble les circonstances de son premier et de son dernier avènement (Comp. *pl. b.* chap. 24).

℣. 15. — [18] que celui-là réfléchisse que Jean est le prédicateur de la pénitence, et qu'il se convertisse. Mais hélas! ils n'écoutent ni Jean ni moi (*Voy.* la suite).

pueris sedentibus in foro : qui clamantes coæqualibus,

17. dicunt : Cecinimus vobis, et non saltastis : lamentavimus, et non planxistis.

18. Venit enim Joannes neque manducans, neque bibens, et dicunt : Dæmonium habet.

19. Venit Filius hominis manducans, et bibens, et dicunt : Ecce homo vorax, et potator vini, publicanorum, et peccatorum amicus. Et justificata est sapientia a filiis suis.

20. Tunc cœpit exprobrare civitatibus, in quibus factæ sunt plurimæ virtutes ejus, quia non egissent pœnitentiam.

21. Væ tibi Corozain, væ tibi Bethsaida : quia, si in Tyro et Sidone factæ essent virtutes, quæ factæ sunt in vobis olim in cilicio et cinere pœnitentiam egissent.

22. Verumtamen dico vobiis : Tyro et Sidoni remissius erit in die judicii, quam vobis.

qui sont assis dans la place, et qui criant à leurs compagnons,

17. leur disent : Nous avons chanté pour vous, et vous n'avez point dansé; nous avons chanté des airs lugubres [19], et vous n'avez point témoigné de tristesse [20].

18. Car Jean est venu ne mangeant ni ne buvant [21], et ils disent : Il est possédé du demon [22].

19. Le Fils de l'homme est venu mangeant et buvant [23], et ils disent : Voilà un homme de bonne chère et qui aime à boire du vin : il est ami des publicains et des pécheurs [24]. Mais la sagesse a été justifiée par ses enfants [25].

20. Alors il commença à faire des reproches aux villes dans lesquelles il avait fait beaucoup de miracles, de ce qu'elles n'avaient point fait pénitence.

21. Malheur à toi, Corozaïn, malheur à toi, Bethsaïde [26]! parce que si les miracles qui ont été faits au milieu de vous avaient été faits dans Tyr et dans Sidon [27], il y a longtemps qu'elles auraient fait pénitence dans le sac et dans la cendre [28]. *Luc*, 10, 13.

22. C'est pourquoi je vous declare qu'au jour du jugement Tyr et Sidon seront traitées moins rigoureusement que vous [29].

ỳ. 17. — [19] Dans le grec : Nous avons chanté des chants funèbres, etc.

[20] La génération présente ressemble à des enfants qui jouent et qui voudraient que leurs camarades prissent part aux jeux qu'ils aiment, mais qui leur font des reproches quand ils ne veulent point le faire. De la même manière les Juifs de ce temps-ci et leurs maîtres, les docteurs de la loi, veulent que la doctrine que nous leur enseignons touchant le royaume à venir, se plie à leurs bons plaisirs, et ils nous méprisent tous les deux et nous adressent des reproches, parce que nous ne le faisons pas. — Combien n'y a-t-il pas malheureusement de paroisses qui ne trouvent bons que les prédicateurs et les pasteurs des âmes qui, pour ainsi parler, dansent au son de leur flûte, satisfont leurs caprices, et s'accommodent à leurs plaintes, quoiqu'elles soient en flagrante contradiction avec la vérité et la charité. Les autres pasteurs, qui ne sont pas de leur goût, ne sont propres à rien, quoi qu'ils puissent faire.

ỳ. 18. — [21] à la manière des autres hommes.

[22] Le diable l'a rendu fou (Voy. *Jean*, 10, 20).

ỳ. 19. — [23] comme les autres.

[24] Voy. *pl. h.* 9, 11. Ni Jean ni moi nous ne pouvons les satisfaire. Parce que notre doctrine ne s'accorde point avec leurs caprices, ils trouvent dans notre manière de vivre un prétexte pour nous rabaisser et nous mépriser.

[25] Mais la sagesse, telle qu'elle a paru dans Jean et dans moi, sera reconnue comme vraie par ses adhérents, mes disciples.

ỳ. 21. — [26] Ce sont deux villes sur le rivage à l'ouest de la mer de Génésareth, dans le voisinage de Capharnaüm, lieu de la résidence de Jésus; elles sont ici mentionnées comme ayant été le principal théâtre de son enseignement et de ses actions merveilleuses.

[27] dans les deux villes païennes où régnait le plus grand luxe, mais qui n'entendirent pas la prédication de l'Evangile (Comp. *Isaïe*, 23).

[28] elles se seraient revêtues du rude cilice de la pénitence, elles auraient couvert leur tête de cendre en signe de deuil et de repentir, et cherché à expier leurs péchés par des œuvres satisfactoires.

ỳ. 22. — [29] car au jour du jugement, le juge aura moins égard aux actions qu'aux intentions et au degré d'instruction.

23. Et toi, Capharnaüm, t'élèveras-tu jusqu'au ciel [30]? Tu seras abaissée jusqu'au fond de l'enfer; parce que si les miracles qui ont été faits au milieu de toi avaient été faits dans Sodome, elle subsisterait peut-être encore aujourd'hui [31].

23. Et tu Capharnaum, numquid usque in cœlum exaltaberis? usque in infernum descendes; quia, si in Sodomis factæ fuissent virtutes, quæ factæ sunt in te, forte mansissent usque in hanc diem.

24. C'est pourquoi je vous déclare qu'au jour du jugement, le pays de Sodome sera traité moins rigoureusement que toi.

24. Verumtamen dico vobis, quia terræ Sodomorum remissius erit in die judicii, quam tibi.

25. Alors Jésus dit ces paroles [32] : Je vous rends gloire, *mon* Père, Seigneur du ciel et de la terre, de ce que vous avez caché ces choses aux sages et aux prudents, et que vous les avez révélées aux petits [33].

25. In illo tempore respondens Jesus dixit : Confiteor tibi, Pater, Domine cœli et terræ, quia abscondisti hæc a sapientibus et prudentibus, et revelasti ea parvulis.

26. Oui, *mon* Père, parce qu'il vous a ainsi plu [34].

26. Ita Pater : quoniam sic fuit placitum ante te.

27. Mon Père m'a mis toutes choses entre les mains; et nul ne connait le Fils que le Père, comme nul ne connaît le Père que le Fils, et celui à qui le Fils aura voulu le révéler [35], *Jean*, 6, 46. 7, 28. 8, 19. 10, 15.

27. Omnia mihi tradita sunt a Patre meo. Et nemo novit filium, nisi Pater : neque Patrem quis novit, nisi Filius, et cm voluerit Filius revelare.

ỷ. 23. — [30] au jour du jugement ? Dans le grec : et toi, Capharnaüm, qui t'es élevée jusqu'aux cieux (par la raison que tu as été le lieu de l'habitation du Messie, et le théâtre de tant de prodiges).

[31] Dans le grec : car si les merveilles qui ont été opérées au milieu de toi, avaient été opérées parmi les Sodomites, ils seraient restés jusqu'à ce jour.

ỷ. 25. — [32] Jésus fit la prière qui suit lorsque les soixante et dix disciples revinrent de leur mission, et qu'il eut appris les heureux succès de leurs travaux (Voy. *Luc*. 10, 17-21).

[33] O Père tout-puissant, je vous loue et vous rends grâces de ce que les vérités du salut, que ceux qui sont sages et prudents à leurs yeux ont rejetées, vous avez intérieurement excité et fortifié pour les recevoir les ignorants et ceux qui désirent connaître la science du salut. — Cacher est mis pour permettre qu'elles demeurent cachées; et les actions de grâces sont seulement rendues à Dieu parce qu'il révèle, non parce qu'il cache la vérité, ce qui n'est qu'une suite de l'orgueil de ces sages, et de l'opposition que la grâce trouve dans leurs cœurs. Saint Augustin et saint Grégoire tirent de ce passage cette conséquence, que si quelques-uns croient à la prédication de l'Evangile, et si d'autres n'y croient pas, c'est un effet de la grâce et de la justice de Dieu; car ceux qui croient, sont éclairés intérieurement par la grâce de telle sorte qu'ils croient : ceux qui ne croient point, par un juste jugement de Dieu à cause de leur orgueil et de leurs autres péchés, ne sont pas éclairés de sorte qu'ils croient en effet, bien qu'ils pourraient croire et qu'ils croiraient effectivement, s'ils voulaient coopérer aux lumières que Dieu leur donne à un degré suffisant.

ỷ. 26. — [34] Oui, mon Père, telle est votre volonté, c'est qu'il n'y ait que les petits qui me comprennent, de même que votre volonté a été que je fusse moi-même petit, petit par la forme et la nature de l'homme dont je me suis revêtu. Le choix de Dieu est entièrement opposé à l'esprit du monde. Le monde choisit et aime les riches, les sages, les puissants; Dieu fait choix des pauvres, des ignorants, des faibles, et il les rend riches, sages et puissants en esprit. Pourquoi? afin que personne ne se glorifie devant lui, mais que celui qui se glorifie, se glorifie dans le Seigneur (Voy. 1. *Cor*. 1, 31).

ỷ. 27. — [35] Dans ce verset nous avons une explication plus précise de la manière dont le Père se révèle aux petits. C'est par le Fils, dit Jésus (*Jean*, 6, 40), c'est-à-dire par la prédication du Fils et des petits dont il a fait choix (comp. 1. *Cor*. 1, 17-21), comme aussi par son Esprit (*Jean*, 14, 26. *Galat*. 4, 6). Le Fils en effet a la puissance et la vertu de communiquer la sagesse céleste; c'est une prérogative de sa toute-puissance (comp. *Matth*. 28, 18) et une conséquence de ses rapports inti-

28. Venite ad me omnes, qui laboratis, et onerati estis, et ego reficiam vos.
29. Tollite jugum meum super vos, et discite a me, quia mitis sum, et humilis corde : et invenietis requiem animabus vestris.
30. Jugum enim meum suave est, et onus meum leve.

28. Venez à moi, vous tous qui êtes fatigués et qui êtes chargés [36], et je vous soulagerai [37].
29. Prenez mon joug sur vous [38], et apprenez de moi [39] que je suis doux et humble de cœur [40]; et vous trouverez le repos de vos âmes [41] : *Jérém.* 6, 16.
30. car mon joug est doux, et mon fardeau léger [42].

CHAPITRE XII.

Jésus prend la défense de ses disciples qui broient des épis le jour du sabbat; il guérit le même jour une main desséchée, et il déclare qu'il est le maître du sabbat. Il opère sans bruit. Il chasse les démons par la puissance de Dieu. Péché contre le Saint-Esprit. Signe de Jonas. Le malin esprit qui rentre dans le cœur. Les parents de Jésus.

1. In illo tempore abiit Jesus per sata sabbato : discipuli autem ejus esurientes cœperunt vellere spicas, et manducare.
2. Pharisæi autem videntes, dixerunt ei : Ecce discipuli tui faciunt quod non licet facere sabbatis.

1. En ce temps-là [1] Jésus passait le long des blés un jour de sabbat; et ses disciples ayant faim, se mirent à rompre des épis et à manger [2]. *Marc*, 2, 23. *Luc*, 6, 1.
2. Ce que les Pharisiens voyant, ils lui dirent : Voilà vos disciples qui font ce qu'il n'est point permis de faire aux jours de sabbat [3].

---

mes avec le Père, rapports qui consistent dans leur connaissance mutuelle, et dans la vision intuitive, comme il est marqué dans la première partie du verset.

℣. 28. — [36] soit par vos péchés (Chrys., Jérôm., August.), soit par le fardeau des maximes pharisaïques (Théophil.), soit enfin par le poids des souffrances et des épreuves de cette vie.

[37] je vous déchargerai de votre fardeau. Dans le grec : et je vous procurerai le repos.

℣. 29. — [38] le joug de la loi évangélique, de la foi et de la charité.

[39] particulièrement l'humilité et la douceur, qui sont le fondement de toute sainteté.

[40] c'est-à-dire par ma volonté; car beaucoup sont humbles de bouche, peu de cœur (Bernard). L'humilité du chrétien, la connaissance de sa propre faiblesse et de son indignité, réside dans le cœur, et elle se montre, selon que l'occasion l'exige, simple, naturelle et sans recherche.

[41] C'est ainsi que le calme de l'âme, la paix intérieure s'établira en vous.

℣. 30. — [42] car l'amour (ou la grâce divine) rend tout léger, parce qu'elle renferme une vertu surnaturelle, et qu'elle délivre de toutes les attaches qui pourraient arrêter. C'est pourquoi il n'y a proprement de libre que le vrai chrétien, parce qu'il n'y a que lui qui possède la sainte charité.

℣. 1. — [1] On place les faits qui suivent après la fête de Pâques de l'an 31.

[2] D'après la loi de Moyse (5. *Moys.* 23, 25), il était permis à ceux qui avaient faim d'arracher des épis. Les disciples avaient passé toute la journée sans rien prendre au service de Dieu, et sur la fin du jour, ils n'apaisèrent les besoins pressants de la faim qu'avec la plus pauvre nourriture.

℣. 2. — [3] La défense de broyer des épis le jour du sabbat était une de ces prescriptions minutieuses, que les Juifs firent plus tard pour la sanctification du sabbat.

3. Mais il leur dit [4] : N'avez-vous point lu ce que fit David, lorsque lui et ceux qui l'accompagnaient furent pressés de la faim : 1. *Rois*, 21, 6.

4. comme il entra dans la maison de Dieu, et mangea des pains de proposition, qu'il n'était permis de manger ni à lui, ni à ceux qui étaient avec lui, mais aux prêtres seuls [5]? 3. *Moys*. 24, 9.

5. Ou n'avez-vous point lu dans la loi que les prêtres aux jours du sabbat, violent le sabbat dans le temple, et ne sont pas néanmoins coupables [6]?

6. Or je vous déclare que celui qui est ici est plus grand que le temple [7].

7. Que si vous saviez bien ce que veut dire cette parole : J'aime mieux la miséricorde que le sacrifice, vous n'auriez jamais condamné des innocents [8]. 1. *Rois*, 15, 22. *Ecclés*. 4, 17. *Osée*, 6, 6. *Pl. h.* 9, 13.

8. Car le Fils de l'homme est maître du sabbat même [9].

9. Etant parti de là, il vint en leur synagogue.

10. Et il se trouva là un homme qui avait une main desséchée. Et ils lui demandèrent, pour l'accuser [10], s'il était permis de guérir aux jours du sabbat. *Marc*, 3, 1. *Luc*, 6, 6.

11. Mais il leur répondit : Qui sera

3. At ille dixit eis : Non legistis quid fecerit David, quando esuriit, et qui cum eo erant :

4. quomodo intravit in domum Dei, et panes propositionis comedit, quos non licebat ei edere, neque his, qui cum eo erant, nisi solis sacerdotibus?

5. Aut non legistis in lege quia sabbatis sacerdotes in templo sabbatum violant, et sine crimine sunt?

6. Dico autem vobis, quia templo major est hic.

7. Si autem sciretis, quid est : Misericordiam volo, et non sacrificium : numquam condemnassetis innocentes.

8. Dominus enim est Filius hominis etiam sabbati.

9. Et cum inde transisset, venit in synagogam eorum.

10. Et ecce homo manum habens aridam, et interrogabant eum, dicentes : Si licet sabbatis curare? ut accusarent eum.

11. Ipse autem dixit illis : Quis

ỷ. 3. — [4] Jésus ne décide point si les Pharisiens avaient un droit, d'après la loi de Moyse, de faire cette défense, et il ne parle que des exceptions que la nécessité ou des considérations d'un ordre supérieur, le service de Dieu ou la charité envers le prochain, voulaient que l'on fît.

ỷ. 4. — [5] De même que David, dans un cas de nécessité, pressé par une faim qui ne souffrait point de délai, pendant sa fuite devant l'injustice de Saül, put se faire apporter du sanctuaire les pains consacrés à Dieu, et en manger : de même il était permis à mes disciples, pour apaiser leur faim, de broyer des épis. Ce trait d'histoire est rapporté 1. *Rois*, 21, 1 et suiv. Touchant les pains de proposition, voy. 3. *Moys*. 24, 6-9.

ỷ. 5. — [6] Les prêtres pouvaient, le jour du sabbat, immoler des victimes, les placer et les brûler sur l'autel, circoncire les enfants (Voy. 3. *Moys*. 6, 8 et suiv. 4. *Moys*. 28, 3. Comp. *Jean*, 7, 22. 24).

ỷ. 6 — [7] Si déjà il était permis de violer le repos du sabbat en faveur du culte rendu à Dieu dans le temple d'après la loi de Moyse, à combien plus forte raison cela doit-il être permis pour mon propre service? car ce n'était qu'en vue de mon service que mes disciples souffraient la faim, et ce n'a été que pour apaiser leur faim qu'ils ont broyé des épis.

ỷ. 7. — [8] Si vous saviez quel est l'esprit propre de votre loi, qui prescrit moins rigoureusement les pratiques extérieures du culte que les sentiments intérieurs de la sainteté et de la charité, et si vous possédiez vous-mêmes cette charité et ces dispositions saintes, vous auriez reconnu l'innocence de mes disciples, et vous ne les auriez pas condamnés.

ỷ. 8. — [9] Le Messie est au-dessus du sabbat, aussi bien qu'au-dessus de toute la loi de Moyse, non pour la détruire (*Matth*. 5, 17), mais pour la rétablir et la ramener à un ordre de choses plus parfait. Quiconque, le jour du sabbat, n'a en vue que les besoins les plus urgents, dont la satisfaction est conforme à la volonté de Dieu, ou bien le service de Dieu même et l'amour du prochain, ne viole point le sabbat, mais il l'observe d'une manière plus élevée par le repos en Dieu, pour lequel le sabbat a été institué (Voy. 1. *Moys*. 2, 3).

ỷ. 10. — [10] comme profanateur du sabbat.

erit ex vobis homo, qui habeat ovem unam, et si ceciderit hæc sabbatis in foveam, nonne tenebit, et levabit eam?

12. Quanto magis melior est homo ove? Itaque licet sabbatis benefacere.

13. Tunc ait homini : Extende manum tuam. Et extendit, et restituta est sanitati sicut altera.

14. Exeuntes autem Pharisæi, consilium faciebant adversus eum, quomodo perderent eum.

15. Jesus autem sciens recessit inde : et secuti sunt eum multi, et curavit eos omnes :

16. et præcepit eis ne manifestum eum facerent.

17. Ut adimpleretur quod dictum est per Isaiam prophetam, dicentem :

18. Ecce puer meus, quem elegi, dilectus meus, in quo bene complacuit animæ meæ. Ponam spiritum meum super eum, et judicium gentibus nuntiabit.

19. Non contendet, neque clamabit, neque audiet aliquis in plateis vocem ejus :

20. arundinem quassatam non confringet, et linum fumigans non extinguet, donec ejiciat ad victoriam judicium :

21. et in nomine ejus gentes sperabunt.

22. Tunc oblatus est ei dæmonium habens, cæcus et mutus, et curavit eum, ita ut loqueretur et videret.

23. Et stupebant omnes turbæ, et dicebant : Numquid hic est filius David?

24. Pharisæi autem audientes, dixerunt : Hic non ejicit dæmones

l'homme d'entre vous, qui ayant une brebis qui vienne à tomber dans une fosse le jour du sabbat, ne la prenne et ne l'en retire? 5. *Moys*. 22, 4.

12. Or combien un homme est-il plus excellent qu'une brebis? Il est donc permis de faire du bien les jours du sabbat [11].

13. Alors il dit à cet homme : Etendez votre main. Il l'étendit, et elle devint saine comme l'autre.

14. Mais les Pharisiens étant sortis, ils tinrent conseil ensemble contre lui, sur les moyens de le perdre.

15. Or, Jésus le sachant, se retira de ce lieu-là [12] : et beaucoup de personnes l'ayant suivi, il les guérit tous.

16. Et il leur commanda de ne le point découvrir;

17. afin que cette parole du prophète Isaïe fût accomplie :

18. Voici mon serviteur que j'ai élu, mon bien-aimé, en qui j'ai mis toute mon affection. Je ferai reposer sur lui mon esprit, et il annoncera la justice [13] aux nations.

19. Il ne disputera point, il ne criera point, et personne n'entendra sa voix dans les places publiques [14].

20. Il ne brisera point le roseau cassé, et n'achèvera point d'éteindre la mèche qui fume encore [15], jusqu'à ce qu'il fasse triompher la justice [16] :

21. et les nations espéreront en son nom [17].

22. Alors on lui présenta un possédé aveugle et muet [18]; et il le guérit, en sorte qu'il commença à parler et à voir.

23. Tout le peuple en fut dans l'étonnement, et ils disaient : N'est-ce point là le fils de David [19]?

24. Mais les Pharisiens entendant cela, dirent : Cet homme ne chasse les démons

---

ỳ. 12. — [11] *Voy*. note 4.
ỳ. 15. — [12] car son heure n'était point encore venue (Voy. *pl. b.* 26, 45).
ỳ. 18. — [13] la vraie religion (Voy. *Isaïe*, 42 et les remarques).
ỳ. 19. — [14] Il ne sera pas un ambitieux chef de parti.
ỳ. 20. — [15] Il n'éloignera point de lui les hommes en qui il verra encore quelque reste de bien, mais il les conduira peu à peu au salut (Voy. *Isaïe*, 42).
[16] jusqu'à ce que la vraie religion soit devenue dominante sur toute la terre.
ỳ. 21. — [17] Les peuples païens les plus éloignés espéreront en lui, trouveront dans sa doctrine la consolation, la paix et le bonheur. Le nom est encore ici mis pour la personne.
ỳ. 22. — [18] dont la cécité et le mutisme étaient une suite de la possession (Chrys.).
ỳ. 23. — [19] le second David, le Messie (Voy. *pl. h.* 9, 27).

que par Béelzébub, prince des démons [20]. *Pl. h.* 9, 34. *Marc,* 3, 22. *Luc,* 11, 15.

25. Or Jésus connaissant leurs pensées, leur dit : Tout royaume divisé contre lui-même sera ruiné, et toute ville ou maison qui est divisée contre elle-même, ne pourra subsister [21]. *Luc,* 11, 17.

26. Que si satan chasse satan, il est divisé contre lui-même : comment donc son royaume subsistera-t-il?

27. Et si c'est par Béelzébub que je chasse les démons, par qui vos enfants les chassent-ils [22]? C'est pourquoi ils seront eux-mêmes vos juges.

28. Que si c'est par l'Esprit de Dieu que je chasse les démons, le royaume de Dieu est donc parvenu jusqu'à vous [23].

29. Car comment quelqu'un peut-il entrer dans la maison du fort, et enlever ses meubles, si auparavant il ne lie le fort, pour pouvoir ensuite piller sa maison [24]?

30. Celui qui n'est point avec moi, est contre moi; et celui qui n'amasse point avec moi, dissipe [25].

nisi in Beelzebub principe dæmoniorum.

25. Jesus autem sciens cogitationes eorum, dixit eis : Omne regnum divisum contra se, desolabitur : et omnis civitas, vel domus divisa contra se, non stabit.

26. Et si satanas satanam ejicit, adversus se divisus est : quomodo ergo stabit regnum ejus.

27. Et si ego in Beelzebub ejiclo dæmones, filii vestri in quo ejiciunt? Ideo ipsi judices vestri erunt.

28. Si autem ego in Spiritu Dei ejicio dæmones, igitur pervenit in vos regnum Dei;

29. aut quomodo potest quisquam intrare in domum fortis, et vasa ejus diripere, nisi prius alligaverit fortem? et tunc domum illius diripiet.

30. Qui non est mecum, contra me est : et qui non congregat mecum, spargit.

ỷ. 24. — [20] Sur Béelzébub voy. *pl. h.* 10, 25.

ỷ. 25. — [21] Une cité, une maison et un royaume quelconque ne peuvent subsister que par l'union et l'unité d'action vers un but unique; cette union et cette unité viennent-elles à disparaître, de toute nécessité cette cité, cette maison ou ce royaume se dissoudra, et sera renversé. Si donc le démon opérait par moi, il favoriserait le but que je me propose, le salut des hommes, et il travaillerait à la ruine de son pauvre royaume.

ỷ. 27. — [22] Il y avait parmi les Juifs de cette époque et des temps antérieurs, des hommes qui, par l'invocation du saint nom de Dieu ou du nom d'autres saints personnages unis avec Dieu d'une union intime, qui avaient cessé de vivre, chassaient les démons (Comp. *Act.* 19, 13. *Marc,* 9, 37. 38). S'il se glissait dans tout cela beaucoup de superstition, ainsi que le raconte l'historien juif Josèphe, à ce point que quelques-uns attribuaient à une racine, qui croît dans les environs de Macherus, une vertu expulsive des démons, il n'y a néanmoins aucune raison solide de nier l'expulsion réelle des malins esprits par des Juifs pieux. Les Juifs étaient le peuple de Dieu, et toute la suite de leur histoire nous est une preuve que fréquemment, et de bien des manières différentes, Dieu manifesta parmi eux et par eux sa puissance.

ỷ. 28. — [23] Mais si je chasse les démons par la vertu de Dieu, et si Dieu est ainsi avec moi, ce que je vous dis, que le royaume de Dieu est arrivé, est donc vrai.

ỷ. 29. — [24] Comment pourrais-je ravir à satan ce qui est à lui (les hommes qui par le péché et par toute espèce de misère sont sous sa puissance), si je n'avais pouvoir sur lui, et si je ne le tenais en quelque manière dans les liens? Ce n'est que parce que je suis contre lui, et que je suis supérieur à lui, que j'ai ce pouvoir (Comp. *Isaïe,* 49, 24. 25).

ỷ. 30. — [25] Après avoir montré aux Pharisiens que c'est une chose insensée d'attribuer à la vertu du démon les expulsions du démon opérées par lui, le Sauveur conclut par des avis et par une réprimande sévère. Vous, Pharisiens, qui êtes les docteurs du peuple, mais qui ne voulez pas être avec moi, je vous dis que tout docteur qui n'est pas exclusivement et décidément pour ma doctrine, est nécessairement mon adversaire, et que tout docteur qui ne rassemble pas le peuple dans mon royaume, le disperse et le conduit, comme un troupeau dispersé, à sa perte. Entre la vérité et l'erreur, entre Jésus-Christ et satan, il n'y a point de milieu. C'est pourquoi saint Augustin dit : Nous appartenons à Dieu ou au démon, il n'y a point de milieu possible.

31. Ideo dico vobis : Omne peccatum, et blasphemia remittetur hominibus, Spiritus autem blasphemia non remittetur.

32. Et quicumque dixerit verbum contra Filium hominis, remittetur ei : qui autem dixerit contra Spiritum sanctum, non remittetur ei neque in hoc sæculo, neque in futuro.

33. Aut facite arborem bonam, et fructum ejus bonum : aut facite arborem malam, et fructum ejus malum : siquidem ex fructu arbor agnoscitur.

31. C'est pourquoi je vous déclare que tout péché et tout blasphème sera remis aux hommes; mais le blasphème contre le Saint-Esprit ne leur sera point remis [26]. *Marc*, 3, 28. 29.

32. Et quiconque aura parlé contre le Fils de l'homme, il lui sera remis; mais si quelqu'un a parlé contre le Saint-Esprit, il ne lui sera remis ni en ce siècle, ni dans le siècle à venir [27]. *Luc*, 12, 10.

33. Ou dites que l'arbre est bon, et que le fruit en est bon aussi; ou dites que l'arbre étant mauvais, le fruit aussi en est mauvais : car c'est par le fruit qu'on connaît l'arbre [28].

℣. 31. — [26] C'est pourquoi (à cause de vos dispositions hostiles à mon égard), je vous dis que tout discours blasphématoire, et tout péché, qui est toujours un outrage à la sainteté de Dieu, peut être pardonné par Dieu, et que cependant vos péchés et vos blasphèmes contre le Saint-Esprit ne le seront pas. Ce péché consistait en ce que, contre des preuves visibles et contre leur intime conviction, ils attribuaient au malin esprit (℣. 24) ce que l'Esprit-Saint opérait dans Jésus-Christ (℣. 28), et appelaient ainsi le bien mal, et diabolique ce qui était divin. Quiconque ferme les yeux avec préméditation à la lumière du christianisme et à la pureté de sa doctrine; quiconque, de propos délibéré, refuse de voir un précepte ou une défense quels qu'ils soient, et cherche à se persuader, contre sa propre conviction, que le mal est bien et le bien mal, en fait autant. Ce péché entraînant toujours avec lui un entier endurcissement et une révolte absolue de la volonté, il est de sa nature incurable et irrémissible. De tels hommes, ceux qui se rendent coupables de ce péché, ressemblent à ces malades qui étant atteints d'une maladie mortelle, non-seulement repoussent tout moyen de guérison, mais de plus font tout ce qu'il faut pour consommer leur perte. Il n'y aurait qu'un miracle qui pût les sauver. Ce miracle Dieu peut absolument l'opérer, et il est en son pouvoir de leur accorder la grâce victorieuse pour sortir de leur aveuglement; mais s'il ne le fait pas, son jugement est équitable. A raison de cette possibilité cependant l'Eglise continue à prier pour ces pécheurs, et les invite comme les autres à s'approcher du sacrement salutaire de la pénitence.

℣. 32. — [27] Le siècle à venir était pour les Juifs le temps du Messie en cette vie et en l'autre, de même que le royaume du ciel se rapporte soit au temps présent, soit à la vie future (*pl. h.* 3, 2), de sorte que c'est tantôt l'une, tantôt l'autre de ces deux idées qui domine. Dans ce passage il s'agit du temps qui suivra cette vie, du purgatoire (Aug., Grég., Bède, Bernard), où tous les péchés graves qui ont été pardonnes sont expiés, et tous les pechés véniels sont remis et expiés. L'expression « parler » signifie blasphémer, et en outre pècher en général, parce que tout péché est un outrage fait à Dieu. Jésus Christ veut dire en s'adressant aux Pharisiens : Si vous aviez simplement blasphémé contre moi, comme d'autres le font également (*pl. b.* 13, 54-58. *Jean*, 7, 41. 1. *Tim.* 1, 13), ce péché pourrait vous être remis; mais parce que vous blasphemez en même temps contre le Saint-Esprit, en attribuant au démon, contre la croyance universelle (℣. 23), et contre votre propre conviction, que le Saint-Esprit a lui-même opérée en vous, des œuvres qui n'émanent manifestement que de lui, ce pèche ne peut vous être pardonné. Par où l'on voit que les péchés contre le Fils de Dieu sont ceux où ne se trouve pas un aveuglement prémédité et affecté, et qui ont en partie pour cause le défaut d'advertance et la fragilité humaine, tandis que les pechés contre le Saint-Esprit sont ceux qui non-seulement sont contre la loi de Jésus-Christ, mais que l'on commet avec réflexion et de propos délibéré, contre les lumières et l'exacte connaissance des choses que donne l'Esprit-Saint, ce qui fait que ces péchés sont contre l'Esprit-Saint lui-même.

℣. 33. — [28] Si vous voulez paraître gens de bien, faites en sorte que vos œuvres (vos pensées, vos paroles, vos actions) soient bonnes, ou bien mettez tout ce qui est en vous d'accord avec vos mauvaises actions, et avouez qu'au fond de l'âme vous ne valez rien; car c'est à des œuvres mauvaises que l'on reconnaît l'homme

34. Race de vipères [29], comment pourriez-vous dire de bonnes choses, étant méchants comme vous êtes? car c'est de l'abondance du cœur que la bouche parle [30]. *Luc*, 6, 45.

35. L'homme qui est bon, tire de bonnes choses de *son* bon trésor; et l'homme qui est méchant, tire de mauvaises choses de *son* mauvais trésor.

36. Or je vous déclare que les hommes rendront compte au jour du jugement de toute parole inutile [31] qu'ils auront dite [32].

37. Car vous serez justifié par vos paroles, et vous serez condamné par vos paroles [33].

38. Alors quelques-uns des Scribes et des Pharisiens lui dirent : Maître, nous voudrions bien que vous nous fissiez voir quelque prodige [34].

39. Mais pour toute réponse, il leur dit : Cette race méchante et adultère [35] demande un prodige; et on ne lui en donnera point d'autre que celui du prophète Jonas [36]. *Pl. b.* 16, 4. *Luc*, 11, 29. 1. *Cor.* 1, 22.

34. Progenies viperarum, quomodo potestis bona loqui, cum sitis mali? ex abundantia enim cordis os loquitur.

35. Bonus homo de bono thesauro profert bona : et malus homo de malo thesauro profert mala.

36. Dico autem vobis, quoniam omne verbum otiosum, quod locuti fuerint homines, reddent rationem de eo in die judicii.

37. Ex verbis enim tuis justificaberis, et ex verbis tuis condemnaberis.

38. Tunc responderunt ei quidam de Scribis et Pharisæis, dicentes : Magister, volumus a te signum videre.

39. Qui respondens ait illis : Generatio mala, et adultera signum quærit : et signum non dabitur ei, nisi signum Jonæ prophetæ.

---

mauvais, de même que c'est par ses mauvais fruits que l'on reconnaît l'arbre mauvais (Aug., Maldon.).

℣. 34. — [29] Vous, qui êtes foncièrement pervertis (Voy. *pl. h.* 3, 7)

[30] Les discours étant la fidèle expression du monde interne des idées qui animent l'homme, et du fond de sa nature, comment pourriez-vous faire autre chose que blasphémer?

[31] qui n'aura pas eu un motif raisonnable, qui n'aura pas eu sa raison dans la gloire de Dieu et le bien du prochain. D'autres traduisent le grec : de toute mauvaise parole.

℣. 36. — [32] à combien plus forte raison, vous qui proférez des blasphèmes contre le Fils de Dieu et contre l'Esprit Saint, et dont les actions sont conformes aux paroles? — Les discours de l'homme sont ce qu'il est lui-même, et tel il est, tel sera le jugement porté sur lui; d'où il suit qu'il sera jugé d'après ses discours. L'homme est-il adonné à la vanité, ses discours ne sont que vanité (inutilité), et il sera en conséquence jugé et puni; car rien de vain ne peut subsister devant Dieu.

℣. 37. — [33] parce que l'homme est tel que ses discours le montrent. — Les discours de l'homme sont donc en quelque sorte le protocole de sa cause auprès de Dieu.

℣. 38. — [34] Quelques-uns des Pharisiens qui avaient blasphémé contre lui, et auxquels, pour cette raison, s'adressaient les reproches du Sauveur (℣. 24-37), lui répondirent : Nous vous reconnaîtrons comme votre maître, si vous nous montrez quelque signe merveilleux dans le ciel (*Marc*, 8, 11), un phénomène celeste extraordinaire quelconque; car les signes terrestres, ces guérisons des maladies, ne nous suffisent pas, parce qu'elles peuvent procéder aussi d'autres puissances, telles que la puissance du démon; tandis que les signes célestes, l'homme ne peut les opérer que par la vertu de Dieu.

℣. 39. — [35] qui a violé son mariage avec Dieu, l'alliance qu'elle avait faite avec lui.

[36] Les miracles, que ce soient des phénomènes terrestres ou célestes, ne sont des preuves que pour les croyants bien disposés (voy. *pl. b.* 13, 58), parce que ceux-là seuls ont les dispositions requises pour les comprendre; quant aux incroyants de mauvaise volonté, et surtout les endurcis, tels que les Pharisiens, ils ne veulent pas plus voir les miracles que la vérité, et quels qu'ils soient, ils les attribuent à d'autres puissances. A ces incrédules, Dieu qui, dans sa miséricorde infinie, ne veut pas absolument les abandonner, leur montre des miracles, mais il ne leur en montre point d'autres que ceux du christianisme, notamment celui qui en est la principale preuve, la résurrection du Seigneur, à laquelle ils doivent croire, s'ils veulent être sauvés.

40. Sicut enim fuit Jonas in ventre ceti tribus diebus et tribus noctibus; sic erit Filius hominis in corde terræ tribus diebus, et tribus noctibus.

40. Car comme Jonas fut trois jours et trois nuits dans le ventre d'un *grand* poisson, ainsi le Fils de l'homme sera trois jours et trois nuits dans le cœur de la terre [37]. *Jon.* 2, 1.

41. Viri Ninivitæ surgent in judicio cum generatione ista, et condemnabunt eam : quia pœnitentiam egerunt in prædicatione Jonæ. Et ecce plus quam Jonas hic.

41. Les Ninivites s'élèveront au jour du jugement contre cette race, et la condamneront, parce qu'ils ont fait pénitence à la prédication de Jonas : et voilà plus que Jonas ici. *Jon.* 3, 5.

42. Regina austri surget in judicio cum generatione ista, et condemnabit eam : quia venit a finibus terræ audire sapientiam Salomonis, et ecce plus quam Salomon hic.

42. La reine du midi s'élèvera au jour du jugement contre cette race, et la condamnera, parce qu'elle est venue des extrémités de la terre pour entendre la sagesse de Salomon : et voici ici plus que Salomon [38]. 2. *Paral.* 9, 1. et suiv.

43. Cum autem immundus spiritus exierit ab homine, ambulat per loca arida, quærens requiem, et non invenit.

43. Lorsque l'esprit impur est sorti d'un homme, il va par des lieux arides [39] cherchant du repos, et il n'en trouve point [40]. *Luc,* 11, 24.

44. Tunc dicit: Revertar in domum meam, unde exivi. Et veniens invenit eam vacantem, scopis mundatam, et ornatam.

44. Alors il dit : Je retournerai dans ma maison d'où je suis sorti [41]. Et revenant, il la trouve vide, nettoyée et parée [42].

45. Tunc vadit, et assumit septem alios spiritus secum nequiores se, et intrantes habitant ibi : et fiunt novissima hominis illius pejora prioribus. Sic erit

45. En même temps il va prendre avec lui sept autres esprits plus méchants que lui; et entrant *dans cette maison,* ils y demeurent : et le dernier etat de cet homme devient pire que le premier [43]. C'est ce qui

---

ỳ. 40. — [37] Voy. *Jon.* 2, 1. Il faut compter les trois jours et les trois nuits d'après la manière de parler des Hébreux, en sorte que Jesus devait demeurer dans le tombeau (et dans les limbes) une partie du premier jour, le second jour tout entier, et une partie du troisième jour. Comment se fait-il, du reste, qu'il y ait quelques rapports entre le sort de Jonas et ce qui devait arriver à Jésus-Christ? De même que, dans la nature, aucun être d'un ordre supérieur n'est entièrement isolé des êtres d'un ordre inférieur, mais que déjà dans ces derniers il y a une indication partielle, un prototype et une idée prefigurative des premiers; de même dans la vie des saints personnages qui l'ont précédé et qui lui ont preparé les voies, il y avait déjà une indication partielle et un prototype de la vie de Jésus-Christ (*Voy.* la seconde preface sur la Bible).

ỳ. 42. — [38] Les Ninivites livrés à l'idolâtrie (*Jon.* 3, 5) et la reine de Saba qui était païenne (3. *Rois,* 10, 1 et suiv.), se convertirent sans aucun signe du ciel; la reine de Saba, en voyant Salomon; les Ninivites, a la prédication de Jonas. Pour vous, vous ne m'écoutez point, quoique j'aie un plus grand pouvoir et une plus haute dignité que Jonas et Salomon : c'est pourquoi ces Gentils prononceront votre condamnation au jour du jugement. — De quelle manière les Juifs aveugles devaient-ils être punis même dès ce monde, c'est ce que le Sauveur montre dans la parabole qui suit (ỳ. 43-45).

ỳ. 43. — [39] chassé par Dieu dans ces lieux, afin qu'il ne puisse point nuire aux hommes (*Tob.* 8, 3).

[40] Les demons n'ont point de repos, ils souffrent des peines éternelles; mais leur volonté perverse éprouve de la satisfaction et une sorte de calme, quand ils peuvent nuire aux hommes.

ỳ. 44. — [41] dans l'âme que j'ai abandonnée.

[42] il trouve cette âme vide de grâce et de vertu, comme balayée. à la manière d'une habitation commode préparée pour le recevoir.

ỳ 45. — [43] L'état de l'âme de cet homme devient pire qu'avant sa conversion. Avertissement rempli d'une bien salutaire instruction pour tous ceux qui ont eu le bonheur de se convertir sincèrement! Puissent-ils se préserver de la rechute, d'où

arrivera à cette race criminelle [44]. 2. *Pier.* 2, 20.

46* Lorsqu'il parlait encore au peuple, sa mère et ses frères [45] se tenaient au-dehors, demandant à lui parler [46]. *Luc*, 8, 19.

47. Et quelqu'un lui dit : Voilà votre mère et vos frères qui sont dehors, et qui vous demandent [47].

48. Mais s'adressant à celui qui lui parlait, il dit : Qui est ma mère, et qui sont mes frères ?

49. Et étendant la main vers ses disciples : Voici, dit-il, ma mère et mes frères.

50. Car quiconque fait la volonté de mon Père qui est dans les cieux, celui-là est mon frère, ma sœur et ma mère [48].

et generationi huic pessimæ.

46. Adhuc eo loquente ad turbas, ecce mater ejus, et fratres stabant foris, quærentes loqui ei.

47. Dixit autem ei quidam : Ecce mater tua, et fratres tui foris stant quærentes te.

48. At ipse respondens dicenti sibi, ait : Quæ est mater mea, et qui sunt fratres mei ?

49. Et extendens manum in discipulos suos, dixit : Ecce mater mea, et fratres mei.

50. Quicumque enim fecerit voluntatem Patris mei, qui in cœlis est : ipse meus frater, et soror, et mater est.

---

naît insensiblement l'habitude du péché, et qui rend un nouveau retour à Dieu comme impossible!

[44] Après la captivité de Babylone, les Juifs avaient renoncé au culte des idoles et à toutes les pratiques païennes; le malin esprit était en quelque manière sorti d'eux, et durant la période glorieuse des Machabées, qui suivit peu apres, la religion judaïque célébra son plus éclatant triomphe; mais bientôt après se fit sentir une décadence telle qu'on n'en avait jamais vue dans le peuple de Dieu (*Voy.* la dernière note sur les livres des *Machabées*). Il se forma des sectes religieuses, et notamment celle des Pharisiens, qui empoisonnèrent la pure doctrine de Moyse. Des docteurs pervers enfantaient des disciples encore pires qu'eux, de sorte que du temps de Jésus-Christ la synagogue n'était plus qu'une maison vide de grâce et d'esprit intérieur, ornée, il est vrai, de cet orgueil qui recherche en lui-même sa justice, et qui, par ses œuvres extérieures, a les dehors de la sainteté et de la pureté, mais n'en était pas moins entièrement et absolument stérile et désolée, comme une vraie demeure de satan. C'est ainsi que l'esprit malin avait acquis un pouvoir souverain sur les Juifs, et que, sous le rapport spirituel, leur état était pire qu'il n'avait jamais été; car ils furent les meurtriers du Fils de Dieu, et ils tombèrent peu à peu dans cet aveuglement où on les voit encore, morts à toute vertu surnaturelle, et errants sur la face de la terre.

℣. 46. — [45] c'est-à-dire ses parents, ses cousins (Voy. *pl. h.* 1, 25. note 24).

[46] afin de le soustraire aux Pharisiens, qui cherchaient à le saisir, et de le reconduire à Nazareth. Les parents de Jésus étaient de plus persuadés qu'il était tombé dans la folie (*Marc*, 3, 21. Comp. *Jean*, 7, 5). Sa divine Mère les accompagnait, apparemment dans la vue de le conduire en lieu de sûreté. — * Pour comprendre ces réflexions, voir les notes sur les passages cités.

℣. 47. — [47] Dans le grec : et ils cherchent à vous parler.

℣. 50. — [48] Ce n'est point le moment de montrer que je connais ceux qui me sont unis par les liens du sang, et de faire ce qu'ils désirent. Dans l'exercice du ministère dont mon Père m'a chargé, je ne connais comme mes parents que ceux qui accomplissent ponctuellement la volonté que j'ai reçu mission d'annoncer.

CHAPITRE XIII.

Paraboles de la semence, de l'ivraie, du grain de sénevé, du levain, du trésor caché, de la perle, du filet des pêcheurs. Jésus est l'objet du mépris dans son pays.

1. In illo die exiens Jesus de domo, sedebat secus mare.

2. Et congregatæ sunt ad eum turbæ multæ, ita ut in naviculam ascendens sederet: et omnis turba stabat in littore,

3. et locutus est eis multa in parabolis, dicens: Ecce exiit qui seminat, seminare.

4. Et dum seminat, quædam ceciderunt secus viam, et venerunt volucres cœli, et comederunt ea.

5. Alia autem ceciderunt in petrosa, ubi non habebant terram multam: et continuo exorta sunt, quia non habebant altitudinem terræ;

6. sole autem orto æstuaverunt: et quia non habebant radicem, aruerunt.

7. Alia autem ceciderunt in spinas: et creverunt spinæ, et suffocaverunt ea.

8. Alia autem ceciderunt in terram bonam: et dabant fructum, aliud centesimum, aliud sexagesimum, aliud trigesimum.

9. Qui habet aures audiendi, audiat.

10. Et accedentes discipuli dixe-

1. Ce jour-là, Jésus étant sorti de la maison [1], s'assit au bord de la mer [2]. *Marc*, 4, 1. *Luc*, 8, 4.

2. Et il s'assembla autour de lui une si grande foule de peuple, qu'il monta [3] dans une barque où il s'assit, tout le peuple se tenant sur le rivage.

3. Et il leur dit beaucoup de choses en paraboles [4], leur parlant *de cette sorte :* Celui qui sème sortit pour semer [5].

4. Et pendant qu'il semait, une partie de la semence tomba le long du chemin, et les oiseaux du ciel étant venus, la mangèrent.

5. Une autre tomba dans des lieux pierreux, où elle n'avait pas beaucoup de terre; et elle leva aussitôt, parce que la terre où elle était n'avait pas de profondeur [6].

6. Mais le soleil s'étant levé, elle en fut brûlée; et comme elle n'avait point de racines [7], elle sécha.

7. Une autre tomba dans des épines; et les épines venant à croître, l'étoufferent.

8. Une autre enfin tomba dans la bonne terre; et elle porta du fruit, quelques grains rendant cent pour un, d'autres soixante, et d'autres trente [8].

9. Que celui-là entende, qui a des oreilles pour entendre [9].

10. Alors ses disciples s'approchant, lui

℣. 1. — [1] à Capharnaüm.
[2] de Génésareth.
℣. 2. — [3] pour se soustraire à la pression de la foule.
℣. 3. — [4] Une allégorie, une parabole, est le récit d'un événement qui, à la vérité, est possible, mais qui, en réalité, n'a point eu lieu, et n'a été inventé que pour rendre une vérité sensible sous la forme figurée.
[5] Le Seigneur lui-même donne l'explication de cette parabole *pl. b.* ℣. 19 et suiv.
℣. 5. — [6] La semence leva promptement, parce qu'elle n'avait pu s'enfoncer profondément dans le sol.
℣. 6. — [7] qui puissent lui servir à attirer le suc et l'humidité, pour se préserver de la dessiccation.
℣. 8. — [8] Quelques grains de semence produisirent sur leurs tiges cent grains pour un, les autres soixante, les autres enfin trente.
℣. 9. — [9] Que celui qui sent en lui l'aptitude et la bonne volonté pour pénétrer le fond de cette parabole, essaie de le faire.

dirent : Pourquoi leur parlez-vous en paraboles?

11. C'est, leur répondit-il, que pour vous autres, il vous a été donné de connaître les mystères du royaume des cieux; mais pour eux, il ne leur a pas été donné [10].

12. Car quiconque a *déjà*, on lui donnera *encore*, et il sera dans l'abondance : mais pour celui qui n'a point, on lui ôtera *même* ce qu'il a [11]. *Pl. b.* 25, 29.

13. C'est pourquoi je leur parle en paraboles, parce qu'en voyant, ils ne voient point, et qu'en écoutant, ils n'entendent ni ne comprennent point [12].

14. Et la prophétie d'Isaïe s'accomplit en eux, lorsqu'il dit : Vous écouterez de vos oreilles, et vous n'entendrez point: vous regarderez de vos yeux, et vous ne verrez point. *Isaïe*, 6, 9. *Marc*, 4, 12. *Luc*, 8, 10. *Jean*, 12, 40.

15. Car le cœur de ce peuple s'est appesanti, et leurs oreilles sont devenues sourdes, et ils ont fermé leurs yeux, de peur que leurs yeux ne voient, que leurs oreilles n'entendent, que leur cœur ne comprenne, et que s'étant convertis, je ne les guérisse [13]. *Act.* 28, 26. *Rom.* 11, 8.

16. Mais *pour vous*, vos yeux sont heureux de ce qu'ils voient, et vos oreilles de ce qu'elles entendent [14].

runt ei : Quare in parabolis loqueris eis?

11. Qui respondens, ait illis : Quia vobis datum est nosse mysteria regni cœlorum : illis autem non est datum.

12. Qui enim habet, dabitur ei, et abundabit : qui autem non habet, et quod habet auferetur ab eo.

13. Ideo in parabolis loquor eis: quia videntes non vident, et audientes non audiunt, neque intelligunt.

14. Et adimpletur in eis prophetia Isaiæ dicentis : Auditu audietis, et non intelligetis : et videntes videbitis, et non videbitis.

15. Incrassatum est enim cor populi hujus, et auribus graviter audierunt, et oculos suos clauserunt, ne quando videant oculis, et auribus audiant, et corde intelligant, et convertantur, et sanem eos.

16. Vestri autem beati oculi quia vident, et aures vestræ quia audiunt.

℣. 11. — [10] Parce que vous, vous avez les dispositions nécessaires pour recevoir mon enseignement mystérieux, une foi docile, et que pour cette raison vous parvenez facilement à le comprendre, tandis qu'eux ils n'ont pas ces dispositions. Jésus-Christ veut dire : La manière la plus convenable pour instruire soit ceux qui croient, soit ceux qui ne croient point, c'est l'usage des paraboles. Ceux qui croient, loin de se laisser rebuter par les difficultés que renferme le discours figuré, n'entrent que plus avant dans son sens, et n'en reçoivent que plus de lumières de Dieu. Ceux qui ne croient point sont empêchés, par ce qu'il y a d'indéterminé et d'énigmatique dans les figures sous lesquelles la vérité est voilée, de la calomnier et d'en faire un objet de dérision (Comp. *pl. h.* 7, 6), sans que toute possibilité leur soit ôtée d'en pénétrer le sens, si, avec la grâce de Dieu, ils le veulent sérieusement (Comp. *pl. h.* 11, 25).

℣. 12. — [11] Celui qui a les dispositions requises, une foi docile, pour recevoir les enseignements divins, avancera de degré en degré dans cette connaissance; celui qui n'a point ces dispositions, le peu de lumières qu'il a lui sera ôté, de sorte qu'il deviendra de plus en plus aveugle pour la vérité. Rien, ni dans l'ordre physique, ni dans l'ordre moral, n'est dans un état stationnaire; de même que le bien, le mal prend son accroissement, et s'arrêter c'est déjà rétrograder.

℣. 13 — [12] parce qu'ils sont dans un état où il y a défaut de disposition et de foi, dans lequel on croit voir, et on ne voit point, comprendre, et l'on ne comprend point. Parce qu'ils sont dans un état où l'on voit et où l'on ne voit point, il convient de faire choix pour eux d'une forme d'instruction propre à donner et à ne point donner la lumière. Dans les paraboles, quand on n'est pas disposé à recevoir la vérité, on ne voit autre chose que l'événement raconté; on ne voit point la vérité surnaturelle qui y est représentée (*Voy.* note 4).

℣. 15. — [13] *Ils ne veulent* ni entendre ni voir, de sorte qu'ils ne peuvent parvenir à la vérité, à leur conversion. « De peur que » est mis ici pour : de sorte que.

℣. 16. — [14] Pour vous, vous êtes heureux de ne pas voir seulement au dehors mes miracles, comme les Pharisiens, et de ne pas entendre mes paroles seulement

17. Amen quippe dico vobis, quia multi prophetæ et justi cupierunt videre quæ videtis, et non viderunt : et audire quæ auditis, et non audierunt.

18. Vos ergo audite parabolam seminantis.

19. Omnis, qui audit verbum regni, et non intelligit, venit malus, et rapit quod seminatum est in corde ejus : hic est qui secus viam seminatus est.

20. Qui autem super petrosa seminatus est, hic est, qui verbum audit, et continuo cum gaudio accipit illud :

21. non habet autem in se radicem, sed est temporalis : facta autem tribulatione, et persecutione propter verbum, continuo scandalizatur.

22. Qui autem seminatus est in spinis, hic est, qui verbum audit, et sollicitudo sæculi istius, et fallacia divitiarum, suffocat verbum, et sine fructu efficitur.

23. Qui vero in terram bonam seminatus est, hic est qui audit verbum, et intelligit, et fructum affert, et facit aliud quidem centesimum, aliud autem sexagesimum, aliud vero trigesimum.

24. Aliam parabolam proposuit

17. Car je vous dis en vérité, que beaucoup de prophètes et de justes ont souhaité de voir ce que vous voyez, et ne l'ont pas vu, et d'entendre ce que vous entendez, et ne l'ont pas entendu. *Luc*, 10, 24.

18. Ecoutez donc vous autres la parabole de celui qui sème [15].

19. Quiconque écoute la parole du royaume, et n'y fait point d'attention [16], l'*esprit* malin vient [17], et enlève ce qui avait été semé dans son cœur : c'est là celui qui a reçu la semence le long du chemin [18].

20. Celui qui reçoit au milieu des pierres, c'est celui qui écoute la parole, et la reçoit d'abord avec joie :

21. mais il n'a point en soi de racine, et il *n'est que* pour un temps; et lorsqu'il survient des traverses et des persécutions, à cause de la parole, il en prend aussitôt un sujet de scandale [19].

22. Celui qui reçoit la semence parmi les épines, c'est celui qui entend la parole; mais ensuite les sollicitudes de ce siècle [20], et l'illusion des richesses étouffent en lui cette parole, et la rendent infructueuse.

23. Enfin celui qui reçoit la semence dans une bonne terre, c'est celui qui écoute la parole, qui la comprend, et qui porte du fruit, et rend cent, ou soixante, ou trente pour un [21].

24. Il leur proposa une autre parabole, en

---

par les sens extérieurs, mais d'avoir encore les dispositions nécessaires, une foi docile, pour comprendre ma vie et ma doctrine.

ỷ. 18. — [15] Quoique les disciples comprissent déjà la parabole (11), le Seigneur ne laisse pas de les faire entrer plus avant dans son intelligence; car on donnera à celui qui a déja (ỷ. 12).

ỷ. 19. — [16] parce qu'il n'a point les dispositions requises pour cela, une foi docile (*Voy.* note 9).

[17] satan.

[18] c'est-à-dire, il en est de la prédication, qui s'adresse à des hommes ainsi disposés, comme de la semence qui est répandue sur le grand chemin. Comme le grand chemin, à cause de sa dureté, ne peut recevoir la semence, de même le cœur endurci ne peut recevoir la doctrine divine. Satan a plein pouvoir sur ce cœur, lui ravissant la parole de Dieu, l'enveloppant de ténèbres et le retenant dans l'aveuglement. La personne est mise pour la parole qu'elle a reçue, parce que les fruits de la parole dépendent de la personne.

ỷ. 21. — [19] Le terrain pierreux, qui n'est recouvert que d'un peu de terre végétale, figure ces hommes qui, à la vérité, reçoivent avec joie la parole de Dieu, mais qui ne la laissent pas opérer en eux de tout leur cœur, ni avec toute sa force intérieure. Chez eux, le christianisme n'est qu'extérieur, et ne saurait durer. Si les épreuves et les persécutions viennent à se faire sentir à cause du nouveau genre de vie qu'ils ont nouvellement adopté, ces hommes y trouvent un écueil; le doute, l'hésitation s'emparant d eux, ils tombent et abandonnent la parole.

ỷ. 22. — [20] les soucis pour les biens de la terre, pour sa femme et ses enfants, les dignités, les emplois, les amis, les plaisirs, etc.

ỷ. 23. — [21] chacun selon la grâce que Dieu leur donne pour s'élever à tel ou tel degré de perfection, et qu'ils y coopèrent avec fidélité.

disant [22] : Le royaume des cieux est semblable à un homme qui avait semé de bon grain dans son champ. *Marc, 4, 26.*
25. Mais pendant que les autres dormaient, son ennemi vint, et sema de l'ivraie au milieu du blé, et s'en alla.

26. L'herbe ayant donc poussé, et étant montée en épis, l'ivraie parut aussi.

27. Alors les serviteurs du père de famille vinrent le trouver, et lui dirent : Seigneur, n'avez-vous pas semé de bon grain dans votre champ? D'où vient donc qu'il y a de l'ivraie?
28. Il leur répondit : C'est mon ennemi qui l'y a semée. Et ses serviteurs lui dirent: Voulez-vous que nous allions l'arracher?
29. Non, leur répondit-il, de peur qu'en arrachant l'ivraie vous ne déraciniez en même temps le bon grain.
30. Laissez croître l'un et l'autre jusqu'à la moisson; et au temps de la moisson je dirai aux moissonneurs : Arrachez premièrement l'ivraie, et liez-la en bottes pour la brûler : mais amassez le blé dans mon grenier.

31. Il leur proposa une autre parabole, disant : Le royaume des cieux est semblable à un grain de sénevé qu'un homme prend et sème en son champ. *Marc, 4, 31. Luc, 13, 19.*
32. Ce grain est la plus petite de toutes les semences; mais lorsqu'il est crû, il est plus grand que tous les légumes, et il devient un arbre, de sorte que les oiseaux du ciel viennent se reposer sur ses branches [23].

33. Il leur dit encore cette autre parabole: Le royaume des cieux est semblable au levain qu'une femme prend, et qu'elle mêle dans trois mesures de farine, jusqu'à ce que la pâte soit toute levée [24]. *Luc, 13, 21.*

illis dicens : Simile factum est regnum cœlorum homini, qui seminavit bonum semen in agro suo;
25. cum autem dormirent homines, venit inimicus ejus, et superseminavit zizania in medio tritici, et abiit.
26. Cum autem crevisset herba, et fructum fecisset, tunc apparuerunt et zizania.
27. Accedentes autem servi patris familias, dixerunt ei : Domine, nonne bonum semen seminasti in agro tuo? Unde ergo habet zizania?
28. Et ait illis : Inimicus homo hoc fecit. Servi autem dixerunt ei : Vis, imus, et colligimus ea?
29. Et ait : Non : ne forte colligentes zizania, eradicetis simul cum eis et triticum.
30. Sinite utraque crescere usque ad messem, et in tempore messis dicam messoribus : Colligite primum zizania, et alligate ea in fasciculos ad comburendum, triticum autem congregate in horreum meum.
31. Aliam parabolam proposuit eis dicens : Simile est regnum cœlorum grano sinapis, quod accipiens homo seminavit in agro suo :
32. quod minimum quidem est omnibus seminibus : cum autem creverit, majus est omnibus oleribus, et fit arbor, ita ut volucres cœli veniant, et habitent in ramis ejus.
33. Aliam parabolam locutus est eis : Simile est regnum cœlorum fermento, quod acceptum mulier abscondit in farinæ satis tribus, donec fermentatum est totum.

ỳ. 24. — [22] *Voy.* l'explication depuis le ỳ. 36-43. Le royaume du ciel est ici l'Eglise de Dieu sur la terre, dans laquelle les bons et les méchants se trouvent mêlés.
ỳ. 32. — [23] Parmi toutes les espèces de légumes et d'herbes potagères, l'arbuste qui produit le sénevé est le plus grand en Orient. Il devient grand comme un arbre, il a beaucoup de branches et de larges feuilles. De même que le petit grain de sénevé se développe jusqu'aux dimensions d'un grand arbre, de même l'Eglise de Dieu sur la terre à son origine est petite, mais elle se répandra parmi tous les hommes qui voudront y chercher un asile. Le Seigneur choisit pour symbole, non pas un grand arbre, mais un des plus gros arbustes, croissant en forme d'arbre, selon toute apparence, parce que l'Eglise de Dieu sur la terre, malgré son élevation, ne doit cependant jamais s'éloigner de l'etat d'humiliation.
ỳ. 33. — [24] Comme un peu de levain donne de la saveur à une quantité notable de farine en la faisant, sans qu'on s'en aperçoive, lever et dilater en tous sens; ainsi le royaume du ciel, l'Eglise de Dieu, pénètre insensiblement avec sa vertu surnaturelle, par une opération intime et silencieuse, dans l'humanité tout entière,

34. Hæc omnia locutus est Jesus in parabolis ad turbas : et sine parabolis non loquebatur eis :
35. ut impleretur quod dictum erat per Prophetam dicentem : Aperiam in parabolis os meum, eructabo abscondita a constitutione mundi.
36. Tunc, dimissis turbis, venit in domum : et accesserunt ad eum discipuli ejus, dicentes : Edissere nobis parabolam zizaniorum agri.
37. Qui respondens ait illis : Qui seminat bonum semen, est Filius hominis.
38. Ager autem, est mundus. Bonum vero semen, hi sunt filii regni. Zizania autem, filii sunt nequam.
39. Inimicus autem, qui seminavit ea, est diabolus. Messis vero, consummatio sæculi est. Messores autem, angeli sunt.
40. Sicut ergo colliguntur zizania, et igni comburentur : sic erit in consummatione sæculi;
41. mittet Filius hominis angelos suos, et colligent de regno ejus omnia scandala, et eos qui faciunt iniquitatem :
42. et mittent eos in caminum ignis. Ibi erit fletus, et stridor dentium.
43. Tunc justi fulgebunt sicut sol in regno Patris eorum. Qui

34. Jésus dit toutes ces choses au peuple en paraboles, et il ne leur parlait point sans paraboles [25];
35. afin que cette parole du Prophète fût accomplie : J'ouvrirai ma bouche *pour parler* en paraboles; je publierai des choses qui ont été cachées depuis la création du monde[26]. *Marc.* 4. 34.
36. Alors Jésus ayant renvoyé le peuple, vint en la maison; et ses disciples s'approchant de lui, lui dirent : Expliquez-nous la parabole de l'ivraie semée dans le champ [27].
37. Et leur répondant, il leur dit : Celui qui sème le bon grain, c'est le Fils de l'homme.
38. Le champ, c'est le monde; le bon grain, ce sont les enfants du royaume [28]; et l'ivraie, ce sont les enfants d'iniquité.
39. L'ennemi qui l'a semée, c'est le diable; le temps de la moisson, c'est la fin du monde; les moissonneurs ce sont les anges. *Apoc.* 14, 15.
40. Comme donc on amasse l'ivraie, et qu'on la brûle dans le feu; il en arrivera de même à la fin du monde.
41. Le Fils de l'homme enverra ses anges, qui ramasseront *et enlèveront* hors de son royaume tous les scandales, et ceux [29] qui commettent l'iniquité;
42. et ils les précipiteront dans la fournaise du feu. C'est là qu'il y aura des pleurs et des grincements de dents [30].
43. Alors les justes brilleront comme le soleil dans le royaume de leur Père [31]. Que

---

et elle renouvelle et ennoblit tout ce qui ne se dérobe pas à dessein à son influence. Cela se réalise également dans chaque homme en particulier. Quand il est sincère et vrai, le sentiment chrétien pénètre l'esprit, l'âme et le corps, et il ennoblit toutes nos pensées, nos œuvres et nos démarches; il n'est pas jusqu'aux gestes et aux mouvements du corps qu'il ne règle et ne dirige.

ỷ. 34. — [25] Il présentait toute sa doctrine sous la forme de discours qui avaient un sens multiple et mystérieux. Le mot parabole est employé en général, comme dans ce passage, pour tout discours énigmatique et d'un sens profond (Comp. *Ps.* 77, 2).

ỷ. 35. — [26] afin que fût accompli ce que le Verbe de Dieu a dit par tous les prophètes (5. *Moys.* 18, 15), notamment par la bouche du Chantre-Prophète, Asaph (*Ps.* 77, 2), que les voies de la Providence, pour le salut des hommes, sont des discours mystérieux, des énigmes profondes. L'endroit cité de l'Ancien Testament n'est pas, non plus qu'en plusieurs autres occasions, rapporté mot à mot. Jésus-Christ et les Apôtres en usaient ainsi, soit afin d'insister d'une manière particulière sur une pensée qu'ils voulaient rendre sensible, soit afin de donner plus de développement à certains passages de l'Ancien Testament.

ỷ. 36. — [27] *Voy.* note 15.

ỷ. 38. — [28] les vrais chrétiens, les membres vivants de l'Eglise de Dieu.

ỷ. 41. — [29] « Et » est mis pour : c'est-à-dire.

ỷ. 42. — [30] Voy. *pl. h.* 8, 12.

ỷ. 43. — [31] ils seront glorifiés dans le corps et dans l'âme (Voy. *Dan.* **12, 3** et les remarques).

celui-là entende, qui a des oreilles pour entendre [32]. *Sag.* 3, 7. *Dan.* 12, 3.

44. Le royaume des cieux est semblable à un trésor caché dans un champ, qu'un homme trouve et qu'il cache : et dans la joie qu'il en ressent, il va vendre tout ce qu'il a, et achète ce champ [33].

45. Le royaume des cieux est encore semblable à un marchand qui est dans le trafic, et qui cherche de belles perles :

46. et qui en ayant trouvé une de grand prix, va vendre tout ce qu'il avait et l'achète [34].

47. Le royaume des cieux est encore semblable à un filet jeté dans la mer, qui prend toutes sortes de poissons :

48. et lorsqu'il est plein, *les pêcheurs* le tirent sur le bord, où s'étant assis, ils mettent ensemble tous les bons dans des vaisseaux, et ils jettent dehors les mauvais.

49. Il en sera de même à la fin du monde: les anges viendront et sépareront les méchants du milieu des justes;

50. et ils les jetteront dans la fournaise du feu : c'est là qu'il y aura des pleurs et des grincements de dents [35].

51. Avez-vous bien compris tout ceci? Oui, *Seigneur*, repondirent-ils [36].

52. Et il ajouta : C'est pourquoi tout docteur instruit de ce qui regarde le royaume des cieux [37], est semblable à un père de famille, qui tire de son trésor des choses nouvelles et des choses anciennes [38].

53. Lorsque Jésus eut achevé ces paraboles, il partit de là.

54. Et étant venu en son pays [39], il les

habet aures audiendi, audiat.

44. Simile est regnum cœlorum thesauro abscondito in agro, quem qui invenit homo abscondit, et præ gaudio illius vadit, et vendit universa quæ habet, et emit agrum illum.

45. Iterum simile est regnum cœlorum homini negotiatori, quærenti bonas margaritas.

46. Inventa autem una pretiosa margarita, abiit, et vendidit omnia quæ habuit, et emit eam.

47. Iterum simile est regnum cœlorum sagenæ missæ in mare, et ex omni genere piscium congreganti :

48. quam, cum impleta esset, educentes, et secus littus sedentes, elegerunt bonos in vasa, malos autem foras miserunt.

49. Sic erit in consummatione sæculi : exibunt angeli, et separabunt malos de medio justorum,

50. et mittent eos in caminum ignis : ibi erit fletus, et stridor dentium.

51. Intellexistis hæc omnia? Dicunt ei : Etiam.

52. Ait illis : Ideo omnis scriba doctus in regno cœlorum, similis est homini patrifamilias, qui profert de thesauro suo nova et vetera.

53. Et factum est, cum consummasset Jesus parabolas istas, transiit inde.

54. Et veniens in patriam suam,

---

[32] Voy. *pl. h.* ℣. 9.

℣. 44. — [33] La vraie foi et la vraie piété sont un trésor que la grâce de Dieu fait trouver. Sacrifiez, s'il le faut, tout ce que vous avez de plus cher sur la terre pour l'acquérir et pour le conserver. Ce tresor est caché; car les sages de ce monde tiennent la sagesse de Jesus-Christ pour folie; il faut le tenir caché, car satan, le monde et la chair cherchent à le ravir.

℣. 46. — [34] Comp. *Prov.* 8, 11.

℣. 50. — [35] Voy. *pl. h.* ℣. 42. Cette parabole et la précédente nous apprennent que non-seulement les élus, mais encore les réprouves, non-seulement les bons, mais encore les méchants, appartiennent au corps visible de l'Eglise de Jesus-Christ, bien que ceux-ci soient hors de son sein qui professent ouvertement l'erreur, qui se sont séparés du saint Siège, et qui en ont été déclarés exclus (qui ont été excommuniés).

℣. 51. — [36] Litt. : Ils disent : Oui. Dans le grec : Oui, Seigneur. — C'est une leçon contestée.

℣. 52. — [37] tout vrai prédicateur de la doctrine chrétienne.

[38] les vérités anciennes et les vérités nouvelles, les enseignements de l'Ancien et du Nouveau Testament (Jerôme, Aug.), les divers aliments de l'âme selon ses différents besoins.

℣. 54. — [39] à Nazareth, ville où résidait sa famille.

docebat eos in synagogis eorum, ita ut mirarentur, et dicerent : Unde huic sapientia hæc, et virtutes.

55. Nonne hic est fabri filius? Nonne mater ejus dicitur Maria, et fratres ejus, Jacobus et Joseph, et Simon, et Judas?

56. Et sorores ejus, nonne omnes apud nos sunt? Unde ergo huic omnia ista?.

57. Et scandalizabantur in eo. Jesus autem dixit eis : Non est propheta sine honore nisi in patria sua, et in domo sua.

58. Et non fecit ibi virtutes multas propter incredulitatem illorum.

instruisit dans leurs synagogues [40], de sorte qu'etant saisis d'étonnement, ils disaient : D'où lui est venue cette sagesse et cette puissance? *Marc*, 6, 1. *Luc*, 4, 16.

55. N'est-ce pas le fils du charpentier? Sa mère ne s'appelle-t-elle pas Marie, et ses frères Jacques, Joseph, Simon et Jude [41]. *Jean*, 6, 42.

56. Et ses sœurs [42] ne sont-elles pas toutes parmi nous? D'où lui viennent donc toutes ces choses?

57. Et il leur était un sujet de scandale [43]. Mais Jesus leur dit : Un prophète n'est sans honneur que dans son pays, et dans sa maison [44].

58. Et il ne fit pas là beaucoup de miracles à cause de leur incrédulité [45].

CHAPITRE XIV.

Jean-Baptiste devient la victime d'une femme. Plusieurs milliers d'hommes sont miraculeusement rassasiés par Jésus dans la solitude. Après une prière qu'il adresse à Dieu dans la retraite pendant la nuit, Jésus marche sur la mer. Le bord même de sa robe opère des guérisons.

. In illo tempore audivit Herodes tetrarcha famam Jesu :

2. et ait pueris suis : Hic est Joannes Baptista : ipse surrexit a

1. En ce temps-là, Hérode le tétrarque [1] apprit ce qui se publiait de Jesus [2]; *Marc*, 6, 14. *Luc*, 9, 7.

2. et il dit à ses officiers: C'est Jean-Baptiste; c'est lui-même qui est ressuscité d'entre

[40] Dans le grec : dans leur synagogue.

ỳ. 55. — [41] Dans le grec : Jacques, Joseès, Simon et Jude. C'étaient les cousins de Jésus, les fils de cette Marie qui était épouse de Cléophas, une parente de la très-sainte Vierge (*Jean*, 19, 25). Jacques, dont il est ici fait mention, est Jacques le Mineur, un des douze Apôtres. Jude, frère de Jacques, est Jude, dont nous avons une lettre, et également un des douze.

ỳ. 56. — [42] Ses cousines et en général toutes les femmes ses parentes.

ỳ. 57. — [43] Ils furent choqués de la bassesse de sa condition, et cela les induisit en erreur; car, ainsi que la plupart des Juifs de ce temps-la, ils se figuraient que le Messie promis apparaîtrait comme un roi de la terre, environné de gloire. Les deux Apotres ne tardèrent pas à revenir de cette opinion, qu'ils regrettèrent d'avoir partagee. Combien d'hommes qui encore de nos jours se scandalisent de l'apparente bassesse des mystères fondamentaux du christianisme!

[44] parce que d'ordinaire on n'estime pas au-dessus de soi-même ceux avec lesquels et à côté desquels on a été éleve.

ỳ. 58. — [45] parce que les miracles ne sont des preuves de la vérité que pour les esprits bien disposés (Voy. *pl. h.* 12, 39. note 36).

ỳ. 1. — [1] Herode Antipas (voy. *pl. h.* 2, 22. note 21).

[2] peu après avoir decapité Jean-Baptiste, quelque temps déjà après que Jésus fut entré dans sa vie publique. Ce prince vain et mondain se mettait peu en peine des enseignements et des actions de Jésus; ils ne pouvaient servir en rien à la satisfaction de ses voluptés (Chrys.).

les morts: et c'est pour cela qu'il se fait par lui tant de miracles [3].

3. Car Hérode ayant fait arrêter Jean, l'avait fait lier et mettre en prison, à cause d'Hérodiade, femme de son frère [4]; *Marc*, 6, 17. *Luc*, 3, 19.

4. parce que Jean lui disait : Il ne vous est point permis d'avoir cette femme. *Pl. b.* 21, 26.

5. Et Hérode voulait le faire mourir; mais il appréhendait le peuple, parce que Jean était regardé comme un prophète.

6. Or le jour de la naissance d Hérode, la fille d'Hérodiade dansa au milieu *de l'assemblée*, et plut à Hérode;

7. de sorte qu'il promit avec serment de lui donner tout ce qu'elle lui demanderait.

8. Cette fille ayant été instruite auparavant par sa mère, lui dit : donnez-moi présentement dans un bassin la tête de Jean-Baptiste.

9. Et le roi fut fâché; néanmoins à cause du serment *qu'il avait fait*, et de ceux qui étaient à table avec lui, il commanda qu'on la lui donnât.

10. et il envoya couper la tête à Jean dans la prison [5].

11. Et sa tête fut apportée dans un bassin, et donnée à cette fille, qui la porta à sa mère.

12. Ses disciples vinrent ensuite prendre son corps, et l'ensevelirent, et ils allèrent le dire à Jésus.

13. Jésus l'ayant appris, partit de là dans une barque, pour se retirer à l'écart dans un lieu désert [6]; et le peuple l'ayant su, le

mortuis, et ideo virtutes operantur in eo.

3. Herodes enim tenuit Joannem, et alligavit eum : et posuit in carcerem propter Herodiadem uxorem fratris sui.

4. Dicebat enim illi Joannes : Non licet tibi habere eam.

5. Et volens illum occidere, timuit populum : quia sicut prophetam eum habebant.

6. Die autem natalis Herodis saltavit filia Herodiadis in medio, et placuit Herodi.

7. Unde cum juramento pollicitus est ei dare quodcumque postulasset ab eo.

8. At illa præmonita a matre sua : Da mihi, inquit, hic in disco caput Joannis Baptistæ.

9. Et constristatus est rex : propter juramentum autem, et eos, qui pariter recumbebant, jussit dari.

10. Misitque et decollavit Joannem in carcere.

11. Et allatum est caput ejus in disco, et datum est puellæ, et attulit matri suæ.

12. Et accedentes discipuli ejus, tulerunt corpus ejus, et sepelierunt illud : et venientes nuntiaverunt Jesu.

13. Quod cum audisset Jesus, secessit inde in navicula, in locum desertum seorsum : et cum

---

℣. 2. — [3] Après sa résurrection, il a été revêtu d'une puissance surnaturelle. Esprit vain et rempli des idées du monde, Hérode n'avait aucune connaissance de l'ordre surnaturel, et il n'y croyait pas : mais ce ne fut que pour se débarrasser bien vite de ce phénomène, et n'être pas troublé dans ses jouissances sensuelles, par un examen plus approfondi, qu'il se référa à la doctrine de la résurrection, laquelle n'était à ses yeux qu'un préjugé populaire. Hérode ayant fait mention de saint Jean, l'Evangéliste en prend occasion de raconter la mort du saint Précurseur, et d'en faire connaître la cause.

℣. 3. — [4] Dans le grec : de son frère Philippe. Ce Philippe est différent du tétrarque Philippe (*Luc*, 3, 1). Hérodias était fille d'Aristobule, un des fils d'Hérode-le-Grand (*Voy.* la dernière remarq. sur le second livre des *Machab.*). Herode l'avait donnée en mariage à son fils Philippe, mais bientôt il déshérita ce dernier qui vécut le reste de sa vie en simple particulier. Hérodias, pour devenir princesse régnante, préféra à sa première union celle d'Hérode Antipas, qui, pour lui faire plaisir, répudia son épouse, la fille d'Arêtas, prince arabe.

℣. 10. — [5] Jean, selon quelques-uns, était à Machérus, forteresse à l'est du Jourdain, qui n'était pas très-éloignée d'Hérodium, où Hérode faisait alors sa résidence.

℣. 13. — [6] D'après saint *Marc*, 6, 31, Jésus se retira dans une contrée déserte aux environs de Bethsaide Julias, sur le rivage oriental de la mer de Génésareth, dans le territoire du tétrarque Philippe, qui était un prince animé de bonnes dis-

audissent turbæ, secutæ sunt eum pedestres de civitatibus.
14. Et exiens vidit turbam multam, et misertus est eis, et curavit languidos eorum.
15. Vespere autem facto, accesserunt ad eum discipuli ejus, dicentes : Desertus est locus, et hora jam præteriit : dimitte turbas, ut euntes in castella, emant sibi escas.
16. Jesus autem dixit eis : Non habent necesse ire : date illis vos manducare.
17. Responderunt ei : Non habemus hic nisi quinque panes, et duos pisces.
18. Qui ait eis : Afferte mihi illos huc.
19. Et cum jussisset turbam discumbere super fœnum, acceptis quinque panibus, et duobus piscibus, aspiciens in cœlum benedixit, et fregit, et dedit discipulis panes, discipuli autem turbis.
20. et manducaverunt omnes, et saturati sunt. Et tulerunt reliquias duodecim cophinos fragmentorum plenos.
21. Manducantium autem fuit numerus quinque millia virorum, exceptis mulieribus, et parvulis.
22. Et statim compulit Jesus discipulos ascendere in naviculam, et præcedere eum trans fretum, donec dimitteret turbas.
23. Et dimissa turba, ascendit in montem solus orare. Vespere autem facto solus erat ibi :

suivit à pied de diverses villes. *Marc*, 6, 31. *Luc*, 9, 10. *Jean*, 6, 3.
14. Lorsqu'il sortait, ayant vu une grande multitude [7], il en eut compassion, et il guérit leurs malades.
15. Et le soir étant venu, ses disciples s'approchèrent de lui, et lui dirent : Ce lieu-ci est désert, et il est déjà bien tard [8] : renvoyez le peuple, afin qu'ils s'en aillent dans les villages acheter de quoi manger.
16. Mais Jésus leur dit : Il n'est pas nécessaire qu'ils y aillent : donnez-leur vous-mêmes à manger.
17. Ils lui répondirent : Nous n'avons ici que cinq pains et deux poissons. *Jean*, 6, 9.
18. Apportez-les-moi ici, leur dit-il.
19. Et après avoir commandé au peuple de s'asseoir sur l'herbe, il prit les cinq pains et les deux poissons; et levant les yeux au ciel, il *les* bénit : puis rompant les pains, il les donna à ses disciples, et les disciples au peuple [9].
20. Ils en mangèrent tous, et furent rassasiés [10]; et on emporta douze paniers pleins des morceaux qui étaient restés [11].
21. Or ceux qui mangèrent étaient au nombre de cinq mille hommes [12], sans compter les femmes et les petits enfants.
22. Aussitôt Jésus obligea ses disciples de monter dans la barque, et de passer avant lui à l'autre bord, pendant qu'il renverrait le peuple [13]. *Marc* 6, 45. *Jean*, 6, 15.
23. Après l'avoir renvoyé, il monta sur une montagne pour prier; et le soir étant venu, il se trouva seul en ce lieu-là [14].

---

positions. Jésus voulait apparemment se soustraire aux piéges d'Hérode Antipas; car son heure n'était pas encore venue.

℣. 14. — [7] c'est-à-dire : ayant vu le peuple, il sortit.

℣. 15. — [8] il est trop tard pour qu'il soit possible de se procurer en ce lieu-ci des vivres pour tant de monde.

℣. 19. — [9] Voy. *Luc*, 9, 16. Jésus fit une prière d'action de grâces à Dieu; car la nourriture est bénie par la parole de Dieu (Voy. 1. *Tim*. 4, 4. 5). En rompant le pain, il en multiplia les fragments par la puissance de création qui n'appartient qu'à Dieu, et il les donna à ses disciples pour les distribuer.

℣. 20. — [10] Ils n'avaient faim que de la nourriture spirituelle, et ils furent rassasiés même corporellement. C'est ainsi que la nature doit servir l'esprit, quand l'esprit vit de la vie de justice, et que nous verrons tous nos besoins corporels satisfaits, si nous voulons adhérer fidèlement à Jésus-Christ.

[11] Cela arriva pour signifier que Dieu ne donne pas avec parcimonie.

℣. 21. — [12] Dans le grec : environ cinq mille hommes.

℣. 22. — [13] Les disciples se séparèrent de Jésus avec peine (Jérôme). Il les fit partir devant, de peur que la foule qui souhaitait le faire roi (*Jean*, 6, 15), ne les gagnât, car ils étaient encore faibles. Un autre motif, c'est qu'il voulait être seul pour prier (℣. 23).

℣. 23. — [14] Quoique l'union de Jésus-Christ avec son Père fût continuelle, sans

24. Cependant la barque était fort battue des flots au milieu de la mer, parce que le vent était contraire.
25. Mais à la quatrième veille de la nuit [15], Jésus vint à eux marchant sur la mer.
26. Lorsqu'ils le virent marcher sur la mer, ils furent troublés, et ils disaient : C'est un fantôme. Et ils s'écrièrent de frayeur.
27. Aussitôt Jésus leur parla, et dit : Rassurez-vous, c'est moi, ne craignez point.

28. Pierre prenant la parole, lui dit : Seigneur, si c'est vous, commandez que j'aille à vous sur les eaux.
29. Jésus lui dit : Venez. Et Pierre descendant de la barque, marchait sur l'eau pour aller à Jésus.

30. Mais voyant un grand vent, il eut peur; et il commençait à enfoncer, lorsqu'il s'écria : Seigneur, sauvez-moi [16].

31. Et aussitôt Jésus étendant la main, le prit, et lui dit : Homme de peu de foi, pourquoi avez-vous douté?

32. Et étant monté dans la barque, le vent cessa.
33. Alors ceux qui étaient dans cette barque s'approchant de lui, l'adorèrent, en lui disant : Vous êtes vraiment le Fils de Dieu.
34. Et ayant passe l'eau, ils vinrent en la terre de Genésar [17]. *Marc*, 6, 53.
35. Et les habitants de ce lieu l'ayant connu, ils envoyèrent dans tout le pays, et lui presentèrent tous les malades,

36. le priant qu'il leur permît seulement de toucher la frange de son vêtement : et tous ceux qui la touchèrent furent guéris. *Pl. h.* 9, 20.

24. navicula autem in medio mari jactabatur fluctibus : erat enim contrarius ventus.
25. Quarta autem vigilia noctis, venit ad eos ambulans super mare.
26. Et videntes eum super mare ambulantem, turbati sunt, dicentes : Quia phantasma est. Et præ timore clamaverunt.
27. Statimque Jesus locutus est eis, dicens : Habete fiduciam : ego sum, nolite timere.
28. Respondens autem Petrus dixit : Domine, si tu es, jube me ad te venire super aquas.
29. At ipse ait : Veni. Et descendens Petrus de navicula, ambulabat super aquam ut veniret ad Jesum.
30. Videns vero ventum validum, timuit : et cum cœpisset mergi, clamavit dicens : Domine, salvum me fac.
31. Et continuo Jesus extendens manum, apprehendit eum : et ait illi : Modicæ fidei, quare dubitasti?
32. Et cum ascendissent in naviculam, cessavit ventus.
33. Qui autem in navicula erant, venerunt, et adoraverunt eum, dicentes : Vere Filius Dei es.
34. Et cum transfretassent, venerunt in terram Genesar.
35. Et cum cognovissent eum viri loci illius, miserunt in universam regionem illam, et obtulerunt ei omnes male habentes :
36. et rogabant eum ut vel fimbriam vestimenti ejus tangerent. Et quicumque tetigerunt, salvi facti sunt.

être un seul instant interrompue, il ne laissait pas d'avoir des temps déterminés pour la prière, afin de nous apprendre que la prière est le premier devoir du chrétien. La prière était la vie de son âme; il ne cessait de prier que pour se livrer à l'action, lorsque la volonté de son Père le voulait ainsi; et il retournait à la prière aussitôt qu'il avait recouvré sa liberté.

℣. 25. — [15] La nuit était alors, selon l'usage romain, divisée en quatre veilles ou parties, chacune de trois heures. La quatrième veille tombait vers les trois heures du matin, temps où, en Palestine, il fait encore obscur, même en éte.

℣. 30. — [16] Tant que Pierre crut simplement, il eut une force surnaturelle; car une foi ferme unit l'homme à Dieu. Celui qui doute abandonne Dieu, il renonce en même temps à la vertu divine, et retombe dans sa propre impuissance.

℣. 34. — [17] Dans le grec : dans le pays de Genésareth.

CHAPITRE XV.

Jésus-Christ blâme les maximes immorales des Pharisiens. Il guérit la fille d'une femme chananéenne, ainsi que d'autres malades, et il rassasie quatre mille hommes avec sept pains.

1. Tunc accesserunt ad eum ab Jerosolymis Scribæ et Pharisæi, dicentes :
2. Quare discipuli tui transgrediuntur traditionem seniorum? non enim lavant manus suas cum panem manducant.
3. Ipse autem respondens ait illis : Quare et vos transgredimini mandatum Dei propter traditionem vestram? Nam Deus dixit :
4. Honora patrem, et matrem; et : Qui maledixerit patri, vel matri, morte moriatur.
5. Vos autem dicitis : Quicumque dixerit patri, vel matri : Munus quodcumque est ex me, tibi proderit :
6. et non honorificabit patrem suum, aut matrem suam : et irri-

1. Alors des Scribes et des Pharisiens *qui étaient venus* de Jérusalem, s'approchèrent de Jésus, et lui dirent : *Marc*, 7, 1.
2. Pourquoi vos disciples violent-ils la tradition des anciens [1]? Car ils ne lavent point leurs mains lorsqu'ils prennent leur repas [2].
3. Mais il leur répondit : Pourquoi vous-mêmes violez-vous le commandement de Dieu par votre tradition [3]? Car Dieu a fait ce commandement :
4. Honorez *votre* père et *votre* mère [4]; et *cet autre :* Que celui qui aura outragé de paroles son père ou sa mère, soit puni de mort [5]. *Eph.* 6, 2. *Prov.* 20, 20.
5. Mais vous, vous dites : Quiconque aura dit à son père ou à sa mère : Tout don que j'offre de mon bien tournera à votre profit,
6. quoiqu'après cela il n'honore point son père ou sa mère : et ainsi vous avez rendu

---

ỳ. 2. — [1] l'ancienne doctrine (des Pharisiens). *Voy.* la dernière remarque sur le 2ᵉ liv. des *Machab.*

[2] C'était là une addition aux lois de Dieu touchant la pureté légale (Comp. *Marc*, 7).

ỳ. 3. — [3] Pourquoi voulez-vous trouver mes disciples coupables, eux qui ne transgressent qu'un point de votre doctrine qui est purement humaine, tandis que vous-mêmes, vous vous permettez de transgresser un commandement de Dieu, et que vous conseillez aux autres de le transgresser pour maintenir votre doctrine traditionnelle (*Voy.* la suite)? Qu'on se garde bien du reste de comparer les traditions et les additions des Pharisiens avec les traditions et les commandements de l'Eglise de Dieu. Les traditions pharisaïques étaient, du moins en partie, sans authenticité et des inventions des docteurs juifs; les traditions de l'Eglise catholique sont des révélations divines, quand l'Eglise les a déclarées telles. Elles contiennent ce qui est écrit dans les Livres saints, ou elles complètent ce qui n'y est pas écrit, ou bien encore elles éclaircissent ce qui n'y est écrit que d'une manière obscure. Les préceptes des Pharisiens étaient, il est vrai, émanés d'une haute autorité (voy. *pl. b.* 23, 2. 3), mais ils étaient le plus souvent en opposition avec les commandements de Dieu, et, par conséquent, non obligatoires; les commandements de l'Eglise non-seulement procèdent de l'autorité spirituelle établie par Jésus-Christ lui-même, mais ils n'ont qu'un seul but, qui est de procurer plus sûrement et d'une manière mieux déterminée et plus parfaite l'accomplissement des commandements de Dieu; car l'Eglise tient la place de Jésus-Christ sur la terre, et elle ne fait et n'ordonne que ce que Jésus-Christ, s'il était sur la terre, ferait et ordonnerait dans les circonstances données (Comp. *Matth.* 18, 17).

ỳ. 4. — [4] Voy. 2. *Moys.* 20, 12

[5] Voy. 2. *Moys.* 21, 17

inutile le commandement de Dieu par votre tradition [6].

7. Hypocrites [7], Isaïe a bien prophétisé de vous, quand il a dit :

8. Ce peuple m'honore des lèvres; mais son cœur est loin de moi : *Isaï.* 29, 13. *Marc,* 7, 6.

9. et c'est en vain qu'ils m'honorent, enseignant des maximes et des ordonnances humaines.

10. Puis ayant appelé le peuple, il leur dit : Ecoutez, et comprenez bien ceci.

11. Ce n'est pas ce qui entre dans la bouche qui souille l'homme; mais ce qui sort de la bouche, c'est ce qui souille l'homme [8].

12. Alors [9] ses disciples s'approchant, lui dirent : Savez-vous bien que les Pharisiens ayant entendu ce que vous venez de dire, s'en sont scandalisés [10]?

tum fecistis mandatum Dei propter traditionem vestram.

7. Hypocritæ, bene prophetavit de vobis Isaias, dicens :

8. Populus hic labiis me honorat : cor autem eorum longe est a me.

9. Sine causa autem colunt me, docentes doctrinas et mandata hominum.

10. Et convocatis ad se turbis, dixit eis : Audite, et intelligite.

11. Non quod intrat in os coinquinat hominem : sed quod procedit ex ore, hoc coinquinat hominem.

12. Tunc accedentes discipuli ejus, dixerunt ei : Scis quia Pharisæi, audito verbo hoc, scandalizati sunt?

℣. 6. — [6] Le sens des versets 5 et 6 est : Il est encore dit dans votre enseignement traditionnel : Si un enfant dit à ses parents pauvres : Je vais offrir au trésor du temple ce que je puis vous donner pour vous secourir dans votre nécessité, et cela vous sera tout aussi utile! — cet enfant n'a point blessé le devoir de la charité et de la reconnaissance auquel il est tenu envers ses parents; il est dégagé de l'obligation de pourvoir à leurs besoins. Par ce point de votre tradition, lequel vient, non pas de Dieu, mais de vous, vous faites violer le commandement de Dieu qui prescrit d'honorer les parents, et ainsi vous le violez vous-mêmes. — Il y a apparence que les Pharisiens persuadaient aux enfants riches de déposer leurs richesses dans le trésor du temple, qui était sous leur garde, au détriment de l'assistance de leurs parents, alors même qu'ils étaient pressés par le besoin.

℣. 7. — [7] vous qui extérieurement semblez m'honorer en portant les hommes à faire des offrandes au temple, mais qui intérieurement et en réalité me deshonorez, et apprenez à me deshonorer, en les détournant de l'accomplissement des préceptes divins.

℣. 11. — [8] Jésus-Christ, par ces paroles, ne veut pas dire : Mangez et buvez ce que vous voudrez, vous n'offenserez pas Dieu en le faisant : car la loi de Dieu prescrivait de s'abstenir de certaines viandes, et il ne voulait pas annuler la loi de Dieu, mais l'accomplir (*Pl. h.* 5, 17. *Comp.* 23, 2. 3). Que si ces paroles devaient être prises dans un sens indéfini, il s'ensuivrait qu'il aurait permis de boire jusqu'à s'enivrer. Jésus-Christ veut dire seulement : Ce ne sont point les viandes impures, souillées par des mains impures, ou bien défendues en effet) qui *par elles-mêmes* souillent l'homme, mais ce sont les mauvais sentiments du cœur qui se manifestent au-dehors par des œuvres mauvaises, qui rendent l'homme impur et criminel. Jésus-Christ dans ce passage, ainsi qu'il a coutume de le faire, rappelle les Pharisiens aux dispositions intérieures, comme étant le point essentiel, sans pour cela représenter comme superflues les pratiques extérieures, quand elles sont prescrites par Dieu, ou par la puissance établie de Dieu. On voit par là avec quelle méchanceté les contempteurs des jeûnes de l'Eglise et du précepte de l'abstinence, abusent de cette maxime de Jésus-Christ, afin de justifier leur indocilité; en effet, ces paroles qu'ils détournent à leur sens renferment leur condamnation. Non, ô vous qui outragez l'Eglise de Dieu, ce ne sont point les viandes *en elles-mêmes* et *par elles-mêmes*, que, dans votre folle présomption et dans votre désobéissance téméraire, vous prenez contre ses préceptes, qui vous rendent coupables; car toute nourriture, en tant que don de Dieu, est bonne, et ne saurait, puisqu'elle n'entre que dans le corps, atteindre le fond de votre âme! Mais ce qui vous rend impurs, ce qui vous souille, ce sont les paroles téméraires qui sortent de votre bouche, et par lesquelles vous vous élevez contre l'autorité établie de Dieu, c'est votre désobéissance, c'est votre sensualité et votre gourmandise, qui ne connaissent point de frein.

℣. 12. — [9] lorsque le peuple eut été congédié (*Marc,* 7, 17).

[10] ils se sont scandalisés de votre doctrine, comme étant contraire à la sainteté.

13. At ille respondens, ait : Omnis plantatio, quam non plantavit Pater meus cœlestis, eradicabitur.

13. Mais il leur répondit : Toute plante que n'a point plantée mon Père céleste, sera arrachée [11]. *Jean*, 15, 2.

14. Sinite illos : cæci sunt, et duces cæcorum; cæcus autem si cæco ducatum præstet, ambo in foveam cadunt.

14. Laissez-les; ce sont des aveugles qui conduisent des aveugles : que si un aveugle conduit un autre aveugle, ils tombent tous deux dans la fosse [12]. *Luc*, 6, 39.

15. Respondens autem Petrus dixit ei : Edissere nobis parabolam istam.

15. Pierre prenant la parole, lui dit : Expliquez-nous cette parabole [13]. *Marc*, 7, 17.

16. At ille dixit : Adhuc et vos sine intellectu estis?

16. Et Jésus répondit : *Quoi!* êtes-vous encore vous-mêmes sans intelligence?

17. Non intelligitis quia omne quod in os intrat, in ventrem vadit, et in secessum emittitur?

17. Ne comprenez-vous pas que tout ce qui entre dans la bouche descend dans le ventre, et est jeté ensuite au lieu secret?

18. Quæ autem procedunt de ore, de corde exeunt, et ea coinquinant hominem :

18. Mais ce qui sort de la bouche part du cœur; et c'est ce qui souille l'homme :

19. de corde enim exeunt cogitationes malæ, homicidia, adulteria, fornicationes, furta, falsa testimonia, blasphemiæ;

19. car c'est du cœur que partent les mauvaises pensées, les meurtres, les adultères, les fornications, les larcins, les faux témoignages, les blasphèmes :

20. hæc sunt, quæ coinquinant hominem. Non lotis autem manibus manducare, non coinquinat hominem.

20. ce sont là les choses qui souillent l'homme. Mais manger sans avoir lavé ses mains, ne souille point l'homme [14].

21. Et egressus inde Jesus, secessit in partes Tyri et Sidonis.

21. Et Jésus étant parti de là, se retira du côté de Tyr et de Sidon [15]. *Marc*, 7, 24.

22. Et ecce mulier Chananæa a finibus illis egressa clamavit, dicens ei : Miserere mei, Domine, fili David : filia mea male a dæmonio vexatur.

22. Et voilà qu'une femme Chananéenne [16], qui etait sortie de ce pays-là, s'ecria, en lui disant : Seigneur, fils de David [17], ayez pitié de moi; ma fille est misérablement tourmentée par le démon [18].

23. Qui non respondit ei verbum. Et accedentes discipuli ejus rogabant eum dicentes : Dimitte eam : quia clamat post nos.

23. Mais il ne lui répondit pas un mot [19]. Et ses disciples s'approchant de lui, le priaient, en lui disant : Accordez-lui ce qu'elle demande [20], afin qu'elle s'en aille, parce qu'elle crie après nous.

℣. 13. — [11] Laissez-les dire et blâmer; eux et leur doctrine s'en vont; car ils n'appartiennent pas à Dieu (Voy. *pl. h.* 13, 30).

℣. 14. — [12] La même chose peut se dire encore, ô chrétien, de la concupiscence qui est en vous. Elle est aveugle; il n'y a que la raison (guidée par la grâce) qui conduit par la voie droite, et qui y fait marcher d'un pas assuré.

℣. 15. — [13] le discours obscur ci-dessus (℣. 11).

℣. 20. — [14] *Voy.* note 8.

℣. 21. — [15] c'est-à-dire il se rapprocha de cette contrée (*Comp.* ℣. 24).

℣. 22. — [16] une femme issue des Chananéens, une païenne. Les habitants de Tyr et de Sidon, appelés depuis Phéniciens par les Grecs, descendaient des Chananéens.

[17] c'est-à-dire, ô Messie! (Voy. *pl. h.* 1, 1).

[18] Voy. *pl. h.* 4, 24. 8, 28 et les remarques.

℣. 23. — [19] et il quitta la maison où il enseignait, ainsi qu'on peut le conclure de la comparaison avec saint Marc. Jésus tient cette conduite dans la vue de mettre à l'épreuve la foi et l'espérance, l'humilité et la persévérance de cette femme, et de lui fournir, selon la remarque de saint Chrysostôme, une occasion de manifester les sentiments de piété qui l'animaient.

[20] Litt. : Envoyez-la. Accordez-lui ce qu'elle demande, et renvoyez-la.

24. Il leur répondit : Je n'ai été envoyé qu'aux brebis perdues de la maison d'Israel [21]. *Jean*, 10, 3.
25. Mais elle s'approcha de lui, et l'adora, en lui disant : Seigneur, assistez-moi.
26. Il lui répondit : Il n'est pas juste de prendre le pain des enfants, et de le donner aux chiens [22].
27. Elle répliqua : Il est vrai, Seigneur; mais les petits chiens mangent au moins des miettes qui tombent de la table de leurs maîtres [23].
28. Alors Jésus lui répondant, lui dit : O femme, votre foi est grande [24]! qu'il vous soit fait comme vous le désirez. Et sa fille fut guerie à l'heure même.
29. Jésus étant sorti de là, vint le long de la mer de Galilée; et étant monté sur une montagne, il s'y assit.
30. Et de grandes troupes de peuple le vinrent trouver, ayant avec eux des muets, des aveugles, des boiteux, des estropies [25], et beaucoup d'autres qu'ils mirent à ses pieds; et il les guerit : *Isaï*. 35, 5.
31. de sorte que ces peuples étaient dans l'admiration, voyant que les muets parlaient, que les boiteux marchaient, que les aveugles voyaient [26]; et ils rendaient gloire au Dieu d'Israel.
32. Or Jesus ayant appelé ses disciples, leur dit : J'ai compassion de ce peuple, parce qu'il y a déjà trois jours qu'ils demeurent continuellement avec moi, et ils n'ont rien à manger : et je ne veux pas les renvoyer qu'ils n'aient mangé, de peur qu'ils ne tombent en défaillance dans le chemin [27]. *Marc*, 8, 1. 2.
33. Ses disciples lui répondirent : Com-

24. Ipse autem respondens ait : Non sum missus nisi ad oves, quæ perierunt domus Israel.
25. At illa venit, et adoravit eum dicens : Domine, adjuva me
26. Qui respondens ait : Non est bonum sumere panem filiorum, et mittere canibus.
27. At illa dixit : Etiam, Domine : nam et catelli edunt de micis, quæ cadunt de mensa dominorum suorum.
28. Tunc respondens Jesus, ait illi : O mulier, magna est fides tua : fiat tibi sicut vis. Et sanata est filia ejus ex illa hora.
29. Et cum transisset inde Jesus, venit secus mare Galilææ : et ascendens in montem, sedebat ibi.
30. Et accesserunt ad eum turbæ multæ; habentes secum mutos, cæcos, claudos, debiles, et alios multos : et projecerunt eos ad pedes ejus. et curavit eos :
31. ita ut turbæ mirarentur, videntes mutos loquentes, claudos ambulantes, cæcos videntes : et magnificabant Deum Israel.
32. Jesus autem convocatis discipulis suis, dixit : Misereor turbæ, quia triduo jam perseverant mecum, et non habent quod manducent : et dimittere eos jejunos nolo, ne deficiant in via.
33. Et dicunt ei discipuli : Unde

℣. 24. — [21] Jésus-Christ était bien aussi envoyé pour sauver les nations; mais il ne voulut pas prêcher parmi elles : cela devait être l'œuvre des Apôtres (Voy. *Act.* 10, 13. 46. 47).

℣. 26. — [22] Dans le grec littéralement : aux petits chiens. — Jésus-Christ s'exprime selon la manière de parler alors en usage chez les Juifs, qui désignaient les Gentils par le nom de chiens, comme etant impurs et livres aux obscénites du culte des idoles. Cette façon de parler paraît un peu dure; mais Jésus-Christ, le plus souvent, humil.e et crucifie les âmes saintes qui lui adressent quelques prières, afin qu'elles soupirent après ses grâces encore avec plus d'humilité et d'ardeur.

℣. 27. — [23] Cela est vrai, je ne suis qu'un petit chien, qui n'est pas digne de s'asseoir à la table parmi les enfants; mais puisque les miettes qui tombent de la table sont pour les petits chiens, permettez que je ressente aussi quelqu'une de vos faveurs, quelque petite qu'elle soit! — Si je suis un petit chien, je ne suis donc pas entièrement étrangère, nourrissez-moi comme un petit chien; car étant un petit chien, je ne puis point m'éloigner de la table de mon maitre (Chrys.).

℣. 28. — [24] comme le prouve votre humilite, votre amour, votre respect et votre persévérance.

℣. 30. — [25] Littéralement : des infirmes. Dans le grec : des estropiés.

℣. 31. — [26] Dans le grec on lit encore : et que les estropiés etaient guéris.

℣. 32. — [27] Comp. *pl. h.* 14, 15-21. les cinq mille hommes rassasiés.

ergo nobis in deserto panes tantos, ut saturemus turbam tantam?

34. Et ait illis Jesus : Quot habetis panes? At illi dixerunt : Septem, et paucos pisciculos.

35. Et præcepit turbæ, ut discumberent super terram.

36. Et accipiens septem panes et pisces, et gratias agens, fregit, et dedit discipulis suis, et discipuli dederunt populo.

37. Et comederunt omnes, et saturati sunt. Et quod superfuit de fragmentis, tulerunt septem sportas plenas.

38. Erant autem qui manducaverunt quatuor millia hominum, extra parvulos et mulieres.

39. Et, dimissa turba, ascendit in naviculam : et venit in fines Magedan.

ment pourrons-nous trouver dans ce désert assez de pain pour rassasier tant de peuple?

34. Et Jésus leur répartit : Combien avez-vous de pains? Sept, lui dirent-ils, et quelques petits poissons.

35. Alors il commanda au peuple de s'asseoir sur la terre.

36. Et prenant les sept pains et les poissons, après avoir rendu grâce, il les rompit, et les donna à ses disciples; et ses disciples les donnèrent au peuple.

37. Tous en mangèrent, et furent rassasiés; et on emporta sept corbeilles pleines des morceaux qui étaient restés.

38. Or ceux qui en mangèrent étaient au nombre de quatre mille hommes, sans compter les petits enfants et les femmes.

39. Après cela Jésus ayant renvoyé le peuple, monta sur une barque, et passa au pays de Magédan [23].

CHAPITRE XVI.

Jésus-Christ ne donne aux Pharisiens que le signe du prophète Jonas, et il prémunit ses disciples contre le levain des Pharisiens et des Sadducéens. Confession et primauté de saint Pierre. Jésus-Christ prédit sa passion, sa mort et sa résurrection; il réprimande saint Pierre qui veut le détourner de souffrir, et il exhorte tous les hommes à l'amour de la croix et à la mortification.

1. Et accesserunt ad eum Pharisæi, et Sadducæi tentantes : et rogaverunt eum ut signum de cœlo ostenderet eis.

2. At ille respondens, ait illis : Facto vespere dicitis : Serenum erit, rubicundum est enim cœlum.

3. Et mane : Hodie tempestas, rutilat enim triste cœlum.

4. Faciem ergo cœli dijudicare nostis : signa autem temporum non potestis scire? Generatio mala

1. Alors des Pharisiens et des Sadducéens [1] vinrent à lui pour le tenter [2], et le prièrent de leur faire voir quelque prodige dans le ciel [3]. *Marc*, 8, 11.

2. Mais il leur répondit : Le soir vous dites : Il fera beau, car le ciel est rouge : *Luc*, 12, 54.

3. et le matin : Il y aura aujourd'hui de l'orage, car le ciel est sombre et rougeâtre.

4. Vous savez donc discerner les diverses apparences du ciel [4], et vous ne savez point reconnaître les signes des temps [5]? Cette

℣. 39. — [23] Dans le grec : de Magdala. Magedan ou Magdala (Magdalel, *Jos*. 19, 38) était une ville dans la tribu de Nephthali, à une heure et demie au sud de Tibériade.

℣. 1. — [1] Voy. *pl. h.* 3, 7. note 13.

[2] La tentation consistait dans la question qui suit.

[3] Pourquoi un signe dans le ciel? (Voy. *pl. h.* 12. note 34).

℣. 4. — [4] Le grec ajoute : Hypocrites que vous êtes!

[5] Vous vous connaissez aux signes du ciel, qui cependant sont trompeurs, et vous prédisez d'après ces signes le beau ou le mauvais temps; et les signes des temps,

nation corrompue et adultère demande un prodige, et il ne lui sera point donné de prodige que celui du prophète Jonas [6]. Et les laissant il s'en alla. *Jean*, 2, 1.

5. Or ses disciples étant passés au-delà du lac, avaient oublié de prendre des pains.

6. Et Jésus leur dit : Ayez soin de vous garder du levain [7] des Pharisiens et des Sadducéens. *Marc*, 8, 15. *Luc*, 12, 1.

7. Mais ils pensaient et disaient entr'eux [8] : C'est parce que nous n'avons point pris de pains.

8. Ce que Jésus connaissant, il leur dit : Hommes de peu de foi, pourquoi vous entretenez-vous ensemble de ce que vous n'avez point de pains?

9. Ne comprenez-vous point encore et ne vous souvient-il point que cinq pains ont suffi pour cinq mille hommes, et combien vous avez remporté de paniers? *Pl. h.* 14, 17. *Jean*, 6, 9.

10. et que sept pains ont suffi pour quatre mille hommes, et combien vous en avez remporté de corbeilles? *Pl. h.* 15, 34.

11. Comment ne comprenez-vous point que ce n'est pas du pain *que je vous parlais, lors*que je vous ai dit de vous garder du levain des Pharisiens et des Sadducéens?

12. Alors ils comprirent qu'il ne leur avait pas dit de se garder du levain qu'on met dans le pain, mais de la doctrine des Pharisiens et des Sadducéens.

13. Jésus étant venu aux environs de Césarée de Philippe [9], interrogea ses disciples, et leur dit : Que disent les hommes qu'est le Fils de l'homme? *Marc*, 8, 27.

14. Ils lui répondirent : Les uns disent, Jean-Baptiste; les autres, Elie; les autres, Jérémie, ou quelqu'un des prophètes [10]. *Marc*, 8, 28. *Luc*, 9, 19.

et adultera signum quærit : et signum non dabitur ei, nisi signum Jonæ prophetæ. Et relictis illis, abiit.

5. Et cum venissent discipuli ejus trans fretum, obliti sunt panes accipere.

6. Qui dixit illis : Intuemini, et cavete a fermento Pharisæorum et Sadducæorum.

7. At illi cogitabant intra se, dicentes : Quia panes non accipimus.

8. Sciens autem Jesus, dixit : Quid cogitatis intra vos, modicæ fidei, quia panes non habetis?

9. Nondum intelligitis, neque recordamini quinque panum in quinque millia hominum, et quot cophinos sumpsistis?

10. neque septem panum in quatuor millia hominum, et quot sportas sumpsistis?

11. Quare non intelligitis, quia non de pane dixi vobis : Cavete a fermento Pharisæorum, et Sadducæorum?

12. Tunc intellexerunt quia non dixerit cavendum a fermento panum, sed a doctrina Pharisæorum, et Sadducæorum.

13. Venit autem Jesus in partes Cæsareæ Philippi : et interrogabat discipulos suos, dicens : Quem dicunt homines esse Filium hominis?

14. At illi dixerunt : Alii Joannem Baptistam, alii autem Eliam, alii vero Jeremiam, aut unum ex prophetis.

---

desquels il résulte si clairement que le Messie doit être arrivé, vous ne voulez pas les comprendre. — Ces signes des temps consistaient dans l'accomplissement déjà partiellement effectué de ce que les prophètes avaient prédit touchant la personne et la dignité du Messie, dans l'expiration des semaines d'années fixées par Daniel (*Dan.* 9), et surtout dans la perte que les Juifs avaient faite de l'autorité souveraine, qui leur avait été enlevée (*Voy.* la dernière remarque sur le 2e livre des *Machab.*).

[6] Voy. *pl. h.* 12, 39 et les remarques.

℣. 6. — [7] de la fausse doctrine... parce qu'elle est en contradiction avec la loi (℣. 12).

℣. 7. — [8] Au mot de levain, ils se souvinrent qu'ils n'avaient point pris de pain, et ils en conçurent de l'inquiétude. Ils croyaient que Jésus voulait leur dire qu'ils ne devaient pas acheter du pain des Pharisiens.

℣. 13. — [9] au pied de l'Antiliban, près des sources du Jourdain. — * Césarée de Philippe n'est plus qu'un village de 150 maisons environ, et dont la plupart des habitants sont mahométans.

℣. 14. — [10] La plupart des Juifs ne pouvaient se persuader que Jésus fût le Mes-

15. Dicit illis Jesus : Vos autem quem me esse dicitis?
16. Respondens Simon Petrus dixit : Tu es Christus, Filius Dei vivi.
17. Respondens autem Jesus, dixit ei : Beatus es Simon Bar-jona : quia caro et sanguis non revelavit tibi, sed Pater meus, qui in cœlis est.
18. Et ego dico tibi, quia tu es Petrus, et super hanc petram ædificabo Ecclesiam meam, et portæ inferi non prævalebunt adversus eam.

15. Jésus leur dit : Et vous autres, qui dites-vous que je suis?
16. Simon Pierre prenant la parole, lui dit : Vous êtes le Christ, le Fils du Dieu vivant [11]. *Jean*, 6, 70.
17. Jésus lui répondit : Vous êtes bienheureux, Simon, fils de Jean [12], car ce n'est point la chair, ni le sang [13] qui vous ont révélé ceci, mais mon Père qui est dans les cieux [14].
18. Et moi je vous dis que vous êtes Pierre [15], et que sur cette pierre je bâtirai mon Eglise [16] : et les portes de l'enfer [17] ne prévaudront point contre elle [18].

---

sie; car ils n'attendaient dans la personne du Messie qu'un roi puissant qui les délivrerait du joug des peuples étrangers : ils ne pouvaient faire le discernement entre les deux avènements du Messie prédits par les prophètes, l'un dans l'humiliation, l'autre dans la gloire; et cependant, comme ils voyaient dans la personne de Jésus-Christ une puissance extraordinaire, ils en faisaient soit le précurseur du Messie, soit quelque autre des saints personnages qui, dans leur opinion, devaient à son avènement ressusciter d'entre les morts, pour fonder et étendre son royaume.

℣. 16. — [11] Vous étes le Messie promis et envoyé (Voy. *pl. h.* 1, 1), et, en cette qualité, vous n'êtes pas un pur homme, mais vous êtes aussi le vrai Fils de Dieu, unissant à la nature humaine et la nature et l'essence divines. Dans le grec, il n'y a pas simplement: Vous êtes le Christ, Fils de Dieu, etc., mais : *le Christ, le Fils* (avec l'article déterminatif, ὁ υἱός), pour le caractériser comme le Fils unique, le seul engendré de Dieu.

℣. 17. — [12] Litt. : fils de Jonas, fils de Jean (*Jean*, 21, 16. 17). Tout bonheur suppose qu'on reconnaît Jésus comme le Messie, et qu'on confesse qu'en qualité de Fils de Dieu, il a le pouvoir de former des enfants de Dieu. C'est de cette parole du Sauveur que vient l'usage reçu parmi les chrétiens catholiques, de nommer le successeur de saint Pierre, le chef de l'Eglise, Bienheureux Père (*Beatissime Pater*), d'où s'est formée la denomination « Saint-Père ».

[13] l'homme selon la nature, la simple raison (Comp. 2. *Cor.* 1, 26. note 38).

[14] Vous avez été instruit par une révélation divine. Les autres Apôtres aussi avaient déja auparavant reconnu Jésus comme le Fils de Dieu (*Jean*, 1, 49. *Pl. h.* 14, 33); mais puisque Jésus parle ici d'une révélation divine particulière dont Pierre avait été favorisé, il faut que la connaissance qu'il avait touchant la personne de Jésus-Christ se distinguât de celle que les apôtres en avaient eue jusqu'a ce moment. Ces derniers n'avaient pas eu jusque-là une idée très claire de la dignité divine de Jésus. La connaissance et la confession de Pierre étaient claires et précises (Ainsi parlent saint Hilaire, saint Chrysostôme et d'autres saints Pères). Remarquez encore comment parle saint Pierre : il parle, à la vérité, au nom de tous les Apôtres, mais non pas comme s'il eût reçu d'eux mission de parler de la sorte; il ne s'exprime pas non plus d'après les idées qu'ils avaient eues jusque-là (car ils ne connaissaient pas aussi distinctement le Fils de Dieu), mais il parle comme chef, dont le sentiment et la confession sont adoptés par les autres Apôtres, après qu'il les a manifestés par son initiative.

℣. 18. — [15] c'est-à-dire rocher, *un homme-rocher*, une pierre fondamentale. Le Sauveur avait dejà donné ce nom à Pierre lors de sa vocation à l'apostolat (*Jean*, 1, 42); il fait ici connaître plus distinctement sa signification par rapport à l édifice extérieur de l Eglise.

[16] mon royaume visible sur la terre.

[17] c'est-à-dire le palais de l'enfer, le royaume de l'enfer. L'enfer est souvent représenté comme un palais avec des portes et des verrous (*Job*, 38, 17. *Ps.* 9, 15. *Isaïe*, 38, 10). Les portes, comme la partie principale, sont mises pour le tout; de même que, de nos jours, on dit la Porte ottomane pour le royaume ottoman.

[18] Le sens du verset est.: De même que par une révélation de mon Père qui est dans le ciel, vous avez reconnu et confessé avant tous vos frères le caractère divin qui est en moi en qualité de Fils unique de Dieu, de même je veux vous distinguer d'eux, et vous donner dans mon royaume sur la terre, dans l'assemblée vi-

19. Et je vous donnerai les clés du royaume des cieux [19], et tout ce que vous lierez sur la terre sera aussi lié dans les cieux; et tout ce que vous délierez sur la terre, sera aussi délié dans les cieux [20].

19. Et tibi dabo claves regni cœlorum. Et quodcumque ligaveris super terram, erit ligatum et in cœlis : et quodcumque solveris super terram, erit solutum et in cœlis.

---

sible de ceux qui croient en moi, la prééminence sur eux, de sorte que vous serez la pierre fondamentale et visible de cet édifice extérieur, sur laquelle il reposera avec une telle solidité, que les puissances diaboliques de l'enfer, qui s'efforcent de substituer à la vérité et à la vertu l'erreur et le vice, ne triompheront jamais. Jésus-Christ parle manifestement de l'assemblée visible de ceux qui croient en lui; car il la nomme *Ecclesia*, expression qui correspond à l'hébreu *kahal* (réunion), l'assemblée visible des Israélites (3. *Moys.* 4, 13). Il semble qu'il ait à dessein évité de se servir de l'expression « Royaume de Dieu, » qu'on peut prendre en plusieurs sens, afin de prévenir la confusion avec l'Eglise invisible. L'Eglise sur la terre étant une assemblée visible, il ne pouvait être question, pour fonder cet édifice, que d'une pierre fondamentale visible; car la pierre fondamentale, la pierre angulaire invisible de l'Eglise invisible est exclusivement Jésus-Christ (*Zach.* 3, 9. *Pl. b.* 21, 42. *Ephés.* 2, 20). Les autres apôtres sont, il est vrai, aussi appelés (*Apoc.* 21, 14. *Gal.* 2, 9) pierres fondamentales et colonnes, mais ce n'est manifestement qu'en ce sens qu'ils servent de fondement et d'appui à un mur particulier et à une partie de l'edifice, en tant que les apôtres ont converti des pays et des peuples entiers, non dans ce sens qu'ils sont les fondements de tout l'édifice En outre, il résulte clairement des paroles qui précèdent que Jésus-Christ a établi pour fondement de son Eglise, non pas la foi, la confession de Pierre, mais Pierre lui-même, à cause de sa foi et dans sa foi; car l'Eglise consistant, non pas dans la foi, mais dans les hommes qui croient, la pierre sur laquelle repose l'Eglise visible ne peut être qu'un homme-pierre, ayant la foi. Dans tous les temps c'a été une pierre visible, personnelle, qui a délivré par sa foi l'Eglise des entreprises de l'enfer, des doctrines impures et erronées. Au lieu que toutes les sectes qui se sont séparées de l'Eglise ont, dans la suite des temps, abandonné plus ou moins leur enseignement primitif, parce qu'elles n'avaient pas un centre visible d'unité; l'Eglise catholique seule, par son fondement visible, s'est conservée exempte et pure de toute fausse doctrine en matière de foi et de mœurs. Ainsi donc, heureuse et trois fois heureuse l'Eglise catholique, de ce qu'elle adhère avec fermeté à la pierre fondamentale que Jésus-Christ lui-même a posée pour la soutenir extérieurement. Telle est la doctrine de tous les saints Pères.

ỳ. 19. — [19] Les clefs étaient le signe de l'intendance supérieure, et du pouvoir que l'on donnait à quelqu'un de gouverner un palais, un royaume (*Isaïe*, 22, 22). Je ferai de vous mon représentant sur la terre, et je vous investirai du souverain pouvoir législatif et judiciaire.

[20] Lier et délier signifie en premier lieu, d'après *Isaïe*, 22, 22, fermer et ouvrir le royaume du ciel, admettre à la communion de l'Eglise, ou en exclure; en second lieu, remettre les péchés ou les retenir; car c'est là-dessus que repose la faculté d'ouvrir et de fermer; enfin, déclarer quelque chose licite ou illicite; car le pouvoir d'ouvrir et de fermer suppose encore la connaissance et la déclaration de ce qui est juste et de ce qui est injuste. Plus loin (18, 18. *Jean*, 20, 23), le pouvoir de lier et de délier est également donné aux autres Apôtres; mais ce n'est qu'après que Pierre a été choisi d'une manière solennelle pour être la pierre fondamentale, avec le pouvoir suréminent des clefs, ce qui était un avertissement pour les apôtres de n'exercer le pouvoir qu'ils tenaient eux-mêmes de Dieu qu'en union avec leur chef; car un seul avait été établi pour servir de fondement à toute l'Eglise, et sur lui devait reposer tout l'ensemble de l'édifice extérieur; un seul était Maître visible de la maison, et à lui appartenait le pouvoir d'ouvrir et de fermer. Que d'ailleurs le pouvoir de saint Pierre dût se transmettre à ses légitimes successeurs, c'est une chose claire par elle-même; et que les légitimes successeurs de saint Pierre soient les évêques de Rome, c'est un fait historique constant. Le concile œcuménique de Florence dit de ces mêmes évêques : « Nous définissons que le Saint-Siège apostolique, le pape de Rome, a la primauté spirituelle sur le monde entier, et qu'il est l'héritier du Siège de l'apôtre Pierre, le véritable représentant de Jesus-Christ, le Chef de l'Eglise universelle, le père et le docteur de tous les chretiens, et que plein pouvoir lui a été donné par Notre Seigneur Jésus-Christ dans la personne de saint Pierre, de paître, de gouverner et de conduire l'Eglise

20. Tunc præcepit discipulis suis ut nemini dicerent quia ipse esset Jesus Christus.

21. Exinde cœpit Jesus ostendere discipulis suis, quia oporteret eum ire Jerosolymam, et multa pati a senioribus, et scribis, et principibus sacerdotum, et occidi, et tertia die resurgere.

22. Et assumens eum Petrus, cœpit increpare illum dicens : Absit a te, Domine : non erit tibi hoc.

23. Qui conversus, dixit Petro : Vade post me, satana, scandalum es mihi : quia non sapis ea, quæ Dei sunt, sed ea, quæ hominum.

24. Tunc Jesus dixit discipulis suis : Si quis vult post me venire, abneget semetipsum, et tollat crucem suam, et sequatur me.

25. Qui enim voluerit animam suam salvam facere, perdet eam ; qui autem perdiderit animam suam propter me, inveniet eam.

26. quid enim prodest homini, si mundum universum lucretur,

20. En même temps il défendit à ses disciples de dire à personne [21] qu'il fût Jésus le Christ [22].

21. Dès-lors Jésus commença à découvrir à ses disciples, qu'il fallait qu'il allât à Jérusalem, qu'il y souffrît beaucoup de la part des sénateurs, des scribes et des princes des prêtres, qu'il y fût mis à mort, et qu'il ressuscitât le troisième jour [23].

22. Et Pierre le prenant à part, commença à le reprendre, en lui disant : A Dieu ne plaise, Seigneur, cela ne vous arrivera point [24].

23. Mais Jésus se retournant, dit à Pierre : Retirez-vous de moi, satan ; vous m'êtes un sujet de scandale [25], parce que vous ne goûtez point les choses de Dieu, mais celles des hommes [26]. *Marc*, 8, 33.

24. Alors Jésus dit à ses disciples : Si quelqu'un veut venir après moi, qu'il renonce à soi-même, et qu'il se charge de sa croix, et qu'il me suive [27]. *Pl. h.* 10, 38. *Luc*, 9, 23. 14, 27.

25. Car celui qui voudra sauver sa vie, la perdra ; et celui qui aura perdu sa vie pour l'amour de moi, la retrouvera [28]. *Luc*, 17, 33. *Jean*, 12, 25.

26. Et que servirait-il à un homme de gagner tout le monde, et de perdre son âme ?

---

catholique de la manière qu'il est prescrit dans les actes de l'Eglise universelle et dans les décrets des saints Canons. »

℣. 20. — [21] afin de prévenir le concours des peuples, avant que son temps fût venu (Comp. *pl. h.* 8, 4). Ses œuvres fournissaient aux Juifs une preuve suffisante pour se convaincre de sa mission divine ; il ne laissait pas toutefois de se faire connaître ouvertement comme le Messie (*Jean*, 5, 18 et suiv.).

[22] le Messie.

℣. 21. — [23] A mesure que les disciples avançaient dans la connaissance de la mission de Jésus, il les faisait pénétrer plus avant dans la science du salut.

℣. 22. — [24] Pierre, tout éclairé qu'il était, ne pouvait cependant concilier les souffrances du Seigneur avec sa divinité, et encore bien moins avec l'amour qu'il portait à son divin Maître.

℣. 23. — [25] Retire-toi de moi, esprit contradicteur ; en voulant empêcher mes souffrances, tu veux empêcher pareillement la rédemption (Chrys., Jérôme, Thom.). Suivant saint Hilaire le mot *satan* ne s'adresse pas à Pierre, mais au démon qui avait porté Pierre à tenir ce discours.

[26] Sur ce point vos pensées ne sont pas conformes à la volonté de Dieu, mais inspirées par la sagesse humaine et par la sensualité. Vous ne comprenez pas qu'il n'y a rien de plus glorieux ni de plus utile que de s'offrir à Dieu en victime d'amour.

℣. 24. — [27] Non-seulement je dois souffrir moi-même, mais il faut encore que mes disciples souffrent. Quoique Jésus-Christ ait tout fait pour notre salut, nous ne sommes pas déchargés de faire nous-mêmes tout ce qui est en notre pouvoir. Or, ce qui est en notre pouvoir, c'est de nous renoncer nous-mêmes, et de supporter avec patience les contradictions de cette vie. *Nous-mêmes* veut dire l'homme spirituel et animal, en tant qu'il est opposé à la loi de Dieu. Se dépouiller ainsi de soi-même, et régler sur la loi de Dieu ses pensées, ses désirs et ses actions, c'est ce qu'on appelle se renoncer soi-même.

℣. 25. — [28] Voy. *pl. h.* 10, 39, note 53.

Ou par quel échange l'homme pourra-t-il racheter son âme [29] ?

27. Car le Fils de l'homme doit venir dans la gloire de son Père avec ses anges [30]; et alors il rendra à chacun selon ses œuvres. *Act.* 17, 31. *Rom.* 2, 6.

28. Je vous le dis en vérité : il y en a quelques-uns de ceux qui sont ici qui n'éprouveront point la mort [31], qu'ils n'aient vu le Fils de l'homme venir en son règne [32]. *Marc,* 8, 39. *Luc,* 9, 27.

animæ vero suæ detrimentum patiatur? Aut quam dabit homo commutationem pro anima sua?

27. Filius enim hominis venturus est in gloria Patris sui cum angelis suis : et tunc reddet unicuique secundum opera ejus.

28. Amen dico vobis, sunt quidam de hic stantibus, qui non gustabunt mortem, donec videant Filium hominis venientem in regno suo.

CHAPITRE XVII.

Transfiguration de Jésus-Christ. Apparition d'Elie. Guérison d'un jeune homme lunatique. Puissance de la foi unie à la prière et au jeûne. Jésus-Christ prédit sa passion. Il paie le tribut pour lui et pour Pierre.

1. Six jours après, Jésus ayant pris avec lui Pierre, Jacques et Jean, son frère [1], les mena à l'écart sur une haute montagne [2]; *Marc,* 9, 1. *Luc,* 9, 28.

2. et il fut transfiguré devant eux [3] : son

1. Et post dies sex assumit Jesus Petrum, et Jacobum, et Joannem fratrem ejus, et ducit illos in montem excelsum seorsum :

2. et transfiguratus est ante eos.

℣. 26. — [29] Avec quoi pourra-t-il la racheter, si elle vient à être condamnée à l'enfer? Il n'est rien qu'il puisse donner (Comp. *Ps.* 48, 8. 9).

℣. 27. — [30] pour le jugement, afin de prononcer la sentence qui rendra l'homme éternellement heureux ou malheureux.

℣. 28. — [31] qui ne mourront point.

[32] jusqu'à ce qu'ils le voient venir pour le jugement. Il faut entendre en cet endroit le premier avènement pour juger Jérusalem, temps auquel plusieurs d'entre les Apôtres vivaient encore. Ce jugement éclata en premier lieu lors de l'invasion des premières armées romaines dans la Judée; avec elles le judaïsme commença à pencher vers sa ruine, et le christianisme célébra sa première victoire dans le monde. Le Seigneur rattache ce premier avènement, comme figure, à son second avènement où il viendra environné de gloire, pour juger les hommes, de même qu'au chap. 24 il réunit ensemble la ruine de Jérusalem et la fin du monde. Saint Grégoire-le-Grand entend par l'avènement dont il est parlé dans le verset ci-dessus la victoire de l'Eglise en général, laquelle commença par sa propagation après l'ascension de Jésus-Christ : d'autres SS. Pères encore (SS. Hil., Chrys., Ambr.), enseignent que par cet avènement dans son royaume le Sauveur entendait sa transfiguration, qui devait avoir lieu six jours après (chap. 17).

℣. 1. — [1] Jésus-Christ accorda cette faveur particulière à ces trois disciples, vraisemblablement parce qu'ils étaient parvenus à un plus haut degré de science et de perfection de vie que les autres apôtres, qui n'étaient pas tous élevés au même degré de spiritualité; et il arrive encore ici que celui qui a déjà beaucoup, reçoit encore. Les autres apôtres n'avaient pas encore les dispositions spirituelles requises pour ces hautes révélations.

[2] Saint Jérôme et Eusèbe pensent que c'est le mont Thabor, au sud de la Galilée. Cette supposition n'est pas contredite par ce qui est marqué, que Jésus-Christ était auparavant à Césarée de Philippe (*pl. h.* 16. 13); car durant l'espace de six jours, il eut bien le temps de se rendre au mont Thabor.

℣. 2. — [3] il prit un extérieur resplendissant, il fut environné d'une lumière céleste (*Dan.* 12, 3. *Apoc.* 10, 1). Cette transfiguration, suivant saint Luc, arriva pendant une prière durant la nuit.

Et resplenduit facies ejus sicut sol: vestimenta autem ejus facta sunt alba sicut nix.

3. Et ecce apparuerunt illis Moyses et Elias cum eo loquentes.

4. Respondens autem Petrus, dixit ad Jesum : Domine, bonum est nos hic esse : si vis, faciamus hic tria tabernacula, tibi unum, Moysi unum, et Eliæ unum.

5. Adhuc eo loquente, ecce nubes lucida obumbravit eos. Et ecce

visage devint brillant comme le soleil, et ses vêtements blancs comme la neige [4].

3. En même temps ils virent paraître Moyse et Elie, qui s'entretenaient avec lui [5].

4. Alors Pierre, prenant la parole, dit à Jésus : Seigneur, nous sommes bien ici : faisons-y, s'il vous plaît, trois tentes, une pour vous, une pour Moyse, une pour Elie [6].

5. Lorsqu'il parlait encore, une nuée lumineuse les couvrit [7]; et il sortit une voix

---

[4] Dans le grec : blancs comme la lumière.

℣. 3. — [5] Pourquoi Jésus prit-il ces dehors célestes en présence de ses plus fidèles disciples? Nous en trouvons la principale raison au verset cinquième. Cela arriva pour le faire connaître en ce moment, quelque temps avant sa passion, ainsi que la même chose avait eu lieu dans son baptême (*pl. h.* 3, 17), avant qu'il commençât à prêcher, comme le Docteur divin auquel Moyse renvoyait les Juifs (5. *Moys.* 18, 17. 18); et il est à remarquer que, dans le baptême, il ne reçut que l'attestation divine en général, sans aucune spécification particulière de sa mission par rapport à la loi et aux prophètes; au lieu qu'ici cette spécification est donnée par l'apparition simultanée de Moyse et d'Elie, et elle ne pouvait être donnée qu'après que les disciples eurent été initiés plus avant dans la doctrine de Jésus. En effet, Jésus paraît au milieu de Moÿse, législateur, et d'Elie, le plus illustre des prophètes, pour marquer qu'il devait ramener à une plus haute unité, rétablir dans son Eglise, en l'élevant à un plus haut degré de perfection, l'édifice extérieur des prescriptions légales et religieuses de Moyse, et la religion intérieure, que les prophètes avaient mission d'inculquer, l'Eglise devant être non-seulement un édifice extérieur, bien ordonné dans toutes ses parties, mais encore la maîtresse du véritable esprit intérieur, de la vraie régénération, de la vertu sincère et de la piété véritable. Moyse et Elie, d'après saint Luc, s'entretenaient avec Jésus-Christ de sa mort, parce que cette mort est le centre où tous les hommes des temps passés et des temps à venir trouvent leur rédemption et leur bonheur réel; car les saints de l'Ancien Testament, qui furent justifiés par une foi active en Jésus-Christ, ne pouvaient entrer en possession de la félicité avant que le sacrifice de la croix, l'œuvre de la rédemption eût été entièrement consommée; par où l'on voit comment ces saints personnages purent prendre la mort de Jésus-Christ pour le sujet exclusif de leur entretien avec lui. Ainsi saint Jérôme, saint Augustin et plusieurs autres Pères. Outre le but ci-dessus indiqué, la transfiguration, d'après les SS. Pères, en avait encore un autre, qui était d'affermir les apôtres dans la foi, de peur que la vue de la passion de Jésus-Christ, qui devait bientôt avoir lieu, ne les déconcertât et ne les jetât dans l'erreur touchant sa mission divine; et saint Léon remarque que le Seigneur a donné par là un grand sujet de consolation à tous les chrétiens, parce qu'un jour ils entreront en participation de sa gloire, s'ils partagent ses souffrances ici-bas avec persévérance.

℣. 4. — [6] Pierre, dans l'enivrement de l'extase céleste, souhaite de demeurer toujours dans l'état où il est, et il voudrait dresser sur la terre des tentes pour les trois personnages transfigurés. Il ne savait ce qu'il disait, remarquent saint Marc et saint Luc. Le torrent de la joie divine qu'il goûtait lui avait ravi le sentiment; et saint Léon ajoute : Le Seigneur ne répond point à l'invitation de Pierre; car son désir, il est vrai, était bon, mais il n'était pas conforme à l'ordre de la Providence, puisque le monde ne pouvait être sauvé par aucune autre voie que la mort de Jésus-Christ. Les fidèles, comme le leur apprend la transfiguration du Seigneur, ne doivent aucunement douter des promesses du bonheur céleste, seulement ils sauront que c'est pour eux une nécessité de demander la persévérance dans les épreuves de cette vie, avant que de demander à être glorifiés.

℣. 5. — [7] En ce moment apparut entre eux et les trois personnages transfigurés une nuée lumineuse (un nuage de lumière), qui déroba la gloire de la transfiguration à leurs regards. Plus la lumière est intense, moins il est possible de la contempler, et plus elle se change en obscurité et en ombre pour ceux qui sont placés en dehors. C'est pourquoi il est dit de Dieu qu'il habite dans la lumière et dans l'obscurité (1. *Tim.* 6, 16. 2. *Moys.* 20, 24), et c'est pourquoi aussi il était

de cette nuée, qui fit entendre ces paroles : Celui-ci est mon Fils bien-aimé, dans lequel j'ai mis toute mon affection [8] écoutez-le [9].

6. Les disciples les ayant entendues, tombèrent le visage contre terre, et furent saisis d'une grande crainte [10].

7. Mais Jésus s'approchant, les toucha, et leur dit : Levez-vous, et ne craignez point.

8. Alors levant les yeux, ils ne virent plus que Jésus seul.

9. Lorsqu'ils descendaient de la montagne, Jésus leur fit ce commandement et leur dit: Ne parlez à personne de ce que vous avez vu, jusqu'à ce que le Fils de l'homme soit ressuscité d'entre les morts [11].

10. Les disciples l'interrogèrent alors, et lui dirent : Pourquoi donc les scribes disent-ils qu'il faut qu'Elie vienne auparavant [12] ? *Marc*, 9, 10.

11. Mais Jésus leur répondit : Il est vrai qu'Elie doit venir [13], et qu'il rétablira toutes choses [14].

12. Mais je vous déclare qu'Elie est déjà venu, et ils ne l'ont point connu; mais ils l'ont traité comme il leur a plu [15]. C'est ainsi qu'ils feront souffrir le Fils de l'homme. *Pl.* *h*. 11, 14. 14, 10.

13. Alors les disciples comprirent que c'était de Jean-Baptiste qu'il leur avait parlé.

vox de nube, dicens : Hic est Filius meus dilectus, in quo mihi bene complacui : ipsum audite.

6. Et audientes discipuli ceciderunt in faciem suam, et timnerunt valde.

7. Et accessit Jesus, et tetigit eos, dixitque eis : Surgite, et nolite timere.

8. Levantes autem oculos suos, neminem viderunt, nisi solum Jesum.

9. Et descendentibus illis de monte, præcepit eis Jesus, dicens : Nemini dixeritis visionem, donec Filius hominis a mortuis resurgat.

10. Et interrogaverunt eum discipuli, dicentes : Quid ergo scribæ dicunt quod Eliam oporteat primum venire?

11. At ille respondens, ait eis : Elias quidem venturus est, et restituet omnia;

12. dico autem vobis, quia Elias jam venit, et non cognoverunt eum, sed fecerunt in eo quæcumque voluerunt. Sic et Filius hominis passurus est ab eis.

13. Tunc intellexerunt discipuli, quia de Joanne Baptista dixisset eis.

---

vrai de dire ici que le nuage de lumière couvrit les apôtres de son ombre; car la lumière étant inaccessible à leurs yeux, elle devenait pour eux obscurité et ombre.

[8] Voy. *pl. h.* 3, 17. 2. *Pier.* 1, 16-18.

[9] C'est une allusion à 5. *Moys.* 18, 15. Cet ordre n'est pas donné au baptême (*pl. h.* 3, 17), mais en cette occasion, parce que Jésus-Christ fut dans cette circonstance introduit comme docteur par rapport à Moyse et aux prophètes.

℣. 6. — [10] parce que la faiblesse humaine ne peut soutenir la vue de la gloire divine (Jérôme).

℣. 9. — [11] Voy. *pl. h* 16, 20.

℣. 10. — [12] Elie a disparu de nouveau du milieu de la vision (℣. 8), et cependant les docteurs de la loi disent qu'il doit venir avant le Messie? Comment cela peut-il se faire? Expliquez-le-nous!

℣. 11. — [13] Dans le grec : Elie viendra, il est vrai, auparavant (à savoir avant le second avènement du Fils de l'homme), à la fin des temps. L'expression « auparavant » se trouve aussi *Marc*, 9, 11. Jésus confirme ici le sens littéral de la prophétie du prophète Malachie (4, 5) touchant l'avènement réel d'Elie à la fin des temps; mais en même temps il parle dans le verset suivant d'un premier accomplissement, d'un accomplissement moins parfait (figuratif) de la prophétie dans la personne de Jean-Baptiste, à qui Dieu donna d'opérer dans l'esprit et dans la vertu d'Elie (*Luc*, 1, 17), afin de préparer la première voie à son Fils avant son premier avènement.

[14] qu'il ramènera les Juifs à l'ordre établi de Dieu pour le salut et à la foi de leurs pères. Jésus-Christ explique les paroles de *Mal.* 4, 6., auxquelles se rapporte aussi l'*Ecclésiastique*, 48, 10 (*Voyez* les notes sur les passages cités). Ainsi il faut distinguer deux avènements de Jésus-Christ : l'un, lorsqu'il se fit homme et qu'il fonda son Eglise; et l'autre, lorsqu'il viendra à la fin des temps juger le monde. Il y a donc aussi deux précurseurs de Jésus-Christ; l'un, lors de son premier avènement, Jean; l'autre, avant son second avènement, Elie.

℣. 12. — [15] ils l'ont accusé comme un malfaiteur, mis en prison et tué.

14. Et cum venisset ad turbam, accessit ad eum homo genibus provolutus ante eum, dicens : Domine, miserere filio meo, quia lunaticus est, et male patitur: nam sæpe cadit in ignem, et crebro in aquam;

14. Lorsqu'il fut venu vers le peuple [16], un homme s'approcha de lui, qui se jeta à genoux à ses pieds, et lui dit : Seigneur, ayez pitié de mon fils qui est lunatique, et qui souffre beaucoup [17]; car il tombe souvent dans le feu, et souvent dans l'eau [18]. *Marc*, 9, 16. *Luc*, 9, 38.

15. et obtuli eum discipulis tuis, et non potuerunt curare eum.

15. Je l'ai présenté à vos disciples; mais ils n'ont pu le guérir.

16. Respondens autem Jesus, ait : O generatio incredula et perversa, quousque ero vobiscum? usquequo patiar vos? Afferte huc illum a me.

16. Et Jésus répondit, en disant : O race incrédule et dépravée ! jusques à quand serai-je avec vous? jusques à quand vous souffrirai-je [19] ? Amenez-moi ici cet enfant.

17. Et increpavit illum Jesus, et exiit ab eo dæmonium, et curatus est puer ex illa hora.

17. Et Jésus ayant menacé le démon [20], il sortit, et l'enfant fut guéri au même instant.

18. Tunc accesserunt discipuli ad Jesum secreto, et dixerunt : Quare nos non potuimus ejicere illum?

18. Alors les disciples vinrent trouver Jésus en particulier, et lui dirent : Pourquoi n'avons-nous pu, nous autres, chasser ce démon?

19. Dixit illis Jesus : Propter incredulitatem vestram. Amen quippe dico vobis, si habueritis fidem, sicut granum sinapis, dicetis monti huic : Transi hinc illuc, et transibit, et nihil impossibile erit vobis.

19. Jésus leur répondit : A cause de votre incrédulité [21]. Car je vous le dis en vérité, si vous aviez de la foi comme un grain de sénevé, vous diriez à cette montagne: Transporte-toi d'ici là; et elle s'y transporterait, et rien ne vous serait impossible [22]. *Luc*, 17, 6.

ỳ. 14. — [16] Dans le grec : Et lorsqu'ils furent venus vers le peuple

[17] car il est atteint d'épilepsie, et il en souffre beaucoup. L'épilepsie qui a son siège dans la surexcitation des nerfs du bas ventre, se manifeste d'ordinaire au changement de la lune. L'affection du système nerveux chez ce jeune homme était, d'après le verset 17, produite par satan; le jeune homme put aussi, par quelques péchés secrets, être tombé au pouvoir du démon (Comp. *pl. h.* 4, 24).

[18] quand il se trouve auprès du feu ou de l'eau, parce qu'il est privé de connaissance.

ỳ. 16. — [19] Le reproche s'adresse au père, au fils et aux apôtres, à cause de leur peu de foi (ỳ. 19).

ỳ. 17. — [20] Il commanda avec menace et d'un ton impérieux au démon de quitter le jeune homme, comme on le voit par *Marc*, 9, 24. *Luc*, 9, 43.

ỳ. 19. — [21] c'est à cause de la faiblesse de votre foi. Cette foi doit être jointe à la confiance que Dieu se montrera dans tel et tel cas tout-puissant, et accomplira ses promesses. Mais cette confiance toutefois est subordonnée à une révélation particulière de Dieu, pour ne pas le tenter; révélation ayant pour but de faire connaître que Dieu, dans les circonstances données, est disposé à opérer un miracle. De cette manière l'homme peut bien, par la foi, opérer des miracles, mais seulement par la foi qu'une semblable révélation accompagne. Ce fut par la vertu d'une foi de cette nature que le prophète Elie, saint Pierre, saint Paul, saint Grégoire le Thaumaturge, et tous les saints en général, firent des œuvres merveilleuses.

[22] Si vous aviez une vraie foi (dans le sens de la note 21), une foi remplie d'une vertu intérieure, quel que fût d'ailleurs au dehors votre état d'abjection aux yeux des hommes, une foi semblable au grain de sénevé, qui extérieurement est petit, n'a point d'apparence et est peu estimé, mais qui au dedans est plein de feu et de force, vous pourriez rendre possibles les choses mêmes qui semblent être impossibles. Transporter les montagnes est mis ici en général pour : rendre possible ce qui paraît impossible. — Les paroles de Jésus-Christ se sont réalisées littéralement dans l'histoire de saint Grégoire le Thaumaturge. Comme une montagne l'empêchait de bâtir une église, il pria Dieu avec une foi vive de la faire changer de place, et en effet la montagne changea de place.

20. mais cette sorte *de démons* ne se chasse que par la prière et par le jeûne [23].

21. Comme ils étaient en Galilée, Jésus leur dit : Le Fils de l'homme doit être livré entre les mains des hommes : *Pl. b.* 20, 18. *Marc*, 9, 30. *Luc*, 9, 44.

22. ils le feront mourir, et il ressuscitera le troisième jour [24]; ce qui les affligea extrêmement.

23. Et étant venus à Capharnaüm, ceux qui recevaient le tribut de deux drachmes [25], vinrent trouver Pierre, et lui dirent : Votre Maître ne paye-t-il pas le tribut?

24. Il leur répondit : Oui. Et étant entré dans le logis, Jésus le prévint, et lui dit : Simon, que vous en semble? De qui est-ce que les rois de la terre reçoivent les tributs et les impôts? est-ce de leurs propres enfants ou des étrangers [26]?

25. Des étrangers, répondit Pierre. Jésus lui dit : Les enfants *en* sont donc exempts [27].

26. Mais afin que nous ne les scandalisions point [28], allez-vous-en à la mer, et jetez votre ligne; et le premier poisson que vous tirerez de l'eau, prenez-le, et lui ouvrez la

20. Hoc autem genus non ejicitur nisi per orationem, et jejunium.

21. Conversantibus autem eis in Galilæa, dixit illis Jesus : Filius hominis tradendus est in manus hominum.

22. et occident eum, et tertia die resurget. Et contristati sunt vehementer.

23. et cum venissent Capharnaum, accesserunt qui didrachma accipiebant, ad Petrum, et dixerunt ei : Magister vester non solvit didrachma?

24. Ait : Etiam. Et cum intrasset in domum, prævenit eum Jesus, dicens : Quid tibi videtur, Simon? Reges terræ a quibus accipiunt tributum vel censum? a filiis suis, an ab alienis?

25. Et ille dixit : Ab alienis. Dixit illi Jesus : Ergo liberi sunt filii.

26. Ut autem non scandalizemus eos, vade ad mare, et mitte hamum : et eum piscem, qui primus ascenderit, tolle : et aperto

---

ỳ. 20. — [23] Les esprits malins aussi puissants que celui qui possédait ce jeune homme, ne peuvent être chassés que par la foi qui est soutenue par une prière (persévérante) et par le jeûne. La foi, pour l'expulsion des malins esprits, exige généralement la prière (l'union avec Dieu) et le jeûne (l'abstention de tout ce qui augmente, excite la sensualité, et par là même souille l'âme); mais quand ces esprits ont plus de pouvoir, l'union avec Dieu doit être plus intime, et les efforts pour arriver à la pureté du cœur par la répression des mouvements des sens, et par la restriction des besoins même les plus nécessaires dans le boire et dans le manger, plus généreux et plus constants. Jésus-Christ veut donc dire : Ceux qui veulent chasser les démons les plus puissants, doivent particulièrement veiller sur la pureté de leur cœur, et se tenir dans une union plus intime avec Dieu. D'autres font l'application des moyens indiqués aux possédés eux-mêmes. Mais il va sans dire que ces derniers, lorsque la force de leur esprit n'est pas entièrement enchaînée par satan, sont dans l'obligation pour leur délivrance, d'exciter en eux la foi et tous les sentiments qu'elle suppose. Ce que le Sauveur nous enseigne touchant cette sorte d'esprit, nous devons, suivant la recommandation des saints Pères, l'appliquer à l'esprit mauvais qui est en nous l'auteur des penchants vicieux et des péchés d'habitude. Pour l'expulser, il faut employer la prière et le jeûne. Le péché est entré dans le monde par l'orgueil et par la sensualité; c'est par le jeûne qu'il faut triompher de la sensualité, et par la prière qu'il faut vaincre l'orgueil.

ỳ. 22. — [24] Jésus-Christ répète souvent à ses Apôtres qu'il doit souffrir et mourir, de peur qu'ils ne se laissent séduire lorsque tout arrivera selon sa parole (Voy. *pl. h.* 16, 21).

ỳ. 23. — [25] C'était une monnaie grecque, du poids d'un demi-sicle, valant environ soixante et quinze centimes. — * Dans l'allemand : 20 kreuzer. — C'était le tribut que tout Israélite, âgé de plus de vingt ans, devait payer annuellement au temple (Voy. 4. *Rois*, 12, 4).

ỳ. 24. — [26] Les rois de la terre exigent-ils le tribut de leur famille, ou de leurs sujets?

ỳ. 25. — [27] De là il suit que je suis exempt du tribut qu'on paie à Dieu, puisque je suis le Fils de Dieu, et vous également, puisque vous êtes ses enfants (*Jean*, 1, 12. Jérôme, Chrys., Aug.).

ỳ. 26. — [28] pour ne pas leur donner occasion de se scandaliser.

ore ejus, invenies staterem : illum sumens, da eis pro me, et te.

bouche : vous y trouverez une pièce d'argent de quatre drachmes[29], que vous prendrez, et que vous leur donnerez pour moi et pour vous[30].

CHAPITRE XVIII.

Les humbles deviendront grands. L'enfance chrétienne. Recommandation de ne pas scandaliser les petits. Parabole de la brebis égarée. Précepte touchant la correction fraternelle. Le pouvoir des clefs donné aux Apôtres. Combien de fois il faut pardonner.

1. In illa hora accesserunt discipuli ad Jesum, dicentes : Quis putas, major est in regno cœlorum ?
2. Et advocans Jesus parvulum, statuit eum in medio eorum,
3. et dixit : Amen dico vobis, nisi conversi fueritis, et efficiamini sicut parvuli, non intrabitis in regnum cœlorum.

4. Quicumque ergo humiliaverit se sicut parvulus iste, hic est major in regno cœlorum.

1. En ce même temps les disciples s'approchèrent de Jésus, et lui dirent : Qui pensez-vous qui est le plus grand dans le royaume des cieux[1] ? *Marc*, 9, 33. *Luc*, 9, 46.
2. Jésus ayant appelé un petit enfant, le mit au milieu d'eux, *Pl. b.* 19, 14.
3. et leur dit : Je vous dis en vérité, que si vous ne vous convertissez, et si vous ne devenez comme de petits enfants, vous n'entrerez point dans le royaume des cieux[2]. 1. *Cor.* 14, 20.
4. Quiconque donc s'humiliera comme cet enfant, celui-là sera le plus grand dans le royaume des cieux[3].

[29] Litt. : un stater, quatre drachmes.

[30] Ce miracle avait pour fin principale de confirmer de plus en plus Pierre dans sa conviction touchant le caractère divin de Jésus-Christ.

℣. 1. — [1] dans le nouveau royaume du Messie, dans l'Eglise. Saint Marc et saint Luc racontent (*Voy.* les passages ci-dessus cités) ce qui donna occasion à cette question. Jésus-Christ s'était déjà expliqué touchant la prééminence de saint Pierre sur les autres apôtres (*pl. h.* 16, 18. 19), et récemment encore il avait distingué cet apôtre des autres, en payant le tribut pour Pierre et en faisant un prodige en sa faveur : mais tous les discours et les actions de Jésus n'étant pas sans un certain voile mystérieux, que l'Esprit saint seul devait lever, et les apôtres ne pouvant entrer pleinement dans le sens de toutes ses paroles avant qu'ils eussent reçu le Saint-Esprit, ils n'avaient pas encore des idées très-claires au sujet de la préséance qu'un seul d'entre eux devait posséder. Toujours fidèle à sa manière d'instruire, Jésus élude la question relative à celui qui devait être le premier dans l'Eglise visible, et il entre dans le monde intérieur, en faisant connaître en quoi consiste la grandeur en esprit; leçon qu'il donne non-seulement en paroles, mais par une action symbolique, en plaçant un enfant au milieu des apôtres.

℣. 3. — [2] Si vous ne vous dépouillez de votre orgueil, de votre ambition, et si vous ne devenez humbles et dépourvus de prétention, simples et candides, droits et ouverts, confiants et dociles comme des enfants, vous pourrez, il est vrai, être extérieurement citoyens de mon royaume, mais vous n'appartiendrez point au royaume du ciel invisible, au nombre des saints, et par conséquent vous ne pourrez, au sortir de la vie, hériter de mon royaume dans le ciel.

℣. 4. — [3] L'homme humble est grand dans mon royaume invisible, formé des membres vivants de mon Eglise; l'homme le plus humble y est le plus grand. Par ces paroles Jésus-Christ ne fait point disparaître l'ordre hiérarchique dans son royaume extérieur, qui est l'Eglise, en tant que cet ordre se compose de sujets et de préposés; il ne parle point du tout des rangs, en ce qui concerne le dehors; il ne parle que du royaume intérieur des sentiments chrétiens; dans ce royaume

5. Et quiconque reçoit en mon nom un enfant tel *que je viens de dire*, c'est moi qu'il reçoit [4]

6. Que si quelqu'un scandalise un de ces petits qui croient en moi [5], il vaudrait mieux pour lui qu'on lui attachât au cou une de ces meules qu'un âne tourne, et qu'on le jetât au fond de la mer [6]. *Marc*, 9, 41. *Luc*, 17, 2.

7. Malheur au monde, à cause des scandales [7] ! Car il est nécessaire qu'il arrive des scandales : mais malheur à l'homme par qui le scandale arrive [8] !

8. Que si votre main ou votre pied vous est un sujet de scandale [9], coupez-le, et le jetez loin de vous : il vaut mieux pour vous que vous entriez dans la vie n'ayant qu'un pied, ou qu'une main, que d'en avoir deux, et être précipité dans le feu éternel. *Pl. h.* 5, 30. *Marc*, 9, 42.

9. Et si votre œil vous est un sujet de scandale, arrachez-le, et le jetez loin de vous : il vaut mieux pour vous que vous entriez dans la vie n'ayant qu'un œil que d'en avoir deux, et être précipité dans le feu de l'enfer.

10. Prenez bien garde de ne mépriser aucun de ces petits [10]; car je vous déclare que

5. Et qui susceperit unum parvulum talem in nomine meo, me suscipit;

6. qui autem scandalizaverit unum de pusillis istis, qui in me credunt, expedit ei ut suspendatur mola asinaria in collo ejus, et demergatur in profundum maris.

7. Væ mundo a scandalis. Necesse est enim ut veniant scandala : verumtamen væ homini illi, per quem scandalum venit.

8. Si autem manus tua, vel pes tuus scandalizat te : abscide eum, et projice abs te : bonum tibi est ad vitam ingredi debilem, vel claudum, quam duas manus, vel duos pedes habentem mitti in ignem æternum.

9. Et si oculus tuus scandalizat te, erue eum, et projice abs te : bonum tibi est cum uno oculo in vitam intrare, quam duos oculos habentem mitti in gehennam ignis.

10. Videte ne contemnatis unum ex his pusillis : dico enim vobis

---

ce n'est pas le rang extérieur qui fait la distinction, mais l'humilité seule et la simplicité de l'enfance, comme étant le fondement de toutes les vertus.

℣. 5. — [4] Celui qui accueille amicalement, ou qui traite d'une manière quelconque avec charité parce qu'il m'appartient, et qu'il me suit avec humilité, un de ceux qui croient en moi, et qui, par leurs sentiments humbles et sans prétention, ressemblent à des enfants, celui-là trouvera auprès de moi grâce et récompense, comme s'il avait fait tout cela à moi-même; car je vis dans ces enfants, et ils sont comme les membres de mon propre corps, d'où il suit que ce qui est fait à eux, est fait à moi-même (Voy. *pl. h.* 10, 41. 42).

℣. 6. — [5] si quelqu'un les traite avec mépris, leur fait du mal, notamment en les pervertissant et en leur donnant mauvais exemple, de sorte qu'ils s'en scandalisent, qu'ils tombent et qu'ils pèchent.

[6] il vaudrait mieux pour lui (qu'avant de donner ce scandale) il trouvât une mort certaine; car ainsi son corps seul mourrait, tandis que par le scandale, il donne la mort à son âme, et peut-être aussi aux âmes de ces petits. — En Orient, les pierres de moulin sont mises en mouvement par des animaux; de là dans le texte l'expression de meule d'âne. Il semble que le Sauveur ait pris occasion de l'ambition des apôtres pour leur donner cet avertissement, et les prémunir contre cette sorte de scandale, parce que ce vice était de nature à faire la plus fâcheuse impression sur les fidèles (Jérôme).

℣. 7. — [7] Le monde est malheureux à cause des scandales; car les petits en sont affaiblis, et ils tombent; et les méchants, qui donnent le scandale, se préparent un malheur plus grand encore.

[8] Le monde étant tout plongé dans le mal, et les hommes éprouvant un penchant si violent au vice, il est impossible que quelques-uns, un grand nombre même, ne disent et ne fassent le mal, et par ce moyen ne donnent du scandale aux bons, qu'ils ne les séduisent, et ne les gagnent à l'erreur ou au vice. Mais malheur aux séducteurs! ils seront sévèrement punis; car avec le secours de ma grâce, ils auraient pu résister à leurs mauvaises passions.

℣. 8. — [9] De l'occasion de chute qui est donnée au prochain, le Seigneur passe aux occasions intérieures que l'homme trouve en lui-même (*Voy.* sur les ℣. 8. 9. *pl. h.* 5, 30).

℣. 10. — [10] de les maltraiter, de les pervertir.

quia angeli eorum in cœlis semper vident faciem Patris mei, qui in cœlis est.
11. Venit enim Filius hominis salvare quod perierat.
12. Quid vobis videtur? si fuerint alicui centum oves, et erraverit una ex eis : nonne relinquit nonaginta novem in montibus, et vadit quærere eam, quæ erravit?
13. Et si contigerit ut inveniat eam : amen dico vobis, quia gaudet super eam magis quam super nonaginta novem, quæ non erraverunt.
14. Sic non est voluntas ante Patrem vestrum, qui in cœlis est, ut pereat unus de pusillis istis.
15. Si autem peccaverit in te frater tuus, vade, et corripe eum inter te et ipsum solum : si te audierit, lucratus eris fratrem tuum;
16. si autem et non audierit, adhibe tecum adhuc unum, vel duos, ut in ore duorum vel trium testium stet omne verbum.
17. Quod si non audierit eos, dic Ecclesiæ : si autem Ecclesiam

dans le ciel leurs anges voient sans cesse la face de mon Père qui est dans les cieux [11]. *Ps.* 33, 8.
11. Car le Fils de l'homme est venu sauver ce qui était perdu [12].
12. Si un homme a cent brebis, et qu'une seule vienne à s'égarer, que pensez-vous qu'il fasse alors? ne laisse-t-il pas les quatre-vingt-dix-neuf sur les montagnes, pour aller chercher celle qui s'est égarée? *Luc,* 15. 4.
13. Et s'il arrive qu'il la trouve, je vous dis en vérité qu'elle lui cause plus de joie que les quatre-vingt-dix-neuf qui ne se sont point égarées.
14. Ainsi votre Père, qui est dans les cieux, ne veut pas qu'un seul de ces petits périsse.
15. Que si votre frère a péché contre vous, allez lui représenter sa faute en particulier entre vous et lui. S'il vous écoute, vous aurez gagné votre frère [13]. *Luc.* 17, 3. *Jac.* 5, 19.
16. Mais s'il ne vous écoute point, prenez encore avec vous une ou deux personnes, afin que tout soit confirmé par l'autorité de deux ou trois témoins [14]. 5. *Moys.* 19, 15. *Jean,* 8, 17. 2. *Cor.* 13, 1. *Hébr.* 10, 28.
17. Que s'il ne les écoute pas *non plus,* dites-le à l'Eglise [15]; et s'il n'écoute pas

---

[11] Car celui qui méprise ces petits enfants, méprise aussi les anges qui leur ont été donnés, et, par conséquent, il offense ceux qui sont jugés dignes de la vision divine. C'est sur ce passage et sur d'autres semblables (1. *Moys.* 48, 16. *Act.* 12, 15), comme aussi sur la tradition des saints Pères, que repose le point de doctrine catholique, que chacun a un ange gardien particulier que Dieu lui a donné, lequel est à côté de lui pour l'assister depuis sa naissance jusqu'à sa mort. Quelle est donc la dignité de l'âme, dit saint Jérôme, puisque chacun a un ange pour le protéger! Combien il est dangereux de mépriser un petit enfant, dont les gémissements sont portés par un ange devant le Dieu éternel et invisible! Pour vous, ne méprisez pas non plus votre ange; prêtez-lui attention; écoutez sa voix et ne le couvrez pas de confusion!

℣. 11. — [12] C'est la seconde raison pour laquelle on ne doit ni mépriser ni scandaliser les petits et les humbles; il faut l'éviter, non-seulement à cause des anges, qui sont leurs gardiens, mais encore à cause de moi-même, dit Jésus, qui les ai estimés jusqu'à venir sur la terre pour les sauver. Le mépris que vous montrez pour eux retombe sur moi. Je les aime comme un pasteur aime son troupeau; pas un seul d'entre eux, quelque petit qu'il soit, ne doit se perdre.

℣. 15. — [13] Cependant votre frère vous a-t-il scandalisé (dans le sens de la note 5), vous a-t-il fait une offense quelconque, reprenez-le doucement et avec bonté, entre vous et lui, de son mauvais procédé; s'il reconnaît sa faute, et qu'il revienne à de meilleurs sentiments, vous avez gagné votre frère. Les versets 15. 16. 17, regardent la correction fraternelle et l'ordre qu'il faut y suivre. D'après le contexte, Jésus-Christ parle ici de toutes les fautes qui peuvent devenir une occasion de chute pour le prochain (Aug., Chrys., Jérôme).

℣. 16. — [14] afin que la bouche de plusieurs contribue à le convaincre de son tort (Chrys., Théoph., Aug.), et que dans le cas où il ne les écouterait pas, et que l'affaire dût aller plus loin, elle puisse être confirmée par témoins.

℣. 17. — [15] à votre supérieur ecclésiastique, à votre curé, à votre évêque et à celui de votre frère. Il n'est pas recommandé de le dire à l'assemblée du peuple, mais à ceux auxquels, comme Jésus le dit immédiatement après, a été donné le pouvoir de délier et de lier, aux évêques et aux prêtres.

l'Eglise *même*, qu'il soit à votre égard comme un païen et un publicain [16]. 2. *Thess.* 3, 3, 14.

18. Je vous le dis en vérité, tout ce que vous lierez sur la terre sera aussi lié dans le ciel, et tout ce que vous délierez sur la terre sera aussi délié dans le ciel [17]. *Jean*, 20, 23.

19. Je vous dis encore que si deux d'entre vous s'unissent ensemble sur la terre, quelque chose qu'ils demandent, elle leur sera accordée par mon Père qui est dans les cieux [18].

20. Car en quelque lieu que se trouvent deux ou trois personnes assemblées en mon nom, je m'y trouve au milieu d'elles [19].

non audierit : sit tibi sicut ethnicus et publicanus.

18. Amen dico vobis, quæcumque alligaveritis super terram, erunt ligata et in cœlo : et quæcumque solveritis super terram, erunt soluta et in cœlo.

19. Iterum dico vobis, quia si duo ex vobis consenserint super terram, de omni re quamcumque petierint, fiet illis a Patre meo, qui in cœlis est.

20. Ubi enim sunt duo vel tres congregati in nomine meo, ibi sum in medio eorum.

---

[16] Que s'il n'écoute pas non plus les supérieurs ecclésiastiques, qu'il soit pour vous comme quelqu'un qui n'appartient pas à la communion de l'Eglise, qui, par son impénitence toute païenne, par son endurcissement et par son obstination ouverte dans l'erreur et dans le vice, s'est lui-même séparé de la communion des fidèles; et qu'en outre, le supérieur ecclésiastique en fasse la déclaration, qu'il l'expulse en effet, afin que la brebis malade puisse, par la honte de sa séparation, être guérie, ou au moins de peur que par son commerce elle n'infecte les autres (Voy. 1. *Cor.* 5, 5. 6). La correction fraternelle ayant pour fin de corriger son frère, et de préserver les autres de la contagion, on doit bien examiner si cette fin, quand il s'agit de l'employer, peut être obtenue. Si cela n'était pas possible, si, à plus forte raison, il devait en résulter un plus grand mal, il conviendrait de n'y pas recourir, ou du moins de n'en faire usage qu'autant que le permet, suivant le temps, le lieu et les autres circonstances, la charité fraternelle, qui doit nous servir de règle dans toutes nos actions; car plusieurs prescriptions de Jésus-Christ doivent souvent être observées plutôt selon leur esprit qu'à la lettre (Comp. *pl. h.* 5, 39. 41).

ỳ. 18. — [17] Le sens par rapport à ce qui précède est : S'il n'écoute pas l'Eglise, il est comme un païen qui fait du salut un objet de dérision, et les supérieurs ecclésiastiques ont le droit de l'expulser; car je vous accorde le pouvoir de lier et de délier. Ce pouvoir renferme non-seulement la faculté de recevoir dans le sein de l'Eglise ou d'en exclure, mais encore, ainsi que l'exige la nature même des choses, celle de recevoir de nouveau ceux qui, ayant été exclus, se montrent repentants; et de là découle en outre le pouvoir de remettre ou de retenir les péchés, d'enseigner et de décider ce qui rend digne ou indigne d'être reçu dans l'Eglise et dans sa communion, ce qui est juste et licite, et ce qui est injuste ou illicite (Comp. *pl. h.* 16, 19). Jésus-Christ a donné ici à tous ses apôtres le pouvoir de délier et de lier, mais à la condition de l'exercer avec subordination à leur chef, qui est Pierre (*Pl. h.* 16, 19. note 29). Pierre et les autres apôtres, comme aussi leurs légitimes successeurs, les évêques, forment tous ensemble l'Eglise ayant droit d'enseigner et de juger, à laquelle appartient le privilège divin de l'infaillibilité (Voy. *pl. b.* 28, 19. 20).

ỳ. 19. — [18] Encore une fois, je vous le dis : Si vous avez quelque chose les uns à l'égard des autres, réunissez-vous (ỳ. 15). Cette réunion ne peut qu'être la source de grandes bénédictions : non-seulement il arrivera souvent qu'elle sera un moyen de réconciliation, mais encore pour ce qui regarde le mérite de la prière pour être exaucée, elle vous procurera les plus précieux avantages; car si deux personnes font de concert une prière quelconque, elles seront exaucées de mon Père; cependant il est nécessaire que l'on se réunisse en mon nom (*Voy.* la suite).

ỳ. 20. — [19] Se rassembler au nom de Jésus signifie : se rassembler à la place de Jésus, par conséquent pour la fin qu'il s'est proposée, pour la dilatation de son royaume, et généralement selon l'ordre qu'il a établi pour l'accomplissement de la volonté de Dieu (Comp. *pl. h.* 7, 7. 8). Saint Jean de la Croix fait sur ce passage cette réflexion : C'est le propre d'une âme humble de ne pas prétendre marcher seule avec Dieu, et pouvoir être, sans la conduite de l'homme, sans les conseils humains, dans une entière sécurité. Le Seigneur le veut ainsi; car on doit observer qu'il ne dit pas : Là où est une personne seule, je suis avec elle, mais là où

21. Tunc accedens Petrus ad eum, dixit : Domine, quoties peccabit in me frater meus, et dimittam ei? usque septies?

22. Dicit illi Jesus : Non dico tibi usque septies, sed usque septuagies septies.

23. Ideo assimilatum est regnum cœlorum homini regi, qui voluit rationem ponere cum servis suis.

24. Et cum cœpisset rationem ponere, oblatus est ei unus, qui debebat ei decem millia talenta.

25. Cum autem non haberet unde redderet, jussit eum dominus ejus venundari, et uxorem ejus, et filios, et omnia quæ habebat, et reddi.

26. Procidens autem servus ille, orabat eum, dicens : Patientiam habe in me, et omnia reddam tibi.

27. Misertus autem dominus servi illius, dimisit eum, et debitum dimisit ei.

28. Egressus autem servus ille, invenit unum de conservis suis, qui debebat ei centum denarios : et tenens suffocabat eum, dicens : Redde quod debes.

29. Et procidens conservus ejus,

21. Alors Pierre s'approchant, lui dit : Seigneur, combien de fois pardonnerai-je à mon frère lorsqu'il péchera contre moi? jusqu'à sept fois [20]? *Luc*, 17, 4.

22. Jésus lui répondit : Je ne vous dis pas jusqu'à sept fois, mais jusqu'à septante fois sept fois [21].

23. C'est pourquoi le royaume des cieux est comparé à un roi, qui voulut faire rendre compte à ses serviteurs [22].

24. Et ayant commencé à le faire, on lui en présenta un qui lui devait dix mille talents [23].

25. Mais comme il n'avait pas le moyen de *les* lui rendre, son maître commanda qu'on le vendît lui, sa femme et ses enfants, et tout ce qu'il avait pour satisfaire à cette dette.

26. Ce serviteur se jetant à ses pieds, le conjurait, en lui disant : Ayez un peu de patience, et je vous rendrai tout [24].

27. Alors le maître de ce serviteur, touché de compassion, le laissa aller, et lui remit sa dette.

28. Mais ce serviteur ne fut pas plutôt sorti, que trouvant un de ses compagnons qui lui devait cent deniers [25], il le prit à la gorge, et l'étouffait presque, en lui disant : Rends-moi ce que tu me dois.

29. Et son compagnon se jetant à ses pieds,

---

sont au moins deux personnes. Il nous fait par là connaître qu'il souhaite que nul ne règle sa foi de lui-même, et que les dons que chacun a reçus de Dieu ne suffisent point, sans les conseils et la direction de l'Eglise ou de ses ministres, pour arriver à une parfaite justice (Comp. *Ecclés.* 4, 9-12).

ỷ. 21. — [20] Puisque les réunions, et, par suite, l'union, sont si excellentes, combien de fois dois-je, en vue de conserver l'union, pardonner les injures que mon prochain m'aura faites? Sans doute plusieurs fois? Le nombre sept est mis ici, ainsi que cela arrive ordinairement dans les Ecritures, pour très-souvent.

ỷ. 22. — [21] non pas plusieurs fois, mais un nombre infini de fois, toujours (Chrys., Aug.). Mais alors à quoi bon la correction fraternelle (ỷ. 15)? — Elle est pour votre frère qu'il faut ramener à de meilleurs sentiments, et pour les autres qu'il faut protéger. Oubliez l'injure, dit saint Augustin, mais non la blessure de votre frère. Cette blessure c'est votre devoir de chercher à la guérir.

ỷ. 23. — [22] En conséquence de cette disposition à toujours pardonner, dont je vous fais une obligation, je me conduirai dans mon royaume, comme s'est conduit envers ses serviteurs ce roi qui traite avec la plus extrême sévérité le serviteur sans compassion.

ỷ. 24. — [23] environ 44,145,000 francs, une somme incalculable. — * L'allemand porte : 15,000,000 de reichsthaler; le reichsthaler (écu de l'empire; rixdaler, ou rixdale) étant évalué seulement à 3 fr. 75 cent., la somme indiquée serait de 56,250,000 francs. — L'homme ne doit pas à Dieu moins que cela; car la dette de chaque homme envers Dieu est incalculable, infinie, puisqu'il est né et qu'il a grandi dans le péché.

ỷ. 26. — [24] Dans le grec : Seigneur, ayez patience, etc.

ỷ. 28. — [25] quarante-huit francs soixante et quinze centimes, environ, une somme insignifiante eu égard à la somme ci-dessus. — * L'allemand porte : 13 reichsthaler, à 3 fr. 75 cent. le reichsthaler, font 48 fr. 75 cent. — Toutes les offenses que nous pouvons recevoir du prochain, ne sont rien en comparaison des offenses dont nous nous sommes rendus coupables envers Dieu.

le conjurait, en lui disant : Ayez un peu de patience, et je vous rendrai tout.

30. Mais il ne voulut point l'écouter; et il s'en alla, et le fit mettre en prison, *pour l'y tenir* jusqu'à ce qu'il lui rendît ce qu'il lui devait.

31. Les autres serviteurs ses compagnons voyant ce qui se passait, en furent extrêmement affligés, et avertirent leur maître de tout ce qui était arrivé.

32. Alors son maître l'ayant fait venir, lui dit : Méchant serviteur, je vous avais remis tout ce que vous me deviez, parce que vous m'en aviez prié :

33. ne fallait-il donc pas que vous eussiez aussi pitié de votre compagnon, comme j'avais eu moi-même pitié de vous?

34. Et son maître, tout en colère, le livra entre les mains des bourreaux jusqu'à ce qu'il payât tout ce qu'il lui devait [26].

35. C'est ainsi que mon Père qui est dans le ciel vous traitera, si chacun de vous ne pardonne à son frère du fond du cœur.

rogabat eum, dicens : Patientiam habe in me, et omnia reddam tibi.

30. Ille autem noluit : sed abiit et misit eum in carcerem donec redderet debitum.

31. Videntes autem conservi ejus quæ fiebant, contristati sunt valde, et venerunt, et narraverunt domino suo omnia, quæ facta fuerant.

32. Tunc vocavit illum dominus suus, et ait illi : Serve nequam, omne debitum dimisi tibi quoniam rogasti me :

33. Nonne ergo oportuit et te misereri conservi tui, sicut et ego tui misertus sum?

34. Et iratus dominus ejus tradidit eum tortoribus, quoadusque redderet universum debitum.

35. Sic et Pater meus cœlestis faciet vobis, si non remiseritis unusquisque fratri suo de cordibus vestris.

CHAPITRE XIX.

Indissolubilité du mariage. La vie du célibat volontaire est un don du ciel. Le royaume de Dieu est pour ceux qui ont un cœur d'enfants. Conseil de tout abandonner. Les riches parviennent difficilement au bonheur du ciel. Celui qui abandonne tout, recevra une ample récompense.

1. Jésus ayant achevé ces discours, partit de Galilée, et vint aux confins de la Judée, au-delà du Jourdain [1], *Marc*, 10, 1.

2. où de grandes troupes le suivirent : et il les guérit au même lieu.

3. Des Pharisiens vinrent aussi à lui pour le tenter [2], et ils lui dirent : Est-il permis à un homme de renvoyer sa femme pour quelque cause que ce soit [3]?

1. Et factum est, cum consummasset Jesus sermones istos, migravit a Galilæa, et venit in fines Judææ trans Jordanem,

2. et secutæ sunt eum turbæ multæ, et curavit eos ibi.

3. Et accesserunt ad eum Pharisæi tentantes eum, et dicentes : Si licet homini dimittere uxorem suam, quacumque ex causa?

ỳ. 34. — [26] Le créancier agit d'après les lois romaines, qui lui permettaient de prendre le débiteur à la gorge, de le traîner devant le juge, de prouver qu'il lui était redevable, de le faire renfermer et de le traiter comme il voulait.

ỳ. 1. — [1] Jésus-Christ entreprit son voyage à Jérusalem, un peu avant la fête de Pâques de l'an 32, selon la manière ordinaire de compter.

ỳ. 3. — [2] dans la vue d'éprouver sa connaissance de la loi, et de prendre de ses décisions une occasion de le condamner.

[3] A cette époque, environ quarante ans avant Jésus-Christ, il s'était formé deux

4. Qui respondens, ait eis : Non legistis, quia qui fecit hominem ab initio, masculum et feminam fecit eos? et dixit :

5. Propter hoc dimittet homo patrem et matrem, et adhærebit uxori suæ, et erunt duo in carne una.

6. Itaque jam non sunt duo, sed una caro. Quod ergo Deus conjunxit, homo non separet.

7. Dicunt illi : Quid ergo Moyses mandavit dare libellum repudii, et dimittere?

8. Ait illis : Quoniam Moyses ad duritiam cordis vestri permisit vobis dimittere uxores vestras : ab initio autem non fuit sic.

9. Dico autem vobis, quia quicumque dimiserit uxorem suam, nisi ob fornicationem, et aliam duxerit, mœchatur : et qui dimissam duxerit, mœchatur.

4. Il leur répondit : N'avez-vous point lu que celui qui créa l'homme au commencement, créa un *seul* homme et une *seule* femme? et qu'il dit : 1. *Moys*. 1, 27.

5. Pour cette raison l'homme abandonnera son père et sa mère, et il s'attachera à sa femme, et ils seront deux dans une seule chair. 1. *Moys*. 2, 24. 1. *Cor*. 6, 16. *Ephes*. 5, 31.

6. Ainsi ils ne sont plus deux, mais une seule chair. Que l'homme donc ne sépare pas ce que Dieu a joint [4].

7. Mais pourquoi donc, lui dirent-ils, Moyse a-t-il ordonné de *lui* donner un acte de répudiation, et de *la* renvoyer [5]?

8. Il leur répondit : C'est à cause de la dureté de votre cœur que Moyse vous a permis de quitter vos femmes; mais cela n'a pas été ainsi dès le commencement [6].

9. Aussi je vous déclare [7] que quiconque renvoie sa femme, si ce n'est en cas d'adultère [8], et en épouse une autre, commet un adultère; et que celui qui épouse celle qu'un autre a renvoyée, commet aussi un adultère [9]. *Pl. h.* 5, 32. *Marc*, 10, 11. *Luc*, 16, 18.

---

opinions différentes sur les causes qui, d'après la loi, pouvaient suffire pour renvoyer une femme mariée. Rabbi Schammai et son école pensaient que le divorce n'était permis que dans le cas d'adultère, ou pour d'autres causes de la plus haute importance; au contraire, Hillel et son école soutenaient qu'il était permis dans tous les cas où la femme donnait à son mari quelque occasion de mécontentement. Cette diversité d'opinion était née de ce passage de la loi (5. *Moys*. 24, 1), d'après lequel le divorce peut avoir lieu « pour un sujet quelconque de haine » que le mari trouve dans son épouse. Ce sujet de haine requis n'étant pas déterminé, il se forma ainsi diverses opinions parmi les docteurs.

ỳ. 6. — [4] Jésus ramène le mariage à son institution primitive. Dieu n'ayant pas créé l'homme seul, mais avec la femme qu'il forma d'une de ses côtes, la femme est en quelque sorte une partie de l'homme, elle est comme un membre de son corps. L'homme et la femme ne forment qu'un seul corps, et sont entre eux dans une union plus intime qu'avec leurs propres parents. Or, ce que Dieu a uni d'une manière si étroite, et ce qui se convient comme les membres d'un même corps, l'homme ne doit pas le séparer, et une séparation serait non-seulement contre nature, mais encore contre l'ordre expressément établi de Dieu.

ỳ. 7. — [5] Cependant la loi permet le divorce.

ỳ. 8. — [6] Moyse vous a permis le divorce, non parce qu'il était conforme à la nature et à la loi divine, mais à cause de l'indocilité et de l'inflexibilité de votre cœur coupable, à cause de l'obstination avec laquelle vous vous attachez à vos anciennes habitudes, et dans la vue d'éviter un plus grand mal, les mauvais traitements et la mort de la femme, etc.; mais telle n'était pas l'institution primitive du mariage; à l'origine, l'homme et la femme étaient unis par un lien indissoluble, et ils devaient vivre ensemble pendant tout le cours de leur vie.

ỳ. 9. — [7] Jésus-Christ donne maintenant sa nouvelle loi touchant le mariage, et il l'oppose aux prescriptions mosaïques, qui ne devaient durer qu'un temps.

[8] Littéralement : excepté pour cause de fornication; mais la fornication dans le mariage est un adultère, une violation de la fidélité conjugale.

[9] Pour bien comprendre ce passage, il faut le comparer avec les autres passages de l'Ecriture où il s'agit également du divorce (*Marc*, 10, 11. *Luc*, 16, 19. 1. *Cor*. 7, 10. 11. 39). Dans saint Marc et dans saint Luc, le divorce est absolument interdit en ces termes : « Quiconque renvoie sa femme, et en prend une autre, viole le mariage : » au contraire, dans saint Matthieu, Jésus-Christ permet le renvoi en cas d'adultère. Saint Paul fait disparaître cette apparente contradiction dans son épître

10. Ses disciples lui dirent : Si la condition d'un homme est telle à l'égard de sa femme, il n'est pas avantageux de se marier [10].

11. Il leur dit : Tous ne sont pas capables de cette résolution, mais ceux à qui il a été donné [11] *d'en haut.*

10. Dicunt ei discipuli ejus : Si ita est causa hominis cum uxore, non expedit nubere.

11. Qui dixit illis : Non omnes capiunt verbum istud, sed quibus datum est.

---

aux Corinthiens, lorsqu'il écrit dans l'endroit cité : « Voici ce que j'ordonne aux gens mariés, non pas moi, mais le Seigneur : La femme ne doit pas se séparer de son mari : si elle s'en sépare, qu'elle demeure hors du mariage, ou qu'elle se réconcilie avec son mari : et l'homme ne doit pas non plus renvoyer sa femme. La femme est liée aussi longtemps que le mari est en vie; si son mari vient à mourir, alors elle est libre; qu'elle se marie si elle veut, seulement qu'elle se marie dans le Seigneur. » Saint Paul ne permet pas à une femme séparée de se marier de nouveau, tant que son mari vit encore, et déclare ainsi que le lien qui a été formé par le mariage n'est point dissout; car si, dans son opinion, la dissolution du lien avait eu lieu, il aurait dû permettre de contracter un nouveau mariage. En même temps il permet, si la femme séparée ne peut se réconcilier avec son mari, qu'elle demeure dans l'état où elle est. La conséquence qui découle de cette permission et de la défense de contracter un nouveau mariage, c'est que, d'après la loi chrétienne, la séparation, dans le sens de la rupture du lien, est entièrement interdite, et ne saurait être permise dans aucun cas; mais que le renvoi, dans le sens d'une simple séparation de table et de lit, de la cessation d'une vie commune, peut avoir lieu, et être permise, pourvu que la partie qui se sépare, pour conserver intacte l'indissolubilité du lien, ne passe pas à un nouveau mariage. Les évangélistes saint Marc et saint Luc entendent le renvoi dans le sens de la rupture du lien, et c'est pourquoi ils l'interdisent absolument; saint Matthieu entend le renvoi dans le sens d'une séparation de table et de lit, et c'est pour cela qu'il fait une exception qui peut avoir pour conséquence la cessation de la vie commune, mais non point la dissolution du lien. Les trois évangelistes ajoutent d'ailleurs dans le sens de l'apôtre saint Paul, que dans aucun cas la partie séparée ne peut contracter de nouveaux liens. Quelques-uns traduisent le grec : Celui qui renvoie sa femme, même pour cause d'adultère, etc... mais cette traduction, lors même que, d'après le génie de la langue grecque, il serait possible de la justifier à côté de l'autre, aurait contre elle le passage ci-dessus (5, 32), et toute l'antiquité, qui toujours a traduit comme on l'a fait. De plus l'Eglise, a laquelle il appartient de determiner le vrai sens de l'Ecriture, a dans tous les temps, d'accord avec tous les saints Pères, expliqué ce passage de la manière qu'on voit ici. Le dernier concile œcuménique, le saint concile de Trente, a porté cette décision : « Si quelqu'un dit que l'Eglise se trompe, lorsque, suivant la doctrine de l'Evangile et des apôtres, elle a enseigné et enseigne que le lien du mariage n'est pas rompu par l'adultère de l'un des époux, et que ni l'un ni l'autre, pas même la partie innocente qui n'a point donné occasion à l'adultère, ne peut, du vivant de l'autre partie, contracter un nouveau mariage, et que celui qui abandonne une épouse adultère, et qui épouse une autre femme, viole le mariage, qu'il soit anathème. » (*Sess.* 24. *Can.* 7). Et encore : « Si quelqu'un dit que l'Eglise est dans l'erreur, lorsque, pour différentes raisons, elle décide que la séparation entre gens mariés, en ce qui concerne le lit nuptial ou la cohabitation, peut avoir lieu pour un temps determiné ou indéterminé, qu'il soit anathème. » (*Can.* 8).

℣. 10. — [10] Jésus avait rejeté les opinions des deux écoles (note 3), qui s'accordaient à reconnaître la séparation dans le sens de la dissolution du lien comme permise, et qui n'étaient opposées entre elles qu'en ce que l une permettait la séparation pour une cause quelconque, tandis que l'autre ne la permettait que pour des motifs importants. Les disciples ne pouvaient apparemment comprendre la sévérite de cette doctrine, et c'est pourquoi ils dirent : Si le lien du mariage ne peut pas être rompu, et que le mari n'ait le droit de renvoyer son épouse que dans le cas d'adultère, mais que dans tous les autres cas, fût-elle difforme, d'un mauvais naturel, querelleuse, malpropre, il soit dans l'obligation de la garder jusqu'à la fin de sa vie, il vaut mieux ne point se marier du tout.

℣. 11. — [11] Litt. : capables de cette parole. Jésus-Christ reprend l'expression, qu'il est bon de ne point se marier du tout, et il dit que cette résolution de ne point se marier, tous n'en sont pas capables, mais seulement ceux à qui Dieu a donné la grâce de la continence. Au sujet de cette grâce, saint Jerôme ajoute : Elle est donnée à ceux qui ont pu, qui ont voulu prendre sur eux la peine de la recevoir.

12. Sunt enim eunuchi, qui de matris utero sic nati sunt : et sunt eunuchi, qui facti sunt ab hominibus : et sunt eunuchi qui seipsos castraverunt propter regnum cœlorum. Qui potest capere, capiat.
13. Tunc oblati sunt ei parvuli, ut manus eis imponeret, et ora-

12. Car il y a des eunuques qui sont nés tels dès le ventre de leur mère [12]; il y en a qui ont été faits eunuques par les hommes [13]; et il y en a qui se sont rendus eunuques eux-mêmes pour le royaume des cieux [14]. Qui peut comprendre ceci, le comprenne [15].
13. On lui présenta alors [16] de petits enfants, afin qu'il leur imposât les mains [17] et

---

ỳ. 12. — [12] Il y en a qui s'abstiennent du mariage, parce que la nature les a rendus incapables d'avoir des enfants.

[13] Ceux-là aussi s'abstiennent du mariage qui ont été faits eunuques de la main des hommes.

[14] il y en a qui, par un mouvement spontané et avec le secours de la grâce de Dieu, renoncent au mariage à cause du royaume des cieux. Le royaume des cieux est mis ici pour un cœur chrétien et des dispositions chrétiennes (Sur la triple signification de ce mot, voy. *pl. h.* 3, 2. note 3). Il y en a qui renoncent au mariage, afin de pouvoir, par un triomphe éclatant sur les mouvements les plus violents de la sensualité, s'élever à un plus haut degré de perfection, et opérer le bien tant au dedans qu'au dehors d'eux-mêmes avec moins d'obstacles, et sans être obligés de se partager (Aug., Basil., Chrys). Le mariage, qui est un état institué pour la reproduction de l'espèce humaine, quoique sanctifié par Dieu, n'est cependant qu'un état terrestre. Le mépriser dans la vue d'un état plus éminent est quelque chose de grand et de méritoire, d'autant plus que ce qui ennoblit proprement le mariage, l'union des âmes, peut exister sans le mariage même. De plus, le mariage, comme tout ce qui est terrestre, a son antitype spirituel, l'union de l'homme avec le royaume du ciel, moyennant laquelle l'homme se donne sans réserve aux choses du ciel, non moins que la femme à son mari. Ce mariage spirituel est aussi élevé au-dessus du mariage corporel, que l'esprit est élevé au-dessus du corps. Le concile de Trente s'est expliqué d'une manière formelle sur la préférence que mérite l'état de vie hors du mariage sur l'état conjugal, lorsqu'il a dit (*Session* 24. *Can.* 10) : « Si quelqu'un dit que l'état du mariage est préférable à l'état de virginité ou de vie libre (du célibat), et qu'il n'est pas mieux et plus heureux de demeurer dans l'état de virginité ou dans le célibat, que de se marier, qu'il soit anathème. »

[15] Que celui à qui il a été donné (note 11) de comprendre cela, le comprenne, et qu'il règle là-dessus sa conduite! L'Eglise, qui est dans l'obligation de prendre les moyens les plus efficaces pour la dilatation du royaume de Dieu sur la terre, et qui, pour cette raison, est autorisée à déterminer les qualités que doivent posséder ses ministres, a, dès les temps les plus anciens, préféré, pour le ministère ecclésiastique, ceux qui n'étaient pas mariés, et ce n'était que dans les cas de nécessité qu'elle admettait ceux qui étaient engagés dans le mariage. Plus tard, dans la suite des temps, comme déjà l'Eglise était fort répandue, et que les promesses de Jésus-Christ, qu'il y aurait toujours des hommes qui s'abstiendraient du mariage pour le royaume du ciel, s'étaient souvent réalisées, tant parmi les jeunes gens que parmi les personnes avancées en âge, elle établit comme une loi que ceux-là seulement seraient admis aux offices supérieurs du ministère des autels, qui, d'eux-mêmes et de leur plein gré, prendraient l'engagement de conserver la continence. Ainsi l'Eglise ne destine pas tel et tel individu à la continence, comme on le lui a reproché, mais elle déclare seulement qu'elle ne recevra pour les hautes fonctions du ministère que ceux qui vivront dans la chasteté. Puisque, conformément à la promesse du Seigneur, il y aura toujours dans son sein des hommes qui sauront se contenir, et que ces hommes, n'étant point enchaînés par les soins terrestres du mariage, ont une aptitude particulière et cette liberté d'esprit nécessaire pour atteindre le but qu'elle se propose, assurément l'Eglise aurait mérité d'être blâmée, si elle n'eût pas rendu la loi dont il s'agit.

ỳ. 13. — [16] après qu'il eut terminé son discours sur l'état de la vie hors du mariage.

[17] afin qu'il voulût bien demander pour eux la grâce de Dieu et la leur communiquer. Depuis la plus haute antiquité, l'imposition des mains était passée en usage comme signe de la communication de la force d'en haut, vraisemblablement parce que la main est le moyen de transmettre les choses sensibles, et qu'une force particulière de vie réside dans la main.

priât *pour eux*. Et comme ses disciples les
repoussaient [18] avec des paroles rudes, *Marc*,
10, 13. *Luc*, 18, 15.
14. Jésus leur dit : Laissez là ces enfants,
et ne les empêchez pas de venir à moi; car
le royaume du ciel est pour ceux qui leur
ressemblent [19]. *Pl. h.* 18, 3.
15. Et leur ayant imposé les mains, il
partit de là.
16. Alors un *jeune* homme s'approcha, et
lui dit : Bon maître, quel bien faut-il que
je fasse pour acquérir la vie éternelle? *Marc*,
10, 17. *Luc*, 18, 18.
17. Jésus lui répondit : Pourquoi me demandez-vous quel bien vous devez faire [20]?
Il n'y a que Dieu seul qui soit bon [21]. Que
si vous voulez entrer dans la vie, gardez les
commandements [22].
18. Quels commandements, lui dit-il?
Jésus lui dit [23] : Vous ne tuerez point; Vous
ne commettrez point d'adultère; Vous ne
déroberez point; Vous ne direz point de
faux témoignage; 2. *Moys.* 20, 13.
19. Honorez votre père et votre mère, et
aimez votre prochain comme vous-même [24].
20. Ce jeune homme lui répondit : J'ai
gardé tous ces commandements dès ma jeunesse. Que me manque-t-il encore [25]?
21. Jésus lui dit : Si vous voulez être parfait [26], allez, vendez ce que vous avez, et le
donnez aux pauvres [27], et vous aurez un tré-

ret. Discipuli autem increpabant
eos.
14. Jesus vero ait eis : Sinite
parvulos, et nolite eos prohibere
ad me venire : talium est enim
regnum cœlorum.
15. Et cum imposuisset eis manus, abiit inde.
16. Et ecce unus accedens, ait
illi : Magister bone, quid boni faciam ut habeam vitam æternam?
17. Qui dixit ei : quid me inter-
rogas de bono? Unus est bonus,
Deus. Si autem vis ad vitam ingredi, serva mandata.
18. Dicit illi : Quæ? Jesus autem dixit : Non homicidium facies : Non adulterabis : Non facies
furtum : Non falsum testimonium
dices :
19. Honora patrem tuum, et
matrem tuam : et diliges proximum tuum sicut teipsum.
20. Dicit illi adolescens : Omnia
hæc custodivi a juventute mea,
quid adhuc mihi deest?
21. Ait illi Jesus : Si vis perfectus esse, vade, vende quæ habes, et da pauperibus, et habebis

---

[18] ceux qui présentaient les enfants, parce qu'ils croyaient qu'ils étaient à charge à Jésus, et qu'ils l'interrompaient.

ỷ. 14. — [19] car ce sont précisément les enfants, et ceux qui leur ressemblent, qui sont mes vrais disciples; ce sont ceux qui sont innocents, humbles, doux et simples (Comp. *pl. h.* 18, 1. et suiv.).

ỷ. 17. — [20] Le grec porte : Pourquoi m'appelez-vous bon?

[21] par nature et par essence; l'homme n'est bon que par la grâce. Jésus-Christ rend humblement à Dieu, son Père, la louange qui lui est due, afin que nous apprenions a faire de même.

[22] Ce sera par l'observation des commandements (que vous avez reçus dans la foi en Dieu) que vous obtiendrez la vie éternelle, la justification devant Dieu, laquelle conduit à la béatitude. Ainsi ce n'est pas la foi seule qui justifie, mais la foi active dans la charité (par les œuvres). Concile de Trente, sess. 6, chap. 7.

ỷ. 18. — [23] Dans le grec : Jésus lui dit : Celui-ci : Vous ne tuerez point, etc.

ỷ. 19. — [24] Jésus expose au jeune homme les devoirs envers le prochain, parce que la charité envers le prochain était ce qu'il y avait de plus négligé chez les Juifs.

ỷ. 20. — [25] Comme, suivant saint Marc, 10, 21, Jésus témoigna de l'affection à ce jeune homme, il semble qu'il disait la vérité. Il avait au moins une foi imparfaite en Jésus-Christ, et il accomplissait les commandements; il était ainsi un disciple du Seigneur.

ỷ. 21. — [26] Jésus-Christ lui dit : Voulez-vous? Ce qui suit n'est donc pas un commandement, mais un conseil. Voulez-vous vous élever à un plus haut degré de perfection, allez, etc. Il faut entendre ici par perfection un degré de perfection plus élevé; car tous les chrétiens sont tenus a la perfection, et les dispositions chrétiennes, quelles qu'elles soient, même à un degré inférieur, dès-lors qu'elles sont sincères, sont une sorte de perfection.

[27] Renoncez non-seulement aux plaisirs et à l'attachement aux biens, ce à quoi

thesaurum in cœlo : et veni, sequere me.

22. Cum audisset autem adolescens verbum, abiit tristis : erat enim habens multas possessiones.

23. Jesus autem dixit discipulis suis : Amen dico vobis, quia dives difficile intrabit in regnum cœlorum.

24. Et iterum dico vobis : Facilius est camelum per foramen acus transire, quam divitem intrare in regnum cœlorum.

25. Auditis autem his, discipuli mirabantur valde, dicentes : Quis ergo poterit salvus esse?

26. Aspiciens autem Jesus, dixit illis : Apud homines hoc impossibile est : apud Deum autem omnia possibilia sunt.

27. Tunc respondens Petrus, dixit ei : Ecce nos reliquimus omnia, et secuti sumus te : quid ergo erit nobis?

28. Jesus autem dixit illis : Amen dico vobis, quod vos, qui secuti estis me, in regeneratione,

sor dans le ciel; puis venez, et me suivez [28].

22. Ce jeune homme entendant ces paroles, s'en alla tout triste, parce qu'il avait de grands biens [29].

23. Et Jésus dit à ses disciples : Je vous dis en vérité qu'un riche entrera difficilement dans le royaume des cieux [30].

24. Je vous le dis encore une fois : Il est plus aisé qu'un chameau passe par le trou d'une aiguille, qu'il ne l'est qu'un riche entre dans le royaume des cieux.

25. Ses disciples entendant cette parole, en furent fort étonnés; et ils disaient : Qui pourra donc être sauvé [31]?

26. Jésus les regardant, leur dit : Cela est impossible aux hommes; mais tout est possible à Dieu [32].

27. Alors Pierre prenant la parole, lui dit : Pour nous autres, vous voyez que nous avons tout quitté, et que nous vous avons suivi : quelle sera donc notre récompense?

28. Et Jésus leur dit : Je vous dis en vérité que pour vous qui m'avez suivi, lorsqu'au temps de la régénération [33] le Fils de

---

tout chrétien est obligé, mais encore à la possession extérieure, ce qui vous établira dans un état de dépouillement qui vous fournira l'occasion d'oublier, dans les privations, le mépris et les croix de toute espèce, les choses de la terre, et de ne vivre à ma suite que pour les choses du ciel. Ainsi vous amasserez un riche trésor de i chrétiens, et par conséquent aussi une ample récompense dans le cielsent ments

[28] marchez à ma suite, et soyez un de mes plus fidèles disciples. Se défaire des richesses, dit saint Jérôme, ne suffit pas, il faut encore suivre le Seigneur (vivre comme il a vécu) : car il est plus facile de mépriser le sac, que de se dépouiller de sa propre volonté.

℣. 22. — [29] Je ne sais, dit saint Augustin, comment il se fait que les biens de la terre enchaînent plus fortement lorsqu'on les possède que lorsqu'on soupire après leur possession. Car pourquoi ce jeune homme se retira-t-il dans la tristesse? Parce qu'il possédait de grandes richesses. En effet, autre chose est de désirer de s'approprier ce qui manque, et autre chose de se priver de ce que l'on a en propriété. On peut mépriser les biens qu'on ne possède pas comme quelque chose d'étranger; mais se défaire de ce que l'on possède cause la même douleur que si l'on retranchait un membre. Le jeune homme savait à peine quel attachement pour les biens temporels il avait dans le cœur, quoiqu'il fût appelé à la perfection. Cet attachement se fit enfin sentir lorsqu'il fut appelé, et non-seulement il l'empêcha de suivre sa vocation, mais encore d'appartenir au Seigneur d'une manière quelconque, même au dernier degré.

℣. 23. — [30] qu'un riche sera difficilement du nombre de mes disciples, fût-ce au plus bas degré; car les richesses attirent presque toujours le cœur à elles; elles donnent occasion à tous les vices et les moyens de s'y livrer, elles font perdre l'humilité et l'abnégation sans lesquelles il n'y a pas de christianisme possible.

℣. 25. — [31] puisque l'amour des possessions de la terre est si universel.

℣. 26. — [32] Cela est impossible avec les seules forces de l'homme; mais si Dieu donne sa grâce, cela est possible; car il peut, à la condition de la coopération de l'homme, dégager son cœur des choses auxquelles il est le plus attaché.

℣. 28. — [33] lors de la résurrection générale, où l'homme entier sera, dans son corps et dans son âme, renouvelé, reformé, et en quelque manière régénéré (Comp. *Isaïe*, 65, 17. *Apoc.* 21, 1. 2. *Pier.* 3, 13).

l'homme sera assis sur le trône de sa gloire [34], vous serez aussi assis sur douze trônes, et vous jugerez les douze tribus d'Israel [35].

29. Et quiconque aura quitté pour mon nom [36] sa maison, ou ses frères, ou ses sœurs, ou son père, ou sa mère, ou sa femme, ou ses enfants, ou ses terres, en recevra le centuple, et aura pour héritage la vie éternelle [37].

30. Mais plusieurs *qui avaient été les* premiers, seront les derniers; et *plusieurs qui avaient été* les derniers, *seront* les premiers [38]. *Pl. b.* 20, 16. *Marc,* 10, 31. *Luc,* 13, 30.

cum sederit Filius hominis in sede majestatis suæ, sedebitis et vos super sedes duodecim, judicantes duodecim tribus Israel.

29. Et omnis, qui reliquerit domum, vel fratres, aut sorores, aut patrem, aut matrem, aut uxorem, aut filios, aut agros propter nomen meum, centuplum accipiet, et vitam æternam possidebit.

30. Multi autem erunt primi novissimi, et novissimi primi.

CHAPITRE XX.

Parabole des ouvriers qui travaillent à la vigne. Jésus prédit de nouveau sa passion. Il reprend l'ambition des enfants de Zébédée, il leur enseigne l'humilité et la patience, et il guérit deux aveugles.

1. Le royaume des cieux [1] est semblable à un père de famille qui sortit dès le grand

1. Simile est regnum cœlorum homini patrifamilias, qui exiit

[34] paraîtra environné de gloire pour juger les hommes.

[35] Saint Augustin remarque qu'en cet endroit, comme en plusieurs autres, le nombre déterminé est mis pour un nombre indéterminé. De là tous ceux-là seront juges avec Jésus-Christ qui, comme les apôtres, auront tout abandonné pour suivre Jésus-Christ (pour vivre comme il a vécu, dans la pauvreté, dans le mépris et dans le crucifiement de la chair). Le peuple d'Israel est mis, ainsi que cela est ordinaire dans les prophètes, pour toute l'humanité dont il était le type.

ỳ. 29. — [36] à cause de moi, dans la vue de me mieux servir, d'être plus parfait.

[37] Mais si quelqu'un ne quitte pas tout ce qu'il possède, mais que cependant il quitte quelque chose, par exemple sa maison, ou son père ou sa mère, etc., afin de pouvoir mieux me servir, il recevra en récompense cent fois autant, et il obtiendra la vie éternelle en ce monde et en l'autre (Comp. *Marc.* 10, 30. *Luc,* 18, 30). Si vous avez, dit saint Jean de la Croix, renoncé, en la dédaignant, à une jouissance particulière quelconque, le Seigneur vous fait goûter dès cette vie même au centuple les jouissances de l'esprit et du corps; de même que dans le cas contraire, pour une faible satisfaction que vous tirez des choses de la terre, vous éprouverez cent fois autant de peine et d'amertume.

ỳ. 30. — [38] Peut-être avez-vous de la peine à vous persuader que vous, pauvres pécheurs comme vous êtes, vous serez un jour les juges du monde et des grands du monde; mais beaucoup de ceux qui sont les plus abaisssés seront les plus élevés. Le Seigneur dit : « Beaucoup », non pas « tous; » parce que quelques-uns de ceux qui sont les premiers ici-bas, le seront également dans le ciel, tels que les saints rois, les saints évêques et autres prelats de l'Eglise, s'ils ont été petits et pauvres au moins en esprit, et parce que quelques-uns de ceux qui sont les derniers en cette vie, seront aussi les derniers dans l'autre; à savoir, ces pauvres, ces hommes du commun, dont la vie aura été moins parfaite.

ỳ. 1. — [1] Dans le grec : Car le royaume du ciel, etc. La parabole qui suit éclaircit le dernier verset du chapitre précédent, qui forme comme l'épigraphe de la parabole. Le but de Jésus-Christ est d'y montrer que, dans l'ordre établi de Dieu, lequel est également juste et saint, dans le royaume du ciel en ce monde et en l'autre,

primo mane conducere operarios in vincam suam.
2. Conventione autem facta cum operariis ex denario diurno, misit eos in vincam suam.
3. Et egressus circa horam tertiam, vidit alios stantes in foro otiosos,
4. et dixit illis : Ite et vos in vincam meam, et quod justum fuerit dabo vobis.
5. Illi autem abierunt. Iterum autem exiit circa sextam, et nonam horam : et fecit similiter.
6. Circa undecimam vero exiit, et invenit alios stantes, et dicit illis : Quid hic statis tota die otiosi?
7. Dicunt ei : Quia nemo nos conduxit. Dicit illis : Ite et vos in vincam meam.
8. Cum sero autem factum esset, dicit Dominus vineæ procuratori suo : Voca operarios, et redde illis mercedem, incipiens a novissimis usque ad primos.
9. Cum venissent ergo qui circa

matin afin de louer des ouvriers pour sa vigne [2];
2. et étant convenu avec les ouvriers d'un denier [3] pour leur journée, il les envoya à sa vigne [4].
3. Il sortit encore sur la troisième heure; et en ayant vu d'autres qui se tenaient dans la place sans rien faire,
4. il leur dit : Allez-vous-en aussi, vous autres, à ma vigne, et je vous donnerai ce qui sera raisonnable.
5. Et ils s'y en allèrent. Il sortit encore sur la sixième et sur la neuvième heure, et il fit la même chose.
6. Enfin il sortit sur la onzième heure, et en trouva d'autres qui étaient là, et il leur dit : Pourquoi demeurez-vous là tout le long du jour sans travailler [5]?
7. Parce que, lui dirent-ils, personne ne nous a loués. Et il leur dit : Allez-vous-en aussi, vous autres, à ma vigne [6].
8. Or, le soir étant venu, le maître de la vigne dit à celui qui avait le soin de ses affaires : Appelez les ouvriers, et payez-les, en commençant depuis les derniers jusqu'aux premiers.
9. Ceux donc qui n'étaient venus que vers

---

les premiers seront les derniers, et les derniers seront les premiers, soit que l'on considère les choses sous le rapport du temps où ceux qui croient entrent dans l'Eglise sur la terre, soit qu'on les envisage sous d'autres rapports. La parabole, par conséquent, ne s'applique pas seulement aux Gentils qui, par opposition aux Juifs, ont été appelés les derniers, mais encore aux apôtres qui, pour ce qui regarde le rang, étaient inférieurs aux pharisiens et aux docteurs de la loi, et en général à tous les justes qui, sous un rapport quelconque, sont les derniers.

[2] Dans le royaume de Dieu, dans l'Eglise, on voit, en ce monde aussi bien qu'en l'autre, se réaliser dans les jugements de Dieu ce que fit le père de famille. Le père de famille est Dieu, le marché est le monde où, avant la vocation de Dieu, tous se tiennent comme oisifs; la vigne est l'Eglise, les ouvriers sont les fidèles, l'intendant est Jésus-Christ, qui donne à chaque ouvrier sa récompense.

℣. 2. — [3] un denier, environ de dix a douze sous.

[4] Le denier signifie la vie éternelle. Tous les ouvriers reçoivent un denier, cependant avec diversité de rang, suivant que leurs mérites sont différents. Cette parabole est une preuve que les bonnes œuvres sont méritoires pour l'éternité (℣. 8), et que la longueur du temps, non plus que la difficulté plus grande du travail, ne donnent point par elles-mêmes droit à une plus grande recompense, si elles ne sont pas accompagnées d'un amour plus ardent.

℣. 6. — [5] Dieu a appelé ses ouvriers à son royaume dans des temps différents, — les saints après Noé jusqu'à Abraham, les patriarches et les personnages pieux depuis Abraham jusqu'à Moyse et aux prophètes, enfin les apôtres. Quelques-uns se rendent à la vocation de la grâce pour se convertir dans la jeunesse, d'autres à un âge plus avancé, d'autres dans une extrême vieillesse. Quelques-uns sont doués de grandes forces, et ils travaillent durant leur vie entière dans leur vocation; d'autres sont faibles, maladifs; ils ne travaillent que peu, ou ils ne reçoivent que tard la vocation à un travail proprement dit. Tout cela et une infinité d'autres choses encore sont renfermées dans les paroles de Jesus-Christ, car c'est dans l'histoire, qui est l'accomplissement de sa parole prophétique, que l'on voit par les faits comment sa parole est une parole vraiment divine, voilant un sens multiple, qui se vérifie sous tous les rapports, une vraie pierre précieuse à mille facettes, qui répand de tous côtes son eclat.

℣. 7. — [6] Le grec ajoute : et vous recevrez ce qui sera juste.

la onzième heure, s'étant approchés, reçurent chacun un denier.
10. Ceux qui avaient été loués les premiers, venant à leur tour, s'imaginèrent qu'on leur donnerait davantage; mais ils ne reçurent non plus que chacun un denier.
11. Et en le recevant, ils murmuraient contre le père de famille,
12. en disant : Ces derniers n'ont travaillé qu'une heure, et vous les rendez égaux à nous, qui avons porté le poids du jour et de la chaleur [7].
13. Mais il répondit à l'un d'eux : Mon ami, je ne vous fais point de tort : n'êtes-vous pas convenu avec moi d'un denier?
14. Prenez ce qui vous appartient, et vous en allez : pour moi, je veux donner à ce dernier autant qu'à vous.
15. Ne m'est-il donc pas permis de faire ce que je veux [8]? et votre œil est-il mauvais [9], parce que je suis bon?
16. Ainsi les derniers seront les premiers, et les premiers seront les derniers [10], parce qu'il y en a beaucoup d'appelés, mais peu d'élus [11] *Pl. h.* 19, 30. *Marc*, 10, 32. *Luc*, 13, 30.
17. Or Jésus s'en allant à Jérusalem [12], prit à part [13] ses douze disciples, et leur dit:
18. Voilà que nous allons à Jérusalem, et le Fils de l'homme sera livré aux princes des prêtres et aux scribes, qui le condamneront à la mort, *Marc*, 10, 32. *Luc*, 18, 31.
19. et le livreront aux gentils, afin qu'ils le traitent avec dérision, et qu'ils le fouet-

undecimam horam venerant, acceperunt singulos denarios.
10. Venientes autem et primi, arbitrati sunt quod plus essent accepturi : acceperunt autem et ipsi singulos denarios.
11. Et accipientes murmurabant adversus patremfamilias,
12. dicentes : Hi novissimi una hora fecerunt, et pares illos nobis fecisti, qui portavimus pondus diei, et æstus.
13. At ille respondens uni eorum, dixit : Amice, non facio tibi injuriam : nonne ex denario convenisti mecum?
14. Tolle quod tuum est, et vade: volo autem et huic novissimo dare sicut et tibi.
15. Aut non licet mihi quod volo facere? an oculus tuus nequam est, quia ego bonus sum?
16. Sic erunt novissimi primi, et primi novissimi : multi enim sunt vocati, pauci vero electi.
17. et ascendens Jesus Jerosolymam, assumpsit duodecim discipulos secreto, et ait illis :
18. Ecce ascendimus Jerosolymam, et Filius hominis tradetur principibus sacerdotum et scribis, et condemnabunt eum morte,
19. et tradent eum gentibus ad illudendum, et flagellandum, et

---

℣. 12. — [7] C'est ainsi que murmuraient, comme on le voit dans l'épître aux Romains, beaucoup d'entre les Juifs, qui avaient été reçus dans l'Eglise, parce qu'ils n'avaient pas été préférés aux chrétiens qui s'étaient convertis de la gentilité. N'y a-t-il pas encore bien des chrétiens qui, entêtés de leurs mérites, mécontents, troublent la paix parce que le Seigneur a départi à d'autres dans une plus grande mesure les avantages temporels ou spirituels, quoiqu'ils agissent moins et qu'ils soient réputés par eux les derniers?

℣. 15. — [8] Dans le grec : Ne m'est-il pas permis de faire ce que je veux de ce qui m'appartient? Ces paroles se trouvent également dans quelques éditions de la version latine.

[9] Etes-vous méchant, envieux, parce que, etc.

℣. 16. — [10] Voy. *pl. h.* 19. note 38. et le chap. 20. note 1.

[11] Beaucoup, il y a plus, tous sont appelés de Dieu à son royaume, mais un petit nombre seulement arrivent a la félicité éternelle. Voici comment on peut joindre ensemble cette sentence de la sagesse et celle touchant les premiers et les derniers : Ne vous étonnez pas que les derniers soient les premiers, et que les premiers soient les derniers, comme l'expose plus au long la parabole; car il arrive même que quelques-uns, qui ne sont point du tout reçus, ne sont absolument rien, plusieurs ne correspondant point à la vocation, ou n'y coopérant pas fidèlement, d'où il suit qu'il n'y en a relativement qu'un petit nombre qui arrivent à la béatitude (Suarez).

℣. 17. — [12] pour y souffrir (Voy. *pl. h.* 16, 21-28. 17, 21).

[13] Le grec ajoute : le long de la route.

crucifigendum, et tertia die resurget.

20. Tunc accessit ad eum mater filiorum Zebedæi cum filiis suis, adorans et petens aliquid ab eo.

21. Qui dixit ei : Quid vis? Ait illi : Dic ut sedeant hi duo filii mei, unus ad dexteram tuam, et unus ad sinistram, in regno tuo.

22. Respondens autem Jesus, dixit : Nescitis quid petatis. Potestis bibere calicem, quem ego bibiturus sum? Dicunt ei : Possumus.

23. Ait illis : Calicem quidem meum bibetis : sedere autem ad dexteram meam vel sinistram, non est meum dare vobis, sed quibus paratum est a Patre meo.

tent et le crucifient; et il ressuscitera le troisième jour.

20. Alors la mère des enfants de Zébédée [14] s'approcha de lui avec ses fils, et l'adora en témoignant qu'elle voulait lui demander quelque chose [15]. *Marc*, 10, 35.

21. Il lui dit: Que voulez-vous? Ordonnez, lui dit-elle, que mes deux fils que voici soient assis dans votre royaume, l'un à votre droite, et l'autre à votre gauche [16].

22. Mais Jésus répondit: Vous ne savez ce que vous demandez [17]. Pouvez-vous boire le calice que je dois boire [18]? Ils lui dirent : Nous le pouvons.

23. Il leur repartit : Il est vrai que vous boirez le calice que je boirai : mais pour ce qui est d'être assis à ma droite ou à ma gauche, ce n'est point à moi de vous le donner, mais cela est réservé à ceux à qui mon Père l'a préparé [19].

℣. 20. — [14] Salomé, comme on voit par saint Marc, 15, 40, comparé avec saint Matthieu, 27, 56.

[15] le priant à mains jointes.

℣. 21. — [16] Ses deux enfants Jacques et Jean (*Pl. h.* 4. 21. 10, 2) semblent avoir engagé cette mère à faire cette demande; car saint Marc la fait adresser par eux-mêmes directement à Jésus (10, 35); ce furent aussi eux, et non leur mère (℣. 17), qui apprirent de la bouche de Jésus qu'il mourrait bientôt, et que ce ne serait qu'après sa résurrection qu'il rétablirait le royaume de Dieu. Et c'est même pourquoi il semble qu'ils aient eu honte de faire eux-mêmes la demande. Mais les disciples n'étaient-ils pas déjà instruits de la prééminence de Pierre (*Pl. h.* 16, 18)? Et peut-on attribuer une telle ambition à deux des plus intimes disciples? N'ayant point encore reçu le Saint-Esprit, ils ne comprenaient pas encore bien les discours même les plus clairs de Jésus (*Luc*, 18, 31-34), et leur demande même peut être jusqu'à un certain point excusée, si l'on observe qu'ils regardaient comme l'avantage le plus précieux de se trouver auprès de leur bien-aimé Sauveur. Etre assis à la droite et à la gauche signifie occuper le premier rang après celui qui règne, et partager avec lui le gouvernement (*Ps.* 28, 10. 109, 1. 1. *Cor.* 12, 25). Ils se figuraient apparemment que Jésus-Christ allait se former un grand royaume, et qu'il aurait ses premiers ministres.

℣. 22. — [17] Jésus adresse la réponse, non à la mère, mais aux fils, parce que c'était proprement eux qui avaient fait la demande (Voy. *pl. h.* note 16). Vous joignez à votre demande des idées qui ne sont point justes. D'abord vous êtes dans l'erreur, en ce que vous croyez que la participation au gouvernement de mon royaume est quelque chose de désirable pour les hommes sensuels, ou qu'elle procure quelque avantage temporel. Dominer avec moi et dans mon Eglise, c'est souffrir et endurer, servir et se dévouer. Ensuite une autre erreur de votre part, c'est de vous figurer que je puis à mon gré élever aux places qui donnent la domination dans le royaume de Dieu; c'est mon Père céleste qui les confère. Il en revêt ceux à qui il les a destinées. Ainsi dans mon royaume il y en aura, il est vrai, qui domineront, et d'autres qui serviront; mais ceux qui doivent dominer recevront de mon Père leur autorité, et pour eux dominer ce sera servir et souffrir. Tel est le sens des ℣. 22-28.

[18] le calice de douleur. Dans le grec, suivant une leçon qui cependant est contestée: Pouvez-vous boire le calice que je boirai, et être baptisés du baptême dont je serai baptisé? — Le baptême est encore ici mis comme figure des souffrances et de la mort de Jésus-Christ. Dans le principe on conférait le baptême en plongeant entièrement dans l'eau. Pouvez-vous donc vous abîmer entièrement dans les souffrances et dans la mort, comme cela m'est réservé?

℣. 23. — [19] Je ne puis donner de places d'honneur dans mon royaume qu'à ceux dont mon Père a fait choix. Je ne puis faire que ce qui a été décrété de toute éter-

24. Les dix autres ayant entendu ceci, en furent indignés contre les deux frères [20]. *Marc*, 10, 41.

25. Mais Jésus les appela à lui et leur dit: Vous savez que les princes des nations dominent sur elles, et que ceux qui sont les plus puissants parmi eux les traitent avec empire. *Luc*, 22, 25.

26. Il n'en doit pas être de même parmi vous : mais que celui qui voudra devenir le plus grand parmi vous, soit votre serviteur;

27. et que celui qui voudra être le premier d'entre vous, soit votre esclave [21] :

28. comme le Fils de l'homme [22] n'est pas venu pour être servi, mais pour servir, et pour donner sa vie pour la rédemption [23] de plusieurs [24]. *Philip.* 2, 7.

29. Lorsqu'ils sortaient de Jéricho [25], il fut suivi d'une grande troupe de peuple. *Marc*, 10, 46. *Luc*, 18, 35.

24. Et audientes decem, indignati sunt de duobus fratribus.

25. Jesus autem vocavit eos ad se, et ait : Scitis quia principes gentium dominantur eorum : et qui majores sunt, potestatem exercent in eos.

26. Non ita erit inter vos : sed quicumque voluerit inter vos major fieri, sit vester minister :

27. et qui voluerit inter vos primus esse, erit vester servus;

28. sicut Filius hominis non venit ministrari, sed ministrare, et dare animam suam, redemptionem pro multis.

29. Et egredientibus illis ab Jericho, secuta est eum turba multa:

---

nité dans les desseins éternels de Dieu; car le Fils ne peut rien faire de lui-même, il ne fait que ce qu'il voit faire à son Père, et toute l'œuvre de la rédemption dépend de la volonté du Père (*Jean*, 6, 38). Ainsi je ne puis non plus prendre pour mes principaux représentants que ceux qui, dans les desseins éternels de Dieu, et d'après la volonté de mon Père, y sont destinés. Ceux que les desseins éternels de Dieu y avaient destinés étaient Pierre et Paul.

℣. 24. — [20] à cause de leur ambition.

℣. 27. — [21] Vous voulez être les premiers et dominer dans mon royaume, et vous croyez qu'il en est de ma domination comme de celle des princes païens, qui dominent sur la terre; mais quelle n'est pas votre erreur! A la vérité, il y aura dans mon royaume des rangs supérieurs et des rangs inférieurs, il y en aura qui commanderont et d'autres qui obéiront, les uns seront les premiers, les autres les derniers; car c'est ce que demande l'ordre établi de Dieu dans toute société; mais ma domination ne ressemble pas à celle des princes de la gentilité, qui traitent leurs sujets selon leur bon plaisir, et qui s'en font des serviteurs; ma domination consiste à servir et à se sacrifier pour les subordonnés. Voyez donc si vous avez raison de soupirer avec une ambition aussi désordonnée après la domination dans mon royaume. — En conformité avec ces paroles de Jésus-Christ, son Représentant sur la terre, l'Evêque des évêques, prend le titre de Serviteur des serviteurs de Dieu.

℣. 28. — [22] lequel cependant est le premier, le Seigneur et le Maître.

[23] proprement d'après le grec : pour la rançon. En effet, les hommes sont des esclaves qui sont retenus dans les fers par le péché, par leurs passions et leurs mauvaises habitudes, par le monde et par le prince de ce monde; et ils ne peuvent être délivrés que par la grâce de Dieu, que Jésus-Christ leur a méritée par la mort qu'il a subie pour eux, et qui a apaisé la justice divine. L'expression « pour plusieurs » a le même sens que « pour tous, » ainsi que l'explique saint Jean, 1. *Jean*, 2, 2. De plus, par ce mot *plusieurs*, on pourrait entendre ceux qui se rendent en réalité participants à la rédemption; car Jésus-Christ n'opère pas notre rédemption sans nous.

[24] Puissent tous ceux qui dans ce monde exercent quelque autorité sur leurs frères, se graver profondément dans le cœur ces paroles de Jésus-Christ; puissent-ils prendre pour règle, dans l'exercice de leur autorité, non leurs caprices, mais les lois, se conduire à l'égard de leurs subordonnés avec humilité et douceur, et ne faire usage de leur puissance et de leurs forces que pour les servir et leur être utiles, de telle sorte que leur rang soit à leurs yeux, non une domination, mais une servitude; car c'est ainsi que les magistratures et les places de distinction sont, comme on le voit, désignées.

℣. 29. — [25] Il est parlé dans saint Luc, 18, 35-43. 19, 1 et suiv. de l'entrée de Jésus dans cette ville, et du séjour qu'il y fit. D'où il suit que la guérison des aveugles opérée comme il est marqué ici et dans saint Marc, 10. 46, lorsque Jésus

30. et ecce duo cæci sedentes secus viam, audierunt quia Jesus transiret : et clamaverunt, dicentes : Domine, miserere nostri, fili David.

31. Turba autem increpabat eos ut tacerent. At illi magis clamabant, dicentes : Domine, miserere nostri, fili David.

32. Et stetit Jesus, et vocavit eos, et ait : Quid vultis ut faciam vobis?

33. Dicunt illi : Domine, ut aperiantur oculi nostri.

34. Misertus autem eorum Jesus, tetigit oculos eorum. Et confestim viderunt, et secuti sunt eum.

30. Et deux aveugles [26] qui étaient assis le long du chemin, ayant entendu dire que Jésus passait, se mirent à crier en disant : Seigneur, fils de David [27], ayez pitié de nous.

31. Et le peuple les reprenait pour les faire taire; mais ils se mirent à crier encore plus haut, en disant: Seigneur, fils de David, ayez pitié de nous.

32. Alors Jésus s'arrêta, et les ayant appelés, il leur dit : Que voulez-vous que je vous fasse [28] ?

33. Seigneur, lui dirent-ils, que nos yeux soient ouverts.

34. Jésus étant donc ému de compassion à leur égard, leur toucha les yeux; et au même moment ils recouvrèrent la vue, et le suivirent.

CHAPITRE XXI.

Entrée de Jésus-Christ à Jérusalem. Purification du temple. Louanges sorties de la bouche des enfants. Malédiction du figuier et puissance de la foi. Reproches adressés aux grands prêtres par les questions et par les comparaisons des deux fils et des mauvais vignerons.

1. Et cum appropinquassent Jerosolymis, et venissent Behtphage ad montem Oliveti : tunc Jesus misit duos discipulos,

2. dicens eis : Ite in castellum quod contra vos est, et statim invenietis asinam alligatam, et pullum cum ea : solvite, et adducite mihi :

1. Lorsqu'ils approchèrent de Jérusalem, et qu'ils furent arrivés à Bethphagé, près de la montagne des Oliviers, Jésus envoya deux de ses disciples, *Marc*, 11, 1. *Luc*, 19, 29. *Jean*, 12, 12-19.

2. et leur dit : Allez à ce village [1] qui est devant vous, et vous y trouverez en arrivant une ânesse attachée, et son ânon avec elle [2] : détachez-les, et me les amenez.

---

en sortait, est différente de celle dont il est question dans saint Luc, car celle-ci fut opérée comme Jésus y entrait. — * Jéricho, appelee aussi la ville des *Palmiers*, à deux lieues du Jourdain, et à six lieues au nord-est de Jérusalem, une des villes les plus célèbres de la Judée et d'une haute antiquité, n'existe plus; on ne peut même déterminer au juste son emplacement. On ne trouve maintenant dans les lieux où était Jéricho, qu'un misérable village que les Arabes appellent *Riha*, habité par quarante ou cinquante familles musulmanes qui vivent de brigandage. On montre cependant encore à deux milles au-dessus du village la source dont les eaux furent adoucies par le prophète Elisée (4. *Rois*, 20, 19).

ỳ. 30. — [26] Saint Marc ne parle que d'un, appelé Bartimée, parce que c'était le plus connu.

[27] O Messie, vous qui êtes le rejeton promis de David!

ỳ. 32. — [28] Jésus voulut qu'ils lui exprimassent eux-mêmes leurs besoins, et que par là ils s'affermissent dans la confiance.

ỳ. 2. — [1] Ce village est apparemment Béthanie.

[2] L'âne est le symbole de la paix, le cheval le symbole de la guerre (*Prov*. 21, 31. *Osée*, 14, 4. *Jérém*. 17, 25). Voy. 1. *Moys*. 49. note 20.

3. Et si quelqu'un vous dit quelque chose, dites-lui que le Seigneur en a besoin, et aussitôt il les laissera emmener.

4. Or tout cela s'est fait, afin que cette parole du Prophète fût accomplie :

5. Dites à la fille de Sion [3] : Voici votre Roi qui vient à vous plein de douceur, monté sur une ânesse et sur l'ânon de celle qui est sous le joug [4]. *Isaïe,* 62, 11. *Zach.* 9, 9. *Jean,* 12, 15.

6. Les disciples s'en allèrent donc, et firent ce que Jesus leur avait commandé.

7. Et ayant amené l'ânesse et l'ânon [5], ils les couvrirent de leurs vêtements, et le firent monter dessus [6].

8. Une grande multitude de peuple étendit aussi ses vêtements sur le chemin [7]; les autres coupaient des branches d'arbres, et les jetaient dans le chemin.

9. Et tous ensemble, tant ceux qui allaient devant lui, que ceux qui le suivaient, criaient: Hosanna au fils de David [8] ! béni soit celui qui vient au nom du Seigneur [9] ! Hosanna au plus haut des cieux [10] ! *Ps.* 117, 26. *Marc,* 11, 10. *Luc,* 19, 38.

10. Lorsqu'il fut entré dans Jérusalem, toute la ville en fut émue; et chacun demandait : Qui est celui-ci?

11. Or les peuples disaient : C'est Jésus le prophète, de Nazareth en Galilée.

12. Et Jésus entra dans le temple de Dieu, et chassa tous ceux qui vendaient et qui achetaient dans le temple; il renversa les tables

3. et si quis vobis aliquid dixerit, dicite quia Dominus his opus habet : et confestim dimittet eos.

4. Hoc autem totum factum est, ut adimpleretur quod dictum est per Prophetam dicentem :

5. Dicite, filiæ Sion : Ecce rex tuus venit tibi mansuetus, sedens super asinam, et pullum filium subjugalis.

6. Euntes autem discipuli fecerunt sicut præcepit illis Jesus.

7. Et adduxerunt asinam, et pullum : et imposuerunt super eos vestimenta sua, et eum desuper sedere fecerunt.

8. Plurima autem turba straverunt vestimenta sua in via: alii autem cædebant ramos de arboribus, et sternebant in via :

9. turbæ autem, quæ præcedebant, et quæ sequebantur, clamabant, dicentes : Hosanna filio David : benedictus, qui venit in nomine Domini : hosanna in altissimis.

10. Et cum intrasset Jerosolymam, commota est universa civitas, dicens : Quis est hic?

11. Populi autem dicebant : Hic est Jesus propheta a Nazareth Galilææ.

12. Et intravit Jesus in templum Dei, et ejiciebat omnes vendentes et ementes in templo, et

---

℣. 5. — [3] c'est-à-dire à la ville de Jérusalem, au peuple élu (Voy. *Ps.* 9, 15).

[4] Voy. *Zach.* 9, 9. et les remarques.

℣. 7. — [5] Selon les évangélistes saint Marc et saint Luc, Jésus fit son entrée sur un ânon que personne n'avait encore monté; par où ils voulaient nous donner à entendre que cet ânon était destiné à un usage sacré (Voy 4. *Moys.* 192, . 5. *Moys.* 21, 3. *Pl. b.* 27, 60). Ils ne menèrent l'ânesse en même temps que parce que l'ânon y était accoutumé.

[6] sur l'ânon (note 5). Ils mirent leurs habits en guise de selle. L'heure de sa passion et de sa mort étant venue, Jésus fait une entrée publique à Jérusalem, et permet qu'on lui rende hommage comme au Messie. Il prend en toute humilité et dans un état d'abjection possession de son royaume ici-bas; mais un jour, lorsqu'il viendra une seconde fois pour juger le monde, il apparaîtra environné de gloire et de majesté.

℣. 8. — [7] en signe qu'ils recevaient un roi (Voy. 4. *Rois,* 9, 13).

℣. 9. — [8] Salut au fils de David, au grand Roi qui, selon la promesse, doit naître de David, au Messie! (Voy. *Ps.* 117, 26.)

[9] avec mission et dans la vertu de Dieu.

[10] Salut à lui par celui qui habite dans les hauteurs des cieux! Littéralement Hosanna (hoschiana) veut dire : Sauvez-nous, nous vous en supplions! Délivrance! en sorte que le sens est encore : Délivrez, ô Dieu, le Fils de David de ses ennemis, et faites qu'il nous délivre! Un grand nombre de ses adhérents parmi le peuple se figuraient qu'il prenait possession de son royaume terrestre, et c'est pourquoi ils le saluaient par acclamation en qualité de roi

mensas numulariorum, et cathedras vendentium columbas evertit :

13. et dicit eis : Scriptum est : Domus mea domus orationis vocabitur : vos autem fecistis illam speluncam latronum.

14. Et accesserunt ad eum cæci et claudi in templo, et sanavit eos.

15. Videntes autem principes sacerdotum, et scribæ mirabilia quæ fecit, et pueros clamantes in templo, et dicentes : Hosanna filio David : indignanti sunt,

16. et dixerunt ei : Audis quid isti dicunt? Jesus autem dixit eis : Utique; nunquam legistis : Quia ex ore infantium et lactentium perfecisti laudem?

17. Et relictis illis, abiit foras extra civitatem in Bethaniam : ibique mansit.

18. Mane autem revertens in civitatem, esuriit.

19. Et videns fici arborem unam secus viam, venit ad eam : et nihil invenit in ea, nisi folia tantum, et ait illi : Nunquam ex te fructus

des changeurs, et les siéges de ceux qui vendaient des colombes [11], *Marc*, 11, 15. *Luc.* 19, 45. *Jean*, 2, 14.

13. et il leur dit : Il est écrit : Ma maison sera appelée la maison de la prière; et vous en avez fait une caverne de voleurs [12]. *Isaie*, 56, 7. *Jérém.* 7, 11. *Luc*, 19, 46.

14. Alors des aveugles et des boiteux vinrent à lui dans le temple, et il les guérit.

15. Mais les princes des prêtres et les scribes voyant les merveilles qu'il avait faites, et les enfants qui criaient dans le temple, et qui disaient : Hosanna au fils de David ! ils en conçurent de l'indignation;

16. et ils lui dirent : Entendez-vous bien ce qu'ils disent [13] ? Oui, leur dit Jésus. Mais n'avez-vous jamais lu : Vous avez tiré la louange la plus parfaite de la bouche des petits enfants, et de ceux qui sont à la mamelle [14] ? *Ps.* 8, 3.

17. Et les ayant laissés là, il sortit de la ville, et s'en alla à Béthanie, où il demeura [15].

18. Le matin, comme il retournait à la ville, il eut faim [16].

19. Et voyant un figuier sur le chemin, il s'en approcha; mais n'y ayant trouvé que des feuilles, il lui dit : Qu'à jamais il ne naisse de toi aucun fruit [17]; et au même

---

℣. 12. — [11] Le temple avait plusieurs parvis, dont le plus extérieur était appelé le parvis des Gentils, parce que les Gentils pouvaient aussi y entrer. Dans ce parvis se trouvaient, dans les derniers temps, des marchands d'animaux propres à être immolés, et des changeurs auprès desquels on prenait de la monnaie juive, qui seule pouvait être offerte, en échange de la monnaie grecque, romaine ou autre. Par ce trafic et par ces échanges, qui ne pouvaient se faire sans bruit, sans usure, sans tromperie, et autres désordres, le lieu saint, qui n'était destiné qu'à la prière et à la méditation, devait être horriblement profané.

℣. 13. — [12] Jésus purifie le temple dans la vertu divine, pour marquer, ainsi que l'enseignent les saints Pères, qu'il est venu purifier et sanctifier le temple spirituel de Dieu, l'humanité, du péché et de la misère.

℣. 16. — [13] Que dites-vous de ces acclamations? vous conviennent-elles?

[14] Voy. *Ps.* 8, 3. où le rapport de ces paroles à Jésus-Christ est expliqué plus au long dans les notes.

℣. 17. — [15] Dans le grec : où il passa la nuit. Béthanie était à une heure de chemin de Jérusalem. Jésus s'y retirait auprès de son ami (voy. *Jean*, 11, 1), parce que Jerusalem, à cause de la proximité de la fête de Pâques, était remplie d'étrangers.

℣. 18. — [16] Ce fait et le suivant concernant le figuier eurent lieu, suivant saint Marc, 11, 14, et suiv., avant la purification du temple. Les saints évangélistes n'observent pas toujours l'ordre des temps dans le récit des événements, parce qu'il n'y a que les actions et les enseignements de Jésus-Christ qui servent à notre instruction et à notre édification.

℣. 19. — [17] Saint Marc (11, 13) observe que ce n'était pas alors le temps des figues. Si néanmoins, malgré cela, Jésus-Christ maudit le figuier, il ne faut point en conclure qu'il ait eu l'intention de le punir. Etant le maître de la nature, il s'en servit comme d'une figure, afin de nous faire comprendre par la malédiction contre la stérilité, une importante vérité. Le figuier innocent représentait la nation juive qui, à cette époque, était frappée d'une coupable stérilité. Jésus vint pour la sauver; il prêcha pendant trois ans ayant faim et soif de son salut; mais ils le méprisèrent.

moment le figuier sécha [18]. *Marc*, 11, 13.

20. Ce que les disciples ayant vu, ils furent saisis d'étonnement, et dirent : Comment ce figuier s'est-il séché en un instant [19] ? *Marc*, 11, 20.

21. Alors Jésus leur dit : Je vous le dis en vérité : Si vous avez de la foi, et que vous n'hésitiez point, non-seulement vous ferez ce *que je viens de faire à l'égard de* ce figuier; mais quand même vous diriez à cette montagne : Ote-toi de là, et te jette dans la mer; cela se fera [20].

22. Et quoi que ce soit que vous demandiez dans la prière avec foi [21], vous l'obtiendrez. *Marc*, 11, 24.

23. Et lorsqu'il fut arrivé dans le temple, les princes des prêtres, et les anciens du peuple vinrent le trouver comme il enseignait, et lui dirent : Par quelle autorité faites-vous ces choses [22], et qui vous a donné ce pouvoir ? *Marc*, 11, 28.

24. Jésus leur répondit : J'ai aussi une question à vous faire; et si vous m'y répondez, je vous dirai par quelle autorité je fais ceci. *Luc*, 20, 3.

25. D'où était le baptême de Jean [23] ? du ciel ou des hommes [24] ? Mais eux raisonnaient *ainsi* en eux-mêmes :

26. Si nous répondons, du ciel, il nous

nascatur in sempiternum. Et arefacta est continuo ficulnea.

20. Et videntes discipuli, mirati sunt, dicentes : Quomodo continuo aruit ?

21. Respondens autem Jesus, ait eis : Amen dico vobis, si habueritis fidem, et non hæsitaveritis, non solum de ficulnea facietis, sed et si monti huic dixeritis : Tolle, et jacta te in mare, fiet.

22. Et omnia quæcumque petieritis in oratione credentes, accipietis.

23. Et cum venisset in templum, accesserunt ad eum docentem, principes sacerdotum, et seniores populi, dicentes : In qua potestate hæc facis? Et quis tibi dedit hanc potestatem ?

24. Respondens Jesus, dixit eis : Interrogabo vos et ego unum sermonem : quem si dixeritis mihi, et ego vobis dicam in qua potestate hæc facio.

25. Baptismus Joannis unde erat? e cœlo, an ex hominibus? At illi cogitabant inter se, dicentes :

26. Si dixerimus, e cœlo, dicet

Dès-lors la malédiction devait éclater, et c'est cette malédiction que le Sauveur prononce ici (Jérôme, Chrys., Hil.).

[18] Les disciples ne remarquèrent ceci, selon le récit de saint Marc, que le lendemain. Le judaïsme s'est desséché, il est dépouillé de l'Esprit de Dieu, et il n'est plus traîné dans le monde par ces sectateurs qu'à l'état de cadavre, jusqu'à ce qu'à la fin des temps, les restes du peuple élu ayant été reçus dans l'Eglise, il disparaisse entièrement. Et vous-mêmes, ô chrétiens, demandez-vous si l'arbre de votre vie a des fruits, ou s'il n'a pas seulement un vain feuillage, et prévenez la malédiction par une pénitence sérieuse et sincère.

ỳ. 20. — [19] Litt. : comment s'est-il, etc. Le grec ajoute : le figuier.

ỳ. 21. — [20] Les disciples ne virent dans le figuier desséché que le miracle, et il ne paraît pas qu'ils aient pénétré plus avant dans sa signification; Jésus insiste sur sa réponse, parce que Dieu ne met pas dans l'homme les sentiments de l'esprit, et n'opère pas le développement du cœur sans l'homme lui-même. Mais il prend occasion de parler de nouveau de la puissance de la foi et de la prière accompagnée d'une ferme confiance (Voy. *pl. h.* 17, 20).

ỳ. 22. — [21] Voy. *Jac.* 1, 6. La prière faite avec foi est exaucée; car celui qui a une vraie foi ne désire que ce que Dieu veut (*Pl. b.* 26, 42), il le désire avec persévérance (*Pl. h.* 7, 7), et la volonté de Dieu s'accomplit toujours.

ỳ. 23 — [22] enseignez-vous, purifiez-vous le temple (ỳ. 12), et guérissez-vous (ỳ. 14)?

ỳ. 25. — [23] Voy *pl. h.* chap. 3 et 11. *Jean.* 1, 6. 19. et suiv.

[24] Jean avait-il reçu de Dieu ou des hommes mission d'enseigner et de baptiser? S'il avait reçu son pouvoir de Dieu, comme tous en conviennent, le pouvoir que j'ai, je l'ai donc aussi reçu de Dieu; car Jean m'a rendu témoignage en déclarant qu'il était lui, le serviteur, et moi, le Messie, le Fils de Dieu, lorsque vous lui demandâtes s'il était le Messie (*Jean*, 1, 8-26).

nobis : Quare ergo non credidistis illi? Si autem dixerimus, ex hominibus, timemus turbam : omnes enim habebant Joannem sicut prophetam.

27. Et respondentes Jesu, dixerunt : Nescimus. Ait illis et ipse : Nec ego dico vobis in qua potestate hæc facio.

28. Quid autem vobis videtur? Homo quidam habebat duos filios, et accedens ad primum, dixit : Fili, vade hodie, operare in vinea mea.

29. Ille autem respondens, ait : Nolo. Postea autem, pœnitentia motus, abiit.

30. Accedens autem ad alterum, dixit similiter. At ille respondens, ait : Eo, domine, et non ivit;

31. quis ex duobus fecit voluntatem patris? Dicunt ei : Primus. Dicit illis Jesus : Amen dico vobis, quia publicani, et meretrices præcedent vos in regnum Dei.

32. Venit enim ad vos Joannes in via justitiæ, et non credidistis ei; publicani autem, et meretrices crediderunt ei : vos autem vi-

dira : Pourquoi donc n'y avez-vous pas cru [25]? Et si nous répondons, des hommes, nous avons à craindre le peuple ; car Jean passait pour un prophète dans l'estime de tout le monde. *Pl. h.* 14, 5.

27. Ils répondirent donc à Jésus : Nous ne savons. Et il leur répondit aussi : Je ne vous dirai point non plus par quelle autorité je fais ceci [26].

28. Mais que vous en semble? Un homme avait deux fils [27] ; et s'adressant au premier, il lui dit : Mon fils, allez-vous-en aujourd'hui travailler à ma vigne.

29. Son fils lui répondit : Je ne veux pas y aller. Mais après, étant touché de repentir, il y alla [28].

30. Il vint ensuite trouver l'autre, et lui fit le même commandement. Celui-ci répondit : J'y vais, seigneur; et il n'y alla point [29].

31. Lequel des deux a fait la volonté de son père? Le premier [30], lui dirent-ils. Et Jésus ajouta : Je vous dis en vérité que les publicains [31] et les femmes prostituées vous devanceront dans le royaume de Dieu.

32. Car Jean est venu à vous dans la voie de la justice [32], et vous ne l'avez point cru : les publicains, au contraire, et les femmes prostituées l'ont cru : et vous, qui avez vu [33],

---

ỷ. 26. — [25] Pourquoi donc n'avez-vous pas reçu le témoignage qu'il a rendu de moi?

ỷ. 27. — [26] Vous ne voulez pas répondre à ma question, eh bien! moi, je ne réponds pas non plus à la vôtre; car de la réponse a ma question dépend la réponse que je ferais (*Voy.* note 24). Il leur montra, dit saint Jérôme, qu'ils n'étaient pas ignorants, mais qu'ils ne voulaient pas répondre, et que, de son côté, il ne disait rien, parce qu'eux-mêmes savaient, et gardaient le silence.

ỷ. 28. — [27] Cet homme c'est Dieu, les deux fils sont, le premier, les pécheurs publics, le second, les pharisens, qui se croyaient justes (ỷ. 31. 32). Outre cette application prochaine que Jésus-Christ lui-même (ỷ. 31. 32) fait de la comparaison, elle en a encore une autre qui se trouve dans l'histoire (Voy. *pl. h.* chap. 20. note 5). De plus, comme le remarquent saint Jérôme, Bède et d'autres, le premier fils représente les nations, et le second les Juifs.

ỷ. 29. — [28] Les pécheurs publics méprisaient d'abord la vocation de Dieu les invitant à la vertu; mais, à la prédication de Jean et de Jésus, ils se convertissaient. Les Gentils suivaient follement les fables de leurs dieux, et s'abandonnaient à leur culte impur e tà une vie brutalement criminelle; mais, à la prédication des apôtres, ils entrèrent dans l'Eglise, sentant profondément leurs égarements et montrant un repentir sincère.

ỷ. 30. — [29] Les pharisiens et les docteurs de la loi avaient toujours la parole de Dieu dans la bouche; mais par leurs actions ils la niaient. Les Juifs en général promirent à Moyse de faire tout ce qu'il leur commanderait; mais ils furent toujours une race obstinée, perverse, et ils ne sont point entrés dans l'Eglise de Jésus-Christ.

ỷ. 31. — [30] Ce n'est pas celui qui simplement veut et forme de bonnes résolutions, mais celui qui en outre fait ce qu'il a promis, qui accomplit la volonté de Dieu.

[31] Voy. *pl. h.* 5, 40.

ỷ. 32. — [32] comme juste, comme un vrai prophète envoyé de Dieu, et vous enseignant la justice.

[33] la conversion des plus grands pécheurs.

vous n'avez point été touchés de repentir, ni portés à le croire.
33. Ecoutez une autre parabole [34] : Il y avait un père de famille qui, ayant planté une vigne, l'enferma d'une haie ; et creusant dans la terre, il y fit un pressoir [35], et y bâtit une tour [36] : puis il la loua à des vignerons et s'en alla dans un pays éloigné [37]. *Marc*, 12, 1. *Luc*, 20, 9. *Isaïe*, 5, 1. *Jérém.* 2, 21.
34. Or le temps des fruits étant proche [38], il envoya ses serviteurs [39] aux vignerons pour recevoir les fruits de sa vigne.
35. Mais les vignerons s'étant saisis de ses serviteurs, battirent l'un [40], tuèrent l'autre [41], et en lapidèrent un autre [42].
36. Il leur envoya encore d'autres serviteurs en plus grand nombre que les premiers; et ils les traitèrent de même.
37. Enfin il leur envoya son propre fils, disant : Ils auront quelque respect pour mon fils.
38. Mais les vignerons voyant le fils, dirent entre eux : Voici l'héritier; venez, tuons-le, et nous aurons son héritage [43]. *Pl. b.* 26. 3. 27, 1. *Jean*, 11, 53.
39. Ainsi s'étant saisis de lui, ils le jetèrent hors de la vigne, et le tuèrent.
40. Lors donc que le maître de la vigne sera venu, que fera-t-il à ses vignerons?
41. Ils lui répondirent [44] : Il fera périr

dentes, nec pœnitentiam habuistis postea, ut crederetis ei
33. Aliam parabolam audite : Homo erat paterfamilias, qui plantavit vineam, et sepem circumdedit ei, et fodit in ea torcular, et ædificavit turrim, et locavit eam agricolis, et peregre profectus est.
34. Cum autem tempus fructuum appropinquasset, misit servos suos ad agricolas, ut acciperent fructus ejus.
35. Et agricolæ, apprehensis servis ejus, alium ceciderunt, alium occiderunt, alium vero lapidaverunt.
36. Iterum misit alios servos plures prioribus, et fecerunt illis similiter.
37. Novissime autem misit ad eos filium suum, dicens : Verebuntur filium meum.
38. Agricolæ autem videntes filium, dixerunt intra se : Hic est hæres, venite, occidamus eum, et habebimus hæreditatem ejus.
39. Et apprehensum eum ejecerunt extra vineam, et occiderunt.
40. Cum ergo venerit dominus vineæ, quid faciet agricolis illis?
41. Aiunt illi : Malos male per-

ỳ. 33. — [34] D'après le récit de saint Luc, 20, 9, Jésus adresse cette parabole au peuple.
[35] Le pressoir se composait de deux auges, l'auge à fouler et l'auge d'écoulement. Celle-ci était placée en terre ou dans quelque rocher, et au-dessus se trouvait l'auge à fouler, où les raisins étaient foulés et broyés avec les pieds. Le liquide tombait dans l'auge d'écoulement.
[36] soit pour son agrément, comme un pavillon, soit pour servir d'habitation aux gardiens.
[37] Dans cette parabole le père de famille est Dieu; la vigne est le royaume de Dieu, tel qu'il parut originairement chez les Juifs; la haie est l'appui de la Providence divine et la protection des saints anges; le pressoir est la loi de Dieu, qui presse chacun pour lui faire produire des fruits de vertu et de piété; la tour est la protection terrestre de ceux qui gouvernent; les vignerons sont les supérieurs, les rois, les prêtres, les docteurs, les juges; le voyage figure l'absence sensible de Dieu.
ỳ. 34. — [38] Les fruits sont les fruits de justice. Ils doivent toujours exister, mais il est nécessaire que de temps en temps ils soient tous à la fois visibles.
[39] ses envoyés extraordinaires et immédiats, les prophètes.
ỳ. 35. — [40] par exemple Jérémie.
[41] par exemple Isaïe.
[42] par exemple Zacharie.
ỳ. 38. — [43] Les pharisiens, les docteurs de la loi et les grands prêtres reconnurent Jésus comme le Messie à ses miracles et par le témoignage de Jean; mais l'envie les poussa à le chasser de leur société, et ils le crucifièrent hors de Jérusalem, de peur qu'il ne mît fin à leur fausse religion et à leur tyrannie impie (Comp. *Jean*, 11, 48). Dans le grec : Tuons-le, et mettons-nous en possession de son héritage.
ỳ. 41. — [44] Quelques-uns d'entre le peuple, comme on le voit par saint Luc.

det: et vineam suam locabit aliis agricolis, qui reddant ei fructum temporibus suis.

42. Dicit illis Jesus: Nunquam legistis in Scripturis : Lapidem quem reprobaverunt ædificantes, hic factus est in caput anguli? A Domino factum est istud, et est mirabile in oculis nostris.

43. Ideo dico vobis, quia auferetur a vobis regnum Dei, et dabitur genti facienti fructus ejus.

44. Et qui ceciderit super lapidem istum, confringetur : super quem vero ceciderit, conteret eum.

45. Et cum audissent principes sacerdotum, et pharisæi parabolas ejus, cognoverunt quod de ipsis diceret.

46. Et quærentes eum tenere, timuerunt turbas : quoniam sicut prophetam eum habebant.

misérablement ces méchants, et il louera sa vigne à d'autres vignerons [45] qui lui en rendront les fruits en leur saison.

42. Jésus ajouta : N'avez-vous jamais lu dans les Ecritures : La pierre qu'ont rejetée ceux qui bâtissaient, est devenue la principale pierre de l'angle? C'est le Seigneur qui l'a fait, et nos yeux le voient avec admiration [46]. *Ps.* 117, 22. *Act.* 4, 11. *Rom.* 9, 33. I. *Pier.* 2, 7.

43. C'est pourquoi je vous déclare que le royaume de Dieu vous sera ôté, et qu'il sera donné à un peuple qui en produira les fruits [47].

44. Et celui qui tombera sur cette pierre, s'y brisera, et elle écrasera celui sur qui elle tombera [48].

45. Les princes des prêtres et les pharisiens ayant entendu ces paraboles de Jésus, connurent que c'était d'eux qu'il parlait.

46. Et voulant se saisir de lui, ils appréhendèrent le peuple, parce qu'ils le regardaient comme un prophète.

CHAPITRE XXII.

Parabole du festin royal. Rendre à Dieu ce qui est à Dieu, et à César ce qui est à César. La résurrection des morts. Le premier de tous les commandements. Le Messie est fils et Seigneur de David.

1. Et respondens Jesus, dixit iterum in parabolis eis, dicens :

2. Simile factum est regnum cœlorum homini regi, qui fecit nuptias filio suo.

1. Jésus parlant encore en paraboles, leur dit :

2. Le royaume des cieux est semblable à un roi qui, voulant faire les noces de son fils [1], *Apoc.* 19, 9.

[45] il fera passer son royaume divin à d'autres hommes et à d'autres pasteurs.

℣. 42. — [46] Oui, vous avez raison, un autre ordre de pasteurs s'élèvera, et cet homme-là même que vos guides rejettent, sera le chef du nouveau royaume de Dieu, selon ce qu'a prédit le Psalmiste (Voy. *Ps.* 117, 22. note 11).

℣. 43. — [47] la vraie justice. — Quelle effroyable parole pour un peuple quel qu'il soit, pour un individu quelconque qui, étant en possession de la vérité, ne s'en mettent point en peine, et ne lui font pas produire des fruits par les bonnes œuvres!

℣. 44. — [48] Quiconque m'attaque, me méprise, me persécute, se fait à lui-même le plus grand tort, et s'attire un malheur auquel, à la vérité, il peut remédier par la pénitence, mais qui est déplorable; d'autre part, quel que soit celui sur lequel je tombe dans ma justice vengeresse, parce qu'il ne fait point pénitence, il éprouvera une perte entière et certaine, et son sort sera une éternelle damnation. Ceux-là tombent sur lui, dit saint Augustin, qui le méprisent et qui l'offensent; et ceux sur lesquels il tombe lui-même, il leur apporte leur perte par son jugement, en sorte qu'ils sont comme la poussière que le vent emporte.

℣. 2. — [1] A l'égard du royaume de Dieu, de l'économie établie de Dieu pour le salut des hommes, il se passe quelque chose de semblable à la conduite que tient ce roi qui célèbre le festin des noces de son fils. Dans la parabole qui suit le roi est

3. envoya ses serviteurs [2] pour appeler aux noces ceux qui y étaient conviés [3]; mais ils refusèrent d'y venir [4].

4. Il envoya encore d'autres serviteurs, avec ordre de dire de sa part aux conviés : J'ai préparé mon dîner, j'ai fait tuer mes bœufs et tout ce que j'avais fait engraisser; tout est prêt; venez aux noces [5].

5. Mais eux, ne s'en mettant point en peine, s'en allèrent, l'un à sa maison des champs, et l'autre à son négoce [6].

6. Les autres se saisirent de ses serviteurs et les tuèrent, après leur avoir fait plusieurs outrages.

7. Le roi l'ayant appris, en fut ému de colère; et ayant envoyé ses armées, il extermina ces meurtriers, et brûla leur ville [7].

8. Alors il dit à ses serviteurs [8] : Le festin des noces est tout prêt; mais ceux qui y avaient été appelés n'en ont pas été dignes.

9. Allez donc dans les carrefours, et appelez aux noces tous ceux que vous trouverez [9].

10. Et ses serviteurs s'en allant par les rues, assemblèrent tous ceux qu'ils trouvèrent, bons et mauvais : et la salle des noces

3. Et misit servos suos vocare invitatos ad nuptias, et nolebant venire.

4. Iterum misit alios servos, dicens : Dicite invitatis : Ecce prandium meum paravi, tauri mei, et altilia occisa sunt, et omnia parata : venite ad nuptias.

5. Illi autem neglexerunt : et abierunt, alius in villam suam, alius vero ad negotiationem suam :

6. reliqui vero tenuerunt servos ejus, et contumeliis affectos occiderunt.

7. Rex autem cum audisset, iratus est : et missis exercitibus suis, perdidit homicidas illos, et civitatem illorum succendit.

8. Tunc ait servis suis : Nuptiæ quidem paratæ sunt, sed qui invitati erant non fuerunt digui;

9. ite ergo ad exitus viarum, et quoscumque inveneritis, vocate ad nuptias.

10. Et egressi servi ejus in vias, congregaverunt omnes quos invenerunt, malos et bonos : et im-

---

Dieu, le fils est Jésus-Christ, les conviés sont les Juifs. De plus, il nous y est donné sensiblement à comprendre qu'il n'y a que ceux qui sont ornés de l'habit de la justice divine, dont le nombre est relativement petit, qui trouvent place dans le royaume de la consommation, dans le ciel. C'est avec beaucoup de justesse que la figure employée est celle d'un festin de noces; car l'union qui s'opère entre un prince et son peuple, lors de son avènement au trône, est une sorte de mariage. C'est aussi sous le même symbole que les apôtres et les pères ont représenté l'union de Jésus-Christ avec l'Eglise (*Ephés.* 5, 25-27. *Apoc.* 21, 2. 9-11). On rencontre dans saint Luc, 14, 16. une parabole semblable, mais avec quelque divergence.

ỳ. 3. — [2] les prophètes, qui faisaient des prophéties touchant Jésus-Christ.

[3] les Juifs, qui déjà étaient invités par cela seul qu'ils étaient placés sous la conduite particulière de Dieu, et que c'était à eux que le Messie était annoncé.

[4] de reconnaître le Messie sur le témoignage et les déclarations des prophètes.

ỳ. 4. — [5] Lorsque le temps fut venu, lorsque le Messie eut paru, Dieu envoya Jean-Baptiste, et ensuite les apôtres pour réitérer l'invitation avec plus d'instance. D'après les usages reçus en Orient, les convives sont invités deux fois au festin, une première fois quelque temps à l'avance, et la seconde fois un peu avant que le festin commence. — Combien de fois déjà avez-vous été invité à vous rendre participant à la grâce divine, et vous ne l'avez pas voulu!

ỳ. 5. — [6] Les soins des affaires temporelles, les occupations de la terre, furent cause qu'ils méprisèrent, sans en tenir compte, l'invitation à se convertir et à se consacrer à la vertu.

ỳ. 7. — [7] Dieu permit que les Romains, dans la guerre contre les Juifs, fissent périr un nombre effroyable de ces malheureux, et qu'ils réduisissent Jérusalem en cendres.

ỳ. 8. — [8] aux apôtres et à leurs disciples.

ỳ. 9. — [9] Puisque les Juifs n'en étaient pas dignes, allez désormais chez les populations païennes, qui jusque-là avaient été hors de la cité de Dieu (Comp. *Act.* 13, 45-48). Combien d'hommes qui, par leur rang, leur intelligence et leur puissance, auraient eu une vocation particulière pour connaître et pratiquer les vérités du christianisme! Mais parce qu'ils dédaignent leur vocation, Dieu appelle à leur place les petits, les simples et les pauvres.

pletæ sunt nuptiæ discumbentium.

11. Intravit autem rex ut videret discumbentes, et vidit ibi hominem non vestitum veste nuptiali.

12. Et ait illi : Amice, quomodo huc intrasti non habens vestem nuptialem? At ille obmutuit.

13. Tunc dixit rex ministris : Ligatis manibus et pedibus ejus, mittite eum in tenebras exteriores : ibi erit fletus, et stridor dentium.

14. Multi enim sunt vocati, pauci vero electi.

15. Tunc abeuntes pharisæi, consilium inierunt ut caperent eum in sermone.

16. Et mittunt ei discipulos suos cum Herodianis dicentes : Magister, scimus quia verax es, et viam Dei in veritate doces, et non

fut remplie de personnes qui se mirent à table [10].

11. Le roi entra ensuite pour voir ceux qui étaient à table; et ayant aperçu un homme qui n'était point revêtu de la robe nuptiale [11],

12. il lui dit : Mon ami, comment êtes-vous entré ici sans avoir la robe nuptiale? Et cet homme demeura muet.

13. Alors le roi dit à ses gens : Liez-lui les mains et les pieds, et jetez-le dans les ténèbres extérieures : c'est là qu'il y aura des pleurs et des grincements de dents [12]. *Pl. h.* 8, 12. 13, 42.

14. Car il y en a beaucoup d'appelés, mais peu d'élus [13].

15. Alors les pharisiens s'étant retirés, tinrent conseil pour le surprendre dans ses paroles. *Marc*, 12, 13. *Luc*, 20, 20.

16. Et ils lui envoyèrent leurs disciples avec des Hérodiens [14], lui dire : Maître, nous savons que vous êtes véritable [15], et que vous enseignez la voie de Dieu [16] dans

---

℣. 10. — [10] A la prédication des apôtres parmi les nations, l'Eglise se remplit d'hommes de toute sorte. L'Eglise étant une société visible, comprend parmi ses membres même les méchants, tant qu'ils n'adhèrent pas sciemment à l'erreur, et qu'ils ne sont pas déclarés exclus de son sein.

℣. 11. — [11] Les rois d'Orient ont coutume d'envoyer à ceux à qui ils veulent faire honneur, ou qu'ils invitent à leur table, des habits de fête avec lesquels ils doivent paraître en leur présence. Ainsi, quelque pauvre que fût celui qui avait été invité, on avait droit d'attendre de lui qu'il parût au festin avec l'habit nuptial; car le roi le lui avait envoyé. Ceci trouve une belle application. Dans le baptême, où nous sommes admis dans l'Eglise chrétienne, nous sommes revêtus de l'habit d'innocence et de justice. Cet habit, nous devons le conserver pur, ou le purifier de nouveau dans le sacrement de pénitence, quand nous avons eu le malheur de le souiller; car ce n'est qu'avec cet habit que nous pourrons être agréables au Roi du ciel et de la terre, quand au jour du jugement nous paraîtrons devant lui pour prendre part à son banquet céleste. Ainsi il est ici question du royaume de Dieu dans la consommation : car nul ne peut entrer dans ce royaume si ce n'est le juste.

℣. 13. — [12] En Orient les grands festins se donnent en temps de nuit; le convive qui est expulsé de la salle du festin, laquelle est toujours bien éclairée, est jeté dans les ténèbres. Le désespoir de la honte qu'il a éprouvée lui arrache des cris et le fait grincer des dents. Les ténèbres, les hurlements et le grincement des dents sont la figure de ce que souffrent ceux qui sont précipités dans les supplices de l'enfer.

℣. 14. — [13] Beaucoup, il y a plus, tous les hommes sont appelés au bonheur par Jésus-Christ, mais le plus grand nombre ne font pas même attention à leur vocation, tels que les Juifs rebelles, les Mahométans; un petit nombre se revêtent par la réception du baptême de l'habit nuptial, et même ceux-ci ne parviennent pas tous au bonheur, parce qu'ils ne portent pas cet habit devant le Juge; en sorte qu'on peut dire en général, qu'en égard à l'humanité tout entière, le nombre de ceux qui sont élus pour la béatitude éternelle est petit (Voy. *pl. h.* 8, 12).

℣. 16. — [14] des partisans d'Hérode Antipas (*Marc*, 3, 6). Les partisans d'Hérode étaient pour les Romains, parce que la famille d'Hérode était redevable de son autorité aux Césars romains. Au contraire, les pharisiens et le peuple en général étaient ennemis des Romains, et soupiraient après l'indépendance. Les disciples et les hérodiens avaient donc des intérêts opposés; et les pharisiens pouvaient espérer que Jésus, dans ses discours, penchant ou d'un côté ou de l'autre, leur fournirait une occasion de l'accuser d'une manière quelconque.

[15] un ami de la vérité.

[16] les commandements de Dieu, la vraie ligne de conduite.

la vérité, sans avoir égard à qui que ce soit, parce que vous ne considérez point la personne dans les hommes :

17. dites-nous donc ce qu'il vous semble : Est-il permis de payer le tribut à César [17], ou de ne pas le payer?

18. Mais Jésus connaissant leur malice, leur dit : Hypocrites, pourquoi me tentez-vous?

19. Montrez-moi la pièce d'argent qu'on donne pour le tribut. Et ils lui présentèrent un denier [18].

20. Jésus leur dit : De qui est cette image et cette inscription [19]?

21. De César, lui dirent-ils. Alors Jésus leur répondit : Rendez donc à César ce qui est à César, et à Dieu ce qui est à Dieu [20]. *Rom.* 13, 7.

22. L'ayant entendu, ils furent remplis d'admiration, et le laissant là, ils se retirèrent.

23. Ce jour-là les sadducéens [21], qui nient la résurrection [22], vinrent le trouver, et lui proposèrent une question, *Act.* 23, 8.

24. en lui disant : Maître, Moyse a ordonné que si quelqu'un mourait sans enfant, son frère épousât sa femme, et suscitât des enfants à son frère. 5. *Moys.* 25, 5. 6. *Marc,* 12, 19. *Luc,* 20, 28.

est tibi cura de aliquo : non enim respicis personam hominum :

17. dic ergo nobis quid tibi videtur, licet censum dare Cæsari, an non?

18. Cognita autem Jesus nequitia corum, ait : Quid me tentatis, hypocritæ?

19. Ostendite mihi numisma census. At illi obtulerunt ei denarium.

20. Et ait illis Jesus : Cujus est imago hæc, et superscriptio?

21. Dicunt ei : Cæsaris. Tunc ait illis : Reddite ergo quæ sunt Cæsaris, Cæsari; et quæ sunt Dei, Deo.

22. Et audientes mirati sunt, et relicto eo abierunt.

23. In illo die accesserunt ad eum sadducæi, qui dicunt non esse resurrectionem : et interrogaverunt eum,

24. dicentes : Magister, Moyses dixit : Si quis mortuus fuerit non habens filium, ut ducat frater ejus uxorem illius, et suscitet semen fratri suo.

ỳ. 17. — [17] la cote personnelle, comme tribut annuel. Outre cette redevance, les Juifs payaient encore annuellement le tribut du temple (le tribut de Dieu, *pl. h.* 17, 24) : les pharisiens prétendaient qu'il suffisait de payer ce dernier tribut, et ils croyaient que l'on pouvait refuser le tribut à César. Par là ils entretenaient l'opinion que les Israélites, en qualité de peuple de Dieu, n'étaient soumis qu'à Dieu, et qu'ils ne dépendaient d'aucun prince d'une autre race, bien moins encore d'un prince infidèle et païen.

ỳ. 19. — [18] pièce de monnaie équivalente à dix as, et que chaque Juif payait aux Romains comme capitation (*Marc,* 12, 15. *Luc,* 20, 24).

ỳ. 20. — [19] La pièce de monnaie par elle-même, et le tribut de même valeur qui était imposé, étaient déjà une preuve que les Juifs étaient réellement soumis aux Romains; aussi un de leur proverbe dit-il : Celui dont la monnaie porte l'effigie, est le maître du pays.

ỳ. 21. — [20] Etant dépendants de César, comme le prouvent la pièce de monnaie qui a cours parmi vous et le tribut annuel qui vous a été imposé, et qu'elle sert à payer, rendez-lui donc ce dont vous lui êtes redevables : toutefois, que ce tribut que vous payez à un prince de la terre, ne vous fasse pas oublier celui que vous payez au Roi du ciel, dont vous êtes redevables à Dieu; payez également le tribut du temple; et non-seulement acquittez ces dettes, mais avant tout payez le tribut d'une vraie piété et d'une vertu sincère. Par cette réponse Jésus-Christ nous apprend que l'on doit l'obéissance même aux puissances illégitimes et injustes, quand, par la permission de Dieu, elles se sont mises en possession de l'autorité; car les Romains n'étaient pas les légitimes dominateurs de la Judée, seulement ils y exerçaient une domination de fait. Dieu, en punition des péchés des Juifs, avait permis qu'ils tombassent sous la domination des Romains; c'était pour eux un devoir de la supporter dans des sentiments de pénitence. Saint Paul (*Rom.* 13, 1-8) s'étend plus au long sur les devoirs envers les puissances du siècle.

ỳ. 23. — [21] Voy. *pl. h.* 3, 7.

[22] qui disent que l'âme n'est pas immortelle, et que par conséquent il ne saurait y avoir aucune résurrection des corps.

25. Erant autem apud nos septem fratres : et primus, uxore ducta, defunctus est : et non habens semen, reliquit uxorem suam fratri suo.

26. Similiter secundus, et tertius usque ad septimum.

27. Novissime autem omnium et mulier defuncta est.

28. In resurrectione ergo cujus erit de septem uxor? omnes enim habuerunt eam.

29. Respondens autem Jesus, ait illis : Erratis nescientes Scripturas, neque virtutem Dei.

30. In resurrectione enim neque nubent, neque nubentur : sed erunt sicut angeli Dei in cœlo.

31. De resurrectione autem mortuorum non legistis quod dictum est a Deo dicente vobis :

32. Ego sum Deus Abraham, et Deus Isaac, et Deus Jacob? Non est Deus mortuorum, sed viventium.

33. Et audientes turbæ, mirabantur in doctrina ejus.

34. Pharisæi autem audientes quod silentium imposuisset sadducæis, convenerunt in unum :

35. et interrogavit eum unus ex eis legis doctor, tentans eum :

25. Or il y avait sept frères parmi nous, dont le premier ayant épousé une femme, est mort; et n'ayant point eu d'enfant, il a laissé sa femme à son frère.

26. La même chose arriva au second, et au troisième, jusqu'au septième.

27. Enfin cette femme est morte aussi après eux tous.

28. Lors donc que la résurrection arrivera, duquel de ces sept sera-t-elle femme, puisqu'ils l'ont tous eue [23]?

29. Jésus leur répondit : Vous êtes dans l'erreur, ne comprenant ni les Ecritures [24], ni la puissance de Dieu [25].

30. Car après la résurrection, les hommes n'auront point de femmes, ni les femmes de maris; mais ils seront comme les anges de Dieu dans le ciel [26].

31. Et pour ce qui est de la résurrection des morts, n'avez-vous point lu ces paroles que Dieu vous a dites :

32. Je suis le Dieu d'Abraham, le Dieu d'Isaac, et le Dieu de Jacob? Or Dieu n'est point le Dieu des morts, mais des vivants [27]. 2. *Moys*. 3, 6.

33. Et le peuple entendant ceci, était dans l'admiration de sa doctrine.

34. Mais les pharisiens ayant appris qu'il avait imposé silence aux sadducéens, s'assemblèrent; *Marc*, 12, 28. *Luc*, 10, 25.

35. et l'un d'eux, qui était docteur de la loi, lui fit cette question [28] pour le tenter :

ỳ. 28. — [23] La résurrection, veulent dire les sadducéens, ne peut avoir lieu; car sept hommes ne peuvent pas avoir en même temps la même femme.

ỳ. 29. — [24] Jésus (ỳ. 32) apporte une preuve de l'Ecriture, tirée de la loi de Moyse, que tous les Juifs, même les Samaritains, admettaient comme un livre divin. D'autres livres enseignent la résurrection d'une manière encore plus expresse. *Job*, 19, 25. 2. *Mach*. 7, 9. 12, 14. *Isaie*, 26, 19. 66, 14. *Ezéch*. 37, 1 et suiv. *Dan*. 12, 2.

[25] qui, dans sa toute-puissance, peut bien faire que la résurrection ait lieu, sans la condition terrestre du mariage.

ỳ. 30. — [26] A la résurrection, les hommes, il est vrai, ressusciteront avec la diversité des sexes, parce que cette diversité, comme tout ce que Dieu a fait, est bonne; mais les corps qui ressusciteront pour partager avec l'âme à laquelle ils furent unis, sa béatitude, seront (1. *Cor*. 15, 43-44) spirituels, et comme les anges, au-dessus des voluptés terrestres (*Luc*, 20, 34) : et parce que le nombre des hommes déterminé par Dieu sera rempli, l'union des sexes ne sera plus nécessaire et cessera (Aug., Chrys., Bède). Conséquence qui, pour la même raison, s'applique également aux réprouvés, lesquels ressusciteront aussi de leur côté, quoiqu'ils ne ressuscitent pas dans la gloire pour la félicité (Voy. 1. *Cor*. 15, 51).

ỳ. 32. — [27] Donc, veut conclure Jésus, tout morts qu'ils paraissent être, les patriarches vivent dans leurs âmes devant Dieu. Dieu a créé leurs âmes immortelles, et il les unira de nouveau à leurs corps. Jésus démontre la résurrection des corps par l'immortalité des âmes, parce que ces deux choses sont inséparablement unies l'une à l'autre. En effet, le corps et l'âme ne forment qu'un seul et même homme, et il est de toute nécessité que l'âme soit un jour réunie au corps, afin qu'elle partage avec ce corps dont elle fut revêtue, la récompense ou la punition.

ỳ. 35. — [28] pour savoir ce qu'il dirait de la question qui venait d'être agitée.

36. Maître, quel est le grand commandement de la loi?

37. Jésus lui répondit : Vous aimerez le Seigneur votre Dieu de tout votre cœur, de toute votre âme et de tout votre esprit [29]. 5. *Moys.* 6, 5.

38. C'est là le plus grand, et le premier commandement.

39. Et voici le second qui est semblable à celui-là [30] : Vous aimerez votre prochain comme vous-même [31]. 3. *Moys.* 19, 18. *Marc,* 12, 31.

40. Toute la loi et les prophètes sont renfermés dans ces deux commandements [32].

41. Or pendant que les pharisiens étaient assemblés, Jésus leur fit cette question :

42. Que vous semble du Christ [33]? De qui est-il fils? Ils lui répondirent : De David [34].

43. Et comment donc, leur dit-il, David l'appelle-t-il en esprit [35] son Seigneur, en disant : *Luc,* 20, 41. *Ps.* 109, 1.

44. Le Seigneur [36] a dit à mon Seigneur [37] : Asseyez-vous à ma droite [38], jusqu'à ce que je réduise vos ennemis à vous servir de marchepied [39]?

45. Si donc David l'appelle son Seigneur, comment est-il son fils [40]?

36. Magister, quod est mandatum magnum in lege?

37. Ait illi Jesus : Diliges Dominum Deum tuum ex toto corde tuo, et in tota anima tua, et in tota mente tua.

38. Hoc est maximum, et primum mandatum.

39. Secundum autem simile est huic : Diliges proximum tuum, sicut te ipsum.

40. In his duobus mandatis universa lex pendet, et prophetæ.

41. Congregatis autem pharisæis, interrogavit eos Jesus,

42. dicens : Quid vobis videtur de Christo? Cujus filius est? Dicunt ei : David.

43. Ait illis : Quomodo ergo David in spiritu vocat eum Dominum, dicens :

44. Dixit Dominus Domino meo: Sede a dextris meis, donec ponam inimicos tuos scabellum pedum tuorum?

45. Si ergo David vocat eum Dominum, quomodo filius ejus est?

℣. 37. — [29] Vous reconnaîtrez Dieu comme votre Seigneur, et vous l'aimerez de toutes vos forces, de telle sorte que vous preniez Dieu pour la première et la dernière fin de toutes vos pensées, de tous vos désirs et de toutes vos actions, et que vous observiez ponctuellement tous ses commandements, à ce point que vous soyez prêts à faire le sacrifice de tous les biens de la vie, des richesses, des honneurs, des amis et de la vie même, plutôt que de désobéir à Dieu et de le perdre (Comp. 5. *Moys.* 6, 5 et les notes).

℣. 39. — [30] il est semblable au premier commandement, et il lui est semblable par cette raison que Dieu ne doit pas être aimé seulement en lui-même, mais encore dans les créatures, qui portent son image (Voy. 1. *Jean,* 4, 20).

[31] Par conséquent, dit saint Augustin, l'amour de soi-même n'est pas exclu; car il est dit : Vous aimerez le prochain comme vous-même. L'amour de soi-même est ainsi la mesure suivant laquelle on doit aimer le prochain, c'est-à-dire que vous devez souhaiter aux autres ce que vous désirez pour vous-même (Aug.). Mais ici il faut mettre la condition que l'amour de soi-même ne soit pas un amour-propre désordonné. On évite ce défaut, si l'amour de Dieu embrase tout le cœur, si nous n'aimons nous et le prochain qu'autant que Dieu le veut, c'est-à-dire si nous n'aimons nous et le prochain qu'afin que la volonté de Dieu, qui est notre bien éternel, et notre seul vrai bien temporel, s'accomplisse dans nous et dans le prochain.

℣. 40. — [32] Toute l'Ecriture ne roule que sur ces deux commandements; car tout ce qu'elle contient ne tend qu'à en procurer l'exacte observation.

℣. 42. — [33] du Messie promis.

[34] Il sera fils de David, ainsi que l'ont annoncé les prophètes (Voy. *pl. h.* 1, 1).

℣. 43. — [35] par l'inspiration du Saint-Esprit.

℣. 44. — [36] Dieu.

[37] au Messie.

[38] Soyez le dépositaire de ma puissance.

[39] Régnez avec la plénitude de mon pouvoir, jusqu'à ce que je vous aie assujetti tous vos ennemis (*Comp.* tout le *Ps.* 109 et les remarques).

℣. 45. — [40] Comment serait-il son simple fils? ne doit-il pas être plus qu'un roi de la terre, ne doit-il pas être élevé au-dessus de l'humanité, bien plus, n'a-t-il pas la dignité de Dieu même, puisqu'il n'y a proprement que Dieu qui soit le Seigneur de l'homme?

46. Et nemo poterat ei respondere verbum : neque ausus fuit quisquam ex illa die eum amplius interrogare.

46. Personne ne put rien lui répondre; et depuis ce jour-là qui que ce soit n'osa plus lui faire de questions.

CHAPITRE XXIII.

Jésus-Christ exhorte à obéir à ceux qui sont assis sur la chaire de Moyse. Ambition, avarice et hypocrisie des pharisiens. Jésus-Christ prononce malheur contre eux, et il annonce la destruction de Jérusalem.

1. Tunc Jesus locutus est ad turbas, et ad discipulos suos,

1. Alors Jésus s'adressant au peuple et à ses disciples [1], *Marc*, 12, 38-40. *Luc*, 20, 45 et suiv.

2. dicens : Super cathedram Moysi sederunt scribæ et pharisæi.

2. leur dit : Les scribes et les pharisiens sont assis sur la chaire de Moyse [2]. 2. *Esdr.* 8, 4.

3. Omnia ergo quæcumque dixerint vobis, servate, et facite : secundum opera vero eorum nolite facere : dicunt enim, et non faciunt.

3. Observez donc, et faites tout ce qu'ils vous disent [3] : mais ne faites pas ce qu'ils font; car ils disent, et ne font pas.

4. Alligant enim onera gravia, et importabilia, et imponunt in humeros hominum : digito autem suo nolunt ea movere.

4. Ils lient des fardeaux pesants et qu'on ne saurait porter [4], et ils les mettent sur les épaules des hommes; mais *pour eux*, ils ne veulent pas les remuer du bout du doigt [5]. *Luc*, 11, 46.

℣. 1. — [1] Au commencement de sa vie publique Jésus-Christ avait montré, dans son discours sur la montagne, que sa doctrine consistait dans la vérité, et qu'elle était directement opposée à tout ce qui n'était qu'apparence; maintenant sa mission touchant à sa fin, il revient encore sur le malheur qu'entraînent les faux semblants. Et comme au commencement il avait déclaré ses vrais disciples huit fois heureux, il prononce de même huit fois malheur contre les pharisiens et ceux qui, dans tous les siècles, et d'une manière quelconque, se contentent des apparences. De ce nombre, en effet, sont non-seulement les hypocrites qui affectent les dehors d'hommes de bien, sans l'être, mais encore tous ceux qui s'en tiennent aux apparences, aux biens apparents, à la fausse sagesse et à la fausse vertu.

℣. 2. — [2] Les scribes et les pharisiens ont reçu de Moyse par héritage le privilège et le pouvoir d'enseigner, d'expliquer la loi et de juger. Ce ne fut, il est vrai, que quelque temps avant la naissance de Jésus-Christ, que les scribes et les pharisiens obtinrent une influence prépondérante, ceux-ci en qualité de chefs du peuple, ceux-là en qualité de docteurs; mais ils furent reconnus par l'autorité légitime, les princes Machabées (*voy.* la dernière note sur le 2e livre des *Mach.*), et il n'était pas rare qu'ils fussent prêtres et membres du haut Conseil.

℣. 3. — [3] non-seulement ce qu'ils vous prescrivent en vertu de la loi divine, mais encore leurs propres maximes qu'ils ont droit de vous imposer, comme ayant l'autorité supérieure et légale, lorsque toutefois leurs maximes ne sont pas en opposition avec la loi de Dieu (voy. *pl. h.* 15, 4-16); car, dans ce cas, vous devez bien vous garder de les observer (*Pl. h.* 15, 2). Apprenez de là à reconnaître la sainteté et le caractère obligatoire des commandements que l'Eglise, dont l'autorité émane immédiatement de Jésus-Christ, et ses pasteurs, prescrivent pour le salut des fidèles.

℣. 4. — [4] presque accablants, très-lourds, comme par exemp. 12, 2 et suiv.

[5] Ils imposent, pour les faire observer aux autres, une multitude de maximes

5. Au reste, ils font toutes leurs actions afin d'être vus des hommes; c'est pourquoi ils portent des bandes *de parchemin* [6] plus larges que les autres, et ont aussi des franges plus longues [7]. 5. *Moys.* 6, 8. 22, 12. 4. *Moys.* 15, 38.

6. Ils aiment les premières places dans les festins, et les premières chaires dans les synagogues [8]. *Marc,* 12, 39. *Luc,* 11, 43. 20, 46.

7. *Ils aiment* à être salués dans les places publiques, et à être appelés Rabbi par les hommes.

8. Mais pour vous, ne vous faites pas appeler Rabbi [9], car vous n'avez qu'un seul M[illegible]t[illegible] [10], et vous êtes tous frères [11], *Jac.* 3, a[illegible]re

9. N'appelez aussi personne sur la terre votre père [12], parce que vous n'avez qu'un Père qui est dans les cieux. *Mal.* 1, 6.

10. Et qu'on ne vous appelle point maîtres, parce que vous n'avez qu'un Maître, qui est le Christ.

11. Celui qui est le plus grand parmi vous, sera votre serviteur [13].

12. Car quiconque s'élèvera, sera abaissé;

5. Omnia vero opera sua faciunt ut videantur ab hominibus : dilatant enim phylacteria sua, et magnificant fimbrias.

6. Amant autem primos recubitus in cœnis, et primas cathedras in synagogis,

7. et salutationes in foro, et vocari ab hominibus Rabbi.

8. Vos autem nolite vocari Rabbi : unus est enim Magister vester, omnes autem vos fratres estis.

9. Et patrem nolite vocare vobis super terram : unus est enim Pater vester, qui in cœlis est.

10. Nec vocemini magistri : quia Magister vester unus est, Christus.

11. Qui major est vestrum, erit minister vester.

12. Qui autem se exaltaverit,

---

humaines; mais pour eux, ils ne veulent pas se faire la moindre violence, afin d'y conformer leur conduite. Pour un bon supérieur, dit saint Chrysostôme, il est requis qu'il soit sévère envers lui-même, doux envers ses subordonnés.

ỳ. 5. — [6] C'étaient des bandelettes de parchemin sur lesquelles étaient inscrits des passages de la loi (5. *Moys.* 6, 4-9. 11, 13-21. 2. *Moys.* 13, 2-10. 11-16). Les pharisiens, par une fausse interprétation de 2. *Moys.* 13, 16. 5. *Moys.* 6, 8, où il est commandé d'avoir toujours la loi devant les yeux et dans le cœur, s'attachaient ces bandelettes au moyen d'un cordon au bras gauche et au front. Ils s'en servaient en outre comme d'un préservatif contre le mal. Encore aujourd'hui les Juifs se servent de ces bandelettes.

[7] Les bordures, les franges, les houppes que les Juifs portaient au bord de leurs vêtements pour se distinguer des Gentils, étaient destinées à les faire ressouvenir de la loi de Dieu. Les pharisiens faisaient ces insignes mnémoniques et ces bordures plus grands et plus larges que le reste du peuple, pour avoir l'air d'accomplir la loi avec plus d'exactitude et de zèle que les autres (Voy. 4. *Moys.* 15, 38. 39).

ỳ. 6. — [8] dans les lieux de réunion et de prière.

ỳ. 8. — [9] en ce sens que votre doctrine émane de vous.

[10] l'Homme-Dieu, Jésus-Christ.

[11] disciples par rapport à votre seul et unique Maître. Jésus-Christ ne défend point par là de devenir maître dans la science de Dieu, que lui-même il nous a apprise, et de permettre qu'on nous appelle de ce nom; car être maître dans ce sens est proprement n'être que disciple, parce que le maître dans la science de Dieu ne mérite ce titre qu'à proportion qu'il se fait disciple de Jésus-Christ et de son Eglise. Un maître dans ce sens qu'il est en même temps disciple, pour instruire les autres, n'a besoin que d'être approuvé; seulement il doit prendre garde de ne pas ambitionner de s'entendre appeler maître, et bien moins encore, ainsi que le faisaient les pharisiens, doit-il se complaire en lui-même et s'enfler d'orgueil, quand il reçoit cette qualification.

ỳ. 9. — [12] dans le sens que l'est Jésus-Christ, l'Homme-Dieu.

ỳ. 11. — [13] Il y a donc dans le royaume de Jésus-Christ des grands et des petits, des hommes qui commandent et des hommes qui obéissent; mais les grands et ceux qui commandent doivent ne faire usage de leur grandeur et de leur autorité que pour servir et se dévouer (Voy. *pl. h.* 20, 26. 27).

humiliabitur : et qui se humiliaverit, exaltabitur.

13. Væ autem vobis, scribæ et pharisæi hypocritæ : quia clauditis regnum cœlorum ante homines; vos enim non intratis, nec introeuntes sinitis intrare.

14. Væ vobis, scribæ et pharisæi hypocritæ : quia comeditis domos viduarum, orationes longas orantes : propter hoc amplius accipietis judicium.

15. Væ vobis, scribæ et pharisæi hypocritæ : quia circuitis mare, et aridam, ut faciatis unum proselytum : et cum fuerit factus, facitis eum filium gehennæ duplo quam vos.

16. Væ vobis, duces cæci, qui dicitis : Quicumque juraverit per templum, nihil est : qui autem juraverit in auro templi, debet.

17. Stulti, et cæci : Quid enim majus est, aurum, an templum, quod sanctificat aurum?

18. Et quicumque juraverit in altari, nihil est : quicumque autem juraverit in dono, quod est super illud, debet.

19. Cæci : Quid enim majus est,

et quiconque s'abaissera, sera élevé [14]. *Luc,* 14, 11. 18, 14.

13. Mais malheur à vous, scribes et pharisiens hypocrites [15], parce que vous fermez aux hommes le royaume des cieux [16]! car vous n'y entrez point vous-mêmes, et vous n'en permettez pas l'entrée à ceux qui désirent d'y entrer.

14. Malheur à vous, scribes et pharisiens hypocrites, parce que sous prétexte de vos longues prières, vous dévorez les maisons des veuves [17]! c'est pour cela que vous recevrez un jugement plus rigoureux [18]. *Marc,* 12, 40. *Luc,* 20, 47.

15. Malheur à vous, scribes et pharisiens hypocrites, parce que vous parcourez la mer et la terre pour faire un prosélyte [19]! et après qu'il l'est devenu, vous le rendez digne de l'enfer deux fois plus que vous [20].

16. Malheur à vons, conducteurs aveugles, qui dites : Si un homme jure par le temple, cela n'est rien; mais s'il jure par l'or [21] du temple, il doit.

17. Insensés et aveugles que vous êtes! lequel doit-on plus estimer, ou l'or, ou le temple qui sanctifie l'or?

18. Et si un homme jure par l'autel, cela n'est rien; mais quiconque jure par le don qui est sur l'autel, doit.

19. Aveugles que vous êtes [22]! lequel doit-

℣. 12. — [14] Notre grandeur ne peut se trouver que dans l'humilité, parce qu'il n'y a que l'humilité qui nous rende purs et saints. Aussi la gloire fuit celui qui la recherche, et elle recherche celui qui la fuit (Voy. *Prov.* 29, 23).

℣. 13. — [15] par les faux dehors de votre conduite.

[16] parce que, trompés par vos exemples, ils se figurent que les apparences suppléent à la vérité.

℣. 14. — [17] qui faites de longues prières pour les veuves riches, et qui attirez ainsi à vous leurs richesses.

[18] en partie parce que vous couvrez vos rapines du voile de la piété (Chrys.); en partie parce que non-seulement vous vous perdez vous-mêmes, mais encore ces veuves que vous retenez captives par vos enseignements (Hil.).

℣. 15. — [19] pour convertir quelqu'un du paganisme. Il y avait chez les Juifs deux espèces de prosélytes qui s'étaient convertis du paganisme, les prosélytes de la porte et les prosélytes de la justice. Les premiers, qui ne se tenaient encore en quelque sorte qu'à la porte de la vraie religion, ne s'obligeaient qu'à l'observation des sept préceptes dits de Noé, c'est-à-dire à éviter le blasphème contre Dieu, l'idolâtrie, le meurtre, l'inceste, le vol, la révolte contre l'autorité et l'usage de la chair crue. Les autres faisaient profession de suivre entièrement les enseignements et les rites du judaïsme.

[20] parce que le mauvais exemple que vous leur donnez les fait tomber encore dans de plus grands vices (Chrys.); ou bien, parce que, induits en erreur par vos exemples, ils retournent au paganisme (Jérôme).

℣. 16. — [21] par l'or consacré, déposé dans le trésor du temple. Les pharisiens prétendaient que les richesses offertes et déposées dans le temple avaient un caractère spécial de sainteté, afin que cette considération engageât à faire des offrandes de cette nature et à augmenter le trésor.

℣. 19. — [22] La plupart des exemplaires latins portent seulement, aveugles. Dans le grec : Insensés et aveugles.

on plus estimer, ou le don, ou l'autel qui sanctifie le don?

donum, an altare, quod sanctificat donum?

20. Celui donc qui jure par l'autel, jure par l'autel et par tout ce qui est dessus.

20. Qui ergo jurat in altari, jurat in eo, et in omnibus, quæ super illud sunt.

21. Et quiconque jure par le temple, jure par le temple et par celui qui y habite.

21. Et quicumque juraverit in templo, jurat in illo, et in eo, qui habitat in ipso :

22. Et celui qui jure par le ciel, jure par le trône de Dieu et par celui qui y est assis [23].

22. et qui jurat in cœlo, jurat in throno Dei, et in eo, qui sedet super eum.

23. Malheur à vous, scribes et pharisiens hypocrites, qui payez la dîme de la menthe, de l'aneth et du cumin, et qui avez abandonné ce qu'il y a de plus important dans la loi, la justice, la miséricorde et la foi [24]! Ce sont là les choses qu'il fallait pratiquer, sans néanmoins omettre les autres [25]. *Luc*, 11, 42.

23. Væ vobis, scribæ et pharisæi hypocritæ : qui decimatis mentham, et anethum, et cyminum, et reliquistis quæ graviora sunt legis, judicium, et misericordiam, et fidem; hæc oportuit facere, et illa non omittere.

24. Conducteurs aveugles, qui avez grand soin de passer *ce que vous buvez*, pour un moucheron, et qui avalez un chameau [26].

24. Duces cæci, excolantes culicem, camelum autem glutientes.

25. Malheur à vous, scribes et pharisiens hypocrites, parce que vous nettoyez le dehors de la coupe et du plat, et que vous êtes au-dedans pleins de rapine et d'impureté [27]!

25. Væ vobis, scribæ et pharisæi hypocritæ, quia mundatis quod deforis est calicis, et paropsidis : intus autem pleni estis rapina, et immunditia.

26. Pharisien aveugle, nettoie premièrement le dedans de la coupe et du plat, afin que le dehors soit net [28].

26. Pharisæe cæce, munda prius quod intus est calicis, et paropsidis, ut fiat id, quod deforis est, mundum.

℣. 22. — [23] Par les ℣. 20-22 Jésus-Christ veut dire : Il n'y a aucune distinction a faire entre les choses saintes, quand on s'en sert dans le serment; elles sont consacrées à Dieu, et tiennent par conséquent, sous ce rapport, la place de Dieu; ainsi celui qui jure par l'une quelconque de ces choses, jure par Dieu (Voy. *pl. h.* 5, 33-36).

℣. 23. — [24] Suivant la loi (3. *Moys.* 27, 38-33. 4. *Moys.* 18, 21-24) et la coutume, on ne devait payer la dîme que des fruits qui naissaient dans les champs, les légumes des jardins n'y étaient pas assujettis; dans les derniers temps les pharisiens voulurent payer la dîme même des légumes, mais ils négligèrent la foi et la confiance en Dieu, la justice et la miséricorde à l'égard du prochain.

[25] On voit que Jésus-Christ est loin de blâmer l'exactitude à observer la loi touchant les dîmes (Comp. *pl. h.* ℣. 3).

℣. 24. — [26] Vous qui montrez une extrême susceptibilité de conscience pour des choses insignifiantes, tandis que vous ne vous faites pas un cas de conscience de transgresser les principaux commandements. — Les pharisiens coulaient le vin pour le plus petit animal impur, pour une mouche qui s'y trouvait (Comp. 3. *Moys.* 11, 20-23. 41. 42). Combien y a-t-il de gens qui s'astreignent avec une scrupuleuse exactitude aux moindres pratiques extérieures du culte de Dieu, pendant qu'ils ne se font aucun scrupule d'être remplis d'envie et de jalousie, de déchirer le prochain par la médisance et la calomnie, et de recourir à la tromperie et à la dissimulation pour atteindre leur but!

℣. 25. — [27] Dans le grec : ..... du plat, tandis qu'au dedans ils sont (les plats et les coupes) remplis, etc., c'est-à-dire que les viandes, le breuvage qu'ils contiennent, sont des biens injustement acquis qui sont consumés et dissipés dans le péché.

℣. 26. — [28] Litt. : afin que ce qui est au dehors devienne net. Purifiez d'abord votre cœur, vos pensées, vos vues, vos désirs; alors toutes vos actions seront pures. Dans le grec : afin que le dehors aussi soit, etc.

27. Væ vobis, scribæ et pharisæi hypocritæ : quia similes estis sepulcris dealbatis, quæ a foris parent hominibus speciosa, intus vero plena sunt ossibus mortuorum, et omni spurcitia;

28. sic et vos a foris quidem paretis hominibus justi : intus autem pleni estis hypocrisi, et iniquitate.

29. Væ vobis, scribæ et pharisæi hypocritæ, qui ædificatis sepulcra prophetarum, et ornatis monumenta justorum,

30. et dicitis : Si fuissemus in diebus patrum nostrorum, non essemus socii eorum in sanguine prophetarum;

31. itaque testimonio estis vobismetipsis, quia filii estis eorum, qui prophetas occiderunt.

32. Et vos implete mensuram patrum vestrorum.

33. Serpentes genimina viperarum, quomodo fugietis a judicio gehennæ?

34. Ideo ecce ego mitto ad vos prophetas, et sapientes, et scribas, et ex illis occidetis, et crucifigetis, et ex eis flagellabitis in synagogis vestris, et persequemini de civitate in civitatem :

27. Malheur à vous, scribes et pharisiens hypocrites, parce que vous êtes semblables à des sépulcres blanchis, qui au-dehors paraissent beaux aux yeux des hommes, mais qui au-dedans sont pleins d'ossements de morts et de toute sorte de pourriture [29]!

28. Ainsi au-dehors vous paraissez justes aux yeux des hommes; mais au-dedans vous êtes pleins d'hypocrisie et d'iniquité.

29. Malheur à vous, scribes et pharisiens hypocrites, qui bâtissez des tombeaux aux prophètes, et ornez les monuments des justes [30],

30. et qui dites : Si nous eussions été du temps de nos pères, nous ne nous fussions pas joints à eux pour répandre le sang des prophètes [31]!

31. Ainsi vous vous rendez témoignage à vous-mêmes, que vous êtes les enfants de ceux qui ont tué les prophètes [32].

32. Achevez donc aussi de combler la mesure de vos pères [33].

33. Serpents, race de vipères [34], comment éviterez-vous d'être condamnés au feu de l'enfer [35]? *Pl. h.* 3, 7.

34. C'est pourquoi je vais vous envoyer [36] des prophètes, des sages et des scribes [37], et vous tuerez les uns [38], vous crucifierez les autres [39]; vous en fouetterez d'autres dans vos synagogues [40], et vous les persécuterez de ville en ville [41];

ỳ. 27. — [29] Les tombeaux et leurs murs étaient tous les ans blanchis à la chaux, soit pour les embellir, soit pour les rendre reconnaissables, de peur que l'on ne contractât quelque souillure en les touchant; car toucher un tombeau du pied ou par quelque autre partie du corps, suffisait pour rendre impur.

ỳ. 29. — [30] Vous qui honorez hypocritement les anciens prophètes, et qui mettez les nouveaux à mort (Voy. *pl. b.* ỳ. 31). Orner les tombeaux était une pieuse coutume chez les Juifs, aussi bien que chez les autres peuples (Voy. 1. *Mach.* 13, 25).

ỳ. 30. — [31] pour les mettre à mort (Comp. *pl. h.* 21, 25).

ỳ. 31. — [32] et qu'ainsi vous êtes vous-mêmes les meurtriers des prophètes; car les enfants héritent des mauvais penchants de leurs parents, et ils tombent dans les mêmes vices, à moins qu'ils ne résistent à leurs penchants vicieux, ce que vous ne faites pas.

ỳ. 32. — [33] en mettant à mort les nouveaux prophètes (ỳ. 34).

ỳ. 33. — [34] Vous, enfants de serpents (1. *Moys.* 3, 1), de satan. Satan est trompeur et meurtrier depuis le commencement, et il est la cause de toutes les séductions et de tous les meurtres; les trompeurs (les hypocrites, les hommes à faux dehors) et les meurtriers, tels qu'étaient les pharisiens, sont donc avec beaucoup de raison appelés ses enfants.

[35] aux peines éternelles de l'enfer.

ỳ. 34. — [36] Comme Dieu et en qualité de Seigneur.

[37] C'est ainsi que Jésus-Christ appelle ses apôtres. Les apôtres, dit saint Jérôme, ont différents dons. Ils sont prophètes, car ils prédisent l'avenir; sages, car ils savent ce qu'ils disent; scribes, car ils sont instruits dans la loi.

[38] par exemple saint Etienne et saint Jacques (*Act.* 6, 7. 12, 2).

[39] par exemple Siméon, successeur de saint Jacques à Jérusalem, comme le rapporte Eusèbe.

[40] Voy. *Act.* 16, 22. 22, 19. 2. *Cor.* 11, 25.

[41] Comp. *Act.* 14, 6. 16, 19. 39.

35. afin que tout le sang innocent [42] qui a été répandu sur la terre, retombe sur vous, depuis le sang d'Abel le juste jusqu'au sang de Zacharie, fils de Barachie, que vous avez tué entre le temple et l'autel [43]. 1. *Moys.* 4, 8. *Hébr.* 11, 4. 2. *Par.* 24, 22.

36. Je vous dis en vérité, tout cela viendra sur cette race qui est aujourd'hui [44].

37. Jérusalem, Jérusalem, qui tues les prophètes, et qui lapides ceux qui sont envoyés vers toi, combien de fois [45] ai-je voulu rassembler tes enfants, comme une poule rassemble ses petits sous ses ailes [46], et tu ne l'as pas voulu!

38. Le temps s'approche où votre demeure demeurera déserte [47].

39. Car je vous le dis, vous ne me verrez plus désormais, jusqu'à ce que vous disiez : Béni soit celui qui vient au nom du Seigneur [48].

35. ut veniat super vos omnis sanguis justus, qui effusus est super terram, a sanguine Abel justi usque ad sanguinem Zachariæ, filii Barachiæ, quem occidistis inter templum et altare.

36. Amen dico vobis, veulent hæc omnia super generationem istam.

37. Jerusalem, Jerusalem, quæ occidis prophetas, et lapidas eos qui ad te missi sunt, quoties volui congregare filios tuos, quemadmodum gallina congregat pullos suos sub alas, et noluisti?

38. Ecce relinquetur vobis domus vestra deserta.

39. Dico enim vobis, non me videbitis amodo, donec dicatis : Benedictus qui venit in nomine Domini.

℣. 35. — [42] de manière que tout le sang des justes, etc.

[43] Par Zacharie, quelques anciens interprètes (Cyrille, Epiphane) entendent le père de Jean-Baptiste; d'autres, avec plus de vraisemblance, entendent Zacharie, fils de Joiadas, que le roi Joas tua dans le temple (2. *Par.* 24, 21). Ces derniers supposent que Joiadas portait aussi le nom de Barachie. Quelques auteurs modernes prennent les paroles de notre Seigneur dans un sens prophétique, et en font l'application à un Zacharie, fils de Baruch, que la faction des zélateurs (les zélés pour le judaisme pharisaique) fit périr l'an 68 de Jésus-Christ, au milieu du temple, comme le dernier martyr avant la destruction de Jérusalem. L'historien Josèphe parle de ce Zacharie comme d'un homme juste. Dans cette dernière opinion, les paroles de Jésus-Christ « que vous avez tué » devraient être entendues comme s'il y avait : que vous tuerez.

℣. 36. — [44] Le châtiment que mérite l'effusion de tout le sang des justes. Les Juifs sont considérés comme un mauvais fruit arrivé à son point de maturité; le châtiment doit éclater parmi eux dans la plénitude, et, pour ainsi dire, dans la maturité, de même qu'ils ont porté le mal à son plus haut point de maturité, à son plus haut degré, attendu que, malgré toutes leurs connaissances (℣. 30) et leurs aveux, ils ne faisaient pas mieux que leurs pères, et qu'ils ont même fait pis encore, puisqu'ils ont mis le Messie à mort.

℣. 37. — [45] autrefois par les prophètes, maintenant par ma prédication et par celle de mes apôtres.

[46] Combien de fois ai-je tenté, avec un amour maternel, de te préserver de l'infortune où t'a précipité ton impénitence, et t'ai-je offert de te délivrer! (Comp. *Luc,* 13, 34. 35.)

℣. 38. — [47] Votre cité, votre temple seront détruits et renversés, et votre nation dispersée (*Voy.* 24, 1 et suiv. *Ezéch.* 10, 18, 19).

℣. 39. — [48] jusqu'à ce que, à la fin des temps, vous me reconnaissiez en qualité de Messie, et que dans mon avènement pour juger le monde, vous me saluiez comme votre Dieu et votre seigneur (Chrys., Aug.).

CHAPITRE XXIV.

Jésus-Christ fait connaître les signes qui doivent précéder la destruction de Jérusalem, du temple et la fin du monde. Le temps en est caché même aux anges, et c'est pourquoi il faut veiller et être toujours prêt pour l'avènement du Seigneur.

1. Et egressus Jesus de templo, ibat. Et accesserunt discipuli ejus, ut ostenderent ei ædificationes templi.

2. Ipse autem respondens dixit illis : Videtis hæc omnia? Amen dico vobis, non relinquetur hic lapis super lapidem, qui non destruatur.

3. Sedente autem eo super montem Oliveti, accesserunt ad eum discipuli secreto, dicentes : Dic nobis, quando hæc crunt? et quod signum adventus tui, et consummationis sæculi?

4. Et respondens Jesus, dixit eis : Videte ne quis vos seducat;

1. Lorsque Jésus sortait du temple pour s'en aller [1], ses disciples s'approchèrent de lui pour lui faire remarquer la structure de cet édifice [2]. *Marc*, 13, 1. *Luc*, 21, 5.

2. Mais il leur dit : Voyez-vous tous ces bâtiments? Je vous le dis en vérité, ils seront tellement détruits, qu'il n'y demeurera pas pierre sur pierre. *Luc*, 19, 44.

3. Et comme il était assis sur la montagne des Oliviers [3], ses disciples s'approchèrent de lui [4] en particulier, et lui dirent : Dites-nous quand ces choses arriveront, et quel signe il y aura de votre avènement et de la consommation du siècle [5].

4. Et Jésus leur répondit [6] : Prenez garde que quelqu'un ne vous séduise; *Ephés*. 5, 6. *Coloss*. 2, 18.

℣. 1. — [1] vers le mont des Oliviers, pour passer la nuit à Béthanie chez Lazare, après avoir passé le jour entier à évangéliser.

[2] pour lui faire remarquer sa grandeur, sa magnificence et sa solidité. Jésus avait donné occasion à cette démarche des apôtres par la prédiction qu'il avait faite, chap. 23, 38, relativement à la désolation du temple. Le temple était en effet un chef-d'œuvre admirable d'architecture.

℣. 3. — [3] où le principal point de vue était du côté de Jérusalem et du temple.

[4] Suivant saint Marc, 13, 3, c'étaient Pierre, Jacques, Jean et André, ses disciples les plus intimes.

[5] Les disciples croyaient que la destruction de Jérusalem et du temple, et l'avènement du Seigneur pour le jugement dernier à la fin du monde, devaient arriver en même temps. Le Seigneur lui-même pouvait avoir donné occasion à cette croyance en rapprochant, dans diverses circonstances, ces deux événements (*Pl. h.* 16, 27. 28. 22, 7. 8, 23, 38. 39). Pourquoi cela? *Voy.* la note suivante.

℣. 4. — [6] Par la réponse qui suit, Jésus-Christ s'explique au sujet des deux événements, comme en conviennent d'un accord unanime tous les saints Pères, bien qu'ils soient quelquefois d'avis différent dans l'application de tels et tels passages à l'une ou à l'autre des deux catastrophes. Quelques-uns pensent que la première partie du discours jusqu'au ℣. 32, regarde la destruction de Jérusalem, et que la suite s'applique à la fin du monde. D'autres (Aug., Jérôme, Bède et la plupart des saints Pères et des interprètes) croient que dans son coup d'œil divin, devant lequel mille ans sont comme un seul jour (*Ps.* 89, 4), Jésus-Christ a rassemblé et rapproché les deux événements. Cette opinion a, ce semble, plus de fondement dans la nature des événements dont il s'agit, et dans la lettre de la prophétie. Les deux événements, la destruction de Jérusalem et la fin du monde, sont les deux parties d'un même fait divin, du jugement de Dieu sur les hommes; or, comme d'ordinaire dans le coup d'œil prophétique les événements qui se développent par degrés dans le temps, et qui ne forment dans leur ensemble qu'un seul et même fait divin, sont représentés simultanément et enclavés les uns dans les autres, sous un même point

5. parce que plusieurs viendront sous mon nom, disant: Je suis le Christ; et ils en séduiront plusieurs[7].
6. Vous entendrez aussi parler de guerres et de bruits de guerre : mais gardez-vous bien de vous troubler; car il faut que ces choses arrivent; mais ce ne sera pas encore la fin.
7. Car on verra se soulever peuple contre peuple, et royaume contre royaume; et il y aura des pestes, des famines et des tremblements de terre en divers lieux[8].
8. Et toutes ces choses *ne* seront *que* le commencement des douleurs[9].
9. Alors on vous livrera pour être tourmentés, et on vous fera mourir[10]: et vous serez haïs de toutes les nations à cause de mon nom[11]. *Pl. h.* 10, 17. *Luc,* 21, 12. *Jean,* 15, 20. 16, 2.
10. Et alors plusieurs trouveront des oc-

5. multi enim venient in nomine meo, dicentes : Ego sum Christus : et multos seducent.
6. Audituri enim estis prælia, et opiniones præliorum. Videte ne turbemini : oportet enim hæc fieri, sed nondum est finis;
7. consurget enim gens in gentem, et regnum in regnum, et erunt pestilentiæ, et fames, et terræ motus per loca;
8. hæc autem omnia initia sunt dolorum.
9. Tunc tradent vos in tribulationem, et occident vos : et eritis odio omnibus gentibus propter nomen meum.
10. Et tunc scandalizabuntur

---

de vue historique (Comp. *Isaïe,* 24, 26. etc.), de même il est tout à fait conforme à la nature des choses que Jésus-Christ prédise ces deux événements de manière qu'ils se présentent alternativement dans sa prophétie, et qu'ils s'enclavent l'un dans l'autre. L'intime union qui existe entre eux est confirmée par la lettre même de la prophétie. Dans les ỹ. 29. 30. 31. le coup d'œil prophétique se porte et se dirige fixe et précis sur la fin du monde, et cependant il est dit, ỹ. 34, que la génération présente ne passera point sans voir tout ce qui a été prédit. Le seul moyen de concilier ces deux choses, c'est de supposer que les deux événements sont représentés sous les mêmes expressions, de telle sorte cependant que c'est tantôt l'un, tantôt l'autre qui domine dans le sens littéral, prochain et complet, tandis que l'autre n'est compris sous les mêmes expressions que dans un sens plus éloigné, impropre et imparfait. L'hypothèse de quelques modernes, que Jésus-Christ n'a predit que la ruine de Jérusalem, a contre elle non-seulement toute l'antiquité, mais encore la lettre même de la prophétie.

ỹ. 5. — [7] Il ne s'éleva point, à proprement parler, de faux messies avant la destruction de Jérusalem; car Théodas (*Act.* 5, 36) et l'Egyptien (*Act.* 21, 38) étaient des émeutiers, et Simon le Magicien (*Act.* 8, 10) était un faux prophète; mais après cet événement on vit de temps en temps paraître des individus qui se donnèrent pour le Christ; tels furent dans les temps anciens Chochba, qui parut sous l'empereur Adrien; dans les temps modernes, au XVIIe siècle, Sabbataï Zebhi, qui finit par se faire mahométan; tels sont encore les faux philosophes qui substituent leur doctrine à la doctrine du salut, et les précurseurs de l'antechrist (*Dan.* 7). L'antechr[illegible] lui-même s'élèvera à la fin des temps pour la destruction du christianisme, et [illegible] nera pour prétexte que tout salut vient de lui (*Jean*,5, 43. 2. *Thess.* 2. 1. et su[illegible] Les paroles du texte se rapportent principalement, dans leur sens complet, [illegible] signes avant-coureurs de la fin du monde. Jésus-Christ comprend tous les [illegible] messies à la fois, parce que dans l'intuition éternelle de Dieu, tout revient à [illegible] seul point, et que les divers faux messies ne forment qu'un seul personnage *moral*, qui paraîtra enfin à son suprême degré de perversité dans l'antechrist. Ce n'est que dans un sens plus éloigné et imparfait que ces paroles se rapportent aux faux prophètes des temps antérieurs à la destruction de Jérusalem.

ỹ. 7. — [8] Ceci encore ne trouve qu'une application imparfaite dans les combats et les fléaux qui arrivèrent pendant la guerre judaïque, avant la prise de Jérusalem par les Romains; l'entier accomplissement en est réservé pour la fin des temps (Voy. 2. *Par.* 14, 1. et suiv. *Apoc.* 19, 20).

ỹ. 8. — [9] ne seront que des maux physiques; le fléau le plus terrible, le fléau moral viendra ensuite, comme il va être dit.

ỹ. 9. — [10] on cherchera à vous exterminer, et dans vous, la sainteté, la vérité et la justice.

[11] à cause de moi, à cause de ma doctrine, à cause de la religion chrétienne (Voy. *pl. h.* 10, 22).

multi, et invicem tradent, et odio habebunt invicem.
11. Et multi pseudoprophetæ surgent, et seducent multos.
12. Et quoniam abundavit iniquitas, refrigescet charitas multorum;
13. qui autem perseveraverit usque in finem, hic salvus erit.
14. Et prædicabitur hoc Evangelium regni in universo orbe, in testimonium omnibus gentibus : et tunc veniet consummatio.
15. Cum ergo videritis abominationem desolationis, quæ dicta est a Daniele propheta, stantem in loco sancto, qui legit, intelligat :
16. tunc qui in Judæa sunt, fugiant ad montes :
17. et qui in tecto, non descendat tollere aliquid de domo sua ;

casions de scandale [12], se trahiront, et se haïront les uns les autres.
11. Et il s'élèvera plusieurs faux prophètes [13], qui séduiront beaucoup de personnes.
12. Et parce que l'iniquité sera venue à son comble, la charité de plusieurs se refroidira.
13. Mais celui-là seul sera sauvé, qui persévérera jusqu'à la fin [14].
14. Et cet Evangile du royaume sera prêché dans toute la terre, pour *servir de* témoignage [15] à toutes les nations; et alors la fin arrivera [16].
15. Quand donc vous verrez *que* l'abomination de la désolation, qui a été prédite par le prophète Daniel, *sera* dans le lieu saint [17], que celui qui lit entende bien ce qu'il lit [18] : *Marc*, 13, 14. *Luc*, 21. 20. *Daniel*, 9, 27.
16. alors que ceux qui sont dans la Judée s'enfuient sur les montagnes [19];
17. que celui qui sera au haut du toit, n'en descende point pour emporter quelque chose de sa maison [20];

ỳ. 10. — [12] prendront scandale de la faiblesse apparente de la religion chrétienne, et apostasieront.

ỳ. 11. — [13] lesquels se donneront pour des hommes inspirés de Dieu, pour des instruments et des envoyés divins, dédaigneront la vraie doctrine et la transformeront dans leurs inventions.

ỳ. 13. — [14] Les ỳ. 9-13 ne peuvent qu'imparfaitement s'appliquer aux faibles persécutions contre les chrétiens, et aux faux prophètes qui précédèrent la destruction de Jérusalem ; dans leur sens complet, ils se rapportent aux persécutions et aux hérésies des temps chrétiens, lesquelles sont ainsi rappelées dans leur ensemble, bien que ce soit surtout à la fin des temps qu'elles doivent se montrer dans toute leur cruauté et leur fureur destructive (*Voy.* note 7. Comp. *pl. h.* 10, 22).

ỳ. 14. — [15] Voy. *pl. h.* 10, 18.

[16] Lorsque l'Evangile aura été prêché à tous les peuples dans le monde entier, et que tout l'univers aura reçu par la prédication un témoignage de la charité et de la sagesse divine; alors viendra la fin du monde, et son jugement (Comp. *Isaie*, 49, 6. 51, 5. 56, 7. 60, 1. 66, 19. *Isaïe*, 19, 21 et suiv. *Zach.* 2, 11). Ce n'est que dans un sens imparfait que cela peut s'appliquer à la destruction de Jérusalem, en tant que les apôtres, et notamment l'apôtre saint Paul, avaient répandu la doctrine chrétienne dans presque toutes les provinces de l'empire romain avant cet événement.

ỳ. 15. — [17] Quand vous verrez les abominations qui seront commises dans la Cité sainte et dans le temple, selon la prédiction du prophète Daniel, alors, etc. (*Voy.* ỳ. 16). Ces abominations sont le siège de Jérusalem par des ennemis païens, l'apparition des aigles romaines et des images des faux dieux dans son enceinte, et les dévastations que les Juifs eux-mêmes causèrent dans le temple pendant le siège.

[18] Selon quelques-uns, ceci est une remarque du saint Evangéliste, pour donner aux chrétiens de ce temps-là un signe que ces abominations avaient déjà commencé à se réaliser.

ỳ. 16. — [19] pour chercher dans les cavernes un refuge et un asile contre les ennemis qui les poursuivront. Les chrétiens se sauvèrent en effet pendant le siège de Jérusalem à Pella, dans les montagnes de Galaad, et dans d'autres contrées montagneuses.

ỳ. 17. — [20] mais qu'il se hâte de fuir, sans perdre de temps; ou bien qu'il fuie sur les toits des maisons voisines du côté des grands chemins. — On peut sur les

18. et que celui qui sera dans le champ ne retourne point pour prendre sa robe [21].

19. Mais malheur aux femmes qui seront grosses ou nourrices en ce temps-là [22]!

20. Priez donc que votre fuite n'arrive point durant l'hiver [23], ni au jour du sabbat [24]. *Act.* 1, 12.

21. Car l'affliction de ce temps-là sera si grande, qu'il n'y en a point eu de pareille depuis le commencement du monde jusqu'à présent, et qu'il n'y en aura jamais [25].

22. Et si ces jours [26] n'avaient été abrégés, nul homme n'aurait été sauvé [27] : mais ces jours seront abrégés en faveur des élus [28].

23. Alors si quelqu'un vous dit : Le Christ est ici, ou il est là, ne le croyez point : *Marc,* 13, 21. *Luc,* 17, 23.

24. car il s'élèvera de faux christs et de faux prophètes, qui feront de grands prodiges et des choses étonnantes [29], jusqu'à séduire, s'il était possible, les élus mêmes.

18. et qui in agro, non revertatur tollere tunicam suam.

19. Væ autem prægnantibus, et nutrientibus in illis diebus.

20. Orate autem ut non fiat fuga vestra in hieme, vel sabbato;

21. erit enim tunc tribulatio magna, qualis non fuit ab initio mundi usque modo, neque fiet.

22. Et nisi breviati fuissent dies illi, non fieret salva omnis caro : sed propter electos breviabuntur dies illi.

23. Tunc si quis vobis dixerit : Ecce hic est Christus, aut illic : nolite credere.

24. Surgent enim pseudochristi et pseudoprophetæ : et dabunt signa magna, et prodigia, ita ut in errorem inducantur (si fieri potest) etiam electi.

---

maisons des Orientaux, dont les toits sont plats, aller d'un toit à un autre, et au-dehors sont d'ordinaire pratiqués des escaliers par lesquels on peut monter et descendre sans entrer dans l'intérieur de la maison.

℣. 18. — [21] Dans le grec : pour enlever ses vêtements.

℣. 19. — [22] à cause de l'effroi et de leur état incommode pour la fuite.

℣. 20. — [23] dans une mauvaise saison, où les mauvaises routes sont un obstacle à la fuite.

[24] jour auquel les Juifs ne pouvaient s'éloigner qu'à la distance de mille grands pas. Toute la loi cérémonielle de Moyse fut, il est vrai, abrogée par la mort de Jésus-Christ : mais tant que les chrétiens vécurent parmi les Juifs en Palestine, et que les gentils ne furent pas entrés dans l'Eglise, ils durent, par respect pour Moyse et pour la loi, demeurer attachés aux pratiques des Juifs. Lorsque les gentils furent entrés dans l'Eglise, l'affranchissement évangélique des cérémonies légales (*Act.* 15, 28 et suiv.) fut proclamé par le concile général rassemblé par les apôtres (Chrys. Théoph.). Les ℣. 15-20 se rapportent principalement et proprement aux fléaux qui précédèrent et accompagnèrent la destruction de Jérusalem par les Romains ; mais dans un sens plus éloigné et impropre, ils conviennent aussi aux abominations et aux calamités que l'antechrist amènera avec lui à la fin des temps ; car le même prophète Daniel parle également de ces abominations (*Dan.* 12, 11) et des violences auxquelles les chrétiens des derniers temps seront contraints de se soustraire, autant qu'il sera possible, par une prompte fuite.

℣. 21. — [25] Puisqu'il s'agit d'une tribulation la plus grande qui se sera fait sentir pendant toute la durée du monde, l'on ne peut entendre en premier lieu et dans le sens propre, les calamités que les Romains firent retomber sur Jérusalem ; car il y en a eu d'autres et plus longues et plus considérables ; il faut que ce soit la dernière affliction, les temps affreux de l'antechrist qui précéderont le jugement dont il est ici parlé ; et les ℣. 21. 22. ne s'appliquent en conséquence que dans un sens éloigné et impropre au temps de la destruction de Jérusalem.

℣. 22. — [26] ce temps-là.

[27] ni dans le corps ni dans l'âme. La séduction du temps de l'antechrist sera si grande, que nul ne serait sauvé si Dieu n'abrégeait les jours de sa domination ; comme aussi nul d'entre les chrétiens ne conserverait la vie du corps, si Dieu n'intervenait.

[28] à cause du petit nombre de saints qui existeront alors, pour les conserver eux-mêmes, et pour sauver les autres par eux.

℣. 24. — [29] par le moyen de satan. Saint Paul (2. *Thess.* 2, 9) et saint Jean (*Apoc.* 13, 12) disent la même chose de l'antechrist, mais ils entrent dans plus de détails.

25. Ecce prædixi vobis.
26. Si ergo dixerint vobis : Ecce in deserto est, nolite exire : Ecce in penetralibus, nolite credere.

27. Sicut enim fulgur exit ab oriente, et paret usque in occidentem : ita erit et adventus Filii hominis.
28. Ubicumque fuerit corpus, illic congregabuntur et aquilæ.
29. Statim autem post tribulationem dierum illorum sol obscurabitur, et luna non dabit lumen suum, et stellæ cadent de cœlo, et virtutes cœlorum commovebuntur :
30. et tunc parebit signum Filii hominis in cœlo : et tunc plangent omnes tribus terræ : et videbunt Filium hominis venientem in nubibus cœli cum virtute multa, et majestate.

25. J'ai voulu vous en avertir auparavant.
26. Si donc on vous dit : Le voilà dans le désert; ne sortez point : Le voici dans le lieu le plus retiré de la maison; ne le croyez point [30].
27. Car comme un éclair qui sort de l'orient, paraît jusqu'à l'occident; ainsi sera l'avènement du Fils de l'homme [31].

28. Partout où se trouvera le corps, là les aigles s'assembleront [32]. *Luc*, 17, 37.
29. Mais aussitôt après ces jours d'affliction [33], le soleil s'obscurcira, et la lune ne donnera plus sa lumière; les étoiles tomberont du ciel [34], et les vertus des cieux [35] seront ébranlées [36]. *Isaïe*, 13, 10. *Ezéch.* 32, 7. *Joel*, 2, 10. *Marc*, 12, 24. *Luc*, 21, 25.
30. Et alors le signe du Fils de l'homme paraîtra dans le ciel [37] : et à cette vue tous les peuples de la terre s'abandonneront aux pleurs et aux gémissements [38]; et ils verront le Fils de l'homme qui viendra sur les nuées du ciel [39] avec une grande puissance et une grande majesté [40]. *Apoc.* 1, 7.

℣. 26. — [30] Si l'on vous dit alors : Le véritable Messie est sur le champ avec son armée; ou bien : Il est dans cet endroit ou dans cet autre pour tenir des assemblées secrètes : ne croyez pas que ce soit le Messie, et ne vous joignez pas à lui.

℣. 27. — [31] Ne vous laissez pas séduire; car semblable à l'éclair qui apparaît d'une extrémité du ciel à l'autre, mon second avènement sera subit et visible à tous les hommes. Ce n'est que dans un sens impropre que cet avènement peut s'entendre de la présence invisible et du triomphe du Seigneur dans son jugement contre Jérusalem.

℣. 28. — [32] Le grec dans le sens propre porte : « cadavre; » dans la version latine on lit : *corps;* le sens des deux leçons est le même. Les aigles sont mis pour les vautours qui se jettent sur les cadavres. Le sens est : De même que les vautours se rassemblent autour d'un cadavre, de même alors, quand l'antechrist aura exercé ces ravages, le Fils de l'homme viendra pour exercer sa justice vengeresse contre l'humanité pervertie. Dans le sens impropre on peut entendre en même temps la venue invisible de Jésus-Christ par le châtiment des aigles romaines contre le peuple corrompu des Juifs.

℣. 29. — [33] que l'antechrist et Gog et Magog causeront par leur apparition (*Apoc.* 20, 7).

[34] paraîtront, disparaîtront.

[35] l'armée du ciel, toutes les étoiles.

[36] Après cette tribulation, un violent tremblement de tout le ciel étoilé, dans lequel paraîtra visiblement le signe du Seigneur (℣. 30), l'ébranlera et couvrira tout d'un voile d'épaisses ténèbres (Comp. *Isaïe*, 13, 10. *Ezéch.* 32, 6. 8). Le ciel étoilé fut créé avec la terre (1. *Moys.* 1), et il ne forme avec elle qu'un seul tout : c'est pourquoi il est compris dans le jugement qui est porté contre elle.

℣. 30. — [37] D'après l'explication de tous les saints Pères, ce signe est la croix; et c'est ainsi également que l'Eglise chante dans son office. La croix a été le signe de son humiliation, elle sera aussi le signe de sa gloire et de sa domination; car c'est par le moyen de la croix qu'il s'est conquis la domination (*Phil.* 2, 8-9).

[38] Les générations de la terre sont ici les impies qui enfin à la vue de la croix pleureront, mais trop tard, leurs péchés (Aug.). Le sentiment d'avoir crucifié le Seigneur deviendra leur tourment (Chrys.).

[39] environné d'une nuée lumineuse.

[40] pour mettre fin au règne des impies sur la terre.

31. Et il enverra ses anges, qui feront entendre la voix éclatante de leurs trompettes[41], et qui rassembleront ses élus des quatre coins du monde[42], depuis une extrémité du ciel jusqu'à l'autre[43]. 1. *Cor.* 15, 52. 1. *Thess.* 4, 15.

32. Apprenez une comparaison du figuier[44]: quand ses branches sont déjà tendres, et qu'il pousse ses feuilles, vous jugez que l'été est proche.

33. Ainsi lorsque vous verrez toutes ces choses, sachez que *le Fils de l'homme*[45] est proche, et *qu'il est* à la porte.

34. Je vous dis en vérité, que cette génération ne finira point, que toutes ces choses ne soient accomplies[46].

35. Le ciel et la terre passeront[47], mais mes paroles ne passeront point[48].

36. Mais pour ce qui regarde ce jour et cette heure, nul autre que mon Père[49] ne le sait, non pas même les anges du ciel[50].

37. Et il arrivera à l'avènement du Fils

31. Et mittet angelos suos cum tuba, et voce magna : et congregabunt electos ejus a quatuor ventis, a summis cœlorum usque ad terminos eorum.

32. Ab arbore autem fici discite parabolam : cum jam ramus ejus tener fuerit, et folia nata, scitis quia prope est æstas :

33. ita et vos cum videritis hæc omnia, scitote quia prope est in januis.

34. Amen dico vobis, quia non præteribit generatio hæc, donec omnia hæc fiant.

35. Cœlum et terra transibunt, verba autem mea non præteribunt.

36. De die autem illa et hora nemo scit, neque angeli cœlorum, nisi solus Pater.

37. Sicut autem in diebus Noe,

ỳ. 31. — [41] pour appeler à la résurrection générale. La trompette est mise ici pour une voix retentissante.

[42] Litt. : des quatre vents, — des quatre régions du monde.

[43] Tous les hommes, les justes et les impies, reparaîtront avec leurs corps (*Apoc.* 20, 12 et suiv.). Le Seigneur ne parle point du jugement même, parce que les disciples ne l'avaient interrogé que sur les signes qui devaient le précéder (ỳ. 3); mais saint Matthieu rapporte plus bas (25, 31) les révélations du Seigneur à ce sujet. Les versets 29-31 peuvent aussi, mais dans un sens impropre seulement, s'appliquer aux jugements de Dieu contre Jérusalem; dans cette hypothèse, l'obscurcissement de la lumière du ciel, figure les ténèbres de l'esprit qui aveuglaient les Juifs, le signe du Fils de l'homme, est le triomphe de la religion chrétienne, les pleurs que font entendre les générations de la terre, sont l'image des cris de douleur que les douze tribus des Juifs firent entendre sur Jerusalem, les anges représentent les apôtres qui rassemblent de toutes les contrées de l'univers les fidèles dans l'Eglise.

ỳ. 32. — [44] Vous avez dans le figuier un sujet de comparaison.

ỳ. 33. — [45] le royaume de Dieu au delà de ce monde; dans un sens impropre, l'Eglise, ce royaume qui s'élèvera triomphant sur les ruines du judaïsme (Voy. *Luc*, 21, 31).

ỳ. 34. — [46] Par la génération présente on doit entendre dans le sens propre, d'après les éclaircissements donnes aux passages ci-dessus (23, 36. 16, 28), les Juifs qui vivaient à cette époque : dans un sens impropre, plus éloigné, il s'agit de la race humaine en général. Pour ce qui regarde les Juifs qui vivaient alors, l'ensemble de la prophétie s'est accompli, car ils ont vu la ruine de Jérusalem qui y est prédite tantôt dans le sens propre, tantôt dans le sens impropre : touchant l'humanité en général, elle s'accomplit ou s'accomplira sous les différents rapports sous lesquels la fin du monde y est décrite, également tantôt dans le sens propre, tantôt dans le sens impropre.

ỳ. 35. — [47] se modifieront, seront changés, transformés en un état plus parfait (2. *Pier.* 3, 13. *Isaie*, 65, 17).

[48] ma parole est immuable, elle se vérifie toujours avec ponctualité.

ỳ. 36. — [49] Dieu seul sait quand son jugement éclatera sur Jérusalem et sur le monde.

[50] *Saint Marc*, 13, 32, ajoute : pas même le Fils, en tant qu'il est créature, un pur homme; mais il les connait comme Dieu, et en tant que son humanité est unie à la divinité dans une seule personne.

ita erit et adventus Filii hominis;

38. sicut enim erant in diebus ante diluvium comedentes et bibentes, nubentes et nuptui tradentes, usque ad eum diem, quo intravit Noe in arcam,

39. et non cognoverunt donec venit diluvium, et tulit omnes : ita erit et adventus Filii hominis.

40. Tunc duo erunt in agro : unus assumetur, et unus relinquetur;

41. duæ molentes in mola : una assumetur, et una relinquetur.

42. Vigilate ergo, quia nescitis qua hora Dominus vester venturus sit.

43. Illud autem scitote, quo-

de l'homme [51] ce qui arriva au temps de Noé. 1. *Moys*. 7, 7. *Luc*, 17, 26.

38. Car comme durant les jours avant le déluge les hommes mangeaient et buvaient, se mariaient et mariaient leurs enfants, jusqu'au jour où Noé entra dans l'arche;

39. et qu'ils ne pensèrent au déluge que lorsqu'il survint et les emporta tous : ainsi en sera-t-il à l'avènement du Fils de l'homme [52].

40. Alors de deux hommes qui seront dans un champ, l'un sera pris, et l'autre laissé [53].

41. De deux femmes qui moudront dans un moulin, l'une sera prise, et l'autre laissée [54].

42. Veillez donc, parce que vous ne savez pas à quelle heure votre Seigneur doit venir [55]. *Marc*, 13, 32. 33, 34.

43. Car sachez que si le père de famille

ỳ. 37. — [51] quand il viendra juger l'antechrist (ỳ. 27).

ỳ. 39. — [52] Comme aux jours de Noé il n'y eut qu'un petit nombre d'hommes qui demeurèrent fidèles à Dieu, et que presque tous s'abandonnaient à une vie purement terrestre, ainsi en sera-t-il aux jours où l'antechrist aura séduit l'humanité presque entière; et de même qu'alors on ne faisait point attention au jugement de Dieu qui approchait, de même, lors de l'avènement du Fils de l'homme, on n'y fera aucune réflexion. C'est une chose digne de remarque que le Seigneur ne parle pas de grands vices, mais d'une vie purement terrestre et sensuelle. L'homme charnel lui-même condamne les grands vices, mais pour ce qui est de la charité gravée dans le cœur, qui change l'esprit, et de la sagesse de Dieu s'élevant au-dessus de la raison, il n'en tient aucun compte. Ce qu'il y a de bon dans la nature, de juste dans l'homme tel qu'il apparaît dans l'état du péché originel, c'est ce qu il regarde comme seul vrai et seul bon, et c'est pourquoi il se considère lui-même en cet état comme juste. Ainsi à la fin des temps une vertu et une sagesse purement naturelles, et par conséquent une vie purement naturelle aussi, infatuera l'humanité et l'éloignera de Jésus-Christ, de telle sorte que, dans l'aveuglement de cette justice qu'ils rechercheront en eux-mêmes, les hommes ni ne pressentiront, ni ne redouteront le prochain avènement du Seigneur.

ỳ. 40. — [53] quand le Seigneur viendra pour juger le monde (ỳ. 27), la moitié du genre humain périra pour le corps et pour l'âme.

ỳ. 41. — [54] Les Juifs avaient coutume de moudre leur grain dans des moulins à bras, où d'ordinaire c'étaient des femmes qui faisaient le service. Les versets 37-41 se rapportent aussi dans un sens impropre à l'avènement de Jésus-Christ pour juger Jérusalem; alors en effet une partie seulement des hommes entra dans l'Eglise, l'autre s'endurcit dans la vie païenne et y demeura abandonnée.

ỳ. 42. — [55] Mais le Seigneur a indiqué ci-dessus les signes de son avènement, tels que les faux messies, la perturbation parmi les peuples, etc. (ỳ. 4. 5. 14); pourquoi donc veiller chaque jour? C'est afin d'observer et de reconnaître ces mêmes signes; mais c'est surtout afin d'être prêt, lorsqu'arrivera la mort qui peut surprendre inopinément. Le jugement général dont le Seigneur parle ici dans le sens prochain, arrive pour chaque homme au moment de sa mort, sous forme d'un jugement particulier, pour son âme qui est jugée même avant la résurrection du corps. La sentence prononcée dans ce jugement particulier ne devant pas être autre que celle que Dieu prononcera au jugement général, ce jugement est compris dans ce passage dans le sens propre sous la désignation du jugement universel; et les disciples sont avertis de vivre dans une constante vigilance par rapport au jugement particulier, afin d'être vigilants aussi en ce qui regarde le jugement général. C'est pourquoi saint Jérôme dit : Ce qui est réservé à tous les hommes au jugement général, c'est ce qui s'accomplit à l'égard de chacun au jour de la mort.

savait à quelle heure [56] le voleur doit venir, il veillerait sans doute, et ne laisserait pas percer sa maison. *Luc*, 12, 39.

44. Tenez-vous donc aussi toujours prêts; parce que le Fils de l'homme viendra à l'heure que vous ne pensez pas [57].

45. Quel est, à votre avis, le serviteur fidèle et prudent, que son maître a établi sur ses serviteurs, pour leur distribuer dans le temps leur nourriture [58]?

46. Heureux ce serviteur, si son maître à son arrivée le trouve agissant de la sorte. *Apoc.* 16, 15.

47. Je vous dis en vérité qu'il l'établira sur tous ses biens [59].

48. Mais si ce serviteur est méchant, et que disant en son cœur : Mon maître n'est pas près de venir,

49. il se mette à battre les autres serviteurs, et à manger et à boire avec des ivrognes :

50. le maître de ce serviteur viendra au jour qu'il ne s'y attend pas, et à l'heure qu'il ne sait pas [60] :

niam si sciret paterfamilias qua hora fur venturus esset, vigilaret utique, et non sineret perfodi domum suam.

44. Ideo et vos estote parati : quia qua nescitis hora Filius hominis venturus est.

45. Quis, putas, est fidelis servus, et prudens, quem constituit dominus suus super familiam suam, ut det illis cibum in tempore?

46. Beatus ille servus, quem cum venerit dominus ejus, invenerit sic facientem;

47. amen dico vobis, quoniam super omnia bona sua constituet eum.

48. Si autem dixerit malus servus ille in corde suo : Moram facit dominus meus venire :

49. et cœperit percutere conservos suos, manducet autem et bibat cum ebriosis :

50. veniet dominus servi illius, in die qua non sperat, et hora qua ignorat :

ỳ. 43. — [56] Dans le grec : à quelle veille de la nuit le voleur, etc.

ỳ. 44. — [57] Cela regarde non-seulement l'heure de la mort, mais encore le dernier avènement du Seigneur pour le jugement. Cet avènement a ses signes déterminés; mais comme rien dans le monde ne paraît subitement, mais que tout a sa préparation et sa marche progressive, comme tout commence, s'accroît, se développe et se perfectionne par son accroissement, de même les signes précurseurs du jugement apparaissent se développant dans toute l'histoire, et se réalisent de temps à autre comme par degrés dans la suite des âges, jusqu'à ce que, par le laps du temps, ils s'accomplissent pleinement et amènent la fin. L'antechrist ne se manifestera donc pas seulement à la fin des temps; il apparaît successivement, pendant le cours des siècles, dans ses précurseurs et dans ses types, et c'est pourquoi il apparaît aussi souvent avec tous les phénomènes qui se rattachent à son apparition (Comp. 1. *Jean*, 2, 18-22), bien que ce ne soit pas au même degré. De là aussi, le jugement du Seigneur éclate souvent, Dieu déployant sa majesté et sa puissance céleste d'une manière visible dans les arrêts qu'il porte de temps à autre contre ses ennemis pour faire triompher sa cause. Et voilà la raison pour laquelle les fidèles de tous les siècles doivent se tenir dans une vigilance continuelle, même dans l'attente du dernier avènement du Seigneur; car s'ils savent que la fin du monde n'arrivera que lorsque les signes précurseurs auront atteint leur dernier période de développement, ils ignorent quand ce dernier période sera atteint, attendu que le Père s'en est réservé à lui seul la connaissance (ỳ. 36), et que, par conséquent, ils ne peuvent pas avoir la certitude que ce dernier période ne se présentera pas de leur temps.

ỳ. 45. — [58] Quel est le serviteur qui ayant été établi par son maître pour prendre soin de ses domestiques, peut être considéré comme un serviteur dévoué, attentif aux intérêts de son maître? Est-ce celui qui en tout temps accomplit son devoir, parce que son maître peut en tout temps venir et lui faire rendre compte; ou bien celui qui se dit : Le temps de l'arrivée de mon maître n'est pas encore venu; et qui, en conséquence, néglige l'accomplissement de son devoir? Le Seigneur adresse cette question aux apôtres, ce qui est une preuve qu'il parle principalement du devoir, de la vigilance et de la sollicitude constante qui est imposée aux supérieurs ecclésiastiques (Hil.).

ỳ. 47. — [59] Le Seigneur un jour partagera avec lui sa domination.

ỳ. 50. — [60] Mais si un supérieur ecclésiastique, ou un préposé quelconque,

51. et dividet eum, partemque ejus ponet cum hypocritis; illio erit fletus, et stridor dentium.

51. il le séparera [61], et lui donnera son partage avec les hypocrites [62] : c'est là qu'il y aura des pleurs et des grincements de dents [63]. *Pl. h.* 13, 42. *Pl. b.* 25, 30.

CHAPITRE XXV.

Parabole des dix vierges. Parabole des talents. Séparation éternelle du genre humain au jugement dernier.

1. Tunc simile erit regnum cœlorum decem virginibus : quæ accipientes lampades suas exierunt obviam sponso et sponsæ.
2. Quinque autem ex eis erant fatuæ, et quinque prudentes :

1. Alors le royaume des cieux sera semblable à dix vierges qui, ayant pris leurs lampes, s'en allèrent au-devant de l'époux et de l'épouse [1].
2. Il y en avait cinq d'entre elles qui étaient folles, et cinq qui étaient sages [2].

---

regardant comme éloigné l'avènement du Seigneur pour le jugement, s'abandonne à la mollesse et à une vie sensuelle, et traite au contraire ceux qui lui sont soumis avec dureté et d'une manière injuste, le Seigneur le frappera de mort, et le citera devant son tribunal à l'heure où il y pensera le moins (Comp. 1. *Pier.* 5, 2 et suiv.).

ỳ. 51. — [61] de la société des saints (Jérôme).

[62] il le condamnera éternellement comme les hypocrites (Voy. *pl. h.* 23, note 1).

[63] Voy. *pl. h.* 8, 12.

ỳ. 1. — [1] Les deux paraboles suivantes des dix vierges et des talents, ont un but commun, qui est de montrer que, lors de l'avènement du Seigneur (à la mort ou au jugement 24, 42-51), ce sera l'activité de la foi qui décidera de notre éternelle félicité ou de notre éternelle damnation. La foi est supposée, et il n'est fait aucune mention des infidèles, parce que celui qui ne croit point est déjà jugé (*Jean*, 3, 18). La différence qu'il y a entre ces deux paraboles, c'est que la première se rapporte plus spécialement aux vierges proprement dites, et que l'autre convient mieux aux chrétiens en général qui sont dans la voie. Pour bien comprendre la parabole des vierges, il est nécessaire de connaître les usages suivis dans les repas de noces parmi les Israélites. L'époux suivi de ses compagnons (*Jean*, 3, 29), allait chercher l'épouse à la maison de son père. Celle-ci était environnée de ses compagnes, ordinairement au nombre de dix, lesquelles, lorsque l'époux approchait, allaient à sa rencontre, et le conduisaient à l'épouse, qui était restée en arrière, pour l'attendre avec les jeunes gens et les jeunes filles qui l'accompagnaient. Arrivés près de l'épouse, tous se rendaient de là à la maison paternelle de l'époux, où le repas des noces était préparé. Comme en Orient les grands repas étaient donnés à une heure avancée du soir, on se rendait au festin à la lueur des torches; c'est pourquoi les vierges durent aussi se pourvoir de torches allumées. Les torches étaient des perches en bois, au haut desquelles il y avaient des lampions dans lesquels brûlait de l'huile. Les vierges qui portaient de ces torches avaient sur elles des flacons renfermant de l'huile, afin de pouvoir en verser au besoin. Dans le grec il y a simplement : Et elles partirent à la rencontre de l'époux : ce qui ne change rien au sens. Quant à l'application de la parabole, par l'époux il faut entendre Jésus-Christ; par l'épouse, l'Eglise; par les vierges sages, tous les chrétiens dont la foi est pure et sans tache (2. *Cor.* 11, 2), particulièrement ces âmes virginales qui, élevées à la vie contemplative, se sont entièrement consacrées à Dieu. Le sens du verset ci-dessus est : Au jugement et lors de l'admission dans le ciel, il arrivera aux fidèles ce qui est arrivé à ces dix vierges du festin des noces.

ỳ. 2. — [2] La folie consiste à se persuader qu'il suffit de croire au Seigneur, d'être chrétien ou consacré à Dieu sans avoir une charité ardente, vigilante et active (Hil., Orig.). La sagesse de la sainteté consiste à unir la foi à la charité. Il n'est point question des modèles, ni de ceux qui vivent dans l'erreur; car les vierges de la parabole font profession de suivre l'époux (Jésus-Christ) et l'épouse (l'Eglise).

3. Mais les cinq folles, ayant pris leurs lampes, ne prirent point d'huile avec elles.

4. Les sages, au contraire, prirent de l'huile dans leurs vases avec leurs lampes.

5. Et comme l'époux tardait à venir [3], elles s'assoupirent toutes, et s'endormirent [4].

6. Mais sur le minuit, on entendit un grand cri [5] : Voici l'époux qui vient; allez au-devant de lui.

7. Aussitôt toutes ces vierges se levèrent, et préparèrent leurs lampes [6].

8. Mais les folles dirent aux sages : Donnez-nous de votre huile, parce que nos lampes s'éteignent [7].

9. Les sages leur répondirent : De peur que ce que nous en avons ne suffise pas pour nous et pour vous, allez plutôt à ceux qui en vendent, et achetez-en ce qu'il vous en faut.

10. Mais pendant qu'elles allaient en acheter, l'époux vint; et celles qui étaient prêtes entrèrent avec lui aux noces [8], et la porte fut fermée.

11. Enfin les autres vierges vinrent aussi, et lui dirent : Seigneur, seigneur, ouvrez-nous.

3. sed quinque fatuæ, acceptis lampadibus, non sumpserunt oleum secum :

4. prudentes vero acceperunt oleum in vasis suis cum lampadibus.

5. Moram autem faciente sponso, dormitaverunt omnes et dormierunt.

6. Media autem nocte clamor factus est : Ecce sponsus venit, exite obviam ei.

7. Tunc surrexerunt omnes virgines illæ, et ornaverunt lampades suas.

8. Fatuæ autem sapientibus dixerunt : Date nobis de oleo vestro : quia lampades nostræ extinguuntur.

9. Responderunt prudentes, dicentes : Ne forte non sufficiat nobis et vobis, ite potius ad vendentes, et emite vobis :

10. Dum autem irent emere, venit sponsus : et quæ paratæ erant, intraverunt cum eo ad nuptias, et clausa est janua.

11. Novissime vero veniunt et reliquæ virgines, dicentes : Domine, domine, aperi nobis.

Pareillement toutes sont vierges; par conséquent il faut entendre spécialement des vierges véritables, distinguées entre elles par la foi active ou non active, par les bonnes œuvres (Aug., Grég.).

℣. 5. — [3] Les délais de Jésus-Christ sont le temps de la pénitence et des bonnes œuvres qui est accordé à tous dans cette vie, à tous jusqu'à leur mort (Hil.).

[4] L'envie de dormir et le sommeil désignent l'agonie et la mort (Hil.).

℣. 6. — [5] Les compagnons de l'époux annoncent son approche, afin qu'on aille au-devant de lui. Sur le minuit, c'est-à-dire qu'au temps où l'on n'y pensera pas, la mort, la fin du monde, l'avènement du Seigneur nous surprendra. Les compagnons de l'époux sont les anges qui sonneront de la trompette (*Pl. h.* 24, 31). Orig., Jérôme, Chrysost.

℣. 7. — [6] A l'avènement du Seigneur, au jour de la mort et du jugement, tous les fidèles éprouveront leur foi et leurs œuvres, et interrogeront leur conscience, pour s'assurer s'ils pourront en cet état paraître devant le Seigneur (Aug.).

℣. 8. — [7] Les croyants insensés (note 2), à leur mort, au jour du jugement, sentiront l'indigence de leur âme, le défaut de sainteté intérieure par les bonnes œuvres, spécialement par les bonnes œuvres de la piété dans un genre de vie consacré à Dieu, et trop tard ils s'apercevront que ces œuvres, ils ne peuvent plus se les procurer. La demande, le refus (9), et l'acquisition (10) de l'huile, sont mis ici dans un sens figuré pour cette pensée : A l'instant décisif de la mort et du jugement, il n'est plus possible ni de rendre sa foi active par les bonnes œuvres, ni d'acquérir des mérites; car l'arbre demeure gisant dans l'état où il tombe, soit que ce soit pour la miséricorde, soit que ce soit pour la réprobation (Voy. *Eccl.* 11, 3, note 4). A la mort se ferme la porte du mérite, et elle ne se rouvrira plus (August.).

℣. 10. — [8] elles allèrent avec lui et l'épouse à la maison de son père pour prendre part au festin des noces.

12. At ille respondens, ait : Amen dico vobis, nescio vos.
13. Vigilate itaque, quia nescitis diem neque horam.
14. Sicut enim homo peregre proficiscens, vocavit servos suos, et tradidit illis bona sua.
15. Et uni dedit quinque talenta, alii autem duo, alii vero unum, unicuique secundum propriam virtutem, et profectus est statim.
16. Abiit autem qui quinque talenta acceperat, et operatus est in eis, et lucratus est alia quinque.
17. Similiter et qui duo acceperat, lucratus est alia duo.
18. Qui autem unum acceperat, abiens fodit in terram, et abscondit pecuniam domini sui.
19. Post multum vero temporis venit dominus servorum illorum, et posuit rationem cum eis.
20. Et accedens qui quinque talenta acceperat, obtulit alia quinque talenta, dicens : Domine, quinque talenta tradidisti mihi, ecce alia quinque superlucratus sum.

12. Mais il leur répondit : Je vous le dis en vérité, je ne vous connais point [9].
13. Veillez donc, parce que vous ne savez ni le jour ni l'heure [10]. *Marc*, 13, 33.
14. Car *le Seigneur agit* comme un homme qui, devant faire un long voyage hors de son pays, appela ses serviteurs, et leur mit son bien entre les mains [11]. *Luc*. 19, 12.
15. Et ayant donné cinq talents à l'un, deux à l'autre, et un à l'autre, selon la capacité différente de chacun d'eux [12], il partit aussitôt.
16. Celui donc qui avait reçu cinq talents s'en alla; il trafiqua avec cet argent, et il en gagna cinq autres.
17. Celui qui en avait reçu deux, en gagna de même encore deux autres.
18. Mais celui qui n'en avait reçu qu'un alla creuser dans la terre, et y cacha l'argent de son maître [13].
19. Longtemps après, le maître de ces serviteurs étant revenu, leur fit rendre compte.
20. Et celui qui avait reçu cinq talents, s'étant approché, *lui* en présenta cinq autres, en disant : Seigneur, vous m'avez mis cinq talents entre les mains; en voici, outre ceux-là, cinq autres que j'ai gagnés [14].

℣. 12. — [9] Car ce n'est pas celui qui dit : Seigneur, Seigneur! mais celui qui fait la volonté de mon Père céleste, qui entrera dans le royaume des cieux (Voy. *pl. h.* 7, 21). Connaître signifie ici reconnaître comme ses vrais disciples (Voy. *pl. h.* 7, 23).

℣. 13. — [10] Le grec, suivant une leçon qui cependant est contestée : l'heure à laquelle le Fils de l'homme viendra.

℣. 14. — [11] La parabole qui suit maintenant (*Comp.* note 1) doit nous apprendre quel compte rigoureux le Seigneur exigera des fidèles au jour du jugement, relativement à l'emploi des dons et des grâces qu'il leur aura départis en vue de la gloire de Dieu et du salut du prochain; nous y voyons aussi d'une part, combien éclatante sera la récompense éternelle qu'il donnera à ses fidèles et zélés serviteurs; et, d'autre part, avec quelle rigueur il punira pendant toute l'éternité ses serviteurs infidèles et négligents. L'homme qui entreprend un voyage représente Jésus-Christ remontant au ciel, pour revenir à la fin du monde et au temps de la mort, car la pensée de la parabole comprend ces deux choses (*Pl. h.* 24, note 55); les serviteurs sont les fidèles, notamment les pasteurs de l'Eglise; car les serviteurs de la parabole sont établis sur les biens de leur maître : les biens et les talents sont les dons de la nature et de la grâce. Un talent valait environ 4414 francs. — * Dans l'allemand : 4000 thaler. Le thaler est évalué par quelques-uns à 4 fr., par d'autres à 3 fr. 75.

℣. 15. — [12] Ceci ne se rapporte qu'à l'homme dans la comparaison; car le Seigneur que cet homme représente, donne même la capacité. Cependant on peut aussi l'appliquer au Seigneur en tant qu'il confère plus de grâces, par exemple de dignités dans l'Etat et dans l'Eglise, à proportion que l'on possède plus de dons et de facultés naturelles.

℣. 18. — [13] Au lieu de faire servir les dons naturels dont ils sont pourvus, quelque faibles qu'ils soient d'ailleurs, à leur salut et à celui d'autrui, combien en est-il qui s'abandonnent à la négligence, et qui n'ont qu'un seul soin, celui de leur repos!

℣. 20. — [14] Au jour du jugement, dit saint Grégoire, chacun produira ce qu'il

21. Son maître lui répondit : Cela est bien, ô bon et fidèle serviteur : parce que vous avez été fidèle en peu de choses, je vous établirai sur beaucoup *d'autres* [15] : entrez dans la joie de votre seigneur.

22. Celui qui avait reçu deux talents, vint aussi se présenter, et dit : Seigneur, vous m'avez mis deux talents entre les mains; en voici deux autres que j'ai gagnés.

23. Son maître lui répondit : Cela est bien, ô bon et fidèle serviteur : parce que vous avez été fidèle en peu de choses, je vous établirai sur beaucoup *d'autres :* entrez dans la joie de votre seigneur.

24. Celui qui n'avait reçu qu'un talent, s'approchant ensuite, dit : Seigneur, je sais que vous êtes un homme dur, que vous moissonnez où vous n'avez point semé, et que vous recueillez où vous n'avez rien mis [16] :

25. c'est pourquoi, comme je vous appréhendais, j'ai été cacher votre talent dans la terre; le voici, je vous rends ce qui est à vous.

26. Mais son maitre lui répondit : Serviteur méchant et paresseux, vous saviez que je moissonne où je n'ai point semé, et que je recueille où je n'ai rien mis :

27. vous deviez donc mettre mon argent entre les mains des banquiers, et à mon retour j'eusse retiré avec usure ce qui est à moi [17].

28. Qu'on lui ôte donc le talent qu'il a, et qu'on le donne à celui qui a dix talents [18].

29. Car on donnera à celui qui a *déjà*, et il sera dans l'abondance : mais pour celui

21. Ait illi dominus ejus : Euge serve bone et fidelis, quia super pauca fuisti fidelis, super multa te constituam, intra in gaudium domini tui.

22. Accessit autem et qui duo talenta acceperat, et ait : Domine, duo talenta tradidisti mihi, ecce alia duo lucratus sum.

23. Ait illi dominus ejus : Euge serve bone et fidelis, quia super pauca fuisti fidelis, super multa te constituam, intra in gaudium domini tui.

24. Accedens autem et qui unum talentum acceperat, ait : Domine, scio quia homo durus es, metis ubi non seminasti, et congregas ubi non sparsisti :

25. et timens abii, et abscondi talentum tuum in terra : ecce habes quod tuum est.

26. Respondens autem dominus ejus, dixit ei : Serve male et piger, sciebas quia meto ubi non semino, et congrego ubi non sparsi :

27. oportuit ergo te committere pecuniam meam nummulariis, et veniens ego recepissem utique quod meum est cum usura.

28. Tollite itaque ab eo talentum, et date ei, qui habet decem talenta;

29. omni enim habenti dabitur, et abundabit : ei autem qui non

---

aura fait. Alors saint Pierre paraîtra avec la Judée convertie, saint Paul avec le monde païen, saint Thomas avec l'Inde. Alors tous les saints pasteurs se montreront avec les âmes qu'ils auront gagnées à Dieu. Malheur à nous! que pourrons-nous dire quand nous arriverons solitaires devant le Seigneur, nous qui avons porté le nom de pasteurs, et qui n'amenons point de brebis avec nous? Ah! nous nous qualifions ici-bas de pasteurs, et devant Dieu nous n'avons point de troupeau!

ỳ. 21. — [15] je vous confierai des biens encore plus considérables, la domination dans le ciel.

ỳ. 24. — [16] C'est là un blasphème des paresseux, comme si Dieu exigeait plus de perfection que n'en comporte la faiblesse humaine. Le méchant serviteur, au lieu de convenir de sa négligence, rejette sa faute sur le Seigneur (Jérôme).

ỳ. 27. — [17] L'injuste accusation que tu portes contre moi, comme si j'étais d'une exigence trop rigoureuse, ne peut pas justifier ta paresse; ma sévérité aurait dû être un motif de plus pour toi de te donner au moins quelque peine. — Le dépôt de l'argent chez les changeurs est mis ici sous forme de figure pour des peines légères, mais qui produisent un grand gain. Car pour les dépôts de l'argent en espèces chez les changeurs, on retirait de forts intérêts.

ỳ. 28. — [18] Dieu retire aux serviteurs indignes les dons et les grâces qu'il leur avait faits, lorsqu'ils ne les font pas servir à leur salut et à celui du prochain, et il les donne à ceux qui en usent fidèlement (Comp. *Apoc.* 3, 11).

habet, et quod videtur habere, auferetur ab eo.

30. Et inutilem servum ejicite in tenebras exteriores : illic crit fletus, et stridor dentium.

31. Cum autem venerit Filius hominis in majestate sua, et omnes angeli cum eo, tunc sedebit super sedem majestatis suæ :

32. et congregabuntur ante eum omnes gentes, et separabit eos ab invicem, sicut pastor segregat oves ab hœdis :

33. et statuet oves quidem a dextris suis, hœdos autem a sinistris.

34. Tunc dicet rex his, qui a dextris ejus erunt : Venite, bene-

qui n'a point, on lui ôtera même ce qu'il semble avoir [19]. *Pl. b.* 13, 12. *Marc,* 4, 25.

30. Et quant à ce serviteur inutile, qu'on le jette dans les ténèbres extérieures : c'est là qu'il y aura des pleurs et des grincements de dents [20].

31. Or quand le Fils de l'homme viendra dans sa majesté accompagné de tous les anges, il s'assiéra sur le trône de sa gloire [21].

32. Et toutes les nations étant assemblées devant lui, il séparera les uns d'avec les autres, comme un berger sépare les brebis d'avec les boucs [22] :

33. et il placera les brebis à sa droite, et les boucs à sa gauche [23].

34. Alors le roi dira à ceux qui seront à sa droite [24] : Venez les bénis de mon

---

℣. 29. — [19] Celui qui emploie fidèlement les dons et les grâces qu'il a reçus, et qui montre ainsi qu'il possède en effet ces dons, reçoit en récompense des dons plus grands encore, qui s'accroîtront jusqu'à être surabondants, parce que sa fidélité croît aussi : celui au contraire qui ne coopère pas à la grâce, et qui semble ainsi ne posséder aucun don, les dons et les grâces qu'il paraît avoir lui seront de plus ôtés. *Voy.* la note ci-dessus (Aug., Chrys.). Cette même maxime se retrouve *pl. h.* 13, 12, avec une autre application, quoique le sens en soit le même. Dans le grec :... on lui ôtera même ce qu'il a.

℣. 30. — [20] Voy. *pl. h.* 8, 12. 22, 13.

℣. 31. — [21] Quand donc le Fils de l'homme, qui est maintenant méconnu, viendra comme le Seigneur du ciel et de toutes les créatures, environné de la majesté qui lui est propre, ce sera pour le jugement universel. Ces versets se rapportent aux chap. 24, 31. Le Seigneur parlait ci-dessus de son avènement glorieux; il nous apprend ici que cet avènement arrivera pour le jugement général, qu'il décrit plus au long et avec de vives couleurs. Entre les deux (24, 32-25, 30), il avait placé des exhortations à la vigilance et à la fidélité, au soin de vivifier la foi sincère par les bonnes œuvres, afin que ceux qui croiraient en lui fussent toujours prêts dans l'attente de son avènement, soit pour le jugement général, soit pour le jugement particulier au jour de la mort.

℣. 32. — [22] par les saints anges (Voy. *pl. h.* 13, 49). Les bons à raison de leur innocence, de leur simplicité, de leur patience, sont comparés aux brebis; les méchants sont comparés aux boucs, à cause de leur impureté et de leur forme hideuse.

℣. 33. — [23] La droite, dit saint Thomas, désigne la place la plus honorable, la région des airs autour de Jésus-Christ, conformément à ce qui est marqué 1. *Thess.* 4, 16; la gauche est mise pour la dernière place, peut-être la terre, sur laquelle les impies continueront à demeurer, pour être ensuite précipités dans l'enfer après leur sentence portée. Après cette séparation, remarque saint Augustin, chacun rappellera dans son souvenir ses œuvres bonnes ou mauvaises, et elles se présenteront avec une promptitude merveilleuse aux yeux de l'esprit, soit avec un témoignage favorable, soit avec d'amers reproches de la conscience. — Cette connaissance que chacun acquerra de lui-même, et au moyen de laquelle chaque homme sera son premier et son propre juge, sera suivie de la sentence du juge suprême qui, par une illumination intérieure, manifestera les œuvres de chacun aux yeux de tous, et enfin prononcera son jugement.

℣. 34. — [24] Le dialogue suivant entre le Juge et ceux qui seront jugés ne se passera pas littéralement comme il est ici rapporté; c'est une comparaison, une parabole, par laquelle Jésus-Christ a voulu nous dire, sous les couleurs d'une vive peinture, qu'il jugera chacun d'après ses œuvres (Voy. *pl. h.* 16, 27), qu'il n'y aura de reconnues comme bonnes que les œuvres qui auront été faites pour lui, et par conséquent dans la foi en lui, et que la seule omission de ces œuvres de la foi suffira pour encourir la damnation éternelle. Les protestations des bons et des méchants servent à faire ressortir avec plus d'énergie cette pensée, que les œuvres de la foi

Père [25], possédez le royaume qui vous a été préparé dès le commencement du monde [26] :

35. car j'ai eu faim, et vous m'avez donné à manger; j'ai eu soif, et vous m'avez donné à boire; j'ai eu besoin de logement, et vous m'avez logé; *Isaïe*, 58, 7.

36. j'ai été nu, et vous m'avez revêtu; j'ai été malade, et vous m'avez visité; j'étais en prison, et vous m'êtes venus voir [27]. *Eccli.* 7, 39.

37. Alors les justes lui répondront : Seigneur, quand est-ce que nous vous avons vu avoir faim, et que nous vous avons donné à manger; ou avoir soif, et que nous vous avons donné à boire?

38. quand est-ce que nous vous avons vu sans logement, et que nous vous avons logé; ou nu, et que nous vous avons revêtu?

39. et quand est-ce que nous vous avons vu malade, ou en prison, et que nous sommes venus vous visiter?

40. Et le roi leur répondra : Je vous le dis en vérité, autant de fois que vous l'avez fait à l'un de ces plus petits de mes frères, c'est à moi-même que vous l'avez fait.

41. Il dira ensuite à ceux qui seront à la gauche : Retirez-vous de moi, maudits, *allez* au feu éternel [28] qui a été préparé pour le diable et pour ses anges [29] : *Pl. h.* 7, 23. *Luc*, 13, 27. *Ps.* 6, 9.

42. car j'ai eu faim, et vous ne m'avez pas donné à manger; j'ai eu soif, et vous ne m'avez pas donné à boire;

dicti Patris mei, possidete paratum vobis regnum a constitutione mundi;

35. esurivi enim, et dedistis mihi manducare : sitivi, et dedistis mihi bibere : hospes eram, et collegistis me :

36. nudus, et cooperuistis me : infirmus, et visitastis me : in carcere eram, et venistis ad me.

37. Tunc respondebunt ei justi, dicentes : Domine, quando te vidimus esurientem, et pavimus te : sitientem, et dedimus tibi potum?

38. quando autem te vidimus hospitem, et collegimus te : aut nudum, et cooperuimus te?

39. aut quando te vidimus infirmum, aut in carcere, et venimus ad te?

40. Et respondens rex, dicet illis : Amen dico vobis, quandiu fecistis uni ex his fratribus meis minimis, mihi fecistis.

41. Tunc dicet et his, qui a sinistris erunt : Discedite a me maledicti in ignem æternum, qui paratus est diabolo et angelis ejus;

42. esurivi enim, et non dedistis mihi manducare : sitivi, et non dedistis mihi potum :

---

seules justifient, et qu'aucune allégation, de quelque nature qu'elle soit, ne sera capable de changer la sentence du Juge. Cependant bon nombre d'interprètes (Maldonat., Tirin, Grég., Mair) soutiennent et appuient sur d'excellentes raisons l'interprétation littérale.

[25] vous que mon Père a comblés de ses faveurs, et qu'il avait destinés à la grâce.

[26] dès l'instant de la création, de toute éternité. De toute éternité Dieu vous a réservé les joies éternelles, parce que de toute éternité il a prévu que vous y parviendriez par les bonnes œuvres faites dans la foi.

℣. 36. — [27] Les œuvres de miséricorde sont mises en général pour les œuvres de charité envers le prochain, et les œuvres de charité, pour toute la loi (*Gal.* 5, 14), parce que le véritable amour du prochain n'a en vue que Dieu, et par conséquent implique l'amour de Dieu. Jésus-Christ représente les œuvres de charité comme faites à lui-même, pour nous apprendre qu'il n'y a d'œuvres véritablement bonnes que celles qui sont faites dans la foi en lui et pour lui; et en effet, un service de charité que nous rendons à quelqu'un des siens est réellement fait à lui-même, car il vit dans les siens.

℣. 41. — [28] Il y a différents feux, le feu terrestre, le feu aérien, le feu du soleil; Dieu est assez puissant pour faire brûler un feu réel même au sein de l'enfer, sans que pour cela ce doive être un de ceux qui nous sont connus. Sur l'expression *éternel*, voy. *pl. h.* ℣. 46.

[29] que Dieu a préparé dans l'enfer pour Lucifer, le grand ange de lumière, ainsi que pour toute sa troupe, en punition de leur rébellion. Mais de purs esprits peuvent-ils donc être tourmentés par un feu réel? — Votre âme sensitive ne souffre-t-elle donc pas quand vous vous brûlez? Ce n'est, il est vrai, que par le moyen du corps, mais est-il donc impossible à Dieu de communiquer au feu de l'enfer la propriété de servir de moyen semblable?

43. hospes eram, et non collegistis me : nudus, et non cooperuistis me : infirmus, et in carcere, et non visitastis me.
44. Tunc respondebunt ei et
ipsi, dicentes : Domine, quando
te vidimus esurientem, aut sitientem, aut hospitem, aut nudum,
aut infirmum, aut in carcere, et
non ministravimus tibi?
45. Tunc respondebit illis, dicens : Amen dico vobis : Quandiu
non fecis is uni de minoribus his,
nec mihi fecistis.
46. Et ibnut hi in supplicium
æternum : justi autem in vitam
æternam.

43. j'ai eu besoin de logement, et vous ne
m'avez pas logé; j'ai été sans habits, et vous
ne m'avez pas revêtu; j'ai été malade et en
prison, et vous ne m'avez pas visité.
44. Alors ils lui répondront aussi : Seigueur, quand est-ce que nous vous avons
vu avoir faim, ou soif, ou sans logement, ou
sans habits, ou malade, ou en prison, et que
nous avons manqué à vous assister?
45. Mais il leur répondra : Je vous dis en
vérité, autant de fois que vous avez manqué
de le faire à l'un de ces plus petits, vous
avez manqué de le faire à moi-même.
46. Et ceux-ci iront dans le supplice éternel, et les justes dans la vie éternelle [30].
Jean, 5, 29. *Dan*. 12, 2.

ỳ. 46. — [30] dans l'immortalité éternelle et bienheureuse. L'expression *éternel*, désigne une durée sans fin; car dans *saint Luc*, 1, 33, le royaume de Jésus-Christ est appelé un royaume sans fin, et selon *saint Jean*, 11, 26, les justes ne mourront jamais. C'est dans le même sens que le mot « éternel » doit être pris dans le premier membre du verset : d'abord parce que les expressions dans les deux membres du verset sont corrélatives; ensuite parceque, suivant ce qui est dit 3, 12. *Apoc*. 20, 10 et *Jean*, 3, 36, la punition des impies sera pareillement sans fin. Comment d'ailleurs les damnés pourraient-ils jamais devenir bons, puisque la grâce de Dieu leur est pour toujours soustraite, depuis le mauvais usage qu'ils en ont fait au temps de la vie, pour lequel seulement elle leur a été donnée (*Jean*, 3, 36)? Autant il est impossible que les ténèbres se changent en lumières, ou que le feu réduise les scories en argent ou en or; autant est-il impossible que l'enfer, le cloaque moral du monde, se rapproche jamais du ciel. Tous les saints Pères ont enseigné cette durée sans fin des peines de l'enfer, et les conciles œcuméniques de l'Eglise (IV de Constantinople; de Trente, sess. IV, chap. 14, can. 2, 5) ont condamné l'opinion erronée que les peines des démons et des damnés doivent avoir une fin. Ces peines, ô homme, n'en fais pas l'objet de ta haine, car elles sont justes; ne hais que le péché. Celui qui ne déteste que la peine, en tombant dans le péché encourt la peine. Ton incrédulité, il est vrai, est cause que tu éloignes ta pensée de l'enfer, mais tu ne peux éloigner l'enfer même : tu te bandes les yeux pour ne point voir l'abîme; mais tu n'y tomberas que plus sûrement. Considérez l'enfer même de loin avec les yeux de la foi, il vous inspirera un effroi salutaire qui vous retirera de la voie qui y conduit; tant qu'on est en-deçà de la porte de l'enfer, il est possible de rebrousser chemin; mais une fois dans l'enfer, il n'y a plus possibilité d'en sortir; la porte se ferme pour l'éternité, c'est pour l'éternité que les verroux sont poussés.

CHAPITRE XXVI.

Jésus-Christ prédit qu'il sera crucifié. Les Juifs tiennent conseil contre lui. Un parfum précieux est répandu sur sa tête. Judas se dispose à le trahir. Manducation de l'agneau pascal et institution de la divine Eucharistie. Jésus prédit le reniement de Pierre, il se rend sur le mont des Oliviers, il est trahi par Judas et conduit à Caïphe. Pierre le renie et fait pénitence.

1. Jésus ayant achevé tous ces discours, dit à ses disciples [1] : *Marc,* 14. 1. 2. *Luc,* 22, 1. 2. *Jean,* 13-17.

2. Vous savez que la Pâque se fera dans deux jours [2], et le Fils de l'homme sera livré pour être crucifié.

3. Alors les princes des prêtres et les anciens du peuple s'assemblèrent dans la salle [3] du grand prêtre appelé Caïphe [4];

4. et tinrent conseil ensemble pour trouver moyen de se saisir adroitement de Jésus, et de le faire mourir [5].

5. Et ils disaient : Il ne faut point que ce soit pendant la fête, de peur qu'il ne s'excite quelque tumulte parmi le peuple [6].

6. Or comme Jésus était à Béthanie [7], dans la maison de Simon le lépreux [8], *Marc,* 14, 3-9. *Jean,* 12, 1-8.

7. une femme vint à lui avec un vase d'albâtre, plein d'une huile de parfum de grand prix, qu'elle lui répandit sur la tête, lorsqu'il était à table [9]. *Marc,* 14, 3. *Jean,* 11, 2. 12, 3.

8. Ce que ses disciples voyant, ils s'en

1. Et factum est : cum consummasset Jesus sermones hos omnes, dixit discipulis suis :

2. Scitis quia post biduum Pascha fiet, et Filius hominis tradetur ut crucifigatur.

3. Tunc congregati sunt principes sacerdotum, et seniores populi, in atrium principis sacerdotum, qui dicebatur Caiphas :

4. et consilium fecerunt ut Jesum dolo tenerent, et occiderent.

5. Dicebant autem : Non in die festo, ne forte tumultus fieret in populo.

6. Cum autem Jesus esset in Bethania in domo Simonis leprosi,

7. accessit ad eum mulier habens alabastrum unguenti pretiosi, et effudit super caput ipsius recumbentis.

8. Videntes autem discipuli, in-

℣. 1. — [1] Dans la trente-troisième année de la vie de Jésus, suivant la manière ordinaire de supputer les temps.

℣. 2. — [2] Touchant la Pâque des Juifs, voy. 2. *Moys.* 12, 1. et suiv.

℣. 3. — [3] dans le vestibule. Dans le grec :... les princes des prêtres, les scribes et les anciens, etc.

[4] Suivant l'historien juif Josèphe, Caïphe fut grand prêtre depuis l'année 19 jusqu'à l'année 36, après la naissance de Jésus-Christ, temps auquel il fut déposé par le préfet romain Vitellius.

℣. 4. — [5] Ce conseil fut tenu le quatrième jour, le mercredi. C'est pour cette raison qu'autrefois on jeûnait dans l'Eglise ce jour-là.

℣. 5. — [6] Car le jour de la fête il y avait à Jérusalem un grand concours de peuple qui lui était dévoue, et qui, à ce qu'ils croyaient, aurait pu empêcher sa condamnation et son exécution.

℣. 6. — [7] six jours avant la fête (*Jean,* 12, 1-8).

[8] qui apparemment avait été guéri par lui. Suivant saint Jean, Lazare, Marthe et Marie étaient presents, et ce fut cette dernière qui répandit un parfum sur Jésus.

℣. 7. — [9] en signe du respect profond dont elle était pénétrée (Voy. *Eccli.* 9, 8).

dignati sunt, dicentes : Ut quid perditio hæc?

9. potuit enim istud venundari multo, et dari pauperibus.

10. Sciens autem Jesus, ait illis : Quid molesti estis huic mulieri? opus enim bonum operata est in me;

11. nam semper pauperes habetis vobiscum : me autem non semper habetis.

12. Mittens enim hæc unguentum hoc in corpus meum, ad sepeliendum me fecit.

13. Amen dico vobis, ubicumque prædicatum fuerit hoc Evangelium in toto mundo, dicetur et quod hæc fecit in memoriam ejus.

14. Tunc abiit unus de duodecim, qui dicebatur Judas Iscariotes, ad principes sacerdotum :

15. et ait illis : Quid vultis mihi dare, et ego vobis eum tradam? At illi constituerunt ei triginta argenteos.

16. Et exinde quærebat opportunitatem ut eum traderet.

17. Prima autem die azymorum accesserunt discipuli ad Jesum, dicentes : Ubi vis paremus tibi comedere Pascha?

fâchèrent, et dirent [10] : A quoi bon cette perte [11]?

9. car on aurait pu vendre ce parfum bien cher, et en donner l'argent aux pauvres.

10. Mais Jésus sachant [12] *ce qu'ils disaient*, leur dit : Pourquoi faites-vous de la peine à cette femme [13]? Ce qu'elle vient de faire envers moi est une bonne œuvre [14].

11. Car vous avez toujours des pauvres parmi vous; mais pour moi, vous ne m'avez pas toujours [15].

12. Et lorsqu'elle a répandu ce parfum sur mon corps, elle l'a fait pour m'ensevelir [16].

13. Je vous le dis en vérité, partout où sera prêché cet Evangile, *c'est-à-dire* dans tout le monde, on racontera à la louange de cette femme ce qu'elle vient de faire.

14. Alors l'un des douze [17], appelé Judas Iscariote, alla trouver les princes des prêtres, *Marc*, 14, 10. *Luc*, 22, 4.

15. et leur dit : Que voulez-vous me donner, et je vous le livrerai? Et ils convinrent [18] avec lui de trente pièces d'argent [19].

16. Et depuis ce temps-là il cherchait une occasion favorable pour le livrer [20].

17. Or le premier jour des azymes [21], les disciples vinrent trouver Jésus, et lui dirent : Où voulez-vous que nous vous préparions pour manger la Pâque? *Marc*, 14, 12. *Luc*, 22, 7.

℣. 8. — [10] Selon saint Jean, il n'y eut que Judas qui s'éleva contre; les autres, ou du moins quelques-uns d'entre eux, ainsi que le raconte saint Marc, témoignèrent tout au plus leur étonnement par quelques gestes.

[11] Le parfum, au rapport de saint Marc, valait plus de trois cents deniers, plus de 130 à 135 fr. — * Dans l'allemand, plus de 30 thaler; si l'on prend le thaler pour 3 fr. 75 c., on a 111 fr. 50 c.; il y en a qui évaluent le thaler à 4 fr.

℣. 10. — [12] quoique les disciples n'eussent dit cela qu'entre eux.

[13] en lui reprochant d'avoir fait une perte inutile.

[14] une démarche noble, inspirée par l'amour et le respect.

℣. 11. — [15] corporellement et visiblement présent.

℣. 12. — [16] Elle l'a fait pour m'embaumer par avance (Voy. *Jean*, 19, 39 et suiv.). L'effusion du parfum arriva, suivant l'ordre des temps, avant l'entrée solennelle à Jérusalem (*Pl. h.* 21), et peu avant qu'il s'offrît lui-même comme victime en qualité de souverain prêtre. Ainsi Jésus fut-il, même sur la terre, consacré en qualité de Messie et de grand prêtre.

℣. 14. — [17] Voy. *Ps.* 54, 13.

℣. 15. — [18] D'autres traduisent : ils lui comptèrent.

[19] environ cinquante-six francs. C'était le prix d'un esclave selon 2. *Moys*. 21, 32. Comp. *Zach*. 11, 12.

℣. 16. — [20] car il était un voleur (*Jean*, 12, 6). C'est ainsi que des sentiments tout terrestres et une sagesse charnelle conduisirent un apôtre même à sa perte.

℣. 17. — [21] Pendant les sept jours de la fête de Pâques les Juifs ne pouvaient pas manger de pain levé (2. *Moys*. 12, 15 et suiv.), et c'est pourquoi la fête de Pâques était aussi appelée la fête des pains sans levain. Cette fête commençait le quatorze du mois de Nizan, qui correspond à la moi[illegible] nos mois de mars et d'avril. L'année où Jésus-Christ fut crucifié, le quatorze [illegible] Nizan tombait au cinquième jour de la semaine, c'est-à-dire au jour que nous appelons jeudi (Voy. *pl. b.* 28, 1). Ce fut

18. Jésus leur répondit : Allez dans la ville chez un tel [22], et lui dites : Le Maître vous envoie dire : Mon temps [23] est proche; je viens faire la Pâque chez vous avec mes disciples.

19. Les disciples firent ce que Jésus leur avait commandé, et préparèrent la Pâque [24].

20. Le soir donc étant venu, il se mit à table avec ses douze disciples.

21. Et lorsqu'ils mangeaient, il leur dit : Je vous dis en vérité, que l'un de vous me doit trahir [25]. *Jean*, 13, 21.

22. Cette parole leur ayant causé une grande tristesse, chacun d'eux commença à lui dire : Serait-ce moi, Seigneur?

23. Il leur répondit : Celui qui met la main avec moi dans le plat, est celui qui me trahira [26].

24. Pour ce qui est du Fils de l'homme, il s'en va, selon ce qui a été écrit de lui; mais malheur à l'homme par qui le Fils de l'homme sera trahi [27] : il vaudrait mieux pour lui qu'il ne fût jamais né. *Ps*. 40, 10.

25. Judas, qui fut celui qui le trahit, prenant la parole, dit : Est-ce moi, Maitre? Il lui répondit : Vous l'avez dit [28].

18. At Jesus dixit : Ite in civitatem ad quemdam, et dicite ei : Magister dicit : Tempus meum prope est, apud te facio Pascha cum discipulis meis.

19. Et fecerunt discipuli sicut constituit illis Jesus, et paraverunt Pascha.

20. Vespere autem facto, discumbebat cum duodecim discipulis suis.

21. Et edentibus illis, dixit : Amen dico vobis, quia unus vestrum me traditurus est.

22. Et contristati valde, cœperunt singuli dicere : Numquid ego sum, Domine?

23. At ipse respondens, ait : Qui intingit mecum manum in paropside, hic me tradet.

24. Filius quidem hominis vadit, sicut scriptum est de illo : væ autem homini illi, per quem Filius hominis tradetur : bonum erat ei, si natus non fuisset homo ille.

25. Respondens autem Judas, qui tradidit eum, dixit : Numquid ego sum, Rabbi? Ait illi : Tu dixisti.

---

le matin de ce même jour que les disciples adressèrent à Jésus la demande ci-dessus.

ỳ. 18. — [22] chez un tel et un tel : à savoir chez l'homme dont vous rencontrerez le serviteur portant une cruche d'eau (*Marc*, 14, 13). Jésus-Christ envoya Pierre et Jean (*Luc*, 22, 8). Cet homme était apparemment un des adeptes de Jésus; car Jésus-Christ lui fait parler de son temps, et il s'appelle lui-même maître. Jesus ne désigna pas le nom de cet homme, de peur que Judas ne connût d'avance le lieu de la réunion; car il aurait pu faire prendre Jesus pendant le repas même.

[23] le temps de ma mort.

ỳ. 19. — [24] ils achetèrent un agneau, l'immolèrent dans le temple (2. *Moys*. 12, 6), et le préparèrent pour le festin dans la maison de celui qui avait été désigné.

ỳ. 21. — [25] Jésus parle en général de cet attentat, afin que celui qui avait la conscience de son crime pût en faire pénitence (Jerôme).

ỳ. 23. — [26] Jésus-Christ s'explique maintenant plus clairement, quoique non encore d'une manière tout-à-fait precise : C'est un de ceux qui mettent avec moi la main dans un même plat. Dans un repas de treize personnes, il devait y avoir sur la table plusieurs plats; parmi ceux qui trempèrent leur pain avec Jésus dans un même plat, était Judas, placé tout pres de lui. Lorsqu'ensuite Jean, sur l'invitation de Pierre, demanda au Sauveur de spécifier la personne (*Jean*, 13, 24), Jésus donna un signe plus précis (*Jean*, 13, 26). Jesus, dit saint Chrysostôme, ne negligea rien pour faire rentrer Judas en lui-même, et quoique ses avertissements ne produisissent aucun fruit, il ne cessa pas de faire tout ce qui était en lui. Ainsi nous-mêmes nous ne devons pas cesser de courir infatigablement à la recherche des pécheurs.

ỳ. 24. — [27] C'est, il est vrai, une chose arrêtée dans les décrets éternels de Dieu, et les prophètes ont prédit (*Ps*. 21 et 39, *Isaïe*, 53) que je mourrai d'une mort violente; mais celui qui me livrera n'est pas pour cela exempt de péché; un malheur effroyable retombera sur lui. Les mauvaises actions entrent comme quelque chose de réalisé, d'accompli dans les desseins de la Providence; mais elles n'en sont pas moins pour cela des œuvres libres et volontaires.

ỳ. 25. — [28] C'est vous! Judas, suivant saint Augustin, fit cette question à voix

26. Cœnantibus autem eis, accepit Jesus panem, et benedixit, ac fregit, deditque discipulis suis, et ait : Accipite, et comedite : Hoc EST CORPUS MEUM.

27. Et accipiens calicem gratias egit : et dedit illis, dicens : Bibite ex hoc omnes.

28. HIC EST ENIM SANGUIS MEUS novi testamenti, qui pro multis

26. Or pendant qu'ils soupaient [29], Jésus prit du pain [30]; et l'ayant béni [31], il le rompit, et le donna à ses disciples, en disant : Prenez et mangez : CECI EST MON CORPS [32]. 1. *Cor.* 11, 24.

27. Et prenant le calice, il rendit grâces [33]: et il le leur donna, en disant : Buvez-en tous :

28. CAR CECI EST MON SANG, *le sang* de la nouvelle alliance [34], qui sera répandu pour

---

basse, après qu'il eut pris le morceau de pain (*Jean*, 13, 27), en s'approchant de Jésus, et Jésus lui répondit à voix basse; car il y avait des disciples qui n'avaient aucun soupçon sur le compte de Judas, croyant (*Jean*, 13, 29) qu'il sortait afin de faire quelque achat à l'occasion de la fête. Du reste, à suivre exactement l'ordre des temps, tous ces avertissements avant la trahison (21-25) doivent, ce semble, ainsi qu'on le voit dans saint Luc, être placés après l'institution de l'Eucharistie (26-29). Saint Matthieu et saint Marc semblent ici, ainsi que dans plusieurs autres circonstances, avoir interverti la suite des faits.

℣. 26. — [29] Dans le grec : Or, pendant qu'ils mangeaient. Ces paroles montrent que ce qui va être raconté est quelque chose de distinct de la manducation de l'Agneau pascal; aussi *saint Luc* (22, 20) dit-il expressément que ce qui suit arriva après le repas. Or ce qui suit maintenant, c'est le don que le Seigneur fait de lui-même en faveur des hommes, la manducation du Seigneur par les hommes, et l'ordre que le Seigneur donne à ses apôtres et à leurs successeurs de renouveler réellement et véritablement pendant toute la suite des siècles le mystère par lequel il se donne et devient notre aliment, comme mémorial de sa mort. C'est l'institution du très-saint sacrifice de la messe, de l'auguste Sacrement des autels, et du sacrement divin de l'Ordre. Tel est l'enseignement de tous les saints Pères et de l'Eglise entière (Comp. *Marc.* 14, 22-25. *Luc*, 22, 19. 20. 1. *Cor.* 11, 23).

[30] un petit gâteau compacte et sans levain, comme les Juifs avaient coutume d'en faire pour la fête de Pâques.

[31] Bénir signifie d'abord : rendre grâces (*Luc*, 22, 19); mais cela signifie aussi, comme on le voit souvent, louer, en sorte que le sens est : Jésus rendit grâces à Dieu et le loua pour le pain qu'il avait destiné à être changé en son corps.

[32] Jésus adressa ces paroles à ses disciples en même temps qu'il leur présentait le morceau de pain, et, par conséquent, avant qu'ils le mangeassent; car avant de manger il était nécessaire qu'ils sussent ce qu'ils mangeraient. Le sens des paroles est : Ceci, ce qui extérieurement vous paraît ici sous la forme d'un pain, ce n'est plus du pain, mais mon corps. Saint Luc ajoute : Qui sera livré pour vous (comme victime sur la croix). Ce pain n'est plus du pain, mais mon corps s'offrant pour vous. Or, comme ce n'est pas simplement le corps, mais le corps vivant de Jésus, toute sa personne divine avec sa chair et son sang, avec sa divinité et son humanité, qui a été offert, ainsi par le corps faut-il entendre Jésus-Christ tout entier; et comme on lit à la suite l'expression : qui sera livré pour vous; ou bien : qui se livre pour vous, il s'ensuit que Jésus-Christ tout entier est représenté comme le Christ s'immolant, comme victime. Il faut d'ailleurs se figurer ici le corps de Jésus-Christ comme un corps réel, mais toutefois à l'état surnaturel, tel qu'il fut après sa résurrection (*Luc*, 24, 36 et suiv.), car c'est ce qu'exige la manière surnaturelle dont il se donne à nous, et dont nous en jouissons. Dans toute l'action (de Jésus) il faut évidemment distinguer deux choses : l'oblation et le don que Jésus-Christ fait de lui-même, et la réception de Jésus Christ par les disciples; le sacrifice et la réception de celui qui est offert — le mystère de toute la religion chrétienne, dont l'essence consiste uniquement dans l'oblation de Jésus-Christ pour le genre humain, et dans l'identification de Jésus-Christ avec la nature humaine par la participation à sa substance et à ses sentiments, par l'union intime (la communion) avec lui, par la transformation de l'homme en lui, autant que cela est possible. Double objet sur lequel le saint concile de Trente (sess. 22, can. 1) a porté la décision qui suit : « Si quelqu'un dit que dans la Messe un sacrifice vrai et proprement dit n'est pas offert à Dieu, ou que le sacrifice consiste en ce que Jésus-Christ nous est donné pour nourriture, qu'il soit anathème. »

℣. 27. — [33] ou il le bénit : cela dans le sens de la note 31.

℣. 28. — [34] Jésus-Christ veut dire : Car ceci qui extérieurement vous paraît ici

plusieurs [35], pour la rémission des péchés [36].

29. Or je vous dis *que* je ne boirai plus désormais de ce fruit de la vigne, jusqu'à ce jour auquel je le boirai nouveau avec vous dans le royaume de mon Père [37].

30. Et ayant chanté l'hymne, ils allèrent à la montagne des Oliviers [38].

effundetur in remissionem peccatorum.

29. Dico autem vobis : Non bibam amodo de hoc genimine vitis, usque in diem illum, cum illud biham vobiscum novum in regno Patris mei.

30. Et hymno dicto, exierunt in montem Oliveti.

---

sous la forme du vin, n'est plus du vin, mais mon sang; et comme l'alliance que Dieu fit avec les Juifs fut scellée par l'oblation du sang (2. *Moys.* 24, 8 et suiv. *Hébr.* 9, 13 et suiv.), de même la nouvelle alliance que Dieu contracte avec le genre humain tout entier, est conclue, confirmée et scellée par mon sang, c'est-à-dire par mon corps versant son sang.

[35] pour tous les hommes (Voy. *pl. h.* 20, 28).

[36] Dans le grec : qui est versé. Ce sang étant le sang vrai et vivant de Jésus-Christ, et le sang vrai et vivant de Jésus-Christ ne pouvant pas être conçu sans sa personnalité entière, il s'ensuit que Jésus-Christ tout entier avec son corps, son sang et son âme, avec sa divinité et son humanité, est pareillement présent sous les espèces du vin (Concile de Trente, sess. 14, can. 3). — Mais puisque Jesus-Christ tout entier était déjà présent et nous était donné sous les espèces du pain, quelle nécessité y avait-il qu'il se donnât de nouveau sous les espèces du vin? Si le Sauveur n'avait établi cet adorable mystère que pour nous en rendre participants par la communion, dès-lors on pourrait regarder sa présence sous les espèces du vin comme superflue; mais la divine Eucharistie étant en même temps, et même en premier lieu, un sacrifice qui devait s'offrir d'une manière mystique et non sanglante (note 32), pour représenter et continuer le sacrifice visible et sanglant de la croix. il est facile de donner la raison pour laquelle le Seigneur s'est donné aussi sous les espèces du vin. En effet, la division en espèces du pain et du vin était destinée à figurer la séparation du sang du Sauveur d'avec son corps adorable, et son effusion presque totale (*Jean*, 19, 34), telle qu'elle s'accomplit dans le sacrifice sanglant de la croix, et le changement du vin au corps adorable se fit en conséquence en vue du sacrifice, pour représenter d'avance cette séparation du sang d'avec le corps. Cette relation du calice au sacrifice est aussi la cause pour laquelle les prêtres seuls et les évêques qui l'offrent, et non le reste du peuple, sont dans l'obligation de prendre le calice. Le peuple n'offre pas proprement, il participe seulement au sacrifice, et il lui suffit par conséquent de recevoir le Seigneur sous une espèce, ainsi que l'a prescrit l'Eglise pour de bonnes raisons. — Sur l'ordre du Seigneur de célébrer à l'avenir le sacrifice et la cène. voy. *Luc*, 22, 19. Au sujet de la sainte cène, le saint concile de Trente dit admirablement (sess. 13, ch. 2) : Notre Sauveur a institué ce sacrement, où il répand en quelque sorte la plénitude et les trésors de son amour envers les hommes, comme un mémorial de ses merveilles. Il a ordonné d'honorer sa mémoire par sa réception, et d'annoncer sa mort jusqu'à ce qu'il vienne pour juger le monde. Or, il veut que nous le recevions comme l'aliment spirituel de nos âmes, aliment dont sont nourris et fortifiés ceux qui vivent de la vie de Celui qui a dit : Celui qui me mange vivra pour moi. Il veut que nous le recevions comme une source de salut, où nous nous purifions de nos fautes quotidiennes, et qui nous preserve du péche mortel. Il doit etre encore pour nous un gage de la gloire à venir et de notre éternelle félicité, le lien de l'unité de ce corps (de l'Eglise) dont il est le chef, et dans lequel nous devons être unis à lui et les uns avec les autres par le nœud le plus étroit de la foi, de l'espérance et de la charité.

ỷ. 29. — [37] Ces paroles, comme on le voit par *saint Luc*, 22, 15, furent prononcées avant l'institution de la divine Eucharistie, et se rapportent à la cène en général; mais parce qu'il a été immédiatement auparavant question du vin, saint Matthieu les a ici rattachées à la suite de son discours. Le sens est : C'est là le dernier repas que je prends ici-bas avec vous; je serai avec vous un jour dans le royaume de mon Père, assis au banquet céleste que nous célébrerons d'une manière nouvelle, dans la gloire et dans la félicité. L'éternelle felicité est souvent comparée à un festin (*pl. h.* 8, 11).

ỷ. 30. — [38] selon l'usage, pendant la nuit (*Luc*, 21, 37. 22, 39). Avant la cène pascale, on récitait comme prière les psaumes 112 et 113; et après, les psaumes 115-118.

31. Tunc dicit illis Jesus : Omnes vos scandalum patiemini in me in ista nocte. Scriptum est enim : Percutiam pastorem, et dispergentur oves gregis.

32. Postquam autem resurrexero, præcedam vos in Galilæam.

33. Respondens autem Petrus, ait illi : Etsi omnes scandalizati fuerint in te, ego numquam scandalizabor.

34. Ait illi Jesus : Amen dico tibi, quia in hac nocte antequam gallus cantet, ter me negabis.

35. Ait illi Petrus : Etiamsi oportuerit me mori tecum, non te negabo. Similiter et omnes discipuli dixerunt.

36. Tunc venit Jesus cum illis in villam, quæ dicitur Gethsemani, et dixit discipulis suis : Sedete hic, donec vadam illuc, et orem.

37. Et assumpto Petro, et duobus filiis Zebedæi, cœpit contristari et mœstus esse.

38. Tunc ait illis : Tristis est

31. Alors Jésus leur dit : Je vous serai à tous cette nuit une occasion de scandale [39]; car il est écrit : Je frapperai le pasteur, et les brebis du troupeau seront dispersées [40]. *Marc*, 14, 27. *Jean*, 16, 32.

32. Mais après que je serai ressuscité, j'irai avant vous en Galilée [41]. *Marc*, 14, 28. 16, 7.

33. Pierre, prenant la parole, lui dit : Quand tous les autres se scandaliseraient à votre sujet, pour moi, je ne me scandaliserai point.

34. Jésus lui répartit : Je vous dis en vérité, qu'en cette nuit même, avant que le coq chante [42], vous me renoncerez trois fois. *Marc*, 14, 30. *Jean*, 13, 38.

35. Pierre lui dit : Quand il me faudrait mourir avec vous, je ne vous renoncerai point. Et tous les autres disciples dirent aussi la même chose. *Marc*, 14, 31. *Luc*, 22, 33.

36. Alors Jésus s'en vint avec eux en un lieu appelé Gethsémani [43], et il dit à ses disciples : Asseyez-vous ici pendant que je m'en irai là pour prier. *Marc*, 14, 32. *Luc*, 22, 40. *Jean*, 18, 1-27.

37. Et ayant pris avec lui Pierre, et les deux fils de Zébédée [44], il commença à s'attrister, et à être dans une grande affliction.

38. Alors il leur dit : Mon âme est triste [45];

ỷ. 31. — [39] vous serez déconcertés en me voyant souffrir sans secours, vous chancellerez dans votre foi et vous m'abandonnerez.

[40] Voy. *Zach*. 13, 7 et les notes.

ỷ. 32. — [41] Jésus-Christ apparut aux disciples a Jérusalem, avant qu'ils fussent retournés dans leur patrie, en Galilée; mais il parle ici seulement de la Galilée, ainsi que le remarque saint Chrysostôme, parce que là ils n'avaient rien à craindre des Juifs, et que, pour cette raison, ils entendaient plus volontiers parler d'une apparition dans cette contrée.

ỷ. 34. — [42] ou plutôt, comme porte le grec : avant qu'il ait chanté, avant qu'il ait fini de chanter. Le coq avait déjà chanté une fois avant que Pierre eût renié son maître pour la troisième fois (Voy. *Marc*, 14, 30. 72).

ỷ. 36. — [43] c'est-a-dire pressoir des olives. Il y avait apparemment dans ce lieu plusieurs pressoirs à olives pour la préparation de l'huile.

ỷ. 37. — [44] Jacques et Jean. Ces deux disciples l'avaient vu avec Pierre dans sa transfiguration; ils devaient être aussi les premiers témoins de ses souffrances (Voy. *pl. h*. 17, 1 et suiv.).

ỷ. 38. — [45] Je suis dans les angoisses de la mort. Jésus-Christ ayant uni la nature humaine à sa nature divine, pouvait être accessible aux sentiments humains de tristesse et de douleur; toutefois, comme le remarque saint Augustin, ce n'est pas qu'il y fût obligé, mais c'est qu'il le voulut; car de même qu'il n'a pris la nature humaine en général que par un acte pur de sa liberté divine, de même aussi tout ce qu'il offrit et souffrit, en tant qu'homme, a été absolument libre. Déjà en plusieurs occasions il s'était entretenu avec ses disciples de sa passion et de sa mort, mais il ne montra jamais ni tristesse ni abattement, parce que telle n'était pas sa volonté, quoique, en vertu de sa nature divine, tout ce qu'il devait souffrir, et les motifs pour lesquels il devait souffrir, fussent dès lors présents à ses yeux, auxquels rien n'échappait. En ce moment, voyant sa passion approcher, il ne craignit pas de la commencer par cette immense tristesse qu'il laissa aller jusqu'à ce point, que toutes les puissances de son humanité s'effrayèrent à la vue de l'œuvre qu'il devait accomplir, et que sa volonté humaine fit même entendre le vœu que le calice de sa passion, en tant que cela pouvait être la volonté de Dieu, passât loin de lui.

jusqu'à la mort : demeurez ici, et veillez avec moi [46].

39. Et s'en allant un peu plus loin, il se prosterna le visage contre terre [47], priant et disant : Mon Père, s'il est possible, que ce calice [48] s'éloigne de moi : néanmoins *qu'il en soit*, non comme je veux, mais comme vous voulez [49].

40. Il vint ensuite vers ses disciples, et les ayant trouvés dormants, il dit à Pierre : Quoi! vous n'avez pu veiller une heure avec moi?

41. Veillez et priez, afin que vous ne tombiez point dans la tentation [50]; l'esprit est prompt, mais la chair est faible [51].

42. Il s'en alla encore prier une seconde fois, en disant : Mon Père, si ce calice ne peut passer sans que je le boive, que votre volonté soit faite.

43. Il revint encore, et les trouva encore endormis, parce que leurs yeux étaient appesantis [52].

44. Et les quittant, il s'en alla encore prier pour la troisième fois, disant les mêmes paroles.

45. Après il vint trouver ses disciples, et leur dit : Dormez maintenant, et vous reposez [53] : voici l'heure qui approche, et le Fils de l'homme va être livré entre les mains des pécheurs.

46. Levez-vous, allons; voilà celui qui me doit trahir tout près d'ici.

47. Comme il parlait encore, voilà que Judas, l'un des douze, arriva, et avec lui une grande troupe de gens armés d'épées et de bâtons, qui avaient été envoyés par

anima mea usque ad mortem : sustinete hic, et vigilate mecum.

39. Et progressus pusillum, procidit in faciem suam, orans, et dicens : Pater mi, si possibile est, transeat a me calix iste; verumtamen non sicut ego volo, sed sicut tu.

40. Et venit ad discipulos suos, et invenit eos dormientes, et dicit Petro : Sic non potuistis una hora vigilare mecum?

41. Vigilate, et orate, ut non intretis in tentationem. Spiritus quidem promptus est, caro autem infirma.

42. Iterum secundo abiit, et oravit, dicens : Pater mi, si non potest hic calix transire nisi bibam illum, fiat voluntas tua.

43. Et venit iterum, et invenit eos dormientes : erant enim oculi eorum gravati.

44. Et relictis illis, iterum abiit, et oravit tertio, eumdem sermonem dicens.

45. Tunc venit ad discipulos suos, et dicit illis : Dormite jam, et requiescite : ecce appropinquavit hora, et Filius hominis tradetur in manus peccatorum.

46. Surgite, eamus : ecce appropinquavit qui me tradet.

47. Adhuc eo loquente, ecce Judas unus de duodecim venit, et cum eo turba multa, cum gladiis et fustibus, missi a princi-

---

[46] pour être témoins de ma douleur, pour apprendre de quelle manière, dans les afflictions, quelles qu'elles soient, on doit recourir à la prière, et afin de me procurer, par la part que vous prendrez à ma tristesse et par vos prières, quelque consolation (Comp. *Ps.* 68, 21).

ỳ. 39. — [47] en signe de la plus profonde humiliation devant son Père.

[48] cette mort douloureuse (Voy. *pl. h.* 20, 22).

[49] qu'il soit fait non selon ma volonté humaine, mais selon votre volonté divine.

ỳ. 41. — [50] de peur que vous ne soyez déconcertés à la vue de ce que je vais souffrir. Jésus-Christ ne dit pas : de peur que vous ne soyez tentés, car cela n'est point en notre pouvoir; mais : de peur que vous ne succombiez dans la tentation. La vigilance à l'égard de tout ce qui peut devenir une occasion de tentation, et la prière du cœur dans la tentation même, obtiennent la victoire.

[51] Ainsi il faut peu compter sur ses propres forces, et sur ses résolutions; c'est dans la grâce de Dieu qu'il faut mettre sa confiance, d'où il suit que c'est un devoir de la demander avec ardeur.

ỳ. 43. — [52] par le sommeil.

ỳ. 45. — [53] Dormez maintenant et reposez-vous! Ah! combien cela est intempestif dans un moment où je suis le point d'être livré à mes ennemis! Ce n'était point là une permission que Jésus leur donnait, mais un reproche de ce qu'ils se mettaient si peu en peine de l'approche du danger (Chrys.).

pibus sacerdotum, et senioribus populi.
48. Qui autem tradidit eum, dedit illis signum, dicens : Quemcumque osculatus fuero, ipse est, tenete eum.
49. Et confestim accedens ad Jesum, dixit : Ave, Rabbi. Et osculatus est eum.
50. Dixitque illi Jesus : Amice, ad quid venisti? Tunc accesserunt, et manus injecerunt in Jesum, et tenuerunt eum.
51. Et ecce unus ex eis, qui erant cum Jesu, extendens manum, exemit gladium suum, et percutiens servum principis sacerdotum, amputavit auriculam ejus.
52. Tunc ait illi Jesus : Converte gladium tuum in locum suum; omnes enim, qui acceperint gladium, gladio peribunt.
53. An putas, quia non possum rogare Patrem meum, et exhibebit mihi modo plusquam duodecim legiones angelorum?
54. Quomodo ergo implebuntur Scripturæ, quia sic oportet fieri?
55. In illa hora dixit Jesus turbis : Tanquam ad latronem existis cum gladiis et fustibus comprehendere me : quotidie apud vos sedebam docens in templo, et non me tenuistis.
56. Hoc autem totum factum est, ut adimplerentur Scripturæ prophetarum. Tunc discipuli omnes, relicto eo, fugerunt.
57. At illi tenentes Jesum, duxerunt ad Caipham principem sacerdotum, ubi scribæ et seniores convenerant.

les princes des prêtres, et par les anciens du peuple.
48. Or celui qui le trahissait leur avait donné un signal en disant : Celui que je baiserai, c'est celui-là même, saisissez-vous de lui.
49. Aussitôt donc, s'approchant de Jésus, il lui dit : Je vous salue, Maître. Et il le baisa.
50. Jésus lui répondit : *Mon* ami, qu'êtes-vous venu faire ici? En même temps ils s'avancèrent, se jetèrent sur Jésus, et se saisirent de lui.
51. Alors un de ceux qui étaient avec Jésus [54], portant la main à son épée, la tira, et en frappa un des serviteurs du grand prêtre, et lui coupa une oreille.
52. Mais Jésus lui dit : Remettez votre épée en son lieu; car tous ceux qui prendrout l'épée, périront par l'épée [55]. 1. *Moys.* 9, 6. *Apoc.* 13, 10.
53. Pensez-vous que je ne puisse pas prier mon Père, et qu'il ne m'enverrait pas aussitôt plus de douze légions d'anges [56]?
54. Comment donc s'accompliront les Ecritures [57], *qui déclarent* qu'il faut que cela se fasse ainsi [58]?
55. En même temps Jésus s'adressant à cette troupe, leur dit : Vous êtes venus ici armés d'épées et de bâtons pour me prendre, comme si j'étais un voleur : j'étais tous les jours assis parmi vous, enseignant dans le temple, et vous ne m'avez point pris.
56. Mais tout cela s'est fait afin que ce qui est écrit dans les prophètes s'accomplît. Alors les disciples l'abandonnant, s'enfuirent tous [59]. *Lam.* 4, 20. *Marc,* 14, 50.
57. Ces gens s'étant donc saisis de Jésus, l'emmenèrent chez Caïphe, qui était grand prêtre [60], où les scribes et les anciens étaient assemblés. *Luc,* 22, 54.

℣. 51. — [54] Pierre, selon *saint Jean,* 18, 10.
℣. 52. — [55] Tous ceux qui frappent de l'épée sans y être contraints, méritent que la même chose leur arrive. La pareille leur est ordinairement rendue.
℣. 53. — [56] La légion romaine était composée de 6000 hommes : douze légions formaient une armée. Le sens est : Je n'ai pas besoin d'un secours humain, puisque je pourrais avoir le secours des anges.
℣. 54. — [57] les prédictions des prophètes (*Isaïe,* 52, 13-53. et suiv.).
[58] Je ne souhaite que l'accomplissement de la volonté divine (℣. 39); or la volonté divine est, comme l'ont prédit les prophètes, que je souffre et que je meure pour le salut des hommes.
℣. 56. — [59] de crainte d'être eux-mêmes pris.
℣. 57. — [60] Suivant le récit beaucoup plus circonstancié qui est dans *saint Jean,* 18, 13. et suiv., Jésus fut d'abord conduit chez Anne, beau-père de Caïphe, puis

58. Or Pierre le suivait de loin jusqu'à la cour du grand prêtre [61]; et y étant entré, il s'assit avec les domestiques pour voir la fin.

59. Cependant les princes des prêtres [62] et tout le conseil cherchaient un faux témoignage contre Jésus, pour le faire mourir:

60. et ils n'en trouvaient point, quoique plusieurs faux témoins se fussent présentés. Enfin il vint deux faux témoins,

61. qui dirent: Celui-ci a dit: Je puis détruire le temple de Dieu, et le rebâtir en trois jours [63]. *Jean*, 2, 19.

62. Alors le grand prêtre se levant, lui dit: Vous ne répondez rien à ce qu'ils déposent contre vous?

63. Mais Jésus demeurait dans le silence [64]. Et le grand prêtre lui dit: Je vous commande par le Dieu vivant de nous dire si vous êtes le Christ, le Fils de Dieu [65].

64. Jésus lui répondit: Vous l'avez dit [66]; mais je vous déclare [67] que vous verrez un jour le Fils de l'homme assis à la droite de la majesté de Dieu, et venant sur les nuées du ciel [68]. *Pl. h.* 16, 27. *Rom.* 14, 10. 1. *Thess.* 4, 15.

58. Petrus autem sequebatur eum a longe, usque in atrium principis sacerdotum. Et ingressus intro, sedebat cum ministris, ut videret finem.

59. Principes autem sacerdotum, et omne concilium, quærebant falsum testimonium contra Jesum, ut eum morti traderent:

60. et non invenerunt, cum multi falsi testes accessissent. Novissime autem venerunt duo falsi testes,

61. et dixerunt: Hic dixit: Possum destruere templum Dei, et post triduum reædificare illud.

62. Et surgens princeps sacerdotum, ait illi: Nihil respondes ad ea, quæ isti adversum te testificantur?

63. Jesus autem tacebat. Et princeps sacerdotum ait illi: Adjuro te per Deum vivum, ut dicas nobis si tu es Christus filius Dei.

64. Dicit illi Jesus: Tu dixisti; verumtamen dico vobis: Amodo videbitis Filium hominis sedentem a dextris virtutis Dei, et venientem in nubibus cœli.

---

ensuite chez Caïphe. Peut-être habitaient-ils tous les deux dans une seule et même maison (Voy. *pl. h.* ℣. 3).

℣. 58. — [61] d'Anne, comme le dit expressément saint Jean. Si les deux grands prêtres avaient la même habitation, saint Matthieu n'avait pas besoin d'ajouter cette circonstance pour plus de précision.

℣. 59. — [62] Le grec ajoute: et les anciens.

℣. 61. — [63] Jésus n'avait ni dit ni voulu dire rien de semblable (Voy. *Jean*, 2, 19).

℣. 63. — [64] parce que sa défense eût été sans résultat, et que les témoins se contredisant (*Marc*, 14, 59), l'accusé était par là même justifié (Comp. *Isaïe*, 53, 7).

[65] Je vous enjoins de déclarer devant Dieu si vous êtes le Fils de Dieu qui a apparu en qualité de Messie. — Celui qui déférait le serment à un autre, en récitait lui-même la formule, et celui qui jurait répondait simplement: Amen, oui, ou quelque chose de semblable (Voy. 3. *Moy.* 5, 1. et suiv.).

℣. 64. — [66] Oui, je le suis! Jésus prêta ainsi un serment solennel devant les tribunaux touchant sa divinité et sa qualité de Messie.

[67] Vous ne le croyez pas, mais toutefois je vous déclare, etc.

[68] A partir de ce moment, le grand prêtre au nom de tout le peuple m'ayant rejeté comme Messie, vous me verrez venir revêtu de la puissance de Dieu et environné de la majesté divine pour vous juger. Etre assis à la droite de Dieu, signifie: avoir le pouvoir de Dieu (Voy. *Ps.* 109, 1). L'avènement du Fils de l'homme sur les nuées du ciel est son avènement pour le jugement (Comp. *pl. h.* 24, 30. avec 25, 31. et suiv.). Le jugement de Jésus-Christ contre les Juifs commença par cette négation éclatante. La destruction de Jérusalem, leur dispersion parmi tous les peuples, leur décadence morale chez toutes les nations, leur endurcissement, les épreuves temporelles qui de temps à autre les frappent, ne sont que des coups particuliers de cette sentence portée contre eux jusqu'au dernier avènement du Seigneur, où il apparaîtra au milieu d'une gloire sensible, pour juger l'univers. Il vient même avec cette gloire, aux yeux de tous les Juifs, pour le jugement particulier au jour de la mort.

65. Tunc princeps sacerdotum scidit vestimenta sua, dicens : Blasphemavit : quid adhuc egemus testibus? ecce nunc audistis blasphemiam :

65. Alors le grand prêtre déchira ses vêtements [69], en disant : Il a blasphèmé! Qu'avous-nous plus besoin de témoins? Vous venez d'entendre le blasphème :

66. quid vobis videtur? At illi respondentes dixerunt : Reus est mortis.

66. qu'en jugez-vous? Ils répondirent : Il mérite la mort.

67. Tunc expuerunt in faciem ejus, et colaphis eum ceciderunt, alii autem palmas in faciem ejus dederunt,

67. Alors ils lui crachèrent [70] au visage, et le frappèrent à coups de poing; et d'autres lui donnèrent des soufflets, *Isaïe*, 50, 6. *Marc*, 14, 65.

68. dicentes : Prophetiza nobis, Christe, quis est qui te percussit?

68. en disant : Christ, prophétise-nous [71] : qui est celui qui t'a frappé?

69. Petrus vero sedebat foris in atrio, et accessit ad eum una ancilla, dicens : Et tu cum Jesu Galilæo eras.

69. Pierre cependant était au-dehors assis dans la cour [72]; et une servante s'approchant, lui dit : Vous étiez aussi avec Jésus de Galilée. *Luc*, 22, 56. *Jean*, 18, 17.

70. At ille negavit coram omnibus, dicens : Nescio quid dicis.

70. Mais il le nia devant tout le monde, en disant : Je ne sais ce que vous dites.

71. Exeunte autem illo januam, vidit eum alia ancilla, et ait his qui erant ibi : Et hic erat cum Jesu Nazareno.

71. Et comme il sortait hors la porte, une autre servante l'ayant vu, dit à ceux qui se trouvaient là : Celui-ci était aussi avec Jésus de Nazareth [73].

72. Et iterum negavit cum juramento : Quia non novi hominem.

72. Pierre le nia une seconde fois, en disant avec serment : Je ne connais point cet homme [74].

73. Et post pusillum accesserunt qui stabant, et dixerunt Petro : Vere et tu ex illis es : nam et loquela tua manifestum te facit.

73. Peu après ceux qui étaient là s'avancèrent, et dirent à Pierre : Assurément vous êtes aussi de ces gens-là; car même votre langage vous fait assez connaître [75].

ỳ. 65. — [69] Car il donna le discours de Jésus pour un blasphème contre Dieu; or ceux qui entendaient un blasphème devaient, en signe d'horreur et d'affliction, déchirer leurs vêtements (Voy. 4. *Moys*. 14, 6. 4. *Rois*, 19, 1). Suivant saint Jérôme, cette action du grand prêtre renfermait un sens profond. Il déchira ses vêtements pour signifier que le souverain sacerdoce était, à partir de ce jour-là, perdu pour les Juifs.

ỳ. 67. — [70] les serviteurs et les gardes (Voy. *Marc*, 14, 65. *Luc*, 22, 63). Cracher au visage était le signe du dernier mépris (Voy. 5. *Moys*. 25, 9. *Isaïe*, 50, 6).

ỳ. 68. — [71] toi, faux messie! Ils lui avaient bandé les yeux, d'après *saint Marc*, 14, 65.

ỳ. 69. — [72] du grand prêtre Anne (ỳ. 58). L'histoire du reniement qui suit doit être en partie placée avant que Jésus-Christ fût conduit à Caïphe. Saint Matthieu attachait peu d'importance à raconter les faits d'après l'ordre des temps.

ỳ. 71. — [73] Suivant *saint Jean*, 18, 24 et suiv., ceci arriva pendant que Jésus-Christ était chez Caïphe. Si les deux grands prêtres habitaient dans une même maison (voy. *pl. h.* note 60), on conçoit pourquoi les saints évangélistes ont placé les trois reniements si près les uns des autres. Dans le grec : Etant entré sous le portique (dans la cour). Comp. *Marc*, 14, 66. Le portique était un lieu couvert, supporté par des colonnes, aux portes des grandes maisons.

ỳ. 72. — [74] Suivant *saint Matthieu* et *saint Marc* (14, 69), ce fut une servante qui, la seconde fois encore, adressa la parole à saint Pierre; suivant *saint Luc* (22, 58), ce fut un homme; suivant *saint Jean* (18, 26), ils étaient plusieurs. Ainsi un homme et une femme lui parlèrent en même temps, et saint Pierre répondit à tous les deux.

ỳ. 73. — [75] Les Galiléens avaient un accent particulier. Encore pour ce troisième reniement, *saint Luc* (22, 59) ne parle que d'un homme; *saint Jean* (18, 26) parle d'un parent de Malchus, et *saint Matthieu* et *saint Marc* (14, 70) parlent de plusieurs. A en juger d'après les différents discours que ceux qui parlent adressent à Pierre, l'homme de saint Luc était différent du parent de Malchus, et l'un et l'autre

74. Il se mit alors à faire des imprécations, et à jurer qu'il ne connaissait point cet homme; et aussitôt le coq chanta [76].

75. Et Pierre se ressouvint de la parole que Jésus lui avait dite : Avant que le coq chante [77], vous me renoncerez trois fois. Et étant sorti dehors, il pleura amèrement.

74. Tunc cœpit detestari, et jurare quia non novisset hominem. Et continuo gallus cantavit.

75. Et recordatus est Petrus verbi Jesu, quod dixerat : Priusquam gallus cantet, ter me negabis. Et egressus foras, flevit amare.

CHAPITRE XXVII.

Jésus-Christ est conduit à Pilate. Désespoir de Judas. Barabbas, meurtrier, est préféré à Jésus. Jésus est couronné d'épines et tourné en dérision. Il est conduit au Calvaire et crucifié entre deux assassins. Des ténèbres couvrent la terre pendant trois heures. Jésus rend son âme à Dieu. Prodiges qui s'opèrent après sa mort. Joseph d'Arimathie l'ensevelit : le tombeau est gardé.

1. Le matin étant venu, tous les princes des prêtres et les anciens du peuple tinrent conseil contre Jésus, pour le faire mourir [1].

2. Et l'ayant lié, ils l'emmenèrent, et le mirent entre les mains de Ponce-Pilate *leur* gouverneur [2]. *Marc*, 15, 1 et suiv. *Luc*, 23, 1 et suiv. *Jean*, 18, 28 et suiv.

3. Cependant Judas qui l'avait trahi, voyant qu'il était condamné, touché de repentir [3] reporta les trente pièces d'argent aux princes des prêtres et aux anciens,

4. disant : J'ai péché en livrant le sang innocent [4]. Ils répondirent : Que nous importe ? c'est votre affaire.

5. Alors ayant jeté cet argent dans le tem-

1. Mane autem facto, concilium inierunt omnes principes sacerdotum, et seniores populi adversus Jesum, ut eum morti traderent.

2. Et vinctum adduxerunt eum, et tradiderunt Pontio Pilato præsidi.

3. Tunc videns Judas, qui eum tradidit, quod damnatus esset, pœnitentia ductus, retulit triginta argenteos principibus sacerdotum, et senioribus,

4. dicens : Peccavi, tradens sanguinem justum. At illi dixerunt : Quid ad nos? tu videris.

5. Et projectis argenteis in tem-

---

doivent être distingués de celui ou de ceux qui parlent dans saint Matthieu et dans saint Marc.

℣. 74. — [76] pour la dernière fois (Voy. *Marc*, 14, 72).

℣. 75. — [77] avant que le coq ait chanté (Voy. *pl. h.* ℣. 34. Comp. *Luc*, 22, 61).

℣. 1. — [1] Il y a apparence que tous n'étaient pas venus la nuit chez Caïphe; afin de donner plus de poids à la sentence, ils s'y rassemblèrent tous le matin.

℣. 2. — [2] Depuis que la Judée avait été réduite en province romaine (voy. *pl. h.* 2, note 21), elle était soumise au préteur de Syrie, mais gouvernée par un préfet. Ce préfet avait dans ses attributions de recueillir les impôts, et il avait en outre le droit de décider, en matière pénale, de la vie ou de la mort. Il faisait son séjour à Césarée, mais pendant la fête de Pâques il se rendait à Jérusalem à cause du concours immense des Juifs, pour y maintenir l'ordre et la tranquillité. Les Juifs conduisirent Jésus à Pilate, parce qu'ils prononçaient bien eux-mêmes sur les cas de mort, mais ils ne pouvaient mettre la sentence à exécution. Les Romains les avaient dépouillés de ce droit depuis quelques années (Voy. *Jean*, 18, 31).

℣. 3. — [3] Judas se voyant trompé dans l'espérance où il était que Jésus-Christ se délivrerait lui-même, se repentit de ce qu'il avait fait.

℣. 4. — [4] Je vous restitue l'argent, remettez Jésus en liberté, car il est innocent

plo, recessit : et abiens laqueo se suspendit.
6. Principes autem sacerdotum, acceptis argenteis, dixerunt: Non licet eos mittere in corbonam, quia pretium sanguinis est.
7. Consilio autem inito, emerunt ex illis agrum figuli, in sepulturam peregrinorum.
8. Propter hoc vocatus est ager ille, Haceldama, hoc est ager sanguinis, usque in hodiernum diem.
9. Tunc impletum est quod dictum est per Jeremiam prophetam, dicentem : Et acceperunt triginta argenteos, pretium appretiati, quem appretiaverunt a filiis Israel :
10. et dederunt eos in agrum figuli, sicut constituit mihi Dominus.
11. Jesus autem stetit ante præsidem, et interrogavit eum præses, dicens : Tu es rex Judæorum? Dicit illi Jesus : Tu dicis.
12. Et cum accusaretur a principibus sacerdotum et senioribus, nihil respondit.

ple [5], il se retira et alla se pendre [6]. *Act.* 1, 18.
6. Mais les princes des prêtres ayant pris l'argent, dirent : Il n'est pas permis de le mettre dans le trésor, parce que c'est le prix du sang [7].
7. Et ayant délibéré là-dessus, ils en achetèrent le champ d'un potier, pour la sépulture des étrangers [8].
8. C'est pourquoi ce champ est appelé encore aujourd'hui Haceldama, c'est-à-dire le champ du sang [9]. *Act.* 1, 19.
9. Ainsi fut accomplie cette parole du prophète Jérémie : Ils ont reçu les trente pièces d'argent qui étaient le prix de celui qui a été mis à prix, et dont ils avaient fait le marché avec les enfants d'Israël [10]; *Zach.* 11, 13.
10. et ils les ont données pour le champ d'un potier, comme le Seigneur me l'a ordonné [11].
11. Or Jésus parut devant le gouverneur [12]; et le gouverneur l'interrogea en ces termes: Etes-vous le roi des Juifs [13]? Jésus lui répondit : Vous le dites [14]. *Marc,* 15, 2. *Luc,* 23, 3.
12. Et étant accusé par les princes des prêtres et les anciens [15], il ne répondit rien [16].

ỷ. 5. — [5] La salle du tribunal, où le haut conseil s'était assemblé, était dans un des portiques du temple.
[6] par désespoir d'obtenir le pardon de son péché. D'après *Act.* 1, 18, son corps se rompit. On peut accorder les deux récits en supposant que la branche ou la corde à laquelle Judas s'était pendu, s'étant brisée, son corps tomba à terre et se rompit.
ỷ. 6. — [7] l'argent qu'on avait donné pour mettre quelqu'un à mort. Ils croyaient par cet argent profaner le trésor du temple, où il n'était pas permis, d'après 5. *Moys.* 23, 18, de déposer le prix de la prostitution, ni par conséquent l'argent qui avait été donné pour livrer un homme au supplice.
ỷ. 7. — [8] pour les Juifs étrangers qui n'avaient point de tombeau particulier, comme en avaient les Juifs qui résidaient à Jérusalem. Le champ de ce potier était, selon toute apparence, alors en vente pour le prix modique de trente pièces d'argent (voy. *pl. h.* 26, 15), parce que l'argile y était épuisée, et qu'il était devenu stérile.
ỷ. 8. — [9] Dans le grec : C'est pourquoi ce champ est appelé champ du sang jusqu'à ce jour.
ỷ. 9. — [10] avec un des enfants d'Israël, avec Judas.
ỷ. 10. — [11] *Voy.* l'explication de ce passage prophétique dans *Zach.* 11, 13. 14, où l'on donne aussi la raison pour laquelle l'Evangéliste rapporte la prophétie au prophète Jérémie.
ỷ. 11. — [12] Voy. *pl. h.* ỷ. 2.
[13] Jésus avait ouvertement déclaré dans son interrogatoire, en présence de Caïphe, qu'il était le Messie (*Pl. h.* 26, 64). Ses accusateurs en profitèrent, et prétextèrent qu'il avait voulu se faire roi des Juifs, et tenté de les porter à se détacher de César (Voy. *Luc,* 23, 2).
[14] Oui, je le suis; toutefois je ne suis pas un roi terrestre, mais le Roi de vérité, le Messie (*Jean,* 18, 36. 37) promis aux Juifs. Jésus renouvelle ici en présence du tribunal païen la déclaration qu'il avait faite devant le haut conseil des Juifs, touchant sa dignité divine (Voy. 1. *Tim.* 6, 13).
ỷ. 12. — [15] sur plusieurs points (*Marc,* 15, 3).
[16] car tout était faux (Aug.); sa défense eût été pareillement sans résultat.

13. Alors Pilate lui dit : N'entendez-vous pas de combien de choses ces personnes vous accusent?

14. Mais il ne lui répondit rien à tout ce qu'il put lui dire; de sorte que le gouverneur en était tout étonné [17].

15. Or le gouverneur avait accoutumé au jour de la fête [18] de délivrer au peuple celui des prisonniers qu'il voulait :

16. et il en avait alors un insigne, nommé Barabbas [19].

17. Comme ils étaient donc tous assemblés [20], Pilate leur dit : Lequel voulez-vous que je vous délivre, de Barabbas, ou de Jésus, qui est appelé Christ [21]?

18. Car il savait bien que c'était par envie qu'ils l'avaient livré [22].

19. Cependant, lorsqu'il était assis dans son siège [23], sa femme lui envoya dire : Ne vous embarrassez point dans l'affaire de ce juste; car j'ai été aujourd'hui étrangement tourmentée dans un songe à cause de lui [24].

20. Mais les princes des prêtres et les anciens persuadèrent au peuple de demander Barabbas, et de faire périr Jésus. *Marc*, 15, 11. *Luc*, 23, 18. *Jean*, 18, 40. *Act.* 3, 14.

21. Lors donc que le gouverneur, reprenant la parole, leur dit : Lequel des deux voulez-vous que je vous délivre? ils lui répondirent : Barabbas.

22. Pilate leur dit : Que ferai-je donc de Jésus, qui est appelé Christ?

23. Ils répondirent tous : Qu'il soit cruci-

13. Tunc dicit illi Pilatus : Non audis quanta adversum te dicunt testimonia?

14. Et non respondit ei ad ullum verbum, ita ut miraretur præses vehementer.

15. Per diem autem solemnem consueverat præses populo dimittere unum vinctum, quem voluissent :

16. habebat autem tunc vinctum insignem, qui dicebatur Barabbas.

17. Congregatis ergo illis, dixit Pilatus : Quem vultis dimittam vobis : Barabbam, an Jesum, qui dicitur Christus?

18. Sciebat enim quod per invidiam tradidissent eum.

19. Sedente autem illo pro tribunali, misit ad eum uxor ejus, dicens : Nihil tibi, et justo illi; multa enim passa sum hodie per visum propter eum.

20. Principes autem sacerdotum, et seniores persuaserunt populis ut peterent Barabbam, Jesum vero perderent.

21. Respondens autem præses, ait illis : Quem vultis vobis de duobus dimitti? At illi dixerunt : Barabbam.

22. Dicit illis Pilatus : Quid igitur faciam de Jesu, qui dicitur Christus?

23. Dicunt omnes : Crucifi-

℣. 14. — [17] il était étonné de sa patience magnanime, de sa force d'âme et de son mépris de la mort.

℣. 15. — [18] Litt. : au jour solennel, le gouverneur, etc. — au jour de la fête de Pâques (*Jean*, 18, 39).

℣. 16. — [19] Barabbas avait, au milieu d'une sédition, commis un meurtre (*Marc*, 15, 7. *Luc*, 23, 19).

℣. 17. — [20] Comme il y avait là une multitude de peuple, ainsi que cela est ordinaire dans les jugements publics, mais plus encore à cette époque, à cause de la fête de Pâques.

[21] que l'on nomme Messie.

℣. 18. — [22] Il espérait que le peuple rassemblé se laisserait moins conduire par la passion, et qu'il demanderait sa liberté : par ce moyen il aurait été dispensé de le relâcher lui-même, ce qui n'aurait pas manqué de lui attirer la haine des grands prêtres.

℣. 19. — [23] sur une tribune dressée à ciel ouvert, pour prononcer le jugement.

[24] Litt. : J'ai beaucoup souffert dans un songe. Le sens est : J'ai eu un songe où des menaces terribles m'ont été faites contre moi et contre vous, si vous condamniez cet innocent à la mort. — Suivant le sentiment de la plupart des saints Pères, ce songe fut envoyé à la femme de Pilate de la part de Dieu, pour lui servir d'avertissement. Le sort de Pilate ne tarda pas en effet à devenir malheureux. Peu de temps après, ainsi que le racontent le juif Flavien Josèphe, et les écrivains chrétiens, il fut accusé, dépouillé de sa place, mandé à Rome pour être jugé, et enfin exilé à Vienne dans les Gaules, où il se donna lui-même la mort.

gatur. Ait illis præses : Quid enim mali fecit? At illi magis clamabant, dicentes : Crucifigatur.
24. Videns autem Pilatus quia nihil proficeret, sed magis tumultus fieret : accepta aqua lavit manus coram populo, dicens : Innocens ego sum a sanguine justi hujus : vos videritis.
25. Et respondens universus populus dixit : Sanguis ejus super nos, et super filios nostros.
26. Tunc dimisit illis Barabbam : Jesum autem flagellatum tradidit eis ut crucifigeretur.
27. Tunc milites præsidis suscipientes Jesum in prætorium, congregaverunt ad eum universam cohortem :
28. et exuentes eum, chlamidem coccineam circumdederunt ei,
29. et plectentes coronam de spinis, posuerunt super caput ejus, et arundinem in dextera ejus. Et genu flexo autem eum, illudebant ei, dicentes : Ave, rex Judæorum.
30. Et expuentes in eum, acceperunt arundinem, et percutiebant caput ejus.
31. Et postquam illuserunt ei, exuerunt eum chlamide, et induerunt eum vestimentis ejus, et duxerunt eum ut crucifigerent.
32. Exeuntes autem invenerunt

fié. Le gouverneur leur dit : Mais quel mal a-t-il fait? Et ils se mirent à crier encore plus fort, en disant : Qu'il soit crucifié.
24. Pilate voyant qu'il ne gagnerait rien, mais que le tumulte deviendrait plus grand, se fit apporter de l'eau, et se lavant les mains devant le peuple, il leur dit : Je suis innocent du sang de ce juste : voyez, vous autres.
25. Et tout le peuple répondit : Que son sang retombe sur nous et sur nos enfants[25].
26. Alors il leur délivra Barabbas; et ayant fait fouetter Jésus, il le leur abandonna pour être crucifié [26].
27. Alors les soldats du gouverneur ayant emmené [27] Jésus dans le prétoire, rassemblèrent autour de lui toute la cohorte [28]. *Marc*, 15, 16. *Ps*. 21, 17.
28. Et après lui avoir ôté ses habits, ils le couvrirent d'un manteau d'écarlate [29];
29. puis ayant fait une couronne d'épines entrelacées, ils la lui mirent sur la tête, avec un roseau dans la main droite. Et fléchissant le genou devant lui, ils se moquaient de lui, en disant : Salut au roi des Juifs. *Jean*, 19, 2.
30. Et lui crachant au visage, ils prenaient le roseau, et lui en frappaient la tête.
31. Après s'être *ainsi* joués de lui, ils lui ôtèrent le manteau; et lui ayant remis ses habits, ils l'emmenèrent [30] pour le crucifier.
32. Comme ils sortaient, ils rencontrèrent

℣. 25. — [25] Condamnation effroyable portée par ce peuple contre lui-même! Nous voyons de nos yeux comment elle s'est accomplie, par la condition de cette nation infortunée qui, dispersée dans l'univers entier, porte partout avec elle la malédiction de Dieu.

℣. 26. — [26] La flagellation précédait d'ordinaire le crucifiement. On la donnait avec des verges sur le corps nu, qui était attaché à un poteau placé par derrière, et atteignant jusqu'aux hanches. Les verges romaines étaient des courroies parmi lesquelles étaient mêlés des fils de métal qui se terminaient en pointes, ce qui était cause que ceux qui recevaient la flagellation étaient inhumainement déchirés. Pilate fit flageller Jésus dans l'espérance que les Juifs en seraient satisfaits, et qu'ils le relâcheraient (Voy. *Luc*, 23, 22. *Jean*, 19, 1 et suiv.).

℣. 27. — [27] à savoir, après la mise en liberté de Barabbas et la flagellation; car suivant le récit de saint Jean, Jésus fut livré pour être crucifié aussitôt après le couronnement d'épines, dont il va être question.

[28] la cohorte entière. L'exécution du supplice capital était, sous les premiers Césars romains, confiée aux soldats. Le prétoire était le palais du gouverneur qui, d'après la tradition, se trouvait sur la montagne du temple, dans l'enceinte de la forteresse Antonia. La cohorte romaine se composait de plus de six cents hommes; toutefois elle n'était pas toujours au complet.

℣. 28. — [29] Le manteau d'écarlate des soldats descendait jusqu'aux genoux, et il était arrêté par une agrafe sur la poitrine ou sur le côté droit.

℣. 31. — [30] au lieu du supplice, hors de la ville (*Jean*, 19, 17. 20. *Hébr*. 13, 12).

un homme de Cyrène [31], nommé Simon, qu'ils contraignirent de porter la croix [32] de Jésus. *Marc*, 15, 21. *Luc*, 23, 26.

33. Et étant arrivés au lieu appelé Golgotha, c'est-à-dire le lieu du Calvaire [33], *Marc*, 15, 22. *Luc*, 23, 33. *Jean*, 19, 17.

34. ils lui donnèrent à boire du vin mêlé de fiel [34]. Mais en ayant goûté, il ne voulut point en boire [35].

35. Après qu'ils l'eurent crucifié, ils partagèrent entre eux ses vêtements, les jetant au sort [36], afin que cette parole du Prophète fût accomplie : Ils ont partagé entre eux mes vêtements, et ont jeté ma robe au sort [37]. *Marc*, 15, 24. *Luc*, 23, 34. *Jean*, 19, 23. *Ps*. 21, 19.

36. Et s'étant assis, ils le gardaient [38].

37. Ils mirent aussi au-dessus de sa tête par écrit le sujet de sa condamnation [39] : C'EST JÉSUS LE ROI DES JUIFS [40].

hominem Cyrenæum, nomine Simonem : hunc angariaverunt ut tolleret crucem ejus.

33. Et venerunt in locum, qui dicitur Golgotha, quod est Calvariæ locus.

34. Et dederunt ei vinum bibere cum felle mistum. Et cum gustasset, noluit bibere.

35. Postquam autem crucifixerunt eum, diviserunt vestimenta ejus, sortem mittentes : ut impleretur quod dictum est per Prophetam dicentem : Diviserunt sibi vestimenta mea, et super vestem meam miserunt sortem.

36. Et sedentes servabant eum.

37. Et imposuerunt super caput ejus causam ipsius scriptam : HIC EST JESUS REX JUDÆORUM.

℣. 32. — [31] Cyrène était la capitale de la Cyrénaïque, une province d'Afrique.

[32] Les condamnés portaient eux-mêmes leur croix. Jésus porta également la sienne, vraisemblablement jusqu'en avant de la ville, où Simon rencontra le cortége. Jésus ayant été trop affaibli par la flagellation, il fut nécessaire que Simon lui prêtât secours.

℣. 33. — [33] à cause des crânes de ceux qui étaient exécutés; c'était une colline tout près de la ville, au nord-ouest de Jérusalem, — * et hors de la ville. La ville de Jérusalem avait trois murs d'enceinte. Le premier et le second murs étaient anciens, mais ils ne comprenaient que le mont Sion et le mont Moria, et laissaient hors de la ville le Golgotha et tout l'emplacement actuel de l'église du Saint-Sépulcre. Le troisième mur dans lequel fut comprise toute la partie de la ville bâtie sur l'Akra et le Bézétha, n'existait pas du temps de notre Seigneur. Il ne fut commencé, comme le rapporte Josèphe (*de Bel. Jud.*, 5, 4. 2) que sous l'empereur Claude (au moins quarante et un ans aprés Jésus-Christ), pour protéger la partie de la ville qui était sans murs et dont le nombre des habitants s'était considérablement accru. Ainsi la seule objection plausible qu'on élevait contre l'authenticité du saint sépulcre, s'évanouit par l'étude des faits et la vérité du lieu du tombeau du Sauveur n'est pas contestable. Le tombeau est, il est vrai, maintenant dans l'enceinte des murs de Jérusalem; mais primitivement il était hors des murs (Comp. 2. *Esdr*. 12, 38. *Jean*, 19, 20. *Hébr*. 13, 13 et les remarques).

℣. 34. — [34] Suivant le grec, c'était du vinaigre. C'est la même chose, car le mauvais vin des soldats était aigre. Le fiel, suivant saint Marc (15, 23), était de la myrrhe. On donnait de ce vin aux condamnés avant l'exécution du supplice capital, afin qu'ils sentissent moins la douleur; car la myrrhe cause une sorte de vertige.

[35] parce qu'il ne voulait point adoucir sa douleur, mais mourir dans une pleine connaissance de lui-même.

℣. 35. — [36] Au crucifiement, c'était l'usage que les quatre soldats qui étaient chargés de l'exécution de la sentence partageassent entre eux les vêtements du condamné. Ils jetèrent le sort sur l'habit de dessous qui, étant ordinairement fait d'un seul tissu, ne pouvait se diviser.

[37] Les paroles : afin qu'il fût accompli... sur ma robe—ne se trouvent point dans la plupart des manuscrits grecs, ni même dans plusieurs éditions latines; mais on les lit dans *saint Jean*, 19, 24.

℣. 36. — [38] La garde demeurait auprès des crucifiés jusqu'à ce qu'ils eussent expiré, de peur qu'ils ne fussent enlevés par leurs amis.

℣. 37. — [39] C'était l'usage que l'un des soldats, durant l'exécution de la peine capitale, portât une espèce de tablette sur laquelle étaient écrits le nom et le crime du condamné; cette tablette était ensuite clouée à la croix.

[40] Sans aucun doute Pilate avait voulu dire par là : Cet homme s'est donné pour le roi des Juifs, sans l'être, et c'est pour cette raison qu'il a été crucifié; ce fut par

38. Tunc crucifixi sunt cum eo duo latrones : unus a dextris, et unus a sinistris.

39. Prætereuntes autem blasphemabant eum moventes capita sua,

40. et dicentes : Vah qui destruis templum Dei, et in triduo illud reædificas : salva temetipsum : si Filius Dei es, descende de cruce.

41. Similiter et principes sacerdotum illudentes cum scribis et senioribus dicebant :

42. Alios salvos fecit, seipsum non potest salvum facere : si rex Israel est, descendat nunc de cruce, et credimus ei :

43. Confidit in Deo : liberet nunc, si vult eum : dixit enim : Quia Filius Dei sum.

44. Idipsum autem et latrones, qui crucifixi erant cum eo, improperabant ei.

45. A sexta autem hora tenebræ factæ sunt super universam terram usque ad horam nonam.

46. Et circa horam nonam clamavit Jesus voce magna, dicens : Eli, eli, lamma sabacthani ? hoc est : Deus meus, Deus meus, ut quid dereliquisti me ?

38. En même temps, on crucifia avec lui deux voleurs, l'un à sa droite, et l'autre à sa gauche.

39. Et ceux qui passaient par-là le blasphémaient, en branlant la tête [41],

40. et lui disant : Toi qui détruis le temple de Dieu, et qui le rebâtis en trois jours [42], que ne te sauves-tu toi-même? Si tu es le Fils de Dieu, descends de la croix. *Jean*, 2, 19.

41. Les princes des prêtres se moquaient aussi de lui, avec les scribes et les anciens, en disant :

42. Il a sauvé les autres, et il ne peut se sauver lui-même. S'il est le roi d'Israël, qu'il descende présentement de la croix, et nous croirons en lui. *Jean*, 2, 18. *Ps.* 21, 9.

43. Il met sa confiance en Dieu ; si Dieu l'aime, qu'il le délivre maintenant ; puisqu'il a dit : Je suis le Fils de Dieu.

44. Les voleurs qui étaient crucifiés avec lui, lui faisaient les mêmes reproches [43].

45. Or depuis la sixième heure du jour jusqu'à la neuvième [44], toute la terre fut couverte de ténèbres [45].

46. Et sur la neuvième heure Jésus jeta un grand cri, en disant : Eli, Eli, lamma sabacthani ? c'est-à-dire : Mon Dieu, mon Dieu, pourquoi m'avez-vous abandonné [46] ? *Ps.* 21, 2.

---

une permission spéciale de Dieu qu'il s'exprima de telle sorte qu'il faisait connaître distinctement et le vrai caractère de Jésus et la vraie cause de sa mort; car il était véritablement le roi (le Messie) des Juifs, et c'est pour cela, parce qu'il était roi, qu'il mourut sur la croix, suivant les décrets éternels de Dieu (Comp. *Jean*, 19, 21).

℣. 39. — [41] par dérision (Voy. *Ps.* 21, 8).

℣. 40. — [42] (Voy. *pl. h.* 26, 61. 63. et suiv.).

℣. 44. — [43] Suivant saint Luc, un seulement des meurtriers insultait Jésus. Dans le principe, tous les deux l'insultaient; à la fin, après que l'autre se fut converti, il n'y en eut plus qu'un.

℣. 45. — [44] c'est-à-dire depuis midi jusque vers les trois heures. Les Juifs à cette époque divisaient le jour en douze heures, depuis le lever jusqu'au coucher du soleil; ces heures étaient inégales, à proportion que les jours étaient plus ou moins longs. La sixième heure était toujours celle de midi. Autour de Pâques, au temps de l'équinoxe, les heures étaient de la longueur des nôtres, et la neuvième heure tombait en conséquence, d'après notre manière de compter, vers les trois heures de l'après-midi.

[45] toute la terre (éclairée). Ces ténèbres ne furent pas l'effet d'une éclipse de soleil ou de lune; car, d'après le cours naturel de ces astres, la lune étant alors dans son plein, un semblable phénomène ne pouvait se produire. Ce fut un obscurcissement miraculeux du soleil, qui devait retenir ses rayons alors que la lumière du monde s'éteignait. Aussi l'expression qui est employée dans le texte grec ne désigne-t-elle pas proprement une éclipse du soleil, mais des ténèbres, un obscurcissement en général, quel qu'il soit.

℣. 46. — [46] Pourquoi me retirez-vous toute consolation, de telle sorte que non-seulement j'endure sans adoucissement les douleurs du corps, mais encore que je sens mon âme dans le délaissement, comme si vous n'étiez pas uni avec moi? L'âme

47. Quelques-uns de ceux qui étaient présents, entendant cela, disaient : Il appelle Elie [47].

48. Et aussitôt l'un d'eux courut emplir une éponge de vinaigre; et l'ayant mise au bout d'un roseau, il lui présenta à boire [48].

49. Les autres disaient [49] : Attendez, voyons si Elie viendra le délivrer.

50. Mais Jésus jetant encore un grand cri, rendit l'esprit [50].

51. En même temps le voile du temple se déchira en deux depuis le haut jusqu'en bas[51]; la terre trembla; les pierres se fendirent; 2. *Par.* 3, 14.

52. les sépulcres s'ouvrirent, et plusieurs corps des saints, qui étaient dans le sommeil, ressuscitèrent [52].

53. Et sortant de leurs tombeaux après la résurrection, ils vinrent dans la ville sainte, et furent vus de plusieurs personnes.

54. Le centenier, et ceux qui étaient avec lui pour garder Jésus, ayant vu le tremblement de terre, et tout ce qui se passait, furent saisis d'une extrême crainte, et dirent: Cet homme était vraiment Fils de Dieu.

55. Il y avait là aussi plusieurs femmes *qui regardaient* de loin, et qui avaient suivi

47. Quidam autem illic stantes, et audientes, dicebant: Eliam vocat iste.

48. Et continuo currens unus ex eis acceptam spongiam implevit aceto, et imposuit arundini, et dabat ei bibere.

49. Cæteri vero dicebant: Sine videamus an veniat Elias liberans eum.

50. Jesus autem iterum clamans voce magna, emisit spiritum.

51. Et ecce velum templi scissum est in duas partes a summo usque deorsum; et terra mota est, et petræ scissæ sunt,

52. et monumenta aperta sunt: et multa corpora sanctorum, qui dormierant, surrexerunt.

53. Et exeuntes de monumentis, post resurrectionem ejus, venerunt in sanctam civitatem, et apparuerunt multis.

54. Centurio autem, et qui cum eo erant, custodientes Jesum, viso terræ motu et his, qui fiebant, timuerunt valde, dicentes : Vere Filius Dei erat iste.

55. Erant autem ibi mulieres multæ a longe, quæ secutæ erant

---

humaine de Jésus-Christ était hypostatiquement unie au Verbe divin, et jouissait sans cesse, dans sa partie supérieure, de l'amour de Dieu le Père; mais elle se soumit librement à la volonté du Père, qui était qu'au moment suprême de sa passion, elle fût privée de toutes les consolations que lui procurait la divinité à laquelle elle était unie et l'amour de Dieu le Père. Ce fut de cette privation que partit ce cri plaintif que poussa la partie inférieure : Mon Dieu, pourquoi m'avez-vous abandonné? Ainsi les saints Pères. Ces paroles sont prises du *Ps.* 21, qui contient une prédiction de la passion du Seigneur. Le Sauveur s'exprima dans l'idiome alors usité, et qui n'était ni un hébreu pur, ni un syriaque pur, mais un mélange de l'un et de l'autre.

ỳ. 47. — [47] qui doit venir au temps du Messie (Voy. *pl. h.* 16, 14. 17, 10).

ỳ. 48. — [48] Car Jésus en avait témoigné le désir (Voy. *Jean,* 19, 28. 29). Peut-être aussi auraient-ils souhaité ranimer ses forces, afin de retarder sa mort de quelques instants, et de laisser au prophète Elie le temps de venir a son secours.

ỳ. 49. — [49] Dans saint Marc, celui qui parle est celui-là même qui lui donna à boire.

ỳ. 50. — [50] Jésus cria à haute voix pour montrer qu'il ne mourait point par nécessité, mais qu'il donnait volontairement sa vie pour les hommes (Voy. *Jean,* 10 18). Jésus rendit le dernier soupir vers la troisième heure, dans le temps même que le sacrifice quotidien de l'agneau, qui était un des types qui le figuraient, était offert dans le temple.

ỳ. 51. — [51] Le voile qui séparait le Saint du Saint des saints (Voy. 2. *Moys.* 26, 33. 39, 27. 2. *Par.* 3, 14). C'était un signe mystérieux annonçant que par la mort de Jesus-Christ la loi de Moyse cessait, la loi de grâce commençait, le ciel était ouvert, et que les mystères de la religion divine étaient promulgués.

ỳ. 52. — [52] à l'imitation de la résurrection du Seigneur, comme le fait entendre ce qui suit, pour preuve que sa résurrection est aussi la résurrection des justes (Voy. *Isaïe,* 26, 19. *Ezéch.* 37, 1. *Dan.* 12, 2. 13). Les impies, à la vérité, ressusciteront aussi, mais ce ne sera pas comme le Seigneur et les justes pour la vie éternelle, mais pour la mort éternelle (*Apoc.* 20, 12. et suiv.).

Jesum a Galilæa, ministrantes ei:

56. Inter quas erat Maria Magdalene, et Maria, Jacobi et Joseph mater, et mater filiorum Zebedæi.

57. Cum autem sero factum esset, venit quidam homo dives ab Arimathæa, nomine Joseph, qui et ipse discipulus erat Jesu :

58. hic accessit ad Pilatum, et petiit corpus Jesu. Tunc Pilatus jussit reddi corpus.

59. Et accepto corpore, Joseph involvit illud in sindone munda;

60. et posuit illud in monumento suo novo, quod exciderat in petra. Et advolvit saxum magnum ad ostium monumenti, et abiit.

61. Erat autem ibi Maria Magdalene, et altera Maria, sedentes contra sepulcrum.

62. Altera autem die, quæ est post parasceven, convenerunt principes sacerdotum et pharisæi ad Pilatum,

63. dicentes : Domine, recordati sumus, quia seductor ille dixit adhuc vivens : Post tres dies resurgam.

64. Jube ergo custodiri sepulcrum usque in diem tertium : ne forte veniant discipuli ejus, et furentur eum, et dicant plebi : Surrexit a mortuis : et erit novissimus error pejor priore.

65. Ait illis Pilatus : Habetis custodiam, ite, custodite sicut scitis.

Jésus depuis la Galilée, ayant soin de l'assister [53];

56. entre lesquelles étaient Marie-Madeleine, Marie, mère de Jacques [54] et de Joseph [55], et la mère des fils de Zébédée [56].

57. Sur le soir [57], un homme riche de la ville d'Arimathie [58], nommé Joseph, qui était aussi disciple de Jésus, *Marc*, 15, 42. *Luc*, 23, 50. *Jean*, 19, 38.

58. vint trouver Pilate; et lui ayant demandé le corps de Jésus, Pilate commanda qu'on le lui donnât.

59. Joseph ayant donc reçu le corps, l'enveloppa dans un linceul blanc,

60. et le mit dans son sépulcre neuf, qu'il avait fait tailler dans le roc : et puis ayant roulé une grande pierre à l'entrée du sépulcre, il se retira [59].

61. Marie-Madeleine et l'autre Marie étaient là, se tenant assises auprès du sépulcre.

62. Or le lendemain qui était le jour d'après *celui qui est appelé* parascève [60], les princes des prêtres et les pharisiens vinrent ensemble trouver Pilate,

63. et lui dirent : Seigneur, nous nous sommes souvenus que cet imposteur a dit, lorsqu'il était encore en vie : Après trois jours je ressusciterai.

64. Commandez donc que le sépulcre soit gardé jusqu'au troisième jour, de peur que ses disciples ne viennent le dérober, et ne disent au peuple : Il est ressuscité d'entre les morts : et ainsi la dernière erreur serait pire que la première [61].

65. Pilate leur répondit : Vous avez des gardes; allez, faites-le garder comme vous l'entendez.

ỳ. 55. — [53] pour avoir soin de son entretien (Voy. *Luc*, 8, 2. 3. *Jean*, 19, 25. et suiv.).

ỳ. 56. — [54] de Jacques le Mineur, un des apôtres (*Marc*, 15, 40).

[55] Dans le grec : de José (Voy. *pl. h.* 13, 55. 1, 25).

[56] Salomé (Voy. *pl. h.* 20, 20).

ỳ. 57. — [57] Après le coucher du soleil, trois ou quatre heures après la mort de Jésus-Christ.

[58] une ville à six ou sept milles au nord-ouest de Jérusalem, — * dix à douze lieues. Le mille d'Allemagne est d'environ 23,000 pieds, ou de 7,666 mètres. Cette ville est la même que Ramla ou Ramley, qui existe encore avec une population de trois à quatre mille habitants turcs, arabes et chrétiens.

ỳ. 60. — [59] Les tombeaux dans la Palestine étaient ordinairement taillés dans le roc. C'étaient des caveaux avec des niches pour les cadavres. Du dehors on roulait à l'entrée une grande pierre, pour empêcher les animaux d'y pénétrer et de dévorer les corps.

ỳ. 62. — [60] On appelle parascève, préparation au sabbat (*Marc*, 15, 42), le jour qui précède le sabbat (notre samedi).

ỳ. 64. — [61] attendu que tout s'attacherait ensuite à lui.

66. Ils s'en allèrent donc, et pour s'assurer du sépulcre, ils scellèrent la pierre [62], et y mirent des gardes [63].

66. Illi autem abeuntes, munierunt sepulcrum, signantes lapidem, cum custodibus.

CHAPITRE XXVIII.

Résurrection de Jésus-Christ. Un ange annonce aux saintes femmes la résurrection, et Jésus-Christ leur apparaît. Les gardes sont corrompus par les princes des prêtres. Apparition de Jésus en Galilée. Mission des Apôtres et établissement du pouvoir d'enseigner dans l'Église avec privilége d'infaillibilité.

1. Mais cette semaine étant passée, le premier jour de la suivante commençait à peine

1. Vespere autem sabbati, quæ lucescit in prima sabbati, venit

℣. 66. — [62] de peur que les soldats ne se laissassent corrompre, et ne permissent d'enlever le cadavre.

[63] * Suivant saint Jérôme, depuis Adrien jusqu'à Constantin-le-Grand, durant l'espace d'environ 180 ans, on vit une statue de Jupiter sur le lieu de la résurrection, et sur le rocher sur lequel la croix du Sauveur fut dressée, s'élevait une statue en marbre de Vénus. Ces impiétés païennes étaient providentielles : elles devaient servir à faire reconnaître avec précision des lieux si dignes de vénération. Sur ces lieux sacrés Constantin et sainte Hélène, sa mère, firent bâtir une église, comme monument de leur piété. La construction en commença vers l'an 326, et fut terminée vers l'an 336. Or, malgré les catastrophes qu'il a subies dans la suite des siècles, le monument de la foi de Constantin et de sainte Hélène subsiste encore, et c'est celui qui est appelé l'église du Saint-Sépulcre. Il est comme divisé en trois églises particulières : l'église du Saint-Sépulcre à l'ouest, l'église du Calvaire au milieu, et l'église de l'Invention de la Sainte-Croix à l'orient. Dans l'enceinte de l'édifice on montre encore, entre autres objets et lieux sacrés, la table sur laquelle le corps du Sauveur fut déposé et embaumé par Joseph d'Arimathie et Nicodème, le calvaire proprement dit, ou le lieu où le Sauveur fut attaché à la croix, et sa croix élevée entre celle des deux larrons, la colonne de l'*imperium*, la chapelle de l'ange, indiquant le lieu où l'ange, qui apparut aux saintes femmes, était assis, la chapelle souterraine de Sainte-Hélène, et dans un souterrain plus bas encore, dans lequel on descend de la chapelle par onze degrés, l'endroit où fut trouvée la vraie croix, enfin le rocher fendu et l'emplacement où les soldats se partagèrent les vêtements de Jésus, la chapelle de Saint-Longin et la prison où le Sauveur fut renfermé pendant qu'on préparait la croix. L'église du Saint-Sépulcre est celle qui s'élève sur le tombeau même du Sauveur. C'est une vaste rotonde avec un dôme ouvert, par lequel vient la lumière. La grotte du saint sépulcre a huit pieds de long sur sept de large et sept de haut. Cinquante lampes d'argent y brûlent jour et nuit. Le sarcophage, d'un marbre bleu et blanc, a six pieds de longueur, trois de largeur et deux de profondeur. Trois ou quatre personnes peuvent, à côté du sarcophage, trouver place dans la grotte. — Les Latins, les Grecs, les Arméniens et les chrétiens orientaux de tous les rites, célèbrent tour-à-tour les offices divins dans l'église du Saint-Sépulcre. Les protestants sont les seuls qui ne peuvent ni vénérer le monument sacré, ni y célébrer, car ils n'ont point de sacrifice, et ils ne vénèrent point les reliques. Ce sont là, en peu de mots, les principaux lieux sacrés compris dans l'église du Saint-Sépulcre. On a, il est vrai, élevé des doutes sur la question, si tous les faits de la Passion se sont bien accomplis dans les lieux mêmes que l'on désigne comme en ayant été le théâtre. Mais quand la tradition ne serait pas incontestable sur tous les points, ce n'est pas moins une sainte et salutaire pensée de les avoir représentés et de les rappeler près du tombeau du Sauveur au souvenir des cœurs pieux (Comp. 2. *Esdr.* 12, 38).

Maria Magdalene, et altera Maria, videre sepulcrum.

à luire [1], que Marie-Madeleine et l'autre Marie [2] vinrent pour voir le sépulcre [3]. *Marc*, 16, 1.

2. Et ecce terræ motus factus est magnus. Angelus enim Domini descendit de cœlo : et accedens revolvit lapidem, et sedebat super eum :

2. Et voilà qu'il se fit un grand tremblement de terre : car un ange du Seigneur descendit du ciel, et vint renverser la pierre [4], et s'assit dessus.

3. erat autem aspectus ejus sicut fulgur : et vestimentum ejus sicut nix.

3. Son visage était comme un éclair, et ses vêtements comme la neige.

4. Præ timore autem ejus exterriti sunt custodes, et facti sunt velut mortui.

4. Les gardes en furent tellement saisis de frayeur qu'ils devinrent comme morts [5].

5. Respondens autem angelus dixit mulieribus : Nolite timere

5. Mais l'ange s'adressant aux femmes, leur dit : Pour vous, ne craignez point; car

---

ỳ. 1. — [1] D'autres traduisent : Mais après le sabbat, comme l'aurore du premier jour de la semaine commençait à paraître. Littéralement : Or le soir du sabbat, comme le premier Jour du sabbat commençait à paraître. Le mot sabbat chez les Juifs désignait non-seulement le septième jour de la semaine, mais encore la semaine même. C'est dans cette double signification qu'il est ici employé, de sorte que le sens est : A une heure avancée de la nuit qui venait après le sabbat, au moment où l'aurore paraît, comme le premier jour du sabbat (de la semaine) commençait à paraître, etc. Les jours de la semaine sont appelés le premier, le second, le troisième, etc. jour du sabbat, de sorte que le premier jour de la semaine correspond à notre dimanche. La résurrection du Seigneur eut ainsi lieu dès le grand matin du dimanche, dans la semaine de Pâques; et il fut dans le tombeau le jour du sabbat (le samedi) tout entier, un certain temps du jour du parascève (du vendredi) et toute la nuit du premier jour de la semaine (du dimanche), d'où il suit qu'il y demeura durant trois jours (voy. *pl. h.* 12, 40). Voici toute la suite des jours de la Passion et de la mort de notre Seigneur : Manducation de l'agneau pascal le 13 de nisan, vers le soir (le jeudi); condamnation, crucifiement et sépulture le 14 de nisan, jour de la Pâque des Juifs (le vendredi); garde mise au sépulcre pendant le 15 de nisan, durant le sabbat (le samedi), qui cette année-là était le grand sabbat, comme tombant dans la semaine de Pâques; résurrection du Seigneur le 16 de nisan au matin, le premier jour de la semaine (le dimanche). La fête de Pâques proprement dite, le 14 de nisan, tombant cette année avant le grand sabbat, est appelée comme tous les jours qui précédaient un sabbat — parascève (*Pl. h.* 27, 62).

[2] Voy. *pl. h.* 27, 56.

[3] pour voir comment elles pourraient embaumer le cadavre (Voy. *Marc*, 16, 1. où Salomé est aussi de la compagnie. Pour la suite à établir dans ce contexte de l'histoire de la résurrection, voy. *Jean*, 20, 1). Elles ne savaient rien touchant la garde. Elle avait été mise auprès du tombeau le vendredi soir, après que les saintes femmes, à cause de l'approche du grand sabbat, se furent retirées chez elles. Pendant le grand sabbat, le jour le plus saint de l'année, elles se tinrent renfermées dans leurs maisons.

ỳ. 2. — [4] La résurrection, ainsi que l'enseignent tous les saints Pères, eut lieu sans que le tombeau fût ouvert. Ce fut l'ange qui le premier l'ouvrit, après que le Seigneur l'eut quitté, pour preuve que la résurrection s'était réellement accomplie. La résurrection est le fondement de notre foi; car si Jésus-Christ n'est pas ressuscité, dit saint Paul (1. *Cor.* 15, 17), notre foi est vaine; l'humiliation de Jésus-Christ ne s'est point changée en gloire, la vie humble, pauvre et crucifiée des chrétiens est sans espérance, la vie mondaine est la vraie gloire, et notre foi n'est rien. Par la résurrection du Seigneur nous avons une preuve certaine que la vie chrétienne conduit non-seulement à l'immortalité bienheureuse de l'âme, mais encore à la glorification du corps, à la délivrance de l'homme tout entier, car sa résurrection est aussi notre résurrection, puisque sa vie est notre vie (*Phil.* 3, 21).

ỳ. 4. — [5] L'ouverture du sépulcre par l'ange arriva pendant que les femmes y venaient. A leur arrivée elles ne trouvèrent plus les gardes. Ces derniers étant revenus de leur effroi, s'étaient relevés et éloignés avec précipitation.

je sais que vous cherchez Jésus qui a été crucifié :
6. il n'est point ici ; car il est ressuscité comme il l'avait dit[6]. Venez et voyez le lieu où le Seigneur avait été mis.
7. Et hâtez-vous d'aller dire à ses disciples qu'il est ressuscité. Et il sera avant vous en Galilée[7] : c'est là que vous le verrez ; je vous en avertis par avance.
8. Ces femmes sortirent aussitôt du sépulcre avec crainte[8] et beaucoup de joie, et elles coururent annoncer ceci à ses disciples.
9. En même temps Jésus se présenta devant elles[9], et leur dit : Je vous salue. Et elles s'approchèrent, embrassèrent ses pieds et l'adorèrent.
10. Alors Jésus leur dit : Ne craignez point. Allez, dites à mes frères[10] qu'ils aillent en Galilée : c'est là qu'ils me verront.

11. Quand elles furent parties, quelques-uns des gardes vinrent à la ville, et rapportèrent aux princes des prêtres tout ce qui s'était passé[11].

12. Ceux-ci s'étant assemblés avec les anciens, et ayant délibéré ensemble, donnèrent une grande somme d'argent aux soldats[12],
13. en leur disant : Dites que ses disciples sont venus la nuit, et l'ont enlevé, pendant que vous dormiez.
14. Et si cela vient à la connaissance du gouverneur, nous l'apaiserons[13], et nous vous mettrons en sûreté.
15. Les soldats ayant reçu l'argent, firent ce qu'on leur avait dit : et ce bruit qu'ils répandirent dure encore aujourd'hui parmi les Juifs.

vos : scio enim, quod Jesum, qui crucifixus est, quæritis :
6. Non est hic : surrexit enim, sicut dixit; venite, et videte locum, ubi positus erat Dominus.
7. Et cito euntes, dicite discipulis ejus quia surrexit : et ecce præcedit vos in Galilæam : ibi eum videbitis; ecce prædixi vobis.
8. Et exierunt cito de monumento cum timore et gaudio magno, currentes nuntiare discipulis ejus.
9. Et ecce Jesus occurrit illis, dicens : Avete. Illæ autem accesserunt, et tenuerunt pedes ejus, et adoraverunt eum.
10. Tunc ait illis Jesus : Nolite timere ; ite, nuntiate fratribus meis ut eant in Galilæam, ibi me videbunt.
11. Quæ cum abissent, ecce quidam de custodibus venerunt in civitatem, et nuntiaverunt principibus sacerdotum omnia quæ facta fuerant.
12. Et congregati cum senioribus, consilio accepto, pecuniam copiosam dederunt militibus,
13. dicentes : Dicite quia discipuli ejus nocte venerunt, et furati sunt eum, vobis dormientibus.
14. Et si hoc auditum fuerit a præside, nos suadebimus ei, et securos vos faciemus.
15. At illi, accepta pecunia, fecerunt sicut erant edocti. Et divulgatum est verbum istud apud Judæos, usque in hodiernum diem.

ỳ. 6. — [6] Voy. *Jean*, 2, 19. *Pl. h.* 12, 40. 16, 21. 17, 9. 20, 19. 26, 32.
ỳ. 7. — [7] Les disciples étaient Galiléens, et il fallait qu'ils retournassent de Jérusalem, où ils étaient venus à l'occasion de la fête de Pâques, en Galilée, lieu de leur demeure. Avant même qu'ils y fussent arrivés, Jésus s'y trouva. Dans la Judée le Seigneur n'apparut qu'à quelques disciples et en secret; dans la Galilée il se fit voir à tous et publiquement (Voy. *pl. h.* 26, 32).
ỳ. 8. — [8] avec une sainte crainte.
ỳ. 9. — [9] Le grec ajoute : pendant qu'elles s'en allaient pour annoncer tout cela aux disciples.
ỳ. 10. — [10] Jésus-Christ appelle maintenant les Apôtres ses frères. Par sa mort ils étaient devenus des enfants de Dieu, et par conséquent ses frères (*Ps.* 21, 23).
ỳ. 11. — [11] Pendant que les saintes femmes se rendirent à la ville, quelques-uns des soldats purent y arriver pour raconter ce qui avait eu lieu.
ỳ. 12. — [12] Il semble qu'il n'y eut que quelques-uns des principaux qui se rassemblèrent; car dans une réunion complète du grand conseil, la corruption aurait eu de la peine à être adoptée, bien que cela ne soit pas entièrement invraisemblable, parce que le grand conseil était dans la nécessité de recourir à tous les moyens pour empêcher que le dernier état des choses ne devînt pire que le premier (Voy. *pl. h.* 27, 64).
ỳ. 14. — [13] nous le persuaderons, — nous l'apaiserons.

16. Undecim autem discipuli abierunt in Galilæam, in montem, ubi constituerat illis Jesus.

17. Et videntes eum adoraverunt : quidam autem dubitaverunt.

18. Et accedens Jesus locutus est eis, dicens : Data est mihi omnis potestas in cœlo et in terra;

19. euntes ergo docete omnes gentes : baptizantes eos in nomine Patris, et Filii, et Spiritus sancti :

20. docentes eos servare omnia quæcumque mandavi vobis : et ecce ego vobiscum sum omnibus

16. Or les onze disciples s'en allèrent en Galilée, sur la montagne [14] où Jésus leur avait commandé.

17. Et le voyant, ils l'adorèrent : quelques-uns néanmoins doutèrent [15].

18. Et Jésus s'approchant [16], leur parla ainsi : Toute puissance m'a été donnée dans le ciel et dans la terre [17].

19. Allez donc, et instruisez tous les peuples [18], les baptisant [19] au nom [20] du Père, et du Fils et du Saint-Esprit [21]; *Marc*, 16, 15.

20 et leur apprenant à observer toutes les choses que je vous ai commandées [22]. Et assurez-vous que je suis toujours avec vous

---

ỳ. 16. — [14] des Béatitudes (*Pl. h.* 5, 1. 14, 23)

ỳ. 17. — [15] Quelques-uns des disciples, qui, suivant 1. *Cor.* 15, 6, étaient au nombre de cinq cents.

ỳ. 18. — [16] Ce qui suit arriva, d'après *saint Marc*, 16, 14 et suiv., non sur la montagne en Galilée, mais lors de la dernière apparition du Seigneur sur le mont des Oliviers, peu avant son ascension. C'est aussi ce qui résulte du contexte même; car les paroles du texte contiennent les derniers ordres du Seigneur, et la mission des apôtres dans le monde entier.

[17] Le Seigneur dit cela pour signifier que, en vertu de l'autorité et du plein pouvoir qui lui avaient été donnés, il envoyait ses apôtres auprès de tous les peuples, pour leur annoncer la nouvelle du salut.

ỳ. 19. — [18] D'autres traduisent le grec : et faites-moi des disciples de tous les peuples.

[19] leur donnant par le baptême (par la purification dans l'eau) la consécration de mes disciples.

[20] c'est-à-dire dans la nature. Le nom d'une chose désigne sa substance, et c'est ainsi que dans une infinité de passages de l'Ecriture le nom de Dieu est mis pour sa nature [substance] (2. *Moys.* 23, 21. 4. *Moys.* 6, 27. *Ps.* 5, 12. *Mal.* 1, 6). Ainsi le baptême établi par Jésus-Christ est conféré dans la vertu divine.

[21] Jésus-Christ, dans le nom, dans la nature divine, distingue trois personnes, le Père, le Fils, et le Saint-Esprit, et par là, il donne une expression du mystère de l'adorable et divine Trinité; car Jésus-Christ ne parle que d'un nom, que d'une nature, mais qui comprend en elle trois personnes (Jérôme, Hil. et les autres Pères). Ne soyez pas assez téméraire pour chercher à comprendre ce mystère, pour en douter ou pour le combattre d'une manière quelconque. Dieu l'a dit : cela suffit. Adorez, et soumettez votre intelligence et votre cœur. Vous le verrez à un jour tel qu'il est, si vous croyez maintenant ce que vous ne voyez pas.

ỳ. 20. — [22] toute ma doctrine, tous mes commandements; car ce n'est pas la foi seulement, ou la foi à telles ou telles paroles de Jésus-Christ, mais la foi tout entière, comme Jésus-Christ l'exige, et une foi active par les bonnes œuvres, qui justifie (Comp. *Rom.* 2, 13). Remarquez encore : Jésus, en envoyant ses apôtres dans le monde entier, ne leur dit pas : Ecrivez; mais : Prêchez l'Evangile. Si quelques-uns d'entre eux ont écrit quelque chose, ç'a été par circonstances, quoique sous l'impulsion divine. Tous n'ont pas écrit, et ceux qui ont écrit n'ont pas tout écrit (2. *Jean*, 12, 3. *Jean*, 13, 1. *Cor.* 11, 34. 2. *Thess.* 2, 14. 1. *Tim.* 6, 20, 2. *Tim.* 2, 14); car ils avaient, à la vérité, reçu l'ordre d'enseigner tout ce qu'ils avaient appris de Jésus-Christ, mais non de tout écrire. Et pour ce qu'ils ont écrit, ils n'ont donné que les paroles, sans y ajouter le sens et l'interprétation de ces paroles. Ils les expliquaient oralement. D'où il suit qu'il faut nécessairement admettre, ainsi que l'enseigne l'Eglise catholique, des traditions orales de différentes espèces, qui confirment, éclaircissent et complètent l'enseignement apostolique.

jusqu'à la consommation des siècles [23]. | diebus, usque ad consummationem sæculi.

[23] Quoique je me sépare de vous, et que je monte au ciel, toutefois je ne vous abandonne pas entièrement, mais je demeure présent parmi vous d'une manière invisible, et je vous prêterai assistance jusqu'à la fin du monde. Remarquez comment Jésus-Christ donne ici aux premiers pasteurs de son Eglise rassemblés sous Pierre leur chef, le pouvoir d'enseigner, et les assure de sa divine assistance. Ainsi les évêques rassemblés sous leur chef sont infaillibles, et soit qu'ils se trouvent réunis en un même lieu, soit qu'ils soient dispersés dans le monde entier, en tout ce qu'ils définissent relativement à la foi et aux mœurs, et qu'ils déclarent être un décret de l'Eglise universelle, Jésus-Christ, la vérité infaillible, est avec eux (Comp. *pl. h.* 18, 16-18. 16, 18). Saint Matthieu termine son Evangile par l'Eglise enseignante, sanctifiante et infaillible, parce qu'en elle continue à vivre sur la terre Jésus-Christ enseignant et sanctifiant; la doctrine de l'Eglise est la doctrine de Jésus-Christ, l'esprit de l'Eglise est son esprit, et l'appui qu'elle nous donne son appui : heureux celui qui habite à l'ombre de sa protection! (*Ezéch.* 48, 35.)

PRÉFACE

SUR

LE SAINT EVANGILE DE JÉSUS-CHRIST

SELON SAINT MARC.

Marc, dont le nom complet est Jean Marc (*Act.* 12, 22), était fils d'une certaine Marie de Jérusalem, dans la maison de laquelle les apôtres se rassemblaient souvent. Il était parent de Barnabé. Il paraît que ce fut saint Pierre qui l'instruisit dans le christianisme, car il l'appelle son fils (1. *Pier.* 5, 13). Plus tard il fut le compagnon de saint Paul (*Act.* 12, 25. 13, 5) et de Barnabé (*Act.* 15, 35-39) dans leurs courses apostoliques, et il demeura auprès de saint Paul pendant la seconde captivité de cet apôtre à Rome (*Col.* 4, 10. 2. *Tim.* 4, 11). A la même époque il semble que Marc contracta de nouveau avec saint Pierre, qui se trouvait à Rome en même temps que saint Paul, une plus étroite union, et que ce fut saint Pierre qui l'engagea à composer l'Évangile que nous avons sous son nom. Que saint Marc ait travaillé sous la direction du Prince des Apôtres, c'est le sentiment unanime de toute l'antiquité chrétienne; car il n'est en général désigné que sous le titre d'interprète de saint Pierre, de coadjuteur de son Évangile. On n'est pas si unanime sur le temps où saint Marc a écrit; car presque tous conviennent, il est vrai, qu'il écrivit son Évangile d'après celui de saint Matthieu; mais quand il s'agit de fixer le temps avec précision, il n'y a point le même accord. Suivant saint

Clément d'Alexandrie (an. 216 de J.-C.), il écrivit du vivant de saint Pierre; suivant saint Irénée (170 de J.-C.), il n'écrivit qu'après la mort de cet apôtre, vers l'an 66. On peut concilier les sentiments de ces deux anciens docteurs, en supposant que saint Marc, pendant que saint Pierre vivait encore, composa son Évangile sous la direction de l'apôtre, pour compléter certains récits de saint Matthieu, et qu'il ne le fit paraître qu'après sa mort comme un monument élevé à la gloire du Prince des Apôtres. Quant au lieu où il le composa, la plupart disent que ce fut à Rome, quelques-uns à Alexandrie, où saint Marc, qui y avait été envoyé par saint Pierre, doit avoir prêché pendant un certain espace de temps. La langue dans laquelle le saint Évangéliste écrivit, fut sans doute la langue grecque ; car cette langue, si l'on excepte la langue maternelle, était la plus usitée tant en Orient qu'en Occident, et les Juifs eux-mêmes parlaient à Rome plus grec que latin. Touchant les autres circonstances de la vie du saint homme, on ne connaît rien de précis. Suivant saint Jérôme et Eusèbe, et d'après les martyrologes grecs et latins, il mourut à Alexandrie de la mort du martyre.

LE SAINT

ÉVANGILE DE JÉSUS-CHRIST

SELON SAINT MARC [1]

CHAPITRE PREMIER.

Prédication de saint Jean-Baptiste. Jésus se fait baptiser et se retire dans le désert, il jeûne et est tenté; il prêche dans la Galilée; il appelle Pierre, André, Jacques et Jean; il enseigne à Capharnaüm; il chasse un démon; il guérit la belle-mère de Pierre et plusieurs autres malades; il délivre un possédé et guérit un lépreux.

1. Initium Evangelii Jesu Christi, Filii Dei.
2. Sicut scriptum est in Isaia propheta : Ecce ego mitto angelum meum ante faciem tuam, qui præparabit viam tuam ante te.
3. Vox clamantis in deserto : Parate viam Domini, rectas facite semitas ejus.
4. Fuit Joannes in deserto bap-

1. Commencement de l'Evangile de Jésus-Christ, fils de Dieu [2];
2. comme il est écrit dans le prophète Isaïe [3] : Voilà que j'envoie mon ange [4] devant votre face, qui vous préparera le chemin devant vous.
3. Voix de celui qui crie dans le désert [5]: Préparez la voie du Seigneur, rendez droits ses sentiers. *Mal.* 3, 1. *Isaïe,* 40, 3.
4. Jean était dans le désert, baptisant [6], et

[1] Voy. *Matth.* chap. 1, note 1.

ỳ. 1. — [2] Fils unique de Dieu (*Jean*, 1, 18). Le mot commencement se rapporte à la prédication de saint Jean dont il va être question. Cette prédication invitait à la réception de l'Evangile et du Messie, et sous ce rapport elle était le commencement de l'Evangile, de l'heureuse nouvelle.

ỳ. 2. — [3] c'est-à-dire : Le commencement de l'heureuse nouvelle est la prédication du Précurseur, que le prophète Isaïe a prédite. La prophétie qui suit se trouve dans les prophètes Malachie et Isaïe; saint Marc ne nomme que le dernier, vraisemblablement parce qu'il est le plus ancien, et que Malachie n'a fait que développer davantage ses paroles.

[4] mon messager, mon ambassadeur.

ỳ. 3. — [5] La voix de celui qui crie dans le désert, c'est-à-dire il est la voix de celui qui crie.

ỳ. 4. — [6] Voy. *Matth.* 3, 1. note 2.

prêchant le baptême de pénitence pour la
rémission des péchés [7]. *Luc,* 3, 3.

5. Tout le pays de la Judée, et tous ceux
de Jérusalem venaient à lui; et confessant
leurs péchés, ils étaient baptisés par lui dans
le fleuve du Jourdain. *Matth.* 3, 5. 6.

6. Or Jean était vêtu de poil de chameau,
il avait une ceinture de cuir autour de ses
reins, et vivait de sauterelles et de miel
sauvage; et il prêchait en disant : *Matth.* 3,
4. 3. *Moys.* 11, 22.
7. Il en vient un autre après moi, qui est
plus puissant que moi; et je ne suis pas
digne de me prosterner *devant lui* pour délier le cordon de ses souliers. *Matth.* 3, 11.
Luc, 3, 16. *Jean,* 1, 27.
8. *Pour moi,* je vous ai baptisés dans l'eau;
mais *pour lui* il vous baptisera dans le Saint-
Esprit. *Act.* 1, 5. 2, 4. 11, 16. 19, 4.
9. Or il arriva en ce même temps que Jésus vint de Nazareth *en* Galilée, et fut baptisé par Jean dans le Jourdain. *Matth.* 3, 13.
10. Et aussitôt qu'il fut sorti de l'eau, il
vit les cieux ouverts, et l'Esprit en forme de
colombe descendre et demeurer sur lui [8].
Matth. 3, 16. *Luc,* 3, 22. *Jean,* 1, 32.
11. Et une voix se fit entendre du ciel :
Vous êtes mon Fils bien-aimé; c'est en vous
que j'ai mis toutes mes complaisances [9].
Matth. 3, 17.
12. Et aussitôt après l'Esprit le poussa
dans le désert [10], *Matth.* 4, 1. *Luc,* 4, 1.
13. où il demeura quarante jours et quarante nuits [11]. Il *y* était tenté par satan; et
il était parmi les bêtes sauvages, et les anges
le servaient [12].

14. Mais après que Jean eut été mis en
prison, Jésus vint dans la Galilée, prêchant
l'Evangile du royaume de Dieu, *Matth,* 4,
12. *Luc,* 4, 14. *Jean,* 4, 43.
15. et disant : Puisque le temps est ac-

tizans, et prædicans baptismum
pœnitentiæ, in remissionem peccatorum.
5. Et egrediebatur ad eum omnis Judææ regio, et Jerosolymitæ
universi, et baptizabantur ab illo
in Jordanis flumine, confitentes
peccata sua.
6. Et erat Joannes vestitus pilis
cameli, et zona pellicea circa lumbos ejus, et locustas et mel syl-
vestre edebat. Et prædicabat dicens :
7. Venit fortior me post me :
cujus non sum dignus procumbens
solvere corrigiam calceamentorum
ejus.

8. Ego baptizavi vos aqua, ille
vero baptizabit vos Spiritu sancto.

9. Et factum est : in diebus illis
venit Jesus a Nazareth Galilææ : et
baptizatus est a Joanne in Jordane.
10. Et statim ascendens de aqua,
vidit cœlos apertos, et Spiritum
tanquam columbam descendentem, et manentem in ipso.
11. Et vox facta est de cœlis :
Tu es Filius meus dilectus, in te
complacui,

12. Et statim Spiritus expulit
eum in desertum.
13. Et erat in deserto quadraginta diebus, et quadraginta noctibus : et tentabatur a satana : erat-
que cum bestiis, et angeli ministrabant illi.
14. Postquam autem traditus
est Joannes, venit Jesus in Galilæam, prædicans Evangelium regni Dei,
15. et dicens : Quoniam imple-

---

[7] Il prêchait le baptême pour la reconnaissance et la confession des péchés, afin que les pécheurs, excités par sa prédication, vinssent à Jésus-Christ et à son baptême, et reçussent le pardon effectif de leurs péchés (Voy. *Matth.* 3. note 21).

ỳ. 10. — [8] Dans le grec : descendre sur lui comme une colombe.

ỳ. 11. — [9] Dans le grec : dans lequel j'ai mis ma complaisance.

ỳ. 12. — [10] Le Saint-Esprit qui, peu auparavant, avait dans le baptême répandu sur son humanité sainte toutes ses grâces, poussait puissamment cette même humanité à se retirer dans la solitude, afin d'y triompher de satan, et de se fortifier par la prière, par une intime union avec Dieu et par l'oblation d'elle-même, avant de commencer le ministère de la prédication.

ỳ. 13. — [11] Le grec ne parle pas des quarante nuits, mais il en est fait mention dans saint *Matth.* (4, 2).

[12] après qu'il eut enduré la faim et surmonté la tentation de satan (*Matth.* 4, 11).

tum est tempus, et appropinquavit regnum Dei : pœnitemini, et credite Evangelio.

16. Et præteriens secus mare Galilææ, vidit Simonem, et Andream fratrem ejus, mittentes retia in mare (erant enim piscatores),

17. et dixit eis Jesus : Venite post me, et faciam vos fieri piscatores hominum.

18. et protinus relictis retibus, secuti sunt eum.

19. Et progressus inde pusillum, vidit Jacobum Zebedæi, et Joannem fratrem ejus, et ipsos componentes retia in navi :

20. Et statim vocavit illos. Et relicto patre suo Zebedæo in navi cum mercenariis, secuti sunt eum.

21. Et ingrediuntur Capharnaum : et statim sabbatis ingressus in synagogam, docebat eos.

22. Et stupebant super doctrina ejus : erat enim docens eos, quasi potestatem habens et non sicut scribæ.

23. Et erat in synagoga eorum homo in spiritu immundo : et exclamavit,

24. dicens : Quid nobis, et tibi Jesu Nazarene? Venisti perdere nos? Scio qui sis : Sanctus Dei.

25. Et comminatus est ei Jesus, dicens : Obmutesce, et exi de homine.

26. Et discerpens eum spiritus immundus, et exclamans voce magna, exiit ab eo.

compli [13], et que le royaume de Dieu est proche, faites pénitence, et croyez à l'Evangile.

16. Or comme il passait le long de la mer de Galilée, il vit Simon et André, son frère, qui jetaient leurs filets dans la mer (car ils étaient pêcheurs), *Matth.* 4, 18. *Luc*, 5. 2.

17. et Jésus leur dit : Suivez-moi, et je vous ferai devenir pêcheurs d'hommes. *Matth.* 4, 19.

18. En même temps ils quittèrent leurs filets, et le suivirent.

19. De là s'étant un peu avancé, il vit Jacques *fils* de Zebédée, et Jean son frère, qui étaient aussi dans une barque, où ils raccommodaient leurs filets [14]. *Matth.* 4, 21.

20. Il les appela à l'heure même, et ils le suivirent, ayant laissé dans la barque leur père Zébedée et ceux qui travaillaient pour lui.

21. Ils vinrent ensuite à Capharnaüm; et Jésus entrant d'abord le jour du sabbat dans la synagogue, il les instruisait. *Luc*, 4, 31-37. *Matth.* 4, 13.

22. Et ils étaient étonnés de sa doctrine, parce qu'il les instruisait comme ayant autorité, et non pas comme les scribes [15]. *Matth.* 7, 28. *Luc*, 4, 32.

23. Or il se trouva dans leur synagogue un homme possédé d'un esprit impur [16], qui s'écria,

24. disant : Qu'y a-t-il entre vous et nous, Jésus de Nazareth ? Etes-vous venu pour nous perdre [17] ? Je sais qui vous êtes : le Saint de Dieu [18].

25. Mais Jésus lui parlant avec menaces, lui dit : Tais-toi [19], et sors de cet homme.

26. Alors l'esprit impur le tourmentant horriblement [20], et jetant un grand cri, sortit hors de lui.

ỳ. 15. — [13] Puisque tout ce qui devait précéder l'avènement du Messie et de son royaume est accompli (*Voy.* la dernière note sur le 2ᵉ Livre des *Mach.*).

ỳ. 19. — [14] D'autres traduisent : où ils disposaient (préparaient) leurs filets.

ỳ. 22. — [15] Voy. *Matth.* 7, 29.

ỳ. 23. — [16] qui était possédé par un mauvais esprit (Voy. *Matth.* 4, 24).

ỳ. 24. — [17] Que nous voulez-vous? nous n'avons rien à faire avec vous; car nous n'avons de pouvoir que sur les pécheurs; seriez-vous déjà venu pour juger le monde, et pour nous renfermer pour toute l'éternité dans l'enfer (*Apoc.* 20, 9. 10)? Voy. *Matth.* 8, note 31. Dans le grec : Laissez-nous, qu'avons-nous, etc., comme *Luc*, 8, 28.

[18] Le Saint revêtu de la vertu divine, le Très-Saint, le Messie (Voy. *Dan.* 9, 24).

ỳ. 25. — [19] Pourquoi? Parce que les louanges de satan ne sont pas des louanges (Tertul.), et parce que le mystère du caractère de Jésus, suivant les sages décrets de Dieu, ne devait être manifesté que peu à peu.

ỳ. 26. — [20] ce que Jésus-Christ permit, afin qu'il fût manifeste que l'homme était réellement possédé (Théoph.).

27. Tous en furent dans un si grand étonnement, qu'ils se demandaient les uns aux autres [21] : Qu'est-ce que ceci? et quelle est cette nouvelle doctrine? car il commande avec empire [22] même aux esprits impurs, et ils lui obéissent.

28. Et sa réputation se répandit aussitôt dans toute la Galilée.

29. Et sortant aussitôt de la synagogue, ils vinrent avec Jacques et Jean [23] en la maison de Simon et d'André. *Matth.* 8, 14. *Luc*, 4, 38.

30. Or la belle-mère de Simon était au lit ayant la fièvre; ils lui parlèrent aussitôt d'elle.

31. Et lui, s'approchant, la prit par la main, et la fit lever. Au même instant la fièvre la quitta, et elle les servait. *Matth.* 8, 15.

32. Sur le soir, après le coucher du soleil, ils lui amenèrent tous les malades et les possédés : *Matth.* 8, 16.

33. et toute la ville était assemblée devant sa porte.

34. Il guérit plusieurs malades de diverses maladies, et il chassa plusieurs démons, et il ne leur permettait pas de parler, parce qu'ils le connaissaient [24]. *Luc*, 4, 41.

35. Le lendemain s'étant levé de fort grand matin, il sortit et s'en alla dans un lieu désert, où il priait [25].

36. Simon et ceux qui étaient avec lui l'y suivirent.

37. Et quand ils l'eurent trouvé, ils lui dirent : Tout le monde vous cherche.

38. Il leur répondit : Allons aux villages, et aux villes d'alentour [26], afin que j'y prêche aussi; car c'est pour cela que je suis venu.

39. Et il prêchait dans leurs synagogues et par toute la Galilée, et il chassait les démons.

40. Et il vint à lui un lépreux, qui le

27. Et mirati sunt omnes, ita ut conquirerent inter se, dicentes Quidnam est hoc? quænam doctrina hæc nova? quia in potestate etiam spiritibus immundis imperat, et obediunt ei.

28. Et processit rumor ejus statim in omnem regionem Galilææ.

29. Et protinus egredientes de synagoga, venerunt in domum Simonis et Andreæ, cum Jacobo et Joanne.

30. Decumbebat autem socrus Simonis febricitans : et statim dicunt ei de illa.

31. Et accedens elevavit eam, apprehensa manu ejus : et continuo dimisit eam febris, et ministrabat eis.

32. Vespere autem facto, cum occidisset sol, afferebant ad eum omnes male habentes, et dæmonia habentes :

33. et erat omnis civitas congregata ad januam.

34. Et curavit multos, qui vexabantur variis languoribus, et dæmonia multa ejiciebat, et non sinebat ea loqui, quoniam sciebant eum.

35. Et diluculo valde surgens, egressus abiit in desertum locum, ibique orabat.

36. Et prosecutus est eum Simon, et qui cum illo erant.

37. Et cum invenissent eum, dixerunt ei : Quia omnes quærunt te.

38. Et ait illis : Eamus in proximos vicos, et civitates, ut et ibi prædicem : ad hoc enim veni.

39. Et erat prædicans in synagogis eorum, et in omni Galilæa, et dæmonia ejiciens.

40. Et venit ad eum leprosus

℣. 27. — [21] D'autres traduisent le grec : qu'ils contestaient entre eux et disaient, etc.
[22] par sa simple parole, sous l'invocation du saint Nom, et sans les cérémonies de l'exorcisme (Voy. *Matth.* 12, 27).
℣. 29. — [23] Voy. *pl. h.* ℣. 19.
℣. 34. — [24] Voy. *pl. h.* note 19.
℣. 35. — [25] Il était venu pour rendre fertiles les contrées désertes (*Isaïe.* 32, 15); c'est-à-dire pour rendre l'humanité pauvre en vertu, féconde en bonnes œuvres. Apprenez de Jésus-Christ que les premiers instants du matin doivent être consacrés à la prière; si le matin est favorable aux muses, il est encore plus favorable à la prière, pour obtenir la grâce de Dieu.
℣. 38. — [26] Dans le grec : dans les bourgades voisines.

deprecans eum : et genu flexo dixit ei : Si vis, potes me mundare.

41. Jesus autem misertus ejus, extendit manum suam, et tangens eum, ait illi : Volo : mundare.

42. Et cum dixisset, statim discessit ab eo lepra, et mundatus est.

43. Et comminatus est ei, statimque ejecit illum :

44. et dicit ei : Vide nemini dixeris : sed vade, ostende te principi sacerdotum, et offer pro emundatione tua, quæ præcepit Moyses in testimonium illis.

45. At ille egressus cœpit prædicare, et diffamare sermonem, ita ut jam non posset manifeste introire in civitatem, sed foris in desertis locis esset, et conveniebant ad eum undique.

priant, et se jetant à ses genoux, lui dit : Si vous voulez, vous pouvez me guérir. *Matth.* 8, 2-4. *Luc,* 5, 12.

41. Jésus en eut pitié; et étendant la main, il le toucha et lui dit : Je le veux; soyez guéri.

42. Dès qu'il eut dit *cette parole*, à l'instant la lèpre quitta cet homme, et il fut guéri.

43. Jésus le renvoya aussitôt avec de fortes menaces,

44. en lui disant : Gardez-vous bien de rien dire de ceci à personne; mais allez vous montrer aux princes des prêtres [27], et offrez pour votre guérison ce que Moyse a ordonné, afin que cela leur serve de témoignage. *Matth.* 8, 4. 3. *Moys.* 14, 2.

45. Mais cet homme l'ayant quitté, commença à raconter la chose et à la publier partout : de sorte que Jésus ne pouvait plus paraître dans la ville [28], mais il se tenait dehors dans les lieux déserts, et on venait à lui de tous côtés.

CHAPITRE II.

Guérison d'un paralytique. Vocation de Matthieu. Du jeûne. Du drap neuf et des outres neuves. Les pharisiens murmurent contre les disciples de Jésus, qui broyaient des épis le jour du sabbat.

1. Et iterum intravit Capharnaum post dies,

2. et auditum est quod in domo esset, et convenerunt multi, ita ut non caperet neque ad januam, et loquebatur eis verbum.

3. Et venerunt ad eum ferentes paralyticum, qui a quatuor portabatur.

1. Quelques jours après, il revint à Capharnaüm [1]. *Matth.* 9, 1.

2. Et dès qu'on eut ouï dire qu'il était en la maison [2], il s'y assembla un si grand nombre de personnes, que même tout l'espace qui était devant la porte ne pouvait les contenir [3]; et il leur prêchait la parole *de Dieu*.

3. Alors on vint lui amener un paralytique, qui était porté par quatre hommes. *Luc,* 5, 18.

℣. 44. — [27] ou plutôt comme porte le grec : au prêtre. Les lépreux n'étaient pas obligés d'aller trouver le grand prêtre pour se faire déclarer purs; mais comme les prêtres portaient assez souvent le titre de grands prêtres (Voy. *Matth.* 2, 4), la traduction ci-dessus n'a rien d'inexact.

℣. 45. — [28] à cause de l'affluence du peuple. Il avait, à la vérité, défendu à celui qui avait été guéri de publier le bienfait qu'il avait reçu; mais la joie qu'il éprouvait ne lui permettait pas de se taire.

℣. 1. — [1] le lieu ordinaire de sa demeure (Voy. *Matth.* 4, 12).

℣. 2. — [2] vraisemblablement chez Pierre, où il habitait d'ordinaire.

[3] de sorte que même le lieu qui était devant la porte ouverte, le vestibule, ne les pouvait contenir.

4. Et comme ils ne pouvaient le lui présenter à cause de la foule, ils découvrirent le toit où il était; et y ayant fait une ouverture, ils descendirent le lit où le paralytique était couché [4].

5. Jesus, voyant leur foi, dit au paralytique : Mon fils, vos péchés vous sont remis. *Matth.* 9, 2.

6. Or il y avait là quelques scribes assis, qui s'entretenaient de ces pensées dans leur cœur :

7. Que veut dire cet homme? il blasphème [5]. Qui peut remettre les péchés que Dieu seul? *Job*, 14, 4. *Isaïe*, 43, 25.

8. Aussitôt Jésus ayant connu par son Esprit [6] ce qu'ils pensaient en eux-mêmes, il leur dit : Pourquoi vous entretenez-vous de ces pensées dans vos cœurs?

9. Lequel est le plus aisé, ou de dire à ce paralytique : Vos pechés vous sont remis; ou de lui dire : Levez-vous, emportez votre lit et marchez?

10. Or afin que vous sachiez que le Fils de l'homme a le pouvoir sur la terre de remettre les péches, il dit au paralytique :

11. Levez-vous, je vous le commande, emportez votre lit, et allez-vous-en dans votre maison.

12. Et aussitôt il se leva; et emportant son lit, il s'en alla devant tout le monde : de sorte qu'ils étaient tous saisis d'etonnement, et rendaient gloire à Dieu, en disant: Jamais nous n'avons rien vu de semblable.

13. Jésus étant sorti une autre fois du côté de la mer [7], tout le peuple venait à lui, et il les instruisait. *Matth.* 9, 9.

14. Et lorsqu'il passait, il vit Lévi, *fils* d'Alphée [8], assis au bureau des impôts, et il lui dit : Suivez-moi. Il se leva, et le suivit. *Matth.* 9, 9. *Luc*, 5, 27.

15. Et il arriva que Jesus étant à table en la maison de cet homme, beaucoup de publicains et de pécheurs y étaient avec lui, et avec ses disciples; car il y en avait meme plusieurs qui le suivaient.

4. Et cum non possent offerre eum illi præ turba, nudaverunt tectum ubi erat : et patefacientes submiserunt grabatum in quo paralyticus jacebat.

5. Cum autem vidisset Jesus fidem illorum, ait paralytico : Fili, dimittuntur tibi peccata tua.

6. Erant autem illic quidam de scribis sedentes, et cogitantes in cordibus suis :

7. Quid hic sic loquitur? blasphemat. Quis potest dimittere peccata, nisi solus Deus?

8. Quo statim cognito Jesus spiritu suo, quia sic cogitarent intra se, dicit illis : Quid ista cogitatis in cordibus vestris?

9. Quid est facilius dicere paralytico : Dimittuntur tibi peccata; an dicere : Surge, tolle grabatum tuum, et ambula?

10. Ut autem sciatis quia Filius hominis habet potestatem in terra dimittendi peccata, (ait paralytico)

11. tibi dico : Surge, tolle grabatum tuum, et vade in domum tuam.

12. Et statim surrexit ille : et, sublato grabato, abiit coram omnibus, ita ut mirarentur omnes, et honorificarent Deum, dicentes : Quia nunquam sic vidimus.

13. Et egressus est rursus ad mare : omnisque turba veniebat ad eum, et docebat eos.

14. Et cum præteriret, vidit Levi Alphæi sedentem ad telonium, et ait illi : Sequere me. Et surgens secutus est eum.

15. Et factum est, cum accumberet in domo illius, multi publicani et peccatores simul discumbebant cum Jesu, et discipulis ejus : erant enim multi, qui et sequebantur eum.

ỷ. 4. — [4] Les toits plats des Juifs avaient apparemment, comme encore aujourd'hui, une ouverture dont on se servait dans le temps de la féte des Tabernacles, où l'on devait habiter et manger à ciel ouvert, mais qui, hors le temps de cette fête, était, comme le reste du toit, couverte de briques. On enleva les briques de cette ouverture afin de pouvoir descendre le malade. On montait sur le toit même au moyen d'un escalier pratiqué à l'extérieur de la maison (Voy. *Matth.* 24, 17).

ỷ. 7. — [5] Dans le grec : Pourquoi cet homme profère-t-il ainsi des blasphèmes?

ỷ. 8. — [6] en vertu de sa divinité.

ỷ. 13. — [7] de Génésareth.

ỷ. 14. — [8] Matthieu, qui était son autre nom.

16. Et scribæ et pharisæi videntes quia manducaret cum publicanis et peccatoribus, dicebant discipulis ejus : Quare cum publicanis et peccatoribus manducat et bibit magister vester ?

16. Les scribes et les pharisiens voyant qu'il mangeait avec les publicains et les pécheurs, dirent à ses disciples : Pourquoi votre Maître [9] mange-t-il et boit-il avec des publicains et des pécheurs ?

17. Hoc audito Jesus ait illis : Non necesse habent sani medico, sed qui male habent : non enim veni vocare justos, sed peccatores.

17. Ce que Jésus ayant entendu, il leur dit : Ce ne sont pas ceux qui se portent bien, mais les malades qui ont besoin de médecin. Car je ne suis pas venu appeler les justes, mais les pécheurs. *Matth.* 9, 13. 1. *Tim.* 1, 15.

18. Et erant discipuli Joannis et pharisæi jejunantes : et veniunt et dicunt illi : Quare discipuli Joannis et pharisæorum jejunant, tui autem discipli non jejunant?

18. Or les disciples de Jean et ceux des pharisiens jeûnaient; et l'étant venus trouver, ils lui dirent : Pourquoi les disciples de Jean, et ceux des pharisiens jeûnent-ils, et vos disciples ne jeûnent-ils pas ? *Matth.* 9, 14. *Luc,* 5, 33.

19. Et ait illis Jesus : Numquid possunt filii nuptiarum, quamdiu sponsus cum illis est, jejunare? Quanto tempore habent secum sponsum, non possunt jejunare.

19. Jésus leur répondit : Les enfants des noces peuvent-ils jeûner pendant que l'époux est avec eux? Tant qu'ils ont l'époux avec eux, ils ne peuvent pas jeûner. *Matth.* 9, 14.

20. Venient autem dies cum auferetur ab eis sponsus : et tunc jejunabunt in illis diebus.

20. Mais il viendra un temps que l'époux leur sera ôté; et ce sera alors qu'ils jeûneront. *Luc,* 5, 33.

21. Nemo assumentum panni rudis assuit vestimento veteri : alioquin offert supplementum novum a veteri, et major scissura fit.

21. Personne ne cond une pièce de drap neuf à un vieux vêtement; autrement la pièce neuve emporte une partie du vieux, et la rupture devient plus grande. *Matth,* 9, 16.

22. Et nemo mittit vinum novum in utres veteres : alioquin dirumpet vinum utres, et vinum effundetur, et utres peribunt : sed vinum novum in utres novos mitti debet.

22. Et nul ne met du vin nouveau dans de vieux vaisseaux; autrement le vin nouveau rompra les vaisseaux, et le vin se répandra, et les vaisseaux se perdront : mais il faut mettre le vin nouveau dans des vaisseaux neufs.

23. Et factum est iterum cum Dominus sabbatis ambularet per sata, et discipuli ejus cœperunt progredi, et vellere spicas.

23. Il arriva encore que le Seigneur passant le long des blés un jour de sabbat, ses disciples commencèrent en marchant à rompre des épis. *Matth.* 12, 1. *Luc,* 6, 1.

24. Pharisæi autem dicebant ei : Ecce, quid faciunt sabbatis quod non licet?

24. Sur quoi les pharisiens lui dirent : Pourquoi font-ils le jour du sabbat ce qu'il n'est point permis de faire?

25. Et ait illis : Numquam legistis quid fecerit David, quando necessitatem habuit, et esuriit ipse, et qui cum eo erant?

25. Il leur répondit : N'avez-vous jamais lu ce que fit David dans le besoin où il se trouva, lorsque lui et ceux qui l'accompagnaient furent pressés de la faim? 1. *Rois,* 21, 6.

26. quomodo introivit in domum Dei sub Abiathar principe sacerdotum, et panes propositionis manducavit, quos non licebat manducare, nisi sacerdotibus, et dedit eis qui cum eo erant?

26. Comment il entra dans la maison de Dieu du temps du grand prêtre Abiathar [10], et mangea les pains de proposition, et en donna à ceux qui étaient avec lui, quoiqu'il n'y eût que les prêtres à qui il fût permis d'en manger? 3. *Moys.* 24, 9.

℣. 16. — [9] Dans le grec : Pourquoi mange-t-il et boit-il?
℣. 26. — [10] proprement Achimélech (1. *Rois,* 21, 1); Abiathar n'était apparemment que son surnom (Voy. 1. *Rois,* 21, note 2).

27. Et il leur disait : Le sabbat a été fait pour l'homme, et non pas l'homme pour le sabbat [11],
28. C'est pourquoi le Fils de l'homme est maître du sabbat même [12].

27. Et dicebat eis : Sabbatum propter hominem factum est, et non homo propter sabbatum.
28. Itaque dominus est Filius hominis etiam sabbati.

CHAPITRE III.

Jésus guérit une main desséchée et plusieurs autres malades; il choisit les apôtres et leur donne leur mission; il réfute les blasphèmes des pharisiens, qui péchaient contre le Saint-Esprit; sa mère et ses frères le cherchent.

1. Jésus entra une autre fois dans la synagogue, où il se trouva un homme qui avait une main desséchée. *Matth.* 12, 9. 10. *Luc,* 6, 6.
2. Et ils [1] l'observaient *pour voir* s'il le guérirait un jour de sabbat, afin de l'accuser.
3. Alors il dit à cet homme qui avait une main desséchée : Levez-vous, *tenez-vous-là* au milieu.
4. Puis il leur dit : Est-il permis au jour du sabbat de faire du bien ou du mal [2]? de sauver la vie ou de l'ôter? Mais ils se taisaient.
5. Et les regardant avec colère, affligé de l'aveuglement de leur cœur, il dit à cet homme : Etendez votre main. Il l'étendit, et elle devint saine [3].
6. Les Pharisiens étant sortis, tinrent aussitôt conseil contre lui avec les Hérodiens [4], comment ils le perdraient. *Matth.* 12, 14.
7. Mais Jésus se retira avec ses disciples

1. Et introivit iterum in synagogam : et erat ibi homo habens manum aridam.
2. Et observabant eum, si sabbatis curaret, ut accusarent illum.
3. Et ait homini habenti manum aridam : Surge in medium.
4. Et dicit eis : Licet sabbatis bene facere, an male? animam salvam facere, an perdere? At illi tacebant.
5. Et circumspiciens eos cum ira, contristatus super cæcitate cordis eorum, dicit homini : Extende manum tuam. Et extendit, et restituta est manus illi.
6. Exeuntes autem Pharisæi, statim cum Herodianis consilium faciebant adversus eum, quomodo eum perderent.
7. Jesus autem cum discipulis

℣. 27. — [11] Ç'a été à cause des besoins de l'homme, à savoir, afin qu'il pût par le repos réparer ses forces, et consacrer ce repos à honorer Dieu par le culte qu'il lui rendrait, que le sabbat a été établi; il est donc permis, le jour du sabbat, de subvenir aux besoins de l'homme. Par là le sabbat n'est pas proprement violé; car Dieu veut que l'homme ait ce qui lui est indispensablement nécessaire, et l'accomplissement de la volonté de Dieu ne saurait être une profanation du sabbat. Reste ensuite, il est vrai, à décider si ce que nous faisons en violation du repos prescrit du sabbat, est bien d'une indispensable nécessité.

℣. 28. — [12] C'est pourquoi le Fils de l'homme peut, en faveur des besoins de l'homme, violer le repos du sabbat, ou permettre qu'il soit violé. Par là le Fils de l'homme n'abroge pas la loi du sabbat, mais il apprend à en faire une appréciation plus complète et plus juste (Voy. *Matth.* 12, note 9).

℣. 2. — [1] les pharisiens.

℣. 4. — [2] par l'omission du bien.

℣. 5. — [3] Quelques manuscrits grecs ajoutent : comme l'autre.

℣. 6. — [4] Voy. *Matth.* 22, note 14.

suis secessit ad mare : et multa turba a Galilæa et Judæa secuta est eum,

8. et ab Jerosolymis, et ab Idumæa, et trans Jordanem : et qui circa Tyrum et Sidonem, multitudo magna, audientes quæ faciebat, venerunt ad eum.

9. Et dixit discipulis suis ut navicula sibi deserviret propter turbam, ne comprimerent eum;

10. multos enim sanabat, ita ut irruerent in eum, ut illum tangerent quotquot habebant plagas.

11. Et spiritus immundi, cum illum videbant, procidebant ei : et clamabant dicentes :

12. Tu es Filius Dei. Et vehementer comminabatur eis ne manifestarent illum.

13. Et ascendens in montem vocavit ad se quos voluit ipse : et venerunt ad eum.

14. Et fecit ut essent duodecim cum illo : et ut mitteret eos prædicare.

15. Et dedit illis potestatem curandi infirmitates, et ejiciendi dæmonia.

16. Et imposuit Simoni nomen Petrus :

17. et Jacobum Zebedæi, et Joannem fratrem Jacobi, et imposuit eis nomina Boanerges, quod est, filii tonitrui :

18. et Andream, et Philippum, et Bartholomæum, et Matthæum, et Thomam, et Jacobum Alphæi, et Thaddæum, et Simonem Chananæum,

19. et Judam Iscariotem, qui et tradidit illum.

vers la mer, où une grande foule le suivit de Galilée et de Judée,

8. de Jérusalem, de l'Idumée [5] et de delà le Jourdain : et ceux des environs de Tyr et de Sidon, ayant ouï parler des choses qu'il faisait, vinrent en grand nombre le trouver.

9. Et il dit à ses disciples qu'ils lui tinssent là une barque, afin qu'elle lui servît pour n'être pas accablé [6] par la foule.

10. Car comme il en guérissait beaucoup, tous ceux qui avaient quelque mal, se jetaient sur lui pour le toucher [7].

11. Et quand les esprits impurs [8] le voyaient, ils se prosternaient devant lui, et s'écriaient :

12. Vous êtes le Fils de Dieu. Mais il leur défendait avec de grandes menaces de le découvrir [9].

13. Il monta ensuite sur une montagne, et appela à lui ceux que lui-même voulut; et ils vinrent à lui. *Matth.* 10, 1. *Luc,* 6, 12.

14. Il en choisit douze pour être avec lui, et pour les envoyer prêcher;

15. et il leur donna la puissance de guérir les maladies et de chasser les démons [10] :

16. *savoir,* Simon, à qui il donna le nom de Pierre [11];

17. puis Jacques, *fils* de Zébédée, et Jean frère de Jacques, qu'il nomma Boanerges, c'est-à-dire enfants du tonnerre [12];

18. André, Philippe, Barthélemi, Matthieu, Thomas, Jacques, *fils* d'Alphée, Thaddée [13], Simon le Chananéen [14].

19. et Judas Iscariote, qui fut celui qui le trahit [15].

ỳ. 8. — [5] Le pays des Iduméens était situe au sud de la Judée.
ỳ. 9. — [6] afin qu'il pût se retirer dans la barque, si la foule du peuple excitait quelque tumulte pour s'approcher de lui.
ỳ. 10. — [7] car le simple attouchement, quand il était accompagné de la foi, procurait la guérison (Voy. *Matth.* 8, 20. 21).
ỳ. 11. — [8] dans les possédés.
ỳ. 12. — [9] Voy. *pl. h.* 1. 24. 25.
ỳ. 15. — [10] afin qu'ils pussent confirmer la vérité de sa doctrine par des miracles.
ỳ. 16. — [11] Homme-rocher, comme le chef, la pierre fondamentale de tonte l'Eglise (Voy. *Jean,* 1, 42. *Matth.* 16, 18).
ỳ. 17. — [12] Le Seigneur dut leur donner ce nom à cause de leur zèle enflammé (*Luc,* 9, 54). Plus tard, lorsque ce zèle eut été éclairé, ce furent des évangélistes ardents et des prédicateurs qui produisirent de grands fruits.
ỳ. 18. — [13] Jude (*Luc,* 6, 16).
[14] le Zélateur.
ỳ. 19. — [15] Sur les noms des apôtres voy. *Matth.* 10, 2-4.

20 Et étant venus en la maison, le peuple s'y assembla encore, de sorte qu'ils ne pouvaient pas même prendre leur repas.

21. Ce que ses proches [16] ayant appris, ils vinrent pour se saisir de lui; car ils disaient qu'il avait perdu l'esprit [17].

22. Et les scribes qui étaient venus de Jérusalem, disaient : Il est possédé de Béelzébub, et c'est par le prince des démons qu'il chasse les démons [18]. *Matth.* 9, 34.

23. Et les ayant appelés, il leur disait en paraboles : Comment satan peut-il chasser satan?

24. Si un royaume est divisé contre lui-même, il est impossible que ce royaume subsiste.

25. Et si une maison est divisée contre elle-même, il est impossible que cette maison subsiste.

26. Si donc satan se soulève contre lui-même, le voilà divisé : il ne pourra plus subsister, mais il faut que sa puissance prenne fin.

27. Nul ne peut entrer dans la maison du fort, et lui enlever ce qu'il possède, si auparavant il ne le lie, pour pouvoir ensuite piller sa maison. *Matth.* 12, 29.

28. Je vous dis en vérité que tous les péchés que les enfants des hommes auront commis, et tous les blasphèmes qu'ils auront proférés, leur seront remis. *Matth.* 12, 31. *Luc,* 12, 10.

29. Mais si quelqu'un blasphème contre le Saint-Esprit, il n'en recevra jamais le pardon, et il sera coupable d'un péché éternel [19]. *Matth.* 12, 33.

30. Car ils disaient : Il est possédé de l'esprit impur [20].

31. Cependant sa mère et ses frères étant venus, et se tenant dehors, l'envoyèrent appeler. *Matth.* 12, 46. *Luc,* 8, 19.

32. Or le peuple était assis autour de lui,

20. Et veniunt ad domum : et convenit iterum turba, ita ut non possent neque panem manducare.

21. Et cum audissent sui, exierunt tenere eum : dicebant enim : Quoniam in furorem versus est.

22. Et scribæ, qui ab Jerosolymis descenderant, dicebant : Quoniam Beelzebub habet, et quia in principe dæmoniorum ejicit dæmonia.

23. Et convocatis eis, in parabolis dicebat illis : Quomodo potest satanas satanam ejicere?

24. Et si regnum in se dividatur, non potest regnum illud stare.

25. Et si domus super semetipsam dispertiatur, non potest domus illa stare.

26. Et si satanas consurrexerit in semetipsum, dispertitus est, et non poterit stare, sed finem habet.

27. Nemo potest vasa fortis ingressus in domum diripere, nisi prius fortem alliget, et tunc domum ejus diripiet.

28. Amen dico vobis, quoniam omnia dimittentur filiis hominum peccata, et blasphemiæ quibus blasphemaverint :

29. qui autem blasphemaverit in Spiritum sanctum, non habebit remissionem in æternum, sed reus erit æterni delicti.

30. Quoniam dicebant : Spiritum immundum habet.

31. Et veniunt mater ejus et fratres : et foris stantes miserunt ad eum vocantes eum.

32. Et sedebat circa eum turba :

ỳ. 21. — [16] ses parents.

[17] Plusieurs d'entre les parents du Seigneur, qui n'avaient aucune disposition pour recevoir son enseignement, ne croyaient pas en lui (*Jean,* 7, 5); ces gens-là pouvaient en effet penser qu'il avait perdu le sens, comme il arrive encore de nos jours, hélas! trop souvent, que les vrais chrétiens, qui conforment entièrement leur vie à l'esprit de Jésus-Christ, passent pour insensés, et deviennent l'objet de la critique. Afin d'éloigner de leur famille un prétendu déshonneur, ils voulaient le soustraire aux pharisiens qui dès lors manifestaient hautement le dessein qu'ils avaient de le perdre, et peut-être de le renfermer (Voy. *Matth.* 12, 46. 47).

ỳ. 22. — [18] *Saint Matthieu,* 12, 22. 23, raconte ce qui donna occasion à ces propos.

ỳ. 29. — [19] Dans le grec : mais il est passible d'une damnation éternelle.

ỳ. 30. — [20] Car, contre leur intime conviction, ils appelaient par rapport à lui, le bien mal, ce qui était divin, diabolique (Voy. *Matth.* 12, 32. et les notes).

et dicunt ei : Ecce mater tua et fratres tui foris quærunt te.

33. Et respondens eis, ait : Quæ est mater mea, et fratres mei?

34. Et circumspiciens eos, qui in circuitu ejus sedebant, ait : Ecce mater mea, et fratres mei.

35. Qui enim fecerit voluntatem Dei, hic frater meus, et soror mea, et mater est.

et on lui dit : Votre mère et vos frères sont là dehors, qui vous demandent.

33. Et il leur répondit : Qui est ma mère, et qui sont mes frères?

34. Et regardant ceux qui étaient assis autour de lui : Voici, dit-il, ma mère et mes frères;

35. car quiconque fait la volonté de Dieu, celui-là est mon frère, ma sœur et ma mère.

CHAPITRE IV

Jésus-Christ compare le royaume de Dieu à un homme qui jette sa semence, à une lampe luisante, à une plante qui se développe, à un grain de sénevé. Il calme la mer.

1. Et iterum cœpit docere ad mare : et congregata est ad eum turba multa, ita ut navim ascendens sederet in mari, et omnis turba circa mare super terram erat :

2. et docebat eos in parabolis multa, et dicebat illis in doctrina sua :

3. Audite : Ecce exiit seminans ad seminandum.

4. Et dum seminat, aliud cecidit circa viam, et venerunt volucres cœli, et comederunt illud.

5. Aliud vero cecidit super petrosa, ubi non habuit terram multam : et statim exortum est, quoniam non habebat altitudinem terræ :

6. et quando exortus est sol, exæstuavit : et eo quod non habebat radicem, exaruit.

7. Et aliud cecidit in spinas, et ascenderunt spinæ, et suffocaverunt illud, et fructum non dedit.

8. Et aliud cecidit in terram bonam : et dabat fructum ascendentem, et crescentem, et afferebat unum triginta, unum sexaginta, et unum centum.

9. Et dicebat : Qui habet aures audiendi, audiat.

1. Il se mit de nouveau à enseigner auprès de la mer; et il s'assembla autour de lui une si grande multitude de personnes, qu'il monta sur mer dans une barque, et s'y assit, toute la multitude se tenant sur le rivage de la mer. *Matth.* 13, 1. 2. *Luc*, 8, 4.

2. Et il leur enseignait beaucoup de choses en paraboles, et leur disait en sa manière d'instruire :

3. Ecoutez : Un semeur s'en alla semer; *Matth.* 13, 3.

4. et comme il semait, une partie de la semence tomba le long du chemin; et les oiseaux du ciel vinrent, et la mangèrent.

5. Une autre tomba dans des lieux pierreux, où elle n'avait pas beaucoup de terre; et elle leva aussitôt, parce que la terre n'avait pas de profondeur :

6. et quand le soleil fut levé ensuite, elle en fut brûlée; et comme elle n'avait point de racine, elle se sécha.

7. Une autre partie tomba dans des épines, et les épines étant venues à croître, l'étouffèrent; et elle ne porta point de fruit.

8. Une autre enfin tomba en une bonne terre, et elle porta son fruit [1] qui poussa et crut; et quelques grains rapportèrent trente, d'autres soixante, et d'autres cent.

9. Et il disait : Que celui qui a des oreilles pour entendre, entende.

℣. 8. — [1] une tige qui, etc.

10. Lorsqu'il fut en particulier, les douze qui étaient avec lui l'interrogèrent [2] sur cette parabole.

11. Et il leur dit : Pour vous, il vous est donné de connaître le mystère du royaume de Dieu; mais pour ceux qui sont dehors [3], tout se passe en paraboles;

12. afin que voyant, ils voient et ne voient pas [4]; et qu'écoutant, ils écoutent et n'entendent pas; de peur qu'ils ne viennent à se convertir, et que leurs péchés ne leur soient pardonnés [5]. *Isaïe*, 6, 9. *Matth.* 13, 14. *Jean*, 12, 40. *Act.* 28, 26. *Rom.* 11, 8.

13. Et il leur dit : Quoi! vous n'entendez pas cette parabole? Et comment pourrez-vous entendre toutes les paraboles [6]?

14. Celui qui sème, sème la parole.

15. Ceux qui sont le long du chemin, où la parole est semée, sont ceux qui ne l'ont pas plutôt entendue, que satan vient, et enlève cette parole qui avait été semée dans leurs cœurs.

16. De même ceux qui reçoivent la semence en des lieux pierreux, sont ceux qui écoutant la parole, la reçoivent aussitôt avec joie :

17. mais n'ayant point en eux-mêmes de racine, ils ne sont que pour un temps; et lorsqu'il survient quelque affliction et quelque persécution à cause de la parole, ils en prennent aussitôt un sujet de scandale [7].

18. Les autres qui reçoivent la semence parmi les épines, sont ceux qui écoutent la parole;

19. mais les sollicitudes du siècle, et l'illusion des richesses, et les autres convoi-

10. Et cum esset singularis, interrogaverunt eum hi qui cum eo erant duodecim, parabolam.

11. Et dicebat eis : Vobis datum est nosse mysterium regni Dei : illis autem, qui foris sunt, in parabolis omnia fiunt :

12. ut videntes videant, et non videant : et audientes audiant, et non intelligant : nequando convertantur, et dimittantur eis peccata.

13. Et ait illis : Nescitis parabolam hanc? et quomodo omnes parabolas cognoscetis?

14. Qui seminat, verbum seminat.

15. Hi autem sunt, qui circa viam, ubi seminatur verbum, et cum audierint, confestim venit satanas, et aufert verbum, quod seminatum est in cordibus eorum.

16. Et hi sunt similiter, qui super petrosa seminantur : qui cum audierint verbum, statim cum gaudio accipiunt illud :

17. et non habent radicem in se, sed temporales sunt : deinde orta tribulatione et persecutione propter verbum, confestim scandalizantur.

18. Et alii sunt qui in spinis seminantur : hi sunt, qui verbum audiunt,

19. et ærumnæ sæculi, et deceptio divitiarum, et circa reliqua

---

ỳ. 10. — [2] Dans le grec : ceux qui étaient autour de lui avec les douze l'interrogèrent sur, etc. Outre les apôtres, Jésus avait encore soixante et douze disciples qui le suivaient (*Luc*, 10, 1).

ỳ. 11. — [3] qui se séparent de nous, qui ne veulent avoir aucune société avec nous, parce qu'ils n'ont pas une foi docile à ma doctrine.

ỳ. 12. — [4] et ne reconnaissent pas.

[5] Le sens du verset, en union avec ce qui précède, est : A l'égard de ceux qui n'ont pas une foi docile pour ma doctrine, elle ne leur est présentée qu'en paraboles, c'est-à-dire sous une forme d'instruction qui fait que l'on voit et que l'on ne voit point, que l'on entend et que l'on n'entend point; car cette manière d'instruire est dans une parfaite harmonie avec son objet, parce qu'ils croient voir et comprendre la vérité, et que cependant ils ne la voient et ne la comprennent point. De là la conséquence des paraboles proposées est donc, qu'en réalité ils ne voient et ne comprennent point, et que par conséquent ils ne peuvent se convertir ni recevoir le pardon de leurs péchés. L'expression ci-dessus « afin que » est mise pour : la conséquence est qu'ils voient des yeux et cependant ne voient point, etc. (Voy. *Matth.* 13, 13-15, et les notes).

ỳ. 13. — [6] Vous ne comprenez pas parfaitement cette parabole (voy. *Matth.* 13, note 15), et vous ne savez en conséquence en faire part aux autres; que sera-ce donc des autres paraboles?

ỳ. 17. — [7] ils sont ainsi promptement induits à faillir.

concupiscentiæ introeuntes suffocant verbum, et sine fructu efficitur.

20. Et hi sunt, qui super terram bonam seminati sunt, qui audiunt verbum, et suscipiunt, et fructificant, unum triginta, unum sexaginta, et unum centum.

21. Et dicebat illis : Numquid venit lucerna ut sub modio ponatur, aut sub lecto? nonne ut super candelabrum ponatur?

22. Non est enim aliquid absconditum, quod non manifestetur : nec factum est occultum, sed ut in palam veniat.

23. Si quis habet aures audiendi, audiat.

24. Et dicebat illis : Videte quid audiatis. In qua mensura mensi fueritis, remetietur vobis, et adjicietur vobis.

25. Qui enim habet, dabitur illi : et qui non habet, etiam quod habet auferetur ab eo.

26. Et dicebat : Sic est regnum Dei, quemadmodum si homo jaciat sementem in terram,

27. et dormiat, et exsurgat nocte et die, et semen germinet, et increscat dum nescit ille.

28. Ultro enim terra fructificat, primum herbam, deinde spicam, deinde plenum frumentum in spica.

29. Et cum produxerit fructus, statim mittit falcem, quoniam adest messis.

tises entrant *dans leurs esprits*, y étouffent la parole, et font qu'elle demeure sans fruit. 1. *Tim.* 6, 17.

20. Enfin ceux qui reçoivent la semence dans la bonne terre, sont ceux qui écoutent la parole, qui la reçoivent, et qui portent du fruit, l'un trente, l'autre soixante, et l'autre cent.

21. Et il leur disait : Fait-on apporter la lampe pour la mettre sous le boisseau, ou sous le lit? N'est-ce pas pour la mettre sur le chandelier [8]? *Matth.* 5, 15. *Luc*, 8, 16. 11, 33.

22. Car il n'y a rien de caché qui ne doive être découvert, ni rien de fait en secret qui ne doive paraître en public [9]. *Matth.* 20, 26. *Luc*, 8, 17.

23. Si quelqu'un a des oreilles pour entendre, qu'il l'entende.

24. Il leur dit encore : Prenez bien garde à ce que vous entendez : on se servira envers vous de la même mesure dont vous vous serez servis envers les autres; et il vous sera donné encore davantage [10]. *Matth.* 7, 2. *Luc*, 6, 38.

25. Car on donnera à celui qui a déjà; et pour celui qui n'a point, on lui ôtera même ce qu'il a. *Matth.* 13, 12. 25, 29. *Luc*, 8, 18. 19, 26.

26. Il disait aussi : Il en est du royaume de Dieu comme d'un homme qui jette de la semence en terre [11].

27. Soit qu'il dorme, ou qu'il se lève durant la nuit et durant le jour, la semence germe, et croît sans qu'il le sache.

28. Car la terre produit d'elle-même, premièrement l'herbe, ensuite l'épi, puis le blé tout formé qui remplit l'épi.

29. Et lorsque le fruit est dans sa maturité, on y met aussitôt la faucille, parce que le temps de la moisson est venu [12].

ỳ. 21. — [8] Par ces paroles le Seigneur veut dire : Vous avez maintenant entendu une explication claire de la parabole. Rien dans ma doctrine ne demeurera obscur, et vous-mêmes vous ne devez rien garder de secret. Comme la destination de la lumière est d'éclairer, de même la destination de ma doctrine est de dissiper toutes les erreurs, et votre destination, à vous, est de répandre ma doctrine (Comp. *Matth.* 5, 15). Ce passage dans *saint Luc*, 11, 33, est encore pris dans un autre sens.

ỳ. 22. — [9] Car ma doctrine tout entière, qui maintenant est encore cachée et méprisée, un jour sera reconnue et louée comme la vraie sagesse.

ỳ. 24. — [10] Sens : Remarquez bien ce que je vous dis, afin que vous puissiez le réaliser dans vos œuvres, et le communiquer aux autres; car plus vous mettrez de soin à pratiquer et à enseigner aux autres ma doctrine, plus Dieu vous donnera de lumière et de grâce.

ỳ. 26. — [11] Dans la parabole suivante de la semence qui croît (ỳ. 26-29), l'homme qui sème est Jésus-Christ et tous les prédicateurs de la parole divine, la semence est la doctrine chrétienne; la terre désigne les hommes, la moisson le jugement dernier, ou même le jugement particulier à la mort de chacun (Chrys., Jérôme).

ỳ. 29. — [12] Comme la semence, sans que le semeur se donne plus de peine,

30. Il dit encore : A quoi comparerons-nous le royaume de Dieu, et par quelle parabole le représenterons-nous?

31. Il est comme un grain de sénevé, qui étant la plus petite de toutes les semences qui sont dans la terre, lorsqu'on l'y sème, *Matth.* 13, 31. *Luc*, 13, 19.

32. monte, quand il est semé, jusqu'à devenir plus grand que tous les légumes, et pousse de si grandes branches, que les oiseaux du ciel peuvent se reposer sous son ombre.

33. Il leur parlait ainsi sous diverses paraboles, selon qu'ils étaient capables de l'entendre [13];

34. et il ne leur parlait point sans paraboles [14] : mais etant en particulier, il expliquait tout à ses disciples [15].

35. Ce *même* jour, sur le soir, il leur dit : Passons à l'autre bord.

36. Et ayant renvoyé le peuple, ils l'emmenèrent avec eux dans la barque où il était [16], et il y avait encore d'autres barques qui l'accompagnaient. *Matth.* 8, 23. *Luc*, 8, 22.

37. Alors un grand tourbillon de vent s'éleva, et les vagues entraient avec tant de violence dans la barque, qu'elle s'emplissait déjà d'eau. *Matth.* 8, 24.

38. Jésus cependant était à la poupe, dormant sur un oreiller; et ils le réveillèrent, en lui disant : Maître, ne vous mettez-vous point en peine de ce que nous périssons?

39. Et se levant, il parla au vent avec menace, et dit à la mer : Tais-toi, calme-toi. Et le vent cessa, et il se fit un grand calme.

40. Et il leur dit : Pourquoi êtes-vous timides? Comment n'avez-vous point encore de foi [17]? Ils [18] furent saisis d'une extrême crainte; et ils se disaient l'un à l'autre :

30. Et dicebat : Cui assimilabimus regnum Dei? aut cui parabolæ comparabimus illud?

31. Sicut granum sinapis, quod cum seminatum fuerit in terra, minus est omnibus seminibus, quæ sunt in terra :

32. et cum seminatum fuerit, ascendit, et fit majus omnibus oleribus, et facit ramos magnos, ita ut possint sub umbra ejus aves cœli habitare.

33. Et talibus multis parabolis loquebatur eis verbum, prout poterant audire :

34. sine parabola autem non loquebatur eis; seorsum autem discipulis suis disserebat omnia.

35. Et ait illis in illa die, cum sero esset factum : Transeamus contra.

36. Et dimittentes turbam, assumunt eum ita ut erat in navi : et aliæ naves erant cum illo.

37. Et facta est procella magna venti, et fluctus mittebat in navim, ita ut impleretur navis.

38. Et erat ipse in puppi super cervical dormiens : et excitant eum, et dicunt illi : Magister, non ad te pertinet, quia perimus?

39. Et exurgens comminatus est vento, et dixi mari : Tace, obmutesce. Et cessavit ventus : et facta est tranquillitas magna.

40. Et ait illis : Quid timidi estis? necdum habetis fidem? Et timuerunt timore magno, et dicebant ad alterutrum : Quis, putas,

---

croît et mûrit jusqu'au temps de la moisson; de même l'Eglise établie sur la terre se développe en silence et d'une manière insensible jusqu'au dernier jugement. Et il en est du royaume de Dieu dans chaque chrétien en particulier, comme de l'Eglise entière. Dieu fait germer et croître en nous la semence de la parole divine qui nous a été prêchée, sans faire violence à notre libre arbitre, et sans nous forcer à suivre le doux attrait de sa grâce; mais au moment de notre mort, quand les jours qui nous ont été comptés sont écoulés, il recueille les fruits.

ỳ. 33. — [13] parce que cette seule manière d'enseigner était à la portée du peuple (Voy. *Matth.* 13, note 12).

ỳ. 34. — [14] en présence du peuple rassemblé (Voy. *Matth.* 13, 34).

[15] pour les faire pénétrer encore plus avant dans l'intelligence de ce qu'il disait (Voy. *Matth.* 13, note 15).

ỳ. 36. — [16] dans la position d'un homme assis (ỳ. 1).

ỳ. 40. — [17] n'avez-vous pas une foi ferme? Dans le grec : Pourquoi êtes-vous si timides, comment n'avez-vous pas encore la foi?

[18] ceux qui étaient dans cette barque et dans les autres.

est iste, quia et ventus et mare obediunt ei?

Quel est donc celui-ci, à qui les vents et la mer obéissent?

CHAPITRE V.

Jésus chasse une légion de démons d'un possédé, et leur permet d'entrer dans des pourceaux qui se précipitent dans la mer; il guérit une femme d'un flux de sang, et il rappelle à la vie la fille de Jaïre.

1. Et venerunt trans fretum maris in regionem Gerasenorum.

1. Ayant passé la mer, ils vinrent au pays des Géraséniens [1]. *Matth.* 8, 28. *Luc*, 8, 26.

2. et exeunti ei de navi, statim occurrit de monumentis homo in spiritu immundo,

2. Et comme *Jésus* sortait de la barque, aussitôt il se présenta à lui un homme possédé d'un esprit impur, sortant des sépulcres,

3. qui domicilium habebat in monumentis, et neque catenis jam quisquam poterat eum ligare :

3. où il faisait sa demeure ordinaire; et personne ne le pouvait plus lier, même avec des chaînes :

4. quoniam sæpe compedibus et catenis vinctus, dirupisset catenas, et compedes comminuisset, et nemo poterat eum domare;

4. car ayant eu souvent les fers aux pieds, et ayant été lié de chaînes, il avait rompu ses chaînes, et brisé ses fers; et nul homme ne le pouvait dompter.

5. et semper die ac nocte in monumentis, et in montibus erat, clamans, et concidens se lapidibus.

5. Il était jour et nuit dans les tombeaux et sur les montagnes, criant et se meurtrissant lui-même avec des pierres.

6. Videns autem Jesum a longe, cucurrit, et adoravit eum :

6. Ayant donc vu Jésus de loin, il courut, et l'adora;

7. et clamans voce magna, dixit : Quid mihi et tibi, Jesu Fili Dei Altissimi? adjuro te per Deum, ne me torqueas.

7. et jetant un grand cri, il lui dit : Qu'y a-t-il entre vous et moi, Jesus Fils du Dieu Très-Haut? Je vous conjure par le nom de Dieu, de ne me point tourmenter.

8. Dicebat enim illi : Exi, spiritus immunde, ab homine.

8. Car Jésus lui disait : Esprit impur, sors de cet homme.

9. Et interrogabat eum : Quod tibi nomen est? Et dicit ei : Legio mihi nomen est, quia multi sumus.

9. Et il lui demanda : Comment t'appelles-tu? A quoi il répondit : Je m'appelle Légion [2], parce que nous sommes plusieurs.

10. Et deprecabatur eum multum, ne se expelleret extra regionem.

10. Et il le priait instamment de ne le point chasser hors de ce pays-là.

11. Erat autem ibi circa mon-

11. Or il y avait là un grand troupeau

℣. 1. — [1] Dans le grec : des Gadaréniens (Voy. *Matth.* 8, note 27).
℣. 9. — [2] La légion romaine comprenait environ 6000 hommes; elle est mise ici dans un sens indéterminé pour une grande multitude. Comment tant de mauvais esprits pouvaient-ils prendre possession d'un seul homme, c'est ce que nous apprend clairement l'expérience qui nous montre que mille mauvais désirs, mille voluptés, mille passions différentes peuvent simultanément tyranniser un seul et même cœur.

de pourceaux qui paissaient le long de la montagne.

12. Et ces démons [3] le suppliaient, en lui disant : Envoyez-nous dans ces pourceaux, afin que nous y entrions.

13. Jésus le leur permit aussitôt; et ces esprits impurs sortant *du possédé*, entrèrent dans les pourceaux : et tout le troupeau, qui était environ de deux mille, courut avec impétuosité se précipiter dans la mer, où ils furent noyés.

14. Ceux qui les gardaient s'enfuirent, et allèrent porter cette nouvelle dans la ville et dans les champs; et *plusieurs* sortirent pour voir ce qui était arrivé.

15. Et étant venus à Jésus, ils virent celui qui avait été tourmenté par le démon [4], assis, habillé, et en son bon sens; ce qui les remplit de crainte.

16. Et ceux qui avaient tout vu leur ayant rapporté ce qui était arrivé au possédé et aux pourceaux,

ils commencèrent à le prier de sortir de leur pays.

18. Et comme il rentrait dans la barque, celui qui avait été tourmenté par le démon, le supplia qu'il lui permît d'aller avec lui.

19. Mais Jésus le lui refusa, et lui dit : Allez-vous-en chez vous trouver vos proches, et leur annoncez les grandes grâces que le Seigneur vous a faites; et la miséricorde dont il a usé envers vous.

20. Cet homme s'en étant allé, commença à publier dans la Décapole [5] les grandes grâces que Jésus lui avait faites; et tout le monde en était dans l'admiration.

21. Jésus étant repassé dans la barque à l'autre bord, comme il était auprès de la mer, une grande foule de peuple s'amassa autour de lui.

22. Et un chef de synagogue, nommé Jaïre, le vint trouver; et le voyant, il se jeta à ses pieds : *Matth.* 9, 18. *Luc*, 8, 41.

23. et il le suppliait avec grande instance, en lui disant : Ma fille est à l'extrémité; venez lui imposer les mains pour la guérir, et lui sauvez la vie.

24. Jésus s'en alla avec lui, et il était suivi d'une grande foule de peuple qui le pressait.

tem grex porcorum magnus, pascens.

12. Et deprecabantur eum spiritus, dicentes : Mitte nos in porcos, ut in eos introeamus.

13. Et concessit eis statim Jesus. Et exeuntes spiritus immundi introierunt in porcos : et magno impetu grex præcipitatus est in mare ad duo millia, et suffocati sunt in mari.

14. Qui autem pascebant eos, fugerunt, et nuntiaverunt in civitatem, et in agros. Et egressi sunt videre quid esset factum.

15. Et veniunt ad Jesum : et vident illum, qui a dæmonio vexabatur, sedentem, vestitum, et sanæ mentis, et timuerunt.

16. Et narraverunt illis, qui viderant, qualiter factum esset ei qui dæmonium habuerat, et de porcis.

17. Et rogare cœperunt eum ut discederet de finibus eorum.

18. Cumque ascenderet navim, cœpit illum deprecari, qui a dæmonio vexatus fuerat, ut esset cum illo,

19. et non admisit eum, sed ait illi : Vade in domum tuam ad tuos, et annuntia illis quanta tibi Dominus fecerit, et misertus sit tui.

20. Et abiit, et cœpit prædicare in Decapoli, quanta sibi fecisset Jesus : et omnes mirabantur.

21. Et cum transcendisset Jesus in navi rursum trans fretum, convenit turba multa ad eum, et erat circa mare.

22. Et venit quidam de archisynagogis nomine Jairus : et videns eum, procidit ad pedes ejus.

23. et deprecabatur eum multum, dicens : Quoniam filia mea in extremis est : veni, impone manum super eam, ut salva sit, et vivat.

24. et abiit cum illo : et sequebatur eum turba multa, et comprimebant eum.

ỳ. 12. — [3] D'après plusieurs manuscrits grecs : Tous ces démons le prièrent, etc.
ỳ. 15. — [4] Dans le grec : par la légion.
ỳ. 20. — [5] Voy. *Matth.* 4, 25.

25. Et mulier, quæ erat in profluvio sanguinis annis duodecim,

26. et fuerat multa perpessa a compluribus medicis : et erogaverat omnia sua, nec quidquam profecerat, sed magis deterius habebat :

27. cum audisset de Jesu, venit in turba retro, et tetigit vestimentum ejus :

28. dicebat enim : Quia si vel vestimentum ejus tetigero, salva ero.

29. Et confestim siccatus est fons sanguinis ejus : et sensit corpore quia sanata esset a plaga.

30. Et statim Jesus, in semetipso cognoscens virtutem, quæ exierat de illo, conversus ad turbam, aiebat : Quis tetigit vestimenta mea ?

31. Et dicebant ei discipuli sui : Vides turbam comprimentem te, et dicis : Qui me tetigit?

32. Et circumspiciebat videre eam, quæ hoc fecerat.

33. Mulier vero timens et tremens, sciens quod factum esset in se, venit, et procidit ante eum, et dixit ei omnem veritatem.

34. Ille autem dixit ei : Filia, fides tua te salvum fecit : vade in pace, et esto sana a plaga tua.

35. Adhuc eo loquente, veniunt ab archisynagogo, dicentes : Quia filia tua mortua est : quid ultra vexas Magistrum ?

36. Jesus autem audito verbo, quod dicebatur, ait archisynagogo : Noli timere, tantummodo crede.

37. Et non admisit quemquam se sequi, nisi Petrum, et Jacobum, et Joannem fratrem Jacobi.

38. Et veniunt in domum archisynagogi, et videt tumultum, et flentes, et ejulantes multum.

25. Alors une femme malade d'une perte de sang depuis douze ans,

26. qui avait beaucoup souffert entre les mains de plusieurs médecins, et qui ayant dépensé tout son bien, n'en avait reçu aucun soulagement, mais s'en était *toujours* trouvée plus mal,

27. ayant entendu parler de Jésus, vint dans la foule par derrière, et toucha son vêtement;

28. car elle disait : Si je puis seulement toucher son vêtement, je serai guérie.

29. Et au même instant la source du sang fut séchée; et elle sentit dans son corps qu'elle était guérie de son infirmité.

30. Aussitôt Jésus connaissant en soi-même la vertu qui était sortie de lui, se retourna vers la foule [6], et dit : Qui est-ce qui a touché mes vêtements?

31 Ses disciples lui dirent : Vous voyez que la foule vous presse de tous côtés, et vous demandez qui vous a touché?

32. Et il regardait tout autour de lui pour voir celle qui l'avait touché.

33. Mais cette femme, qui savait ce qui s'était passé en elle, saisie de crainte et de frayeur, vint se jeter à ses pieds, et lui déclara toute la vérité.

34. Et Jésus lui dit : Ma fille, votre foi vous a sauvée; allez en paix, et soyez guérie de votre mal. *Luc*, 7, 50. 8, 48.

35. Lorsqu'il parlait encore, il vint des gens du chef de synagogue, qui lui dirent [7] : Votre fille est morte, pourquoi tourmentez-vous encore le Maître?

36. Mais Jésus ayant entendu cette parole, dit au chef de synagogue : Ne craignez point, croyez seulement.

37. Et il ne permit à personne de le suivre, sinon à Pierre, à Jacques, et à Jean, frère de Jacques.

38. Etant arrivés [8] à la maison de ce chef de synagogue, il vit une troupe confuse de gens qui pleuraient, et qui jetaient de grands cris.

ỳ. 30. — [6] Dans le grec : Il se retourna au milieu du peuple. Jésus-Christ guérit la femme à l'instant même qu'elle crut d'une foi vive que le simple attouchement du bord de sa robe pouvait lui rendre la santé. Sachant quelle vertu était sortie de son corps divin, Jésus voulut que cette femme en fît elle-même l'aveu public, afin que le peuple prît sa foi pour exemple et l'imitât. Sur les guérisons opérées par des moyens extérieurs et la vertu de son corps sacré, *comp.* encore *pl. b.* 7, note 5.

ỳ. 35. — [7] Ce fut proprement, d'après *saint Luc*, 8, 49, un serviteur seulement qui dit cela.

ỳ. 38. — [8] Litt. : Etant arrivés. Dans le grec : Et lui (Jésus) étant arrivé.

39. Et en entrant, il leur dit: Pourquoi faites-vous tant de bruit, et pourquoi pleurez-vous? Cette fille n'est pas morte, elle n'est qu'endormie.
40. Et ils se moquaient de lui. Mais ayant fait sortir tout le monde, il prit le père et la mère de l'enfant, et ceux qui étaient avec lui, et il entra dans le lieu où la fille était couchée.
41. Et la prenant par la main, il lui dit: Talitha, cumi, c'est-à-dire : *Ma* fille, levez-vous, je vous le commande.

42. Au même instant la fille se leva, et se mit à marcher; car elle avait douze ans: et ils furent extrêmement étonnés.

43. Mais il leur commanda très-expressément que personne ne le sût: et il dit qu'on lui donnât à manger [9].

39. Et ingressus, ait illis: Quid turbamini, et ploratis? Puella non est mortua, sed dormit.

40. Et irridebant eum. Ipse vero, ejectis omnibus, assumit patrem et matrem puellæ, et qui secum erant, et ingreditur ubi puella erat jacens.
41. Et tenens manum puellæ, ait illi : Talitha, cumi, quod est interpretatum : Puella (tibi dico) surge.
42. Et confestim surrexit puella, et ambulabat: erat autem annorum duodecim : et obstupuerunt stupore magno.
43 Et præcepit illis vehementer ut nemo id sciret : et dixit dari illi manducare.

CHAPITRE VI.

Jésus est méprisé dans son pays. Mission des apôtres. Saint Jean-Baptiste décapité. Multiplication merveilleuse des cinq pains. Jésus marche sur la mer; beaucoup de malades sont guéris par l'attouchement de ses vêtements.

1. Jésus étant sorti de ce lieu [1] vint en son pays [2]; et ses disciples le suivirent. *Matth.* 13, 54. *Luc*, 4, 16.
2. Et le jour du sabbat étant venu, il commença à enseigner dans la synagogue; et plusieurs *de ceux* qui l'écoutaient, tout surpris de sa doctrine [3], disaient: D'où lui sont venues toutes ces choses? quelle est cette sagesse qui lui a été donnée? et *d'où vient* que tant de merveilles se font par ses mains?
3. N'est-ce pas là ce charpentier, fils de Marie, frère de Jacques, de Joseph, de Jude et de Simon? Et ses sœurs ne sont-elles pas ici parmi nous? Et ils se scandalisaient à son sujet. *Jean*, 6, 42.
4 Mais Jesus leur dit : Un prophète n'est sans honneur que dans son pays, dans sa

1. Et egressus inde, abiit in patriam suam : sequebantur eum discipuli sui :
2. et facto sabbato cœpit in synagoga docere : et multi audientes admirabantur in doctrina ejus, dicentes: Unde huic hæc omnia? et quæ est sapientia, quæ data est illi; et virtutes tales, quæ per manus ejus efficiuntur?

3. Nonne hic est faber, filius Mariæ, frater Jacobi, et Joseph, et Judæ, et Simonis? nonne et sorores ejus hic nobiscum sunt? Et scandalizabantur in illo.
4. Et dicebat illis Jesus : Quia non est propheta sine honore

℣. 43. — [9] pour preuve qu'elle était parfaitement guérie.
℣. 1. — [1] de Capharnaum, sur le rivage de ce côté-ci de la mer de Génésareth. [2] à Nazareth.
℣. 2. — [3] Litt. : au sujet de sa doctrine. Les mots « au sujet de sa doctrine » ne sont pas dans le grec.

nisi in patria sua, et in domo sua, et in cognatione sua.
5. Et non poterat ibi virtutem ullam facere, nisi paucos infirmos impositis manibus curavit :
6. et mirabatur propter incredulitatem eorum, et circuibat castella in circuitu docens.
7. Et vocavit duodecim : et cœpit eos mittere binos, et dabat illis potestatem spirituum immundorum.
8. Et præcepit eis ne quid tollerent in via, nisi virgam tantum : non peram, non panem, neque in zona æs,
9. sed calceatos sandaliis, et ne induerentur duabus tunicis.
10. Et dicebat eis : Quocumque introieritis in domum, illic manete donec exeatis inde :
11. et quicumque non receperint vos, nec audierint vos, exeuntes inde, excutite pulverem de pedibus vestris in testimonium illis.
12. Et exeuntes prædicabant ut pœnitentiam agerent :
13. et dæmonia multa ejiciebant, et ungebant oleo multos ægros, et sanabant.
14. Et audivit rex Herodes (manifestum enim factum est nomen ejus), et dicebat : Quia Joannes Baptista resurrexit a mortuis : et propterea virtutes operantur in illo.
15. Alii autem dicebant : Quia

maison et parmi ses parents. *Matth.* 13, 57. *Luc*, 4, 24. *Jean*, 4, 44.
5. Et il ne put faire là aucun miracle [4], sinon qu'il guérit un petit nombre de malades en leur imposant les mains :
6. de sorte qu'il admirait leur incrédulité; il allait cependant enseigner de tous côtés dans les villages d'alentour.
7. Or ayant appelé les douze, il commença à les envoyer deux à deux; et il leur donna puissance sur les esprits impurs. *Matth.* 10, 1. *Pl. h.* 3, 15. *Luc*, 9, 1.
8. Il leur commanda de ne rien porter en chemin qu'un bâton seulement, ni sac, ni pain, ni argent dans leur bourse; *Matth.* 10. 9, 10.
9. mais d'aller avec des sandales, et de ne se pourvoir point de deux habits [5]. *Act.* 12, 8.
10. Et il leur dit : En quelque maison que vous entriez, demeurez-y jusqu'à ce que vous sortiez [6] de ce lieu-là. *Matth.* 10, 12.
11. Et lorsqu'il se trouvera des personnes qui ne voudront pas vous recevoir, ni vous écouter, sortant de là, secouez la poussière de vos pieds, afin que ce soit un témoignage contre eux [7]. *Matth.* 10, 14. *Luc*, 9, 5. *Act.* 13, 51. 18, 6.
12. Etant donc partis, ils prêchaient *aux peuples* qu'ils fissent pénitence.
13. Ils chassaient beaucoup de démons; ils oignaient d'huile beaucoup de malades [8], et les guérissaient.
14. Or le roi Hérode entendit *parler de Jésus* (car son nom était devenu célèbre); et il disait : Jean-Baptiste est ressuscité des morts; et c'est pour cela qu'il se fait par lui tant de miracles. *Matth.* 14, 1. 2. *Luc*, 9, 7.
15. Quelques-uns disaient : C'est Elie [9].

ỳ. 5. — [4] car leur incrédulité y mettait obstacle. Dieu ne fait rien pour le salut de l'homme sans la coopération de l'homme.
ỳ. 9. — [5] deux habits de dessous. Ils ne devaient avoir que les vêtements nécessaires.
ỳ. 10. — [6] de la ville ou de la bourgade, de peur de blesser leur hôte (Jérôme).
ỳ. 11. — [7] Voy. *Matth.* 10, note 35. La plupart des manuscrits grecs ajoutent : En vérité, je vous le dis, Sodome et Gomorrhe, au jour du jugement, seront traitées avec moins de rigueur que cette ville.
ỳ. 13. — [8] Cette onction, suivant quelques-uns, n'était pas le sacrement de l'Extrême-Onction, mais une action figurative, par laquelle les apôtres nous apprenaient que la grâce de Jésus-Christ est comme une huile salutaire et fortifiante. Ce sacrement établi par Jésus-Christ n'était ici, selon eux, que figuré, et ce ne fut que plus tard que saint Jacques (5, 14. 15) le fit connaître clairement, et le recommanda d'une manière expresse. Au contraire, d'autres trouvent dans l'action des apôtres le sacrement lui-même.
ỳ. 15. — [9] qui n'est pas mort (4. *Rois*, 2), et qui doit revenir (*Mal.* 4. 5. 6).

Mais d'autres disaient : C'est un prophète égal à l'un des prophètes [10].

16. Ce qu'Hérode ayant entendu, il dit : C'est Jean à qui j'ai fait trancher la tête, qui est ressuscité des morts.
17. Car ce même Hérode avait envoyé prendre Jean, l'avait fait lier et mettre en prison à cause d'Hérodiade, femme de Philippe, son frère, qu'il avait épousée; *Luc*, 3, 19.
18. parce que Jean disait à Hérode : Il ne vous est pas permis d'avoir la femme de votre frère. 3. *Moys*. 18, 16.
19. Ainsi Hérodiade lui tendait des piéges [11], et voulait le faire mourir; mais elle ne pouvait;
20. car Hérode craignait Jean, sachant que c'était un homme juste et saint; et il le faisait garder, faisait beaucoup de choses selon ses avis, et l'écoutait volontiers.

21. Mais enfin il arriva un jour favorable [12], qui fut le jour de la naissance d'Hérode, auquel il fit un festin aux grands de sa cour, aux premiers officiers de ses troupes, et aux principaux de la Galilée.
22. Car la fille d'Hérodiade y étant entrée, et ayant dansé devant Hérode, elle lui plut tellement, et à ceux qui étaient à table avec lui, qu'il lui dit: Demandez-moi ce que vous voudrez, et je vous le donnerai.
23. Et il ajouta avec serment: Je vous donnerai tout ce que vous me demanderez, quand ce serait la moitié de mon royaume.
24. Elle étant sortie, dit à sa mère : Que demanderai-je ? Sa mère lui répondit : La tête de Jean-Baptiste.
25. Et étant rentrée aussitôt en grande hâte où était le roi, elle lui fit sa demande en ces termes : Je veux que vous me donniez tout présentement dans un bassin la tête de Jean-Baptiste.
26. Le roi en fut fort fâché; néanmoins à cause du serment qu'il avait fait, et de ceux qui étaient à table avec lui [13], il ne voulut pas la contrister [14].
27. Ainsi ayant envoyé un de ses gardes [15],

Elias est. Alii vero dicebant : Quia propheta est, quasi unus ex prophetis.
16. Quo audito Herodes ait : Quem ego decollavi Joannem, hic a mortuis resurrexit.
17. Ipse enim Herodes misit, ac tenuit Joannem, et vinxit eum in carcere, propter Herodiadem uxorem Philippi fratris sui, quia duxerat eam.
18. Dicebat enim Joannes Herodi : Non licet tibi habere uxorem fratris tui.
19. Herodias autem insidiabatur illi : et volebat occidere eum, nec poterat.
20. Herodes enim metuebat Joannem, sciens eum virum justum et sanctum : et custodiebat eum, et audito eo multa faciebat, et libenter eum audiebat.
21. Et cum dies opportunus accidisset, Herodes natalis sui cœnam fecit principibus et tribunis, et primis Galilææ.

22. Cumque introisset filia ipsius Herodiadis, et saltasset, et placuisset Herodi, simulque recumbentibus, rex ait puellæ : Pete a me quod vis, et dabo tibi :
23. et juravit illi : Quia quidquid petieris dabo tibi, licet dimidium regni mei.
24. Quæ cum exisset, dixit matri suæ : Quid petam ? At illa dixit : Caput Joannis Baptistæ.
25. Cumque introisset statim cum festinatione ad regem, petivit dicens : Volo ut protinus des mihi in disco caput Joannis Baptistæ.

26. Et contristatus est rex : propter jusjurandum, et propter simul discumbentes, noluit eam contristare :
27. sed misso spiculatore præ-

---

[10] Litt. : comme l'un des prophètes, — animé de leur esprit.
℣. 19. — [11] D'autres traduisent le grec : Or Hérodias conçut de la haine contre lui.
℣. 21. — [12] pour Hérodias, de mettre son projet à exécution. D'autres traduisent : un jour de fête.
℣. 26. — [13] et qui par conséquent étaient témoins de son serment.
[14] Dans le grec : lui faire éprouver un refus.
℣. 27. — [15] un soldat de la garde du corps, laquelle était aussi chargée de l'exécution des hautes œuvres.

cœpit afferri caput ejus in disco. Et decollavit eum in carcere,

il commanda d'apporter la tête *de Jean* dans un bassin [16]. Et ce garde lui coupa la tête dans la prison,

28. et attulit caput ejus in disco: et dedit illud puellæ, et puella dedit matri suæ.

28. l'apporta dans un bassin, et la donna à la fille, et la fille la donna à sa mère.

29. Quo audito, discipuli ejus venerunt, et tulerunt corpus ejus : et posuerunt illud in monumento.

29. Ce que les disciples ayant appris, ils vinrent prendre son corps, et le mirent dans un tombeau.

30. Et convenientes apostoli ad Jesum, renuntiaverunt ei omnia, quæ egerant, et docuerant.

30. Or les apôtres s'étant rassemblés auprès de Jésus [17], lui rendirent compte de tout ce qu'ils avaient fait, et de ce qu'ils avaient enseigné. *Luc*, 9, 10.

31. Et ait illis : Venite seorsum in desertum locum, et requiescite pusillum. Erant enim qui veniebant et redibant multi : et nec spatium manducandi habebant.

31. Et il leur dit : Venez vous retirer en particulier dans quelque lieu solitaire, et vous reposez un peu : car comme il y avait beaucoup de personnes qui allaient et venaient *vers lui* [18], ils n'avaient pas seulement le temps de manger. *Matth*. 14, 13. *Luc*, 9, 10.

32. Et ascendentes in navim, abierunt in desertum locum seorsum.

32. Etant donc entrés dans une barque, ils se retirèrent à l'écart dans un lieu désert. *Matth*. 14, 13. *Luc*, 9, 10.

33. Et viderunt eos abeuntes, et cognoverunt multi : et pedestres de omnibus civitatibus concurrerunt illuc, et prævenerunt eos.

33. Mais quelques-uns les ayant vus partir, et plusieurs en ayant eu connaissance, ils y accoururent à pied de toutes les villes, et ils y arrivèrent avant eux [19].

34. Et exiens vidit turbam multam Jesus : et misertus est super eos, quia erant sicut oves non habentes pastorem, et cœpit illos docere multa

34. Et Jésus sortant *de la barque*, vit une grande multitude; et il en eut compassion, parce qu'ils étaient comme des brebis qui n'ont point de pasteur; et il commença à leur enseigner beaucoup de choses. *Matth*. 9, 36. 14, 14.

35. Et cum jam hora multa fieret accesserunt discipuli ejus, dicentes : Desertus est locus hic, et jam hora præteriit :

35. Mais le jour étant déjà fort avancé, ses disciples vinrent à lui, et lui dirent : Ce lieu est désert, et il est déjà tard.

36. dimitte illos, ut euntes in proximas villas et vicos, emant sibi cibos, quos manducent.

36. Renvoyez-les, afin qu'ils aillent dans les villages et les bourgs autour d'ici acheter de quoi manger [20]. *Luc*, 9, 12.

37. Et respondens ait illis : Date illis vos manducare. Et dixerunt ei : Euntes emamus ducentis denariis panes, et dabimus illis manducare?

37. Il leur répondit : Donnez-leur vous-mêmes à manger. Ils lui répartirent : Irons-nous donc acheter pour deux cents deniers de pains, afin de leur donner à manger [21] ?

38. Et dicit eis : Quot panes habetis? ite, et videte. Et cum cogno-

38. Jésus leur dit : Combien avez-vous de pains? allez voir. Et y ayant regardé, ils lui

---

[16] Les mots « dans un bassin » ne sont pas dans le grec.

℣. 30. — [17] après le retour de leur mission (℣. 12).

℣. 31. — [18] auprès de Jésus et de ses disciples.

℣. 33. — [19] Le grec, dans plusieurs manuscrits, ajoute : et ils vinrent vers lui.

℣. 36. — [20] Dans le grec : afin que..... et qu'ils achètent des pains pour eux; car ils n'ont rien à manger.

℣. 37. — [21] Le denier romain valait environ douze ou quinze sous. Dans le grec : Irons-nous acheter du pain pour 200 deniers? — * Le texte allemand porte quatre groschen. Le groschen est évalué par quelques-uns à 15 centimes, par d'autres à 18 ou 20 centimes.

dirent : Nous en avons cinq, et deux poissons [22].
39. Alors il leur commanda de les faire asseoir tous par troupes [23] sur l'herbe verte; *Jean*, 6, 10.
40. et ils s'assirent en diverses bandes, les unes de cent personnes, et les autres de cinquante.
41. Jésus prit donc les cinq pains et les deux poissons, et levant les yeux au ciel il les bénit; et ayant rompu les pains, il les donna à ses disciples, afin qu'ils les présentassent au peuple, et il partagea à tous les deux poissons.
42. Tous en mangèrent, et furent rassasiés.
43. Et ils remportèrent douze paniers pleins des morceaux qui étaient restés des pains et des poissons,
44. quoique ceux qui avaient mangé de ces pains [24] fussent au nombre de cinq mille hommes.
45. Il pressa aussitôt ses disciples de monter dans la barque, afin qu'ils passassent avant lui de l'autre côté du lac, vers Bethsaïde, pendant qu'il renverrait le peuple. *Matth.* 14, 22.
46. Et après qu'il l'eut renvoyé, il s'en alla sur la montagne pour prier.
47. Le soir étant venu, la barque était au milieu de la mer, et Jésus était seul à terre.
48. Et voyant qu'ils avaient beaucoup de peine à ramer, parce que le vent était contraire, vers la quatrième veille de la nuit, il vint à eux marchant sur la mer; et il voulait les devancer [25]. *Matth.* 14, 25.
49. Mais eux le voyant marcher ainsi sur la mer, crurent que c'était un fantôme, et jetèrent un grand cri.
50. Car ils le virent tous, et en furent épouvantés. Mais aussitôt il leur parla, et leur dit : Ayez confiance; c'est moi, ne craignez point.
51. Il monta ensuite avec eux dans la

vissent, dicunt : Quinque, et duos pisces.
39. Et præcepit illis, ut accumbere facerent omnes secundum contubernia super viride fœnum.
40. Et discubuerunt in partes, per centenos, et quinquagenos.
41. Et acceptis quinque panibus, et duobus piscibus, intuens in cœlum, benedixit, et fregit panes, et dedit discipulis suis, ut ponerent ante eos : et duos pisces divisit omnibus.
42. Et manducaverunt omnes, et saturati sunt.
43. Et sustulerunt reliquias, fragmentorum duodecim cophinos plenos, et de piscibus.
44. Erant autem qui manducaverunt quinque millia virorum.
45. Et statim coegit discipulos suos ascendere navim, ut præcederent eum trans fretum ad Bethsaidam, dum ipse dimitteret populum.
46. Et cum dimisisset eos, abiit in montem orare.
47. Et cum sero esset, erat navis in medio mari, et ipse solus in terra.
48. Et videns eos laborantes in remigando (erat enim ventus contrarius eis), et circa quartam vigiliam noctis venit ad eos ambulans supra mare : et volebat præterire eos.
49. At illi ut viderunt eum ambulantem supra mare, putaverunt phantasma esse, et exclamaverunt.
50. Omnes enim viderunt eum, et conturbati sunt. Et statim locutus est cum eis, et dixit eis : Confidite, ego sum, nolite timere.
51. Et ascendit ad illos in na-

℣. 38. — [22] Lorsque Jésus fit cette question, il savait bien quelles provisions les apôtres avaient; mais il voulait exciter leur attention, afin qu'ils pussent mieux comprendre la grandeur du prodige qu'il allait opérer devant leurs yeux.
℣. 39. — [23] c'est-à-dire apparemment tous ceux qui étaient d'un même endroit ensemble.
℣. 44. — [24] Litt. : Or, ceux qui avaient mangé. Dans le grec : Ceux qui mangèrent des pains.
℣. 48. — [25] c'est-à-dire il fit semblant de vouloir passer outre à côté d'eux.

vim, et cessavit ventus. Et plus magis inter se stupebant :
52. non enim intellexerunt de panibus : erat enim cor eorum obcæcatum.
53. Et cum transfetassent, venerunt in terram Genesareth, et applicuerunt.
54. Cumque egressi essent de navi, continuo cognoverunt eum :
55. et percurrentes universam regionem illam, cœperunt in grabatis eos, qui se male habebant, circumferre, ubi audiebant eum esse.
56. Et quocumque introibat, in vicos, vel in villas, aut civitates, in plateis ponebant infirmos, et deprecabantur eum, ut vel fimbriam vestimenti ejus tangerent : et quotquot tangebant eum, salvi fiebant

barque, et le vent cessa; ce qui augmenta encore beaucoup l'étonnement où ils étaient[26] :
52. car ils n'avaient pas fait attention sur *le miracle* des pains [27], parce que leur cœur était aveuglé [28].
53. Après qu'ils eurent traversé le lac, ils vinrent au territoire de Génésareth, et y abordèrent. *Matth.* 14, 34.
54. Et dès qu'ils furent sortis de la barque, *les habitants du pays* le reconnurent;
55. et parcourant toute la contrée, ils commencèrent à lui apporter les malades dans des lits, partout où ils entendaient dire qu'il était.
56. Et en quelque lieu qu'il entrât, bourgs, villes, ou villages, ils mettaient les malades dans les places publiques; et ils le priaient de permettre qu'ils pussent seulement toucher le bord de son vêtement; et tous ceux qui le touchaient étaient guéris.

CHAPITRE VII.

Les pharisiens reprochent aux disciples de Jésus-Christ de manger sans se laver les mains. Hypocrisie et maximes perverses des pharisiens. Ce qui souille l'homme. La femme chananéenne. Guérison d'un sourd-muet.

1. Et conveniunt ad eum pharisæi, et quidam de scribis, venientes ab Jerosolymis.
2. Et cum vidissent quosdam ex discipulis ejus, communibus manibus, id est non lotis, manducare panes, vituperaverunt.
3. Pharisæi enim, et omnes Judæi, nisi crebro laverint manus, non manducant, tenentes traditionem seniorum :
4. et a foro, nisi baptizentur, non comedunt : et alia multa sunt, quæ tradita sunt illis ser-

1. Les pharisiens et quelques-uns des scribes, qui étaient venus de Jerusalem, s'assemblèrent auprès de Jesus. *Matth.* 15, 1.
2. Et ayant vu quelques-uns de ses disciples prendre leur repas avec des mains impures, c'est-à-dire qui n'avaient pas été lavées, ils les en blâmèrent : *Matth.* 15, 2.
3. car les pharisiens et tous les Juifs ne mangent point qu'ils ne lavent souvent leurs mains [1], gardant en cela la tradition des anciens.
4. Et lorsqu'ils reviennent de la place publique, ils ne mangent point sans s'être lavés. Ils ont encore beaucoup d'autres ob-

℣. 51. — [26] Dans le grec : et ils furent dans un étonnement et une admiration extrêmes.
℣. 52. — [27] car ils n'avaient pas compris par les pains que le Seigneur est tout-puissant en toutes choses, et qu'il pouvait aussi marcher sur la mer.
[28] trop aveugle pour comprendre parfaitement sa toute-puissance.
℣. 3 — [1] sans se laver les mains avec soin, en se les frottant plusieurs fois, de peur de rendre impurs leurs aliments, s'il arrivait qu'ils eussent les mains, bien que sans le savoir et contre leur volonté, souillées par quelque chose d'impur. Dans le grec : sans avoir lavé leurs mains avec le poignet (sans se frotter à plusieurs reprises les paumes des deux mains pour les laver).

servances qu'ils ont reçues, et qu'ils gardent, comme de laver les coupes, les pots, les vaisseaux d'airain et les lits.
5. C'est pourquoi les pharisiens et les scribes lui demandèrent : D'où vient que vos disciples ne suivent pas la tradition des anciens, mais qu'ils prennent leurs repas avec des mains impures?
6. Il leur répondit : Isaïe a bien prophétisé de vous autres hypocrites, selon ce qui est écrit : Ce peuple m'honore des lèvres, mais leur cœur est bien éloigné de moi; *Isaïe*, 29, 13.
7. et c'est en vain qu'ils m'honorent, enseignant des maximes et des ordonnances humaines [2].
8. Car laissant là le commandement de Dieu, vous observez avec soin la tradition des hommes, vous lavez les pots et les coupes; et vous faites beaucoup d'autres choses semblables.
9. N'êtes-vous donc pas, leur disait-il, des gens bien religieux, de détruire le commandement de Dieu, pour garder votre tradition?
10. Car Moyse a dit : Honorez votre père et votre mère. Et : Que celui qui outragera de parole son père ou sa mère, soit puni de mort. 2. *Moys*. 20, 12. 5. *Moys*. 5, 16. *Ephés*. 6, 2. 2. *Moys*. 21, 17. 3. *Moys*. 20, 9. *Prov*. 20, 20.
11. Mais vous, vous dites : Si un homme dit à son père ou à sa mère : Corban, c'est-à-dire tout don que je fais à Dieu de mon bien vous sera utile [3].
12. Et vous ne lui permettez pas de rien faire davantage pour son père ou sa mère,
13. rendant inutile le commandement de Dieu par votre tradition, que vous-mêmes avez établie; et vous faites encore beaucoup d'autres choses semblables.
14. Alors ayant appelé de nouveau le peuple, il leur dit : Écoutez-moi tous, et comprenez. *Matth*. 15, 10.
15. Rien d'extérieur qui entre dans l'homme ne peut le souiller; mais ce qui sort de l'homme est ce qui le souille.
16. Si quelqu'un a des oreilles pour entendre, qu'il entende.
17. Après qu'il eut quitté le peuple, et

vare, baptismata calicum, et urceorum, et æramentorum, et lectorum :
5. et interrogabant eum pharisæi, et scribæ : Quare discipuli tui non ambulant juxta traditionem seniorum, sed communibus manibus manducant panem?
6. At ille respondens, dixit eis : Bene prophetavit Isaias de vobis hypocritis, sicut scriptum est : Populus hic labiis me honorat, cor autem eorum longe est a me;
7. in vanum autem me colunt, docentes doctrinas et præcepta hominum.
8. Relinquentes enim mandatum Dei, tenetis traditionem hominum, baptismata urceorum, et calicum : et alia similia his facitis multa.
9. Et dicebat illis : Bene irritum facitis præceptum Dei, ut traditionem vestram servetis
10. Moyses enim dixit : Honora patrem tuum, et matrem tuam. Et : Qui maledixerit patri, vel matri, morte moriatur.
11. Vos autem dicitis : Si dixerit homo patri, aut matri : Corban (quod est donum) quodcumque ex me, tibi profuerit :
12. et ultra non dimittitis eum quidquam facere patri suo, aut matri,
13. rescindentes verbum Dei per traditionem vestram, quam tradidistis : et similia hujusmodi multa facitis.
14. Et advocans iterum turbam, dicebat illis : Audite me omnes, et intelligite.
15. Nihil est extra hominem introiens in eum, quod possit eum coinquinare, sed quæ de homine procedunt, illa sunt quæ communicant hominem.
16. Si quis habet aures audiendi, audiat.
17. Et cum introisset in domum

℣. 7. — [2] et leur donnant la préférence sur la loi divine.
℣. 11. — [3] Le don que je pourrais vous faire (à vous, mon père, ou ma mère) pour le soutien de votre vieillesse, je vais l'offrir dans le temple; il ne laissera pas néanmoins de tourner à votre avantage.

a turba, interrogabant eum discipuli ejus parabolam.

18. Et ait illis : Sic et vos imprudentes estis? Non intelligitis, quia omne extrinsecus introiens in hominem, non potest eum communicare :

19. quia non intrat in cor ejus, sed in ventrem vadit, et in secessum exit, purgans omnes escas?

20. Dicebat autem, quoniam quæ de homine exeunt, illa communicant hominem.

21. Ab intus enim de corde hominum malæ cogitationes procedunt, adulteria, fornicationes, homicidia,

22. furta, avaritiæ, nequitiæ, dolus, impudicitiæ, oculus malus, blasphemia, superbia, stultitia.

23. Omnia hæc mala ab intus procedunt, et communicant hominem.

24. Et inde surgens abiit in fines Tyri et Sidonis : et ingressus domum, neminem voluit scire, et non potuit latere.

25. Mulier enim statim ut audivit de eo, cujus filia habebat spiritum immundum, intravit, et procidit ad pedes ejus.

26. Erat enim mulier gentilis, Syropænissa genere. Et rogabat eum ut dæmonium ejiceret de filia ejus.

27. Qui dixit illi : Sine prius saturari filios : non est enim bonum sumere panem filiorum, et mittere canibus.

28. At illa respondit, et dixit illi : Utique, Domine, nam et catelli comedunt sub mensa de micis puerorum.

29. Et ait illi : Propter hunc sermonem vade, exiit dæmonium a filia tua.

30. Et cum abiisset domum suam, invenit puellam jacentem supra lectum, et dæmonium exiisse.

31. Et iterum exiens de finibus Tyri, venit per Sidonem ad mare Galilææ inter medios fines Decapoleos.

qu'il fut entré dans la maison, ses disciples lui demandèrent cette parabole.

18. Et il leur dit : Quoi ! vous avez encore vous-mêmes si peu d'intelligence ? Ne comprenez-vous pas que tout ce qui du dehors entre dans l'homme ne peut le souiller;

19. parce que cela n'entre pas dans son cœur, mais va dans son ventre, d'où ce qui est impur dans tous les aliments est séparé et jeté dans le lieu secret?

20. Mais ce qui souille l'homme, leur disait-il, c'est ce qui sort de l'homme.

21. Car c'est du dedans du cœur des hommes que sortent les mauvaises pensées, les adultères, les fornications, les homicides, 1. *Moys*. 6, 5.

22. les larcins, l'avarice, les méchancetés, la fourberie, les impudicités, l'œil malin, le blasphème, l'orgueil, la folie.

23. Tous ces maux sortent du dedans et souillent l'homme.

24. Il partit ensuite de ce lieu, et s'en alla sur les confins de Tyr et de Sidon; et étant entré dans une maison, il voulait que personne ne le sût. Mais il ne put demeurer caché; *Matth*. 15, 21.

25. car une femme dont la fille était possédée d'un esprit impur, ayant entendu dire qu'il était là, vint aussitôt se jeter à ses pieds.

26. Or cette femme était païenne, et Syrophénicienne de nation. Et elle le suppliait de chasser le démon de sa fille. *Matth*. 15, 25.

27. Jésus lui dit : Laissez premièrement rassasier les enfants; car il n'est pas bon de prendre le pain des enfants pour le jeter aux chiens.

28. Elle lui répondit : Il est vrai, Seigneur; mais les petits chiens mangent au moins sous la table des miettes des enfants.

29. Alors il lui dit : Allez, à cause de cette parole, le démon est sorti de votre fille.

30. Et s'en étant allée en sa maison, elle trouva que le démon était sorti de sa fille, et qu'elle était couchée sur son lit.

31. Et Jésus quittant encore les confins de Tyr, vint par Sidon vers la mer de Galilée, passant au milieu du pays de la Décapole [1].

℣. 31. — [1] Voy. *Matth*. 4, 25. Dans le grec : Et ayant de nouveau quitté les confins de Tyr et de Sidon, il vint, etc.

32. Et on lui amena un homme qui était sourd et muet, et on le suppliait de lui imposer les mains. *Matth.* 9, 32.
33. Alors Jésus le tirant de la foule, à l'écart, lui mit ses doigts dans les oreilles, et de sa salive sur la langue [5] :

34. Et levant les yeux au ciel, il jeta un soupir, et lui dit : Ephphetha, c'est-à-dire : Ouvrez-vous [6].
35. Aussitôt ses oreilles furent ouvertes, et sa langue fut déliée, et il parlait fort distinctement.
36. Et il leur défendit de le dire à personne; mais plus il le leur défendait, plus ils le publiaient.

37. Et l'admirant de plus en plus, ils disaient [7] : Il a bien fait les choses [8]; il a fait entendre les sourds et parler les muets.

32. Et adducunt ei surdum et mutum, et deprecabantur eum, ut imponat illi manum.
33. Et apprehendens eum de turba seorsum, misit digitos suos in auriculas ejus : et expuens, tetigit lingnam ejus :
34. Et suspiciens in cœlum, ingemuit, et ait illi : Ephphetha, quod est adaperire.
35. Et statim apertæ sunt aures ejus, et solutum est vinculum linguæ ejus, et loquebatur recte.
36. Et præcepit illis ne cui dicerent. Quanto autem eis præcipiebat, tanto magis plus prædicabant :
37. et eo amplius admirabantur, dicentes : Bene omnia fecit : et surdos fecit audire, et mutos loqui.

CHAPITRE VIII.

Les quatre mille hommes rassasiés. Les pharisiens désirent un signe. Jésus prémunit ses disciples contre le levain des pharisiens et des hérodiens. Guérison d'un aveugle. Confession de saint Pierre. Jésus prédit sa passion, il réprimande saint Pierre qui veut l'en détourner, et il prêche la croix et le renoncement

1. En ce temps-là, le peuple s'étant encore trouvé en fort grand nombre, et n'ayant point de quoi manger, il appela ses disciples, et leur dit : *Matth.* 15, 32.
2. J'ai compassion de ce peuple, parce

1. In diebus illis iterum cum turba multa esset, nec haberent quod manducarent, convocatis discipulis, ait illis :
2. Misereor super turbam : quia

℣. 33. — [5] Jésus emploie ici, pour guérir ce malade, des moyens qui par eux-mêmes ne pouvaient contribuer à sa guérison; mais ils servaient à provoquer l'attention, et montraient quelle vertu merveilleuse la divinité du Seigneur communiquait à sa chair adorable.
℣. 34. — [6] Les saints Pères voient dans ce sourd-muet l'humanité tout entière représentée. L'humanité est par nature sourde pour entendre la doctrine du salut, et muette pour confesser ses misères; ce n'est que par la vertu vivifiante du Sauveur que son sens intime est ouvert et sa langue déliée. C'est pour cette raison que depuis la plus haute antiquité, l'Eglise catholique a pris ce que fit Jésus à l'égard de ce sourd-muet comme une action symbolique qu'elle a adoptée dans les cérémonies du baptême, pour nous apprendre que tant que nous vivons, nous devons être disposés à entendre la doctrine du salut, et prêts à publier les louanges de Dieu.
℣. 37. — [7] Dans le grec :... plus ils le publiaient. Et remplis d'un étonnement extrême, ils disaient, etc.
[8] en tout et partout il n'opère que le bien!

ecce jam triduo sustinent me, nec habent quod manducent.

3. et si dimisero eos jejunos in domum suam, deficient in via : quidam enim ex eis de longe venerunt.

4. Et responderunt ei discipuli sui : Unde illos quis poterit hic saturare panibus in solitudine?

5. Et interrogavit eos : Quot panes habetis? Qui dixerunt : Septem.

6. Et præcepit turbæ discumbere super terram. Et accipiens septem panes, gratias agens fregit, et dabat discipulis suis ut apponerent, et apposuerunt turbæ.

7. Et habebant pisciculos paucos : et ipsos benedixit, et jussit apponi.

8. Et manducaverunt, et saturati sunt, et sustulerunt quod superaverat de fragmentis, septem sportas.

9. Erant autem qui manducaverunt, quasi quatuor millia : et dimisit eos.

10. Et statim ascendens navim cum discipulis suis, venit in partes Dalmanutha.

11. Et exierunt pharisæi, et cœperunt conquirere cum eo, quærentes ab illo signum de cœlo, tentantes eum.

12. Et ingemiscens spiritu, ait : Quid generatio ista signum quærit? Amen dico vobis, si dabitur generationi isti signum.

13. Et dimittens eos, ascendit iterum navim, et abiit trans fretum.

14. Et obliti sunt panes sumere : et nisi unum panem non habebant secum in navi.

qu'il y a déjà trois jours qu'ils demeurent continuellement avec moi, et ils n'ont rien à manger.

3. Et si je les renvoie en leurs maisons sans avoir mangé, les forces leur manqueront en chemin; parce que quelques-uns d'eux sont venus de loin.

4. Ses disciples lui répondirent : Comment pourrait-on trouver dans ce désert assez de pain pour les rassasier?

5. Il leur demanda : Combien avez-vous de pains? Sept, lui dirent-ils [1].

6. Alors il commanda au peuple de s'asseoir sur la terre : il prit les sept pains, et rendant grâces, il les rompit, et les donna à ses disciples pour les distribuer; et ils les distribuèrent au peuple.

7. Ils avaient encore quelques petits poissons, qu'il bénit, et il commanda qu'on les leur distribuât aussi.

8. Ils mangèrent donc et furent rassasiés : et on remporta sept corbeilles pleines de morceaux qui étaient restés.

9. Or ceux qui mangèrent étaient environ quatre mille; et Jésus les renvoya.

10. Aussitôt étant entré dans une barque avec ses disciples, il vint dans le pays de Dalmanutha [2].

11. Des pharisiens étant venus le trouver, ils commencèrent à disputer avec lui, et lui demandèrent pour le tenter quelque prodige dans le ciel. *Matth.* 16, 1. *Luc,* 11, 53.

12. Mais Jésus jetant un soupir du fond du cœur [3], leur dit : Pourquoi ces gens-là demandent-ils un prodige? Je vous le dis en vérité, il ne sera point donné de prodige à ces gens-là [4].

13. Et les laissant, il remonta dans la barque, et passa à l'autre bord.

14. Or les disciples [5] avaient oublié de prendre des pains; et ils n'avaient qu'un seul pain avec eux dans la barque. *Matth.* 16, 5.

℣. 5. — [1] Voy. *pl. h.* 6, note 22.

℣. 10. — [2] Dans *saint Matth.* 15, 39, il y a : dans la contrée de Magédan; et plusieurs manuscrits grecs de saint Marc, portent aussi : Magédan. Bon nombre d'interprètes pensent que Magédan était situé à l'orient de la mer de Genésareth, dans le voisinage de Gerasa, et que Dalmanutha était le nom du district auquel appartenaient les deux villes désignees.

℣. 12. — [3] Litt. : gémissant dans son esprit, intérieurement.

[4] Litt. : Pourquoi cette race demande-t elle... point donné de prodige à cette race; — de prodige tel que celui qu'elle demande.

℣. 14. — [5] Litt. : Or ils (les disciples) avaient, etc.

15. Et Jésus leur donnait cet avis : Ayez soin de vous bien garder du levain des pharisiens, et du levain d'Hérode [6].
16. Sur quoi ils pensaient, et se disaient l'un à l'autre : C'est parce que nous n'avons point de pain [7].
17. Ce que Jésus connaissant, il leur dit : Pourquoi vous entretenez-vous de cette pensée, que vous n'avez point de pain? N'avez-vous point encore de sens ni d'intelligence[8]? et votre cœur est-il encore dans l'aveuglement?
18. Aurez-vous *toujours* des yeux sans voir, et des oreilles sans entendre? Et avez-vous perdu la mémoire?
19. Lorsque je rompis les cinq pains pour cinq mille hommes, combien remportâtes-vous de paniers pleins de morceaux? Douze, lui dirent-ils. *Pl. h.* 6, 41. *Jean*, 6, 11.
20. Et lorsque je rompis les sept pains pour quatre mille hommes, combien remportâtes-vous de corbeilles pleines de morceaux? Sept, lui dirent-ils.
21. Et il ajouta : Comment ne comprenez-vous pas encore ce que je vous dis?
22. Et étant arrivés à Bethsaïde, on lui amena un aveugle, qu'on le pria de toucher.
23. Et prenant l'aveugle par la main, il le mena hors du bourg [9], lui mit de sa salive sur les yeux; et lui ayant imposé les mains, il lui demanda s'il voyait quelque chose.
24. Cet homme regardant, lui dit : Je vois marcher des hommes comme des arbres.
25. Jésus lui mit encore une fois les mains sur les yeux, et il commença à voir; et fut tellement guéri, qu'il voyait distinctement toutes choses [10].
26. Et il la renvoya dans sa maison, et

15. Et præcipiebat eis, dicens : Videte, et cavete a fermento pharisæorum, et fermento Herodis.
16. Et cogitabant ad alterutrum, dicentes : Quia panes non habemus.
17. Quo cognito, ait illis Jesus : Quid cogitatis, quia panes non habetis? nondum cognoscitis nec intelligitis? adhuc cæcatum habetis cor vestrum?
18. oculos habentes non videtis, et aures habentes non auditis? Nec recordamini,
19. quando quinque panes fregi in quinque millia : quot cophinos fragmentorum plenos sustulistis? Dicunt ei : Duodecim.
20. Quando et septem panes in quatuor millia : quot sportas fragmentorum tulistis? Et dicunt ei : Septem.
21. Et dicebat eis : Quomodo nondum intelligitis?
22. Et veniunt Bethsaidam, et adducunt ei cœcum, et rogabant eum ut illum tangeret.
23. Et apprehensa manu cæci, eduxit eum extra vicum : et expuens in oculos ejus, impositis manibus suis, interrogavit eum si quid videret.
24. Et aspiciens, ait : Video homines velut arbores ambulantes.
25. Deinde iterum imposuit manus super oculos ejus : et cœpit videre; et restitutus est ita ut clare videret omnia.
26. Et misit illum in domum

℣. 15. — [6] des hérodiens (Voy. *Matth.* 22, note 14). Dans *saint Matth.* 16, 11, il y a : du levain des sadducéens. Les hérodiens pouvaient être aussi désignés sous ce nom, parce que, outre leurs opinions politiques, ils affectaient encore une espèce d'indépendance de pensée.

℣. 16. — [7] Il nous dit cela parce que nous n'avons point pris de pain avec nous.

℣. 17. — [8] en ce qui regarde mon infinie toute-puissance (Voy. *pl. h.* 6, 52).

℣. 23. — [9] peut-être parce que Bethsaïde, qui ne s'était pas convertie (Voy. *Matth.* 11, 21), n'était pas digne de voir cette guérison miraculeuse, et afin de nous apprendre en figure que tant que les pécheurs ne se séparent pas de leurs mauvaises compagnies, leur conversion est comme impossible.

℣. 25. — [10] Dans le grec : Ensuite il mit de nouveau les mains sur ses yeux, et le fit regarder en haut, et il fut rétabli, etc. Le Sauveur opère ses guérisons de différentes manières, par l'imposition des mains, par sa bénédiction ou simplement par ses paroles, présent ou absent, à la prière des malades ou sur la demande d'autres personnes, en un instant, comme il arrive le plus souvent, ou par degrés, comme il fait ici. Par là il voulait nous apprendre, entre autres choses, que sa puissance n'est attachée ni au temps, ni au lieu, ni à tel ou tel moyen, qu'il opère quand, où et comme il veut.

suam, dicens : Vade in domum tuam; et si in vicum introieris, nemini dixeris.
27. Et egressus est Jesus, et discipuli ejus in castella Cæsareæ Philippi : et in via interrogabat discipulos suos, dicens eis : Quem me dicunt esse homines?
28. Qui responderunt illi, dicentes Joannem Baptistam, alii Eliam, alii vero quasi unum de prophetis.
29. Tunc dicit illis : Vos vero quem me esse dicitis? Respondens Petrus, ait ei : Tu es Christus.
30. Et comminatus est eis, ne cui dicerent de illo.
31. Et cœpit docere eos, quoniam oportet Filium hominis pati multa, et reprobari a senioribus, et a summis sacerdotibus, et scribis, et occidi : et post tres dies resurgere.
32. Et palam verbum loquebatur. Et apprehendens eum Petrus, cœpit increpare eum.
33. Qui conversus, et videns discipulos suos, comminatus est Petro, dicens : Vade retro me, satana, quoniam non sapis quæ Dei sunt, sed quæ sunt hominum.
34. Et convocata turba cum discipulis suis, dixit eis : Si quis vult me sequi, deneget semetipsum : et tollat crucem suam, et sequatur me.
35. Qui enim voluerit animam suam salvam facere, perdet eam : qui autem perdiderit animam suam propter me et evangelium, salvam faciet eam.
36. Quid enim proderit homini, si lucretur mundum totum, et detrimentum animæ suæ faciat?
37. Aut quid dabit homo commutationis pro anima sua?
38. Qui enim me confusus fue-

lui dit : Allez-vous-en en votre maison; et si vous entrez dans le bourg, ne le dites à personne [11].
27. Jesus partit de là avec ses disciples, pour s'en aller dans les villages de Césarée de Philippe, et en chemin il leur fit cette question : Qui dit-on que je suis? *Matth.* 23. *Luc,* 9, 18.
28. Ils lui répondirent : *Les uns disent que vous êtes* Jean-Baptiste, les autres Elie, les autres comme un des prophètes [12].
29. Mais vous, leur dit-il alors, qui dites-vous que je suis? Pierre prenant la parole, lui dit : Vous êtes le Christ [13].
30. Et il leur défendit très-fortement de le dire à personne. *Matth.* 16, 20.
31. Il commença en même temps à leur déclarer, qu'il fallait que le Fils de l'homme souffrît beaucoup, qu'il fût rejeté par les anciens, par les princes des prêtres et par les scribes, qu'il fût mis à mort, et qu'il ressuscitât trois jours après.
32. Et il en parlait tout ouvertement. Alors Pierre le tirant à part, commença à le reprendre.
33. Mais lui se retournant, et regardant ses disciples [14], reprit rudement Pierre, et lui dit : Retirez-vous de moi, satan; parce que vous n'avez point de goût pour les choses de Dieu, mais seulement pour celles des hommes.
34. Et appelant à soi le peuple avec ses disciples, il leur dit : Si quelqu'un veut venir après moi, qu'il renonce à soi-même, et qu'il se charge de sa croix, et qu'il me suive. *Matth.* 10, 38. 16, 24. *Luc,* 9, 23. 24, 27.
35. Car celui qui voudra se sauver soi-même, se perdra; et celui qui se perdra pour l'amour de moi et de l'Evangile, se sauvera. *Luc,* 17, 33. *Jean,* 12, 25.
36. Car que servira à un homme de gaguer tout le monde, et de se perdre soi-même?
37. Ou par quel échange l'homme pourra-t-il racheter son âme?
38. Car si quelqu'un rougit de moi et de

ỳ. 26. — [11] car vos concitoyens ne savent pas apprécier mes bienfaits (Voy. *Matth.* 11, 21. et suiv.). Dans le grec... en votre maison, et lui dit : N'entrez pas dans votre village, et ne le dites à personne dans votre village, c'est-à-dire, n'allez pas dans votre village pour le dire à qui que ce soit.
ỳ. 28. — [12] Litt. : que vous êtes comme l'un des prophètes. — La particule « comme » n'est pas dans le grec.
ỳ. 29. — [13] le Messie.
ỳ. 33. — [14] afin de les rendre attentifs à la réprimande qu'il voulait faire à Pierre.

mes paroles [15] parmi cette race adultère et pécheresse, le Fils de l'homme rougira aussi de lui, lorsqu'il viendra accompagné des saints anges dans la gloire de son père. *Matth.* 10, 33. *Luc*, 9, 26. 12, 9.

39. Et il ajouta : Je vous dis en vérité, qu'il y en a quelques-uns de ceux qui sont ici qui ne mourront point qu'ils n'aient vu arriver le règne de Dieu dans sa puissance. *Matth.* 16, 27. 28. *Luc*, 9, 27.

rit, et verba mea, in generatione ista adultera et peccatrice : et Filius hominis confundetur eum, cum venerit in gloria Patris sui cum angelis sanctis.

39. Et dicebat illis : Amen dico vobis, quia sunt quidam de hic stantibus, qui non gustabunt mortem, donec videant regnum Dei veniens in virtute.

CHAPITRE IX.

Jésus est transfiguré, il parle de l'avènement d'Elie, il délivre un possédé, il réitère la prédiction de sa passion et il blâme la jalousie de ses disciples. D'un homme qui chassait les démons, et qui ne suivait pas Jésus-Christ. Du scandale.

1. Et six jours après, Jésus prit Pierre, Jacques et Jean, et les mena seuls sur une haute montagne à l'écart : et il fut transfiguré devant eux. *Matth.* 17, 1. *Luc*. 9, 28.

2. Et ses vêtements devinrent tout brillants de lumière, et blancs comme la neige, tels que nul foulon sur la terre ne peut en faire d'aussi blancs.

3. Et ils virent paraître Elie et Moyse qui s'entretenaient avec Jésus. *Luc*, 9, 31.

4. Et Pierre, prenant la parole, dit à Jésus : Maître, nous sommes bien ici; faisons-y trois tentes, une pour Vous, une pour Moyse, et une pour Elie :

5. car il ne savait ce qu'il disait, tant ils étaient effrayés.

6. Et il parut une nuée qui les couvrit; et il sortit une voix de cette nuée, qui fit entendre ces mots : C'est là mon Fils bien-aimé; écoutez-le.

7. Aussitôt regardant de tous côtés, ils ne virent plus personne que Jésus qui était demeuré seul avec eux.

8. Lorsqu'ils descendaient de la montagne, il leur commanda de ne raconter à personne ce qu'ils avaient vu, jusqu'à ce que le Fils de l'homme fût ressuscité d'entre les morts. *Matth.* 17, 9.

9. Et ils tinrent la chose secrète, s'entre-

1. Et post dies sex assumit Jesus Petrum, et Jacobum, et Joannem : et ducit illos in montem excelsum seorsum solos, et transfiguratus est coram ipsis.

2. Et vestimenta ejus facta sunt splendentia, et candida nimis velut nix, qualia fullo non potest super terram candida facere.

3. Et apparuit illis Elias cum Moyse : et erant loquentes cum Jesu.

4. Et respondens Petrus, ait Jesu : Rabbi, bonum est nos hic esse : et faciamus tria tabernacula, Tibi unum, et Moysi unum, et Eliæ unum.

5. Non enim sciebat quid diceret : erant enim timore exterriti :

6. et facta est nubes obumbrans eos : et venit vox de nube, dicens : Hic est Filius meus charissimus : audite illum.

7. Et statim circumspicientes, neminem amplius viderunt, nisi Jesum tantum secum.

8. Et descendentibus illis de monte, præcepit illis ne cuiquam quæ vidissent, narrarent : nisi cum Filius hominis a mortuis resurrexerit.

9. Et verbum continuerunt apud

℣. 38. — [15] de ma doctrine de ma vie humiliée crucifiée.

se, conquirentes quid esset : Cum a mortuis resurrexerit.

10. Et interrogabant eum, dicentes : Quid ergo dicunt Pharisæi et Scribæ, quia Eliam oportet venire primum?

11. Qui respondens, ait illis : Elias, cum venerit primo, restituet omnia : et quomodo scriptum est in Filium hominis, ut multa patiatur et contemnatur.

12. Sed dico vobis quia et Elias venit (et fecerunt illi quæcumque voluerunt) sicut scriptum est de eo.

13. Et veniens ad discipulos suos, vidit turbam magnam circa eos, et Scribas conquirentes cum illis.

14. Et confestim omnis populus videns Jesum, stupefactus est, et expaverunt, et accurrentes salutabant eum.

15. Et interrogavit eos : Quid inter vos conquiritis?

16. Et respondens unus de turba, dixit : Magister, attuli filium meum ad te habentem spiritum mutum :

17. qui ubicumque eum apprehenderit, allidit illum, et spumat, et stridet dentibus, et arescit : et dixi discipulis tuis ut ejicerent illum, et non potuerunt.

18. Qui respondens eis, dixit : O generatio incredula, quamdiu apud vos ero? quamdiu vos patiar? afferte illum ad me.

19. Et attulerunt eum. Et cum vidisset eum, statim spiritus conturbavit illum : et elisus in terram, volutabatur spumans.

demandant ce qu'il voulait dire par ce mot : Jusqu'à ce que le Fils de l'homme fût ressuscité d'entre les morts [1].

10. Et alors ils lui demandèrent : Pourquoi donc les Pharisiens et les Scribes [2] disent-ils qu'il faut qu'Elie vienne auparavant? *Mal.* 4, 5.

11. Il leur répondit : Il est vrai qu'Elie viendra auparavant, et rétablira toutes choses; et il en sera comme du Fils de l'homme, dont il est écrit qu'il doit souffrir beaucoup et être traité avec mépris [3]. *Isaïe*, 53, 3. 4.

12. Mais je vous dis qu'Elie même est déjà venu, et qu'ils l'ont traité comme il leur a plu, selon ce qui avait été écrit de lui [4]. *Matth.* 17, 12.

13. Et étant retourné à ses disciples, il vit une grande multitude de personnes autour d'eux, et des Scribes qui disputaient avec eux.

14. Aussitôt tout le peuple l'ayant aperçu, fut saisi d'étonnement et de frayeur [5]; et étant accourus, ils le saluèrent.

15. Alors il leur demanda : De quoi disputez-vous ensemble? *Luc*, 9, 38.

16. Et un de la troupe prenant la parole, dit : Maître, je vous ai amené mon fils, qui est possédé d'un esprit muet [6] : *Matth.* 17, 14.

17. et partout où il se saisit de lui, il le jette contre terre, et *l'enfant* écume, grince des dents, et devient tout sec : j'ai prié vos disciples de le chasser, mais ils ne l'ont pu.

18. Jésus leur adressant la parole, leur dit : O race incrédule, jusqu'à quand serai-je avec vous? jusqu'à quand vous souffrirai-je? amenez-le-moi.

19. Et ils le lui amenèrent; et dès qu'il eut vu Jésus, l'esprit commença à l'agiter, et il tomba par terre, où il se roulait en écumant.

℣. 9. — [1] Ils ne concevaient pas encore qu'il fallait qu'il mourût.

℣. 10. — [2] Dans le grec il y a seulement : les scribes.

℣. 11. — [3] Ces deux choses sont écrites : qu'Elie doit venir avant le Messie, et que le Messie doit souffrir; mais de là il ne s'ensuit pas qu'Elie doive venir en personne avant que le Christ souffre; car il peut venir dans sa vertu, avant que le Messie entre dans sa passion, et ne venir en personne qu'avant l'avènement du Seigneur pour le jugement. Les Juifs ni les disciples ne distinguaient pas l'un de l'autre le premier et le dernier avènement du Seigneur, et c'est pourquoi ils ne distinguaient pas non plus la double apparition d'Elie, son apparition dans sa vertu de son apparition en personne.

℣. 12. — [4] *Mal.* 3, 1.

℣. 14. — [5] Dans le grec : il fut (le peuple) saisi d'un profond étonnement.

℣. 16. — [6] qui est possédé d'un malin esprit, qui le rend sourd et muet. Dans *saint Matth.* (17, 14), le fils est appelé lunatique, parce que le malin esprit avait occasionné en lui une épilepsie sur laquelle la lune a son influence.

20. Jésus demanda au père de l'enfant : Combien y a-t-il que cela lui arrive? Dès son enfance, dit le père;

21. et *l'esprit* l'a souvent jeté, *tantôt* dans le feu, et *tantôt* dans l'eau, pour le faire périr; mais si vous pouvez quelque chose, ayez pitié de nous, et nous secourez.

22. Jésus lui répondit : Si vous pouvez croire, toutes choses sont possibles à celui qui croit. *Matth.* 17, 19.

23. Aussitôt le père de l'enfant s'écriant, lui dit avec larmes : Seigneur, je crois; aidez mon incrédulité [7].

24. Et Jésus voyant que le peuple accourait en foule, parla avec menaces à l'esprit impur, et lui dit : Esprit sourd et muet, sors de cet enfant, je te le commande, et n'y rentre plus.

25. Alors jetant de grands cris, et l'agitant avec beaucoup de violence, il sortit, et l'enfant devint comme mort; de sorte que plusieurs disaient qu'il était mort.

26. Mais Jesus le prenant par la main, et le soulevant, il se leva.

27. Et lorsqu'il [8] fut entré dans la maison, ses disciples lui demandèrent en particulier : Pourquoi n'avons-nous pu chasser ce démon?

28. Il leur répondit ? Cette sorte *de démons* ne peut être chassée par nul autre moyen que par la prière et par le jeûne.

29. Et étant partis de là, ils traversèrent la Galilée : et il voulait que personne ne le sût [9].

30. Cependant il instruisait ses disciples, et leur disait : Le Fils de l'homme sera livré entre les mains des hommes, et ils le feront mourir, et il ressuscitera le troisième jour après sa mort. *Matth.* 17, 21.

31. Mais ils n'entendaient rien à ce discours : et ils craignaient de l'interroger.

32. Ils vinrent ensuite à Capharnaüm [10]. Et lorsqu'ils furent à la maison, il leur demanda : De quoi disputiez-vous ensemble pendant le chemin?

33. Mais ils demeurèrent dans le silence, parce qu'ils avaient disputé entre eux dans le chemin, qui d'entre eux était le plus grand. *Matth.* 18, 1. *Luc*, 9, 46.

20. Et interrogavit patrem ejus : Quantum temporis est ex quo ei hoc accidit? At ille ait : Ab infantia :

21. et frequenter eum in ignem, et in aquas misit, ut eum perderet; sed si quid potes, adjuva nos, misertus nostri.

22. Jesus autem ait illi : Si potes credere, omnia possibilia sunt credenti.

23. Et continuo exclamans pater pueri, cum lacrymis aiebat : Credo, Domine : adjuva incredulitatem meam.

24. Et cum videret Jesus concurrentem turbam, comminatus est spiritui immundo, dicens illi : Surde et mute spiritus, ego præcipio tibi, exi ab eo : et amplius ne introeas in eum.

25. Et exclamans, et multum discerpens eum, exiit ab eo, et factus est sicut mortuus, ita ut multi dicerent : Quia mortuus est.

26. Jesus autem tenens manum ejus, elevavit eum, et surrexit.

27. Et cum introisset in domum, discipuli ejus secreto interrogabant eum : Quare nos non potuimus ejicere eum?

28. Et dixit illis : Hoc genus in nullo potest exire, nisi in oratione, et jejunio.

29. Et inde profecti prætergrediebantur Galilæam : nec volebat quemquam scire.

30. Docebat autem discipulos suos, et dicebat illis : Quoniam Filius hominis tradetur in manus hominum, et occident eum, et occisus tertia die resurget.

31. At illi ignorabant verbum : et timebant interrogare eum.

32. Et venerunt Capharnaum. Qui cum domi essent, interrogabat eos : Quid in via tractabatis?

33. At illi tacebant; siquidem in via inter se disputaverant, quis eorum major esset.

ỳ. 23. — [7] la faiblesse de ma foi; suppléez à ce qui lui manque; supposez qu'elle est parfaite.

ỳ. 27. — [8] lorsque Jésus, etc.

ỳ. 29. — [9] de peur d'être retenu; car il avait hâte de se rendre à Jérusalem pour la fête, afin d'y consommer sa passion.

ỳ. 32. — [10] Comp. *Matth.* 17, 23-26.

34. Et residens vocavit duodecim, et ait illis : Si quis vult primus esse, erit omnium novissimus, et omnium minister.
35. Et accipiens puerum, statuit eum in medio eorum : quem cum complexus esset, ait illis :
36. Quisquis unum ex hujusmodi pueris receperit in nomine meo, me recipit : et quicumque me susceperit, non me suscipit, sed eum, qui misit me.
37. Respondit illi Joannes, dicens : Magister, vidimus quemdam in nomine tuo ejicientem dæmonia, qui non sequitur nos, et prohibuimus eum.
38. Jesus autem ait : Nolite prohibere eum; nemo est enim qui faciat virtutem in nomine meo, et possit cito male loqui de me;
39. qui enim non est adversum vos, pro vobis est.
40. Quisquis enim potum dederit vobis calicem aquæ in nomine meo, quia Christi estis : amen dico vobis, non perdet mercedem suam.
41. Et quisquis scandalizaverit unum ex his pusillis credentibus in me : bonum est ei magis si circumdaretur mola asinaria collo ejus, et in mare mitteretur.
42. Et si scandalizaverit te manus tua, abscide illam : bonum est tibi debilem introire in vitam, quam duas manus habentem ire in gehennam, in ignem inextinguibilem :
43. ubi vermis eorum non mo-

34. Et s'étant assis, il appela les douze, et leur dit : Si quelqu'un veut être le premier, il sera le dernier de tous, et le serviteur de tous. *Matth.* 20, 26. 27.
35. Puis il prit un petit enfant qu'il mit au milieu d'eux; et l'ayant embrassé, il leur dit :
36. Quiconque reçoit en mon nom un petit enfant, comme celui-ci, me reçoit; et quiconque me reçoit, ne me reçoit pas, mais celui qui m'a envoyé.
37. Jean prenant la parole, lui dit : Maître, nous avons vu un certain homme qui chasse les démons en votre nom, quoiqu'il ne nous suive pas; et nous l'en avons empêché [11]. *Luc*, 9, 49.
38. Mais Jésus lui répondit : Ne l'en empêchez pas; car il n'y a personne qui ayant fait un miracle en mon nom, puisse aussitôt après parler mal de moi [12]; 1. *Cor.* 12, 3.
39. car qui n'est pas contre vous, est pour vous [13].
40. Car quiconque vous donnera à boire un verre d'eau en mon nom, parce que vous appartenez au Christ, je vous le dis en vérite, il ne perdra point sa récompense. *Matth.* 10, 42.
41. Que si quelqu'un est un sujet de scandale à l'un de ces plus petits qui croient en moi, il vaudrait mieux pour lui qu'on lui attachât au cou une de ces meules qu'un âne tourne, et qu'on le jetât dans la mer. *Matth.* 18, 6. *Luc*, 17, 2.
42. Et si votre main vous est un sujet de scandale, coupez-la. Il vaut mieux pour vous que vous entriez dans la vie n'ayant qu'une main, que d'en avoir d'eux et d'aller en enfer, dans ce feu qui brûle éternellement, *Matth.* 5, 30. 18, 8.
43. où le ver qui les ronge ne meurt

℣. 37. — [11] Si celui-là vous reçoit, vous et votre Père, qui reçoit un enfant en votre nom, quel jugement porter de celui qui chasse les démons en votre nom, et par conséquent dans votre vertu, et qui néanmoins ne s'adjoint pas à notre société? Quand les Juifs entreprenaient de conjurer les mauvais esprits au nom de quelques saints personnages (voy. *Matth.* 2, 27, note 22), assurement ils devaient avoir foi en la puissance de ces personnages; car autrement on ne comprendrait pas la tentative de conjurer les démons en leur nom. Pareillement celui dont saint Jean dit qu'il chassait les démons au nom de Jésus, avait certainement foi en la vertu et la puissance de Jésus; sa foi était imparfaite, il ne pouvait encore se résoudre à tout quitter pour le suivre; mais il ne laissait pas d'être un partisan de Jésus, et Jésus pouvait rendre sa foi active (Ambr.).

℣. 38. — [12] Ou : qui puisse si tôt, si facilement m'outrager. Celui qui opère des prodiges en mon nom, nécessairement m'honore, il ne peut me renier, mais il faut qu'il me confesse. C'est par conséquent un de mes adeptes, et vous ne devez pas lui faire opposition.

℣. 39. — [13] Il n'y a qui soit contre vous que celui qui n'est pas pour moi (Voy. *Matth.* 12, 30).

point, et où le feu ne s'éteint jamais. *Isaïe*, 66, 24.

ritur, et ignis non extinguitur.

44. Et si votre pied vous est un sujet de scandale, coupez-le. Il vaut mieux pour vous, que n'ayant qu'un pied vous entriez dans la vie éternelle [14], que d'en avoir d'eux, et être précipité dans l'enfer, dans ce feu qui brûle éternellement,

44. Et si pes tuns te scandalizat, amputa illum : bonum est tibi claudum introire in vitam æternam, quam duos pedes habentem mitti in gehennam ignis inextinguibilis :

45. où le ver qui les ronge ne meurt point, et où le feu ne s'éteint jamais.

45. ubi vermis eorum non moritur, et ignis non extinguitur.

46. Et si votre œil vous est un sujet de scandale, arrachez-le. Il vaut mieux pour vous, que n'ayant qu'un œil vous entriez dans le royaume de Dieu, que d'en avoir deux, et être précipité dans le feu de l'enfer,

46. Quod si oculus tuus scandalizat te, ejice eum : bonum est tibi luscum introire in regnum Dei, quam duos oculos habentem mitti in gehennam ignis :

47. où le ver qui les ronge ne meurt point, et où le feu ne s'éteint jamais.

47. ubi vermis eorum non moritur, et ignis non extinguitur.

48. Car ils doivent tous être salés par le feu, comme toute victime doit être salée avec le sel [15].

48. Omnis enim igne salietur, et omnis victima sale salietur.

49. Le sel est bon [16] : mais si le sel devient fade, avec quoi l'assaisonnerez-vous? Ayez en vous du sel [17], et conservez la paix entre vous [18]. *Matth.* 5, 13. *Luc*, 14, 34.

49. Bonum est sal : quod si sal insulsum fuerit : in quo illud condietis? Habete in vobis sal, et pacem habete inter vos.

CHAPITRE X.

Indissolubilité du lien du mariage. Jésus-Christ bénit les enfants. Il conseille à un jeune homme de tout abandonner; il dit combien il est difficile qu'un riche se sauve; il promet à ceux qui abandonnent tout une ample récompense; il parle de sa passion; il reprend l'ambition des enfants de Zébédée; il rend la vue à un aveugle près de Jéricho.

1. Jésus étant parti de ce lieu, vint aux confins de la Judée, au-delà du Jourdain [1]; et le peuple s'étant encore assemblé auprès

1. Et inde exurgens venit in fines Judææ ultra Jordanem : et conveniunt iterum turbæ ad eum :

℣. 44. — [14] Dans le grec : dans la vie.

℣. 48. — [15] car quiconque est condamné à l'enfer est précipité dans un feu qui ne s'éteindra point, qui ne le consumera point, mais qui, semblable au sel qui préserve de la corruption, le conservera. C'est une victime de la justice divine, et le sel dont, d'après la loi (*Moys.* 2, 13), la victime est salée, est le feu inextinguible.

℣. 49. — [16] à l'occasion du mot sel, le Seigneur donne à son discours une autre application.

[17] le sel de la sagesse, de la sainteté (Voy. *Col.* 4, 6).

[18] C'est l'avantage que procure le sel de la sagesse et de la sainteté : car ce sont là les liens qui unissent les hommes entre eux; il n'y a que l'erreur et le péché qui les divisent. C'est pourquoi le sel est aussi le symbole des alliances (3. *Moys.* 2, 13. 4. *Moys.* 18, 19).

℣. 1. — [1] Dans le grec : il vint vers les confins de la Judée en suivant le pays d'au-delà du Jourdain.

et sicut consueverat, iterum docebat illos.

2. Et accedentes Pharisæi interrogabant eum : Si licet viro uxorem dimittere : tentantes eum.

3. At ille respondens, dixit eis : Quid vobis præcepit Moyses?

4. Qui dixerunt : Moyses permisit libellum repudii scribere, et dimittere.

5. Quibus respondens Jesus, ait : Ad duritiam cordis vestri scripsit vobis præceptum istud;

6. ab initio autem creaturæ, masculum et feminam fecit eos Deus.

7. Propter hoc relinquet homo patrem suum et matrem, et adhærebit ad uxorem suam :

8. et erunt duo in carne una. Itaque jam non sunt duo, sed una caro.

9. Quod ergo Deus conjunxit, homo non separet.

10. Et in domo iterum discipuli ejus de eodem interrogaverunt eum.

11. Et ait illis : Quicumque dimiserit uxorem suam, et aliam duxerit, adulterium committit super eam.

12. Et si uxor dimiserit virum suum, et alii nupserit, mœchatur.

13. Et offerebant illi parvulos ut tangeret illos. Discipuli autem comminabantur offerentibus.

14. Quos cum videret Jesus, indigne tulit, et ait illis : Sinite parvulos venire ad me, et ne prohibueritis eos : talium enim est regnum Dei.

15. Amen dico vobis : Quisquis non receperit regnum Dei velut parvulus, non intrabit in illud.

16. Et complexans eos, et imponens manus super illos, benedicebat eos.

17. Et cum egressus esset in viam, procurrens quidam genu flexo ante eum, rogabat eum :

de lui, il recommença aussi à les instruire selon sa coutume. *Matth.* 19, 1.

2. Des Pharisiens y étant venus, lui demandèrent pour le tenter : Est-il permis à un homme de renvoyer sa femme?

3. Mais il leur répondit : Que vous a ordonné Moyse?

4. Ils lui répartirent : Moyse a permis de faire un acte de divorce, et de renvoyer sa femme. 5. *Moys.* 24, 1.

5. Jésus reprenant la parole leur dit : C'est à cause de la dureté de votre cœur, qu'il vous a fait cette ordonnance;

6. mais dès le commencement du monde, Dieu forma un homme et une femme. 1. *Moys.* 1, 27.

7. C'est pourquoi l'homme quittera son père et sa mère, et s'attachera à sa femme; 1. *Moys.* 2, 24. *Matth.* 19, 5. 1. *Cor.* 7, 10. *Ephés.* 5, 31.

8. et ils ne seront tous deux qu'une seule chair. Ainsi, ils ne sont plus deux, mais une seule chair. 1. *Cor.* 6, 16.

9. Que l'homme donc ne sépare point ce que Dieu a joint.

10. Etant dans la maison, ses disciples l'interrogèrent encore sur la même chose.

11. Et il leur dit : Quiconque renvoie sa femme, et en épouse une autre, commet un adultère à l'égard *de sa première femme.*

12. Et si une femme quitte son mari, et en épouse un autre, elle commet un adultère.

13. Alors on lui présenta de petits enfants, afin qu'il les touchât. Mais ses disciples repoussaient avec des paroles rudes ceux qui les lui présentaient [2]. *Matth.* 19, 13.

14. Jésus le voyant, s'en fâcha, et leur dit : Laissez venir à moi les petits enfants, et ne les empêchez point; car le royaume de Dieu est pour ceux qui leur ressemblent [3].

15. Je vous le dis en vérité, quiconque ne recevra point le royaume de Dieu comme un enfant, n'y entrera point. *Matth.* 18, 3.

16. Et les embrassant et leur imposant les mains, il les bénit.

17. Et quand il fut sorti pour se mettre en chemin, un homme accourut; et se mettant à genoux devant lui, lui dit : Bon

---

ỳ. 13. — [2] ils les traitaient d'une manière peu charitable et ne voulaient pas leur permettre d'approcher.

ỳ. 14. — [3] à cause de l'innocence de leur vie et de la simplicité de leur cœur.

Maître, que dois-je faire pour acquérir la vie éternelle? *Matth.* 19, 16.

18. Jésus lui répondit : Pourquoi m'appelez-vous bon? Il n'y a que Dieu seul qui soit bon. *Luc*, 18, 19.

19. Vous savez les commandements : Ne commettez point d'adultère; ne tuez point; ne dérobez point; ne portez point de faux témoignage; ne faites point d'injustice; honorez votre père et votre mère. 2. *Moys.* 20, 13.

20. Il lui répondit : Maître, j'ai observé toutes ces choses dès ma jeunesse.

21. Et Jésus l'ayant regardé l'aima, et lui dit : Il vous manque une chose; allez, vendez tout ce que vous avez, et donnez-le aux pauvres, et vous aurez un trésor dans le ciel : puis venez, suivez-moi [4].

22. Mais cet homme, affligé de ces paroles, s'en alla tout triste, parce qu'il avait de grands biens.

23. Alors Jésus regardant autour de lui, dit à ses disciples : Qu'il est difficile que ceux qui ont des richesses entrent dans le royaume de Dieu!

24. Or les disciples étaient étonnés de ce discours. Mais Jésus leur dit de nouveau : *Mes* enfants, qu'il est difficile que ceux qui mettent leur confiance dans les richesses entrent dans le royaume de Dieu!

25. Il est plus aisé qu'un chameau passe par le trou d'une aiguille, que non pas qu'un riche entre dans le royaume de Dieu.

26. Ils furent encore plus étonnés, et ils se disaient l'un à l'autre : Et qui peut donc être sauvé?

27. Mais Jésus les regardant, dit : Cela est impossible aux hommes, mais non pas à Dieu; car toutes choses sont possibles à Dieu.

28. Alors Pierre prenant la parole, lui dit : Pour nous, vous voyez que nous avons tout quitté, et que nous vous avons suivi. *Matth.* 19, 27. *Luc*, 18, 28.

29. Jésus répondit : Je vous le dis en vérité, personne ne quittera pour moi et pour l'Evangile, sa maison, ou ses frères, ou ses sœurs, ou son père, ou sa mère [5], ou ses enfants, ou ses terres,

30. que présentement, dans ce siècle même, il ne reçoive cent fois autant, des

Magister bone, quid faciam ut vitam æternam percipiam?

18. Jesus autem dixit ei : Quid me dicis bonum? Nemo bonus, nisi unus Deus.

19. Præcepta nosti : Ne adulteres, ne occidas, ne fureris, ne falsum testimonium dixeris, ne fraudem feceris, honora patrem tuum et matrem.

20. At ille respondens, ait illi : Magister, hæc omnia observavi a juventute mea.

21. Jesus autem intuitus eum, dilexit eum, et dixit ei : Unum tibi deest : vade, quæcumque habes vende, et da pauperibus, et habebis thesaurum in cœlo : et veni, sequere me.

22. Qui contristatus in verbo, abiit mœrens : erat enim habens multas possessiones.

23. Et circumspiciens Jesus, ait discipulis suis : Quam difficile qui pecunias habent, in regnum Dei introibunt!

24. Discipuli autem obstupescebant in verbis ejus. At Jesus rursus respondens, ait illis : Filioli, quam difficile est, confidentes in pecuniis, in regnum Dei introire!

25. Facilius est, camelum per foramen acus transire, quam divitem intrare in regnum Dei.

26. Qui magis admirabantur, dicentes ad semetipsos : Et quis potest salvus fieri?

27. Et intuens illos Jesus, ait : Apud homines impossibile est, sed non apud Deum : omnia enim possibilia sunt apud Deum.

28. Et cœpit ei Petrus dicere : Ecce nos dimisimus omnia, et secuti sumus te.

29. Respondens Jesus, ait : Amen dico vobis : Nemo est, qui reliquerit domum, aut fratres, aut sorores, aut patrem, aut matrem, aut filios, aut agros, propter me, et propter Evangelium,

30. qui non accipiat centies tantum, nunc in tempore hoc : do-

---

℣. 21. — [4] Le grec ajoute : en portant votre croix.
℣. 29. — [5] Le grec ajoute : ou sa femme.

mos, et fratres, et sorores, et matres, et filios, et agros, cum persecutionibus, et in sæculo futuro vitam æternam.

maisons, des frères, des sœurs, des mères, des enfants et des terres, avec des persécutions, et dans le siècle à venir la vie éternelle [6].

31. Multi autem erunt primi novissimi, et novissimi primi.

31. Mais plusieurs *de ceux qui auront été les* premiers, seront les derniers; et *plusieurs de ceux qui auront été les* derniers, *seront les* premiers. *Matth.* 19, 30.

32. Erant autem in via ascendentes Jerosolymam : et præcedebat illos Jesus, et stupebant : et sequentes timebant. Et assumens iterum duodecim, cœpit illis dicere quæ essent ei eventura.

32. Lorsqu'ils étaient en chemin pour aller à Jérusalem, Jésus marchait devant eux, et ils étaient tout étonnés, et le suivaient saisis de crainte [7]. Et Jésus prenant à part de nouveau les douze, commença à leur dire ce qui devait lui arriver. *Matth.* 20, 17. *Luc*, 18, 31.

33. Quia ecce ascendimus Jerosolymam, et Filius hominis tradetur principibus sacerdotum, et scribis, et senioribus, et damnabunt eum morte, et tradent eum Gentibus.

33. Nous allons, comme vous voyez, à Jérusalem, et le Fils de l'homme sera livré aux princes des prêtres, aux scribes et aux anciens [8]; ils le condamneront à mort et le livreront aux Gentils :

34. Et illudent ei, et conspuent eum, et flagellabunt eum, et interficient eum : et tertia die resurget.

34. ils lui insulteront, lui cracheront au visage, le fouetteront, le feront mourir; et il ressuscitera le troisième jour.

35. Et accedunt ad eum Jacobus et Joannes filii Zebedæi, dicentes : Magister, volumus ut quodcumque petierimus, facias nobis.

35. Alors Jacques et Jean, fils de Zébédée, vinrent à lui, et lui dirent : Maître, nous voudrions bien que vous fissiez pour nous tout ce que nous vous demanderons [9]. *Matth.* 20, 20.

36. At ille dixit eis : Quid vultis ut faciam vobis?

36. Il leur répondit : Que voulez-vous que je fasse pour vous?

37. Et dixerunt : Da nobis ut unus ad dexteram tuam, et alius ad sinistram tuam, sedeamus in gloria tua.

37. Accordez-nous, lui dirent-ils, que dans votre gloire nous soyons assis, l'un à votre droite, et l'autre à votre gauche.

38. Jesus autem ait eis : Nescitis quid petatis ; potestis bibere calicem, quem ego bibo; aut baptismo, quo ego baptizor, baptizari?

38. Mais Jésus leur répondit : Vous ne savez ce que vous demandez. Pouvez-vous boire le calice que je vais boire, et être baptisés du baptême dont je vais être baptisé?

℣. 30. — [6] Les chrétiens qui, dans la vue de s'attacher sans partage et par une union plus intime à Jésus-Christ leur Seigneur, renoncent à tout, ont sans doute à endurer des persécutions nombreuses, le mépris, la haine, la croix et les épreuves de tous genres; mais en ce monde même ils sont récompensés au centuple par les consolations de la grâce divine, et parce que Dieu leur rend éminemment tout ce qu'ils ont quitté de terrestre, — des maisons, dans lesquelles ils trouvent un accueil chrétien, des freres et des sœurs, animés des mêmes sentiments qu'eux, qui sont pour eux une source des plus pures joies, des maîtres et des directeurs qui, comme des pères et des mères, les conduisent dans la voie du bonheur, les champs spirituels de la sagesse, et au-delà de ce monde, dans le siècle à venir, une joie éternelle qu'aucune bouche ne peut exprimer.

℣. 32. — [7] saisis de crainte à cause de ce qui devait leur arriver à Jérusalem, et remplis d'étonnement au sujet de la résolution de leur maître. D'autres traduisent le grec : Saisis de crainte et remplis d'inquiétude.

℣. 33. — [8] « et aux anciens » n'est pas dans le grec.

℣. 35. — [9] Ce fut leur mère qui fit cette demande au nom de ses enfants, mais ceux-ci se présentèrent avec elle devant Jésus (Voy. *Matth.* 20, 20).

39. Ils lui dirent : Nous le pouvons. Et Jésus leur repartit : Vous boirez en effet le calice que je vais boire, et vous serez baptisés du baptême dont je vais être baptisé;

40. mais d'être assis à ma droite ou à ma gauche, ce n'est point à moi à vous le donner; cela est *réservé* à ceux à qui *mon Père* l'a destiné [10].

41. Et les dix *autres* ayant entendu ceci, en conçurent de l'indignation contre Jacques et Jean.

42. Mais Jésus les appelant à lui, leur dit : Vous savez que ceux qu'on regarde comme les maîtres des nations leur commandent avec empire, et que leurs princes [11] ont sur elles [12] un pouvoir absolu [13]. *Luc*, 22, 25.

43. Il n'en doit pas être de même parmi vous; mais quiconque voudra devenir le plus grand, sera votre serviteur;

44. et quiconque voudra être le premier d'entre vous, sera l'esclave de tous.

45. Car le Fils de l'homme même n'est pas venu pour être servi, mais pour servir, et donner sa vie pour la rédemption de plusieurs.

46. Et ils vinrent à Jéricho; et comme il sortait de Jéricho avec ses disciples, suivi d'une grande troupe de peuple, un aveugle nommé Bartimée, fils de Timée, qui était assis sur le chemin pour demander l'aumône, *Matth.* 20, 10. *Luc*, 18, 35.

47. ayant appris que c'était Jésus de Nazareth, se mit à crier : Jésus, Fils de David, ayez pitié de moi.

48. Et plusieurs le menaçaient [14] pour le faire taire; mais il criait encore plus haut : Fils de David, ayez pitié de moi.

49. Alors Jésus s'étant arrêté, commanda qu'on l'appelât. Et ils appelèrent l'aveugle,

39. At illi dixerunt ei : Possumus. Jesus autem ait eis : Calicem quidem, quem ego bibo, bibetis; et baptismo, quo ego baptizor, baptizabimini :

40. Sedere autem ad dexteram meam, vel ad sinistram, non est meum dare vobis, sed quibus paratum est.

41. Et audientes decem, cœperunt indignari de Jacobo et Joanne.

42. Jesus autem vocans eos, ait illis : Scitis quia hi, qui videntur principari gentibus, dominantur eis : et principes eorum potestatem habent ipsorum.

43. Non ita est autem in vobis, sed quicumque voluerit fieri major, erit vester minister :

44. et quicumque voluerit in vobis primus esse, erit omnium servus.

45. Nam et Filius hominis non venit ut ministraretur ei, sed ut ministraret, et daret animam suam redemptionem pro multis.

46. Et veniunt Jericho : et proficiscente eo de Jericho, et discipulis ejus, et plurima multitudine, filius Timæi Bartimæus cæcus, sedebat juxta viam mendicans.

47. Qui cum audisset quia Jesus Nazarenus est, cœpit clamare, et dicere : Jesu fili David, miserere mei.

48. Et comminabantur ei multi ut taceret. At ille multo magis clamabat : Fili David miserere mei.

49. Et stans Jesus præcepit ilium vocari. Et vocant cæcum

ỳ. 40. — [10] Puissent tous ceux qui sont placés au faîte du pouvoir se pénétrer profondément de ces paroles de Jésus-Christ! Si le Fils de Dieu lui-même, qui a toute-puissance au ciel et sur la terre, ne croit pas qu'il lui soit possible de donner les places d'honneur dans son royaume selon ses désirs et à son gré, combien plus est-ce un devoir pour eux, qui ne sont que des hommes, de consulter dans la distribution des emplois, des honneurs et des dignités, non la faveur ou le caprice, mais le mérite, persuadés en outre que ceux-ci doivent être préférés et en sont les plus dignes que Dieu y a destinés.

ỳ. 42. — [11] des peuples.

[12] les nations.

[13] Dans le grec : Vous savez que ceux qui règnent sur les peuples, exercent sur eux une autorité absolue, et que ceux qui sont grands parmi eux, usent de violence à leur égard.

ỳ. 48. — [14] Litt. : le menaçaient. Dans le grec : lui faisaient des réprimandes.

dicentes ei : Animæquior esto : surge, vocat te.
50. Qui projecto vestimento suo exiliens, venit ad eum.
51. Et respondens Jesus dixit illi : Quid tibi vis faciam ? Cæcus autem dixit ei : Rabboni, ut videam.
52. Jesus autem ait illi : Vade, fides tua te salvum fecit. Et confestim vidit, et sequebatur eum in via.

en lui disant : Ayez bonne espérance; levez-vous, il vous appelle.
50. *Aussitôt* il jeta son manteau, et se levant, il vint à Jésus.
51. Et Jésus prenant la parole, lui dit : Que voulez-vous que je vous fasse ? L'aveugle lui répondit : Maître [15], *faites* que je voie.
52. Allez, lui dit Jésus, votre foi vous a sauvé. Et il vit au même instant : et il suivait Jésus dans le chemin.

CHAPITRE XI.

Jésus-Christ entre à Jérusalem, il maudit un figuier stérile, il purifie le temple, il parle de la foi ferme et du pardon, et il renvoie les pharisiens sans répondre à leur question.

1. Et cum appropinquarent Jerosolymæ et Bethaniæ ad montem Olivarum, mittit duos ex discipulis suis,
2. et ait illis : Ite in castellum, quod contra vos est, et statim introeuntes illuc, invenietis pullum ligatum, super quem nemo adhuc hominum sedit : solvite illum, et adducite.
3. Et si quis vobis dixerit : Quid facitis? dicite : Quia Domino necessarius est : et continuo illum dimittet huc.
4. Et abeuntes invenerunt pullum ligatum ante januam foris in bivio : et solvunt eum.
5. Et quidam de illic stantibus dicebant illis : Quid facitis solventes pullum ?
6. Qui dixerunt eis sicut præceperat illis Jesus, et dimiserunt eis.
7. Et duxerunt pullum ad Jesum : et imponunt illi vestimenta sua, et sedit super eum.
8. Multi autem vestimenta sua straverunt in via : alii autem

1. Et comme ils approchaient de Jérusalem, étant près de Béthanie, vers la montagne des Oliviers [1], il envoya deux de ses disciples, *Matth.* 21, 1. *Luc.* 19, 29.
2. et leur dit : Allez à ce village [2], qui est devant vous; et sitôt que vous y serez entrés, vous trouverez un ânon lié, sur lequel nul homme n'a encore monté : déliez-le, et me l'amenez.
3. Et si quelqu'un vous demande : Pourquoi faites-vous cela? dites-lui : C'est que le Seigneur en a besoin; et aussitôt il le laissera amener ici.
4. Et s'en étant allés, ils trouvèrent l'ânon qui était attaché auprès d'une porte entre deux chemins, et ils le délièrent.
5. Quelques-uns de ceux qui étaient là leur dirent : Que faites-vous? pourquoi déliez-vous cet ânon?
6. Ils leur répondirent comme Jésus le leur avait ordonné : et ils le leur laissèrent emmener.
7. Ainsi ayant amené l'ânon à Jésus, ils le couvrirent de leurs vêtements, et il monta dessus. *Jean*, 12, 14.
8. Plusieurs aussi étendirent leurs vêtements le long du chemin. D'autres coupaient

ỳ. 51. — [15] Litt. : Rabboni, c'est-à-dire mon Maître.
ỳ. 1. — [1] Dans le grec : Et lorsqu'ils approchaient de Jérusalem, de Bethphagé et de Béthanie. Bethphagé était situé entre Jérusalem et Béthanie.
ỳ. 2. — [2] à Bethphagé.

des branches d'arbres, et les jetaient dans le chemin.

9. Et ceux qui marchaient devant, et ceux qui suivaient, criaient : Hosanna : *Matth.* 21, 9.

10. Béni soit [3] celui qui vient au nom du Seigneur : béni soit le règne de notre père David [4], que nous voyons arriver; Hosanna au plus haut des cieux. *Ps.* 117, 26. *Matth.* 21, 9. *Luc*, 19, 38.

11. Et Jésus entra à Jérusalem, dans le temple; et après avoir tout considéré [5], comme il était déjà tard, il s'en alla à Béthanie avec les douze.

12. Le lendemain, lorsqu'ils sortaient de Béthanie, il eut faim.

13. Et voyant de loin un figuier qui avait des feuilles, il alla voir s'il y pourrait trouver quelque chose : et s'en étant approché, il n'y trouva que des feuilles; car ce n'était pas le temps des figues [6]. *Matth.* 21, 19.

14. Alors il dit au figuier : Qu'à jamais personne ne mange plus de toi aucun fruit : ce que ces disciples entendirent.

15. Et ils vinrent à Jérusalem. Et étant entré dans le temple, il commença par chasser ceux qui y vendaient et qui y achetaient; et il renversa les tables des banquiers, et les sièges de ceux qui vendaient des colombes :

16. et il ne permettait pas que personne transportât aucun meuble par le temple [7].

17. Il les instruisait aussi en leur disant : N'est-il pas ecrit : Ma maison sera appelée la maison de prière pour toutes les nations [8] ? et cependant vous en avez fait une caverne de voleurs.

18. Ce que les princes des prêtres et les scribes ayant entendu, ils cherchaient un moyen de le perdre; car ils le craignaient, parce que tout le peuple admirait sa doctrine.

frondes cædebant de arboribus, et sternebant in via.

9. Et qui præibant, et qui sequebantur, clamabant, dicentes : Hosanna :

10. Benedictus qui venit in nomine Domini : Benedictum quod venit regnum patris nostri David : Hosanna in excelsis.

11. Et introivit Jerosolymam in templum : et circumspectis omnibus, cum jam vespera esset hora, exiit in Bethaniam cum duodecim.

12. Et alia die cum exirent a Bethania, esuriit.

13. Cumque vidisset a longe ficum habentem folia, venit si quid forte inveniret in ea; et cum venisset ad eam, nihil invenit præter folia : non enim erat tempus ficorum.

14. Et respondens dixit ei : Jam non amplius in æternum ex te fructum quisquam manducet. Et audiebant discipuli ejus.

15. Et veniunt Jerosolymam. Et cum introisset in templum, cœpit ejicere vendentes et ementes in templo : et mensas nummulariorum, et cathedras vendentium columbas evertit;

16. et non sinebat ut quisquam transferret vas per templum :

17. et docebat, dicens eis : Nonne scriptum est : Quia domus mea domus orationis vocabitur omnibus gentibus? vos autem fecistis eam speluncam latronum.

18. Quo audito, principes sacerdotum et scribæ quærebant quomodo eum perderent : timebant enim eum, quoniam universa turba admirabatur super doctrina ejus.

ŷ. 10. — [3] D'autres : Loué soit, etc., à cause des bénédictions qu'il répandait.
[4] que le Messie va rétablir dans un état encore plus glorieux qu'il ne fut sous David.

ŷ. 11. — [5] le désordre occasionné par les marchands, etc. (Voy. ŷ. 15).

ŷ. 13. — [6] Les figuiers, en Palestine, portent trois fois du fruit par an, en juin, août et janvier. Le mois d'avril, où cela arriva, n'était donc pas la saison des fruits : nonobstant cela Jésus aurait pu trouver du fruit; car les figues ne mûrissent pas toutes en même temps, et une température douce amène fréquemment sur certains arbres la maturité des fruits six semaines avant l'époque ordinaire (*Voy.* toutefois Matth.).

ŷ. 16. — [7] par le parvis extérieur.

ŷ. 17. — [8] c'est-à-dire doit être une maison de prières. Ce passage est d'Isaïe, 56, 7; le suivant se trouve dans Jérémie, 7, 11.

19. Et cum vespera facta esset, egrediebatur de civitate.

20. Et cum mane transirent, viderunt ficum aridam factam a radicibus.

21. Et recordatus Petrus, dixit ei : Rabbi, ecce ficus, cui maledixisti, aruit.

22. Et respondens Jesus ait illis : Habete fidem Dei ;

23. amen dico vobis, quia quicumque dixerit huic monti : Tollere, et mittere in mare; et non hæsitaverit in corde suo, sed crediderit, quia quodcumque dixerit, fiat, fiet ei.

24. Propterea dico vobis, omnia quæcumque orantes petitis, credite quia accipietis, et evenient vobis.

25. Et cum stabitis ad orandum, dimittite si quid habetis adversus aliquem : ut et Pater vester, qui in cœlis est, dimittat vobis peccata vestra.

26. Quod si vos non dimiseritis : nec Pater vester, qui in cœlis est, dimittet vobis peccata vestra.

27. Et veniunt rursus Jerosolymam. Et cum ambularet in templo, accedunt ad eum summi sacerdotes, et scribæ, et seniores :

28. et dicunt ei : In qua potestate hæc facis? et quis dedit tibi hanc potestatem ut ista facias?

29. Jesus autem respondens, ait illis : Interrogabo vos et ego unum verbum, et respondete mihi : et dicam vobis in qua potestate hæc faciam.

30. Baptismus Joannis, de cœlo erat, an ex hominibus? Respondete mihi?

31. At illi cogitabant secum,

19. Et quand le soir fut venu, il sortit de la ville [9].

20. Et le lendemain matin ils virent en passant le figuier, qui était devenu sec jusque dans ses racines [10].

21. Et Pierre se ressouvenant, lui dit : Maître, voyez comme le figuier que vous avez maudit, est devenu sec.

22. Jésus prenant la parole, leur dit : Ayez de la foi en Dieu :

23. je vous dis en vérité, que quiconque dira à cette montagne : Ote-toi de là, et te jette dans la mer, et cela sans hésiter dans son cœur, mais croyant que tout ce qu'il aura dit arrivera, il le verra en effet arriver. *Matth.* 21, 21.

24. C'est pourquoi je vous le dis : Quoi que soit que vous demandiez dans la prière, croyez que vous l'obtiendrez ; et il vous sera accordé. *Matth.* 7, 7. 21. 22. *Luc,* 11, 9.

25. Mais lorsque vous vous présenterez pour prier, si vous avez quelque chose contre quelqu'un, pardonnez-lui afin que votre Père, qui est dans les cieux, vous pardonne aussi vos péchés. *Matth.* 6, 14, 18, 35.

26. Que si vous ne pardonnez point, votre Père, qui est dans les cieux, ne vous pardonnera point non plus vos péchés.

27. Et ils retournèrent encore à Jérusalem [11]. Et comme Jésus se promenait dans le temple, les princes des prêtres, les scribes, et les anciens s'approchèrent de lui, *Matth.* 21, 23.

28. et lui dirent : De quelle autorité faites-vous ceci? et qui vous a donné pouvoir de faire ce que vous faites?

29. Jesus leur répondit : J'ai aussi une demande à vous faire; et après que vous m'y aurez répondu, je vous dirai de quelle autorité je fais ceci.

30. Le baptême de Jean était-il du ciel ou des hommes? Répondez-moi.

31. Mais ils raisonnaient ainsi en eux-

℣. 19. — [9] Il ne voulait pas demeurer à Jérusalem durant la nuit, pour se soustraire aux pièges des grands prêtres; car son heure n'était pas encore venue.

℣. 20. — [10] Ce qui arriva en chacun des jours de cette semaine est marqué dans saint Marc avec plus d'ordre que dans saint Matthieu, et il convient de le comparer avec ce dernier. Le premier jour, que nous appelons le dimanche des Rameaux, Jésus fit son entrée à Jérusalem; le soir de ce même Jour, qui était le dixième du mois de nisan (du milieu de mars au milieu d'avril) Jesus retourna à Béthanie. Le jour suivant, le lundi, il revint à Jérusalem, il maudit dans sa route le figuier, et purifia le temple. Le soir, il sortit de nouveau de la ville. Le matin du jour suivant, du mardi, il y rentra, et les disciples virent le figuier desséché. Le mercredi et le Jeudi, il tint ses derniers discours (chap. 12, 13), et le Jeudi même, après avoir institué la divine Eucharistie, il entra dans sa passion.

℣. 27. — [11] le mercredi (*Voy.* note 10).

mêmes : Si nous répondons : Du ciel, il nous dira : Pourquoi donc ne l'avez-vous pas cru?

32. Que si nous disons : Des hommes, nous avons à craindre le peuple; parce que tout le monde considérait Jean comme ayant été véritablement prophète.

33. Et ils répondirent à Jésus : Nous ne savons. Et Jésus leur répliqua : Je ne vous dirai point non plus de quelle autorité je fais ceci.

dicentes : Si dixerimus : De cœlo, dicet : Quare ergo non credidistis ei?

32. Si dixerimus : Ex hominibus, timemus populum; omnes enim habebant Joannem quia vere propheta esset.

33. Et respondentes dicunt Jesu : Nescimus. Et respondens Jesus ait illis : Neque ego dico vobis in qua potestate hæc faciam.

CHAPITRE XII.

Paraboles des vignerons homicides et de la pierre angulaire. La monnaie du cens. La résurrection des justes sera une vie angélique. Le plus grand des commandements. Le Christ est fils et Seigneur de David. Hypocrisie des pharisiens. L'offrande d'une veuve.

1. Et Jésus commença à leur parler en paraboles : Un homme planta une vigne, l'entoura d'une haie, et creusant *la terre*, y fit un pressoir, y bâtit une tour; et l'ayant louée à des vignerons, il s'en alla en un pays éloigné. *Isaïe*, 5, 1. *Jér.* 2, 21. *Matth.* 21, 33. *Luc*, 20, 9.

2. La saison étant venue, il envoya un de ses serviteurs aux vignerons, pour recevoir du fruit de sa vigne.

3. Mais l'ayant pris, ils le battirent, et le renvoyèrent sans lui rien donner.

4. Il leur envoya encore un autre serviteur; et ils le blessèrent à la tête, et lui firent toutes sortes d'outrages [1].

5. Il leur en envoya encore un autre, qu'ils tuèrent; et plusieurs autres dont ils battirent quelques-uns, et tuèrent les autres.

6. Enfin, ayant un fils unique, qu'il aimait très-tendrement, il leur envoya encore après tous les autres, en disant : Ils auront quelque respect pour mon fils.

7. Mais ces vignerons dirent entre eux : Voici l'héritier; allons, tuons-le, et l'héritage sera à nous.

1. Et cœpit illis in parabolis loqui : Vineam pastinavit homo, et circumdedit sepem, et fodit lacum, et ædificavit turrim, et locavit eam agricolis, et peregre profectus est.

2. Et misit ad agricolas in tempore servum, ut ab agricolis acciperet de fructu vineæ.

3. Qui apprehensum eum ceciderunt, et dimiserunt vacuum.

4. Et iterum misit ad illos alium servum : et illum in capite vulneraverunt, et contumeliis affecerunt.

5. Et rursum alium misit, et illum occiderunt : et plures alios : quosdam cædentes, alios vero occidentes.

6. Adhuc ergo unum habens filium charissimum et illum misit ad eos novissimum, dicens : Quia reverebuntur filium meum.

7. Coloni autem dixerunt ad invicem : Hic est heres : venite, occidamus eum : et nostra erit hereditas.

℣. 4. — [1] Dans le grec : et l'ayant accablé de pierres, ils le blessèrent à la tête, et le renvoyèrent couvert d'outrages.

8. Et apprehendentes eum, occiderunt : et ejecerunt extra vineam.	8. Ainsi s'étant saisis de lui, ils le tuèrent, et le jetèrent hors de la vigne.
9. Quid ergo faciet Dominus vineæ? Veniet, et perdet colonos : et dabit vineam aliis.	9. Que fera donc le maître de cette vigne? Il viendra, il exterminera ces vignerons, et il donnera sa vigne à d'autres.
10. Nec Scripturam hanc legistis : Lapidem quem reprobaverunt ædificantes, hic factus est in caput anguli :	10. N'avez-vous point lu cette parole de l'Ecriture : La pierre qui a été rejetée par ceux qui bâtissaient, est devenue la principale pierre de l'angle : *Ps.* 117, 22. *Isaïe*, 28, 16. *Matth.* 21, 42. *Act.* 4, 11. *Rom.* 9, 33. 1. *Pier.* 2, 7.
11. a Domino factum est istud, et est mirabile in oculis nostris?	11. c'est le Seigneur qui l'a fait; et nos yeux le voient avec admiration?
12. Et quærebant eum tenere : et timuerunt turbam; cognoverunt enim quoniam ad eos parabolam hanc dixerit. Et relicto eo abierunt.	12. Et ils cherchaient les moyens de l'arrêter; car ils virent bien que c'était d'eux qu'il voulait parler dans cette parabole; mais ils craignirent le peuple. C'est pourquoi le laissant là, ils se retirèrent.
13. Et mittunt ad eum quosdam ex pharisæis, et herodianis, ut eum caperent in verbo.	13. Et ils lui envoyèrent quelques-uns des pharisiens et des hérodiens pour le surprendre dans ses paroles. *Matth.* 22, 15. *Luc*, 20, 20.
14. Qui venientes dicunt ei : Magister, scimus quia verax es, et non curas quemquam : nec enim vides in faciem hominum, sed in veritate viam Dei doces; licet dari tributum Cæsari, an non dabimus?	14. Ils vinrent lui dire : Maître, nous savons que vous êtes véritable, et que vous n'avez égard à qui que ce soit; car vous ne considérez point la qualité des personnes, mais vous enseignez la voie de Dieu dans la vérité. Est-il permis de payer le tribut à César [2], ou non?
15. Qui sciens versutiam illorum, ait illis : Quid me tentatis? afferte mihi denarium ut videam.	15. Mais Jésus connaissant leur hypocrisie [3], leur dit : Pourquoi me tentez-vous? apportez-moi un denier, que je le voie.
16. At illi attulerunt ei. Et ait illis : Cujus est imago hæc, et inscriptio? Dicunt ei : Cæsaris.	16. Ils lui en apportèrent un. Et il leur demanda : De qui est cette image et cette inscription? De César, lui dirent-ils.
17. Respondens autem Jesus dixit illis : Reddite igitur quæ sunt Cæsaris, Cæsari : et quæ sunt Dei, Deo. Et mirabantur super eo.	17. Jesus leur répondit : Rendez donc à César ce qui est à César, et à Dieu ce qui est à Dieu. Et ils le regardaient avec admiration. *Rom.* 13, 7.
18. Et venerunt ad eum Sadducæi, qui dicunt resurrectionem non esse : et interrogabant eum dicentes :	18. Après cela les sadducéens, qui nient la résurrection, le vinrent trouver, et lui proposèrent cette question : *Matth.* 22, 23. *Luc*, 20, 27.
19. Magister, Moyses nobis scripsit, ut si cujus frater mortuus fuerit, et dimiserit uxorem, et filios non reliquerit, accipiat frater ejus uxorem ipsius, et resuscitet semen fratri suo.	19. Maître, Moyse nous a *laissé par* écrit, que si un homme en mourant laisse sa femme sans enfants, son frère doit épouser sa femme, pour susciter des enfants à son frère. 5. *Moys.* 25, 5.
20. Septem ergo fratres erant : et primus accepit uxorem, et mortuus est non relicto semine.	20. Or il y avait sept frères, dont le premier ayant pris une femme, mourut sans laisser d'enfants.
21. Et secundus accepit eam,	21. Le second l'ayant épousée ensuite,

ŷ. 14. — [2] Le grec ajoute : devons-nous le donner ou ne pas le donner?
ŷ. 15. — [3] Litt. : leur malice. Dans le grec : leur hypocrisie.

mourut aussi sans avoir laissé d'enfants : et le troisième de même.

22. Et tous les sept l'ont ainsi eue, sans qu'aucun ait laissé d'enfants. Et enfin cette femme est morte la dernière.

23. Lors donc qu'ils ressusciteront dans la résurrection, duquel d'entre eux sera-t-elle femme? car tous sept l'ont eue pour femme.

24. Et Jésus leur répondit : Ne voyez-vous pas que vous êtes dans l'erreur, parce que vous ne comprenez ni les Ecritures, ni la puissance de Dieu?

25. Car lorsque les morts seront ressuscités, les hommes ne prendront point de femmes, ni les femmes de maris; mais ils seront comme les anges dans les cieux.

26. Et quant à la résurrection des morts, n'avez-vous point lu dans le livre de Moyse ce que Dieu lui dit dans le buisson : Je suis le Dieu d'Abraham, le Dieu d'Isaac, et le Dieu de Jacob? 2. *Moys.* 3, 6. *Matth.* 22, 32.

27. *Or,* il n'est point le Dieu des morts, mais des vivants. Donc vous êtes dans l'erreur.

28. Alors un des scribes, qui avait entendu cette dispute, voyant qu'il leur avait si bien répondu, s'approcha, et lui demanda quel était le premier de tous les commandements. *Matth.* 22, 35.

29. Et Jésus lui répondit : Le premier de tous les commandements *est celui-ci :* Ecoutez, Israel, le Seigneur votre Dieu est le seul Dieu [1] : 5. *Moys.* 6, 4.

30. et vous aimerez le Seigneur votre Dieu de tout votre cœur, de toute votre âme, de tout votre esprit, et de toutes vos forces. C'est là le premier commandement.

31. Et voici le second, qui lui est semblable : Vous aimerez votre prochain comme vous-même. Il n'y a point d'autre commandement plus grand que ceux-là. *Moys.* 19, 18. *Matth.* 22, 39. *Rom.* 13, 9. *Gal.* 5, 14. *Jac.* 2, 8.

32. Et le scribe lui répondit : Maître, ce que vous avez dit est bien vrai, qu'il n'y a qu'un seul Dieu, et qu'il n'y en a point d'autre que lui;

33. et que l'aimer de tout son cœur, de tout son esprit, de toute son âme, et de toutes ses forces, et son prochain comme

et mortuus est : et nec iste reliquit semen. Et tertius similiter.

22. Et acceperunt eam similiter septem : et non reliquerunt semen. Novissima omnium defuncta est et mulier.

23. In resurrectione ergo cum resurrexerint, cujus de his erit uxor? septem enim habuerunt eam uxorem.

24. Et respondens Jesus, ait illis : Nonne ideo erratis, non scientes Scripturas, neque virtutem Dei?

25. Cum enim a mortuis resurrexerint, neque nubent, neque nubentur, sed sunt sicut angeli in cœlis.

26. De mortuis autem quod resurgant, non legistis in libro Moysi, super rubum quomodo dixerit illi Deus, inquiens : Ego sum Deus Abraham, et Deus Isaac, et Deus Jacob?

27. Non est Deus mortuorum, sed vivorum. Vos ergo multum erratis.

28. Et accessit unus de scribis, qui audierat illos conquirentes, et videns quoniam bene illis responderit, interrogavit eum quod esset primum omnium mandatum.

29. Jesus autem respondit ei : Quia primum omnium mandatum est : Audi, Israel, Dominus Deus tuus, Deus unus est :

30. et diliges Dominum Deum tuum ex toto corde tuo, et ex tota anima tua, et ex tota mente tua, et ex tota virtute tua. Hoc est primum mandatum.

31. Secundum autem simile est illi : Diliges proximum tuum tanquam teipsum. Majus horum aliud mandatum non est.

32. Et ait illi scriba : Bene, Magister, in veritate dixisti, quia unus est Deus, et non est alius præter eum.

33. Et ut diligatur ex toto corde, et ex toto intellectu, et ex tota anima, et ex tota fortitudine : et

---

℣. 29. — [1] Dans le grec : le Seigneur, notre Dieu, est le Seigneur unique.

diligere proximum tanquam seipsum, majus est omnibus holocautomatibus, et sacrificiis.

34. Jesus autem videns quod sapienter respondisset, dixit illi : Non es longe a regno Dei. Et nemo jam audebat eum interrogare.

35. Et respondens Jesus dicebat, docens in templo : Quomodo dicunt scribæ Christum filium esse David?

36. Ipse enim David dicit in Spiritu Sancto : Dixit Dominus Domino meo : Sede a dextris meis, donec ponam inimicos tuos scabellum pedum tuorum?

37. Ipse ergo David dicit eum Dominum, et unde est filius ejus? Et multa turba eum libenter audivit.

38. Et dicebat eis in doctrina sua : Cavete a scribis, qui volunt in stolis ambulare, et salutari in foro,

39. et in primis cathedris sedere in synagogis, et primos discubitus in cœnis :

40. qui devorant domos viduarum sub obtentu prolixæ orationis : hi accipient prolixius judicium.

41. Et sedens Jesus contra gazophylacium, aspiciebat quomodo turba jactaret æs in gazophylacium, et multi divites jactabant multa.

42. Cum venisset autem vidua una pauper, misit duo minuta, quod est quadrans;

43. et convocans discipulos suos, ait illis : Amen dico vobis, quoniam vidua hæc pauper plus omnibus misit, qui miserunt in gazophylacium.

44. Omnes enim ex eo, quod

soi-même, est *quelque chose de* plus grand que tous les holocaustes, et que tous les sacrifices [5].

34. Jésus voyant qu'il avait répondu sagement, lui dit : Vous n'êtes pas loin du royaume de Dieu [6]. Et depuis ce temps-là personne n'osait plus lui faire de questions.

35. Mais Jésus prenant la parole, lorsqu'il enseignait dans le temple, dit : Comment les scribes disent-ils que le Christ est fils de David?

36. puisque David lui-même a dit par le Saint-Esprit : Le Seigneur a dit à mon Seigneur : Asseyez-vous à ma droite, jusqu'à ce que j'aie réduit vos ennemis à vous servir de marche-pied? *Ps.* 109, 1. *Matth.* 22, 44. *Luc,* 20, 42.

37. Puis donc que David l'appelle lui-même son Seigneur, comment est-il son fils? Et une grande partie du peuple prenait plaisir à l'écouter. *Matth.* 23, 1. *Luc,* 20, 45.

38. Et il leur disait dans ses instructions [7] : Gardez-vous des scribes, qui aiment à se promener avec de *longues* robes [8], et à être salués dans les places publiques [9],

39. et à être assis dans les premières chaires dans les synagogues, et *à avoir* les premières places dans les festins;

40. qui dévorent les maisons des veuves sous pretexte qu'ils font de longues prières : ces personnes en recevront une condamnation plus rigoureuse.

41. Et Jésus étant assis vis-à-vis du tronc, considérait comment le peuple y jetait l'argent, et que plusieurs personnes riches y en mettaient beaucoup. *Luc,* 21, 1.

42. Il vint aussi une pauvre veuve, qui y mit deux petites pièces de la valeur d'un liard [10].

43. Alors Jésus ayant appelé ses disciples, leur dit : Je vous dis en vérité que cette pauvre veuve a plus donné que tous ceux qui ont mis dans le tronc.

44. Car tous les autres ont donné de leur

℣. 33. — [5] Le scribe parla d'après l'enseignement du prophète *Osée,* 6, 6, et dans le sens de Jésus-Christ, *Matth.* 12, 7.

℣. 34. — [6] Il ne vous manque que la foi en moi, en qualité de Messie envoyé de Dieu, et l'accomplissement de mes préceptes.

℣. 38. — [7] Litt. : dans sa doctrine. — D'autres traduisent : dans sa manière d'enseigner.

[8] qui portent des habits de dessus avec une queue traînante (Voy. *Matth.* 23, 5. 6. 7. 14).

[9] ou bien : dans les rues.

℣. 42. — [10] Litt. : deux minuta, c'est-à-dire un quadrant. Ou : une obole valant environ le sixième de la drachme, à peu près 6 ou 7 centimes. — * La drachme était évaluée à 8 sous 1 denier environ, ancienne monnaie de France.

abondance; mais celle-ci a donné de son indigence même, tout ce qu'elle avait, tout ce qui lui restait pour vivre [11].

abundabat illis, miserunt: hæc vero de penuria sua omnia quæ habuit misit totum victum suum.

CHAPITRE XIII.

Jésus-Christ prédit la destruction de Jérusalem et le dernier jugement, il parle des signes qui doivent les précéder, et il exhorte à la vigilance.

1. Lorsqu'il sortait du temple, un de ses disciples lui dit : Maître, regardez quelles pierres et quels bâtiments. *Matth.* 24, 1.

2. Et Jésus lui répondit : Voyez-vous ces grands bâtiments? Ils seront tellement détruits, qu'il n'en demeurera pas pierre sur pierre. *Luc*, 19, 44. 21, 6.

3. Et comme il était assis sur la montagne des Oliviers, vis-à-vis du temple, Pierre, Jacques, Jean et André lui demandèrent en particulier :

4. Dites-nous quand ceci arrivera, et quel signe il y aura que toutes ces choses seront sur le point de s'accomplir.

5. Et Jesus leur repondit, et commença à leur dire : Prenez garde que personne ne vous séduise; *Ephés.* 5, 6. 2. *Thess.* 2, 3.

6. car plusieurs viendront sous mon nom, et diront : C'est moi *qui suis le Christ;* et ils en séduiront plusieurs.

7. Or lorsque vous entendrez parler de guerres ou de bruit de guerres, ne craignez point; parce qu'il faut que cela arrive : mais ce ne sera pas encore la fin.

8. Car on verra se soulever peuple contre peuple, et royaume contre royaume; il y aura des tremblements de terre en divers lieux, et des famines [1] : et ce *ne* sera là *que* le commencement des douleurs.

9. Pour vous autres, prenez bien garde à vous [2]; car on vous fera comparaître dans les assemblées des juges, et on vous fera fouetter dans les synagogues ; et vous serez

1. Et cum egrederetur de templo, ait illi unus ex discipulis suis: Magister, aspice quales lapides, et quales structuræ.

2. Et respondens Jesus, ait illi: Vides has omnes magnas ædificationes? Non relinquetur lapis super lapidem, qui non destruatur.

3. Et cum sederet in monte Olivarum contra templum, interrogabant eum separatim Petrus, et Jacobus, et Joannes, et Andreas :

4. Dic nobis, quando ista fient? et quod signum erit, quando hæc omnia incipient consummari?

5. Et respondens Jesus cœpit dicere illis : Videte ne quis vos seducat :

6. multi enim venient in nomine meo dicentes: Quia ego sum: et multos seducent.

7. Cum audieritis autem bella, et opiniones bellorum, ne timneritis: oportet enim hæc fieri : sed nondum finis.

8. Exurget enim gens contra gentem, et regnum super regnum, et erunt terræ motus per loca, et fames. Initium dolorum hæc.

9. Videte autem vosmetipsos. Tradent enim vos in conciliis, et in synagogis vapulabitis, et ante præsides et reges stabitis prop-

---

ỳ. 44. — [11] ce qui lui restait pour pouvoir vivre (Comp. 2. *Cor.* 8, 12). Dieu ne considère pas le don, mais les dispositions de celui qui donne. Combien sincère et ardent devait être l'amour que cette veuve avait pour Dieu, puisqu'elle lui offrit en sacrifice tout ce qu'elle avait!

ỳ. 8. — [1] Le grec porte : et des troubles.

ỳ. 9. — [2] Tâchez de vous préserver non-seulement des dangers extérieurs, mais encore de la séduction.

ter me, in testimonium illis.

10. Et in omnes gentes primum oportet prædicari Evangelium.

11. Et cum duxerint vos tradentes, nolite præcogitare quid loquamini : sed quod datum vobis fuerit in illa hora, id loquimini; non enim vos estis loquentes, sed Spiritus Sanctus.

12. Tradet autem frater fratrem in mortem, et pater filium : et consurgent filii in parentes, et morte afficient eos.

13. Et eritis odio omnibus propter nomen meum. Qui autem sustinuerit in finem, hic salvus erit.

14. Cum autem videritis abominationem desolationis, stantem ubi non debet, qui legit, intelligat : tunc qui in Judæa sunt, fugiant in montes :

15. Et qui super tectum, ne descendat in domum, nec introeat ut tollat quid de domo sua :

16. et qui in agro erit, non revertatur retro tollere vestimentum suum.

17. Væ autem prægnantibus et nutrientibus in illis diebus.

18. Orate vero ut hieme non fiant.

19. Erunt enim dies illi tribulationes tales, quales non fuerunt ab initio creaturæ, quam condidit Deus, usque nunc, neque fient.

20. Et nisi breviasset Dominus dies, non fuisset salva omnis caro : sed propter electos, quos elegit, breviavit dies.

21. Et tunc si quis vobis dixerit : Ecce hic est Christus, ecce illic, ne credideritis.

22. Exurgent enim pseudochristi, et pseudoprophetæ, et dabunt signa et portenta ad seducendos, si fieri potest, etiam electos.

présentés à cause de moi aux gouverneurs et aux rois, pour me rendre témoignage devant eux [3].

10. Il faut aussi auparavant que l'Evangile soit prêché à toutes les nations. *Matth.* 24, 14.

11. Lors donc qu'on vous mènera pour vous livrer entre leurs mains, ne préméditez point ce que vous devez dire [4]: mais dites ce qui vous sera inspiré à l'heure même : car ce n'est pas vous qui parlez, mais le Saint-Esprit. *Matth.* 10, 19. *Luc*, 12, 11. 21, 14.

12. Or le frère livrera le frère à la mort, et le père le fils; les enfants s'élèveront contre leurs pères et leurs mères, et les feront mourir.

13. Et vous serez haïs de tout le monde à cause de mon nom. Mais celui qui persévérera jusqu'à la fin, sera sauvé.

14. Or lorsque vous verrez l'abomination de la désolation établie où elle ne doit pas être (que celui qui lit entende), alors que ceux qui seront dans la Judée s'enfuient sur les montagnes; *Dan.* 9, 27. 24, 15. *Luc* 21, 20.

15. que celui qui sera sur le toit ne descende point dans la maison, et n'y entre point pour en emporter quelque chose;

16. et que celui qui sera dans le champ ne retourne point sur ses pas pour prendre son vêtement.

17. Mais malheur aux femmes qui seront grosses ou nourrices en ces jours-là.

18. Priez que ces choses n'arrivent point durant l'hiver [5].

19. Car l'affliction de ce temps-là sera si grande, que depuis le premier moment où Dieu créa toutes choses, jusqu'à présent, il n'y en a point eu de semblable, et il n'y en aura jamais.

20. Que si le Seigneur n'avait abrégé ces jours, nul homme n'aurait été sauvé : mais il les a abregés à cause des élus qu'il a choisis.

21. Si quelqu'un vous dit alors : Le Christ est ici, où il est là, ne le croyez point. *Matth.* 24, 23. *Luc*, 17, 23. 21, 8.

22. Car il s'élèvera de faux christs et de faux prophètes, qui feront des prodiges et des choses etonnantes, pour séduire, s'il était possible, les élus même.

---

[3] Voy. *Matth.* 10, 18.

℣. 11. — [4] Le grec ajoute : et ne soyez pas en peine.

℣. 18. — [5] Dans le grec : que votre fuite n'arrive pas durant l'hiver.

23. Prenez donc garde à vous; vous voyez que je vous ai tout prédit.
24. Mais après ces jours d'affliction, le soleil s'obscurcira, et la lune ne donnera plus sa lumière; *Isaïe*, 13, 10. *Ezéch.* 32, 7.

25. les étoiles tomberont du ciel, et les vertus qui sont dans les cieux[6] seront ébranlées. *Joel*, 2, 10.
26 Et alors on verra le Fils de l'homme qui viendra sur les nuées avec une grande puissance et une grande gloire.
27. Et il enverra ses anges pour rassembler ses élus des quatre coins du monde, depuis l'extrémité de la terre jusqu'à l'extrémité du ciel[7]. *Matth.* 24. 31.
28. Apprenez une comparaison tirée du figuier. Lorsque ses branches sont déjà tendres, et qu'il a poussé ses feuilles, vous savez que l'été est proche :

29. de même, lorsque vous verrez toutes ces choses arriver, sachez que *le Fils de l'homme* est proche, et qu'il est déjà à la porte.
30. Je vous dis en vérité, que cette génération ne passera point, que toutes ces choses ne soient accomplies.
31. Le ciel et la terre passeront, mais mes paroles ne passeront point.
32. Quant à ce jour ou à cette heure-là, nul ne le sait, ni les anges qui sont dans le ciel, ni le Fils[8], mais le Père seul.
33. Prenez garde à vous, veillez et priez, parce que vous ne savez quand ce temps viendra. *Matth.* 24, 42.
34. *Car il en sera* comme d'un homme qui, partant pour un long voyage, quitta sa maison, marqua à ses serviteurs ce que chacun devait faire, et recommanda au portier de veiller[9]. *Matth.* 24, 45.
35. Veillez donc, puisque vous ne savez pas quand le maître de la maison viendra : si ce sera le soir, ou à minuit, ou au chant du coq, ou au matin;
36. de peur que survenant tout d'un coup, il ne vous trouve endormis.
37. Or ce que je vous dis, je vous le dis à tous : Veillez.

23. Vos ergo videte : ecce prædixi vobis omnia.
24. Sed in illis diebus, post tribulationem illam sol contenebrabitur, et luna non dabit splendorem suum.
25. et stellæ cœli erunt decidentes, et virtutes, quæ in cœlis sunt, movebuntur.
26. Et tunc videbunt Filium hominis venientem in nubibus cum virtute multa, et gloria.
27. Et tunc mittet angelos suos, et congregabit electos suos a quatuor ventis, a summo terræ, usque ad summum cœli.
28. A ficu autem discite parabolam. Cum jam ramus ejus tener fuerit, et nata fuerint folia, cognoscitis quia in proximo sit æstas.
29. sic et vos cum videritis hæc fieri, scitote quod in proximo sit in ostiis.

30. Amen dico vobis, quoniam non transibit generatio hæc, donec omnia ista fiant.
31. Cœlum et terra transibunt, verba autem mea non transibunt.
32. De die autem illo vel hora nemo scit, neque angeli in cœlo, neque Filius, nisi Pater.
33. Videte, vigilate, et orate : nescitis enim quando tempus sit.

34. Sicut homo, qui peregre profectus reliquit domum suam, et dedit servis suis potestatem cujusque operis, et janitori præcepit ut vigilet.
35. Vigilate ergo (nescitis enim quando dominus domus veniat : sero, an media nocte, an galli cantu, an mane),
36. ne cum venerit repente, inveniat vos dormientes.
37. Quod autem vobis dico, omnibus dico : Vigilate.

ỳ. 25. — 6 l'armée des étoiles.
ỳ. 27. — 7 d'une extrémité de la terre et du ciel à l'autre
ỳ. 32. — 8 en tant qu'il est simplement Fils de l'homme, qu'il est considéré dans sa nature humaine.
ỳ. 34. — 9 Cet homme est Jésus-Christ, les serviteurs sont les chrétiens, et chacun d'eux est en même temps un portier.

CHAPITRE XIV.

Complot de mort contre Jésus. Un parfum précieux est répandu sur sa tête. Résolution que prend Judas de le trahir. Jésus mange l'agneau pascal avec ses disciples. Institution de la divine Eucharistie. Jésus prédit que Pierre le reniera et que ses disciples l'abandonneront. Combat de Jésus dans le Jardin, il est pris et interrogé devant Caïphe. Pierre le renie. Son repentir.

1. Erat autem Pascha et azyma post biduum : et quærebant summi sacerdotes, et scribæ, quomodo eum dolo tenerent, et occiderent.

1. Or la Pâque et les azymes [1] étaient deux jours après; et les princes des prêtres et les scribes cherchaient le moyen de se saisir adroitement de Jésus, et de le faire mourir [2].

2. Dicebant autem : Non in die festo, ne forte tumultus fieret in populo.

2. Mais ils disaient : Il ne faut pas que ce soit le jour de la fête, de peur qu'il ne s'excite quelque tumulte parmi le peuple.

3. Et cum esset Bethaniæ in domo Simonis leprosi, et recumberet : venit mulier habens alabastrum unguenti nardis picati pertiosi, et fracto alabastro, effudit super caput ejus.

3. Or pendant que Jésus était à Béthanie, dans la maison de Simon le lépreux, et qu'il était à table, il vint une femme qui portait un vase d'albâtre plein d'un parfum de nard d'épi [3] de grand prix, et ayant rompu le vase [4], elle répandit le parfum sur sa téte [5]. *Matth.* 26, 6. *Jean,* 12, 3.

4. Erant autem quidam indigne ferentes intra semetipsos, et dicentes : Ut quid perditio ista unguenti facta est?

4. Quelques-uns en conçurent de l'indignation en eux-mêmes; et ils disaient : A quoi bon perdre ainsi ce parfum?

5. Poterat enim unguentum istud venundari plus quam trecentis denariis, et dari pauperibus. Et fremebant in eam.

5. Car on pouvait le vendre plus de trois cents deniers, et le donner aux pauvres. Et ils murmuraient fort contre elle.

6. Jesus autem dixit : Sinite eam : quid illi molesti estis? Bonum opus operata est in me;

6. Mais Jésus leur dit : Laissez-là cette femme : pourquoi lui faites-vous de la peine? Ce qu'elle vient de me faire est une bonne œuvre;

7. semper enim pauperes habetis vobiscum : et cum volueritis, potestis illis benefacere : me autem non semper habetis.

7. car vous avez toujours des pauvres parmi vous, et vous pouvez leur faire du bien quand vous voulez; mais pour moi, vous ne m'avez pas toujours.

8. Quod habuit hæc, fecit: præ-

8. Elle a fait ce qu'elle a pu : elle a em-

℣. 1. — [1] Voy. *Matth.* 26, 17.

[2] Sur l'histoire de la passion qui va suivre, voy. *Matth.* 26, 1-35. *Luc*, 22, 1-39. *Jean*, 13-17. *Comp*. la prophétie d'Isaïe. 53, 13. ch. 54.

℣. 3. — [3] Litt. : d'un précieux nard d'épi. Le nard est une plante ayant une tige longue et mince, qui porte des épis à ses branches. De ces épis on extrait une huile qui est appelée nard d'épi, spic-nard, nard fin, pour le distinguer du nard des feuilles, qui est extrait des feuilles de la plante, et qui est moins précieux.

[4] Les parfums précieux étaient, de peur qu'ils ne vinssent à s'évaporer, conservés dans des vases d'albâtre si hermétiquement fermés que, pour avoir le parfum, on était assez souvent dans la nécessité de briser le vase.

[5] Comp. *Cant. des Cantiq.* 1, note 27.

baumé mon corps par avance pour ma sépulture.

9. Je vous le dis en vérité, partout où sera prêché cet Evangile, dans tout le monde, on racontera à la louange de cette femme ce qu'elle vient de faire.

10. Et Judas Iscariote, l'un des douze, s'en alla trouver les princes des prêtres pour le leur livrer. *Matth.* 26, 14. *Luc*, 22, 3.

11. Après qu'ils l'eurent écouté, ils en eurent beaucoup de joie, et lui promirent de lui donner de l'argent : et dès-lors il cherchait une occasion pour le livrer.

12. Et le premier jour des azymes, auquel on immolait l'agneau pascal, ses disciples lui dirent : Où voulez-vous que nous allions vous préparer pour manger la Pâque? *Matth.* 26, 17. *Luc*, 22, 7.

13. Et il envoya deux de ses disciples, et leur dit : Allez-vous-en à la ville, et vous rencontrerez un homme qui portera une cruche d'eau, suivez-le :

14. et en quelque lieu qu'il entre, dites au maître de la maison : Le Maître vous envoie dire : Où est le lieu où je dois manger la Pâque avec mes disciples?

15. Et il vous montrera une grande chambre haute, toute meublée : préparez-nous là *ce qu'il faut.*

16. Ses disciples s'en étant allés, vinrent en la ville, et trouvèrent *tout* comme il leur avait dit, et préparèrent la Pâque.

17. Le soir étant venu, il se rendit là avec les douze. *Matth.* 26, 20. *Luc*, 22, 14.

18. Et comme ils étaient à table, et qu'ils mangeaient, Jésus leur dit : Je vous dis en vérité, que l'un de vous, qui mange avec moi, me trahira. *Jean*, 13, 21.

19. Ils commencèrent à s'affliger, et chacun d'eux lui demandait : Est-ce moi?

20. Il leur répondit [6] : C'est l'un des douze, qui met la main avec moi dans le plat.

21. Pour ce qui est du Fils de l'homme, il s'en va, selon ce qui a été écrit de lui : mais malheur à l'homme par qui le Fils de l'homme sera trahi; il vaudrait mieux pour cet homme-là que jamais il ne fût né. *Ps.* 40, 10. *Act.* 1, 16. *Matth.* 26, 24.

22. Et pendant qu'ils mangeaient, Jésus

venit ungere corpus meum in sepulturam.

9. Amen dico vobis : Ubicumque prædicatum fuerit Evangelium istud in universo mundo, et quod fecit hæc, narrabitur in memoriam ejus.

10. Et Judas Iscariotes unus de duodecim, abiit ad summos sacerdotes, ut proderet eum illis.

11. Qui audientes gavisi sunt : et promiserunt ei pecuniam se daturos. Et quærebat quomodo illum opportune traderet.

12. Et primo die azymorum quando Pascha immolabant, dicunt ei discipuli : Quo vis eamus, et paremus tibi ut manduces Pascha?

13. Et mittit duos ex discipulis suis, et dicit eis : Ite in civitatem : et occurret vobis homo lagenam aquæ bajulans, sequimini eum :

14. et quocumque introierit, dicite domino domus, quia Magister dicit : Ubi est refectio mea, ubi Pascha cum discipulis meis manducem?

15. Et ipse vobis demonstrabit cœnaculum grande, stratum : et illic parate nobis.

16. Et abierunt discipuli ejus, et venerunt in civitatem : et invenerunt sicut dixerat illis, et paraverunt Pascha.

17. Vespere autem facto, venit cum duodecim.

18. Et discumbentibus eis, et manducantibus, ait Jesus : Amen dico vobis, quia unus ex vobis tradet me, qui manducat mecum.

19. At illi cœperunt contristari, et dicere ei singulatim : Numquid ego?

20. Qui ait illis : Unus ex duodecim, qui intingit mecum manum in catino.

21. Et Filius quidem hominis vadit, sicut scriptum est de eo : væ autem homini illi, per quem Filius hominis tradetur; bonum erat ei, si non esset natus homo ille.

22. Et manducantibus illis, ac-

ỳ. 20. — [6] Dans le grec : Il leur répondit, et leur dit.

cepit Jesus panem : et benedicens fregit, et dedit eis, et ait : Sumite, HOC EST CORPUS MEUM.

23. Et accepto calice, gratias agens dedit eis : et biberunt ex illo omnes.

24. Et ait illis : HIC EST SANGUIS MEUS novi testamenti, qui pro multis effundetur.

25. Amen dico vobis, quia jam non bibam de hoc genimine vitis, usque in diem illum, cum illud bibam novum in regno Dei.

26. Et hymno dicto exierunt in montem Olivarum.

27. Et ait eis Jesus : Omnes scandalizabimini in me in nocte ista : quia scriptum est : Percutiam pastorem, et dispergentur oves.

28. Sed postquam resurrexero, præcedam vos in Galilæam.

29. Petrus autem ait illi : Etsi omnes scandalizati fuerint in te, sed non ego.

30. Et ait illi Jesus : Amen dico tibi, quia tu hodie in nocte hac, priusquam gallus vocem bis dederit, ter me es negaturus.

31. At ille amplius loquebatur : Etsi oportuerit me simul commori tibi, non te negabo. Similiter autem et omnes dicebant.

32. Et veniunt in prædium, cui nomen Gethsemani. Et ait discipulis suis : Sedete hic donec orem.

33. Et assumit Petrum, et Jacobum, et Joannem secum : et cœpit pavere, et tædere.

34. Et ait illis : Tristis est anima mea usque ad mortem : sustinete hic, et vigilate.

35. Et cum processisset paululum, procedit super terram : et orabat, ut si fieri posset, transiret ab eo hora :

36. et dixit : Abba Pater, omnia tibi possibilia sunt, transfer calicem hunc a me, sed non quod ego velo, sed quod tu.

prit du pain, et l'ayant béni, le rompit, et le leur donna en disant : Prenez [7], CECI EST MON CORPS. *Matth.* 26, 26. 1. *Cor.* 11, 24.

23. Et ayant pris le calice, après avoir rendu grâces, il le leur donna, et ils burent tous.

24. Et il leur dit [8] : CECI EST MON SANG, *le sang* de la nouvelle alliance, qui sera répandu pour plusieurs.

25. Je vous dis en vérité que je ne boirai plus désormais de ce fruit de la vigne, jusqu'à ce jour où je le boirai nouveau dans le royaume de Dieu.

26. Et ayant chanté le cantique, ils s'en allèrent sur la montagne des Oliviers.

27. Et Jésus leur dit : Je vous serai à tous cette nuit une occasion de scandale ; car il est écrit : Je frapperai le pasteur, et les brebis seront dispersées. *Jean,* 16, 32. *Zach.* 13, 7.

28. Mais après que je serai ressuscité, j'irai devant vous en Galilée.

29. Pierre lui dit : Quand vous seriez pour tous les autres un sujet de scandale, vous ne le serez pas pour moi.

30. Et Jésus lui repartit : Je vous dis en vérité, que vous-même aujourd'hui, dès cette nuit, avant que le coq ait chanté deux fois, vous me renoncerez trois fois.

31. Mais Pierre insistait encore davantage : Quand il me faudrait mourir avec vous, je ne vous renoncerai point. Et tous les autres en dirent autant.

32. Ils allèrent ensuite en un lieu appelé Gethsémani, où il dit à ses disciples : Asseyez-vous ici jusqu'à ce que j'aie fait ma prière. *Matth.* 26, 36. *Luc,* 22, 40,

33. Et ayant pris avec lui Pierre, Jacques et Jean, il commença à être saisi de frayeur [9] et accablé d'ennuis.

34. Et il leur dit : Mon âme est triste jusqu'à la mort : demeurez ici, et veillez.

35. Et s'étant avancé un peu plus loin, il se prosterna contre terre, priant que, s'il était possible, cette heure s'éloignât de lui.

36. Et il disait : Abba, *mon* Père, toutes choses vous sont possibles, éloignez de moi ce calice ; mais néanmoins que votre volonté s'accomplisse, et non pas la mienne.

℣. 22. — [7] Le grec, dans quelques manuscrits, ajoute : Mangez.

℣. 24. — [8] On voit par *saint Matth.* 26, 27, 28, par *saint Luc,* 22, 20, et par 1. *Cor.* 11, 25, que Jésus prononça les paroles qui suivent comme il tenait encore le calice entre ses mains, et avant qu'ils en bussent.

℣. 33. — [9] Litt. : de frayeur et de tristesse. Dans le grec : il commença à être dans une extrême angoisse et affliction.

37. Il revint ensuite vers ses disciples, et les ayant trouvés endormis, il dit à Pierre : Simon, vous dormez? quoi! vous n'avez pu seulement veiller une heure?

38. Veillez et priez, afin que vous n'entriez point en tentation. L'esprit est prompt, mais la chair est faible.

39. Et il s'en alla pour la seconde fois, et fit sa prière dans les mêmes termes.

40. Et étant retourné, il les trouva encore endormis; car leurs yeux étaient appesantis, et ils ne savaient que lui répondre.

41. Et il revint pour la troisième fois, et il leur dit : Dormez maintenant, et vous reposez. C'est assez; l'heure est venue : le Fils de l'homme va être livré entre les mains des pécheurs.

42. Levez-vous, allons : celui qui doit me trahir est bien près d'ici.

43. Il parlait encore, lorsque Judas Iscariote, l'un des douze, vint accompagné d'une grande troupe de gens armés d'épées et de bâtons, envoyés par les grands prêtres, par les scribes et les anciens.

44. Or celui qui le trahissait, leur avait donné ce signal, et leur avait dit : Celui que je baiserai, c'est celui-là même : saisissez-vous-en, et l'emmenez sûrement [10]. *Matth.* 26, 47. *Luc*, 22, 47. *Jean*, 18, 3.

45. Et dès qu'il fut arrivé, il s'approcha de Jésus, et lui dit : Maître, je vous salue : et il le baisa.

46. Aussitôt ils mirent la main sur Jésus, et se saisirent de lui.

47. Un de ceux qui étaient présents [11], tirant son épée, en frappa un domestique du grand prêtre, et lui coupa une oreille.

48. Et Jésus, prenant la parole, leur dit : Vous êtes venus comme à un voleur, avec des épées et des bâtons, pour me prendre?

49. j'étais tous les jours parmi vous, enseignant dans le temple, et vous ne m'avez point pris. Mais il faut que les Ecritures soient accomplies.

50. Alors ses disciples l'abandonnèrent, et s'enfuirent tous. *Matt.* 26, 56.

51. Or il y avait un jeune homme qui le suivait, couvert seulement d'un linceul : et on voulut se saisir de lui [12].

37. Et venit, et invenit eos dormientes. Et ait Petro : Simon, dormis? non potuisti una hora vigilare?

38. Vigilate, et orate ut non intretis in tentationem. Spiritus quidem promptus est, caro vero infirma.

39. Et iterum abiens oravit, eumdem sermonem dicens.

40. Et reversus, denuo invenit eos dormientes (erant enim oculi eorum gravati), et ignorabant quid responderent ei.

41. Et venit tertio, et ait illis : Dormite jam, et requiescite. Sufficit : venit hora : ecce Filius hominis tradetur in manus peccatorum.

42. Surgite, eamus; ecce qui me tradet, prope est.

43. Et, adhuc eo loquente, venit Judas Iscariotes, unus de duodecim, et cum eo turba multa cum gladiis et lignis, a summis sacerdotibus, et scribis, et senioribus.

44. Dederat autem traditor ejus signum eis, dicens : Quemcumque osculatus fuero, ipse est, tenete eum, et ducite caute.

45. Et cum venisset, statim accedens ad eum, ait : Ave Rabbi : et osculatus est eum.

46. At illi manus injecerunt in eum, et tenuerunt eum.

47. Unus autem quidam de circumstantibus educens gladium, percussit servum summi sacerdotis : et amputavit illi auriculam.

48. Et respondens Jesus, ait illis : Tanquam ad latronem existis cum gladiis et lignis comprehendere me?

49. quotidie eram apud vos in templo docens, et non me tenuistis. Sed ut impleantur Scripturæ.

50. Tunc discipuli ejus relinquentes eum, omnes fugerunt.

51. Adolescens autem quidam sequebatur eum amictus sindone super nudo : et tenuerunt eum.

℣. 44. — [10] de peur qu'il ne vous échappe.
℣. 47. — [11] Pierre (Voy. *Jean*, 18, 10).
℣. 51. — [12] Ce jeune homme était peut-être un partisan de Jésus. Il fut réveillé

52. At ille rejecta sindone, nudus profugit ab eis.

53. Et adduxerunt Jesum ad summum sacerdotem : et convenerunt omnes sacerdotes, et scribæ, et seniores.

54. Petrus autem a longe secutus est eum, usque intro in atrium summi sacerdotis : et sedebat cum ministris ad ignem, et calefaciebat se.

55. Summi vero sacerdotes, et omne concilium, quærebant adversus Jesum testimonium, ut eum morti traderent, nec inveniebant.

56. Multi enim testimonium falsum dicebant adversus eum : et convenientia testimonia non erant.

57. Et quidam surgentes, falsum testimonium ferebant adversus eum, dicentes :

58. Quoniam nos audivimus eum dicentem : Ego dissolvam templum hoc manu factum, et per triduum aliud non manu factum ædificabo.

59. Et non erat conveniens testimonium illorum.

60. Et exurgens summus sacerdos in medium, interrogavit Jesum, dicens : Non respondes quidquam ad ea, quæ tibi objiciuntur ab his?

61. Ille autem tacebat, et nihil respondit. Rursum summus sacerdos interrogabat eum, et dixit ei : Tu es Christus Filius Dei benedicti?

62. Jesus autem dixit illi : Ego sum : et videbitis Filium hominis sedentem a dextris virtutis Dei, et venientem cum nubibus cœli.

63. Summus autem sacerdos scindens vestimenta sua, ait : Quid adhuc desideramus testes?

64. Audistis blasphemiam : quid vobis videtur? Qui omnes condemnaverunt eum esse reum mortis.

65. Et cœperunt quidam conspuere eum, et velare faciem ejus,

52. Mais lui, laissant son linceul, s'enfuit tout nu des mains de ceux qui le tenaient.

53. Et ils amenèrent Jésus chez le grand prêtre, où s'assemblèrent tous les *princes des* prêtres, les scribes et les anciens. *Matth.* 26, 57. *Luc*, 22, 54. *Jean*, 18, 13.

54. Pierre le suivit de loin jusque dans la cour du grand prêtre, où s'étant assis auprès du feu avec les domestiques, il se chauffait.

55. Cependant les princes des prêtres, et tout le conseil cherchaient des dépositions contre Jésus pour le faire mourir, et ils n'en trouvaient point. *Matth.* 26, 59.

56. Car plusieurs déposaient faussement contre lui; mais leurs dépositions ne s'accordaient pas [13].

57. Enfin quelques-uns se levèrent, et portèrent un faux témoignage contre lui en ces termes :

58. Nous lui avons entendu dire : Je détruirai ce temple bâti par la main *des hommes*, et j'en rebâtirai un autre en trois jours, qui ne sera point fait par la main *des hommes*. *Jean*, 2, 19.

59. Mais ce témoignage-là même n'était pas suffisant.

60. Alors le grand prêtre se levant au milieu de l'assemblée, interrogea Jésus, et lui dit : Vous ne répondez rien à ce que ceux-ci déposent contre vous?

61. Mais Jésus demeurait dans le silence, et il ne répondit rien. Le grand prêtre l'interrogea encore, et lui dit : Etes-vous le Christ, le Fils du Dieu béni?

62. Jésus lui répondit : Je le suis : et vous verrez le Fils de l'homme assis à la droite de la majesté de Dieu, et venant sur les nuées du ciel. *Matth.* 24, 30. 26, 64.

63. Aussitôt le grand prêtre déchirant ses vêtements, dit : Qu'avons-nous plus besoin de témoins?

64. Vous venez d'entendre le blasphème; que vous en semble? Tous le condamnèrent comme étant digne de mort.

65. Et quelques-uns se mirent à lui cracher au visage; et lui ayant bandé les yeux,

---

de son sommeil en sursaut par le bruit, et il voulut suivre le cortège en habit de nuit pour voir l'issue.

ỳ. 56. — [13] Voy. *Ps.* 34, note 23.

ils lui donnaient des coups de poings, en lui disant : Prophétise ! Et les valets lui donnaient des soufflets.

66. Cependant, comme Pierre était en bas dans la cour, une des servantes du grand prêtre y vint : *Matth.* 26, 69. *Luc*, 22, 56. *Jean*, 18, 17.

67. et l'ayant vu qui se chauffait, après l'avoir considéré, elle lui dit : Vous étiez aussi avec Jésus de Nazareth.

68. Mais il le nia, en disant : Je ne le connais point, et je ne sais ce que vous dites. Et il sortit dehors dans le vestibule [14], et le coq chanta.

69. Mais une servante l'ayant encore vu, commença à dire à ceux qui étaient présents : Celui-ci est de ces gens-là. *Matth.* 26, 71.

70. Mais il le nia pour la seconde fois. Et peu de temps après ceux qui étaient présents dirent encore à Pierre : Assurément vous êtes de ces gens-là; car vous êtes aussi de Galilée [15]. *Luc*, 22, 59. *Jean*, 18, 38.

71. Il se mit alors à faire des imprécations, et à dire en jurant : Je ne connais point cet homme dont vous me parlez.

72. Et aussitôt le coq chanta pour la seconde fois [16]. Et Pierre se ressouvint de la parole que Jésus lui avait dite : Avant que le coq ait chanté deux fois, vous me renoncerez trois fois. Et il se mit à pleurer. *Matth.* 26, 75. *Jean*, 13, 38.

et colaphis eum cædere, et dicere ei : Prophetiza : et ministri alapis eum cædebant.

66. Et cum esset Petrus in atrio deorsum, venit una ex ancillis summi sacerdotis :

67. et cum vidisset Petrum calefacientem se, aspiciens illum, ait : Et tu cum Jesu Nazareno eras.

68. At ille negavit, dicens : Neque scio, neque novi quid dicas. Et exiit foras ante atrium, et gallus cantavit.

69. Rursus autem cum vidisset illum ancilla, cœpit dicere circumstantibus : Quia hic ex illis est.

70. At ille iterum negavit. Et post pusillum rursus qui astabant, dicebant Petro : Vere ex illis es : nam et Galilæus es.

71. Ille autem cœpit anathematizare, et jurare : Quia nescio hominem istum, quem dicitis.

72. Et statim gallus iterum cantavit. Et recordatus est Petrus verbi, quod dixerat ei Jesus : Priusquam gallus cantet bis, ter me negabis. Et cœpit flere.

CHAPITRE XV.

Assemblée de tout le haut Conseil, Jésus devant Pilate, il est condamné à mort. Il est couronné d'épines, et on en fait un objet de dérision. Il est conduit au Calvaire et crucifié. Mort de Jésus, et sa sépulture.

1. Aussitôt que le matin fut venu, les princes des prêtres, avec les anciens, et les scribes, et tout le conseil, ayant délibéré ensemble, lièrent Jésus, l'emmenèrent, et le livrèrent à Pilate. *Matth.* 27, 1. *Luc*, 22, 66. *Jean*, 18, 28.

1. Et confestim, mane consilium facientes summi sacerdotes, cum senioribus, et scribis, et universo concilio, vincientes Jesum, duxerunt, et tradiderunt Pilato.

℣. 68. — [14] Dans le grec : Il sortit dans la cour (il passa du vestibule qui était au bas dans la cour de la maison).

℣. 70. — [15] Le grec ajoute : Et votre langage est semblable (à celui des Galiléens).

℣. 72. — [16] Le mot « aussitôt » n'est pas dans le grec.

2. Et interrogavit eum Pilatus: Tu es rex Judæorum? At ille respondens, ait illi : Tu dicis.
3. Et accusabant eum summi sacerdotes in multis.

4. Pilatus autem rursum interrogavit eum, dicens : Non respondes quidquam? vide in quantis te accusant.
5. Jesus autem amplius nihil respondit, ita ut miraretur Pilatus.
6. Per diem autem festum solebat dimittere illis unum ex vinctis, quemcumque petissent.
7. Erat autem qui dicebatur Barabbas, qui cum seditiosis erat vinctus, qui in seditione fecerat homicidium.
8. Et cum ascendisset turba, cœpit rogare, sicut semper faciebat illis.
9. Pilatus autem respondit eis, et dixit : Vultis dimittam vobis regem Judæorum?
10. Sciebat enim quod per invidiam tradidissent eum summi sacerdotes.
11. Pontifices autem concitaverunt turbam, ut magis Barabbam dimitteret eis.
12. Pilatus autem iterum respondens, ait illis : Quid ergo vultis faciam regi Judæorum?
13. At illi iterum clamaverunt : Crucifige eum.
14. Pilatus vero dicebat illis : Quid enim mali fecit? At illi magis clamabant : Crucifige eum.
15. Pilatus autem volens populo satisfacere, dimisit illis Barabbam, et tradidit Jesum flagellis cæsum, ut crucifigeretur.
16. Milites autem duxerunt eum in atrium prætorii, et convocant totam cohortem,
17. et induunt eum purpura, et imponunt ei plectentes spineam coronam.
18. Et cœperunt salutare eum : Ave rex Judæorum.
19. Et percutiebant caput ejus

2. Et Pilate lui demanda : Etes-vous le roi des Juifs? Jésus lui répondit : Vous le dites.
3. Et comme les princes des prêtres formaient diverses accusations contre lui, *Matth.* 27, 12. *Luc*, 23, 2. *Jean*, 18, 33.
4. Pilate l'interrogeant de nouveau, lui dit : Vous ne répondez rien? Voyez de combien de choses ils vous accusent.

5. Mais Jésus ne répondit plus rien davantage : de sorte que Pilate en était étonné.

6. Or il avait accoutumé de délivrer à la fête *de Pâques* celui des prisonniers que le peuple demandait.
7. Et il y en avait un nommé Barabbas, qui était en prison avec des seditieux, parce qu'il avait commis un meurtre dans une sédition.
8. Le peuple étant donc monté [1], commença à lui demander *ce* qu'il avait toujours accoutumé de leur faire [2].
9. Pilate leur répondit : Voulez-vous que je vous délivre le roi des Juifs?

10. Car il savait que c'était par envie que les princes des prêtres le lui avaient mis entre les mains.
11. Mais les prêtres excitèrent le peuple pour qu'il leur délivrât plutôt Barabbas.

12. Pilate leur dit encore : Que voulez-vous donc que je fasse du roi des Juifs [3]? *Matth.* 27, 22. *Luc*, 23, 14. *Jean*, 18, 39.
13. Mais ils crièrent de nouveau : Crucifiez-le.
14. Pilate leur dit : Mais quel mal a-t-il fait? Et eux criaient encore plus fort : Crucifiez-le.
15. Enfin Pilate voulant satisfaire le peuple, leur délivra Barabbas; et ayant fait fouetter Jésus, il le livra pour être crucifié.

16. Alors les soldats le menèrent dans la salle du prétoire, et assemblèrent toute la compagnie; *Matth.* 27, 27. *Jean*, 19, 2.
17. et l'ayant revêtu *d'un manteau* d'écarlate, ils lui mirent *sur la tête* une couronne d'épines entrelacées.
18. Puis ils commencèrent à le saluer : Salut roi des Juifs.
19. Et ils lui frappaient la tête avec un

℣. 8. — [1] devant la demeure de Pilate.
[2] Dans le grec : Et la multitude se mettant à crier, demanda qu'il fît à leur égard ce qu'il avait coutume de faire.
℣. 12. — [3] Dans le grec : Que je fasse de celui que vous appelez le roi des Juifs?

roseau, et le couvraient de crachats, et fléchissant les genoux, ils l'adoraient.

20. Après s'être ainsi joués de lui, ils lui ôtèrent ce *manteau* d'écarlate; et lui ayant remis ses habits, ils l'emmenèrent pour le crucifier.

21. Et un certain homme de Cyrène, nommé Simon, père d'Alexandre et de Rufus, qui venait d'une maison de campagne [4], passant par là, ils le contraignirent de porter sa croix.

22. Et ils le conduisirent jusqu'au lieu appelé Golgotha, c'est-à-dire le lieu du Calvaire.

23. Et ils lui donnaient à boire du vin mêlé avec de la myrrhe; mais il n'en prit point.

24. Et après l'avoir crucifié, ils partagèrent ses vêtements, les jetant au sort pour savoir ce que chacun en aurait.

25. Or il était la troisième heure *du jour* quand ils le crucifièrent [5].

26. Et la cause de sa condamnation était marquée par cette inscription : LE ROI DES JUIFS.

27. Et ils crucifièrent avec lui deux voleurs, l'un à sa droite, et l'autre à sa gauche.

28. Et ainsi fut accomplie cette parole de l'Ecriture, qui dit : Et il a été mis au rang des méchants. *Isaïe*, 53, 12.

29. Et ceux qui passaient par là le blasphémaient en branlant la tête, et disant : Eh bien ! toi, qui détruis le temple de Dieu, et qui le rebâtis en trois jours,

30. sauve-toi toi-même en descendant de la croix.

31. Et les princes des prêtres avec les scribes, se moquant aussi de lui entre eux, disaient : Il en a sauvé d'autres, et il ne peut se sauver lui-même.

32. Que le Christ, le roi d'Israël descende

arundine : et conspuebant eum, et ponentes genua, adorabant eum.

20. Et postquam illuserunt ei, exuerunt illum purpura, et induerunt eum vestimentis suis : et educunt illum ut crucifigerent eum.

21. Et angariaverunt prætereuntem quempiam, Simonem Cyrenæum, venientem de villa, patrem Alexandri et Rufi, ut tolleret crucem ejus.

22. Et perducunt illum in Golgotha locum : quod est interpretatum Calvariæ locus.

23. Et dabant ei bibere myrrhatum vinum : et non accepit.

24. Et crucifigentes eum, diviserunt vestimenta ejus, mittentes sortem super eis, quis quid tolleret.

25. Erat autem hora tertia : et crucifixerunt eum.

26. Et erat titulus causæ ejus inscriptus : REX JUDÆORUM.

27. Et cum eo crucifigunt duos latrones : unum a dextris, et alium a sinistris ejus.

28. Et impleta est Scriptura, quæ dicit : Et cum iniquis reputatus est.

29. Et prætereuntes blasphemabant eum moventes capita sua, et dicentes : Vah qui destruis templum Dei, et in tribus diebus reædificas :

30. salvum fac temetipsum descendens de cruce.

31. Similiter et summi sacerdotes illudentes, ad alterutrum cum scribis dicebant : Alios salvos fecit, seipsum non potest salvum facere.

32. Christus rex Israel descen-

℣. 21. — [4] Dans le grec : Qui revenait des champs.

℣. 25. — [5] c'est-à-dire la troisième heure touchait à sa fin, et la sixième allait commencer. Les Juifs divisaient le jour, aussi bien que la nuit, en quatre parties, ou grandes heures, la première, la troisième, la sixième et la neuvième, dont chacune comprenait trois de nos heures. La première commençait au lever du soleil, et durait trois heures, à la fin desquelles commençait la troisième heure. Celle-ci avait également trois heures de durée, et allait jusqu'à midi, où commençait la sixième heure, qui finissait à trois heures de l'après-midi. Alors commençait enfin la neuvième heure qui, comprenant aussi trois de nos heures, finissait au soir. D'où il suit que ce fut au commencement de la sixième heure, autour de midi, que Jésus-Christ fut crucifié, et qu'il mourut au commencement de la neuvième heure (Voy. *Jean*, 19, 14).

dat nunc de cruce, ut videamus, et credamus. Et qui cum eo crucifixi erant, conviciabantur ei.

33. Et facta hora sexta, tenebræ factæ sunt per totam terram usque in horam nonam.

34. Et hora nona exclamavit Jesus voce magna, dicens : Eloi, Eloi, lamma sabacthani? quod est interpretatum : Deus meus, Deus meus, ut quid dereliquisti me?

35. Et quidam de circumstantibus audientes, dicebant : Ecce Eliam vocat.

36. Currens autem unus, et implens spongiam aceto, circumponensque calamo, potum dabat ei, dicens : Sinite videamus si veniat Elias ad deponendum eum.

37. Jesus autem emissa voce magna expiravit.

38. Et velum templi scissum est in duo, a summo usque deorsum.

39. Videns autem centurio, qui ex adverso stabat, quia sic clamans expirasset, ait : Vere hic homo Filius Dei erat.

40. Erant autem et mulieres de longe aspicientes : inter quas erat Maria Magdalene, et Maria Jacobi minoris et Joseph mater, et Salome :

41. et cum esset in Galilæa, sequebantur eum, et ministrabant ei et aliæ multæ, quæ simul cum eo ascenderant Jerosolymam.

42. Et cum jam sero esset factum (quia erat parasceve, quod est ante sabbatum),

43. venit Joseph ab Arimathæa nobilis decurio, qui et ipse erat expectans regnum Dei, et audacter introivit ad Pilatum, et petiit corpus Jesu.

44. Pilatus autem mirabatur si jam obiisset. Et accersito centurione, interrogavit eum si jam mortuus esset.

maintenant de la croix, afin que nous voyions, et que nous croyions. Et ceux qui avaient été crucifiés avec lui le chargeaient aussi d'injures [6].

33. Et à la sixième heure, les ténèbres couvrirent toute la terre jusqu'à la neuvième [7].

34. Et à la neuvième heure, Jésus jeta un grand cri, en disant : Eloi, Eloi, lamma sabacthani? c'est-à-dire : Mon Dieu, mon Dieu, pourquoi m'avez-vous abandonné? *Ps.* 21, 2. *Matth.* 27, 46.

35. Et quelques-uns de ceux qui étaient présents l'ayant entendu, disaient : Voilà qu'il appelle Elie.

36. Et l'un d'eux courut emplir une éponge de vinaigre, et l'ayant mise au bout d'un roseau, il la lui présenta pour boire, en disant : Laissez, voyons si Elie viendra le détacher de la croix.

37. Mais Jésus ayant jeté un grand cri, expira.

38. Et le voile du temple se déchira en deux, depuis le haut jusqu'en bas.

39. Et le centenier, qui était là présent vis-à-vis de lui, voyant qu'il avait expiré en jetant un si grand cri, dit : Vraiment cet homme était Fils de Dieu.

40. Il y avait aussi là des femmes qui regardaient de loin, entre lesquelles était Marie-Madeleine, Marie mère de Jacques le Mineur et de Joseph, et Salomé, *Matth.* 27, 55.

41. qui le suivaient lorsqu'il était en Galilée, et l'assistaient, et plusieurs autres qui étaient venues avec lui à Jérusalem. *Luc,* 8, 2.

42. Et le soir étant venu (parce que c'était le jour de la préparation, c'est-à-dire la veille du sabbat), *Matth,* 27, 57. *Luc,* 23, 50. *Jean,* 19, 38.

43. Joseph d'Arimathie, qui était un sénateur fort distingué [8], et qui attendait aussi le royaume de Dieu, s'en vint hardiment trouver Pilate, et lui demanda le corps de Jésus.

44. Pilate s'étonnant qu'il fût mort si tôt, fit venir le centenier, et lui demanda s'il était déjà mort.

ỳ. 32. — [6] c'est-à-dire l'un d'eux (Voy. *Luc,* 23, 39).

ỳ. 33. — [7] depuis midi jusqu à trois heures, suivant notre manière du compter.

ỳ. 43. — [8] membre du petit conseil soit de la ville d'Arimathie, soit de Jérusalem. Un autre disciple distingué de Jésus, Nicodème, était membre du haut conseil (*Jean,* 3, 1).

45. Et le centenier l'en ayant assuré, il donna le corps à Joseph.

46. Joseph ayant acheté un linceul, descendit Jésus de la croix, l'enveloppa dans le linceul, le mit dans un sépulcre qui était taillé dans le roc, et roula une pierre à l'entrée du sépulcre.

47. Cependant Marie-Madeleine, et Marie *mère* de Joseph, regardaient où on le mettait.

45. Et cum cognovisset a centurione, donavit corpus Joseph.

46. Joseph autem mercatus sindonem, et deponens eum involvit sindone, et posuit eum in monumento, quod erat excisum de petra, et advolvit lapidem ad ostium monumenti.

47. Maria autem Magdalene, et Maria Joseph, aspiciebant ubi poneretur.

CHAPITRE XVI.

Résurrection de Jésus-Christ. Un ange annonce la résurrection aux femmes pieuses. Jésus-Christ apparaît à Marie-Madeleine, à deux disciples sur la route et aux onze apôtres. Mission des apôtres. Ascension de Jésus-Christ.

1. Et lorsque le jour du sabbat fut passé, Marie-Madeleine, et Marie, *mère* de Jacques, et Salomé, achetèrent des parfums[1] pour venir embaumer Jésus. *Matth.* 28, 1. *Luc*, 24, 1. *Jean*, 20, 1.

2. Et le premier jour de la semaine, de grand matin, elles arrivèrent au sépulcre, au lever du soleil.

3. Et elles disaient entre elles : Qui nous ôtera la pierre de l'entrée du sépulcre ?

4. Mais en regardant elles virent cette pierre renversée. Car elle était fort grande.

5. En entrant dans le sépulcre, elles virent un jeune homme assis du côté droit, vêtu d'une robe blanche et elles furent effrayées. *Matth.* 28, 5. *Jean*, 20, 12.

6. Il leur dit : Ne craignez point : vous cherchez Jésus de Nazareth, qui a été crucifié : il est ressuscité, il n'est point ici; voici le lieu où on l'avait mis.

7. Mais allez dire à ses disciples et à Pierre, qu'il s'en va devant vous en Galilée : c'est là que vous le verrez, selon ce qu'il vous a dit. *Pl. h.* 14, 28.

8. Et elles sortirent aussitôt du sépulcre, et elles s'enfuirent, car elles étaient saisies de crainte et de tremblement : et elles ne

1. Et cum transisset sabbatum, Maria Magdalene, et Maria Jacobi, et Salome emerunt aromata ut venientes ungerent Jesum.

2. Et valde mane una sabbatorum, veniunt ad monumentum, orto jam sole.

3. Et dicebant ad invicem : Quis revolvet nobis lapidem ab ostio monumenti ?

4. Et respicientes viderunt revolutum lapidem. Erat quippe magnus valde.

5. Et introeuntes in monumentum viderunt juvenem sedentem in dextris, coopertum stola candida, et obstupuerunt.

6. Qui dicit illis : Nolite expavescere : Jesum quæritis Nazarenum, crucifixum : surrexit, non est hic, ecce locus ubi posuerunt eum.

7. Sed ite, dicite discipulis ejus, et Petro, quia præcedit vos in Galilæam : ibi eum videbitis, sicut dixit vobis.

8. At illæ exeuntes, fugerunt de monumento : invaserat enim eas tremor et pavor : et nemini

---

℣. 1. — [1] différentes espèces de parfums et d'aromates.

quidquam dixerunt : timebant enim.

9. Surgens autem mane, prima sabbati, apparuit primo Mariæ Magdalene, de qua ejecerat septem dæmonia.

10. Illa vadens nuntiavit his, qui cum eo fuerant, lugentibus et flentibus.

11. Et illi audientes quia viveret et visus esset ab ea, non crediderunt.

12. Post hæc autem duobus ex his ambulantibus ostensus est in alia effigie, euntibus in villam :

13. et illi euntes nuntiaverunt cæteris : nec illis crediderunt.

14. Novissime recumbentibus illis undecim apparuit : et exprobravit incredulitatem eorum et duritiam cordis; quia iis, qui viderant eum resurrexisse, non crediderunt.

15. Et dixit eis : Euntes in mundum universum prædicate Evangelium omni creaturæ.

16. Qui crediderit, et baptizatus fuerit, salvus erit : qui vero non crediderit, condemnabitur.

17. Signa autem eos, qui crediderint, hæc sequentur : in nomine meo dæmonia ejicient : linguis loquentur novis :

18. serpentes tollent : et si mortiferum quid biberint, non eis nocebit : super ægros manus imponent, et bene habebunt.

dirent rien à personne [2]; car elles craignaient.

9. Or *Jésus* étant ressuscité le matin, le premier jour de la semaine, apparut premièrement à Marie-Madeleine, de laquelle il avait chassé sept démons [3], *Jean*, 20, 16. *Luc*, 8, 2.

10. Et elle alla l'annoncer à ceux qui avaient été avec lui [4], et qui étaient alors dans l'affliction et dans les larmes.

11. Mais eux, lui ayant entendu dire qu'il était vivant, et qu'elle l'avait vu, ils ne la crurent point.

12. Après cela il apparut sous une autre forme [5] à deux d'entre eux, qui s'en allaient en une maison de campagne [6]. *Luc*, 24, 13.

13. Ceux-ci vinrent l'annoncer aux autres disciples; mais ils ne le crurent pas non plus [7].

14. Enfin il apparut aux onze, lorsqu'ils étaient à table [8] : et il leur reprocha leur incrédulité et la dureté de leur cœur, de ce qu'ils n'avaient point cru ceux qui avaient vu qu'il était ressuscité.

15. Et il leur dit : Allez par tout le monde, prêchez l'Evangile à toute créature.

16. Celui qui croira, et qui sera baptisé [9], sera sauvé; mais celui qui ne croira point sera condamné. *Jean*, 3, 18. 36.

17. Et ces miracles accompagneront ceux qui auront cru [10] : ils chasseront les démons en mon nom; ils parleront de nouvelles langues; *Act*. 2, 4. 10, 46. 16, 18.

18. ils prendront les serpents, et s'ils boivent quelque breuvage mortel, il ne leur fera point de mal : ils imposeront les mains sur les malades, et ils seront guéris. *Act*. 28, 5. 8.

ỳ. 8. — [2] c'est-à-dire à personne de ceux qu'elles rencontrèrent; car d'après *Matth*. 28, 8, elles allèrent l'annoncer aux apôtres, et d'après *Luc*, 24, 9, elles le leur annoncèrent en effet.

ỳ. 9. — [3] *Voy*. le récit plus détaillé et la suite des événements dans saint Jean.

ỳ. 10. — [4] aux apôtres.

ỳ. 12. — [5] sous la forme d'un voyageur (Voy. *Luc*, 24, 15). Il apparut à Marie-Madeleine sous les dehors d'un jardinier (Voy. *Jean*, 20, 15).

[6] D'autres traduisent : comme ils allaient à la campagne. Ils allaient à Emmaüs (*Luc*, 24, 13).

ỳ. 13. — [7] c'est-à-dire quelques-uns ne le crurent pas; car on voit par le récit de saint Luc (24, 33. 34) que plusieurs croyaient déjà; seulement il y en eut, d'après le ỳ. 41, qui même alors pouvaient se persuader qu'ils voyaient Jésus.

ỳ. 14. — [8] Il semble que ce fut là la dernière apparition de Jésus-Christ, laquelle arriva peu avant son ascension (*Matth*. 28, 18. *Luc*, 24, 50).

ỳ. 16. — [9] et qui avec la foi et le baptême recevra toute la loi chrétienne.

ỳ. 17. — [10] Les dons surnaturels et merveilleux qui suivent ne sont pas ici promis à tous les fidèles, mais seulement à quelques-uns, tantôt en plus, tantôt en moins grand nombre, selon que le Seigneur le juge nécessaire pour l'établissement et la dilatation de son royaume.

19. Le Seigneur Jésus [11], après leur avoir ainsi parlé, fut élevé dans le ciel, et il est assis à la droite de Dieu [12]. *Luc, 24, 51.*

20. Et eux, étant partis, ils prêchèrent partout, le Seigneur agissant avec eux, et confirmant sa parole par les miracles qui l'accompagnaient.

19. Et Dominus quidem Jesus postquam locutus est eis, assumptus est in cœlum, et sedet a dextris Dei.

20. Illi autem profecti prædicaverunt ubique, Domino cooperante, et sermonem confirmante sequentibus signis.

ỳ. 19. — [11] Le mot « Jésus » n'est pas dans le grec.
[12] c'est-à-dire que même avec son humanité glorifiée, laquelle est unie au Verbe divin pour former avec lui une seule personne divine, il participe au gouvernement de la providence de Dieu.

FIN DU TOME SIXIÈME.

Lightning Source UK Ltd.
Milton Keynes UK
UKHW021350051118
331796UK00014B/1030/P